채권자취소권법

사해행위취소와 원상회복

[제 2 판]

조 해 섭

法 文 社

제2판 머리말

이 책의 초판이 나온 후 3년 만에 내용을 대폭 증보하여 제2판을 낸다.

제2판에서는 우선 제3장에 제 16. 및 제 17.의 큰 항목을 신설하여 피보전채권이 조세채권인 경우와 이혼에 의한 재산분할청구권인 경우의 사해행위취소에 관하여 상세하게 서술하였다. 조세법은 해당 조문의 제목을 '사해행위의 취소 및 원상회복'이라고 하고, 친족법은 해당 조문의 제목을 '재산분할청구권 보전을 위한 사해행위취소권'이라고 하고 있으므로, 이 책의 서명(書名)에도 '사해행위취소와 원상회복'이라는 부제(副題)를 붙였다.

제3장 제 16. 및 제 17. 외에도, '피보전채권에 관하여 부제소합의가 있는 경우 사해행위 취소 가부', '취소채권자의 채무자 공유물분할청구권 대위행사 가부', '취소채권자가 수령한 배당금에 대한 부당이득반환 문제', '효력이 미치지 않는 채권자의 범위', '채권양수인 겸 압류추심권자인 수익자의 지위', '수익자의 취득시효와 관련한 문제' 등 구체적 쟁점에 관해서도 항목을 신설하여 상세하게 서술하였다.

그 밖에 제2장 제2절 '피보전채권의 존재'에 관해서는 그 편성을 보다 체계적으로 바꾸고 '기초적 법률관계'에 관하여 그 내용을 크게 보완하였다. 그리고, 초판 발간 이후 새로 나온 중요한 대법원판결 및 문헌을 참고하여 여러 군데의 내용을 보완하였다.

초판에 이어 이번에 개정증보 제2판을 간행해 주신 법문사 사장님, 편집과 교정을 맡아 책을 보기 좋게 만들어 주신 편집부 직원 여러분께 감사를 드린다.

2022. 8.
조해섭 씀

머 리 말

민법은 제406, 제407조의 2개 조문에서 채권자취소권에 관하여 간단하고 추상적으로 규정하고 있는데, 법원에 접수되는 채권자취소사건의 수는 2003년 이래 평균적으로 매년 약 6,000건을 상회한다. 이에 따라 그동안 채권자취소사건에 관한 대법원판결도 방대하게 축적되어 채권자취소권은 우리 성문민법체재에서 가히 판례법이 형성되어 있는 분야라고 할만하다.

그런데, 대법원판결은 그 때 그 때의 구체적 사건을 통해서만 성립하는 것이므로 강학상의 논리적 순서에 따라 생성될 수 없고 또한 판결 내용에서 사실관계를 떠나 추상적인 법리를 추출하는 것도 용이하지 않다. 나아가 동일한 사안에 관한 선후의 대법원판결이 법리적으로 서로 모순되거나 민법상의 다른 법리와 충돌하는 경우도 있고, 당해 사건만의 타당한 해결을 위한 일회성의 판결도 없지 아니하다.

필자는 이 책의 집필 목적을 시간적·내용적으로 흩어져 있는 채권자취소권에 관한 수많은 대법원판례들을 한데 모아 체계적·비판적으로 정리하는 데에 두었다. 위 목적에 따라 이 책의 본문을 큰 마디로 '1. 의의와 기능', '2. 요건', '3. 사해행위 성부에 관한 구체적 고찰', '4. 행사', '5. 원상회복의 방법', '6. 효과', '7. 소송수행과 문서작성' 등의 총 7장으로 나누고 각 장을 거듭 세분하여 구성하였으며, 각 구성부분에 맞추어 주요 판례들을 귀납적 또는 연역적 방법으로 분석 정리하였다. 그리고 본문 앞에 목차로서 주요목차 이외에 채권자취소사건에서 구체적인 쟁점으로 되는 부분에 이르기까지 자세하게 제목을 붙인 세부목차를 첨가하였다.

이 책의 제2, 3, 6장 및 제5장의 제1, 2, 3절의 내용은 채권자취소권의 실체법적 요건·효과 등에 관해서 정태적(靜態的)으로 상세하게 분석 검토한 것이고, 제4장과 제5장의 제4절(경매절차에서의 원상회복) 및 제5절(원물반환과 가액반환의 관계)의 내용은 채권자취소사건의 소송 및 집행절차와 관련하여 동태적(動態的)으로 상세하게 분석 검토한 것이다. 이 책을 완독하지 않는 경우에는 제1장(채권자취소권의 의의와 기능) 및 제7장의 제1절(소송수행상의 검토주안점)을 통하여 채권자취소권의 전체적인 구조와 사건 처리에 핵심적인 검토 사항을 파악한 다음, 구체적인 쟁점에 관해서는 세부목차를 통하여 해당 부분을 찾아보는 방법이 효율적일 것이다.

끝으로, 이 책이 채권자취소권에 관한 사건의 실무 및 실증적 연구에 다소나마 도움이 되기 바라며, 한편 이 책의 독자들께서도 이 책의 부족한 부분과 잘못된 점을 지적해 주시기 바란다.

2019. 6.

지은이 조해섭 씀

일러두기

1. 대법원판례의 표기방식과 그 의미

대법원판례의 표기는 “대법원 2018. 12. 21. 선고 2017다56789 판결”과 같이 판례공보의 게재 방식에 따랐다.

문단의 끝 부분 (　　　) 안에 표기된 대법원판례는 누적된 판결에 의해 추상적 법리로 확립되었다고 볼 수 있는 대표적인 판결 1~2개를 기재한 것이다.

문단의 첫 부분에 표기된 대법원판례는 구체적 사안과 함께 검토함으로써 그 법리에 관해서 명확하게 이해할 수 있는 판결을 기재한 것이다.

[　　　] 안에 따로 표기된 대법원판례는 귀납적 방법에 의해 법리를 추론하는 경우에 예시적인 여러 개의 판결을 기재한 것이다.

2. 법령의 약어

이 책에 자주 등장하는 다음의 법령은 약어(略語)를 사용하여 표기하였다. 약어에 해당하는 법령의 정식 명칭은 그 옆에 기재한 것과 같다.

가등기담보법	가등기담보 등에 관한 법률
부동산실명법	부동산 실권리자명의 등기에 관한 법률
소촉법	소송촉진 등에 관한 특례법
채무자회생법	채무자 회생 및 파산에 관한 법률

3. 사례에서의 당사자 표시

사례를 설명함에 있어, 취소권을 행사하는 채권자를 “갑”, 채무자를 “을”, 수익자를 “병”, 전득자를 “정” 등으로 통일적으로 표시하였다. 동일한 지위의 당사자가 다수일 경우에는 “갑1”, “갑2” 등으로 아라비아 숫자를 부가하여 표시하였다.

4. 청구취지(또는 주문) 기재례의 표시

이 책의 제4장 및 제5장의 본문 중에 채권자취소소송의 청구취지(또는 주문) 기재례를 다수 제시하였다. 그 기재례에 해당하는 문장 부분에 대해 「　　　」로 묶어 표시하였다.

세부 목차

제 1 장 채권자취소권의 의의와 기능

제 2 장 채권자취소권의 요건

제 3 장 사해행위 성부에 관한 구체적 고찰

제 4 장 채권자취소권의 행사

제 5 장 원상회복의 방법

제 6 장 채권자취소권의 효력

제 1 장
채권자취소권의 의의와 기능

제 1. 채권자취소권에 관한 민법 및 그 준용 규정

1. 민법 및 이를 준용하는 법률 규정의 내용

(1) 민법 규정

민법 제406조는 '채권자취소권'이라는 제목으로 제1항에서, '채무자가 채권자를 해(害)함을 알고 재산권을 목적으로 하는 법률행위를 한 때에는 채권자는 그 취소 및 원상회복을 법원에 청구할 수 있다. 그러나, 그 행위로 인하여 이익을 받은 자나 전득한 자가 그 행위 또는 전득 당시에 채권자를 해함을 알지 못한 경우에는 그러하지 아니하다'라고 규정하고, 제2항에서, '전항의 소는 채권자가 취소원인을 안 날로부터 1년, 법률행위 있은 날로부터 5년 내에 제기하여야 한다'고 규정하고 있다. 그리고 민법 제407조는 '채권자취소의 효력'이라는 제목으로 '전조(前條)의 규정에 의한 취소와 원상회복은 모든 채권자의 이익을 위하여 그 효력이 있다'고 규정하고 있다.

민법은 위와 같이 '채무자가 채권자를 해(害)함을 알고 재산권을 목적으로 한 법률행위'라고 규정하고, 이를 법률용어로서 사해행위(詐害行爲)라고 한다. 그러나, 법률용어로서의 사해행위의 개념은 사해행위에 관한 사전적(辭典的) 일반 용례 즉 '속임수로 남에게 손해를 입히는 행위'라는 뜻과는 다르다.[1)]

한편, 민법 제839조의3은 '재산분할청구권 보전을 위한 사해행위 취소권'이라는 제목으로 제1항에서, '부부의 일방이 다른 일방의 재산분할청구권 행사를 해함을 알면서도 재산권을 목적으로 하는 법률행위를 한 때에는 다른 일방은 제406조 제1항을 준용하여 그 취소 및 원상회복을 가정법원에 청구할 수 있다'라고 규정하고, 제2항에서 '제1항의 소는 제406조 제2항의 기간 내에 제기하여야 한다'고 규정한다.

민법 제839조의3에 의한 취소권은, 그 피보전권리가 부부의 일방이 가지는 재산분할을 청구할 수 있는 권리로서 그 재산분할청구권이 협의 또는 심판에

---

1) 일반용례와의 괴리를 메우기 위해 앞으로 다른 적절한 용어를 개발할 필요가 있다고 생각한다. 사해행위에 관한 법적 개념 구성에 관해서는 뒤의 제2장 제3절에서 상세하게 검토한다.

의해 구체적 내용이 형성되지 않더라도 가능하다는 점에서 특성이 있지만, 그 외 취소의 요건·행사·효력 등에 관해서는 민법상 일반적인 채권자취소권의 법리가 원칙적으로 적용될 수 있다.

(2) 조세법 규정

국세징수법 제25조는 '사해행위의 취소 및 원상회복'이라는 제목으로 '관할 세무서장은 강제징수를 할 때 납세자가 국세의 징수를 피하기 위하여 한 재산의 처분이나 그 밖에 재산권을 목적으로 한 법률행위(신탁법에 따른 사해신탁을 포함한다)에 대하여 민법 제406조·제407조 및 신탁법 제8조를 준용하여 사해행위의 취소 및 원상회복을 법원에 청구할 수 있다'고 규정하고 있다. 지방세징수법 제39조도 '사해행위의 취소 및 원상회복'이라는 제목으로 '지방자치단체의 장은 체납처분을 집행할 때 납세자가 지방세의 징수를 피하기 위하여 재산권을 목적으로 한 법률행위(신탁법에 따른 사해신탁을 포함한다)를 한 경우에는 민법 제406조·제407조 및 신탁법 제8조를 준용하여 사해행위의 취소 및 원상회복을 법원에 청구할 수 있다'고 규정하고 있다.

국세징수법 제25조가 규정하는 사해행위의 취소의 소도 민법 제406조가 정하는 채권자취소의 소의 일종임이 명백하고 그 요건이나 행사에 관하여 민법의 규정을 준용하도록 하고 이와 달리 보아야 하는 특별 규정이 없으므로, 국세징수법에 의한 사해행위 취소에 있어서도 민법상 채권자취소권에 관한 요건 및 행사 등에 관한 법리가 그대로 적용된다(대법원 2008. 8. 11. 선고 2008다24487 판결).

따라서, 구 국세징수법 제30조(2020.12.29. 법률 제17758호로서 개정되기 전의 것)가 세무공무원이 체납처분을 집행함에 있어서 체납자의 법률행위에 대한 사해행위의 취소를 구할 수 있다고 규정하고 있다고 하더라도, 이를 조세채무자가 반드시 체납자의 지위에서 또는 체납처분절차가 개시된 후 법률행위를 하는 경우에만 사해행위 취소권을 행사할 수 있다고 제한 해석할 수는 없다.[2)]

2) 대법원 2008. 8. 11. 선고 2008다24487 판결. 2020.12.29. 법률 제17758호로서 개정되기 전의 국세징수법 제30조는 '세무공무원은 체납처분을 집행할 때 납세자가 국세의 징수를 면탈하려고 재산권을 목적으로 한 법률행위(신탁법에 따른 사해신탁을 포함한다)를 한 경우에는 민법 제406조·407조 및 신탁법 제8조를 준용하여 사해행위의 취소 및 원상회복을 법원에 청구할 수 있다'고 규정하고 있었다.

또한, 납세자의 재산처분행위가 사해행위에 해당한다고 하려면 그 처분행위로 인하여 납세자가 채무초과상태에 이르거나 이미 채무초과상태에 있는 것을 심화시켜야 하고 이는 처분행위 당시를 기준으로 판단하여야 한다(대법원 2017. 10. 26. 선고 2015다254675 판결).

(3) 신탁법 규정

신탁법 제8조는 '사해신탁'이라는 제목으로, 제1항에서 '채무자가 채권자를 해함을 알면서 신탁을 설정한 경우, 채권자는 수탁자가 선의일지라도 수탁자나 수익자에게 민법 제406조 제1항의 취소 및 원상회복을 청구할 수 있다. 다만, 수익자가 수익권을 취득할 당시 채권자를 해함을 알지 못한 경우에는 그러하지 아니하다'라고 규정하고 있다.

신탁법에 의한 신탁은 수탁자가 위탁자로부터 이전받거나 담보권 설정 받은 특정의 재산에 관하여 신탁수익자의 이익 또는 일정한 목적을 위하여 그 재산을 관리·운용·개발·처분하는 등의 고유의 기능을 수행하고, 신탁수익자라는 독자적인 권리의무의 주체가 존재하는 등의 제도적 특수성을 가진다. 이러한 신탁의 제도적 특수성은 사해신탁 취소의 요건 및 취소에 따른 원상회복에 있어서 민법과는 다른 신탁법상의 많은 특별 규정에 의해 반영되어 있다.

그러나, 신탁법 제8조는 사해신탁에 관해서 기본적으로, '채무자가 채권자를 해함을 알면서 신탁을 설정한 경우 …… 민법 제406조 제1항의 취소 및 원상회복을 청구할 수 있다. ……'고 규정하여, 민법의 채권자취소권을 기초로 하고 있으므로, 신탁법에 다른 규정이 없는 부분에서는 민법상 채권자 취소권의 요건·행사·효과 등에 관한 기본적 법리가 원칙적으로 그대로 적용될 수 있다고 할 것이다.

2. 민법 규정의 연혁과 특색

(1) 민법 규정의 연혁

우리 민법은 1960. 1. 1.부터 시행되었는데, 그 전까지 적용되었던 구민법(의용 일본민법) 제424조는 '사해행위취소권'이라는 제목으로 제1항 본문에서, '채권자는 채무자가 채권자를 해할 것을 알고 한 "법률행위의 취소"를 법원에 청구할 수 있다'고 규정하고 제425조는 '전조의 규정에 의한 "취소는" 모든 채권자의 이익을 위하여 그 효력이 발생한다'고 규정하고 있었다.[3)]

그런데, 현행 민법 제406조 제1항 본문은 '…… "법률행위 … 그 취소 및 원상회복"을 법원에 청구할 수 있다'고 규정하고 제407조는 '전조의 규정에 의한 "취소와 원상회복은" 모든 채권자의 이익을 위하여 그 효력이 있다'고 규정함으로써 구민법과는 달리 단순히 법률행위의 취소만을 규정하지 않고 명문으로 취소와 아울러 원상회복에 관해서도 채권자취소권의 내용으로 규정하고 있는 점에 차이가 있다.

위와 같이, 민법은 구민법(의용민법)과는 달리 채권자취소권의 내용으로서 사해행위의 취소 및 그 취소에 따른 원상회복을 포함하고 있으므로, 그 용어의 사용에 있어서도 사해행위취소 및 원상회복을 포괄하는 경우에는 '사해행위 취소권' 또는 '사해행위 취소소송'이라는 표현보다는 '채권자취소권', '채권자취소소송' 등으로 표현하는 것이 적절하다고 생각한다.[4)]

(2) 민법 규정 내용의 특색

민법은 채권자취소권의 행사 방법에 관하여 일정한 기간 내에 소송상 청구 즉 필요적 소 제기 방식에 의하도록 함으로써(민법 제406조) 그 절차적 측면에서 구체적으로 엄격하게 규정하고 있다. 그러나, 그 요건에 관해서는 채무자가 채권자를 해(害)함을 알고 재산권을 목적으로 하는 법률행위를 한 때 등으로 규정

3) 개정(2020. 4. 1. 시행) 전 일본 민법의 채권자취소권에 관한 규정도 동일한 내용이다. 개정 전 일본 민법 제424조는 '사해행위취소권'이라는 제목으로 제1항에서 '채권자는 채무자가 채권자를 해할 것을 알고 한 법률행위의 취소를 법원에 청구할 수 있다. 다만 그 행위에 의하여 이익을 받은 자나 전득자가 그 행위나 전득시에 채권자를 해한다는 사실을 알지 못한 때에는 그러하지 아니하다'라고 규정하고, 제2항에서 '전항의 규정은 재산권을 목적으로 하지 않는 법률행위에 관해서는 적용하지 아니한다'고 규정하고 있었다. 제425조는 '전조의 규정에 의한 취소는 모든 채권자의 이익을 위하여 그 효력이 있다'고 규정하고, 제426조는 '제424조에 의한 취소권은 채권자가 취소의 원인을 안 때부터 2년간 행사하지 아니하면 시효로 소멸한다. 행위시로부터 20년이 경과한 때에도 같다'라고 규정하고 있었다.

4) 일부 대법원판결(예컨대, 대법원 2004. 8. 30. 선고 2004다21923 판결, 2007. 4. 12. 선고 2005다1407 판결)은 사해행위 취소와 원상회복을 포괄하는 경우에도 '사해행위 취소의 소' 또는 '사해행위 취소 판결'이라고 표현하고 있지만, 이는 '채권자 취소소송' 또는 '채권자 취소판결'이라고 표현하는 것이 적절하다고 생각한다.

하고, 그 효력에 관해서는 '사해행위의 취소와 원상회복은 모든 채권자의 이익을 위하여 그 효력이 있다'라고만 규정함으로써 특히 채권자취소권의 효력에 관한 규정 내용이 매우 간단하고 추상적이라는 점에서 특색이 있다고 볼 수 있다.

채권자취소의 효력에 관한 위와 같은 민법 규정은 총칙상 하자있는 법률행위 취소의 효과에 관한 규정과는 현격한 차이가 있다. 하자있는 법률행위의 경우 그 취소는 처음부터 그 법률행위를 무효로 간주하는 효과를 가진다(민법 제141조). 따라서, 하자있는 법률행위를 취소하는 경우 그 법률행위를 이행하기 전이면 이행할 필요가 없고 이행한 후이면 법률상 원인 없이 급부한 것이 되어 부당이득반환을 청구할 수 있다. 그리고 민법은 부당이득반환에 관해서는 그 반환의 방법으로서 원물반환을 원칙으로 하고 원물반환을 할 수 없을 때에는 가액반환을 하는 것으로 규정하고(민법 제747조 제1항), 반환의 범위로서 선의의 수익자는 그 받은 이익이 현존하는 한도에서, 악의의 수익자는 그 받은 이익에 이자를 붙여 반환하고 손해가 있으면 이를 배상하여야 한다고 규정하는 등(민법 제748조) 그 방법 및 범위에 관해서도 구체적인 규정을 두고 있다.

이상 살펴 본 바와 같이, 민법은 제정 이래 지금까지 2개 조문 총 3개 조항으로 채권자취소권에 관하여 간단하고 추상적으로 규정하고 있는데, 그 동안 채권자취소사건에 관한 대법원판결이 방대하게 축적되고 판례에 의하여 채권자취소권의 요건 및 효과 등에 관한 구체적인 법리가 구축되어 왔다.

그러므로, 채권자취소권은 우리의 성문민법체재에서 판례법이 형성되어 있는 분야라고 할 수 있다.

참고로, 독일 및 미국의 경우에는 채권자취소권에 해당하는 제도에 관하여 수십 개 조항으로 구성된 단행법률을 시행하고 있다. 일본의 경우 민법을 전반적으로 대폭 개정하여 2020. 4.부터 시행하고 있는데, 채권자취소권에 관한 규정도 종전의 3개 조문에서 새로 11개 조문을 신설하여 채권자취소권의 요건과 효과 등에 관해서 세부적인 내용을 명문화하였다.

(3) 채권자취소의 관계 당사자

(가) 채권자와 채무자

채무자에는 주채무자, 연대채무자는 물론 보증채무자 등 취소권을 행사하는 채권자에 대한 관계에서 채무를 부담하는 자는 모두 포함된다.

채권자는 이혼시의 재산분할청구권 등 법률에 의해 특별히 인정된 경우 외에는 채무자에 대하여 사해행위 당시 원칙적으로 금전채권을 보유하고 있는 자이어야 할 것이다.[5)]

(나) 수익자

수익자는 채무자가 한 재산상 법률행위의 상대방을 의미한다.

민법 제406조 제1항의 법문(法文)이 "그 행위로 인하여 이익을 받은 자"로 표현함에 따라 채무자의 법률행위의 상대방을 '수익자'라고 지칭하게 된 것이지만, 채권자취소의 법률관계에서 채무자와 그 상대방과의 관계는 일반적인 부당이득반환관계에서 "타인의 재산으로 인하여 이익을 얻은 자"와는 그 본질을 달리한다.

예컨대, 채무자가 자신의 유일한 재산인 부동산을 매각하여 소비하기 쉬운 금전으로 바꾸는 등의 행위는 특별한 사정이 없는 한 채권자에 대하여 사해행위가 되는 것이고, 이 때 채무자로부터 정상 가격에 재산을 실제 매수한 자도 수익자가 되는 것이다.[6)]

(다) 전득자

전득자는 수익자로부터 채무자의 일탈재산을 기초로 하여 새로이 권리를 취득한 자를 말한다. 예컨대, 수익자로부터 부동산에 관한 소유권 등을 이전 취득한 자뿐만 아니라 저당권, 전세권, 대항력 있는 임차권을 설정 취득한 자도 전득자에 해당함은 물론이다. 수익자의 상속인은 포괄승계인으로서 수익자의 지위를 그대로 승계할 뿐이므로 전득자에 해당하지 않는다. 전득자는 수익자의 법률행위에 의하여 권리를 취득하는 것이 보통이지만 전부명령에 의해 권리를 취득한 자도 전득자에 포함된다고 할 것이다.[7)]

채권자취소소송에 있어서는 소송 계속 중에 소송의 목적물이 수익자로부터 전득자에게 양도되었다고 하더라도, 그 전득자에 대해서는 소송을 인수하도록 하는 신청이 허용되지 않는다. 채권자취소권을 행사하는 소송에 있어서는 수익

5) 이 점에 관해서는 뒤 제2장 제2절 제 1. '피보전채권의 금전채권 요부'에서 상세하게 검토한다.
6) 대법원 2008. 4. 24. 선고 2007다84352 판결 등 참조.
7) 민법주해 제Ⅸ권, 채권 (2) (김능환 집필부분) 제826면.

자로부터 목적물을 양수한 전득자는 수익자와는 별도의 법률적 지위를 가지고 별도로 취소소송의 상대방이 되는 것이고, 피승계인인 수익자는 채권자의 선택에 따라 목적물의 가액 상당을 반환하여야 하므로 수익자로 하여금 그대로 소송을 수행하도록 할 수 있기 때문이다.[8)]

3. 채권자취소권과 유사한 제도

(1) 채권자대위권

채권자대위권은 채무자가 제3자에 대한 권리를 행사하지 않는 경우에 채권자가 채권에 기하여 채권자의 이름으로 채무자의 그 제3자에 대한 권리를 대신 행사함으로써 채무자 책임재산 보전의 목적을 달성하는 것이다.

이와 같이 채권자대위권은 채무자의 제3자에 대한 권리를 채권자가 대신 행사하는 것에 지나지 않으나, 채권자취소권은 자기 고유의 권리로서 채무자의 책임재산에 관한 유효한 법률행위의 효력을 부인하고 그 재산을 채무자 명의로 복귀시키는 점에서 훨씬 강력한 책임재산 보전의 작용을 한다.

소송실무상, 채권자대위권은 피보전채권이 비금전채권 즉 특정물채권인 경우에 채무자의 무자력을 요건으로 하지 않으므로[9)] 주로 등기청구권 등 특정물채권의 보전을 위해 널리 활용된다. 피보전채권이 금전채권인 경우에는 채권자대위권의 행사도 채무자의 일반 책임재산 보전이라는 본래의 목적을 위한 것으로서 원칙적으로 채무자의 무자력을 요건으로 하는데, 이 경우에는 채권자취소권 행사의 장애 또는 흠결을 보완하는 작용을 한다는 데에 그 실익이 있다.

(2) 채무자회생법상의 부인권

채무자회생법상의 부인권은 회생절차개시 또는 파산선고 전에 채무자가 채권자를 해하는 행위를 한 경우 그 행위의 효력을 부인하고 일탈한 재산의 회복을 목적으로 하는 권리로서(채무자회생법 제100조 이하, 제391조 이하, 제584조 이하),

---

8) 이 점에 관해서는 뒤 제4장 제4절 제 5. '소송참가 및 승계에 관한 문제'에서 종합적으로 검토한다.

9) 대법원 1992. 10. 27. 선고 91다483 판결 등.

기본적으로 채권자취소권과 그 제도적 취지를 같이 한다.

그러나, 회생절차는 채권자의 개별적인 권리행사를 제한 또는 중지시키고 채무자의 재산을 동결함으로써 공평한 집단적인 채무처리절차를 진행시킨다는 기본구조를 가진다. 따라서 부인권에서는 채권자의 개별적인 권리행사가 허용되지 않고 그 행사주체가 관리인(또는 파산관재인)으로 한정되며, 그 행사방법도 부인의 소 제기 이외에 부인의 청구 또는 항변으로 할 수 있다(채무자회생법 제105조). 그리고 부인의 유형으로서 고의부인, 위기부인, 무상부인 등으로 세분화되어 위기부인의 경우에는 채무자의 사해의사를 요하지 않고 무상부인의 경우에는 채무자의 사해의사는 물론 상대방의 악의도 요하지 않는 등 그 요건이 완화되어 있으며,[10] 부인권 행사에 의한 원상회복의 방법으로 특별히 부인등기제도(채무자회생법 제26조)가 마련되어 있는 등 많은 차이점이 있다.

이와 같이 민법상의 채권자취소권과 채무자회생법상의 부인권은 채무자의 책임재산을 보전하기 위한 제도라는 점에서 그 제도적 존재의의를 같이 할 뿐, 기본적인 구조와 구체적인 권리 행사의 요건, 절차, 효과 등을 달리하므로, 부인권에 관한 법리를 채권자취소권의 요건 등을 해석함에 있어 그대로 차용하는 것은 적절하지 않다고 생각한다.

(3) 상법상의 회사 사해설립 취소

사원이 그 채권자를 해할 것을 알고 합명회사, 합자회사, 유한책임회사, 유한회사를 설립한 때에는 채권자는 그 사원과 회사에 대한 소로 설립취소를 청구할 수 있다(상법 제185조 이하, 제269조, 제287조의6, 제552조 제2항). 전형적인 물적회사인 주식회사에 대해서는 설립무효의 소에 관한 규정만 있고, 설립취소의 소에 관한 규정을 두지 않고 있다.

위와 같은 상법상의 채권자에 의한 회사설립의 취소는 민법상 채권자취소와 그 제도적 취지를 같이 한다고 볼 수 있으나, 사원과 회사를 필수적으로 공동피고로 하여 소를 제기하여야 하고, 그 제소기간이 회사 성립일로부터 2년 내로 제한되며(상법 제184조 제1항), 원고 승소 판결의 효력이 당사자 이외에 제3자에

---

10) 서울회생법원, 재판실무연구회, 회생사건실무(제5판)(상) 제346면 이하 참조.

게도 미치는 대세적 효력을 가지고(상법 제190조), 설립취소의 판결이 확정된 때에는 원칙적으로 회사 자체의 청산이 이루어진다(상법 제193조)는 점 등에서 민법상의 채권자취소와는 다른 특칙이 있다.

(4) 이 책의 서술 범위

신탁법상의 사해신탁의 취소, 채무자회생법상의 부인권, 상법상의 회사설립의 취소 등은 민법상의 채권자취소와 그 제도적 존재의의가 기본적으로 동일하다고 볼 수 있을 뿐, 각각 별도의 독립한 법률체계에 포함되어 따로 상세한 규정을 두고 있고 또한 그 각 근거법률의 특별한 목적원리에 따른 해석이 요청되는 것이므로, 이 책에서는 사해신탁의 취소, 부인권, 회사설립의 취소 등에 관해서는 더 이상의 설명을 하지 않기로 한다.

다만, 신탁법상 사해신탁의 경우에는 실체법적으로 사해행위에 해당하는 명의신탁과 구별하여 이해하여야 하고 또 소송실무상 민법상의 채권자취소와 혼합하여 취급되고 있으므로, 뒤 제3장 제 9.에서 사해신탁의 성립요건을 중심으로 일반적인 사해행위와의 차이점에 관하여서만 언급한다.

그리고, 조세법상의 사해행위취소와 민법 제839조의3에 의한 사해행위취소에도 민법 제406조에 의한 채권자취소의 법리가 원칙적으로 적용된다고 할 것이지만, 그 각 피보전채권에 따른 문제점에 관하여 뒤 제3장 제 16., 제 17.에서 따로 상세하게 검토한다.

제 2. 채권자취소권의 제도적 의의 및 기능

1. 채권자취소권의 제도적 의의

오늘날의 민사법체제에서는 원칙적으로 인적 집행이 허용되지 아니하고 물적 집행만이 허용되기 때문에 모든 채권은 채무자의 책임재산에 대한 강제집행을 통하여 만족을 얻게 된다.[11] 따라서 불성실하고 악의적인 채무자가 그 책임재산을 감소시키는 경우에 채권자 보호를 위하여 채권의 공동담보가 되는 채무자의 책임재산을 유지·보전할 수 있는 제도적 장치가 요청된다.

이러한 요청에 따라, 채권자취소권은 채무자가 채권자를 해함을 알면서 자신의 일반재산을 감소시키는 행위를 한 경우에 그 행위의 효력을 부인하여 모든 채권자를 위하여 채무자의 일탈재산을 원상회복시킴으로써 채무자의 책임재산을 보전하기 위하여 채권자에게 인정된 것이다.

2. 책임재산에 대한 채권자의 능동적·적극적 회복 수단

채권자취소권은 채무자가 제3자에 대하여 가지는 권리를 소극적으로 행사하지 않는 경우에 채권자가 이를 대신 행사하는 것이 아니라, 채무자가 한 책임재산에 관한 유효한 법률행위에 관하여 채권자가 자신의 고유의 권리로서 그 효력을 부인하고 그 재산을 채무자 명의로 복귀시키는 점에서 능동적·적극적인 책임재산의 회복 수단으로 기능한다.

강제집행의 대상이 되는 채무자의 책임재산의 시적(時的) 범위는 강제집행

---

11) 기실 역사적으로 보면, 인권 존중 사상이 뿌리를 내리며 인적 집행이 자취를 감춘 것은 불과 20세기에 들어서부터라고 할 수 있다. 19세기까지는 의무의 불이행을 이유로 채무자를 구금할 수 있는 인질(人質)제도가 널리 시행되었다{이시윤, 신민사집행법(제8판) 제15면 참조}. 우리 법제에서는 재산명시절차에서 채무자가 정당한 이유 없이 명시기일에 불출석하거나 재산목록의 제출을 거부하는 등의 행위를 한 경우에 20일 이내의 감치에 처할 수 있고(민사집행법 제68조 제1항), 양육비지급명령절차에서 채무자가 30일 이내에 정당한 사유 없이 그 의무를 이행하지 않은 경우에는 30일의 범위에서 그 의무를 이행할 때까지 감치할 수 있도록(가사소송법 제68조) 규정하고 있다. 이는 특별한 목적을 달성하기 위하여 예외적으로 채무자에 대한 인적 집행을 허용한 것이라고 이해할 수 있다.

개시 당시 채무자에 속하는 재산이어야 하고 종전에는 채무자의 소유에 속하였으나 집행 당시에는 제3자에게 귀속되어 있는 이른바 과거의 재산은 집행의 대상이 될 수 없다. 채권자취소권은 채무자의 수중에서 이탈한 재산을 원상회복시켜 과거의 재산을 현재의 재산으로 바꾸어 놓음으로써 강제집행의 책임재산을 적극적으로 증대시키는 기능을 가지는 것이다.[12)]

3. 은닉재산에 대한 채권자의 효율적 회복 수단

채무자의 재산권을 목적으로 한 법률행위가 허위표시로서 무효인 경우에 논리적으로는 처음부터 그 행위에 따른 효과가 생기지 않고, 따라서 그 행위로 인하여 채무자의 책임재산이 일탈할 가능성이 없으므로 취소의 대상이 되지 않는다고 볼 수도 있다.

그러나, 통정 허위표시는 채권자에 대한 관계에서 채무자와 수익자의 사해성이 현저하게 드러나고 현실적으로 채무자의 재산은닉수단으로 쓰이고 있으므로, 이를 채권자취소의 대상에 편입시킨다면 채무자의 재산 일탈의 외관을 제거하여 채무자의 재산을 회복하는 효율적 수단이 될 수 있다.

대법원판례는 통정 허위표시도 사해행위취소의 대상이 되고, 사해행위로서 취소를 구하는 이상 민법 제406조 제2항의 제척기간의 적용을 받는다는 입장을 확립하고 있다.[13)] 이와 같은 대법원판례의 입장은 통정 허위표시라고 할지라도 유효한 의사표시가 존재하는 것과 같은 외관을 가지고 있고 그 외관에 의하여 채권자취소권의 객관적 요건을 충족할 수 있다는 점에서 법리상 무리라고 할 수 없을 뿐만 아니라, 앞서 본 바와 같이 채무자의 재산 일탈의 외관을 제거하여 채무자의 재산을 회복하는 효율적 수단이 될 수 있다는 점에서 현실적으로 타당하다.

가장매매도 채권자취소권의 대상에 포함시킨다면, 채권자로서는 그에 관하여

---

12) 이시윤, 신민사집행법(제8판) 제90면. 재산명시절차에 있어서 채무자는 재산명시명령이 송달되기 전 1년 이내에 유상양도한 부동산과 2년 이내에 무상처분한 재산도 재산목록에 명시하여 제출하여야 한다(민사집행법 제64조 제2항). 이는 채권자취소권 행사와 관련하여 중요한 의미가 있는 제도라고 할 수 있다.

13) 대법원 1984. 7. 24. 선고 84다카68 판결, 1991. 11. 8. 선고 91다14079 판결.

의심이 충분히 있더라도 채무자(매도인)와 그 상대방(매수인)의 통정에 의한 허위표시의 무효를 주장하는 것보다 채권자취소권의 객관적 요건에 맞추어 청구원인사실을 구성함으로써, 통모 사실 즉 수익자(매수인)의 악의에 관한 적극적인 입증의 어려움에서 벗어날 수 있는 소송상의 커다란 이점이 있다. 왜냐하면, 채권자취소소송의 경우에는 수익자(매수인)의 악의가 추정되므로 매수인(수익자)측에서 자신이 선의임을 적극적으로 입증할 책임이 있기 때문이다. 반면에, 가장매매의 의심이 있는 경우에 이를 통정 허위표시로서 무효라고 주장하는 경우에는 '통모'에 관해서 채권자 측이 입증하여야 하고, '통모'와 같은 내심의 심리상태에 관한 사실은 그 성질상 이를 직접적으로 입증할 수 있는 방법이 없고 현실적으로는 여러 가지 간접사실을 분석 종합하고 추리하는 복잡한 과정을 거쳐 추정되도록 할 수밖에 없는데, 소송의 실제에 있어 그 입증에 성공하는 것은 어려운 일이다.

위와 같이 대법원 판례가 통정 허위표시도 채권자취소권의 대상에 포함시킨 결과, 채권자취소는 채무자의 은닉·일탈재산을 회복할 수 있는 기능이 더욱 고양되었다고 할 수 있다.

제 3. 채권자취소권의 본질과 구조

1. 채권자취소권의 본질론 개관

(1) 본질론의 연혁과 검토범위

위 제 1.의 2.에서 살펴 본 바와 같이, 구민법은 채권자취소권의 내용에 관하여 단순히 '법률행위의 취소를 청구할 수 있다'라고만 규정하고 있었으므로, 당시에는 채권자취소권의 본질적 내용이 사해행위의 취소에 있는지(형성권설), 사해행위로 일탈한 재산의 회복에 있는지(청구권설), 아니면 이 둘의 결합에 있는지(결합설 또는 절충설)에 관하여 논란이 있었고 판례는 대체로 결합설의 입장에 있었다.

그런데, 현행 민법은 제406조 제1항에서 '그 취소 및 원상회복을 법원에 청구할 수 있다'고 규정함으로써 결합설을 명문화하였음에도, 위에서 살펴 본 바와 같이 취소 및 원상회복의 구체적인 효력에 관해서는 아무런 언급이 없으므로, 이를 둘러싸고 채권자취소권의 기본적 기능과 연결되어 채권자취소권의 본질론으로서 논의되고 있다.

이른바 채권자취소권의 본질을 둘러싼 학설에 관해서는 문헌에 따라 그 제목이나 내용이 다양하게 소개되어 있지만 여기에서는 그 요지만 언급하기로 하되, 대법원판례에 의해 확립되어 있는 결합설 및 상대적 효력설에 따르기로 한다.

(2) 학설의 개요[14)]

(가) 절충설

이 설은 채권자취소권을 사해행위 취소와 일탈된 재산의 반환을 청구하는 권리로 보고, 이에 따라 취소의 소는 형성의 소와 이행의 소가 결합된 것으로 파악한다. 취소의 소에서 피고는 수익자 또는 전득자이며 취소의 효력은 상대적 무효이므로, 사해행위는 취소권자에 대해서만 무효이고 채무자와 수익자, 수익

---

14) 학설의 개요에 관해서는, 최문기, 채권법총론 제265면의 내용을 그대로 인용하였다. 학설의 상세에 관해서는 주석민법(제5판) 채권총칙2(이백규 집필부분) 제332면~339면 참조.

자와 전득자 사이에는 유효하다는 견해이다.

(나) 책임설

이 설은 채권자취소권을 사해행위에 의하여 일탈된 책임재산의 귀속의 회복을 목표로 하는 것이 아니라, 일탈된 재산의 책임법상의 지위의 회복을 목적으로 하는 제도라고 이해한다. 이러한 이해를 전제로 일탈된 재산을 채무자에게 반환시키지 아니하고 수익자의 소유와 명의로 놓아둔 채 책임재산만을 회복시킴으로써 채권자에게 그 일탈재산에 대한 강제집행 가능성만을 부여한다. 따라서 채권자취소권에서의 취소는 책임의 소 즉 집행수인의 소로 이해하며 피고는 수익자 또는 전득자가 되고 취소의 효력은 상대적 무효가 아니라 집행법적 무효가 된다는 견해이다.

(다) 신형성권설

이 설은 채권자취소권을 책임재산의 보전을 위한 실체법상의 권리로서 채무자와 수익자 사이의 법률행위를 취소할 수 있는 형성권이라고 보는 견해로서 소송의 종류는 형성의 소와 이행의 소라는 것이다. 또한 소송은 채무자와 수익자 또는 전득자 모두를 상대방으로 하는 필수적 공동소송으로 이해하고 취소의 효과는 절대적 무효가 되며 채권자는 취소의 결과 원상회복된 채무자 재산에 대해서만 강제집행을 할 수 있다고 본다.

(3) 대법원판례의 입장

대법원판례는 채권자취소권의 본질에 관해서, 채권자취소권은 채무자의 사해행위를 채권자와 수익자 또는 전득자 사이에서 상대적으로 취소하고 채무자의 책임재산에서 일탈한 재산을 회복하여 채권자의 강제집행이 가능하도록 하는 것을 본질로 하는 권리라고 함으로써 결합설의 입장을 확립하고 있다.[15]

또한, 대법원판례는 채권자취소권의 효력에 관해서, '채권자가 사해행위의 취소와 함께 수익자 또는 전득자로부터 책임재산의 회복을 구하는 채권자취소의 판결을 받은 경우, 그 취소의 효과는 채권자와 수익자 또는 전득자 사이의

---

15) 대법원 2001. 2. 27. 선고 2000다44348 판결, 2008. 4. 24. 선고 2007다84352 판결, 2017. 10. 26. 선고 2015다224469 판결 등.

관계에서만 생기는 것이므로, 수익자 또는 전득자가 채권자에 대한 관계에서 사해행위의 취소로 인한 원상회복의무를 부담하게 될 뿐, 채권자와 채무자 사이에서 그 취소로 인한 법률관계가 형성되는 것은 아니고, 그 취소의 효력이 소급하여 채무자의 책임재산으로 복구되는 것도 아니다'라는 상대적 효력설의 입장을 확립하고 있다.[16)]

2. 채권자취소권의 구조

(1) 복합적 · 단계적 구조

우리 민법상의 채권자취소권은 채권의 공동담보인 채무자의 책임재산을 보전하기 위하여 채무자의 일반재산으로부터 일탈된 재산을 모든 채권자를 위하여 수익자 또는 전득자로부터 환원시키는 제도로서, 그 행사의 효력은 채권자와 수익자 또는 전득자와의 상대적 관계에서만 미치고, 사해행위 취소의 형성권과 원상회복청구권이라는 이질적인 권리가 결합된 복합적 구조를 가지는 것이다.

또한, 우리 민법의 채권자취소권은 원인이 되는 사해행위를 취소하고 그 원인에 의하여 초래된 결과에 대하여 원상회복을 구하는 단계적 구조를 가진다고 할 수 있다.

한편, 우리 민법은 법률행위에 의한 부동산 물권변동에 있어서 등기를 그 효력요건으로 하는 성립요건주의(형식주의)를 채택하고 있는데(민법 제186조), 이때 등기는 법률행위 이외에 법률에 의하여 요구되는 부동산 물권변동의 또 하나의 요건이다.

이러한 채권자취소권의 구조와 물권변동에 관한 성립요건주의 및 물권행위의 독자성과 무인성을 인정하지 않는 대법원판례의 입장에 비추어 보면, 채무자의 부동산에 관한 처분행위에 대하여 채권자취소권이 문제되는 경우, 사해행위로서 취소의 대상이 되는 채무자의 법률행위는 물권변동의 원인이 된 매매계약, 근저당권설정계약 등 채권행위이고, 수익자 명의로 마쳐진 등기 부분은 원상회

---

16) 대법원 2006. 8. 24. 선고 2004다23110 판결, 2007. 4. 12. 선고 2005다1407 판결, 2014. 6. 12. 선고 2012다47548 판결 등(다만, 대법원판례는 관행적으로, "……책임재산의 회복을 구하는 '사해행위취소의 판결'을 받은 경우"라고 표현하고 있으나, 이에 대해서는 앞서 본 바와 같이 '채권자취소의 판결'이라는 용어를 사용하는 것이 적절하다고 할 것이다).

복의 대상으로 파악하여야 할 것이다.17)

(2) 기능적 측면

채권자취소권을 행사하는 채권자의 주된 목적은 사해행위 취소 그 자체보다는 일탈한 책임재산의 회복에 있으므로, 기능적 측면에서 본다면 채권자취소권의 내용 중에서 원상회복이 목적이고 사해행위 취소는 그 목적 실현을 위한 수단이라고 볼 수 있다.

따라서, 채권자가 채무자의 부동산에 관한 사해행위를 이유로 수익자를 상대로 그 사해행위의 취소 및 원상회복을 구하는 소송을 제기한 후 소송계속 중에 복귀를 구하는 재산이 벌써 채무자에게 복귀한 경우에는, 특별한 사정이 없는 한 그 채권자취소소송의 목적은 이미 실현되어 더 이상 그 소에 의해 확보할 권리보호의 이익이 없어진다.18)

한편, 채무자의 사해행위로 인하여 재산적 현상의 변동이 일어나는 것이므로, 사해행위와 재산변동은 원인·결과의 관계에 있다고 볼 수 있다. 이러한 인과관계에 의해 재산변동의 결과를 원상으로 복귀시키기 위해서는 그 원인이 된 사해행위를 취소할 필요가 있다. 따라서, 채권자는 원상회복의 전제가 되는 사해행위의 취소가 없는 이상 원상회복청구권은 인정되지 않으므로 사해행위의 취소를 구함이 없이 원상회복만을 구할 수는 없다.19)

(3) 절차적 측면

우리 민법상의 채권자취소권은 사해행위 취소의 형성권과 원상회복청구권의 결합이고, 그에 기한 소의 성질도 형성의 소와 이행의 소의 결합이라는 복합적 구조를 가진다.

형성의 소는 그 판결이 확정됨으로써 비로소 권리변동의 효력이 발생하게

---

17) 대법원판례도 '어느 부동산에 관한 매매계약 기타 법률행위가 사해행위에 해당하는 경우에는 원칙적으로 그 사해행위를 취소하고 소유권이전등기의 말소 등 부동산 자체의 회복을 명하여야 한다'고 판시하였다(대법원 1996. 10. 29. 선고 96다23207 판결, 2010. 2. 25. 선고 2007다28819 판결 등).

18) 대법원 2008. 3. 27. 선고 2007다85157 판결.

19) 대법원 2008. 12. 11. 선고 2007다69162 판결.

되므로 이에 의하여 형성되는 법률관계를 전제로 하는 이행소송 등을 병합하여 제기할 수 없는 것이 원칙이다.[20] 그러나, 민법 제406조 제1항은 채권자가 사해행위의 취소와 원상회복을 법원에 청구할 수 있다고 규정함으로써 사해행위 취소를 구하는 형성소송에 그 취소를 전제로 하는 원상회복청구를 병합하여 제기할 수 있도록 허용하고 있다.[21]

따라서 근저당권 설정계약이 사해행위로서 취소되는 경우 그 부분이 확정되지 않았다 하더라도 그 취소를 전제로 하여 원상회복으로서 수익자에 대하여 근저당권 말소등기 청구의 이행소송을 병합할 수 있고, 사해행위 취소 부분이 확정되지 않았다 하더라도 배당절차에서의 원상회복으로서 배당이의의 소를 제기할 수 있다.

---

20) 예컨대, 제권판결 불복의 소와 같은 형성의 소에 그 판결의 확정에 의하여 형성되는 법률관계를 전제로 하는 이행소송인 수표금 청구소송을 병합할 수 없고, 그 확정을 조건으로 하는 장래 이행의 소로서 수표금 청구를 병합할 수도 없다(대법원 2013. 9. 13. 선고 2012다36661 판결).
21) 대법원 2004. 1. 27. 선고 2003다6200 판결.

제 4. 법익 또는 가치 충돌의 조정

1. 문제의 정리

법익 또는 가치의 충돌 및 그 조정의 문제는 공법 내지 형사법의 영역에서 두드러지게 나타난다.

개인의 명예 보호와 표현 자유 보장의 충돌이라고 볼 수 있는 명예훼손죄의 위법성조각사유로서의 '오로지 공익을 위한 사실 적시'의 범위에 관한 판단 문제, '외설이냐 예술이냐'의 쟁점으로 집약되는 '음란물 반포 등에 관한 죄'에 있어서의 음란성에 관한 판단 기준의 문제 등은 전통적 · 전형적인 법적 가치의 충돌 문제라고 할 수 있다.

근래에는 낙태(인공임신중절)의 경우 여성의 행복추구권과 태아의 생명권의 충돌이, 양심적 병역 거부를 둘러싸고 양심의 자유와 국방의무의 충돌이, 근로조건의 설정에 있어서 기업 경영에 관한 의사결정의 자유와 근로자들의 일반적 행동자유권의 충돌[22]이 현실적인 문제로 대두하였다.

민사법 영역에서는 당사자 사이에 자유로운 의사표시 없이 법률관계가 형성되는 불법행위 분야에서 주로 법익 충돌의 문제가 발생한다. 당사자 사이의 계약에 의한 법률관계의 경우에는 사전에 상호간의 자유로운 의사에 따라 이해관계가 충분히 협의 조정된 상태에서 형성된다고 볼 수 있으므로 법익 충돌보다는 당사자의 의사 해석이 문제된다고 볼 수 있다.

채권자취소권도 취소권을 행사하는 채권자와 그에 따라 원상회복의 의무를 부담하는 수익자 또는 전득자 사이에는 자유로운 의사표시의 개입 없이 법률관계가 형성되는 것이므로, 불법행위와 마찬가지로 당사자 사이의 법익의 충돌과 그 해결 방안의 문제가 등장한다.

---

22) 대법원 2018. 9. 13. 선고 2017두38560 판결(항공운송업을 영위하는 "갑"회사가 턱수염을 기르고 근무하던 소속 기장 "을"에게 '수염을 길러서는 안 된다'고 정한 취업규칙 위반을 이유로 비행업무를 일시 정지시킨 인사처분을 한 경우, 그 인사조치의 부당성 여부가 쟁점으로 된 사안이다. 위 대법원판결은 결론적으로 위 인사처분의 근거가 된 취업규칙 조항은 "을"의 헌법상 일반적 행동자유권을 침해하므로 근로기준법 제96조 제1항, 민법 제103조에 따라 무효이고 이를 전제로 이루어진 비행정지 처분도 위법하다고 판단하였다).

대법원판례는 위와 같은 기본권 내지 법익의 충돌이 있는 경우 그 해결에 관한 법리로서 대체로 이익 형량의 원칙을 취하고 있는 것으로 이해된다.[23)]

개인의 명예와 표현 자유의 조정에 관하여 중요한 판단기준을 제시한 대법원 2018. 10. 30. 선고 2014다61654 전원합의체 판결의 판시내용을 간략하게 소개한다. '표현의 자유의 보장과 인격권 보호라는 두 개의 법익이 충돌하였을 때에는, 구체적인 경우에 표현의 자유로 얻어지는 가치와 인격권의 보호에 의하여 달성되는 가치를 비교형량하여 그 규제의 폭과 방법을 정하여야 한다. 민주주의 국가에서는 여론의 자유로운 형성과 전달에 의하여 다수의견을 집약시켜 민주적 정치질서를 생성·유지시켜 나가야 하므로, 표현의 자유 특히 공적 관심사에 대한 표현의 자유는 중요한 헌법상 권리로서 최대한 보장되어야 한다. 정치적·이념적 논쟁 과정에서 나타난 수사학적 과장이나 비유적인 표현 부분에 대해서까지 법적 책임을 지우는 것은 표현의 자유를 제한하는 결과가 될 수 있다'

민법은 앞서 본 바와 같이 채권자취소권에 관해서 매우 간단하고 추상적으로 규정하고 있지만, 방대한 대법원판례의 집적에 의하여 그 요건 및 효과 등에 관하여 세부적인 해석 준칙이 확립되어 있고, 당사자 사이의 법익 충돌에 관한 해결의 법리도 구체적으로 형성되어 있다고 볼 수 있다.

그러나, 구체적인 채권자취소 사건에 대하여 대법원판례에 의해 형성된 법리를 적용함에 있어서 그 사건의 배후에는 아래에서 살펴보는 바와 같은 법익 내지 가치 충돌의 문제가 존재한다는 점을 염두에 둘 때 더욱 합당한 결론에 도달할 수 있다고 생각한다.

헌법재판소 판례는, '채권자취소권은 채무자의 책임재산을 보전하기 위하여 이미 행하여진 채무자의 재산처분행위의 효력을 부인하고 수익자 또는 전득자로부터 그가 취득한 재산을 회수하는 것을 본질적 기능으로 하는 것이어서 제3자에게 미치는 영향이 크다. 따라서 채권자취소제도의 내용 설정과 운영에 있어서는 채권자의 책임재산 보전의 필요성, 채무자의 재산처분의 자유, 거래안전의

23) 대법원 1988. 10. 11. 선고 85다카29 판결은, '인격권으로서의 개인의 명예의 보호와 표현의 자유의 보장이라는 두 법익이 충돌하였을 때 그 조정을 어떻게 할 것인지는 구체적인 경우에 사회적인 여러 가지 이익을 비교하여 표현의 자유로 얻어지는 이익·가치와 인격권의 보호에 의해 달성되는 가치를 형량하여 그 규제의 폭과 방법을 정하여야 한다'고 판시하였다.

보호라는 대립되는 규범원리가 잘 조화를 이룰 수 있도록 하여야 한다'고 판시하였다.[24)]

2. 채권자취소권에서의 법익 충돌의 모습

(1) 채권자의 법익과 채무자의 경제활동의 자유

채권은 본래 상대권으로서 채권자가 채무자에 대해서만 행사할 수 있는 것인데, 채권자취소권은 채무자의 책임재산을 보전하기 위하여 채권자로 하여금 채무자와 제3자 사이의 거래행위에 간여할 수 있는 특별한 효력을 인정한 것이다.

그러나 한편, 일반적으로 채무자는 계약자유의 원칙이 적용되는 범위에서는 채무초과 상태에서도 자신의 재산을 처분할 수 있고, 기업을 영위하는 채무자가 재산을 처분하는 행위에 대해서는 그 경영상의 판단을 존중하여야 할 것이다.

이와 같이, 채권자의 채무자 책임재산에 대한 보전의 법익은 채무자의 재산처분의 자유와 경영판단 존중의 원칙 등 경제활동의 자유와 충돌할 수 있다. 특히 기업 경영에 있어서는 원천적으로 위험이 내재하여 있으므로 기업 외부의 채권자의 책임재산 보전의 법익이 지나치게 강조된다면, 기업을 영위하는 채무자의 경제적 창의성을 위축시킬 뿐만 아니라 경제적 위기 상황에서 자체적인 구조조정행위를 봉쇄함으로써 기업을 파탄에 빠뜨리게 할 우려가 있다.

위와 같은 채권자의 채임재산 보전의 법익과 채무자의 경제활동의 자유가 충돌하는 경우에 그 조정에 관한 법리로서 논의되는 것이 뒤의 제2장 제3절 제4.에서 검토하는 '사해행위 해당성의 조각'의 문제라고 할 수 있다.

(2) 채권자의 법익과 거래 안전의 보호

채권자취소의 법률관계에 있어서 수익자는 자신과 채무자 사이에 이루어진 유효한 법률행위를 채무자의 책임재산을 회복하기 위하여 채권자에 의해 일방적으로 부인당하는 지위에 있으므로, 예측하기 어려운 불이익을 받을 위험이 크다. 특히 채무자와 수익자 사이의 재산권의 매매거래에 있어서는 매매계약의 당사자도 아닌 채권자의 취소에 의해 수익자인 매수인의 권리가 사실상 박탈당하

---

24) 헌법재판소 2006. 11. 30.자 2003헌바66 결정 참조.

는 결과를 초래하여 매수인인 수익자에게 가혹하고 결국 거래의 안전을 해할 수 있다.

수익자 또는 전득자가 자신의 선의 입증에 실패함으로써 악의가 인정되어 채권자취소권의 주관적 요건이 충족된다고 하더라도, 그 악의는 채무자가 채무초과 상태에서 재산을 처분한다는 사정을 알고 있었음을 의미할 뿐이므로 다른 특별한 사정이 추가되지 않는 한 이로써 바로 법률상 원인 없는 부당이득이나 위법성이 개재된 불법행위가 성립한다고 보기 어렵다.

이와 같이 채권자의 책임재산 보전의 법익과 거래의 동적 안전 보호의 요청이 충돌할 수 있다. 그 조정 방안의 하나로서 부동산 매매 그 중에서도 특히 주택의 매매에 있어서는 채무자의 매도행위가 사해행위에 해당하는 경우라도 거래의 안전을 위하여 수익자인 매수인의 선의를 가급적 너그럽게 인정하는 판단기준을 설정할 필요성이 있다고 생각한다.[25)]

3. 법적 안정성과 구체적 타당성

실제 소송사건을 처리하는 가운데, 개별 사건에서의 특수한 여러 가지 사정을 참작하여 그 사건에서의 타당한 결론을 도출함에 있어 그것이 기존의 법리적 틀에 부합하지 않은 부분이 있을 경우 법적 안정성과 구체적 타당성의 충돌의 문제가 생길 수 있다.

대법원 전원합의체 판결은 이러한 문제에 관해서 거듭하여 다음과 같이 판시하였다.[26)] '법은 원칙적으로 불특정 다수인에 대하여 동일한 구속력을 갖는 사회의 보편타당한 규범이므로 법의 표준적 의미를 밝혀 객관적 타당성이 있도록 해석하여야 하고, 가급적 모든 사람이 수긍할 수 있는 일관성을 유지함으로써 법적 안정성이 손상되지 않도록 하여야 한다. 한편 실정법은 보편적이고 전형적인 사안을 염두에 두고 규정되기 마련이므로 사회현실에서 일어나는 다양한 사안에서 구체적 사안에 맞는 가장 타당한 해결이 될 수 있도록 해석·적용

---

25) 매수인의 선의 인정에 관한 구체적 판단기준에 대해서는 뒤의 제2장 제5절 제 4.에서 상세하게 검토한다.

26) 대법원 2013. 1. 17. 선고 2011다83431 전원합의체 판결, 2018. 6. 21. 선고 2011다112391 전원합의체 판결.

할 것도 요구된다. 요컨대, 법해석의 목표는 어디까지나 법적 안정성을 해하지 않는 범위 내에서 구체적 타당성을 찾는 데 두어야 한다.'

법적 안정성이 확보되기 위해서는 법해석의 영역에서 성문의 법규를 정확하고 체계적인 논리에 따라 해석하는 일이 필요하다. 또한 구체적 사실관계에 대하여 법률요건을 적용함에 있어서는 그 요건의 해석에 관해서 객관적 표지 내지 기준을 설정하고 사실관계가 이에 부합하는지를 판단하는 일이 중요하다.

그러나, 사회생활은 끊임없이 유동 변화하므로 법해석을 지나치게 고정시키면 실생활의 인간관계를 올바르게 규율할 수 없게 되므로, 법이 그 해석에 의하여 사회의 실정(實情)과 정의의 요구에 따라서 변화할 수 있는 탄력성을 두는 것이 오히려 법적 안정성을 보호하는 관건이라고 할 수 있다.

구체적인 소송사건의 처리에 있어서는 기존의 법리적 틀을 유지하되, 개별적인 사건에서 특수한 사정을 고려하여 기존의 법리적 틀을 변용한 많은 판결례에서 공통의 요소를 찾아내어 또 다른 객관적인 법리적 틀을 구축해 나가는 것이 건강하고 유연한 법적 안정성을 확보하는 합리적인 방안이 될 것이다.

예컨대, 채권자취소권의 법률요건의 해석에 관해서도 사해행위의 개념을 적용함에 있어서는 객관적 요소를 기준으로 일관성을 유지하되, 개별적 사건에서 수익자의 선의를 인정함에 있어서는 그 개별 당사자의 특수한 사정과 당해 거래의 실정 등을 감안하여 유연하게 판단하는 것이 법적 안정성을 해하지 않는 범위 내에서 구체적 타당성을 구현하는 합리적 방안이라고 생각한다.

제 2 장
채권자취소권의 요건

제1절 요건 개관

채권자취소권의 요건은 ① 채권자의 피보전채권의 존재, ② 채무자의 사해행위[1]의 존재, ③ 채무자의 사해의사, ④ 수익자, 전득자의 악의[2] 등이다. 이 중 ①, ②는 객관적 요건, ③, ④는 주관적 요건이고, ①, ②, ③은 소송상 청구원인사실로서 소송을 제기한 채권자가 입증책임을 부담하고, ④는 항변사실로서 수익자 또는 전득자 측에서 자신의 선의를 입증하여야 한다.

소송실무상 위 ① 요건과 관련해서는 피보전채권의 성질 및 범위와 성립시기, 위 ② 요건과 관련해서는 무자력의 판단과 구체적인 법률행위의 사해행위성 해당 여부 등 여러 가지 법리적 쟁점이 문제되는 경우가 많다. 한편 소송실무상 위 ③, ④ 요건과 관련해서는 내심의 심리상태에 관한 사실인정이 주로 문제된다.

특히 수익자 또는 전득자의 악의가 추정되므로 선의에 관한 입증책임은 수익자 또는 전득자 측이 부담한다. 그런데, '선의'와 같은 내심의 심리상태에 관한 사실은 그 성질상 이를 직접적으로 입증할 수 있는 방법이 없고 현실적으로는 여러 가지 간접사실을 종합하여 추리하는 과정을 거쳐 추정하는 방법에 의해 입증할 수밖에 없다. 실제 소송에 있어서는 입증책임을 부담하는 측에서 선의와 관련된 복잡 다양한 간접사실에 관하여 주장하고 이를 뒷받침하는 정황증거를 수집 제출하며, 이에 대해 상대방이 합리적 의문점을 지적하거나 모순되는 자료를 제시하는 등 반박하여 그 입증의 부족함을 탄핵하는 등의 변론을 하는 것이 중요하다.

---

1) 법률용어로서의 사해행위 및 사해의사의 개념은 사전적(辭典的) 일반용례 즉 '속임수로 남에게 손해를 입히는 행위 및 의사'라는 뜻과는 다르다.

2) 법률용어로서의 악의(惡意)의 개념은 사전적(辭典的) 일반용례 즉 '남에게 해를 끼치려는 나쁜 마음'이라는 뜻과는 다르다.

제 2 절 채권자의 채권(피보전채권)의 존재

제 1. 피보전채권의 내용

1. 금전채권 요부

(1) 등기청구권 등 특정물 채권

대법원판례는, 채권자취소권은 모든 채권자를 위하여 채무자의 책임재산을 보전하는 권리로서 특정물 채권을 보전하기 위하여 행사하는 것은 허용되지 않는다는 입장을 견지한다(대법원 1995. 2. 10. 선고 94다2534 판결).

특정물 채권이란 개성이 중요시되어 다른 것으로 바꿀 수 없는 물건을 목적으로 하는 채권으로서 대표적 · 전형적인 예로서 부동산에 관한 소유권이전등기청구권이나 특정물의 인도청구권을 들 수 있다. 대법원 판례에 나타나는 특정물 채권에 관한 사안은 대부분이 부동산의 이중양도에 관한 것들이고, 그 외 사례로서 대법원 1992. 11. 24. 선고 92다33855 판결은 '점유취득시효의 대상인 부동산의 소유자가 취득시효 완성 후에 이를 처분한 경우 채권자(취득시효 완성자)는 시효취득을 원인으로 한 소유권이전등기청구권을 보전하기 위하여 채권자취소권을 행사할 수 없다'고 판시하였다.

부동산 이중양도의 경우에, 보통의 법감정으로는 양도인의 제1양수인에 대한 배신성 내지 사해성이 두드러진다고 볼 수 있지만, 위와 같은 대법원판례의 법리상 부동산의 제1양수인은 자신의 양도인에 대한 소유권이전등기청구권을 보전하기 위하여 양도인과 제3자(제2양수인) 사이에 이루어진 이중 양도행위에 대하여 채권자취소권을 행사할 수 없다(대법원 1999. 4. 27. 선고 98다56690 판결).

다만, 부동산 이중양도의 경우, 제2양수인이 양도인의 배임행위에 적극 가담한 때에는 반사회적인 법률행위로서 무효이므로,[3] 제1양수인(채권자)은 자신의 소유권이전등기청구권을 보전하기 위하여 양도인을 대위하여 제2양수인 명의로 마쳐진 등기에 관하여 말소청구 등을 할 수 있다.

(2) 종류물 채권

오래된 대법원 1965. 6. 29. 선고 65다477 판결은, 채권자가 백미 8가마니의 급부청구권을 가지고 있는데 그 채무자가 제3자에 대하여 백미 7가마니를 인도할 채무에 갈음하여 시가 백미 30가마니 이상의 가옥으로써 대물변제한 행위에 대하여 사해행위라고 하여 취소를 구하는 사안에 관하여, 결론적으로 채권자의 백미급부청구권을 채권자취소권의 피보전권리로 인정하였다. 위 대법원판결은 사해행위취소권을 행사하는 채권자의 채권은 반드시 금전채권임을 요하지 않고 금전 이외의 물건을 목적으로 하는 채권이라도 그 물건이 특정물이 아닌 이상 채무자의 자력은 그 권리의 보전에 밀접한 관계가 있으므로 채무자가 사해의 의사로써 무자력의 결과를 가져 온 행위를 한 때에는 그 채권자는 사해행위취소권을 행사할 수 있다고 설시하면서, 백미급부청구권을 채권자취소권의 피보전권리로 인정한 것이다.

그러나 위 대법원판결이 있다고 하여 대법원판례가 금전채권 이외의 종류물 채권 전반에 관하여 채권자취소권의 피보전권리 적격성을 인정하는 입장을 취한 것으로 볼 수 있는지는 의문이다. 위 대법원 65다477 판결에 관해서는 그 판결 성립 당시 백미라는 특수한 재화가 금전에 버금갈 정도로 가치척도의 기능을 담당하였던 당시의 특수한 시대적 사회경제상황이 반영된 것으로 이해하면 족하지 않을까 생각한다.

(3) 금전채권으로 변환될 수 있는 채권

특정물채권이 장래 채무불이행으로 인한 손해배상의 금전채권으로 변환될 것을 전제로 할 경우에 채권자취소의 피보전채권으로 될 수 있는가.

이 문제에 관해서 대법원 1999. 4. 27. 선고 98다56690 판결은, '부동산을

---

3) 대법원 1996. 10. 25. 선고 96다29151 판결. '적극가담'이란 이미 양도된 사실을 알았다는 것만으로 부족하고 이를 알고도 이중양도를 요청, 유인하는 등의 행위가 있어야 한다(1994. 3. 11. 선고 93다55289 판결).

양도받아 소유권이전등기청구권을 가지고 있는 채권자가 양도인이 제3자에게 이를 이중으로 양도하여 소유권이전등기를 경료하여 줌으로써 취득하는 부동산 가액 상당의 손해배상채권은 이중양도행위에 대한 사해행위취소권을 행사할 수 있는 피보전채권에 해당하지 않는다'고 판시하였다. 위 대법원 판결은 나아가, '위와 같이 발생한 손해배상채권은 사해행위 당시에 이미 채권성립의 기초가 되는 법률관계가 발생되어 있고 가까운 장래에 그 법률관계에 기하여 채권이 성립되리라는 점에 대한 고도의 개연성이 있으며 실제로 그 개연성이 현실화되어 성립한 채권에도 해당하지 않는다'고 판시하였다.

위 대법원판결에 의하면, 제1양수인(채권자)의 양도인에 대한 이행불능으로 인한 손해배상청구권은 양도인의 이중양도에 의하여 비로소 성립하는 것이므로 그 성질상 사해행위(이중양도) 전에 발생할 수 없고 그 후에만 발생할 수 있는 것인데, 이에 대해서는 뒤의 제 4. '피보전채권의 성립시기'에서 보는 바와 같은 이른바 장래 채권성립에 관한 고도의 개연성 법리도 적용되지 않는다는 것이다.

결국 대법원판례에 의하면, 부동산 이중양도의 경우에 제1양수인은 양도인에 대한 소유권이전등기청구권을 피보전채권으로 하여 채권자취소권을 행사할 수 없을 뿐만 아니라, 소유권이전 이행불능으로 인한 손해배상청구권을 피보전채권으로 하여서도 채권자취소권을 행사할 수 없다.

따라서, 특정물채권이 채무불이행으로 인한 손해배상의 금전채권으로 변환되는 경우라도 사해행위 당시 이미 금전채권으로 성립되어 있는 경우에 제한적으로 채권자취소의 피보전채권이 될 수 있다고 보아야 할 것이다.

(4) 결어(結語)

채권자취소권의 피보전채권으로서 어느 범위까지 포함시킬 수 있는지에 관해서는 금전채권이어야 한다는 설,[4] 금전채권 외에도 조달채무로서의 성질을 가지는 종류채권도 포함한다는 설,[5] 특정물채권도 포함된다는 설[6] 등 다양한 학설이 제시되어 있다.

---

4) 김준호, 채권법(제13판) 제238면.
5) 송덕수, 채권법총론(제6판) 제249면.
6) 이순동, 채권자취소권(제3판) 제132면.

채권자의 사해행위 취소와 그에 따른 원상회복은 모든 채권자의 이익을 위하여 그 효력이 있고(민법 제407조), 채권자취소제도는 본래 채권자의 공동담보인 채무자의 책임재산을 보전하려는 데 그 존재의의가 있는 것이므로, 법률이 특별하게 취소채권자를 위하여 현물분할을 인정하는 경우를 제외하고는, 취소권을 행사하는 채권자의 채권은 그 성질상 다른 채권자와 더불어 공동으로 만족을 받을 수 있는 금전채권이라야 할 것이라고 생각한다.

또한 특정물채권의 보전을 위하여 채권자취소권을 행사할 수 있다면, 일반적으로 먼저 성립한 채권을 보존하기 위하여 그와 상충되는 채권을 성립시키는 행위의 효력을 부인할 수 있게 되어 채권의 상대성의 원칙에도 반하게 될 것이다.[7]

다만, 당초부터 금전채권일 필요는 없으며 금전채권 외의 특정물채권 등이라고 하더라도 사해행위 당시까지 금전채권으로 변환 성립되어 있으면 이 또한 채권자취소권의 피보전채권으로 될 수 있다.

2. 기한부 · 조건부 채권의 경우

(1) 이행기 도래 불요

채권자대위권을 행사하려면 채권자의 채권이 원칙적으로 이행기가 도래하여야 하지만(민법 404조 제2항), 채권자취소권의 피보전채권은 사해행위 당시 이행기에 있어야 하는 것은 아니므로, 이행기 전에도 채권자취소권을 행사할 수 있다.[8] 채권자취소권은 현재 청구권을 행사하는 것이 아니라 모든 채권자를 위하여 채무자의 자력을 유지하는 것이므로 그 필요성은 반드시 이행기에 이르러야만 발생하는 것이 아니기 때문이다.[9]

대법원판례는 채권자취소권의 피보전채권은 취소권 행사 당시 이행기에 있어야 하는 것은 아니고 원칙적으로 피보전채권이 사해행위 당시 발생되어 있을

---

7) 최문기, 채권법총론 제267면.

8) 국내의 통설이다. 일본에서는 채권의 이행기 도래 여부와 관련하여 다양한 학설이 제기되어 있고, 독일법에서는 피보전채권의 기한이 도래하고 집행권원을 가지고 있을 것을 채권자취소권의 요건으로 규정하고 있다{민법주해 제IX권 채권 (2)(김능환 집필부분) 제812, 813면}.

9) 이순동, 채권자취소권(제3판) 제151면.

것을 요하지만, 나아가 예외적으로 사해행위 당시 성립되어 있는 기초적 법률관계에 터잡은 고도의 개연성에 의하여 장래 발생할 채권도 피보전채권이 될 수 있다는 법리를 확립하고 있다.[10)]

(2) 조건성취 요부

대법원 2011. 12. 8. 선고 2011다55542 판결은, '민법 제148조, 제149조에서 조건부권리의 보호규정을 두고 있고, 채권자취소권 행사는 채무이행을 구하는 것이 아니라 총채권자를 위하여 이행기에 채무이행을 위태롭게 하는 채무자의 자력 감소를 방지하려는 데 목적이 있으므로, 정지조건부채권이라 하더라도 장래 정지조건의 성취가 어려울 것으로 보이는 특별한 사정이 없는 한 채권자취소권의 피보전채권이 될 수 있다'고 판시하였다.

위 대법원판결의 사안 요지는, 채무자 "을"이 공사가 완공되지 못하고 중도에 계약이 해제될 경우 채권자 "갑"에게 2억 원을 지급하여야 하는 정지조건부 채무를 부담하고 있는데, 정지조건 성취 전 자신의 유일한 재산인 토지와 건물에 관하여 수익자 "병"과 사이에 근저당권설정계약을 체결하고 그 설정등기를 마쳐 준 경우이다.

위 대법원판결은 위 사안에서, 사해행위 당시에 정지조건이 성취되지 않았다고 하더라도 채권자 "갑"은 "을"에 대한 정지조건부채권을 피보전권리로 하여 "을"과 "병" 사이에 체결된 근저당권설정계약을 사해행위로서 취소할 수 있다고 판시하였다.

다만, 조건은 법률행위의 효력의 발생 또는 소멸을 '장래의 불확실한 사실'에 의존하게 하는 것인데, 장래 정지조건의 성취가 어려울 것으로 보이는 특별한 사정이 있거나 해제조건이 성취될 것으로 보이는 특별한 사정이 있는 경우에는, 그 조건부 권리 자체가 존재하지 않을 고도의 개연성이 있다고 볼 수 있으므로, 채권자취소권의 피보전채권이 되지 못한다고 할 것이다.

따라서, 조건부 권리자가 채권자취소권을 행사하는 경우에는 소송실무상, 그 조건의 성취 여부에 관한 특별한 사정에 관해서도 심리가 이루어지고, 채권자취

10) 이 점에 관해서는 아래 제 4.에서 상세하게 검토한다.

소권의 또 다른 요건인 채무자의 무자력을 인정함에 있어서도 채무자의 조건부 권리자에 대한 채무를 채무자의 소극재산에 산입하지 않고도 채무초과상태라는 점에 관해서 충실한 심리가 이루어지는 것이 타당하다고 생각한다.

3. 채권의 액수 또는 범위가 확정되지 않은 경우

대법원 2018. 6. 28. 선고 2016다1045 판결은, '채권자취소권 행사는 채무이행을 구하는 것이 아니라 총채권자를 위하여 채무자의 자력 감소를 방지하고 일탈된 채무자의 책임재산을 회수하여 채권의 실효성을 확보하는 데 목적이 있으므로, 피보전채권이 사해행위 이전에 성립되어 있는 이상 그 액수나 범위가 구체적으로 확정되지 않은 경우라고 하더라도 채권자취소권의 피보전채권이 된다'고 판시하였다.

위 대법원판결의 사안요지는, 채무자 "을"이 2010. 8.경부터 채권자 "갑"의 예금인출 요청 거부라는 불법행위를 함으로써 "갑"은 그 후부터 "무"에게 화해권고결정에 의한 채무금을 지급하지 못함에 따라 추가된 지연손해금 상당의 손해를 입었는데, 채무자 "을"은 2012. 2. 27. 수익자 "병"에게 사해행위로서 이 사건 부동산을 증여하고, 그 후 "갑"이 "을"을 상대로 위 불법행위로 인한 손해배상청구소송을 제기하여 2015. 10. 16.에 이르러 "을"의 손해배상책임액이 약 1억 9,000만 원의 지연손해금 중 60%로 인정("갑"의 과실도 참작하여 "을"의 배상책임을 제한)된 경우이다.

위 사안에 관하여, 위 대법원판결의 원심은 채권자 "갑"의 피보전채권인 "을"에 대한 손해배상채권은 판결이 선고된 2015. 10. 16.에서야 비로소 구체화되어 그 손해가 이 사건 증여계약일인 2012. 2. 27. 이후에 발생한 점에 비추어, 이 사건 증여계약 당시 손해배상채권은 발생하지 않았고 그 채권 성립의 기초가 되는 "을"의 불법행위가 있었다고 하더라도 그로 인하여 가까운 장래에 채권이 성립되리라는 고도의 개연성이 있었다고 보기 어렵다는 이유로, 위 손해배상채권이 사해행위인 위 증여계약의 취소를 구할 피보전채권이 되지 않는다고 판단하였다.

그러나, 위 대법원판결은, 앞서 본 바와 같은 법리를 전제로 하여, '채권자

"갑"은 "을"의 예금인출 거부라는 불법행위로 인하여 그 후부터 지연손해금을 부담하게 되는 현실적인 손해를 입었고, 비록 이 사건 증여계약 당시에는 그 손해배상채권의 구체적인 액수나 범위가 확정되지 않고 그 후 소송절차에서 정해졌다고 하더라도 손해배상채권은 증여계약 이전에 이미 성립되었다고 보아야 하므로, 채권자취소권의 피보전채권이 된다'고 판단함으로써 원심판결을 파기하였다.

다만, 위와 같이 피보전채권의 액수나 범위가 확정되어 있지 않은 사정은 채무자의 취소채권자에 대한 채무를 채무자의 소극재산에 포함시키는 데에 있어서도 불확정한 사정으로 작용하여, 결국 채무자의 무자력 여부가 불분명하게 될 경우도 있다.

이와 같이, 채권자의 피보전채권 다시 말하면 채무자의 취소채권자에 대한 채무를 채무자의 소극재산에 포함시키지 않을 때 채무자의 무자력 여부가 불분명하게 되는 경우에는, 채무자의 무자력에 관하여 주장 입증책임을 부담하는 채권자에게 불리하게 작용할 수밖에 없을 것이다.

따라서 소송실무상, 취소권을 행사하는 채권자로서는 피보전채권의 액수나 범위가 불확정한 경우에는, 사해행위 당시 피보전채권에 대응하는 채무자의 채무를 제외하더라도 채무자가 채무초과상태에 있었다는 점 및 그 피보전채권의 발생 자체는 확실하다는 점에 관해서 주장 입증하여야 할 것이라고 생각한다.

4. 보증금융기관의 사전구상권

(1) 보증금융기관의 수탁보증인적 지위

우리나라에는 물적 담보능력이 미약한 기업(사업을 하는 개인 또는 법인)의 자금 융통을 원활하게 하기 위하여 기업이 은행 등으로부터 대출을 받음에 있어 기업의 부탁에 따라 그 상환채무에 대하여 보증을 제공하는 기관이 많이 존재한다. 그 대표적인 기관으로서 신용보증기금, 기술신용보증기금, 각 지역별 신용보증재단(서울신용보증재단, 경기신용보증재단, 부산신용보증재단 등) 등을 들 수 있다. 한편, 보증보험은 보험계약자가 채무를 이행하지 않는 경우에 보험자가 보상책임을 지는 점에서 민법상 보증과 같은 보증성을 가지므로, 그 성질에 반하지 않는 범위 내에서 보증채무에 관한 민법의 규정을 준용하는데(상법 제726조의7), 보증보험업무를 취급하는 대표적인 기관으로 서울보증보험(주)을 들 수 있다.

위와 같은 보증금융기관이 기업의 부탁에 따라 기업의 은행 등에 대한 대출금 상환채무에 대하여 보증을 제공한 경우, 은행에 대한 관계에서 기업은 주채무자의 지위에 있고 보증금융기관은 수탁보증인의 지위에 있게 된다.

(2) 보증금융기관의 사전구상권 취득사유

민법상 수탁보증인은 ① 보증인의 과실없이 채권자에게 변제할 재판을 받은 때, ② 주채무자가 파산선고를 받은 경우에 채권자가 파산재단에 가입하지 아니한 때, ③ 채무의 이행기가 확정되지 아니하고 그 최장기도 확정할 수 없는 경우에 보증계약 후 5년을 경과한 때, ④ 채무의 이행기가 도래한 때 등의 경우에 주채무자에 대하여 사전구상권을 취득한다(민법 제442조).

그러나 이는 강행규정은 아니므로 보증금융기관은 기업과 사이의 별도 약정에 의하여 사전구상권을 행사할 수 있는 사유를 확장하고 그 행사에 특별한 절차적 요건을 필요하지 않도록 할 수 있다.[11] 이에 보증금융기관은 보증을 제공함에 있어 기업과 사이에 통상적으로 '신용보증약정서'라는 명칭으로 별도의 계약을 체결하고, 기업의 실질적 경영자 또는 대주주 등은 위 신용보증약정에 의한 채무에 관하여 연대보증을 하는 경우가 보통이다.

그리고 신용보증약정서에 사전구상권에 관하여 ① 기업의 은행 등에 대한 주채무의 이행의무를 위반한 때, ② 폐업하거나 3개월 이상 계속하여 영업을 하지 아니한 때, ③ 어음교환소로부터 거래정지처분을 받을 사유가 발생한 때, ④ 신용정보관리규약에 따른 부도정보, 금융질서문란정보, 공공기록정보의 등록사유가 발생한 때, ⑤ 사업장에 대하여 압류, 가압류, 가처분 결정 또는 경매신청이 있는 때 등을 사전구상권 성립사유로 추가하는 것이 보통이다. 또한, 그러한 사유가 생긴 때에는 기업 및 구상채무의 연대보증인이 보증금융기관으로부터 통지나 최고를 받지 않더라도 보증금융기관이 보증하고 있는 금액에 대하여 사전상환의무를 부담하기로 하는 내용의 특약조항을 두는 것이 통상적이다.

---

11) 대법원 2001. 2. 23. 선고 2000다38947 판결.

소송실무상 위와 같이 주채무자 또는 연대보증인이 보증금융기관에 대하여 사전구상채무를 부담하는 사유가 발생한 것을 신용보증사고의 발생이라고 일컫는다.

(3) 사전구상권의 피보전채권 적격성

수탁보증인의 사전구상권과 사후구상권은 그 종국적 목적과 사회적 효용을 같이 하는 공통성을 가지고 있으나 그 발생원인 및 법적 성질을 달리하는 별개의 독립된 권리이므로, 사전구상권 자체가 채권자취소권의 피보전채권으로 될 수 있다. 그리고, 그 사전구상권이 이미 성립되어 있는 기초적 법률관계에 기초하여 가까운 장래에 발생하리라는 점에 대한 고도의 개연성이 있으면 사해행위 당시 아직 발생하지 않은 사전구상금 채권도 채권자취소권의 피보전채권이 될 수 있다(대법원 2012. 1. 12. 선고 2010다64792 판결).

소송실무상으로는 앞서 본 보증금융기관의 사전구상권 또는 보증이행(대위변제)에 의한 구상권이 피보전채권으로 되는 경우가 태반이라고 할 수 있다.

그런데 예컨대 신용보증기금의 경우, 신용보증기금은 대출금융기관의 보증이행청구가 있을 때 비로소 대위변제를 할 수 있고, 한편, 대출금융기관은 채무자의 이행지체 후 3개월이 경과하여야 신용보증기금에 대하여 보증이행청구를 할 수 있다(신용보증기금법 제29조, 같은 법 시행령 제21조 제1호). 따라서, 신용보증기금 등 보증금융기관의 경우에는 채권자취소권의 피보전채권의 적격성을 판단함에 있어 실제 대위변제에 의한 구상채권의 발생시점보다는 신용보증사고 발생에 의한 사전구상권의 성립시점이 중시되어야 할 것이라고 생각한다.

제 2. 피보전채권의 이전과 채무의 승계

1. 피보전채권이 이전된 경우

(1) 채권양수인의 채권자취소권 행사

채권자취소권은 채권에 종(從)된 실체법상의 권리이고 채권양도가 있으면 채권은 동일성을 유지하면서 양수인에게 이전하므로, 피보전채권이 양도되면 양도인은 피보전채권을 상실하여 채권자취소권을 행사할 수 없고 양수인이 채권자취소권을 행사한다.

채권자의 채권이 사해행위 이전에 성립한 이상 사해행위 이후에 양도되었다고 하더라도 양수인은 채권자취소권을 행사할 수 있으며, 채권양수일에 채권자취소권의 피보전채권이 새로이 발생하였다고 볼 수 없다(대법원 2012. 2. 9. 선고 2011다77146 판결). 또한, 채권양도의 대항요건을 사해행위 이후에 갖추더라도 채권양수인이 채권자취소권을 행사하는 데 장애사유가 되지 않는다(대법원 2006. 6. 29. 선고 2004다5822 판결).

사해행위가 있은 후 채권자가 그 취소원인을 알면서 피보전채권을 양도하고 양수인이 그 채권을 보전하기 위하여 채권자취소권을 행사하는 경우에는, 1년의 단기 제척기간은 양도인을 기준으로 기산한다(대법원 2018. 4. 10. 선고 2016다272311 판결). 채권 양도에 의해 채권은 동일한 제약을 유지하면서 양수인에게 이전하고 채무자는 양도 통지를 받을 때까지 양도인에게 대항할 수 있는 사유로써 양수인에게 대항할 수 있기 때문이다.

(2) 채권양도와 동일 채권에 대한 전부명령이 경합된 경우

채권이 이중으로 양도되거나 채권양도와 동일 채권에 대한 압류·전부명령이 경합한 경우에는 채권자취소권을 행사할 수 있는 자는 누구인가.

채권이 이중으로 양도된 경우의 양수인 상호간의 우열은 통지 또는 승낙에 붙여진 확정일자의 선후에 의해 결정할 것이 아니라, 채권양도에 대한 채무자의 인식 즉 확정일자 있는 양도 통지가 채무자에게 도달한 일시 또는 확정일자 있는 승낙의 선후에 의하여 결정한다. 이러한 법리는 채권양수인과 동일 채권에 대하여 압류전부명령을 집행한 자 사이의 우열을 결정하는 경우에도 마찬가지이므로, 확정일자 있는 채권양도 통지와 압류전부결정정본의 제3채무자(채권양도의 경우는 채무자)에 대한 도달의 선후에 의하여 그 우열을 결정한다(대법원 1994. 4. 26. 선고 93다24223 전원합의체 판결).

따라서, 채무자 "을"과 수익자 "병" 사이에 "을"의 제3채무자 "A"에 대한 채권에 관한 양도계약이 체결되고 확정일자 있는 양도 통지가 "A"에게 도달한 후에, "을"의 채권자 "갑"의 위 양도 채권에 대한 채권압류 및 전부명령이 "A"에게 도달된 경우, "갑"의 위 채권압류 및 전부명령은 이미 양도된 채권에 대한 것이어서 무효이고, 따라서 "갑"은 "을"에 대한 채권자로서의 지위를 잃지 않으므로 "을"과 "병" 사이의 채권양도계약에 대하여 채권자취소소송을 제기할 수 있다.[12]

(3) 대위변제에 의해 채권이 이전된 경우

타인의 채무를 변제하고 채권자를 대위하는 대위변제의 경우 채권자의 채권은 동일성을 유지한 채 법률상 당연히 변제자에게 이전한다.[13]

대위변제에 의하여 이전되는 채권에 관한 권리에는 채권자취소권도 포함되므로, 전부대위변제 후에는 변제자가 채무자의 사해행위에 대하여 채권자취소권을 행사한다고 할 것이다.

2. 채무가 승계된 경우

(1) 채무인수

채무인수는 계약에 의하여 채무의 동일성을 유지하면서 채무가 채무자로부터 제3자(인수인)에게 이전되는 것으로서, 이로써 채무자는 채무를 면하고 인수인이 동일한 채무를 부담한다(면책적 채무인수).

---

12) 대법원 1997. 6. 27. 선고 95다40977 판결.

13) 대법원 2015. 11. 27. 선고 2014다208378 판결. 다만, 임의대위인 경우에는 채권양도의 대항요건에 관한 민법 제450조 내지 제452조의 규정을 준용한다(민법 제480조 제2항).

채무인수는 종전 채무자가 채무를 면하는 점에서, 제3자가 채무자로 들어와 종래의 채무자와 더불어 동일한 내용의 채무를 부담하는 병존적 채무인수(중첩적 채무인수)나 채무자와 인수인 사이의 계약으로 인수인이 채무자에 대한 관계에서 채무자의 채무를 채권자에게 이행할 의무를 질 뿐 채권자가 인수인에게 직접 채무이행을 청구하지 못하는 이행인수와 구별된다.

채무인수에 의하여 채권자는 종전 채무자에 대한 채권을 상실하므로 종전 채무자의 사해행위에 관하여 채권자취소권을 행사할 수 없다고 할 것이다. 또한 채권자취소권은 피보전채권의 존재를 전제로 하여 재판상 행사하는 것이므로 사해행위 당시뿐만 아니라 변론종결시에도 존재하여야 하며, 변론종결시에 그 채권이 부존재하는 경우에는 취소권을 행사할 수 없다.

채권자는 원칙적으로 채무인수 후에 인수인이 한 사해행위에 대하여 채권자취소권을 행사할 수 있다. 다만, 채권자와 인수인 사이의 채무인수계약 체결에 관한 교섭 또는 채무자와 인수인 사이의 인수계약에 대한 채권자의 동의에 관한 교섭이 상당히 진행되어 채권자의 인수인에 대한 채권 발생의 개연성이 고도로 높아진 단계에 있는 경우에는, 채권자가 채무인수 전의 인수인의 사해행위에 대해서도 채권자취소권을 행사할 수 있다고 할 것이다.[14]

(2) 체육시설의 이전과 채무의 승계

'체육시설의 설치 및 이용에 관한 법률'에 의한 체육시설업자의 영업이나 체육필수시설이 타인에게 이전된 경우 영업양수인 또는 체육필수시설의 인수인 등은 체육시설업과 관련하여 형성된 공법상의 권리·의무뿐만 아니라 체육시설업자와 회원 간의 사법상 약정에 따른 권리·의무도 승계한다.[15]

따라서, 골프장 영업자(체육시설업자)와 사이에 입회계약을 체결하고 골프장 회원으로 가입하였는데 그 골프장 부지가 민사집행법에 따른 경매 등에 의해

---

14) 민법은 채무인수계약의 유형으로서 채권자와 제3자와의 계약, 채무자와 제3자와의 계약의 두 가지를 규정하고 있으나 채권자·채무자·제3자의 삼면계약에 의해서도 할 수 있다. 채무자와 제3자 사이의 계약으로 채무를 인수한 경우에는 채권자의 승낙이 있어야 효력이 생기는데, 다른 의사표시가 없으면 채무를 인수한 때에 소급하여 그 효력이 생긴다(민법 제457조).

15) 체육시설의 설치·이용에 관한 법률 제27조 제1항, 제2항, 제17조. 소송실무상 주로 골프장 영업자와 골프장 회원 가입자 사이의 법률관계의 승계가 문제된다.

다른 업자에게 이전되는 경우에, 그 인수인이 회원들에 대한 입회금반환채무를 승계하므로, 회원의 그 인수인에 대한 입회금반환채권은 인수인의 사해행위에 관하여 취소를 구하는 피보전채권이 될 수 있다.16)

다만, 체육필수시설을 구성하던 일부 시설이 노후화되거나 철거되는 등으로 남은 시설로는 본래의 용도에 따른 기능을 상실하여 이를 이용하여 체육시설업의 영업실질이 남아 있지 않게 된 경우에는, 그 시설을 매수한 사람은 기존 체육시설업자의 회원에 대한 의무를 승계한다고 볼 수 없다.17)

---

16) 대법원 2018. 10. 18. 선고 2016다220143 전원합의체 판결 참조. 이 대법원판결은, 체육필수시설이 민사집행법에 따른 경매 등에 의하여 이전하는 경우 외에 '체육필수시설에 대한 담보신탁계약이 체결된 다음 그 계약에 정한 공매나 수의계약으로 체육필수시설이 일괄하여 이전된 경우'에도 회원에 대한 권리의무가 승계되는지의 쟁점에 대하여 다수 의견으로서 긍정적으로 판단하였다.

17) 대법원 2019. 9. 10. 선고 2018다237473 판결.

제 3. 채무자회생법에 의해 면책 또는 변경된 채권

1. 피보전채권에 대한 면책과 채권자취소권

(1) 면책의 효력과 채권자취소권

채무자회생법의 절차에 따라 면책을 받은 채무자는 조세채권, 중대한 과실로 타인의 생명 또는 신체를 침해한 불법행위로 인한 손해배상채권 등 위 법률 제566조 단서의 예외사유에 해당하지 않는 한, 파산절차에 의한 배당을 제외하고는 파산채권자에 대한 채무의 전부에 관하여 그 책임이 면제된다(채무자회생법 제566조 본문).

면책된 채무는 채무자체가 소멸하는 것이 아니라 자연채무로 남게 되어, 파산채권자는 강제집행에 의해 만족을 얻지 못하지만 채무자로부터 임의변제를 받을 수 있고 그것이 부당이득으로 되지 않는다.[18]

그런데, 채권자취소권은 채무자의 책임재산을 보전하기 위한 제도로서 채무자에 대하여 채권을 실제로 행사할 수 있음이 전제되어야 하므로, 채무자가 파산절차에서 면책결정을 받은 때에는 파산채권을 피보전채권으로 하여 채권자취소권을 행사하는 것은 그 채권이 위 법률 제566조 단서의 예외사유에 해당하지 않는 한 허용되지 않는다(대법원 2008. 6. 26. 선고 2008다25978 판결).

다만, 채무자회생법은 개인파산절차와 달리 법인파산절차에서는 면책절차를 규정하고 있지 않은 점에 주의를 요한다. 이러한 차이는 아래 '3. 면책 또는 채무감경의 적용 범위'에서 상세하게 검토하는 바와 같이 취소채권자가 신용보증기금 또는 기술신용보증기금인 경우에 연대보증채무의 감경에 관한 신용보증기금법 또는 기술신용보증기금법 등의 특별규정의 적용 여부를 판가름한다.

---

18) 서울회생법원 재판 실무연구회, 개인파산 · 회생실무(제5판) 354면 이하.

(2) 채권자목록의 기재 누락과 면책의 범위

(가) 문제의 소재

어떤 채권이 면책대상채권인지, 비면책채권인지의 여부는 면책결정이 있은 후에 그 채권에 기한 이행청구 또는 강제집행절차에서 문제가 됨은 별론으로 하고 채무자에게 면책결정을 할 것인지 여부와는 관계가 없다. 따라서, 면책절차에서는 당해 채권이 비면책채권에 해당하는가를 판단 결정할 수 없고, 당해 채권자가 별도로 제기한 소송에서 채무자가 면책허가결정의 확정을 항변으로 주장하면 채권자는 채무자회생법 제566조 단서 소정의 비면책채권임을 주장하여 다투는 방법으로 면책채권의 여부가 심리 확정된다.[19]

소송실무상, 채무자에 대한 면책결정이 있은 후에 채권자가 제기한 채권자취소소송에서 상대방(수익자 또는 전득자)이 채권자 주장의 피보전채권에 관하여도 면책허가결정의 효력이 미친다고 주장하는 경우가 있다. 이에 대하여 채권자는 피보전채권이 주로 채무자회생법 제566조 단서 제7호의 사유 즉 채무자가 악의로 채권자목록에 기재하지 않은 청구권으로서 비면책채권에 해당한다고 주장하여 다투는 경우가 대부분이고, 이때에는 채권자목록의 기재 누락에 채무자의 악의가 있었다고 볼 것인지 여부가 핵심적인 심리 대상이 된다.

한편, 파산채무자에 대한 면책결정의 확정에도 불구하고 어떠한 채권이 비면책채권에 해당하는지 여부 등이 다투어지는 경우에 채무자는 면책확인의 소를 제기할 수 있다. 그러나, 채권자가 면책된 채무에 관하여 집행권원을 가지고 있는 경우에는 채무자가 그 채권자에 대해서 면책확인의 소를 제기하는 것으로서는 자신의 법률상의 지위에 현존하는 불안·위험을 제거하는 유효적절한 수단이 되지 않으므로, 이와 같은 경우에는 면책의 효력에 기한 집행력의 배제를 구하는 청구이의의 소를 제기하여야 하는 점에 유의할 것이다.[20]

(나) 면책 제외 사유인 '채무자 악의'의 판단 기준

채무자회생법 제566조 제7호에서 비면책채권의 하나로서 규정하는 '채무자가 악의로 채권자목록에 기재하지 아니한 청구권'이라고 함은 채무자가 면책결

19) 서울회생법원 재판 실무연구회, 개인파산·회생실무(제5판) 제361면.
20) 대법원 2017. 10. 12. 선고 2017다17771 판결.

정 이전에 파산채권자에 대한 채무의 존재 사실을 알면서도 이를 채권자목록에 기재하지 않는 경우를 의미하므로, 채무자가 채무의 존재사실을 알지 못한 때에는 비록 그와 같이 알지 못한 데에 과실이 있더라도 비면책채권에 해당하지 않지만, 채무자가 채무의 존재를 알고 있었다면 과실로 채권자목록에 이를 기재하지 못하였다고 하더라도 비면책채권에 해당한다.[21]

이와 같이 채권자목록에 기재하지 아니한 청구권을 면책대상에서 제외한 이유는, 채권자목록에 기재되지 않은 채권자로서는 면책절차 내에서 면책신청에 대한 이의 등을 신청할 기회를 박탈당하게 될 뿐만 아니라, 그에 따라 채무자회생법 제564조에서 정한 면책불허가 사유에 대한 객관적인 검증도 없이 면책이 허가 확정될 경우, 채무자가 채무를 변제할 책임에서 벗어나게 되어 위와 같은 절차 참여의 기회를 갖지 못한 채 불이익을 받게 되는 채권자를 보호하기 위한 것이다.

따라서, 사실과 맞지 않은 채권자목록의 작성에 관한 채무자의 악의 여부는 이와 같은 법규정의 취지를 충분히 감안하여, 누락된 채권의 내역과 채무자와의 견련성, 그 채권자와 채무자와의 관계, 누락의 경위에 관한 채무자의 소명과 객관적 자료와의 부합 여부 등 여러 사정을 종합하여 판단하여야 하고, 단순히 채무자가 제출한 자료만으로는 면책불허가 사유가 보이지 않는다는 등의 점을 들어 채무자의 선의를 쉽게 인정해서는 안 된다.[22] 또한, 일반적으로 파산 및 면책에 있어서 채무자의 진실성이 담보되지 않는다면 제도의 근간이 흔들리고 채무자의 도덕적 해이를 방기하는 위험도 있다고 할 것이므로, 같은 맥락에서 채무자가 일방적으로 작성하는 채권자목록에서 누락된 채권자에 대해서도 면책의 효력을 확대하기 위해서는 채권자 보호의 방향에서 위에서 본 여러 가지 사정에 관한 심사가 엄격하게 이루어지는 것이 타당하다고 할 것이다.

---

21) 대법원 2010. 10. 14. 선고 2010다49083 판결.

22) 대법원 2010. 10. 14. 선고 2010다49083 판결. 그리고, 채권자목록 작성에 관한 채무자의 악의는 파산채권자에 대한 채무의 존재 사실을 알면서도 이를 채권자목록에 기재하지 않는 내심의 심리상태로서 이를 인정할 직접적인 증거가 없는 경우에는 사물의 성질상 악의와 상당한 관련성이 있는 간접사실을 증명하는 방법에 의해 입증할 수밖에 없고, 무엇이 상당한 관련성이 있는 간접사실에 해당할 것인가는 사실관계의 연결상태를 논리와 경험칙에 의하여 합리적으로 판단하여야 할 것이므로, 결국 여러 가지 객관적 상황을 종합하여 추단하는 방법에 의해 인정할 수밖에 없다고 할 것이다.

2. 피보전채권이 회생계획에 의해 변경된 경우

채무자회생법 제252조 제1항은, '회생계획인가결정이 있은 때에는 회생채권자의 권리는 회생계획에 따라 변경된다'라고 규정하고 있는바, 여기서 권리변경이란 회생채권자의 권리가 회생계획의 내용대로 실체적으로 변경되는 것을 말하는 것으로서, 단지 책임만의 변경을 뜻하는 것이 아니고 채무의 전부 또는 일부의 면제효과가 생기며, 출자전환하는 경우에는 그 권리는 인가결정시 또는 회생계획에서 정하는 시점에 소멸한다.

따라서, 채무자에 대한 회생계획인가결정에 의해 피보전채무가 전부 면제되거나 채무자가 회생계획에 의해 변경된 내용대로 채무를 전부 이행하였다면, 피보전채권이 존재하지 않으므로 채권자취소권은 성립하지 않는다.[23]

대법원 2017. 10. 26. 선고 2015다224469 판결은, 위와 같은 법리를 전제로 하여, '채권자취소소송에서 피보전채권의 존재가 인정되어 사해행위 취소 및 원상회복을 명하는 판결이 확정되었다고 하더라도, 그에 기하여 재산이나 가액의 회복을 마치기 전에 위와 같은 회생계획인가결정에 따라 피보전채권이 소멸한 경우에는, 채권자가 더 이상 채무자의 책임재산에 대하여 강제집행을 할 수 없게 되었다고 할 것이므로, 이는 위 확정판결의 집행력을 배제하는 적법한 청구이의 사유가 된다'고 판시하였다.

또한, 대법원 2021. 10. 28. 선고 2019다200096 판결은, '회생채권자가 회생채권신고액수를 기준으로 사해행위 취소 및 가액배상을 청구한 사건에서 회생계획인가 결정문 등이 제출된 경우에는, 법원은 채권자의 채권액이 회생계획인가결정에 따라 일부 면제되었는지 피고가 이를 주장하는지 등에 관하여 석명권을 행사하여, 회생계획인가결정에서 변경된 채권액 범위 내에서 사해행위 취소 및 가액배상을 인용하여야 한다'고 판시하였다.

다만, 일반의 회생절차가 아닌 개인회생절차의 경우에는 법원은 회생계획인가결정이 아니라 변제계획의 인가결정을 하고, 그 변제계획인가결정 자체에는 권리변경의 효력이 없음에 주의를 요한다. 즉, 개인회생절차의 경우에는 변제계

23) 대법원 2017. 10. 26. 선고 2015다224469 판결 참조.

획인가결정이 있더라도 그에 따른 이행의 완료에 의하여 면책결정이 확정되기까지는 권리변동의 효력이 생기지 않는다(채무자회생법 제615조 제1항 단서).

3. 면책 또는 채무감경의 적용 범위

(1) 법인파산의 경우

채무자회생법은 개인파산절차와 달리 법인파산절차에서는 면책절차를 규정하고 있지 않으므로, 채무자가 법인인 경우에는 파산절차에 의해 면책결정을 받을 여지는 없다.[24]

파산은 모든 법인의 해산사유가 되고(민법 제77조 제1항, 상법 제517조 제1항 등), 법인인 경우에는 자연인과 달리 파산이 종결이 되고 잔여재산이 없으면 그 법인격이 소멸한다.[25]

(2) 개인회생절차에 의해 변제계획인가결정이 있는 경우

개인회생절차는 모든 개인채무자에게 인정되는 것이 아니라, 급여소득 또는 영업소득이 있는 개인채무자 중에서 일정한 한도액 이하의 채무[26]를 부담하는 개인채무자가 개인회생신청을 하여 법원으로부터 '변제계획인가결정'을 받고, 채무자가 변제계획에 따라 이행을 완료하면 법원이 신청 또는 직권에 의하여 면책결정을 하는 기본구조를 가진다.

'변제계획인가결정'은 일반적인 회생절차에서의 '회생계획인가결정'과는 달리, 그 변제계획에서 개인회생채권의 일부에 관해서만 변제하기로 하는 내용이 포함되어 있다고 하더라도 그 인가 자체로 권리변경의 효력을 발생시키는 것이 아니다.[27]

개인채무자는 변제계획에 따라 이행을 완료하면 추후 면책절차를 통하여 나머지 채무를 면책 받을 수 있고, 그 면책의 효력은 위 1.항에서 본 바와 같은

---

24) 대법원 2016. 8. 25. 선고 2016다211774 판결.

25) 서울회생법원 재판 실무연구회, 법인파산실무(제5판) 제646면.

26) 담보부 개인회생채권은 10억 원 이하, 무담보 개인회생채권은 5억 원 이하의 채무를 부담하는 채무자만이 개인회생절차의 신청자격을 가진다(채무자회생법 제579조 제1호).

27) 서울회생법원 재판 실무연구회, 개인파산・회생실무(제5판) 제650면.

파산절차에서의 면책과 동일하다.

(3) 채권자가 신용보증기금 또는 기술신용보증기금인 경우의 보증채무 감면의 인적 범위

채무자에 대한 면책 또는 회생계획의 효력은 채권자가 채무자의 보증인, 그 밖의 채무자와 더불어 채무를 부담하는 자에 대한 권리에 영향을 미치지 않으므로(채무자회생법 제567조, 제625조 제3항, 제250조 제2항), 채권자는 채무자에 대한 면책결정에도 불구하고 보증인이나 연대채무자에 대하여 그 채무의 이행을 청구하고 강제집행을 할 수 있다.

따라서, 채무자가 채무자회생법에 따라 면책결정을 받았다고 하더라도 그 보증인 또는 연대채무자 등의 재산 처분행위가 사해행위에 해당하는 경우에는, 채권자는 그 보증인 또는 연대채무자에 대하여 가지는 보증채권 등을 피보전권리로 하여 채권자취소권을 행사할 수 있다.

그런데, 채권자가 신용보증기금, 기술신용보증기금 등인 경우에는, 그 각 설립의 근거법률이 '중소기업이 회생계획인가결정을 받은 시점 및 파산선고 이후 면책결정을 받은 시점에 주채무가 감경 또는 면제될 경우 연대보증채무도 동일한 비율로 감경 또는 면제한다'는 특별규정[28]을 두고 있다.

그러므로, 신용보증기금, 기술신용보증기금 등이 채권자로서 신용보증을 제공한 중소기업의 구상채무에 관하여 연대보증한 자를 상대로 채권자취소권을 행사하려는 경우, 주채무자인 중소기업이 채무자회생법에 따라 면책결정을 받았다면 위 특별규정에 의해 연대보증인에 대한 피보전채권도 소멸하므로 결국 연대보증인에 대하여도 채권자취소권이 성립하지 않는다고 할 것이다.

다만, 위에서 본 바와 같이, 채무자회생법은 개인파산절차와 달리 법인파산절차에서는 면책절차를 규정하고 있지 아니하여, 신용보증기금, 기술신용보증기금 등으로부터 신용보증을 제공받은 중소기업이 법인인 경우에는 그 법인인 중소기업이 파산하더라도 면책결정을 받을 여지가 없으므로, 위 각 특별규정이 적

---

28) 신용보증기금법 제30조의3, 기술신용보증기금법 제37조의3. 그리고 채권자가 중소기업진흥공단인 경우에도 중소기업진흥에 관한 법률 제74조의2에 동일한 규정을 두고 있는데, 다만 같은 법률 제66조 제5항에 따라 대출방식으로 이루어지는 사업에 한정된다.

용되지 않는다(대법원 2016. 8. 25. 선고 2016다211774 판결).

따라서, 신용보증기금, 기술신용보증기금 등이 채권자로서 연대보증인을 상대로 채권자취소권을 행사하려고 함에 있어, 주채무자인 중소기업이 법인인 경우에는 그 법인이 파산선고를 받았다고 하더라도 연대보증인에 대하여 채권자취소권을 행사할 수 있는 피보전채권을 가진다.

또한, 위에서 본 바와 같이 주채무자인 중소기업이 개인사업자로서 개인회생절차에 의하여 변제계획인가결정을 받은 단계에서는 아직 권리변경의 효력이 생기지 않는다. 따라서, 신용보증기금 또는 기술신용보증기금 등은 신용보증을 제공한 개인사업자인 중소기업이 개인회생절차에 의하여 변제계획인가결정을 받은 단계에서는 연대보증인에 대하여 채권자취소권을 행사할 수 있는 피보전채권을 가진다고 할 것이다.

제 4. 피보전채권의 성립시기

1. 피보전채권 선재성(先在性)의 원칙과 예외

채권자는 채권발생 당시의 채무자의 자력을 신용의 기초로 삼는 것이므로 사해행위 당시에 아직 존재하지 않은 채권은 사해행위로 인하여 침해된다고 볼 수 없다. 따라서, 취소채권자의 채권은 원칙적으로 사해행위 전에 발생하고 있어야 할 것임을 요한다.

그러나, 위와 같은 논리적 원칙만을 고수할 경우, 채무자가 장래 등장할 것이 용이하게 예상되는 채권자를 해하는 의사로써 채권의 공동담보를 감소시키는 행위를 용인하는 것이 되고, 이는 형평과 도덕관념에 어긋나는 것으로서 채권자취소제도의 근본취지를 몰각시킨다.

이에, 대법원판례는, '채권자취소권에 의하여 보호될 수 있는 채권은 원칙적으로 사해행위라고 볼 수 있는 행위가 행하여지기 전에 발생된 것임을 요하지만, 그 사해행위 당시에 이미 채권 성립의 기초가 되는 법률관계가 발생되어 있고 가까운 장래에 그 법률관계에 터잡아 채권이 성립되리라는 점에 대한 고도의 개연성이 있으며 실제로 가까운 장래에 그 개연성이 현실화되어 채권이 성립된 경우에는, 예외적으로 사해행위 이후에 발생한 채권도 채권자취소권의 피보전채권이 될 수 있다'는 법리를 확립하고 있다(대법원 2009. 11. 12. 선고 2009다53437 판결, 2012. 2. 23. 선고 2011다76426 판결).

대법원 판례가 예외를 인정하는 요건을 분석하면, '① 사해행위 당시 기초적 법률관계의 존재, ② 그 법률관계에 기한 채권발생의 고도 개연성, ③ 그 개연성이 현실화된 실제 채권 발생'이라고 할 수 있다.

그런데 위 ③의 요건은 법리적 판단과 관련하여 별다른 어려움이 없으므로 아래에서는 위 ①, ② 요건에 관해서 상세하게 검토한다.

이와 같이 예외적으로 사해행위 후에 발생한 채권이 채권자취소권의 피보전채권에 해당하는지 여부의 판단 기준은 앞서 본 보증금융기관의 사전구상권에 관해서도 그대로 적용된다(대법원 2012. 1. 12. 선고 2010다64792 판결).

2. 예외 인정의 제1요소 – 기초적 법률관계

(1) 기초적 법률관계의 의의 및 범위

기초적 법률관계는 피보전채권 발생의 원인이 된 법률관계를 말한다. 일반적으로 채권은 대부분 당사자 사이의 계약을 원인으로 발생하지만, 그 외에도 사무관리, 부당이득, 불법행위 그 밖에 법률의 규정 등을 원인으로 발생할 수 있다. 이와 마찬가지로 채권자취소권의 피보전채권도 당사자 사이의 계약관계에 한하지 않고 준법률관계나 사실관계 기타 법정 채권발생원인도 기초적 법률관계에 포함될 수 있다. 이와 같이 기초적 법률관계는 그 범위가 넓어 통일적으로 그 성격을 파악하기는 어렵고 구체적 사안에 따라 개별적으로 판단되어야 할 것이다.[29)]

기초적 법률관계는 사해행위 당시에 아직 피보전채권이 발생하지 않았다고 하더라도 그 당시 그 발생원인이 된 법률관계는 존재하여야 한다고 함으로써, 사해행위 후에 발생한 채권을 채권자취소권의 피보전채권에 포함시키기 위한 하나의 독자적 요건 내지 판단의 경계선을 제공한다는 점에서 그 논의의 실익이 있다고 볼 수 있다.

다만, 실무상 피보전채권 발생원인의 대부분을 차지하는 계약관계에 관하여, 대법원판례는 계약의 교섭이 상당히 진행되어 그 계약체결의 개연성이 고도로 높아진 단계도 기초적 법률관계에 포함시키고,[30)] 반면에 계속적 계약관계 자체는 원칙적으로 기초적 법률관계에 포함시키지 아니함으로써,[31)] 계약관계에서조차 객관적이고 통일적인 판단기준을 찾기 어렵게 하고 있다.

위에서 본 바와 같이, 기초적 법률관계는 그 통일적 기준을 파악하기 어렵고 당사자 사이의 다양한 형태의 관계를 포함하지만, 사해행위 후에 발생한 채권이 피보전채권으로 되기 위해서는 사해행위 전에 그 채권 발생의 직접적인 토대가 되는 법적 또는 법적 의미있는 사실관계가 당사자 사이에 존재하여야 한다는 점에서 의미를 찾을 수 있다. 또한, 기초적 법률관계는 '채권성립의 고

29) 주석민법(제5판) 채권총칙 2(이백규 집필부분) 제350면.
30) 대법원 2002. 11. 8. 선고 2002다42957 판결.
31) 대법원 2017. 9. 21. 선고 2015다53841 판결 등.

도 개연성' 판단의 기반이 되는 것으로서 그 중요한 고려 요소가 된다고 할 것이다.[32)]

아래에서는 '사해행위 당시 기초적 법률관계의 존재'요건과 관련하여 구체적으로 문제로 된 대법원 판결에 대해서 그 사안 및 판단 요지를 분석 · 검토한다.

(2) 기초적 법률관계에 관한 대법원판례의 검토

(가) 계약 체결의 고도 개연성과 기초적 법률관계

[대법원 2002. 11. 8. 선고 2002다42957 판결]

(사안 요지) 채무자 "을"이 은행 대출에 관하여 연대보증을 서기 위하여 1998. 6. 20. 연대보증에 필요한 인감증명서, 납세증명서 등 일체의 서류를 은행에 제출하였고, 그 후 5일이 경과한 1998. 6. 25.에 실제로 여신거래약정서가 작성되고 연대보증인으로 서명날인함으로써 대출이 실행되었는데, 그 연대보증인 "을"이 위 서류를 제출한 날 이후 연대보증의 서명날인을 한 날의 중간인 1998. 6. 23.에 자신의 유일한 부동산을 자신의 아들에게 증여하였다.

(판단 요지) 연대보증인이 되려는 "을"의 부동산 증여처분 당시 은행과 연대보증인 사이에 채권성립의 기초가 된 연대보증약정이 정식으로 체결되지 않았지만, 그 이전에 이미 연대보증에 필요한 일체의 서류를 제출하는 등 계약체결의 개연성이 고도로 높아진 단계에 있었으므로, '사해행위 당시 기초적 법률관계의 존재'라는 요건을 충족하였다.

그리고, 채권성립의 기초가 되는 법률관계는 당사자 사이의 약정에 의한 법률관계에 한정되는 것이 아니고 채권성립의 개연성이 있는 준법률관계나 사실관계 등을 널리 포함하는 것으로 보아야 할 것이므로, 당사자 사이에 채권발생을 목적으로 하는 계약의 교섭이 상당히 진행되어 그 계약체결의 개연성이 고도로 높아진 단계도 기초적 법률관계에 포함된다.

---

32) 대법원 1997. 5. 23. 선고 96다38612 판결, 2009. 9. 24. 선고 2009다37107 판결 등 참조.

(나) 신용카드가입계약과 기초적 법률관계

[대법원 2004. 11. 12. 선고 2004다40955 판결]

(사안 요지) 채무자가 1997. 1. 6. 카드회사와 사이에 신용카드가입계약을 체결하고 신용카드를 발급받았지만 신용카드를 사용하지 않고 있는 상태에서 2003. 4. 4. 자신의 유일한 부동산을 매도처분하였고, 그 후 같은 달 26.경부터 신용카드를 물품구매나 현금서비스 등에 사용하였는데 2003. 5.경부터 그 카드대금을 연체하여 신용카드 사용과 관련된 채무의 합계액이 약 1,400만 원에 이르게 되었다.

(판단 요지) 신용카드가입계약은 신용카드의 발행 및 관리, 신용카드의 이용과 관련된 대금의 결제에 관한 기본적 사항을 포함하고 있기는 하나 그에 기하여 신용카드업자의 채권이 바로 성립되는 것이 아니고 신용카드회원이 신용카드를 사용함으로써 성립하는 신용카드매출채권을 신용카드가맹점이 신용카드업자에게 양도하는 등의 별개의 법률관계에 의하여 비로소 채권이 성립하는 것이다.

따라서 채무자가 채권자인 신용카드업자와 신용카드가입계약을 체결하고 신용카드를 발급받았으나 자신의 유일한 부동산을 매도한 후에 비로소 신용카드를 사용하기 시작하여 신용카드대금을 연체하게 된 경우, 그 신용카드대금채권은 사해행위 이후에 발생한 채권에 불과하여 사해행위의 피보전채권이 될 수 없다.

(판결의 이해) 위 판결은 신용카드대금채권이 피보전채권이 될 수 없는 이유에 관하여 사해행위 이후에 발생한 때문이라고 표현하였으나, 판시 내용의 전체적 맥락에 비추어 볼 때, 그 법리적 근거는 사해행위인 유일 부동산의 매도 처분 당시 특별한 채권성립의 기초적 법률관계 즉 신용카드 가맹점이 신용카드매출채권을 신용카드업자에게 양도하는 법률관계가 결여되어 있기 때문이라고 이해하는 것이 타당하다.

(다) 계속적 거래관계와 기초적 법률관계

[대법원 2017. 11. 29. 선고 2017다241819 판결]

(사안 요지) 채권자 “갑”은 채무자 “을”회사에게 그 회사 설립 당시부터 스

테인레스 판재 등을 납품하면서 지속적으로 거래하였다. 그런데, 채무자 "을"은 "갑"과의 계속적인 거래 중에 채무초과상태에서 2014. 11. 3. 수익자 "병"에게 유일한 재산인 이 사건 토지 및 공장건물을 매각하는 매매계약을 체결하였다.

"갑"은 위 매매계약 당시 채무자 "을"에 대해 1억 6,100만 원의 물품대금채권을 보유하고 있었는데 2014. 11. 20.경 1억 6,200만 원으로 증가하였다가 같은 달 25.에는 1억 원을 변제받아 6,200만 원으로 되었으며, 그 이후에는 추가로 변제받지 않고 계속적으로 물품공급이 증가하여 "을"과 사이에 거래가 종료된 2015. 2. 12.무렵 물품대금채권은 1억 3,400만 원으로 되었다.

위 사실관계에서 "을"과 "병" 사이에 체결된 위 매매계약이 사해행위로서 취소됨을 전제로, 취소채권자 "갑"의 피보전채권의 범위에 사해행위인 위 매매계약 후에 발생한 이 사건 물품대금채권도 포함되는지 여부가 쟁점으로 되었는바, 원심은 이 사건 물품대금채권 역시 사해행위인 위 매매계약 당시 이미 채권성립의 기초가 된 법률관계가 발생되어 있었음을 전제로 피보전채권이 될 수 있다고 판단하였다.

(판단 요지) 계속적인 물품공급계약에서 대상인 되는 물품의 구체적인 수량, 거래단가, 거래시기 등에 관해서까지 구체적으로 미리 정하고 있다거나, 일정한 한도에서 공급자가 외상으로 물품을 공급할 의무를 규정하고 있지 않은 이상, 계속적 물품공급계약 그 자체에 기하여 거래 당사자의 채권이 바로 성립하지는 않고, 주문자가 상대방에게 구체적으로 물품의 공급을 의뢰하고 그에 따라 상대방이 물품을 공급하는 별개의 법률관계가 성립하여야만 채권이 성립한다.

따라서, 특별한 사정이 없는 한, 사해행위 당시 계속적인 물품거래관계가 존재하는 사정만으로 채권 성립의 기초가 되는 법률관계가 발생하여 있었다고 할 수 없다.

원심이 당사자 사이의 계속적 물품거래관계의 구체적 내용이나 사해행위 당시 채무자 "을"이 "갑"에게 물품의 공급을 의뢰하고 그에 따라 상대방이 물품을 공급하는 별개의 법률관계가 성립하였는지의 사정에 관해서 구체적으로 심리하지 않고, 종전부터 거래가 계속되었다는 사정만을 이유로 채권 성립의 기초가 되는 법률관계가 성립되었다고 판단하여 위 매매계약 이후 발생한 "갑"의 "을"에 대한 이 사건 물품대금채권을 피보전채권에 포함한 것은 잘못이다.[33]

(판결에 관한 분석과 비판) 위 대법원 판결이 사해행위 후에 발생한 물품대금 채권을 피보전채권에 포함시키지 않은 법리적 근거는 계속적 물품공급계약 자체와 그에 따른 물품의 구체적 수량, 거래단가 등에 의한 의뢰 및 공급은 별개의 법률관계라고 보는 데에 있다.

그러나, 앞서 본 신용카드가입계약과 신용카드 가맹점의 신용카드업자에 대한 매출채권 양도는 그 당사자를 달리 하므로 별개의 법률관계라고 볼 수 있지만, 물품공급자와 물품구매자 사이의 계속적 물품공급계약과 그에 따른 구체적인 수량 단가 등에 의한 의뢰 및 공급은 동일한 당사자 사이에서 연속적인 동일한 거래 범주에 포함된 것으로 보아야 할 것이다. 그리고 계속적 물품거래관계에서는, 사해행위 후 채무자(물품구매자)가 물품거래를 중단하지 않는 이상 공급자로서는 채무자의 기존의 자력과 거래상 신뢰에 바탕을 두고 거래를 계속하게 될 것인데, 사해행위 후에 발생한 공급에 의한 채권을 피보전채권에서 배제함으로써 사해행위 후에도 스스로 거래를 계속한 채무자를 보호할 필요가 있는지 의문이다.

이상에서 살펴 본 바와 같이, 위 대법원판결이 계속적 거래관계에 있어 계

---

33) 이 대법원판결에 앞서 대법원 2017. 9. 21. 선고 2015다53841 판결이 같은 취지로 판결하였다. 그 사안의 요지는, 채권자 “갑”은 2011. 9. 1.경부터 2011. 12. 15.경까지 채무자 “을”이 제조하는 난방기기 부품에 도장작업을 해 주었으나 임가공대금 2,500만원을 지급받지 못하였고, 2012. 1. 6.경 “을”에게 난방기기 부품을 공급하였으나 물품대금 100만 원을 지급받지 못하였는데, 채무자 “을”은 2011. 6.경부터 “갑” 및 그 외의 부품 납품업자로부터 계속적으로 난방기기 부품을 공급 받아 오던 중에 채무초과상태에서 2011. 11. 18. 수익자 “병”에게 유동자산(온풍기, 히터 등 난방기기 완제품 6,400개), 금형자산, 특허권 등을 양도하는 계약을 체결하였다.

위 사실관계에서 “을”과 “병” 사이에 체결된 위 양도계약이 사해행위로서 취소됨을 전제로, 취소채권자 “갑”의 피보전채권의 범위에 사해행위인 위 양도계약 후에 발생한 임가공대금채권 및 물품대금채권(이하, 이 사건 대금채권)도 포함되는지 여부가 쟁점으로 되었다.

이 점에 관한 대법원의 판시 내용은 아래와 같다.계속적인 물품공급계약 내지 임가공계약이 그 대상이 되는 물품의 종류와 임가공의 내용, 대금의 결제에 관하여 기본적인 사항을 포함하고 있기는 하나, 대상이 되는 물품의 구체적인 수량, 거래단가, 거래시기 등에 관해서까지 미리 정하고 있지 않는 한, 그에 기하여 거래 당사자의 채권이 바로 성립하지는 않고, 주문자가 상대방에게 구체적으로 물품의 공급 내지 임가공을 의뢰하고 그에 따라 상대방이 물품을 공급하거나 임가공을 제공 하는 등 별개의 법률관계가 성립하여야만 채권이 성립한다. 채권자 “갑”이 위 양도계약이 체결되기 전부터 채무자 “을”과 물품공급거래 내지 임가공거래를 계속하여 왔다고 하더라도, 위 양도계약 체결 후 비로소 채무자 “을”로부터 구체적인 물품의 공급 내지 임가공을 의뢰받고 “을”에게 물품을 공급하고 임가공작업을 이행하였다면, 그에 따른 물품대금채권 내지 임가공대금채권은 사해행위 당시 기초적 법률관계도 존재하지 않고 사해행위 이후에 발생한 채권에 불과하므로 채권자취소권의 피보전채권이 된다고 할 수 없다.

속적 공급계약 자체는 사해행위 후 발생한 채권에 관한 기초적 법률관계가 되지 않고, 이와 별개로 수량 단가 등에 의한 구체적인 의뢰 및 공급이 있어야 기초적 법률관계를 인정할 수 있다고 판단한 것은 법리상 의문이고 실제로도 불합리하다.

따라서, 사해행위 당시 채권자와 채무자 사이에 계속적 거래계약이 체결되어 있었다면, 사해행위 후에 그 계속적 계약에 의하여 거래가 이루어져 발생한 채권도 다른 특별한 사정이 없는 한 채권자취소권의 피보전채권에 포함된다고 보아야 할 것이다.[34]

(라) 손해배상채권과 그 성립의 기초적 법률관계

[대법원 2019. 12. 13. 선고 2017다208294 판결]

(사안 요지) 채무자 "을"이 채권자 "갑"으로부터 명의신탁 받은 이 사건 주식에 관하여 임의로 2006. 9. 5. 제3자인 "무"와 사이에 유질특약이 포함된 근질권설정계약을 체결하였는데, 그 후 "무"는 유질특약에 터잡아 근질권을 실행함으로써 2013. 4. 5. 이 사건 주식의 소유권을 취득하였다.

한편, 채무자 "을"은 2011. 5. 경 수익자 "병"에게 "을" 소유의 부동산을 증여함으로써 무자력 상태를 초래하였다.

채권자 "갑"은 2013. 7.경 "을"을 상대로 불법행위로 인한 손해배상을 청구하는 소송을 제기하고, 뒤이어 2013. 9.경에는 위 손해배상채권을 피보전채권으로 하여 "을"과 "병" 사이에 2011. 5.경 체결된 위 증여계약에 관하여 사해행위로서 취소를 구하는 소를 제기하였다.

그런데, 채권자 "갑"이 "을"을 상대로 제기한 위 손해배상소송은 항소심에서 "을"의 불법행위로 인하여 "갑"이 입은 손해는 "무"가 근질권을 실행하여 이 사건 주식의 소유권을 취득한 2013. 4. 5. 약 100억 원의 손해가 현실적으로 발생하였다고 인정되었고, 2019. 11.경 대법원판결에 의해 채권자 "갑"의 승소로 확정되었다.

(판단 요지) 채권자 "갑"의 손해배상채권은 위 손해배상소송의 확정판결에서

---

34) 이 대법원판결에 대한 평석으로는, 남기정, '채권자취소권에서 기초적법률관계론의 바람직한 적용에 관한 검토'(사법 제43호 제219면-256면) 참조.

인정된 바와 같이 손해가 현실적으로 발생한 2013. 4. 5.("무"의 이 사건 주식에 관한 소유권 취득일)에야 성립하였으므로, 채권자 "갑"이 사해행위라고 주장하는 위 증여계약 체결 당시(2011. 5.경)에는 존재하지 않았으나, 그 당시에는 이미 2006. 9. 5.경의 근질권설정계약에 따른 법률관계가 존재하였다.

이러한 근질권의 설정은 채무자 "을"의 채권자 "갑"과의 이 사건 주식에 관한 명의신탁약정을 정면으로 위반한 위법행위로서 향후 채권자 "갑"의 채무자 "을"에 대한 손해배상채권이 성립하는 데에 기초가 되었다.

한편, 근질권자인 "무"는 근질권설정계약의 내용을 이루는 유질특약에 터잡아 근질권을 실행함으로써 이 사건 주식의 소유권을 취득할 수 있었으므로, 채무자 "을"이 가까운 장래에 이 사건 주식의 소유권 상실 등으로 채권자 "갑"에게 손해배상채무를 부담하게 되리라는 고도의 개연성이 있었고, 실제로 근질권의 실행에 따라 이 사건 주식의 소유권이 2013. 4. 5.자로 "무"에게 이전됨으로써, 채무자 "을"이 채권자 "갑"에 대하여 손해배상채무를 부담하는 것이 현실화되었다.

따라서, 이 사건 주식이 채무자 "을"에게 명의신탁되었음을 전제로 한 채권자 "갑"의 채무자 "을"에 대한 손해배상채권은 채무자 "을"과 수익자 "병" 사이의 위 부동산 증여계약에 관해서 사해행위로서 취소를 구하는 피보전채권이 될 수 있다.

(판결의 이해) 일반적으로 명의수탁자가 양자간 명의신탁에 따라 명의신탁자로부터 이전 받은 재산을 임의로 처분한 경우, 형사상 횡령죄의 성립 여부와 관계 없이 위 행위는 명의신탁자의 재산권을 침해하는 행위로서 민법상 불법행위에 해당하여 명의수탁자는 명의신탁자에게 손해배상책임을 부담한다.[35]

대법원 판결은 위 법리를 전제로 하여, 채무자 "을"의 채권자 "갑"에 대한 불법행위로 인한 손해배상채권이 사해행위인 증여계약 체결 당시(2011. 5.경)에는 현실적으로 발생하지 않았지만, 그 손해배상채권 성립의 기초적 법률관계로서 채무자 "을"의 명의신탁약정에 위반한 처분행위 즉 근질권설정계약은 사해

---

35) 대법원 2021. 6. 3. 선고 2016다34007 판결 참조{부동산에 관한 양자간 명의신탁에서 소유권이전등기를 넘겨받은 명의수탁자가 이를 임의로 처분한 경우 비록 형사상으로 횡령죄를 구성하지 않는다고 하더라도(대법원 2021. 2. 18. 선고 2016도18761 전원합의체 판결), 민사적인 불법행위에 해당한다}.

행위 이전인 2006. 9. 5.에 이미 존재하고 있었음에 주목한 것으로 이해할 수 있다.

대법원 판결은 위와 같은 기초적 법률관계에 터 잡아 채무자 “을”이 가까운 장래에 근질권자의 질권 실행으로 인하여 주식의 소유권을 상실함으로써 채권자 “갑”에게 손해배상채무를 부담하게 되리라는 고도의 개연성이 있었고, 실제로 사해행위 후에 그 손해배상채무가 현실화되었다고 판단한 것이다.

(마) 채권 성립의 고도 개연성과 기초적 법률관계

① 계약 해제에 의한 공사대금 반환채권

[대법원 1997. 5. 23. 선고 96다38612 판결]

(사안 요지) 채권자 “갑”의 채무자 “을”에 대한 공사대금 반환채권은 이 사건 소 제기로써 “갑”과 “을” 사이의 공사계약이 해제되어 비로소 발생한 것이고, 채무자 “을”과 수익자 “병” 사이에 체결된 사해행위인 이 사건 부동산 증여계약 당시에는 아직 발생하지 않았다.

한편, 위 증여계약 당시 채무자 “을”은 “갑”의 주택에 대한 건축허가를 정상적인 방법으로는 받을 수 없음을 알고, 다른 건축업자를 통하여 관계 공무원에게 청탁하여 건축허가를 받아 공사를 진행시키려고 노력하는 등 채권자 “갑”과 사이에 체결한 공사계약을 이행하는 과정에 있었다.

(판단 요지) 위와 같이 사해행위인 증여계약 당시 공사계약에 따른 공사의 완성이 불가능한 것으로 확정되지 않은 이상, 공사대금 반환채권의 성립의 기초가 되는 법률관계가 발생되어 있었다거나 가까운 장래에 그 법률관계에 기하여 공사대금 반환채권이 성립될 고도의 개연성이 있다고 볼 수 없다.

따라서, 채권자 “갑”은 공사대금 반환채권을 피보전채권으로 하여 채무자 “을”과 수익자 “병” 사이에 체결된 이 사건 부동산 증여계약에 관하여 사해행위임을 이유로 그 취소를 구할 수 없다.

(판결의 이해) 사해행위 후에 발생한 공사대금 반환채권 성립의 직접적인 토대가 되는 공사계약의 해소원인이 사해행위 전에 존재하지 않았음에 주목하여, 공사대금 반환채권은 피보전채권이 될 수 없다고 판시한 것으로 이해된다.

② 채권추심약정과 기초적 법률관계

[대법원 2009. 9. 24. 선고 2009다37107 판결]

(사안 요지) 채권자 "갑"은 채무자 "을"과 사이에 "갑"이 "을"에게 채권추심을 목적으로 이 사건 정리채권을 양도하고, "을"은 정리채권을 변제기에 추심하여 "갑"에게 지급하기로 하는 채권추심위임약정을 체결하였다.

그런데, "을"이 변제기 전에 채무초과상태에서 이 사건 정리채권을 다시 수익자 "병"에게 양도하자, "갑"은 위 채권추심위임약정에 의한 추상적인 추심금지급청구권을 피보전채권으로 하여 "을"과 "병" 사이에 체결된 위 정리채권 양도행위에 관하여 사해행위로서 취소를 구하였다.

(판단 요지) 채권의 추심을 의뢰받은 수임인이 위임인에 대하여 부담하는 추심금의 지급의무는 현실적으로 제3채무자로부터 이를 지급받은 경우에 구체적으로 발생하는 것이고, 추심의 의뢰 또는 제3채무자에 대한 청구(어음의 경우 지급제시)의 사실만으로는 채권자취소권의 피보전채권이 될 수 있는 구체적 권리가 발생한 것으로 볼 수 없다고 할 것이다.

따라서, 채권자 "갑"은 "을"의 추심행위 이전의 추상적인 추심금지급청구권을 피보전권리로 하여 채권자취소권을 행사할 수 없다.

(판결의 이해) 채권자 "갑"과 채무자 "을" 사이에 체결된 채권추심약정을 기초적 법률관계로 본다고 하더라도, 사해행위 전에 이미 그 추심약정의 대상이 된 채권이 양도에 의하여 소멸하였으므로, 사해행위 후에는 채권추심약정에 직접적인 토대를 둔 채권 자체가 발생할 여지가 없었다는 취지에서, 추상적인 추심금지급청구권은 피보전채권이 될 수 없다고 판시한 것으로 이해할 수 있다.

3. 예외 인정의 제2요소 – 채권 성립의 고도 개연성

(1) 고도 개연성 판단에 관한 대법원판결의 설시 내용

(가) 이례적 대법원판결의 설시 내용에 관한 비판적 검토

대법원 2013. 2. 14. 선고 2012다83100 판결은, '채권자취소권에 의하여 보호될 수 있는 채권이 성립되리라는 점에 대한 고도의 개연성이 있는지 여부는, 채권자와 채무자 사이의 기초적 법률관계의 내용, 채무자의 재산상태 및 그 변화 내용, 일반적으로 그와 같은 상태에서 채권이 발생하는 객관적 빈도 및 일반인의 인식정도, 채무자의 재산처분행위와 채권 발생과의 시간적 간격 등 여러 가지 사정을 종합하여 객관적으로 판단하여야 한다'고 판시하였다.36)

그리고 한편, 위 대법원판결은, 위와 같이 고도의 개연성에 관한 구체적 판단요소 내지 기준에 대하여 서술함에 앞서서, '고도의 개연성은 단순히 향후 채권이 발생할 가능성이 있는 정도에 그쳐서는 안 되고 적어도 채무자의 사해의사를 추단할 수 있는 객관적 사정이 존재하여 일반적으로 누구라도 채권의 발생을 예견할 수 있을 정도에 이르렀다고 볼 만한 상태에서 채무자의 재산처분행위가 이루어졌어야 한다'고 추가하여 서술하였다.

위와 같이, 위 대법원판결은 채권 성립의 고도 개연성 판단에 관하여 구체적인 요소 및 정도 등을 종합적으로 나열하고 있다.

그러나, 채권 성립의 고도 개연성에 관해서 처음부터 위와 같은 요소들을 모두 필수적으로 충족하여야 한다면 특히 소송실무상 그 입증 및 심리가 사실상 불가능한 '그러한 채권이 발생하는 객관적 빈도 및 일반인의 인식정도'까지 충족하여야 한다면, 사해행위 후에 성립한 채권이 채권자취소의 피보전채권에 사실상 포함될 수 없는 것으로 되어 부당하다. 만약 그렇지 않고 참작할 만한 사정을 빠짐없이 예시한 것에 불과하다고 하더라도, 그 예시적 요소 내지 기준으로서 '일반적으로 그와 같은 상태에서 채권이 발생하는 객관적 빈도 및 일반인의 인식정도' 및 '일반적으로 누구라도 채권의 발생을 예견할 수 있을 정도'까지 포함시키는 것은, 불필요할 뿐만 아니라 부적절하다.

따라서, 앞서 본 위 대법원판결의 서술부분은 고도의 개연성에 관하여 별도의 판단기준을 제시한 것이라기보다 고도 개연성의 정도에 관해서 추상적으로 보완하는 취지라고 이해하여야 할 것이다. 왜냐하면, 예컨대, '일반적으로 누구라도 채권의 발생을 예견할 수 있을 정도에 이르렀을 것'을 고도의 개연성에 관한 독자적인 또 하나의 판단기준으로 추가한다면, 구체적 사건에서 당사자 사이의 특수하고 개별적인 다양한 사정에 기초하여 고도 개연성을 인정할 수 있는 여지를 불합리하게 제약할 수 있기 때문이다.

---

36) 대법원 2012. 2. 23. 선고 2011다76426 판결도 유사한 내용으로 설시하였다.

그리고, 위 대법원판결이 서술하고 있는 '일반적으로 그와 같은 상태에서 채권이 발생하는 객관적 빈도 및 일반인의 인식정도'에 관해서는 소송실무상 현실적으로 이를 입증 및 심리하는 것이 사실상 불가능하므로, 이는 별도의 판단요소라고 하기보다 자의적 판단이 아닌 객관적·합리적 판단을 강조한 의미로 이해하여야 할 것이다.

(나) 주류적으로 확립된 대법원판례의 내용

앞의 1.항에서 본 피보전채권의 선재성(先在性)의 원칙의 예외를 인정하는 수많은 대법원판결은, 위 (가)항의 대법원 2012다83100 판결과 같이 채권 성립의 고도 개연성에 관하여 따로 그 판단 요소 및 기준 등을 제시하지 않고 개별적 사건에 나타난 구체적 사정에 의하여 탄력적으로 판단하고 있다.

즉, 아래 (2), (3)항에서 검토하는 대법원판례 외에도 비교적 최근에 선고된 대법원 2013. 4. 26. 선고 2013다5855 판결, 2013. 4. 26. 선고 2011다37001 판결, 2012. 1. 12. 선고 2010다64792 판결 등도 위 대법원 2012다83100 판결이 설시한 내용과 같은 판단 요소 및 기준 등을 제시하지 않고 있다.

따라서, 사해행위 후에 발생한 채권이 채권자취소권의 피보전채권에 해당하는지 여부에 관해서는, 장기간에 걸쳐 다수의 대법원판결에 의해 확립된 바와 같이, ① 사해행위 당시 기초적 법률관계의 존재, ② 그 법률관계에 기한 채권 발생의 고도 개연성, ③ 그 개연성이 현실화된 실제의 채권발생 등을 판단의 기준으로 삼으면서, 그 중 '② 그 법률관계에 기한 채권 발생의 고도 개연성'에 관해서는 개별적 사건에서 구체적 사정을 참작하여 판단하는 방법에 의하는 것이 타당하다.

그리고, '채권 발생의 고도 개연성'의 판단에 있어 참작하는 사정은 원칙적으로, 사해행위 및 채권 발생과의 시간적 간격, 채무자와 수익자의 관계 및 사해행위의 구체적 내용, 채무자의 재산 및 거래상 신용상태의 변화 추이, 채권자와 채무자 사이의 기초적 법률관계의 내용 등 객관적 사정이라고 보는 것이 타당하다. '일반적으로 그와 같은 상태에서 채권이 발생하는 객관적 빈도 및 일반인의 인식정도' 또는 '일반적으로 누구라도 채권의 발생을 예견할 수 있을 정도' 등 주관적 요소를 강하게 내포하는 사정은 특별한 경우가 아닌 이상 이를 '채권

발생의 고도 개연성'의 판단에 참작할 사정에 포함시킬 필요는 없다고 할 것이다.

(2) 긍정사례에 관한 대법원판결 요지

① [대법원 2010. 4. 29. 선고 2009다80705 판결]

수익자의 사해행위인 근저당권 설정 약 50일 후에 신용보증약정에 의한 신용보증사고가 발생하여 채권자의 사전구상권이 성립하고, 그로부터 약 11개월 후에 대위변제에 의한 구상채권이 발생한 경우, 보증의뢰인인 채무자의 주채무 이자의 연체 상황, 국세체납 상황 등 여러 가지 사정을 고려하여, 채권자의 구상금 채권은 사해행위 취소의 피보전채권이 될 수 있다.

② [대법원 2012. 1. 12. 선고 2010다64792 판결]

채무자의 재산처분행위와 채권 발생과의 시간적 간격에 관하여, 채무자가 사해행위로서 수익자들에게 근저당권을 설정한 후 약 2개월 내지 6개월 정도 지나서 실제로 신용보증사고가 발생한 경우, 가까운 장래에 채권자의 사전구상권이 발생할 것이라는 점에 대한 고도의 개연성이 있다.

③ [대법원 2012. 2. 23. 선고 2011다76426 판결]

(사안 요지) 채무자가 사해행위로서 수익자에게 특허권을 양도한 후 약 8개월 남짓 경과하여 이자연체로 인한 신용보증사고가 발생함으로써 채권자의 사전구상권이 성립하고 그 후 3개월 남짓 경과하여 대위변제에 의한 구상금채권이 성립한 경우이다.

(판단 요지) 수익자가 채무자에 대하여 수 억원의 금전을 대여 한 뒤 이를 변제받지 못할 형편에 이르자 위 특허권을 넘겨받은 점, 채무자 회사 및 수익자 회사의 일부 임원이 중첩되어 있는 점, 채무자 회사의 서울 영업소와 수익자 회사의 본점 소재지가 동일한 점 등의 사정을 종합적으로 고려할 때 사해행위 당시 구상금채권이 발생하리라는 고도의 개연성이 있었다.

(3) 부정사례에 관한 대법원판결 요지

① [대법원 2000. 6. 27. 선고 2000다17346 판결]

(사안 요지) 보증채무자 "을"이 신용보증약정에 의하여 주채무자 "을주"회사의 신용보증기관에 대한 구상금채무를 연대보증하였는데 "을주"가 어음교환소로부터 거래정지처분을 받아 신용보증사고가 발생한 시점보다 20일 남짓 전에 부동산을 처분하였고, 신용보증기관 채권자 "갑"은 "을"의 부동산 매도처분 시점보다 11개월 남짓 지난 후에 대위변제한 경우이다.

(판단 요지) 신용보증기관 "갑"은 채무자 "을"이 부동산을 매도한 후 11개월 남짓 경과한 후에야 대위변제에 의하여 "을주"회사에 대하여 구상금채권을 취득하였고, 또 "을"이 부동산을 매도처분할 당시의 "을주"회사의 재정상태에 관하여 알 수 있는 아무런 자료가 없으므로, 보증금융기관 "갑"이 채무자 "을"에 대하여 구상권을 행사하게 되는 사태가 성립하리라는 점에 대한 고도의 개연성이 있다고 보기 어렵다.

② [대법원 2002. 11. 26. 선고 2000다64038 판결]

(사안 요지) 보증채무자 "을"이 신용보증약정에 의하여 주채무자 "을주"회사의 신용보증기관에 대한 구상금채무를 연대보증한 후 1997. 8. 8. 그의 아들 "병"에게 부동산을 증여하였고, "을주"회사는 1998. 2.경부터 대출금채무에 대한 이자지급을 연체하기 시작하여 같은 해 4. 10. 부도처리되었지만, 1997. 12. 31.까지는 다른 금융기관에 대한 대출금 상환에 관하여 전혀 연체하지 않은 경우이다.

(판단 요지) 보증채무자 "을"이 부동산을 증여할 당시 아직 구상금채권이 발생하지 않았고 또 "을주"회사의 재정상태를 알 수 있는 아무런 자료가 없으므로, 채권자인 보증금융기관이 보증채무자 "을"에 대하여 가까운 장래에 신용보증약정에 기하여 채권이 발생하리라는 점에 대한 고도의 개연성이 있다고 보기 어렵다.

③ [대법원 2006. 9. 28. 선고 2005다8286 판결]

(사안 요지) "을"이 2001. 4. 26. 신용보증기관과 사이에 신용보증계약을 체결하고 대출금융기관으로부터 대출을 받은 후 2001. 9. 20. 부동산을 매도처분하였으며, 2003. 1. 1.에 이자 지급을 연체하여 기한의 이익을 상실하고, 보증금융기관은 2003. 12. 26. 대위변제하였는데, 대출금융기관은 2001. 9.경 및 2002. 4.경 "을"에게 별건의 보증채무와 관련하여 채무변제를 독촉하였던 경우이다.

(판단 요지) 채무자 "을"이 별건의 보증채무에 관하여 변제독촉을 받고 있었다는 사정만으로는 채권자인 보증금융기관의 구상금채권이 성립하리라는 점에 대한 고도의 개연성이 없다.

(4) 법리의 정리

(가) 예외 인정의 근거 및 판단 요소

사해행위 후에 발생한 채권도 채권자취소권에 의하여 보호될 수 있는 권리에 포함시켜야 하는 근거는 채무자가 채권자를 해한다는 사해의사로써 채권의 공동담보를 감소시키는 행위를 한 경우 이에 관하여 형평과 도덕관념에서 허용할 수 없다는 채권자취소의 제도적 취지에서 찾을 수 있다.[37]

이와 같이 그 근거가 형평과 도덕관념이라는 법의 일반원칙에 있고 그것이 특수한 채권자취소제도의 영역에서 구현된 것이라면, 사해행위 후에 발생한 채권이 채권자취소권에 의하여 보호될 수 있는 권리에 해당하는지 여부에 관한 판단은 '채무자의 사해행위 당시의 여러 가지 구체적·객관적 사정에 비추어 볼 때, 채무자의 법률행위의 자유를 제약하더라도 장래의 당해 채권자의 채권을 보호하는 것이 형평과 도덕관념에 부합하는지 여부'에 관한 평가작업이라고 볼 수 있다.

---

37) 대법원 2002. 11. 8. 선고 2002다42957 판결 참조. 한편 대법원 2013. 2. 14. 선고 2012다83100 판결은, 그 근거 내지 이유에 관하여 '위와 같은 경우에도 채권자를 위하여 책임재산을 보전할 필요가 있고, 채무자에게 채권자를 해한다는 인식이 있었다고 볼 수 있기 때문이다'라고 서술하고 있으나, 당위론적 근거는 형평과 도덕관념에 입각한 채권자취소제도의 취지에서 구하는 것이 적절하다고 할 것이다.

그리고 그 평가의 핵심적 요소는 ① 사해행위 및 채권 발생과의 시간적 간격, ② 채무자와 수익자의 관계 및 사해행위의 구체적 내용, ③ 채무자의 재산 및 거래상 신용상태의 변화 추이, ④ 채권자와 채무자 사이의 기초적 법률관계의 내용 등이라고 할 것이고, 이러한 여러 가지 요소들은 모두 충족하여야 하는 것이 아니라 상호보완관계에 있다고 보는 것이 타당하다.

(나) 시간적 근접성의 범위

위에서 본 평가요소 중, 위 '① 사해행위와 채권발생과의 시간적 근접성'은 객관적으로 명확하게 측정할 수 있으므로 가장 중요한 판단 요소가 될 것인데, 이와 밀접한 관련이 있는 법률 규정을 살펴본다.

민사집행법 제64조 제2항은 재산명시절차에 있어서 채무자가 재산명시명령이 송달되기 전 1년 이내에 유상양도한 부동산과 2년 이내에 무상처분한 재산을 재산목록에 명시하여 제출하도록 규정하고 있는바, 이는 채무자의 과거 소유재산이라고 하여도 채권자취소권을 행사하여 책임재산으로 환원시키기 위한 데에 그 취지가 있다고 본다.[38)]

위와 같은 법규정에 비추어 볼 때, 적어도 사해행위 후 1년 내에 발생한 채권은 채권자취소권에 의하여 보호될 수 있는 권리에 포함시킬 수 있고, 그 중에서 사해행위와 채권발생과의 시간적 간격이 6개월 정도라면 경험칙상 시간적 근접성을 인정하여도 무방하며, 특히 2~3개월 이내에 근접해 있다면 다른 사정에 의해 보완되지 않더라도 피보전채권 성립에 고도의 개연성이 있다고 보는 것이 타당하다고 생각한다.

그리고, 고려할 만한 다른 사정들이 상대적으로 많이 존재하는 경우에는 사해행위와 채권발생과의 시간적 근접성이라는 요소는 탄력적으로 인정할 수 있다. 그러므로, 사해행위와 채권발생 사이의 시간적 간격이 6개월을 초과하더라도 개별적 사건에서의 다른 구체적 사정에 의하여 채권자를 보호하는 것이 형평과 도덕관념에 부합하는 경우에는 채권성립의 고도의 개연성을 인정하는 것이 타당하다.

예컨대, 사해행위와 채권발생과의 시간적 간격에 관해서 6개월 정도 이내일

38) 이시윤, 신민사집행법(제8판) 90면.

것을 엄격하게 요구한다면, 기업을 경영하는 채무자의 경우에는 기업의 재산상태의 변동에 관해서 잘 알 수 있는 지위에 있다고 할 것인데, 그러한 채무자가 향후의 부도사태를 감지하고 재산을 은닉할 의도로 6개월 훨씬 이전부터 미리 재산을 친지들에게 처분한 행위에 대하여 채권자가 취소권을 행사할 수 없는 불합리가 생길 수 있다.

(다) 채무자와 상대방과의 인적관계, 사해행위의 내용 등

위에서 본 시간적 근접성 이외에, 채무자와 상대방과의 특별한 인적관계, 사해행위의 구체적 내용 등은 피보전채권 성립의 고도의 개연성 및 나아가 채무자의 사해의사를 객관적으로 판단 할 수 있는 중요한 요소라고 할 수 있다.

채무자회생법 제101조 제3항은 부인권 대상 행위에 관하여 그 행위가 무상행위 및 이와 동일시할 수 있는 유상행위이고, 채무자와 상대방 사이에 배우자, 8촌 이내의 혈족, 또는 일정 지분 이상의 출자자, 임원(채무자가 법인인 경우) 등 특수관계[39]에 있는 경우에는 그 시기적 요건을 대폭 완화하여 지급 정지 등이 있기 전 1년 내의 행위까지 포함한다고 규정하고 있다. 또 민사집행법 제64조 제2항 제2호는 당사자가 채무자의 배우자, 직계혈족 및 4촌 이내의 방계혈족과 그 배우자 등 특별한 인적관계에 있는 경우에는 부동산 외의 재산도 명시대상으로 규정하고 있다.

위와 같은 법규정에 비추어 볼 때, 채무자와 수익자 사이에 가까운 친족관계에 있거나 회사의 대주주, 임원 등 실질적인 영향력을 미칠 수 있는 지위에 있는 경우, 또는 사해행위의 구체적 내용이 무상행위 및 이와 동일시할 수 있는 유상행위 등인 경우에는 사해행위와 채권발생과의 시간적 근접성이라는 요소를 더욱 완화하여 피보전채권 성립에 고도의 개연성을 인정할 수 있다고 할 것이다.

앞서 본 대법원 2012. 2. 23. 선고 2011다76426 판결은, 채무자가 사해행위로서 수익자에게 특허권을 양도한 후 약 8개월 남짓 경과하여 이자연체로 인한 신용보증사고가 발생함으로써 채권자의 사전구상권이 성립한 경우에 사해행위의 구체적 내용과 수익자와의 밀접한 인적관계 등을 참작하여 그 채권 발생의 고도의 개연성을 인정하였다.

39) 채무자회생법 시행령 제4조.

(라) 채무자의 재산 및 거래상 신용상태의 변화 추이

위 (가)항에서 본 '③ 채무자의 재산 및 거래상 신용상태의 변화 추이'라는 판단요소와 관련하여, 앞서 본 대법원 2000. 6. 27. 선고 2000다17346 판결 및 2002. 11. 26. 선고 2000다64038 판결이 구상채무 연대보증인의 처분행위에 대하여 채권자취소권을 행사하는 경우에는 주채무자의 재정상태도 아울러 참작하는 것이 필요하다고 판시하였음에 주목하여야 한다. 그러나 한편, 연대보증채무자에 대한 피보전채권 성립의 개연성 판단이 아니라 뒤의 제4절에서 보는 바와 같이, 무자력의 판단에 관해서는 주채무자와 연대보증인에 대하여 각 별로 산정하고, 연대보증인의 법률행위가 사해행위에 해당하는지 여부를 판단함에 있어 주채무자의 일반적인 자력은 고려할 요소가 아님(대법원 2003. 7. 8. 선고 2003다13246 판결)에도 주의를 요한다.

위 대법원 2000다17346 판결, 2000다64038 판결 등이 연대보증채무자의 처분행위에 대하여 채권자취소권을 행사하는 경우에 그에 대한 피보전채권의 장래 성립의 고도 개연성에 관해서는 주채무자의 재정상태도 아울러 참작하는 것이 필요하다고 한 것은 보증채무(연대보증채무 포함)의 주채무에의 종속성을 고려한 것으로 이해할 수 있다.

그런데, 소규모 법인기업의 실질경영자 또는 대표이사가 법인기업의 채무에 관하여 연대보증을 한 경우에 그 연대보증인에 대한 피보전채권의 장래 성립의 고도 개연성을 판단함에 있어 주채무자인 법인기업의 재정상태를 참작할 때에는, 소규모 법인기업의 부실한 회계처리실태에 비추어 볼 때, 대차대조표, 손익계산서 등 재무제표의 기재보다는 사해행위 당시의 실제 영업상황 및 적극재산의 보유상태 등을 중시하여 참작하는 것이 타당하다고 생각한다.[40]

---

40) 이 점에 관해서는 뒤의 제4절 채무자의 무자력 판단에서 상세하게 검토한다.

제 5. 피보전채권의 범위

1. 이자와 지연손해금 포함

(1) 이자 · 지연손해금의 구체적 산정

채권자가 채권자취소권을 행사할 때에는 원칙적으로 자신의 채권액을 초과하여 취소권을 행사할 수 없지만, 이 때 채권자의 채권액에는 사해행위시까지 발생한 원본 및 이자 등뿐만 아니라 사해행위 이후 사실심 변론종결시까지 발생한 이자나 지연손해금이 포함된다(대법원 2001. 12. 11. 선고 2001다64547 판결).

사해행위 후에 발생한 이자, 지연손해금은 원본채권의 당연한 확장이라고 볼 것이므로, 채권자가 채권자취소권을 행사할 수 있는 채권액에 사해행위 이후 사실심 변론종결시까지 발생한 이자나 지연손해금이 포함되는 것이다.

그리고, 사해행위 당시에 이미 채권 성립의 기초가 되는 법률관계가 발생되어 있고 가까운 장래에 그 법률관계에 터잡아 채권이 성립되리라는 점에 대한 고도의 개연성이 있으며 실제로 그 개연성이 현실화되어 채권이 성립된 경우에는, 사해행위 후 사실심 변론 종결시까지 발생한 원본과 이자 및 지연손해금 등도 피보전채권액의 범위에 포함된다.41)

이자라 함은 일반적으로 '금전 기타 대체물의 사용의 대가로서 원본액과 사용기간에 비례하여 지급되는 금전 기타 대체물'을 말하는 것인데, 앞의 제2절 제 1.에서 검토한 바와 같이 채권자취소권의 피보전채권은 금전채권일 것을 요하므로, 결국 피보전채권의 범위에 포함되는 이자도 금전으로 제한된다고 할 것이다.

지연손해금은 금전채무의 이행지체에 따른 손해배상액을 일컫는 것으로서 소송실무상 연체이자, 지연이자 등으로 불리기도 한다.

이자는 원본채권의 이행기까지의 사용대가라는 점에서 금전채무의 이행기가

---

41) 피보전채권의 범위는 채권자가 채권자취소권을 행사할 수 있는 범위를 한정하는 의미를 가진다. 다만, 사해행위의 목적물이 불가분이거나 다른 채권자가 배당을 요구할 것이 명백한 경우 등 특별한 사정이 있는 때에는 피보전채권의 범위를 넘어 전부의 취소를 구할 수 있다. 이 점에 관해서는 뒤 제4장 제5절 제 1.에서 다시 상세하게 검토한다.

지난 후의 채무불이행에 따른 지연손해금과는 그 성질이 다르다.

다만, 당사자 일방이 계약을 해제하여 원상회복의무로서 금전을 반환할 경우에는 그 받은 날로부터 이자를 가산하여 지급하여야 하는데(민법 제548조 제2항), 여기서 가산되는 이자는 원상회복의 범위에 속하는 것으로서 일종의 부당이득 반환의 성질을 가지는 것이고 반환의무의 이행지체로 인한 지연손해금이 아니다.[42)]

이자는 당사자 사이에 약정이 있거나 출재채무자(出財債務者)의 구상권(민법 제425조 제2항) 등과 같이 법률의 정함이 있는 때 발생한다. 민법상의 금전소비대차의 경우에는 당사자 사이에 이자에 관한 약정이 없는 한 채무자는 이자를 지급할 의무가 없지만, 상인이 그 영업에 관하여 금전을 대여한 경우에는 특약이 없더라도 연 6푼의 법정이자를 청구할 수 있다(상법 제55조 제1항, 제54조). 이자있는 소비대차는 차주(借主, 차용인)가 목적물의 인도를 받은 때로부터 이자를 계산하고, 차주가 그 책임있는 사유로 수령을 지체할 때에는 대주(貸主, 대여자)가 이행을 제공한 때로부터 이자를 계산한다(민법 제600조).

지연손해금(금전채무의 이행지체에 의한 손해배상액)은 당사자 사이에 약정이 없더라도 법정이율에 의해 산정하고, 법령의 제한에 위반되지 않은 약정이율이 있으면 그에 의하여 산정한다(민법 제397조 제1항). 다만, 지연손해금에 관하여 약정이율이 있더라도 그 약정이율은 법정이율 이상일 경우에만 적용되고, 약정이율이 법정이율보다 낮은 경우에는 법정이율에 의하여 지연손해금을 산정한다.[43)] 금전채무에 관하여 아예 이자 약정이 없어서 이자 청구를 전혀 할 수 없는 경우에도 채무자의 이행지체로 인한 지연손해금은 법정이율에 의하여 청구할 수 있으므로, 더욱이나 이자를 조금이라도 청구할 수 있었던 경우에는 법정이율에 의한 지연손해금을 청구할 수 있다고 보는 것이 형평의 원칙에 맞기 때문이다.

한편, 금융기관과의 거래에 있어서는 이율이 변동되는 경우 그 변동 이율에 의한다고 약정하는 경우가 많은데, 이때에는 변동되는 기간마다 다른 이율을 적용하여 지연손해금을 계산할 것이다.

---

42) 대법원 2013. 4. 26. 선고 2011다50509 판결.
43) 대법원 2009. 12. 24. 선고 2009다85342 판결.

(2) 소촉법상의 지연이율 적용에 관한 문제

당사자 사이에 약정이자 또는 약정지연이자의 정함이 있는 경우라고 할지라도 소송상 청구하는 경우 당사자의 일방은 소촉법 제3조 제1항의 규정에 따라 소장 등이 송달된 다음날부터는 그 시행령에 정해진 비율에 의한 지연손해금을 청구할 수 있다.[44]

채권자의 피보전채권에 관하여 이미 승소확정판결이 있었고 그 판결에서 당시의 소촉법령[45]에 의한 비율에 따라 지연손해금의 지급을 명하였는데, 그 후 10년이 경과하기 전에 그 채권의 소멸시효를 중단하기 위하여 다시 동일한 내용의 소송을 제기하는 경우 소촉법령상의 이율이 변경되었다면, 그 개정법령의 시행일 이후에는 개정법령에 정한 이율을 적용하여야 할 것이다.

법령 규정의 존부 및 내용은 법원이 당사자의 주장과 무관하게 직권으로 조사하여 적용하여야 하는 영역으로서, 당사자가 구성한 구체적 청구원인에 관한 법원의 판단에 대하여 법원 및 당사자를 구속하는 기판력 제도와는 그 차원을 달리하기 때문이다.

소촉법령에 의한 지연이자율은 대통령령 제26553호로서 2015. 10. 1.부터는 연 15%로, 같은 령 제29768호로서 2019. 6. 1.부터는 연 12%로 각 개정되었고 당시 계속 중인 사건에 대하여 적용된다.

따라서 예컨대, 종전 소촉법령에 의하여 완제일까지 연 20%의 비율에 의한 지연손해금을 명한 확정된 종전 판결의 시효중단을 위하여 동일한 내용의 소송을 제기하여 위 최종 개정 시행일 이후에 사건이 계속 중인 경우에는, 2015. 9. 30.까지는 종전 소촉법령에 의한 연 20%, 그 다음날부터 2019. 5. 31.까지는 대통령령 제26553호로서 개정된 소촉법령에 의한 연 15%, 그 다음날부터 다 갚는 날까지는 현행 소촉법령에 의한 연 12%의 비율에 의한 지연이자율을 적용한다.

지연이자율에 관하여 법령의 개정에 의한 것이 아니라, 헌법재판소의 위헌결정이 있는 경우에는 어떠한가.

---

44) 대법원 1992. 12. 22. 선고 92다4307 판결.
45) 정식 명칭은 '소송촉진 등에 관한 특례법 제3조 제1항 본문의 법정이율에 관한 규정'이다.

대법원 2003. 7. 11. 선고 2003다19572 판결은, '형벌에 관한 것이 아닌 민사적 법률조항에 대한 위헌결정은 확정판결에 영향을 미치지 아니하므로, 연체이율을 연 2할 5푼으로 규정하였던 구 소촉법(2003. 5. 10. 법률 제6868호로 개정되기 전의 것) 제3조 제1항 본문이 종전 확정판결 후에 위헌으로 결정되었다고 하더라도 연 2할 5푼의 비율에 의해 지연손해금을 계산한 종전 판결의 효력을 채권자취소소송에서 수익자가 다툴 수 없고, 채권자는 종전 판결에 따른 채권액의 범위 내에서 채권자취소권을 행사할 수 있다'고 판시하였다.

한편, 대법원 2009. 7. 9. 선고 2006다73966 판결은, '헌법재판소의 위헌결정에 따라 구 소촉법(2003. 5. 10. 법률 제6868호로 개정되기 전의 것) 제3조 제1항의 효력이 소멸된 경우, 지급명령에 대해서는 기판력이 인정되지 아니하여 지급명령 전에 발생한 사유로 청구이의가 일부 받아들여지는 때에는 소촉법이 정한 이율의 적용 여부에 관해서 다시 심리할 수 있음에 비추어 보면, 그 집행력의 잔존 범위는 효력이 소멸된 구소촉법 규정이 아니라 개정(2003. 5. 10. 법률 제6868호)된 소촉법의 규정을 적용하여야 한다'고 판시하였음에 유의할 것이다.[46]

(3) 피보전채권에 관하여 선행 승소확정판결이 있는 경우

위 (2)항에서 본 대법원 2003. 7. 11. 선고 2003다19572 판결은, 민사 법령에 대한 위헌결정의 효력에 관하여 판시하기에 앞서, '채권자가 채무자를 상대로 그 채무의 이행을 구하는 소송을 제기하여 승소판결이 확정되면 채권자취소소송의 상대방인 수익자나 전득자는 그와 같은 확정된 채권자의 채권의 존부나 범위에 관하여 다툴 수 없다'고 설시함으로써[47] 채권자취소소송의 피보전채권 존부 및 범위와 관련하여 일종의 일반론을 전개한 것으로 볼 수 있는 부분이 있다.

그러나, 채권자취소권은 채권자가 자신의 고유의 권리를 행사하는 것이지

---

46) 또한, 지급명령에는 기판력이 인정되지 아니하므로 지급명령에 대한 집행력의 배제를 목적으로 제기된 청구이의의 소에서 지급명령 발령 전에 발생한 청구권의 일부 불성립이나 소멸 등의 사유로 청구이의가 일부 받아들여지는 경우에는, 지급명령 이전부터 청구이의의 사실심 판결 선고시까지 그 청구권에 관한 이행의무의 존부나 범위에 관하여 항쟁함이 상당한 경우에 해당하므로, 그 기간 범위 안에서는 소촉법 제3조 제1항의 이율을 적용할 수 없다(대법원 2009. 7. 9. 선고 2006다73966 판결).

47) 대법원 2017. 9. 21. 선고 2015다53841 판결도 동일한 내용으로 판시하였다.

채무자의 제3채무자에 대한 권리를 대위하여 행사하는 것이 아니고, 또한 채권자취소소송의 당사자인 수익자 또는 전득자는 종전의 채권자와 채무자 사이의 소송의 당사자가 아님은 물론 그 소송이 계속된 사실조차 알지 못하는 경우가 대부분이다. 따라서, 채권자취소소송의 수익자 또는 전득자에 대하여 채권자대위소송에서의 판결의 기판력이 제3자인 채무자에게 미친다는 것과 마찬가지의 법리를 적용할 수는 없고, 그 밖에 수익자 또는 전득자에 대하여 종전 채권자와 채무자 사이의 판결의 효력이 미친다고 할 만한 합리적인 근거를 찾기 어렵다.

또한, 채권자대위소송에서 제3채무자는 어차피 채무자에 대하여 의무를 이행하여야 할 지위에 있는 자로서 채권자와 채무자 사이에서 피보전채권이 판결로 확정되었다면 제3채무자가 이를 다툴 실익이 없으나, 채권자취소소송에서는 채권자의 채무자에 대한 피보전채권이 존재하지 않는다면 그 취소소송의 피고인 수익자나 전득자는 자신들이 취득한 권리를 부정당하지 않을 수 있으므로 피보전채권의 존재를 다투는 것은 결정적인 이해관계가 있다.

채권자의 채무자에 대한 종전의 승소확정판결이 채권자취소소송에서 채권자의 피보전채권의 존재를 뒷받침하는 가장 유력한 증거자료가 됨은 물론이지만, 위 대법원판결이 단정적으로 수익자나 전득자는 그와 같은 확정된 채권자의 채권의 존부나 범위에 관하여 다툴 수 없다고 판시한 것은 별다른 법리적 근거가 없는 것으로서 부당하다고 할 것이다.48)

(4) 약정에 의한 부대채무

실무상, 보증금융기관이 기업의 부탁에 따라 기업의 은행 등에 대한 대출금 상환채무에 대하여 보증을 제공함에 있어, 기업과 사이에 통상적으로 '신용보증약정서'라는 명칭으로 별도의 계약을 체결하고, 아울러 기업의 실질적 경영자 또는 대주주 등과 사이에는 위 신용보증약정에 의한 기업의 구상채무에 관하여 연대보증계약을 체결하는 경우가 많다. 또한 이러한 신용보증계약의 내용으로 '본인(기업)과 연대보증인은 보증채권자(은행 등 금융기관)에게 보증채무 이행으로 지급한 금액뿐만 아니라, 체당금, 가지급한 법적 절차 비용 등 모든 부대채무에

48) 이순동, 채권자취소권(제3판) 제666면, 이 점에 관해서는 뒤의 제4장 제4절 제 1.의 3.에서 보다 상세하게 검토한다.

대해서도 변제할 책임을 진다'는 취지의 특약을 하는 것이 보통이다.

위와 같이 보증금융기관이 은행 등에 보증채무를 이행함에 따라 주채무자(기업)가 보증금융기관에 대하여 부담하게 될 구상금채무에 대해서 연대보증하는 경우, 연대보증인은 특별한 사정이 없으면 주채무자와 동일한 내용의 채무를 부담한다. 그러면, 보증채권자(은행 등)가 보증제공자(보증금융기관)와 주채무자(기업)를 상대로 이행의 소를 제기하여 소송 계속 중에 '소송비용은 각자 부담한다'는 조항이 포함된 조정에 갈음하는 결정이 확정된 경우, 그 소송비용은 위와 같은 특약에 의해 연대보증인이 부담하여야 할 부대채무에 포함된다고 볼 수 있는가.

대법원 2014. 3. 27. 선고 2012다6769 판결은, 위와 같은 사안에 관해서, '합리적인 범위 내에서 지출한 소송비용에 대해서는 주채무자(기업)는 특약에서 정한 부대채무로서 보증제공자에게 변제할 의무가 있고 연대보증인도 같은 내용의 채무를 부담한다고 할 것이고, 보증채권자와 보증제공자 사이에 소송비용을 각자 부담하는 내용의 조정에 갈음하는 결정이 확정되었다고 하더라도 그 효력은 보증채권자와 보증제공자 사이에 발생하는 것에 불과하므로 달리 볼 것은 아니다'라고 판시하였다.

2. 물적 담보에 의해 우선변제받을 부분 공제

(1) 공제의 범위와 기준

채권자의 채권을 담보하기 위하여 채무자 또는 제3자 소유의 목적물에 대하여 근저당권 등 물적담보가 설정되어 우선변제권이 확보되어 있다면, 그 범위 내에서는 채무자의 재산처분행위에 의해 채권자의 채권이 침해 받는다고 볼 수 없다. 따라서 채권자의 채권액이 피담보 목적물의 가액 및 채권최고액을 초과하는 경우에는, 그 담보물로부터 우선변제 받을 금액을 공제한 나머지 채권액에 대해서만 채권자취소권이 인정된다(대법원 2010. 2. 11. 선고 2009다81616 판결).

채권자에게 제공되는 물적담보는 근저당권은 물론 양도담보권 등도 포함되고, 채무자 아닌 제3자가 담보제공자인 경우에도 채권자에게 우선변제권이 확보되어 있는 한 그 범위 내에서는 채무자의 재산처분행위는 채권자를 해하지 아니하므로, 그 담보물로부터 우선변제 받을 액을 공제한 나머지 채권액에 대해서

만 채권자취소권이 인정된다(대법원 2002. 4. 12. 선고 2000다63912 판결).[49]

위와 같은 법리는 채무자가 채권자에게 제공한 당해 담보목적물 외의 재산을 처분한 경우에 소송실무상 유의하여야 할 점으로서 실제적 의미를 가진다고 할 수 있다.

채무자가 채권자에게 제공한 당해 담보목적물을 처분한 것이 사해행위에 해당하는 경우에도 채권자는 위 법리에 따라 그 취소를 구할 실익이 있다. 즉, 채무자로부터 피담보부동산의 소유권을 양수한 제3취득자는 그 부동산으로 담보된 채권 즉 근저당권의 경우 채권최고액까지만[50] 변제하면 저당권의 소멸을 청구할 수 있는데(민법 제364조), 이에 대하여 채권자는 채권최고액을 초과하는 채권액에 관하여 채권자취소권을 행사하여 피담보부동산을 원상회복 시킴으로써 채권최고액을 공제한 나머지 피담보부동산 가액에 대해서도 책임재산으로 확보할 수 있는 실익이 있는 것이다.

취소채권자가 '그 담보물로부터 우선변제 받을 금액'은 사해행위 당시를 기준으로 담보물의 가액에서 취소채권자에 앞서는 선순위 담보물권자가 변제 받을 금액을 먼저 공제한 다음에 산정한다. 또한 사해행위 당시 채무자에 대하여 근로기준법 등에 따라 이미 성립된 최우선변제권을 갖는 임금채권으로서 당해 담보물에 대하여 가까운 장래에 우선변제권을 행사하리라는 점에 관한 고도의 개연성이 인정되고 실제 가까운 장래에 그 개연성이 실현된 경우도 그 임금채권액을 먼저 공제하여야 할 것이다.[51]

위에서 본 바와 같은 경우 채권자취소권을 행사하기 위해서는 피보전채권의 존재와 범위는 채권자취소권의 한 요건에 해당하므로, 채권자 자신이 주장하는 피보전채권이 우선변제권 밖에 있다는 점을 주장 입증하여야 하며, 이 때 우선변제 받을 금액은 채무자의 처분행위 당시의 담보목적물의 시가를 기준으로 산

---

49) 위 대법원 63912 판결의 원심은 '채권자가 제3자 소유의 재산에 물상담보권을 가지는 경우에는 우선변제 받게 되더라도 물상보증인이 채무자에 대하여 구상권을 취득하게 되므로 채권자로서는 그 담보가치를 채무자의 적극재산으로 평가하고 있는 것이 아니므로, 그 물적담보와는 관계 없이 채권전액을 기준으로 채권자취소권을 인정하여야 한다'고 판단하였다. 그런데, 위 대법원 판결은 이와 같은 원심의 판단을 법리를 오해한 것이라고 파기한 것이다.

50) 보통 저당권의 경우 민법 제360조에 의해 지연배상금에 대해서는 원본의 이행기일을 경과한 1년분까지로 제3취득자의 변제범위가 축소된다.

51) 대법원 2021. 11. 25. 선고 2016다263355 판결 참조.

정한다(대법원 2014. 9. 4. 선고 2013다60661 판결).

한편, 담보 목적물의 가액과 채권최고액이 불일치하는 경우에는 처분행위 당시의 담보 목적물의 가액 및 채권최고액 중 적은 금액을 초과하는 부분이 채권자취소권이 인정되는 피보전채권액 되는데(대법원 2010. 2. 11. 선고 2009다81616 판결), 통상적으로 부동산 담보의 경우에는 목적물의 가액이 채권최고액보다 많다.

(2) 공제와 피보전채권액의 구체적 산정례

앞서 본 바와 같이, 처분행위 당시 담보 목적물의 가액 및 채권최고액 중 적은 금액을 초과하는 부분이 채권자취소권의 피보전채권 즉 취소권을 행사할 수 있는 채권이 된다.

예컨대, 채권자 "갑"이 채무자 "을"에 대한 5,000만 원의 채권을 담보하기 위하여 "을" 소유의 벤츠 자동차에 관하여 채권최고액 4,000만 원의 근저당권을 설정하였는데, 그 후 "을"이 자신의 아파트를 수익자 "병"에게 증여하여 무자력으로 되고 한편 아파트 증여 당시 담보목적물인 벤츠 자동차의 시가는 3,500만 원인 경우에, "을"의 아파트 처분행위에 대하여 "갑"이 채권자취소권을 행사할 수 있는 피보전채권액의 범위에 관하여 본다. 위 사안에서 "갑"이 채권자취소권을 행사할 수 있는 피보전채권액은 원래 채권액 5,000만 원에서 "을"의 아파트 처분 당시의 담보목적물인 자동차의 시가 3,500만 원(이는 채권최고액 4,000만 원보다 적은 금액이다)을 공제한 1,500만 원이 된다.[52)]

한편, 채권자의 채권에 원금과 이자 부분이 있는 경우에는 변제충당의 법리를 유추적용하여 이자가 원금에 우선하여 우선변제 담보범위에 포함된다. 따라서 채권자취소권을 행사할 수 있는 피담보채권의 범위는 처분행위 당시 담보부동산의 가액과 채권최고액 중 적은 금액을 초과하는 부분에 해당하는 채권원리금 및 그 중 원금 부분에 대하여 처분행위 다음날부터 사실심 변론종결시까지 발생한 지연이자 상당의 금원이 된다(대법원 2010. 2. 11. 선고 2009다81616 판결).

예컨대, 채권자가 채무자에게 8억 원을 대출하고 당시 시가 10억 원 상당의

---

52) 위 대법원 60661 판결의 원심판결에 의해 사실관계를 축약 정리한 것이다. 위 대법원판결은 자동차의 경우 처분행위 후 시간의 경과에 따라 감가상각 등으로 그 시가가 하락하는 사정 등은 피보전채권의 산정에 특별히 고려할 것은 아니고 본문에서 본 일반 법리에 따라 산정하여야 한다고 판단하였다.

물상보증인 소유 부동산에 채권최고액 9억 원의 근저당권을 설정받았는데, 채무자가 자신의 유일한 재산을 수익자에게 처분하였고 채권자의 대여 원금에 대해 처분행위시까지 발생한 이자는 2억 원이고 근저당권 목적 부동산의 처분행위 당시 시가는 11억 원인 사례에 관해서 본다. 이 경우, 채권자는 채무자의 처분행위 당시의 담보목적물의 시가와 채권최고액 중 적은 금액인 채권최고액 9억 원의 범위 내에서 이자 2억 원이 먼저 충당 공제되고 나머지 7억원은 원금에 충당 공제되어 우선변제 받을 수 있으므로, 나머지 원금 1억 원 및 이에 대한 처분행위 다음날부터 변론 종결일까지의 이자를 피보전채권으로 하여 채권자취소권을 행사할 수 있다.

제 6. 피보전채권의 부존재 및 소멸과 그 효과

1. 피보전채권 존부의 기준 시점

채권자취소권은 피보전채권의 존재를 전제로 하여 재판상 행사하는 것이므로 원칙적으로 사해행위 당시에 존재하여야 하고 변론종결시에도 존재하여야 하며, 변론종결시에 그 채권이 부존재한 경우에는 취소권을 행사할 수 없다.

2. 소송실무상 피보전채권의 존부가 문제되는 경우

(1) 장래의 채권

채권자는 채권발생 당시의 채무자의 자력을 신용의 기초로 삼는 것이므로 사해행위 당시에 아직 존재하지 않은 채권은 사해행위로 인하여 침해된다고 볼 수 없고, 따라서 취소채권자의 채권은 원칙적으로 사해행위 당시에 이행기에 있지는 않더라도 그 전에 이미 발생하고 있어야 할 것임을 요한다.

그러나, 위와 같은 논리적 원칙만을 고수할 경우, 채무자가 장래 등장할 것이 용이하게 예상되는 채권자를 해하는 의사로써 채권의 공동담보를 감소시키는 행위를 용인하는 것이 되고, 이는 형평과 도덕관념에 어긋나는 것으로서 채권자취소제도의 근본취지를 몰각시킨다.

이에, 대법원판례는, 채권자취소권의 피보전채권은 사해행위 당시 발생되어 있을 것을 요하지만, 예외적으로 사해행위 당시 성립되어 있는 기초적 법률관계에 터 잡아 장래 발생할 고도의 개연성 있는 채권도 피보전채권이 될 수 있다는 법리를 확립하고 있다.[53]

따라서, 사해행위 당시 채권 발생의 기초가 되는 법률관계가 존재하지 않거나 그러한 법률관계가 존재하더라도 그에 터 잡아 장래 채권 발생의 고도의 개연성이 인정되지 않는 경우에는, 결국 피보전채권이 존재하지 아니하여 채권자는 채권자취소권을 행사할 수 없다.

---

53) 이 점에 관해서는 앞의 제 4.에서 상세하게 검토하였다.

(2) 피보전채권의 시효 소멸

채권자취소소송의 피고로 된 수익자 또는 전득자는, 시효기간 만료에 의하여 소멸하는 권리의 의무자는 아니지만 사해행위가 취소되면 사해행위에 의하여 얻은 이익을 상실하고 사해행위취소권을 행사하는 채권자의 채권이 소멸하면 그와 같은 이익의 상실을 면하는 지위에 있어, 그 채권의 소멸에 의하여 직접 이익을 받는 자에 해당하므로, 독자적으로 직접 소멸시효를 주장할 수 있다(대법원 2007. 11. 29. 선고 2007다54849 판결).

이 점은 채권자가 채권자대위권을 행사하여 제3채무자에 대하여 청구를 하는 경우에, 제3채무자는 소멸시효의 이익을 직접 받는 자에 해당하지 않으므로, 채권자의 채무자에 대한 채권이 시효로 소멸하였다는 주장을 할 수 없는 것과 다르다.[54]

채권자취소소송에서 피고로 된 수익자 또는 전득자가 한 피보전채권에 관한 시효소멸의 항변이 인정되면 그 피보전채권은 그 기산일에 소급하여 소멸하므로(민법 제167조), 결국 피보전채권이 사해행위 당시부터 존재하지 아니하게 되어 채권자는 채권자취소권을 행사할 수 없다. 한편, 채권자취소소송에서 수익자나 전득자가 피보전채권에 관한 소멸시효를 원용하는 경우 채권자는 수익자나 전득자에 대한 관계에서 채무자에 대한 시효의 중단을 주장할 수 있다고 할 것이다.[55]

(3) 피보전채권의 면책

채권자취소권은 채무자의 책임재산을 보전하기 위한 제도로서 채무자에 대하여 채권을 실제로 행사할 수 있음이 전제되어야 하는데, 채무자가 파산절차에서 면책결정을 받은 때에는 비록 채무자체가 소멸하는 것이 아니라 자연채무로 남게 되더라도, 파산채권자는 강제집행에 의해 만족을 얻지 못하므로, 파산채권

---

54) 대법원 2004. 2. 12. 선고 2001다10151 판결 등.

55) 대법원 2007. 11. 29. 선고 2007다54849 판결의 이유에 의하면, 채권자인 원고가 채무자인 망인의 상속인들을 상대로 연대보증약정에 의한 이행청구의 소를 제기하여 승소확정판결을 받은 이상 수익자인 피고는 더 이상 소멸시효의 주장 등으로 원고의 망인에 대한 채권의 존재를 다툴 수 없다고 설시하였는바, 이는 채권자의 시효 중단 주장을 인정한 것이라고 볼 것이다.

을 피보전채권으로 하여 채권자취소권을 행사하는 것은 그 채권이 채무자회생법 제566조 단서의 예외사유에 해당하지 않는 한 허용되지 않는다(대법원 2008. 6. 26. 선고 2008다25978 판결).

따라서, 채권자취소소송에서 피고로 된 수익자 또는 전득자가 한 피보전채권에 관한 면책의 주장이 인정되면 채권자는 채권자취소권을 행사할 수 없다.

다만, 피보전채권의 면책과 관련하여 채무자회생법은 개인파산절차와는 달리 법인파산절차에서는 면책절차를 규정하고 있지 않은 점, 개인회생절차에 의하여 변제계획인가결정을 받은 경우에는 일반의 '회생계획인가결정'과는 달리 '변제계획인가결정'을 받은 단계에서는 아직 권리변경의 효력이 생기지 않는 점 등에 주의를 요한다.[56]

(4) 피보전채권의 양도

채권자취소권은 채권에 종(從)된 실체법상의 권리이고 채권양도가 있으면 채권은 동일성을 유지하면서 양수인에게 이전하므로, 피보전채권이 양도되면 양도인은 피보전채권을 상실하여 채권자취소권을 행사할 수 없고 양수인이 채권자취소권을 행사한다.

채권자의 채권이 사해행위 이전에 성립한 이상 사해행위 이후에 양도되었다고 하더라도 양수인은 채권자취소권을 행사할 수 있으며, 채권양수일에 채권자취소권의 피보전채권이 새로이 발생하였다고 볼 수 없다(대법원 2012. 2. 9. 선고 2011다77146 판결). 또한, 채권양도의 대항요건을 사해행위 이후에 갖추더라도 채권양수인이 채권자취소권을 행사하는 데 아무런 장애사유가 될 수 없다(대법원 2006. 6. 29. 선고 2004다5822 판결).

채권이 이중으로 양도되거나 채권양도와 동일 채권에 대한 압류·전부명령이 경합한 경우에는 채권자취소권을 행사할 수 있는 자는 누구인가.

채권이 이중으로 양도된 경우의 양수인 상호간의 우열은 통지 또는 승낙에 붙여진 확정일자의 선후에 의해 결정할 것이 아니라, 채권양도에 대한 채무자의 인식 즉 확정일자 있는 양도 통지가 채무자에게 도달한 일시 또는 확정일자 있

---

56) 피보전채권이 면책된 경우 등에 관해서는 앞의 제 3.에서 상세하게 검토하였다.

는 승낙의 선후에 의하여 결정한다. 이러한 법리는 채권양수인과 동일 채권에 대하여 압류명령을 집행한 자 사이의 우열을 결정하는 경우에도 마찬가지이므로, 확정일자 있는 채권양도 통지와 압류결정정본의 제3채무자(채권양도의 경우는 채무자)에 대한 도달의 선후에 의하여 그 우열을 결정한다(대법원 1994. 4. 26. 선고 93다24223 전원합의체 판결).

따라서, 채무자 "을"과 수익자 "병" 사이에 "을"의 제3채무자 "A"에 대한 채권에 관한 양도계약이 체결되고 확정일자 있는 양도 통지가 "A"에게 도달한 후에, "을"의 채권자 "갑"의 위 양도 채권에 대한 채권압류 및 전부명령이 "A"에게 도달 된 경우, "갑"의 위 채권압류 및 전부명령은 이미 양도된 채권에 대한 것이어서 무효이고, 따라서 "갑"은 "을"에 대한 채권자로서의 지위를 잃지 않으므로 "을"과 "병" 사이의 채권양도계약에 대하여 채권자취소소송을 제기할 수 있다.57)

(5) 특정물 채권이 금전채권으로 변환된 경우

취소권을 행사하는 채권자의 채권은 이혼시의 재산분할청구권과 같이 법률이 특별하게 인정하는 경우를 제외하고는 그 성질상 다른 채권자와 더불어 공동으로 만족을 받을 수 있는 금전채권일 것을 요한다.

다만, 특정물채권이 채무불이행으로 인한 손해배상의 금전채권으로 변환되는 경우에는 사해행위 당시 이미 금전채권으로 성립되어 있는 경우에 제한적으로 채권자취소의 피보전채권이 될 수 있다고 보아야 할 것이다.58)

(6) 피보전채권의 추가 변경

대법원 2003. 5. 27. 선고 2001다13532 판결은, 채권자가 사해행위 취소를 청구하면서 그 보전하고자 하는 채권을 추가하거나 교환하는 것은 그 사해행위

---

57) 대법원 1997. 6. 27. 선고 95다40977 판결.

58) 대법원 1999. 4. 27. 선고 98다56690 판결은, '부동산 이중양도의 경우에 제1양수인은 양도인에 대한 소유권이전등기청구권을 피보전채권으로 하여 채권자취소권을 행사할 수 없을 뿐만 아니라, 장래 소유권이전 이행불능으로 인한 손해배상청구권을 피보전채권으로 하여서도 채권자취소권을 행사할 수 없다'는 취지로 판시하였다. 이 점에 관해서는 앞의 제 1.의 1.에서 상세하게 검토하였다.

취소권을 이유 있게 하는 공격방어방법에 관한 주장을 변경하는 것일 뿐 소송물 또는 청구자체를 변경하는 것이 아니므로 소의 변경이라고 할 수 없고, 따라서 제소기간 경과 후에 피보전채권을 추가 또는 변경하더라도 부적법한 것이 아니라고 판시하였다.

위 대법원판결의 사안 요지는, 채권자 "갑"이 채무자 "을"에 대하여 가지고 있던 "A"구상금채권을 피보전채권으로 하여 "을"과 수익자 "병" 사이에 체결된 사해행위인 증여계약의 취소 및 등기말소의 원상회복을 구하는 소를 제기하였는데, 소송계속 중에 "을"의 변제공탁으로 위 "A"구상금채권이 소멸되기에 이르자, 소 제기 후 1년이 경과한 다음 준비서면으로써 "A"구상금채권과는 그 발생일자 및 금액이 다른 "을"에 대한 "B"구상금채권을 피보전채권이라고 주장한 것이다.

위와 같은 사안에서 원심은 피보전채권의 변경을 소의 교환적 변경에 해당한다고 보고 교환적으로 변경된 사해행위 취소의 소가 사해행위가 있음을 안 날로부터 1년을 도과하여 제기된 것이어서 부적법하다고 판시하였는데, 위 대법원판결은 앞서 본 바와 같은 법리를 이유로 하여 원심판결을 파기한 것이다.

(7) 피보전채권에 관하여 부제소합의가 있는 경우

일반 민사소송의 경우에 특정한 권리나 법률관계에 관하여 분쟁이 있더라도 소를 제기하지 않기로 합의하는 것은 원칙적으로 유효하며, 이에 위반하여 제기한 소는 권리보호의 이익이 없다.[59]

그러면 채권자 "갑"과 채무자 "을"이 특정 채권에 관하여 부제소 합의한 경우에, 채권자 "갑"이 부제소합의의 대상이 된 채권을 피보전채권으로 하여 수익자 "병"을 상대로 채무자 "을"과 사이의 사해행위의 취소를 구할 수 있는가. 다시 말하면 수익자 "병"은 부제소합의의 당사자가 아닌데도 채권자 "갑"과 채무자 "을" 사이의 부제소합의를 원용하여 "병"에 대하여 사해행위 취소청구도 할 수 없다고 주장할 수 있는가.

---

59) 대법원 1993. 5. 14. 선고 92다21760 판결, 2011. 6. 24. 선고 2009다35033 판결 등. 그러나, 계약이 불공정한 법률행위에 해당하여 무효인 경우 그 계약에 관한 부제소합의도 무효이고(대법원 2017. 5. 30. 선고 2017다201422 판결), 행정소송에 관한 부제소합의나 앞으로 민사상 일체의 소송을 제기하지 않는다는 포괄적 부제소합의도 무효이다(대법원 1995. 9. 15. 선고 94누4455 판결, 2002. 2. 22. 선고 2000다65086 판결 등).

위와 같은 문제점에 관해서 대법원 2012. 3. 29. 선고 2011다81541 판결은, '채권자취소권을 행사하려면 채무자에 대하여 피보전채권을 행사할 수 있음이 전제되어야 하고 이를 행사할 수 없다면 그 채권을 보전하기 위한 사해행위취소청구도 인용될 수 없다. 따라서 이 사건 피고(수익자)의 주장처럼 이 사건 합의각서로 인하여 원고(채권자)의 채무자에 대한 물품대금채권을 소송상 행사할 수 없다면, 원고(채권자)는 이를 피보전채권으로 하여 채무자와 피고(수익자) 사이에 이루어진 사해행위의 취소를 구할 수 없다'고 판시하였다.

3. 피보전채권 부존재의 경우 판결주문형식

취소채권자의 피보전채권의 존재에 관하여 이를 소송요건으로 볼 것인지 또는 실체법상의 법률요건으로 볼 것인지에 따라, 피보전채권이 부존재하거나 그 존재를 입증하지 못한 경우 각하 판결을 할 것인지, 청구기각판결을 할 것인지 문제된다.

채권자취소권은 채무자의 권리를 대위 행사하는 채권자대위권과는 달리 채권자가 자기의 채권을 보전하기 위하여 실체법이 부여한 자기 고유의 권리를 행사하는 것이므로, 피보전채권의 존재는 채권자취소권의 실체법상의 법률요건으로 이해하는 것이 타당하다.[60] 따라서 채권자취소소송에 있어 원고인 취소채권자가 주장하는 피보전채권이 부존재하거나 그 입증이 미비한 경우에는 청구기각의 판결을 하여야 할 것이다.[61]

다만, 채권자대위소송에서 대위에 의해 보전될 채권자의 채무자에 대한 권리(피보전채권)가 존재하는지 여부는 소송요건으로서 법원의 직권조사사항이고, 그것이 부존재할 경우에는 당사자적격을 결여한 부적법한 소로서 각하판결을 한다.[62]

---

60) 이순동, 채권자취소권(제3판) 제455, 456면.

61) 대법원 1993. 2. 12. 선고 92다25151 판결은, 주위적 청구인 채권자대위권 행사의 경우 그 피보전채권이 존재하지 않는 경우에는 각하할 것이라고 판시하면서, 예비적 청구인 채권자취소권 행사의 경우에는 그 피보전채권이 인정되지 않는 경우 그 청구를 배척한 원심의 판단을 유지하였다.

62) 대법원 2009. 4. 23. 선고 2009다3234 판결.

4. 채권자취소판결 확정 후 피보전채권의 소멸

대법원 2017. 10. 26. 선고 2015다224469 판결은, '채권자취소소송에서 피보전채권의 존재가 인정되어 사해행위 취소 및 원상회복을 명하는 판결이 확정되었다고 하더라도, 그에 기하여 재산이나 가액의 회복을 마치기 전에 피보전채권이 소멸한 경우에는, 채권자가 더 이상 채무자의 책임재산에 대하여 강제집행을 할 수 없게 되었다고 할 것이어서 채권자취소권은 소멸하므로, 이는 위 확정판결의 집행력을 배제하는 적법한 청구이의 사유가 된다'고 판시하였다.

제3절 채무자의 사해행위

제 1. 채무자의 재산권에 관한 법률행위

1. '채무자'가 한 행위

(1) 취소채권자에 대하여 채무를 부담하는 자

채권자취소권의 대상이 되는 행위는 '채무자'가 한 행위에 한하는데, 채무자에는 주채무자, 연대채무자는 물론 보증채무자 등 취소권을 행사하는 채권자에 대한 관계에서 채무를 부담하는 자는 모두 포함된다.

채무자 이외의 자가 한 행위는 결과적으로 채권자를 해하더라도 취소할 수 없다. 따라서, 채무자와의 사이에서 그를 위하여 자신의 부동산 위에 저당권을 설정할 것을 약정(물상보증의 약정)한 사람이 그 부동산을 제3자에게 양도하더라도, 물상보증인은 채권자에 대한 관계에서 채무를 부담하지 않으므로 그의 양도행위가 채권자취소의 대상이 되지 않는다.[63]

또한, 취소의 대상이 되는 행위는 언제나 '채무자와 수익자 사이의 행위'이고, 수익자와 전득자 사이의 행위는 취소의 대상이 되지 않는다(대법원 2004. 8. 30. 선고 2004다21923 판결).

(2) 명의신탁 부동산 처분의 경우 채무자 확정 문제

명의신탁된 부동산에 관해서 처분행위가 이루어진 경우, 신탁자와 수탁자 중 누구를 채무자로 볼 것인지 문제된다. 예컨대, 부동산실명법 시행 후에 부동산 소유자 "을1"이 "을2"와의 양자간 명의신탁약정에 따라 "을2" 명의로 부동산

---

63) 민법주해 제Ⅸ권(채권2) 제814면(김능환 집필부분).

등기명의를 신탁하여 두었다가 이에 관하여 "병" 앞으로 근저당권을 설정하여 주었는데, "을1"의 채권자 "갑"이 "병" 앞으로 근저당권이 설정된 행위에 관하여 일반채권자의 공동담보를 해하는 사해행위에 해당한다는 이유로 채권자취소권을 행사하는 경우, 누구의 어떤 행위를 대상으로 할 것인지 문제이다.

이러한 사안에 관해서 대법원 2012. 10. 25. 선고 2011다107382 판결은, '수탁자 명의의 소유권이전등기는 부동산실명법에 의해 원인무효이고 부동산은 여전히 신탁자의 소유로서 신탁자의 책임재산이 되고, 채무자인 신탁자가 실질적 당사자로서 직접 자신의 명의로 또는 수탁자의 명의로 신탁부동산에 관하여 근저당권설정행위를 한 것으로 볼 수 있으므로, 이 경우 사해행위취소의 대상은 신탁자 "을1"과 "병"(근저당권자) 사이의 법률행위(근저당권 설정계약)이고 원상회복은 "병"(근저당권자)이 수탁자 "을2"에게 말소등기절차를 이행하는 방법에 의한다'고 판시하였다.[64]

2. '재산권을 목적'으로 한 행위

(1) 강제집행의 대상이 되는 재산

채권자취소권은 채무자의 일반재산의 보전을 목적으로 하는 것이므로 취소대상인 행위는 직접 채무자의 일반재산을 구성하는 권리에 관한 것이어야 한다.

따라서, 혼인·이혼·입양 등과 같이 직접 재산권을 목적으로 하는 신분상의 행위는 취소의 대상이 아니다. 그러나 가족법상의 법률행위라도 그 효과가 직접적으로 재산상의 법률관계에 미치는 것 예컨대, 협의이혼에 따른 재산분할, 상속재산의 협의분할 등은 취소의 대상이 된다.

재산권을 목적으로 하는 법률행위라도 그 재산권이 법률상 압류가 금지되거나 또는 그 밖에 강제집행을 통하여 책임재산을 보전한다는 목적을 현실적으로 달성할 수 없는 경우에는 채권자취소의 대상이 되지 않는다.

주택소액임대차보증금 반환채권은 압류가 금지되는 재산으로서 채권자취소

64) 원심은, 수탁자(을2)와 제3자(병) 사이의 근저당권설정계약의 취소를 구한다는 이유로 사해행위취소 청구부분에 관해서 부적법 각하하였는데, 위 대법원판결은 석명권을 행사하여 채무자인 위탁자(을1)가 실질적 당사자로서 근저당권설정계약을 체결하였는지에 관해서도 심리하여야 한다고 원심판결을 파기한 것이다.

권의 대상이 되지 않음에 주의를 요한다(민사집행법 제246조 제1항 제6호).

(2) 공법상의 허가권 등

공법상의 허가권 등의 양도행위가 사해행위로서 채권자취소권의 대상이 되기 위해서는, 행정관청의 승인 없이 그 허가권 등을 자유로이 양도할 수 있는 등으로 그 허가권 등이 독립한 재산적 가치를 가지고 있어 민사집행법 제251조 소정의 '그 밖의 재산권'에 대한 집행방법에 의하여 강제집행할 수 있어야 할 것이다.[65] 따라서, 실제 사례 발생 당시에 시행되는 행정법령의 내용을 면밀하게 검토하여 허가권의 양도성에 관해서 확인하는 것이 중요하다.

대법원 2005. 11. 10. 선고 2004다7873 판결은, '공유수면점용허가권은 관할관청의 허가 없이 자유로이 양도할 수 있어 독립된 재산적 가치를 가지고 있고 법률상 압류가 금지된 권리도 아니며 민사집행법 제251조에 따라 강제집행을 할 수도 있으므로 채권자취소권의 대상이 된다'고 판시하였다.

대법원 2017. 4. 27. 선고 2016다279206 판결은, '건축 중인 건물 외에 별다른 재산이 없는 채무자가 수익자에게 책임재산인 위 건물을 양도하기 위해 수익자 앞으로 건축주명의를 변경해 주기로 약정하였다면, 위 양도약정이 포함되어 있다고 볼 수 있는 건축주명의변경 약정은 채무자의 재산감소 효과를 가져오는 행위로서 다른 일반채권자의 이익을 해하는 사해행위가 될 수 있다'고 판시하였다.[66]

대법원 2014. 5. 16. 선고 2013다36453 판결은, '화물자동차 운송사업의 양

---

65) 대법원 2010. 4. 29. 선고 2009다105734 판결 참조.

66) 다만, 위 대법원판결은, 건축주명의가 수익자 앞으로 변경된 후 수익자가 건물을 완공하여 사용승인을 받고 소유권보존등기를 마친 경우에는, 더 이상 사해행위에 따른 원상회복으로서 건축주명의변경절차를 이행할 수 없게 되었다고 보아 가액배상의 방법으로 원상회복의무를 이행하여야 한다고 판시하였다.

한편, 대법원 2001. 5. 8. 선고 2000다66089 판결은, 공장신축공사의 도급인으로서 채무자인 "을"이 채무초과상태에서 공사수급인 "병"에 대한 공사대금의 담보조로 신축공장의 건축주 명의를 수익자 "병"으로 변경한 사안에 관하여, 이는 공사를 완공하기 위한 부득이한 조치로서 완공하여 공장을 가동하는 것이 채권자들에 대한 최대한의 변제력을 확보하는 최선의 방법이므로 사해행위에 해당하지 않는다고 판시하였다. 위 대법원판결은, 채무자 "을"과 수익자 "병" 사이에 체결된 "병" 명의로의 건축주 명의변경약정이 "을"의 채권자 "갑"에 대한 관계에서 사해행위에 해당할 수 있음을 전제로, 다만 구체적 사실관계에 의해 사업계속을 위한 담보제공에 해당하여 사해행위성이 조각된다고 판단한 것으로 이해할 수 있다.

도가 이루어지면 허가를 포함하여 화물자동차 운송사업과 관련한 물적 시설인 화물자동차가 일체로서 이전되고, 화물자동차 운송사업자는 관할관청에 대한 신고만으로 허가를 포함한 화물자동차 운송사업의 전부 또는 일부를 양도할 수 있으며, 민사소송법 제251조에 의하여 화물자동차 운송사업의 물적 시설인 화물자동차가 일괄하여 강제집행될 경우에는 그에 관한 허가 역시 일체로서 환가될 수 있다'고 판시하였다.[67] 이어 위 대법원판결은, '따라서, 화물자동차 운송사업자가 채무초과상태에서 화물자동차 운송사업을 양도하는 행위는 물적 시설인 화물자동차가 양도대상에서 제외되었다는 특별한 사정이 없는 한 사해행위취소의 대상이 된다'고 판시하였다.[68]

(3) 채무자의 책임재산인지 여부가 문제되는 경우

(가) 명의신탁 부동산 등 등기원인이 무효인 경우

채무자가 부동산에 관하여 명의수탁자로서 자신 명의로 소유권이전등기를 마쳐두고 있더라도 그 등기가 부동산실명법 제4조 제2항 본문이 적용되어 무효인 경우[69]에는, 그 부동산은 채무자의 소유가 아니므로 이를 채무자의 일반 채권자들의 공동담보에 제공되는 책임재산이라고 볼 수 없다(대법원 2012. 8. 23. 선고 2012다45184 판결).

따라서, 명의수탁자 명의의 등기가 무효인 경우에, 명의수탁자인 채무자가 그 부동산에 관하여 제3자와 근저당권계약을 체결하고 그에게 근저당권설정등기를 마쳐 주었다고 하더라도 그로써 채무자의 책임재산에 감소를 초래한 것이라고 할 수 없으므로 채무자의 일반 채권자들을 해하는 사해행위가 되지 않는다.

위와 같은 법리는 부동산에 관하여 채무자 명의로 소유권 등기가 마쳐져 있

---

67) 이 대법원판결의 사안은 구 화물자동차운수사업법(2011. 6. 15. 법률 제10804호로 개정되기 전)이 시행되던 때에 발생한 것이나, 현행 화물자동차운수사업법 제16조 제1항 등에도 구법과 동일하게 규정되어 있다.

68) 공법상의 허가권 등의 처분이 사해행위가 되는지 여부의 기준과 원상회복방법에 관해서는 뒤의 제5장 제2절 제 8.에서 상세하게 검토한다.

69) 부동산실명법 제4조 제2항 본문은 '명의신탁약정에 따른 등기로 이루어진 부동산에 관한 물권변동은 무효로 한다'라고 규정하고, 단서에서 '부동산에 관한 물권을 취득하기 위한 계약에서 명의수탁자가 어느 한 쪽 당사자가 되고 상대방 당사자는 명의수탁약정이 있다는 사실을 알지 못한 경우에는 그러하지 아니하다'라고 규정한다. 한편, 부부 사이 등 특별한 관계의 명의신탁은 조세 포탈 등 목적이 없는 한 유효하다(같은 법 제8조).

지만 그 등기원인이 무효로서 그 부동산이 채무자의 소유가 아닌 경우, 채무자가 진정한 권리자에게 등기부상 부동산에 관한 소유권을 복원시키기 위해 법률행위를 한 경우에도 널리 적용될 수 있다고 할 것이다.

(나) 채무자가 금전을 횡령 또는 편취한 경우

대법원 2013. 4. 11. 선고 2011다27158 판결은, "을"이 자신이 근무하던 "갑"회사 명의로 위조된 출금청구서에 의해 위 회사의 은행계좌(농협)에 예금되어 있던 2억 2,000만 원을 인출하여 그 중 7,000만 원을 자신의 처 "병" 명의의 은행계좌(국민은행)에 송금하고, 그 후 "을"이 소지하고 있던 위 회사의 현금카드를 이용하여 위 회사의 계좌에서 "병" 명의 계좌로 1,800만 원을 이체하자, 위 "갑"회사가 손해배상채권자로서 채무자인 "을"의 위 각 송금 및 이체행위가 증여행위임을 전제로 사해행위 취소를 청구한 사안에서, 결론적으로 그 청구를 인정하지 아니하였다. 위 대법원판결은 그 이유로서, 채무자인 "을"이 "병"에게 송금하거나 이체한 돈은 채권자인 위 "갑"회사의 재산인데 이를 채무자 "을"이 횡령 또는 편취하여 "병"에게 귀속시킨 것에 불과하여 채무자의 책임재산이 아니므로, 이러한 채무자의 책임재산이 아닌 재산에 관한 송금 및 이체행위는 채권자취소권의 대상이 될 수 없다고 판시하였다.

그런데 한편, 대법원판례에 의하면, 채무자가 피해자로부터 횡령 또는 편취한 금전을 자신의 채권자에 대한 채무변제에 사용하거나 제3자에게 증여한 경우, 그 채권자나 수증자가 그 금전이 횡령 또는 편취한 것이라는 사실에 대하여 악의 또는 중대한 과실이 있는 때에는, 피해자는 변제받은 채권자 또는 수증자에 대하여 부당이득반환청구를 할 수 있다.[70]

그러므로, 앞의 대법원 2011다27158 판결사안과 같은 경우에는, 피해자 "갑"회사로서는 채무자 "을"이 횡령한 금전을 증여받은 "병"에 대하여 그의 악의 또는 중과실을 입증하여 부당이득반환청구권을 행사하는 방법을 강구하여야 할 것이다.

70) 대법원 2012. 1. 12. 선고 2011다74246 판결, 2008. 3. 13. 선고 2006다53733 판결 등.

3. 채무자가 한 '법률행위'

(1) 법적 원인 및 성격 파악의 중요성

채권자취소권의 대상이 되는 채무자의 행위는 자연적 사실관계에서의 행위가 아니라 채무자의 의식내용과 결합된 법적 행위이다.

예컨대, 다른 사람의 예금계좌에 돈을 이체하는 등으로 송금하는 경우에 그 송금은 다양한 법적 원인에 기하여 행하여질 수 있는 것으로서 그 송금행위의 구체적인 법적 원인을 가리지 않고 그 송금사실만을 가지고 사해행위인지 여부를 판단할 수는 없다.[71] 이와 같은 경우에는 구체적인 이체경위와 그 목적, 이체한 돈의 인출자 및 인출금액, 이체된 돈의 사용 권한 및 용도 등 여러 가지 사정을 종합하여 그 이체행위가 기존 채무에 대한 변제인지, 증여인지, 또는 단순한 예금의 명의신탁관계인지 등 이체행위의 구체적인 법적 원인 및 성격을 파악하여, 채무자의 행위를 법적으로 구성하는 것이 중요하다.

채무자의 금전지급행위가 증여인지 변제인지에 따라 사해행위의 취소를 구하는 채권자가 주장 입증하여야 할 내용이 크게 달라진다. 채권자가 채무자의 수익자에 대한 금전지급행위를 증여라고 주장함에 대하여 수익자는 이를 기존 채무에 대한 변제로서 받은 것이라고 다투는 경우 이는 채권자의 주장사실에 대한 부인에 해당한다. 따라서, 결국 금전지급행위가 사해행위로 인정되기 위해서는 그 금전지급행위가 증여에 해당한다는 사실이 입증되거나, 변제에 해당하지만 채권자를 해하는 통모가 있었다는 특별한 사정 있음이 입증되어야 할 것이고, 그에 대한 입증책임은 사해행위를 주장하는 측에 있다.[72]

그리고, 등기부상 매매를 원인으로 소유권이전등기가 경료되었더라도 그 실질적 원인이 본래의 급부에 갈음하기로 한 계약이라면 그 법적 구성은 대물변제에 해당한다고 할 것이다.[73]

채무자의 법률행위에는 계약은 물론 단독행위(권리의 포기), 합동행위(회사설립행위)도 포함됨은 물론이다.

---

71) 대법원 2016. 1. 28. 선고 2014다222725 판결.
72) 대법원 2007. 5. 31. 선고 2005다28686 판결.
73) 대법원 2009. 9. 10. 선고 2008다85161 판결.

(2) 법률행위의 유효성 요부

채무자의 재산권을 목적으로 한 법률행위가 무효인 경우에 논리적으로는 처음부터 그 행위에 따른 효과가 생기지 않고, 따라서 그 행위로 인하여 채무자의 책임재산이 일탈할 가능성이 없으므로 취소의 대상이 되지 않는다고 할 수 있다.

그러나, 통정 허위표시는 채권자에 대한 관계에서 채무자와 수익자의 사해성이 현저하게 드러나고 현실적으로 채무자의 재산은닉수단으로 쓰이고 있으므로, 이를 채권자취소의 대상에 편입시킨다면 채무자의 재산 일탈의 외관을 제거하여 채무자의 재산을 회복하는 효율적 수단이 될 수 있다.

대법원판례는 통정 허위표시도 사해행위취소의 대상이 되고, 사해행위취소로써 구하는 이상 민법 제406조 제2항의 제척기간의 적용도 받는다는 입장을 확립하고 있다.[74] 이와 같은 대법원판례의 입장은 통정 허위표시라고 할지라도 유효한 의사표시가 존재하는 것과 같은 외관을 가지고 있고 그 외관에 의하여 채권자취소권의 객관적 요건을 충족할 수 있다는 점에서 법리상 무리라고 할 수 없을 뿐만 아니라, 앞서 본 바와 같이 채무자의 재산 일탈의 외관을 제거하여 채무자의 재산을 회복하는 효율적 수단이 될 수 있다는 점에서 현실적으로 타당하다.

대법원판례와 같이 통정에 의한 허위표시도 채권자취소권의 대상에 포함시킨다면, 특히 가장매매의 의심이 있는 경우, 채권자는 채무자(매도인)와 그 상대방(매수인)의 통정에 의한 허위표시의 무효를 주장하는 것보다 채권자취소권의 객관적 요건에 맞추어 청구원인사실을 구성함으로써 통모 사실 즉 수익자(매수인)의 악의에 관한 적극적인 입증의 어려움에서 벗어날 수 있는 소송상의 커다란 이점이 있다. 왜냐하면, 채권자취소소송의 경우에는 수익자(매수인)의 악의가 추정되므로 매수인(수익자)측에서 자신이 선의임을 적극적으로 입증할 책임이 있기 때문이다.

---

74) 대법원 1984. 7. 24. 선고 84다카68 판결, 1991. 11. 8. 선고 91다14079 판결.

4. 부동산 물권변동의 경우

(1) 문제의 소재

우리 민법은 법률행위에 의한 부동산 물권변동에 있어 등기를 그 효력요건으로 하는 성립요건주의(형식주의)를 채택하고 있다(민법 제186조). 성립요건주의에 의하면 부동산에 관하여 매도인과 매수인이 매매계약을 체결하고 매수인이 그 대금을 지급하였다고 하더라도, 매수인 명의로 등기를 마치지 않는 한 제3자에 대한 관계에서는 물론이고 당사자 사이에서도 소유권의 변동은 일어나지 않는다.

이와 같은 부동산 물권변동에 있어서의 성립요건주의와 관련하여 채권자취소권의 사해행위에 관해서 아래의 문제점이 제기될 수 있다.

첫째, 법률행위와 등기가 어떤 관계에 있는지 구체적으로는 당사자의 의사표시와 등기가 합쳐져서 법률행위를 구성한다고 볼 것인지 여부의 문제이다. 따라서 취소의 대상인 사해행위가 등기를 포함하는 것인지 여부가 문제될 수 있다.

둘째, 그 법률행위는 채권행위를 의미하는지 물권행위를 의미하는지, 나아가 물권행위의 독자성과 무인성론에 관련된 문제이다.

셋째, 만일 사해행위로서 취소의 대상이 되는 행위를 등기를 제외한 법률행위 특히 채권행위라고 볼 경우, 무자력 판단의 구체적인 시점을 채권행위 시로 볼 수 있을 것인지(등기 경료 전의 채권행위 시에는 아직 물권 변동이 없었다는 점에서)의 문제이다.

(2) 법률행위와 등기와의 관계

법률행위와 등기와의 관계에 관해서는 등기는 법률행위의 형식 또는 법률행위를 완성하는 요소라는 견해 등도 있지만, 등기는 법률행위 이외에 법률에 의하여 요구되는 부동산 물권변동의 또 하나의 요건이라고 보는 것이 타당하다.

왜냐하면, 민법 제186조가 '물권의 변동은 등기하여야 그 효력이 생긴다'고 규정한 것이지, '법률행위는 등기하여야 효력이 생긴다'고 규정한 것으로 보기 어렵고, 부동산 물권의 변동을 목적으로 하는 법률행위는 양도인과 양수인의 합의로 이루어지는데 반하여 등기는 국가기관(등기관)에 이를 신청함으로써 이루어지는 것이므로 그 관계당사자가 다르기 때문이다.[75]

위와 같이 법률행위에 의한 부동산 물권변동의 요건을 '법률행위와 등기'의 두 가지로 보는 경우, 그 법률행위가 무엇을 의미하는지에 관해서(구체적으로는 채권행위와 구별되는 물권행위의 개념과 그 독자성 및 무인성 등에 관해서) 다양한 학설이 주장되어 있다.

그러나, 대법원판례는 물권행위의 독자성과 무인성을 인정하지 않으므로,[76] 그 법률행위는 등기를 하는 것 자체에 관한 합의가 아니라 실체법상의 원인이 되는 행위 즉 채권행위를 가리킨다고 보아야 할 것이다. 한편, 대법원판례는, 어느 부동산에 관한 매매계약 기타 법률행위가 사해행위에 해당하는 경우에는 원칙적으로 그 사해행위를 취소하고 소유권이전등기의 말소 등 부동산 자체의 회복을 명하여야 한다는 입장을 확립하고 있다.[77]

따라서, 채무자의 부동산에 관한 처분행위에 대하여 채권자취소권이 문제되는 경우, 사해행위로서 취소의 대상이 되는 채무자의 법률행위는 물권변동의 원인이 된 매매계약 등 채권행위이고, 수익자 명의로 마쳐진 등기 부분은 원상회복의 대상으로 파악 하여야 할 것이다.

그리고, 무자력 판단의 시점과 관련한 문제에 대해서는 뒤의 제4절 제 1.에서 상세하게 검토한다.

---

75) 대법원 1999. 2. 26. 선고 98다50999 판결은, '소유권이전등기에 있어 등기원인이라고 함은 등기를 하는 것 자체에 관한 합의가 아니라 등기하는 것을 정당하게 하는 실체법상의 원인을 뜻하는 것으로서, 등기를 함으로써 일어나게 될 권리변동의 원인행위나 그의 무효, 취소, 해제 등을 가리킨다'고 판시하였는바, 이는 부동산 물권변동에 있어 법률행위와 등기를 별개의 두 가지 요건으로 본 것이라고 이해된다.

76) 대법원 1977. 5. 24. 선고 75다1394 판결.

77) 대법원 1996. 10. 29. 선고 96다23207 판결, 2010. 2. 25. 선고 2007다28819 판결 등.

제 2. 법률행위의 사해성에 관한 개념 구성

1. 객관적 개념 구성과 종합판단적 개념 구성

사해행위의 의미 즉 '채권자를 해하는 행위'에서의 사해성의 의미에 관하여 서술한 대법원판례를 분석하면, 첫째 채무자의 재산상태라는 객관적 요소에 의해 개념을 구성한 것(객관적 개념구성), 둘째 여러 가지 사정을 종합한 판단개념으로 구성한 것(종합판단적 개념구성)의 두 가지 유형으로 나누어 볼 수 있다.

객관적 개념구성에 의한 대표적인 판결례로서는 대법원 2017. 10. 26. 선고 2015다254675 판결, 2013. 4. 26. 선고 2012다118334 판결, 2009. 1. 15. 선고 2007다61618 판결 등을 들 수 있다. 위 대법원 판결들은, '사해행위란 채무자가 적극재산을 감소시키거나 소극재산을 증가시킴으로써 채무초과상태에 이르거나 이미 채무초과상태에 있는 것을 심화시킴으로써 채권자를 해하는 행위를 가리킨다'고 서술한다.[78)]

이에 대해, 종합판단적 개념구성에 의한 대표적 판결례로서는 대법원 2017. 6. 29. 선고 2014다22574 판결, 2014. 1. 16. 선고 2013다52110 판결, 2011. 10. 13. 선고 2011다28045 판결 등을 들 수 있다. 위 대법원판결들은 사해행위에 관해서, '채무자가 책임재산을 감소시키는 행위를 함으로써 일반채권자들을 위한 공동담보의 부족상태를 유발 또는 심화시킨 경우에 그 행위가 채권자취소의 대상인 사해행위에 해당하는지 여부는, 그 목적물이 채무자의 전체재산 가운데 차지하는 비중, 무자력의 정도, 법률행위의 경제적 목적이 갖는 정당성 및 그 실현수단인 당해 행위의 상당성, 행위의 의무성 또는 상황의 불가피성, 채무자와 수익자간 통모의 유무 등 공동담보 부족에 대한 당사자의 인식의 정도, 기

---

78) 대법원 2001. 4. 27. 선고 2000다69026 판결, 2005. 1. 28. 선고 2004다58963 판결 등은 사해행위에 관해서, '사해행위가 되기 위해서는 그 행위로 말미암아 채무자의 총재산의 감소가 초래되어 채권의 공동담보에 부족이 생기게 되는 것 즉 채무자의 소극재산이 적극재산보다 많아져야 하는 것이다'라고 서술하고 있는바, 이러한 서술방식도 객관적 개념구성에 입각한 것이라고 할 것이다.

김준호, 채권법(제13판) 제241면은 '사해성'에 관해서 객관적 개념 구성의 입장을 취한 것으로 보인다.

타 그 행위에 나타난 여러 사정을 종합적으로 고려하여, 그 행위를 궁극적으로 일반채권자를 해하는 행위로 볼 수 있는지 여부에 따라 최종 판단하여야 한다' 고 서술한다.[79)]

2. 객관적 개념 구성의 타당성

앞서 1.항에서 본 이른바 종합판단적 개념구성은 무자력의 정도 등 객관적 요소뿐만 아니라 법률행위의 경제적 목적, 공동담보 부족에 대한 당사자의 인식 정도 등 주관적 요소와 그 밖의 여러 사정을 종합하여 사해행위 여부를 최종적으로 판단한다는 것이다.

이와 같은 판단방법은 자칫 확연한 이유를 대기 어려운 어떤 결론을 정당화하기 위한 편의적인 것으로서 이른바 '일반조항에의 도피'와 같은 위험에 빠질 수 있다고 생각한다. 법률요건의 해석이나 개념구성에 있어서 되도록 간명하게 객관적인 요소에 의해 그 내용을 부여하는 것은 법해석에 있어서의 또 하나의 대원칙인 법적 안정성을 위하여 필요하다고 할 것이다.

그리고, 사해행위를 객관적 요소를 중심으로 구성함에 따라 채권자취소권의 또 다른 요건인 채무자 또는 수익자의 악의의 개념도 객관적 요소에 대응하는 주관적 개념으로서 수월하게 파악할 수 있다. 또한 사해행위의 객관적 요소에 대해서는 채권자가 입증하고 주관적 요소에 해당하는 수익자 또는 전득자의 악의에 대해서는 수익자 또는 전득자가 자신의 선의를 입증하여야 한다는 입증책임 분배의 원칙에도 정합할 수 있다.

그러므로, 법률행위의 사해성에 관한 개념을 구성함에 있어서는 객관적 요소를 기준으로 함이 타당하다고 할 것이다.

개별적 사건에서의 구체적 타당성은 전형적인 법률행위에 있어 뒤 제 4.에서 보는 바와 같이 사해행위 해당성의 조각사유에 관하여 거래의 실정을 반영하여 다양하게 유형화하고(예컨대, 사업계속을 위한 담보 제공 등), 또한 뒤 제5절 제 4.에서 보는 바와 같이 채권자취소권의 또 다른 주관적 요건인 수익자의 선

---

79) 대법원 2010. 9. 30. 선고 2007다2718 판결의 설시 내용도 동일하다.
송덕수, 채권법총론(제6판) 제258면은 '사해성'에 관해서 종합판단적 개념 구성을 취한 것으로 보인다.

의를 유연하게 판단함으로써 실현하는 것이 타당하다.

3. 사해행위의 객관적 핵심요소 및 정의

앞서 1.항에서 본 객관적 개념구성에 의한 판결례에 의하면, 그 구체적 표현에 다소 차이가 있지만, 법률행위의 사해성의 핵심요소는 '채무자의 채무초과상태의 유발 또는 심화'라고 볼 수 있다.

따라서, 사해행위를 정의(定義)함에 있어서는, '사해행위'라 함은 '채무자가 자신의 채무초과상태를 유발하거나 기존의 채무초과상태를 심화시키는 재산에 관한 행위'라고 표현하는 것이 가장 적절하다고 생각한다. 채무초과상태를 '심화'시킨다는 것은 소극재산을 양적으로 더욱 확대하거나 또는 적극재산을 양적으로 더욱 축소시키는 행위는 물론이고, 채무초과상태에서 일반 책임재산의 변제력을 질적으로 약화시키는 행위도 포함한다고 할 것이다. 채무초과상태를 '유발'한다는 것은 채무자가 재산을 처분하기 이전에 채무초과상태에 있지 않았더라도 문제된 처분행위로 말미암아 비로소 채무초과상태에 빠지는 것을 의미한다.

그리고 대법원판례가 앞서 본 바와 같이 통정에 의한 허위표시도 사해행위에 포함시키고, 또한 그 자체로서는 물권취득의 효력을 발생하지 아니하는 가등기설정행위도 사해행위에 포함시키고 있으므로,[80] 사해행위에 해당하는지 여부는 법률행위의 외관에 의하여 채무초과상태의 유발 또는 심화의 구체적 위험성이 있는지를 기준으로 판단하여야 할 것이라고 생각한다.

4. 부동산 물권변동에 있어서의 사해행위

우리 민법은 법률행위에 의한 부동산 물권변동에 있어서 등기를 그 효력요건으로 하는 성립요건주의(형식주의)를 채택하고 있는데(민법 제186조), 이 때 등기는 법률행위 이외에 법률에 의하여 요구되는 부동산 물권변동의 또 하나의 요건이 되는 것이다.

한편, 대법원판례는 물권행위의 독자성과 무인성을 인정하지 않고, 그 법률

80) 대법원 1975. 2. 10. 선고 74다334 판결, 2003. 7. 11. 선고 2003다19435 판결.

행위는 등기를 하는 것 자체에 관한 합의가 아니라 실체법상의 원인이 되는 행위를 가리킨다고 한다.[81] 또한, 대법원판례는, 어느 부동산에 관한 매매계약 기타 법률행위가 사해행위에 해당하는 경우에는 원칙적으로 그 사해행위를 취소하고 소유권이전등기의 말소 등 부동산 자체의 회복을 명하여야 한다는 입장을 확립하고 있다.[82]

따라서, 채무자의 부동산에 관한 처분행위에 대하여 채권자취소권이 문제되는 경우, 사해행위로서 취소의 대상이 되는 채무자의 법률행위는 물권변동의 원인이 된 매매계약, 근저당권설정계약 등 채권행위이고, 수익자 명의로 마쳐진 등기 부분은 원상회복의 대상으로 파악하여야 할 것이다.

---

81) 대법원 1999. 2. 26. 선고 98다50999 판결. 이 점에 관해서는 앞의 제 1.의 4.에서 상세하게 검토하였다.

82) 대법원 1996. 10. 29. 선고 96다23207 판결, 2010. 2. 25. 선고 2007다28819 판결 등.

제 3. 사해행위 존재시점

1. 존재시점 파악의 중요성

사해행위의 존재시점은 사해행위 취소소송 제소기간의 기산점이 되고[83] 채무자의 무자력의 기준시점 등 사해행위 요건의 구비 여부의 판단시점이 된다.

그리고, 저당권이 설정되어 있는 부동산이 사해행위로 이전된 후 그 저당권이 소멸된 경우와 부동산이 사해행위로 이전된 후 비로소 저당권이 설정된 경우, 양자 사이에 사해행위의 성립범위 및 원상회복의 방법에 있어 커다란 차이가 있다.[84]

따라서, 사해행위가 언제 있었는지를 따지는 것은 당사자 사이의 이해관계에 중대한 영향을 미치는 문제이다.

또한, 앞의 제2절 제 4. '피보전채권의 성립시기'에서 검토한 바와 같이, 사해행위와 피보전채권 상호간의 성립의 선후관계에 따라 법리구성에 커다란 차이가 있는 점도 중요하다.

2. 존재시점의 판정 방법

(1) 부동산 등기부상 기재된 원인행위일자와의 관계

사해행위의 목적이 부동산인 경우에 그 사해행위가 언제 있었는지에 관해서는, 사해행위에 해당하는 등기원인이 된 법률행위가 실제로 이루어진 날을 기준으로 판정하되, 이를 판정하기 곤란한 경우에는 처분문서에 기초한 것으로 보이는 등기부상 기재된 등기원인일자를 중심으로 그러한 사해행위가 실제로 이루어졌는지 여부를 판정할 수 있다(대법원 2010. 2. 25. 선고 2007다28819 판결).[85]

---

83) 채권자취소소송은 사해행위 있은 날로부터 5년, 채권자가 취소원인을 안 날로부터 1년 내에 제기하여야 한다(민법 제406조 제2항).

84) 이 점에 관해서는 뒤 제5장 제3절에서 상세하게 검토한다.

85) 한편, 대법원판례에 의하면, 물권행위의 독자성과 무인성이 인정되지 아니하므로, 부동산 물권 변동의 경우 그 원인이 된 저당권설정계약, 매매계약 등 채권행위가 사해행위에 해당한다(앞의 제 1의 4.항에서 상세하게 검토하였다).

소송실무상, 채무자가 등기를 신청할 즈음에 실제로 사해행위에 해당하는 등기원인행위를 하였으면서도 그 원인문서에 일자를 소급하여 기재함으로써 등기부상 기재된 원인행위일자가 실제의 사해행위일자보다 장기간 소급하여 기재되어 문제로 되는 경우가 있다.[86)]

소유권의 등기명의인이 등기의무자인 경우 등기신청시에 등기의무자의 인감증명을 제출하여야 하는데 그 인감증명의 유효기간은 발행일로부터 3개월 이내의 것이어야 하는 점[87)]에 비추어, 등기부상의 등기접수일자와 원인행위일자 사이에 3개월을 초과하는 간격이 있는 경우에는 원인행위일자를 소급한 것으로 추단하더라도 무방할 것이다.

채무자의 실제 사해행위일자와 등기부상 기재된 원인행위일자 사이에 상당한 시간적 간격이 있어 문제되는 경우에, 채권자로서는 위와 같은 인감증명의 유효기간 및 그 밖의 경험칙상 비정상적 사정 등을 소명하는 방법으로 등기부상 기재된 원인행위일자가 실제의 사해행위 일자보다 소급되어 있고 실제로는 등기신청시에 즈음하여 사해행위가 이루어졌음을 주장하여야 한다.

다만, 소송상 청구취지로서 사해행위임을 이유로 취소를 구하는 법률행위를 특정함에 있어서는 등기부에 기재된 원인행위일자에 맞추어야 할 것이다.

왜냐하면, 사해행위 취소에 따른 원상회복으로서 말소등기절차의 이행을 청구하여 승소확정판결을 받는 경우, 판결문상의 등기의 목적인 권리의 표시가 등기부의 기재와 일치하여야만 별다른 문제없이 등기가 실행될 수 있기 때문이다.

대법원 2002. 7. 26. 선고 2001다73138 판결 이유에서도, '실제 사해행위일(처분합의일)은 1995. 6. 14.인데, 원심판결 주문에서는 취소의 대상인 법률행위를 등기부에 기재된 원인일자인 1992. 1. 5. 매매라고 표시한 것에 위법이 없다'고 설시하였다.

(2) 가등기에 기하여 본등기가 경료된 경우

가등기에 기하여 본등기가 경료된 경우 가등기의 원인인 법률행위와 본등기

86) 등기접수일자와 등기원인일자 사이에 1년 이상의 시간적 간격이 있는 경우도 있다. 대법원 2010. 6. 10. 선고 2010다12067 판결은 그 이유에서 등기원인이 된 매매일자는 얼마든지 당사자 사이의 합의로 소급하는 것이 가능하다고 서술하였다.

87) 부동산 등기규칙 제60조 제1항 제1호, 제62조.

의 원인인 법률행위가 명백히 다른 것이 아닌 한 사해행위 요건의 구비여부는 가등기의 원인인 법률행위 당시를 기준으로 판단한다(대법원 2009. 6. 11. 선고 2007다4004 판결). 따라서 가등기에 기하여 본등기가 경료된 경우 원칙적으로, 가등기 당시를 기준으로 채무자의 무자력 여부를 판단하고(대법원 1998. 3. 10. 선고 97다51919 판결), 채권자가 가등기의 등기원인인 법률행위를 안 날이 언제인지를 기준으로 채권자취소소송의 제척기간의 도과 여부를 따져야 할 것이다(대법원 1993. 1. 26. 선고 92다11008 판결).

등기실무상, 매매예약을 원인으로 한 가등기에 기한 본등기를 신청함에 있어서는 본등기의 원인일자는 매매예약 완결의 의사표시를 한 날로 기재하고 등기원인을 증명하는 서면으로서 매매계약서를 제출한다(다만, 매매예약완결권을 행사할 필요 없이 가등기권리자가 요구하면 언제든지 본등기를 하여주기로 약정한 경우에는 매매예약완결권을 행사하지 않고도 본등기를 신청할 수 있으며 이 때에는 별도로 매매계약서를 제출할 필요가 없다).[88]

가등기에 기한 본등기 절차에 의하지 아니하고 별도의 소유권이전등기를 경료받은 경우에 있어서는 특별한 사정이 없는 한 그 별도의 소유권이전등기를 가등기에 기한 본등기와 동일하게 볼 수 없다.[89]

그런데, 대법원 2014. 3. 27. 선고 2013다1518 판결은, 가등기에 기한 본등기 절차에 의하지 아니하고 별도의 소유권이전등기가 이루어진 경우에도 그 가등기가 담보가등기의 성질을 가진 때에는 가등기 원인과 본등기 원인을 동일하게 본 점에 유의하여야 한다. 즉, 위 대법원판결은, “을”이 “병”에 대한 채무담보를 위하여 자신의 부동산에 매매예약을 원인으로 가등기를 마쳐두었다가 그 후 채무변제에 갈음하기 위하여 별도의 매매계약을 원인으로 소유권이전등기를 마쳐준 사안에서, ‘위 매매예약은 담보가등기이고 위 매매계약은 가등기의 피담보채무의 회수를 위하여 이루어진 것으로서 서로 명백히 다른 법률행위에 해당하지 않는다는 이유로 사해행위 요건의 구비 여부는 가등기의 원인인 매매예약 당시를 기준으로 판단하여야 한다’고 판시하였다.

등기실무상, “을” 소유의 부동산에 관하여 “병”이 소유권이전청구권 가등기

88) 등기예규 제1632호 가등기에 관한 업무처리지침(개정 2018. 3. 7.)
89) 대법원 2002. 7. 26. 선고 2001다73138 판결.

를 경료한 후 “갑”이 사해행위 취소 및 가등기 말소 청구소송을 제기하여 승소 판결을 받아 위 판결이 확정되었으나 위 재판절차 진행 중 “병”이 위 가등기에 기하여 본등기를 경료하였을 경우, 본등기의 말소를 명하는 판결이 아닌 위 판결로서는 본등기의 말소를 신청할 수 없고, 또 본등기가 경료된 이후에는 가등기만의 말소신청도 할 수 없다.90) 따라서, 가등기에 기한 본등기가 마쳐진 부동산에 관하여 채권자가 채권자취소소송을 제기함에 있어서는 가등기 및 본등기의 원인행위의 각 취소와 가등기 및 본등기의 말소등기절차의 이행을 모두 구하여야 할 것이다.

(3) 백지계약서가 작성된 경우

대법원 2012. 11. 15. 선고 2012다65058 판결은, ‘채권자가 채권담보를 위하여 채무자에게서 백지 근저당권설정계약서 등을 교부받을 당시에는 채무초과상태가 아니었으나 이를 보충할 당시에는 채무초과상태에 있는 경우 사해행위의 존재 기준시점이 되는 근저당권설정계약의 체결시점은 백지를 보충한 날로 본다’고 판시하였다.

(4) 정지조건부 처분행위의 경우

대법원 2013. 6. 28. 선고 2013다8564 판결은, ‘채무자의 재산처분행위가 정지조건부인 경우라도 특별한 사정이 없는 한 채무자의 재산처분행위가 사해행위가 되는지 여부는 조건 성취시가 아니라 처분행위 당시를 기준으로 판단한다’고 판시하였다.

위 대법원판결의 사안 요지는, “을”이 “병”과의 물품 및 금전거래로 인한 채무를 담보하기 위하여 “병”에게 채무를 변제하지 못하는 것을 정지조건으로 “을”의 제3자에 대한 임대차보증금채권을 양도하고 “병”으로부터 금전을 차용하였는데, 그 후 “을”이 부도를 내고 사업을 폐지한 다음 “병”과 임대차보증금 반환채권에 관한 채권양도증서를 작성하여 채권양도 사실을 제3자에게 통지한 경우이다.

위 대법원판결은 위 사안에 관해서, ‘“을”이 부도를 내고 사업을 사실상 폐

---

90) 등기선례 제6-449(제정 1999. 3. 10.)

지하게 됨으로써 위 정지조건이 성취되어 채권양도계약의 효력이 발생하였고, "을"과 "병"이 양도증서를 작성한 것은 새로이 채권양도계약을 체결한 것이 아니라 기존 채권양도계약의 대항요건을 갖추기 위한 행위에 불과하므로, "을"과 "병"이 체결한 채권양도계약이 사해행위에 해당하는지는 양도증서가 작성된 시점이 아니라 당초 채권양도계약이 체결된 시점을 기준으로 판단하여야 한다'고 판시하였다.

(5) 공유물 분할 전후 담보권 설정의 동일성이 유지되는 경우

대법원 2016. 5. 27. 선고 2014다230894 판결은, 공유물 분할 전의 공유지분에 관하여 설정되었던 담보권과 공유물 분할 후의 지분에 상응한 토지에 관하여 새로이 담보권이 설정된 경우 채권자취소권이 문제된 사안에서, 사해행위의 판단 기준시점 및 실제 채권자취소권을 행사하는 방법 등에 관하여 의미 있는 판단을 하였는바, 그에 관하여 자세하게 분석 검토한다.

(사안 요지) 채무자 "을"이 채무초과상태에서 2012. 4. 18.경 특정 채권자 '병'에 대한 차용금 채무의 담보를 위하여 공유 토지 중 "을"의 공유지분에 관하여 대물변제예약(1차 대물변제예약)을 체결하고 위 지분에 관하여 2012. 4. 20. "병"에게 지분이전담보가등기(제1 담보가등기)를 마쳤는데, 2012. 10. 12. 위 토지가 공유물 분할되고 분할 전의 다른 공유자로부터 그들의 공유지분을 이전받아 종전 공유지분에 해당하는 분할 후 토지의 단독소유자로 되었다. 이에, 채무자 "을"과 특정채권자 위 "병"은 2013. 4. 1. 분할 후 토지에 관하여 1차 대물변제예약과 동일한 내용의 2차 대물변제예약을 체결하고 1차 대물변제예약의 해제를 원인으로 위 제1 담보가등기를 말소한 다음, 2차 대물변제예약을 원인으로 하여 분할 후 토지에 관하여 다시 제2 담보가등기를 경료하였다.

(쟁점) 위와 같은 사실관계에서 일반채권자 중의 1인인 "갑"이 채권자취소권을 행사하는 경우, 첫째, 채권자취소권의 대상이 되는 사해행위에 해당하는지 여부에 관하여 판단하는 기준시점은 1차 대물변제예약시인가 아니면 2차 대물변제예약시인가. 둘째, 취소채권자 "갑"은 이미 해제된 1차 대물변제예약에 대하여 취소를 구할 것인가 아니면 현존하는 2차 대물변제예약의 취소 및 제2 담보가등기의 말소를 구할 수 있는가.

(판단 요지) 공유물분할은 형식적으로는 공유자 상호 간의 지분의 교환 또는 매매라고 볼 것이나, 실질적으로는 공유물에 분산되어 있는 지분을 분할로 인하여 취득한 특정 부분에 집중시켜 그 소유형태를 변경한 것에 불과하다. 따라서 공유지분에 관하여 담보가등기를 설정하였다가 공유물 분할로 단독소유가 된 부동산에 전사된 담보가등기에 관하여 사해행위를 이유로 채권자취소권을 행사할 경우에는 공유지분에 대한 담보가등기를 설정할 당시를 기준으로 사해행위에 해당하는지 여부를 판단하여야 한다.

또한 위 사실관계에 의하면, 채무자 "을"과 특정채권자 "병"은 담보가치를 동일하게 유지할 목적으로 1차 대물변제예약과 동일한 내용의 2차 대물변제예약을 체결한 것으로서 2차 대물변제예약은 1차 대물변제예약을 형식적으로 대체한 것에 불과하고 그 실질은 같다고 할 것이다. 이러한 경우 사해행위 요건의 구비 여부는 1차 대물변제예약 당시를 기준으로 판단하여야 한다.

한편, 사해행위취소 및 원상회복을 구하는 채권자 "갑"으로서는 1차 대물변제예약은 이미 해제되고 2차 대물변제예약으로 대체된 데다가 제2 담보가등기의 직접적인 등기원인은 2차 대물변제예약이므로 유효하게 존속 중인 2차 대물변제예약의 취소와 제2 담보가등기의 말소를 구하는 방법으로 채권자취소권을 행사할 수 있다.

(6) 집합채권 양도담보 예약 후 예약완결권 행사에 의한 채권양도

대법원 2016. 7. 14. 선고 2014다233268 판결은, 채무자가 자신의 채무를 담보하기 위하여 현재 보유하고 있거나 장래 보유하게 될 채권을 일괄하여 채권자에게 양도하기로 하는 예약은 '집합채권의 양도예약'에 해당하고, 그 법적 성질은 다른 특별한 사정이 없는 한 원칙적으로 양도담보의 예약(대물변제의 예약이 아니라)으로 추정된다고 판시하였다.

위 대법원판결은 이를 전제로, 이와 같은 집합채권의 양도담보의 예약이 체결된 다음 예약완결권의 행사에 기하여 채권이 양도된 경우에 사해행위 여부는 실제로 채권양도가 이루어진 시점이 아니라 양도담보의 예약을 체결한 때를 기준으로 판단하여야 한다(왜냐하면, 채권양도는 예약완결권 행사에 따른 후속절차에 지나지 아니하므로)고 판시하였다.

제 4. 사해행위 해당성의 배제 또는 조각

1. 문제의 정리

채무자의 법률행위가 채무초과상태를 유발하거나 기존의 채무초과상태를 심화시키는 재산에 관한 행위로서 객관적인 사해행위의 개념에 포섭될 수 있다고 하여, 이를 전부 법적으로 사해행위에 해당하는 것으로 최종 평가하는 것은 오히려 사회상규에 어긋날 수 있다.

이러한 점에 주목하여 앞의 제 2.에서 본 바와 같이 법률행위의 사해성에 관해서 종합판단적으로 개념을 구성하는 방법론이 등장하였다고 이해할 수 있으나, 이러한 방법론은 앞서 본 바와 같이 이른바 '일반조항에의 도피'와 같은 위험에 빠질 수 있다.

그러므로, 사해행위의 개념에 관해서는 '채무초과상태의 유발 또는 심화'라는 객관적 요소를 기준으로 구성하되, 별도로 사해행위 해당성을 조각하는 구체적 사유 내지 기준을 모색하는 것이 법적 판단과정을 체계화하고 법적 안정성을 도모할 수 있는 유용한 방법론이라고 생각한다.

사해행위 해당성 조각에 관한 주장은 항변에 해당하므로, 그 구체적 조각사유에 관해서는 이를 주장하는 측 즉 소송의 상대방이 입증책임을 부담한다고 할 것이다.

한편, 특정 채권자의 채무자에 대한 재산상의 특별한 지위, 채무자의 특정 재산에 관한 법률관계의 특수성 등으로 인하여 채무자의 재산 처분행위가 채무초과상태를 유발 또는 심화시키지 않는 경우가 있다. 이러한 경우는 그 행위의 성질상 사해행위성이 처음부터 배제된다고 할 수 있으므로, 사해행위 해당성이 사후적 평가에 의해 조각되는 경우와는 논리적으로 구분할 수 있을 것이다.

여기에서는 사해행위 해당성이 배제되는 경우와 조각되는 경우를 한꺼번에 검토하기로 하는바, 아래 '2.항 충분한 물적 담보가 제공된 경우' 및 '3.항 목적물의 가액이 피담보채권액 등에 미달한 경우'는 처음부터 사해행위성이 배제되는 경우이고, 나머지 4.항 내지 8.항은 사해행위 해당성이 사후에 조각되는 경우라고 할 수 있다.

2. 충분한 물적 담보가 제공된 경우

채무자 또는 제3자 소유의 부동산에 채권자 앞으로 근저당권이 설정되어 있고 그 부동산의 가액 및 채권최고액이 당해 채권액을 초과하여 채권자에게 채권 전액에 대한 우선변제권이 확보되어 있는 경우에는, 채무자가 다른 재산을 처분하는 법률행위를 함으로써 전체적으로 책임재산이 부족하게 되더라도 위 근저당권을 설정 받은 채권자를 해하지는 것은 아니므로 당해 채권자에 대하여 사해행위가 성립하지 않는다(대법원 2009. 6. 23. 선고 2009다549 판결).[91] 동일한 상황에서 채무자의 연대보증인이 자신의 유일한 부동산을 처분하는 법률행위를 하더라도 당해 채권자에 대하여 사해행위가 되지 않는다(대법원 2000. 12. 8. 선고 2000다21017 판결).

대법원 2015. 11. 26. 선고 2015다48825 판결은, 위에서 본 법리와 동일한 취지에서, '채무자가 근저당권이 설정된 부동산에 관하여 보증금이 최우선 변제되는 임대차계약을 체결한 경우, 당시 부동산의 가액이 근저당권의 피담보채권액과 최우선 변제되는 소액보증금의 합계액을 초과하여 근저당권자가 소액보증금 우선변제권을 감안하더라도 근저당권으로 피담보채권액의 우선변제권을 확보하고 있었다면, 채무자가 임대차계약을 체결한 행위는 근저당권자에 대하여 사해행위가 성립하지 않는다'고 판시하였다.

한편, 채무자가 채권자를 해하는 처분행위를 하였더라도, 그 후에 채권자가 채무자 또는 제3자 소유의 부동산을 담보로 제공받아 우선변제권을 취득하였고 그 부동산의 가액 및 채권최고액이 당해 채권액을 초과하여 채권자에게 채권 전액에 대한 우선변제권이 확보된 경우에는, 채권자취소권에 의하여 책임재산을 보전할 필요성이 없으므로 채권자취소권은 소멸한다(대법원 2014. 7. 10. 선고 2013다50763 판결).

담보로 제공된 부동산 가액의 평가는 사해행위에 앞서 근저당권이 설정된

---

91) 저당권부 채권자가 아닌 다른 일반채권자에 대한 관계에서 사해행위가 성립될 수 있음은 별론이다.

경우에는 사해행위 당시를 기준으로 하고(대법원 2009. 10. 29. 선고 2009다47852 판결), 사해행위 후에 근저당권이 설정된 경우에는 사해행위 취소소송의 사실심 변론종결시를 기준으로 한다(대법원 2014. 7. 10. 선고 2013다50763 판결).

3. 사해행위 목적 부동산 가액이 피담보채권액 등에 미달한 경우

(1) 목적 부동산의 잔존가치가 없는 경우

채무자가 처분한 부동산에 피담보채권 등 그 부동산 가액에서 우선 공제되어야 할 부담이 존재하는 경우라면 그 목적물 중에서 일반채권자들의 공동담보에 제공되는 책임재산은 피담보채권액 등 부담을 공제한 나머지 부분만이다. 따라서, 피담보채권액 등 부담이 당해 목적물의 가액을 초과한다면 당초부터 일반채권자들의 공동담보로 제공되는 나머지 부분은 전혀 없었기에 그 목적물의 처분으로 인해 일반채권자들이 불리하게 되었다고 볼 수 없기 때문에 사해행위가 성립하지 않는다(대법원 2008. 4. 10. 선고 2007다78234 판결).

채무자가 처분한 부동산의 가액에서 우선 공제되는 부담액은 당해 부동산에 설정된 근저당권의 피담보채무액, 전세권의 전세금, 우선변제의 효력이 있는 임대차보증금 등이 대표적이라 할 수 있다.[92]

일반적으로, 채무자가 부동산을 양도처분한 경우 그 부동산에 관하여 위에서 본 공제방법을 적용한 결과 잔존가치가 전혀 없다면 당해 부동산의 처분은 사해행위에 해당하지 않는다고 할 것이다. 다만, 선행 담보권설정계약과 후행 양도계약에 대해 모두 사해행위로서 취소를 구하는 경우에는, 그 담보권의 피담보채무는 후행 양도행위가 사해행위에 해당하는지 여부를 판단함에 있어 부동산가액에서 공제되는 피담보채무에 포함되지 않는다(대법원 2013. 5. 9. 선고 2011다75232 판결).

대법원 2017. 1. 12. 선고 2016다208792 판결은, 저당권의 피담보채권액이 목적물의 가액을 초과하였더라도 채무자가 목적물을 양도하기에 앞서 자신의 출재로 피담보채무의 일부를 변제하여 잔존 피담보채권액이 목적물의 가액을

---

92) 우선변제권이 설정된 부동산 가액의 구체적 산정방법에 관해서는 뒤의 제4절 제 2.의 2.에서 상세하게 검토한다.

초과하지 않게 되었다면 목적물의 가액에서 잔존 피담보채권액을 공제한 잔액의 범위 내에서 사해행위가 성립하고, 이는 채무자의 출재에 의한 피담보채무의 일부가 양도계약 체결 후 이에 따른 소유권이전등기 등이 마쳐지는 과정에서 이루어진 경우에도 마찬가지라고 판시하였음에 주의를 요한다.

(2) 근저당권 피담보채무액에 관한 입증의 문제

근저당권은 그 담보할 채무의 최고액만을 정하고 채무의 확정을 장래에 보류하여 설정하는 저당권으로서 계속적인 거래관계로부터 발생하는 다수의 불특정채권을 장래의 결산기에서 일정한 한도까지 담보하기 위한 목적으로 설정하는 담보권이다. 따라서 근저당권이 유효하기 위해서는 근저당권의 성립 당시 근저당권설정행위와는 별도로 근저당권의 피담보채권을 성립시키는 법률행위가 있어야 하고 근저당권의 피담보채권을 성립시키는 법률행위가 있었는지 여부에 관한 증명책임은 그 존재를 주장하는 측에 있다.[93]

그러므로, 채무자가 근저당권이 설정된 부동산을 처분한 경우에 그 근저당권의 피담보채무액이 부동산의 가액을 초과하여 사해행위에 해당하지 않는다고 주장하는 자는 그 근저당권에 관해서 설정계약과는 별도로 근저당권의 피담보채권을 성립시키는 법률행위의 존재와 그에 따라 사해행위 당시 실제로 존재하는 피담보채무액에 관해서 입증하고 그 피담보채무액이 부동산의 가액을 초과하는 것임을 입증하여야 할 것이다.[94]

4. 사업계속을 위한 담보제공

(1) 신규 사업자금의 차용과 담보제공

채무초과상태에 있는 채무자가 그 소유의 부동산을 채권자 중의 어느 한 사람에게 채권담보로 제공하는 행위는 특별한 사정이 없는 한 다른 채권자들에 대한 관계에서 사해행위에 해당한다.[95]

---

93) 대법원 2004. 5. 28. 선고 2003다70041 판결, 2011. 4. 28. 선고 2010다107408 판결.

94) 대법원 2012. 4. 12. 선고 2010다27847 판결 이유 중 상고이유 제4점에 대한 판단 내용 참조.

95) 이 점에 관해서는 뒤의 제3장 제 2.에서 별도로 상세하게 검토한다.

그러나, 자금난으로 사업을 계속 추진하기 어려운 상황에 처한 채무자가 자금을 융통하여 사업을 계속 추진하는 것이 채무변제력을 갖게 되는 최선의 방법이라고 생각하고 자금을 융통하기 위하여 부득이 부동산을 특정 채권자에게 담보로 제공하고 그로부터 신규자금을 추가로 융통받은 경우에는 당시 채무초과상태에 있었다고 하더라도 그 담보제공은 사해행위에 해당하지 않는다(대법원 2009. 5. 14. 선고 2008다70701 판결).

다만, 채무자가 비록 사업의 갱생이나 계속 추진의 의도가 있었다고 하더라도 신규자금의 융통 없이 단지 기존 채무의 이행을 유예받기 위하여 특정 채권자에게 담보를 제공하는 행위는 사해행위에 해당한다(대법원 2009. 3. 12. 선고 2008다29215 판결).

대법원 2022. 1. 14. 선고 2018다295103 판결은 마찬가지의 법리적 맥락에서, '채무자가 채무초과상태에서 특정채권자로부터 대출을 받으면서 담보를 제공하고 그 대출금의 대부분을 다른 은행에 대한 기존 대출금 채무의 변제에 사용하였다면, 특정채권자에 대해서만 다른 채권자에 우선하여 자신의 채권을 회수할 기회를 부여한 것이라고 볼 수 있으므로, 그 담보제공행위는 사해행위에 해당한다'고 판시하였다.

한편, 사업의 계속 추진과 관계없는 기존 채무를 피담보채무에 포함시켰다면 그 부분에 대한 담보권 설정은 사해행위에 해당할 수 있는데,[96] 신규 대출을 위한 근저당권의 피담보채무에 기존 채무를 포함시켰다 하더라도 기존 채무를 위한 담보설정과 신규자금의 융통을 위한 담보설정이 불가피하게 동일한 목적 하에 일련의 행위로 이루어진 경우에는 기존채무를 위한 담보권 설정도 사해행위에 해당하지 않는다(대법원 2002. 3. 29. 선고 2000다25842 판결).

그리고, 위 법리는 보증채무자가 주채무자의 경제적 회생을 위하여 담보를 제공한 경우에도 그대로 적용된다.[97]

위와 같이, 대법원판례가 특별한 사정이 있는 경우 무자력 상태에 있는 채무자의 특정채권자에 대한 담보제공에 관하여 사해행위로 보지 않는 것은 사업의 계속을 통한 기업의 경제적 회생이라는 목적을 위한 기업의 합리적인 범위

96) 대법원 2001. 10. 26. 선고 2001다19134 판결.
97) 대법원 2012. 2. 23. 선고 2011다88832 판결.

내의 경영활동을 보장하려는 데 그 취지가 있다고 이해된다.

따라서, 사해행위 해당성이 부정되는지 여부는, 사업 계속의 목적과 담보 제공의 불가피성, 그 범위의 합리성(담보제공 목적물이 채무자의 전체 재산에서 차지하는 비율, 무자력의 정도 등), 신규 자금 차용 시기 및 규모, 차용 자금의 실제 용도, 실제의 사업 계속 여부 등 여러 가지 객관적 사정을 종합하여 판단하여야 할 것이다.

대법원 2022. 1. 13. 선고 2017다264072 판결은, 병원을 운영하는 채무자가 특정채권자로부터 1억 8,000만 원을 차용하면서 그 담보로 국민보험공단에 대한 현재 또는 장래의 요양급여 채권 40억원을 양도하였는데, 그 차용일로부터 약 45일 후에 병원 운영을 중단하고 위 차용금의 사용내역도 밝혀지지 않은 사안에 관하여, 위와 같은 판단기준에 비추어 위 채권양도에 의한 담보제공행위가 사해행위에 해당한다고 판시하였다.

(2) 계속적 물품공급과 담보제공

계속적인 거래관계가 있는 구입처로부터 외상매입대금에 대한 담보를 제공하지 않으면 사업에 필요한 물품의 공급을 중단하겠다는 통보를 받고 물품을 공급받아 사업을 계속 추진하는 것이 채무변제력을 갖게 되는 최선의 방법이라고 생각하고 물품을 공급받기 위하여 부득이 부동산을 특정 채권자에게 담보로 제공하고 그로부터 물품을 공급받은 경우에는 비록 당시 채무초과 상태에 있었다고 하더라도 그 담보제공은 사해행위에 해당하지 않는다(대법원 2011. 1. 13. 선고 2010다68084 판결).

한편, 사업의 계속 추진과 관계없는 기존 채무를 피담보채무에 포함시켰다면 그 부분에 대한 담보권 설정은 원칙적으로 사해행위에 해당하고, 단지 기존 채무의 이행을 유예받기 위하여 특정 채권자에게 담보를 제공하는 행위는 사해행위에 해당한다.

다만, 기존 채무를 위한 담보설정과 물품을 계속 공급받기 위한 담보설정이 불가피하게 동일한 목적 하에 하나의 행위로 이루어졌고, 당시의 여러 사정 하에서는 그것이 사업의 계속을 통한 회사의 갱생이라는 목적을 위한 담보제공행위로서 합리적인 범위를 넘지 않은 때에는 기존 채무를 위한 담보설정행위 역시 사해행위에 해당하지 않는다(대법원 2002. 3. 29. 선고 2000다25842 판결).

그리고, 위 법리는 보증채무자가 주채무자의 경제적 회생을 위하여 담보를 제공한 경우에도 그대로 적용된다.

위와 같이, 대법원판례가 특별한 사정이 있는 경우 무자력 상태에 있는 채무자의 특정채권자에 대한 담보제공에 관하여 사해행위로 보지 않는 것은 사업의 계속을 통한 기업의 경제적 회생이라는 목적을 위한 기업의 합리적인 범위 내의 경영활동을 보장하려는 데 그 취지가 있다고 이해된다.

따라서, 사해행위 해당성을 조각하는 특별한 사정의 주요 표지는, 사업 계속의 목적과 담보 제공의 불가피성 및 그 범위의 합리성 등이라고 할 것이고, 이에 대하여는 채무자의 사업의 내용, 거래 상대방과의 관계, 공급받은 자재의 내역, 공급규모, 담보제공의 시기, 실제의 사업계속 여부 등 여러 가지 객관적 사정을 종합하여 판단하여야 할 것이다.

5. 사업계속을 위한 재산신탁, 재산양도 등

(1) 사업계속을 위한 재산 신탁

신탁법상의 신탁계약에 따라 신탁재산에 관하여 수탁자 앞으로 소유권이전등기가 마쳐진 경우에 외견상으로는 신탁재산이 위탁자의 책임재산에서 이탈하여 무자력상태에 이르게 될 수 있으나, 한편 신탁법상의 신탁에 있어서는 부동산등기부의 일부인 신탁원부에 신탁의 목적, 신탁재산의 관리방법, 신탁종료 사유 등이 기재되어 공시되므로(부동산등기법 제81조), 채무자가 자신의 부동산 전부를 매각 처분하여 소비하기 쉽게 현금화함으로써 사해행위에 해당하는 경우와는 달리 취급할 필요가 있다.

채무자가 자신의 부동산 전부에 관해서 신탁을 설정한 경우에 그것이 사해행위에 해당하는지는 위탁자의 책임재산이나 변제능력에 실질적인 감소가 초래되었는지, 이에 따라 위탁자의 채무면탈이 가능해지거나 수탁자 등 제3자에게 부당한 이익이 귀속되었는지, 채권자들의 실효적 강제집행이나 그 밖에 채권만족의 가능성에 새로운 장애가 생겨났는지 여부 등을 신중하게 검토하여 판단하는 것이 타당하다.[98]

98) 대법원 2011. 5. 23.자 2009마1176 결정 참조, 신탁에 관한 사해행위 성부에 관해서는 뒤

대법원 2003. 12. 12. 선고 2001다57884 판결은, 채무자가 집합건물 신축 및 분양 사업을 계속하기 위하여 유일한 재산인 토지에 관하여 신탁법상의 신탁회사와 사이에 신탁계약을 체결하고 신탁회사 앞으로 소유권이전등기를 마친 것에 대하여 사해행위성을 인정하지 않은 사례이다.

위 대법원판결의 사안 요지는, 채무자가 토지에 집합건물을 지어 분양하는 사업을 추진하던 중 이미 일부가 분양되었는데도 공정률 45.8%의 상태에서 자금난으로 공사를 계속할 수 없게 되고 채무초과상태에 이르자, 건축을 계속 추진하여 건물을 완공하는 것이 이미 분양받은 채권자들을 포함하여 채권자들의 피해를 줄이고 자신도 채무변제력을 회복하는 최선의 방법이라고 생각하고, 자신의 유일한 재산인 토지에 관하여 신탁법상의 신탁회사와 사이에 신탁계약을 체결하고 신탁회사 앞으로 소유권이전등기를 마친 경우이다. 위 대법원판결은 위와 같은 사안에서, 자금난으로 공사를 계속할 수 없었던 채무자가 최대한의 변제력을 확보하는 최선의 방법이고 또한 공사를 완공하기 위한 부득이한 조치였으므로 사해행위에 해당하지 않는다고 판시하였다.

(2) 사업 계속을 위한 재산 양도

사업을 계속하기 위하여 위 (1)항에서 본 바와 같이 신탁회사에 재산을 신탁하지 않더라도 다른 사람에게 재산을 양도한 경우에 사해행위성이 부인된 사례에 관해서 본다.

대법원 2010. 9. 30. 선고 2007다2718 판결의 사안 요지는, 채무초과상태의 채무자가 최대 물품공급처이자 최고액의 채권을 보유한 특정 채권자와 사이의 거래를 계속하기 위하여 그 채무 일부에 대한 대물변제조로 자신의 유일한 재산인 전세권과 전세금 반환채권을 그 채권자에게 양도하고 그 전세권의 목적인 건물을 채무자가 계속 사용한 경우이다.

위 대법원판결은 위 사안에서, 채무자의 전세권 등 양도행위는 최대 물품공급처인 그 채권자와의 거래관계를 유지하면서 새로이 판로를 개척하는 길만이 경제적 갱생을 도모하기 위한 유일한 방안이었던 점을 감안하여 사해행위에 해

제3장 제 9.에서 따로 검토한다.

당하지 않는다고 판시하였다.

이 판결은 앞서 본 바와 같이 사업계속을 위한 담보제공 또는 신탁설정이 사해행위에 해당하지 않는다는 법리와 맥락을 같이 하면서 이를 대물변제에 확대하였다는 데에 의미가 있다고 할 것이다(다만, 이 판결은 사해행위의 개념에 관해서 소위 종합판단적 개념구성을 취하였다).

대법원 2001. 5. 8. 선고 2000다66089 판결의 사안 요지는, 채무자가 건축주로서 공장신축공사를 공정률 60~70% 정도 진행하다가 자금난으로 중단되자 원고 이외의 다른 채권자단의 동의 하에 수급업자의 부담으로 공사를 계속하게 하기 위하여 공사대금의 담보조로 신축공장의 건축주 명의를 수급업자로 변경해 준 경우이다. 위 대법원판결은 위 사안에서, 채무자로서는 공장신축공사를 완공하여 공장을 가동하는 것이 채권자들에 대한 최대한의 변제력을 확보하는 최선의 방법이었고, 공사대금 지급을 담보하기 위하여 수급업자에게 건축주 명의를 변경하여 준 것은 공장을 완공하기 위한 부득이한 조치였다고 할 것이므로 사해행위에 해당하지 않는다고 판시하였다.

6. 채무변제를 위한 정상적 처분

채무자가 자신의 유일한 재산인 부동산을 매각하여 소비하기 쉬운 금전으로 바꾸는 행위는 원칙적으로 사해행위에 해당한다.

그런데, 대법원 2015. 10. 29. 선고 2013다83992 판결은 위와 같은 경우 사해행위성을 조각하는 하나의 객관적 기준을 제시하는 의미 있는 판시를 하였다.

위 대법원판결의 사안 요지는, 채무자가 경매 진행 중이던 자신 소유의 유일한 부동산에 관하여 복잡한 채무관계로 인하여 저가로 경락될 사정이 있자, 제3자와 사이에 매매계약을 체결하고 그 매매대금 중 계약금 및 중도금 약 90억 원은 모두 채권자들에 대한 채무변제에 사용하여 경매를 취하시키고, 매수인이 3년 후에 지급하기로 한 약 40억 원의 잔대금지급채무를 담보하기 위하여 신탁회사에 신탁한 후 채무자(매도인)에게 우선수익권이 부여되었으며, 채무자는 위 우선수익권에 대하여 분양대금 반환채권자들에게 근질권을 설정해 준 경우이다.

위 대법원판결은 위 사안에 관하여, 사해행위에 해당하지 않는다고 판시하면서, 그 법리적 이유에 관해서, 채무자의 부동산의 매각목적이 채무의 변제 또는 변제자력을 얻기 위한 것이고, 매매대금이 부당한 염가가 아니며, 실제 이를 채권자에 대한 변제에 사용하거나 변제자력을 유지하고 있는 경우라는 객관적 기준을 제시한 점에 주목해야 할 것이다.

7. 기업 경영에 필요 상당한 행위

대법원 2017. 6. 29. 선고 2014다22574 판결의 사안 요지는, 채무초과상태에 있는 여객운송회사인 채무자 "을"은 극심한 경영난에 처하자 근로자들의 고용을 보장하기 위해 고용승계를 조건으로, 보유하고 있던 버스 및 운송사업면허권을 회계법인의 감정평가에 상당한 가격인 약 49억 원에 수익자 "병"에게 양도하고, "병"이 버스에 설정된 저당권의 피담보채무 등 우선변제 할 채무를 인수하고 나머지 차액 약 1억 2,700만 원을 "을"에게 지급하였으며, "을"은 위 돈으로 자동차세 등 지방세 약 3,000만 원을 납부한 경우이다.

위 대법원판결은 위 사안에 관해서, 목적의 정당성과 행위의 상당성, 상황의 불가피성 등에 비추어 위 "을"과 "병" 사이의 양도계약이 일반 채권자들을 해하는 사해행위에 해당한다고 보기 어렵다고 판시하였다.

한편, 대법원판례는 정리해고에 관하여, '긴박한 경영상의 필요라고 함은 반드시 기업의 도산을 회피하기 위한 경우에 한정되지 않고 장래에 올 수 있는 위기에 미리 대처하기 위하여 인원 감축이 필요한 경우도 포함되지만, 그러한 인원 감축은 객관적으로 보아 합리성이 있다고 인정되어야 하며, 기업 운영에 필요한 인력의 규모가 어느 정도인지 등은 상당한 합리성이 인정되는 한 경영판단의 문제에 속하는 것이고 특별한 사정이 없다면 경영자의 판단을 존중하여야 한다'고 판시하고 있다.[99)]

이와 같은 기업 경영에 있어서의 경영판단의 원칙은 기업 재산의 처분과 사해행위 여부에 관해서도 적용될 수 있다고 할 것이다.

따라서, 기업을 경영하는 채무자의 법률행위가 채무초과상태를 유발하거나

---

99) 대법원 2014. 11. 13. 선고 2012다14517 판결.

기존의 채무초과상태를 심화시키는 행위에 해당한다고 하더라도, 그 목적에 정당성이 있고 객관적 상황에 비추어 기업의 합리적인 경영판단으로서 불가피한 것이라면, 비단 담보제공, 신탁설정, 대물변제뿐만 아니라 채무자의 다른 처분행위에 대해서도 일반적으로 사해행위 해당성을 조각하는 사유가 된다고 보는 것이 타당하다고 생각한다.

8. 생계유지를 위한 재산 처분, 사회생활상의 의례적 행위 등

민사집행법은 채무자 및 그 피부양자의 최저한의 생활을 보장하기 위하여 일정한 범위의 동산 및 채권에 관하여 압류를 금지하는 규정을 두고(제195조, 제246조), 채무자회생법은 채무자 및 그 피부양자의 생활에 필요한 6개월 간의 생계비에 사용할 특정한 재산으로서 대통령령이 정하는 금액을 초과하지 않는 부분은 파산재산에서 면제할 수 있도록 하는 규정(제383조 제2항 제2호)을 두고 있다.

위와 같은 법규정의 취지에 비추어 보면, 채무자가 채무초과상태에서 자신 및 그 피부양자의 생계를 유지하기 위한 비용을 마련하기 위하여 압류 금지 대상이 아닌 재산을 처분하였다고 하더라도, 그 생계 유지에 필요하다고 인정되는 범위 내에서는 사해행위 해당성이 조각된다고 보는 것이 타당하다.

예컨대, 남편과 사별하고 일정한 직업이 없는 여성이 생계비와 미성년 자녀의 양육비를 마련하기 위하여 부동산의 일부를 매각한 경우에 그 대금이 상당한 기간 동안의 생활 유지에 필요한 비용과 균형을 이룬다면 사해행위성이 조각된다고 보아야 할 것이다.

한편, 사회생활상 의례적 행위로서의 선물의 증여 또는 소액의 답례 등도 사해행위성이 조각된다고 보는 것이 타당하다.

제4절 채무자의 무자력

제 1. 무자력의 의의 및 판단 기준

1. 무자력의 의의

사해행위는 채무자가 자신의 채무초과상태를 유발하거나 기존의 채무초과상태를 심화시키는 재산에 관한 행위이므로, 채무자의 채무초과상태는 사해행위의 핵심적 요건이라고 할 수 있다. 사해행위와 관련하여 무자력이란 채무자가 전혀 변제자력이 없다는 것을 의미하는 것이 아니고 채무자의 책임재산(적극재산)이 총채권자의 채권을 변제하기에 부족한 채무초과상태에 있는 것을 의미한다.

따라서, 채무자의 법률행위로 인하여 무자력 상태가 초래되었거나 심화되었는지 여부를 판단하기 위해서는 처분행위 당시의 채무자의 적극재산과 소극재산의 각 총액을 산정하여 채무초과 여부를 가려야 한다(대법원 2006. 2. 10. 선고 2004다2564 판결).

2. 무자력의 판단요소 및 기준시점

(1) 강제집행과의 관계

무자력에 관한 판단은 채무자의 적극재산과 소극재산의 각 총액을 산정하여 채무초과 여부를 가리는 것인데, 채무자의 임의변제를 기대할 수 없는 경우에는 결국 강제집행을 통한 변제가 고려되어야 하므로, 소극재산이든 적극재산이든 위와 같은 목적에 부합할 수 있는 재산인지 여부가 무자력 판단의 중요한 고려요소가 되어야 한다(대법원 2006. 2. 10. 선고 2004다2564 판결).

따라서, 적극재산을 산정함에 있어서는 압류가 금지되어 강제집행을 통한 변제가 불가능하거나 실질적으로 재산적 가치가 없어 채권의 공동담보로서의 역할을 할 수 없는 재산은 제외되고(대법원 2005. 1. 28. 선고 2004다58963 판결), 소극재산도 실질적으로 변제의무를 지는 채무를 기준으로 산정한다(대법원 2006. 2. 10. 선고 2004다2564 판결).

(2) 기준시점

채무자의 무자력를 판단하는 기준시는 '사해행위(즉 채무자의 법률행위) 당시'이다(대법원 2013. 4. 26. 선고 2012다118334 판결). 따라서, 채무자의 적극재산에 포함되는 부동산이 사해행위가 있은 후에 경매절차에서 경락된 경우에 그 부동산의 평가는 경락된 가액을 기준으로 할 것이 아니라 사해행위 당시의 시가를 기준으로 한다(대법원 2001. 4. 27. 선고 2000다69026 판결). 그러나, 사해행위가 인정되고 원상회복으로서 가액배상의 범위를 정함에 있어서는 '사실심 변론종결시의 부동산의 가액을 기준'으로 하는 점에 주의를 요한다(대법원 2010. 2. 25. 선고 2007다28819 판결).

한편, 채무자의 무자력은 사해행위 취소소송의 사실심 변론종결시에도 존재하여야 하는데, 채무자가 사해행위 당시에 무자력이었다고 하더라도 사실심 변론 종결 당시에 변제자력을 회복하여 무자력 상태에 있지 않게 된 경우에는 책임재산 보전의 필요성이 없어지게 되어 채권자취소권이 소멸한 것으로 보고, 다만 변제자력이 회복된 사정변경이 있다는 사실은 채권자취소소송의 상대방이 증명책임을 부담한다(대법원 2007. 11. 29. 선고 2007다54849 판결).

이와 같이, 사해행위취소에 있어 채무자의 무자력 요건은 그 사해행위 당시뿐만 아니라 사해행위 취소소송의 사실심 변론종결 당시에도 갖추고 있어야 하는데, 사실심 변론종결 당시의 채무자의 무자력 여부를 판단함에 있어서는 사해행위의 결과 수익자에게 귀속된 재산은 채무자의 적극재산에서 제외된다(대법원 2005. 5. 27. 선고 2003다36478 판결).

(3) 부동산 물권변동과 무자력 판단의 기준시점

채무자의 부동산 처분행위에 관하여 채권자취소권이 문제되는 경우에 사해행위로서 취소의 대상이 되는 채무자의 법률행위는 등기를 제외한 그 원인이

된 매매계약 등 채권행위라고 보아야 할 것이다.[100)]

그런데, 실제로는 채권행위와 등기 사이에 시간적 간격이 있는 경우가 보통이고, 부동산 물권변동의 성립요건주의에 의하여 등기 경료 전의 채권행위 시에는 당사자 사이에서도 아직 물권 변동이 일어나지 않는다는 점에서, 무자력 판단의 기준시점을 채권행위시로 볼 수 있는지 문제될 수 있다.

소송실무상, 부동산 물권변동에 관한 채권행위 당시에 이미 채무자의 소극재산이 당해 부동산을 포함한 적극재산의 가액을 초과하는 경우에는 별다른 문제가 없다. 그런데, 채무자가 부동산을 증여 또는 매매에 의해 양도함에 있어서, 엄격하게 증여 또는 매매계약 체결 당시의 시점에서는 채무자의 소극재산이 적극재산의 가액을 하회하였는데 후에 그 부동산에 관하여 수익자(수증자 또는 매수인) 앞으로 소유권이전등기가 마쳐짐으로써 채무자의 소유권이 상실된 시점에서 채무자의 소극재산이 적극재산을 초과하는 경우에 무자력 판단의 기준시점이 문제될 수 있다.[101)]

그런데, 실제로 채무자의 부동산 양도처분행위에 관해서 사해행위 및 원상회복이 문제되는 것은 수익자 명의로 등기까지 마쳐진 상태에 이른 경우이고,[102)] 채권자취소의 소송절차에서 채무자의 무자력 여부를 판단함에 있어서는 사해행위의 결과 수익자에게 귀속된 재산은 사실심 변론 종결시까지 등기 명의가 채무자에게 회복되지 않는 한 채무자의 적극재산에서 제외하는 것이다.[103)]

따라서, 부동산에 관하여 증여 또는 매매 등의 채권행위로 인하여 비로소 채무초과상태 즉 무자력 상태가 초래되었는지를 판단함에 있어서는, 채권행위 당시를 기준으로 판단하는 경우에도 그 채권행위를 직접 원인으로 하여 그 후 수익자 명의로 등기가 마쳐진 경우에는 그 부동산을 채무자의 적극재산에서 제외하여 무자력 여부를 판단하여야 할 것이다.

나아가, 뒤의 3.항에서 보는 바와 같이, 대법원 2014. 3. 27. 선고 2012다

---

100) 이 점에 관해서는 앞의 제3절 제 1.의 4.에서 상세하게 검토하였다.

101) 매매에 의한 양도의 경우, 채무자가 부동산 매도의 대가로 취득한 대금(금전)은 채무자의 적극재산에 산입하지 않음을 전제로 한 것이다. 그 밖에 부동산 등 주요 재산의 매각과 사해행위 성부의 점에 관해서는 뒤의 제3장 제 4.에서 상세하게 검토한다.

102) 매매 또는 증여계약만 체결되고 여전히 채무자 명의로 소유권등기가 마쳐져 있는 상태인 경우에는 채권자가 가압류 등의 방법으로 책임재산을 보전할 수 있을 것이다.

103) 대법원 2005. 5. 27. 선고 2003다36478 판결 참조.

34740 판결은, 채무자가 연속하여 수 개의 부동산을 양도처분한 경우에 그 일련의 행위를 일괄하여 그 전체의 사해성 여부를 판단하여야 할 특별한 사정이 있는 경우에는, 최초 처분행위시를 기준으로 채무초과상태에 이르렀는지를 판단함에 있어, 당해 처분의 목적물만을 적극재산에서 제외할 것이 아니라 그 후속 처분행위의 목적이 된 다른 부동산도 채무자의 적극재산으로 포함시키지 않고, 무자력 여부를 판단하여야 한다는 취지로 판시하였다.

3. 수 개의 연속적인 재산처분과 무자력 판단

채무자가 연속하여 수 개의 재산을 처분한 경우에는 원칙적으로 각 행위마다 그로 인하여 무자력이 초래되었는지 여부를 판단한다.

그러나, 그 일련의 행위를 하나의 행위로 보아야 할 특별한 사정이 있는 때에는 이를 일괄하여 전체적으로 사해성이 있는지를 판단할 것이고, 이 때 그러한 특별한 사정이 있는지에 관해서는 처분의 상대방이 동일한지, 각 처분이 시간적으로 근접한지, 상대방과 채무자와의 관계, 각 처분의 동기 내지 기회가 동일한지 등의 여러 구체적 사정을 종합하여 결정한다(대법원 2014. 3. 27. 선고 2012다34740 판결).

다만, 수 개의 행위를 전체적으로 일괄하여 하나의 행위로 보아야 할 특별한 사정에 관해서는 위에 나온 처분의 상대방이 동일한지 등의 구체적 사정을 모두 충족시켜야 하는 것은 아니라고 할 것이다. 예컨대, 아래에서 보는 ③번 대법원판례는 처분의 상대방이 동일하지 않은 경우라도 다른 사정을 종합하여 하나의 행위로서 평가한 것이다.

이 문제와 관련하여 아래에서 의미 있는 대법원판결을 분석 소개한다.

① [대법원 2002. 9. 24. 선고 2002다23857 판결]

(사안 요지) 채무자 "을"이 자신이 보유한 수 개의 부동산 중 제1 부동산을 "병"에게 매도한 후 1달 10일 동안에 나머지 대부분의 부동산을 "정", "무", "기" 등에게 매도하였는데 "을"과 "정, 무, 기" 사이에는 특별한 인적관계가 없고, "병"과의 이 사건 매매계약 체결 당시에 "을"에게는 제1 부동산을 제외하고 적극재산의 합계액이 약 9억 2,000만 원이고, 소극재산의 합계액은 약 8억

4,000만 원이다.

이에, 채권자 “갑”이 “을”과 “병” 사이의 제1 부동산에 관한 이 사건 매매계약에 대하여 사해행위로서 취소를 구한 사안이다.

(원심 판단요지) 제1 부동산을 매각하더라도 채무자 “을”의 소극재산이 적극재산을 초과하게 되지 않지만 “을”이 자신의 보유하던 부동산을 거의 모두 처분하였고, 그 처분행위가 극히 일부분을 제외하고는 1달 10일 내의 단기간 내에 이루어졌을 뿐만 아니라(예외적으로 극히 일부분은 최초 처분행위시로부터 약 6개월 후 처분), 저렴한 가격에 연속하여 처분한 점에 비추어, 이 사건 매매계약을 포함한 “을”의 위 각 부동산에 대한 처분행위는 하나의 행위로 보아야 하므로 결국 이 사건 매매계약은 사해행위에 해당한다.

(대법원 판단요지) 이 사건 매매계약을 포함한 채무자 “을”의 각 부동산 처분행위는 그 상대방이 모두 다르고 “병”을 제외한 상대방들이 “을”과 사이에 특별한 관계가 있다고 보이지 않고, 처분기회가 동일하거나 관련되어 있음을 엿볼 수 있는 자료도 없는 점 등에 비추어 보면, 채무자 “을”의 위 각 처분행위를 하나의 행위로 보기는 어렵다.

그런데, 이 사건 매매계약 당시 그 매매목적인 제1 부동산을 제외하더라도 채무자 “을”의 적극재산이 소극재산을 초과하고 있어 이 사건 매매계약으로 인하여 채무자 “을”이 채무초과상태에 빠졌다고 할 수 없으므로, 이 사건 매매계약은 사해행위에 해당한다고 할 수 없다.

② [대법원 2010. 5. 27. 선고 2010다15387 판결]

(사안 요지) 채무자 “을”이 2006. 11. 8. 공장부지 및 공장건물에 관하여 “병”에게 대금 10억 4,000만 원에 매도하는 계약을 체결하고 매매목적 토지에 관한 토지거래허가를 받아야 함을 고려하여 소유권이전등기 전에 먼저 “병”에게 근저당권설정등기를 해 주기로 특약하였다.

그 후 “을”은 계약금 및 중도금 등 합계 2억 7,000만 원을 수령하고 위 특약에 따라 2007. 1. 17.자 근저당권설정계약을 원인으로 같은 날 “병” 앞으로 근저당권 설정등기를 마쳤다.

위 경우에 관하여, 채권자 “갑”이 채무자 “을”과 “병” 사이에 체결된 위 근저당권설정계약에 대하여 사해행위로서 취소를 구한 사안이다.

(판단 요지) 위 근저당권설정계약은 위 매매계약과 계약의 당사자가 동일하고 동일한 기회에 이루어졌으며, 주로 위 매매계약의 이행을 미리 확보할 목적으로 체결되었으므로 이를 하나의 행위로 봄이 상당하다.

따라서 채무자 "을"의 무자력 여부의 판단은 애초의 법률행위인 매매계약 당시를 기준으로 하여야 하므로, 위 근저당권설정계약 당시를 기준으로 채무자 "을"의 "병"에 대한 계약금 및 중도금 등 2억 7,000만 원의 반환채무를 채무자 "을"의 소극재산에 산입한 원심의 판단은 부당하다.

③ [대법원 2014. 3. 27. 선고 2012다34740 판결]

(사안 요지) 채무자 "을"이 자신이 보유한 아파트 수분양권 및 아파트 여러 채 중에서 수분양권을 "병"에게 양도한 후 1달 이내에 다른 아파트들 소유권을 "정", "무", "기" 등에게 이전하였는데, "병, 정, 무, 기" 등은 "을"의 오빠, 올케, 남편, 아들로서 모두 특별한 인적관계에 있다.

이에 관하여, 채권자 "갑"이 "을"의 "병"에 대한 수분양권 양도행위에 대하여 사해행위로서 취소를 구한 사안이다.

(판단 요지) 채무자 "을"의 "병"에 대한 수분양권 양도행위와 "정, 무, 기"에 대한 각 아파트 소유권 이전행위는 동일한 사해의사에 따른 일련의 행위로서 하나의 행위라고 평가할 수 있으므로, 채무자 "을"이 "병"에게 수분양권을 양도함으로써 채무초과상태에 이르렀는지를 판단함에 있어서는 다른 각 아파트를 적극재산으로 고려하면 안 된다.

그런데, 원심이 채무자 "을"이 "병"과 사이에 수분양권 양도계약을 체결할 당시 채무초과 상태에 있었는지 여부를 판단하면서 다른 각 아파트를(그것에 관하여 수분양권 양도계약을 체결할 당시 아직 "정, 무, 기" 등에게 소유권이전등기가 마쳐져 있지 않고 "을" 소유명의로 남아있다는 이유로) 채무자 "을"의 적극재산에 포함하여 채무초과상태에 이르지 않았다고 판단한 것은 부당하다.

4. 연대보증인, 무한책임사원 등의 무자력 판단

연대보증인의 법률행위가 사해행위에 해당하는지 여부를 판단함에 있어서는 주채무에 관하여 주채무자 또는 제3자 소유의 부동산에 대하여 채권자 앞으로 근저당권이 설정되어 있는 등으로 채권자에게 우선변제권이 확보되어 있는 경우가 아닌 이상, 주채무자의 일반적 자력은 고려할 요소가 아니다(대법원 2003. 7. 8. 선고 2003다13246 판결).

그러나, 연대보증인의 재산처분행위가 처분행위 당시에는 사해행위에 해당하였으나, 이후 주채무자의 담보권 설정으로 사실심 변론종결시 채권자의 채권전액에 관해서 우선변제권이 확보된 경우에는 채권자취소권은 소멸한다(대법원 2014. 7. 10. 선고 2013다50763 판결).

또한, 연대보증인의 처분행위 이후에 발생한 채권이 연대보증인에 대하여 채권자취소권을 행사할 수 있는 피보전채권이 될 수 있는지를 판단함에 있어서는, 주채무자의 재정상태도 아울러 참작하는 것이 필요하다.[104)]

한편, 상법 제269조, 제212조 제1항은 합명회사와 합자회사의 무한책임사원의 책임에 대하여 '회사의 재산으로 회사의 채무를 완제할 수 없을 때에는 각 사원은 연대하여 변제할 책임이 있다'고 규정하고 있다. 여기서 무한책임사원의 법률행위가 사해행위에 해당하는지 여부와 관련하여 그 자력을 판단하기 위한 적극재산 및 소극재산의 구체적 범위가 무엇인지 문제된다.

대법원 2012. 4. 12. 선고 2010다27847 판결은, 위와 같은 경우에 회사가 그 재산으로 채무를 완제할 수 있었다는 점이 주장·입증되었는지 여부에 따라 소극재산에 포함되는 범위를 달리한다고 판시하였다. 즉, 위 대법원판결은, '회사가 그 재산으로 채무를 완제할 수 있었다는 점이 주장·입증된 경우에는 회사의 채무를 고려함이 없이 무한책임사원 고유의 채무총액과 그 고유의 자산총액을 비교하여 그 법률행위가 사해행위에 해당하는지 여부를 판단하고, 그 밖의 경우에는 무한책임사원 고유의 채무총액과 회사의 부채총액을 합산한 액이 무한책임사원 고유의 자산총액을 초과하는 경우에는 그 법률행위는 원칙적으로 사해행위에 해당한다'고 판시하였다.

이와 같이, 무한책임사원이 한 법률행위가 사해행위에 해당하는지에 관한 무자력 판단에 있어 회사의 부채총액을 무한책임사원 개인의 소극재산에 산입

---

104) 대법원 2000. 6. 27. 선고 2000다17346 판결, 2002. 11. 26. 선고 2000다64038 판결 참조.

하는 법리적 이유는 무엇인가. 위 대법원판결은 그 이유에 관해서 무한책임사원의 책임은 회사가 채무를 부담하면 법률의 규정에 기해 당연히 발생하는 것이고 회사의 재산으로써 채무를 완제할 수 없을 때 비로소 발생하는 것은 아니기 때문이라고 판시하였다.

제 2. 적극재산의 산정

1. 적극재산의 범위

채무자의 적극재산은 강제집행이 가능한 재산이어야 하므로 압류가 금지된 재산은 제외된다. 법률상 압류가 금지되는 대표적인 재산으로서 의식주 등의 생활에 필요한 동산(민사집행법 제195조), 부양료, 급여채권 등의 일정 부분, 주택소액임대차보증금 반환채권, 채무자의 1개월간의 생계비예금(민사집행법 제246조) 등을 들 수 있다. 그 외 강제집행의 대상이 되는 채무자의 부동산, 동산, 주권 등 유가증권, 제3자에 대한 채권 등은 원칙적으로 채무자의 적극재산에 포함된다.

채무자의 적극재산을 산정함에 있어서는 실질적으로 재산적 가치가 없어 채권의 공동담보로서의 역할을 할 수 없는 재산은 특별한 사정이 없는 한 이를 제외하여야 하고, 그 재산이 채권인 경우에는 그것이 용이하게 변제받을 수 있는 확실성 있다는 것이 합리적으로 긍정되는 경우에 한하여 적극재산에 포함시켜야 한다(대법원 2013. 12. 12. 선고 2012다111401 판결).

사해행위의 결과 수익자에게 귀속된 재산은 채무자의 적극재산에서 제외한다(대법원 2005. 5. 27. 선고 2003다36478 판결). 적극재산의 산정 결과, 무자력 상태가 초래되었는지 또는 기존의 무자력 상태가 심화되었는지는 사해행위 당시를 기준으로 한다.

무자력 판단의 요소가 되는 적극재산과 강제집행의 대상이 되는 재산은 그 범위 및 구체적 가액의 산정에 있어 반드시 일치하지 않는다. 이 점에 관해서는 따로 항을 나누어 검토한다.

2. 부 동 산

(1) 부동산의 적극재산으로서의 중요성

부동산은 일반적으로 채무자의 적극재산의 가장 중요한 구성부분이고, 채권자의 입장에서는 부동산의 고정성(固定性), 공시성(公示性) 등의 특성에 의해 용이하게 파악할 수 있는 재산이다.

따라서, 채권자취소소송의 실무상으로도 부동산을 대상으로 하는 분쟁이 대부분을 차지한다.

(2) 제3자 명의로 가등기가 마쳐져 있는 경우

채무자의 적극재산인 부동산에 이미 제3자 명의로 소유권이전청구권보전의 가등기가 마쳐져 있는 경우에는 강제집행을 통한 변제가 사실상 불가능하므로, 그 가등기가 가등기담보 등에 관한 법률이 정한 담보가등기로서 강제집행을 통한 매각이 가능하다는 등의 특별한 사정이 없는 한, 그 부동산은 실질적으로 재산적 가치가 없어 채무자의 적극재산을 산정할 때 제외되어야 할 것이다.[105]

(3) 우선변제권이 설정된 부동산 가액 산정의 문제

(가) 물상담보 제공과 가액 산정

채무자 소유의 부동산이 다른 채권자의 채권에 물상담보로 제공되어 있다면, 물상담보로 제공된 부분은 채무자의 일반채권자들을 위한 채무자의 책임재산이라고 할 수 없으므로, 사해행위 당시를 기준으로 물상담보로 제공된 부동산의 가액에서 다른 채권자가 가지는 피담보채권액을 채권최고액을 한도로 공제한 잔액만을 채무자의 적극재산가액으로 평가한다(대법원 2012. 1. 12. 선고 2010다64792 판결).

(나) 공동담보 제공과 가액 산정

채무자 소유의 수 개의 부동산에 공동근저당권이 설정되어 있는 경우 각 부동산이 부담하는 피담보채권액은 민법 제368조 규정 취지에 따라 공동근저당권의 대상으로 된 각 부동산의 가액에 비례하여 공동근저당권의 피담보채권액을 안분한 금액으로 산정한다(대법원 2012. 1. 12. 선고 2010다64792 판결). 그리고 이러한 법리는 특별한 사정이 없는 한 공동채무자들이 하나의 부동산을 공유하면서 전체 부동산에 저당권을 설정한 경우에도 마찬가지로 적용된다(대법원 2017.

105) 대법원 2009. 2. 26. 선고 2008다76556 판결. 이 판결은 직접적으로는 채권자대위의 요건으로서 채무자의 무자력 판단에 관한 것이지만, 채권자취소의 요건으로서의 무자력 판단에도 그대로 적용된다고 할 것이다.

5. 30. 선고 2017다205073 판결).

따라서, 공동담보로 제공된 부동산에 관해서는 사해행위 당시를 기준으로 각 부동산의 가액에서 위와 같이 안분하여 산정한 피담보채권액을 채권최고액을 한도로 공제한 잔액을 각 부동산의 적극재산가액으로 평가한다.

(다) 채무자와 물상보증인 공유인 경우와 가액 산정

공동저당권이 설정되어 있는 수 개의 부동산 중 일부는 채무자 소유이고 다른 일부는 물상보증인의 소유인 경우에는, 물상보증인이 민법 제481조, 제482조의 규정에 따른 변제자 대위에 의하여 채무자 소유의 부동산에 대하여 저당권을 행사할 수 있는 지위에 있는 점 등을 고려할 때, 그 물상보증인이 채무자에 대하여 구상권을 행사할 수 없는 특별한 사정이 없는 한, 채무자 소유의 부동산이 부담하는 피담보채권액은 공동저당권의 피담보채권액 전액으로 보아야 한다. 그리고, 이러한 법리는 하나의 공유 부동산 중 일부 지분이 채무자의 소유이고 다른 일부 지분이 물상보증인의 소유인 경우에도 마찬가지로 적용된다(대법원 2013. 7. 18. 선고 2012다5643 전원합의체 판결).

또한 위와 같은 법리는 수 개의 부동산 중 일부는 채무자의 소유이고 일부는 공동저당권이 설정된 상태에서 이를 제3자가 소유권을 취득한 경우에도 마찬가지로 적용된다(대법원 2010. 12. 23. 선고 2008다25671 판결). 그런데, 이러한 제3취득자가 채무자의 저당권 피담보채무 내지 그 이행을 인수하는 등의 사정으로 채무자에 대하여 구상권을 행사할 수 없다면 민법 제481조, 제482조에 의한 변제자 대위를 할 수 없으므로, 앞서 본 바와 같은 채무자 전액부담의 법리가 적용되지 않는다고 할 것이다.[106]

(라) 전세권 또는 임차권 설정과 가액 산정

전세권설정등기를 마친 전세권은 그 성질상 용익물권적 성격과 담보물권적 성격을 겸비한 것으로서 전세권의 존속기간이 만료되면 전세권의 용익물권적 권능은 전세권설정등기의 말소 없이도 당연히 소멸하고 단지 전세금반환채권을 담보하는 담보물권적 권능의 범위 내에서 전세금의 반환시까지 그 전세권설정등기의 효력이 존속한다.[107]

---

106) 대법원 1997. 5. 30. 선고 97다1556 판결 참조.

한편, 주택 및 상가건물의 임차인은 대항요건과 그 임대차계약서에 확정일자를 받은 경우 민사집행법에 의한 경매에 있어 임차건물(임대인 소유의 대지 포함)의 환가대금에서 후순위권리자보다 우선하여 보증금을 변제받을 권리가 있다(주택임대차보호법 제3조의2 제2항, 상가건물임대차보호법 제5조 제2항).

따라서, 채무자 소유의 부동산에 관하여 우선변제적 효력이 있는 전세권 또는 임차권이 설정되어 있는 경우에는 부동산의 가액에서 전세금 또는 임대차보증금을 공제한 잔액만을 채무자의 적극재산가액으로 평가한다.

한편, 건물의 공유자가 공동으로 건물을 임대하고 임차보증금을 수령한 경우 특별한 사정이 없는 한 그 임대는 각자의 공유부분을 임대한 것이 아니라 임대목적물을 다수의 당사자로서 공동으로 임대한 것이고 임차보증금 반환채무는 성질상 불가분채무에 해당한다고 할 것이다. 대법원 2017. 5. 30. 선고 2017다205073 판결은, 위 법리를 전제로, '임차인이 공유자 전원으로부터 상가건물을 임차하고 상가건물임대차보호법 제3조 제1항에서 정한 대항요건을 갖추어 임차보증금에 관하여 우선변제를 받을 수 있는 권리를 가진 경우에, 상가건물의 공유자 중 1인인 채무자가 처분한 공유지분 중에 일반채권자들의 공동담보로 제공되는 책임재산은 우선변제권 있는 임차보증금 반환채권 전액을 공제한 나머지 부분이다'라고 판시하였다.

(4) 건물, 체육시설 등이 존재하는 부동산 가액 산정의 문제

대법원 2014. 9. 4. 선고 2012다63656 판결은, 담보로 제공된 부동산이 토지이고 그 위에 건물이 존재하는 경우 그 토지가액의 평가방법에 관하여, '장차 그 토지가 경매 등에 의하여 제3자에게 매각되는 경우 법정지상권이 성립하는지 여부를 따져 그에 따라 평가한 토지의 가격을 담보물의 가액으로 보아야 하고, 법정지상권이 성립하지 않는다고 하더라도 건물의 규모, 구조와 용도 및 건물에 관련된 권리관계에 비추어 사실상 건물의 철거가 곤란하거나 철거에 상당한 시간과 비용이 소요되는 경우에는 이러한 모든 사정을 감안하여 토지의 가액을 평가하여야 한다'고 판시하였다.

---

107) 대법원 2005. 3. 25. 선고 2003다35659 판결.

대법원 2013. 11. 28. 선고 2012다31963 판결은, '체육시설의 설치·이용에 관한 법률'에 의해 종합체육시설(수영장, 골프연습장, 체력단련장 등)로 제공된 부동산을 양수한 자는 위 법률 제27조 제1항에 의해 모집된 회원들에 대한 보증금 반환채무도 승계하므로, 채무자가 위 부동산을 양도한 경우에 그 가액을 산정함에 있어 회원보증금 반환채무액을 공제하여야 한다'고 판시하였다. 위 대법원판결은, 위 법리에 따라, 부동산에 관하여 설정된 근저당권의 피담보채무액과 체육시설법령에 의한 회원보증금 반환채무액의 합계가 부동산의 가액을 초과하는 경우에는, 채무자가 부동산에 관하여 담보신탁계약을 체결하였다고 하더라도 이를 두고 사해행위에 해당한다고 할 수 없다고 판시하였다.

(5) 부동산 가액 산정과 사해행위 성부 판단에 대한 영향

(가) 부동산의 잔존가치가 없는 경우

위에서 검토한 부동산 가액의 평가방법은 채무자의 무자력 여부를 구체적으로 산정하는 데에서 뿐만 아니라, 채무자가 양도처분한 부동산에 관하여 기존의 담보권 등 우선변제권이 존재하는 경우 그 피담보채권액 등과의 관계에서 채무자의 양도행위가 사해행위에 해당하는지 여부를 판가름하는 기준을 제공한다는 점에서 소송실무상 중요한 의미를 가진다.

채무자가 처분한 부동산에 피담보채권 등 그 부동산 가액에서 우선 공제되어야 할 부담이 존재하는 경우라면 그 목적물 중에서 일반채권자들의 공동담보에 제공되는 책임재산은 피담보채권액 등 부담을 공제한 나머지 부분만이다. 따라서, 그 피담보채권액 등 부담이 목적물의 가격을 초과하고 있는 때에는 당해 목적물의 처분은 사해행위에 해당할 수 없다(대법원 2008. 4. 10. 선고 2007다78234 판결).

일반적으로, 채무자가 부동산을 양도처분한 경우 그 부동산에 관하여 위 (3), (4)항에서 본 평가방법을 적용한 결과 잔존가치가 전혀 없다면 당해 부동산의 처분은 사해행위에 해당하지 않는다고 할 것이다.

다만, 선행 담보권설정계약과 후행 양도계약에 대해 모두 사해행위로서 취소를 구하는 경우에는, 그 담보권의 피담보채무는 후행 양도행위가 사해행위에 해당하는지 여부를 판단함에 있어 부동산가액에서 공제되는 피담보채무에 포함되지 않는다(대법원 2013. 5. 9. 선고 2011다75232 판결).

대법원 2017. 1. 12. 선고 2016다208792 판결은, '저당권의 피담보채권액이 목적물의 가액을 초과하였더라도 채무자가 목적물을 양도하기에 앞서 자신의 출재로 피담보채무의 일부를 변제하여 잔존 피담보채권액이 목적물의 가액을 초과하지 않게 되었다면 목적물의 가액에서 잔존 피담보채권액을 공제한 잔액의 범위 내에서 사해행위가 성립하고, 이는 채무자의 출재에 의한 피담보채무의 일부가 양도계약 체결 후 이에 따른 소유권이전등기 등이 마쳐지는 과정에서 이루어진 경우에도 마찬가지'라고 판시하였음에 주의를 요한다.

(나) 근저당권 피담보채무액의 입증에 관한 문제

근저당권은 그 담보할 채무의 최고액만을 정하고 채무의 확정을 장래에 보류하여 설정하는 저당권으로서 계속적인 거래관계로부터 발생하는 다수의 불특정채권을 장래의 결산기에서 일정한 한도까지 담보하기 위한 목적으로 설정하는 담보권이다. 따라서 근저당권이 유효하기 위해서는 근저당권의 성립 당시 근저당권설정행위와는 별도로 근저당권의 피담보채권을 성립시키는 법률행위가 있어야 하고 근저당권의 피담보채권을 성립시키는 법률행위가 있었는지 여부에 관한 증명책임은 그 존재를 주장하는 측에 있다.[108]

그러므로, 채무자가 근저당권이 설정된 부동산을 처분한 경우에 그 근저당권의 피담보채무액이 부동산의 가액을 초과하여 사해행위에 해당하지 않는다고 주장하는 자는 그 근저당권에 관해서 설정계약과는 별도로 근저당권의 피담보채권을 성립시키는 법률행위의 존재와 그에 따라 사해행위 당시 실제로 존재하는 피담보채무액에 관해서 입증하고 그 피담보채무액이 부동산의 가액을 초과하는 것임을 입증하여야 할 것이다.[109]

3. 채　　권

(1) 추심의 용이성 및 확실성

적극재산을 산정함에 있어, 그 재산이 채권인 경우에는 그것이 용이하게 변

108) 대법원 2004. 5. 28. 선고 2003다70041 판결, 2011. 4. 28. 선고 2010다107408 판결.

109) 대법원 2012. 4. 12. 선고 2010다27847 판결 이유 중 상고이유 제4점에 대한 판단 내용 참조.

제받을 수 있는 확실성이 있는 것인지 여부를 합리적으로 판정하여 그것이 긍정되는 경우에 한하여 적극재산에 포함된다(대법원 2005. 1. 28. 선고 2004다58963 판결).

회계학적으로 채권 평가에 관해서는 거래사례비교법, 수익환원법, 현금흐름분석법 등 다양한 평가방식이 알려져 있다. 그러나, 앞서 살펴 본 바와 같이 채권자취소권의 요건으로서의 무자력에 관한 판단은 결국 강제집행을 통하여 변제받을 수 있는지가 가장 중요한 고려 요소로 작용한다.

따라서, 채권의 경우에는 회계학적 평가방식에 의하여 그 액면가에 대하여 어느 정도 비율의 실질적 가치를 인정하여 적극재산으로 산정하느냐가 문제되는 것은 아니라고 할 것이다. 채권이 적극재산으로 산입되기 위한 요건은 그 추심의 용이성 및 확실성이고, 추심의 용이성에는 그 존재를 쉽게 파악하고 이를 집행의 대상으로 삼을 수 있다는 사정도 포함된다.[110]

결국, 채권의 경우에는 그 추심의 용이성 및 확실성이 매우 어려운 경우뿐만 아니라, 그것이 의문시되는 경우에도 그 액면가액이나 평가액 전부를 적극재산으로 산입할 수 없다고 할 것이다.

아래 (2)항 이하에서는 소송실무상 주로 적극재산에의 산입 여부를 둘러싸고 문제되는 채권에 관하여 구체적으로 고찰한다.

(2) 예금채권

대법원 2006. 2. 10. 선고 2004다2564 판결은, '채무자 명의의 정기예금에 관하여 무기명 양도성예금증서가 발행되었고 그 양도성예금증서를 채무자가 아닌 제3자가 소지하고 있던 사안에서, 채권자들이 그 양도성예금증서의 존재를 쉽게 파악하고 이를 집행의 대상으로 삼을 수 있었다는 특별한 사정이 있는 경우라야만 그 양도성예금증서가 표창하는 예금채권 상당액을 채무자의 적극재산으로 볼 수 있다'고 판시하였다. 위 판결의 판단 내용 중 '채권자들이 그 존재를 쉽게 파악하고 이를 집행의 대상으로 삼을 수 있었다는 특별한 사정이 있는 경우'라는 표현은 채권 일반의 적극재산 산입의 요건인 '용이하게 변제받을 수

110) 대법원 2006. 2. 10. 선고 2004다2564 판결 참조.

있는 확실성이 있는 것'의 하나의 구체적 기준으로 적용될 수 있을 것이다.

그리고, 대법원 2006. 10. 26. 선고 2005다76753 판결은, '원심 변론종결에 이르기까지 채무자가 1999. 12. 13. 사해행위인 증여를 할 당시 거래은행 계좌에 가지고 있던 미결제어음금과 현금에 대한 자료가 제출된 바 없고, 그 이전인 1999. 10. 31. 현재 미결제어음금 잔액 약 1억 5,000만 원, 1999. 12. 1. 현재 현금 잔고 약 6,600만 원이 각 남아 있었던 사실만으로는 위 증여 당시의 잔액 및 잔고가 위와 같을 것이라고 인정하기에 부족하다고 하여 미결제어음금잔액 등을 적극재산에서 제외한 원심의 조치는 정당하다'고 판시하였다.

예금채권 등 금융거래의 내용에 관해서 그 명의인 외에는 법원의 제출명령 또는 법관이 발부한 영장에 따르는 등 법률이 정한 예외사유에 해당하지 않는 한, 누구든지 금융회사 등에 종사하는 자에게 금융거래정보 등의 제공을 요구하여서는 아니 되고 이에 위반하는 경우 처벌받으므로,[111] 채권자들이 실제로 채무자의 예금채권 등의 존재를 쉽게 파악할 수 없다.

따라서, 채무자가 사해행위 당시 부동산 외에 예금채권도 보유하고 있었다고 주장하면서 무자력에 관해서 다투는 경우에는, 채권자들이 그 예금채권의 존재를 쉽게 파악하고 이를 집행의 대상으로 삼을 수 있었다는 특별한 사정이 있었다는 사정에 관하여 채무자 측에서 소명자료를 제출할 책임을 부담한다고 할 것이다.[112]

(3) 임차보증금 반환채권

대법원 2013. 4. 26. 선고 2012다118334 판결은, '임차인의 보증금반환채권은 장차 임대차관계가 종료되는 경우 등으로 그 권리가 실제로 성립하는 때에 선순위권리의 존재 또는 임차인의 차임지급의무 불이행 등으로 임차인이 이를 현실적으로 반환받을 가능성이 없거나 제한되는 것으로 합리적으로 예측되는 등의 특별한 사정이 없는 한 이를 애초의 보증금액 상당의 가치대로 적극재산에 포함시키는 것이 타당하다'고 판시하였다.

---

111) 금융실명거래 및 비밀보장에 관한 법률 제4조 제1항, 제6조 제1항.
112) 뒤의 '제 4. 입증책임의 문제' 참조.

(4) 퇴직금 채권

대법원 2005. 1. 28. 선고 2004다58963 판결은, '퇴직금 그 밖에 이와 비슷한 성질을 가지는 급여채권의 2분의 1에 해당하는 금액은 압류할 수 없으므로(민사집행법 제246조 제1항 제5호) 적극재산에 포함될 수 없고, 그 나머지 2분의 1에 해당하는 금액만이 적극재산에 포함된다'고 판시하였다.

(5) 매매대금 채권

대법원 2001. 10. 12. 선고 2001다32533 판결은, '채무자가 사해행위를 할 당시에 소외회사에 대하여 가지고 있던 토지매매 잔금이 2년 이상 변제되지 않은 상태에 있었고, 소외회사가 폐업상태였으며, 그 대금채권을 담보할 아무런 물적 인적 담보가 없었고, 소외회사 부동산에 대해서도 경매절차가 진행 중인 경우 채무자의 소외회사에 대한 잔대금채권은 실질적으로 재산가치가 없어 적극재산에 포함되지 않는다'고 판시하였다.

위와 같은 판례의 취지 및 상거래의 신속성의 특성 등에 비추어 볼 때, 상품대금채권의 경우에는 상대방이 사실상 폐업한 상태에 있거나, 판매 후 소멸시효기간에 상당한 3년 이상이 경과된 경우(민법 제163조 제6호), 당사자 사이에 물건의 하자 등으로 인해 분쟁이 생긴 때에는 그 대금채권은 용이하게 변제받을 수 있는 확실성이 있는 것이 아니라고 볼 수 있을 것이다.

(6) 공사대금 채권

(가) 추심의 용이 · 확실성에 관한 소송실무상 공방(攻防) 및 처리

일반적으로 공사도급계약에서는 상당한 지체상금율이 약정되고 공사 하자로 인한 공사대금 감액에 관한 다툼이 수반되는 경우가 허다하므로, 아직 결제되지 않고 남아 있는 공사대금은 용이하게 변제받을 수 있는 확실성 있는 채권이라고 볼 수 없는 경우가 많다. 한편, 이미 공사대금이 결제되어 채무자의 금전자산으로 편입된 경우에는, 아래 4.항에서 보는 바와 같이 금전의 산일(散逸) 및 은닉 용이성 등의 특성으로 인해 채권자들이 이를 집행의 대상으로 삼을 수 없거나 강제집행을 통한 변제가 사실상 불가능한 사정이 있다고 볼 수 있다.

이와 같은 공사대금채권의 특성에 따라, 채무자가 제3자에 대해 공사대금채권을 보유하고 있다면서 이를 적극재산에 포함시켜야 한다고 주장하는 경우에, 채무자는 공사대금채권을 가지는 상대방 및 그 채권액을 특정하여 주장하고 공사계약서 등을 제출할 책임이 있다고 할 것이다.[113]

이에 대해 채권자는 채무자가 공사대금 채권을 보유한다고 주장하는 상대방(도급인, 하도급인)에 대하여 채무자(수급인 또는 하수급인)와 사이의 계약관계의 구체적 내용, 결제되지 않고 남아 있는 공사대금이 있는지, 있다면 지급하지 않은 이유 등에 관해서 사실조회를 신청할 필요가 있다.

사실조회의 결과, 공사대금의 구체적 액수 또는 지급 등에 관해서 여러 가지 이유로 분쟁이 있다고 회보된 경우에는 이를 용이하게 변제받을 수 있는 확실성 있는 채권이라고 볼 수 없고, 이미 공사계약이 해지되고 시공된 부분에 대한 공사대금은 모두 지급되었다고 회보된 경우에는, 그 공사대금은 채무자(수급인, 하수급인)가 그 대부분을 공사비용으로 지출하였을 것이고, 일부가 이윤으로 계상되었다고 하더라도 위에서 본 금전자산의 특성상 이를 채무자의 적극재산으로 산입할 수는 없다.

법원으로부터 사실조회 촉탁을 받고도 그 제3자(도급인, 하도급인)가 끝내 아무런 회신을 하지 않은 경우에는, 뒤의 제 4.에서 보는 바와 같이 입증책임이 있는 채무자에게 불리하게 즉 채무자가 주장하는 공사대금채권의 추심 용이성 및 확실성이 부족한 것으로 판단하는 것이 타당하다고 할 것이다.

(나) 이례적 대법원판결에 대한 검토 및 이해

대법원 2002. 10. 25. 선고 2000다7783 판결은 그 이유 중의 일부에서, 약속어음 공정증서의 수취인이 채무자의 공사대금채권 중 일부를 압류 전부 받은 경우의 무자력 판단에 관해서, '그 약속어음 발행 당시 구체적으로 발생한 공사대금채권액이나 공사를 도급받은 지위 또는 도급 받을 수 있는 지위에 대한 객관적인 평가액이 확정되지 않고는 채무자의 약속어음 발행으로 인하여 채무초과상태에 이르게 되었거나 그 상태가 심화되었다고 단정할 수 없다'는 취지로 서술하였다.

---

113) 뒤의 제 4. 입증책임의 문제 참조.

그러나, 위 대법원판결의 위 서술부분은, 공정증서부 약속어음 발행행위가 사해행위에 해당하여 그 취소에 의한 원상회복을 하는 경우에 원물반환이 아닌 가액배상의 방법에 의하여야 한다는 결론을 도출하는 과정에서 언급된 것에 불과하고, 일반적으로 공사대금채권은 물론 공사를 도급받을 수 있는 지위까지도 이를 객관적으로 평가하여 그 금액을 채무자의 적극재산에 산입하여야 한다고 판단한 것은 아니다.

위 대법원판결의 사안 요지는 다음과 같다. 채무자가 특정 채권자에 대한 기존채무와 관련하여 그 채무액을 훨씬 초과하는 약속어음을 발행하고 이에 대해 공정증서를 작성해 주었다. 그런데, 수취인인 특정 채권자가 그 어음의 액면금액 35억 원을 훨씬 초과하는 채무자의 한국전력공사, 의왕시, 광주군 등에 대한 합계 약 56억 원 상당의 공사대금채권에 관하여 압류전부명령을 받은 후 스스로 공사를 수행하여 완공하였다. 이러한 경우에, 채무자에 대하여 약 8,000만 원의 채권을 가진 채권자가 채무자의 위 약속어음 발행행위에 관해서 자신의 채권액 범위 내에서 사해행위로서 취소를 구하고, 원상회복으로서 광주군에 대한 공사대금채권(약 3억 9,000만 원)을 채무자에게 반환 양도하고 광주군에게 그 통지할 것을 청구한 사안이다.

위 대법원판결은, 위 사안의 경우와 같이, 채무자의 제3자에 대한 도급공사계약액이 채무자가 수익자에게 발행한 약속어음의 액면가액을 현저하게 초과하는데, 수익자가 그 약속어음 공정증서에 의해서 채무자의 공사대금채권을 압류전부 받은 후 스스로 공사를 수행하여 완공하였다면, 그 압류 전부된 공사대금채권의 가치가 압류전부를 전후하여 달라졌으므로, 사해행위 취소에 의한 원상회복으로서 그 압류 전부된 채권 자체의 양도에 의한 반환을 구할 수 없다는 데에 그 판단의 주안점이 있는 것이다.

요컨대, 위 대법원판결에 의해, 일반적으로 채무자의 제3자에 대한 공사대금채권 나아가 공사를 도급 받은 지위까지 그 가치에 대한 객관적 평가를 거쳐 채무자의 적극재산에 산입하여야 한다거나, 또는 공사대금채권 등이 적극재산에 산입되기 위해서는 그 가치에 대한 객관적 평가를 거쳐야 한다고 볼 것은 아니다. 공사를 도급 받은 지위를 비롯하여 공사대금채권이 채무자의 적극재산에 포함되기 위해서는, 채권 일반의 적극재산 산입의 기준으로서 이미 확립된 대법원판례에 따라 '그 추심의 용이성 및 확실성'이라는 요건을 충족하는 경우에만 가능하다고 보아야 할 것이다.

4. 금전(화폐)자산, 유체동산

채무자가 보유하는 금전(화폐)은 채무자의 입장에서는 확실하고 안전한 적극재산에 해당함은 물론이다. 그런데, 금전은 고도의 유통성, 가치 분할성, 저장(貯藏)성 등의 특성에 의해 소비·산일(散逸)되거나 은닉하기 쉬우므로, 외부의 채권자 입장에서는 그 소재 파악이 불가능하거나 매우 어렵다.

이와 같이 금전은 그 특성에 의해 소비·산일(散逸)되거나 은닉하기 쉬운데, 한편 금전을 포함한 유체동산에 대한 강제집행을 신청함에 있어서는 그 소재하는 장소를 특정하여야 하므로,[114] 채권자가 그 채권의 실현을 위하여 금전을 집행재산으로 파악·보전하기가 사실상 불가능하여 이에 대한 집행행위로 나아가기도 사실상 불가능하다.[115]

그러므로 결국, 채무자가 금전(화폐)의 형태로 자산을 보유하고 있는 경우에는 채무자가 그 보관장소 등을 공개하고 지속적으로 보유하지 않는 한, 채권자들이 이를 집행의 대상으로 삼을 수 없거나 강제집행을 통한 변제가 사실상 불가능한 사정이 있다고 볼 수 있으므로,[116] 채무자의 적극재산에 포함되지 않는다고 할 것이다.

채무자가 소유하는 금전 외에 유체동산도 적극재산에 포함된다고 할 것인데, 소송실무상은 채무자 소유의 재고 상품·원자재, 또는 채무자 소유의 기계·기구 등이 문제될 수 있다. 가재도구, 사무용 비품 등은 사실상 무가치한 것이 많고, 한편, 생산기계 등이 공장재단을 구성하는 경우에는 공장 건물 및 토지의

114) 금전에 대한 강제집행은 유체동산에 대한 집행절차에 의하는데, 집행관이 압류한 금전은 채권자에게 인도하여야 한다(민사집행법 제201조). 금전을 포함한 유체동산에 대한 강제집행을 신청함에 있어서는 그 소재하는 장소를 특정하여야 한다(민사집행규칙 제131조).

115) 대법원판례는, 채무자가 유일한 재산인 부동산을 매각하여 소비하기 쉬운 금전으로 바꾸는 것은 특별한 사정이 없는 한 사해행위가 되고, 이러한 경우 채무자의 사해의사는 추정된다는 입장을 확립하고 있는바, 이는 위와 같은 금전의 특성을 고려한 취지라고 이해할 수 있다. 부동산 등 주요 자산의 매각과 사해행위의 성부 문제에 관해서는 뒤의 제3장 제 4.에서 상세하게 검토한다.

116) 대법원 2009. 2. 26. 선고 2008다76556 판결 참조.

평가에 포함될 수 있다.

그런데, 채무자 소유의 상품, 원자재 등 유체동산이 채무자가 관리하는 점포, 창고 등 외의 장소에 보관되어 있는 경우에 채권자 입장에서는 그 소재를 파악하기 매우 어렵다.

따라서, 채무자가 사해행위 당시 재고 상품, 원자재 등 상당한 가치 있는 유체동산을 보유하고 있었으므로 그 가액도 적극재산에 산입하여야 한다고 주장한다면, 그 채무자는 채권자들이 사해행위 당시 그 유체동산의 존재를 쉽게 파악하고 이를 집행의 대상으로 삼을 수 있는 특별한 사정이 있었다는 점에 관하여 소명자료를 제출할 책임을 부담한다고 할 것이다.

5. 그 밖의 적극재산

(1) 주 식

(가) 상장주식

상장주식의 시가는 특별한 사정이 없는 한 '상속세 및 증여세법'이 정한 평가방법에 따라, 평가기준일 이전·이후 각 2개월 간에 공표된 매일의 한국증권거래소 최종시세가액의 평균액으로 산정하는 것이 타당하다.[117]

(나) 비상장주식

비상장주식의 시가는 객관적 교환가치가 적정하게 반영된 정상적인 거래의 실례가 있는 경우에는 그 거래가격으로 산정하되, 그러한 거래사례가 없는 경우에는 시장가치방식, 순자산가치방식, 수익가치방식 등 여러 가지 평가방법을 활용하되 비상장주식의 평가방법을 규정한 관련법규들은 그 제정목적에 따라 서로 상이한 기준을 적용하고 있으므로 어느 한 가지 평가방법이 항상 적용되어야 한다고 볼 수는 없고, 당해 회사의 상황이나 업종의 특성 등을 종합적으로 고려하여 공정한 가액을 산정하여야 할 것이다.[118]

채권자취소권의 요건으로서의 무자력은 결국 강제집행을 통한 변제의 가부를 고려하여야 하므로, 순자산가치 평가방식에 의해 가액을 산정하는 것이 무난

117) 상속세 및 증여세법 제63조 제1항 가목 참조.
118) 대법원 2014. 7. 24. 선고 2013다55386 판결.

하다고 생각한다.

(다) 자본 잠식 상태의 회사 주식

대법원 2006. 10. 26. 선고 2005다76753 판결은, 전체 자본이 잠식된 상태의 회사 주식은 실질적으로 재산적 가치가 없으므로 적극재산에 포함되지 않는다고 판시하였다.

(2) 부동산이 신탁되어 있는 경우(신탁재산의 수익권)

채무자의 부동산이 신탁법에 따라 신탁된 상태에서의 적극재산 가액은 부동산 자체의 시가가 아닌 부동산에 대한 신탁계약상의 수익권이라고 할 것이고, 신탁재산의 수익권의 가치는 장차 신탁이 종료되었을 때 예상되는 신탁재산 가액에서 소요비용과 신탁보수 등을 공제하고 거기에서 다시 우선 수익자들에 대한 채무를 공제한 후 남은 금액을 사해행위 당시의 현가로 할인하는 방식으로 평가하여야 한다. 이러한 방식에 따라 평가한 결과, 실질적으로 재산적 가치가 없어 채권의 공동담보로서의 역할을 할 수 없다면, 그 수익권은 적극재산의 산정에서 제외하여야 할 것이다(대법원 2013. 12. 12. 선고 2012다111401 판결).

위탁자가 금전채권을 담보하기 위하여 금전채권자를 우선수익자로, 위탁자를 수익자로 하여 위탁자 소유의 부동산을 신탁법에 따라 수탁자에게 이전하면서 채무불이행 시에는 신탁부동산을 처분하여 우선수익자의 채권 변제 등에 충당하고 나머지를 위탁자에게 반환하기로 하는 내용의 담보신탁을 해 둔 경우, 신탁부동산에 대하여 위탁자가 가지고 있는 담보신탁계약 상의 수익권은 위탁자의 일반 채권자들에게 공동담보로 제공되는 책임재산에 해당한다(대법원 2016. 11. 25. 선고 2016다20732 판결).[119]

신탁재산의 처분과 사해행위 성부의 문제에 관해서는 뒤의 제3장 제 9.의 3

---

119) 따라서, 위탁자가 위와 같이 담보신탁된 부동산을 당초 예정된 신탁계약의 종료사유가 발생하기 전에 우선수익자 및 수탁자의 동의를 받아 제3자에게 처분하는 등으로 담보신탁계약 상의 수익권을 소멸하게 하고, 그로써 위탁자의 소극재산이 적극재산을 초과하게 되거나 채무초과 상태가 더 나빠지게 되었다면 위탁자의 처분행위는 위탁자의 일반 채권자들에게 사해행위에 해당한다. 그 경우 사해행위 취소에 따른 원상회복방법으로 제3자 앞으로 마쳐진 소유권이전등기를 단순히 말소하게 되면 당초 일반 채권자들의 공동담보로 되어 있지 아니한 부분까지 회복시키는 것이 되어 공평에 반하는 결과가 되므로, 위탁자가 가지고 있던 수익권의 평가금액 한도 내에서 가액의 배상을 명하여야 한다(대법원 2016. 11. 25. 선고 2016다20732 판결).

항에서 상세하게 검토한다.

한편, 대법원 2021. 6. 10. 선고 2017다254891 판결은, '신탁이 존속하는 동안 위탁자가 언제든지 신탁계약을 종료시키고 신탁계약에서 정한 절차에 따라 위탁자에게 소유권이전등기를 마칠 수 있는 것이 합리적으로 긍정되는 경우에는, 위탁자의 신탁부동산에 관한 소유권이전등기청구권이 위탁자의 일반채권자들에게 공동담보로 제공되는 책임재산에 해당된다고 볼 여지가 있다. 그러나 신탁계약상 신탁부동산을 처분하는 데 수익권자의 동의를 받도록 정해진 경우에는, 그 처분에 관하여 수익권자의 동의를 받거나 받을 수 있다는 등의 특별한 사정이 없는 한 위탁자가 신탁을 종료시키고 위탁자 앞으로 신탁부동산에 관한 소유권이전등기를 마치는 것은 허용되지 않는다. 이러한 경우에는 위탁자의 신탁부동산에 관한 소유권이전등기청구권은 실질적으로 재산적 가치가 없어 채권의 공동담보로서의 역할을 할 수 없으므로 그 소유권이전등기청구권을 위탁자의 적극재산에 포함시킬 수 없다'고 판시하였다.

위 대법원판결은 위와 같은 법리를 전제로, 신탁된 집합건물 중 일부 전유부분에 관하여, 채무자인 위탁자가 우선수익자들의 동의 없이 제3자와 사이에 매매계약을 체결하고 신탁회사의 협조 아래 그 전유부분에 관하여 신탁계약을 해지하여 일시적으로 소유권을 회복하였다고 하더라도, 이는 선순위 권리자들의 수익권을 침해하여 위법하게 이루어진 것이므로, 그 전유부분이나 그에 관한 소유권이전등기청구권이 위탁자의 적극재산에 포함될 수 없다고 판시하였다.

(3) 기업의 영업권, 신용 등 무형적 가치

영업권이라 함은 기업의 전통, 사회적 신용, 그 입지조건, 특수한 제조기술 또는 특수거래관계의 존재, 제조 판매의 독점성 등으로 동종의 사업을 영위하는 다른 기업보다 더 큰 수익을 올릴 수 있는 초과수익력이라는 무형의 재산적 가치를 말한다.[120]

채무자가 기업을 영위하는 경우, 영업권과 같은 무형의 재산적 가치도 채무자의 적극재산으로 평가 산입되어야 하는가. 대법원 2012. 4. 12. 선고 2010다

120) 대법원 2004. 4. 9. 선고 2003두7804 판결 등.

27847 판결은, '회사의 신용 · 노력 · 기능(기술) · 장래의 수입 등은 원칙적으로 회사의 자산 총액을 산정함에 있어 고려할 대상이 아니고, 영업권도 적절한 평가방법에 따라 유상으로 취득하였다는 점이 인정되지 않는 한 채무자의 적극재산으로 산정되지 않는다'고 판시하였다. 위와 같이 무형의 재산적 가치를 원칙적으로 적극재산에 포함시키지 않는 것은 이에 대해서는 객관적인 평가가 매우 곤란하고 또 강제집행을 실행하기도 사실상 불가능하기 때문이라고 할 것이다.

다만, 대법원 2015. 12. 10. 선고 2013다84162 판결은, '영업재산과 영업권이 유기적으로 결합된 일체로서의 영업을 양도하는 행위도 채권자취소권의 대상이 되고, 영업양도 후 종래의 영업조직이 전부 또는 중요한 일부로서 기능하면서 동일성을 유지한 채 채무자에게 회복되는 것이 불가능하거나 현저하게 곤란하게 된 경우, 채권자는 원상회복으로서 영업재산과 영업권이 포함된 일체로서의 영업의 가액을 반환할 것을 청구할 수 있다'고 판시하였다.[121]

121) 위 대법원판결은, 아울러 '여러 개의 부동산, 유체동산, 그 밖의 재산권에 대하여 일괄하여 강제집행을 할 수 있으므로(민사집행법 제98조 제1항, 제2항, 제197조 제1항, 제251조 제1항 참조), 영업재산에 대하여 일괄하여 강제집행이 될 경우에는 영업권도 일체로서 환가할 수 있다'고 판시하였다.

제 3. 소극재산의 산정

1. 실질적 변제의무 있는 채무

채무자의 소극재산에 포함되는지 여부는 실질적으로 변제의무를 지는 채무인지 여부를 기준으로 판단한다. 이와 같은 판단 기준은 실질적으로 재산적 가치가 없어 채권의 공동담보로서의 역할을 할 수 없는 재산은 채무자의 적극재산의 산정에서 제외되고, 채무자의 채권은 그것이 용이하게 변제받을 수 있는 확실성 있는 경우에만 적극재산에 포함시키는 것과 그 기초를 같이 하는 것이다. 즉 사해행위취소의 요건으로서의 무자력이란 소극재산이 적극재산을 초과하는 것인데, 소극재산이든 적극재산이든 결국 강제집행을 통한 변제가 고려되어야 하므로, 위와 같은 목적에 부합하는지 여부가 중요한 판단기준이 된다.[122]

따라서, 채무자의 처분행위 당시에 가집행선고 있는 판결상의 채무가 존재하고 있었다고 하더라도 그것이 나중에 상급심의 판결에 의하여 감액된 경우에는 그 감액된 판결상의 채무만이 소극재산으로 산정된다.[123]

또한, 채무자가 채무를 부담하는 경우라도 장래 그 현실적 이행의무의 발생과 직접적으로 연계되어 그 채무에 상응하는 자산을 회복할 고도의 개연성이 있는 경우에는, 그 채무는 사해행위 당시의 채무자의 적극재산으로써 실질적으로 변제의무를 이행할 채무라고 볼 수 없으므로 채무자의 소극재산의 산정에서 제외하는 것이 타당하다고 할 것이다.

예컨대, 아파트 건설사업의 시행사(채무자)가 수분양자들이 분양대금을 납부하기 위하여 금융기관으로부터 대출받은 채무에 관하여 연대보증하고, 한편 특약에 의하여 수분양자들의 대출금 상환채무불이행으로 인하여 보증채무를 이행하여야 할 경우에 분양계약을 해제하여 분양한 아파트들에 대한 권리를 회복할 수 있는데, 시행사가 분양 진행 중에 미분양 아파트의 일부를 특정 채권자에 대하여 대물변제로 양도한 경우에 관하여 본다.[124]

---

122) 대법원 2006. 2. 10. 선고 2004다2564 판결, 2005. 1. 28. 선고 2004다58963 판결 등 참조.
123) 대법원 2006. 2. 10. 선고 2004다2564 판결.

위와 같은 경우, 시행사가 부담하는 대출금에 관한 연대보증채무는 보증 당시의 일반재산이 그 채무에 대해서도 실질적으로 변제의무를 이행하는 데에 담보로 제공된 것이라고 볼 수 없다. 따라서 시행사가 연대보증 후에 미분양 아파트의 일부를 대물변제로 처분한 경우에 그 처분 당시의 무자력 여부를 판단함에 있어 위와 같은 연대보증채무는 소극재산에 산입되지 않는다고 할 것이다.

2. 고도의 성립 개연성 있는 장래 채무

채무자의 무자력 여부를 판단함에 있어서 그 대상이 되는 소극재산은 원칙적으로 사해행위라고 볼 수 있는 행위가 행하여지기 전에 발생된 것임을 요하지만, 그 사해행위 당시에 이미 채무성립에 기초가 되는 법률관계가 성립되어 있고, 가까운 장래에 그 법률관계에 터잡아 채무가 성립되리라는 점에 대한 고도의 개연성이 있으며, 실제로 가까운 장래에 그 개연성이 현실화되어 채무가 성립된 경우에는 그 채무도 채무자의 소극재산에 포함된다(대법원 2011. 1. 13. 선고 2010다68084 판결).

이는 사해행위 후에 발생한 채권이 채권자취소권에 의해 보호될 수 있는 권리에 포함되기 위한 근거 및 범위와 일치한다. 따라서 채권자취소권을 행사하는 채권자(주로 보증금융기관)의 사전구상채권 등이 사해행위 후에 발생하였다고 하더라도 그것이 피보전채권 적격의 요건을 충족하고 있다면, 채무자의 그 채권자

124) 부산고법 2012. 7. 10. 선고 2011나7147 판결의 사안 내용을 요약한 것이다. 위 고등법원 판결의 사안 요지는, 공사금액 약 100억 원 상당의 아파트 건설사업의 시행사(채무자)가 공사대금 채권 중 일부를 양수한 자(수익자)에게 아파트 중 미분양 된 10세대를 대물변제 명목으로 분양하기로 약정하였고, 한편, 시행사(채무자)는 그 전에 아파트의 수분양자들이 분양대금을 납부하기 위하여 금융기관으로부터 대출받은 채무에 관하여 연대보증하였는데, 수분양자들의 대출금 상환채무 불이행으로 인하여 보증채무를 이행하여야 할 경우에 분양계약을 해제하여 분양한 아파트들에 대한 권리를 회복할 수 있도록 특약한 경우에 관하여, 채권자가 시행사(채무자)의 위 대물변제 분양약정에 대하여 사해행위로서 취소를 구하였는바, 위 대물변제 분양약정 당시 시행사(채무자)가 위 대출금 연대보증에 의해 부담할 채무를 제외할 경우 채무초과상태에 있지 않았으므로, 위 대출금 연대보증채무를 위 대물변제 약정 당시의 소극재산에 포함시킬 것인지가 쟁점으로 된 사안이다.

위 고등법원판결은 위와 같은 사안에 관하여, 시행사(채무자)는 중도금 미납세대에 대한 연대보증채무를 이행하게 되더라도 특약에 의해 그 수분양자에 대한 분양계약을 해제하여 분양된 아파트에 관한 권리를 회복할 수 있어 연대보증채무를 부담하더라도 전체적으로 시행사의 적극재산과 소극재산에 별다른 변동이 생긴다고 볼 수 없으므로, 시행사의 위 대물변제 분양약정은 채무초과상태에서 한 사해행위에 해당하지 않는다는 취지로 판단하였는데, 상고를 제기하지 아니하여 그대로 확정되었다.

에 대한 사전구상채무 등도 소극재산으로 산입되는 것이다.

3. 물적 담보를 수반하는 채무

채무자의 특정 채무에 관하여 물적 담보가 수반되는 경우에 그 채무는 채무자의 소극재산에 산입되는 것이 아니라, 앞의 “제 2. 적극재산의 산정” 중 2.의 (3)항에서 본 바와 같이 사해행위 당시의 실제 피담보채무액을 부동산의 가액에서 차감하여 적극재산 가액을 감소시키는 방법에 의한다. 다만, 부동산의 가액을 초과하는 채무 부분은 소극재산에 산입된다.

4. 선 · 후순위 담보권 설정이 모두 사해행위에 해당하는 경우

채무자 소유 부동산에 담보권이 설정되어 있으면 그 피담보채권액을 공제한 나머지 부분만이 일반채권자들의 공동담보로 제공되는 책임재산이 되므로 피담보채권액이 부동산의 가액을 초과하고 있는 때에는 그 부동산을 양도하는 행위는 물론 그 부동산에 관하여 후순위로 새로운 담보권을 설정하는 행위도 사해행위에 해당하지 않는다.

그러나, 대법원 2007. 7. 26. 선고 2007다23081 판결은, ‘후순위로 새로 설정된 담보권에 관한 사해행위취소 청구에 앞서 선순위 담보권 설정행위가 별소로서 사해행위로 인정되어 취소되고 그에 기한 등기가 말소되었거나, 또는 채권자가 동일 소송에서 선순위 담보권과 후순위 담보권 모두에 대한 사해행위 취소 및 등기말소를 구하는 소송에서 선순위 담보권 설정행위가 사해행위로 인정되는 경우에는, 후순위 담보권 설정행위가 사해행위에 해당하는지 여부를 판단함에 있어 그 선순위 담보권의 피담보채무액을 당해 부동산에 설정된 담보권의 피담보채무액에 포함시켜서는 안 된다’고 판시하였음에 주의를 요한다.

5. 선행 근저당권 설정계약과 후행 양도계약이 모두 사해행위에 해당하는 경우

대법원 2013. 5. 9. 선고 2011다75232 판결은, ‘채무자 소유 부동산에 담보권이 설정되고 그 피담보채무액이 당해 부동산의 가액을 이미 초과하고 있다면 부동산 가액에서 피담보채무액을 공제할 경우 잔존가치가 전혀 없어 그 상태에서 당해 부동산을 양도한 행위는 사해행위에 해당하지 않지만, 그 후행 양도행위 당시 존재하는 담보권을 설정한 원인행위가 사해행위로 인정될 경우에는 그 담보권의 피담보채무는 후행 양도행위가 사해행위에 해당하는지 여부를 판단함에 있어 부동산 가액에서 공제되는 피담보채무에 포함되지 않는다'고 판시하였다.

위 대법원판결의 사안 요지는 다음과 같다. 채무자 "을"이 채무초과상태에서 2009. 2. 26. 자신의 장모인 수익자 "병1"과 사이에 "을" 소유의 부동산에 관하여 근저당권설정계약을 체결하고 그 등기를 마친 다음, 같은 해 3. 30. 자신의 처제인 수익자 "병2"와 사이에 동일 부동산에 관하여 매매계약을 체결하고 같은 날 "병2" 앞으로 소유권이전등기를 마침과 아울러 위 근저당권설정계약의 해지를 원인으로 근저당권설정등기를 말소하였다. 위 매매계약 체결 당시 목적 부동산의 시가가 3억 원이고, 목적부동산에 설정되어 있는 선순위 근저당권의 피담보채권액은 위 해지 말소된 근저당설정등기의 피담보채권액 1억 원을 포함하여 합계 3억 5,000만 원이었다.[125] 이에, 채권자 "갑"이 위 부동산에 관하여 체결된 채무자 "을"과 "병1" 사이의 근저당권설정계약과 채무자 "을"과 "병2" 사이에 체결된 매매계약에 대하여 각 사해행위로서 취소를 구한 사안이다.

위 사안의 경우와 같이, 선행 근저당권 설정계약과 후행 양도계약이 각 사해행위에 해당한다고 하여 그 모두에 대하여 취소를 구하는 경우에는, 위 해지된 근저당권 설정계약이 사해행위에 해당한다면 그 피담보채무액 1억 원은 "을" 소유의 부동산 가액 3억 원에서 공제되는 피담보채무액에 포함되지 않을 것이므로, 이를 제외하면 결국 "병2"에게 매매할 당시에 존재하는 저당권의 피담보채무액의 합계액은 2억 5,000만 원으로 되어 부동산의 잔존가치가 남아있게 됨으로써 후행 매매계약도 사해행위에 해당하게 된다.

위 대법원판결은 위와 같은 경우에 나아가, 이미 해지된 "을"과 "병1" 사이의 위 근저당권설정계약에 대하여도 사해행위 취소를 구할 수 있다고 한 데에도 의미가 있다.

---

125) 위 대법원판결의 사실관계에는 피담보채권의 합계액이 3억 5,000만 원이라고 적시되어 있지 않지만 설명의 편의상 구체적 금액을 추가한 것이다.

채무자가 선순위 근저당권이 설정되어 있는 상태에서 그 부동산을 양도한 후 선순위 근저당권계약을 해지하고 근저당권설정등기를 말소한 경우에, 비록 근저당권설정계약이 이미 해지되었지만 그것이 사해행위에 해당하는지에 따라 후행 양도계약 당시 당해 부동산의 잔존가치가 피담보채무액을 초과하는지 여부가 달라지고 그 결과 후행 양도계약에 대한 사해행위 취소청구가 받아들여지는지 여부 및 반환범위가 달라지는 때에는 이미 해지된 근저당권설정계약이라고 할지라도 그에 대하여 사해행위 취소청구를 할 수 있는 권리보호의 이익이 있기 때문이다.

6. 채무가 중복된 경우

채무자의 복수 채권자들에 대한 채무가 실질적으로 동일한 것인 경우에는 그 중복된 부분은 채무자의 소극재산의 산정에서 제외하여야 한다.

예컨대, 보증금융기관 "갑"이 "을"주식회사의 은행에 대한 대출금 상환채무에 관하여 신용보증을 제공하고 보증채무를 이행한 경우에, "을"은 "갑"에 대하여 구상채무를 부담하고 반면에 은행에 대한 대출금 상환채무는 전부 또는 일부 소멸하는데,[126] "을"에 대한 신용정보표 등 서류상으로는 은행에 대한 상환채무가 정리되지 않고 최초의 대출 내용대로 남아 있는 경우가 있다.

이와 같은 상황에서 "갑"이 "을"의 재산상의 법률행위에 대해 채권자취소소송을 제기한 경우에, "을"의 무자력 여부를 판단하기 위하여 소극재산을 산정함에 있어서는 "갑"에 대한 구상채무는 전액 소극재산으로 산입하되, 은행에 대한 상환채무는 위 구상채무와 중복되는 부분을 공제하고 나머지만 소극재산으로 산입할 것이다.

126) 실무상 보증금융기관이 기업에 대해 부분신용보증을 제공하는 경우가 대부분이므로 보증채무의 이행에 의해 기업의 은행에 대한 대출금 상환채무도 부분적으로 소멸하는 경우가 대부분이다.

제 4. 무자력에 관한 입증의 문제

1. 증명책임과 실제 운용

채권자취소권의 요건 중 채무자의 무자력에 관한 입증책임은 원칙적으로 소송을 제기한 채권자에게 있다.

그런데, 소송실무상 채권자가 채무자의 무자력 즉 소극재산이 적극재산을 초과하는 사실을 입증함에 있어서는 현실적으로 채무자의 전형적인 적극재산인 부동산의 평가액이 채무자의 부채총액에 미달한다는 사실을 입증하면 그로써 일단 무자력에 관한 실질적인 입증의 부담을 이행한 것으로 취급하는 것이 타당하다고 생각한다.

채무자가 부동산 외에 예금채권, 미수금채권 등을 보유한다고 주장하고 상대방은 그것이 용이하게 변제받을 수 있는 확실성이 있는 채권이 아니라고 반박하는 등으로 채권의 적극재산 산입 여부에 관하여 다투어지고 있는 경우에는, 미수금 채권 등이 적극재산에 포함된다고 주장하는 측에서 그것이 용이하게 변제받을 수 있는 확실성이 있는 채권임이 긍정될 수 있는 자료를 제출할 책임을 진다고 보는 것이 타당하다.

왜냐하면, 어떤 사실의 부존재를 증명하는 것은 사회통념상 불가능에 가까운 반면 그 사실이 존재한다고 주장·증명하는 것이 보다 용이한 것이어서, 어떤 사실이 없다고 주장하는 자에 대하여 그런 사실이 있다고 적극적으로 주장하는 자는 그러한 사실의 존재를 수긍할 만한 소명자료를 제시할 부담을 지고, 상대방은 제시된 자료의 신빙성을 탄핵하는 방법으로 사실 인정에 관한 공방이 이루어질 수 있고, 이러한 사정은 증명책임을 다하였는지를 판단할 때 고려되어야 할 것이기 때문이다.[127]

대법원 2006. 10. 26. 선고 2005다76753 판결은, 원심 변론종결에 이르기까지 채무자가 사해행위인 증여를 할 당시 거래은행 계좌에 가지고 있던 미결제어음금과 현금에 대한 자료가 제출된 바 없고, 그 이전에 미결제어음금 잔액과

127) 대법원 2013. 3. 28. 선고 2010다60950 판결 참조.

현금 잔고가 남아 있었던 사실만으로는 위 증여 당시의 잔액 및 잔고도 동일할 것이라고 인정하기에 부족하다고 하여 미결제어음금잔액 등을 적극재산에서 제외한 원심의 조치는 정당하다고 판시하였다.

그리고, 대법원 2001. 10. 12. 선고 2001다32533 판결은, 채무자가 부동산 외에 매매대금채권이 있어 무자력상태가 아니라고 주장한 사안에 관하여, 그 채권을 2년이 넘도록 변제받지 못하고 있는 점 등에 비추어 그 채권을 용이하게 변제받기 어려운 사정에 있다고 봄이 상당하다고 판시하였다.

위와 같은 대법원판례의 판시내용에 비추어 볼 때, 대법원판례도 채권을 적극재산에 산입하기 위한 요건인 용이하고 확실하게 변제받을 수 있는 특별한 사정에 관해서는 채무자 측에서 소명자료를 제출할 책임을 갖는다는 취지로 판시한 것으로 이해할 수 있다.

따라서 예컨대, 채무자가 제3자에 대하여 공사대금채권을 보유한다고 주장하고, 채권자가 그 채권의 추심 용이성 및 확실성을 다투기 위해서 그 제3자에게 공사대금채권의 구체적 발생원인, 결제내역, 미지급 사유 등에 관해서 사실조회 신청을 하였는데, 그 제3자가 법원으로부터 촉탁을 받고도 끝내 아무런 회신을 하지 않은 경우에는, 입증책임이 있는 채무자에게 불리하게 즉 채무자가 주장하는 공사대금채권의 추심 용이성 및 확실성이 부족한 것으로 판단하는 것이 타당하다고 할 것이다.[128]

2. 부동산 가액에 관한 시가감정 요부

채무자의 적극재산 중에서 가장 중요한 의미를 가지는 부동산의 가액에 관하여 다툼이 있고, 그 가액의 산정이 채무자의 무자력 판단에 실질적으로 영향을 미치는 사정이 있는 경우에는 소송을 제기한 채권자가 부동산에 관하여 시가 감정을 신청할 필요가 있다. 그리고 시가 감정의 기준시점으로는 사해행위 당시 및 변론종결 당시(감정 당시)의 2개의 시점으로 신청하는 것이 유용하다.

채무자의 무자력은 원칙적으로 사해행위 당시를 기준시점으로 하지만, 가액

---

128) 그 밖에 공사대금채권에 대한 소송실무상의 공방(攻防) 및 그 처리 등에 관해서는 앞의 제 2. 3.의 (6)항에서 상세하게 검토하였다.

배상은 변론 종결 당시를 기준시점으로 하는데, 원상회복에 관한 청구취지가 가액배상인 경우 또는 감정신청 후에 가액배상으로 청구취지를 변경할 사정이 생긴 경우에는 변론종결 당시의 부동산 가액이 산정될 필요가 있기 때문이다.

채권자취소소송은 특정 부동산의 시가상당액이 직접적인 심판의 대상이 아니고 채무자가 사해행위 당시 채무초과의 무자력 상태에 있었는지가 심판의 대상이다. 한편, 일반적으로 민사소송에 있어서는 원칙적으로 사실인정을 위한 증거방법에 제한이 없고, 직접증거와 간접증거 사이에 서증과 인증 사이에 그 증거력에 우열이 없으며, 적법하게 실시된 증거조사에 의하여 얻은 증거자료에 대한 증거력 평가는 법관의 자유로운 판단에 일임하고 있다.

따라서, 채무자의 무자력에 관한 입증에 있어서, 부동산 시가에 대한 사실인정을 반드시 감정에 의할 필요는 없고,[129] '부동산 가격공시에 관한 법률'에 따라 매년 공시되는 개별공시지가, 개별주택가격, 비거주용 개별 부동산가격이나 시중 거래가격 조사 자료(예컨대, 아파트 시세 등에 관한 공신력 있는 금융기관 등의 조사자료 등) 등 증거조사의 결과를 종합하여 합리적 심증에 의하여 판단할 수 있다고 할 것이다. 특히 개별공시지가 및 개별주택가격은 '부동산 가격공시에 관한 법률'에 정한 평가요소 및 엄격한 절차에 따라 결정 공시된 가격으로서 객관적 시세의 가장 중요한 평가요소로 볼 수 있다.[130] 특히 임야, 전답 등은 특별한 사정이 없는 한 공시가격과 감정가격이 거의 동일한 수준이라고 볼 수 있다.

예컨대, 채무자가 사해행위 당시 여러 개의 부동산을 보유하고 있었지만, 그 중 하나에 관하여 이루어진 감정가격이 그 즈음의 공시지가를 하회하고, 그 밖에 감정이 이루어지지 않은 토지의 지목이 전답, 임야 등으로서 그 공시지가에 관한 자료가 제출되었는데 그 합산액이 이미 밝혀진 소극재산보다 상당히 미달되는 사정이 인정된다면, 사해행위 당시 무자력상태에 있었던 사실을 인정하여도 무방할 것이다.

---

129) 대법원 1987. 2. 10. 선고 85다카1391 판결은 부동산의 임료상당액을 전문감정인이 아닌 일반인의 증언에 의하여 인정할 수 있다고 판시하였다.

130) 개별공시지가 및 개별주택가격은 매년 필요적으로 결정 공시되고(부동산 가격공시에 관한 법률 제10조, 제17조), 비주거용 개별부동산 가격의 공시는 임의적이다(같은 법률 제21조).

3. 회사 재산의 평가와 입증

(1) 대차대조표 등 재무제표의 한계

'주식회사 등의 외부감사에 관한 법률 및 그 시행령'에 의하면, 주권상장법인 또는 직전 사업연도 말의 자산총액이 500억 원 이상 등 일정규모 이상의 주식회사 및 유한회사에 대해서만 외부 감사인에 의한 회계감사를 받는다(위 법률 시행령 제5조). 또한, 자본금 총액이 10억 원 미만인 주식회사는 회사 내부적으로도 감사를 선임하지 않고 감사의 업무를 주주총회가 수행할 수 있다(상법 제409조 제4항, 제6항). 실제로 소규모 주식회사의 재무제표는 법령의 요건에 맞추기 위하여 형식적으로 작성되는 것이 태반이라고 할 수 있다.

기업회계에 있어서 대차대조표 작성의 기준 회계등식인 "자산=부채+자본"의 의미는 항상 자산이 부채보다 커서 채무초과의 상태는 발생할 수 없다는 것을 뜻하는 것이 아니라, 일정 시점에서의 기업의 재정상태를 기업의 경제적 자원인 자산과 이 자원에 대한 청구권으로서 경제적 의무인 부채, 그리고 기업에 투하된 자기 자금의 원천인 자본의 항목으로 나누어 표시할 수 있다는 의미일 뿐이고, 기업의 경우에도 자본의 결손이 심화되어 자산보다 부채가 커지게 되면 순자산이 없어져 채무초과의 상태가 되는 것이다.131) 그러므로, 채무자가 회사인 경우 채무초과상태에 있는지 여부는 회사가 실제 부담하는 채무 총액과 실제 가치로 평가한 자산 총액을 기준으로 판단하여야 하고, 대차대조표 등 재무제표에 기재된 명목상의 부채 및 자산의 총액을 기준으로 판단할 것은 아니다(대법원 2012. 4. 12. 선고 2010다27847 판결).132)

따라서, 채무자가 회사인 경우에 무자력을 판단하는 전제로서 적극재산을 평가함에 있어서는, 대차대조표를 비롯한 채무자 회사의 재무제표에 기재된 자산 계정의 가액에 의할 것이 아니라, 채무자 회사가 사해행위 당시 실제로 보유

131) 대법원 1999. 8. 24. 선고 99다23468 판결 참조.

132) 이 판결은 직접적으로는 '상법 제212조 제1항의 회사의 재산으로 회사의 채무를 완제할 수 없는 때'에 관하여 판시한 것이지만, 채권자취소권 행사에 있어 채무자인 회사의 무자력 판단에도 그대로 적용될 수 있다고 할 것이다. (구)파산법상 법인의 채무초과에 관해서 판시한 대법원 2007. 11. 15.자 2007마887 결정도 마찬가지라고 할 것이다.

한 부동산, 채권, 주식 등에 관하여 앞서 본 평가기준에 따라 실질적인 가액을 산정할 것이다. 특히, 대차대조표 등의 자산 항목에 여러 가지 받을 채권이 기재되어 있더라도, 그 채권을 적극재산에 포함시킬 것인지 여부는 그 채권의 실제 존재 여부가 아니라 실제 존재하는 채권이라도 그 추심이 용이하고 확실한 경우에만 적극재산으로 산입할 것이다.

(2) 수익가치의 평가 여부

예컨대, 부동산 및 기계 등 설비로써 종합적으로 구성되어 있는 기업자산의 시가를 평가함에 있어서는 유형물에 대한 감정평가만에 의할 것이 아니라 기업의 연평균 매출액 등도 필수적으로 고려하여 이를 통한 이익 창출 등 계속가치도 포함하고 그에 대한 회계감정도 병행하여야 할 것인지 문제될 수 있다.

일반적으로 회계학적으로 기업가치를 평가하는 방법으로서는 수익가치법, 자산가치법, 상대가치법 등이 있다고 알려져 있지만, 사해행위취소의 요건으로서의 무자력이란 채무자의 변제자력이 없음을 뜻하는 것이고 특히 임의변제를 기대할 수 없는 경우에는 강제집행을 통한 변제가 고려되어야 하므로, 소극재산이든 적극재산이든 위와 같은 목적에 부합할 수 있는 재산인지 여부가 변제자력 유무 판단의 중요한 고려요소가 된다(대법원 2006. 2. 10. 선고 2004다2564 판결).

따라서 채무자가 기업을 경영하는 지위에 있다고 하더라도 그 소유 부동산 등 기업자산에 관한 평가는 결국 강제집행을 전제로 하는 '부동산가격 공시에 관한 법률'과 '감정평가 및 감정평가사에 관한 법률'에 근거한 '감정평가에 관한 규칙'에 의한 평가와 동일한 방법으로 평가하는 것이 객관적으로 공정 타당하다고 할 것이고, 특별한 사정이 없는 한 강제집행의 대상으로 포착하기 어려운 장래 이익 창출에 의한 계속가치까지 포함되어야 하는 것은 아니라고 할 것이다.

대법원 2012. 4. 12. 선고 2010다27847 판결은, 회사의 신용・노력・기능(기술)・장래의 수입 등은 특별한 사정이 없는 한 원칙적으로 회사의 자산 총액을 산정함에 있어 고려할 대상이 아니라고 판시하였다.

4. 증거신청에 있어서의 유의점

(1) 사실조회 신청(조사·송부의 촉탁 신청)

(가) 신청의 범위

사실조회란 법원이 공공기관·학교, 그 밖의 단체·개인 또는 외국의 공공기관에게 그 업무에 속하는 사항에 관하여 필요한 조사 또는 보관 중인 문서의 등본·사본의 송부를 촉탁함으로써 증거를 수집하는 절차를 말한다.

민사소송법은 증거에 관한 총칙 중에 '조사의 촉탁'이라는 제목으로 제294조에서 규정하고 있으나, 그 실질은 증인신문 등과 마찬가지의 독립한 증거방법으로 이해되고 있으며 실무에서는 이를 사실조회라고 부른다.[133]

공공기관 등의 관장사항에 관해서는 증거자료의 수집 탐지에 있어 그 공공기관 등에게 조사를 촉탁하여 그 결과를 회신하도록 하는 것이 훨씬 능률적이므로 실무에서는 당사자의 신청에 의한 증거결정에 의하여 활발하게 이용된다(민사소송법 제289조). 특히 민사소송법은 구법과는 달리 단체뿐만 아니라 개인에게도 사실조회를 할 수 있도록 하고, 업무에 속하는 사항에 관하여 보관 중인 문서의 등본·사본을 송부하도록 촉탁할 수 있으므로 그 활용범위가 더 넓어졌다.

다만, 금융기관 또는 세무관서 등에 대하여 금융거래정보, 신용정보, 과세정보 등의 조사를 촉탁할 경우에는 일반적인 사실조회의 형식이 아니라 아래 (2)항에서 보는 바와 같이 제출명령의 형식에 의하여야 함에 주의를 요한다.

(나) 채무자의 부동산 보유 상황 등

채무자의 적극재산 중에서 가장 중요하면서 공시되어 있는 것이 부동산이고, 다른 한편 부동산에 관해서 설정되어 있는 근저당권의 피담보채무 등은 채무자의 소극재산을 알 수 있는 중요한 자료가 된다.

채무자의 무자력 여부에 관해서 다툼이 있는 경우에, 채권자로서는 우선 사해행위 당시 및 그 전후에 있어 채무자가 보유한 부동산 전체의 내역 및 현황을 파악하는 것이 긴요하다.

---

133) 법원행정처, 법원실무제요 민사소송[Ⅲ](2017년판) 제1539면.

법원행정처 산하 전산정보관리국(전산정보센터)이 전국의 부동산에 관해서 등기정보를 통합 관리하는 업무를 담당하고, 국토교통부 산하 국가공간정보센터는 전국의 부동산 관련자료를 통합 관리하는 업무를 담당하고 있으므로,[134] 채권자는 위 두 공공기관에 채무자의 사해행위 전후[135]의 부동산 소유 내역 및 현황에 관해서 사실조회를 신청하는 것이 효율적이다.

(다) 채무자와 제3자 사이의 계약의 내용 등

채무자가 제3자에 대해 물품대금채권, 공사대금채권을 보유하고 있다면서 이를 적극재산에 포함시켜야 한다고 주장하는 경우에,[136] 채권자는 채무자가 채권을 보유한다고 주장하는 상대방(매수인, 도급인 등)에 대하여 채무자와 사이의 계약관계의 구체적 내용, 결제되지 않고 남아 있는 대금이 있는지, 있다면 지급하지 않은 이유 등에 관해서 사실조회를 신청하여 그 채권의 추심이 용이하지 않고 확실하지 않을 수 있다는 사정을 부각시키는 것이 바람직하다(다만, 채권추심의 용이·확실성에 관한 최종적인 입증책임은 채무자에게 있다고 할 것이다).[137]

또한, 채무자가 임대인으로서 상대방인 임차인에 대하여 임대차보증금 반환채무를 부담하는 것으로 보이는 경우에, 채권자가 이를 채무자의 소극재산에 포함시키기 위해서 구체적인 보증금액이나 그 밖의 임대차관계의 내용을 확인할 필요가 있다면 확정일자 업무를 담당하는 동사무소에 사실조회신청을 하는 것이 유용하다.

(2) 금융거래정보·과세정보 등 제출명령 신청

(가) 근거규정

'금융실명거래 및 비밀보장에 관한 법률' 제4조 제1항, 국세기본법 제81조의13 제1항, 지방세기본법 제86조 제1항, '신용정보의 이용 및 보호에 관한 법률' 제32조 제6항 등은 금융거래 정보, 과세정보, 개인신용정보 등을 타인에게 적법하게 제공할 수 있는 예외 사유로서 '법원의 제출명령'을 규정하고 있다.

---

134) 공간정보의 구축 및 관리 등에 관한 법률 제70조.

135) 보통은 사행행위 약 1달 전부터 조회신청일까지.

136) 이 경우, 채무자는 그 채권을 가지는 상대방 및 채권액을 특정하여 주장하고 계약서 등 소명자료를 제출할 책임이 있다고 할 것이다. 앞의 제 2.의 3. 참조.

137) 앞의 '1. 무자력에 관한 입증책임과 실제 운용' 참조.

위 규정을 근거로 하여 금융기관, 세무관서, 신용정보회사 등은 민사소송법 제294조에 의한 사실조회의 형식으로 자료를 요청할 경우에 위 각 법률 규정이 정한 제출명령에 해당하지 않는다는 이유로 자료제출을 거부할 수 있다. 따라서, 위 각 법률에 정한 기관·단체 등에 대하여 금융거래 정보·과세정보·개인신용정보에 관한 조사를 촉탁하는 경우에는 그 대상기관에 '제출명령 신청'이라는 형식으로 사실 조사의 촉탁을 신청한다.[138]

(나) 채무자의 금융기관 등에 대한 채무

부동산에 관하여 설정된 근저당권의 근저당권자, 가압류채권자 등이 특정의 금융기관인 경우에, 그 피담보채권 및 압류채권과 그 밖의 채무자에 대한 금융거래채권(부동산에 의해 담보되지 않은 채무자가 부담하는 주채무, 보증채무 등) 등에 관해서는 그 특정 금융기관을 대상으로 하여 '금융정보 제출명령신청'을 한다.

그 밖에 채무자의 소극재산을 파악하기 위해서는 전국은행연합회, 한국신용정보원을 대상으로 '금융정보 또는 신용정보 제출명령신청'을 활용하는 것이 유용하다.

(다) 채무자에 대한 과세정보 등

채무자의 부가가치세 납부 상황, 매출처 및 매입처 신고내역, 주주 변동 상황 등에 관해서는 관할 세무서를 상대로 '과세정보 등 제출명령신청'을 하는 것이 유용하다.

138) 제출명령의 구체적 범위, 형식 및 통보비용 등에 관해서는 '금융거래정보·과세정보 제출명령에 관한 예규'[재판예규 제1658호]가 제정되어 있다.

제 5 절 채무자 및 수익자 또는 전득자의 악의

제 1. 소송실무상 의의

1. 주관적 요건으로서의 특성

채권자취소권의 요건은 ① 채권자의 피보전채권의 존재, ② 채무자의 사해행위의 존재, ③ 채무자의 사해의사, ④ 수익자 또는 전득자의 악의 등이다.

채무자에 대해서는 '사해의사'라는 용어를, 수익자 또는 전득자에 대해서는 '악의'라는 용어를 통상적으로 사용하고 있으나, 그 의미는 동일하다.

앞의 제3절 제 2.에서 검토한 바와 같이, 사해행위의 개념에 관하여 주관적 요소까지 포함하여 이른바 종합판단적으로 구성한 일부 대법원판례도 있지만, 사해행위라고 함은 객관적으로 '채무자가 자신의 채무초과상태를 유발하거나 기존의 채무초과상태를 심화시키는 재산에 관한 행위'를 의미한다.

이와 같이, 사해행위에 관해서 객관적 요소를 중심으로 채권자취소권의 요건으로 파악하므로, 채무자 및 수익자 또는 전득자의 악의는 사해행위와 별도로 채권자취소권의 주관적 요건으로 파악하는 것이다.

'채무자 및 수익자 또는 전득자의 악의'와 같은 내심의 심리상태에 관한 사실은 그 성질상 이를 직접적으로 입증할 수 있는 방법이 없고 현실적으로는 여러 가지 간접사실을 종합하여 추리하는 과정을 거쳐 추정하는 방법에 의해 입증할 수밖에 없다. 실제 소송에 있어서는 입증책임을 부담하는 측에서 선의와 관련된 복잡 다양한 간접사실에 관하여 주장하고 이를 뒷받침하는 정황 증거를 수집 제출하며, 이에 대해 상대방이 합리적 의문점을 지적하거나 모순되는 자료를 제시하는 등 반박하여 그 입증의 부족함을 탄핵하는 등의 변론을 하는 것이 중요하다.

2. 구체적 타당성 구현의 장(場)

채무자의 법률행위가 객관적으로 사해행위에 해당하고 나아가 그 사해행위를 취소할 경우, 채무자와 법률행위를 한 수익자 및 이를 기초로 다시 법률관계를 맺은 전득자 등이 가장 직접적으로 이해관계를 가지게 되므로 거래의 안전과 제3자의 신뢰를 보호할 필요가 있다.

사해행위의 의미를 파악함에 있어서 객관적 요소를 기준으로 하고 이를 일반적으로 적용하려는 것은 궁극적으로는 법적 안정성의 이념을 훼손하지 않으려는 데에 있다. 그러나, 현실사회에서 일어나는 다양한 사안에서 실제로 채권자취소권을 인정함에 있어서는 구체적 사안에 맞는 가장 타당한 해결책을 강구하는 것 또한 요구된다.

개별적 사건에서의 구체적 타당성은 당사자 사이에 존재하는 특수한 사정을 충분히 고려하고 법률행위의 유형에 따른 거래의 실정도 반영하여 수익자 또는 전득자의 선의·악의에 관해서 탄력적으로 판단함으로써 구현될 수 있다고 할 것이다.

제 2. 악의의 내용과 판단 기준

1. 채무자 및 수익자의 악의

채무자의 악의 즉 사해의사라고 함은, 채무자의 재산처분행위에 의하여 채권의 공동담보에 부족이 생기거나 이미 부족한 상태에 있는 공동담보가 한층 더 부족하게 됨으로써 채권자의 채권을 완전하게 만족시킬 수 없게 된다는 사실을 인식하는 것을 의미한다. 채권자를 해할 것을 기도하거나 의욕하는 것을 요하지 아니하고, 인식은 일반 채권자에 대한 관계에서 있으면 충분하고 특정의 채권자를 해한다는 인식이 있어야 하는 것은 아니다(대법원 2009. 3. 26. 선고 2007다63102 판결).

수익자의 악의의 의미는 위에서 본 채무자의 그것과 동일하다. 즉 수익자의 악의라고 함은, 채무자의 재산처분행위에 의하여 채권의 공동담보에 부족이 생기거나 이미 부족한 상태에 있는 공동담보가 한층 더 부족하게 됨으로써 채권자의 채권을 완전하게 만족시킬 수 없게 된다는 사실을 인식하는 것을 의미한다(대법원 2013. 4. 11. 선고 2012다107198 판결). 그리고 사해행위 취소소송에서는 수익자의 선의 여부만이 문제되고 그 선의에 과실이 있는지 여부는 문제되지 아니한다(대법원 2008. 7. 10. 선고 2007다74621 판결).

2. 전득자의 악의

사해행위 취소소송은 채무자를 상대로 할 수 없고, 수익자 또는 전득자를 상대로 법률행위의 취소를 청구하는 소송을 제기하여야 하며, 어느 경우에나 취소의 대상이 되는 사해행위는 채무자와 수익자 사이에서 행하여진 법률행위에 국한된다(대법원 2004. 8. 30. 선고 2004다21923 판결).[139]

이와 같이, 전득자를 상대로 사해행위 취소소송을 제기하는 경우에도, 그 취소의 대상은 수익자와 전득자 사이에서 이루어진 법률행위가 아니라 그 전 단

139) 이에 관해서는 뒤의 제4장 제2절에서 상세하게 검토한다.

계인 채무자와 수익자 사이에서 행하여진 법률행위이므로, 전득자의 악의의 대상이 구체적으로 무엇인지 문제된다.

전득자를 상대로 하는 취소소송에 있어서, 전득자의 악의는 전득행위 당시 취소를 구하는 법률행위 즉 채무자와 수익자 사이의 법률행위가 사해행위의 객관적 요건을 구비하였다는 것에 대한 인식을 의미하므로, 전득자의 악의 판단에서는 전득자가 전득행위 당시 채무자와 수익자 사이의 법률행위의 사해성을 인식하였는지만이 문제될 뿐이다. 수익자와 전득자 사이의 전득행위가 다시 채권자를 해하는 행위로서 사해행위의 요건을 갖추어야 하는 것이 아니고, 또한 수익자가 채무자와 수익자 사이의 법률행위의 사해성을 인식하였는지도 문제가 되지 않는다(대법원 2012. 8. 17. 선고 2010다87672 판결).

예컨대, 채무자와 수익자 사이에 부동산에 관하여 객관적으로 사해행위에 해당하는 매매계약이 체결되어 수익자 명의로 소유권이전등기가 마쳐진 다음 수익자와 전득자 사이에 체결된 근저당권설정계약에 따라 전득자 명의로 근저당권 설정등기가 마쳐진 경우에, 전득자의 근저당권 설정계약에 관해서 사해행위의 요건이 갖추어질 필요는 없고, 전득자가 근저당권 설정계약 당시 채무자와 수익자 사이의 매매계약이 일반 채권자를 해하는 사해행위임을 인식하였다면 그 악의가 인정되는 것이다.[140]

대법원 2014. 2. 13. 선고 2012다204013 판결은, '채권자가 수익자를 상대로 사해행위의 취소를 구하는 소를 이미 제기하여 채무자와 수익자 사이의 법률행위를 취소하는 내용의 판결을 선고받아 확정되었더라도, 그 판결의 효력은 그 소송의 피고가 아닌 전득자에게는 미칠 수 없는 것이므로 채권자가 그 소송과는 별도로 전득자에 대하여 채권자취소권을 행사하여 원상회복을 구하기 위해서는, 전득자에 대한 관계에 있어서 다시 채무자와 수익자 사이의 사해행위를 취소하는 소송상의 청구를 하여야 한다'고 판시하였음에 주의를 요한다.

3. 대리인, 상업사용인의 경우

대리인은 자기 스스로의 결정에 따라 의사표시를 하는 것이고 본인이 결정

140) 대법원 2006. 7. 4. 선고 2004다61280 판결의 사안 요지 참조.

한 의사를 대신하여 표시하거나 전달하는 것이 아니므로, 대리행위에서 어느 사정에 대한 지(知) · 부지(不知) 등이 문제되는 경우에는 본인이 아닌 대리인을 기준으로 결정한다(민법 제116조 제1항). 다만, 특정한 법률행위를 위임한 경우에 대리인이 본인의 지시에 좇아 그 행위를 한 때에는 본인은 자기가 안 사정에 관해서 대리인의 부지를 주장하지 못한다(민법 제116조 제2항).

따라서, 사해행위인지가 문제되는 법률행위가 대리인에 의하여 이루어진 때에는 수익자의 악의 또는 전득자의 사해행위에 대한 악의 유무는 대리인을 표준으로 결정하여야 한다(대법원 2006. 9. 8. 선고 2006다22661 판결).

예컨대, 전득자 "정"이 대리인 "무"를 통하여 수익자 "병"으로부터 부동산을 매수한 경우에, 대리인 "무"가 앞서 체결된 채무자 "을"과 수익자 "병" 사이의 매매계약이 채권자를 해하는 사해행위에 해당한다는 사정을 알았던 이상, 전득자 본인 "정"이 선의이었다고 하더라도 전득자의 선의 항변은 인정되지 않고, 전득자의 선의 여부는 그 대리인 "무"를 기준으로 판단하여야 한다.

법인의 경우에는 그 대표자의 인식을 기준으로 판단하여야 할 것이지만(민법 제59조 제2항), 회사를 비롯한 대규모 단체에 있어서 원칙적으로 그 대표자의 인식을 기준으로 하는 것은 비현실적이다. 그러므로, 상법상 회사의 경우에는 상법 제15조의 부분적 포괄대리권을 가진 사용인의 범위를 합리적으로 적용하고, 그 밖의 법인 등의 경우에는 복대리인의 선임에 관한 묵시적 승낙의 성립을 유연하게 인정하는 것이 타당하다.[141] 예컨대, 회사의 영업부 직원으로서 주임, 계장 및 팀장이라는 이름으로 물품의 공급 및 대금의 회수 등 영업의 특정 사항에 대하여 계속적으로 업무를 전담하여 처리한 경우에는 부분적 포괄대리권을 가진 상업사용인에 해당한다고 볼 것이다.[142]

---

141) 대법원 1996. 1. 26. 선고 94다30690 판결은, 대리의 목적인 법률행위의 성질상 대리인 자신에 의한 처리가 필요하지 아니한 경우에는 본인이 복대리 금지의 의사를 명시하지 아니하는 한 복대리인의 선임에 관하여 묵시적인 승낙이 있는 것으로 보는 것이 타당하다고 판시하였다.

142) 대법원 2009. 5. 28. 선고 2007다20440 판결의 사안 내용이다. 이 대법원판결은, 상법 제15조의 부분적 포괄대리권을 가진 상업사용인은 그가 수여받은 영업의 특정한 종류 또는 특정한 사항에 관한 재판 외의 모든 행위를 할 수 있으므로 개개의 행위에 대하여 영업주로부터 별도의 수권이 필요 없으나, 어떠한 행위가 위임받은 영업의 특정한 종류 또는 사항에 속하는가는 당해 영업의 규모와 성격, 거래행위의 형태 및 계속 반복 여부, 사용인의 직책명, 전체적인 업무분장 등 여러 사정을 고려해서 거래통념에 따라 객관적으로 판단하여야 한다고 판시하였다.

4. 연대보증인의 경우

연대보증인에게 재산 처분행위 당시 악의가 있었는지 여부는 연대보증인이 자신의 자산상태가 채권자에 대한 연대보증채무를 담보하는 데 부족이 생기게 되리라는 것을 인식하였는지에 의하여 판단하여야 하고, 주채무자의 자산상태가 채무를 담보하는 데 부족이 생기게 되리라는 것까지 인식하였어야 악의를 인정할 수 있는 것은 아니다(대법원 2012. 4. 12. 선고 2011다110579 판결).

5. 기준 시기

사해의사 즉 악의는 행위 당시에 존재하여야 한다. 채무자 및 수익자의 경우에는 채무자의 법률행위 당시에 존재하여야 하고, 전득자의 경우에는 전득행위 당시에 존재하여야 한다.[143] 그 기준 시점 당시에 선의인 이상 후에 채권자를 해함을 알았다고 하더라도 채권자취소권은 인정되지 않는다.

이와 같이, 선의·악의 존재의 기준 시점은 사해행위 당시 또는 전득행위 당시이지만, 그 판단의 자료는 기준시점 당시의 사정뿐만 아니라 사해행위라고 주장되는 행위 이후의 채무자의 변제노력과 채권자의 태도 등도 사해의사의 유무를 판단하기 위한 간접사실로 삼을 수 있다.[144]

6. 이례적 대법원판결에 관한 검토 및 이해

앞서 살펴 본 바와 같이, 채무자 및 수익자 또는 전득자의 악의는, 채권자를 해할 것을 기도하거나 의욕하는 것이 아니라, 일반 채권자에 대한 관계에서 공동담보의 부족상태를 인식하는 것으로 족하다.

아래에서 보는 바와 같이, 일부 대법원판결은 채무자의 사해의사에 관해서 위와 같은 일반개념과는 달리 '의도성'을 요구하는 것으로 읽힐 수 있는 표현을 사용하고 있지만, 이는 사해행위성을 조각하는 사유와 혼합하여 판시 이유를 구

143) 민법 제406조 제1항, 대법원 2015. 6. 11. 선고 2014다237192 판결 참조.
144) 대법원 2000. 12. 8. 선고 99다31940 판결.

성한 데에서 기인하였다고 이해하여야 할 것이다.

대법원 1995. 6. 9. 선고 94다32580 판결은, 채무자가 현저한 채무초과상태에서 경매 진행 중인 부동산에 관하여 채권자가 경매절차를 해결하기로 한 약정을 이행하지 아니하고 그에 따른 대안도 제시하지 않자 대금지급기일에 임박하여 최소한 경매보다는 나은 조건으로 그 부동산을 제3자에게 처분한 사안에 있어서, 그 판시 이유 중에서 채무자에게 채권자를 해할 의사가 있었다고 보기 어렵다고 서술하였다. 그러나, 위 대법원판결이 채무자의 사해의사에 관해서 '의도성'을 필요로 한 것이라고 볼 수는 없고, 전체적인 판단 취지는 수익자의 선의도 인정할 수 있고 나아가 정당한 변제를 위한 처분으로서 사해행위성이 조각된다고 판단한 것으로 이해하는 것이 타당하다.

대법원 2003. 12. 12. 선고 2001다57884 판결은, 채무자가 토지에 집합건물을 지어 분양하는 사업을 추진하던 중 이미 일부가 분양되었는데도 공정률 45.8%의 상태에서 자금난으로 공사를 계속할 수 없게 되고 채무초과상태에 이르자 자신의 유일한 재산인 토지에 관하여 신탁법상의 신탁회사와 사이에 신탁계약을 체결하고 신탁회사 앞으로 소유권이전등기를 마친 다음 건축공사를 계속 진행하여 완공한 사안에 관하여, 그 판시 이유 중에서 신탁을 이용하여 건물신축공사의 하수급업체들에 대한 채무를 회피하고자 하는 사해의사를 인정할 수 없다고 서술하였다. 그러나, 위 대법원판결도 채무자의 사해의사에 관해서 '의도성'을 필요로 한 것이라고 볼 수는 없고, 자금난으로 공사를 계속할 수 없었던 채무자가 건축을 계속 추진하여 건물을 완공하는 것이 이미 분양받은 채권자들을 포함하여 채권자들의 피해를 줄이고 자신도 최대한의 변제력을 확보하는 최선의 방법이었으며 또한 공사를 완공하기 위한 부득이한 조치였으므로 사해행위에 해당하지 않는다고 판단한 것이라고 이해하는 것이 타당하다.

제 3. 악의에 관한 증명책임

1. 증명에 관한 원칙과 그 변용(變容)

(1) 증명책임의 원칙적 부담자

사해행위취소소송에 있어서 채무자가 악의라는 점에 대해서는 그 취소를 주장하는 채권자에게 증명책임이 있으나, 수익자 또는 전득자가 악의라는 점에 대해서는 채권자에게 증명책임이 있는 것이 아니라 수익자 또는 전득자 자신에게 선의라는 사실을 증명할 책임이 있다(대법원 2007. 7. 12. 선고 2007다18218 판결).

민법 제406조 제1항 본문은 채무자의 악의를 포함하여 채권자취소권 발생의 요건사실을 규정한 원칙규정이므로 채권자에게 그 증명책임이 있고, 단서는 수익자 또는 전득자의 선의에 관하여 취소권 발생의 장애사유로서 규정한 예외규정이므로 수익자 또는 전득자에게 증명책임이 있다고 본 것이다.

(2) 증명책임의 변용(變容)

(가) 부동산 매각, 증여

채무자가 자기의 유일한 재산인 부동산을 매각하여 소비하기 쉬운 금전으로 바꾸거나 타인에게 무상으로 이전하여 주는 행위를 하는 경우에는 채무자의 사해의사는 추정되므로, 이러한 경우에는 채무자 측에서 악의가 없었다는 점을 주장 입증하여야 한다(대법원 2001. 4. 24. 선고 2000다41875 판결).

(나) 통모가 필요한 경우

대법원 2005. 3. 25. 선고 2004다10985 판결 등은, '채무자가 채무초과상태에서 특정 채권자에게 채무의 본지에 따른 변제를 함으로써 다른 채권자의 공동담보가 감소되는 결과가 되는 경우에도, 이 같은 변제는 채무자가 특히 일부의 채권자와 통모하여 다른 채권자를 해할 의사를 가지고 변제를 한 경우를 제외하고는 원칙적으로 사해행위가 되지 않고, 채무자가 특히 일부 채권자와 통모하여 다른 채권자를 해할 의사를 가지고 변제였는지에 관해서는 사해행위임을 주장하는 사람이 입증하여야 한다'고 판시하였다.

뒤의 제3장 제 5.의 3.에서 상세하게 검토하는 바와 같이, '채무자가 특히 일부의 채권자와 통모한 경우'에 그 변제행위가 사해행위가 된다는 대법원판례의 법리는 '금전지급행위가 변제로서 이루어진 경우'에 제한적으로 적용된다고 할 것이다. 그리고, 일반적인 다른 사해행위와는 달리 특별히 '채무자와 특정 채권자 사이의 통모'를 필요로 하고 그 입증책임이 사해행위를 주장하는 측에게 있다고 한 이유는, 각별히 금전 거래의 안전을 보호하고 상대적으로 불리한 지위에 있는 금전채무자의 입장을 고려하여 사해행위 성립에 있어 보다 엄격한 주관적 요건을 부가한 데에 그 합리적 이유를 찾을 수 있을 것이다. 금전(화폐)은 다른 재화와 비교할 수 없을 정도로 고도의 유통성을 가지고, 금전채무의 불이행에 관해서는 채무자가 과실 없음을 항변하지 못하고 법정이율에 의한 지연손해금이 가산되는 등의 특칙(민법 제397조)이 있기 때문이다.

한편, 다수의 대법원판례는, 채무자가 기존 금전채무의 변제에 갈음하여 다른 금전채권을 양도한 경우에 사해행위가 되기 위해서는 채무자가 특히 일부 채권자와 통모하여 다른 채권자를 해할 의사가 필요하고, 이에 관해서는 사해행위임을 주장하는 사람이 입증하여야 한다고 판시하였다.145)

통모를 필요로 한 실질적 이유는, 채무자에 대한 금전채권에 갈음하여 채무자의 제3채무자에 대한 금전채권을 양수한 채권자는 자신의 채무자에 대한 채권은 소멸하는 대신 스스로의 책임으로 제3채무자에 대하여 채권을 추심하여야 하고 그 양수채권의 실질적 가치는 제3채무자의 자력에 의존할 수밖에 없는 불안정한 지위에 놓이게 되는 점을 감안하여, 사해행위의 성립요건으로서 부동산 등에 의한 대물변제와는 다르게 추가적으로 통모가 필요한 것으로 하고, 이에 관해서 사해행위를 주장하는 측이 입증하도록 한 데에 있다고 이해된다.

그러나, 뒤의 제3장 제 5.의 2.에서 상세하게 검토하는 바와 같이, 채무자가 대물변제로 금전채권을 양도한 경우에 그 채권이 액면 가액대로 용이하게 변제받을 수 있는 확실성이 있는 것이라면, 사해행위의 성립에 있어서 대물변제의 목적물이 부동산, 상장 주식 등 객관적 거래가격이 형성되어 있는 적극재산인

---

145) 대법원 2003. 6. 24. 선고 2003다1205 판결, 2004. 5. 28. 선고 2003다60822 판결 등.

경우와 차이를 둘 합리적인 이유는 없다고 생각한다.

(3) 채무자 악의의 사실상 추정

위에서 본 바와 같이, 채무자가 악의라는 점에 대해서는 원칙적으로 그 취소를 주장하는 채권자에게 입증책임이 있다. 그런데 한편, 채무자의 악의라 함은 채권자를 해할 것을 기도하거나 의욕하는 것이 아니라, 일반 채권자에 대한 관계에서 공동담보의 부족상태를 인식하는 것으로 족하다.

따라서, 채무자가 자신의 재산에 대한 처분행위 당시 행위능력자이고 또한 자신의 재산을 관리할 수 있는 사회생활상의 지위를 가진다고 인정되는 이상, 채무자의 재산처분행위가 객관적으로 사해행위에 해당하는 사실이 입증되면, 채무자의 사해의사도 사실상 추정된다고 할 것이다.

2. 수익자 또는 전득자의 선의 입증의 정도 및 방법

사해행위 취소소송에서 수익자 및 전득자의 악의는 추정되므로 수익자 및 전득자로서는 자신의 책임을 면하려면 자신의 선의를 입증할 책임이 있다(대법원 2014. 12. 11. 선고 2011다49783 판결). 이 경우 선의 여부는 채무자와 수익자의 관계, 채무자와 수익자 사이의 처분행위의 내용과 그에 이르게 된 경위 또는 동기, 그 처분행위의 거래조건이 정상적이고 이를 의심할 만한 특별한 사정이 없으며 정상적인 거래관계임을 뒷받침할 만한 객관적인 자료가 있는지 여부, 그 처분행위 이후의 정황 등 여러 사정을 종합적으로 고려하여 논리칙·경험칙에 비추어 합리적으로 판단하여야 한다(대법원 2013. 2. 14. 선고 2012다5377 판결).

채무자의 재산처분행위가 사해행위에 해당할 경우에 그 사해행위 또는 전득행위 당시 수익자 또는 전득자가 선의였음을 인정함에 있어서는 객관적이고 납득할 만한 증거자료 등이 뒷받침되어야 하고, 채무자나 수익자의 일방적인 진술이나 제3자의 추측에 불과한 진술 등에만 터잡아 그 사해행위 또는 전득행위 당시 수익자 또는 전득자가 선의였다고 선뜻 단정해서는 안 될 것이다(대법원 2015. 6. 11. 선고 2014다237192 판결).

앞서 살펴 본 바와 같이, 소송실무상 수익자 또는 전득자의 선의·악의에 관한 판단 영역은 개별적 사건에서의 구체적 타당성을 구현하는 장(場)이 될 수 있다. 사해행위에 해당하는 법률행위의 당사자가 일반인인지, 상인 또는 기업경영자인지, 그 행위의 내용이 담보권의 설정인지, 일반 주택의 매매 또는 임대차인지 등 거래 유형에 따라 수익자 및 전득자의 신뢰와 거래 안전의 보호 요청을 고려하여 구체적인 입증의 정도 및 방법 등에 있어 탄력적으로 운용하는 것이 바람직하다고 할 것이다.

제 4. 수익자 선의 여부 판단의 실제 운용

1. 소송실무상 문제의 정리

채권자취소는 채무자와 제3자(수익자) 사이에 이루어진 유효한 법률행위를 채권자가 일방적으로 부인하여 수익자로부터 채무자의 책임재산을 회복하는 제도로서 수익자에게 미치는 부정적 영향이 지대하다. 그런데도, 사해행위 취소소송에서 수익자는 스스로 자신의 선의를 입증할 책임이 있으므로, 예컨대, 부동산 매매에 있어서 채무자가 매도인인 경우에 수익자인 매수인으로서는 스스로 선의임을 입증하여야 하고, 채무자가 자신의 부동산에 관해서 근저당권을 설정해 주었을 경우에는 수익자인 근저당권자가 자신의 선의를 입증하여야 한다.

한편, 당사자의 사회생활상의 지위나 거래 유형에 따라 수익자에게 미치는 구체적인 영향에는 차이가 있다고 할 수 있다. 예컨대, 부동산 매매에 있어서는 채권자취소에 의해 수익자인 매수인의 권리를 사실상 전부 박탈하는 결과를 초래하여 매수인에게 가혹하고 나아가 거래의 안전을 해할 수 있다. 반면, 계속적 거래관계를 유지하여 온 상인 사이에서 기존의 물품대금채권의 담보를 위하여 채무자의 부동산에 관해서 근저당권을 설정하는 경우에는, 그 근저당권이 사해행위로서 취소되더라도 수익자인 근저당권자는 우선적으로 변제받을 지위를 상실할 뿐이라는 점에서 부동산 매수인보다는 상대적으로 재산적 및 심리적 박탈감이 덜 하다고 볼 수 있다.

여기서는 소송실무상 가장 빈번하게 나타나는 거래 유형인 담보권의 설정과 부동산의 매매에 관해서 대법원판례의 분석을 통하여 수익자 선의 여부 판단에 있어서 실무 운용상의 차이점에 관해서 검토한다.

2. 담보권 설정, 대물변제의 경우

채권자취소제도는 우선주의가 아닌 채권자평등주의를 채택한 강제집행의 제도적 취지에 따라 그 준비단계에서 이를 구현하려는 실체법상 제도라고도 할 수 있다.

같은 취지에서, 대법원판례도, 채무자의 재산이 채무의 전부를 변제하기에 부족한 경우에 채무자가 그의 재산을 어느 특정 채권자에게 담보로 제공하거나 대물변제[146]로 양도하였다면, 이는 곧 다른 채권자의 이익을 해하는 것으로서 다른 채권자들에 대한 관계에서 사해행위가 되고, 위와 같이 담보 등으로 제공된 재산이 채무자의 유일한 재산인 경우는 물론 유일한 재산이 아니라거나 그 가치가 채권액에 미달한다고 하여도 마찬가지라는 입장을 확립하고 있다.[147]

따라서, 특정 채권자가 채무자로부터 저당권을 설정 받은 경우에 진정한 피담보 채권을 가지고 있다고 입증하더라도, 그것은 수익자(근저당 채권자)가 자신의 선의를 입증한 것이 아님은 물론이다.

대법원 2010. 4. 29. 선고 2009다104564 판결은, '이미 채무초과상태에 빠진 채무자에게 있어서 채권자의 강제집행 내지 가압류 등 채권회수를 위한 집행보전조치로 인해 생기는 사업 추진상의 어려움은 그러한 조치를 행하는 채권자의 채권액이나 변제기 도래 여부에 관계없이 동일하게 발생할 수 있는 사정이므로, 특정 채권자가 채무자에 대하여 위와 같은 채권회수조치에 적극성을 보였다는 사정은 채권자들 사이에서 우선적 담보제공에 관한 차별적 평가를 하기 어렵다'고 판시하였다.

또한, 대법원 2009. 5. 28. 선고 2009다11617 판결은, 수익자인 근저당권자가 금융기관인 사건에 있어서, '채무자와 수익자가 개인적인 친우관계에 있지 않은 점, 수익자로서는 자신의 채권을 보전하기 위한 조치를 취해야 할 객관적인 사정이 발생한 점, 근저당권 설정계약 당시 목적 부동산에 관해서 다른 채권자의 가압류가 없었던 점 등의 사정은 수익자의 선의를 인정하기에 충분하지 않다'고 판시하였다.

이상에서 검토한 바와 같은 대법원판례의 취지를 종합하면, 담보권 설정이나 대물변제 등에 있어 수익자의 악의가 추정된다는 것은, 수익자가 채무자의 신용 및 재산상태가 악화되어 채무초과 상태에 있음을 짐작하고 자신의 채권에

---

146) 뒤의 제3장 제 5.에서 상세하게 검토하는 바와 같이, 여기서 재산이라고 함은 부동산, 상장주식 등 객관적 거래가격이 형성된 것을 의미하고, 대물변제라고 함은 대물변제예약을 의미한다.

147) 대법원 2007. 7. 12. 선고 2007다18218 판결, 2009. 9. 10. 선고 2008다85161 판결 등.

관해서 다른 일반채권자보다 우선변제를 받기 위해서 담보제공 또는 대물변제를 받은 것으로 추정된다는 것을 의미한다고 할 수 있다.

따라서, 소송실무상, 수익자는 위와 같은 추정을 깨뜨리는 정도로서 자신의 선의를 입증하여야 하고, 구체적으로는 채무자의 일반적인 신용 및 재산 상태를 알 수 없었던 사정, 담보로 제공받은 부동산의 객관적인 담보가치를 신뢰할 수 밖에 없었던 사정, 통상적이고 정상적인 과정에 따라 담보를 설정한 사정 등에 관해서 적극적으로 입증하여야 할 것이다.

그리고, 채권자가 채무자와 사이에 담보 없이 계속적인 거래관계를 유지하다가 어느 특정 시점에 이르러 담보권 설정을 요구하여 담보가 설정된 경우에는 사업계속을 위한 담보제공 등 이른바 사해행위성 조각사유에 해당하는 특별한 사정이 없는 한 수익자의 선의 주장을 배척하는 것이 타당하다고 생각한다.[148]

3. 부동산 매매와 매수인 선의 판단

(1) 문제의 정리

대법원판례의 주류적 입장은, 채무자가 자신의 유일한 재산인 부동산을 매도하여 소비하기 쉬운 현금으로 바꾸는 행위는 원칙적으로 사해행위에 해당한다는 것이다.[149] 한편, 사해행위 취소소송에서 수익자가 자신의 선의를 입증할 책임이 있으므로, 부동산 매매거래에 있어서 채무자가 그 소유의 부동산을 매도하는 계약을 체결하였는데 그 계약에 관해서 사해행위 취소가 문제되었을 경우에, 그 계약의 상대방인 매수인이 수익자로서 자신이 선의임을 입증하여야 한다.

그런데, 부동산 매매 그 중에서도 특히 주택의 매매는 일반인들 사이에서도

---

148) 대법원 2013. 4. 26. 선고 2011다37001 판결은, 수익자(은행)가 주채무자회사의 대표이사 소유의 부동산에 관하여 대출금채권의 담보를 위하여 근저당권을 설정한 사안에서, 주채무자회사의 양호한 영업실적 등은 수익자의 선의 인정 여부와는 직접 관계가 없는 간접적인 정황에 불과하고, 애당초 수익자(은행)는 주채무자회사에 무역금융을 3개월 단기로 대출하면서 물적 담보를 설정 받지 않았음에도 대출만기 연장을 위하여 새삼 물적 담보 제공을 요구한 사정에 비추어 보면, 수익자(은행)의 선의 주장을 받아들이기 어렵다고 판시하였다. 소위 사해행위성 조각사유에 관해서는 앞의 제3절 제 4.에서 상세하게 검토하였다.

149) 이에 관해서는 뒤의 제3장 제 4.에서 상세하게 검토한다.

빈번하게 이루어지므로, 거래안전 보호 및 매수인의 신뢰 보호 요청은 특별히 강하다고 할 수 있다. 소송실무상 수익자의 선의 판단의 영역에서 이와 같은 사회적 요청을 반영할 수 있는 구체적 기준과 방법을 강구하는 것은 매우 바람직하다고 할 것이다.

(2) 매수인의 선의를 인정한 대법원판례

부동산 매매에 관한 채권자취소소송에 있어 수익자의 지위에 있는 매수인의 선의를 인정한 대법원판례의 구체적 사안에 관하여 살펴본다.

① [대법원 2010. 2. 11. 선고 2009다80484 판결]

(사안 요지) 매수인이 아는 사람의 매도 제의로 오피스텔 건물을 대금 7,000만 원에 매수하여 계약금 500만 원은 임대차보증금 반환채무를 인수하는 것으로, 중도금은 근저당채무 3,000만 원을 인수하는 것으로 갈음하고 잔금 3,500만 원은 텔레뱅킹으로 송금하였으며, 종전 임대차계약이 종료하자 다른 사람과 새로운 임대차계약을 체결하고 대출금에 대한 이자를 지급하였다.

(판단 요지) 매수인이 매도인과 친인척이나 거래관계가 없어 매도인의 신용상태를 알기 어려운 상황에서 실제로 매매대금을 지급하였고 그 대금의 출처가 확실하게 밝혀진 점, 건물을 매수하여 임대수입을 얻는 것을 의도한 것으로 보이고 매도인의 사해행위를 알면서도 건물을 매수할 만한 동기나 이유를 찾기도 어려운 점 등에 비추어 볼 때, 매수인의 악의 추정은 번복되었다고 하여 원심판결을 파기하였다.

② [대법원 2011. 3. 10. 선고 2010다102632 판결]

(사안 요지) 매수인이 공인중개사 사무소를 통하여 결혼을 앞 둔 자신의 아들이 거주할 주택을 대금 1억 2,000만 원에 매수하여 계약금 5,000만 원을 현금으로 지급하고, 잔금 중 2,000만 원도 현금으로 지급한 사안에 관하여, 원심은 매매대금의 40%에 이르는 돈이 계약금으로 지급되고 그것도 현금으로 지급하였다는 점이 이례적인 사정이라는 이유로 매수인의 선의 항변을 배척하였다.

(판단 요지) 매수인이 실수요자로서 부동산중개사무소를 통하여 통상적인 거

래에 의하여 부동산을 매수한 점, 매수인과 매도인 사이에 친인척이나 거래관계 등이 없었던 점, 매수인이 매매계약을 체결하기 몇 개월 전 자기 소유의 다른 부동산을 1억 2,400만 원에 매도하여 그 대금을 수령한 바 있고 매수인이 운영하는 식당도 번창하여 현금으로 거래되는 경우도 있을 것이어서 계약금 및 잔금을 현금으로 지급하였더라도 그 자금출처를 특히 의심할 만한 다른 사정을 찾아볼 수 없는 점 등에 비추어 볼 때, 매수인의 선의가 인정된다고 하여 원심판결을 파기하였다.

③ [대법원 2011. 11. 10. 선고 2011다53614 판결]

(사안 요지) 매수인이 부동산중개사무소를 통하여 종전 매매계약이 파기되었음을 알고 같은 조건으로 아파트를 대금 6억 5,000만 원에 매수하는 계약을 체결하였는데, 그 매수자금 중 종전의 파기된 매매계약의 매수인 등 다른 사람 2인으로부터 합계 2억 3,000만 원을 차용하고 농협으로부터 4억 4,000만 원을 대출받아 그 대금 6억 5,000만 원을 모두 지급한 다음, 자신의 소유인 다른 아파트를 4억 5,000만 원에 매도하여 위 차용금 중 일부를 변제하고 그 이자를 계속 지급한 사안이다.

(원심 판단 요지) 원심은 관련자들이 서로 만나게 되어 아파트를 구매하게 된 동기나 경위가 작위적인 것으로 보이는 점, 매수대금의 거의 대부분을 타인으로부터 차용하여 충당한 점 등에 비추어 매수인의 선의 항변을 배척하였다.

(대법원 판단 요지) 매수인이 실제로 매매대금을 지급하였고 그 대금의 출처가 밝혀진 점, 매수인이 사해행위를 알면서도 이 사건 아파트를 매수할 만한 동기나 이유를 찾기도 어려운 점, 매수인이 아파트에 입주하여 생활하고 있는 점 등에 비추어 볼 때 매수인의 선의를 인정함이 상당하다는 이유로 원심판결을 파기하였다.

④ [대법원 2015. 10. 29. 선고 2015다37504 판결]

(사안 요지) 매수인은 장기간 외국에 거주하다가 국내에 아파트를 마련해 두고자 약 한달 간의 국내 체류를 예정하고 2011. 11.경 입국하여 같은 달 21. 공인중개사 사무소를 통하여 아파트를 시가에 근접한 10억 8,000만 원에 매수

하는 계약을 체결하였다. 매수인은 계약 당일 계약금 1억 원을 계좌이체 지급하고 그 다음 날 중도금 2억 5,000만 원을 수표로 지급하였다. 매수인은 잔금 지급일인 같은 달 25. 위 아파트를 담보로 대출받은 2억 2,000만 원과 위 아파트를 임대하기로 하고 받은 임대차보증금 3억 5,000만 원 등 합계 7억 3,000만 원을 지급하였다. 이와 같은 사안에 관해서 원심은 매매계약 체결 후 4일 만에 잔금까지 결제되고 매수자금의 절반이 타인 자금인 점 등 이례적인 사정에 비추어 매수인의 선의 항변을 배척하였다.

(판단 요지) 매수인이 중개업자를 통하여 시가에 근접한 가격에 매수한 점, 그 대금을 모두 지급하고 임차인으로 하여금 아파트를 점유하게 한 점, 매수인이 출국이 임박하여 대금 결제를 신속하게 마무리 한 점 등에 비추어 보면, 매수인이 선의의 수익자에 해당한다고 볼 여지가 충분하다는 이유로 원심판결을 파기하였다.

(3) 매수인의 선의를 부정한 대법원판례

부동산 매매에 관한 채권자취소소송에 있어 수익자의 지위에 있는 매수인의 선의를 부정한 대법원판례의 구체적 사안에 관하여 살펴본다.

① [대법원 2013. 2. 14. 선고 2012다5377 판결]

(사안 요지) 매수인은 매도인의 유일한 재산인 근린생활시설(사무실 건물)을 대금 1억 7,000만 원에 매수하는 계약을 체결하였다. 매수인은 매도인의 형수로서 매도인이 사업자금을 마련하기 위해 위 부동산을 매각하려다 실패하자 매수하게 된 것이다. 매수인은 자신 및 남편의 소득과 남편이 다른 사람에게 대여한 금원을 반환받은 돈으로써 위 매매대금을 지급하였다고 주장하였다. 그런데, 그 출처에 관한 자료로서 매수인 본인이나 남편의 금융계좌에서 인출되었음을 확인할 수 있는 금융거래내역 등 객관적이고 직접적인 자료를 제출하지 않고, 본인 및 남편의 소득금액증명서, 다른 사람의 금전차용증명서 등을 제출하였다. 위 부동산에 관해서 매수인 앞으로 소유권이전등기가 마쳐진 후에 다른 사람에게 임대되었다고 하면서 매수인은 임대차계약서나 임료 수령에 관한 자료를 제출하지 않았다.

(판단 요지) 매수인과 매도인의 특별한 인적관계, 매매대금의 출처가 분명하지 않은 점, 매수 경위도 석연치 않은 점, 매수 후의 정황 등에 비추어 보면, 매수인이 매매계약 당시 선의의 수익자라고 단정하기 어렵다.

② [대법원 2017. 1. 12. 선고 2016다256715 판결][150)]

(사안 요지) 매수인은 매도인으로부터 강원 횡성군 소재 임야를 900만 원에 매수하는 계약을 체결하였다. 매수인은 조상들의 분묘를 이장할 선산을 새로 마련하기 위하여 수년 간 적당한 장소를 물색하던 중 위 부동산을 매수하게 된 것이다. 매수인은 위 부동산이 맹지로서 그 시세가 공시지가보다 낮고 계약 체결 전에 매도인과 거래한 사실도 없어 매도인의 채무상태를 알지 못하였으므로 선의라고 주장하였다.

(판단 요지) 매수인은 매도인의 사위인 ○○○의 친형으로서 자신의 동생 ○○○(즉 매도인의 사위)의 소개로 매매계약을 체결한 점, ○○○은 매도인이 운영하던 회사의 임원으로서 재직한 점, 계약 당시 위 부동산의 공시지가는 약 3,300만 원임에도 매매가격이 이에 현저하게 미달되는 점, 개별공시지가는 '부동산 가격공시 및 감정평가에 관한 법령'에서 정한 평가요소 및 엄격한 절차에 따라 결정 공시된 가격으로서 객관적 시세의 가장 중요한 평가요소로 볼 수 있는데, 이는 일반적인 시세보다 낮게 책정되는 경우가 많은 점, 매수인이 멀리 떨어져 거주하는 매도인에게 계약금, 중도금, 잔금 등을 모두 현금으로 지급하였다는 것이 이례적인 점, 매수인이 선산으로 사용할 목적으로 위 부동산을 매수하기에는 매수인 부친의 묘소가 있는 경기도 포천과의 거리가 지나치게 먼 점 등에 비추어 보면, 매수인의 선의 항변은 이유 없다.

(4) 매수인 선의 판단에 관한 판례의 추이(推移) 및 기준

이상에서 살펴 본 바와 같은 구체적 사례에 의하면, 대법원판례는 부동산의 매매거래에 있어 그 매매대금이 실제로 지급되고 매수인과 매도인 사이에 친인척관계나 기존의 거래관계가 없는 이상, 나아가 그 매매계약이 부동산중개업소

---

150) 심리불속행 기각된 사건으로서, 사안 요지 및 판단 요지는 원심인 서울북부지법 2016. 9. 9. 선고 2016나30676 판결 이유에서 발췌한 것이다.

의 중개를 통하여 이루어진 경우에는, 설사 그 계약의 구체적 이행 방법 및 과정이나 매매대금의 조달 등에 관하여 다소 이례적인 사정이 있다고 하더라도, 수익자의 지위에 있는 매수인의 선의를 인정하는 경향이 있다고 이해할 수 있다.[151)]

결국, 대법원판례는 부동산 그 중에서도 특히 주택의 매매에 있어서는 실수요자인 매수인의 신뢰를 보호하고 나아가 거래의 안전을 보호하기 위하여 수익자의 선의 여부를 판단하기 위한 여러 가지 사정 중에서 매매대금의 실제 지급 여부(그 출처의 입증 여부), 매수인과 매도인의 특수한 인적관계 유무 등을 주요한 판단기준으로 삼아 수익자인 매수인의 선의를 가급적 너그럽게 인정하는 추이에 있다고 할 것이다.

4. 주거안정 요청과 수익자 선의 판단

대법원 2005. 5. 13. 선고 2003다50771 판결은, 주택임대차보호법 제8조의 소액보증금 최우선변제권 보호대상인 임차권을 설정해 준 행위가 사해행위인 경우, 수익자인 임차권자의 선의에 관하여 특별히 의미 있는 판단기준을 제시하였다.

즉 위 대법원판결은 먼저, 소액보증금 임차권을 취득한 자는 그 보증금을 최우선적으로 회수할 수 있도록 한 입법취지에 따라 자신의 보증금 회수에 대하여 상당한 신뢰를 가지게 되므로 임대인의 채무초과상태 여부를 비롯하여 자신의 임대차계약이 사해행위가 되는지에 대하여 통상적인 거래행위 때보다 주의를 덜 기울이게 된다는 거래의 실정을 인정하였다. 그리고 임차인의 선의를 판단함에 있어서는 실제로 보증금이 지급되었는지, 그 보증금의 액수는 적정한지, 등기부상 다수의 권리제한관계가 있어서 임대인의 채무초과상태를 의심할 만한 사정이 있었는데도 굳이 임대차계약을 체결할 사정이 있었는지, 임대인과

151) 매수인의 선의를 인정한 대법원판례로서는 앞서 본 판례 외에도 대법원 2002. 11. 8. 선고 2002다42100 판결, 2003. 3. 25. 선고 2002다62036 판결, 2006. 10. 12. 선고 2006다39560 판결, 2012. 4. 26. 선고 2011다11610 판결, 2015. 12. 24. 선고 2015다48467 판결 등이 있다. 특히 대법원 2002다62036 판결은 농지의 매매에 있어 농민이 이웃의 소개로 시세보다 싼 가격으로 매수한 경우에 선의를 인정하였다.

친인척관계 등 특별한 관계는 없는지 등을 종합적으로 고려하여 판단하여야 한다고 판시하였다.

위 판례의 취지는 비단 소액 임대차뿐만 아니라 널리 임차인의 주거의 안정이라는 사회적 요청을 반영한 것이라고 이해할 수 있다.

따라서, 채무자가 임대인으로서 체결한 임대차계약이 사해행위에 해당하는 경우, 법률상으로는 수익자인 임차인의 악의가 추정된다고 할 것이지만, 소송실무상으로는 사해행위임을 주장하는 채권자 측에서 진정한 임차인인지여부에 대하여 즉 우선변제를 목적으로 하는 가장 임차인이라는 점에 대하여 합리적 의심을 가질 만한 사정에 관한 소명자료를 제출하도록 하는 것이 바람직하다고 할 것이다.

제 3 장
사해행위 성부에 관한 구체적 고찰

제 1. 구체적 고찰의 소송실무상 의의

소송실무상 다툼의 대상인 사해행위는 언제나 매매, 증여, 근저당권 설정, 채권양도 등 구체적인 모습으로 등장하고, 그러한 구체적인 행위의 내용 및 그 동기, 경위, 결과와 채무자의 재산상태 등을 포괄하여 그것이 사해행위의 요건을 갖추었는지, 사해성을 조각하는 사유에 해당하는지 등에 관해서 공방이 이루어진다.

또한, 사해행위 취소의 실질적 · 종국적 목적이라고 할 수 있는 채무자 재산의 회복 방법도 사해행위의 구체적 모습에 따라 달라진다.

그러므로, 실제 사회생활에서 자주 나타나는 구체적인 법률행위에 관해서 사해행위의 일반적 성립 요건과 결부하여 특징적인 점을 따로 검토하는 것은 실무상 매우 중요한 의미를 가진다고 할 것이다.

제 2. 물적 담보제공

1. 특정 채권자를 위한 담보제공

(1) 대법원판례의 분석 및 이해

대법원판례는, '채무자의 재산이 채무의 전부를 변제하기에 부족한 경우에 채무자가 그의 재산을 어느 특정 채권자에게 담보로 제공하였다면 특별한 사정이 없는 한 이는 곧 다른 채권자의 이익을 해하는 것으로서 다른 채권자들에 대한 관계에서 사해행위가 되는 것인데, 위와 같이 담보로 제공된 재산이 채무자의 유일한 재산인 경우는 물론 유일한 재산이 아니라거나 그 가치가 채권액에 미달한다고 하여도 마찬가지'라는 법리를 확립하고 있다(대법원 2007. 7. 12. 선고 2007다18218 판결, 2008. 2. 14. 선고 2005다47106 판결 등).

어느 특정 채권자에 대한 담보제공행위가 사해행위가 되기 위해서는 채무자가 이미 채무초과상태에 있을 것과 그 채권자에게만 다른 채권자에 비하여 우선변제를 받을 수 있도록 하여 다른 일반채권자의 공동담보를 감소시키는 결과를 초래할 것을 그 요건으로 하며, 특정 채권자에게 부동산을 담보로 제공한 경우 그 담보물이 채무자 소유의 유일한 부동산인 경우에 한하여 사해행위가 성립되는 것은 아니다(대법원 2014. 12. 11. 선고 2011다49783 판결).

채무초과 여부의 기준 시점은 원칙적으로 당해 담보제공행위를 한 때이므로 사해행위인 담보제공행위 당시 이미 발생한 채무자의 소극재산이 적극재산의 가액보다 많을 것을 요한다. 다만, 그 사해행위 당시에 이미 채무성립에 기초가 되는 법률관계가 성립되어 있고, 가까운 장래에 그 법률관계에 터잡아 채무가 성립되리라는 점에 대한 고도의 개연성이 있으며, 실제로 가까운 장래에 그 개연성이 현실화되어 채무가 성립된 경우에는 그 채무도 사해행위 당시의 채무자의 소극재산에 포함된다(대법원 2011. 1. 13. 선고 2010다68084 판결).

따라서, 비록 엄밀하게 담보권 설정 당시의 시점에서는 채무초과상태에 있지 않았지만 담보권 설정 후 단기간 내에 비로소 소극재산이 적극재산을 초과하게 된 경우라도, 담보권 설정 당시 그 채무 발생에 관한 기초적 법률관계가 성립되어 있었고 그에 따라 가까운 장래에 실제로 채무가 성립한 이상, 그 채무도 담보권 설정 당시의 소극재산으로 합산하여 사해행위 당시의 무자력 여부를 판단하여야 할 것이다.

앞서 본 바와 같은 무자력 상태에서의 특정 채권자에 대한 담보제공이 사해행위가 된다는 대법원판례의 판시내용은, 사해행위의 일반개념 즉 '채무자가 자신의 채무초과상태를 유발하거나 기존의 채무초과상태를 심화시키는 재산에 관한 행위'라는 것과 어떤 맥락에서 연결된다고 볼 것인가.

"채무초과상태를 심화시킨다"는 것은 소극재산을 양적으로 더욱 확대하거나 또는 적극재산을 양적으로 더욱 축소시키는 행위는 물론이고, 채무초과상태에서 일반 책임재산의 변제력을 질적으로 약화시키는 행위도 포함한다고 할 것이다.

대법원판례가, 채무자가 '자신의 재산으로써 채무의 전부를 변제하기에 부족한 경우'라고 판시한 것은 '채무초과상태에서'를 의미하는 것이고, '그의 재산을 어느 특정 채권자에게 담보로 제공'이라고 판시한 것은 '특정의 채권자에게 그 채권액에 관하여 채무자 재산의 교환가치에 대하여 배타적인 우선변제권을 부여한 것'을 의미한다. 따라서 결국, 채무자가 채무초과 상태에서 특정 채권자에 대하여 물적 담보를 제공하는 행위는 다른 채권자에 대한 관계에서 종전보다 일반 책임재산에 의한 변제력을 비례적·상대적으로 약화시키는 것이므로, 기존의 채무초과상태를 질적으로 심화시키는 행위로서 사해행위에 해당한다.

채무자의 특정 채권자에 대한 담보 제공이 사해행위가 되는지 여부를 판단하기 위해서는 담보 제공 당시 채무자가 채무초과상태에 있었음이 밝혀져야 한다. 이와 관련하여 대법원 2000. 4. 25. 선고 99다55656 판결은, 기업이 거래금융기관으로부터 부도처리를 받은 경우에 당좌거래정지처분과 기업의 채무초과상태가 반드시 일치하는 것은 아니므로 당좌부도사실로부터 채무초과사실을 추인하는 것은 부당하고, 채무자의 적극재산과 소극재산에 관해서 구체적으로 심리하여 채무초과 여부를 밝혀야 한다고 판시하였음에 주의를 요한다.

(2) 적용범위(담보목적의 가등기 및 채권양도 등)

담보제공행위의 전형적인 예는 부동산에 관하여 (근)저당권을 설정하는 것이지만, 그 밖에 부동산에 관하여 채권 담보의 목적으로 소유권이전청구권 가등기를 마쳐주거나[1] 담보의 목적으로 양도하거나, 또는 부동산 외에 채권, 주식 등 재산에 관하여 담보 목적으로 양도하는 행위[2]도 모두 포함한다.

채권담보의 목적으로 부동산에 관하여 가등기를 하는 경우, 부동산등기부에 그 등기목적에 관하여 '소유권이전담보가등기', 등기원인에 관하여 '대물반환 예약'이라고 기재되는 것이 원칙이다.[3] 그러나, 등기부에 등기목적이 '소유권이전청구권 가등기', 등기원인이 '매매예약'으로 기재되어 있더라도 당사자 사이의 계약의 실질적인 목적이 채권담보에 있다면 담보가등기로서 취급할 것이다.[4]

특히 대법원 2012. 2. 16. 선고 2010다82530 전원합의체 판결은, 종전 판례를 변경하여, 수인의 채권자가 채권담보 목적으로 공동명의로 채무자 소유의 부동산에 관하여 매매예약을 체결하고 각자의 채권액 비율에 따라 지분을 특정하여 가등기를 마친 경우에는, 각 채권자는 각자의 지분별로 별개의 매매예약완결권을 가지므로 단독으로 이를 행사하여 자신의 지분에 관하여 가등기에 기한 본등기절차의 이행을 청구할 수 있다고 판시하였음에 주의를 요한다. 변경 전의 종전 대법원판례(84다카2188, 85다카2203 판결 등)는, 수인의 채권자와 채무자가 채무자 소유의 부동산에 관하여 수인의 채권자를 권리자로 하는 1개의 매매예약을 체결하고 그에 따른 가등기를 마친 경우에 매매예약의 내용 등에 관련한 당사자의 의사에 관계없이 언제나 수인의 채권자가 공동으로 매매예약완결권을 가지므로 채권자 전원이 공동으로 이를 행사하여야 한다고 하였다.

2. 물상보증

물상보증은 채무자가 아무 채무도 없이 다른 사람을 위해서 자신의 부동산에 관하여 근저당권을 설정함으로써 그 부동산의 담보가치만큼 채무자의 총재산에 감소를 가져오는바,[5] 위와 같은 물상보증으로 인하여 소극재산이 적극재

1) 대법원 2008. 2. 14. 선고 2005다47106 판결(채권담보를 목적으로 특정 채권자와 사이에 부동산에 관하여 매매예약을 체결하고 소유권이전등기청구권 가등기를 마쳐준 사례이다).

2) 대법원 2007. 2. 23. 선고 2006다47301 판결(담보목적으로 금전채권을 양도한 사례이다), 2007. 7. 12. 선고 2007다18218 판결(담보목적으로 주식을 양도한 사례이다).

3) 가등기에 관한 업무처리지침(등기예규 제1632호).

4) 앞의 대법원 2005다47106 판결.

5) 즉, 채무자가 자신의 부동산에 관하여 제3자의 채무에 대한 근저당권을 설정해 줌으로써 물상보증을 한 경우에는 일반 채권자들의 만족을 얻는 물적 기초가 되는 책임재산이 새로이 감소

산을 초과하게 되거나 채무초과상태가 더 심화되는 경우에는 물상보증에 의한 근저당권 설정행위는 채권자 취소의 대상인 사해행위에 해당한다(대법원 2010. 6. 24. 선고 2010다20617 판결).

이와 같이 채무자가 자신의 채무가 아닌 제3자의 채무를 담보하기 위하여 자신의 부동산을 담보로 제공한 경우 즉 물상보증의 경우에는, 위 1.항의 채무자 자신의 특정 채권자에 대한 채무에 관하여 담보를 제공하는 것과는 달리, 담보제공 당시 채무초과상태에 있었음을 요하지 않는다.

채무자가 물상보증인이 되는 행위는 부동산의 담보가치만큼 채무자의 일반 채권자들을 위한 책임재산에 감소를 가져오는 것이므로, 물상담보로 제공된 부동산의 가액에서 다른 채권자가 가지는 피담보채권액을 채권최고액의 범위 내에서 공제한 잔액만이 채무자의 적극재산으로 평가되므로, 담보제공으로 인하여 비로소 채무초과상태에 빠질 수 있고, 이러한 경우에도 사해행위에 해당한다(대법원 2015. 6. 11. 선고 2014다237192 판결).

3. 사해행위 성부가 문제되는 경우

(1) 담보물의 대체

수익자가 채무초과상태에 있는 채무자의 부동산에 관하여 설정된 선순위 근저당권의 피담보채무를 변제하여 그 근저당권설정등기를 말소하는 대신 동일한 금액을 피담보채무로 하는 새로운 근저당권을 설정하는 것은 채무자의 공동담보를 부족하게 하는 것이라고 볼 수 없으므로 사해행위에 해당하지 않는다(대법원 2012. 1. 12. 선고 2010다64792 판결).

또한, 수익자가 채무초과상태에 있는 채무자의 부동산에 관하여 설정된 선순위 담보가등기의 피담보채무를 변제하여 그 가등기를 말소하는 대신 동일한 금액을 피담보채무로 하는 새로운 담보가등기를 설정하는 것은 채무자의 공동담보를 부족하게 하는 것이라고 볼 수 없어 사해행위가 성립한다고 할 수 없다.

다만, 위와 같이 선순위 담보가등기를 말소한 후 그 부동산에 관하여 매매예약을 하고 그에 기하여 소유권이전청구권 보전의 가등기를 경료한 경우에는

된다(대법원 2010. 1. 28. 선고 2009다90047 판결, 2015. 6. 11. 선고 2014다237192 판결).

사해행위가 성립할 수 있다(대법원 2003. 7. 11. 선고 2003다19435 판결).

(2) 저당권설정청구권 있는 수급인 및 그 양수인에 대한 담보 제공

'민법 제666조에 의해 부동산공사의 수급인에게 보수에 관한 채권을 담보하기 위하여 목적물에 대한 저당권설정청구권이 부여된 것은 수급인이 사실상 목적물로부터 공사대금을 우선적으로 변제받을 수 있도록 하는 데 그 취지가 있다. 이러한 수급인의 지위가 목적물에 대하여 유치권을 행사하는 지위보다 더 강화되는 것은 아니어서 도급인의 일반채권자들에게 부당하게 불리해 지는 것이 아니므로, 건축공사의 도급인이 수급인의 저당권설정청구권의 행사에 따라 공사대금채무의 담보로 저당권을 설정하는 행위는 특별한 사정이 없는 한 사해행위에 해당하지 아니한다'(대법원 2008. 3. 27. 선고 2007다78616 판결).

대법원 2021. 5. 27. 선고 2017다225268 판결은, 위의 법리에 따라, 도급인, 수급인, 하수급인들의 합의를 통해 공사대금이 종국적으로 귀속되는 하수급인들에게 해당 채권액을 보장한다는 취지에서 수급인, 하수급인들을 공동저당권자로 근저당권을 설정한 것에 대해서도 사해행위에 해당하지 않는다고 판시하였다.

나아가, 대법원 2018. 11. 29. 선고 2015다19827 판결은, '민법 제666조에서 정한 수급인의 저당권설정청구권은 공사대금채권을 담보하기 위하여 공사대금채권에 부수하여 인정되는 채권적 청구권으로서 특별한 사정이 없는 한 공사대금채권이 양도되는 경우 저당권설정청구권도 이에 수반하여 함께 이전한다고 봄이 타당하다.' 따라서 '신축건물의 수급인으로부터 공사대금채권을 양수받은 자의 저당권설정청구에 의하여 신축건물의 도급인이 그 건물에 저당권을 설정한 행위 역시 사해행위에 해당하지 않는다'고 판시하였다.

(3) 우선변제권 있는 채권자에 대한 담보 제공

채권자들의 공동담보가 되는 채무자의 총재산에 대하여 다른 채권자에 우선하여 변제 받을 수 있는 채권자는 처음부터 채무자의 재산에 대한 환가절차에서 다른 채권자에 우선하여 배당 받을 수 있는 지위에 있으므로, 채무자가 채무초과상태에서 그와 같은 우선변제권 있는 특정 채권자를 위하여 채무자의 재산에 대하여 담보권을 설정하더라도 특별한 사정이 없는 한 다른 채권자를 해한다고 볼 수 없어 사해행위가 되지 않는다고 할 것이다.

예컨대, 채무자가 채무초과상태에서 소속 근로자들에게 체납임금의 지급을 위하여 그의 사실상 유일한 재산인 부동산에 관하여 저당권을 설정한 것은 사해행위에 해당하지 않는다.[6)]

(4) 가압류 후 저당권 설정

대법원 2008. 2. 28. 선고 2007다77446 판결은, 부동산에 관하여 가압류등기가 먼저 되고 나서 근저당권설정등기가 마쳐진 경우에 관하여, '경매절차의 배당관계에서 근저당권자는 선순위가압류채권자에 대해서는 우선변제권을 주장할 수 없고 그 가압류채권자는 근저당권자와 일반채권자의 자격에서 평등배당을 받을 수 있으므로, 결국 선행 가압류채권자는 채무자의 근저당권설정행위로 인하여 아무런 불이익을 입지 않아 채권자취소권을 행사할 수 없다'고 판시하였다(다만, 실제 채권액이 가압류 청구금액보다 많은 경우 그 초과하는 범위 내에서는 채무자의 근저당권설정행위가 채권자들의 공동담보를 감소시키는 사해행위에 해당한다).

그런데, 위 대법원판결의 법리는 채무자가 자신의 채무에 대하여 근저당권을 설정한 경우에 적용되는 것이고, 채무자가 다른 사람을 위해 자신의 부동산에 관하여 근저당권을 설정함으로써 물상보증인이 되는 경우에는 적용되지 않는 점에 주의를 요한다.

대법원 2010. 6. 24. 선고 2010다20617 판결은, 채권자가 채무자 소유의 부동산에 대하여 가압류한 후 채무자가 제3자의 채무를 담보하기 위하여 동일 부동산에 관하여 근저당권을 설정한 경우에 관하여, 채무자가 아무 채무도 없이 다른 사람을 위해 자신의 부동산에 관하여 근저당권을 설정함으로써 물상보증인이 되는 행위는 그 부동산의 담보가치만큼 채무자의 총재산에 감소를 가져오는 것이므로, 그 근저당권이 채권자의 가압류와 동순위의 효력밖에 없다 하여도, 그 자체로 다른 채권자에 대한 관계에서 사해행위에 해당한다고 판시하였다.

채권자의 채무자 소유의 부동산에 대한 선행 가압류 후 채무자가 물상보증

6) 대법원 2008. 2. 14. 선고 2006다33357 판결은 마찬가지의 법리에 따라, 채무자가 소속 근로자들에게 체납임금의 지급을 위하여 그의 유일한 재산인 승합자동차들을 대물변제로 양도한 행위는 다른 특별한 사정이 없는 한 사해행위에 해당하지 않는다고 판시하였다.

인이 되는 경우에는 아무런 채무 부담 없이 그 가압류한 부동산의 담보가치를 상실시킴으로써 적극재산의 감소만을 가져온다. 다시 말하면, 채무자의 물상보증행위가 없었다면 물상보증을 제공받은 자는 당해 부동산에 대한 집행절차에서 배당에 참여할 수조차 없었다. 반면, 채무자가 채권자에 의한 가압류 후에 자신의 기존의 다른 특정 채무에 관하여 근저당권을 설정하는 경우에 그 다른 채권자는 저당권 설정 전후를 불문하고 가압류 채권자에 대한 관계에서 여전히 일반채권자로서의 지위를 유지하여 배당에 참여할 수 있는 것이다.

이와 같이, 가압류 후 채무자의 저당권설정이 물상보증인지 아닌지에 따라 선순위 가압류 채권자에 대한 관계에서 사해행위의 성부가 달라지는 것은 물상보증인지 아닌지에 따라 채무자의 전체적인 재산 구성에 차이가 생기기 때문이라고 이해할 수 있다.

다만, 선행 가압류가 있었다고 하더라도 실제 채권액이 가압류 청구금액보다 많은 경우 그 초과하는 범위 내에서는 채무자의 기존 특정 채권자에 대한 저당권설정행위가 사해행위에 해당하는 것이므로, 소송실무상, 사해행위인 저당권 설정 전에 당해 부동산에 관하여 가압류한 채권자는 저당권 설정행위에 대하여 사해행위 취소소송을 제기하기에 앞서 가압류 청구금액보다 초과하는 실제 채권액이 있는지 여부에 관해서 면밀하게 검토할 필요가 있다.

(5) 사업계속을 위한 담보제공[7)]

자금난으로 사업을 계속 추진하기 어려운 상황에 처한 채무자가 자금을 융통하여 사업을 계속 추진하는 것이 채무변제력을 갖게 되는 최선의 방법이라고 생각하고 자금을 융통하기 위하여 부득이 부동산을 특정 채권자에게 담보로 제공하고 그로부터 신규자금을 추가로 융통받은 경우에는 당시 채무초과상태에 있었다고 하더라도 그 담보제공은 사해행위에 해당하지 않는다(대법원 2009. 5. 14. 선고 2008다70701 판결).

계속적인 거래관계가 있는 구입처로부터 외상매입대금에 대한 담보를 제공하지 않으면 사업에 필요한 물품의 공급을 중단하겠다는 통보를 받고 물품을 공급받아 사업을 계속 추진하는 것이 채무변제력을 갖게 되는 최선의 방법이라

7) 이 부분에 관해서는 앞의 제2장 제3절 제 4.의 4.항에서 상세하게 검토하였다.

고 생각하고 물품을 공급받기 위하여 부득이 부동산을 특정 채권자에게 담보로 제공하고 그로부터 물품을 공급받은 경우에는 비록 당시 채무초과 상태에 있었다고 하더라도 그 담보제공은 사해행위에 해당하지 않는다(대법원 2011. 1. 13. 선고 2010다68084 판결).

(6) 부동산 취득을 위한 금전 차용 등과 당해 부동산의 담보 제공

(가) 대법원판결의 판단 및 사안 요지

다수의 대법원판결은, 특정 채권자에 대하여 부동산 취득을 위하여 채무를 부담하는 것과 그 취득 부동산을 담보로 제공하는 것은 기존 채권자들의 공동담보가 감소되었다고 볼 수 없는 경우이므로, 채무자가 담보제공 당시 채무초과 상태에 있었다고 하더라도 그 담보제공행위는 사해행위에 해당하지 않는다고 판시한다.

아래에서 채무자가 제3자로부터 자금을 차용하여 부동산을 매수하고 해당 부동산을 차용금채무에 대한 담보로 제공하거나, 채무자가 제3자로부터 부동산을 매수하여 매매대금을 지급하기 전에 소유권이전등기를 마치고 해당 부동산을 매매대금 채무의 담보로 제공한 경우에 관하여 그 담보제공행위가 사해행위에 해당하지 않는다고 판시한 판결의 구체적인 사안 및 판단 요지에 관해서 본다.

① [대법원 2009. 4. 23. 선고 2008다95663 판결]

(사안 요지) 채무자 "을"은 주택매수자금을 마련하기 위해 은행으로부터 대출을 받는 한편 자신의 친동생인 수익자 "병"으로부터 3,500만원을 차용하여, 이 자금으로 주택의 매수대금을 지급하고 소유권이전등기를 마쳤다.

채무자 "을"은 매수주택에 관하여 소유권이전등기와 동시에 위 대출금채무의 담보를 위하여 은행 명의로 근저당권설정등기를 마치고 3일 후 채무초과 상태에서 위 차용금채무를 담보하기 위하여 수익자 "병"과 사이에 매매예약을 원인으로 그 앞으로 소유권이전청구권 가등기를 마쳤다.

이에 채권자 "갑"이 사해행위로서 "을"과 "병" 사이의 매매예약 취소 및 원상회복으로 가등기 말소를 구한 경우이다.

(판단 요지) 위 사안에 관해서, 위 대법원판결은 채무초과 상태의 채무자가

제3자로부터 자금을 차용하여 주택을 매수하고 그 주택을 그 차용금채무의 담보로 제공한 경우, 단기간 내에 이루어진 주택 매수를 위한 자금 차용과 그 매수 주택의 담보 제공 등 일련의 행위 전후를 통하여 기존 채권자들의 공동담보가 감소되었다고 할 수 없고, 이러한 경우 수익자 "병"에 대한 담보제공행위만을 분리하여 사해행위에 해당한다고 보아서는 안 된다는 이유로, 사해행위를 인정한 원심을 파기하였다.

② [대법원 2017. 9. 21. 선고 2017다237186 판결]

(사안 요지) 채무자 "을"은 재건축사업 시행자로서 재건축조합 조합원인 수익자 "병"과 사이에 "병" 소유의 토지 지분 및 건물을 대금 18억 4,000만 원에 매수하는 계약을 체결하고, "병"은 계약에 따라 건물에 관하여 2015. 7. 21. "을" 명의로 소유권이전등기를 마쳐 주었다.

그런데, 시행자 "을"이 사업구역 내 토지지분을 모두 확보하여 준공을 마치기까지는 "병"에게 대금을 지급하기 어려운 상황이었으므로 그 담보를 위하여 2015. 8. 10. 건물에 관하여 매매예약을 원인으로 "병" 명의로 소유권이전등기청구권 가등기를 마쳤다.

이에, 채권자 "갑"이 사해행위로서 "을"과 "병" 사이의 매매예약 취소 및 원상회복으로 가등기 말소를 구한 경우이다.

(판단 요지) 위 사안에 관하여 위 대법원판결의 원심은, 사업의 계속 추진을 위한 신규 자금의 융통에 관하여 담보를 제공하는 것이 사해행위에 해당하지 않는 것과 마찬가지의 법리를 적용하여 "을"과 "병" 사이의 매매예약이 사해행위가 되지 않는다고 판단하였다. 즉 위 매매예약은 "병"이 재건축사업의 완성을 위해 자신의 토지지분과 건물에 대한 권리를 사업시행자인 "을"에게 양도하되 그 담보를 위하여 부득이 체결하게 된 것으로서 사해행위에 해당한다고 보기 어렵다고 판단한 것이다.

그런데, 위 대법원판결은 위 매매예약이 사해행위에 해당하지 않는다는 결론에 있어서는 원심의 판단을 유지하면서, 그 이유의 구성을 달리하였다.

즉 대법원판결은 앞서 본 법리를 전제로 하여, "을"이 "병"으로부터 건물을 매수하여 소유권이전등기를 마친 후 17일 만에 그 대금채무를 담보하기 위해

“병”과 사이에 건물에 관하여 다시 매매예약을 체결한 일련의 행위 전후를 통하여 기존 채권자들의 공동담보가 감소되었다고 볼 것은 아니므로, 위 매매예약은 사해행위에 해당한다고 평가할 수 없다고 판단한 것이다.

③ [대법원 2018. 12. 28. 선고 2018다272261 판결]

(사안 요지) 채무자 “을”은 2016. 3. 24. 수익자 “병”과 사이에 “병”이 자신의 소유인 이 사건 공장용지 위에 이 사건 공장을 신축하여 “을”에게 대금 18억 5,000만 원에 분양하는 계약을 체결하였다.

“을”은 위 공장건물이 완공되자 계약금 1억 원만 지급한 상태에서, 2016. 8. 9. 공장건물 및 공장용지(이하, 이 사건 부동산으로 통칭)에 관하여 자신 명의로 소유권보존등기 및 소유권이전등기를 마쳤다.

또한, “을”은 2016. 8. 9. 뒤이어 이 사건 부동산에 관하여 은행에 1순위 근저당권을 설정하고 대출받아 8억 원을 위 매매대금의 일부로 지급하였다.

그리고 위 같은 날 “을”은 “병”과 사이에 미지급 매매대금 9억 5,000만 원 및 “병”이 부담한 취등록세 8,200만 원의 합계 10억 3,200만 원을 “병”으로부터 차용한 것으로 하기로 하되 그 채무를 담보하기 위해 이 사건 부동산에 관하여 “병” 앞으로 채권최고액 13억 원인 근저당권 설정계약을 체결하고 그로부터 7일 후인 2016. 8. 16. 그 등기를 마쳤다.

이에, “을”에 대하여 1,100만 원의 물품대금채권을 가지고 있는 채권자 “갑”이 위 “을”과 “병” 사이의 2016. 8. 9.자 근저당권 설정계약에 관하여 사해행위로서 취소를 구하고 원상회복으로 그 등기의 말소를 청구하였다.

한편, 채무자 회사 “을”의 표준대차대조표상 2015. 12. 31. 기준 자산총계는 약 21억 7,800만 원, 부채총계는 약 14억 4,900만 원이고, 2016. 12. 31. 기준 자산총계는 약 31억 1,700만 원, 부채총계는 약 23억 7,600만 원인데, 위 각 자산 중에는 강제집행 등을 통하여 환가하기 어렵거나 변제 확실성 있는 채권이라고 볼 수 없는 항목이 다수 포함되어 있어, 채무자 “을”은 수익자 “병”과의 이 사건 근저당권 설정계약 당시 변제자력이 없었다.[8]

---

8) 이 부분 사실관계는 위 대법원판결의 원심인 대구지법 2018. 9. 5. 선고 2018나302917 판결 이유에 설시된 것이다.

(판단 요지) 위 사안에 관해서 위 대법원판결의 원심은, 수익자 "병"의 선의 항변을 배척하고 채권자 갑"의 청구를 인용하였다.

그런데, 위 대법원판결은 위 사안에서 쟁점으로 되었다고 여겨지는 채무자 "을"의 무자력 여부, 수익자 "병"의 선의 여부에 관해서 판단하기에 앞서, 앞서 본 법리를 전제로 하여, "을"이 "병"으로부터 이 사건 부동산을 매수하여 등기를 마친 후 7일 만에 그 매매대금 등 지급채무를 담보하기 위해 "병"에 대하여 근저당권설정등기를 마쳐주었는바, 위와 같은 일련의 행위 전후를 통하여 기존 채권자들의 공동담보가 감소되었다고 볼 것은 아니므로, 위 근저당권 설정행위만을 분리하여 사해행위에 해당한다고 볼 것은 아니라고 판단한 것이다.

(나) 대법원판결 법리에 관한 비판적 검토

위 (가)항에 나온 각 대법원판결 사안은, 특정 채권자로부터의 차용금의 용도 또는 특정 채권자에 대한 대금지급채무의 발생원인이 부동산의 취득이고 그 취득 부동산이 그 특정채권자에 대하여 담보로 제공됨으로써 채무부담과 담보제공이 부동산 취득이라는 관계에서 서로 연계되어 있다는 점에 특색이 있다.

위 각 대법원판결은 위와 같은 연계성에 주목하여 그와 같은 일련의 행위 전후를 통하여 기존 채권자들의 공동담보가 감소되었다고 할 수 없으므로, 담보제공행위만을 분리하여 그것이 사해행위에 해당한다고 볼 수 없다는 결론을 도출한 것으로 이해된다.

그러나, 채무자가 채무초과 상태에서 그의 부동산에 관하여 어느 특정 채권자에게 근저당권 등 담보권을 설정해 주는 것은 원칙적으로 그 특정 채권자로부터 차용한 금전의 사용처에 따라 사해행위의 범위가 달라지는 것은 아니다.[9]

그리고, 부동산에 관한 매수자금의 대여채권자 또는 그 매매대금 채권자에게 채무자가 매수한 부동산에 대하여 다른 일반채권자와 다른 특별한 지위를 인정할 만한 별다른 법적 근거도 없다. 부동산에 관한 매수자금의 대여채권자 또는 그 매매대금 채권자가 그 후 채무자가 취득한 부동산에 대하여 담보권을 취득하는지 여부는 부동산공사 수급인이 법률의 규정에 의하여 목적 부동산에 관한 저당권설정청구권(민법 제666조)을 가지는 것과는 달리 당사자 사이의 계약

9) 대법원 2007. 10. 11. 선고 2007다45364 판결 참조.

체결 여부에 따를 뿐이다.

이와 같이, 부동산에 관한 매수자금의 대여채권자 또는 그 매매대금 채권자도 그 채권 성립의 경위 및 선후에 불구하고 결국 채무자에 대한 기존 일반채권자와 동등한 지위에 있고, 그 부동산에 관하여 기존 채권자와 분리되어 법률상 특별한 지위를 가진다고 볼 수 없다.

한편, 담보제공을 전후하여 새로운 채무 즉 차용금 반환채무 또는 대금지급채무의 부담에 따른 소극재산의 증가와 그에 상응한 부동산의 취득에 따른 적극재산의 증가에 의해 채무자의 전체적인 재산상태에는 변동이 없다고 볼 수 있다.

그런데, 확립된 대법원판례는 채무초과상태에 있는 채무자가 그 소유의 부동산을 채권자 중의 어느 한 사람에게 채권담보로 제공한 행위는 다른 특별한 사정이 없는 한 사해행위에 해당한다는 입장을 취하고 있다. 이와 같은 대법원 판례의 확립된 입장은, 특정 채권자에 대한 담보제공을 전후하여 채무자의 전체적인 재산상태에 변동이 없더라도, 특정 채권자에게 우선변제의 효력을 부여함으로써 상대적으로 다른 채권자들에 대한 공동담보의 변제력을 약화시킨다는 데에 그 법리적 근거를 두고 있다고 할 것이다.

따라서, 채무자가 부동산 취득 후에도 여전히 채무초과 상태에 있는 이상, 부동산 매수자금의 대여채권자 등 특정 채권자에게 그 부동산을 담보로 제공하여 우선변제의 효력을 부여하는 것은, 그와 동등한 지위에 있는 기존 일반채권자들의 공동담보의 변제력을 질적으로 약화시키는 결과를 초래하는 것이므로, 담보제공행위 전후를 통하여 기존 채권자들의 공동담보가 감소되지 않았다고 할 수 없다.

그러므로, 사업계속을 위한 불가피한 경우 등 특별한 사정이 없는데도, 채무초과상태에 빠진 채무자가 부동산 취득을 위한 자금 차용 채무 또는 그 매매대금 지급채무의 담보를 위하여 당해 부동산에 관하여 담보권을 설정하는 경우 등에는 그 담보제공행위 전후를 통하여 기존 채권자들의 공동담보가 감소되었다고 볼 것은 아니라는 이유로, 예외적으로 사해성을 배제하는 경우로 인정하기에는 부족하다고 생각한다.

위 (가)항에서 본 ① 대법원 2008다95663 판결과 같은 사례에서는, 수익자가 채무자에게 주택매수자금을 일부 대여하였는데 그 후 채무자가 매수한 주택에 관하여 은행 명의로 선행근저당권이 설정된 점 및 다른 객관적 사정을 종합하여 볼 때, 수익자(가등기 담보권자)의 선의가 인정되므로 결국 사해행위에 해당하지 않는다고 판단할 수도 있는 사안이라고 할 것이다.

한편, 채무자의 법률행위가 채무초과상태를 유발하거나 기존의 채무초과상태를 심화시키는 행위에 해당한다고 하더라도, 그 목적이 사업의 계속을 통한 기업의 경제적 회생에 있고, 그 방법이 기업의 합리적 경영판단으로서 불가피한 것이라면 채무자의 처분행위에 대하여 일반적으로 사해행위 해당성을 조각 배제하는 사유가 된다고 보는 것이 타당하다.[10)]

따라서, 채무자가 기업자인 경우에 금융기관으로부터 대출을 받아 공장건물을 신축하고 사업을 계속하기 위하여 미리 신축될 공장 및 부지에 관하여 당해 금융기관에게 1순위로 근저당권을 설정하기로 약정하고 신축 후에 그 약정에 따라 근저당권을 설정하였다면, 사해행위 해당성이 조각된다고 보아도 무방하다.

위 (가)항에서 본 ② 대법원 2017다237186 판결과 같은 사례도 채무자가 재건축 사업을 계속 추진하기 위한 불가피한 사정에 따라 사업 구역 내 부동산을 취득함에 있어 그 종전 소유자에게 담보권을 설정한 것으로서 사해행위에 해당하지 않는다고 볼 수 있다고 할 것이다.

그리고, 위 (가)항에서 본 ③ 대법원 2018다272261 판결과 같은 사례도 채무자가 공장의 안정적 가동에 의해 사업을 계속함으로써 채무 변제력을 증진시키려는 불가피한 사정에 따라 공장건물의 매도인인 수익자 "병"에 대하여 담보권을 설정하였다고 볼 수 있다. 나아가 그 밖의 다른 사정에 관해서 충실한 심리가 이루어 진다면 구체적 타당성을 구현하는 취지에서 수익자 "병"의 선의도 인정될 수 있는 사례라고 생각한다.

10) 이 점에 관해서는 앞의 제2장 제3절 제 4.의 4.항 및 뒤 제 4.의 5.항에서 상세하게 검토한다.

제 3. 전세권, 지상권, 우선효 있는 임차권 설정

1. 물권적 전세권 설정

대법원 2010. 7. 15. 선고 2007다21245 판결은, 채무자가 일반채권자들을 위한 공동담보가 부족한 상태에서 책임재산의 주요부분을 구성하는 부동산에 관하여 제3자에게 우선변제권이 있는 전세권을 설정해 주고 전세금을 취득한 것에 관하여, 결론적으로 위 전세권설정계약은 사해행위에 해당한다고 판시하였다.

그런데, 위 대법원판결은 그 판시이유에서, 채무자가 일반채권자들을 위한 공동담보가 부족한 상태에서 이와 같은 전세권을 설정함으로써 그 부동산의 담보가치 일부를 은닉 또는 소비하기 쉽게 현금화하여 그 '공동담보 부족상태를 실질적으로 심화시킨 점' 이외에, 채무자가 당시 부담하고 있던 채무를 변제할 별다른 상환계획을 세우지 아니하고 전세금에 대하여 일정기간 동안의 금융을 얻었을 뿐 전세금을 취득한 목적이 채권자 일반을 위하여 변제자력을 회복 또는 향상시키고자 한 것도 아니었던 점 등의 사정도 사해행위 판단의 근거로 들고 있다.

채무자는 전세권설정계약에 의하여 전세금을 취득하는 반면 전세권자에 대하여 전세금반환채무를 부담하고, 한편 전세권자는 전세권설정자가 전세금의 반환을 지체한 경우에는 전세물의 경매를 청구하여 일반 채권자보다 우선하여 전세금을 변제받을 수 있으므로(민법 제318조, 제303조 제1항 후문), 결국 전세권을 설정한 채무자는 전세금반환채권을 가지는 전세권자라는 특정 채권자에게 실질적으로 우선변제의 효력을 가지는 담보를 제공한 것과 다르지 않다고 할 것이다.

그러므로, 채무자가 채무초과상태에서 책임재산의 주요부분을 구성하는 부동산에 관하여 제3자에게 전세권을 설정하는 행위는 다른 사정이 부가되지 않더라도 그 자체로서 다른 채권자에 대한 관계에서 기존의 채무초과상태를 질적으로 심화시키는 행위로서 사해행위에 해당한다고 이해하는 것이 타당하다고 생각한다.

한편, 전세권은 그 성질상 용익물권적 성격과 담보물권적 성격을 겸비한 것으로서 전세권의 존속기간이 만료되면 전세권의 용익물권적 권능은 전세권설정등기의 말소 없이도 당연히 소멸하고 단지 전세금반환채권을 담보하는 담보물권적 권능의 범위 내에서 전세금의 반환시까지 그 전세권설정등기의 효력이 존속하므로(대법원 2005. 3. 25. 선고 2003다35659 판결), 전세권의 존속기간 만료 후에도 전세금이 반환되지 아니하여 전세권설정등기가 남아 있다면, 사해행위로서 취소를 구할 이익이 있다고 할 것이다.

2. 지상권 설정

대법원 2014. 7. 24. 선고 2012다97871 판결은, 근저당권 등 담보권 설정의 당사자들이 그 목적으로 된 토지 위에 차후 용익권이 설정되거나 건물 또는 공작물이 축조 설치되는 등으로써 그 목적물의 담보가치가 저감하는 것을 막을 것을 주요한 목적으로 하여 담보권과 아울러 지상권을 설정한 경우에, 담보권이 소멸하면 등기된 지상권의 목적이나 존속기간과 관계없이 지상권도 그 목적을 잃어 소멸한다고 판시하였다.

따라서, 채무자가 채무초과상태에서 그의 재산에 관하여 특정 채권자에게 근저당권을 설정함과 아울러 배타적 효력을 가지는 지상권을 설정하는 것은 담보가치의 저감을 막기 위한 것으로서 그 목적이 동일하다고 할 것이므로, 지상권 설정행위도 근저당권 설정행위와 아울러 사해행위에 해당한다고 할 것이다.

나아가, 채무자가 채무초과상태에서 자신의 주요 재산인 토지에 관하여 제3자에게 지상권만을 설정한 경우에도, 지상권은 일반적으로 그 최단 존속기간이 5년 이상이고(민법 제280조, 제281조) 배타적 효력을 가짐으로써 결국 지상권이 설정된 부동산을 포함한 일반 책임재산의 변제력을 질적으로 약화시키므로, 채무초과상태에서의 지상권 설정행위는 그 자체로서 채무초과상태를 심화시키는 행위로서 사해행위에 해당한다고 할 것이다.

3. 우선변제 효력 있는 임차권 설정

주택임대차보호법 제8조의 소액보증금 최우선변제권은 임차목적 주택에 대하여 저당권에 의하여 담보된 채권 등에 우선하여 변제받을 수 있는 일종의 법정담보물권을 부여한 것이므로, 채무자가 채무초과상태에서 자신 소유의 주택에 대하여 위 법조 소정의 임차권을 설정해 준 행위는 채무초과상태에서의 특정채권자에 대한 담보제공행위와 마찬가지로 사해행위에 해당한다(대법원 2005. 5. 13. 선고 2003다50771 판결).[11]

주택임대차보호법 소정의 대항요건 및 확정일자를 갖춘 임차인이 임차목적 주택 및 그 대지에 대하여 가지는 우선변제권도 법정담보물권의 성격을 가지므로(대법원 2007. 6. 21. 선고 2004다26133 판결), 채무자가 채무초과상태에서 자신 소유의 주택에 대하여 위와 같은 임차권을 설정해 준 행위는 채무초과상태에서의 특정채권자에 대한 담보제공행위와 마찬가지로 사해행위에 해당한다.[12]

위와 같은 법리는 상가건물임대차보호법에 의해 대항요건 및 확정일자를 갖춘 경우에도 적용된다고 할 것이다.

---

11) 이 판례는 '채무자가 채무초과상태에서 "채무자 소유의 유일한 주택에 대하여" 위 법조 소정의 임차권을 설정해 준 행위'라고 설시하고 있으나, 위 임차권의 성격을 법정담보물권으로 파악하는 이상 일반적인 물적 담보의 제공과 마찬가지로 그 주택이 채무자의 유일한 재산인 경우는 물론 유일한 재산이 아니라도 사해행위에 해당한다고 할 것이다.

12) 이와 관련하여 대법원 2007. 12. 13. 선고 2007다55088 판결은, 임대차계약의 주된 목적이 주택을 사용 수익하려는 데에 있는 것이 아니고 실제적으로는 대항력 있는 임차인으로 보호받아 후순위권리자 기타 채권자보다 우선하여 채권을 회수하려는 데에 있었던 경우에는 주택임대차보호법상의 대항력을 부여할 수 없다고 판시하였음에 주목할 필요가 있다.

제 4. 부동산 등 주요 자산의 매각

1. 문제의 소재 – 매각에 의한 재화(財貨) 특성의 변화

채무자가 부동산을 시가에 상당한 가격으로 매각한 경우에는 부동산의 소유권을 이전·상실한 대신에 그 가치에 상응하는 대금을 수령·취득하므로 회계학적 의미에서는 채무자의 총재산에 변동이 없다고 할 수 있다.

그런데 한편, 부동산은 일반적으로 채무자의 적극재산의 가장 중요한 구성부분이고 채권자의 입장에서는 그 고정성(固定性), 공시성(公示性) 등의 특성에 의해 용이하게 파악할 수 있는 재산인 반면, 금전은 고도의 유통성, 가치 분할성, 저장(貯藏)성 등의 특성에 의해 소비·산일(散逸)되거나 은닉하기 쉽다.

위와 같이, 부동산을 매각하는 경우에 비록 회계학적 의미에서는 채무자의 총재산에 변동이 없다고 볼 수 있으나, 부동산과 금전은 경제적 재화(財貨)로서 상반된 특성을 가지고 있으므로, 채무자가 보유한 적극재산에 질적으로 중대한 변화가 생겼다고 볼 수 있다.

이러한 채무자의 적극재산의 질적인 중대한 변화에 대해서 사해행위 즉 채무초과상태의 유발 또는 심화와 관련하여 어떠한 법적 평가를 할 것인지의 문제이다.

2. 대법원판례의 서술내용 및 그 분석

(1) 판례의 구체적 서술내용

① [대법원 1966. 10. 4. 선고 66다1535 판결]

채무자가 자기의 유일한 재산인 부동산을 매각하여 소비하기 쉬운 금전으로 바꾸는 행위는, 그 매각이 일부 채권자에 대한 정당한 변제에 충당하기 위하여 상당한 가격으로 이루어졌다든가 하는 특별한 사정이 없는 한, 항상 채권자에 대하여 사해행위가 되고, 채무자의 사해의 의사는 추정된다.

② [대법원 1994. 6. 14. 선고 94다2961 판결]

채무자가 채무초과상태에서 채권자 중 한 사람과 통모하여, 그 채권자만 우선적으로 채권의 만족을 얻도록 할 의도로 채무자 소유의 부동산을 그 채권자에게 매각하고 매매대금채권과 그 채권자의 채무자에 대한 채권을 상계하는 약정을 하였다면, 가사 매매가격이 상당한 가격이거나 상당한 가격을 초과한다고 할지라도, 채무자의 매각행위는 다른 채권자를 해할 의사로 한 법률행위에 해당한다.

③ [대법원 1995. 6. 30. 선고 94다14582 판결]

(사안 요지) 채무자가 이 사건 섬유공장 건물 및 그 대지를 매각할 당시 아파트 1채를 소유하고 공장 기계설비 등 중요 동산과 신용·기술 등 무형자산을 보유하고 있었던 사안이다.

(판단 요지) 채무자가 이미 채무초과상태에 빠져 있는 상태에서 채권자 중 한 사람과 통모하여 그 채권자만 우선적으로 채권의 만족을 얻도록 할 의도로 채무자 소유의 중요한 재산인 공장 건물과 대지를 그 채권자에게 매각하되, 현실로는 매매대금을 한 푼도 지급받지 아니한 채 그 대금 중 일부는 채권자의 기존의 채권과 상계하고 그 대지를 담보로 한 은행융자금 채무를 채권자가 인수하며, 나머지 대금은 채무자가 그 공장 건물을 채권자로부터 다시 임차하여 계속 사용하는데 따른 임차보증금으로 대체하기로 약정하였다면, 비록 그 매매가격이 시가에 상당한 가격이라고 할지라도 채무자의 매각행위는 다른 채권자를 해할 의사로 한 법률행위에 해당한다.

④ [대법원 1997. 5. 9. 선고 96다2606 판결]

(사안 요지) 채무자가 이 사건 토지 및 건물 이외에는 별다른 재산이 없는 상태에서 다른 사람에게 이 사건 토지 및 건물을 매도한 사안이다.

(판단 요지) 채무자가 유일한 재산인 부동산을 매각하여 소비하기 쉬운 금전으로 바꾸는 것은 특별한 사정이 없는 한 사해행위가 되는 것이고, 이러한 경우 채무자의 사해의 의사는 추정된다.

⑤ [대법원 1998. 4. 14. 선고 97다54420 판결]

(사안 요지) 연대보증채무자가 그 소유이던 별지 목록 기재 부동산에 관하여 자신의 형 명의로 매매를 원인으로 한 소유권이전등기를 마쳐 준 사안이다.

(판단 요지) 채무자가 자기의 유일한 재산인 부동산을 매각하여 소비하기 쉬운 금전으로 바꾸는 행위는 특별한 사정이 없는 한 항상 채권자에 대하여 사해행위가 되고, 채무자의 사해의 의사는 추정된다.

⑥ [대법원 2003. 3. 25. 선고 2002다62036 판결]

(사안 요지) 구상금 연대보증채무자 "을1", "을2" 2인이 유일한 재산인 이 사건 각 토지를 다른 사람에게 매도하고 그 앞으로 소유권이전등기를 마쳐준 사안이다.

(판단 요지) 채무자가 유일한 재산인 토지를 제3자에게 매도하고 소유권이전등기를 경료해 준 것은 특별한 사정이 없는 한 채권자를 해한다는 사정을 알고서 한 사해행위에 해당한다.[13]

⑦ [대법원 2009. 5. 14. 선고 2008다84458 판결]

(사안 요지) 게임장 사업자로서 조세채무자인 "을"이 자신의 유일한 부동산인 이 사건 아파트에 관하여 자신의 형과 사이에 대금 8,300만 원에 매도하는 내용의 매매계약을 체결한 사안이다.

(판단 요지) 채무자가 유일한 재산인 부동산을 매각하여 소비하기 쉬운 금전으로 바꾸는 것은 특별한 사정이 없는 한 사해행위가 되고, 이러한 경우 채무자의 사해의사는 추정된다.

⑧ [대법원 2005. 7. 22. 선고 2004다43909 판결]

(사안 요지) 채무자회사는 2000. 12. 31. 현재 대차대조표상 당좌자산 4,601,428,796

---

13) 이 판결의 본문에는 매매가 사해행위에 해당한다는 판단 내용에 '채무초과상태의 채무자'라는 표현은 없다. 그런데, 위 판결을 판례공보에 게재・공간함에 있어 편집자가 "[판결요지]"의 내용으로 '채무초과상태'라는 표현을 추가한 것으로 보인다. 따라서, 위 ⑥번 대법원 2002다62036 판결의 본래의 취지는 채무자가 유일한 부동산을 매도한 경우 사해행위가 성립하기 위해서 매도 당시 채무초과상태에 있었을 것을 요하는 것으로 판시한 것은 아니라고 볼 것이다.

원, 재고자산 8,772,753,713원, 투자자산 11,112,241,528원, 유형자산 8,172,890,020원, 무형자산 14,179,636원을 보유하고 있다가, 2001. 4. 17. 공장건물, 대지, 기계기구 일체인 이 사건 부동산 등을 대금 7,366,790,500원에 매도하고, 이어서 같은 달 27. 액면 9,137,371,628원인 이 사건 채권을 대금 2,500,000,000원에 양도하였다.

이 사건 부동산 등에는 대차대조표의 재고자산과 유형자산으로 기재된 자산의 대부분이 포함되고, 이 사건 채권은 투자자산의 대부분을 차지하며, 이 사건 채권의 양도에 의하여 소극재산이 적극재산을 초과하게 되었다.

이에 채무자회사의 채권자가 이 사건 채권양도계약에 관하여 사해행위로서 취소를 구하였다.

(판단 요지) 채무자가 자기의 유일한 재산인 부동산을 매각하여 소비하기 쉬운 금전으로 바꾸는 행위는 특별한 사정이 없는 한 사해행위가 된다고 할 것이고, 이러한 법리는 유일한 재산이 채권인 경우에도 같다고 할 것이다.

⑨ [대법원 2015. 10. 29. 선고 2013다83992 판결]

(사안 요지) 채무자가 경매 진행 중이던 자신 소유의 유일한 부동산에 관하여 복잡한 채무관계로 인하여 저가로 경락될 사정이 있자, 제3자와 사이에 매매계약을 체결하고 그 매매대금 중 계약금 및 중도금 약 90억 원은 모두 채권자들에 대한 채무변제에 사용하여 경매를 취하시키고, 매수인이 3년 후에 지급하기로 한 약 40억 원의 잔대금지급채무를 담보하기 위하여 신탁회사에 신탁한 후 채무자(매도인)에게 우선수익권이 부여되었으며, 채무자는 위 우선수익권에 대하여 분양대금 반환채권자들에게 근질권을 설정하였다.

(판단 요지) 채무자가 자기의 유일한 재산인 부동산을 매각하여 소비하기 쉬운 금전으로 바꾸는 행위는 원칙적으로 사해행위가 된다고 할 것이지만, 그 부동산의 매각목적이 채무의 변제 또는 변제자력을 얻기 위한 것이고, 매매대금이 부당한 염가가 아니며, 실제 이를 채권자에 대한 변제에 사용하거나 변제자력을 유지하고 있는 경우에는, 채무자가 일부 채권자와 통모하여 다른 채권자를 해할 의사를 가지고 변제를 하는 등의 특별한 사정이 없는 한 사해행위에 해당한다고 볼 수 없다.

(2) 대법원판례의 분석 및 이해

우선, 위 (1)항의 ②번 대법원 94다2961 판결은, 그 사안내용이 매도인(채무자)의 매수인(특정 채권자)에 대한 매매대금채권과 매수인(특정 채권자)의 매도인(채무자)에 대한 별도의 채권이 상계되어 실제로는 채무자가 부동산으로써 채권자에 대한 원래 채무변제에 갈음하는 대물변제와 다름없는 구조를 가지는 것이다. 이와 같은 특수한 사안을 전제로 한 판단내용에 관하여 일반적인 부동산 매매의 경우와 동일한 평면에서 그 법리를 파악할 수는 없다.

위 ②번 판결 및 ③번 대법원 94다14582 판결의 사실관계와 같이 실제로 매매대금이 수수되지 않은 채 결제가 이루어지는 경우에는 경제적으로는 대물변제 받은 것과 동일한 효과를 얻게 되었다고 볼 수 있으므로 뒤에서 검토하는 대물변제에 관한 법리에 따라 사해행위 여부를 판단하는 것이 타당하다.

한편, 위 (1)항에서 본 대법원 판결은 '유일한 재산인 부동산'이라고 서술하는 경우가 대부분이다.

그러나, 위 ④번 대법원 96다2606 판결 및 ⑤번 대법원 97다54420 판결의 구체적 사안내용은 매매대상 부동산이 여러 개인 경우이므로, '유일한 부동산'이라는 표현은 '부동산 전부'를 한꺼번에 매각하는 경우도 포함하고, 위 ⑧번 대법원 2004다43909 판결의 구체적 사안내용에서 나타난 바와 같이, '유일한 재산'에는 부동산을 물론 채권도 포함된다고 할 것이다.

또한, 위 ⑧번 판결 및 ③번 대법원 94다14582의 구체적 사안내용에서 나타난 바와 같이, '유일한 재산'이라는 표현은 반드시 재산의 전부를 의미하는 것에 한하는 것이 아니라, 채무자의 사실상 유일한 재산으로서 '재산의 대부분 또는 실질적 가치 있는 중요한 재산'이라는 의미도 포함한다고 이해하여야 할 것이다.

3. 대법원판례에 의한 법리의 정리[14)]

(1) 적용 범위 및 행위 당시 채무초과 요부

앞서 검토·분석한 관련 대법원판결의 사안 및 판단내용을 종합하면, 부동산 등 적극재산의 매각에 의한 사해행위에 관하여 아래와 같이 그 적용범위 및 요건 등에 관한 법리를 정리할 수 있다.

첫째, 채무자가 자신의 유일한 재산 또는 재산 전부에 해당하거나 실질적 가치 있는 중요한 재산에 해당하는 부동산·채권 등의 적극재산을 매각하여 금전으로 바꾸는 행위는, 비록 그 매매대금이 시가에 상당한 가격이라고 하더라도, 원칙적으로 사해행위가 된다.[15)]

둘째, 위와 같은 경우에는 매각 당시 채무자가 채무초과상태에 있을 것을 요하지 않고,[16)] 다만 대가로 수령한 금전을 적극재산으로 산입하지 않은 상태에서 그 매각에 의하여 소극재산이 적극재산을 초과하여야 사해행위에 해당한다.

셋째, 위 첫째 항에 해당하는 경우 채무자의 사해의 의사가 추정된다. 사해행위의 주관적 요건인 채무자의 사해의 의사 즉 채무자의 악의의 점에 대해서는 원칙적으로 사해행위의 취소를 주장하는 채권자에게 그 입증책임이 있는 것인데,[17)] 부동산 등의 매각에 의한 사해행위의 경우에는 예외적으로 입증책임이 전도되어 오히려 채무자가 자신의 선의를 입증하여야 한다.

---

14) 부동산 등 주요재산의 매각행위가 사해행위에 해당하는지에 관한 학설은 '최문기, 채권법총론 제276면'에 비교적 충실하게 소개되어 있으므로, 여기서 그대로 인용한다. 매매는 직접 채무자의 재산을 감소시키는 사유가 아니므로 사해행위가 되지 않는다는 부정설, 채권자에게 변제할 목적으로 현금화한 것은 제외하고 매매대금을 소비 내지 은닉하여 채권자를 해할 우려가 있으므로 긍정하자는 긍정설, 원칙적으로 부정설을 취하면서 사해행위 당사자가 매매대금을 지급한 증거가 없다든지 매매대금이 시가에 비해 현저하게 낮아 정당한 거래라고 보기 어려운 경우 등 구체적인 거래사정을 고려하여 사해행위 여부를 판단하자는 제한적 긍정설 등이 있다.

15) 매매대금이 부당하게 염가이거나 채무자가 일부 채권자와 통모하여 다른 채권자를 해할 의사를 가지고 변제하는 등의 사정이 있는 경우에는 사해행위에 해당함은 물론이다.

16) 그러나, 앞서 검토한 특정 채권자에 대한 담보제공, 뒤에서 검토하는 대물변제(실제로는 대금의 수수 없이 경제적으로 대물변제와 같은 효과를 얻는 매매 포함) 등에 있어서는 사해행위 당시에 채무자가 채무초과상태일 것을 요한다.

17) 대법원 2015. 6. 11. 선고 2014다237192 판결 등. 그러나, 채무자 아닌 수익자 또는 전득자가 악의라는 점에 관해서는 입증책임이 채권자에게 있는 것이 아니고 일반적으로 수익자 또는 전득자가 자신이 선의라는 사실을 입증할 책임이 있다.

넷째, 위 첫째 항에 해당하는 매각의 경우, 그 매각이 일부 채권자에 대한 정당한 변제에 충당하기 위하여 상당한 가격으로 이루어졌다든가 하는 특별한 사정이 있는 경우에는 사해행위성이 조각된다. 그 특별한 사정의 존재에 관한 입증책임은 채권자취소소송의 상대방에게 있다고 할 것이다.

다섯째, 매매계약의 형식에 의하지만, 실제로는 대금의 수수 없이 경제적으로 대물변제와 같은 효과를 얻는 거래행위의 경우에는 뒤에서 보는 대물변제와 마찬가지의 법리에 따른다.

(2) 무자력의 초래 또는 심화의 근거

앞서 본 대법원판례의 문언상 표현에 주목한다면, 채무자가 부동산 등의 매각에 의하여 취득한 금전이 그 성질상 소비하기 쉽다는 점에 근거하여 부동산 등 중요자산의 매각행위에 대하여 사해행위성을 인정한 것으로 보인다. 그러면, 채무자의 부동산 등 주요자산이 소비하기 쉬운 금전으로 바뀐 것에 대하여 채무자의 무자력이 초래 또는 심화된 것으로 보는 근거는 무엇인가.

대법원판례는 무자력 판단에 관하여, 채무자의 적극재산과 소극재산의 각 총액을 산정하여 채무초과 여부를 가리는 것으로서, 채무자의 임의변제를 기대할 수 없는 경우에는 결국 강제집행을 통한 변제가 고려되어야 하므로, 소극재산이든 적극재산이든 위와 같은 목적에 부합할 수 있는 재산인지 여부를 중요한 고려요소로 삼아야 한다는 기준을 확립하고 있다.[18]

따라서, 앞서 본 대법원판례가 설시한 '매매에 의하여 부동산 등이 소비하기 쉬운 금전으로 바뀌는'이라는 표현에 관하여는 강제집행을 통한 변제 목적의 부합 여부라는 측면을 고려하여 이해하여야 할 것이다. 금전은 고도의 유통성, 가치 분할성, 저장(貯藏)성 등의 특성에 의해 소비·산일(散逸)되거나 은닉하기 쉬우므로, 채무자의 부동산 등이 금전으로 바뀌어 짐으로써 이를 집행재산으로 파악·보전하기가 사실상 불가능하여 이에 대하여 집행행위로 나아가기도 사실상 불가능하게 되었음을 의미하는 것으로 이해하는 것이 타당하다.[19]

---

18) 대법원 2006. 2. 10. 선고 2004다2564 판결 등.

19) 금전을 포함한 유체동산의 강제집행을 신청함에 있어서는 그 소재하는 장소를 특정하여야 하는데(민사집행규칙 제131조), 금전의 경우에는 그 특성상 채무자가 알려 주지 않는 한 채권자가 강제집행을 위하여 그 소재하는 장소를 특정하는 것은 사실상 불가능하다.

그러므로 결국, 채무자가 부동산 등의 매각에 의해 비록 그 대가로 금전을 취득하더라도 그 금전에 대해서 채권자는 사실상 강제집행을 통한 변제의 목적을 달성할 수 없어 그 금전을 채무자의 적극재산으로 산입할 수 없으므로, 채무자의 부동산 등의 매각에 의해 채무초과상태가 초래되거나 기존의 채무초과상태가 더 심화될 수 있고, 이러한 경우에는 원칙적으로 사해행위에 해당한다고 그 법리를 구성할 수 있다고 할 것이다.

4. 사해행위 성부가 문제되는 경우

(1) 정당한 변제를 위한 매각, 사업계속을 위한 양도

앞서 본 바와 같이, 부동산의 매각목적이 채무의 변제 또는 변제자력을 얻기 위한 것이고, 매매대금이 부당한 염가가 아니며, 실제 이를 채권자에 대한 변제에 사용하거나 변제자력을 유지하고 있는 경우에는 그 부동산이 유일한 또는 중요한 재산이더라도 일부 채권자와 통모하는 등 특별한 사정이 없는 한 사해행위에 해당하지 않는다(대법원 2015. 10. 29. 선고 2013다83992 판결).

사업계속을 위한 중요자산의 양도가 사해행위에 해당하지 않는 사례에 관해서 본다. 대법원 2003. 12. 12. 선고 2001다57884 판결의 사안요지는, 채무자가 토지에 집합건물을 지어 분양하는 사업을 추진하던 중 이미 일부가 분양되었는데도 공정률 45.8%의 상태에서 자금난으로 공사를 계속할 수 없게 되고 채무초과상태에 이르자, 건축을 계속 추진하여 건물을 완공하는 것이 이미 분양받은 채권자들을 포함하여 채권자들의 피해를 줄이고 자신도 채무변제력을 회복하는 최선의 방법이라고 생각하고 자신의 유일한 재산인 토지에 관하여 신탁법상의 신탁회사와 사이에 신탁계약을 체결하고 신탁회사 앞으로 소유권이전등기를 마친 경우이다. 위 대법원판결은 위 사안에서, 위 신탁계약은 자금난으로 공사를 계속할 수 없었던 채무자가 최대한의 변제력을 확보하는 최선의 방법이고 또한 공사를 완공하기 위한 부득이한 조치였으므로 사해행위에 해당하지 않는다고 판시하였다.

(2) 저당권 등 우선변제권이 설정되어 있는 재산의 매각(양도)

(가) 우선변제부담액이 목적물의 가액을 초과하는 경우

저당권이 설정되어 있는 부동산이 사해행위로 양도된 경우에 그 피담보채권액이 목적물의 가액을 초과하고 있는 때에는 당해 부동산의 양도는 사해행위에 해당하지 않고, 여기서 피담보채권액이라고 함은 근저당권의 경우 채권최고액이 아니라 실제로 이미 발생하여 있는 채권금액을 의미한다(대법원 2001. 10. 9. 선고 2000다42618 판결). 그리고 여기의 양도처분에는 대금이 정해진 매매, 무상 증여, 대물변제를 위한 양도 등이 모두 포함되는 것이다.[20]

위와 같은 법리는, 널리 채무자가 처분한 부동산에 관하여 담보물권뿐만 아니라 우선변제의 효력이 있는 전세권 또는 임차권이 설정된 경우와 부동산 외에도 물적 담보권이 설정될 수 있는 선박, 자동차 등 재산이 처분된 경우에도 마찬가지로 적용된다.[21]

목적물 중에서 일반채권자들의 공동담보로 제공되는 책임재산은 피담보채권액 등 우선변제 부담액을 공제한 나머지 부분이라고 할 것인데, 피담보채권액 등 우선변제 부담액이 목적물의 가액을 초과한다면 당초부터 일반채권자들의 공동담보로 제공되는 나머지 부분은 전혀 없었으므로, 그 목적물의 처분으로 인해 일반채권자들이 더 불리하게 되었다고 볼 수 없기 때문이다.

채무자가 양도한 부동산에 제3자의 채무를 담보하기 위한 근저당권이 설정되어 있는 경우 그 부동산에서 일반채권자들의 공동담보로 되는 책임재산은 채권최고액을 한도로 실제 부담하고 있는 피담보채권액을 공제한 나머지 부분인데, 근저당권의 피담보채권액과 채권최고액이 모두 부동산의 가액을 초과하는 경우에는 일반 채권자들의 공동담보로 되는 책임재산이 없으므로 부동산의 양도가 사해행위에 해당하지 않는다(대법원 2018. 4. 24. 선고 2017다287891 판결).

대법원 2018. 4. 24. 선고 2017다287891 판결은 위 법리에 따라, 물상보증인인 채무자가 근저당권이 설정된 부동산을 처분하면서 그 매매대금으로 부동

20) 매매의 경우 대법원 1997. 9. 9. 선고 97다10864 판결. 증여의 경우 대법원 2001. 10. 9. 선고 2000다42618 판결. 대물변제의 경우 대법원 2006. 4. 13. 선고 2005다70090 판결 등.

21) 선박의 경우 대법원 2006. 4. 13. 선고 2005다70090 판결. 자동차의 경우 2008. 2. 14. 선고 2006다33357 판결.

산에 대하여 우선 변제 받을 수 있는 지위에 있는 근저당권자의 피담보채권액 중 일부를 변제하고 근저당권설정등기를 말소하였더라도, 그 부동산의 매매 당시 근저당권의 피담보채권액과 채권최고액이 모두 부동산의 가액을 초과하였다면 사해행위에 해당하지 않는다고 판시하였다.

한편, 대법원 2017. 1. 12. 선고 2016다208792 판결은, 저당권의 피담보채권액이 목적물의 가액을 초과하였더라도 채무자가 목적물을 양도하기에 앞서 자신의 출재로 피담보채무의 일부를 변제하여 잔존 피담보채권액이 목적물의 가액을 초과하지 않게 되었다면 목적물의 가액에서 잔존 피담보채권액을 공제한 잔액의 범위 내에서 사해행위가 성립하고, 이는 채무자의 출재에 의한 피담보채무의 일부가 양도계약 체결 후 이에 따른 소유권이전등기 등이 마쳐지는 과정에서 이루어진 경우에도 마찬가지라고 판시하였음에 주의를 요한다.

또한, 건물의 공유자가 공동으로 임대하고 임대차보증금을 수령한 경우에 유의할 점이 있다. 대법원 2017. 5. 30. 선고 2017다205073 판결은, '임차인이 공유자 전원으로부터 상가건물을 임차하고 임대차보증금에 관하여 우선변제를 받을 수 있는 권리를 가진 경우에, 상가건물의 공유자 중 1인인 채무자가 처분한 공유지분 중에 일반채권자들의 공동담보로 제공되는 책임재산은 우선변제권 있는 임차보증금 반환채권 전액을 공제한 나머지 부분이다'라고 판시하였다.[22)]

(나) 공동저당권이 설정된 경우의 일부 목적물 매각(양도)

공동저당권이 설정되어 있는 수 개의 부동산 중 일부가 처분된 경우에 있어서의 그 피담보채권액은 원칙적으로 민법 제368조의 규정 취지에 비추어 공동저당권의 목적으로 된 각 부동산의 가액에 비례하여 공동저당권의 피담보채권액을 안분한 금액이다. 이러한 법리는 하나의 공유 부동산 지분들에 공동저당권이 설정된 경우도 마찬가지로 적용된다(대법원 2017. 10. 12. 선고 2017다232594 판결).

그러나, 수 개의 부동산 중 일부는 채무자의 소유이고 일부는 물상보증인의 소유인 경우에는 물상보증인이 민법 제481조, 482조의 규정에 의한 변제자 대위에 의하여 채무자 소유의 부동산에 대하여 담보권을 행사할 수 있는 지위에

22) 건물의 공유자가 공동으로 건물을 임대하고 임대차보증금을 수령한 경우 특별한 사정이 없는 한 그 임대는 각자의 공유부분을 임대한 것이 아니라 임대목적물을 다수의 당사자로서 공동으로 임대한 것이고 임대차보증금 반환채무는 성질상 불가분채무에 해당하기 때문이다.

있는 점 등을 고려할 때, 채무자 소유 부동산에 관한 피담보채권액은 공동저당권의 피담보채권액 전액으로 본다(대법원 2008. 4. 10. 선고 2007다78234 판결).

일반적으로, 채무자가 담보권 등 우선변제 효력 있는 권리가 설정된 재산을 양도처분한 경우 그 재산에 관하여 위에서 본 평가방법[23]을 적용하여 피담보채무 등 우선변제 부담액을 공제한 결과 잔존가치가 전혀 없다면 당해 재산의 처분은 사해행위에 해당하지 않는다고 할 것이다.

다만, 선행 담보권설정계약과 후행 양도계약에 대해 모두 사해행위로서 취소를 구하는 경우에는, 그 담보권의 피담보채무는 후행 양도행위가 사해행위에 해당하는지 여부를 판단함에 있어 부동산가액에서 공제되는 피담보채무에 포함되지 않는다(대판 2013. 5. 9. 2011다75232).

(3) 피담보채권액이 목적재산의 가액을 초과하는 경우 저당권에 우선하는 채권자에 대한 상대적 사해행위의 성부

(가) 문제의 소재

위 (2)항에서 살펴 본 바와 같이, 저당권이 설정되어 있는 재산이 사해행위로 양도된 경우에 그 사해행위는 그 재산의 가액에서 저당권의 피담보채권액을 공제한 잔액의 범위 내에서 성립하므로, 피담보채권액이 그 재산의 가액을 초과하는 때에는 당해 재산의 양도는 사해행위에 해당하지 않는다.

그런데, 채권자들 중에 채무자의 재산에 대한 경매 등의 환가절차에서 저당권에 의해 담보되는 채권보다 우선하여 배당을 받을 수 있는 채권 예컨대 최종 3개월분의 임금 및 최종 3년간 퇴직금채권, 재해보상채권, 당해세 등의 채권자가 있는 경우에는,[24] 피담보채권액이 재산가액을 초과하는 경우에도 채무자의 재산 양도행위가 위 특정 채권자에 대한 상대적 관계에서 사해행위가 된다고 할 수 있는지의 문제이다.

---

23) '부동산 가액 산정과 사해행위 성부 판단에 대한 영향'에 대해서는 앞의 제2장 제4절 제 2.의 2.에서 상세하게 검토하였다.

24) 대항력 및 확정일자를 갖춘 임대차보증금 반환채권 및 소액임대차보증금 반환채권 등은 일종의 법정담보물권으로서 그 임차목적 부동산에 대하여 추급력을 가지므로 원칙적으로 그 채권자가 채권자취소권을 행사하는 문제는 발생하지 않는다고 할 것이다. 또한 선박우선특권은 담보물권으로서 선박소유권의 이전으로 인하여 영향을 받지 않고 당해 선박에 대하여 추급력이 인정되므로(상법 제785조), 그 피담보채권자가 채권자취소권을 행사하는 문제는 발생하지 않는다.

(나) 대법원판결의 사안 및 판단 요지

대법원 2006. 4. 13. 선고 2005다70090 판결 및 2008. 2. 14. 선고 2006다33357 판결은 결론적으로, 피담보채권액이 재산가액을 초과하는 경우 그 재산의 양도행위가 저당권의 피담보채권보다 우선하여 배당받을 수 있는 채권자에 대한 관계에서도 사해행위가 되지 않는다고 판시하였다.[25]

대법원 2006. 4. 13. 선고 2005다70090 판결은, 이른바 상대적 사해행위의 성립을 인정하지 않은 최초의 판결로서, 채무자의 유일한 재산에 대한 양도행위가 저당권에 우선하여 배당받을 수 있는 최종 3월분의 임금채권 등 채권자에 대한 관계에 있어서만 사해행위가 된다고 할 수 없다고 판시하여, 사해행위를 인정한 원심판결[26]을 파기하였는바, 그 사안의 요지와 원심 및 대법원의 판단 요지는 아래와 같다.

(사안 요지) 채무자 "을"회사는 그 소속 근로자들에게 임금 및 퇴직금을 지급하지 못한 채 2001. 7. 31. 최종 부도를 내어 도산하였다.

채권자 "갑(근로복지공단)"은 2002. 2. 9. 임금채권보장법에 따라 "을"을 대신하여 퇴직 근로자들에게 최우선변제권 있는 최종 3월분의 임금 등 합계 약 5,200만 원을 지급하였다.[27]

채무자 "을"은 채무초과 상태에서 위 최종 부도일에 채권자 중 1인인 수익자 "병"에게 자신의 유일한 재산에 해당하는 이 사건 선박에 관하여 2001. 7. 25.자 매매를 원인으로 소유권이전등기를 마쳐 주었다.

그런데, 이 사건 선박에는 위 매매 이전에 이미 은행 명의의 근저당권설정등기(채권최고액 3억 원) 및 신용협동조합 명의의 근저당권설정등기(채권최고액 2억 4천만 원)가 마쳐져 있었는데, 수익자 "병"이 위 소유권이전등기를 마친 후에 그 각 피담보채무 합계 약 3억 5,000만 원을 변제함으로써 위 각 근저당권설정등

25) 대법원 2006. 4. 13. 선고 2005다70090 판결 사안은, 채무초과상태에 있는 채무자가 유일한 재산인 선박을 채권자 중 1인에게 양도하였는데 양도 당시 그 선박에 설정되어 있는 근저당권들의 피담보채권액의 합계가 선박의 시가를 초과하는 경우이다. 대법원 2008. 2. 14. 선고 2006다33357 판결 사안은, 채무초과상태에 있는 채무자가 유일한 재산인 승합자동차들을 그 근로자들에게 체불임금 등의 지급을 위하여 대물변제조로 양도한 경우이다.

26) 부산고법 2005. 10. 20. 선고 2004나15980 판결.

27) 근로복지공단이 대위 지급한 경우 임금채권 등의 우선변제권은 대위되는 권리에 존속한다(임금채권보장법 제8조 제1, 2항).

기가 말소되었다.

위 매매계약 당시 이 사건 선박의 시가는 약 2억 5,700만 원이었는데 당시 위 각 근저당권의 피담보채권액의 합계액은 선박의 시가를 훨씬 초과하고 있었으며, 사실심 변론 종결 당시의 이 사건 선박의 시가는 약 1억 7,400만 원이다.

한편, 수익자 "병"은 2000. 10.경부터 "을"회사의 이사로 재임하면서 "을"회사에 합계 약 4억 4,000만 원을 대여하였다.

(원심의 판단) 채무자 "을"은 근로자들에 대한 임금채무 등을 면탈하고자 고의로 채권자들 중의 1인인 "병"에게 유일한 재산인 이 사건 선박을 대물변제조로 양도하고, "병" 또한 그러한 정을 알면서 선박을 양수하였다고 봄이 상당하다.

위 매매계약 당시 위 선박에 관한 1, 2순위 근저당권의 피담보채권 합계액이 위 선박의 시가를 초과하고 있었다고 하더라도, 위 임금 등 채권은 위 선박이 경매될 경우에 그 배당절차에서 각 근저당권의 피담보채권액에 우선하여 만족을 얻을 수 있으므로, 위 매매계약은 일반채권자가 아닌 최우선 변제권 있는 위 임금 등 채권의 대위자인 "갑(근로복지공단)"에 대한 관계에서는 "갑"을 해하는 사해행위에 해당한다.

사해행위 후 변제 등에 의하여 저당권설정등기가 말소된 경우 그 부동산의 가액에서 저당권의 피담보채무액을 공제한 잔액 한도에서 사해행위를 취소하고 그 가액의 배상을 구할 수 있을 뿐이지만, 이 사건에서와 같이 사해행위의 피보전채권이 최우선변제권 있는 채권인 경우에는 사실심 변론 종결 당시의 이 사건 선박의 가액 범위 내로서 피보전채권 전액에 해당하는 부분에 대한 사해행위를 취소하고 그 가액의 배상을 명하여야 할 것이다.

따라서, 이 사건 선박에 관한 채무자 "을"회사와 수익자 "병" 사이의 매매계약은 위 선박의 사실심 변론종결 당시의 시가 1억 7,400만 원의 범위 내로서 채권자 "갑"의 피보전채권액 전액에 해당하는 5,200만 원의 한도에서 이를 취소하고, 피고 "병"은 원고 "갑"에게 위 5,200만 원 및 이에 대한 지연손해금을 지급할 의무가 있다.

(대법원의 판단) 저당권이 설정되어 있는 재산이 사해행위로 양도된 경우에 그 사해행위는 그 재산의 가액에서 저당권의 피담보채권액을 공제한 잔액의 범위 내에서 성립하고, 피담보채권액이 그 재산의 가액을 초과하는 때에는 당해

재산의 양도는 사해행위에 해당하지 않는다.

채권자취소권은 채무자가 일반채권자의 공동담보가 되는 채무자의 총재산을 감소하게 하는 법률행위를 한 경우에 그 감소행위의 효력을 부인하여 채무자의 재산을 원상으로 회복함으로써 채권의 공동담보를 유지·보존하기 위하여 채권자에게 부여된 권리이다. 그리고 민법 제407조가 채권자취소와 원상회복은 모든 채권자의 이익을 위하여 효력이 있다고 규정하고 있다. 이러한 점에 비추어 보면, 위와 같은 법리 즉 채무자가 처분한 목적물에 관하여 담보권이 설정되어 있는 경우에 그 피담보채권액이 목적물의 가액을 초과하고 있는 때에는 당해 목적물의 처분은 사해행위에 해당하지 않는다는 법리는, 채권자들 중에 그 채무자에 대하여 환가절차에서 저당권에 의하여 담보되는 채권보다 우선하여 배당받을 수 있는 채권자가 있는 경우에도 마찬가지로 적용된다.

따라서, 피담보채권액이 그 재산의 가액을 초과하는 재산의 양도행위가 저당권의 피담보채권보다 우선하여 배당받을 수 있는 채권자에 대한 관계에 있어서만 사해행위가 된다고 할 수 없다.

(다) 대법원판례에 관한 이해

대법원판례가 피담보채권액이 재산가액을 초과하는 재산의 양도행위에 관하여 저당권의 피담보채권보다 우선 배당받을 수 있는 특정 채권자에 대한 관계에서도 사해행위가 되지 않는다고 판단한 데에는 다음의 점에 그 취지가 있다고 이해할 수 있다.

첫째, 채권자취소제도는 일반채권자 모두의 공동담보를 회복하려는 데에 그 근본 목적이 있으므로, 배당절차에서 우선권이 있는 채권자라고 하여도 그가 특정 재산의 교환가치를 직접 지배하여 추급할 수 있는 담보물권자가 아닌 이상, 채권자취소권에 있어서까지 일반채권자와 달리 취급할 근거는 되지 못한다.

둘째, 이 사건에서와 같이 이른바 상대적 사해행위를 인정하여 가액반환 사유가 발생하였다고 해서 수익자로 하여금 가액배상을 명한다면, 수익자의 입장에서는 피담보채무액이 이미 해당 취득 재산의 가액을 초과하여 경제적으로는 반환할 것이 없는데도, 채권자가 배당을 받을 수 없게 되었다는 이유로 수익자로 하여금 더 큰 손실을 입게 하는 것으로서 부당하고, 저당권이 그대로 존속하

고 있는 경우와 비교하여 볼 때 불공평하다.[28]

셋째, 임금채권 등 사회경제적 약자의 권리를 보호하기 위해서는 근로기준법에 임금미지급에 대한 사용자 처벌규정까지 두는 등 따로 보호하고 있으므로[29] 이와 별도로 일반 재산거래의 상대방인 수익자에게 그 지급의 부담을 전가할 필요는 없고, 더욱이나 당해세 등 조세채권자에 대한 관계에서 상대적 사해행위의 성립을 인정할 필요는 없다.

(4) 우선변제권 있는 채권자에 대한 양도

채권자들의 공동담보가 되는 채무자의 총재산에 대하여 다른 채권자에 우선하여 변제 받을 수 있는 채권자는 처음부터 채무자의 재산에 대한 환가절차에서 다른 채권자에 우선하여 배당 받을 수 있는 지위에 있으므로, 채무자가 채무초과상태에서 그와 같은 우선변제권 있는 채권자에 대하여 대물변제조로 재산을 양도하더라도 특별한 사정이 없는 한 다른 채권자를 해한다고 볼 수 없어 사해행위가 되지 않는다(대법원 2008. 2. 14. 선고 2006다33357 판결). 따라서, 채무자회사가 채무초과상태에서 그의 유일한 재산인 이 사건 승합자동차들을 채무자회사 소속 근로자들에게 체납임금의 지급을 위하여 대물변제로서 양도한 것은 사해행위에 해당하지 않는다.[30]

유치권을 행사하여 실질적으로 우선 변제를 받을 수 있는 채권자에게 재산을 신탁적으로 양도한 사례에 관해서 본다.

대법원 2001. 7. 27. 선고 2001다13709 판결의 사안요지는, 공사대금을 지급받지 못한 아파트 공사 수급인이 신축 아파트에 대한 유치권을 포기하는 대신 수분양자들로부터 미납입 분양대금을 직접 지급받기로 하고, 그 담보를 위해 도급인과 사이에 당해 아파트를 대상으로 수익자를 수급인으로 하는 신탁계약을 체결하고 수급인 앞으로 소유권이전등기를 경료한 경우이다.

---

28) 즉 이른바 상대적 사해행위를 인정하게 된다면, 저당권 등이 그대로 존속하고 있어 원물반환을 하는 경우에는 임금채권자 등이 구제를 받고 그로 인한 경제적 손실은 저당권자가 입게 되는 반면, 피담보채무의 변제 등으로 저당권이 말소되어 가액배상을 하는 경우에는 임금채권자 등의 이득만큼 수익자가 손실을 입게 되는 것이다. 홍승면, '임금채권 등 우선변제권이 있는 채권자에 대한 상대적 사해행위 성립가능성'(법원도서관, 대법원판례해설 제60호 제94면).

29) 근로기준법 제109조 제1항, 제36조.

30) 대법원 2008. 2. 14. 선고 2006다33357 판결의 사안 요지이다.

위 대법원판결은, 위 사안에서, 수급인의 지위가 유치권을 행사할 수 있는 지위보다 강화된 것이 아니고 도급인의 일반채권자들 입장에서도 수급인이 유치권을 행사하여 도급인의 분양사업 수행이 불가능해지는 경우와 비교할 때 더 불리해지는 것이 아니므로, 위 신탁계약은 사해행위에 해당하지 않는다고 판시하였다.

(5) 소유권이전등기청구권 보전 가등기의 원인행위

부동산에 관한 소유권이전등기청구권 보전을 위한 가등기는 그 자체만으로는 물권취득의 효력을 발생하지 않지만 후일 본등기를 하는 경우에는 가등기시에 소급하여 소유권변동의 효력이 발생하기 때문에 채권자로 하여금 완전한 변제를 받을 수 없게 하는 결과를 초래하므로 그 원인행위인 매매예약은 사해행위에 해당한다(대법원 1975. 2. 10. 선고 74다334 판결).

(6) 영업양도

영업은 일정한 영업 목적에 의하여 조직화된 유기적 일체로서의 기능적 재산으로서 유형·무형의 재산과 경제적 가치를 가지는 사실관계가 서로 유기적으로 결합하여 수익의 원천으로 기능하고, 하나의 재화와 같이 거래의 객체로 되며, 여러 개의 부동산, 유체동산, 그 밖의 재산권에 대하여 일괄하여 강제집행을 할 수 있다(민사집행법 제98조 제1, 2항, 제197조 제1항, 제257조 제1항).

그러므로, 채무자가 영업재산과 영업권이 유기적으로 결합된 일체로서의 영업을 양도함으로써 채무초과상태에 이르게 하거나 이미 채무초과상태에 있는 것을 심화시킨 경우, 영업양도는 채권자취소권 행사의 대상인 사해행위에 해당한다. 그리고 사해행위 취소에 따른 원상회복에 관하여, 영업양도 후 종래의 영업조직이 전부 또는 중요한 일부로서 기능하면서 동일성을 유지한 채 채무자에게 회복되는 것이 현저히 곤란하게 된 경우에는 영업재산과 영업권을 포함한 일체로서의 영업의 가액 반환을 구할 수 있다(대법원 2015. 12. 10. 선고 2013다84162 판결).

다만, 영업양도의 목적이 채무를 변제하거나 변제자력을 얻기 위한 것이고 그 대금이 부당한 염가가 아니며, 실제 이를 채권자에 대한 변제에 사용하거나 변제자력을 유지하고 있는 때에는, 채무자가 일부 채권자와 통모하는 등의 특별한 사정이 없는 한 사해행위에 해당하지 않는다(대법원 2021. 10. 28. 선고 2018다223023 판결).

5. 기업경영판단 및 거래안전의 보호

이상에서 검토한 대법원판례의 주류적 입장과 같이, 채무자가 부동산 등 중요재산을 적정가격으로 매각처분하는 행위에 대해서도 원칙적으로 사해행위에 해당한다고 본다면, 특히 기업을 영위하는 채무자의 자체적인 구조조정행위를 봉쇄하고 채무자가 도산절차 밖에서 경제적 위기를 극복할 길을 막아 버려 기업을 파탄에 빠뜨리게 할 우려가 있다.

따라서, 기업을 영위하는 채무자가 재산을 매각처분하는 행위에 대해서는 그 경영상의 판단을 존중하고, 소송실무상 사해행위성을 조각하는 사유를 보다 넓게 인정하는 것이 타당하다고 생각한다.

대법원 2011. 5. 13. 선고 2009다75291 판결은, 채무자회생법상의 부인권 행사에 관하여, '채무자의 행위가 회생채권자 등에게 유해하다고 하더라도 행위 당시 개별적 구체적 사정에 따라서는 당해 행위가 사회적으로 필요하고 상당하였다거나 불가피하였다고 인정되어 회생채권자 등이 회생회사 재산의 감소나 불공평을 감수하여야 한다고 볼 수 있는 경우가 있고, 그와 같은 예외적인 경우에는 채권자 평등, 채무자 보호와 이해관계의 조정이라는 법의 지도이념이나 정의관념에 비추어 채무자회생법상의 부인권 행사의 대상이 될 수 없다고 보아야 한다'고 판시하였다. 그리고 위 대법원판결은, 그 행위의 필요 상당성 유무의 판단에 관해서, '행위 당시 회생회사의 재산 및 영업상태, 행위의 목적 · 의도와 동기 등 회생회사의 주관적 상태를 고려함은 물론, 변제행위에서는 변제자금의 원천, 회생회사와 채권자와의 관계, 채권자가 회생회사와 통모하거나 회생회사에 변제를 강요하는 등 영향력을 행사하였는지 등을 기준으로 하여 신의칙과 공평의 이념에 비추어 구체적으로 판단하여야 한다'고 판시하였다.

위 판결의 기본취지는 채권자취소권의 행사 대상인 사해행위 해당성에 관한 판단에도 그대로 적용할 수 있다고 본다.

요컨대, 채무자의 법률행위가 채무초과상태를 유발하거나 기존의 채무초과상태를 심화시키는 행위에 해당한다고 하더라도, 그 목적이 사업의 계속을 통한 기업의 경제적 회생에 있고, 그 방법이 기업의 합리적인 경영판단으로서 불가피한 것이라면, 비단 담보제공, 신탁설정, 대물변제뿐만 아니라 채무자의 매각 처분행위에 대해서도 일반적으로 사해행위 해당성을 조각·배제하는 사유가 된다고 보는 것이 타당하고, 사해행위성을 조각하는 사회적 상당성의 구체적 사정에 관한 주장 입증책임은 채권자취소소송의 상대방 측에 있다고 할 것이다.

한편, 일반적으로 채권자취소는 채무자와 제3자(수익자) 사이에 이루어진 유효한 법률행위를 채권자가 일방적으로 부인하여 제3자로부터 채무자의 책임재산을 회복하는 제도로서 제3자에게 미치는 영향이 지대하고, 특히 부동산 매매에 있어서는 채권자취소에 의해 제3자인 매수인의 권리를 사실상 박탈하는 결과를 초래하여 제3자인 매수인에게 가혹하고 나아가 거래의 안전을 해할 수 있다. 그러므로, 부동산 매매 그 중에서도 특히 주택의 매매에 있어서는 채무자의 매도행위가 사해행위에 해당하는 경우라도 거래의 안전을 위하여 수익자인 매수인의 선의를 가급적 너그럽게 인정하는 판단기준을 설정할 필요성이 있다고 생각한다.[31]

---

31) 매수인의 선의 인정에 관한 구체적 판단기준에 대해서는 앞의 제2장 제5절에서 상세하게 검토하였다.

제 5. 대물변제, 대물변제로서의 채권양도, 변제

1. 개념 및 검토의 범위

채권의 소멸원인으로서의 대물변제의 개념은 채무자가 채권자의 승낙을 얻어 본래의 급부에 갈음하여 다른 급부를 하는 것을 말하고, 그 성질에 관해서는 현실적인 대물급부가 이루어져야 하는 점에서 '요물계약'이라고 보는 것이 통설 및 대법원판례의 입장이라고 할 수 있다.32)

대물변제에 관해서 위와 같은 개념으로 이해할 경우에는 결과적인 측면에서 볼 때 그리고 물권행위의 독자성과 무인성을 인정하지 않는 대법원판례의 입장33)에서 볼 때, 대물변제는 원칙적으로 변제와 마찬가지로 사해행위 취소의 대상이라기보다 원상회복의 대상으로 포착하는 것이 그 개념에 논리적으로 더 부합한다고 할 것이다.

그런데, 대법원판례는 사해행위 취소의 대상이 되는 행위의 하나로서 대물변제(또는 '대물변제조')라는 용어를 사용하고 있다. 사해행위 취소와 관련하여 대법원판례에 나타나는 대물변제의 개념은 앞서 본 채권소멸 원인으로서의 그것과는 달리, 장래 본래의 급부에 갈음하여 다른 급부를 하기로 하는 예약을 의미한다고 볼 것이다. 등기실무상으로도 위자료에 갈음하여 부동산의 소유권을 이전하여 주기로 하고 그에 따른 소유권이전등기를 신청할 경우, 그 등기원인은 대물변제로 하고 원인일자는 계약일자로 기재한다.34) 그리고, 등기부상 매매를 원인으로 소유권이전등기가 경료되었더라도 그 실질적 원인이 본래의 급부에 갈음하기로 한 계약이라면 사해행위 취소의 대상인 대물변제에 포함된다(대법원 2009. 9. 10. 선고 2008다85161 판결).

채권양도는 그 구체적 원인 또는 목적에 따라 채권의 매각, 담보제공, 본래의 급부에 갈음한 양도 등의 유형이 있을 수 있는데, 이 중에서 채권의 담보제

---

32) 따라서 다른 급부가 부동산소유권의 이전인 때에는 등기가 마쳐져야 한다(대법원 2003. 5. 16. 선고 2001다27470 판결).

33) 대법원 1977. 5. 24. 선고 75다1394 판결.

34) 대물변제를 등기원인으로 한 소유권이전등기절차(등기선례 제3-46호).

공 및 매각처분에 대해서는 앞의 제 1. 및 제 4.에 포함하여 함께 검토하였으므로, 여기서는 대물변제 유형의 채권양도에 관해서 대물변제 일반과 함께 검토한다.

한편, 채무자가 소비대차에 의한 차용물의 반환에 갈음하여 다른 재산권을 이전할 것을 미리 예약하고 이를 원인으로 부동산에 관하여 가등기 또는 소유권이전등기를 마친 경우에는 앞서 검토한 물적 담보제공과 동일한 법리에 따라 처리할 것이다.[35)]

채권의 소멸원인으로서의 '변제'는 채무의 내용인 급부가 실현됨으로써 채권이 만족을 얻어 소멸하는 것을 의미한다. 따라서 결과적인 측면에서 볼 때 변제는 원칙적으로 사해행위 취소의 대상이라기보다 원상회복의 대상으로 포착되어야 할 것이고, 예외적으로 '금전지급행위가 변제로서 이루어질 경우' 제한적으로 취소 대상으로서의 사해행위 여부가 문제되는 것으로 이해하여야 할 것이다.

채무자의 재산증여는 대표적인 무상행위로서 적극재산을 일방적으로 감소시키므로 그로 인하여 기존의 채무초과상태가 심화되거나 그로 인하여 비로소 채무초과상태가 유발되는 결과를 초래되었는지에 관해서 비교적 용이하게 산정할 수 있고, 그에 따라 사해행위 해당 여부를 판단함에는 법리적으로 별다른 어려움이 없다. 그런데, 소송실무상으로는 금전지급행위가 증여인지 변제인지 다투어지는 경우가 있고, 그 중 어느 것으로 평가되느냐에 따라 사해행위에 해당하는 요건 및 입증에 차이가 생기므로, 그 범위 내에서 변제와 관련하여 함께 검토한다.

2. 대물변제 예약

(1) 대물변제 목적물이 부동산 등인 경우

대물변제의 목적물이 부동산, 상장 주식 등 객관적 거래가격이 형성되어 있는 경우,[36)] 대법원판례의 주류적 입장은, '채무자의 재산이 채무의 전부를 변제

35) 가등기담보법은 차용물의 반환에 관하여 다른 재산권을 이전할 것을 예약한 경우에 적용되므로 매매대금 지급채무에 갈음하는 대물변제 예약에는 적용되지 않는다(대법원 2002. 12. 24. 선고 2002다50484 판결).

36) 일반 금전채권과 같이 제3채무자의 변제자력에 의해 실질적 가치가 좌우될 수 있는 경우에는 아래 (2)항에서 따로 검토한다.

하기에 부족한 경우에 채무자가 그의 재산을 어느 특정 채권자에게 대물변제로 제공하였다면 특별한 사정이 없는 한 이는 곧 다른 채권자의 이익을 해하는 것으로서 다른 채권자들에 대한 관계에서 사해행위가 되는 것이고, 대물변제로 제공된 재산이 채무자의 유일한 재산이 아니라거나 그 가치가 채권액에 미달한다고 하여도 마찬가지라고 할 것'(대법원 2007. 7. 12. 선고 2007다18218 판결, 2009. 9. 10. 선고 2008다85161 판결 등)이라는 것이다.

그 이유는 대물변제로 제공받은 특정채권자는 물적 담보를 제공받은 채권자와 마찬가지로 다른 채권자에 우선하여 채권의 만족을 얻는 반면 그 범위 내에서 공동담보가 감소됨에 따라 다른 채권자는 종전보다 더 불리한 지위에 놓이게 되기 때문이다. 그리고 대법원판례가 사해행위 취소 대상으로 한 대물변제는 위 1.항에서 검토한 바와 같이 장래 본래의 급부에 갈음하여 다른 급부를 하기로 하는 계약 즉 대물변제의 예약을 의미한다.

대법원 2005. 11. 10. 선고 2004다7873 판결은, 채무자가 '그의 유일한 재산'을 어느 특정 채권자에게 대물변제로 제공한 경우에 사해행위가 된다고 서술하였지만,[37] 앞의 제 1.에서 검토한 특정 채권자에 대한 물적 담보제공과 마찬가지로 대물변제 예약이 사해행위가 되기 위해서는 채무자가 이미 채무초과상태에 있을 것과 그 채권자에게만 다른 채권자에 비하여 우선변제를 받을 수 있도록 하여 다른 일반채권자의 공동담보를 감소시키는 결과를 초래한 것으로 족하고, 대물변제로 제공한 것이 채무자 소유의 유일한 재산인 경우에 한하여 사해행위가 성립되는 것은 아니라고 할 것이다.

(2) 대물변제로서 금전채권을 양도한 경우

(가) 주관적 요건으로서의 통모에 관한 대법원판례의 분석

대법원판례는, 채무자가 기존 금전채무의 변제에 갈음하여 다른 금전채권을 양도한 경우의 사해행위 성립에 관하여, '특정 채권자와의 통모'가 필요한 것으로 서술한 경우도 있고, '특정 채권자와의 통모'가 필요하다는 표현을 사용하지 않은 경우도 있다.

---

37) 대물변제의 목적물이 '공유수면점용허가권'인 사례이다.

통모가 필요하다고 서술한 제1부류 대법원판례는, 사해행위가 되기 위해서는 채무자가 특히 일부 채권자와 통모하여 다른 채권자를 해할 의사가 필요하고, 이에 관해서는 사해행위임을 주장하는 사람이 입증하여야 하며, 구체적으로는 수익자의 채무자에 대한 채권이 실제로 존재하는지 여부, 수익자가 채무자로부터 채권양도 받은 액수 및 그 중 실제로 추심한 액수, 채무자와 수익자와의 관계, 채무자의 변제능력 및 이에 대한 수익자의 인식, 채권양도 전후의 수익자의 행위, 그 당시의 채무자 및 수익자의 사정과 채권양도의 경위 등 여러 가지 사정을 종합적으로 참작하여 판단하여야 한다고 판시하였다(대법원 2003. 6. 24. 선고 2003다1205 판결, 2004. 5. 28. 선고 2003다60822 판결).

이에 대하여 통모에 관해서 특히 언급하지 않은 제2부류 대법원판례는, 채무초과상태에 있는 채무자가 여러 채권자 중 일부에게만 채무 이행과 관련하여 그 채무의 본래 목적이 아닌 다른 채권을 양도하는 행위는 원칙적으로 다른 채권자들에 대한 관계에서 사해행위가 될 수 있고, 다만, 이러한 경우에도 사해성의 일반적인 판단기준에 비추어 그 행위가 궁극적으로 일반 채권자들을 해하는 행위로 볼 수 없는 경우에는 사해행위의 성립이 부정될 수 있다고 판시하였다(대법원 2011. 3. 10. 선고 2010다52416 판결, 2011. 10. 13. 선고 2011다28045 판결). 제2부류 대법원판례는 사해행위의 개념 구성에 있어서 앞의 제2장 제3절 제 2.에서 검토한 바와 같이 이른바 '종합판단적 개념 구성'를 전제로 하고 있다는 데에 특색이 있다.

제1부류 대법원판례가 부동산 등에 의한 대물변제와는 달리 대물변제로서 금전채권을 양도하는 경우에 사해행위가 성립하기 위해서는 추가적으로 특정 채권자(수익자)와의 통모가 필요하다고 한 이유는 무엇인가.

그 이유는 채무자에 대한 금전채권에 갈음하여 채무자의 제3채무자에 대한 금전채권을 양수한 채권자(수익자)는 자신의 채무자에 대한 채권은 소멸하는 대신 스스로의 책임으로 제3채무자에 대하여 채권을 추심하여야 하고 그 양수채권의 실질적 가치는 제3채무자의 자력에 의존할 수밖에 없는 불안정한 지위에 놓이기 되는 점을 감안한 때문이라고 이해할 수 있다.

(나) 사해행위의 판단 법리에 관한 제언(提言)

일반적으로 채무자의 무자력 판단과 관련하여 적극재산을 산정함에 있어서 그 재산이 채권인 경우에는 그것이 용이하게 변제받을 수 있는 확실성 있는 것이라고 긍정되는 경우에 한하여 적극재산에 포함된다.38)

채무자가 대물변제로서 금전채권을 양도한 경우에 그 채권이 액면 가액대로 용이하게 변제받을 수 있는 확실성 있는 것이라면, 사해행위의 성립에 있어서 대물변제의 목적물이 부동산, 상장 주식 등 객관적 거래가격이 형성되어 있는 적극재산인 경우와 차이를 둘 합리적인 이유는 없다. 예컨대, 부도 상태에 있는 거래처에 대한 1억 원의 외상대금채권은 적극재산으로서의 가치가 없다고 볼 수 있으나, 반면에 채무자가 보유하는 1억 원의 예금채권은 채무자 소유의 1억 원 상당의 임야보다 실질적으로 더 큰 적극재산으로서의 가치가 있다고 할 수 있다.

대물변제로서 금전채권을 양도한 경우에, 위 (가)항에서 검토한 제1부류 대법원판례와 같이 사해행위의 성립을 위한 특별 요건으로서 '통모'라는 당사자의 주관적 요소를 추가하거나, 또는 제2부류 대법원판례와 같이 여러 가지 사정을 종합하여 사해행위의 성부를 판단할 합리적인 이유는 없다. 대물변제로서 금전채권을 양도한 경우의 사해행위 성부에 관해서도, 앞서 본 바와 같은 채권의 적극재산 산입에 관한 객관적 기준에 따라서, 그리고 다른 재산권에 관한 법률행위와 마찬가지로 '채무초과상태의 유발 또는 심화'라는 객관적 사해행위 개념에 의하여 사해행위 성부를 판단하는 것으로 충분하다고 생각한다. 대법원 2003. 11. 28. 선고 2003다50061 판결은, 채무자회사가 채무초과상태에서 부도나기 3일 전에 특정 채권자에 대하여 부담하던 1억 5,000만 원의 채무 변제에 갈음하여 금전채권을 양도한 것은 특별한 사정이 없는 한 다른 일반 채권자를 해하는 행위라고 한 원심 판단을 수긍할 수 있다고 판시하였는바, 이는 사해행위의 성립의 판단 단계에서 '통모'라는 주관적 요소를 개입시키지 않았다고 이해할 수 있다.

따라서, 채무자가 채무초과상태에서 액면 가액대로 용이하게 변제받을 수

38) 이에 관해서는 앞의 제2장 제4절 제 2.에서 상세하게 검토하였다.

있는 확실성 있는 금전채권을 특정 채권자에게 대물변제로써 양도하였다면 객관적으로 사해행위에 해당한다고 보고, 그 다음 단계에서 금전 채권을 양수한 수익자의 선의 여부를 판단함에 있어서는 수익자가 채무자로부터 채권양도 받은 액수 및 그 중 실제로 추심한 액수, 채권양도 전후의 수익자의 행위 등을 중요한 요소로 보아 판단하는 것이 타당하다. 채무자가 용이하게 변제받을 수 없거나 변제의 확실성이 없는 채권을 대물변제로써 양도한 경우에는 그 양도된 채권이 이미 적극재산으로서의 가치가 없으므로 사해행위에 해당하지 않고, 오히려 그와 같은 무가치한 채권을 양수한 수익자의 채권자에 대한 관계에서 사해행위로 될 수 있는지 여부가 문제될 수 있을 것이다.

대법원 2003. 6. 24. 선고 2003다1205 판결은, 수익자가 채무자로부터 대물변제로 양수받아 추심한 채권액이 수익자 자신의 채권액의 약 40%에 불과하고, 대물변제 받은 후에도 물상보증인으로서 피담보채무의 이자를 계속 납부한 점 등 그 밖의 여러 가지 사정을 참작하여 사해행위에 해당하지 않는다고 판시하였다. 반면, 대법원 2011. 3. 10. 선고 2010다52416 판결은, 수익자가 채무자에 대한 주거래은행으로서 채무자의 부도 당일 약 2억 원의 대출금 채권의 변제를 위하여 채무자의 제3자에 대한 1억 2,500만 원의 물품대금채권을 양수하고 곧이어 그 전액을 추심한 사안에 관하여 사해행위에 해당한다는 취지로 판시하였다.

위에 나온 각 대법원판결의 사안에 관해서도, 처음부터 모든 사정을 고려하여 사해행위에 해당하는지의 판단 문제로 접근하기보다는, 양도한 채권이 용이하게 변제받을 수 있는 확실한 것인지 및 그 확실성 있는 채권의 양도에 의해 무자력 상태가 심화되었는지의 객관적인 기준에 따라 사해행위 해당 여부를 먼저 판단한 다음, 그 밖의 다른 여러 가지 사정은 수익자의 선의 여부 판단의 요소로 파악하는 것이 사해행위의 일반적 요건에 맞추어 사건을 정연하게 처리할 수 있는 유용한 방안이라고 생각한다.

한편, 대법원 2012. 8. 30. 선고 2011다32785 판결은, 채권양도행위가 사해행위에 해당하지 않는 경우 그 양도통지가 따로 채권자취소의 대상이 될 수 없다고 판시하였음에 주의를 요한다.

(3) 매매대금의 결제가 경제적으로 대물변제와 동일한 경우

채무자가 재산을 매도하였는데 그 대금의 현실적인 수수 없이 결제되는 경우에 사해행위의 법리 구성에 관해서 본다.

대법원 2001. 6. 12. 선고 99다51197 판결의 사안요지는, 채무자가 채무초과상태에서 자신의 유일한 부동산에 관하여 대금 1억 5,900만 원에 매도하는 계약을 체결하고 매수인으로부터 계약금 1,000만 원을 지급받고, 나머지 대금 중 2,000만 원은 매수인의 채무자에 대한 2,000만 원의 임차보증금반환채권과 상계하기로 하고, 나머지 대금 1억 2,900만 원은 매매 목적 부동산에 대한 근저당권의 피담보채무와 임대차보증금 반환채무를 매수인이 인수함으로써 그 지급을 갈음하기로 한 경우이다. 위 대법원판결은 이러한 사안에 관해서, 매매대금 1억 5,900만 원 중 계약금 1,000만 원을 제외한 나머지 금액을 현실적으로 지급한 바 없었다는 것이니, 매수인은 다른 채권자들에 우선하여 채권의 만족을 얻는 반면 다른 채권자들은 공동담보가 감소함에 따라 종전보다 불리한 위치에 놓이게 되므로, 채무자의 매도행위는 사해행위에 해당한다고 판시하였다.

대법원 1995. 6. 30. 선고 94다14582 판결은, 채무자가 채무초과 상태에서 채권자 중 한 사람과 통모하여 그 채권자만 우선적으로 채권의 만족을 얻도록 할 의도로 채무자 소유의 중요 재산인 공장 건물과 대지를 매각하되, 현실적으로 매매대금을 한 푼도 지급받지 아니한 채 그 대금 중 일부는 매수인의 채무자에 대한 기존의 채권과 대등액에서 상계하고 매매 목적 부동산에 관한 근저당권 피담보채무를 인수하는 등으로 대금을 결제한 사안에 관하여, 채무자의 매각행위는 다른 일반 채권자에 대한 관계에서 사해행위에 해당한다고 판시하였다.

앞서 (1)항에서 검토한 바와 같이, 대물변제의 목적물이 부동산, 상장 주식 등 객관적 거래가격이 형성되어 있는 경우, 대법원판례의 주류적 입장은, 채무자의 재산이 채무의 전부를 변제하기에 부족한 경우에 채무자가 그의 재산을 어느 특정 채권자에게 대물변제로 제공하였다면 특별한 사정이 없는 한 이는 곧 다른 채권자의 이익을 해하는 것으로서 다른 채권자들에 대한 관계에서 사해행위가 되는 것이고, 대물변제로 제공된 재산이 채무자의 유일한 재산이 아니라거나 그 가치가 채권액에 미달한다고 하여도 마찬가지라는 것이다. 그 이유는 대물변제를 제공받은 특정채권자는 다른 채권자에 우선하여 채권의 만족을 얻는 반면 그 범위 내에서 공동담보가 감소됨에 따라 다른 채권자는 종전보다 더 불리한 지위에 놓이게 된다는 데에 있다.

따라서, 채무자와 수익자 사이에 매매계약이 체결되고 그 매매대금의 결제에 관해서 매수인인 수익자의 매도인인 채무자에 대한 기존의 채권이 매도인인 채무자의 대금청구채권과 상계 처리되는 방법이 포함되어 있다면, 그 상계 처리되는 범위에서 매수인인 수익자는 경제적으로는 대물변제와 마찬가지로 다른 채권자들에 우선하여 자신의 채권의 만족을 얻는 반면 다른 채권자들은 공동담보가 감소함에 따라 종전보다 불리한 위치에 놓이게 되므로, 채무자의 매도행위는 사해행위에 해당한다고 할 수 있다. 그리고 대금의 일부에 관해서 상계 처리되었다고 하더라도 이를 매매계약의 불가분적 요소로 보아 매매계약 전부에 대하여 사해행위로서 취소를 구할 수 있다고 할 것이다.

(4) 우선변제권 있는 채권자에 대한 대물변제

(가) 채무자의 총재산에 대한 우선변제권

채권자들의 공동담보가 되는 채무자의 총재산에 대하여 다른 채권자에 우선하여 변제를 받을 수 있는 권리를 가지는 채권자는 처음부터 채무자의 재산에 대한 환가절차에서 다른 채권자에 우선하여 배당을 받을 수 있는 지위에 있으므로, 그와 같은 우선변제권 있는 채권자에 대한 대물변제의 제공행위는 특별한 사정이 없는 한 다른 채권자들의 이익을 해한다고 볼 수 없어 사해행위가 되지 않는다(대법원 2008. 2. 14. 선고 2006다33357 판결).[39]

(나) 임금채권의 우선적 효력이 미치는 재산의 범위

대법원 1996. 2. 9. 선고 95다719 판결은, 임금 우선변제권의 적용대상이 되는 '사용자의 총재산'이라고 함은 근로계약의 당사자로서 임금채무를 1차적으로 부담하는 사업주인 사용자의 총재산을 의미하므로, 사용자가 회사(법인)인 경우에는 회사(법인) 자체의 재산만을 가리키며 회사(법인)의 대표자 등 사업경영담

39) 사안의 요지는, 채무자회사가 채무초과상태에서 회사가 보유한 승합차 전부를 소속 근로자들에 대한 체불임금 지급에 갈음하여 대물변제로써 양도한 것이다.

당자의 개인재산은 이에 포함되지 않는다고 봄이 상당하다고 판시하였다.

따라서, 예컨대 주식회사 대표이사가 채무초과상태에서 회사를 퇴직한 근로자의 미지급 급여 및 퇴직금을 해결하기 위해 대표이사 개인재산에 관하여 근저당권을 설정해 주거나 대물변제로써 양도한 경우에는, 대표이사 개인의 일반채권자들에 대한 관계에서 사해행위에 해당할 수 있다.

3. 금전지급에 의한 변제

(1) 변제에 관한 대법원판례의 서술내용

다수의 대법원판결은, '채권자가 채무의 변제를 구하는 것은 그의 당연한 권리행사로서 다른 채권자가 존재한다는 이유로 이것이 방해받아서는 아니되고 채무자도 채무의 본지에 따라 채무를 이행할 의무를 부담하고 있어 다른 채권자가 있는 경우라도 그 채무이행을 거절하지는 못하므로, 채무자가 채무초과상태에서 특정 채권자에게 채무의 본지에 따른 변제를 함으로써 다른 채권자의 공동담보가 감소되는 결과가 되는 경우에도, 이 같은 변제는 채무자가 특히 일부의 채권자와 통모하여 다른 채권자를 해할 의사를 가지고 변제를 한 경우를 제외하고는 원칙적으로 사해행위가 되지 않는다'고 서술한다. 그리고 채무자가 특히 일부 채권자와 통모하여 다른 채권자를 해할 의사를 가지고 변제하였는지에 관해서는 사해행위임을 주장하는 사람이 입증하여야 한다고 서술한다.

위와 같은 서술형식을 취한 대표적인 판례로서, ① 대법원 2001. 4. 10. 선고 2000다66034 판결, ② 대법원 2005. 3. 25. 선고 2004다10985 판결, ③ 대법원 2003. 6. 24. 선고 2003다1205 판결, ④ 대법원 2004. 5. 28. 선고 2003다60822 판결 등을 들 수 있는데, 위 ①, ② 판례는 채무자가 기존 대여금 채무의 변제를 위하여 특정 채권자에게 금전을 지급한 사안에 관한 것이고, 위 ③, ④ 판례는 기존 금전채무의 변제에 갈음하여 다른 금전채권을 양도한 사안에 관한 것이다.

위 ③, ④ 판례의 판시내용은 채무자가 기존 금전채무의 변제에 갈음하여 다른 금전채권을 양도한 경우의 사해행위 성부에 관해서 그 전제 법리로 서술한 것으로서, 이에 대해서는 이미 앞의 2.의 (2)항에서 검토하였으므로 여기에서는 대물변제 아닌 채무 본지에 따른 본래의 변제에 관해서 검토한다.

(2) 대법원판례에 관한 이해

(가) 금전지급에 의한 변제에 한정

'변제'는 채무의 내용인 급부가 실현됨으로써 채권이 만족을 얻어 소멸하는 것을 의미하고, 우리 민법의 채권자취소제도는 원인이 되는 사해행위를 취소하고 그 원인에 의하여 초래된 결과에 대하여 원상회복을 구하는 단계적 구조를 가진다.

그런데 결과적인 측면에서 볼 때, 변제는 원인행위에 의해 발생한 채권이 실현된 결과라고 할 수 있으므로, 변제는 원칙적으로 사해행위 취소의 대상이라기보다 원상회복의 대상으로 포착되어야 할 것이다. 특히, 변제의 내용이 등기절차의 이행에 의한 물권 변동일 경우, 법률행위와 등기를 물권변동에 관한 별개의 요건으로 파악하고 또한 물권행위의 독자성과 무인성을 인정하지 않는 대법원판례의 입장에서 볼 때에는 더욱 그러하다. 대법원판례도, '어느 부동산에 관한 매매계약 기타 법률행위가 사해행위에 해당하는 경우에는 원칙적으로 그 사해행위를 취소하고 소유권이전등기의 말소 등 부동산 자체의 회복을 명하여야 한다고 판시하였는바,[40] 이는 원인행위의 변제로서 이행된 등기 부분은 사해행위 취소의 대상이 아니라 원상회복의 대상으로 파악한 것으로 볼 것이다.

위 (1)항에서 나온 대법원판례의 설시내용, 즉 '채무자가 채무초과상태에서 특정 채권자에게 채무의 본지에 따른 변제를 함으로써 다른 채권자의 공동담보가 감소되는 결과가 되는 경우에도, 이 같은 변제는 채무자가 특히 일부의 채권자와 통모하여 다른 채권자를 해할 의사를 가지고 변제를 한 경우를 제외하고는 원칙적으로 사해행위가 되지 않는다'는 것을 그대로 모든 변제에 적용한다면, 주류적 대법원판례에 의해 확립된 채권자취소권의 기본 법리와 상충될 수 있다. 즉, 위 (1)항에 나온 대법원판례의 설시내용에 따른다면, 예컨대, 채무자가 채무초과상태에서 대여 채권자 중의 1인인 수익자와 사이에 근저당권설정계약을 체결하고 그에 따른 채무의 이행을 위하여 근저당권 설정등기를 마쳐준

---

40) 대법원 1996. 10. 29. 선고 96다23207 판결, 2010. 2. 25. 선고 2007다28819 판결 등.

경우에도, 채무자와 수익자 사이에 통모가 없는 한 사해행위에 해당하지 않는다고 볼 수 있다. 그러나, 이와 같이 이해하는 것은 채무자가 채무초과상태에서 특정 채권자에게 우선변제의 효력이 있는 근저당권을 설정해 주는 계약을 체결하는 행위는 객관적으로 사해행위에 해당하고, 근저당권자인 수익자의 악의가 추정되어 수익자 스스로 선의임을 입증하여야 하는 주류적 대법원판례에 의해 확립된 채권자취소권의 기본 법리와 상충되므로 부당하다.

따라서 결국, 위 (1)항에 나온 '채무자가 특히 일부의 채권자와 통모한 경우'에 그 변제행위가 사해행위가 된다는 대법원판례는 '금전지급행위가 변제로서 이루어진 경우'에 제한적으로 취소 대상으로서의 사해행위 해당 여부가 문제되고, 금전지급 이외의 변제는 사해행위 취소의 대상이 아니라 원상회복의 대상으로 파악하여야 할 것이다.

(나) 금전 지급에 의한 변제에 통모가 필요한 근거

그러면, '금전지급행위가 변제로서 이루어진 경우'에 사해행위가 되기 위해서 일반적인 다른 사해행위와는 달리 특별히 '채무자와 특정 채권자 사이의 통모'를 필요로 하고 그 입증책임이 사해행위를 주장하는 측에게 있는 이유는 무엇인가.

금전(화폐)은 다른 재화와 비교할 수 없을 정도로 고도의 유통성을 가지고, 금전채무의 불이행에 관해서는 채무자가 과실 없음을 항변하지 못하고 법정이율에 의한 지연손해금이 가산되는 등의 특칙(민법 제397조)이 있으므로, 금전지급에 의한 변제에 있어서는 각별히 금전 거래의 안전을 보호하고 상대적으로 불리한 지위에 있는 금전채무자의 입장을 고려하여 사해행위 성립에 있어 보다 엄격한 주관적 요건을 부가한 데에 그 합리적 이유를 찾을 수 있을 것이다.

대법원 2019. 5. 16. 선고 2018다289009 판결은, '채무자가 수익자에게 금원지급에 의한 채무변제를 할 당시 부당대출 관련 형사판결이 확정된 직후여서 고액의 손해배상청구를 제기 당할 것임이 예상되는 상황이었던점. 채무자는 형사판결이 확정된 직후에 작성일을 그 이전으로 소급하여 자신의 차남인 수익자에게 차용증을 작성해 준 점 등에 비추어 채무자와 수익자가 통모하여 다른 채권자를 해할 의사를 가지고 채무변제행위를 하였다고 볼 여지가 충분하다. 그럼에도 채무자가 수익자에게 약 1억 8,000만 원을 지급한 것이 채무 본지에 따른 변제라고 볼 수 있고 통모하여 다른 채권자를 해할 의사를 가지고 한 사해행위가 아니라고 본 원심의 판단은 부당하다'고 판시하였다.

4. 증여와 변제의 구별 필요성(주장 및 증명책임의 차이)

채무자가 금전을 증여하는 행위는 적극재산을 일방적으로 감소시키므로 그로 인하여 기존의 채무초과상태가 심화되거나 그로 인하여 비로소 채무초과상태가 유발되는 결과가 생긴 경우에는 원칙적으로 사해행위에 해당한다.

그런데 한편, 채무자가 채무초과상태에서 특정 채권자에게 채무의 본지에 따라 변제를 위하여 금전을 지급함으로써 다른 채권자의 공동담보가 감소하는 결과가 되는 경우, 위 3.항에서 본 바와 같이 그 금전지급에 의한 변제는 채무자가 특히 일부의 채권자와 통모하여 다른 채권자를 해할 의사를 가지고 한 경우가 아닌 한 원칙적으로 사해행위가 되지 않는다.

위와 같이, 채무자의 금전지급행위가 증여인지 변제인지를 판별하는 것은 사해행위의 취소를 구하는 채권자가 주장 증명하여야 할 내용이 크게 달라진다는 점에서 소송실무상 중요한 의미가 있다.

채권자가 채무자의 수익자에 대한 금전지급행위를 증여라고 주장함에 대하여 수익자는 이를 기존 채무에 대한 변제로서 받은 것이라고 다투는 경우 이는 채권자의 주장사실에 대한 부인에 해당하고, 결국 금전지급행위가 사해행위로 인정되기 위해서는 그 금전지급행위가 증여에 해당한다는 사실이 증명되거나, 변제에 해당하지만 채권자를 해하는 통모가 있었다는 특별한 사정 있음이 증명되어야 할 것이고, 그에 대한 증명책임은 사해행위를 주장하는 측에 있다(대법원 2014. 10. 27. 선고 2014다41575 판결).

제 6. 증여, 소멸시효이익 포기, 채무면제

1. 증 여

(1) 증여의 사해행위성과 증여의 실질을 가지는 법률행위

증여는 당사자 사이에 의사의 합치가 있어야 하는 계약이지만, 그 내용에 있어서는 채무자(증여자)가 상응하는 반대급부 없이 적극재산을 일방적으로 감소시키는 것이므로, 그로 인하여 기존의 채무초과상태가 심화되거나 그로 인하여 비로소 채무초과상태가 유발되는 결과를 발생하였다면, 객관적으로 사해행위에 해당한다.

소송실무상, 채무자의 증여에 의하여 채무초과상태가 유발 또는 심화되는 결과가 발생하였는지에 관해서는 비교적 용이하게 산정할 수 있고, 그에 따라 사해행위 해당 여부를 판단함에는 법리적으로 별다른 어려움이 없으나, 연대보증인 상호간 또는 부부 사이의 증여, 송금 등 계좌이체와 증여에 관련하여 아래 대법원판례의 판시내용을 유의할 필요가 있다.

대법원 2009. 3. 26. 선고 2007다63102 판결은, 특정한 채권에 대한 공동연대보증인 중 1인이 다른 공동연대보증인에게 재산을 증여하여 특정 채권자가 추급할 수 있는 채무자들의 총 책임재산에는 변동이 없다고 하더라도, 재산을 증여한 연대보증인의 재산이 감소되어 그 특정한 채권자를 포함한 일반채권자들의 공동담보에 부족이 생기거나 그 부족이 심화된 경우에는 그 증여행위는 사해행위에 해당한다고 판시하였다.

대법원 1998. 12. 22. 선고 98두15177 판결은, 부부의 일방이 혼인 중 단독명의로 취득한 부동산은 그 명의자의 특유재산으로 추정되므로, 다른 일방이 그 실질적인 소유자로서 편의상 명의신탁한 것이라고 인정받기 위해서는 자신이 실질적으로 당해 재산의 대가를 부담하여 취득하였음을 증명하여야 하고, 단지 그 부동산을 취득함에 있어서 자신의 협력이 있었다거나 혼인생활에 있어서 내조의 공이 있었다는 것만으로는 위 추정이 번복되지 아니한다고 판시하였다. 위 대법원판결은 위와 같은 법리를 전제로, 혼인 중 부부의 일방 명의로 취득되어 그의 특유재산으로 추정되는 부동산을 다른 일방이 명의신탁해지를 원인으로 소유권이전등기를 경료받았다면, 그 특유재산의 추정을 번복할 만한 주장 입증이 없는 이상, 그 등기시에 명의신탁해지의 형식을 빌어 부부 사이에 당해 부동산의 증여가 이루어진 것으로 봄이 상당하다고 판시하였다.

위 대법원 98두15177 판결은, 부동산실명법에 의해 원칙적으로 명의신탁약정은 무효이고 그에 따른 등기로 이루어진 부동산에 관한 물권변동은 무효이지만, 예외적으로 같은 법 제8조에 의해 배우자 사이의 명의신탁약정이 유효한 경우를 전제로 한 것임에 유의할 것이다.

예금계좌 이체가 금전의 증여로 해석되는 기준에 관하여 본다.

대법원 2018. 12. 27. 선고 2017다290057 판결은, '다른 사람의 예금계좌에 금전을 이체하는 등으로 송금하는 경우 다양한 원인이 있을 수 있는데, 송금 등 금전지급행위가 증여에 해당하기 위해서는 객관적으로 채무자와 수익자 사이에 금전을 무상으로 수익자에게 종국적으로 귀속시키는 데에 의사의 합치가 있어야 한다'고 판시하였다. 위 대법원판결은 위 법리를 적용하여 구체적으로, '과세당국 등의 추적을 피하기 위하여 일정한 인적관계에 있는 사람이 그 소유의 금전을 자신의 예금계좌로 송금한다는 사실을 알면서 그에게 자신의 예금계좌로 송금할 것을 승낙 또는 양해하였다거나 그러한 목적으로 자신의 예금계좌를 사실상 지배하도록 용인하였다는 것만으로는 특별한 사정이 없는 한 송금인과 계좌명의인 사이에 송금액을 계좌명의인에게 무상으로 증여한다는 의사의 합치가 있었다고 쉽사리 추단할 수 없다. 이는 금융실명제 아래에서 실명확인절차를 거쳐 개설된 예금계좌의 경우에 특별한 사정이 없는 한 명의인이 예금계약의 당사자로서 예금반환청구권을 가진다고 해도, 이는 계좌가 개설된 금융기관에 대한 관계에 관한 것으로서 그 점을 들어 곧바로 송금인과 계좌명의인 사이의 법률관계를 달리 볼 것이 아니다'라고 판시하였다.[41]

(2) 무상행위로서의 특성과 피보전채권의 판단에 미치는 영향

소송실무상, 증여에 관해서는 그것이 무상행위라는 특성상 앞의 제2장 제2

---

41) 송금인과 계좌명의인 사이에 예금주 명의신탁약정이 있었다고 볼 수 있음은 별론으로 한다.

절 제 4.에서 본 바와 같이 피보전채권의 선재성(先在性) 원칙의 예외사유로서 채권성립의 고도 개연성의 판단에 있어 그 시간적 근접성이 완화될 수 있다는 데에 실제적 의의가 있다.

즉, 민사집행법 제64조 제2항은 재산명시절차에 있어서 채무자가 재산명시명령이 송달되기 전 1년 이내에 유상양도한 부동산과 2년 이내에 무상처분한 재산을 재산목록에 명시하여 제출하도록 규정하고, 채무자회생법 제101조 제3항은 부인권 대상 행위에 관하여 그 행위가 무상행위 및 이와 동일시할 수 있는 유상행위이고, 채무자와 상대방 사이에 배우자, 8촌 이내의 혈족, 또는 일정 지분 이상의 출자자, 임원(채무자가 법인인 경우) 등 특수관계[42]에 있는 경우에는 지급 정지 등이 있기 전 1년 내의 행위까지 포함한다고 규정하고 있다.

이와 같이 무상행위에 관해서 유상행위보다 시간적 요건을 대폭 완화한 법규정의 취지는 증여 등 무상행위가 사해행위에 해당하는 경우 채권자취소권에 있어서의 피보전채권의 성립의 고도 개연성 판단에 각별하게 고려되어야 할 것이다.

2. 소멸시효이익의 포기

대법원 2013. 5. 31.자 2012마712 결정은, 채무자가 소멸시효 완성 후에 한 소멸시효이익의 포기행위는 소멸하였던 채무가 소멸하지 않았던 것으로 되어 결과적으로 채무자가 부담하지 않아도 되는 채무를 새롭게 부담하게 되는 것이므로 사해행위에 해당한다고 판시하였는바, 그 사안요지와 판단요지 및 법리에 관해서 아래에서 상세히 검토한다.

(사안 요지) 채권자 “갑”은 2003. 10. 31. 신용금고가 1994. 1. 25. “정”에게 대여한 원금 7억 원의 대출금채권을 전전 양수하였고, “을”은 위 대출 당시 “정”의 신용금고에 대한 채무에 관해서 연대보증하였다.

연대채무자 “을”은 그 소유의 이 사건 토지에 관하여 1998. 5. 20. 매수인 수익자 “병”과 사이에 매매예약을 체결하고 이를 원인으로 1998. 6. 25. 소유권이전청구권 가등기를 마쳐 주었으며, 그로부터 10년이 훨씬 경과한 2011. 8.

42) 채무자회생법 시행령 제4조.

18. "병"에게 1998. 9. 25.자 매매를 원인으로 하여 위 가등기에 기한 소유권 이전 본등기를 마쳐 주었다.

(전제 법리) 소멸시효가 완성하기 전에 미리 시효이익을 포기하는 것은 인정되지 않지만, 소멸시효가 완성한 후에 시효이익을 포기하는 것은 유효하고, 시효이익이 포기는 상대방에 대한 의사표시로 하되 묵시적인 표시도 가능하다.

한편, 대법원판례에 의하면, 법률행위로 인한 물권의 변동에 있어서 발생하는 등기청구권은 채권적청구권으로서 10년의 소멸시효에 걸리고, 등기의무자가 등기청구권의 소멸시효기간이 지난 후에 소유권이전등기를 해 주기로 약정한 경우는 시효이익을 포기한 것으로 본다.[43)]

(판단 요지) 매수인 수익자 "병"이 1998. 9. 25. 매매예약완결권을 행사하여 그 때부터 매도인 채무자 "을"에 대하여 이 사건 토지에 관한 가등기에 기한 본등기 청구권을 행사할 수 있었음에도 이를 10년간 행사하지 아니함으로써 소멸시효가 완성되었다고 할 것이다.

이러한 본등기청구권이 소멸되는 시효이익을 받는 자인 매도인 채무자 "을"이 2011. 8. 18. 이 사건 토지에 관하여 매수인 "병" 명의로 이 사건 가등기에 기한 본등기를 마쳐 줌으로써 자신의 시효이익을 포기하는 행위를 하였다고 볼 수 있으며, 이러한 시효이익의 포기행위는 "을"과 "병" 사이의 1998. 5. 20.자 매매예약과는 별개로 채권자취소권의 대상인 사해행위에 해당한다.

3. 채무면제

채무면제는 채권자가 채무자에 대한 일방적 의사표시로서 채무를 소멸시키는 것이지만(민법 제506조), 채권자가 대가를 받지 않고 채무를 소멸시키는 것으로 채권 포기의 실질을 가진다.

이와 같이, 채무면제가 채권 포기의 실질을 가지므로 채무자가 제3채무자에 대하여 채무를 면제하는 것은 곧 자신의 적극재산의 하나인 채권을 포기하는 것이고, 이로써 채무초과상태가 심화 또는 유발되었다면, 채무면제는 자신의 일반 채권자에 대한 관계에서 사해행위에 해당한다.

---

43) 대법원 1993. 5. 11. 선고 93다12824 판결.

채무자의 제3채무자에 대한 채무면제가 사해행위에 해당하는 경우에는 취소채권자는 수익자의 지위에 있는 제3채무자를 상대로 그 면제행위의 취소를 구한다. 그리고, 채무면제를 취소하는 경우에도 채권양도를 취소하는 경우와 마찬가지로 그 사해행위에 의해 현실적인 재산의 이전을 수반하지 않으므로, 그 면제행위의 취소만을 구하는 것으로 족하고 따로 원상회복을 구할 여지는 없다.

취소채권자는 채무자에 대한 집행권원을 가지고 채권자취소소송의 승소확정판결에 의해 채무자의 책임재산으로 회복되어 존속하게 된 제3채무자에 대한 채권에 관하여 일반의 강제집행의 절차에 따라 만족을 얻어야 할 것이고, 제3채무자에 대한 금전채권에 관하여 강제집행을 하는 경우에는 채권자취소를 원인으로 한 환가절차로서는 압류 및 추심명령만이 허용된다고 보는 것이 타당하다고 생각한다.[44)]

---

44) 이 점을 비롯하여 채무면제의 취소와 수익자에 대한 채권의 직접 청구의 가부 등 문제에 관해서는 뒤 제6장 제2절 제 3.의 4.에서 따로 상세하게 검토한다.

제 7. 상계, 상계계약

1. 단독행위로서의 상계

(1) 상계의 의의 및 기능

상계는 당사자 쌍방이 서로 같은 종류를 목적으로 하는 채무를 부담하는 경우에 어느 당사자 일방의 의사표시로 그 대등액에 관하여 채권과 채무를 동시에 소멸시키는 것이다.[45)]

이러한 상계제도는 서로 대립하는 두 당사자 사이의 채권·채무를 간이한 방법에 의해 결제함으로써 양자의 채권채무관계를 원활하고 공평하게 처리함을 목적으로 하고, 상계권을 행사하려는 자에 대해서는 수동채권(상대방이 가지는 채권)의 존재가 사실상 자동채권(상대방에 대한 채권)에 대한 담보로서의 기능을 한다.[46)]

상계의 당사자 쌍방은 서로 상대방에 대하여 채권자 및 채무자의 지위를 겸유하고 있는데, 민법은 그 중 채무자의 지위에 주목하여 각 채무자는 대등액에 관해서 상계할 수 있고(민법 제492조 제1항), 채무자가 상대방에게 상계의 의사표시를 한 때에는 대등액의 범위에서 각 채무가 소멸한다(민법 제493조)고 규정하고 있다.

(2) 상계권의 행사와 사해행위의 성부

채무자 "을"이 채무초과상태에서 일반채권자 중의 한 사람으로서 변제자력이 충분한 "병"에 대하여 가지는 1억 원의 물품대금채권으로써 "병"이 "을"에 대하여 가지는 1억 원의 대여금채권과 상계하는 의사표시를 한 경우에 관해서 본다.

이러한 경우, 양 채권이 그 액면금액이 동일하다고 하더라도, 물품대금채권은 "병"의 자력이 충분하기 때문에 그 액면금액대로 변제받는 것이 확실하고

---

45) 대법원 2011. 4. 28. 선고 2010다101394 판결.
46) 대법원 2003. 4. 11. 선고 2002다59481 판결.

용이한 반면, 대여금채권의 경우에는 "을"이 무자력 상태에 있기 때문에 그 실질적 가치가 물품대금채권에 미치지 못한다고 할 수 있다.

결국, 이미 채무초과상태에 있는 "을"이 상계의 의사표시를 하는 경우 그 상대방인 수익자 "병"은 실질적 가치가 액면금액에 미치지 못하는 대여금채권에 관하여 다른 일반 채권자에 우선하여 액면금액대로 만족을 얻는 반면, 동일한 액면금액에 관하여 그대로의 실질적 가치가 있는 "을"의 물품대금채권은 소멸함으로써, 대물변제와 마찬가지로 그 범위 내에서 공동담보가 감소함에 따라 다른 일반 채권자는 종전보다 더 불리한 지위에 놓이게 된다.

따라서, 채무자 "을"의 단독행위로서의 상계도 그 상대방인 수익자 "병" 이외의 다른 일반채권자에 대한 관계에서 사해행위에 해당할 수 있다고 할 것이다.

다만, 위에서 본 사례에서, "병"이 "을"에 대하여 가지는 1억 원의 대여금채권으로써 "을"이 "병"에 대하여 가지는 1억 원의 물품대금채권과 상계하는 의사표시를 한 경우에는, "병"은 다른 채권자들에 대한 관계에서 채무자의 지위에 있지 않으므로 다시 말하면 "병"이 한 위 상계의 의사표시는 채무자의 법률행위라고 볼 수 없으므로, "병"이 한 상계는 사해행위에 해당하지 않는다.[47)]

앞서 본 바와 같이, 채무자 "을"의 일방적 의사표시에 의한 상계가 사해행위에 해당하고 그 상대방인 수익자 "병"이 악의인 경우(즉, 선의 입증에 실패한 경우)에, 채권자 "갑"은 수익자 "병"을 상대로 사해행위인 "을"의 상계의 의사표시를 취소할 수 있지만, 원상회복으로서 "병"에 대하여 직접 또는 채무자 "을"을 대위하여 부활된 채무의 이행을 구할 수는 없다고 할 것인바, 이 점에 관해서는 아래 2.의 (3)항 상계계약의 취소와 원상회복의 방법에서 따로 상세하게 검토한다.

---

47) 그러나, 당사자가 상계의 대상이 되는 채권이나 채무를 취득하게 된 목적과 경위, 상계권을 행사함에 이른 구체적·개별적 사정에 비추어, 그것이 앞서 본 바와 같은 상계제도의 목적이나 기능을 일탈하고 법적으로 보호받을 만한 가치가 없는 경우에는, 그 상계권의 행사는 신의칙에 반하거나 상계에 관한 권리를 남용하는 것으로서 허용되지 않는다(대법원 2003. 4. 11. 선고 2002다59481 판결. 이 판결의 사안요지는, 상대방의 부도로 인하여 그 발행의 약속어음의 가치가 현저하게 하락된 사정을 알면서 오로지 자신이 상대방에 대하여 부담하는 임대차보증금반환채무와 상계할 목적으로 상대방이 발행한 약속어음 20장을 액면가의 40%에도 미치지 못하는 가격으로 할인·취득하고, 그 약속어음을 자동채권으로 하여 보증금반환채무와 상계한 경우이다. 위 판결은 이와 같은 상계권의 행사에 관하여 신의칙에 반하거나 권리남용에 해당한다고 하여 상계의 주장을 배척한 것이다).

2. 상계계약

(1) 상계계약의 의의와 특성

민법이 정하는 상계는 채무자의 의사표시만으로 이루어지는 단독행위로서 그 요건과 상계가 금지되는 경우에 관해서 규율하고 있으나, 이를 강행규정으로 볼 것은 아니기 때문에 당사자 사이의 계약으로 민법의 상계에 관한 요건 및 금지의 내용과 달리 정할 수 있다.[48]

당사자 쌍방이 가지고 있는 같은 종류의 급부를 목적으로 하는 채권을 서로 대등액에서 소멸시키기로 하는 상계계약이 이루어진 경우, 상계계약의 효과로서 각 채권은 당사자들이 그 계약에서 정한 금액만큼 소멸한다.[49]

위와 같이 상계계약은 상호 채무를 소멸시키는 것을 내용으로 하는 계약으로서 채무자의 재산권을 목적으로 하는 법률행위이고, 채무자의 상계계약에 의하여 일반 채권자에 대한 관계에서 기존의 채무초과상태를 더욱 심화시키는 결과를 초래하는 경우에는 그 상계계약은 사해행위에 해당한다.

(2) 상계계약과 사해행위

채무자 “을”이 채무초과상태에서 일반채권자 중의 한 사람으로서 변제자력이 충분한 “병”과 사이에, “을”이 “병”에 대하여 가지는 1억 원의 물품대금채권과 “병”이 “을”에 대하여 가지는 1억 원의 대여금채권을 상계하기로 합의한 경우에 관하여 본다.

---

48) 김준호, 채권법(제13판) 제108면.

49) 대법원 2010. 9. 16. 선고 2008다97218 전원합의체 판결(이러한 법리는 기업개선작업절차에서 채무자인 기업과 채권자인 금융기관 사이에 채무자가 채권자에게 주식을 발행하여 주고 채권자의 신주인수대금채무와 채무자의 기존채무를 같은 금액만큼 소멸시키기로 하는 내용의 상계계약 방식에 의하여 이른바 출자전환을 하는 경우에도 마찬가지로 적용되며, 이와 달리 주식의 시가를 평가하여 그 시가 평가액만큼만 기존의 채무가 변제되고 나머지 금액은 면제된 것으로 볼 것은 아니다).

한편, 대법원 2005. 4. 28. 선고 2005다3113 판결은, ‘상계계약은 상호의 채무를 면제시키는 것을 내용으로 하는 계약으로서 일방의 채권이 불성립 또는 무효이어서 그 면제가 무효가 되면 타방의 채무면제도 당연히 무효가 되어 그 채권은 여전히 존재하는 것이므로, 단순히 그 채무를 이행하지 않고 있다는 점만으로 법률상 원인 없이 이득을 얻었다고 볼 수 없다’고 판시하였다.

이러한 경우, 양 채권이 그 액면금액이 동일하다고 하더라도, 물품대금채권은 "병"의 자력이 충분하기 때문에 그 액면금액대로 변제받는 것이 확실하고 용이한 반면, 대여금채권의 경우에는 "을"이 무자력 상태에 있기 때문에 그 실질적 가치가 물품대금채권에 미치지 못한다고 할 수 있다.

결국, 이미 채무초과상태에 있는 채무자 "을"이 수익자 "병"과 사이에 상계계약을 체결함으로써, 수익자 "병"은 실질적 가치가 액면금액에 미치지 못하는 "을"에 대한 대여금채권에 관하여 다른 일반 채권자에 우선하여 액면금액대로 만족을 얻는 반면, 동일한 액면금액에 관하여 그대로의 실질적 가치가 있는 "을"의 물품대금채권은 소멸함으로써, 대물변제와 마찬가지로 그 범위 내에서 공동담보가 감소함에 따라 다른 일반 채권자는 종전보다 더 불리한 지위에 놓이게 된다.

예컨대, 채무자 "을"이 채권자 "갑1"에 대하여 4억 원의 차용금 반환채무를, "갑2"에 대하여 3억 원의 차용금 반환채무를, "갑3"에 대하여 1억 원의 차용금 반환채무를 각 부담하여 소극재산의 합계가 8억 원이고, 한편 채무자 "을"은 시가 3억 원의 부동산 및 위 "갑3"(병)에 대하여 추심이 확실하고 용이한 1억 원의 물품대금채권을 보유하여 그 적극재산의 합계 4억 원으로서 채무초과상태에 있는데, 채무자 "을"과 위 "갑3"(병)이 각 1억 원인 "갑3"(병)의 "을"에 대한 대여금채권과 "을"의 "갑3"(병)에 대한 물품대금채권을 서로 상계하기로 합의한 경우에 관해서 본다.

위와 같은 사안에서, "을"과 "갑3"(병) 사이의 상계계약이 있기 전에는 채권자 "갑1"이 채무자 "을"의 적극재산 4억 원(부동산 3억 원+채권 1억 원)으로써 다른 채권자들과 함께 그 채권액에 안분하여 변제받을 수 있는 금액은 2억 원{4억 원(적극재산총액)×4억 원("갑1"의 채권액)/8억 원("갑1"의 채권액 4억 원+"갑2"의 채권액 3억 원+"갑3"의 채권액 1억 원)}이었다. 그런데, "을"과 "갑3"(병) 사이의 상계계약 후에는, 채권자 "갑1"이 채무자 "을"의 상계 후 남은 적극재산 3억 원으로써 다른 채권자들과 함께 그 채권액에 안분하여 변제받을 수 있는 금액은 약 1억 7,000여 만 원{3억 원(적극재산총액)×4억 원("갑1"의 채권액)/7억 원("갑1"의 채권액 4억 원+"갑2"의 채권액 3억 원)}이 됨으로써 종전보다 더 불리한 지위에 놓이게 되는 것이다.

따라서, 일반 채권자 중의 1인인 "갑1"은 수익자 "갑3"(병)을 상대(피고)로 하여 "갑3"(병)과 "을" 사이에 체결된 상계계약에 관해서 사해행위로서 취소를 구할 수 있다.

(3) 상계계약의 취소와 원상회복 방법

위 (2)항에서 본 바와 같이, 일반채권자 "갑1"이 채무자 "을"과 수익자의 지위에 있는 "갑3"(병) 사이에 체결된 상계계약을 사해행위로서 취소할 수 있다고 하더라도, 취소에 따른 원상회복으로 수익자의 지위에 있는 "갑3"(병)에 대하여 직접 또는 채무자 "을"을 대위하여 1억 원의 물품대금지급채무의 이행을 구할 수는 없다고 할 것이다.

왜냐하면, 수익자 "갑3"(병)이 "을"과의 상계계약에 의하여 취득한 수익은 금전 기타의 재물이 아니라 1억 원 상당의 물품대금채무의 소멸이라고 하는 재산상의 이익이라고 할 것인데, 상계계약이 사해행위로서 취소되는 경우 그 취소의 상대적 효력에 의해 채권자 "갑1"은 수익자 "갑3"(병)에 대한 관계에서 1억 원 상당의 물품대금채권이 부활하여 채무자 "을"이 여전히 이를 보유하는 것으로 취급할 수 있고, 수익자의 지위에 있는 "갑3"(병)은 더 이상 취소에 따른 원상회복 대상이 되는 어떤 수익도 보유하지 않는 셈이 되기 때문이다.

따라서, 채권자 "갑1"으로서도 수익자 "갑3"(병)에 대한 관계에서 1억 원 상당의 물품대금채권이 부활하여 채무자 "을"이 여전히 이를 보유하는 것으로 취급하는 것으로써 취소의 목적을 달성하게 되므로, 더 나아가 수익자의 지위에 있는 "갑3"(병)을 상대로 물품대금 지급의 이행을 별도로 직접 또는 대위의 방법에 의하여 청구할 수 없다고 할 것이다.[50)]

위와 같은 경우, 상계계약이 사해행위로 취소됨에 따라 수익자의 지위에 있는 "갑3"의 "을"에 대한 1억 원 상당의 대여금채권도 부활하게 되는 결과 "갑3"은 "을"에 대해 본래의 채권자로서의 지위를 회복하게 된다. 이에 따라, 수익자의 지위에 있는 "갑3"도 다른 채권자들과 함께 민법 제407조에 의하여 그 효력을 받는 채권자에 포함되므로, 집행권원을 갖추어 취소소송을 제기한 채권자

---

50) 대법원 2003. 8. 22. 선고 2001다64073 판결 참조.

등이 원상회복된 채무자 "을"의 물품대금채권에 대하여 하는 강제집행절차에 참여할 수 있다.[51] 다만, 취소채권자는 물품대금채권에 대한 강제집행방법 중에서도 채권자취소를 원인으로 한 환가절차로서는 압류 및 추심명령만이 허용된다고 보는 것이 타당하다.[52]

한편, 상계계약이 소송상 화해 또는 조정에 갈음하는 결정의 형식을 빌려 체결된 경우 그 상계계약도 사해행위 취소의 대상이 될 수 있다. 즉, 화해 조항 또는 조정조항 중의 일부로서 당사자 사이의 채권채무관계를 대등액에서 상계하기로 하는 내용이 포함되어 있는 경우에 그것이 사해행위 취소의 요건을 충족한다면, 채권자는 화해권고결정 등의 확정일에 수익자와 채무자 사이에 상계계약을 체결하기로 하는 합의가 묵시적으로나마 있었다고 보아 그 취소를 구할 수 있다고 할 것이다.[53]

3. 매매계약이 사해행위이고 그 대금의 결제과정에서 상계가 이루어진 경우

(1) 매매계약 자체의 취소

채무자가 재산을 매도하였는데 그 대금의 현실적인 수수 없이 결제되는 경우로서 당사자 사이의 채권·채무가 상계되는 경우에 관해서 본다.

대법원 1995. 6. 30. 선고 94다14582 판결은, 채무자가 채무초과 상태에서 채권자들 중 특정의 채권자만 우선적으로 채권의 만족을 얻도록 할 의도로 채무자 소유의 중요 재산인 공장 건물과 대지를 매각하되, 현실적으로 매매대금을 한 푼도 지급받지 아니한 채 그 대금 중 일부는 매수인의 채무자에 대한 기존의 채권과 대등액에서 상계하고 매매 목적 부동산에 관한 근저당권 피담보채무를 인수하는 등으로 대금을 결제한 사안에 관하여, 채무자의 매각행위는 다른 일반 채권자에 대한 관계에서 사해행위에 해당한다고 판시하였다.

---

51) 대법원 2003. 6. 27. 선고 2003다15907 판결 참조.

52) 왜냐하면, 전부명령을 허용하면 취소채권자에게 사실상 우선변제나 독점적 만족을 얻을 수 있게 함으로써 채권자취소권의 채권자평등의 원칙(민법 제407조)에 어긋나기 때문이다. 이 점에 관해서는 뒤 제6장 제2절 제 3.의 4.에서 상세하게 검토한다.

53) 소송절차를 통한 사해행위에 관해서는 뒤 제 15.에서 따로 상세하게 검토한다.

대법원 2001. 6. 12. 선고 99다51197 판결의 사안요지는, 채무자가 채무초과상태에서 자신의 유일한 부동산에 관하여 대금 1억 5,900만 원에 매도하는 계약을 체결하고 매수인으로부터 계약금 1,000만 원을 지급받고, 나머지 대금 중 2,000만 원은 매수인의 채무자에 대한 2,000만 원의 임차보증금반환채권과 상계하기로 하고, 나머지 대금 1억 2,900만 원은 매매 목적 부동산에 대한 근저당권의 피담보채무와 임대차보증금 반환채무를 매수인이 인수함으로써 그 지급을 갈음하기로 한 경우이다. 위 대법원판결은 이러한 사안에 관해서, 매매대금 1억 5,900만 원 중 계약금 1,000만 원을 제외한 나머지 금액을 현실적으로 지급한 바 없었다는 것이니, 매수인은 다른 채권자들에 우선하여 채권의 만족을 얻는 반면 다른 채권자들은 공동담보가 감소함에 따라 종전보다 불리한 위치에 놓이게 되므로, 채무자의 매도행위는 사해행위에 해당한다고 판시하였다.

채무자와 수익자 사이에 매매계약이 체결되고 그 매매대금의 결제에 관해서 매수인인 수익자의 매도인인 채무자에 대한 기존의 채권이 매도인인 채무자의 대금청구채권과 상계 처리되는 방법이 포함되어 있다면, 그 상계 처리되는 범위에서 매수인인 수익자는 경제적으로는 대물변제와 마찬가지로 다른 채권자들에 우선하여 자신의 채권의 만족을 얻는 반면 다른 채권자들은 공동담보가 감소함에 따라 종전보다 불리한 위치에 놓이게 되므로, 채무자의 매도행위는 사해행위에 해당한다. 그리고 대금의 일부에 관해서 상계 처리되었다고 하더라도 이를 매매계약의 불가분적 요소로 보아 매매계약 전부에 대하여 사해행위로서 취소를 구할 수 있다.

위에서 본 바와 같이, 채무자가 재산을 매도하고 그 대금채권의 전부 또는 일부에 관하여 매매 당사자 사이에 매수인인 수익자의 기존 채권과 상계되는 방식에 의해 그 대금의 현실적인 수수 없이 결제되는 경우에는, 그 매매계약 전체가 사해행위에 해당하므로, 그 매매계약 자체에 관해서 사해행위로서 취소를 구하고 원상회복으로 재산의 반환을 구할 것이고, 그 대금결제과정에서의 상계에 대하여 별도로 취소를 구할 필요는 없다고 할 것이다.

(2) 상계에 의해 소멸된 기존채무의 부활 문제

대법원 2003. 8. 22. 선고 2001다64073 판결은, '사해행위인 매매가 취소되는 경우에는 그 취소의 효과로 인하여 당연히 취소채권자로서는 위 매매의 효력이 유효하게 존속함을 전제로 하여 이루어진 상계의 효력 즉 기존채무 소멸의 효과를 부정할 수 있다고 할 것이므로, 별도로 채무자의 상계의 의사표시를 취소할 것도 없이 채무자의 수익자에 대한 기존의 채권이 부활하는 것으로 취급할 수 있다'고 판시하였다.

그리고, 위 대법원판결은 결론적으로, '이와 같이 채무자의 기존 채권이 부활하는 것으로 취급된다고 하더라도, 취소채권자는 그로써 사해행위 취소의 목적을 달성하게 되는 것으로서 수익자에게 반환을 명할 수익도 남아 있는 것도 아니므로, 더 나아가 수익자에 대하여 금전채권의 이행을 직접 또는 대위의 방법으로 구할 것까지는 없다'고 판시하였다.

위 대법원판결의 사안 요지는, 채무자 "을"은 수익자 "병"으로부터 주식을 시가의 12배 내지 16배 높은 가격으로 매수하고 "병"에 대한 약 120억 원의 대금지급채무에 관하여 "병"의 "을"에 대한 기존의 채무와 상계하였는데, 채권자 "갑"이 "을"과 "병" 사이의 위 주식매매계약을 사해행위로서 취소하고 수익자 "병"에 대하여 원상회복으로서 위 매매대금에 상당한 120억 원의 지급을 청구한 것이다.

위 대법원판결은 위와 같은 사안에서, '수익자 "병"이 주식매매의 반대급부로 취득한 수익은 현실의 금전 등 유체물이 아니라 채무자 "을"의 상계의 의사표시에 의하여 "병"의 "을"에 대한 기존 채무가 매매대금과 대등액에서 소멸함으로써 그 채무를 면하게 된 이익으로서 수익자 "병"에게 반환을 명할 수익이 남아 있다고 볼 수 없다. 한편 채권자 "갑"으로서는 "을"과 "병" 사이의 주식매매계약을 사해행위로 취소한 효과로 인하여 상계의 효력 즉 기존채무의 소멸의 효과도 부정할 수 있어 "을"의 "병"에 대한 기존의 채권이 부활되는 것으로 취급할 수 있고, 그로써 채권자 "갑"은 사해행위 취소의 목적을 달성하게 된다. 따라서, 채권자 "갑"은 더 나아가 수익자 "병"을 상대로 금전채권의 이행을 별도로 직접 또는 대위의 방법에 의하여 청구할 수 없다'고 판시한 것이다.

위 대법원판결의 판시 내용은 채무자가 주식을 매수함에 있어 그 대금을 시가보다 현저하게 높게 책정하여 사해행위로 된 특수한 경우에 관한 사례이기는 하지만, 사해행위 취소의 상대적 효력 및 그에 따른 원상회복에 있어서 다른 채권자들과 사이의 공평의 원칙을 적용하여 타당한 결론을 도출한 것이라고 이해할 수 있다.

그리고 한편으로는, 위 대법원판결의 법리 구성은 채권양도가 취소된 경우에 취소채권자가 제3채무자에 대하여 직접 또는 채무자를 대위하여 그 채권에 관한 지급을 청구할 수 없고, 채무자의 제3채무자에 대한 채무면제가 사해행위에 해당하여 취소되는 경우에도 취소채권자가 직접 제3채무자에 대하여 이행청구를 할 수 없다는 법리와 그 맥락을 같이 한다고 볼 수 있다.[54]

4. 상계금지채권이 사해행위로 양도된 경우 원상회복의 문제

(1) 문제의 소재

고의의 불법행위로 인한 손해배상채권의 채무자는 그 채권을 수동채권으로 한 상계로 채권자에게 대항하지 못하고(민법 제496조) 그 결과 그 채권이 양도된 경우에 양수인에게도 상계로 대항할 수 없다고 할 것이다(민법 제451조 제2항 참조).

그러면, 채무자 "을"이 수익자 "병"에게 "갑"에 대한 채권을 양도한 것이 사해행위에 해당하고, 양도된 "을"의 "갑"에 대한 채권은 "갑"의 불법행위로 인한 손해배상채권인 경우에, "갑"이 다른 법률관계에서 "을"에 대한 채권자의 지위에서 위 "을"과 "병" 사이의 채권양도에 관하여 사해행위 취소 및 원상회복을 구하는 것에 관하여, 이것이 불법행위채권을 수동채권으로 하는 상계를 금지하는 민법 제496조에 반하는지의 문제이다.

(2) 대법원판결(사해행위 취소에 의한 원상회복 긍정)

위와 같은 문제가 법률적 쟁점으로 된 사안에 관하여, 대법원 2011. 6. 10. 선고 2011다8980 판결은, "갑"이 위 채권양도에 관하여 사해행위 취소 및 원상회복으로 가액반환을 청구하는 것은 민법 제496조의 상계금지 규정에 반하지 않으므로 허용된다고 판시하였다.

위 대법원판결의 사안 요지는, 수익자 "병"이 채무초과상태에 있던 채무자

---

54) 채권양도와 채무면제에 있어 취소채권자가 제3채무자에 대하여 권리를 실현하는 방법에 관해서는 뒤 제6장 제2절 제 3.의 3.항 및 4.항에서 상세하게 검토한다.

"을"로부터 판결에 의해 확정된 "을"의 "갑"에 대한 500만 원의 손해배상채권을 양수하고 "갑"의 예금채권에 관하여 압류 · 추심명령을 통해 손해배상채권을 변제받았는데, "을"에 대하여 별도로 약 1억 원의 확정판결에 의한 매매차익반환채권을 가진 "갑"이 "을"과 "병" 사이에 위 500만 원의 손해배상채권에 관하여 체결된 채권양도양수계약을 사해행위로서 취소하고 수익자 "병"에 대하여 추심금 상당의 가액배상을 청구한 경우이다.[55)]

위 대법원판결은 위 사안에 관해서, '고의의 불법행위로 인한 손해배상채권의 채무자는 그 채권을 수동채권으로 한 상계로 채권자에게 대항하지 못하고(민법 제496조) 그 결과 그 채권이 양도된 경우에 양수인에게도 상계로 대항할 수 없게 되나(민법 제451조 제2항 참조), 그 채권양도가 사해행위에 해당하는 경우 그 손해배상채권의 채무자가 채권양도인에 대한 채권자 지위에서 채권자취소권을 행사하여 채권양도의 취소를 구함과 아울러 그 채권이 추심에 의해 이미 소멸한 경우에 취소에 따른 원상회복의 방법으로 직접 자신 앞으로 가액배상의 지급을 구하는 것 자체는 민법 제496조에 반하지 않으므로 허용된다'고 판시한 것이다.

55) 위 대법원판결의 제1심(수원지법 안산지원 2010. 8. 11. 선고 2010가단14384)판결의 내용을 축약 · 정리한 것이다.

제 8. 명의신탁

1. 문제의 소재 및 검토범위

(1) 명의신탁의 의의와 효력

명의신탁이란 널리 권리의 이전이나 그 행사에 등기 등이 필요한 재산의 실제 권리자와 명의자가 다른 경우를 의미하는데, 명의신탁관계는 신탁자(실제 권리자)와 수탁자(명의자) 사이의 계약에 의해 성립한다.

명의신탁은 계약의 당사자가 서로 대가적인 출연을 하지 않는 무상계약이라는 점에서 증여와 성질을 같이 한다고 할 수 있으나, 신탁관계가 종료될 경우 수탁자는 신탁자에게 신탁의 목적인 권리를 이전하여야 할 의무를 부담하고 한편 신탁관계는 별다른 제한 없이 신탁자의 일방적 의사표시에 의하여 해지 종료한다는 점에서 증여와는 다른 특성이 있다.

소송실무상 부동산에 관한 명의신탁이 문제로 되는 경우가 대부분이지만, 그 밖에 주주 명의신탁, 예금주 명의신탁 등도 문제로 되고 있는데, 부동산에 관한 명의신탁은 부동산실명법에 의해 규율되고, 그 밖의 재산에 관한 명의신탁은 일단 유효한 것으로 취급된다.

부동산실명법에 의하면, 부동산 물권에 관한 명의신탁약정은 원칙적으로 무효이고 그에 따른 등기로 이루어진 부동산에 관한 물권변동도 무효이다. 다만, 예외적으로 종중 또는 종교단체, 배우자 사이의 명의신탁약정은 강제집행 면탈 목적 등 특별한 사정이 없는 한 유효하다.[56]

부동산 명의신탁에 관해서는 ① 신탁자가 자기 소유 부동산을 수탁자 명의로 이전하는 양자간 명의신탁, ② 신탁자가 매매계약당사자로서 부동산의 매도인으로부터 부동산을 매수하여 그 등기를 수탁자에게 이전하는 3자간 명의신탁, ③ 수탁자가 신탁자의 부탁을 받고 직접 부동산 양도인과 매매계약을 체결하여 수탁자 명의로 등기를 하는 계약명의신탁으로 유형화할 수 있다. 부동산실명법 제4조 제2항 단서는 계약명의신탁에 있어 매도인이 명의신탁약정이 있다는 사

56) 부동산실명법 제8조.

실을 알지 못한 경우에는 물권변동 등기는 유효한 것으로 규정한다.

(2) 채권자 대위에 의한 명의신탁 재산의 회복

부동산에 관한 양자간 명의신탁약정이 무효인 경우, 명의신탁자는 명의수탁자를 상대로 명의신탁약정의 유효를 전제로 그 해지를 원인으로 하는 소유권이전등기를 청구할 수는 없고, 원인무효를 이유로 등기의 말소를 구하거나 진정명의회복을 원인으로 이전등기를 구할 수 있다.[57]

한편, 명의신탁자와 명의수탁자가 부부관계로서 부동산에 관한 양자간 명의신탁약정이 원칙적으로 유효한 경우에는, 명의신탁자는 명의수탁자에 대하여 신탁을 해지하고 신탁관계의 종료 그것만을 이유로 하여 소유명의 이전등기절차의 이행을 청구할 수 있음은 물론 신탁해지를 원인으로 하고 소유권에 기해서도 그와 같은 청구를 할 수 있다.[58]

위와 같은 각 경우에, 명의신탁자가 채무자로서 무자력 상태[59]임에도 명의신탁 목적 부동산에 관하여 여전히 수탁자 명의로 소유권등기를 유지하고 있을 때, 채권자는 채권자 대위권을 행사하여 명의신탁 재산을 채무자인 신탁자 명의로 회복할 수 있다. 즉, 채무자(명의신탁자)와 수탁자 사이의 명의신탁약정이 무효인 경우에는 채권자는 채무자를 대위하여 등기원인의 무효임을 주장하여 수탁자를 상대로 소유권이전등기의 말소를 구하고, 채무자(명의신탁자)와 수탁자 사이의 명의신탁약정이 유효한 경우에는 채권자는 채무자를 대위하여 명의신탁약정을 해지하고 수탁자를 상대로 채무자(명의신탁자) 명의로의 소유권이전등기를 구함으로써, 채무자인 명의신탁자의 책임재산을 회복할 수 있다.

---

57) 대법원 1999. 1. 26. 선고 98다1027 판결, 2002. 9. 6. 선고 2002다35157 판결. 이는 민법 제746조의 불법원인급여를 이유로 금지되는 것이 아니고 농지법에 따른 제한을 회피하고자 명의신탁을 한 경우에도 마찬가지이다(대법원 2019. 6. 20. 선고 2013다218156 전원합의체 판결).

58) 대법원 2016. 7. 29. 선고 2015다56086 판결. 이 경우 양 청구는 청구원인을 달리하는 별개의 소송이다(대법원 2002. 5. 10. 선고 2000다55171 판결).

59) 금전채권자에 대한 관계에서 채무초과상태에 있는 것을 의미한다(채권자의 피보전채권이 등기청구권 등 일정한 비금전채권인 경우에는 채권자대위권의 행사요건으로서 채무자의 무자력을 요하지 않는다).

(3) 검토범위

앞서 언급한 바와 같이, 명의신탁은 부동산에 관해서뿐만 아니라 예금주 명의신탁・주주명의신탁 등도 성립할 수 있다. 그런데 예금주 명의신탁・주주명의신탁 등은 원칙적으로 유효하므로 채권자취소와 관련하여서는 주로 원상회복의 방법이 문제된다.[60]

그러나, 부동산에 관한 명의신탁은 부동산실명법 시행 후에는 원칙적으로 무효이고 예외적으로 유효성이 인정된다. 또한 부동산에 관한 명의신탁약정이 무효이더라도 명의수탁자와 선의의 제3자와 사이에 체결된 부동산 취득의 물권변동은 유효하다.

여기에서는, 부동산실명법 시행 후의 부동산 명의신탁에 한정해서, 먼저 명의신탁약정의 성격 및 사해행위성의 법적 구성에 관하여 일반적으로 검토한 다음, 부동산 명의신탁의 유・무효의 경우에 따라 명의신탁자 또는 명의수탁자의 처분이 사해행위에 해당하는지 여부에 관하여 구체적으로 검토한다.

2. 명의신탁약정 자체의 사해행위성

(1) 명의신탁약정의 무상성

명의신탁약정은 실제 권리자(명의신탁자)가 타인(명의수탁자)과 사이에서 대내적으로는 실권리자가 권리를 보유하고 그에 관한 등기 등 대외적 표시를 그 타인 명의로 하기로 하는 약정으로서, 계약 당사자 사이에 서로 대가적인 출연을 하지 않는다는 점에서 증여와 마찬가지로 무상계약의 성질을 가진다. '상속세 및 증여세법'도 제45조의2에 '명의신탁재산의 증여의제'에 관한 규정을 두고 있다.

따라서, 명의신탁자가 채무자인 경우에 명의신탁약정에 의해 대외적인 관계에서는 권리가 명의수탁자인 수익자에게 귀속되고 그에 따라 채무자인 명의신탁자의 적극재산이 일방적으로 감소된다고 할 수 있으므로, 명의신탁약정에 의해 채무자인 명의신탁자의 채무초과상태가 심화되거나 채무초과상태가 유발된 경우에는, 명의신탁약정 자체가 사해행위에 해당한다고 할 것이다.

---

60) 이 문제에 관해서는 뒤 제5장 제2절 제 6의 3., 제 7의 3.에서 따로 상세하게 검토한다.

대법원판례는 실질상의 주주와 명의인 사이의 명의신탁약정에 의해 주주명부상 주주 명의의 명의신탁관계가 성립되고 그 명의신탁약정이 사해행위 취소의 대상이 될 수 있다고 한다.[61)]

또한, 대법원판례는 예금출연자와 명의인 사이의 명의신탁약정에 의해 예금주 명의신탁관계가 성립되고 그 명의신탁약정이 사해행위 취소의 대상이 될 수 있다고 한다.[62)]

부동산 명의신탁약정이 유효한 경우에는 증여와 마찬가지의 무상행위성에 비추어 그로 인하여 채무자인 명의신탁자의 기존의 채무초과상태가 심화되거나 비로소 채무초과상태가 유발된 때에는 취소의 대상인 사해행위에 해당한다. 대법원 2009. 4. 9. 선고 2008다81398 판결은, 부동산에 관한 명의신탁약정이 사해행위 취소의 대상이 됨을 전제로, 채권자가 채무자의 제3자에 대한 금전 증여행위가 사해행위에 해당한다는 것을 확실하게 알지 못한 채 그 금전으로 취득한 제3자 명의의 부동산이 명의신탁된 것으로 잘못 알고 그 명의신탁약정이 사해행위라고 주장하여 그 부동산에 대한 처분금지가처분신청을 하여 그 가처분등기가 마쳐진 경우, 그 때 채권자가 금전증여계약에 관해서도 취소원인을 알았다고 보기 어렵다고 판시하였다.

(2) 명의신탁약정이 무효인 경우

채무자인 명의신탁자와 명의수탁자 사이의 부동산에 관한 명의신탁약정이 무효인 경우에도 그 명의신탁약정이 취소의 대상인 사해행위에 해당한다고 볼 수 있는가. 채무자가 한 법률행위가 무효인 경우에 논리적으로는 처음부터 그 행위에 따른 효과가 생기지 않으므로, 그 행위로 인하여 채무자의 책임재산이 일탈할 가능성이 없어 취소의 대상이 되지 않는다고 생각할 수 있다. 그러나 앞의 제2장 제3절 제 1.의 3항에서 살펴 본 바와 같이, 대법원판례가 통정 허위표시도 사해행위 취소의 대상이 된다고 한 취지와 마찬가지로 사해행위에 해당하는지 여부는 법률행위의 외관에 의하여 사해행위의 요건을 충족하는지 여부를 판단할 수 있고, 또한 무효인 명의신탁약정도 채권자취소의 대상에 편입시킴

---

61) 대법원 2014. 12. 11. 선고 2014다218511 판결, 2012. 8. 23. 선고 2012두8151 판결.
62) 대법원 2001. 1. 5. 선고 2000다49091 판결, 2015. 7. 23. 선고 2014다212438 판결.

으로써 채무자의 일탈 재산의 외관을 제거하여 채무자의 재산을 회복하는 효율적 수단이 될 수 있으므로, 사해행위로서 취소의 대상이 된다고 할 것이다.

대법원 2004. 3. 25. 선고 2002다69358 판결은, 채무자 "을"이 채무초과상태에서 매수한 부동산에 관해서 그 등기명의를 아들인 수익자 "병"에게 신탁하고 이에 따라 "병" 앞으로 소유권이전등기를 마친 후 다시 전득자 "정"에게 소유권이전등기가 마쳐진 사안에 관하여, 채무자 "을"과 수익자 "병" 사이의 명의신탁약정은 채권자를 해하는 사해해위에 해당하고 수익자 "병" 및 전득자 "정"의 악의가 추정되므로, 명의신탁약정은 취소를 면할 수 없고 그에 따라 전득자 "정" 및 수익자 "병"은 자신들 명의의 소유권이전등기의 말소등기절차를 이행할 의무가 있다고 판시하였다. 위 판례는 무효인 명의신탁약정도 취소의 대상이 되는 사해행위에 해당됨을 전제로 한 것이라고 이해된다.

채무자의 부동산에 관한 명의신탁약정이 무효인 경우에 채권자로서는 위 1.의 (2)항에서 본 바와 같이 채권자 대위권 행사에 의해 일탈 재산을 회복할 수 있지만, 채권자취소권에 의할 경우에는 전득자에 대해서도 보다 용이하게 일탈 재산을 회복할 수 있다는 점에서 채권자에게는 유용한 수단이 될 수 있을 것이다.[63]

3. 수탁자 또는 신탁자의 처분행위의 사해행위 여부

(1) 명의신탁이 무효인 경우

(가) 수탁자의 처분

부동산에 관하여 부동산실명법 제4조 제2항 본문이 적용되어 명의수탁자인 채무자 명의의 소유권이전등기가 무효인 경우에는 부동산은 채무자의 소유가 아니므로 이를 채무자의 일반채권자들의 공동담보에 제공되는 책임재산으로 볼 수 없고, 채무자가 부동산에 관하여 제3자와 매매계약 또는 근저당권설정계약을 체결하고 그에게 그 등기를 마쳐 주었다고 하더라도, 이로써 채무자의 책임재산

63) 부동산실명법 제4조 제3항에 의하면 명의신탁약정 및 이에 따른 부동산 물권변동의 무효는 제3자에게 대항하지 못하는데, 여기서 제3자는 명의수탁자가 물권자임을 기초로 그와 사이에 직접 새로운 이해관계를 맺은 자를 말하고 그의 선의·악의를 묻지 않는다(대법원 2013. 3. 14. 선고 2012다107068 판결). 그러나, 그 제3자가 채권자취소권의 요건을 충족시키는 전득자에 해당하면 그를 상대로 원상회복을 청구할 수 있다.

에 감소를 초래한 것이라고 할 수 없으므로 사해행위에 해당하지 않는다(대법원 2012. 8. 23. 선고 2012다45184 판결).[64]

(나) 조합원이 조합재산의 지분을 처분한 경우

대법원 2002. 6. 14. 선고 2000다30622 판결은, 위 (가)항의 법리를 동업을 목적으로 하는 조합과 조합원 사이에도 적용하였음에 주의를 요한다.

위 대법원판결은 '조합이 조합재산으로서 부동산의 소유권을 취득하면 그 부동산은 조합체의 합유물이 되므로[65] 합유등기를 하지 않고 조합원들 명의로 공유등기를 한 경우에는 조합체가 조합원들에게 각 지분에 관하여 명의신탁을 한 것이 된다. 그 후 조합원들 중 1인이 조합을 탈퇴하면서 나머지 조합원들에게 그 지분에 관한 소유권이전등기를 마쳐 준 경우, 그 해당 조합원 명의의 지분등기는 무효이고 그 지분은 그의 소유가 아니어서 지분이전행위는 그 해당 조합원의 책임재산에 감소를 초래하는 것이 아니므로 그 해당 조합원의 일반채권자를 해하는 사해행위라고 볼 수 없다'고 판시하였다.

(다) 신탁자의 처분

대법원 2012. 10. 25. 선고 2011다107382 판결은, 수탁자 명의의 소유권이전등기가 부동산실명법에 의해 무효인 경우(예컨대, 양자간 명의신탁으로서 수탁자 명의 등기가 무효인 경우)에 관하여, '부동산은 여전히 신탁자의 소유로서 신탁자의 일반채권자들의 공동담보에 제공되는 책임재산이 된다. 따라서, 채무자인 신탁자가 실질적 당사자로서 자신 명의 또는 수탁자 명의로 신탁부동산에 관하여 제3자와 근저당권 설정계약을 체결하는 등 법률행위를 한 경우, 이로 인하여 신탁자의 채무초과상태가 초래되거나 심화되었다면, 이러한 신탁자의 법률행위는 신탁자의 일반채권자들에 대한 관계에서 사해행위에 해당한다. 그리고, 이 경우 사해행위 취소의 대상은 신탁자와 제3자 사이의 법률행위이고, 원상회복의 방법은 제3자가 수탁자에게 말소등기절차를 이행하는 것이다'라고 판시하였다.

---

64) 이 대법원 판결은 명의수탁자인 채무자가 근저당권설정계약을 체결한 사안이다. 한편, 대법원 2008. 9. 25. 선고 2008다41635 판결은 명의수탁자인 채무자가 매매계약을 체결한 사안에 관하여 동일한 법리를 적용한 것이다.

65) 같은 대법원판결은, '수인이 조합체로서 물건을 소유한 때에는 합유로 한다'고 규정한 민법 제271조 제1항은 물권법상의 규정으로서 강행규정이라고 판시하였다.

위 대법원판결은 명의신탁된 부동산에 관해서 처분행위가 이루어진 경우에 신탁자와 수탁자 중 누구를 채무자로 볼 것인지, 채권자가 취소권을 행사함에 있어 누구의 어떤 행위를 대상으로 하고 어떻게 원상회복을 구할 것인지에 관해서도 판시한 점에 그 의의가 있다고 할 것이다.[66]

(2) 계약명의신탁에 있어 수탁자의 등기가 유효한 경우

명의신탁자와 명의수탁자가 이른바 계약명의신탁약정을 맺고 명의수탁자가 당사자로 되어 명의신탁약정이 있다는 사실을 알지 못하는 소유자와 사이에 부동산 매매계약을 체결하여 자신의 명의로 소유권이전등기를 마친 경우에는, 명의신탁자와 명의수탁자 사이의 명의신탁약정의 무효에도 불구하고, 명의수탁자는 당해 부동산의 완전한 소유권을 취득하게 되고 다만 명의수탁자는 명의신탁자에 대하여 매수대금 상당의 부당이득반환의무를 부담하게 될 뿐이다.[67]

위와 같이 계약명의신탁에 있어 부동산 매매계약의 상대방이 명의신탁 사실을 알지 못함으로써 명의수탁자의 소유권등기가 유효한 경우, 명의신탁자 또는 명의수탁자의 해당 부동산 처분행위가 사해행위가 되는가.

대법원 2013. 9. 12. 선고 2011다89903 판결은, '위와 같이 명의수탁자의 소유권등기가 유효하고 명의신탁자는 명의수탁자에 대하여 부당이득반환채권만을 가지는 경우에는, 그 부동산은 명의신탁자의 일반채권자들의 공동담보에 제공되는 책임재산이라고 볼 수 없다. 따라서, 명의신탁자가 실질적인 당사자가 되어 위 부동산에 관하여 제3자와 매매계약을 체결하는 등 처분행위를 하고 소유권이전등기를 마쳐 주었다고 하더라도 그로써 명의신탁자의 책임재산에 감소를 초래한 것이라고 할 수 없으므로, 명의신탁자의 일반채권자들을 해하는 사해행위라고 할 수 없다'고 판시하였다.

대법원 2008. 9. 25. 선고 2007다74874 판결은, '위와 같이 명의수탁자의 소유권등기가 유효하고 명의신탁자는 명의수탁자에 대하여 부당이득반환채권만을 가지는 경우에는, 명의수탁자가 취득한 부동산은 채무자인 명의수탁자의 일반채

66) 앞의 제2장 제3절 제 1.의 "1. '채무자'가 한 행위" 참조.

67) 대법원 2010. 10. 14. 선고 2007다90432 판결 등(명의수탁자가 부당이득으로서 반환할 범위는 명의신탁자로부터 제공받은 매수자금 상당액뿐만 아니라 명의신탁자로부터 제공받은 취득세, 등록세 등도 포함된다.)

권자들의 공동담보에 제공되는 책임재산이 되고, 명의신탁자는 명의수탁자에 대한 관계에서 금전채권자 중 한 명에 지나지 않는다. 따라서 명의수탁자의 재산이 채무의 전부를 변제하기에 부족한 경우 명의수탁자가 위 부동산을 명의신탁자 또는 그가 지정한 자에게 양도한 행위는, 특별한 사정이 없는 한 다른 채권자에 대한 관계에서 사해행위가 된다'고 판시하였다.

대법원 2015. 12. 23. 선고 2012다202932 판결은 위와 같은 법리를 부동산 자체의 매매뿐만 아니라 아파트 수분양자로서의 지위를 포괄적으로 이전하는 내용의 계약인수약정에 대해서도 적용하였다. 즉, 위 대법원판결은, '아파트 수분양자가 타인과 대내적으로는 자신이 수분양권을 계속 보유하기로 하되 수분양자 명의만을 타인의 명의로 하는 내용의 명의신탁약정을 맺으면서 분양계약의 수분양자의 지위를 포괄적으로 이전하는 내용의 계약인수약정을 체결하고 이에 대하여 명의신탁약정의 존재를 모르는 분양자가 동의 내지 승낙을 한 경우, 이는 계약명의신탁 관계에서 명의수탁자가 당초 명의신탁약정의 존재를 모르는 분양자와 분양계약을 체결한 경우와 다를 바 없다. 따라서 분양계약인수약정은 유효하여 계약인수인(명의수탁자)이 아파트 분양권에 관하여 완전한 권리를 취득하고 그의 책임재산이 되므로, 채무자인 계약인수인이 채무초과상태에서 아파트 분양권을 처분한 행위는 다른 채권자들에 대한 관계에서 사해행위가 된다'고 판시하였다.

(3) 명의신탁이 유효한 경우

(가) 수탁자의 신탁자에 대한 환원

대법원 2007. 4. 26. 선고 2006다79704 판결의 사안 요지는, 부부의 일방인 처 "병"이 대금을 전부 부담하여 분양 취득한 부동산에 관하여 남편 "을"과의 명의신탁약정에 따라 남편 "을" 명의로 소유권이전등기를 마쳐 두었다가, 나중에 처 "병"의 요구에 의해 남편 "을"이 그 부동산에 관해서 처 "병" 앞으로 증여를 원인으로 하여 소유권이전등기를 마치자, "을"의 채권자 "갑"이 채무자 "을"의 증여에 대하여 사해행위로서 취소를 구한 경우이다.

위 대법원판결은 위 사안에 관해서, 부동산 명의수탁자가 신탁행위에 기한 반환의무의 이행으로서 신탁부동산의 소유권이전등기를 경료한 행위는 기존채무의 이행으로서 사해행위를 구성하지 아니하므로, "을"이 위 부동산에 관해서 "병" 앞으로 증여를 원인으로 소유권이전등기를 마친 것은 사해행위라고 볼 수 없다고 판단하였다.

위 대법원판결 사안처럼, 부부 사이의 부동산에 관한 명의신탁으로서 그 약정이 유효한 경우에는, 명의수탁자가 명의신탁 해지 등에 의한 재산반환의무의 이행으로서 명의신탁자에게 신탁 부동산에 관하여 소유권이전등기를 마쳐 준 행위는 부동산의 실제 소유자인 명의신탁자에게 등기명의를 복구시키는 것일 뿐 실질적으로 명의수탁자의 책임재산에 감소를 초래한 것이라고 할 수 없으므로 명의수탁자의 일반채권자들에 대한 관계에서 사해행위에 해당하지 않는다고 이해할 수 있다.

위 대법원판결이 사해행위에 해당하지 않는 이유로서 '기존채무의 이행으로서 사해행위를 구성하지 아니하므로'라고 설시한 부분은 적절하지 않다고 생각한다.[68]

(나) 신탁자의 처분

대법원 2016. 7. 29. 선고 2015다56086 판결의 사안요지는, 남편 "을"이 그의 처 "병"에게 명의신탁한 부동산에 관하여 "병"의 동의하에 제3자 "정"에게 매도처분하면서 수탁자 "병" 및 매수인 "정"과의 합의 아래 중간등기를 생략하고 수탁자 "병"에게서 곧바로 매수인 "정" 앞으로 소유권이전등기를 마쳐 것에 관해서, "을"의 채권자 "갑"이 채무자 "을"의 매도처분에 대해서 사해행위로서 취소를 구한 경우이다.

위 대법원판결은 위 사안에 관해서, '신탁자 "을"은 수탁자 "병"의 동의하에 직접 처분함으로써 명의신탁약정은 해지되었고 유효한 명의신탁약정이 해지 등에 의해 종료된 경우 신탁자는 수탁자에 대하여 신탁 부동산에 관해서 소유권이전등기청구권을 가지는데 이러한 소유권이전등기청구권은 신탁자의 일반채권자들에게 공동담보로 제공되는 책임재산을 구성한다. 그런데, 위와 같이 매수인 앞으로 곧바로 소유권이전등기를 마쳐 줌으로 인하여 신탁자의 책임재산인 수탁자에 대한 소유권이전등기청구권이 소멸하게 되므로, 이로써 신탁자가 채무초

---

68) 그 이유에 관해서는 뒤의 제 13. "선행 행위의 이행으로서의 등기"와 사해행위 성부의 문제에서 상세하게 검토한다.

과상태가 심화되거나 초래되었다면, 이러한 신탁자의 법률행위는 신탁자의 일반 채권자들에 대한 관계에서 사해행위가 된다'고 판시하였다.

사해행위성을 긍정한 위 대법원판결은, 부동산에 관한 유효한 명의신탁약정이 해지 등에 의해 종료된 경우, 신탁자가 수탁자에 대하여 신탁부동산에 관해서 가지는 '소유권이전등기청구권'[69](신탁 대상 부동산의 소유권은 수탁자에게 귀속되어 있다)이 신탁자의 책임재산에 해당한다는 법리를 세운 데에 중요한 의미가 있다. 나아가 이를 전제로 신탁자가 실질적 당사자로서 신탁 부동산을 제3자에게 매도처분함으로써 수탁자에 대한 소유권이전등기권을 상실하게 한 것이 신탁자의 일반채권자에 대한 관계에서 사해행위가 될 수 있다고 한 점에 중요한 의의가 있다고 할 것이다.

4. 명의신탁관계의 증명책임

(1) 증명책임과 입증방법

부동산등기는 그것이 형식적으로 존재하는 것 자체로부터 적법한 등기원인에 의하여 마쳐진 것으로 추정되고, 그 소유자로 등기되어 있는 자는 적법한 절차와 원인에 의하여 소유권을 취득한 것으로 추정되므로, 타인에게 명의를 신탁하여 등기하였다고 주장하는 사람은 그 명의신탁 사실에 대하여 증명할 책임을 진다.[70]

부동산에 관한 소유권의 실권리자에 해당하는지의 핵심적 징표는 '당해 부동산을 소유하기 위하여(즉 증여의 의사 없이) 그 취득자금을 부담하였는지' 여부라고 할 것이고,[71] 등기권리증과 같은 권리관계를 증명하는 서류는 실질적 소유자인 명의신탁자가 소지하는 것이 상례라고 할 것이므로 그 소지 경위에 관한 구체적 사정도 주요한 심리 대상이 된다.[72]

---

69) 위 1의 (2)항에서 본 바와 같이, 명의신탁약정이 유효한 경우 명의신탁자는 명의수탁자에 대하여 신탁해지를 하고 신탁관계의 종료 그것만을 이유로 하여 소유명의 이전등기절차의 이행을 청구할 수 있음은 물론 신탁해지를 원인으로 하고 소유권에 기해서도 그와 같은 청구를 할 수 있다.

70) 대법원 2015. 10. 29. 선고 2012다84479 판결, 2008. 4. 24. 선고 2007다90883 판결.

71) 대법원 2010. 7. 8. 선고 2008도7546 판결 참조.

72) 대법원 2008. 4. 24. 선고 2007다90883 판결 참조, "등기권리증"은 부동산등기법 제50조

주주명부에 주주로 등재되어 있는 자는 그 회사의 주주로 추정되며 이를 번복하기 위해서는 그 주주권을 부인하는 측에 입증책임이 있으므로, 주주명부의 주주명의가 신탁된 것이고 그 명의차용인으로서 실질상의 주주가 따로 있다고 하려면 그러한 명의신탁관계를 주장하는 측에서 이를 증명하여야 한다.[73)]

(2) 부부 사이 명의신탁의 특성

실제 사회생활에서 명의신탁은 부부 사이에 이루어지는 경우가 많은데, 부부 사이의 명의신탁은 다른 사람 사이의 명의신탁과 비교하여 몇가지 특성을 가진다.

부부 사이의 명의신탁은 주식, 예금 등은 물론 부동산에 관해서도 조세 포탈 목적 등 특별한 사정이 없는 한 유효하므로, 부동산에 관한 부부간 명의신탁에 대해서는 위에서 본 명의신탁이 유효한 경우의 법리가 적용된다.

민법 제830조 제1항에 의하여 부부의 일방이 혼인 중 그의 단독 명의로 취득한 부동산은 그 명의자의 특유재산으로 추정되므로 그 추정을 번복하여 당해 부동산에 관하여 명의신탁이 있었다고 하기 위해서는 다른 일방 배우자가 실제로 당해 부동산의 대가를 부담하여 그 부동산을 자신이 실질적으로 소유하기 위하여 취득하였음을 증명하여야 한다.

이 경우, 단지 그 부동산을 취득함에 있어서 자신의 협력이 있었다거나 혼인생활에 있어서 내조의 공이 있었다는 것만으로는 위 추정이 번복되지 아니하고, 또한 단순히 다른 일방 배우자가 그 매수자금의 출처라는 사정만으로 무조건 특유재산의 추정을 번복하고 당해 부동산에 관하여 명의신탁이 있었다고 볼 것은 아니다. 관련 증거들을 통하여 나타난 모든 사정들을 종합하여 다른 일방

제1항이 규정하는 "등기필 정보"(구 부동산등기법상의 "등기필증")을 의미한다.

73) 대법원 2014. 12. 11. 선고 2014다218511 판결. 대법원 2007. 9. 6. 선고 2007다27755 판결은, 주주명부상의 주주가 아닌 제3자가 실제로 신주인수대금의 납입행위를 하였다고 하더라도 그와 같은 행위의 기초가 된 원인관계로서는 명의신탁관계를 비롯하여 자본금 납입을 일방의 출자의무로 하는 동업관계나 신주인수대금의 단순한 차용관계 등 여러 형태의 법률관계를 상정할 수 있으므로, 단순히 제3자가 신주인수대금의 납입행위를 하였다는 사정만으로 그 제3자를 명의신탁관계에 기초한 실질상의 주주라고 단정할 수 없고, 제3자를 실질상의 주주로 인정하기 위해서는 이를 주장하는 자가 위 납입행위가 주주명부상 주주와 제3자 사이의 명의신탁약정에 의한 것임을 증명하여야 한다고 판시하였다.

배우자가 당해 부동산을 실질적으로 소유하기 위하여 그 대가를 부담하였는지를 개별적 구체적으로 가려 명의신탁 여부를 판단할 것이다.[74]

그리고, 혼인 중 부부의 일방 명의로 취득되어 그의 특유재산으로 추정되는 부동산을 다른 일방이 명의신탁해지를 원인으로 소유권이전등기를 경료 받았다면, 그 특유재산의 추정을 번복할 만한 주장 입증이 없는 이상, 그 등기시에 명의신탁해지의 형식을 빌어 부부 사이에 당해 부동산의 증여가 이루어진 것으로 봄이 상당하다.[75]

또한, 위 3.의 (4)항에서 본 바와 같이, 대법원 2016. 7. 29. 선고 2015다56086 판결은, 부부간 명의신탁에서 신탁자가 명의신탁약정을 해지함을 전제로 신탁된 부동산을 제3자에게 직접 처분하면서 수탁자에게서 곧바로 제3자 앞으로 소유권이전등기를 마쳐준 것에 관하여 결론적으로 사해행위에 해당한다고 판시하였음에 주의를 요한다.

---

74) 대법원 2013. 10. 31. 선고 2013다49572 판결.
75) 대법원 1998. 12. 22. 선고 98두15177 판결.

제 9. 신탁법상의 사해신탁

1. 사해신탁의 특성과 검토범위

(1) 사해신탁의 특성

(가) 사해행위의 요건 및 원상회복에 관한 특징

신탁법 제8조는 사해신탁에 관해서 기본적으로, '채무자가 채권자를 해함을 알면서 신탁을 설정한 경우 …… 민법 제406조 제1항의 취소 및 원상회복을 청구할 수 있다. ……'고 규정하여, 민법의 채권자취소권을 기초로 하면서도 이와 구별되는 요건과 효과를 정하고 있다.

신탁법률관계의 당사자로서는 원칙적으로 신탁을 설정하는 위탁자, 이를 인수하는 수탁자, 그 이익의 귀속자인 수익자로 구성되는데, 수탁자는 민법상 사해행위의 상대방인 수익자의 지위에 해당한다고 할 수 있다. 그러나 한편, 신탁의 수익자는 곧바로 민법상 사해행위의 전득자에 해당한다고 볼 수 없고, 신탁법률관계의 제3의 당사자로서 독자적인 이해관계 및 권리의무의 귀속주체가 되는 특수한 지위를 가진다.

여기에서는 민법상 사해행위 취소에서의 수익자와 구별하기 위해서 신탁 법률관계에 있어서의 수익자를 신탁수익자로 호칭한다.

사해신탁에 있어서는 그 성립요건으로서 수탁자(민법상 사해행위의 상대방 즉 수익자에 해당)의 악의를 요건으로 하지 않지만, 신탁수익자가 수익권을 취득할 당시 채권자를 해함을 알지 못한 경우에는 취소 및 원상회복 청구를 할 수 없다(제8조 제1항). 따라서, 신탁수익자가 수익권을 취득할 당시 선의인 경우에는 수탁자에 대해서도 취소할 수 없다.[76] 그런데, 신탁법은 신탁행위로 정한 바에 따라 수익자로 지정된 자는 당연히 수익권을 취득한다는 특별 규정(제56조 제1항)을 두고 있음에 주의를 요한다.

---

76) 다수의 신탁수익자 중 일부가 선의인 경우에도 취소는 인정되지 않는다고 할 것이다. 최수정, '채권자취소권의 관점에서 본 신탁법상의 취소제도'{한국법학원, 저스티스 통권 제155호(2016. 8.)} 제19면.

사해신탁 취소에 따른 원상회복에 관해서는 민법상의 그것보다 훨씬 많은 명시적인 규정에 의해 특수성이 인정된다. 사해신탁 취소에 의한 원상회복에 있어서, 수탁자가 선의인 경우에는 현존하는 신탁재산의 범위 내에서 원상회복을 청구할 수 있다(제8조 제3항). 위탁자는 취소된 신탁과 관련하여 그 신탁의 수탁자와 거래한 선의의 제3자에 대하여 원상회복된 신탁재산의 한도 내에서 책임을 진다. 사해신탁이 취소된 경우에 채권자는 악의의 신탁수익자에게 그가 취득한 수익권을 위탁자에게 양도할 것을 청구할 수 있고, 이때 민법 제406조 제2항의 제척기간 내에 청구하여야 한다(제8조 제5항).

나아가, 사해신탁에 있어서는 위탁자와 그 설정을 공모하거나 위탁자에게 그 설정을 교사 방조한 신탁수익자 또는 수탁자는 위탁자와 연대하여 이로 인하여 채권자가 받은 손해를 배상할 책임이 있다(제6항).

(나) 신탁수익자 지위의 특징

사해신탁의 경우에, 채권자는 수탁자가 아닌 악의의 신탁수익자만을 상대로 하여 취소 및 원상회복을 청구할 수 있다(제8조 제2항).

그러나, 채권자는 신탁법 제8조 제5항의 규정에 의해 사해신탁의 취소를 선행하지 않더라도 악의의 신탁수익자에 대해서 그 취득한 수익권을 위탁자에게 양도할 것을 청구함으로써 실질적으로 채무자(위탁자)의 책임재산을 회복할 수 있으므로, 이 권리를 행사하는 것이 실제로는 더 효율적이다.

다만, 수익권 양도청구를 함에 있어 사해신탁의 취소를 선행하지 않는다고 하더라도 수익권 양도청구권 역시 사해신탁의 요건을 충족하여야 하고 그 행사방법도 민법 제406조 제2항의 제척기간 내에 소로써 청구하여야 할 것이다.[77)]

신탁수익자가 채무초과상태에서 수익권을 처분한 경우에 신탁수익자의 채권자가 채권자취소권을 행사하는 것은 신탁법상의 사해신탁에 관한 문제가 아니라, 민법상 보통의 사해행위 취소에 포함된다. 한편, 신탁법은 신탁수익자에게 수탁자의 신탁 목적 위반행위에 관해서 그 상대방이 이를 알거나 중대한 과실로 알지 못한 경우에 이를 취소할 수 있는 권리를 부여하고 있는바(제75조 제1항), 이 또한 사해행위 취소제도와는 관련이 없는 것이다.

---

77) 최수정, '채권자취소권의 관점에서 본 신탁법상의 취소제도'{한국법학원, 저스티스 통권 제155호(2016. 8.)} 제27, 28면.

(2) 검토범위

신탁법률관계는 위탁자와 수탁자 간의 계약, 위탁자의 유언, 위탁자의 선언 등에 의하여 설정될 수 있다(제3조).

여기에서는 채무자가 위탁자로서 수탁자와 사이에 계약에 의하여 신탁을 설정한 경우에 관해서 검토한다.

신탁법에 의한 신탁은 수탁자가 위탁자로부터 이전받거나 담보권 설정 받은 특정의 재산에 관하여 신탁수익자의 이익 또는 일정한 목적을 위하여 그 재산을 관리, 운용, 개발, 처분하는 등의 고유의 기능을 수행하고, 신탁수익자라는 독자적인 권리의무의 주체가 존재하므로, 사해신탁의 성립 요건 및 효과에 관한 해석에 있어서도 위와 같은 신탁의 제도적 특수성이 고려되어야 할 것이다.

이러한 신탁의 제도적 특수성은 사해신탁계약의 취소에 따른 원상회복에 있어서 민법과는 다른 신탁법상의 많은 특별 규정에 의해 반영되어 있고, 또한 사해신탁 취소에 따른 원상회복은 신탁법에 대한 전체적인 검토와 병행되어야 마땅하고 양적으로도 방대하므로, 여기에서 원상회복에 관련된 부분에 대해서는 따로 검토하지 아니한다.

여기에서는 위탁자가 채무자로서 수탁자와 사이의 신탁계약을 체결하는 경우에, 그 신탁계약이 위탁자의 채권자에 대한 관계에서 사해신탁으로 성립하는 객관적 요건을 중심으로 하여 민법상의 그것과 비교되는 점을 대법원판례를 위주로 간단하게 검토한다. 또한, 여기에서는 신탁수익자만을 상대로 하는 사해신탁취소에 관해서도 검토 대상에서 제외한다.

한편, 채무자의 부동산이 신탁된 경우에 민법상 보통의 사해행위 취소의 성립요건으로서 무자력에 관해 판단함에 있어서, 채무자인 위탁자 겸 신탁수익자가 보유하는 수익권을 적극재산으로 평가함에 있어 유의할 부분이 있으므로, 이 점에 관해서 부가적으로 검토한다.

2. 사해신탁의 객관적 요건

(1) 피보전채권

신탁법 제8조 소정의 사해신탁의 취소는 민법상의 채권자취소권과 마찬가지로 책임재산의 보전을 위한 것이므로 피보전채권은 금전채권이어야 하고, 특정물에 대한 소유권이전등기청구권을 보전하기 위하여 행사하는 것은 허용되지 않는다(대법원 2001. 12. 27. 선고 2001다32236 판결).

따라서 예컨대, 신탁재산인 대지의 지분권을 매수한 사람이 그 지분권에 관한 소유권이전등기청구권을 보전하기 위하여 채무자인 매도인(위탁자)과 수탁자 사이에 체결된 신탁계약에 관하여 사해신탁임을 주장하여 그 취소를 구하는 것은 허용되지 않는다.

(2) 사해성 판단에 관한 고려 요소

(가) 신탁관계의 공시성과 신탁재산의 독립성

신탁계약에 따라 신탁재산에 관하여 수탁자 앞으로 소유권이전등기가 마쳐진 경우에 외견상으로는 신탁재산이 위탁자의 책임재산에서 이탈하여 무자력상태에 이르게 될 수 있다. 그러나, 신탁법상의 신탁에 있어서는 부동산등기부의 일부인 신탁원부에 신탁의 목적, 신탁재산의 관리방법, 신탁종료 사유 등이 기재되어 공시되고(부동산등기법 제81조), 신탁재산은 수탁자의 고유재산과 구별되어 신탁재산에 강제집행을 할 수 없고 파산재단을 구성하지 않으며(신탁법 제22조, 제24조), 수탁자가 법률에 따라 인가받아 신탁을 영업으로 하는 신탁업자인 경우[78] 공신력 있는 신탁사무의 처리를 기대할 수 있으므로, 채무자가 일반채권자들의 강제집행을 피해 자신의 재산을 은밀한 방법으로 처분하는 경우와는 달리 취급할 필요가 있다.

채무자가 자신의 재산에 관해서 신탁을 설정한 경우에 그것이 사해행위에 해당하는지는, 신탁의 동기와 신탁계약의 내용, 이에 따른 위탁자의 지위, 신탁

78) 자본시장과 금융투자업에 관한 법률 제6조 제8항, 제12조 제1항 제1호, 제102조 내지 제117조의2.

의 상대방 등을 두루 살펴, 신탁의 설정으로 위탁자의 책임재산이나 변제능력에 실질적인 감소가 초래되었는지, 이에 따라 위탁자의 채무면탈이 가능해지거나 수탁자 등 제3자에게 부당한 이익이 귀속되었는지, 채권자들의 실효적 강제집행이나 그 밖에 채권만족의 가능성에 새로운 장애가 생겨났는지 여부 등을 신중하게 검토하여 판단하는 것이 타당하다.[79]

(나) 사업계속 목적의 신탁

자금난으로 사업을 계속 추진하기 어려운 상황에 처한 채무자가 자금을 융통하여 사업을 계속 추진하는 것이 채무변제력을 갖게 되는 최선의 방법으로 생각하고, 신규로 자금을 제공하는 채권자와 사이에 그 채권자 혹은 그가 지정하는 제3자를 수익자로 하는 신탁계약을 체결하는 경우에는 원칙적으로 사해행위에 해당하지 않는다고 할 것이다. 그리고, 이러한 방식의 신탁행위의 사해성 여부는 신탁계약 당시의 채권채무관계를 비롯하여 신탁의 경위 및 목적과 경제적 의미, 신탁을 통하여 제공받은 자금의 사용처 등 관련 사정들을 종합적으로 고려하여 합목적적으로 판단한다(대법원 2014. 6. 26. 선고 2014다18988 판결).

위와 같이 채무자가 사업 계속의 목적으로 부동산에 관하여 신탁계약을 체결한 경우에 그 사해행위성이 부정된 구체적 사례에 관해서 본다.

대법원 2003. 12. 12. 선고 2001다57884 판결의 사안요지는, 채무자가 토지에 집합건물을 지어 분양하는 사업을 추진하던 중 이미 일부가 분양되었는데도 공정률 약 45%의 상태에서 자금난으로 공사를 계속할 수 없게 되고 채무초과 상태에 이르자, 건축을 계속 추진하여 건물을 완공하는 것이 이미 분양받은 채권자들을 포함하여 채권자들의 피해를 줄이고 자신도 채무변제력을 회복하는 최선의 방법이라고 생각하고, 자신의 유일한 재산인 토지에 관하여 신탁회사와 사이에 그 회사에게 소유권이전등기를 마치고 건축주 명의를 변경하고 자금을 조달받은 등의 신탁계약을 체결한 경우이다. 위 대법원판결은 위와 같은 사안에서, 위 신탁계약은 자금난으로 공사를 계속할 수 없었던 채무자가 최대한의 변제력을 확보하는 최선의 방법이고 또한 공사를 완공하기 위한 부득이한 조치였으므로 사해행위에 해당하지 않는다고 판시하였다.

---

79) 대법원 2011. 5. 23.자 2009마1176 결정 참조.

그러나, 비록 사업 계속 추진의 의도에서 이루어진 것이라 하더라도, 기존 채무의 이행을 유예받기 위하여 그 소유의 부동산에 관하여 채권자를 수익자로 하는 신탁계약을 체결하거나, 채무초과상태의 채무자가 새로운 채권자에게 그 소유의 부동산에 관하여 그 채권자를 수익자로 하는 신탁계약을 체결하고 자금을 빌려 그 자금의 전부 또는 대부분으로 기존 채무를 변제하는 경우에는 다른 특별한 사정이 없는 한 사해행위에 해당한다고 볼 수 있다.[80]

대법원 2015. 12. 23. 선고 2013다83428 판결의 사안요지는, 채무자 "을"은 골프장 조성사업을 시행하는 회사로서 '기존 대출원리금 상환에 소요되는 자금을 조달하기 위하여' 3개의 저축은행으로부터 합계 220억 원을 대출받음에 있어, 저축은행들에 대한 대출금의 상환을 담보하기 위하여 채무초과상태에서 수탁자(수익자) "병"신탁회사와 사이에 사업시행 지역 내의 토지들에 관하여 신탁계약을 체결하면서 위 저축은행들을 우선신탁수익자로 지정하고 토지들에 관하여 "병" 명의로 소유권이전등기를 마쳤는데, 골프클럽 입회자인 채권자 "갑"등이 "을"과 "병" 사이의 신탁계약에 대하여 사해행위 취소를 구한 경우이다.

위 대법원판결은, 위 사안에 관하여, '골프장 조성사업의 계속 추진을 위한 의도에서 신규자금을 대출받았다고 하더라도 그 사업을 위하여 실제로 활용할 수 있는 자금이 새로 유입되었다고 할 수 없고, 실질적으로는 변제액 상당의 기존 채무에 관하여 담보를 제공하고 기한의 유예를 받은 것과 마찬가지에 불과하다고 볼 수 있다. 따라서 기존 채무의 내용 및 신규 자금의 사용처, 기존 채무 변제에 의한 기한 유예가 골프장 조성사업의 계속적 추진에 대하여 기여한 실질적 효과 등이 구체적으로 밝혀져 신탁계약에 의한 신규대출이 객관적으로 일반채권자들에 대한 채무변제력을 높이는 데에 기여할 수 있었다는 점에 관한 사정이 인정되지 않는 한, 일반채권자들의 공동담보를 해하는 사해행위에 해당함을 부정할 수 없다'고 판시하였다.[81]

---

80) 대법원 2015. 12. 23. 선고 2013다83428 판결 참조.

81) 위 대법원판결의 원심(서울고법 2013. 9. 12. 선고 2012나84167 판결)은, 채무자 "을"이 골프장 사업을 계속 진행하기 위해서는 기존 대출금을 변제함으로써 사업부지 토지들에 대한 강제집행을 막아야 할 필요가 있었고 그에 필요한 자금을 저축은행으로부터 융통받기 위해서는 담보제공 방법으로서 신탁계약을 체결할 필요가 있었다는 사정을 주된 이유로 들어 신탁계약이 사해행위에 해당하지 않는다고 판단하였는데, 위 대법원판결은 다른 특별한 사정에 관하여 더 심리하지 아니한 채 위와 같은 담보제공 방법의 필요만을 들어 사해행위에 해당하지 않는다고 한 원

3. 신탁재산의 처분 등과 사해행위 판단

채무자가 자신의 부동산에 대하여 신탁법에 따라 신탁을 설정한 것 자체가 사해행위에 해당하는 경우에는 이른바 사해신탁의 문제로서 앞서 검토한 바와 같이 그 요건과 효과 등에 관해서 신탁법에 특별 규정이 마련되어 있다.

여기에서는, 채무자가 위탁자로서 정상적으로 부동산에 대하여 신탁을 설정한 이후에 위탁자가 그 신탁부동산을 처분한 경우와 신탁종료 후에 신탁부동산을 처분한 경우 그 사해행위 성부에 관하여 검토한다. 그리고 그에 앞서, 체육시설업자의 담보신탁에 관하여 그 사해성 판단에 있어 살펴야 하는 특별한 사정에 대하여 검토한다.

(1) 체육시설업자의 담보신탁과 사해행위 판단

'체육시설의 설치 및 이용에 관한 법률'에 의한 체육시설업자의 영업이나 체육필수시설이 타인에게 이전된 경우 영업양수인 또는 체육필수시설의 인수인 등은 체육시설업자와 회원 간의 사법상의 약정에 따른 권리의무도 승계하고, 이 때의 이전에는 민사집행법에 따른 경매 등에 의하여 이전되는 경우뿐만 아니라 신탁계약에서 정한 공매나 수의계약으로 체육필수시설이 일괄하여 이전된 경우를 포함한다(대법원 2018. 10. 18. 선고 2016다220143 전원합의체 판결).

대법원 2018. 11. 29. 선고 2016다238113 판결은, 위의 법리를 전제로 하여, '체육시설업자가 체육필수시설을 포함한 그 소유의 재산을 담보신탁한 행위 등이 사해행위에 해당하는지를 판단함에 있어서는 그 목적물에 이미 설정되어 있는 담보권의 피담보채무뿐만 아니라 회원들에 대한 입회금 반환채무도 그 목적물 가액에서 공제하여야 하고, 이와 같이 공제되는 금액이 목적물의 가액을 초과하는 경우에는 담보신탁행위 등이 사해행위에 해당하지 않는다'고 판시하였다.

한편, 위 대법원 2016다238113 판결은, 위탁자가 신탁재산에 대하여 가지는 수익권과 관련하여, '위탁자가 이미 담보권이 설정되어 있는 위탁자 소유의 재산을 그 담보권의 피담보채무를 다시 담보하기 위하여 그 담보권자를 우선수익

심판결을 파기한 것이다.

자로, 위탁자를 수익자로 하여 담보신탁한 경우에는, 이로 인해 위탁자의 책임재산이 담보권의 피담보채무 등이 공제된 담보신탁재산의 잔존가치에서 담보신탁계약상 수익권의 가치로 형태만 변경될 뿐, 위탁자의 자력에 아무런 변동이 생기지 아니하므로, 이러한 담보신탁행위는 사해행위에 해당하지 않는다'고 판시하였다.

(2) 신탁 부동산의 수익권에 관한 평가와 사해행위 판단

위탁자가 부동산에 관하여 신탁을 설정하고 수탁자 앞으로 소유권이전등기를 마치게 되면 대내외적으로 소유권이 수탁자에게 완전히 이전되고 위탁자의 내부관계에서 소유권이 위탁자에게 유보되지 않지만, 신탁부동산에 관하여 위탁자가 가지고 있는 신탁계약상의 수익권이 위탁자의 일반채권자들에게 공동담보로 제공되는 책임재산에 해당한다(대법원 2014. 8. 28. 선고 2013두14696 판결, 2021. 6. 10. 선고 2017다254891 판결).

한편, 수익권의 발생 및 소멸 등의 조건을 비롯하여 신탁재산의 관리・처분・운용, 신탁종료의 사유 등에 관해서는 신탁원부에 기록되고 신탁원부는 등기기록의 일부로 보므로, 공시적 작용을 한다고 볼 수 있다(부동산등기법 제81조 제1항, 제3항). 또한 등기할 수 있는 재산권에 관하여는 신탁의 등기를 함으로써 제3자에게 대항할 수 있다(신탁법 제4조 제1항).

외형상 신탁부동산의 처분이라는 모습으로 나타나는 신탁계약 상 수익권의 처분에 관하여 거래의 실제에서 나타나는 사례에 관하여 본다. 예컨대, 채무자 "을"이 그 소유의 집합건물 중 미분양분에 관하여 채권자은행을 우선수익자로 하고 채무자를 수익자로 하여 신탁회사와 사이에 담보신탁계약을 체결하고 신탁회사 앞으로 소유권이전등기를 마친 후, 그 상태에서 "병"에게 미분양분의 일부 전유부분에 관하여 매매계약을 체결하고, 이어 신탁회사의 협조 아래 그 전유부분에 관하여 신탁계약을 해지하여 소유권등기를 회복한 다음, "병"에게 소유권이전등기를 마쳐주는 경우이다.[82]

위 사례에 대하여 앞서 본 기본적인 신탁의 법리에 의하여 그 법률관계에

82) 대법원 2016. 11. 25. 선고 2016다20732 판결에 나온 사실관계를 축약한 것이다.

구성한다면 다음과 같다. 즉, 수탁자인 신탁회사에 전유부분에 관한 소유권등기가 마쳐진 상태에서 채무자인 위탁자가 그 전유부분을 제3자에게 매도한다는 것은 위탁자가 신탁부동산에 관하여 가지는 수익권을 매도한 것이고, 그 후 위탁자가 매매 목적물에 관하여 신탁재산귀속을 원인으로 자기 앞으로 소유권이전등기를 마친 후 제3자에게 소유권이전등기를 마쳐 준 일련의 행위는 결국 위탁자가 신탁부동산에 대하여 가지는 자신의 신탁계약상의 수익권을 소멸하게 한 것으로 구성되는 것이다.

그런데, 위와 같이 위탁자가 신탁부동산에 대하여 가지는 수익권을 평가하는 방법과 적극재산으로 포함되기 위한 요건에 관하여 주의할 점이 있다. 신탁재산에 대한 수익권의 가치는 장차 신탁이 종료되었을 때 예상되는 신탁재산 가액에서 소요비용과 신탁보수 등을 공제하고 거기에서 다시 우선수익자[83]들에 대한 채무를 공제한 후 남은 금액을 사해행위 당시의 현가로 할인하는 방식으로 평가하여야 하고. 단순히 사해행위 당시의 신탁재산의 시가를 기초로 그 가치를 평가하여서는 아니 된다(대법원 2013. 12. 12. 선고 2012다111401 판결, 2021. 6. 10. 선고 2017다254891 판결).

위와 같은 방식에 따라 위탁자의 신탁부동산에 관한 수익권을 평가한 결과 실질적으로 재산적 가치가 인정되는 경우, 위탁자가 신탁된 부동산을 당초 예정된 신탁계약의 종료사유가 발생하기 전에 우선수익자 및 수탁자의 동의를 받아 제3자에게 처분하는 등의 일련의 행위를 한 것은 적극재산으로서의 신탁계약상 수익권을 소멸하게 한 행위에 해당한다.

따라서, 그로써 위탁자의 소극재산이 적극재산을 초과하게 되거나 채무초과 상태가 더 나빠지게 되었다면 위탁자의 위와 같은 처분행위는 위탁자의 일반 채권자들에게 사해행위에 해당한다. 반면, 평가 결과, 실질적으로 재산적 가치가 없어 채권의 공동담보로서의 역할을 할 수 없다면(예컨대, 신탁부동산의 가액보

83) 우선수익권은 신탁법에서 규정한 법률용어는 아니나, 거래계에서는 통상 부동산담보신탁계약에서 우선수익자로 지정된 채권자가 채무자의 채무불이행시에 신탁재산을 처분한 대금에서 자신의 채권을 위탁자인 채무자나 그 밖의 다른 채권자들에 우선하여 변제받을 수 있는 권리를 지칭한다. 이러한 우선수익권의 법적 성질에 관하여 학계에서는 담보물권의 법리가 적용되는 변칙담보물권으로 이해하는 견해와 우선 변제의 효과를 채권자에게 귀속시킬 수 있는 신탁계약상의 권리로 이해하는 견해가 대립하고 있는데, 대법원판례는 후자의 입장을 취하고 있다(대법원 2017. 6. 22. 선고 2014다225809 전원합의체 판결 참조).

다 신탁계약상 우선수익권의 채권액이 더 큰 경우), 이를 처분하여도 사해행위에 해당하지 않는다(대법원 2016. 11. 25. 선고 2016다20732 판결, 2021. 6. 10. 선고 2017다254891 판결).84)

위탁자의 신탁부동산에 관한 수익권의 처분이 사해행위에 해당하는 경우, 사해행위 취소에 따른 원상회복방법으로 제3자 앞으로 마쳐진 소유권이전등기를 단순히 말소하게 되면 당초 일반 채권자들의 공동담보로 되어 있지 아니한 부분까지 회복시키는 것이 되어 공평에 반하는 결과가 되므로, 위탁자가 가지고 있던 수익권의 평가금액 한도 내에서 가액의 배상을 명하여야 한다(대법원 2016. 11. 25. 선고 2016다20732 판결).

아래에서 위와 같은 법리가 구체적으로 적용된 대표적인 판례라고 할 수 있는 대법원 2016. 11. 25. 선고 2016다20732 판결의 사안 요지 및 판단 요지를 분석 소개한다.

(사안 요지) 채무자 "을"은 부동산개발사업자로서 채권자 "갑"으로부터 토지를 대금 89억 원에 매수하고 잔대금 40억 원은 그 토지 위에 집합건물을 건축하여 분양하는 사업이 완료되는 시점에 지급하기로 약정하고 토지에 관하여 "을" 명의로 소유권이전등기를 마쳤다.

"을"은 그 후 6개 금융기관으로 구성된 대주단으로부터 사업자금을 대출받아 집합건물을 완공하였지만 그 분양이 저조하여 대주단에 대한 대출원리금을 상환하지 못하자, 2009. 10. 경 신탁회사인 "정"과 사이에 집합건물 중 미분양분에 관하여 우선수익자를 대주단으로, "을"을 수익자로 하여 부동산담보신탁계약을 체결하고, 위 미분양분에 관하여 신탁으로 원인으로 "정" 명의로 소유권이전등기를 마쳤다.

위 신탁 후에도 분양이 저조하여 대출원리금의 상환에 차질이 생기자, 채무자(위탁자) "을"은 2011. 10.까지 채무초과상태에서 미분양분의 일부인 4개의 전

84) 한편, 대법원 2018. 11. 29. 선고 2016다238113 판결은, '위탁자가 이미 담보권이 설정되어 있는 위탁자 소유의 재산을 그 담보권의 피담보채무를 다시 담보하기 위하여 그 담보권자를 우선수익자로, 위탁자를 수익자로 하여 담보신탁한 경우에는, 이로 인해 위탁자의 책임재산이 담보권의 피담보채무 등이 공제된 담보신탁재산의 잔존가치에서 담보신탁계약상 수익권의 가치로 형태만 변경될 뿐, 위탁자의 자력에 아무런 변동이 생기지 아니하므로, 이러한 담보신탁행위는 사해행위에 해당하지 않는다'고 판시하였다.

유부분(이하, 이 사건 부동산)을 수익자 “병”에게 매도하는 계약(이하, 이 사건 매매계약)을 체결하고, 대주단의 동의를 받아 신탁회사 “정”과 사이에 이 사건 부동산에 대한 신탁계약을 해지한 후 2011. 10. 28.까지 신탁재산의 귀속을 원인으로 “을” 앞으로 소유권이전등기를 마치고 이어서 같은 날 “병” 앞으로 위 매매를 원인으로 소유권이전등기를 마쳤다.

이에, 채권자 “갑”은 “을”과 “병” 사이의 이 사건 매매계약이 사해행위에 해당함을 이유로 취소를 구하였다.

(원심의 판단 요지) 이 사건 부동산은 이 사건 매매계약 당시 신탁회사 “정”에게 담보신탁된 상태에 있어 채무자(위탁자) “을”의 소유가 아니었으므로 “을”의 적극재산에 포함될 수 없는 것이다.

따라서, 이 사건 매매계약으로 인하여 채무자(위탁자) “을”에 대한 채권의 공동담보에 부족이 생기거나 이미 부족한 상태에 있던 공동담보가 한층 더 부족하게 되었다고 보기 어려우므로, 이 사건 매매계약이 “갑”을 포함한 일반채권자를 해하는 사해행위에 해당하기 어렵다.

(대법원의 판단 요지) 위탁자가 금전채권을 담보하기 위하여 금전채권자를 우선수익자로, 위탁자를 수익자로 하여 위탁자 소유의 부동산을 신탁법에 따라 수탁자에게 이전하면서 채무불이행 시에는 신탁부동산을 처분하여 우선수익자의 채권 변제 등에 충당하고 나머지를 위탁자에게 반환하기로 하는 내용의 담보신탁을 한 경우, 신탁부동산에 대하여 위탁자가 가지고 있는 담보신탁계약 상의 수익권은 위탁자의 일반 채권자들에게 공동담보로 제공되는 책임재산에 해당한다.

위탁자가 위와 같이 담보신탁된 부동산을 당초 예정된 신탁계약의 종료사유가 발생하기 전에 우선수익자 및 수탁자의 동의를 받아 제3자에게 처분하는 등으로 담보신탁계약 상의 수익권을 소멸하게 하고, 그로써 위탁자의 소극재산이 적극재산을 초과하게 되거나 채무초과상태가 더 나빠지게 되었다면 위탁자의 처분행위는 위탁자의 일반 채권자들에 대한 관계에서 사해행위에 해당한다.

그 경우 사해행위 취소에 따른 원상회복방법으로 제3자 앞으로 마쳐진 소유권이전등기를 단순히 말소하게 되면 당초 일반 채권자들의 공동담보로 되어 있지 아니한 부분까지 회복시키는 것이 되어 공평에 반하는 결과가 되므로, 위탁자가 가지고 있던 수익권의 평가금액 한도 내에서 가액의 배상을 명하여야 한다.

이 사건의 경우, 채무자(위탁자) “을”이 이 사건 부동산을 신탁회사 “정”에게 담보신탁하여 둔 상태에서의 책임재산은 이 사건 부동산에 대한 신탁계약상의 수익권이고, 앞서 본 바와 같은 일련의 행위로 인하여 “을”의 책임재산인 이 사건 부동산에 대한 위 수익권이 소멸하게 됨으로써 채무초과상태가 유발 또는 심화되었다면, 이 사건 매매계약은 사해행위에 해당할 수 있다(다만, 위 수익권의 평가 결과 적극재산으로서의 가치가 없다면, 이 사건 매매계약이 사해행위가 되지 않을 것이다.).

그럼에도, 원심이 위 수익권이 적극재산으로서의 가치가 있는지의 점 등에 대한 심리 없이 이 사건 부동산이 이 사건 매매계약 당시 담보신탁되어 있어서 채무자(위탁자) “을”의 적극재산에 포함될 수 없음을 전제로 이 사건 매매계약이 사해행위에 해당하지 않는다고 한 것은 잘못이다.

(3) 신탁 종료 후 신탁재산의 대물변제와 사해행위 판단

대법원 2018. 4. 12. 선고 2016다223357 판결은, 신탁계약 해지 종료 후 신탁재산의 특정 채권자에 대한 대물변제처분과 사해행위의 성부 등에 대하여 의미 있는 판단을 하였는바, 아래에서 그 사안요지와 판단요지에 관해서 검토한다.

(사안 요지) 채무자(위탁자) “을”회사는 “정”회사에 대한 약 5억 원의 차용금 반환채무를 담보하기 위하여 2011. 9. 30. 신탁회사(수탁자)인 “병”과 사이에 “을” 소유의 이 사건 아파트에 관하여 “정”을 우선수익자로 하는 부동산담보신탁계약을 체결하였다.

위 신탁계약의 주요 내용은, 신탁기간은 신탁등기일로부터 5년이지만 기간 만료 전에 우선수익자의 요청 등에 의해 신탁 부동산을 처분한 경우에는 양수인이 소유권이전등기를 마친 때에 신탁이 종료되고, 우선수익자가 갖는 수익권의 유효기간은 우선수익자의 채권발생일로부터 신탁계약 종료일까지로 하고, 우선수익자의 동의가 있는 경우 위탁자는 수탁자의 승낙을 얻어 신탁을 해지할 수 있는 것 등이다.

위탁자(채무자) “을”은 2012. 7.경 우선수익자 “정”의 동의서를 첨부하여 수탁자 “병”에게 신탁계약의 해지를 요청하고 그 승낙을 받아 이 사건 아파트에 관하여 신탁재산 귀속을 원인으로 자신 앞으로 소유권이전등기를 마친 다음, 같은 날 "정"과 사이에 그에 대한 위 차용금 채무의 변제에 갈음하여 이 사건 아파트를 대물변제하기로 약정(이하, 이 사건 대물변제계약)하고, 이에 따라 "정"에게 이 사건 아파트에 관하여 소유권이전등기를 마쳐주었다.

그런데, 이 사건 대물변제계약 체결 당시 이 사건 아파트의 시가는 약 7억 6,000만 원이고, 이 사건 아파트에 관해서는 이 사건 대물변제계약 전에 피담보채무액 합계 약 4억 6,000만 원인 2건의 선순위 근저당권이 설정되어 있었다.

이에, "을"에 대하여 약 38억 원의 부당이득반환채권을 가진 채권자 "갑"(국가)이 "을"과 "정" 사이에 체결된 이 사건 대물변제계약에 관해서 사해행위로서 취소를 구하였다.

(원심의 판단 요지) 이 사건 대물변제계약 체결 당시 이 사건 아파트의 시가는 7억 6,000만 원으로서 위 각 선순위 근저당권의 피담보채무액과 "정"의 우선수익권으로 담보되는 대여원리금 채권액 합계 약 10억 1,000만 원(피담보채무액 4억 6,000만 원+대여원금 5억 원+이자 5,000만 원)에 미달하므로, 이 사건 아파트를 "정"에게 대물변제로 제공하였더라도 사해행위라고 할 수 없다.

이 사건 아파트에 관해서 "정"이 이 사건 대물변제계약에 기해 소유권이전등기를 하기 전에 잠시 "을"이 신탁재산 귀속을 원인으로 소유권이전등기를 하였지만, 이는 신탁계약에 따른 정산·환가의 일환으로 이루어진 것이어서 이로써 "정"의 우선수익권이 상실되었다고 할 수 없다.

따라서, 이 사건 아파트에 관하여 "을"과 "정" 사이에 체결된 이 사건 대물변제계약이 사해행위라고 볼 수 없다.

(대법원의 판단 요지) 우선수익권은 신탁법에서 규정한 법률용어는 아니나, 거래 관행상 통상 부동산담보신탁계약에서 우선수익자로 지정된 채권자가 채무자의 채무불이행시에 신탁재산 처분을 요청하고 그 처분대금에서 자신의 채권을 위탁자인 채무자나 그 밖의 다른 채권자들에 우선하여 변제받을 수 있는 권리를 말한다. 우선수익권의 법적 성질은 일반적인 수익권과 다르지 않은 것으로서 채권자가 담보신탁을 통하여 담보물권을 얻는 것이 아니라, 신탁이라는 법적 형식을 통하여 도산절연 및 담보적 기능이라는 경제적 효과를 달성하게 되는 것일 뿐이므로, 그 우선수익권은 우선 변제의 효과를 채권자에게 귀속시킬 수

있는 신탁계약상의 권리이다.

그런데, 이 사건 대물변제계약은 앞서 본 바와 같은 그 체결경위 및 그에 앞선 신탁계약의 내용과 대물변제의 이행을 위하여 작성한 분양계약서에 매도인이 수탁자 "병"이 아닌 채무자 "을"로 기재되어 있는 점, "정"에게 아파트에 관한 소유권이전등기를 마쳐준 것도 "병"이 아닌 "을"인 점 등에 비추어 보면, 이 사건 대물변제계약이 신탁계약에서 정한 처분·환가의 일환으로 체결된 것으로 보기 어렵고, 오히려 신탁계약의 내용에 따라 신탁계약이 해지로 말미암아 종료됨으로써 우선수익자 "정"은 더 이상 수익권을 행사할 수 없게 되었다고 보아야 한다.

그런데도 원심이 그 판시와 같은 이유만으로 이 사건 대물변제계약이 신탁계약에 따른 정산·환가의 일환에 해당함을 전제로 이 사건 대물변제계약이 사해행위에 해당하지 않는다고 판단한 것은 법리를 오해하여 필요한 심리를 다하지 않음으로써 판결에 영향을 미친 잘못이 있다.

(대법원판결에 대한 이해) 원칙적으로, 채권자들의 공동담보가 되는 채무자의 총재산에 대하여 다른 채권자에 우선하여 변제 받을 수 있는 채권자는 처음부터 채무자의 재산에 대한 환가절차에서 다른 채권자에 우선하여 배당 받을 수 있는 지위에 있으므로, 채무자가 채무초과상태에서 그와 같은 우선변제권 있는 채권자에 대하여 대물변제조로 재산을 양도하더라도 특별한 사정이 없는 한 다른 채권자를 해한다고 볼 수 없어 사해행위가 되지 않는다(대법원 2008. 2. 14. 선고 2006다33357 판결).

그러나, 이 사건에서와 같이 채무자 "을"이 "정"에게 기존의 대여금 채권에 갈음하여 이 사건 아파트를 이전하는 대물변제계약을 체결한 것은 특별히 우선변제 효력 있는 권리를 가진 자에 대한 대물변제로서 사해행위에 해당하지 않는다고 볼 것이 아니다. 왜냐하면, "정"이 보유하는 우선수익권은 그 성질이 신탁계약상의 권리에 불과한 것으로서 이 사건 대물변제계약 체결 당시에는 신탁계약의 내용에 따라 신탁계약이 해지·종료됨으로써 더 이상 수익권을 행사할 수 없게 되었기 때문이다.

따라서, 이 사건 대물변제계약도 일반적으로 채무초과상태에서 특정채권자 대한 대물변제가 사해행위가 되는 것과 마찬가지로 사해행위에 해당할 수 있다.

제 10. 가족법상의 재산행위

1. 문제의 정리

채무자의 사해행위는 '재산권에 관한 법률행위'일 것을 요하므로, 혼인, 이혼, 입양, 파양 등 순수한 신분상의 법률관계에 관한 행위는 그것이 채무자의 재산상태에 간접적으로 영향을 미칠 수 있다고 하더라도 채권자취소권의 대상이 되지 않는다.

그러나, 가족법상의 법률행위 중에는 그 효과가 직접적으로 재산상의 법률관계에 미치는 것이 있는데, 그 대표적인 예로서 협의이혼에 따른 재산분할, 상속재산의 협의분할, 상속의 포기 등을 들 수 있다.

위와 같은 구체적인 가족법상의 법률행위에 관해서 가족관계 및 당해 행위의 특성을 고려하여 사해행위의 성부의 문제를 따로 모아 고찰한다.

2. 협의이혼을 원인으로 한 재산분할

(1) 재산분할협의의 의의와 성격

(가) 재산분할협의의 의의

재산분할에 관한 협의는 혼인 중 당사자 쌍방의 협력으로 이룩한 재산의 분할에 관하여 이미 이혼을 마친 당사자 또는 아직 이혼하지 않은 당사자 사이에 행하여지는 협의를 가리키는 것이다.

그 중 아직 이혼하지 않은 당사자가 장차 협의상 이혼할 것을 약정하면서 이를 전제로 하여 위 재산분할에 관한 협의를 하는 경우에는 그 협의 후 당사자가 약정한 대로 협의상 이혼이 이루어진 경우에 한하여 그 협의의 효력이 발생한다. 만약 당사자가 협의이혼을 하지 않고 혼인관계를 유지하거나 당사자 일방이 재판상 이혼청구를 하여 재판상 이혼(화해 또는 조정에 의한 이혼 포함)이 이루어졌다면 협의이혼을 조건으로 한 재산분할협의는 효력이 발생하지 않는다.[85]

---

85) 대법원 2003. 8. 19. 선고 2001다14061 판결.

또한, 협의이혼 성립 전의 재산분할 포기약정은 허용되지 않는다고 할 것이다.[86]

(나) 실질적 법적 성격의 파악과 증명책임

부동산에 관해서 이혼 당사자 사이에 재산분할에 관한 협의가 이루어진 경우에는 '재산분할'을 등기원인으로 하여 소유권이전등기절차가 마쳐지는 것이 원칙이고, 이 때에는 등기원인증서로서 재산분할협의서를 첨부한다.[87]

그러나, 실제에 있어서는 아직 이혼하지 않은 당사자가 부동산에 관하여 실질적으로 협의에 의한 재산분할이지만 형식상 '증여' 또는 '매매' 등을 원인으로 부부 중의 일방 명의로 소유권이전등기를 마치는 경우가 많다.[88]

이와 같이, 부부 사이에서 마쳐진 소유권이전등기의 원인이 등기부상 '증여' 또는 '매매'라고 기재되어 있더라도 그 실질적 내용이 '협의이혼에 따른 재산분할'인 경우에는, 채권자취소의 대상으로서의 사해행위인 등기부상 기재된 '증여' 또는 '매매'에 관해서 아래에서 보는 바와 같은 '협의이혼에 따른 재산분할'에 관한 법리가 적용된다고 할 것이다.

그런데, 부동산등기는 그것이 형식적으로 존재하는 것 자체로부터 적법한 등기원인에 의하여 마쳐진 것으로 추정되고, 그 소유자로 등기되어 있는 자는 적법한 절차와 원인에 의하여 소유권을 취득한 것으로 추정되므로, 등기부에 원인으로 기재된 증여, 매매 등과는 달리 실질적으로 '협의이혼에 의한 재산분할'이 그 권리이전의 원인이라면 등기부상 기재된 원인을 다투는 측에서 주장 입증하여야 한다.[89]

(다) 가장이혼과 재산분할에 관한 문제

이혼의 효력 발생 여부에 관한 형식주의에 따른 이혼신고의 법률상 중대성에 비추어, 협의이혼에 있어서의 이혼의 의사는 법률상의 부부관계를 해소하려는 의사를 말한다고 할 것이다. 따라서, 일시적으로나마 법률상의 부부관계를

86) 대법원 2016. 1. 25.자 2015스451 결정.

87) 등기선례 제3-475호, 이혼시 재산분할에 관한 협의가 이루어진 경우의 등기절차.

88) 부부 사이에 마쳐진 소유권이전등기의 원인이 등기부상 증여 또는 매매로 기재되어 있는 경우, 그 실질적 성격이 앞의 제 8.에서 검토한 바와 같이 명의신탁인 경우도 있다.

89) 대법원 2008. 4. 24. 선고 2007다90883 판결, 2013. 1. 10. 선고 2010다75044 판결 등 참조.

해소하려는 당사자 간의 합의하에 협의이혼신고가 된 이상, 그 협의이혼에 다른 목적이 있다 하더라도 그 협의이혼은 유효하다. 이혼이 가장이혼으로서 무효가 되려면 누구나 납득할 만한 특별한 사정이 인정되어야 한다(대법원 2016. 12. 29. 선고 2016다249816 판결, 2017. 9. 12. 선고 2016두58901 판결).

누구나 납득할 만한 특별한 사정이 인정되어 협의이혼이 가장이혼으로서 무효인 경우에는 그 협의이혼을 전제로 한 재산분할협의도 전부 무효로 된다. 이와 같이 가장이혼에 따른 재산분할협의가 무효인 경우에, 채권자는 채권자대위권에 의하여 무효인 재산분할협의를 원인으로 수익자인 이혼 당사자 앞으로 마쳐진 부동산 소유권이전등기의 말소를 청구할 수 있다. 또한, 통정 허위표시가 사해행위 취소의 대상이 되는 것과 마찬가지로 채권자취소소송절차에 의하여 가장행위인 재산분할협의의 취소를 구함과 아울러 원상회복으로서 수익자인 이혼 당사자 앞으로 마쳐진 부동산소유권이전등기에 관해서 정당한 재산분할 범의 내의 것인지 따질 필요도 없이 그 전부의 말소를 청구할 수 있다.

그러나, 위에서 본 바와 같이 대법원판례는 협의이혼에 관하여 그 신고의사의 진정성에 주목하는 이른바 형식주의의 입장에 있다고 할 수 있다. 그러므로, 협의이혼에 관하여 그 신고의사에 합치가 있다면, 다른 목적이 개입되어 있었다 하더라도 누구나 납득할 수 있는 다른 특별한 사정이 인정되지 않는 한, 그 협의이혼은 유효하고 이를 전제로 한 재산분할협의도 진정한 재산분할이 된다.

따라서, 소송실무상 협의이혼을 원인으로 한 재산분할에 관하여 채권자취소권을 행사하는 경우, 협의이혼 및 재산분할에 강제집행의 회피 등 다른 목적이 있었다고 하더라도 그 이유만으로써 그 협의이혼 및 재산분할이 가장행위로 무효로 되는 것은 아님에 유념하여, 그 소송절차에서 아래에서 보는 바와 같이 그 재산분할이 민법 제839조의2 제2항의 규정에 따른 상당한 정도인지 여부에 대하여 주장 및 입증이 이루어져야 할 것이다.

(라) 위자료 및 위자료를 포함한 재산분할

대법원 1990. 11. 23. 선고 90다카24762 판결은, '채권자가 채무자를 상대로 손해배상채권을 보전하기 위하여 그 소유의 부동산에 관하여 가압류결정을 받기 하루 전에 채무자가 합의이혼을 하고 처에 대한 위자료 및 자녀의 양육비조로 유일한 재산인 위 부동산을 무상양도한 것은 사해행위에 해당한다'고 판시하였다.

그러나, 형식상 위자료나 양육비 명목으로 양도한 재산이라도 특별한 사정이 없는 한 이혼에 따르는 재산분할의 성격을 포함하는 이혼급부로 봄이 타당하므로, 그 급부가 민법 제839조의2 제2항의 규정취지에 반하여 상당하다고 할 수 없을 정도로 과다한 경우에 그 초과하는 부분에 한하여 사해행위로서 취소의 대상이 된다고 할 것이다(대법원 2001. 5. 8. 선고 2000다58804 판결).

(2) 채권자취소의 대상 여부

채무자가 이혼을 함에 있어 자신의 배우자에게 재산분할로 일정한 재산을 양도함으로써 결과적으로 일반채권자에 대한 공동담보를 감소시키는 결과로 되어도, 위 재산분할이 민법 제839조의2 제2항의 규정에 따른 상당한 정도를 벗어나는 과대한 것이라고 인정할 만한 특별한 사정이 없는 한 사해행위로서 채권자에 의한 취소의 대상으로 되지 않고, 다만 위와 같은 상당한 정도를 벗어나는 초과부분에 관한 한 적법한 재산분할이라고 할 수 없기 때문에 그 취소의 대상으로 될 수 있다(대법원 2000. 7. 28. 선고 2000다14101 판결).

일반채권자에 대한 공동담보를 감소시킨다는 것은 재산분할자가 재산분할 당시 이미 채무초과상태에 있었거나 당해 재산분할에 의하여 비로소 채무초과상태에 이른 것을 의미한다(대법원 2001. 5. 8. 선고 2000다58804 판결).

이와 같이, 채무자의 협의이혼에 따른 재산분할에 의하여 무자력 상태가 유발되거나 기존의 무자력 상태가 심화됨으로써 객관적·일반적인 사해행위에 해당하더라도, 그 재산분할이 민법 제839조의2 제2항의 규정에 따른 상당한 범위 내라면 채권자취소의 대상이 되지 않도록 한 것은 이혼 당사자의 실질적 공동재산의 청산과 경제적 생활을 보장하려는데 그 취지가 있다고 할 것이다.

(3) 재산분할의 상당성 판단 기준

민법 제839조의2 제2항 규정의 취지에 따른 재산분할에 해당하는지 여부는 혼인 중에 쌍방의 협력에 의하여 이룩한 재산의 형성에 관한 기여도가 가장 중요한 기준이 될 것이다.

혼인 중에 부부 공동의 협력에 의해 형성한 재산은 부부 일방의 명의로 되어 있는 재산이라고 하더라도 분할의 대상이 되지만, 부부 일방에 의하여 생긴 재산으로서 상대방이 그 재산의 형성이나 유지에 무관한 경우에는 재산분할의 대상에 포함할 것이 아니다.[90] 제3자 명의의 재산도 그것이 부부 중 일방에 의하여 명의신탁된 재산 또는 부부 중 일방이 실질적으로 지배하고 있는 재산으로서 부부 쌍방의 협력에 의하여 형성된 유형·무형의 자원에 기한 것이라면 그와 같은 사정도 참작한다는 의미에서 재산분할의 대상이 된다.[91]

한편, 부부의 일방이 혼인 중 제3자에 대하여 부담한 채무는 원칙적으로 개인채무로서 재산분할에서 고려되지 않으나, 그 채무가 일상가사에 관한 법률행위로 인한 채무이거나 부부의 실질적인 공동재산(재산분할의 대상이 되는 적극재산)의 형성에 수반하여 부담한 경우에는 청산의 대상이 된다.[92]

이혼에 따른 재산분할을 함에 있어서는 혼인 중 형성된 실질적 공동재산의 청산적 요소 외에 이혼 후의 부양적 요소 및 정신적 손해(위자료)를 배상하기 위한 급부로서의 성격까지 포함하여 분할할 수 있으나, 이혼하는 부부의 자녀가 이미 성년에 달한 경우 부부의 일방이 자녀에게 부양의무를 진다고 하더라도 이는 자녀들과 사이의 법률관계일 뿐 부부의 이혼으로 인한 재산분할에 참작할 사정은 아니라고 할 것이다.[93]

협의이혼을 예정하고 미리 재산분할 협의를 한 경우 협의이혼에 따른 재산분할에 있어 분할의 대상이 되는 재산과 액수는 협의이혼이 성립한 날(이혼신고일)을 기준으로 한다.[94]

사해행위 취소소송과 결부하여 이혼에 따른 채무자의 재산분할이 상당한지 여부에 관한 판단은 이혼한 당사자 일방의 이익과 채권자의 이익을 비교 형량하여 그 재산분할이 분할자의 채권자와의 관계에서도 상당한 것인지 함께 고려하여야 할 것이다(대법원 2006. 9. 14. 선고 2005다74900 판결).

---

90) 대법원 2013. 11. 28. 선고 2013므1455 판결.
91) 대법원 2013. 7. 12. 선고 2011므1116 판결.
92) 대법원 2006. 9. 14. 선고 2005다74900 판결.
93) 대법원 2006. 6. 29. 선고 2005다73105 판결, 2003. 8. 19. 선고 2003므941 판결.
94) 대법원 2006. 9. 14. 선고 2005다74900 판결.

(4) 취소의 범위와 증명책임

다수의 대법원판례는 '재산분할이 민법 제839조의2 제2항의 규정에 따른 상당한 정도를 벗어나는 초과부분에 관한 한 적법한 재산분할이라고 할 수 없기 때문에 채권자 취소의 대상으로 될 수 있다고 할 것인바, 취소되는 범위는 그 상당한 정도를 초과하는 부분에 한정하여야 하고, 위와 같이 상당한 정도를 벗어나는 과대한 재산분할이라고 볼 만한 특별한 사정이 있다는 점에 관한 입증책임은 채권자에게 있다'고 판시하였다.[95]

대법원판례가 '상당한 정도를 벗어나는 과대한 재산분할이라고 볼 만한 특별한 사정이 있다는 점에 관한 입증책임은 채권자에게 있다'라고 설시하였다고 하여, 채권자가 "재산분할의 상당성"에 대해서까지 입증책임을 부담한다고 볼 것은 아니라고 할 것이다.

왜냐하면, 이혼에 따른 재산분할 역시 채권자의 입장에서는 채무자의 그 배우자인 수익자에 대한 재산처분의 한 유형에 불과한데, 이혼에 따른 재산분할에 해당하는 재산의 처분이라고 하여 재산형성과정을 알 수 없는 채권자로 하여금 그 재산분할의 대상 및 원인 등에 관한 구체적 사실에 대해서까지 입증책임을 부담시키는 것은 공평하지 않을 뿐만 아니라 가능하지도 않기 때문이다. 그리고, 이혼한 부부 중 일방이 가정법원에 재산분할을 청구하는 경우 재산분할의 대상 등에 관하여 법원이 직권으로 조사할 수 있고[96] 재산분할을 청구하는 측이 주장 및 자료 제출의 부담을 가지는데, 동일한 분쟁이 민사상의 사해행위소송절차에 의해 심리된다고 하여 그 입증책임을 제3자인 채권자가 전부 부담한다는 것은 균형에 맞지도 않는다.

채무자가 협의이혼을 하면서 자신의 배우자에게 재산을 양도한 것이 민법 제839조의2 제2항의 규정에 따른 상당한 재산분할에 해당한다는 사실 즉 혼인 중에 당사자 쌍방의 협력으로 이룩한 재산의 액수 및 그 기여도와 기타 사정을 참작한 분할이라는 사실에 관하여는 채권자취소소송의 상대방 즉 채무자의 배

95) 대법원 2000. 7. 28. 선고 2000다14101 판결, 2000. 9. 29. 선고 2000다25569 판결, 2001. 2. 9. 선고 2000다63516 판결 등.

96) 대법원 1999. 11. 26. 선고 99므1596 판결.

우자인 수익자에게 그 주장 및 자료 제출의 책임이 있다고 보는 것이 타당하다.

따라서, 채권자가 부담하는 입증책임의 대상은, "일견 과대한 재산분할이라고 볼 만한 특별한 사정", 예컨대 채무자의 재산분할로 인하여 채권자가 공동담보물을 상실한 채권액과 채무자의 배우자(수익자)가 재산분할로써 얻은 재산가액이 현저하게 불균형하다는 사정 등이라고 보는 것이 합리적이라고 할 것이다.[97]

(5) 추상적 재산분할청구권의 포기와 사해행위

이혼으로 인한 재산분할청구권은 이혼을 한 당사자의 일방이 다른 일방에 대하여 재산분할을 청구할 수 있는 권리로서 이혼이 성립한 때에 그 법적 효과로서 비로소 발생하는 것일 뿐만 아니라, 협의 또는 심판에 의하여 구체적 내용이 형성되기까지는 그 범위 및 내용이 불명확·불확정하기 때문에 구체적으로 권리가 발생하였다고 할 수 없다. 따라서, 협의 또는 심판에 의하여 구체화되지 않은 재산분할청구권은 채무자의 책임재산에 해당하지 아니하고, 이를 포기하는 행위는 채권자취소권의 대상이 될 수 없다(대법원 2013. 10. 11. 선고 2013다7936 판결).[98]

그러나, 뒤의 제3장 제 17.에서 보는 바와 같이, 협의 또는 심판에 의하여 구체화되지 않은 추상적인 재산분할청구권도 민법 제839조의3 특별규정에 의하여 채권자취소권을 행사하는 피보전채권은 될 수 있다. 즉 위 특별규정에 의해 부부의 일방은 이혼 및 재산분할청구를 준비하는 단계에 있거나 또는 이혼 및 재산분할청구소송이 계속되어 있는 상태에서 상대방 배우자가 재산분할청구권 행사를 해하기 위하여 자신의 재산을 처분한 경우에 채권자취소권을 행사할 수 있다.

---

97) 소송실무상 채무자의 재산분할에 의하여 수 개의 부동산 전부의 소유명의가 채무자의 배우자에게 이전되었거나, 이미 채무자의 배우자 명의로 부동산에 관한 소유권등기가 마쳐져 있는데 재산분할에 의하여 채무자 소유명의의 부동산이 배우자에게 이전된 경우 등이라고 할 것이다. 소송을 제기한 채권자로서는 채무자의 부동산 보유 내역뿐만 아니라 그 배우자의 부동산 보유 내역에 관해서도 사실조회 등을 신청할 필요가 있다.

98) 한편, 대법원 2016. 1. 25.자 2015스451 결정은, 협의 또는 심판에 따라 구체화되지 않은 재산분할청구권은 혼인이 해소되기 전에 미리 포기하는 것은 원칙적으로 허용되지 않는다고 판시하였다.

3. 상속재산 분할협의

(1) 상속재산 분할협의의 특성

상속재산의 분할협의는 상속이 개시되어 공동상속인 사이에 잠정적 공유가 된 상속재산에 대하여 그 전부 또는 일부를 각 상속인의 단독소유로 하거나 새로운 공유관계로 이행시킴으로써 상속재산의 귀속을 확정시키는 공동상속인 간의 계약이라고 할 수 있다.

상속재산 분할협의의 내용으로서 공동상속인 중의 1인은 자신의 상속분에 대한 권리를 사실상 포기할 수 있는데, 이는 민법 제1041조 이하에서 규정하는 상속의 포기와는 그 성질을 전혀 달리한다. 상속의 포기는 상속개시 있음을 안 날로부터 3월 내에 가정법원에 대한 신고로써 하여야 하지만, 상속재산의 분할협의는 그 내용에 공동상속인 중의 1인이 자신의 상속분에 관한 권리를 사실상 포기하는 것이 포함되어 있더라도, 그 기간이나 방식에 법적 제한은 없다(민법 제1013조 제1항).

상속재산 분할협의는 공동상속인 간의 일종의 계약으로서 공동상속인 전원이 참여하여야 하고 일부 상속인만으로 한 협의분할은 무효라고 할 것이나, 반드시 한 자리에서 이루어질 필요는 없고 순차적으로 이루어지거나 상속인 중 한 사람이 만든 분할 원안을 다른 상속인이 후에 돌아가며 승인하여도 무방하다.[99] 공동상속인인 친권자와 미성년인 수인의 자 사이의 상속재산 분할협의는 민법 제921조의 이해상반되는 행위에 해당하므로, 미성년자 각자마다 특별대리인을 선임하여 그 각 특별대리인이 각 미성년자를 대리하여 협의를 하여야 한다.[100]

상속재산 분할협의는 피상속인의 사망 이후에 이루어지지만, 등기실무상은 상속재산 협의분할을 재산상속으로 인한 소유권이전으로 보아 피상속인이 사망한 날을 그 등기원인일자로 기재하므로,[101] 실제로 상속재산 분할계약이 체결된

---

99) 대법원 2004. 10. 28. 선고 2003다65438 판결.

100) 대법원 2001. 6. 29. 선고 2001다28299 판결.

101) 등기예규 제1675호(상속등기와 그 경정등기에 관한 업무처리지침 등기원인은 '협의분할에 의한 상속'이라고 기재한다).

일자와 등기부에 기재된 원인일자에 차이가 있을 수밖에 없음에 유의할 것이다.

(2) 채권자취소의 대상 여부

상속재산 분할협의는 공동상속인 사이에 잠정적 공유상태인 상속재산에 대하여 그 귀속을 확정시키는 것으로서 성질상 재산권을 목적으로 하는 법률행위이므로 채권자취소권 행사의 대상이 될 수 있다(대법원 2007. 7. 26. 선고 2007다29119 판결).

상속재산 분할협의에 대하여 사해행위취소권을 행사할 수 있는 채권자는 상속 개시 후에 상속인에 대하여 채권을 취득한 자뿐만 아니라, 상속 개시 전에 상속인이 될 자에 대하여 채권을 취득한 채권자가 상속 개시 후에 상속인이 된 채무자의 상속재산 분할협의를 대상으로 사해행위 취소권을 행사할 수 있다(대법원 2013. 6. 13. 선고 2013다2788 판결).[102)]

또한, 상속재산 분할협의가 사해행위가 되기 위해서는 결과적으로 일반채권자에 대한 공동담보를 감소시키는 것이어야 하고, 일반채권자에 대한 공동담보를 감소시킨다는 것은 채무자인 협의분할자가 분할협의 당시 이미 채무초과상태에 있었거나 당해 협의분할에 의하여 비로소 채무초과상태에 이른 것을 의미한다고 할 것이다.

대법원 2008. 3. 13. 선고 2007다73765 판결은, '채무자가 상속재산 분할협의를 하면서 유일한 상속재산인 부동산에 관해서 자신의 상속분을 포기하고 대신 금전을 지급받기로 하였다면, 이러한 행위는 실질적으로 채무자가 자신의 유일한 재산인 부동산을 매각하여 소비하기 쉬운 금전으로 바꾸는 것과 다르지 아니하여 특별한 사정이 없는 한 채권자에 대하여 사해행위가 되고,[103)] 상속재산 중에 위 부동산 외에 현금이 다소 있다 하여도 마찬가지라고 보아야 할 것'이라고 판시하였다.

---

102) 위 대법원판결의 원심은, '상속재산의 분할협의를 통하여 자신의 상속분을 포기한 채무자의 상속재산 분할협의는 그 채무자에 대하여 상속 개시 전에 채권을 취득한 채권자에 대한 관계에서는 채무자의 총재산에 감소를 초래하는 행위라고 할 수 없으므로 사해행위에 해당하지 않는다고 전제한 다음, 소외 1의 사망으로 인한 상속 개시 이전에 공동상속인인 소외 2,3에 대하여 채권을 취득한 원고로서는 소외 2,3의 상속재산 분할협의에 대하여 사해행위 취소를 할 수 없다'고 판단하였는데, 위 대법원판결이 이를 파기한 것이다.

103) 앞의 제 4. '부동산 등 주요 자산의 매각과 사해행위 성부' 참조.

(3) 취소의 범위

(가) 구체적 상속분 미달 부분

채무자가 상속재산의 분할협의를 하면서 상속분에 관한 권리를 사실상 포기함으로써 결과적으로 일반 채권자에 대한 공동담보가 감소되었다고 하더라도,[104] 그 재산분할의 결과가 채무자의 구체적 상속분에 상당하는 정도에 미달하는 과소한 것이라고 인정되지 않는 한 사해행위로서 취소되어야 할 것은 아니고, 구체적 상속분에 상당하는 정도에 미달하는 과소한 경우에 그 미달되는 부분에 한정하여 사해행위로서 취소된다(대법원 2001. 2. 9. 선고 2000다51797 판결).

구체적 상속분이란 공동상속인 중에서 민법의 규정에 의한 특별수익이나 기여분이 있는 경우 그에 의해 법정상속분을 수정한 상속분을 의미하고, 지정상속분이나 기여분, 특별수익 등의 존부 등 구체적 상속분이 법정상속분과 다르다는 사정은 채권자취소소송의 상대방이 주장・입증하여야 한다(대법원 2001. 2. 9. 선고 2000다51797 판결).

(나) 구체적 상속분의 산정

공동상속인 중 피상속인으로부터 재산의 증여 또는 유증을 받은 자는 그 수증재산이 자기의 상속분에 부족한 한도 내에서만 상속분이 있다(민법 제1008조).

이 경우의 구체적 상속분의 산정은 피상속인이 상속 개시 당시에 가지고 있던 재산가액에 생전 증여의 가액을 가산한 후 이 가액에 각 공동상속인별로 법정상속분율을 곱하여 산출된 상속분 가액으로부터 특별수익자의 수증재산인 증여 또는 유증의 가액을 공제하는 계산방법에 의하고, 한편 금전채무와 같이 급부의 내용이 가분인 채무가 공동상속된 경우 이는 상속 개시와 동시에 당연히 법정상속분에 따라 공동상속인에게 분할되어 귀속되고 상속재산 분할의 대상이 되지 않으므로 채무자가 상속한 금전채무를 구체적 상속분 산정에 포함할 것은 아니다.[105]

---

104) '결과적으로 일반 채권자에 대한 공동담보가 감소되었다 하더라도'라는 것은 위 2의 (2)항에서 본 바와 같이, '채무자의 무자력 상태가 유발되거나 기존의 무자력 상태가 심화됨으로써 객관적・일반적인 사해행위에 해당하더라도'라는 것을 의미한다고 할 것이다.

105) 대법원 2014. 7. 10. 선고 2012다26633 판결.

피상속인의 재산의 유지 또는 증가에 특별히 기여하거나 피상속인을 특별히 부양한 공동상속인은 상속 개시 당시의 피상속인의 재산가액에서 그 기여분을 공제한 액을 상속재산으로 보고 법정상속분에 기여분을 가산한 액으로써 그 자의 구체적 상속분으로 한다(민법 제1008조의2 제1항).

4. 상속포기

(1) 상속포기와 채권자취소 대상 여부

상속포기는 상속인이 상속 개시 후에 상속의 효력 즉 피상속인의 권리의무가 자기에게 이전되는 것을 소멸시키는 의사표시로서, 상속 개시 있음을 안 날로부터 원칙적으로 3개월 내에 가정법원에 대한 신고로써 하여야 하는 요식행위이고, 상속 개시된 때에 소급하여 그 효력이 있다(민법 제1041조, 제1042조). 상속포기는 이와 같이 그 기간과 방식이 법정되어 있다는 점에서 위에서 본 상속재산 분할협의와는 다르다.

상속포기가 채권자취소권의 대상이 될 수 있는지에 관하여 본다.

우선 피상속인의 채권자가 상속인의 상속포기에 관하여 사해행위라고 하여 취소하는 것은 허용되지 않는다. 이를 인정한다면 상속인으로 하여금 피상속인의 채무를 승계하도록 강요하는 것이 되므로, 상속포기제도의 존재이유와 정면으로 어긋나게 되기 때문이다.

반면, 상속인의 채권자가 상속인의 상속포기를 사해행위라고 하여 취소할 수 있는지에 관하여는 견해의 대립이 있는데, 대법원 2011. 6. 9. 선고 2011다29037 판결은, 상속포기가 비록 포기자의 재산에 영향을 미치는 바가 없지 아니하지만 결론적으로 민법 제406조 제1항에서 정하는 재산권에 관한 법률행위에 해당하지 아니하여 채권자취소의 대상이 되지 못한다고 판시하였다.[106]

---

106) 대법원 2019. 1. 17. 선고 2018다260855 판결은 같은 취지에서 유증의 포기도 채권자취소의 대상이 되지 않는다고 판시하였다. 이에 대해 긍정설은, 상속의 포기가 재산권에 관한 법률행위임이 분명하고 상속 포기의 자유도 채권자를 위하여 제한할 수 있는 점, 채무자회생법 제386조 제1항이 파산선고 전에 파산자를 위하여 상속개시가 있은 경우에 파산자가 파산선고 후에 상속의 포기를 한 때라도 파산재단에 대하여는 한정승인의 효력을 가진다고 규정하고 있는데, 부정설에 의하면 파산선고가 있기 전에 상속을 포기하면 상속인의 채권자에 의한 집행의 대상이 될 수 없다는 불균형이 생기는 점 등을 근거로 상속 포기(및 유증포기)도 채권자취소의 대상인

위 판결이 그 이유로 정리한 것은 ① 상속포기는 상속인으로서의 지위 자체를 소멸하게 하는 행위로서 순전히 재산법적 행위와 같이 볼 것이 아니고, 1차적으로 피상속인 또는 후순위상속인을 포함하여 다른 상속인등과의 인격적 관계를 전체적으로 판단하여 행하여지는 '인적 결단'으로서의 성질을 가지는 점, ② 상속은 피상속인의 총체적 재산이 한꺼번에 포괄적으로 승계되어 다수의 관련자가 이해관계를 가지는데, 상속인으로서의 자격 자체를 좌우하는 상속포기의 의사표시에 채권자 자신과 수익자 또는 전득자 사이에서만 상대적으로 그 효력이 있는 채권자취소권의 적용이 있다고 하면, 상속을 둘러싼 법률관계는 그 법적 처리의 출발점이 되는 상속인 확정의 단계에서부터 복잡하게 얽히게 되는 점, ③ 상속인의 채권자의 입장에서는 상속포기가 그의 기대를 저버리는 측면이 있다고 하더라도 채무자인 상속인의 재산을 현재의 상태보다 악화시키지 않는다는 점 등이다.

(2) 상속포기와 상속재산 분할협의가 병존·경합된 경우

위 (1)항에서 본 대법원 2011. 6. 9. 선고 2011다29307 판결은, 상속포기와 상속재산 분할협의가 병존·경합하는 경우의 처리에 관해서 의미 있는 판시를 하였는바, 그 사안 및 판단 요지에 관하여 아래에서 검토한다.

(사안 요지) 채권자 "갑"은 채무자 "을"을 상대로 2억 8,000만 원 및 그에 대한 지연손해금을 구하는 약정금 청구소송을 제기하여 2007. 10. 23. 승소판결을 선고받고 그 무렵 판결이 확정되었다.

"을"은 자신의 어머니가 2009. 12. 4. 사망하자 상속포기 기간 동안인 2010. 1. 28. 가정법원에 상속포기의 신고를 하였고, 위 신고는 2010. 3. 15. 위 법원에 의해 수리되었다.

한편, "을"을 제외한 나머지 공동상속인들은 위 신고가 수리되면 그 포기의 소급효로 인하여 "을"은 처음부터 망인의 상속인에 해당하지 아니한다고 생각하여, 위 상속포기의 신고와 같은 날인 2010. 1. 28. "을"을 제외한 채 망인의 상속재산인 부동산에 관해서 그들의 법정상속분 비율에 따라 이를 분할하는 내

사해행위에 해당할 수 있다고 한다{윤진수, 친속상속법강의(제4판) 제527, 528면}.

용으로 상속재산 분할협의를 한 다음, 2009. 12. 4.자 협의분할로 인한 재산상속을 원인으로 각 지분 소유권이전등기를 마쳤다.

이에 "을"의 채권자 "갑"은 채무자 "을"이 채무초과상태에서 공동상속인들과 사이에 상속재산 중 자신의 상속분을 포기하는 내용으로 행한 상속재산 분할협의에 대하여 사해행위로서 취소를 구하고, 원상회복으로 지분 소유권이전등기의 말소를 구하였다.

(원심 판단 요지) 원심은, 상속재산 전부에 관해서 "을"을 제외한 공동상속인들 앞으로 각 지분소유권 이전등기가 마쳐진 것은 "을"이 상속을 포기함으로써 그가 처음부터 상속인이 아니게 된 데에 연유한 것으로, 이를 채권자 "갑"의 주장과 같이 "을"과 다른 공동상속인들 사이에서 "을"이 자신의 상속분에 관한 권리를 포기하는 내용으로 상속재산 분할협의를 한 결과로 볼 수 없다고 전제한 다음, 나아가 상속의 포기는 사해행위 취소의 대상이 될 수 없다는 이유로 채권자 "갑"의 청구를 기각하였다.

(대법원 판단 요지) 첫째, 상속의 포기는 상속이 개시된 때에 소급하여 그 효력이 있고 포기자는 처음부터 상속인이 아니었던 것이 되므로, 상속포기의 신고가 아직 행하여지지 않거나 법원에 의해 아직 수리되지 않고 있는 동안에 포기자를 제외한 나머지 공동상속인들 사이에 이루어진 상속재산 분할협의는 후에 상속포기의 신고가 적법하게 수리되어 상속포기의 효력이 발생하게 됨으로써 공동상속인의 자격을 가지는 전원이 행한 것이 되어 소급적으로 유효하게 된다. 이는 설사 포기자가 상속재산 분할협의에 참여하여 그 당사자가 되었다고 하더라도 그 협의가 그의 상속포기를 전제로 하여서 포기자에게 상속재산에 대한 권리를 인정하지 않는 내용인 경우에도 마찬가지이다.

둘째, 위 (1)항에서 본 바와 같이 상속의 포기는 사해행위 취소의 대상이 되지 못한다.

위 법리에 비추어 볼 때, 상속의 포기가 사해행위 취소의 대상이 될 수 없고, 또한 설사 "을"이 상속재산 분할협의에 참여하여 그 당사자가 되었다고 하더라도 그 협의의 내용이 그의 상속포기를 전제로 하여서 그에게 상속재산에 대한 권리를 인정하지 않는 것으로서 같은 날 행하여진 그의 상속포기 신고가 후에 수리됨으로써 상속포기의 효과가 적법하게 발생한 이상 이를 달리 볼 것이 아니라는 취지의 원심 판단은 정당하다.

(법리에 관한 이해) 상속재산 분할협의는 원칙적으로 채권자취소의 대상이 되는데, 한편 상속포기는 채권자취소의 대상이 되지 않는다는 법리를 전제로 하여, 상속포기와 상속재산 분할협의가 병존 · 경합하는 경우에 그 효력에 관해서 판시한 것이다.

상속포기와 상속재산 분할협의가 병존 · 경합하는 경우는 예컨대, 공동상속인 중의 1인인 "을"이 상속포기 신고를 하였고, 나머지 공동상속인들이 "을"을 제외하고 그의 상속분 포기를 전제로 상속재산 분할협의를 하는 경우, 또는 "을"이 상속재산 분할협의에 참여하여 같은 내용의 분할 협의를 하였는데 그 후 상속포기신고가 수리된 경우 등을 들 수 있다.

위 대법원판결은 어느 경우이거나 각 상속재산 분할협의는 결국 공동상속인 자격을 가진 전원에 의해 이루어진 것으로서 유효하고, 다만, 채무자 "을"에 대한 관계에서는 각 상속재산 분할협의가 "을"의 상속포기에 흡수되어 채권자취소의 대상이 되지 않는다고 판단한 것으로 이해할 수 있다.

5. 유증(遺贈) 포기

(1) 유증(遺贈)의 의의와 유형

유증은 유언에 의하여 재산을 무상으로 주는 행위로서, 증여자의 사망에 의하여 효력이 생기는 점에서 생전 증여와 다르고, 증여자의 단독행위라는 점에서 계약인 사인증여(死因贈與)와 구별된다.

유증에는 포괄적 유증과 특정적 유증의 두 가지 유형이 있는데, 통상은 상속재산에 대한 비율의 의미로 유증된 경우는 포괄적 유증, 그렇지 않고 구체적인 재산을 목적으로 한 경우를 특정적 유증이라고 할 수 있다.[107)]

포괄적 유증을 받은 자는 상속인과 동일한 권리의무가 있으므로(민법 제1078조), 그 유증의 승인과 포기에는 상속의 승인 또는 포기에 관한 민법 제1019조 내지 제1044조의 규정이 적용되고, 유증의 승인 포기에 관한 민법 제1074조 내지 1077조는 특정적 유증에만 적용된다.[108)]

107) 대법원 2003. 5. 27. 선고 2000다73445 판결.

또한, 포괄적 유증을 받은 자는 민법 제187조에 의하여 법률상 당연히 유증받은 부동산의 소유권을 취득하지만, 특정적 유증을 받은 자는 유증의무자에게 유증을 이행할 것을 청구할 수 있는 채권을 취득할 뿐 유증에 의해 바로 부동산의 소유자로 되는 것이 아니라는 점에서 커다란 차이가 있다.[109]

(2) 유증 포기와 채권자취소 대상 여부

포괄적 유증을 받은 자는 상속인과 동일한 지위를 가지므로(민법 제1078조), 위 4.항에서 살펴 본 바와 같이 상속포기가 채권자취소의 대상이 되지 않는 것과 마찬가지로 포괄적 유증의 포기도 채권자취소의 대상이 되지 않는다고 할 것이다.

그러면, 특정유증을 받을 자가 피상속인의 사망에 의해 그 효력이 발생한 후 채무초과상태에서 유증을 포기한 경우 채권자취소의 대상이 될 수 있는가.

대법원 2019. 1. 17. 선고 2018다260855 판결은, 채무자가 채무초과상태에서 유증을 포기하더라도 이는 사해행위 취소의 대상이 되지 않는다고 판시하였다. 그 이유는 유증을 받을 자는 유언자의 사망 후에 언제든지 유증을 승인 또는 포기할 수 있고 그 효력은 유언자가 사망한 때에 소급하여 발생하므로 채무초과상태에 있는 채무자라도 자유롭게 유증 받을 것을 포기할 수 있다고 보아야 하는 점, 채무자의 유증 포기가 직접적으로 채무자의 일반재산을 감소시켜 채무자의 재산을 유증 이전의 상태보다 악화시킨다고 볼 수 없는 점 등에 있다.

---

108) 윤진수, 친족상속법강의(제4판) 제579, 580면.
109) 대법원 2003. 5. 27. 선고 2000다73445 판결.

제 11. 어음 발행 등의 채무부담행위

1. 무상의 채무부담행위

채무자가 대가 없이 타인과 사이에 연대보증계약 등을 체결하여 연대보증채무나 연대채무를 부담하거나, 또는 타인의 특정 채권자와 사이에 채무를 인수하는 계약을 체결하는 경우 채무자의 소극재산만 그만큼 증가하게 된다.

따라서, 채무자가 채무초과상태에서 연대보증계약 또는 채무인수계약을 체결하거나, 그 계약에 의하여 채무초과상태가 유발된 경우에는, 그 연대보증계약 또는 채무인수계약은 채무자의 일반 채권자에 대한 관계에서 사해행위에 해당한다고 할 것이다.

단순 보증의 경우는 보증인이 최고 검색의 항변권을 가지므로 주채무자에게 충분한 자력이 있음을 증명한 때에는 사해행위가 되지 않는다는 학설이 있다.

그러나, 보증인은 주채무가 성립하면 그 때 주채무와 동일한 채무를 부담하고 최고 검색의 항변권이 주효하지 못할 때 비로소 보증채무가 발생한다고 볼 수 없다. 따라서, 채무자가 단순보증계약을 체결한 경우 일단 그 당시를 기준으로 주채무자의 자력 유무와는 무관하게 보증채무자의 무자력 여부를 판단하고 그에 따라 단순보증에 대하여 사해행위 해당 여부를 가려야 할 것이다.[110]

다만, 민사상 보증은 그 의사가 보증인의 기명날인 또는 서명 있는 서면으로 표시되어야 효력이 발생하고(민법 제428조의2 제1항), 특정인의 채무를 담보하기 위하여 약속어음을 발행하거나 그 어음에 배서하였다고 하더라도 그러한 사정만으로 어음의 발행인이나 배서인과 채권자 사이에 민사상 보증계약이 성립되었다고 추단할 수 없다.[111]

110) 송덕수, 채권법총론(제6판) 제267면.
111) 대법원 2015. 5. 14. 선고 2013다49152 판결.

2. 약속어음 발행행위

(1) 문제의 소재 – 어음채무의 독립성 및 중첩성

어음 수수의 배후에 실질적으로 그 원인이 되는 법률관계를 원인관계라고 하는데, 어음의 유효·무효 또는 어음상의 권리의 발생 유무는 원인관계의 존부나 유효·무효에 의해 영향을 받지 않는다(어음관계의 추상성).

그러나, 실제 사회생활에 있어서는 당사자 사이에 원인관계에 의한 기존채무가 있고 그 지급과 관련하여 약속어음이 수수되는 경우가 통상적인데, 이와 같이 기존채무에 관하여 채무자가 약속어음을 발행한 때에는 당사자 사이에 특별한 의사표시가 없는 한 기존채무의 변제확보(담보)를 위하여 또는 그 지급방법으로(변제를 위하여) 발행한 것으로 추정된다.[112]

이와 같이 기존채무의 지급을 위하여 또는 담보를 위하여 약속어음이 발행 교부되는 통상적인 경우, 기존 채무와 어음채무는 병존하고 어음채무가 변제나 상계 등에 의해 소멸하면 기존 채무 또한 그 목적이 달성되어 소멸한다.[113]

이상 본 바와 같이, 어음채무는 원인관계에서 독립적이지만 통상적인 경우 기존 채무와 중첩적인 관계에 있는 특성이 있는데, 이러한 특성으로 인해 채권자취소와 관련하여 채무자가 기존 채무의 지급을 위하여 약속어음을 발행하는 경우 그 어음상 채무가 채무자의 소극재산을 실질적으로 증가시키는 것으로 평가할 수 있는지의 문제이다.

(2) 기존 채무의 지급을 위하여 약속어음을 발행하는 경우

사해행위라고 함은 채무자가 자신의 채무초과상태를 유발하거나 기존의 채무초과상태를 심화시키는 행위를 말하고, 한편 위 (1)항에서 본 바와 같이 기존 채무의 지급을 위하여 약속어음이 발행되는 경우에 기존 채무와 어음채무는 형식상 병존하지만 어음채무가 변제나 상계 등에 의해 소멸하면 기존 채무 또한 그 목적이 달성되어 소멸하는 중첩적 관계에 있으므로, 기존 채무의 지급을 위

112) 대법원 1990. 5. 22. 선고 89다카13322 판결.
113) 대법원 2000. 2. 11. 선고 99다56437 판결.

하여 약속어음이 발행된 경우에는 발행인인 채무자의 실질적인 소극재산이 전체적으로 증가한다고 볼 수 없다.

따라서, 기존 채무의 지급을 위하여 약속어음이 발행된 경우에는 특별한 사정이 없는 한 그 약속어음의 발행으로 인하여 채무자의 채무가 새로이 증가되는 것이 아니므로 그 약속어음의 발행은 사해행위에 해당하지 않는다고 할 것이다(대법원 2002. 10. 25. 선고 2000다64441 판결).[114]

다만, 기존 채무의 지급을 위하여 약속어음이 발행되고 그 약속어음에 대하여 공정증서가 작성된 경우에는 그 집행에 의하여 우선적으로 변제받을 수 있다는 특별한 사정이 생기기 때문에 사해행위가 성립할 수 있다.[115]

(3) 약속어음의 발행에 의해 새로운 채무를 부담하는 경우

채무자가 약속어음을 발행함으로써 새로운 채무를 부담하게 되는 경우에 그 채무부담으로 인하여 채무자가 채무초과상태에 빠지거나 이미 빠져 있던 채무초과상태가 더욱 심화된다면 그 약속어음의 발행은 다른 채권자를 해하는 사해행위에 해당한다(대법원 2002. 10. 25. 선고 2000다64441 판결).

약속어음의 발행이 기존 채무의 지급을 위한 것이 아니라 그 발행에 의해 새로운 채무를 부담하는 대표적인 사례로서는 오직 타인의 자금융통 목적으로 약속어음(융통어음)을 발행하는 경우를 들 수 있다.

대법원 2002. 10. 25. 선고 2000다64441 판결은, 그 발생 여부 및 범위가 불확실한 장래 채무의 변제를 위하여 약속어음을 발행하거나, 기존의 채무액이 발행된 약속어음의 액면금액보다 비례적으로 현저하게 적을 경우에는, 약속어음의 발행에 의해 새로운 채무를 부담한 것으로 볼 수 있다는 취지로 판시하였다.

위 대법원판결의 사안 요지는, 채무초과상태에 있는 채무자가 수익자로부터 실질적인 담보가치 없는 부동산(시가를 초과하는 선순위근저당권이 설정되어 있음)을 담보로 제공받은 것을 기화로, 약속어음 발행 당시 수익자가 채무자에 대하여

---

114) 대법원 2002. 8. 27. 선고 2002다27903 판결도, 채무자가 이전부터 있는 채무의 변제를 위하여 약속어음을 발행하는 행위는 소극재산을 증가시키는 행위가 아니므로 그것만으로는 다른 채권자를 해하는 행위라고 보기 어렵다고 판시하였다.

115) 이 점에 관해서는 뒤의 제 12. "기존 채무에 관해서 공정증서가 작성된 경우"에서 따로 상세하게 검토한다.

가지고 있던 채권이 7,800만 원의 임대차보증금채권 및 월 200만 원 내지 180만 원씩의 약 8개월간의 임료채권, 그리고 부동산을 담보제공함에 따라 장차 취득하게 될 구상금채권이고, 그 중 장래의 구상금채권은 그 발생 여부 및 범위가 불확실한 것인데도, 채무자가 액면 10억 원인 일람출급식 약속어음을 발행 교부한 경우이다.

위 대법원판결은 위 사안에 관하여, 위 약속어음 발행은 위 임대보증금 등의 기존의 채무의 지급을 위한 것이라고 할 수 없고, 오히려 새로운 채무부담행위로 보아야 할 것이고 그로 인하여 채무자의 채무초과상태가 심화되었으므로 위 약속어음의 발행은 사해행위에 해당한다고 판시하였다.

대법원 2002. 10. 25. 선고 2002다42711 판결은, 채무자가 자신과 친족관계에 있는 수익자 3인에게 액면금 3억 원, 2억 5,000만 원, 1억 4,000만 원인 각 일람출급식 약속어음을 발행하였는데 채무자와 수익자들 사이에 각 약속어음의 액면금에 상당한 차용금 채무가 실제로 존재하지 않은 사안에 관하여, 이미 채무초과상태에 빠져있는 채무자가 허위의 약속어음을 발행하여 가공의 어음채무를 부담함으로써 소극재산을 증가시키는 행위를 한 것은 다른 채권자들에 대한 관계에서 사해행위에 해당한다고 판시하였다.

위 2002다42711 판례가 “허위의 약속어음을 발행하여 가공의 어음채무를 부담”이라는 표현을 사용한 것은 어음채무의 추상성이라는 법률적 성격에 비추어 본다면 적절한 표현이라고 하기 어렵지만, 당사자가 주장하는 어음채무의 원인관계가 존재하지 않는 경우에는 결국 약속어음의 발행에 의해 새로운 채무를 부담한 것으로 볼 수 있다는 취지로 판시한 것으로 이해할 수 있는 점에서 의의가 있다고 할 것이다.

제 12. 기존 채무에 관하여 공정증서가 작성된 경우

1. 문제의 소재

공정증서는 공증인 또는 법무법인 등이 당사자의 촉탁에 의해 법률행위나 그 밖의 사권(私權)에 관하여 법률이 정한 절차와 형식에 따라 작성한 문서이다.[116] 이러한 공정증서 중, 어음·수표에 첨부하여 강제집행을 인낙하는 취지를 적어 작성한 증서[117] 또는 일정한 금액의 지급 등을 목적으로 하는 청구에 관하여 작성한 것으로서 채무자가 강제집행을 승낙하는 취지가 적혀 있는 증서[118]는 민사집행법상 집행권원이 되는데 이를 집행증서라고 한다.

집행권원이 되는 공정증서의 내용을 이루는 법률행위나 그 밖의 사권(私權) 중에서 실제로 중요하고도 흔하게 나타나는 것은, 채무자가 기존 채무의 지급을 위하여 특정 채권자에게 약속어음을 발행하는 경우와 채무자와 특정 채권자가 그들 사이에 기존에 있던 금전대차에 관해서 체결하는 소비대차계약이라고 할 수 있다.

앞의 제 11.에서 살펴 본 바와 같이 일반적으로, 채무자가 기존 채무의 지급을 위하여 약속어음을 발행한 경우에는 약속어음의 발행 자체에 의해서는 실질적으로 채무자의 소극재산이 증가한다고 볼 수 없고, 또한 특정 채권자와 채무자가 기존의 금전대차에 관해서 이를 확인하고 정리하는 취지로 소비대차계약을 체결한 경우에도 그 계약 체결 자체에 의해 실질적으로 채무자의 소극재산이 증가한다고 보기 어렵다.

그런데 한편, 채무자와 특정 채권자 사이에서 위와 같은 약속어음이 발행되거나 소비대차계약이 체결되고 이에 관하여 공정증서가 작성된 경우에는, 그 특정 채권자가 채무자의 일반재산에 대하여 바로 강제집행을 할 수 있다는 점에서 다른 일반채권자와는 다른 특별한 지위를 가지게 된다. 그리고, 어음·수

116) 공증인법 제2조 제1호, 제15조의2.
117) 공증인법 제56조의2 제1항, 제4항.
118) 민사집행법 제56조 제4호.

표 공증의 경우에는 그 발행인과 수취인 쌍방의 촉탁이 있는 경우에 한하여 작성할 수 있고, 그 외에도 당사자 쌍방으로부터 촉탁이 있어야 하며 일방 촉탁에 의한 공정증서는 집행권원이 될 수 없다는 점에서,[119] 공정증서의 작성에 있어서는 채무자와 특정 채권자 쌍방의 의사 연락이 전제된다는 특성이 있다.

위와 같이, 채무자가 특정 채권자 사이의 의사연락에 의하여 특정 채권자에게 그의 기존 채권에 관하여 공정증서가 작성되도록 함으로써 특별하게 강제집행을 할 수 있는 수단을 제공한 것이, 채권자취소권과 관련하여 다른 일반채권자들에 대한 관계에서 사해행위에 해당한다고 볼 수 있는지의 문제이다.

위 문제와는 달리, 약속어음의 발행이 기존 채무의 지급을 위한 것이 아니라 채무자가 약속어음을 발행함으로써 새로운 채무를 부담하게 되는 경우에, 그 채무부담으로 인하여 채무자가 채무초과상태에 빠지거나 이미 빠져 있던 채무초과상태가 더욱 심화된다면, 그 약속어음에 관하여 공정증서를 작성하였는지 불문하고 그 약속어음의 발행은 다른 채권자를 해하는 사해행위에 해당한다고 할 것이다.[120]

2. 실질적으로 책임재산의 양도로 평가할 수 있는 경우

(1) 대법원판결의 판시 내용

① [대법원 2002. 8. 27. 선고 2002다27903 판결]

(사안 요지) 채권자 "갑"은 1993. 2.경 채무자 "을"에 대하여 2,000만 원 및 지연손해금을 구하는 구상금 청구소송의 승소판결을 선고받고 위 판결은 그때쯤 확정되었다. 채무자 "을"은 그의 장모인 "병"에게 5,000만 원의 차용금채무를 부담하고 있던 중 1999. 10.경 그 변제를 위하여 액면 5,000만 원인 약속어음을 발행 교부하였는데, 채권자로부터 위 구상채무의 이행을 독촉받자 2000. 4.경 위 약속어음에 관하여 강제집행을 승낙하는 취지의 공정증서를 작성하여 "병"에게 주었다. "병"은 위 공정증서에 의해 2000. 4.경 "을"의 유일한 적극재

119) 공증인법 제56조의3 제2항, 대법원 2008. 9. 25. 선고 2008다42195 판결(채권자가 채권자 본인 겸 채무자의 대리인으로서 금전소비대차계약 공정증서의 작성을 촉탁한 경우 채권자가 그 대리권의 존재를 입증하지 못하면 그 공정증서는 무효이다).

120) 대법원 2002. 10. 25. 선고 2000다64441 판결 참조.

산인 대한주택공사에 대한 4,500만 원의 전세금반환채권에 관하여 압류 및 전부명령을 받았고 위 명령은 그때쯤 확정되었다.

이에 채권자 "갑"은 채무자 "을"의 위 약속어음 발행행위를 사해행위로서 취소하고 원상회복을 청구하였다.

(원심 판단요지) 채무자 "을"이 그의 장모인 "병"에게 약속어음을 발행한 뒤 강제집행이 가능한 공정증서를 작성하여 주어 "병"으로 하여금 전세금 반환채권을 전부받게 한 일련의 행위는 이미 채무초과상태에 있던 채무자 "을"이 "병"에 대한 채무의 변제에 갈음하여 그의 유일한 재산을 "병"에게 양도한 것이나 다름없으므로, 채무자 "을"의 약속어음 발행행위는 채권자 "갑"에 대하여 사해행위에 해당한다.

(대법원 판단요지) 채무자 "을"은 "병"에 대한 차용금채무의 변제를 위해서 약속어음을 발행하였다가 그로부터 5개월이 더 지난 뒤 그 약속어음에 관해서 공정증서를 작성해 주었는바, "병"이 약속어음 공정증서를 이용하여 "을"의 전세금반환채권에 대하여 압류 및 전부명령을 받았다고 해서 이로써 바로 채무자 "을"이 전세금반환채권을 "병"에게 양도한 것과 같다고 볼 수는 없고, 또 채무자 "을"이 수익자 "병"과 짜고 채권자 "갑"를 해할 의사로 약속어음을 발행하였다고 볼 만한 자료도 없다.

채무자 "을"이 이전부터 있는 채무의 변제를 위하여 약속어음을 발행하는 행위는 소극재산을 증가시키는 행위가 아니므로 그것만으로는 다른 채권자를 해하는 행위라고 보기 어렵다.

② [대법원 2002. 10. 25. 선고 2000다7783 판결]

(사안의 요지) 채무자 "을"이 특정 채권자 "병"에 대한 기존채무와 관련하여 그 채무액을 훨씬 초과하는 약속어음을 발행하고 이에 대해 공정증서를 작성해 주었는데, 수취인인 특정 채권자 "병" 그 어음의 액면금액 35억 원을 훨씬 초과하는 채무자 "을"의 한국전력공사, 의왕시, 광주군 등에 대한 합계 약 56억 원 상당의 공사대금채권에 관하여 압류전부명령을 받았다.

이에, 채무자에 대하여 약 8,000만 원의 채권을 가진 채권자 "갑"이 채무자 "을"의 위 약속어음 발행행위에 관해서 자신의 채권액 범위 내에서 사해행위로서 취소를 구하고 원상회복으로서 광주군에 대한 공사대금채권(약 3억 9,000만 원)을 채무자 "을"에게 반환 양도하고 광주군에게 그 통지를 할 것을 구하였는데, 원심은 채권자의 청구를 인용한 것이다.

(대법원 판단 요지) 위 대법원판결은 약속어음 발행행위가 채무자의 무자력을 유발 또는 심화시킨 것으로서 사해행위에 해당하여 취소되는 경우에도, 그 압류전부된 공사대금채권의 가치가 압류전부를 전후하여 달라졌다면, 원상회복으로서 그 압류전부된 채권 자체의 양도에 의한 반환을 구할 수 없고, 압류전부될 당시에 있어서의 그 채권의 가액의 배상을 명하여야 한다는 이유로 원심판결을 파기하였다.[121)]

(법리에 관한 이해) 위 대법원판결은 위와 같은 실질적 쟁점에 관한 판단의 전제로서 일반적 법리를 서술한 점에 더 중요한 의의가 있다고 할 것이다.

위 대법원판결은, '처음부터 특정 채권자로 하여금 채무자의 적극재산인 채권을 강제집행의 형식을 빌려 압류전부 받게 할 목적으로 채무부담행위를 하고 그와 아울러 그에 대하여 강제집행을 승낙하는 취지가 기재된 공정증서를 작성하여 주고 채권자는 이를 이용하여 채무자의 채권을 압류전부 받은 때와 같이, 실질에 있어 채무자가 자신의 채권을 특정 채권자에게 양도한 것과 다를 바 없는 것으로 볼 수 있는 특별한 사정이 있는 경우에, 그 행위로 인하여 채무자가 채무초과상태에 이르거나 이미 채무초과상태에 있는 것을 심화시키는 상태가 초래되면 사해행위가 성립할 수 있다'고 판시하였다.

③ [대법원 2009. 1. 15. 선고 2007다61618 판결]

(사안 요지) 채무자 "을"회사는 2001. 5. 10.부터 2002. 9. 2.경까지 "병"신용협동조합으로부터 수십 회에 걸쳐 합계 25억 1,000만 원을 대출받았다. "병"신협이 위 대출금채권의 담보를 요구하자, "을"회사는 2002. 9. 5. 채무초과상태에서 "병"신협에게 액면 25억 원의 약속어음을 발행하고 그 지급을 지체할

121) 위 대법원판결은 위 본문과 같은 판시사항 외에도, '채무자가 약속어음 발행 당시 그 어음금액을 훨씬 초과하는 공사대금채권액 또는 공사를 도급받을 수 있는 지위에 있었으므로 이에 대한 객관적인 평가를 거쳐 채무자의 무자력 여부를 판단하여야 한다'는 취지로 판시하였다. 그러나, 채무자의 자력을 판단함에 있어 공사를 도급받을 수 있는 지위까지 평가하여 포함할 것은 아니다. 이 점에 관해서는 앞의 제2장 제4절 제 2.의 3.(2)항에서 상세하게 검토하였다.

경우 강제집행을 인낙한다는 집행증서를 작성해 주었다. "병"신협은 2002. 10. 7. 위 집행증서에 기하여 채무자 "을"회사가 제3채무자 회사에 대하여 가지는 공사대금채권 중 20억 원에 대해 채권압류 및 전부명령을 받았다. 이에 따라, 제3채무자 회사는 "병"신협에게 2003. 1. 30. 5억 원을, 2004. 12. 9. 15억 원을 지급하였다.

이에 "을"회사의 채권자 "갑"은 그 채권액 8억 6,000만 원의 범위 내에서 채무자 "을"회사의 위 어음 발행행위에 관하여 사해행위로서 취소를 구하고 원상회복으로서 가액배상을 구하였고, 원심이 이를 인용하였다.

(판단 요지) 채무자가 처음부터 특정 채권자로 하여금 채무자의 적극재산인 채권을 강제집행의 형식을 빌려 압류전부 받게 할 목적으로 채무부담행위를 하고 그와 아울러 그에 대하여 강제집행을 승낙하는 취지가 기재된 공정증서를 작성하여 주고 채권자는 이를 이용하여 채무자의 채권을 압류전부 받은 때와 같이, 실질에 있어 채무자가 자신의 채권을 특정 채권자에게 양도한 것과 다를 바 없는 것으로 볼 수 있는 특별한 사정이 있는 경우에, 그 행위로 인하여 채무자가 채무초과상태에 이르거나 이미 채무초과상태에 있는 것을 심화시키는 상태가 초래되면 사해행위가 성립할 수 있다.

채무자 "을"회사가 채무초과상태에서 위 약속어음을 발행하는 등의 일련의 행위를 통해 "병"신협으로 하여금 다른 일반 채권자보다 우선하여 위 대출금 채권의 만족을 얻게 한 것은 실질적으로 위 공사대금 채권을 "병"신협에게 양도한 것과 다를 바 없는 행위로서 일반 채권자를 해하는 행위라고 볼 것이므로 원심의 판단은 정당하다.

④ [대법원 2015. 10. 29. 선고 2012다14975 판결]

(사안 요지) 채무자의 부동산에 관한 매매계약이 사해행위라는 이유로 취소되고 그 원상회복이 이루어짐으로써 수익자에 대하여 부당이득반환의무를 부담하게 된 채무자가 그 부당이득반환채무의 변제를 위하여 수익자와 소비대차계약을 체결하고 강제집행을 승낙하는 취지가 기재된 공정증서를 작성해 주고, 수익자가 이를 이용하여 채무자의 부동산에 대하여 강제경매를 신청한 사안이다.

(판단 요지) 채무자가 채권자의 요구에 따라 그 채권자에 대한 기존채무의

변제를 위하여 소비대차계약을 체결하고 강제집행을 승낙하는 취지가 기재된 공정증서를 작성하여 주어 전체적으로 채무자의 책임재산이 감소되지 않는 경우에는, 그와 같은 행위로 인해 채무자의 책임재산을 특정 채권자에게 실질적으로 양도한 것과 다를 바 없는 것으로 볼 수 있는 특별한 사정이 있는 경우에 해당하지 아니하는 한, 다른 채권자를 해하는 사해행위가 된다고 볼 수 없다.

(2) 대법원판례의 분석 및 법리에 관한 이해

채무자가 특정 채권자에 대한 기존 채무의 변제를 위하여 약속어음을 발행하거나 소비대차계약을 체결하고 이에 대하여 공정증서가 작성된 경우에 관해서 주류적 대법원판례는, 그 구체적 표현에 다소 차이는 있지만, 그 약속어음의 발행 또는 소비대차계약의 체결이 다른 일반채권자에 대한 관계에서 사해행위가 되기 위해서는, '그와 같은 행위로 인해 자신의 책임재산을 특정 채권자에게 실질적으로 양도한 것과 다를 바 없는 것으로 볼 수 있는 특별한 사정이 있을 것을 요한다'는 법리를 판시한 것으로 이해할 수 있다.

위 (1)항의 ③번 대법원 2007다61618 판결은 그 첫머리에, '처음부터 특정 채권자로 하여금 채무자의 적극재산인 채권을 강제집행의 형식을 빌려 …… 목적으로'라고 설시하고 있다. 그런데 앞서 1.항에서 본 바와 같이 공정증서의 작성에는 쌍방의 위촉이 필요하므로 공정증서 작성 당시에 당사자의 의사 연락은 있었다고 볼 수 있고, 따라서 특정 채권자와 채무자가 공정증서 작성의 단계까지 나아간 이상 처음부터 강제집행의 형식을 빌려 변제받을 목적이 있었음은 특별한 사정이 없는 한 추단된다고 할 것이다.

위 (1)항의 ①번 대법원 2002다27903 판결은, '기존 채무의 변제를 위해서 약속어음을 발행하였다가 그로부터 5개월이 더 지난 뒤 그 약속어음에 관해서 공정증서를 작성해 준 것'을 이례적인 사정으로 주목한 것으로 보인다. 위 판결은 이와 같은 경우에는 채무자가 자신의 책임재산인 전세금반환채권을 특정 채권자에게 양도한 것과 같다고 볼 수는 없고, 또 채무자와 특정 채권자가 짜고 약속어음을 발행하였다고 보기 어려워, 결국 사해행위에 해당하지 않는다고 판단한 것으로 이해할 수 있다.

위 ①번 대법원판결이 그 기본 법리에 있어 주류적 대법원판례에 배치된다고 볼 수는 없다. 그러나, 실제로 약속어음이 발행되고 상당한 기간이 경과한 후에 그에 대해 공정증서가 작성되었다고 하더라도, 그러한 사정은 일반적으로 사해행위 성부에 관한 판단에 있어 중요한 요소가 되지 않는다고 보는 것이 타당하다고 생각한다.

3. 공정증서 작성에 대하여 별도의 채무변제계약 인정 여부

(1) 대법원판결의 판시 내용

① [대법원 2010. 4. 29. 선고 2009다33884 판결]

(사안 요지) 채무자 “을”은 “병”으로부터 1999. 9.경부터 2003. 5.경까지 수회에 걸쳐 합계 약 2억 원을 차용하였는데, 위 차용채무와 관련하여 “병”에게 2002. 7. 15. 금 5,000만 원, 변제기 2003. 7. 15., 이자 월 3%로 하는 차용증을, 2002. 10. 23. 금 5,000만 원, 변제기 2003. 12. 30., 이자 월 3%로 하는 차용증을, 2004. 5. 25. 금 4,500만 원, 변제기 2005. 12. 30., 이자 월 2%로 하는 차용증을, 2004. 12. 20. 금 7,000만 원, 변제기 2005. 12. 31., 이자 월 2.5%로 하는 차용증을 각 교부하였다.[122)]

채무자 “을”은 채무초과상태에서 2007. 5.경 제3의 채권자 “기”로부터 자신의 유일한 재산인 국민은행에 대한 예금채권을 가압류당하자, “병”에게 연락하여 자신의 예금채권이 가압류되었음을 알려주었다. 이에 “병”은 “을”에게 대여금 채권에 관한 공정증서를 작성하여 줄 것을 요청하자 “을”이 동의하여, 2007. 5. 14.에 “2002. 7. 15.자 대여금 5,000만 원, 이자 월 3%, 변제기 2003. 7. 15.인 소비대차계약”에 관하여 강제집행 승낙의 취지가 기재된 공정증서가 작성되고, 뒤이어 2007. 5. 16.에 “2002. 10. 23.자 대여금 5,000만 원, 이자 월 3%, 변제기 2003. 12. 30.인 소비대차계약”에 관하여 강제집행 승낙의 취지가 기재된 공정증서가 작성되었으며, “병”은 위 각 공정증서를 집행권원으로 위 예금채권에 대한 압류 및 추심명령을 신청하여 2007. 6. 4. 그 명령을 발령받았다.

이에 국민은행은 2007. 6. 19. 압류 등의 경합을 이유로 예금 36,410,015원

---

122) 이 부분 사실관계는 위 대법원판결의 원심인 춘천지법 강릉지원 2009. 4. 24. 선고 2008나2866 판결문에서 발췌한 것이다.

을 집행공탁하였고 집행법원은 2007. 7. 13. 집행공탁금에 대한 배당절차에서 가압류채권자 “기” 및 추심채권자 “병”에게 채권액에 안분하여 배당하는 배당표를 작성하였다.

채무자 “을”의 일반채권자 “갑”은 “을”과 “병” 사이에 체결된 위 2007. 5. 14.자 및 2007. 5. 16.자 각 소비대차계약을 사해행위로서 취소를 구하고 원상회복으로 배당금채권의 양도를 구하였다.

(원심 판단요지)[123] 위 각 채무변제계약(위 각 소비대차계약)은 기존에 있던 대여금 채권의 존재를 확인한 것에 불과하므로 그로 인하여 채무자의 채무가 새로이 증가한 것으로 볼 수 없고, 위 각 공정증서가 작성될 당시 위 예금채권은 “기”가 이미 가압류한 상태이어서 “병”이 위 각 공정증서를 이용하여 위 예금채권을 압류 추심한 것이 그 실질에 있어 채무자 “을”이 위 예금채권을 “병”에게 양도한 것과 다를 바가 없는 것으로 볼 수 있는 특별한 사정이 있는 경우에 해당한다고 할 수 없으므로, 위 각 채무변제계약은 사해행위라고 볼 수 없다.

(대법원 판단요지) 무자력상태의 채무자가 기존채무에 관한 특정의 채권자로 하여금 채무자가 가지는 채권에 대하여 압류 및 추심명령을 받음으로써 강제집행절차를 통하여 사실상 우선변제를 받게 할 목적으로, 그 기존채무에 관하여 강제집행을 승낙하는 취지가 기재된 공정증서를 작성하여 주어 채권자가 채무자의 그 채권에 관하여 압류 및 추심명령을 얻은 경우에는, 그와 같은 공정증서 작성의 원인이 된 채권자와 채무자의 합의는 기존채무의 이행에 관한 별도의 계약인 이른바 채무변제계약에 해당하는 것으로서 다른 일반채권자의 이익을 해하여 사해행위가 된다고 할 것이다.

채무자 “을”은 특정 채권자 “병”으로 하여금 위 예금채권에 대한 강제집행의 형식을 빌려 “병”의 대여금채권을 사실상 우선변제 받게 할 목적으로 위 각 공정증서를 작성하여 주었고 그에 기하여 압류 및 추심명령이 행하여지기에 이르렀다고 할 것이므로, 위 공정증서 작성의 원인이 된 채무자 “을”과 특정 채권자 “병”의 위와 같은 채무변제계약(소비대차계약)은 채권자취소의 대상인 사해행위에 해당한다.

---

123) 이는 위 대법원판결의 원심인 춘천지법 강릉지원 2009. 4. 24. 선고 2008나2866 판결문에서 발췌한 것이다.

② [대법원 2011. 12. 22. 선고 2010다103376 판결]

(사안 요지)124) 채무자 "을"은 2008. 3. 31. "병"과 사이에 자신의 유일한 재산인 부동산에 관하여 매매계약을 체결하고 같은 해 5. 8. "병"에게 소유권이전등기를 마쳐주었다. 이에 "을"에 대한 구상금채권자 "갑"은 "을" 등을 상대로 구상금을 구하고 "병"을 상대로 위 매매계약이 사해행위이므로 그 취소 및 원상회복을 구하는 소를 제기하여 2009. 2. 5. "을"은 채권자 "갑"에게 약 2억 3,000만 원 및 지연손해금을 지급하고, 위 부동산에 관한 매매계약을 취소하고 "병"은 "을"에게 소유권이전등기의 말소등기절차를 이행하라는 판결을 선고받고 위 판결은 그 때쯤 확정되었다.

한편, "병"은 "을"에게 대여금 명목으로 2004. 10. 23.부터 2008. 3. 31.까지 여러 번 송금하였는데 변제받지 못한 금액이 약 4억 5,000만 원에 이르자, 2009. 2. 18. 채무초과상태에 있는 "을"과 사이에 '"병"이 "을"에게 약 5억 원을 대여하고 "을"은 2010. 7. 18.까지 매월 분할변제하며, 변제를 지체할 경우 연 20%에 의한 지연손해금을 가산하여 지급한다'는 내용의 금전소비대차계약을 체결하고, 이에 대해 강제집행을 승낙하는 공정증서가 작성되었다.

"병"은 2009. 3. 24. 위 공정증서에 기하여 "을" 소유 명의로 회복된 위 부동산에 대하여 강제경매를 신청(근저당권자가 먼저 신청한 임의경매와 중복)하여 경매가 진행되고 부동산이 낙찰된 결과, 2009. 9. 4. 실시된 배당기일에 각 3순위자로서 채권자 "갑" 및 "병"을 포함한 4인에게 각 채권액에 비례하여 안분 배당되었다.

이에, 채권자 "갑"이 채무자 "을"과 "병" 사이에 체결된 위 2009. 2. 18. 소비대차계약을 사해행위로서 취소를 구하고, 원상회복으로서 "병" 등에 대한 배당액의 삭제를 구하는 배당이의를 하였다.

(원심 판단요지)125) 일반적으로 무자력상태의 채무자가 기존채무에 관한 특정의 채권자로 하여금 채무자가 가지는 채권에 대하여 압류 및 추심명령을 받

124) 이는 위 대법원 2010다103376 판결의 제1심인 서울남부지법 2010. 4. 20. 선고 2009가합20261 판결문에서 발췌한 것이다.

125) 이는 위 대법원 2010다103376 판결의 원심인 서울고법 2010. 11. 10. 선고 2010나453598 판결문에서 발췌한 것이다.

음으로써 강제집행절차를 통하여 사실상 우선변제를 받게 할 목적으로, 그 기존 채무에 관하여 강제집행을 승낙하는 취지가 기재된 공정증서를 작성하여 주어 채권자가 채무자의 그 채권에 관하여 압류 및 추심명령을 얻은 경우에는, 그와 같은 공정증서 작성의 원인인 된 채권자와 채무자의 합의는 기존채무의 이행에 관한 별도의 계약인 이른바 채무변제계약에 해당하는 것으로서 다른 일반채권자의 이익을 해하여 사해행위가 된다고 할 것이다(대법원 2010. 4. 29. 선고 2009다33884 판결 참조).

그런데, 채무자 "을"은 평소 잘 알고 지내던 "병"과 사이에 부동산에 대하여 매매계약을 체결하고 소유권이전등기를 마쳐 준 행위가 사해행위에 해당한다는 판결을 2009. 2. 5. 선고받고, 불과 13일 후에 채무초과상태에서 다시 "병"과 사이에 위 소비대차계약을 체결하고 공정증서를 작성해 줌으로써, "병"으로 하여금 부동산에 대한 강제집행의 형식을 빌려 "병"의 채권을 사실상 우선 변제받게 하였다고 할 것이므로, 위에서 본 법리에 따라 위 소비대차계약은 다른 채권자를 해하는 사해행위에 해당한다. 그리고 "병"이 "을"에 대하여 2004. 10. 23.부터 2008. 3. 31.까지 금전을 대여하였고 그 변제를 위하여 위 소비대차계약을 체결하고 공정증서를 작성 받았다고 하더라도 그와 관계없이 위 소비대차계약은 사해행위에 해당한다.

(대법원 판단요지) 채권자가 채무의 변제를 구하는 것은 그의 당연한 권리행사로서 다른 채권자가 존재한다는 이유로 이것이 방해받아서는 아니 되고 채무자도 다른 채권자가 있다는 이유로 그 채무이행을 거절할 수 없는 것이다. 따라서, 채무자의 재산에 대한 경매절차에서 평등하게 배당받기 위해 집행권원을 필요로 하는 채권자의 요구에 따라 채무자가 그 채권자에 대한 기존채무의 변제를 위하여 소비대차계약을 체결하고 강제집행을 승낙하는 취지가 기재된 공정증서를 작성하여 준 경우에는, 그와 같은 행위로 인해 자신의 책임재산을 특정 채권자에게 실질적으로 양도한 것과 다를 바 없는 것으로 볼 수 있는 특별한 사정이 있는 경우에 해당하지 아니하는 한, 다른 채권자를 해하는 사해행위가 된다고 볼 수 없다.

"병"이 자신의 기존채권을 변제받기 위해 "을"과 위 소비대차계약을 체결하고 그에 관한 강제집행을 승낙하는 취지가 기재된 공정증서를 작성받아 이를 이용하여 취소소송을 제기한 채권자 “갑”을 비롯한 “을”의 다른 채권자들도 참가한 부동산에 대한 경매절차에서 배당을 받았다고 하여, 이로써 바로 채무자 “을”이 특정 채권자 “병”에게 사실상 우선변제 받도록 한 것이라고 볼 수 없다.

만약 “병”의 채권이 배당에서 배제된다면 “병”과의 관계에서 취소소송을 제기한 채권자 “갑”만이 배당을 받게 되어 오히려 그 채권자 “갑”에게 우선권을 용인하는 결과가 되고 만다.

따라서, 원심이 “병”이 “을”에 대하여 2004. 10. 23.부터 2008. 3. 31.까지 기존의 거래에 따라 실제 채권을 가지고 있다고 하더라도 위 소비대차계약이 사해행위에 해당한다고 한 것은 잘못이다.

(2) 대법원판례의 분석 및 이해

위 (1)항에서 본 ①번 대법원 2009다33884 판결은, ‘채무자가 특정의 채권자로 하여금 채무자가 가지는 특정의 채권(국민은행 예금채권)에 대하여 압류 및 추심명령을 받음으로써 강제집행절차를 통하여 사실상 우선변제를 받게 할 목적’이 있었다고 판시하였다. 이어 위 대법원판결은, 채무자가 기존채무에 관하여 강제집행을 승낙하는 취지가 기재된 공정증서를 작성하여 주어 채권자가 채무자의 그 채권에 관하여 압류 및 추심명령을 얻은 경우에는, 그와 같은 ‘공정증서 작성의 원인이 된 채권자와 채무자의 합의는 기존채무의 이행에 관한 별도의 계약인 이른바 채무변제계약에 해당하는 것’이라고 판시하였다.

위 ①번 대법원 2009다33884 판결은, 채무자와 특정 채권자가 공정증서 작성을 촉탁함에 있어 그들 사이에 이미 존재하던 여러 번에 걸친 금전대차관계에 포함되어 있던 일부분에 관해서 그 이율 및 변제기를 정한 금전소비대차계약을 체결한 것에 대하여, ‘별도의 계약인 이른바 채무변제계약에 해당하는 것’이라고 판단하고, 나아가 실질적으로 채무자의 책임재산을 양도한 것과 동일하게 볼 수 있는지에 관한 특별한 사정 여부를 불문하고, 이로써 곧바로 사해행위에 해당한다고 판시한 데에 특징이 있다고 이해할 수 있다.

그러나, 위 ①번 대법원 2009다33884 판결과 같이, 채무자와 특정 채권자 사이에 이미 존재하던 금전대차관계에 관해서 공정증서 작성을 촉탁함에 있어 그 이율 및 변제기 등을 정한 금전소비대차계약을 체결한 것에 대하여, ‘별도의 계약인 이른바 채무변제계약에 해당하는 것'이라고 보고 이로써 곧바로 사해행위성을 인정하는 것은 합리적인 근거가 없다고 생각한다.

위 ①번 대법원판례(2010. 4. 29. 선고)가 나온 이후에 선고된 위 (1)항의 ②번 대법원 2010다103376 판결(2011. 12. 22. 선고)은, 그 원심(서울고법 2010. 11. 10. 2010나453598)이 위 ①번 대법원판례의 법리를 근거로 판시한 것을 파기하였고, 위 ②번 대법원판례가 나온 후에 선고된 앞의 2.항 (1)에서 본 대법원 2012다14975 판결(2015. 10. 29. 선고)도 위 ②번 대법원판례의 취지를 따르고 있다.

앞서 2.항에서 본 바와 같이, 채무자가 특정 채권자에 대한 기존 채무의 변제를 위하여 공정증서가 작성된 경우에, 그 증서 작성의 대상으로 된 약속어음의 발행 또는 소비대차계약의 체결이 다른 일반채권자에 대한 관계에서 사해행위가 되는지 여부에 관해서, 주류적 대법원판례는 '그와 같은 행위로 인해 채무자의 책임재산을 특정 채권자에게 실질적으로 양도한 것과 다를 바 없는 것으로 볼 수 있는 특별한 사정이 있는지 여부'를 그 판단 기준으로 삼고 있다고 볼 수 있다.

주류적 대법원판례에 의한 판단 기준에 따른다면, 위 ①번 대법원 2009다33884 판결 사안의 경우, 소비대차 공정증서가 작성되고 이를 이용하여 채무자의 예금채권을 압류·추심할 당시 그 예금채권은 이미 다른 사람에 의해 가압류된 상태에 있었으므로, 압류·추심 채권자도 압류 등의 경합에 의한 채권배당절차에서 다른 채권자들과 함께 안분 배당받을 수밖에 없었고, 따라서 채무자의 예금채권이 특정 채권자에게 실질적으로 양도된 것과 동일한 사정이 있었다고 볼 수 없다고 할 것이다.

실제로 주류적 대법원판례에 의한 법리에 따라 사해행위성이 인정되는 사례는, 채무자가 기존의 특정 채권자로 하여금 자신의 제3채무자에 대한 채권을 강제집행의 형식을 빌려 압류·전부 받게 하기 위하여 약속어음을 발행하거나 소비대차계약을 체결하고 이에 대해 공정증서가 작성되고, 이로써 압류 및 전부명령이라는 채권에 대한 강제집행절차를 통하여 채무자의 제3채무자에 대한 채권이 특정 채권자에게 이전되도록 한 경우라고 할 수 있다.

따라서, 전부명령이라는 강제집행방법이 존재하지 않는 부동산에 대한 강제집행에 있어서는 채무자가 특정 채권자에 대한 기존 채무의 변제를 위하여 약속어음을 발생하거나 소비대차계약을 체결하고 이에 관하여 공정증서가 작성되었다고 하더라도 사해행위에 해당한다고 보기 어렵다.[126)]

126) 대법원 2011. 12. 22. 선고 2010다103376 판결 및 대법원 2015. 10. 29. 선고 2012다14975 판결의 각 사안은 모두 기존 채무에 관한 소비대차계약 공정증서를 이용하여 채무자의 부동산에 대하여 강제집행에 나아간 경우로서 그 사해행위성이 부정된 것이다.

제 13. 선행 원인행위의 이행으로서의 등기

1. 대법원판결 요지

① [대법원 1962. 11. 15. 선고 62다634 판결]

채권자의 채권이 1959. 12.경에 발생하였는데 채무자가 그 전인 1957. 1. 14. 부동산을 매도하고 채권자의 채권 발생 후에 그 채무의 이행으로서 매수인에게 소유권이전등기를 경료한 경우에, 기존채무의 이행으로서 등기를 하고 그 채무의 원인되는 행위가 취소채권자의 채권보다 앞서 발생한 때에는 그 등기는 채권자취소권의 대상이 될 수 없다(따라서 수익자인 매수인 명의로 마쳐진 소유권이전등기의 말소를 구할 수 없다).

② [대법원 1981. 7. 7. 선고 80다2613 판결]

(사안 요지) 채권자들 23명이 합계 약 1,900만 원의 채권을 가지고 각기 채권의 확보에 부심하고 있는 상황에서, 채무자가 자신의 소유인 시가 약 300만 원 정도의 부동산에 관하여 모든 채권자들로 하여금 채권단을 조직하고 위 부동산의 처분대금으로 각자의 채권액에 비례하여 변제를 받도록 제의하였다.

그런데, 채권자들 중 1인만이 채권자단의 가입을 거부하면서 채권 전액의 변제를 고집하므로, 채무자가 부득이 다른 채권자들의 대표에게 위 부동산을 채무 변제조로 형식상 매매를 원인으로 소유권이전등기를 마쳐주었다.

(판단 요지) 위 사안에 관하여, 그 매매 및 등기는 채무자가 이행할 기존 채무의 이행을 위한 것이므로 비록 그로 인하여 무자력으로 되어도 사해행위가 되지 않는다.

③ [대법원 2002. 4. 12. 선고 2000다43352 판결]

(사안 요지) 채권자와 채무자 사이에 1996. 10. 31. 신용보증약정이 체결되었고, 채무자가 1998. 5. 1.부터 대출은행에 대한 이자지급을 연체하다가 같은 해 7. 13. 부도를 내어 채권자가 1998. 10. 28. 대출은행에 대위변제하였는데,

채무자가 1998. 6. 8. 자신의 친척에게 자신의 유일한 부동산에 관하여 1996. 2. 10.자 매매예약을 원인으로 소유권이전등기청구권가등기를 경료한 경우이다.

(판단 요지) 법률행위의 이행으로서 가등기를 경료한 경우에 그 채무의 원인되는 법률행위가 취소권을 행사하려는 채권자의 채권보다 앞서 발생한 때에는 그 가등기는 채권자취소권의 대상이 될 수 없는데, 채무자와 그 친척 사이의 매매예약은 채권자와 채무자가 신용보증약정을 체결하기 이전인 1996. 2. 10. 체결된 사실을 인정할 수 있으므로 채권자의 구상금채권은 채권자취소권의 피보전채권이 될 수 없다.

④ [대법원 2007. 4. 26. 선고 2006다79704 판결]

(사안 요지) 부부의 일방인 처 "병"이 대금을 전부 부담하여 분양 취득한 부동산에 관하여 남편 "을"과의 명의신탁약정에 따라 남편 "을" 명의로 소유권이전등기를 마쳐 두었다.

그 후 처 "병"의 요구에 의해 남편 "을"이 그 부동산에 관해서 처 "병" 앞으로 증여를 원인으로 하여 소유권이전등기를 마치자, "을"의 채권자 "갑"이 채무자 "을"의 증여에 대하여 사해행위로서 취소를 구한 경우이다.

(판단 요지) 부동산 명의수탁자가 신탁행위에 기한 반환의무의 이행으로서 신탁부동산의 소유권이전등기를 경료한 행위는 기존채무의 이행으로서 사해행위를 구성하지 아니하므로, "을"이 위 부동산에 관해서 "병" 앞으로 증여를 원인으로 소유권이전등기를 마친 것은 사해행위라고 볼 수 없다.

2. 대법원판결의 문제점

(1) 부동산 등기를 취소의 대상으로 파악할 수 있는지

위 1.항에 나온 각 대법원판결 특히 ①번 62다634 판결 및 ③번 2000다43352 판결은, 취소채권자의 채권발생 전에 채무자의 법률행위가 성립하고 그 채무의 이행으로서 등기 또는 가등기가 경료된 경우에는 그 등기 또는 가등기는 채권자취소권의 대상이 될 수 없다고 설시한 점에 특색이 있다.

우리 민법은 법률행위에 의한 부동산 물권변동에 있어서 등기를 그 효력요건으로 하는 성립요건주의(형식주의)를 채택하고 있는데(민법 제186조), 이 때 등기는 법률행위 이외에 법률에 의하여 요구되는 부동산 물권변동의 또 하나의 요건이 되는 것이고, 대법원판례는 물권행위의 독자성과 무인성을 인정하지 않고, 그 법률행위는 등기를 하는 것 자체에 관한 합의가 아니라 실체법상의 원인이 되는 행위를 가리킨다고 한다.127)

그리고, 대법원판례는, 어느 부동산에 관한 매매계약 기타 법률행위가 사해행위에 해당하는 경우에는 원칙적으로 그 사해행위를 취소하고 소유권이전등기의 말소 등 부동산 자체의 회복을 명하여야 한다는 입장을 확립하고 있다(2010. 2. 25. 선고 2007다28819 판결).128)

따라서, 채무자의 부동산에 관한 처분행위에 대하여 채권자취소권이 문제되는 경우, 사해행위로서 취소의 대상이 되는 채무자의 법률행위는 물권변동의 원인이 된 매매계약, 근저당권설정계약 등 채권행위이고, 수익자 명의로 마쳐진 등기 부분은 원상회복의 대상으로 파악하여야 할 것이다.

그러므로 우선, 위 1.항에 나온 대법원판결이 채권자취소권의 내용을 사해행위 취소 및 원상회복으로 분석하지도 않고 부동산 물권변동에 있어서의 법률행위와 등기를 뭉뚱그려 채권자취소권의 대상이 되는지 여부의 문제로 접근한 것 자체가 부적절하다고 생각한다.

(2) 피보전채권 선재성(先在性)원칙의 예외 인정 법리와의 관계

위 1.항에 나온 각 대법원판결에 관해서, 취소채권자의 채권발생 전에 채무자의 법률행위가 성립하고 그 채무의 이행으로서 등기 또는 가등기가 경료된 경우에는 그 등기 또는 가등기의 원인이 된 채무자의 법률행위는 사해행위 취소의 대상이 될 수 없다는 법리를 설시한 것으로 이해한다면, 과연 그와 같은 법리를 도출하는 것이 정당하다고 할 수 있는가.

앞의 제2장 제2절 제 4.에서 검토한 바와 같이, 취소채권자의 채권은 원칙적으로 채무자의 사해행위 전에 발생하여야 하지만, 예외적으로 사해행위 후에 발

127) 대법원 1999. 2. 26. 선고 98다50999 판결. 이 점에 관해서는 앞의 제2장 제3절 제 1.의 4.에서 상세하게 검토하였다.

128) 그 밖에 대법원 1996. 10. 29. 선고 96다23207 판결 등.

생한 채권도 사해행위 당시 기초적 법률관계가 존재하고 가까운 장래에 그 관계에 기하여 채권이 발생할 고도의 개연성이 있는 경우에는 채권자취소권의 피보전채권이 될 수 있다.

따라서, 위 1.항의 각 대법원판결의 설시 내용과 같이, 취소채권자의 채권발생 전에 채무자의 법률행위가 성립하고 그 채무의 이행으로서 등기 또는 가등기가 경료된 경우에, 그 채권자는 나중에 채권이 발생하더라도 채무자의 법률행위에 대하여 사해행위로서 취소를 구할 수 없고 원상회복으로서 그 법률행위를 원인으로 마쳐진 가등기 또는 등기의 말소를 구할 수 없다는 것을 일반적 법리로 내세운다면, 이는 앞서 본 '고도 발생 개연성 있는 장래 채권의 피보전채권 포함 법리'와 상충될 수 있다고 할 것이다.

(3) 각 대법원판결의 구체적 문제점

위 1.항의 ①번 대법원 62다634 판결은 부동산물권변동에 관하여 이른바 의사주의(대항요건주의)를 취하던 의용민법이 시행되던 시대에 발생한 사건에 관한 판결이라는 점을 특히 유의해야 할 것이다. 우리나라 민법은 1960. 1. 1.부터 시행되었는데, 그 시행일 전의 법률행위로 인한 부동산에 관한 물권의 득실변경은 시행일로부터 6년 내에 등기하지 아니하면 그 효력을 잃지만(민법 부칙 제10조 제1항), 그 전까지는 의용민법에 따라 물권의 귀속관계가 규율되었다고 보인다.

그러므로, 위 ①번 대법원판결 사안에 관해서는 부동산에 관하여 매매계약이 체결된 1957. 1. 14.에 이미 매매당사자 사이에서는 매수인 명의로 그 소유권이 귀속되어 있었다고 볼 수 있고, 또 한편 채권자의 채권은 그로부터 2년 10개월이 경과된 후인 1959. 12.경에 발생한 것이므로 매매계약 당시 고도의 발생 개연성이 없는 것으로서 채권자취소권의 피보전채권이 될 수 없다고 볼 수도 있는 사안이다.

위 1. 항의 ②번 대법원 80다2613 판결 사안은, 그 쟁점이 '기존 채무의 이행과 사해행위 성립 여부'에 있다기보다 앞의 제2장 제3절 '제 4. 사해행위 해당성의 조각'에서 검토한 바와 같이 오히려 채권자들에 대한 공평한 채무변제를 위하여 상당한 가격으로 처분한 경우에는 사해행위성이 조각될 수 있다는 법리를 제시한 것으로 이해하는 것이 타당하다.

위 1.항의 ③번 대법원 2000다43352 판결 사안에 관해서는, 부동산에 관하여 1996. 2. 10.에 실제로 매매예약이 체결된 것이 사실임을 전제로 한다면, 그 매매예약이라는 사해행위 당시에는 채권자의 채권 성립의 기초로 되는 법률관계인 1996. 10. 31.자 신용보증약정 자체가 아직 존재하지도 않았으므로, 위 사해행위 후에 비로소 체결한 신용보증약정에 따라 발생한 채권은 채권자취소권의 피보전채권이 될 수 없다고 이해하는 것이 타당하다.

그리고 한편으로, 위 ③번 대법원판결 사안처럼 1996. 2. 10. 자 매매예약을 원인으로 하여 그로부터 2년 이상이 경과한 1998. 6. 8. 가등기가 경료된 경우에는, 앞서 제2장 제3절 '제 3. 사해행위 존재시점에 관한 문제'에서 검토한 바와 같이, 소송실무상 실제의 매매예약 체결일자가 언제인지에 관해서 다툼이 있을 수 있고, 사실관계를 인정함에 있어 가등기가 경료된 시점에 실제로 그 원인인 매매예약이 체결되었다고 할 여지도 많다고 할 것이다.

위 1.항의 ④번 대법원 2006다79704 판결은, 부부 사이의 부동산에 관한 명의신탁으로서 그 약정이 유효한 경우에 명의수탁자 남편 "을"이 명의신탁자 처 "병"에게 신탁 부동산에 관하여 명목상 증여를 원인으로 소유권이전등기를 마쳐 준 행위에 관한 판단이다.

위 대법원판결 사안의 경우처럼 유효한 부동산 명의신탁에 있어서 사해행위 성부의 문제는 부동산의 실제 소유자가 누구인지 그리고 그 실제 소유자의 책임재산에 감소를 초래하였는지 여부의 판단에 있다고 할 것이다. 위 대법원판결이 사해행위에 해당하지 않는 이유에 관해서 '기존채무의 이행으로서 사해행위를 구성하지 아니하므로'라고 설시한 부분은 적절하지 않다고 생각한다.

위 대법원판결에 관해서는 부동산의 실제 소유자인 명의신탁자 "병"에게 등기명의를 복구시키는 것일 뿐 실질적으로 명의수탁자 "을"의 책임재산에 감소를 초래한 것이라고 할 수 없으므로, 명의수탁자 "을"의 일반채권자 "갑"에 대한 관계에서 사해행위에 해당하지 않는다고 이해하는 것이 타당하다.

(4) 대법원판결 판단 근거의 부당성

부동산의 매매로 인한 소유권이전등기청구권은 채권적청구권이라는 것이 대법원판례의 확립된 입장이고,[129] 또 대법원판례는 물권행위의 독자성과 무인성을 인정하지 않는다.[130] 한편, 채권은 물권과 달리 원칙적으로 채권자 평등의 원칙이 적용되므로, 동일 채무자에 대한 수개의 채권은 임금채권 등과 같이 법률의 특별규정에 의해 우선적 효력이 인정되는 외에는 그 성립의 선후에 불구하고 모두 평등하게 다루어진다.

채무자와 수익자(매수인) 사이에 부동산에 관하여 체결된 매매계약 또는 매매예약이 취소채권자의 채권보다 앞서 성립하고 그에 기하여 매수인의 채무자(매도인)에 대한 소유권이전등기청구권이 취소채권자의 채권보다 앞서 발생하였다고 하더라도, 그 등기청구권은 물권적 효력을 가지지 않고 여전히 채권의 성질을 가질 뿐이고 또 임금채권 등과 같이 법률의 특별 규정에 의해 우선적 효력이 있는 것도 아니다.

따라서, 후에 발생한 취소채권자의 채권이 앞서 제2장 제2절 제 4. '피보전채권의 성립시기'에서 검토한 바와 같이 채무자와 수익자 사이의 매매예약 또는 매매계약의 체결 당시 그 성립의 고도 개연성의 요건을 충족하는 한, 채무자가 매매계약 또는 매매예약 당시 채무초과상태에 있었고 그 채무를 이행하기 위하여 매매계약 또는 매매예약 등을 원인으로 매수인 앞으로 소유권이전등기 또는 가등기를 마쳐 주었다면, 그 이행을 위한 법률행위인 매매계약 또는 매매예약은 사해행위에 해당하고 그 등기 또는 가등기는 원상회복의 대상이 될 수 있다. 이는 동일한 채무자에 대하여 수많은 대여채권자가 존재하는 경우, 채무자가 채무초과 상태에서 제일 먼저 금전을 대여해 준 특정 채권자를 위하여 형식상 매매를 원인으로 자신의 부동산으로써 대물변제를 하거나 또는 형식상 매매예약을 원인으로 가등기담보권을 설정해 주는 행위가 후에 금전을 대여한 다른 채권자들에 대하여 사해행위에 해당하는 것과 동일한 구조라고 할 것이다.

위와 같이 대법원판례에 의해 이미 확립되어 있는 여러 가지 법리에 비추어 볼 때, 위 1.항의 ①, ②, ③번 대법원판결이 채무자가 취소채권자의 채권 발생 전의 원인 행위에 따른 기존채무의 이행으로서 가등기 또는 등기를 하였으므로 그 등기 내지 가등기가 채권자취소권의 대상이 되지 않는다고 판시한 것은 합리적인 이유가 없을 뿐만 아니라 부당하다고 생각한다.

---

129) 대법원 1991. 3. 22. 선고 90다9797 판결, 2005. 3. 10. 선고 2004다67653 판결.
130) 대법원 1977. 5. 24. 선고 75다1394 판결.

위 ①번 대법원 62다634 판결 및 ③번 대법원 2000다43352 판결의 사안은, 채권자취소권에 관한 법리로서는 앞서 제2장 제2절 제 4.에서 살펴 본 '장래 피보전채권 발생의 고도 개연성 요건을 충족하는지 여부의 문제'에 편입하여 고찰하는 것으로 충분하고 또한 타당하다. 그리고 위 ②번 대법원 80다2613 판결의 사안은, 앞의 제2장 제3절 '제 4. 사해행위 해당성의 조각'에서 검토한 바와 같이 채권자들에 대한 공평한 채무변제를 위하여 상당한 가격으로 처분한 경우에는 사해행위성이 조각될 수 있다는 법리의 적용 문제로 파악하는 것이 타당하다고 할 것이다.

위 1항의 ④번 대법원 2006다79704 판결은, 유효한 명의신탁약정의 당사자 사이에서 명의수탁자가 명의신탁자에게 신탁부동산에 관하여 소유권이전등기를 환원해 준 행위는, 부동산의 실제 소유자인 명의신탁자에게 등기명의를 복구시키는 것일 뿐 실질적으로 명의수탁자의 책임재산에 감소를 초래한 것으로 볼 수 없으므로, 명의수탁자의 일반채권자들에 대한 관계에서 사해행위가 되지 않는다고 이해하는 것이 타당하다. 이와 같은 경우에 사해행위가 되지 않는 근거가, 명의신탁 해지 등에 의한 재산반환의무의 이행으로서 기존 채무의 이행에 있다고 볼 것은 아니다.

한편, 대법원 1981. 2. 24. 선고 80다1963 판결은, '명의수탁자가 신탁행위에 기한 반환의무의 이행으로서 명의신탁자가 지정하는 제3자 명의로 신탁부동산의 소유권이전등기를 경료하는 행위는 기존채무의 이행으로서 사해행위를 구성하지 아니한다'고 판시하였다. 그리고, 대법원 1996. 9. 20. 선고 95다1965 판결도, '부동산의 명의신탁자가 명의수탁자로부터 그 등기를 회복하는 중간단계로서 명의신탁 양당사자 및 제3자의 합의에 따라 명의수탁자가 제3자에게 소유권이전등기를 경료해 준 것은 명의수탁자의 명의신탁자에 대한 반환의무 이행의 한 방법으로서 사해행위를 구성하지 않는다'라고 판시하였다.

위 80다1963판결 및 95다1965판결도 사해행위를 구성하지 않는 근거를 기존 반환의무의 이행에 두고 있지만, 앞서 본 바와 같이, 명의신탁관계의 성격에 비추어 명의수탁자의 처분행위는 실질적으로 명의수탁자의 책임재산에 감소를 초래한 것으로 볼 수 없으므로, 명의수탁자의 채권자에 대한 관계에서 사해행위에 해당하지 않는다고 이해하는 것이 타당하다.

제 14. 채권자취소권과 신의칙, 권리남용 등

1. 채권자가 채무자의 사해행위에 적극 협조한 경우

신의칙 및 권리남용 금지의 원칙은 모든 법률관계를 규제 지배하는 원리이므로 채권자취소권에도 적용됨은 물론이다.

대법원 2003. 8. 22. 선고 2001다64073 판결은 채권자가 채무자의 사해행위에 적극 협력한 경우에는 신의칙상 채권자취소권을 행사할 수 없다고 판시한 사례로서 중요한 의미를 가지는데, 아래에서 사안 및 판단의 요지에 관해서 검토한다.

(사안 요지) 채무자 "을"은 수익자 "병"이 보유하고 있던 이 사건 주식을 증권거래소 거래가격보다 12배 내지 16배 높은 가격에 매수한 다음, 그 대금 중 235억 원을 금융회사인 채권자 "갑"에게서 신규로 차용하여 이를 "병"에게 현금으로 지급하여 채무초과상태에 이르게 되었다.

"갑"은 이 사건 주식의 매매가 있기 전에, 이미 "을"에 대하여 대출을 실행하여 기존의 대출금채권을 보유하고 있었고, 또한 "을"과 동일한 계열사 그룹에 속하는 "병"의 재무상태를 개선하기 위하여 "병"의 채무감소 방안 등에 관하여 "을" 및 그 계열사 그룹의 합의에 동참하였다.

"갑"은 위와 같이 "을"의 계열사 그룹의 합의에 동참하여 "병"의 채무를 감소하는 방안으로서 이 사건 주식 매매가 이루어지도록 "을"에게 그 자금을 추가로 대출한 것이다.

그런데 그 후, 채권자 "갑"이 "을"에 대한 위 기존의 대출금채권을 피보전채권으로 하여 "을"과 "병" 사이에 체결된 이 사건 주식의 매매계약에 관하여 사해행위로서 취소를 구한 경우이다.

(판단 요지) 채권자 "갑"은 채무자 "을" 그룹의 합의에 동참하여 사해행위인 이 사건 주식의 매매에 필요한 자금을 대출함으로써 그 사해행위에 적극 협력하였는바, 그러한 "갑"이 이 사건 주식 매매계약의 취소를 구하는 것은 신의성실의 원칙상 허용될 수 없다.

2. 피보전채권의 특성상 그 행사가 권리남용이 되는 경우

확정판결에 기한 강제집행이 권리남용에 해당하여 허용되지 않는 경우에는 그 확정판결에 의한 판결금 채권을 피보전채권으로 하는 채권자취소권의 행사도 권리남용이 되어 허용되지 않는다고 할 것이다.

확정판결의 집행이 권리남용으로서 허용되지 않는다는 대표적인 대법원판례인 대법원 1997. 9. 12. 선고 96다4862 판결의 사안 요지는 다음과 같다. 채권자가 수인의 연대보증인 중 1인에 대한 소송에서 변론 종결일 전에 다른 보증인의 변제 및 담보물건의 경매로 보증채무액의 일부가 변제되었는데도 보증한 도액 전부의 지급을 구하는 청구를 유지하여 실체의 권리관계와는 달리 금원의 지급을 명하는 판결을 받았다. 그 후 나머지 보증채무도 변제에 의하여 소멸하였음에도 불구하고 채권자는 채무자에 대하여 확정판결을 받아두었음을 기화로 그 판결에 기한 강제경매신청을 하였다가 채무자가 보증채무의 소멸을 이유로 이의를 제기하자 경매신청을 취하한 뒤 다시 채무자 거주의 아파트에 대하여 강제집행을 신청한 경우이다.

위 대법원 96다4862 판결은, 위 사안에 관하여, 확정판결의 내용이 실체적 권리관계에 배치되고 판결의 성립경위 및 판결 성립 후 집행에 이르기까지의 사정, 집행이 당사자에게 미치는 영향 등 여러 가지 사정을 종합하여 볼 때, 확정판결에 기한 집행이 현저히 부당하고 상대방으로 하여금 집행을 수인하도록 하는 것이 정의에 반함이 명백하여 사회생활상 용인할 수 없는 경우에 해당한다고 하여 강제집행을 불허하였다(즉, 강제집행의 불허를 구하는 청구이의를 인용하였다).[131]

대법원 2014. 2. 21. 선고 2013다75717 판결은, 위와 같은 법리를 채권자취소권의 행사에도 그대로 적용하여, 확정판결의 내용이 실체적 권리관계에 배치되고 판결의 성립경위 및 판결 성립 후 집행에 이르기까지의 사정, 집행이 당사자에게 미치는 영향 등 여러 가지 사정을 종합하여 볼 때, 확정판결에 기한 집

131) 위 대법원판결의 원심은, 확정판결의 기판력의 시적 범위 및 집행력의 법리만을 앞세워, 확정판결의 변론종결 이전에 채무자가 변제사유로 주장하지 아니한 금원에 대하여는 강제집행을 구할 수 있다고 판단하였다.

행이 현저히 부당하고 상대방으로 하여금 집행을 수인하도록 하는 것이 정의에 반함이 명백하여 사회생활상 용인할 수 없다고 인정되는 경우, 그 판결금 채권을 피보전채권으로 하여 채권자취소권을 행사하는 것은 허용되지 않는다고 판시하였다.

다만, 위 대법원 2013다75717 판결의 구체적 사안은, 채권자가 제3자로부터 그의 채무자에 대한 공사대금채권을 양수하여 채무자를 상대로 양수금청구소송을 제기하여 일부 승소판결이 확정되었고, 채무자가 건물소유권을 취득하여 수익자에게 근저당권을 설정하여 주자, 채권자가 판결금 채권을 피보전채권으로 하여 채권자취소소송을 제기한 경우인데, 위 대법원판결은 결론적으로, 위와 같이 채권자와 제3자 사이의 채권양도양수가 소송신탁에 해당하여 무효로 보인다는 사정만으로는, 채권자의 취소권 행사를 신의칙상 허용되지 않는다거나 권리남용에 해당한다고 볼 수 없다고 판단하였다.

3. 피보전채권액이 소액인 경우

대법원 1999. 11. 12. 선고 99다29916 판결에 관해서는 판례공보의 판시사항 및 판결요지로서 '채무자가 그 소유의 아파트를 처에게 증여할 당시 가까운 장래에 성립할 개연성이 높았던 피보전채권액이 비교적 소액인 점 등에 비추어 위 증여를 사해행위로 단정하기 어렵다고 한 사례'라고 정리되어 있는바, 아래에서 사안 및 판단의 요지를 검토하고 그 법리적 의미를 분석한다.

(사안 요지) 채무자가 주식매매계약에 따라 채권자에 대하여 446만 원 정도의 지방세액 상당의 채무를 부담할 개연성이 있는 상태(그 후 실제 과세된 지방세액은 약 250만 원)에서 자신의 유일한 부동산인 아파트를 처에게 증여하였으나, 그 아파트는 약 40평형 신축 아파트로서 거기에는 아무런 담보권 등이 설정되어 있지 않아 그 시가가 과세 예고된 지방세액의 수십 배에 이를 것으로 추단되고, 그곳에서 상당한 생활비를 지출하면서 처와 함께 거주하고 있는 경우에, 채권자가 채무자의 위 증여행위에 대해 사해행위로서 채권자취소권을 행사한 경우이다.

(판단 요지) 위 아파트의 이전등기로 인하여 납부하여야 할 취득세 등 제세

금 및 절차비용도 상당할 것으로 추측되고, 당시 채권자에 대한 채무 외에 다른 채무가 존재하였음을 인정할 만한 자료가 없으며, 위 아파트를 타인 명의로 이전한다고 해서 채무자 자신의 채무가 소멸되는 것도 아니라는 점 등에 비추어 볼 때, 채무자가 단지 장차 채권자에게 주식매매계약에 따라 446만 원 정도의 지방세액 상당의 채무를 부담할 것을 우려한 나머지 채권자를 해할 의사로서 위 아파트를 증여한 것이라고 보기 어렵다.

또한, 채무자가 아파트를 증여할 당시 위 아파트 외에는 위 지방세액에 상당하는 채무조차도 담보할 만한 예금이나 동산 등 다른 재산이 없었는지 또는 채권자 외에 다른 사람에 대하여 채무를 부담하고 있었는지 등에 관하여 보다 면밀하게 심리한 다음 위 증여행위가 사해행위에 해당하는지 여부를 판단하여야 할 것이다.

(법리에 관한 이해) 위 대법원판결은 그 판시 내용 자체로서는 사해행위 성부에 관해서 특별히 구체적인 판단기준을 제시하였다고 보기 어렵다. 판시 내용만에 의할 경우, 취소채권자의 피보전채권액이 몇 백만 원 정도의 소액인 경우에는 다른 객관적인 사정과 종합하여, 채권자취소권의 요건 중 하나인 채무자의 사해의사의 존부 판단에 신중을 기하여야 하고, 나아가, 그와 같은 경우에는 소극재산 및 적극재산의 평가를 보다 면밀하게 하여 채권자취소권의 요건 중 하나인 채무자의 무자력을 판단함에 있어서도 신중을 기하여야 한다는 취지라고 이해할 수 있기 때문이다.

그러나, 위 대법원판결의 사안에 나타난 바와 같이, 피보전채권의 액수가 취소의 목적이 되는 재산권의 가액보다 현저하게 적은 경우에는 권리행사자의 이익과 그로 인해 침해되는 상대방의 이익과 사이에 현저한 불균형이 발생하는 경우에 해당할 수 있고, 이는 일반적인 권리남용의 객관적 요건을 충족한다고 보는 것이 타당하다고 생각한다.

제 15. 소송절차 또는 부작위를 통한 사해행위

1. 사례의 제시와 문제의 소재

(1) 사례의 제시[132)]

채무자 "을"은 채권자 "갑"에 대하여 약 3억 원의 채무를 부담하고 있었는데 사업에 어려움이 생기자 강제집행을 면하기 위해 수익자 "병"과 통모하여 자신의 소유인 이 사건 부동산을 소송절차를 통하여 "병"에게 이전하기로 하였다.

이에 수익자 "병"은 자신의 부(父)가 이 사건 부동산을 매수하거나 소유의 의사로 점유한 적이 없음에도, 2014. 1. 27. "을"을 상대로 1992. 3. 31.부터 20년간 이 사건 부동산을 점유하여 취득시효가 완성되었음을 이유로 소유권이전등기청구의 소를 제기하였다.

채무자 "을"은 채무초과상태에서 2014. 2. 5. 수소법원으로부터 "병"이 제출한 위 소장부본을 송달받고 같은 날 청구원인사실을 모두 인정하는 취지의 답변서를 제출하였으며 그 답변서는 2014. 2. 7. "병"에게 송달되었다.

그 후 수소법원은 채무자 "을"(위 소송의 피고)로 하여금 수익자 "병"(위 소송의 원고)에게 이 사건 부동산에 관하여 2012. 3. 31.자 점유취득시효 완성을 원인으로 한 소유권이전등기절차의 이행 등을 명하는 화해권고결정을 하였고, 그 결정은 당사자가 이의하지 않음으로써 2014. 2. 28. 확정되었다.

수익자 "병"은 위 확정된 화해권고결정에 의해 2014. 3. 6. 이 사건 부동산에 관하여 '2012. 3. 31.자 점유취득시효 완성'을 원인으로 하여 "병" 앞으로 소유권이전등기를 마쳤다.

(2) 문제의 소재

위 사례에서 본 바와 같이, 채무자 "을"의 사해의사와 수익자 "병"의 악의가

---

132) 이 사례는 아래 2.의 (1)항에서 나오는 대법원 2017. 4. 7. 선고 2016다204783 판결의 원심판결인 광주고법 2015. 12. 17. 선고(전주) 2014나3844 판결 내용 중의 사실관계를 요약한 것이다.

분명하게 드러나 있지만, 직접적으로는 '화해권고결정'이라는 재판의 형식을 통하여 채권자 "갑"을 해하는 목적이 실현된 경우에, 법원의 재판 자체가 사해행위 취소의 대상이 될 수 없음은 물론이고, 소송 당사자인 "병"과 "을"의 행위가 민사소송법 제451조에서 한정적으로 열거된 재심사유에 해당하지 않고 채권자 "갑"은 재심을 제기할 당사자도 아니어서, 확정된 화해권고결정에 대하여 준재심을 제기하는 것도 허용되지 않는다.

그러면, 채권자 "갑"은 채권자취소권을 전혀 행사할 수 없는 것인가. 행사할 수 있다면 사해행위로서 취소의 대상으로 삼을 채무자 "을"의 법률행위를 무엇으로 볼 것인지, 사해행위 취소에 따라 원상회복으로 수익자 "병" 명의로 마쳐진 소유권이전등기의 말소를 청구하는 것은 확정된 화해권고결정의 기판력에 저촉되는 것은 아닌지 등이 문제된다.

2. 소송절차상의 행위 중 취소의 대상이 되는 법률행위

(1) 재판 또는 조서(調書)의 실질적 원인이 된 행위

채무자와 수익자 사이에 채권자를 해하는 채무자의 법률행위 또는 이를 은닉하기 위하여 위장된 요건사실을 원인으로 한 재판 내지 조서(調書, 화해조서, 청구의 포기 · 인낙조서)가 확정된 경우에, 채권자가 그 효력을 다투기 위하여 재심 또는 준재심을 청구하는 것은 허용되지 않으므로, 위와 같은 경우에 채권자를 구제하기 위하여 채권자는 그 재판 또는 조서의 실질적 원인이 된 채무자의 법률행위에 대해서 채권자취소권을 행사할 수 있다고 할 것이다.

대법원 2017. 4. 7. 선고 2016다204783 판결은, 같은 취지에서, 무자력상태의 채무자가 소송절차를 통해 수익자에게 자신의 책임재산을 이전하기로 하여, 수익자가 제기한 소송에서 자백하는 등의 방법으로 패소판결 또는 그와 같은 취지의 화해권고결정 등을 받아 확정시키고, 이에 따라 수익자 앞으로 책임재산에 관한 소유권이전등기 등이 마쳐졌다면, 이러한 일련의 행위의 실질적 원인이 된 채무자와 수익자 사이의 이전합의는 다른 일반채권자의 이익을 해하는 사해행위가 될 수 있다고 판시하였다.

위 대법원판결은 위와 같은 법리에 따라, 앞의 1.의 (1)항의 사안에서, 수익자 "병"의 소장에 기재한 주장을 인정한 채무자 "을"의 답변서 부본이 "병"에게 송달된 2014. 2. 7. "을"과 "병" 사이에 이 사건 부동산을 양도·양수하기로 하는 합의가 있었다고 추인할 수 있고, 이러한 합의는 채권자 "갑"에 대하여 사해행위가 된다고 한 원심의 판단은 정당하다고 판시하였다.

위 대법원판결의 원심판결[133]의 주문은 '"을"과 피고 "병" 사이의 이 사건 부동산에 관한 2014. 2. 7.자 양도합의를 취소한다. 피고 "병"은 "을"에게 이 사건 부동산에 관하여 ○○○등기소 2014. 3. 6. 접수 제○○○호로 마친 소유권이전등기의 말소등기절차를 이행하라'이다.

(2) 사해행위가 되는 실질적 원인행위에 관한 판정 방법

채무자와 수익자의 일련의 소송절차를 통하여 법원의 판결 및 결정 또는 조서작성 등에 의해 채권자에 대한 사해의 목적이 실현된 경우, 그 판결 또는 결정 등 법원의 소송행위 외에 사해행위가 되는 실질적 원인행위인 채무자의 법률행위에 관해서 그 구체적 모습 및 존재 시점을 어떻게 판정할 것인가.

일반적으로 실체법상의 법률행위는 명시적인 의사표시에 의하여 성립할 뿐만 아니라, 표의자의 일정한 행위에 의하여 일정한 의사표시가 추단되는 묵시적인 방법에 의해서도 성립될 수 있다.[134] 그런데, 소송절차에서 나타나는 당사자의 소송행위는 법원에 대한 단독행위가 원칙이고 연쇄적으로 이루어지며 직접적으로는 소송법상의 법률효과의 발생을 목적으로 한다.

따라서 결국, 당사자의 소송절차상의 여러 행위 중에서 구체적으로 어떤 행위를 사해행위의 실질적 원인인 채무자의 법률행위로 판정할 것인지는 전후의 여러 사정을 종합하여 채무자의 소송절차상의 일정한 행위에 대하여 합리적으로 실체법상의 일정한 효과의사를 추단하여 묵시적 법률행위를 인정하는 방법에 의할 수밖에 없을 것이다.

---

133) 광주고법 2015. 12. 17. 선고(전주) 2014나3844 판결.

134) 대법원 1991. 12. 13. 선고 91다8159 판결(명의신탁관계 설정에 관한 합의는 반드시 명시적이어야 할 필요는 없고, 묵시적이거나 전후 사정에 비추어 합의가 있다고 볼 수 있으면 족하다), 2009. 1. 15. 선고 2007다17123 판결(영업양도는 당사자 사이의 명시적 계약에 의하여야 하는 것은 아니며 묵시적인 계약에 의하여도 가능하다), 2012. 12. 27. 선고 2011다67705 판결(특허를 받을 수 있는 권리를 이전하기로 하는 계약은 명시적으로는 물론 묵시적으로도 이루어질 수 있다).

3. 청구의 포기 · 인낙, 소송상 화해와 사해행위

순수한 소송행위가 채권자 취소의 대상이 되지 않음에 대해서는 학설상 다툼이 없으나, 소송행위가 동시에 실체법상의 법률행위로서의 성질을 가지는 경우, 예컨대 청구의 포기 · 인낙, 소송상 화해 등은 채권자취소권의 대상이 되는지에 관해서는 긍정설과 부정설이 있는데, 부정설이 타당하다고 할 것이다. 왜냐하면, 소송행위는 본래 취소에 친하지 않는 행위이며, 청구의 포기 · 인낙, 소송상 화해 등은 법원이 작성하는 조서(調書)에 기재됨으로써 확정판결과 동일한 효력을 가지는데(민사소송법 제220조) 이를 채권자취소권 행사의 직접적인 대상으로 한다면 재심절차가 아닌 통상의 소송절차에 의하여 확정재판을 번복시키는 것과 동일한 모양새가 되어 바람직하지 않기 때문이다.[135]

다만, 위 2.항에서 본 바와 같이, 청구의 포기 · 인낙, 소송상 화해 등의 경우에도 그 조서작성의 실질적 원인이 된 것으로 추단되는 채무자의 법률행위에 관하여 사해행위로서 취소의 대상으로 할 수 있다.

예컨대, 채무자 "을"이 채권자 "갑"에 대하여 약 3억 원의 채무를 부담하는 등의 무자력상태에서 자신의 유일한 부동산을 수익자 "병"에게 이전하는 방책으로, 수익자 "병"으로 하여금 서울중앙지방법원 2015가합○○○호 사건으로 "을"을 상대로 부동산에 관하여 명의신탁 해지를 원인으로 한 소유권이전등기절차의 이행을 구하는 소를 제기하도록 하고, "을"이 2015. 9. 15. 법정에 출석하여 "병"의 소송상 청구를 인낙하였는데, 그 후 채권자 "갑"이 수익자 "병"을 상대로 사해행위 취소의 소를 제기한 경우에 관해서 본다.[136]

위와 같은 경우, 사해행위 취소에 관한 청구취지(또는 판결주문)로서 ""을"이 별지 기재 부동산에 관하여 2015. 9. 15. 서울중앙지방법원 2015가합○○○호 소유권이전등기 청구사건에서 피고 "병"에 대하여 한 청구인낙을 취소한다'고

---

135) 민법주해 제Ⅸ권(채권2) 제817면(김능환 집필부분); 송덕수, 채권법총론(제6판) 제256면; 또한, 청구의 포기 · 인낙의 법적 성질에 관해서는 사법상의 법률행위와 같은 작용을 겸유한다는 양성설(兩性說)보다는 오히려 순수한 소송행위로 보는 것이 통설이라고 한다. 이시윤, 신민사소송법(제15판) 제582면.

136) 다만, 부동산에 관한 명의신탁이 부동산실명법에 불구하고 유효한 것임을 전제로 한다.

기재하는 것은 적절하지 않다. 위 인낙조서에 의해 부동산에 관하여 "병" 앞으로 소유권이전등기가 마쳐졌다면, 사해행위로서 그 실질적 원인이 된 것은 위 일련의 절차에서 추인되는 채무자 "을"과 수익자 "병" 사이의 명의신탁 해지합의라고 할 것이므로, 청구취지(또는 판결주문)로서는 '피고 "병"과 "을" 사이의 별지 기재 부동산에 관한 2015. 9. 15.자 명의신탁 해지합의를 취소한다'라고 기재하는 것이 적절할 것이다.

앞의 사례에서, 채무자 "을"과 수익자 "병"이 2015. 9. 15. 변론기일에 출석하여, '1. "을"은 "병"에게 별지 기재 부동산에 관하여 명의신탁해지를 원인으로 한 소유권이전등기절차를 이행한다. 2. 소송비용은 각자의 부담으로 한다'는 내용으로 소송상 화해를 한 경우에 관해서 본다. 이와 같은 경우에도, 위에서 설명한 바와 마찬가지로 소송상 화해 자체를 채권자취소의 대상으로 할 것이 아니고, 실질적 원인이 되는 채무자의 묵시적 법률행위를 취소의 대상으로 하여, 그 청구취지(또는 판결주문)로서 '피고 "병"과 "을" 사이의 별지 기재 부동산에 관한 2015. 9. 15.자 명의신탁 해지합의를 취소한다'라고 기재하는 것이 적절할 것이다.

4. 채무자의 부작위와 사해행위

사해행위는 채무자의 법률행위이어야 하므로, 시효중단조치를 취하지 않거나 증여의 청약에 대하여 승낙의 의사표시를 하지 않는 것과 같은 단순한 부작위, 물건의 파괴 등과 같은 사실행위 등은 취소의 대상이 되지 않는다.

다만, 민법 제15조, 제131조와 같이 상대방의 최고에 대하여 일정기간 내에 확답을 하지 아니하면 취소할 수 있는 법률행위를 추인한 것으로 간주하거나 추인을 거절한 것으로 간주되는 등 법률규정에 의하여 의사표시를 한 것으로 의제하는 경우에는 채권자취소권의 대상이 된다고 보는 것이 타당하다.[137)]

소송실무상, 채무자의 부작위가 사해행위 취소의 대상이 되는지가 주로 문제되는 경우는 채무자의 답변서 부제출 및 변론기일 불출석에 따른 의제자백에 의해 채권자에 대하여 사해의 목적을 실현한 경우라고 할 수 있다.

---

137) 민법주해 제IX권(채권2) 제813, 814면(김능환 집필부분).

예컨대, 앞의 1.의 (1)항에 나온 사례에서, 수익자 "병"이 2014. 1. 27. 채무자 "을"을 상대로 "병"의 부(父)가 20년간 "을" 소유의 이 사건 부동산을 점유하여 취득시효가 완성되었음을 이유로 소유권이전등기청구의 소를 제기하였는데, "을"은 채무초과상태에서 2014. 2. 5. 수소법원으로부터 "병"이 제출한 위 소장부본을 송달받고 실질관계에 의해 이를 적극적으로 다툴 수 있었음에도, 소극적으로 묵인하여 아무런 답변서를 제출하지 않음으로써, 2014. 3. 15. 수익자 "병"의 승소판결이 선고되고 확정판결에 기하여 "병" 앞으로 소유권이전등기가 마쳐진 경우에 관해서 본다.

위와 같은 경우, 채무자 "을"이 답변서를 제출하지 않은 점 자체에 주목한다면 부작위가 취소의 대상이 될 수 있는지의 문제가 제기될 수도 있다.

그러나, 민사소송법 제257조 제1항이 '판결 선고시까지 답변서를 제출하지 아니한 때에는 청구원인사실을 자백한 것으로 보고 변론 없이 판결할 수 있다'고 규정하고 있으므로, 당사자의 관계 및 청구원인의 구체적 내용, 소장의 송달경위 등 여러 가지 사정을 종합하여, 그 선고시에 소송 당사자인 채무자 "을"과 수익자 "병" 사이에 묵시적으로 이 사건 부동산에 관한 양도약정이 있었음을 인정하는 것이 오히려 경험칙상 타당하다고 할 것이다.

일반적으로, 채무자가 외형상 아무런 표시행위를 하지 않은 것이 사해행위 취소의 대상이 되는지의 문제에 관해서는, 위에서 본 바와 같이 실체법상 특별한 의제 규정이 없는 한, 부작위가 사해행위 취소의 대상이 되는지의 측면에서 접근할 것이 아니라, 그 전후의 여러 가지 사정을 종합하여 채무자의 효과의사를 추단하여 묵시적인 의사표시를 인정할 수 있는지의 측면에서 접근하는 것이 소송실무상의 방법론적으로 보다 적절하다고 생각한다.

5. 기판력 저촉의 문제

이상 살펴 본 바와 같이, 채무자와 수익자 사이에 채권자를 해하는 채무자의 묵시적 법률행위 등을 실질적 원인으로 한 재판 내지 조서(調書)가 확정되고 그에 기하여 수익자 앞으로 소유권이전등기 등이 마쳐진 경우에, 채권자가 그 재판 또는 조서의 실질적 원인이 된 채무자의 법률행위에 대해서 사해행위로서 취소하고 수익자 명의로 마쳐진 소유권이전등기 등의 말소를 청구하는 등의 원상회복을 할 수 있다면, 이는 채무자와 수익자 사이에서 확정된 판결(그와 동일한 효력이 있는 청구 포기·인낙, 소송상 화해 등)의 기판력과 저촉되는 것은 아닌지 의문이 들 수 있다.

그러나, 채권자가 사해행위 취소와 함께 수익자 또는 전득자로부터 책임재산의 회복을 명하는 채권자취소의 판결을 받은 경우, 그 취소의 상대적 효력에 따라 수익자 또는 전득자가 채권자에 대하여 사해행위의 취소로 인한 원상회복 의무를 부담하게 될 뿐, 채권자와 채무자 사이에서 그 취소로 인한 법률관계가 형성되는 것은 아니다.[138] 따라서 채무자와 수익자 사이의 소송절차에서 확정판결 등을 통해 마쳐진 소유권이전등기가 사해행위 취소로 인한 원상회복으로써 말소된다고 하더라도, 그것이 확정판결 등의 효력에 반하거나 모순되는 것이라고 할 수 없다(대법원 2017. 4. 7. 선고 2016다204783 판결).

다시 말하면, 채무자와 수익자 사이의 종전의 확정판결 등의 기판력은 그 판결의 당사자가 아니고 또한 자신의 채권에 의하여 독립적으로 취소권을 행사하는 채권자에게는 미치지 않기 때문이다. 다른 한편 채권자가 제기한 사해행위 취소 및 원상회복 청구는 수익자 또는 전득자만을 상대방으로 하고 채무자를 피고로 하지 않으므로, 그 판결이 확정되더라도 취소로 인하여 채무자와 수익자 사이의 법률관계는 물론 채무자와 채권자 사이의 법률관계에도 영향을 미치지 않기 때문이다.

138) 채권자취소의 상대적 효력에 관해서는 뒤의 제6장 제1절 제 2.에서 상세하게 검토한다.

제 16. 조세채권의 보전을 위한 사해행위 취소

1. 세법의 규정 내용과 성격

(1) 세법 규정

국세징수법 제25조는 '사해행위의 취소 및 원상회복'이라는 제목으로 '관할 세무서장은 강제징수를 할 때 납세자가 국세의 징수를 피하기 위하여 한 재산의 처분이나 그 밖에 재산권을 목적으로 한 법률행위(신탁법에 따른 사해신탁을 포함한다)에 대하여 민법 제406조, 제407조 및 신탁법 제8조를 준용하여 사해행위의 취소 및 원상회복을 법원에 청구할 수 있다'고 규정하고 있다.[139] 지방세징수법 제39조도 '사해행위의 취소 및 원상회복'이라는 제목으로 '지방자치단체의 장은 체납처분을 집행할 때 납세자가 지방세의 징수를 피하기 위하여 재산권을 목적으로 한 법률행위(신탁법에 따른 사해신탁을 포함한다)를 한 경우에는 민법 제406조, 제407조 및 신탁법 제8조를 준용하여 사해행위의 취소 및 원상회복을 법원에 청구할 수 있다'고 규정하고 있다.

한편, 국세기본법 제35조 제6항은 '세무서장은 납세자가 제3자와 짜고 거짓으로 재산에 저당권의 설정·계약 등을 함으로써 그 재산의 매각금액으로 국세를 징수하기가 곤란하다고 인정할 때에는 그 행위의 취소를 법원에 청구할 수 있다'고 규정하고, 지방세기본법 제71조 제4항도 동일한 내용으로 규정하고 있다.

위와 같이, 국세기본법 및 지방세기본법은 사해담보 설정행위 취소에 관하여 별도의 규정을 두고 그 설정행위 취소에는 허위표시에 의한 설정행위의 취소를 포함하는 체재를 취하고 있다. 그러나, 대법원판례가 통정 허위표시로서 무효인 법률행위도 사해행위 취소의 대상이 된다는 입장을 확립하고 있고, 국세징수법 및 지방세징수법이 담보권 설정행위를 포함하여 사해행위 전반에 관하여 그 취소 및 원상회복을 청구할 수 있도록 규정하고 있으므로, 국세기본법 및

139) 구 국세징수법(2020. 12. 29. 법률 제17758호로서 개정되기 전의 것) 제30조는 '세무공무원은 체납처분을 집행할 때 납세자가 국세의 징수를 피하기 위하여 재산권을 목적으로 한 법률행위(신탁법에 따른 사해신탁을 포함한다)를 한 경우에는 민법 제406조·제407조 및 신탁법 제8조를 준용하여 사해행위 취소 및 원상회복을 법원에 청구할 수 있다'고 규정하고 있었다.

지방세기본법의 위 규정은 독자적인 의미가 없다고 할 것이다.[140)]

따라서, 여기에서는 국세징수법 제25조 및 지방세징수법 제39조를 중심으로 검토하기로 한다.

(2) 민사소송으로서의 성격

국세징수법 제25조와 지방세징수법 제39조가 규정하는 사해행위취소 및 원상회복 청구(이하에서는 '세법상 사해행위취소'라고 약칭한다)의 소도 민법 제406조가 정하는 채권자취소의 소의 일종임이 명백하고 그 요건이나 행사에 관하여 민법의 규정을 준용하도록 하고 이와 달리 보아야 할 특별규정이 없으므로, 세법상 사해행위 취소에 있어서도 민법상 채권자취소권의 요건 및 행사 등에 관한 법리가 그대로 적용된다(대법원 2017. 10. 26. 선고 2015다254675 판결).

이와 같이, 세법상 사해행위취소에 관한 소송은 조세와 관련된 쟁송이지만 민법상의 채권자취소의 소의 일종이므로 그 소송절차에 대해서는 민사소송법이 적용된다.[141)]

다만, 세법상 사해행위취소의 피보전채권인 조세채권은 당사자 사이의 의사의 합치에 의해 성립하는 것이 아니고 과세권자에게 자력집행력이 인정되는 등의 특성을 가진다. 그리고, 소송의 당사자로서는 과세주체가 언제나 취소채권자의 지위에서 소송상 원고로 되고, 납세자가 조세채무자의 지위에 있게 되며 납세자의 법률행위의 상대방이 수익자로서 소송상 피고로 된다.

---

140) 국세기본법 및 지방세기본법의 규정 중에서 '그 재산의 매각대금에서 국세를 징수하기 곤란'이라는 문구는 결국 채권자취소권의 요건 중 하나인 '무자력'과 동일한 의미라고 할 것이다. 한편, 국세기본법 및 지방세기본법은 '납세자가 국세의 법정기일 전 1년 내에 특수관계인 중 대통령령으로 정하는 자와 저당권 설정계약 등을 한 경우에는 짜고 한 거짓계약으로 추정한다'고 규정하고 있지만, 채권자취소권의 경우에도 수익자 또는 전득자의 악의가 추정되므로, 위 규정부분은 납세자(조세채무자)의 악의도 추정된다는 의미에서 특별한 의미가 있다고 볼 수 있다.

141) 소순무 · 윤지현, 조세소송(2020년판) 제644면, 이러한 조세민사소송에 속하는 것으로서는 과세주체가 제기하는 세법상의 사해행위 취소소송 외에 조세채권의 우선권을 둘러싼 배당이의소송, 제3채무자를 상대로 한 압류채권지급청구소송, 원인무효 등의 압류등기말소를 구하는 압류등기말소소송 등이 있다(위 같은 책 제638면). 한편, 대법원판례는 행정소송법상의 당사자소송에 관해서 그 범위를 매우 좁게 인정하고 있는데, 조세와 관련해서 인정되는 당사자소송으로서는 부가가치세에서 확정된 환급세액의 지급청구(대법원 2013. 3. 21. 선고 2011다95564 전원합의체 판결), 과세주체가 소멸시효 중단을 위하여 납세의무자를 상대로 제기한 조세채권 확인의 소(대법원 2020. 3. 2. 선고 2017두41771 판결) 등의 예를 볼 수 있다.

위와 같은 특성이 사해행위취소의 요건 및 행사 등에 구체적으로 어떠한 영향을 미치는지에 관하여 아래에서 따로 상세하게 검토한다.

2. 취소의 요건에 관한 검토

(1) 피보전채권으로서의 조세채권의 성립[142)]

조세채무는 개별 세법이 정한 과세요건이 충족되면 당연히 성립하며, 과세관청의 부과처분이나 납세의무자의 신고 등의 행위가 필요 없을 뿐만 아니라 납세의무자가 과세요건 충족사실을 인식할 필요도 없다. 이 점에서 일반 행정법관계에서 행정처분에 의하여 비로소 국민의 권리의무가 발생하는 것과는 그 성질을 달리한다.

이와 같이 추상적으로 성립한 조세채무에 관하여 과세주체가 그 이행을 청구하고 납세의무자가 이를 납부하기 위해서는 조세채무의 내용을 구체적으로 확인하는 절차를 필요로 하는데, 이러한 확인절차를 조세채무의 확정이라고 하고, 그 확정의 방식으로는 신고납세방식, 부과과세방식, 자동확정방식 등이 있다.

조세채무의 성립시기에 관해서는 각 세목 별로 명문의 규정을 두고 있는데, 예컨대, 소득세・법인세・부가가치세 등과 같은 기간과세 세목에 있어서는 과세기간이 종료하는 때, 상속세는 상속이 개시되는 때, 증여세는 증여에 의하여 재산을 취득하는 때가 각 납세의무의 성립시기이다(국세기본법 제21조 제2항). 대법원 2020. 4. 29. 선고 2019다298451 판결은, '소득세법 제105조 제1항, 구국세기본법 제21조 제2항 제2호(현행법 제21조 제3항 제2호) 등의 규정체계와 내용을 종합하여 보면, 토지의 양도로 인한 양도소득세는 과세표준이 되는 금액이 발생한 달 즉 양도로 인하여 양도차익이 발생한 토지의 양도일이 속하는 달의 말일에 그 납부의무가 성립한다'고 판시하였다.[143)]

세법상 사해행위취소의 피보전채권으로서의 조세채권은 확정되지 않더라도

142) 조세채무의 성립과 확정에 관한 상세한 설명은 소순무・윤지현 조세소송(2020년판) 제61면 이하 참조.

143) 위 대법원 2019다298451 판결은 나아가, 위와 같은 양도소득세의 성립시기를 전제로 하여 납세의무자의 사해행위 당시 그 조세채무가 성립되어 있거나 성립될 고도의 개연성이 있었다면 그 조세채무도 납세의무자의 소극재산에 포함시켜 무자력 여부를 판단하여야 한다고 판시하였다.

성립함으로써 족하다. 구 국세징수법 제30조(법률 제17758호로서 개정되기 전의 것)가 '세무공무원이 체납처분을 집행할 때 …… 납세자가 법률행위를 한 경우에 …… 취소'라고 규정하고 있더라도 이를 조세채무자가 반드시 체납자의 지위에서 또는 체납절차가 개시된 후 법률행위를 한 경우에만 사해행위 취소권을 행사할 수 있다고 해석할 수는 없다(대법원 2008. 8. 11. 선고 2008다24487 판결).

따라서 예컨대, 법인세 납세의무는 그 과세기간이 종료함으로써 성립되는 것이므로 그 후 사해행위를 한 이상 아직 그 납기일이 도래하기 전에 한 행위라고 하더라도 그 사해행위에 대하여 이미 성립한 법인세 채권이 사해행위 취소의 피보전채권으로 될 수 있다.

(2) 고도의 성립 개연성 있는 장래 조세채권

조세채권은 사해행위 당시에 성립되어 있어야 하지만, 사해행위 당시에 이미 조세채권 성립의 기초가 되는 법률관계가 형성되어 있고 가까운 장래에 그 법률관계에 기하여 채권이 성립되리라는 고도의 개연성이 있으며 실제로 가까운 장래에 그 개연성이 현실화되어 조세채권이 성립된 경우에는, 그 조세채권도 사해행위취소의 피보전채권이 될 수 있다(대법원 2004. 7. 9. 선고 2004다12004 판결).

소득세 · 법인세 · 부가가치세 등 기간과세 조세의 경우에는 과세기간이 종료되지 않더라도 그 과세기간이 개시된 이상 조세채권 성립의 기초가 되는 법률관계는 형성되어 있고, 그 조세채권이 발생할 개연성이 높을뿐더러 과세기간이 종료되면 부과처분을 거쳐 곧바로 현실화된다고 볼 수 있으므로, 그 과세기간 도중에 사해행위가 행하여진 경우에는 사해행위 후에 성립한 조세채권이라고 하더라도 사해행위 취소의 피보전채권이 될 수 있다.

대법원 2004. 7. 9. 선고 2004다12004 판결은, 부가가치세 채권에 관하여, 사해행위일 이후에 납세의무가 성립되었으나 이미 그 과세기간이 개시되어 채권 성립의 기초가 되는 법률관계가 발생되어 있고, 가까운 장래에 그 법률관계에 기하여 조세채권이 성립되리라는 점에 관한 고도의 개연성이 있으며, 실제로 그 개연성이 현실로 되어 조세채권이 성립하였으므로, 사해행위 후에 성립한 부가가치세 채권도 사해행위취소의 피보전채권이 될 수 있다고 판시하였다.

대법원 2001. 3. 23. 선고 2000다37821 판결은, 소득세 채권에 관한 사안으로서 그 요지는, 사해행위 당시 아직 조세채권이 성립하지는 않았으나 사해행위 이전의 과세연도에 조세채무자가 실질적 대표자로 있는 회사에서 가공원가를 계상하였고, 과세관청이 사해행위 이후에 위 가공원가를 조세채무자에 대한 인정상여로 소득처분하여 종합소득세 부과처분을 한 경우이다. 위 대법원 판결은 위와 같은 경우, 위 조세채권은 가공원가를 계상한 시점에 이미 그 기초적 법률관계가 발생하였고, 가까운 장래에 채권이 성립할 고도의 개연성이 있었으며 실제 그 개연성이 현실화되어 채권이 성립하였으므로, 위 소득세 채권이 사해행위취소의 피보전채권이 될 수 있다고 판시하였다.

(3) 피보전채권인 조세채권의 성립에 관한 하자

앞서 본 바와 같이, 세법상 사해행위취소에 관한 소송은 조세와 관련된 쟁송이지만 민법상 채권자취소의 소의 일종으로서 민사소송절차에 의한다. 그런데, 그 피보전채권인 조세채권이 위법한 과세처분에 근거한 경우에 사해행위취소의 민사소송절차에서 그 처분의 위법을 이유로 효력을 부인하여 조세채권이 존재하지 않는다고 인정할 수 있는가.

대법원 1999. 8. 20. 선고 99다20179 판결은, '과세처분이 당연무효라고 볼 수 없는 한 과세처분에 취소할 수 있는 위법사유가 있다고 하더라도 그 과세처분은 행정행위의 공정력 또는 집행력에 의하여 그것이 적법하게 취소되기 전까지는 유효하다고 할 것이므로, 민사소송절차에서 그 과세처분의 효력을 부인할 수 없다. 부동산에 대한 실질적 소유자가 아닌 명의수탁자에 대하여 행해진 양도소득세 부과처분은 위법하지만 그 하자가 중대 명백하다고 볼 수 없고 단지 취소할 수 있음에 불과하다'고 판시하였다.

위 대법원 99다20179 판결의 원심은, 부동산 양도에 따른 양도소득세 납세의무자는 명의수탁자가 아닌 명의신탁자이므로, 명의수탁자에 대한 양도소득세 부과처분은 위법하고 그에 따라 사해행위취소를 구하는 피보전채권인 양도소득세 채권이 존재하지 아니한다고 하여 원고(국가)가 제기한 명의수탁자와 피고(수익자) 사이에 체결된 증여계약의 취소를 구하는 소송을 각하하였다. 그런데 위 대법원 판결은 앞서 본 바와 같이, 민사소송절차에서 단지 취소할 수 있음에 불과한 과세처분의 효력을 부인하여 양도소득세 채권이 존재하지 아니한다고 인정할 수 없다고 하여 원심을 파기한 것이다(위 대법원 판결은, 비록 양도소득세 부과처분의 취소를 구하는 행정소송의 제1심에서 명의수탁자의 승소판결이 선고되었다고 하더라도 상대방의 항소로 항소심에 계속 중이고 아직 확정된 것이 아니므로 그 과세처분의 효력을 달리 볼 것은 아니라고 판시하였다).

(4) 사해행위 해당 여부의 판단

세법상 사해행위취소의 소도 민법 제406조가 정하는 사해행위취소의 소의 일종임이 명백하고 그 요건이나 행사에 관하여 민법의 규정을 준용하도록 하고 있으므로, 납세자의 재산처분행위가 사해행위에 해당하려면 그 처분행위로 인하여 납세자가 채무초과상태에 이르거나 이미 채무초과상태에 있는 것을 심화시켜야 하고, 이는 처분행위 당시를 기준으로 판단하여야 한다(대법원 2017. 10. 26. 선고 2015다254675 판결). 따라서 예컨대, 납세자가 수익자에게 금전을 증여하였다고 하더라도 그 증여 당시 적극재산이 소극재산을 초과하는 상태에 있음으로써 증여로 인하여 채무초과상태에 빠졌다고 볼 수 없다면 그 증여행위는 조세채권을 해하는 사해행위에 해당하지 않는다.

채무자가 처분한 부동산에 관하여 그 시가를 상회하는 담보물권의 피담보채무액이 존재하는 경우에는 그 부동산의 처분은 그로 인해 일반채권자들이 불리하게 되었다고 볼 수 없기 때문에 사해행위에 해당하지 않는다(대법원 2008. 4. 10. 선고 2007다78234 판결). 이러한 법리는 납세자 소유의 부동산에 관하여 조세채권에 우선하는 근저당권으로 담보되는 채무액이 부동산의 시가를 초과하는 경우에도 원칙적으로 그대로 타당하다고 할 것이다.

그런데, 대법원 1996. 10. 11. 선고 95다3442 판결은, '피담보채무액이 부동산의 시가를 상회하더라도 그 피담보채무의 채무자가 체납자가 아닌 제3자의 경우에는 1차적인 변제의무가 있는 제3자의 변제 여부에 따라 장차 그 채무액이 변동 감소하는 것이어서 그 부동산에 대한 체납처분의 결과 종국적으로 국세의 만족을 받을 수 없다고 단정할 수 없다. 따라서, 그와 같은 경우에도 체납자가 체납처분에 의한 압류를 면하고자 고의로 그 재산을 양도하고 양수인 또한 그 정을 알면서 양수한 것이라면 세법상의 사해행위에 해당한다'는 취지로 판시하였다. 그러나, 위 대법원 판결의 구체적 사안은 부동산의 양도인 겸 체납자가 회사의 임원이고 부동산의 양수인 겸 피담보채무의 채무자가 당해 회사이며 매매대금도 양수인의 피담보채무를 공제함으로써 결과적으로 부당하게 염가로 책정되었다는 특수한 사정이 존재하는 경우이다. 따라서 위 대법원 판결에 관해서는 조세채권에 우선하는 피담보채무가 부동산의 시가를 초과하더라도 그 피담보채무의 채무자가 체납자 아닌 제3자인 경우에는 체납자의 부동산 처분이 사해행위에 해당하지 않는다는 일반적 법리를 판시한 것으로 이해할 수는 없다고 할 것이다.[144]

(5) 납세자 및 수익자의 선의 · 악의에 관한 판단

납세자(조세채무자)의 악의 즉 사해의사라고 함은, 납세자의 재산처분행위에 의하여 채권의 공동담보에 부족이 생기거나 이미 부족한 상태에 있는 공동담보가 한층 더 부족하게 됨으로써 채권자의 채권을 완전하게 만족시킬 수 없는 사실을 인식하는 것을 의미하고, 납세자(조세채무자)의 사해의사를 판단함에 있어서는 원칙적으로 사해행위 당시의 사정을 기준으로 하여야 한다(대법원 2003. 12. 12. 선고 2003다30616 판결). 국세징수법 제25조가 '납세자가 국세의 징수를 피하기 위하여'라고 규정하고 있으나, 납세자가 적극적으로 조세채권자를 해하는 것을 의욕한 경우는 물론 자기의 법률행위에 의하여 조세채권자를 해하는 결과가 되는 것을 인식하는 것으로 족하다.[145]

한편, 조세채무는 개별 세법이 정한 과세요건이 충족되면 당연히 성립하며, 과세관청의 부과처분이나 납세의무자의 신고 등의 행위가 필요 없을 뿐만 아니라 납세의무자가 과세요건 충족사실을 인식할 필요도 없다. 따라서 조세채무가 과세요건의 충족에 의해 성립함으로써 사해행위 취소의 피보전채권으로서의 적격을 가지고 또한 그 조세채무가 납세자의 소극재산으로 산입될 수 있다. 그러나 그렇다고 하더라도, 납세자가 사해행위 당시 그 조세채무의 성립 또는 장래 성립의 고도 개연성을 인식할 수 없는 객관적인 사정이 있었다면 납세자(조세채무자)의 사해의사를 인정하기는 어렵다. 또한 과실에 의해 납세자가 사해행위임을 인식하지 못한 경우에도 주관적 요건을 결여한다고 할 것이다.[146]

---

144) 그 밖에 세법상 사해행위취소의 소에 있어서 납세자의 구체적인 법률행위가 사해행위에 해당하는지 여부의 판단에 대해서는 '제3장 사해행위 성부에 관한 구체적 고찰 제1 내지 15'에서 설명한 내용과 동일하다.

145) 소순무 · 윤지현, 조세소송(2020년판) 제769면.

구체적인 사례에 관해서 본다.

대법원 2003. 12. 12. 선고 2003다30616 판결은, 명의수탁자에 대한 양도소득세 부과처분이 나중에 확정되고(명의수탁자에 대한 양도소득세 부과는 앞서 본 바와 같이 위법하지만 당연무효는 아니다), 그 명의수탁자가 부과처분 전에 자신의 부동산을 처에게 증여하여 무자력 상태로 된 사안에 관하여, 명의수탁자(양도소득세 납세자)가 사해행위(증여) 당시 양도소득세 납부의무를 부담한다는 사실을 알지 못한 경우에는 사해의사를 인정할 수 없다는 취지로 판시하였다.

대법원 2009. 5. 14. 선고 2008다84458 판결은, 사행성게임장 경영자가 사행성 게임기에 투입되는 용도로 교부한 상품권에 대해서는 그 가액을 부가가치세의 과세표준에서 공제하지 않겠다는 과세당국의 방침이 알려지고 또 수사기관에 의해 사행성 게임기를 압수당한 후, 부가가치세 부과처분이 있기 전에, 자신의 유일한 부동산을 형에게 매도한 사안에 관하여, 사행성게임장 경영자(부가가치세 납세자)가 사해행위(매매) 당시 상당한 금액의 부가가치세가 부과되리라는 사정을 알고 있었다고 보아 사해의사를 인정하였다.

세법상 사해행위취소소송에 있어서 수익자의 악의의 의미는 위에서 본 납세자(조세채무자)의 그것과 동일하다. 수익자의 선의 여부는 납세자(조세채무자)와 수익자의 관계, 납세자(조세채무자)와 수익자 사이의 처분행위의 내용과 그에 이르게 된 경위 또는 동기, 그 처분행위의 거래조건이 정상적이고 이를 의심할 만한 특별한 사정이 없으며 정상적인 거래관계임을 뒷받침할 만한 객관적인 자료가 있는지 여부, 그 처분행위 이후의 정황 등 여러 사정을 종합적으로 고려하여 합리적으로 판단하여야 한다(대법원 2016. 1. 28. 선고 2014다220132 판결).

세법상 사해행위취소소송에 있어서도 수익자의 악의가 추정된다고 할 것이나, 특히 부동산 매매에 있어서는 실수요자인 매수인의 신뢰를 보호하고 나아가 거래의 안전을 보호하기 위하여 개별 거래에서의 특수한 사정을 충분히 참작하여 수익자인 매수인의 선의를 가급적 너그럽게 인정하는 것이 구체적 타당성을 실현하는 합리적 방안이라고 생각한다.[147)]

---

146) 소순무 · 윤지현, 조세소송(2020년판) 제769, 770면.

147) 대법원 2016. 1. 28. 선고 2014다220132 판결은, 과세관청이 체납 국세채권을 피보전채권으로 하여 체납자의 부동산 지분에 관해서 압류하였다가 체납자 측에서 제출한 납부계획서를 검토하고 압류를 해제하자 체납자가 수익자에게 그 부동산 지분을 매도에 사안에 관해서, 수익자

3. 취소권의 행사(소송절차)에 관한 검토

(1) 당사자적격 및 소송수행자

(가) 원고적격

국세징수법 제25조는 '관할 세무서장은 …… 민법 제406조, 제407조를 준용하여 사해행위의 취소 및 원상회복을 법원에 청구할 수 있다'고 규정하고, 지방세징수법 제39조도 '지방자치단체의 장은 …… 민법 제406조, 제407조를 준용하여 사해행위의 취소 및 원상회복을 법원에 청구할 수 있다'고 규정하고 있다.

위와 같이 위 각 법률은 세법상 사해행위취소소송에 있어서 권리의무의 주체인 국가 또는 지방자치단체가 아니라 그 기관에 불과한 관할 세무서장 또는 지방자치단체의 장이 원고로 되어 소송을 제기하는 것처럼 읽을 수 있게 규정하고 있다. 그러나, 앞서 본 바와 같이 세법상 사해행위취소소송도 그 피보전채권을 조세채권으로 하는 이외에는 민법상의 채권자취소의 소의 일종으로서 그 소송절차에 관해서 민사소송법이 적용되므로 사법상 권리능력이 있는 국가 또는 지방자체단체만이 원고가 될 수 있다.[148] 결국, 위 각 법률에 규정된 관할 세무서장 등은 소송에 관한 업무를 실질적으로 처리하는 담당자를 의미하는 것으로 이해하여야 할 것이다.

(나) 피고적격

앞서 본 바와 같이, 세법상 사해행위취소권의 본질이 민법상 채권자취소권과 동일하여 민법상 채권자취소권의 요건 및 행사 등에 관한 법리가 그대로 적용되므로, 세법상 사해행위취소소송의 경우에도 수익자 또는 전득자를 상대로 제소하여야 하고 납세자(조세채무자)는 피고적격이 없어 납세자를 상대로 한 취소소송은 부적법하다.

가 국세채권에 기한 압류가 해제되었음을 확인한 다음 자신이 이미 일부 지분을 소유하고 있던 이 사건 부동산 지분을 추가로 취득하기 위하여 공인중개사의 중개 하에 종전에 지분을 취득하였을 때와 비슷한 가격으로 매매계약을 체결하고 그 대금을 정상적으로 지급한 이상 수익자(매수인)의 선의를 인정하는 것이 타당하다고 판시하였다. 그 밖에 일반적으로 채권자취소소송에 있어서 '수익자 선의 여부 판단의 실제 운용'에 관해서는 앞의 제2장 제5절 제 4.에서 상세하게 검토하였고 이는 세법상 사해행위취소소송에 있어서도 그대로 적용될 수 있다고 할 것이다.

148) 소순무 · 윤지현, 조세소송(2020년판) 제638, 647면.

민법상 채권자취소소송의 경우에는 채권자가 수익자를 상대로 사해행위취소소송을 제기하면서 채무자에 대한 집행권원을 취득하기 위하여 채무자를 상대로 본래의 피보전채권에 기한 급부이행소송을 병합할 수 있고, 이러한 경우에는 수익자와 채무자가 공동피고로 된다.

그러나, 조세채권의 경우에는 납세자가 임의로 이행하지 않는 경우 과세관청은 세법상 인정되는 자력집행권에 근거하여 그 조세채권을 실현하기 위하여 스스로 강제징수절차를 밟을 수 있다. 그러므로, 세법상 사해행위취소소송에 납세자(조세채무자)를 공동피고로 하여 이행소송을 병합하여 납세자를 상대로 소를 제기할 이익은 없다고 할 것이다.[149)]

(다) 소송수행자 및 대리인

국가가 세법상 사해행위취소소송의 원고로 되는 경우에는 '국가를 당사자로 하는 소송에 관한 법률'이 적용되므로, 법무부장관이 국가를 대표하고, 법무부장관은 검사, 공익법무관, 당해 행정청의 직원 등을 소송수행자로 지정하여 소송을 수행하게 할 수 있으며, 변호사를 소송대리인으로 선임하여 소송을 수행하게 할 수 있다(국가를 당사자로 하는 법률 제2조, 제3조).

지방자체단체가 세법상 사해행위취소소송의 원고로 되는 경우에는 위 법률이 적용되지 않으므로 소송수행자를 지정할 수 없고, 단독사건의 경우에 한하여 법원의 소송대리 허가를 받아 소속 직원에게 소송수행을 하게 할 수 있을 뿐, 합의사건인 경우에는 변호사를 선임하여 소송을 수행하여야 한다(민사소송법 제88조 제1,2항, 제87조).

(2) 제소기간

세법상 사해행위취소소송도 민법 제406조가 정하는 사해행위취소의 소의 일종임이 명백하고 그 행사에 있어서 민법 규정과 다른 특별한 규정도 없으므로 민법 제406조 제2항이 정한 바에 따라 과세주체가 취소원인을 안 날로부터 1년 법률행위 있은 날로부터 5년 내에 제기하여야 한다(대법원 1991. 11. 6. 선고 91다14079 판결).

---

149) 대법원 2020. 3. 2. 선고 2017두41771 판결 참조. 다만 과세주체가 확정된 조세채권의 소멸시효 중단을 위하여 납세의무자를 상대로 당사자소송으로서 조세채권존재확인의 소를 제기하는 것은 소의 이익이 인정된다.

여기에서 취소원인을 안다는 것은 단순히 납세자(조세채무자)의 법률행위가 있었다는 사실을 아는 것만으로는 부족하고, 구체적인 사해행위의 존재를 알고 납세자(조세채무자)에게 사해의사가 있었다는 사실까지 알아야 한다. 그리고 실제로 그와 같은 사실을 알았는지 여부는 특별한 사정이 없는 한 조세채권의 추심 및 보전 등의 업무를 담당하는 세무공무원의 인식을 기준으로 판단하여야 하고, 체납자의 재산처분에 관한 등기업무를 담당하는 다른 공무원의 인식시기를 기준으로 할 것은 아니다(대법원 2017. 6. 15. 선고 2015다247707 판결).

한편, 단기 제척기간의 기산일은 사해행위 취소의 피보전채권의 현실적 성립시점과 관계없이 취소권을 행사할 수 있는 과세주체가 취소원인을 안 날이라고 보아야 할 것이다.

대법원 2022. 5. 26. 선고 2021다288020 판결은, '위 법리를 전제로 국세징수법 제25조가 적용되는 추징금 납부의무자의 사해행위에 관하여, 피보전채권인 추징금채권이 피고인에 대한 형사판결이 확정됨으로써 비로소 현실적으로 성립하더라도, 위 판결 선고 후 확정 전에 국가가 이미 추징보전명령을 청구한 이상 그 때부터 취소원인을 안 날에 해당한다고 보아 취소권의 단기 제척기간이 진행된다고 보아야 할 것이지 추징금 채권이 현실적으로 성립될 때까지 제척기간이 진행하지 않는다고 볼 수 없다'고 판시하였다.

(3) 취소권을 행사하는 조세채권의 범위

가산금에 관한 국세징수법 규정이 존재하던 기간에 나온 대법원 2007. 6. 29. 선고 2006다66753 판결은, '국세징수법 제21조가 규정하는 가산금과 중가산금은 국세가 납부기한까지 납부되지 않은 경우 미납분에 관한 지연이자의 의미로 부과되는 것으로서 위 법률규정에 의하여 당연히 발생하고 그 액수도 확정되는 것이므로, 양도소득세 채권이 채권자취소권의 피보전채권으로 인정되는 이상 그 채권액에는 사해행위 이후 변론종결시까지 발생한 가산금과 중가산금도 포함된다'고 판시하였다.

그런데, 가산금에 관한 국세징수법 제21조는 2018. 12. 31. 법률 제16098호 개정법률에 의해 삭제되고, 그 대신 국세기본법 제47조의4로서 납부지연가산세 규정이 신설되었는데, 가산금의 명칭과 근거조항이 바뀌었을 뿐 그 실체적 내용

이 별달리 변경되지는 않았다고 평가할 수 있다.[150)]

4. 취소의 효과에 관한 검토

세법상 사해행위취소의 효력에 관해서도 민법상 채권자취소권의 효력에 관한 법리가 그대로 적용된다고 할 것인데, 아래에서 조세채권의 특성에 따른 몇 가지 문제점에 관해서 검토한다.

(1) 조세징수권 소멸시효의 정지

관할 세무서장이 국세징수법 제25조에 따른 사해행위취소소송을 제기하여 그 소송이 진행 중인 기간 동안에는 국세징수권의 소멸시효가 진행하지 아니한다. 다만, 그 취소소송이 각하·기각 또는 취하된 경우에는 시효정지의 효력이 없다.(국세기본법 제28조 제3항 제5호, 제4항) 지방세의 경우에도 동일하다(지방세기본법 제40조 제3항 제5호, 제4항).

(2) 원상회복 후 재산세, 상속세 등의 부담자

대법원 2000. 12. 8. 선고 98두11458 판결은, '채권자취소권의 행사로 인한 사해행위취소와 원상회복은 채권자와 수익자 또는 전득자에 대한 관계에 있어서만 그 효력이 발생할 뿐이고 채무자가 직접 권리를 취득하는 것이 아니므로, 채권자가 수익자와 전득자를 상대로 사해행위취소와 일탈재산의 원상회복을 구하는 판결을 받아 그 등기명의를 원상회복시켰다고 하더라도, 재산세 납세의무자인 사실상의 소유자는 수익자라고 할 것이다'라고 판시하였다.

대법원 2012. 8. 23. 선고 2012두8151 판결은, '주식의 명의신탁에 대하여 상속세 및 증여세법 제45조의2 제1항 본문의 명의신탁재산의 증여의제규정에 따라 증여세 부과처분이 이루어진 후, 사해행위취소 판결로 명의신탁이 취소되고 실제 소유자 앞으로 명의가 회복되었다고 하더라도, 사해행위취소판결에는 소급효가 없으므로 그 때까지 유지된 명의신탁에 대하여 위 증여의제규정의 적용이 배제된다고 볼 수 없다. 또한 위와 같이 명의신탁이 취소되었다는 사유가

150) 소순무·윤지현, 조세소송(2020년판) 제71면.

국세기본법 제45조의2 제2항이 정한 후발적 경정청구사유에 해당한다고 볼 수 없다'고 판시하였다.

대법원 2020. 11. 26. 선고 2014두46485 판결은, '채권자취소권의 행사로 사해행위가 취소되고 일탈재산이 원상회복 되더라도 채무자가 직접 일탈재산의 권리를 취득하는 것이 아니고 사해행위 취소의 효력이 소급하여 채무자의 책임재산으로 회복되는 것도 아니다. 따라서 재산을 증여받은 수증자가 사망하여 증여받은 재산을 상속재산으로 한 상속개시가 이루어졌다면, 이후 사해행위취소판결에 의하여 그 증여계약이 취소되고 상속재산이 증여자의 책임재산으로 원상회복되었다고 하더라도, 수증자의 상속인은 국세기본법 제45조의2 제2항이 정한 후발적 경정청구를 통하여 상속재산에 대한 상속세 납부의무를 면할 수 없다'고 판시하였다.

(3) 원상회복된 주식의 매각과 증권거래세 납세의무자

대법원 2020. 10. 29. 선고 2017두52979 판결은, '사해행위취소 판결로 주식의 증여계약이 취소되고 채무자 명의로 원상회복된 주식이 강제경매절차에서 매각되어 매각대금이 모두 채권자에게 배당되었다면, 증권거래세 납세의무를 부담하는 증권거래세법 제3조 3호 소정의 주식의 양도자[151]는 수익자가 아닌 채무자로 보아야 한다'고 판시하였다.

사해행위취소에 의해 채권자의 강제집행을 위하여 채무자 명의 책임재산으로 회복되는 것일 뿐 채무자가 그 재산에 대한 권리를 직접 취득하는 것은 아님에도, 주식에 관한 사해행위가 취소되고 원상회복되어 강제경매절차에서 매각된 경우에 증권거래세의 납세의무자는 수익자가 아닌 채무자로 보아야 하는 이유는 무엇인가.

위 대법원판결은 그 이유에 관하여, 증권거래세는 주권의 유상양도라는 사실 자체를 과세대상으로 하는 행위세이고 주권이 증권시장 밖에서 증권회사를 통하지 않고 양도되는 경우 주권의 양도자가 납세의무자가 되는 점, 사해행위취

151) 증권거래세법은 주권의 양도를 증권거래세의 과세대상으로 정하고(제1조, 제2조 본문), '양도'는 계약상 또는 법률상의 원인에 의하여 유상으로 소유권이 이전되는 것을 말하며(제1조의2 제3항), 그 납세의무자는 한국예탁결제원 등이 주권의 양도자로부터 증권거래세를 징수하여 납부하거나, 주식의 양도자가 직접 납부하도록(제3조, 제9조) 규정하고 있다.

소에 따라 채무자 소유명의로 원상회복된 주식이 강제경매절차에서 매각되는 경우 주권의 양도행위 자체에서 드러나는 주권의 양도자는 소유명의자인 채무자인 점, 그 매각대금이 채무자의 채무 변제에 충당되어 채무 소멸의 효력이 발생하였다는 점 등을 들고 있다.

(4) 조세채권자의 공탁금출급에 관한 우선적 지위 여부

가액배상판결을 받은 수인의 채권자 중의 1인인 조세채권자가 우선징수권을 가진다는 이유로 수익자에 대하여 가액배상금의 전부 또는 일부를 다른 채권자에 앞서 자신에게 지급하여야 한다고 주장함으로써 수익자가 불확지 변제공탁을 한 경우에 관해서 본다.

그 조세채권자가 위 공탁금이 우선적으로 자신에게 귀속한다고 주장하면서 다른 피공탁자를 상대로 같은 취지의 공탁금출급확인의 소를 제기한 경우에 조세채권자의 위 주장은 타당한 것인가.

위 문제와 관련하여, 대법원 2006. 8. 25. 선고 2005다67476 판결의 사안 요지 및 판시 내용을 분석 · 검토한다.

사안 요지는, 조세채권자와 구상금채권자가 동일한 수익자를 상대로 각각 채권자취소소송을 제기하였는데 변론이 병합되어 진행된 결과, 사해행위 취소에 따른 가액배상으로서 '피고 수익자는 원고들(조세채권자와 구상금채권자)에게 220,428,536원 및 이에 대한 지연손해금을 지급하라'는 판결이 선고되고 확정되자, 수익자는 조세채권자 및 구상금채권자를 피공탁자로 하여 위 판결의 원리금 221,435,038원을 변제공탁하였고, 이에 조세채권자가 조세채권이 구상금채권보다 우선한다고 주장하면서 구상금채권자를 상대로 위 공탁금 전액에 관하여 출급청구권의 확인을 구한 것이다.

이러한 사안에 관해서, 위 대법원판결은, '수익자가 확정판결에 따라 조세채권자와 구상금채권자를 피공탁자로 하여 가액배상금을 변제공탁한 이상, 조세채권자와 구상금채권자는 각자 위 공탁금의 1/2지분에 해당하는 공탁금을 출급청구할 수 있을 뿐이고, 각자의 지분을 초과하는 부분에 대해서는 피공탁자로 지정되어 있는 것이 아니므로 그 초과지분에 대해서 상대방 피공탁자를 상대로 공탁금출급청구권의 확인을 구할 수 없다'고 판시하였다.

또한, 위 대법원판결은, 변제공탁의 공탁물출급청구권자는 피공탁자 또는 그 승계인이고 피공탁자는 공탁서의 기재에 의하여 형식적으로 결정된다는 법리를 전제로 하여, 공탁금출급의 확인 소송절차에서는 공탁서의 형식적인 기재에 따를 수밖에 없고, 피공탁자들 내부의 실질적인 지분비율이 그 공탁서상의 지분비율과 다르다고 하더라도 이는 피공탁자 내부 간에 별도로 해결해야 할 문제라고 판단하였다.[152]

152) 한편, 위 대법원판결의 원심판결(대전고법 2005. 10. 13. 선고 2005나1825 판결)은, '국세징수법상의 사해행위 취소제도는 민법상의 그것과 마찬가지로 채무자의 사해행위에 의하여 감소된 책임재산을 회복하는 것을 목적으로 하는 것이지 그 자체가 조세채권의 강제집행절차라고 할 수 없고, 또한 국세징수법에 기하여 사해행위 취소에 따른 가액배상 판결이 내려지고 그 판결금이 공탁되었다고 하더라도 그 금원은 민법 제407조에 의하여 채무자의 모든 채권자를 위한 공동담보가 될 뿐 조세채권자에게만 모두 귀속된다고 할 수 없으므로'라는 등의 이유로 조세채권자의 우선적 공탁금출급청구권에 관한 주장을 배척하였다.

제 17. 이혼에 의한 재산분할청구권의 보전을 위한 사해행위 취소

1. 민법 제839조의3 규정

(1) 신설규정의 입법취지

민법이 2007. 12. 21. 법률 제8720호로 개정되어 제839조의3이 신설되었는데, 그 제1항에서 '부부의 일방이 다른 일방의 재산분할청구권 행사를 해함을 알면서도 재산권을 목적으로 하는 법률행위를 한 때에는 다른 일방은 민법 제406조 제1항을 준용하여 그 취소 및 원상회복을 가정법원에 청구할 수 있다'고 규정하고, 제2항에서 '제1항의 소는 제406조 제2항의 기간 내에 제기하여야 한다'고 규정하고 있다. 이와 더불어 가사소송법이 2007. 12. 21. 법률 제8715호로 개정되어 위 사건은 다류 가사소송사건에 해당하게 되었다.

협의상 이혼에 관하여 위 규정이 신설될 당시에 입법상의 실수로 재판상 이혼에 위 규정을 준용하는 것을 누락하였다가 2012. 2. 10. 민법 개정으로 민법 제843조에서 위 규정을 재판상 이혼에도 준용하도록 명시하였다.

혼인취소의 경우 그 효력이 과거에 소급하지 않는다는 점(민법 제824조)에서 이혼과 실질적으로 다를 바 없으므로 이 경우에도 재산분할을 청구할 수 있고,[153] 사실혼 당사자도 사실혼 해소로 인한 재산분할을 청구할 수 있다.[154] 따라서, 이혼뿐만 아니라 혼인취소, 사실혼 해소에 의한 재산분할청구권을 보전하기 위한 채권자취소권의 행사도 가능하다고 할 것이지만, 여기에서는 이혼에 의한 재산분할청구권을 중심으로 고찰하기로 한다.

이혼에 의한 재산분할청구권은 이혼이 성립한 때에 법적 효과로서 비로소 발생하는 것일 뿐만 아니라 협의 또는 심판에 따라 구체적인 내용이 형성되는 것이므로(민법 제839조의2 제1항, 제2항, 민법 제843조), 그 전에 범위 및 내용이 불

153) 사법연수원, 법원실무제요 가사 [Ⅱ] (2022년판) 제1106면.
154) 대법원 1995. 3. 28. 선고 94므1584 판결.

명확 불확정한 상태에서 이를 피보전권리로 하는 채권자취소권이 인정될 수 있는지에 관하여 의문이 있었다.155)

대법원 1999. 4. 9. 선고 98다58016 판결은, 채권자대위권의 행사와 관련하여, '재산분할청구권은 협의 또는 심판에 의하여 그 구체적 내용이 형성되기까지는 그 범위 및 내용이 불확정하여 구체적으로 권리가 발생하였다고 할 수 없으므로 이를 보전하기 위하여 채권자대위권을 행사할 수 없다'고 판시하였다.156)

그런데, 위 신설규정은 단지 '재산분할청구권 행사를 해함을 알면서도'라고 규정하고 재산분할심판청구 또는 이혼소송의 제기를 취소권 행사의 선행요건으로 규정하고 있지 않으므로, 위 규정에 의해 배우자 일방은 재산분할에 관한 협의 또는 심판이나 이혼소송 제기 전이라도 재산분할청구권을 보전하기 위한 채권자취소권을 행사할 수 있게 되었다.157)

(2) 피보전권리로서의 재산분할청구권의 성격과 문제점의 정리

민법 제839조의2 제1항(민법 제843조)에 의한 재산분할청구권은 이혼을 한 당사자 일방이 다른 일방에 대하여 재산분할을 청구할 수 있는 권리로서, 이혼이 성립한 때에 법적 효과로서 비로소 발생하는 것일 뿐만 아니라 협의 또는 심판에 따라 구체적인 내용이 형성되기 전까지는 범위 및 내용이 불명확 불확정하기 때문에 구체적으로 권리가 발생하였다고 볼 수 없다(대법원 2013. 10. 11. 선고 2013다7936 판결, 2017. 9. 21. 선고 2015다61286 판결 등).158)

---

155) 위 규정이 신설되기 전에는 이혼이 성립되기 전의 재산분할청구권은 장래 채권으로서의 피보전채권적격이 인정되는 경우에 민사사건으로서 지방법원의 관할에 속하였다.

156) 대법원판례는 재산분할청구권의 위와 같은 성질에 의해, 재산분할청구권을 혼인이 해소되기 전에 미리 포기하지 못하고(대법원 2016. 1. 25.자 2015스451 결정), 이혼이 성립하기 전에 재산분할청구권을 양도하지 못하며(대법원 2017. 9. 21. 선고 2015다61286 판결), 협의 또는 심판에 의하여 구체화되지 않은 재산분할청구권은 채무자의 책임재산에 해당하지 아니하므로 이를 포기하는 행위는 채권자취소권의 대상이 아니라고(대법원 2013. 10. 11. 선고 2013다7936 판결) 판시하였다.

157) 사법연수원, 법원실무제요 가사 [I] (2022년판) 제610면, 제793면.

158) 재산분할청구권의 성질에 관해서는, 당사자의 협의 또는 심판이 창설적인 것으로서 그것에 의하여 당사자의 권리의무가 비로소 형성된다는 견해, 분배할 실질적인 공동재산이 있거나 부양의 필요가 있으면 재산분할청구권이 당연히 발생하고 협의 또는 심판은 이를 확인하는 것이라는 견해, 혼인관계 해소에 따라 추상적인 재산분할청구권은 당연히 발생하지만 협의 또는 심판에 따라 구체적인 권리의무의 내용이 확정된다는 견해 등이 있다. 사법연수원, 법원실무제요 가사 [II] (2022년판) 제1107면.

따라서, 재산분할은 이혼이 성립된 후에 청구하는 것이 원칙이고 혼인관계가 해소되지 않은 상태에서 재산분할을 먼저 청구할 수 없으며, 다만, 재판상 이혼 청구가 인용될 것을 전제로 하여 미리 재산분할을 청구할 수는 있다.[159]

위와 같이 민법 제839조의2 제1항(민법 제843조)에서 규정하는 본래의 재산분할청구권이 이혼이 성립한 때에 법적 효과로서 비로소 발생하고 협의 또는 심판에 의하여 구체적으로 발생하는 권리로서의 성격을 가진다면, 신설된 민법 제839조의3 제1항에 의하여 이혼이 성립하기 전이라도 재산분할청구권을 보전하기 위하여 채권자취소권을 행사하는 경우의 그 재산분할청구권의 성질은 무엇인지 문제될 수 있다.

이혼이 성립하고 재산분할에 관한 협의 또는 심판이 확정된 후에 구체적으로 발생한 재산분할청구권을 보전하기 위하여 민법 제839조의3 제1항에 의하여 채권자취소권을 행사할 수 있음은 물론이다. 그러나, 소송실무상 재산분할청구권 보전을 위한 채권자 취소사건은 이혼 소송 제기 전에 또는 이혼 소송과 병합하여 제기되는 것이 통상적이라고 볼 수 있다.

따라서, 소송실무상으로는 개념상의 혼란을 피하기 위하여, 이혼 성립시를 기준으로 하여 그 후에 발생하는 민법 제839조의2 제1항의 재산분할청구권과 그 전에 발생하는 민법 제839조의3 제1항의 재산분할청구권은 이혼을 전제로 하는 점에서는 동일하지만, 그 권리의 성립과 내용이 서로 다른 권리로서 일응 구별하는 것이 유용하다고 생각한다.

여기에서는 재산분할에 관한 채권자취소사건에 있어서 통상적으로 그 피보전권리로 등장하는 이혼 성립 전의 재산분할청구권을 '추상적 재산분할청구권'이라고 지칭하고 이를 중심으로 논의를 진행한다.[160]

---

159) 사법연수원, 법원실무제요 가사 [Ⅱ] (2022년판) 제1107면.

160) 별도로 추상적 재산분할청구권이라는 개념 또는 용어를 사용하지 않고 원래의 구체적 재산분할청구권을 전제로 하여, 장래의 재산분할청구권이 사해행위 취소의 피보전권리가 될 수 있는 법리가 민법 제839조의3 제1항의 경우에도 적용되는지를 중심으로 논의를 진행할 수 있다. 즉, 사해행위 당시에 채권 성립의 기초가 되는 법률관계가 발생되어 있고, 가까운 장래에 그 법률관계에 기하여 채권이 성립되리라는 점에 대한 고도의 개연성이 있으며, 실제로 가까운 장래에 그 개연성이 현실화되어 채권이 성립하여야 한다는 요건을 민법 제839조의3 제1항의 경우에 어느 범위에서 충족하여야 하는지에 관하여 논의를 진행할 수 있을 것이다.

재판 실무상으로는 재산처분행위 시에 혼인관계가 파탄되어 있어 가까운 장래에 이혼 및 재산분할절차가 개시되거나 재산분할청구권이 성립되리라는 점에 대한 고도의 개연성이 있을 것을 추상적 재산분할청구권은 그 범위와 내용이 불명확한 상태에 있다고 하더라도 민법 제839조의3의 신설규정에 의하여 채권자취소권의 피보전권리가 될 수 있고,[161] 다만 사해행위 당시에 발생되어 있어야 하는데, 그 권리의 범위와 내용이 불명확하다는 데에서 다음과 같은 문제점이 생긴다.

첫째, 정상적인 혼인생활에서부터 이혼의 성립에 이르는 과정에서 이루어진 재산처분행위를 둘러싸고 어느 시점을 피보전권리 즉 추상적 재산분할청구권의 발생시점으로 볼 것인지.

둘째, 사해행위 취소사건의 사실심 변론종결시까지는 피보전권리가 구체적으로 현실화되어 성립되어야 하는지.

셋째, 재산분할의 방법으로서는 금전지급에 의한 분할뿐만 아니라 현물분할도 가능하므로, 현물분할로서 특정물의 분할을 청구할 수 있는 권리를 보전하기 위하여 사해행위 취소를 인정할 수 있는지.

넷째, 재산분할의무자의 무자력 판단을 어떻게 할 것인지.

위와 같이, 추상적 재산분할청구권을 피보전권리로 하는 채권자취소는 그 요건뿐만 아니라 그 밖에 취소권의 행사 및 효과에 관해서도 여러 법적 문제점이 지적되고 있는바, 여기서는 소송실무적 관점에서 문제점 및 해결방안을 검토 정리한다.

2. 취소의 요건에 관한 검토

(1) 피보전권리로서의 추상적 재산분할청구권의 발생시기

정상적인 혼인생활에서부터 이혼의 성립에 이르는 과정에서 이루어진 재산처분행위를 둘러싸고 어느 시점을 피보전권리 즉 추상적 재산분할청구권의 발생시점으로 볼 것인가. 이는 부부 별산제를 취하고 있는 현행 법제 하에서 혼인기간 중 유효하게 이루어진 재산처분행위를 취소하는 경우 거래의 안전을 해할

요건으로 보는 경우가 많다{사법연수원, 법원실무제요 가사 [Ⅰ] (2022년판) 제613면}.

161) 대법원판례는 조건부채권이라고 하더라도 장래 정지조건의 성취가 어려울 것으로 보이는 특별한 사정이 없는 한 채권자취소권의 피보전채권이 될 수 있고(대법원 2011. 12. 8. 선고 2011다55542 판결), 피보전채권이 사해행위 이전에 성립되어 있는 이상 그 액수나 범위가 구체적으로 확정되지 않은 경우라도 채권자취소권의 피보전채권이 될 수 있다(대법원 2018. 6. 28. 선고 2016다1045 판결)고 판시하였다.

수 있으므로, 그 피보전권리 발생의 시간적 범위에 관하여 어느 정도의 폭을 인정하는 것이 합리적인가의 문제라고 할 수 있다. 피보전권리 즉 추상적 재산분할청구권의 발생시점을 앞당길수록 거래 상대방의 보호 즉 거래안전의 보호가 소홀해진다고 볼 수 있기 때문이다.

피보전권리로서의 추상적 재산분할청구권의 발생시기에 관해서는 대체로, 부부 일방이 실제로 이혼을 준비한 때라고 보는 견해와 혼인관계가 객관적으로 회복할 수 없을 정도로 파탄된 때라고 보는 견해가 있다.[162)]

아직 부부관계가 회복할 수 없을 정도로 객관적으로 파탄되지는 않았지만 부부 사이의 갈등이 심화되면서 부부 일방이 이혼 가능성을 염두에 두고 미리 재산을 처분한 경우에도 상대방 배우자를 보호할 필요성이 있으므로, 부부의 일방이 실제로 이혼을 준비한 때에 추상적 재산분할청구권이 발생한다고 보는 것이 타당하다. 이와 같은 이혼의 준비라는 주관적 요소가 포함된 파탄상태에서 추상적 재산분할청구권이 발생한다고 보더라도, 그러한 주관적 사정에 대해서는 거래 상대방의 악의가 추정된다고 보기 어렵기 때문에 거래 안전을 특별히 더 해한다고 볼 수 없다. 부부관계가 회복할 수 없을 정도로 객관적으로 파탄되기 전의 실제 이혼준비시점으로까지 추상적 재산분할청구권의 발생시점을 앞당기면, 일방 배우자의 주관적 혼인 파탄상태에서 특별한 인적관계에 있는 제3자와 통모한 사해행위에 대해서도 상대방 배우자에게 그 취소를 구할 수 있는 피보전권리를 인정할 수 있게 됨으로써 상대방 배우자를 보호할 수 있을 것이다.

(2) 특정물채권이 피보전권리로 되는지 여부

대법원판례는 민법 제406조 채권자취소권의 피보전채권에 관하여, 채권자취소권은 모든 채권자를 위하여 채무자의 책임재산을 보전하는 권리로서 특정물채권을 보전하기 위하여 행사하는 것은 허용되지 않는다는 입장이다(대법원 1995. 2. 10. 선고 94다2534 판결).

그런데, 이혼에 의한 재산분할의 방법으로서는 금전지급에 의한 분할뿐만

162) 주석민법(제6판) 친족 1. 제502, 503면(송인우 집필부분) 참조. 그 외 사해행위 시점에 대해서는 제한을 둘 필요가 없고 부부의 일방이 자신의 법률행위로 인하여 상대방 배우자의 재산분할청구권 행사를 해할 수 있다는 점을 알았는지 여부 즉 사해의사가 인정되는지 여부만 문제될 뿐이라는 견해도 있다.

아니라 현물분할도 가능하므로, 현물분할로서 특정물의 분할을 청구할 수 있는 권리를 보전하기 위하여 사해행위 취소를 인정할 수 있는지에 관하여 견해의 대립이 있다.

이를 긍정하는 경우, 재산분할의무자가 재산분할이 이루어지기 전에 특정재산을 처분하더라도 이미 처분된 재산 자체를 현물분할의 대상으로 삼을 수 있지만, 반면에 이는 결국 채권자와 채무자의 관계에서도 사해행위 취소의 효력을 인정하는 것으로 되어 사해행위 취소의 상대적 효력에 어긋나는 이론적 난점이 있다.

이를 부정하는 경우, 재산분할청구권의 행사에 의해 사해행위의 목적물 자체를 현물분할 하여야 필요성이 있는 때(예컨대, 취소채권자가 자녀를 양육하며 거주하고 있고 그 거주의 계속을 보호할 필요가 있는 부동산, 이혼 후의 생활을 위하여 취소채권자가 보유하도록 할 필요가 있는 부동산 등)에도 이를 불허하여야 하는 불합리가 있다.[163]

민법 제839조의3에 의한 사해행위취소의 경우에는 특정물채권도 피보전권리에 포함될 수 있다고 보는 것이 타당하다.

그 이유는, 민법 제406조의 채권자취소권은 모든 채권자들의 공동담보인 채무자의 책임재산을 보전하기 위한 것이지만, 민법 제839조의3에 의한 사해행위 취소는 재산분할청구권만을 보전하기 위한 것이고, 재산분할청구권은 일반채권과 달리 채권자가 상대방 배우자 1인뿐인 점. 재산분할청구권은 가정법원이 후견적 입장에서 재량으로 분할방법을 정하게 되므로 심판이 확정되기 전에는 재산분할 내용을 확정할 수 없는 점. 일반채권은 채무를 불이행하더라도 채무자의 책임재산에 대한 강제집행에 의하여 만족을 얻을 수 있지만, 재산분할청구권의 경우에는 사해행위 목적물 자체를 현물분할 하여야 할 필요성이 있는 때가 있는 점 등을 들 수 있다.[164]

다만, 특정물채권을 사해행위취소의 피보전권리로 인정한다고 하더라도 재산

---

163) 재산의 처분행위가 매매나 증여와 같은 종국적 이전적 행위인 경우에는 특정물채권을 피보전권리로 하는 사해행위 취소를 인정하기 어려우나, 제3자 앞으로 근저당권을 설정해 주는 행위와 같이 중간적 설정적인 경우에는 특정물채권을 피보전권리로 하는 사해행위취소도 가능하다는 견해도 있다{주석민법(제6판) 친족 1. 제506면(송인우 집필부분)}. 이 견해는 광의의 부정설에 포함될 수 있을 것이다.

164) 주석민법(제6판) 친족 1. 제507면(송인우 집필부분).

분할의무자의 무자력 요건을 충족하여야 할 것이고, 수익자가 처분행위 당시에 당해 재산이 현물분할 되어야만 하는 특별한 사정을 알지 못하여 선의였다고 인정되는 경우가 많을 것이다.

(3) 변론종결시 피보전권리의 현실화 여부

민법 제839조의3에 의한 사해행위취소의 피보전권리를 독자적인 추상적 재산분할청구권으로 파악하는 이상, 사해행위 취소소송의 변론종결 시까지 재산분할에 관한 협의 또는 심판의 확정이 이루어져 구체적 재산분할청구권이 실제로 발생할 것을 요하지는 않는다고 할 것이다. 즉 이혼 및 재산분할을 명하는 판결이 없더라도 민법 제839조의3에 의한 취소소송에서 피보전권리의 존재와 범위를 심리하여 사해행위 취소를 명하는데 법리적인 장애는 없다고 할 수 있다.

그러나, 재산분할은 이혼을 전제로 하는 것으로서, 취소채권자와 수익자 사이의 사해행위 취소판결 확정 후에 배우자 쌍방이 이혼하지 않거나 배우자 사이의 재산분할심판절차에서 재산분할의무자가 재산분할에 관한 새로운 사정을 주장 입증하는 경우에는, 먼저 성립한 사해행위 취소판결의 법적 안정성이 저해된다.

따라서, 소송실무상으로는 이혼 소송 제기 전에 재산분할청구권 보전을 위한 사해행위 취소청구가 있는 경우, 법원으로서는 이혼 및 재산분할사건의 재판이 병행되어야 한다고 판단되면 당사자에게 추가로 소를 제기할 것을 권유하고, 사해행위 취소소송의 변론종결 시에는 이혼 및 재산분할청구에 관한 심리도 함께 종결하여 판결을 동시에 선고하는 것이 바람직하다고 할 것이다.

(4) 무자력 판단

민법 제839조의3에 의한 사해행위취소에 있어서도 분할의무자의 무자력은 사해행위 당시는 물론 취소소송의 변론종결 시에도 요구된다. 분할의무자의 무자력은 재산처분행위 후에 분할의무자에게 남은 재산의 가액이 재산분할가액(분할권리자에게 분할하여야 할 재산의 가액)에 미치지 못하는 경우라고 할 수 있다.[165]

165) 주석민법(제6판) 친족 1. 제508면(송인우 집필부분).

재산분할가액은 재산분할 기준시에 존재하는 부부 쌍방의 협력으로 이룩한 적극재산에서 청산 대상 소극재산을 공제하여 분할 대상이 되는 순재산 총액을 계산하고, 여기에 당사자 쌍방의 일체의 사정을 참작하여 정한 재산분할비율을 곱하여 분할권리자에게 귀속되어야 할 재산의 액수를 정한 다음, 그 액수에서 분할권리자가 보유하고 있는 분할대상재산의 가액을 공제하여 산출한다.

예컨대, 재산처분행위 당시 부부 쌍방의 협력으로 이룩한 순재산으로서 시가 3억 원인 A부동산과 시가 6억 원인 B부동산, 예금 6,000만 원이 있는데, 각 부동산의 명의자는 분할의무자이고, 예금은 분할권리자 명의이며, 분할권리자의 재산분할비율은 50%인 사례에 관해서 본다.

위 사례에서, 분할대상 순재산의 총액은 9억 6,000만 원이고, 분할권리자에게 귀속되어야 할 몫은 그 50%인 4억 8,000만 원이며, 여기에서 분할권리자가 이미 보유하고 있는 예금 6,000만 원을 공제한 4억 2,000만 원이 분할의무자가 분할권리자에게 분할하여 주어야 할 재산의 가액이 된다.

따라서, 분할의무자가 시가 3억 원인 A부동산을 제3자에게 증여한 경우에는 재산처분행위 후에 분할의무자에게 남은 재산의 가액이 6억 원(시가 6억 원인 B부동산)으로서 위 4억 2,000만 원을 초과하여 무자력이 인정되지 않으므로, 분할의무자가 A부동산을 제3자에게 증여한 행위는 사해행위에 해당하지 않는다. 그러나, 분할의무자가 시가 6억 원인 B부동산을 제3자에게 증여한 경우에는 남은 재산의 가액이 3억원(시가 3억 원인 A부동산)으로서 위 4억 2,000만 원에 미달하여 무자력이 인정되므로, 분할의무자가 B부동산을 제3자에게 증여한 행위는 사해행위에 해당한다.

한편, 분할의무자가 시가 3억 원인 A부동산을 제3자에게 증여한 경우에 분할권리자가 위 부동산에서 자녀와 함께 계속 거주할 필요가 있다는 이유로 이를 자신에게 현물분할하여야 한다고 주장하여 위 증여의 취소를 구할 수 있는지가 문제될 수 있는데, 이른바 특정물채권을 피보전권리로 하는 사해행위 취소의 경우에도 무자력을 요한다고 볼 것이므로, 사해행위로서 취소를 구할 수 없다고 할 것이다.

다만, 재산분할의무자가 자신의 명의로 된 유일한 공동재산을 처분한 경우에는 무자력 상태를 초래한 것이 명백하다고 판단할 수 있을 것이다.

(5) 취소의 주관적 요건

민법 제839조의3에 의한 사해행위취소에 있어서도 제406조 제1항과 마찬가지로 주관적 요건으로서 재산분할의무자의 사해의사 및 수익자 또는 전득자의 악의가 있어야 하는데, 그 의미는 제406조의 그것과 같다.

재산분할의무자의 사해의사는 상대방 배우자의 재산분할청구권을 해하려는 의도나 의욕을 의미하는 것이 아니라 재산분할의무자의 남은 재산이 감소되어 재산분할권리자가 받아야 할 재산분할을 어렵게 될 위험이 생긴다는 사실을 인식하는 것을 의미한다.

민법 제406조의 경우와 같이 사해의사의 판단 기준시는 사해행위 당시이고, 그 입증책임은 재산분할권리자에게 있는데, 그 입증은 부부 간의 구체적 관계, 사해행위의 시점 및 유형, 처분 상대방과의 관계 등에 관한 간접사실을 종합하여 추정하는 방법으로 입증할 수 있을 것이다.

민법 제406조와 마찬가지로 수익자나 전득자의 악의는 추정되므로 수익자나 전득자는 자신의 선의를 입증하여야 한다. 다만, 제3자가 법률행위 당시에 장래 부부가 이혼하고 어떠한 내용의 재산분할청구권이 발생하리라는 것은 알기 어려울 것이므로, 채무자와 수익자 사이에 특별한 인적관계가 없거나 거래조건이 특별히 불합리한 경우가 아니라면 제406조보다 선의가 인정될 가능성이 높을 것이다.

3. 행사 및 효과에 관한 검토

(1) 행사방법 및 관할

(가) 재판상 행사와 당사자 적격

민법 제839조의3에 의한 사해행위취소 및 원상회복은 가정법원에 소를 제기하는 방법에 의하여야 하고 소송상의 공격방어방법으로 주장할 수 없다(이하 민법 제839조의3에 의한 사해행위취소 및 원상회복의 소를 '본조의 소'라고 부른다).

본조의 소는 부부의 일방으로서 재산분할을 청구할 수 있는 당사자에게 원고적격이 있는데, 아직 이혼 및 재산분할을 청구하지 않은 경우에도 실제로 이

혼 청구를 하려고 준비하고 있다면 이러한 당사자 역시 원고적격을 가진다.[166)]

피고적격은 수익자 또는 전득자에게 있고 상대방 배우자에게는 피고적격이 없다.[167)]

(나) 관할과 관련사건의 병합

본조의 소는 다류 가사소송사건이므로 가정법원의 전속관할에 속한다(가사소송법 제2조 제1항 제1호 다목 4.). 토지관할은 피고의 보통재판적이 있는 곳의 가정법원이지만(가사소송법 제13조 제1항), 채권자는 이혼 등의 소를 제기하면서 본조의 소를 병합하여 제기할 수 있고(가사소송법 제14조 제1항),[168)] 이 경우에는 이혼 등 사건의 관할법원에 소를 제기하여야 한다.

(2) 제척기간(제소기간)

(가) 1년 또는 5년

본조의 소는 채권자가 취소원인을 안 날로부터 1년, 법률행위가 있은 날로부터 5년 내에 제기하여야 한다(민법 제839조의3 제2항, 민법 제406조 제2항). 이는 제척기간이므로 기간 진행 중에 중단제도가 없고 법원의 직권조사사항이다. 그리고, 본조의 소는 이혼이 성립하기 전에도 제기할 수 있으므로 이혼 성립 전에도 제척기간이 진행한다.[169)]

---

166) 앞서 1.의 (1)항에서 본 바와 같이, 이혼뿐만 아니라 혼인취소, 사실혼 해소에 의한 재산분할청구권을 보전하기 위한 채권자취소권의 행사도 가능하므로, 혼인이 취소된 배우자 또는 사실혼 당사자도 원고적격을 가진다. 이른바 중혼적 사실혼 배우자(법률혼이 존속 중인 상태에서 제3자와 혼인의 의사로 실질적인 혼인생활을 하고 있는 부부의 일방)에 대해서는 특별한 사정이 없는 한 법률혼에 준하는 보호를 할 수 없으므로(대법원 1995. 9. 26. 선고 94므1638 판결), 중혼적 사실혼 배우자는 원칙적으로 재산분할청구권 보전을 위한 사해행위 취소청구를 할 수 없다고 해석하여야 할 것이다. 다만, 대법원 2009. 12. 24. 선고 2009다64161 판결은 법률혼인 전혼인이 사실상 이혼상태에 있는 경우에는 위의 '특별한 사정'에 해당할 수 있다는 취지로 판시하였다{사법연수원, 법원실무제요 가사 [I] (2022년판) 제612면}.

167) 사법연수원, 법원실무제요 가사 [I] (2022년판) 제612면.

168) 여러 개의 가사소송사건의 청구원인이 동일한 사실관계에 기초하거나 1개의 청구의 당부가 다른 청구의 당부의 전제가 되는 경우에는 1개의 소로 제기할 수 있다(가사소송법 제14조 제1항). 위 규정에 따른 관련사건의 병합은 원칙적으로 소의 객관적 병합에서와 마찬가지로 당사자가 동일할 것을 전제로 하지만, 재판상 이혼 및 재산분할청구와 수익자 또는 전득자를 상대로 하여 재산분할청구권 보전을 위한 사해행위 취소청구를 병합하는 경우에는 당사자가 다르더라도 사실상 또는 법률상 같은 원인에서 비롯된 것이므로 위 규정에 따라 관련사건으로서 병합하는 것이 가능하다고 할 것이다{사법연수원, 법원실무제요 가사 [I] (2022년판) 제616면}.

(나) 이혼 후 2년

재산분할청구권은 협의상 또는 재판상 이혼한 날부터 2년을 경과한 때에는 소멸한다(민법 제839조의2 제3항, 제843조). 이는 제척기간이다.[170]

본조의 소는 피보전권리로서 재산분할청구권을 전제로 한 것인바, 이혼 후 2년이 경과하면 재산분할청구권의 제척기간이 도과되어 재산분할청구권 자체가 소멸하므로 이를 보전하기 위한 사해행위 취소권을 행사할 여지가 없다.[171]

대법원 2018. 6. 22.자 2018스18 결정은, '2년의 제척기간 내에 재산의 일부에 대해서만 재산분할을 청구한 경우, 재산분할 청구 후 제척기간이 지나면 그 때까지 청구 목적물로 하지 않은 나머지 재산에 대해서도 청구권이 소멸한다. 재산분할재판에서 분할 대상인지 여부가 전혀 심리된 바 없는 재산이 재판 확정 후 추가로 발견된 경우, 이에 대하여 추가로 재산분할청구를 할 수 있지만, 추가 분할청구 역시 이혼한 날부터 2년 이내라는 제척기간을 준수하여야 한다'고 판시하였다.

따라서, 이혼 후 2년의 제척기간이 경과한 경우에는, 그 기간 내 제기된 재산분할재판에서 누락된 재산이 있고 분할의무자가 이를 처분하였다고 하더라도, 그 처분된 재산에 대하여 분할채권자가 본조의 소를 제기할 수 없다고 할 것이다.

(3) 취소의 효력

민법 제407조는 '민법 제406조에 의한 취소와 원상회복은 모든 채권자의 이익을 위하여 효력이 있다'고 규정하여 민법 제406조에 따라 원상회복이 이루어진 경우 다른 채권자들도 원상회복된 재산에 집행을 할 수 있도록 하였는데, 민법 제407조가 민법 제839조의3에 의한 사해행위 취소 및 원상회복에도 적용되는지에 관해서는 이를 긍정하는 견해와 부정하는 견해가 있다.

부정하는 견해는 제839조의3 제1항이 '민법 제406조 제1항을 준용한다'고만 규정하였음을 근거로 하여 재산이 원상회복되더라도 다른 채권자는 원상회복된 재산에 대하여 강제집행을 할 수 없다고 하지만, 입법론으로는 몰라도 위 규정

169) 주석민법(제6판) 친족 1 제511면(송인우 집필부분).
170) 대법원 2018. 6. 22.자 2018스18 결정.
171) 사법연수원, 법원실무제요 가사 [I] (2022년판) 제616면.

만을 근거로 재산분할채권자에게 사실상 우선 변제권을 부여하는 효과를 인정하는 해석을 하는 것은 무리라고 생각한다.[172)]

다만, 앞서 본 바와 같이 현물에 의한 재산분할의 필요성이 인정되어 특정물채권을 보전하기 위한 사해행위취소가 인정되는 경우에는 취소의 상대효를 제한하여 사해행위 취소 및 원상회복 판결에 의해 특정 재산이 분할채무자에게 복귀하고, 특정재산을 분할권리자에게 분할하는 재판에 따라 분할의무자로부터 분할권리자에게 이전되었다면 이는 유효하다고 보아야 할 것이다.[173)]

172) 주석민법(제6판) 친족 1 제512면, 513면(송인우 집필부분)

173) 제406조에 의한 채권자취소권 행사의 결과 채무자에게 명의가 회복된 재산을 채무자가 처분한 경우 그 처분행위는 무권리자의 처분행위로서 무효이다(대법원 2017. 3. 9. 선고 2015다217980 판결).

제 4 장
채권자취소권의 행사

제 1 절 행사 방법 – 필요적 소 제기

제 1. 본소 또는 반소의 제기

1. 청구취지의 기재

채권자는 채무자의 사해행위의 취소 및 원상회복을 법원에 청구하여 행사한다(민법 제406조 제1항 본문). 채권자취소권은 재판 외에서 단순히 상대방에 대한 의사표시로써 행사할 수 없으며 반드시 재판상 행사하여야 한다. 이와 같이 행사 방법을 제한한 이유는, 그 행사의 결과가 제3자에게 미치는 영향이 크므로 처음부터 법원으로 하여금 그 요건의 구비 여부를 심사하게 할 필요가 있고, 아울러 취소는 모든 채권자를 위하여 효력이 있으므로 다른 채권자에게도 취소권의 행사사실을 공시할 필요가 있기 때문이다.

재판상 행사는 소를 제기하는 방법을 의미하는 것이고, 소송상의 공격방어방법으로 주장함으로써 행사할 수 없다(대법원 1993. 1. 26. 선고 92다11008 판결).

소의 제기는 소장이라는 서면을 법원에 제출하는 방식에 의하고, 소장에는 필요적으로 청구취지 즉 어떠한 내용과 종류의 판결을 요구하는지를 명확하게 기재하고, 소정의 인지를 붙여야 한다(민사소송법 제248조, 제249조 제1항).

결국, 채권자취소권의 행사는 소장의 청구취지에 사해행위로서 취소를 구하는 대상을 명확하게 기재하는 방식에 의하여야 하고, 단순히 준비서면에서 사해행위를 취소하고 원상회복을 구하는 취지를 기재하여 주장하는 방식으로 할 수 없다(대법원 1995. 7. 25. 선고 95다8393 판결). 대법원판례는 위와 같이 채권자취소권의 행사 방식에 관해서 그 준수를 엄격하게 요구하고 있는바, 단순히 준비서면에 의해 사해행위의 취소를 주장한 경우에는 수소법원은 사해행위 취소를 소구(訴求)하는 것인지 여부를 석명할 의무가 없고[1] 그 당부에 관해서 판단할 필요도 없다[2]고 한다.

피고가 본소 소송 계속 중에 채권자취소권을 행사하는 경우에는 단순히 항변으로써 할 수 없고 반소 제기에 의하여야 한다(대법원 1978. 6. 13. 선고 78다404 판결).

따라서, 원고가 본소의 청구원인으로 주장하는 법률행위에 관하여 피고가 그 법률행위가 사해행위에 해당하여 취소한다고 주장하는 경우에는, 단순히 답변서 등 준비서면에 기재하여 방어방법으로써 주장할 것이 아니라 반소장의 청구취지에 기재하여 취소 및 원상회복의 선언을 소구하여야 한다. 이 경우 제소기간의 준수 여부는 반소 제기시를 기준으로 판단한다.

또한, 피고가 본소의 원고를 상대로 채권자취소소송의 반소를 제기하는 경우에 본소를 제기한 원고(반소피고)가 채권자취소소송의 피고로 될 수 있는 수익자 또는 전득자의 지위에 있어야 할 것이다.

2. 반소에 의한 취소권 행사와 본소 청구의 처리

원고의 본소 청구에 대하여 피고가 본소 청구를 다투면서 사해행위의 취소 및 원상회복을 구하는 반소를 적법하게 제기하였는데, 법원이 반소 청구가 이유 있다고 판단하여 그 승소판결을 선고하는 경우, 반소 청구에 대한 승소판결이 확정되지 않았더라도 사해행위인 법률행위가 취소되었음을 전제로 원고의 본소 청구를 심리하여 그 청구를 기각한다(대법원 2019. 3. 14. 선고 2018다277785 판결).

예컨대, 원고가 채무자와의 매매계약에 의해 토지 소유권을 취득하였음을 전제로 점유자인 피고에 대하여 그 인도를 구함에 대하여, 점유자 겸 채권자인 피고가 반소로서 원고에 대하여 사해행위인 위 매매계약의 취소 및 원상회복으로 소유권이전등기의 말소를 구하는 경우에, 그 반소 청구가 이유 있으면 그 사해행위 취소 판결의 확정을 기다리지 않고 원고의 본소 청구를 기각한다. 또한 예컨대, 제3자이의의 소에서 이의사유로 주장된 소유권취득원인이 제3자(원고)와 채무자가 채권자인 피고를 해치는 사해행위에 해당한다고 하여 피고가 그 취소

1) 대법원 1993. 1. 26. 선고 92다11008 판결.
2) 대법원 1995. 7. 25. 선고 95다8393 판결.

의 반소를 제기한 경우, 반소 청구가 이유 있으면 본소인 제3자이의의 소는 기각된다.

위와 같이, 사해행위의 취소 여부가 반소의 청구원인임과 동시에 본소 청구에 대한 방어방법이자 본소 청구 인용의 선결문제가 되는 경우에 본소와 반소가 같은 소송절차에서 함께 심리 판단되는 이상, 반소 청구에 관한 사해행위 취소 판결의 확정 여부가 본소 청구 판단 시 불확실한 상황이 된다고 보기 어렵고, 그로 인해 원고의 소송상 부담이 증가하거나 소송상 지위가 불안정해 진다고 볼 수도 없다. 또한, 채권자취소소송은 형성의 소인 사해행위취소소송과 이행의 소인 원상회복청구소송의 결합이라고 할 것이고, 민법 제406조 제1항은 사해행위 취소의 형성소송이 미확정인 상태에서도 그 취소를 전제로 하는 원상회복청구를 병합하여 제기할 수 있도록 허용하고 있다.

그러므로, 원고와 제3자(채무자) 사이의 법률행위에 터잡아 피고에 대하여 이행을 구하는 원고의 본소와 그 법률행위에 관하여 사해행위로서 취소를 구하는 채권자인 피고의 반소가 함께 심리되는 같은 소송절차에서, 반소 사해행위취소 판결의 확정을 기다리지 않고 그 취소 판결을 이유로 원고의 본소 청구를 기각하는 것은, 민법 제406조 제1항의 규정 취지에 어긋나지 않고, 소송경제를 도모하며, 본소 및 반소 판결의 모순 저촉을 피하는 합리적인 판단방법이라고 할 것이다.

제 2. 형성소송과 이행소송 병합의 예외적 허용

우리 민법상의 채권자취소권은 사해행위 취소의 형성권과 원상회복청구권의 결합이고, 그에 기한 소의 성질도 형성의 소와 이행의 소의 결합이라고 보는 것이 통설 · 판례이다.

형성의 소는 그 판결이 확정됨으로써 비로소 권리변동의 효력이 발생하게 되므로 이에 의하여 형성되는 법률관계를 전제로 하는 이행소송 등을 병합하여 제기할 수 없는 것이 원칙이다.[3] 그러나, 민법 제406조 제1항은 채권자가 사해행위의 취소와 원상회복을 법원에 청구할 수 있다고 규정함으로써 사해행위 취소를 구하는 형성소송에 그 취소를 전제로 하는 원상회복청구를 병합하여 제기할 수 있도록 허용하고 있다(대법원 2004. 1. 27. 선고 2003다6200 판결).

따라서 근저당권 설정계약이 사해행위로서 취소되는 경우 그 부분이 확정되지 않았다 하더라도 그 취소를 전제로 하여 원상회복으로서 수익자에 대하여 근저당권 말소등기 청구의 이행소송을 병합할 수 있고, 사해행위 취소 부분이 확정되지 않았다 하더라도 배당절차에서의 원상회복으로서 배당이의의 소를 제기할 수 있다.

---

3) 예컨대, 제권판결 불복의 소와 같은 형성의 소에 그 판결의 확정에 의하여 형성되는 법률관계를 전제로 하는 이행소송인 수표금 청구소송을 병합할 수 없고, 그 확정을 조건으로 하는 장래이행의 소로서 수표금 청구를 병합할 수도 없다(대법원 2013. 9. 13. 선고 2012다36661 판결).

제 3. 관할법원

1. 토지관할

(1) 보통재판적과 특별재판적

피고가 자연인인 경우에는 그 주소가, 피고가 법인 등인 경우에는 그 주된 사무소 소재지가 보통재판적이다. 다만, 채권자취소소송의 피고는 채무자가 아닌 수익자 또는 전득자만이 그 적격을 가지므로,[4] 채권자는 수익자 또는 전득자의 주소(자연인인 경우), 주된 사무소(법인인 경우) 소재지를 관할하는 지방법원에 소를 제기한다.

채권자취소소송도 재산권에 관한 소이므로 그 의무이행지의 관할법원에 제기할 수 있다(민사소송법 제8조 후단). 그런데, 대법원 2002. 5. 10.자 2002마1156 결정은, 채권자취소소송에 있어서의 의무이행지는 '취소의 대상인 법률행위의 의무이행지'가 아니라 '취소로 인하여 형성되는 법률관계에 있어서의 의무이행지'라고 할 것이므로, 사해행위취소에 따른 원상회복으로서의 소유권이전등기 말소등기의무의 이행지는 부동산등기의 신청에 협조할 의무의 이행지로서 이는 성질상 민사소송법 제21조에 규정된 '등기할 공무소 소재지(등기관서 소재지)'라고 볼 것이지, 채권자의 주소지를 그 의무이행지로 볼 수 없다고 판시하였다.

위 대법원결정이 위와 같이 판시한 이유는 채권자취소의 효과가 원고인 채권자와 피고로 된 수익자 또는 전득자 사이에서만 상대적으로 생기고 채권자의 주된 목적은 원상회복에 있다는 점에 주목한 것으로 이해된다. 따라서 사해행위취소에 의한 원상회복으로서 원물반환이 아닌 가액배상을 구하는 경우에는, '취소로 인하여 형성되는 법률관계에 있어서의 의무이행지'는 결국 금전채무의 의무이행지가 되고 금전채무는 지참채무가 원칙이므로(민법 제467조 제2항), 채권자인 원고의 주소지도 가액배상의 의무이행지로서 특별재판적이 된다고 할 것이다.

일반적으로 보통재판적과 특별재판적이 공존하거나 특별재판적이 여러 개

---

4) 피고적격에 관해서는 뒤의 제2절 제 1.에서 상세하게 검토한다.

공존함으로써 토지관할의 경합이 발생할 수 있는데, 이 경우에 채권자는 경합하는 관할법원 중 임의로 선택하여 소 제기할 수 있으며, 전속관할이 아닌 한 특별재판적이 보통재판적에 우선하는 것이 아니다.[5]

(2) 관련재판적

민사소송법 제25조 제2항은, '소송목적이 되는 권리나 의무가 여러 사람에게 공통되거나 사실상 또는 법률상 같은 원인으로 말미암아 그 여러 사람이 공동소송인으로서 당사자가 되는 경우에 여러 사람 가운데 한 사람에 대한 관할권이 있는 법원에 소를 제기할 수 있다'고 규정하고 있다.

이와 같이, 소의 주관적 병합의 경우에 인정되는 관련재판적은 민사소송법 제65조 전문(前文)에 해당하는 공동소송 즉 공동피고 간에 권리 의무가 공통되거나 권리 의무 발생원인의 동일 등의 실질적 견련관계가 있는 공동소송인 경우에 적용되고 제65조 후문(後文)에 해당하는 공동소송에는 적용이 없다.[6]

채권자취소소송에서 실무상 문제되는 것은 채무자에 대하여 본래의 채권에 기하여 이행청구를 하고 그 채권을 피보전권리로 하여 수익자 또는 전득자에 대하여 사해행위취소 및 원상회복청구를 하는 경우에, 그들 사이에 민사소송법 제25조 제2항의 관련재판적을 적용하여 그 중 한 사람에 대하여 관할권이 있는 법원에 소를 제기할 수 있는가이다.

채권자 "갑"이 수익자 "병"을 상대로 사해행위취소 및 원상회복을 청구하는 것은 "갑"의 채무자 "을"에 대한 채권의 존재가 그 원인이 되는 것이고, 또한 채무자 "을"의 채무초과와 사해의사 등 주로 "을"에게 발생한 사실관계도 원인으로 되는 것이므로, 소송목적이 채무자 "을"과 수익자 "병" 사이에 사실상 또는 법률상 동일한 원인에서 비롯된 것이라고 할 수 있다. 뿐만 아니라, "을"과 "병"은 주요한 공격방어방법을 공통으로 하는 관계에 있다. 이와 같은 공동의 이해관계는 채권자 "갑"이 전득자 "정"을 상대로 사해행위취소 및 원상회복을 청구하는 경우에도 마찬가지이다.

따라서, 채무자에 대한 본래의 채권에 기한 이행청구와 그 채권을 피보전권

---

5) 이시윤, 신민사소송법(제15판) 제103면.
6) 이시윤, 신민사소송법(제15판) 제111면.

리로 하는 수익자 또는 전득자에 대한 채권자취소청구를 병합하는 경우에도 민사소송법 제25조 제2항의 관련재판적이 인정된다고 할 것이다.[7]

2. 사물관할(소가 산정의 특색)

(1) 흡수 다액 산정의 원칙

채권자취소소송도 일반사건과 마찬가지로 소송목적의 값(소송물 가액, 소가)[8]에 의하여 지방법원 단독판사와 합의부의 관할이 결정된다.

다만, 채권자취소소송은 원고의 피보전채권의 액수, 사해행위 목적물의 가액, 원상회복되는 목적물의 가액 등 소가 산정의 기준이 될 수 있는 요소가 다수 존재하고 그들 사이에 밀접한 관련성이 있으므로, '민사소송 등 인지 규칙'(이하, '인지규칙'이라고 약칭)에 그 소가의 산정방식에 관하여 특별한 규정을 두고 있다.

사해행위취소의 소에 있어서는 취소되는 법률행위의 목적의 가액을 한도로 한 원고의 채권액에 의해 소가를 산정한다(인지규칙 제12조 9호). 즉, 법률행위 목적의 가액이 피보전채권액과 같거나 높을 때에는 채권액에 의하고, 채권액보다 낮은 때에는 목적의 가액에 의하여 결정한다. 법률행위의 목적의 가액은 법률행위에 의해 이전 또는 설정된 권리의 가액을 의미하고, 권리의 가액은 인지규칙 제10조, 11조에 의하여 산정한다. 예컨대, 물건에 대한 소유권의 가액은 그 물건가액으로 하고, 담보물권의 가액은 목적물건 가액을 한도로 한 피담보채권액의 원본액(근저당권의 경우에는 채권최고액)으로 한다.

사해행위취소와 원상회복을 함께 구하는 경우에는 그 두 개의 청구가 경제적 이익이 동일하거나 중복되는 때에 해당하므로 중복되는 범위 내에서 흡수되고 그 중 다액인 청구의 가액을 소가로 한다(인지규칙 제20조). 사해행위취소에 의한 원상회복으로서 말소등기를 청구하는 경우 예컨대, 원상회복으로서 부동산에 관한 소유권이전등기말소를 구하는 경우에는 부동산 가액의 1/2로 소가를

---

7) 서울중앙지법 2015. 12. 17.자 2015라1414 결정.

8) 민사소송법 제26조, '민사소송 등 인지법' 제2조에는 "소송목적의 값"이라는 용어를, '민사소송 등 인지규칙'에서는 "소가"라는 용어를 사용하고 있다.

산정한다(인지규칙 제13조 제1항 제4호 나목).

(2) 채무자에 대한 이행소송과 병합하는 경우

한 개의 청구가 다른 청구의 수단에 지나지 않을 때에는 특별한 규정이 있는 경우를 제외하고는 그 가액을 소가에 산입하지 아니한다. 다만, 수단인 청구의 가액이 주된 청구의 가액보다 다액인 경우에는 그 다액을 소가로 한다(인지규칙 제21조).

금전지급을 구하는 이행청구의 소와 그 채무자의 사해행위에 따른 단일한 목적물의 수익자 또는 전득자에 대한 사해행위취소 및 원상회복청구의 소의 주관적 경합의 경우에도 각 청구는 목적·수단의 관계에 있어 그 경제적 이익이 동일하거나 중복되므로 각 소송물 가액 중 다액인 쪽을 기준으로 소가를 산정한다(대법원 2008. 5. 29.자 2007마761 결정).

3. 채권자취소에 관한 국제재판관할 및 준거법

(1) 국제재판관할 및 준거법 개관

민사재판권은 인적 범위에 있어 국가의 영토고권에 따라 조약이나 국제관습법에 의해 면제되는 경우가 아닌 한 국적을 묻지 않고 우리나라에 있는 모든 자연인이나 법인에 미치고, 대한민국 법원은 물적 범위에 있어 당사자 또는 분쟁이 된 사안이 대한민국과 실질적 관련이 있는 경우에 국제재판관할권을 가진다(국제사법 제2조 제1항).[9]

대법원 판례는 국제재판관할권 유무에 대한 판단 기준 및 방법에 관하여, 당사자 간의 공평, 재판의 적정, 신속 및 경제를 기한다는 기본이념에 따라, 구체적으로는 소송당사자들의 공평, 편의, 예측가능성 등과 같은 개인적 이익뿐만 아니라 재판의 적정, 신속, 효율 및 판결의 실효성 등과 같은 법원 내지 국가의 이익도 함께 고려하여, 이러한 다양한 이익 중 어떠한 이익을 보호할 필요가 있

---

9) 국제재판관할에 관한 상세한 해설은 이시윤, 신민사소송법(제15판) 제61면 이하 참조.
국제사법은 2022. 1. 4. 법률 제18670호로서 전부 개정되어 2022. 7. 5.부터 시행되었다. 개정 국제사법은 일상거소가 있는 사람에 대한 일반적 국제재판관할뿐만 아니라 특별관할, 합의관할, 전속관할 등에 관하여 상세한 규정을 두고 있다.

는지 여부는 개별 사건에서 법정지와 당사자의 실질적 관련성 및 법정지와 분쟁이 된 사안과의 실질적 관련성을 객관적 기준으로 삼아 합리적으로 판단하여야 한다고 한다.[10)]

한편, 민사소송은 국가권력에 의한 사법작용의 발동이기 때문에 그 소송절차에 관해서는 재판하는 나라의 법인 법정지법의 지배를 받는 것이 원칙이다.

따라서, 우리나라 법원이 사건에 관하여 국제재판관할권을 가지고 심리하는 사건은 당사자가 외국인이든, 소송물의 내용이 무엇이든, 실체에 관한 준거법이 외국법이든 막론하고 우리나라 민사소송법의 규율을 받는다.[11)]

준거법은 어느 나라의 실체법을 적용할 것인가의 문제인데, 채권에 관한 법률관계에 외국적 요소가 있을 경우에 당사자가 준거법을 선택한 바 없고 국제사법에도 당해 법률관계에 적용할 준거법을 정하는 기준에 관한 직접적 규정이 없는 경우에는 법률관계와 가장 밀접한 관련이 있는 국가의 법에 의한다(국제사법 제46조 등).

(2) 채권자취소에 관한 국제재판관할 및 준거법

외국의 법률에 의하여 권리를 취득한 채권자가 우리나라에서 채권자취소권을 행사할 경우의 준거법에 관해서도 국제사법은 달리 정한 바가 없으므로 당사자가 준거법을 선택하지 않은 경우에는 법률관계와 밀접한 관련이 있는 국가의 법이 준거법이 된다.

그러면, 채권자취소권의 객관적 요건인 피보전권리와 사해행위 중에서 어떤 법률관계에 대하여 밀접한 관련이 있는 경우에 그 국가의 법이 준거법으로 된다고 할 것인가.

대법원 2016. 12. 29. 선고 2013므4133 판결은, '채권자취소권의 행사에서 피보전권리는 단지 권리행사의 근거가 될 뿐이고 취소 및 원상회복의 대상이

10) 대법원 2010. 7. 15. 선고 2010다18355 판결 등, 이 대법원판결은 2002년 김해공항 인근에서 발생한 중국 항공기 추락사고로 사망한 중국인 승무원의 유가족이 중국 항공사를 상대로 대한민국 법원에 손해배상청구소송을 제기한 사안에서, 민사소송법상 토지관할권, 소송당사자들의 개인적인 이익, 법원의 이익, 다른 피해 유가족들과의 형평성 등에 비추어 위 소송은 대한민국과 실질적 관련이 있다고 보기에 충분하므로, 대한민국 법원의 국제재판관할권을 인정하였다.

11) 이시윤, 신민사소송법(제15판) 제45면, 46면.

되는 것은 사해행위이며, 사해행위 취소가 인정되면 채무자와 법률행위를 한 수익자 및 이를 기초로 다시 법률관계를 맺은 전득자 등이 가장 직접적으로 이해관계를 가지게 되어 거래의 안전과 제3자의 신뢰를 보호할 필요도 있는 등의 사정을 감안하면, 외국적 요소가 있는 채권자취소권의 행사에서 가장 밀접한 관련이 있는 국가의 법은 취소대상인 사해행위에 적용되는 국가의 법이다'라고 판시하였다.

즉, 위 대법원판결은 외국적 요소가 있는 채권자취소권에 있어 피보전채권의 준거법과 사해행위 취소의 대상인 법률행위의 준거법이 다른 경우에 이를 행사하기 위해서는 두 준거법에서 정한 요건을 누적적으로 충족할 필요는 없고, 그 중에서 취소대상인 사해행위에 적용되는 국가의 법이 채권자취소권 행사에 적용할 준거법이 된다고 판시한 것이다.

위 대법원판결의 사안요지는, 러시아국 사람인 채권자 "갑"이 같은 나라 사람인 채무자 "을"에 대하여 가지는 이혼으로 인한 위자료청구권 등을 피보전채권으로 하여, "을"이 채무초과상태에서 같은 나라 사람인 수익자 "병"에게 대한민국에 소재한 이 사건 아파트를 매도하는 계약을 체결한 것에 대하여 사해행위로서 취소를 구한 경우이다. 위와 같은 경우, 위 대법원판결은 비록 피보전채권의 준거법이 러시아법이라고 하더라도, 이 사건 매매계약의 준거법은 대한민국법이라고 할 것이므로,[12] 이 사건 채권자취소권의 행사에 관련한 법률관계에 적용할 준거법도 대한민국법이 된다고 판시한 것이다.

12) 계약이 부동산에 관한 권리를 대상으로 하는 경우에는 부동산이 소재한 국가의 법이 가장 밀접한 관련이 있는 것으로 추정하므로(국제사법 제46조 제3항), 결국 이 사건 아파트가 소재한 대한민국법이 이 사건 매매계약과 가장 밀접한 관련이 있는 것으로 추정된다.

제 2 절 소송의 상대방 및 대상

제 1. 피고로 되는 자(피고 적격의 제한)

1. 채무자 제외

대법원판례는, 채권자가 채권자취소권을 행사하려면 사해행위의 상대방(수익자)이나 전득한 자(전득자)를 상대로 소송을 제기하여야 하고, 채무자를 상대로 소송을 제기할 수 없다는 입장을 확립하고 있다(대법원 1991. 8. 13. 선고 91다13717 판결, 2004. 8. 30. 선고 2004다21923 판결). 즉 대법원판례는 채권자가 채무자에 대한 본래의 피보전채권에 기하여 그 의무이행을 구하는 소송에서는 채무자를 피고로 하여야 함은 물론이지만, 채무자에 대한 그 채권을 보전하기 위해서 채무자와 제3자(수익자) 사이에서 이루어진 법률행위에 관하여 사해행위의 취소와 함께 책임재산의 회복을 구하는 소송에서는 채무자가 당사자(피고)적격을 가지지 아니한다는 것이다(대법원 2009. 1. 15. 선고 2008다72394 판결).

일반적으로 당사자적격이라 함은 특정의 소송사건에서 정당한 당사자로서 소송을 수행하고 본안판결을 받기에 적합한 자격을 말한다. 당사자적격은 소송요건으로서 법원의 직권조사사항이고 당사자적격이 흠결된 경우에는 판결로 소를 각하한다.

채권자가 수익자 등을 상대로 채권자취소소송을 제기하면서 채무자를 상대로 본래의 피보전채권에 기한 급부이행소송을 병합한 경우에는 채무자와 수익자가 모두 공동피고로 됨은 물론이다.[13] 그러나, 채권자가 채무자를 상대로 하

13) 소송실무상으로는, 특별한 사정이 없는 한, 채권자는 채무자를 상대로 피보전채권에 기한 급부이행청구도 병합하는 것이 피보전채권에 관한 시효중단을 할 수 있어 유용하고, 인지를 첩부함에 있어서도 원칙적으로 채권자취소소송의 소송물가액이 급부이행소송의 소송물가액에 흡수되어 경제적일 수 있다.

여 피보전채권에 기한 이행소송을 병합·제기하지 않은 상태에서, 채무자만을 피고로 하여 채권자취소소송을 제기한 경우에는 소를 각하하고, 채무자 및 수익자 모두를 피고로 하여 채권자취소소송을 제기한 경우에는 채무자에 대한 소부분을 각하한다. 나아가, 제1심에서 채무자에 대한 급부이행청구가 채권자취소청구와 병합되어 있었더라도 채무자는 채권자취소청구부분에 관한 판결에 대하여는 불복하여 항소할 수 있는 당사자적격이 없으므로, 채무자가 채권자취소청구부분에 대하여 항소한 경우에는 항소를 각하한다(대법원 2009. 1. 15. 선고 2008다72394 판결).

2. 피고 적격 제한의 이유

기존 법률관계의 변경·형성을 목적으로 하는 형성의 소는 법률에 명문의 규정이 있는 경우에 한하여 제기할 수 있고,[14] 각 근거법규 자체에서 원고적격자와 피고적격자를 정해 놓고 있는 경우가 많다. 예컨대, 친생부인의 소는 부(夫) 또는 처(妻)가 다른 일방 또는 자(子)를 상대로 제기하여야 하고(민법 제847조), 주주총회결의 취소의 소의 원고적격자는 주주·이사 또는 감사이다(상법 제376조 제1항). 이와 같이 형성소송의 당사자적격에 관해서 법규 자체에서 명시되어 있지 않음에도 대법원판례에 의해 피고적격이 제한되는 대표적인 경우가 채권자취소소송이라고 할 수 있다. 그 외, 대법원판례에 의해 피고적격이 제한되는 경우는 주주총회 결의 취소·무효 및 부존재확인의 소에서 당해 주식회사만이 피고로 된다는 것이다.[15]

특정의 소송사건에서 당사자적격자를 누구로 할 것인가는 그 판결의 효력과 결부하여 사건을 가장 유효적절하게 해결하기 위해서 당해 사건에서 가장 강한 이해관계를 가지고 충실한 소송수행을 기대할 수 있는 자를 가리는 문제로서 법정책적 관점에서 정해질 수 있다고 본다. 이와 같은 법정책적 관점에서 볼 때, 대법원판례가 채권자취소소송의 피고적격을 수익자 또는 전득자로 제한하는 것은, 원칙적으로 유효한 채무자의 법률행위가 채권자의 일방적 취소에 의해 그

14) 대법원 2001. 1. 16. 선고 2000다45020 판결.
15) 대법원 1982. 9. 14. 선고 80다2425 전원합의체 판결.

효력이 부정되는 범위를 가급적 제한하려는 데에 그 취지가 있다고 이해할 수 있다. 또한 채무자를 피고에 포함시키는 것은 소송경제상으로도 바람직하지 않다. 채무자를 피고로 하여야 한다면 채무자가 사해행위를 하고 도주하거나 사망한 경우에, 채권자로서는 채무자 또는 그 상속인을 찾아내어 소송의 당사자로 내세우기가 매우 번거롭고 비용이 많이 들 수 있을 뿐만 아니라 경우에 따라서는 제소기간을 지키기 어려울 수 있기 때문이다.[16]

그리고, 대법원판례가 위와 같이 채무자를 채권자취소소송의 피고적격에서 제외하는 것은, 대법원판례가 채권자취소의 효과에 관해서 채무자나 제3자에게는 미치지 않고 채권자와 수익자 사이 또는 채권자와 전득자 사이의 상대적인 관계에서만 생긴다는 이른바 상대적 효력설을 견지하는 것과 맥락을 같이 하는 것으로서, 서로 표리관계에 있다고 할 수 있다.

3. 채무자의 소송상 이해관계 및 관여방법

위에서 본 바와 같이, 채무자는 채권자취소소송에서 당사자적격(피고적격)을 가지지 못하고 그 취소의 효력도 직접 받지 않는다. 그러나, 실제의 소송과정에서 채무자의 무자력, 사해의사 등 취소요건의 충족 여부에 관한 다툼에 있어서는 채무자의 소송관여가 필요한 경우가 많다. 또한 채무자는 나중에 취소판결에 의해 재산을 반환한 수익자로부터 부당이득반환 청구를 당할 가능성도 있다.[17]

따라서, 채무자는 채권자취소소송의 결과에 대하여 법률상 이해관계를 가지므로 피고로 된 수익자 또는 전득자를 위하여 보조참가를 할 수 있다.[18]

또 채무자는 보조참가인으로서 패소한 수익자 또는 전득자를 위하여 상소할 수 있으나, 보조참가인이 상소하는 경우 그 상소 제기기간은 피참가인에게 판결 정본이 송달된 때로부터 기산된다는 점에 주의를 요한다. 보조참가인은 참가할 때의 소송의 진행 정도에 따라 피참가인이 할 수 없는 소송행위를 할 수 없으

16) 김재형, 채권자취소권에 관한 민법개정안(한국민사법학회, 민사법학 제68호, 제185면).

17) 대법원판례는 채무자의 매매계약 등의 유상행위가 사해행위라는 이유로 취소되고 그 원상회복이 이루어짐으로써 채무자가 수익자에 대하여 부당이득반환채무를 부담함을 인정한다(대법원 2015. 10. 29. 선고 2012다14975 판결 참조). 이 점 및 사해행위 취소의 효력에 관해서는 제6장에서 따로 상세하게 검토한다.

18) 민법주해 제Ⅸ권(채권2) 제834면(김능환 집필 부분).

므로, 보조참가인이 상고장을 제출한 경우에 보조참가인에게 판결정본이 송달된 때로부터 기산한다면 상고기간 내의 상고라고 하더라도 이미 피참가인에 대한 관계에 있어서 상고기간이 경과되었다면 보조참가인의 상고 역시 상고기간 경과 후의 것이 되어 부적법하다.[19]

19) 대법원 2007. 9. 6. 선고 2007다41966 판결.

제 2. 수익자, 전득자의 선의 · 악의와 피고의 선택

1. 문제의 소재와 검토 범위

위에서 본 바와 같이, 채무자는 채권자취소소송에서 피고적격을 가지지 못하고 수익자나 전득자가 취소소송의 피고로 된다. 한편, 채권자가 전득자를 상대로 원상회복을 구하는 경우에도 취소의 대상이 되는 사해행위는 채무자와 수익자 사이에서 행하여진 법률행위에 국한되며 수익자와 전득자 사이의 법률행위는 취소의 대상이 되지 않는다(대법원 2004. 8. 30. 선고 2004다21923 판결). 그리고, 수익자 또는 전득자의 악의는 추정되므로 이는 채권자취소권 행사의 적극적 요건은 아니다.

따라서, 채권자로서는 우선 채무자와 수익자 사이의 사해행위의 취소를 구하고, 원상회복(원물반환 또는 가액배상)에 관해서는 악의가 추정되는 수익자와 전득자를 공동피고로 하여 청구하거나, 수익자 또는 전득자 중에서 더 강한 악의의 추정을 받는다고 여겨지는 자 즉 선의 항변을 용이하게 배척할 수 있다고 여겨지는 자를 가려내어 피고로 선택할 수 있다.[20] 또한, 채권자로서는 소송과정에서 수익자 또는 전득자의 선의 항변이 받아들여지는 경우에 대비하여 구체적인 방안 즉 청구취지를 가액배상으로 변경할 것인지 등을 강구할 필요도 있다.

채권자취소의 대상이 되는 채무자의 법률행위 및 재산권은 다양하고 그에 따라 구체적인 원상회복의 방법도 다양하다.[21] 여기서는 부동산에 관하여 채무자와 수익자 사이의 사해행위인 매매계약에 의하여 수익자 명의로 소유권이전등기가 마쳐지고, 전득자가 수익자로부터 그 부동산에 관하여 매수계약에 의하여 소유권을 취득하거나 근저당권 설정계약에 의하여 근저당권을 취득한 경우를 상정하여, 수익자 및 전득자가 모두 악의인 경우, 수익자 악의이고 전득자 선의인 경우, 수익자 선의이고 전득자 악의인 경우 등으로 나누어 피고의 선택

---

20) 대법원 2014. 12. 11. 선고 2011다49783 판결, 2010. 4. 29. 선고 2009다104564 판결 등 참조.

21) 원상회복의 구체적 방법에 관해서는 뒤의 제5장 제2절 및 제3절에서 상세하게 검토한다.

과 그 피고에 대한 청구취지에 관하여 구체적으로 검토한다.

한편, 소유권 외의 근저당권 등 제한물권 및 가등기의 이전은 부기등기에 의하는데, 부기등기는 기존의 주등기번호를 그대로 사용하고 다만 주등기번호에 가지번호를 붙여서 한다.[22] 부기등기는 기존의 등기에 부기하여 그 일부를 변경해서 새로운 등기로서 구등기를 유지하려는 것으로서, 주등기의 목적 권리와 동일한 순위 내지 효력을 가지는 등기라는 것을 등기부상 명백하게 하려는 데에 그 주된 존재이유가 있다고 할 수 있다.[23]

이와 같은 부기등기의 특성에 의하여, 근저당권 설정계약이 사해행위에 해당하고 수익자의 근저당권이 양도계약에 의하여 전득자에게 이전되었을 경우에 사해행위 취소의 상대방과 원상회복 방법에 관해서 특수한 법적 문제가 생길 수 있는바, 이 점에 관해서 따로 아래 5.항에서 검토한다.

2. 수익자와 전득자 모두 악의인 때

(1) 수익자, 전득자 중 1인 선택 가능

수익자와 전득자가 모두 악의인 경우에도, 채권자는 원상회복 청구에 관하여 반드시 그들 모두를 피고로 할 필요는 없고 그 중 1인을 피고로 선택할 수 있다. 즉 수익자만을 피고로 하여 그에 대하여 원물반환에 갈음하여 가액의 반환을 청구할 수 있고, 전득자만을 피고로 하여 그로부터 직접 채무자 앞으로 재산의 반환을 구할 수 있다.

수익자와 전득자 중에서 수익자만을 피고로 선택한 경우, 채권자로서는 원상회복방법으로 가액반환 대신 수익자 명의의 등기의 말소를 구할 수도 있다.

다만, 이와 같은 경우에는 등기상 이해관계 있는 제3자(전득자)의 승낙서나 이에 대항할 수 있는 재판의 등본을 첨부하지 못하여 실제로 수익자 명의의 등기의 말소를 신청할 수 없는 경우도 있을 수 있다. 왜냐하면, 부동산등기법 제57조 제1항은 '등기의 말소를 신청하는 경우에 그 말소에 대하여 등기상 이해

22) 부동산등기법 제52조 제2호, 대법원 1998. 11. 19. 선고 98다24105 전원합의체 판결(가등기상의 권리의 이전등기를 가등기에 대한 부기등기의 형식으로 경료할 수 있다), 부동산등기규칙 제2조.

23) 곽윤직, 부동산등기법(신정수정판) 제300면.

관계 있는 제3자가 있을 때에는 제3자의 승낙이 있어야 한다'고 규정하고,[24] 전득자가 있는 경우에 수익자 명의의 등기를 말소함에 있어 전득자가 이해관계 있는 제3자에 해당함은 물론이기 때문이다. 그러나, 채권자 스스로 그와 같은 위험을 감수하면서 수익자 명의의 등기의 말소를 구하는 원상회복방법을 택한 이상 이를 허용하지 않을 이유는 없다고 할 것이다.[25]

위와 같이 채권자는 원상회복으로서 수익자만을 상대로 수익자 명의의 등기의 말소를 청구하여 승소한 다음, 별소로서 전득자를 상대로 수익자 명의의 소유권이전등기의 말소등기에 대하여 승낙의 의사표시를 구하는 소송을 제기하여 승소함으로써 수익자 명의의 소유권이전등기의 말소를 신청할 수 있다. 등기상 이해관계 있는 제3자(전득자)의 승낙에 갈음하는 판결에 의해 수익자 명의의 등기를 말소하는 경우에 그 제3자(전득자)의 등기는 등기관이 직권으로 말소한다(부동산등기법 제57조 제2항).

그런데, 그 승낙의 의사표시를 구하는 소송은 그 권원이 채무자와 수익자 사이의 사해행위를 전제로 하는 것이어서 채권자취소권의 행사의 일종이므로 민법 제406조 제2항 제소기간의 제한을 받는다고 할 것이다.[26]

수익자와 전득자 중에서 전득자만을 피고로 선택한 경우, 채권자가 원상회복방법으로 전득자 명의로 마쳐진 소유권이전등기의 말소를 청구할 수 있지만, 그 말소등기가 실행되더라도 그 전자(前者)인 수익자 명의의 등기가 남아 있는 한 채무자 재산의 회복이라는 실질적 목적은 달성되지 않는다. 그런데, 채권자취소소송에 있어서 취소 목적 부동산의 등기명의를 수익자로부터 채무자 앞으로 복귀시키고자 하는 경우에도 이른바 진정한 등기명의를 회복하기 위한 방법으로서 등기의 말소를 구하는 외에 현재의 등기명의인을 상대로 직접 소유권이전등기절차의 이행을 구하는 것이 허용된다(대법원 2000. 2. 25. 선고 99다53704 판결). 이와 같은 법리는 수익자 외에 전득자에 대한 원상회복방법에도 적용될 수 있다고 할 것이므로, 채권자는 사해행위 취소로 인한 원상회복방법으로 전득자 명의의 등기의 말소를 구하는 대신 전득자를 상대로 채무자 앞으로 직접 소유

24) (구)부동산등기법(2011. 4. 12. 전부 개정 전) 제171조는, 같은 경우에 제3자의 승낙서나 이에 대항할 수 있는 재판의 등본을 첨부하여야 한다고 규정하였다.

25) 대법원 2001. 2. 9. 선고 2000다57139 판결 본문 내용 참조.

26) 이에 관해서는 뒤의 제3절 제 2.의 1.에서 상세하게 검토한다.

권이전등기절차를 이행할 것을 청구할 수도 있다.

전득자만을 피고로 하는 경우, 뒤의 제3절 제 2.에서 보는 바와 같이 전득자에 대한 관계에서 별도로 채무자와 수익자 사이의 사해행위의 취소를 제소기간 내에 구하여야 한다는 점에 특히 유의하여야 한다.[27]

(2) 수익자 및 전득자를 모두 피고로 하는 경우

수익자와 전득자가 모두 악의인 경우에, 채권자는 그들 모두를 공동피고로 하여 원상회복을 청구할 수 있다.

원상회복의 방법으로 원물반환을 구하는 경우에는, 전득자에 대해서는 수익자에게 전득자 명의로 마쳐진 소유권이전등기 또는 근저당권설정등기의 말소등기의 이행을 구하고, 수익자에 대해서는 채무자에게 수익자 명의로 마쳐진 소유권이전등기의 말소등기의 이행을 구하는 방법으로 원상회복의 청구를 한다.[28]

원상회복의 방법으로 수익자 및 전득자 모두에 대하여 가액반환을 구하는 경우에 관해서 본다. 대법원 2014. 12. 11. 선고 2011다49783 판결은, 수익자가 근저당권을 전득자에게 양도한 후 목적 부동산에 대한 임의경매 진행 결과 근저당권이 소멸하여 전득자가 약 9,800만 원을 배당받은 사안에 관해서, 수익자 및 전득자는 각 원물반환이 불가능하게 되었으므로 채권자에게 가액배상을 하여야 할 것이고, 그 가액배상액은 배당받은 금액이며, 그 가액배상의무는 부진정연대관계에 있다고 판시하였다.

뒤의 제3절 제 2.의 1.에서 보는 바와 같이 대법원판례에 의한 법리상으로는 전득자에 대한 관계에서 채권자취소권을 행사하여 원상회복을 구하는 경우 제소기간 내에 별도로 채무자와 수익자 사이의 사해행위의 취소를 구하여야 하므로, 엄밀하게 본다면 수익자와 전득자 모두를 공동피고로 하는 경우에도 그 취소를 구하는 취지를 수익자에 대한 청구취지와 전득자에 대한 청구취지로 분리하여 각각 기재해야 한다고 할 수 있다. 그러나, 소송실무상 채권자가 수익자 및 전득자를 공동피고로 삼아 채권자취소의 소를 제기하면서 청구취지로 '채무자와 수익자 사이의 사해행위 취소'를 구하는 취지임을 명시한 이상, 전득자에

27) 대법원 2005. 6. 9. 선고 2004다17535 판결.
28) 대법원 2004. 3. 25. 선고 2002다69358 판결 참조.

대한 관계에 있어서 채무자와 수익자 사이의 사해행위를 취소하는 청구도 이에 포함되어 있다고 보는 것이 타당하다.[29]

다만, 소 제기 당시에는 전득자와 수익자를 모두 공동피고로 하고 전득자에 대하여 원물반환을 청구하였다가 소송 진행 중 전득자에 대한 원상회복방법을 가액배상으로 변경한 경우에, 전득자에 대한 관계에서 채무자와 수익자 사이의 사해행위 취소청구 부분을 그대로 유지하는 것임을 명백히 하여야 할 것이다.

3. 수익자가 악의이고 전득자가 선의인 때

수익자를 피고로 하여 그로부터 가액반환을 청구하거나 또는 전득자에게 영향을 미치지 않는 한도에서 재산의 반환을 청구할 수 있다.

예컨대, 부동산이 사해행위인 채무자와 수익자 사이의 매매계약에 의하여 수익자에게 이전된 후 선의의 전득자 명의로 근저당권이 설정된 경우에 관해서 본다. 위와 같은 경우, 수익자가 목적 부동산을 저당권의 제한이 없는 상태로 회복하여 이전하여 줄 수 있다는 등의 특별한 사정이 없는 한 채권자는 수익자를 상대로 원물반환 대신 가액배상을 청구할 수 있다. 또는 전득자 명의의 근저당권 설정등기의 부담을 그대로 안은 상태에서 진정한 등기명의 회복의 방법을 적용하여 수익자를 상대로 채무자 앞으로 직접 소유권이전등기절차를 이행할 것을 청구할 수도 있다(대법원 2001. 2. 9. 선고 2000다57139 판결).[30]

4. 수익자가 선의이고 전득자가 악의인 때

전득자의 악의 판단에서는 전득자가 전득행위 당시 채무자와 수익자 사이의 법률행위의 사해성을 인식하였는지 만이 문제될 뿐이고 수익자가 채무자와 수익자 사이의 법률행위의 사해성을 인식하였는지는 문제되지 않는다. 따라서 수익자가 선의인 경우에도 전득자에게 위와 같은 의미의 악의가 인정되는 경우에는, 채권자는 전득자에 대하여 채무자와 수익자 사이의 사해행위를 취소하고 전

29) 대법원 2011. 10. 13. 선고 2011다46647 판결.

30) 다만, 위 2.의 (1)항에서 본 바와 같이, 채권자 스스로 집행불능의 위험을 감수하면서 수익자 명의의 등기의 말소를 구하는 원상회복방법을 택하는 경우 이를 허용하지 않을 이유는 없다.

득자를 상대로 원상회복을 청구할 수 있다(대법원 2012. 8. 17. 선고 2010다87672 판결). 대법원 판례는 채권자취소의 효력에 관해서 상대적 효력설을 취하고 있으므로, 전득자에 대한 상대적 관계에서 채권자취소권의 요건을 갖추고 있는 한 수익자가 선의인 경우에도 그 전득자와 채권자 사이에서 취소의 효력이 미치고 전득자를 상대로 원상회복을 청구할 수 있다고 보는 것이다.

위 대법원 2010다87672 판결의 원심판결은,[31] 수익자가 전득자와 사이에 수익자의 채무자에 대한 근저당권부 채권의 양도계약을 체결하고 전득자 앞으로 근저당권 이전의 부기등기를 마쳐주었는데 수익자의 선의 항변이 받아들여지고 전득자의 악의는 그대로 추정된 사안에서, 채무자와 수익자 사이의 근저당권 설정계약은 채권자와 악의의 전득자에 대한 관계에서는 사해행위에 해당하므로 취소하고 그 원상회복으로서 전득자는 채무자에게 근저당권 설정등기를 말소할 의무가 있다고 판결하였는데, 위 대법원판결이 앞서 본 법리에 따라 원심판결을 유지한 것이다.

5. 근저당권(또는 가등기)이 이전된 경우

(1) 문제의 소재

대법원판례는, 근저당권(또는 가등기) 이전의 부기등기가 이루어진 경우 그 근저당권설정등기의 말소청구는 양수인만을 상대로 구하면 족하고 양도인은 그 말소등기청구에 있어서 피고적격이 없다는 입장을 확립하고 있다.[32]

그 이유는 '근저당권 이전의 부기등기는 기존의 주등기인 근저당권 설정등기에 종속되어 주등기와 일체를 이루는 것으로서 기존의 근저당권 설정등기에 의한 권리의 승계를 등기부상 명시하는 것일 뿐, 그 등기에 의하여 새로운 권리관

---

31) 서울고법 2010. 9. 14. 선고 2010나7401 판결.

32) 근저당권 이전의 경우, 대법원 2003. 4. 11. 선고 2003다5016 판결, 2000. 4. 11. 선고 2000다5640 판결 등; 가등기 이전의 경우, 대법원 1994. 10. 21. 선고 94다17109 판결 등; 한편, 그 부기등기는 별도로 말소를 구하지 않더라도 주등기의 말소에 따라 직권으로 말소되므로 부기등기의 말소를 별도로 구할 소의 이익이 없으나, 예외적으로 근저당권의 이전원인만이 무효로 되거나 취소 또는 해제된 경우 즉 근저당권의 주등기는 유효한 것을 전제로 이와는 별도로 근저당권이전의 부기등기에 한하여 무효사유가 있다는 이유로 부기등기만의 효력을 다투는 경우에는 그 부기등기의 말소를 구할 소의 이익이 인정된다(대법원 2005. 6. 10. 선고 2002다15412 판결).

계가 생기는 것이 아니므로, 피담보채무가 소멸된 경우 또는 근저당권 설정등기가 원인무효인 경우 등에 있어 근저당권의 현재의 명의인인 양수인을 상대로 주등기인 근저당권 설정등기의 말소를 구하여야 한다'는 것이다.

그러면, 채권자취소소송의 경우에도 수익자에게서 전득자로 근저당권(또는 가등기)이 부기등기에 의해 이전되면 양도인에 해당하는 수익자의 피고적격에 영향을 미치고 나아가 원상회복의무에 영향을 미치는지의 문제이다.

(2) 양도인의 수익자로서의 피고적격 및 가액배상의무

(가) 종전 대법원 2004다70089 판결(전합 판결에 의해 변경)

(사안 요지) 채무자 "을"과 수익자 "병" 사이에 부동산에 관하여 사해행위인 매매예약이 체결되고 그에 기하여 "병" 앞으로 소유권이전청구권 가등기가 마쳐진 후, 수익자 "병"이 목적 부동산에 설정되어 있던 선순위 근저당권의 피담보채무를 변제하여 그 근저당권을 소멸시킨 다음, 전득자 "정"에게 가등기를 이전하여 부기등기가 마쳐지고 그 가등기에 기한 본등기가 마쳐졌다.

이에 채권자 "갑"이 수익자 "병" 및 전득자 "정" 모두를 피고로 하여 원상회복으로서 가액배상을 구하였는데, 원심은 원상회복으로서 가등기말소의무가 없는 수익자 "병"은 가액배상의무가 없다고 하여 채권자 "갑"의 수익자 "병"에 대한 가액배상청구를 배척하였다.

(판단 요지) 가등기 이전의 부기등기는 기존의 가등기에 의한 권리의 승계관계를 등기부상에 명시하는 것일 뿐으로 그 등기에 의하여 새로운 권리관계가 생기는 것이 아닌 만큼 가등기가 원인무효인 경우 가등기의 말소등기청구는 양수인만을 상대로 하면 족하고 양도인은 그 말소등기청구에 있어서의 피고적격이 없다. 위와 같은 법리에 비추어 보면, 사해행위에 기하여 가등기가 경료되었고, 그 후 가등기에 기한 본등기가 경료된 이 사건에 있어서, 가등기 말소청구의 상대방이 될 수 없고 본등기의 명의인도 아닌 수익자 "병"은 채권자 "갑"에 대하여 가액배상의 의무를 부담한다고 볼 수 없으므로, 같은 취지의 원심 판단은 정당하다.

(나) 대법원(전합) 2015. 5. 21. 선고 2012다952 판결(위 종전 판례 변경)

(사안 요지) 채무자 "을"이 채무초과 상태에서 자기 소유인 집합건물의 전유부분에 관하여 수익자 "병"과 사이에 매매예약을 체결하고 이를 원인으로 "병" 명의로 소유권이전청구권 가등기를 마친 다음, 수익자 "병"이 취득한 소유권이전청구권에 관하여 집합건물의 수분양자 중의 한 명인 전득자 "정"과 사이에 매매계약이 체결되어 그 매매에 의하여 "정" 명의로 가등기 이전의 부기등기가 마쳐졌다가 그 가등기에 기한 본등기가 마쳐졌다.

이에 채권자 "갑"은 전득자 "정"은 수분양자로서 선의로 취득하였다고 보고 악의가 추정되는 수익자 "병"만을 피고로 하여, 채무자 "을"과 체결한 매매예약을 그 목적 부동산의 가액 범위 내로서 피보전채권액인 약 9,400만 원의 한도에서 취소하고, 수익자 "병"에 대하여 가액배상으로서 약 9,400만 원의 지급을 구하는 채권자취소소송을 제기하였다.

(원심 판단 요지)[33] 원심은, 위 종전 대법원 2004다70089 판결의 판시 취지에 따라, 채무자 "을"과 수익자 "병" 사이의 매매예약이 사해행위라고 하더라도, 수익자 "병"은 가등기말소청구의 상대방이 될 수 없고 본등기의 명의인도 아니므로 채권자 "갑"에 대하여 가액배상의무를 부담하지 않는다고 판단하였다.

(대법원 판단 요지) '가등기 이전의 부기등기는 사해행위인 매매예약에 기초한 수익자의 권리의 이전을 나타내는 것으로서 부기등기에 의하여 수익자로서의 지위가 소멸하지 아니하며, 채권자는 수익자를 상대로 사해행위인 매매예약의 취소를 청구할 수 있다. 그리고, 설령 부기등기의 결과 가등기 및 본등기에 대한 말소청구소송에서 수익자의 피고적격이 부정되는 등의 사유로 인하여 수익자의 원물반환의무인 가등기말소의무의 이행이 불가능하게 된다 하더라도, 수익자는 위 가등기 및 본등기에 의해 발생된 채권자들의 공동담보 부족에 관하여 원상회복의무로서 가액을 배상할 의무를 진다'고 판시함으로써 위 종전 대법원 2004다70089 판결을 변경하였다.

(법리에 관한 이해) 위 대법원 전원합의체 판결은, 채권자취소소송이 사해행위 취소를 구하는 형성소송과 원상회복을 구하는 이행소송의 결합이라는 통

33) 서울서부지법 2011. 11. 24. 선고 2011나7929 판결 중 관계 부분의 내용을 요약한 것이다.

설・판례에 따르고, 한편으로는 부기등기의 특성에 의해 등기말소청구의 피고적격에 제한을 둔 대법원판례의 입장을 수용하면서, 합리적인 결론을 도출하는 법리를 제시하였다는 점에 큰 의의가 있다.

위 대법원 전원합의체 판결의 법리는 아래와 같이 분석・정리할 수 있고, 이러한 법리는 비단 가등기 이전에 의한 부기등기에 관해서 뿐만 아니라 널리 부기등기에 의해 권리 이전이 공시되는 근저당권 등 제한물권의 이전에 의한 부기등기에도 적용된다고 할 것이다.

첫째, 형성소송인 사해행위 취소부분에 있어서, 가등기 권리의 양도에 의해 가등기 이전의 부기등기가 마쳐졌다고 해서 수익자의 지위가 양수인에게 이전되는 것이 아니라 가등기 권리의 양도인은 여전히 수익자의 지위를 유지하므로 양도인에게 피고적격이 있다.

둘째, 이행소송인 원상회복 부분에 있어서는, 양도인은 등기말소에 관하여는 피고적격이 없지만, 양수인에 대한 가등기 및 본등기에 의해 발생된 채권자들의 공동담보 부족에 관하여 원상회복의무로서 가액을 배상할 의무는 부담한다.

(3) 근저당권(가등기) 양도에 관한 구체적 검토

(가) 근저당권 양도행위 자체가 사해행위에 해당하는 경우

우리 민법상 저당권은 피담보채권과 분리하여 양도할 수 없고 피담보채권과 함께 양도하여야 하므로(민법 제361조 저당권의 부종성), 저당권부 채권의 양도에는 부동산 물권변동에 관한 규정과 채권양도의 규정이 모두 적용된다. 그리고, 저당권 이전에 관한 등기는 부기등기에 의하는데 채권의 일부 양도에 의한 저당권 일부의 이전등기를 할 때에는 등기부에 양도액을 기재한다.

근저당권의 피담보채권이 확정되기 전에는 근저당권의 기초가 되는 기본계약상의 지위가 양도됨에 따라 근저당권이 이전되는 경우이고, 이 때 등기원인으로서는 '계약 양도' 또는 '계약의 일부 양도'라고 기재한다. 그리고, 근저당권의 피담보채권액이 확정된 후에 그 피담보채권의 전부 또는 일부의 양도로 인한 근저당권 이전등기를 하는 경우에는 채권양도에 의한 저당권이전등기에 준하고, 이 경우 등기원인으로서는 '확정채권 양도' 또는 '확정채권 일부양도'라고 기재한다.[34]

34) 등기예규 제1656호(근저당권에 관한 등기사무처리지침).

예컨대, "을"이 자신의 "무"에 대한 채권을 담보하기 위하여 "무" 소유의 부동산에 관하여 근저당권을 설정하였는데, 그 피담보채권 확정 후 채무초과상태에서 피담보채권을 "병"에게 양도하고 "병" 앞으로 근저당권 이전의 부기등기를 마쳐 준 사안에 관하여 본다. 이와 같은 사안에서 "을"의 채권자 "갑"에 대한 관계에서 "을"은 채무자, "병"은 수익자의 지위에 있고, "을"과 "병" 사이에 체결된 확정채권 양도계약(또는, 등기실무상 계약양도) 및 이에 부수한 근저당권 양도계약이 사해행위에 해당한다. 따라서, 채권자 "갑"이 사해행위로서 취소를 구하는 대상은 「채무자 "을"과 수익자 "병" 사이에 체결된 '확정채권 양도계약' 및 '근저당권 양도계약'」이다. 이는 채무자 "을"이 채무초과 상태에서 자신 소유의 부동산에 관하여 특정의 채권자 "병"에게 근저당권을 설정해 주었는데, 근저당권자로서 수익자인 "병"이 근저당권부 채권을 전득자 "정"에게 양도하여 "정" 앞으로 근저당권 이전의 부기등기가 마쳐진 경우에, "을"에 대한 일반 채권자 "갑"이 전득자 "정"에 대한 관계에서 사해행위로서 취소를 구하는 대상은 「채무자 "을"과 수익자 "병" 사이의 '근저당권 설정계약'」인 것과 다르다.

한편, 근저당권 이전의 부기등기는 주등기인 근저당권 설정등기에 종속되어 주등기와 일체를 이루는 것으로서 별도로 말소를 구하지 않더라도 주등기의 말소에 따라 직권으로 말소되므로 부기등기의 말소를 별도로 구할 소의 이익이 없다. 그러나, 예외적으로 근저당권의 이전원인만이 무효로 되거나 취소 또는 해제된 경우 즉 근저당권의 주등기는 유효한 것을 전제로 이와는 별도로 근저당권이전의 부기등기에 한하여 무효사유가 있다는 이유로 부기등기만의 효력을 다투는 경우에는 그 부기등기의 말소를 구할 소의 이익이 인정된다(대법원 2005. 6. 10. 선고 2002다15412 판결).

따라서, 위에서 본 사안에서 채무자 "을" 명의의 근저당권은 유효한 것을 전제로 하여, 부기등기의 원인이 되는 채무자 "을"과 수익자 "병" 사이의 근저당권부 채권의 양도계약이 사해행위로서 취소되는 경우에는 원상회복으로서 근저당권 이전의 부기등기만의 말소를 구할 수 있다.[35] 수익자 "병" 명의의 근저당권 이전의 부기등기만이 말소되고 채무자 "을" 명의의 근저당권 설정등기는 그

35) 구체적인 판결례로서는 광주고법 2012. 11. 14. 선고 2012나2599 판결 이유 참조.

대로 남아 있어야 채무자 “을”의 재산권을 회복하는 채권자취소의 실질적 목적을 달성할 수 있기 때문이다. 그리고 채무자 “을”이 제3채무자에 대한 자신의 채권을 수익자 “병”에게 양도한 것이 사해행위로서 취소되는 경우, 수익자 “병”이 아직 제3채무자에게서 채권을 추심하지 아니한 때에는, 채권자 “갑”은 사해행위 취소에 따른 원상회복으로서 수익자 “병”으로 하여금 제3채무자에게 채권양도가 취소되었다는 취지의 통지를 하도록 청구한다.[36)]

이상에서 살펴 본 법리는 피담보채권의 일부가 양도되고 근저당권의 일부이전 등기가 경료된 경우는 물론, 널리 저당권 이외의 제한물권이나 가등기에 의한 권리가 양도되어 그 이전등기가 부기등기에 의해 마쳐진 경우에 두루 적용된다고 할 것이다.

(나) 근저당권자(수익자), 양수인(전득자) 모두 악의인 경우

채무자 “을” 소유의 부동산에 관하여 사해행위인 근저당권 설정계약에 의해 수익자 “병” 앞으로 근저당권 설정등기가 마쳐지고 근저당권의 양도에 의하여 전득자 “정” 앞으로 근저당권 이전의 부기등기가 마쳐졌는데, 수익자 “병”과 전득자 “정”이 모두 악의인 경우에 관하여 본다.

원물반환이 가능한 경우 즉 등기말소방법에 의한 원상회복이 가능한 경우라면, 채권자 “갑”은 “병” 및 “정”을 공동피고로 하여, “을”과 “병” 사이에 체결된 근저당권 설정계약의 취소를 구하고, “정”에 대하여 “을”에게 근저당권 설정등기의 말소절차의 이행을 구한다. 그 판결이 확정되면, “병” 명의의 근저당권 설정등기가 말소되면서 직권으로 “정” 명의의 근저당권 이전의 부기등기도 함께 말소된다.[37)] 이로써 채무자 “을” 소유의 부동산이 채권자 “갑”에 대한 관계에서 사해행위가 없었던 상태로 회복된다.

원물반환이 불가능하게 됨으로써 가액반환이 인정되는 사례에 관해서 본다. 대법원 2014. 12. 11. 선고 2011다49783 판결은, 채무자 “을” 소유의 부동산에 관하여 사해행위로서 수익자 “병” 앞으로 근저당권 설정등기가 마쳐지고 근저당권의 양도에 의하여 전득자 “정” 앞으로 근저당권 이전의 부기등기가 마쳐진 후 목적 부동산에 대한 임의경매가 진행되어 근저당권이 소멸한 경우에, “병”은

---

36) 대법원 2015. 11. 17. 선고 2012다2743 판결.
37) 대법원 2000. 4. 11. 선고 2000다5640 판결.

근저당권을 “정”에게 양도함으로써, “정”은 양수한 근저당권이 임의 경매절차 진행 결과 소멸됨으로써, 각 원물반환이 불가능하게 되었다고 판단하였다. 위 대법원판결은 위와 같은 경우에는 수익자 “병” 및 전득자 “정”이 부진정연대관계에서 채권자 “갑”에게 가액반환을 하여야 한다고 판시하였다.

(다) 근저당권자(수익자) 악의, 전득자 선의인 경우

채무자 “을” 소유의 부동산에 관하여 사해행위인 근저당권설정계약에 의하여 수익자 “병” 앞으로 근저당권 설정등기가 마쳐지고 근저당권의 양도에 의하여 전득자 “정” 앞으로 근저당권 이전의 부기등기가 마쳐졌는데, 수익자 “병”이 악의이고 전득자 “정”이 선의인 경우에 관하여 본다.

이와 같은 경우, 채권자 “갑”은 “을”과 “병” 사이의 근저당권설정계약의 취소를 구하고 수익자 “병”을 상대로 가액반환을 청구할 수 있다. 이 때 수익자 “병”은 아무런 대가를 받지 않고 근저당권을 “정”에게 양도하였더라도 가액을 배상할 의무가 있으며, 그 가액의 산정은 “병”이 “정”으로부터 받은 대가와 상관없이 사실심 변론 당시를 기준으로 객관적으로 평가하여야 한다.[38] 그리고, 목적 부동산에 대한 임의경매 진행 결과 근저당권이 소멸하여 전득자 “정”이 배당을 받았다면, 수익자 “병”의 가액배상액은 배당받은 금액이 될 것이다.[39]

(라) 근저당권자(수익자) 선의, 전득자 악의인 경우

채무자 “을” 소유의 부동산에 관하여 사해행위인 근저당권설정계약에 의하여 수익자 “병” 앞으로 근저당권 설정등기가 마쳐지고 근저당권의 양도에 의하여 전득자 “정” 앞으로 근저당권 이전의 부기등기가 마쳐졌는데, 수익자 “병”이 선의이고 전득자 “정”이 악의인 경우에 관하여 본다.

이 때 전득자의 악의 판단에서는 전득자가 전득행위 당시 채무자와 수익자 사이의 법률행위의 사해성을 인식하였는지 만이 문제될 뿐이고 수익자가 채무자와 수익자 사이의 법률행위의 사해성을 인식하였는지는 문제되지 않는다(대법원 2012. 8. 17. 선고 2010다87672 판결). 따라서 수익자 “병”이 선의인 경우에도 전득자 “정”에게 위와 같은 의미의 악의가 인정되는 경우에는, 채권자 “갑”은

---

38) 대법원 2010. 4. 29. 선고 2009다104564 판결(원심판결 서울고법 2009. 11. 19. 선고 2009나36816 판결, 제1심 판결 서울중앙지법 2009. 4. 1. 선고 2008가합434538 판결).

39) 대법원 2014. 12. 11. 선고 2011다49783 판결.

전득자 "정"을 상대로 하여 채무자 "을"과 수익자 "병" 사이의 사해행위를 취소하고 원상회복으로서 "정"으로 하여금 "을"에게 근저당권설정등기를 말소할 것을 청구할 수 있다.

위 대법원 2010다87672 판결의 원심판결[40]은, 수익자가 전득자와 사이에 수익자의 채무자에 대한 근저당권부 채권의 양도계약을 체결하고 전득자 앞으로 근저당권 이전의 부기등기를 마쳐주었는데 수익자의 선의 항변이 받아들여지고 전득자의 악의는 그대로 추정된 사안에서, 채무자와 수익자 사이의 근저당권 설정계약은 채권자와 악의의 전득자에 대한 관계에서는 사해행위에 해당하므로 취소하고 그 원상회복으로서 전득자는 채무자에게 근저당권 설정등기를 말소할 의무가 있다고 판결하였는데, 위 대법원판결이 앞서 본 법리에 따라 원심판결을 유지한 것이다.

40) 서울고법 2010. 9. 14. 선고 2010나7401 판결.

제 3. 소송의 대상

1. 소송물론과의 관계

(1) 소송물과 그 실천적 의미[41)]

민사소송에 있어서 당사자가 정하는 소송의 객체를 소송물, 소송상의 청구 혹은 심판의 대상이라고 한다.

소송물은 절차의 개시(관할의 결정, 청구의 특정 등), 절차의 진행(청구의 병합, 변경과 중복소송 등), 절차의 종결(기판력의 범위) 등 민사소송절차의 전반에 걸쳐 실천적인 중요한 의미를 가진다.

소송물에 관해서는 크게 실체법상의 권리 또는 법률관계를 그 구성요소로 보는 구소송물이론과 실체법상의 권리의 주장이 아닌 신청과 사실관계라는 소송법적 요소로 구성하는 신소송물이론으로 나뉘는데, 대법원판례는 청구원인에 의하여 특정되는 실체법상의 권리관계를 소송물로 보는 구소송물이론의 입장에 있다고 할 수 있다.

이와 같이 소송물에 관해서는 이론적인 논란이 있지만, 첫째, 처분권주의에 의하여 소송물은 원고가 특정할 책임이 있고, 둘째, 청구의 목적물 예컨대 토지인도소송에서의 토지 자체는 소송물이 아니며, 셋째, 소송에 이르게 된 사실관계 자체는 소송물이 아니라는 점[42)]에서는 견해가 일치한다.

(2) 채권자취소소송의 소송물

채권자취소권의 본질에 관해서 사해행위취소의 형성권과 원상회복청구권의 결합이라고 본다면, 이 양자의 청구가 1개의 소송물을 구성한다고 할 수 있다.

이와 같이 채권자취소권을 1개의 실체상 권리로 보는 경우, 취소나 원상회복은 채권자취소권의 일부로서 이를 별개로 행사하는 것은 일부청구라고 할 수

41) 이 부분은 이시윤, 신민사소송법(제15판) 제244면 내지 제249면의 내용을 인용 요약한 것이다.

42) 따라서, 원고가 사실관계만 제시하여 놓고 이에 기하여 어떠한 법률효과나 구제를 선언할 것인가를 법원의 재량에 맡기는 소송은 허용되지 않는다.

있고, 또 그 성질상 양자의 구별이 명확하므로 취소만을 청구하면서 특별히 일부청구라는 점을 명확하게 하지 않더라도 판결의 기판력은 원상회복청구에 미치지 않는다고 할 것이다.[43)]

대법원 2008. 4. 24. 선고 2007다84352 판결은, 채권자취소권의 본질에 관해서, 채권자취소권은 채무자의 사해행위를 채권자와 수익자 또는 전득자 사이에서 상대적으로 취소하고 채무자의 책임재산에서 일탈한 재산을 회복하여 채권자의 강제집행이 가능하도록 하는 것을 본질로 하는 권리라고 판시하였는바,[44)] 이에 비추어 대법원판례는 채권자취소권의 실체법적 성질에 관해서 결합설의 입장을 취한 것으로 이해된다.

그런데, 채권자취소권의 소송물과 관련하여, 대법원판례는 일관된 통일적인 입장을 취하고 있지는 않은 것으로 보인다.

대법원 2005. 3. 25. 선고 2004다10985 판결은, 채권자취소소송[45)]에서 그 소송물은 무자력인 채무자의 재산감소행위의 취소와 그 원상회복청구권이므로, 그 재산감소행위의 법률적 평가가 다르다고 하여 그 소송물이 달라지는 것은 아니라고 판시하였다. 그리고, 대법원 2012. 7. 5. 선고 2010다80503 판결은, 채권자가 사해행위취소 및 원상회복청구를 하면서 보전하고자 하는 채권을 추가하거나 교환하는 것은 사해행위취소권과 원상회복청구권을 이유 있게 하는 공격방법에 관한 주장을 변경하는 것일 뿐이지 소송물 또는 청구 자체를 변경하는 것은 아니라고 판시하였다.[46)]

한편, 대법원 2001. 9. 4. 선고 2001다14108 판결은, 채권자는 민법 제406조 제1항에 따라 동일한 피고에 대하여 사해행위 취소와 원상회복을 청구하는 경우에 사해행위의 취소만을 청구한 다음 원상회복을 나중에 청구할 수 있고,

43) 이순동, 채권자취소권(제3판) 제482, 483면. 명시적 일부청구인 경우에는 소송물로 되는 것은 당해 일부일 뿐이고 잔부에는 기판력이 미치지 않는다(대법원 2000. 2. 11. 선고 99다10424 판결 등).

44) 대법원 2001. 2. 27. 선고 2000다44348 판결도 같은 취지로 판시하였다.

45) 위 대법원판결은 "사해행위취소소송"이라고 표현하였지만 그 의미는 "채권자취소소송"이라고 볼 것이다. 위 대법원판결은 이와 같은 채권자취소소송의 소송물에 관한 이해를 전제로 하여, 채권자가 채무자의 어떤 금전지급행위가 사해행위에 해당된다고 하여 그 취소를 청구하면서 다만 그 금전지급행위의 법률적 평가와 관련하여 증여 또는 변제로 달리 주장하는 것은 그 사해행위취소권을 이유 있게 하는 공격방법에 관한 주장을 달리하는 것일 뿐 소송물 또는 청구 자체를 달리하는 것으로 볼 수 없다고 판시하였다.

46) 대법원 2003. 5. 27. 선고 2001다13532 판결도 동일하게 판시하였다.

사해행위 취소 청구가 민법 제406조 제2항의 제소기간 내에 제기되었다면, 원상회복 청구는 그 기간이 지난 뒤에도 할 수 있다고 판시하였는바, 이는 사해행위취소 청구와 원상회복 청구를 결합된 1개의 소송물로서 취급한 것으로 이해할 수 있다.

그런데, 대법원 2012. 12. 26. 선고 2011다60421 판결은, 사해행위 취소의 소와 원상회복청구의 소는 서로 소송물과 쟁점을 달리하는 별개의 소라고 판시하였다.[47]

따라서, 양자가 반드시 동시에 제기되어야 하는 것이 아니고 별개로 제기될 수 있으며, 전자의 소에서는 승소하더라도 후자의 소에서는 당사자가 제출한 공격방법 여하에 따라 패소할 수도 있고, 취소채권자가 사해행위 취소의 소를 제기하여 승소한 경우 그 취소의 효력은 민법 제407조에 의하여 모든 채권자의 이익을 위하여 미치고 이로써 그 소의 목적은 달성된다는 것이다.

결국, 대법원판례는 채권자취소권에 관하여 실체법적 측면에서는 결합설의 입장을 취하면서, 소송절차적 측면에서는 채권자취소권을 엄격하게 일관하여 단일한 소송물로 보지는 않고, 구체적인 절차적 단계에 따라 단일한 소송물로 취급하거나 그 내부의 사해행위 취소청구와 원상회복청구를 분리하여 사실상 2개의 소송물로 취급하고 있다고 이해할 수 있을 것이다.

한편, 대법원판례는 소송물에 관해서 일반적으로 실체법상의 권리 또는 법률관계를 그 구성요소로 보는 구소송물론의 입장에 있다고 할 수 있는데, 채권자취소소송에 있어서는 피보전채권의 종류 또는 사해행위의 법적 성격은 소송물 구성의 요소로 보지 않는 점에 주의를 요한다.

2. 전득자 있는 경우의 취소 대상

(1) 채무자와 수익자 사이의 법률행위에 국한

채권자가 전득자를 상대로 원상회복을 구하는 경우에도 취소의 대상이 되는

47) 대법원 2013. 4. 26. 선고 2011다37001 판결도 동일하게 판시하였다.
대법원 2019. 4. 11. 선고 2018다203715 판결은, '사해행위 취소의 소와 원상회복청구의 소는 서로 소송물이 다르고, 1개의 소로써 제기할 경우 객관적 병합으로 보고 전자의 청구가 인용될 것을 조건으로 후자의 청구를 하는 것이다'라고 판시하였다.

사해행위는 채무자와 수익자 사이에서 행하여진 법률행위에 국한되며 수익자와 전득자 사이의 법률행위는 취소의 대상이 되지 않는다(대법원 2004. 8. 30. 선고 2004다21923 판결).[48]

채권자가 먼저 수익자를 상대로 채권자취소소송을 제기하여 승소판결을 받은 후에 따로 전득자에 대하여 채권자취소권을 행사하여 원상회복을 구하는 경우에도, 채권자는 민법 제406조 제2항이 정한 제소기간 내에 별도로 전득자에 대한 관계에서 채무자와 수익자 사이의 사해행위 취소를 소송상 공격방법의 주장이 아닌 법원에 소를 제기하는 방법으로 청구하여야 한다(대법원 2005. 6. 9. 선고 2004다17535 판결). 비록 채권자가 이미 수익자를 상대로 사해행위의 취소를 구하는 소를 제기하여 채무자와 수익자 사이의 법률행위를 취소하는 내용의 판결을 선고받아 확정되었더라도 그 판결의 효력은 그 소송의 피고가 아닌 전득자에게는 미치지 않기 때문이다.

(2) 전득자의 악의 대상 및 내용

이와 같이, 전득자를 상대로 사해행위 취소소송을 제기하는 경우에도, 그 취소의 대상은 수익자와 전득자 사이에서 이루어진 법률행위가 아니라 그 전 단계인 채무자와 수익자 사이에서 행하여진 법률행위이므로, 전득자의 악의의 대상이 구체적으로 무엇인지 문제된다.

전득자를 상대로 하는 취소소송에 있어서, 전득자의 악의는 전득행위 당시 취소를 구하는 법률행위 즉 채무자와 수익자 사이의 법률행위가 사해행위의 객관적 요건을 구비하였다는 것에 대한 인식을 의미하므로, 전득자의 악의 판단에서는 전득자가 전득행위 당시 채무자와 수익자 사이의 법률행위의 사해성을 인식하였는지만이 문제될 뿐이다. 수익자와 전득자 사이의 전득행위가 다시 채권자를 해하는 행위로서 사해행위의 요건을 갖추어야 하는 것이 아니고, 또한 수익자가 채무자와 수익자 사이의 법률행위의 사해성을 인식하였는지도 문제가 되지 않는다(대법원 2012. 8. 17. 선고 2010다87672 판결).

48) 대법원 2006. 7. 4. 선고 2004다61280 판결 및 2015. 6. 11. 선고 2014다237192 판결은, '채권자가 사해행위 취소로서 수익자를 상대로 채무자와의 법률행위의 취소를 구함과 아울러 전득자를 상대로 전득행위의 취소를 구함에 있어서 …'라고 표현하고 있지만, '전득행위의 취소를 구한다'는 것은 '전득자를 상대로 원상회복을 구한다'는 의미이다.

3. 사해행위 취소의 대상과 원상회복의 대상

(1) 부동산 물권변동에서의 취소 및 원상회복의 대상

우리 민법은 법률행위에 의한 부동산 물권변동에 있어서 등기를 그 효력요건으로 하는 성립요건주의(형식주의)를 채택하고 있는데(민법 제186조), 이 때 등기는 법률행위 이외에 법률에 의하여 요구되는 부동산 물권변동의 또 하나의 요건이 되는 것이다.

한편, 대법원판례는 물권행위의 독자성과 무인성을 인정하지 않고, 그 법률행위는 등기를 하는 것 자체에 관한 합의가 아니라 실체법상의 원인이 되는 행위를 가리킨다고 한다.[49] 또한, 대법원판례는, 어느 부동산에 관한 매매계약 기타 법률행위가 사해행위에 해당하는 경우에는 원칙적으로 그 사해행위를 취소하고 소유권이전등기의 말소 등 부동산 자체의 회복을 명하여야 한다는 입장을 확립하고 있다.[50]

따라서, 채무자의 부동산에 관한 처분행위에 대하여 채권자취소권이 문제되는 경우, 사해행위로서 취소의 대상이 되는 채무자의 법률행위는 물권변동의 원인이 된 매매계약, 근저당권설정계약 등 채권행위이고, 수익자 명의로 마쳐진 등기 부분은 원상회복의 대상으로 파악하여야 할 것이다.

(2) 변제와 사해행위 취소의 대상

채권자취소소송은 원인이 되는 사해행위를 취소하고 그 원인에 의하여 초래된 재산적 현상변동의 결과에 대하여 원상회복을 구하는 단계적 구조를 가진다고 볼 수 있다. 그런데, 결과적인 측면에서 볼 때, 변제는 원인행위에 의해 발생한 채권이 실현된 결과라고 할 수 있으므로, 변제는 원칙적으로 사해행위 취소의 대상이라기보다 원상회복의 대상으로 포착하는 것이 타당하다. 특히, 변제의 내용이 등기절차의 이행에 의한 물권의 변동일 경우 물권행위의 독자성과

---

49) 대법원 1999. 2. 26. 선고 98다50999 판결. 이 점에 관해서는 앞의 제2장 제3절 제 1.의 4.에서 상세하게 검토하였다.

50) 대법원 1996. 10. 29. 선고 96다23207 판결, 2010. 2. 25. 선고 2007다28819 판결 등.

무인성을 인정하지 않는 대법원판례의 입장에서 볼 때에는 더욱 그러하다.

대법원 2017. 9. 21. 선고 2015다53841 판결은, 채무자와 수익자 사이에 유체동산에 관하여 양도계약이 체결되고 그 후 약 3개월 뒤 그 인도가 이루어진 경우 이미 이루어진 법률행위(양도계약)에 기한 이행행위(인도)는 사해행위가 아니라고 판시하였는바, 이는 일반적으로 변제가 취소의 대상이 되는 사해행위에 해당하지 않는다고 판시한 것으로 볼 수 있다.

따라서, 다수의 대법원판결[51]이, '채무자가 채무초과상태에서 특정 채권자에게 채무의 본지에 따른 변제를 함으로써 다른 채권자의 공동담보가 감소되는 결과가 되는 경우에도, 이 같은 변제는 채무자가 특히 일부의 채권자와 통모하여 다른 채권자를 해할 의사를 가지고 변제를 한 경우를 제외하고는 원칙적으로 사해행위가 되지 않는다'고 서술한 부분은, 변제 일반에 관하여 사해행위에 해당한다고 판시한 것이 아니라 금전지급에 의한 변제에 한정하여 통모가 있는 경우에는 사해행위로서 취소의 대상이 될 수 있다고 판시한 것으로 이해하여야 할 것이다.[52]

4. 사해행위 취소와 원상회복과의 관계

(1) 사해행위 취소와 원상회복의 실질적 관계

채권자취소권을 행사하는 채권자의 주된 목적은 사해행위 취소 그 자체보다는 일탈한 책임재산의 회복에 있으므로, 기능적 측면에서 본다면 채권자취소권의 내용 중에서 원상회복이 목적이고 사해행위 취소는 그 목적 실현을 위한 수단이라고 볼 수 있다.

따라서, 채권자가 채무자의 부동산에 관한 사해행위를 이유로 수익자를 상대로 그 사해행위의 취소 및 원상회복을 구하는 소송을 제기한 후 소송계속 중에 복귀를 구하는 재산이 벌써 채무자에게 복귀한 경우에는, 특별한 사정이 없는 한 그 채권자취소소송의 목적은 이미 실현되어 더 이상 그 소에 의해 확보할 권리보호의 이익이 없어진다(대법원 2008. 3. 27. 선고 2007다85157 판결).

---

51) 대법원 2001. 4. 10. 선고 2000다66034 판결, 2005. 3. 25. 선고 2004다10985 판결 등.
52) 이에 관해서는 앞의 제3장 제 5.의 3.항에서 상세하게 검토하였다.

한편, 채무자의 사해행위로 인하여 재산적 현상의 변동이 일어나는 것이므로, 사해행위와 재산변동은 원인 결과의 관계에 있다고 볼 수 있다. 이러한 인과관계에 의해 재산변동의 결과를 원상으로 복귀시키기 위해서는 그 원인이 된 사해행위를 취소할 필요가 있다. 따라서, 채권자는 원상회복의 전제가 되는 사해행위의 취소가 없는 이상 원상회복청구권은 인정되지 않으므로 사해행위의 취소를 구함이 없이 원상회복만을 구할 수는 없다(대법원 2008. 12. 11. 선고 2007다69162 판결).

다만, 사해행위 취소소송이 반드시 시간적으로 선행되어야 하는 것은 아니라고 할 것이다. 예컨대, 사해행위에 의해 설정된 저당권의 목적부동산에 관하여 이미 경매절차가 진행되어 수익자인 저당권자에게도 배당이 이루어지는 배당표가 작성된 경우에는, 채권자로서는 사해행위인 채무자와 수익자 사이의 저당권설정계약에 대하여 취소소송을 제기하기 전이라도 일단 수익자에 대한 배당에 관하여 배당이의의 소를 제기한 다음에, 사해행위 취소의 소를 제기하는 것이 허용되어야 할 것이다.[53] 왜냐하면, 배당이의사유가 사해행위 취소인 경우에는 배당이의소송절차에서 단순히 공격방법으로 주장할 수 없고 독립한 소제기의 형식에 의해 주장하여야 하기 때문이다.[54]

(2) 사해행위 취소와 원상회복의 소송절차상의 관계

(가) 병합 청구

우리 민법상의 채권자취소권은 사해행위 취소의 형성권과 원상회복청구권의 결합이고, 그에 기한 소의 성질도 형성의 소와 이행의 소의 결합이라고 보는 것이 통설・판례이다.

형성의 소는 그 판결이 확정됨으로써 비로소 권리변동의 효력이 발생하게 되므로 이에 의하여 형성되는 법률관계를 전제로 하는 이행소송 등을 병합하여 제기할 수 없는 것이 원칙이다.[55] 그러나, 민법 제406조 제1항은 채권자가 사

53) 대법원 2013. 4. 26. 선고 2011다37001 판결의 사안 내용 참조.

54) 대법원 1993. 1. 26. 선고 92다11008 판결. 채권자취소소송과 배당이의소송과의 관계에 대해서는 뒤 제4절 제 7.의 2.에서 상세하게 검토한다.

55) 예컨대, 제권판결 불복의 소와 같은 형성의 소에 그 판결의 확정에 의하여 형성되는 법률관계를 전제로 하는 이행소송인 수표금 청구소송을 병합할 수 없고, 그 확정을 조건으로 하는 장

해행위의 취소와 원상회복을 법원에 청구할 수 있다고 규정함으로써 사해행위 취소를 구하는 형성소송에 그 취소를 전제로 하는 원상회복청구를 병합하여 제기할 수 있도록 허용하고 있다(대법원 2004. 1. 27. 선고 2003다6200 판결).

따라서 근저당권 설정계약이 사해행위로서 취소되는 경우 그 부분이 확정되지 않았다 하더라도 그 취소를 전제로 하여 원상회복으로서 수익자에 대하여 근저당권 말소등기 청구의 이행소송을 병합할 수 있고, 사해행위 취소 부분이 확정되지 않았다 하더라도 배당절차에서의 원상회복으로서 배당이의의 소를 제기할 수 있다.

(나) 순차적 청구

대법원 2001. 9. 4. 선고 2001다14108 판결은, 채권자는 민법 제406조 제1항에 따라 사해행위 취소와 원상회복을 청구하는 경우에 사해행위의 취소만을 청구한 다음 원상회복을 나중에 청구할 수 있고, 사해행위 취소 청구가 민법 제406조 제2항의 제소기간 내에 제기되었다면, 원상회복 청구는 그 기간이 지난 뒤에도 할 수 있다고 판시하였다.

다만, 위와 같은 법리는 사해행위 취소 청구의 상대방과 원상회복 청구의 상대방이 동일인인 경우에 한정하여 적용된다. 채권자가 먼저 수익자를 상대로 채권자취소소송을 제기하여 승소판결을 받은 다음, 별도로 전득자에 대하여 채권자취소권을 행사하여 원상회복을 구하는 경우에는 민법 제406조 제2항이 정한 제소기간 내에 별도로 전득자에 대한 관계에서 채무자와 수익자 사이의 사해행위에 대하여 취소소송을 제기하는 방법으로 청구하여야 한다(대법원 2005. 6. 9. 선고 2004다17535 판결). 비록 채권자가 이미 수익자를 상대로 사해행위의 취소를 구하는 소를 제기하여 채무자와 수익자 사이의 법률행위를 취소하는 내용의 판결을 선고받아 확정되었더라도 그 판결의 효력은 그 소송의 피고가 아닌 전득자에게는 미치지 않기 때문이다.

(다) 사해행위 취소만의 청구

채무자의 사해행위가 있었더라도 그 행위로 인하여 아직 실제의 재산변동이 일어나지 않은 경우에는 채권자는 그 사해행위의 취소만을 청구하는 것으로 족

래 이행의 소로서 수표금 청구를 병합할 수도 없다(대법원 2013. 9. 13. 선고 2012다36661 판결).

하고, 나아가 원상회복을 청구할 여지는 없다. 예컨대, 채무자의 채무면제가 사해행위에 해당하는 경우에는 그 채무면제를 취소하는 것만으로 목적을 달성할 수 있다.

대법원 2002. 10. 25. 선고 2000다64441 판결은, 채무자의 약속어음의 발행이 사해행위에 해당하는 경우, 그 어음을 발행받은 수익자가 약속어음에 관하여 공정증서를 작성 받는 등으로 채무명의(집행권원)를 얻었더라도, 아직 강제집행 절차가 종료되지 않은 경우에 있어서는 수익자가 어음채권을 취득한 것 외에 어떤 구체적인 수익을 얻었다고 할 수 없고 채무명의(집행권원)를 얻은 것 자체를 원상회복의 대상이 되는 수익에 해당한다고 할 수 없으므로, 그 채무명의(집행권원)의 반환이나 인도 등에 의한 원상회복을 청구할 여지는 없다고 판시하였다. 다만, 위 대법원판결은 그 채무명의(집행권원)에 의해 강제집행에까지 나아간 때에는, 채권자는 사해행위인 약속어음의 발행행위를 취소하고 강제집행의 결과 수익자가 얻은 환가금이나 추심금 또는 전부금의 반환이나 전부채권의 양도를 원상회복으로서 구할 수 있다고 판시하였다.

(라) 원상회복만의 청구

채권자가 민법 제406조 제1항에 따라 사해행위의 취소와 원상회복을 청구하는 경우 원상회복의 전제가 되는 사해행위의 취소가 없는 이상 원상회복청구권은 인정되지 않으므로 사해행위의 취소를 구함이 없이 원상회복만을 구할 수는 없다(대법원 2008. 12. 11. 선고 2007다69162 판결).

다만, 위 (1)항에서 언급한 바와 같이 사해행위 취소소송이 반드시 시간적으로 선행되어야 하는 것은 아니라고 할 것이다.

그리고, 위 (나)항에서 본 바와 같이, 채권자가 민법 제406조 제1항에 따라 사해행위의 취소와 원상회복을 청구하는 경우 동일인에 대해서는 사해행위의 취소만을 먼저 청구한 다음 원상회복을 나중에 청구할 수 있다.

제 4. 취소의 대상인 행위에 관한 구체적 고찰

1. 검토 범위와 사해행위 특정의 요소

(1) 검토범위

앞의 제 3.에서 살펴 본 바와 같이, 채권자취소권은 이론적인 측면에서는 그 실체법적 성질 및 소송물의 구성에 관해서 통합적으로 파악되고 있지만, 소송실무적 측면에서는 채권자취소권의 내용을 이루는 사해행위 취소와 원상회복청구를 사실상 분리하여 다루고 있다고 할 수 있다.

여기에서는, 채권자취소권의 내용을 이루는 사해행위 취소와 원상회복청구 중에서, 사해행위 취소가 인과적 측면에서 원상회복의 전제로 된다는 점에 주목하여, 먼저 사해행위 취소의 소송실무상의 구체적 모습에 관하여 검토하기로 한다.

한편, 채권자취소의 대상이 되는 채무자의 법률행위 및 재산권은 다양하고 그에 따라 구체적인 원상회복의 방법도 다양하며, 사해행위 취소의 구체적 모습은 원상회복의 구체적인 방법과 불가분적으로 결부되어 있다.

따라서 여기에서는, 소송실무상 자주 등장하는 등기절차 이행에 의한 원상회복의 원인이 되는 사해행위와 채권양도 및 약속어음 발행과 관련하여 사해행위 취소의 대상이 되는 행위에 관하여 청구취지 기재의 구체적 형태에 대해서 검토하기로 한다.[56]

(2) 청구취지의 특정과 사해행위의 법적 성격

민사소송에서의 처분권주의의 원칙에 따라, 채권자취소소송에 있어서도 소를 제기한 원고인 채권자는 청구취지로서 취소를 구하는 사해행위를 특정하여야 할 책임이 있다. 사해행위는 일반적으로 행위의 주체, 객체, 그리고 행위의 성립시기에 의해 특정된다고 할 수 있다.

나아가, 사해행위의 실체법적 성격이 사해행위 특정의 요소로 되는지 문제

56) 사해행위 취소에 따른 원상회복의 구체적 방법에 관해서는 뒤의 제5장에서 따로 상세하게 검토한다.

된다. 대법원 2005. 3. 25. 선고 2004다10985 판결은, 채권자가 채무자의 어떤 금전지급행위가 사해행위에 해당된다고 하여 그 취소를 청구하면서 다만 그 금전지급행위의 법률적 평가와 관련하여 증여 또는 변제로 달리 주장하는 것은 그 사해행위취소권을 이유 있게 하는 공격방법에 관한 주장을 달리하는 것일 뿐 소송물 또는 청구 자체를 달리하는 것으로 볼 수 없다고 판시하였다. 한편, 대법원 2016. 1. 28. 선고 2014다222725 판결은, 다른 사람의 예금계좌에 돈을 이체하는 등으로 송금하는 경우에 그 송금은 다양한 법적 원인에 기하여 행하여질 수 있는 것으로서 그 송금행위의 구체적인 법적 원인을 가리지 않고 그 송금사실만을 가지고 사해행위인지 여부를 판단할 수는 없다고 판시하였다. 사해행위의 실체법적 성격 내지 법률구성이 청구취지 특정의 요소로 되는지의 측면에서 볼 때, 위 대법원 2004다10985 판결은 소극적 입장을 취하고, 위 대법원 2014다222725 판결은 적극적 입장을 취한다고 이해할 수 있다.

채권자취소권의 대상이 되는 채무자의 행위는 원칙적으로 법률행위 또는 이에 준하는 행위로서 자연적 사실관계에서의 행위가 아니라 채무자의 의식내용과 결합된 법적 행위이므로, 소송의 심리과정이나 적어도 변론종결 단계에서는 채권자취소권의 대상인 사해행위에 대하여 법률적 원인 또는 구성을 명확하게 하여야 할 것이다.

소송실무상 채무자의 금전지급행위가 증여인지 변제인지 불분명한 경우에, 취소소송을 제기한 채권자로서는 일단 증여라고 주장하는 것이 증명책임과의 관계에서 유리할 수 있다. 왜냐하면, 변제라고 주장하는 경우에는 채권자로서는 수익자 및 채무자에게 채권자를 해하는 통모가 있었다는 특별한 사정까지 입증하여야 하기 때문이다.57) 그리고, 채권자가 제소기간에 임박하여 취소소송을 제기함에 있어 우선 막연히 금원지급행위에 대하여 취소를 구하였다가 제소기간 경과 후 변론종결시까지 증여 또는 변제 등 그 법률적 성격을 명확하게 한 이상 전체적으로 제소기간 준수의 효력이 인정된다.58)

---

57) 대법원 2007. 5. 31. 선고 2005다28686 판결. 이에 관해서는 앞의 제3장 제 5.의 3. 및 4.항에서 상세하게 검토하였다.

58) 대법원 2005. 3. 25. 선고 2004다10985 판결.

2. 등기부에 기재된 등기원인 등과의 관계

(1) 등기부의 추정력

부동산등기는 그것이 형식적으로 존재하는 것 자체로부터 적법한 등기원인에 의하여 마쳐진 것으로 추정되고,[59] 또 사해행위의 존재시점도 일단 처분문서에 기초한 것으로 보이는 등기부상 기재된 등기원인일자를 중심으로 판정한다.[60] 따라서, 소송실무상 증명책임과의 관계에서 채권자는 일단 등기부에 기재되어 있는 원인일자 및 원인행위에 따라 사해행위를 특정하는 것이 유리하다.

한편, 대법원판례는 물권행위의 독자성과 무인성을 인정하지 아니하므로, 부동산 물권변동의 경우 그 원인이 된 매매계약, 저당권설정계약 등 채권행위가 취소의 대상인 사해행위에 해당한다.

(2) 등기부의 기재가 실제와 다른 경우

등기부에 기재된 원인일자와 원인행위가 실제와 다른 경우가 있다. 예컨대, 채무자가 등기를 신청할 즈음에 실제로 사해행위에 해당하는 등기원인행위를 하였으면서도 그 원인문서에 일자를 소급하여 기재함으로써 등기부상 기재된 원인일자가 실제 일자보다 소급하여 기재되거나, 채무자가 본래의 급부에 갈음하는 대물변제로써 부동산의 소유권을 이전하였으면서 등기를 신청함에 있어서는 매매를 원인으로 함으로써 등기부상 매매가 원인행위로 기재된 경우 등이다.

이와 같이 사해행위에 해당하는 법률행위가 실제로 이루어진 일자가 등기부에 기재된 원인일자와 다르거나, 실제로 이루어진 법률행위의 성격이 등기부에 기재된 원인행위와 다른 경우, 사해행위 요건의 구비 여부 등의 판단은 실제로 법률행위가 이루어진 일자 및 성격을 기준으로 한다.[61]

소송실무상, 채무자의 실제 사해행위 일자와 등기부상 기재된 원인일자 사

---

59) 대법원 2015. 10. 29. 선고 2012다84479 판결, 2008. 4. 24. 선고 2007다90883 판결.

60) 대법원 2010. 2. 25. 선고 2007다28819 판결. 사해행위의 존재시점은 사해행위의 특정을 위해서 뿐만 아니라 제소기간의 기산점이 되고 사해행위 요건 구비의 판단시점이 된다는 점에서 중요한다. 이에 관해서는 앞의 제2장 제3절 제 3.에서 상세하게 검토하였다.

61) 사해행위 존재시점의 판정 기준에 관해서는 대법원 2010. 2. 25. 선고 2007다28819 판결. 사해행위 성격의 판단에 관해서는 대법원 2009. 9. 10. 선고 2008다85161 판결 참조.

이에 상당한 시간적 간격이 있어 제소기간 도과 여부 등이 문제되는 경우에, 채권자로서는 등기부상 기재된 원인일자에 관하여 경험칙상 비정상적 사정이 있음을 소명하는 방법으로 등기부상 기재된 원인일자가 실제의 사해행위 일자보다 소급되어 있고 실제로는 등기신청시에 즈음하여 사해행위가 이루어졌음을 주장하여야 한다.62)

또한, 소송실무상 심리과정에서 채무자의 사해행위의 성격이 등기부에 기재된 원인행위와 다른 것으로 밝혀진 경우 예컨대, 등기부에는 원인행위로서 매매라고 기재되어 있는데 실제로는 대물변제, 명의신탁, 이혼에 따른 재산분할 등임이 밝혀진 경우에는, 사해행위 성립의 구체적 요건 등에 관해서 실제의 법률행위의 성격에 따라 공격방어가 이루어져야 할 것이다.

(3) 등기부상 표시가 실제와 다른 경우의 청구취지 기재

위에서 본 바와 같이, 등기부에 기재된 원인일자와 원인행위가 실제와 다른 경우 사해행위 성립의 구체적 요건 등에 관해서는 실제의 일자 및 행위의 성격에 따라 공격방어가 이루어지는 것이지만, 원고인 채권자가 소송상 청구취지로서 사해행위임을 이유로 취소를 구하는 법률행위를 특정함에 있어서는 등기부에 기재된 원인행위 및 일자에 맞추어 기재하는 것이 유용하다.

왜냐하면, 예컨대 사해행위 취소에 따른 원상회복으로서 말소등기절차의 이행을 청구하여 승소확정판결을 받는 경우, 판결문상의 등기의 목적인 권리의 표시가 등기부의 기재와 일치하여야만 별다른 문제없이 등기가 실행될 수 있기 때문이다. 대법원 2002. 7. 26. 선고 2001다73138 판결의 사안내용에서도, 실제 사해행위일(처분합의일)은 1995. 6. 14.인데, 판결주문에서는 취소의 대상인 법률행위를 등기부에 기재된 원인일자인 1992. 1. 5. 매매라고 표시한 것에 위법이 없다고 하였다.

---

62) 예컨대, 소유권의 등기명의인이 등기의무자인 경우 등기신청시에 등기의무자의 인감증명을 제출하여야 하는데 그 인감증명의 유효기간은 발행일로부터 3개월 이내의 것이어야 하는 점(부동산 등기규칙 제60조 제1항 제1호, 제62조)에 비추어, 등기부상의 등기접수일자와 원인행위일자 사이에 3개월을 초과하는 간격이 있는 경우에는 원인행위일자를 소급한 것으로 추단하더라도 무방할 것이다.

3. 가등기에 기한 본등기의 경우

가등기에 기하여 본등기가 경료된 경우 가등기의 원인인 법률행위와 본등기의 원인인 법률행위가 명백히 다른 것이 아닌 한 사해행위 요건의 구비여부는 가등기의 원인인 법률행위 당시를 기준으로 판단한다(대법원 2009. 6. 11. 선고 2007다4004 판결).

그런데, 등기실무상, 채무자 "을" 소유의 부동산에 관하여 수익자 "병"이 소유권이전청구권 가등기를 경료한 후 채권자 "갑"이 사해행위 취소 및 가등기 말소 청구소송을 제기하여 승소판결을 받아 위 판결이 확정되었으나 위 재판절차 진행 중 "병"이 위 가등기에 기하여 본등기를 경료하였을 경우, 본등기의 말소를 명하는 판결이 아닌 위 판결로서는 본등기의 말소를 신청할 수 없고, 또 본등기가 경료된 이후에는 가등기만의 말소신청도 할 수 없다.[63]

따라서, 가등기에 기한 본등기가 마쳐진 부동산에 관하여 채권자가 채권자취소소송을 제기함에 있어서는 가등기 및 본등기의 원인행위의 취소와 가등기 및 본등기의 말소등기절차의 이행을 모두 구하여야 할 것이다.

그러나, 가등기에 기한 본등기 절차에 의하지 아니하고 별도의 소유권이전등기를 경료 받은 경우에 있어서는 특별한 사정이 없는 한 그 별도의 소유권이전등기를 가등기에 기한 본등기와 동일하게 볼 수 없으므로,[64] 위와 같은 경우에는 가등기 및 본등기에 관하여 각기 그 원인행위 당시를 기준으로 사해행위 요건의 구비여부를 판단하여야 할 것이다.

다만, 대법원 2014. 3. 27. 선고 2013다1518 판결은, 매매예약 완결에 의하여 가등기에 기한 본등기 절차에 의하지 아니하고 별도의 매매계약에 의하여 소유권이전등기가 이루어진 경우에도 그 가등기가 담보가등기의 성질을 가진 때에는 가등기 원인과 본등기 원인을 동일하게 본 점에 유의하여야 한다. 즉, 위 대법원판결은, "을"이 "병"에 대한 채무담보를 위하여 자신의 부동산에 매매예약을 원인으로 가등기를 마쳐두었다가 그 후 채무변제에 갈음하기 위하여 별

---

63) 등기선례 제6-449(제정 1999. 3. 10.)
64) 대법원 2002. 7. 26. 선고 2001다73138 판결.

도의 매매계약을 원인으로 가등기에 기한 본등기의 방식으로 소유권이전등기를 마쳐준 사안에서, 위 매매예약은 담보가등기이고 위 매매계약은 가등기의 피담보채무의 회수를 위하여 이루어진 것으로서 서로 명백히 다른 법률행위에 해당하지 않는다는 이유로 사해행위 요건의 구비 여부는 가등기의 원인인 매매예약 당시를 기준으로 판단하여야 한다고 하였다.

말소되어야 할 가등기를 유용하여 본등기를 한 경우에 관하여 본다. 채무자 "을"은 그 소유인 부동산에 관하여 수익자 "병1"과 사이에 매매예약을 체결하고 "병1" 앞으로 소유권이전등기청구권을 보전하기 위한 가등기를 마쳐주었다. 그 후 채무자 "을"은 "병1"의 매매예약 완결일로부터 10년이 경과하여 소멸시효가 경과한 다음 자신의 유일한 재산인 같은 부동산에 관하여 "병2"와 사이에 새로운 매매계약을 체결하고 가등기 이전의 부기등기와 매매를 원인으로 한 소유권이전의 본등기를 마쳐주었다. 이러한 경우, 채권자 "갑"이 사해행위로서 취소를 구하는 대상이 되는 법률행위는 무엇이고, 가등기의 말소를 구하는 방법은 무엇인가.

대법원 2021. 9. 30. 선고 2019다266409 판결은, '채무자가 유일한 재산인 부동산에 관하여 가등기의 효력이 소멸한 상태에서 새로 매매계약을 체결하고 말소되어야 할 가등기를 기초로 하여 본등기를 한 행위는 가등기의 원인인 법률행위와 별개로 일반채권자의 공동담보를 감소시키는 것으로 채권자취소권의 대상인 사해행위이고, 이 때 본등기의 원인인 새로운 매매계약을 기준으로 사해행위 여부나 제척기간의 준수 여부를 판단해야 한다'고 판시하였다. 또한, 위 대법원판결은, '채무자 "을"과 수익자 "병2"가 말소되어야 할 가등기를 유용하기로 한 합의는 매매계약의 이행방법을 합의한 것에 불과하여 사해행위로 취소되는 매매계약에 포함되고, 매매계약이 취소됨에 따라 그 합의도 취소되었다고 보아야 하므로, 채권자 "갑"은 채무자 "을"을 대위하여 가등기의 말소를 청구할 수 있다'고 판시하였다.

4. 혼동에 의해 선행 제한물권 등기가 말소된 경우

예컨대, 채무자 "을"이 채무초과상태에서 자신 소유 부동산에 관하여 수익자

"병"과 사이에 근저당권설정계약을 체결하고 근저당권설정등기를 마친 다음, 이어서 매매계약을 체결하고 소유권이전등기를 마침으로써 그 후 "병" 명의의 근저당권설정등기가 혼동에 의하여 말소된 경우에, 채권자 "갑"은 사해행위로서 매매계약 뿐만 아니라 혼동에 의해 소멸된 근저당권의 설정계약에 대해서도 취소를 구하여야 할 것이다. 왜냐하면, 등기실무상 근저당권자가 소유권을 취득하면 그 근저당권은 혼동에 의해 소멸하지만 그 뒤 그 소유권취득이 무효인 것으로 밝혀지면 소멸되었던 근저당권은 당연히 부활하므로,[65] 현재 말소된 상태에 있는 근저당권설정등기에 관해서는 원상회복으로서 말소절차의 이행을 청구할 이익은 없지만, 나중에 소유권이전등기가 말소되면 부활하는 근저당권설정등기에 관하여 말소를 구하는 원상회복의 전제로서 그 설정계약에 대해서도 매매계약의 취소와 함께 제소기간 내에 취소를 구할 필요가 있기 때문이다.

위와 같은 경우, 채권자 "갑"이 제1심에서 수익자 "병"을 피고로 하여 "을"과 사이에 체결된 근저당권설정계약 및 매매계약의 취소와 "병" 명의로 마쳐진 소유권이전등기의 말소를 청구하여 승소하였는데, 항소심에서 사해행위인 근저당권 설정계약 취소에 따른 원상회복으로서 근저당권설정등기의 말소 청구를 추가하는 경우 그 추가 청구 부분에 대해서는 제소기간의 제한이 적용되지 않는다.[66]

이상에서 검토한 법리는 근저당권설정등기 후 동일인에게 소유권이전등기가 마쳐진 경우뿐만 아니라 널리 부동산에 관한 제한물권 설정 후 동일인에게 소유권이 귀속됨으로써 제한물권이 원칙적으로 혼동에 의해 소멸하는 경우에 일반적으로 적용될 수 있다고 할 것이다.

---

65) 대법원 1971. 8. 31. 선고 71다1386 판결. 등기예규 제183호(근저당권의 부활과 이해관계인의 회복등기 승낙의무).

66) 대법원 2001. 9. 4. 선고 2001다14108 판결의 사안 내용이다. 다만, 위와 같은 법리는 사해행위 취소 청구의 상대방과 원상회복 청구의 상대방이 동일인인 경우에 한정하여 적용된다고 할 것이다. 다음의 제3절 제 2.의 1.항에서 보는 바와 같이, 채권자가 먼저 수익자를 상대로 채권자취소소송을 제기하여 승소판결을 받은 다음, 별도로 전득자에 대하여 채권자취소권을 행사하여 원상회복을 구하는 경우에는 민법 제406조 제2항이 정한 제소기간 내에 별도로 전득자에 대한 관계에서 채무자와 수익자 사이의 사해행위에 관하여 취소소송을 제기하는 방법으로 청구하여야 한다(대법원 2005. 6. 9. 선고 2004다17535 판결).

5. 상속재산 분할의 경우

상속재산 분할협의는 공동상속인 사이에 잠정적 공유상태인 상속재산에 대하여 그 귀속을 확정시키는 것으로서 성질상 재산권을 목적으로 하는 법률행위이므로 채권자취소권 행사의 대상이 될 수 있으나, 그 재산분할의 결과가 채무자의 구체적 상속분에 상당하는 정도에 미달하는 과소한 경우에 그 미달되는 부분에 한정하여 사해행위로서 취소된다(대법원 2007. 7. 26. 선고 2007다29119 판결).[67]

등기실무상, 상속재산 분할협의에 따른 등기는 상속등기로 취급되어 등기부에 등기원인으로서 '협의분할로 인한 상속'이라고 기재하고, 등기원인일자로서는 분할협의에 소급효가 있음(민법 제1015조)을 이유로 '상속개시일자 즉 피상속인의 사망일자'를 기재한다.[68] 따라서 상속재산 분할협의의 경우에는 등기부에 기재된 등기원인 및 일자는 사해행위에 해당하는 법률행위를 특정하여 표시하는 방법으로서는 부적절하다.

채권자는 상속재산 분할협의에 관하여 소장의 청구취지에서 사해행위를 특정함에 있어 등기부에 기재된 원인일자(상속개시일자)가 아니라 공동상속인들 사이에서 실제로 분할약정이 체결된 일자를 특정하여 표시하고, 취소의 대상인 행위에 관해서도 등기부에 기재된 '협의분할에 의한 상속'이 아니라 '상속재산 분할협의 약정(또는 계약)'이라고 표현하는 것이 바람직하다.[69]

채권자가 채권자취소의 소 제기 당시에 공동상속인들 사이에서 실제로 분할약정이 체결된 일자를 알 수 없는 경우에는 일단 등기부에 기재된 원인일자(상속개시일자) 또는 등기신청 접수일자로써 특정하는 것도 가능하다고 본다.[70] 분할약정의 체결일자는 사해행위를 특정하는 하나의 보충적 기준일 뿐이므로 소송 진행 과정에서 상대방에게 석명을 구하는 방법으로 용이하게 보정할 수 있

---

67) 이 점에 관해서는 앞의 제3장 제 10.의 3.에서 상세하게 검토하였다.

68) 등기예규 제438호(상속재산을 협의분할할 때의 등기원인일자).

69) 상속재산 분할의 경우에는 이와 같이 사해행위 특정에 관해서 유의할 점이 있고, 원상회복으로서의 등기에 관해서도 유의할 점이 있는데 이에 대해서는 뒤의 제5장 제2절 제 1.의 4.에서 따로 상세하게 검토한다.

70) 실제 체결일자는 피상속인 사망일(상속개시일) 후 등기접수일 전 사이의 어느 시점일 것이다.

고, 또한 체결일자에 관하여 청구취지에 기재된 대로 당사자 사이에 다툼이 없는 것으로 정리하는 것도 가능할 것이다.

그리고, 상속재산 협의분할의 경우 일반적으로 '상속재산 분할협의서'라는 문서가 작성되고, 협의분할에 의한 상속등기를 신청하는 경우 상속인 전원의 인감증명이 필요하다(부동산등기규칙 제60조 제1항 제6호). 따라서, 상속재산 협의분할약정을 체결한 일자가 특별히 쟁점으로 되었을 경우에는 상대방에 대한 문서제출명령신청, 관할 등기소에 대한 사실조회 및 문서송부촉탁신청 등에 의하여 밝힐 수 있을 것이다.

6. 채권양도의 경우

채권양도는 채권의 이전 그 자체를 목적으로 하는 준물권계약으로서 채권이전의 채무를 발생하게 하는 원인행위 예컨대, 채권의 매매, 증여, 대물변제 예약, 담보제공 등과는 이론상 별개의 행위이다. 다만, 채권양도는 실제로는 그 원인행위와 합체되어 행하여지는 것이 보통이고, 원인행위의 효력과 법률적 운명을 같이 하는 것이 원칙이다.

채권양도가 사해행위에 해당하는지 여부는 앞의 제3장 제 5. 등에서 상세하게 검토한 바와 같이, 채권의 매각, 담보제공, 대물변제 예약 등 그 구체적 원인 또는 목적에 따라 다르므로, 사해행위 성립의 구체적 요건 등에 관해서는 채권양도의 실제 원인에 따라 공격방어가 이루어진다.

그러나, 소송실무상, 채권자가 채권양도에 관해서 사해행위 취소를 구함에 있어서는 청구취지로서 그 취소의 대상을 원인행위로 기재하지 않고,[71] 채권양도의 구체적 원인이 무엇이든 양도의 목적이 된 채권을 표시하고(대부분 별지에 기재한다), 「별지 기재 채권에 관하여 수익자 "병"과 채무자 "을" 사이에 2017년 ○월 ○일 체결된 채권양도계약을 취소한다」라는 기재형태를 취한다.

채무자의 수익자에 대한 채권양도가 사해행위로 취소되는 경우, 수익자가 제3채무자에게서 아직 채권을 추심하지 아니한 때에는, 채권자는 사해행위 취소

71) 이 점이 부동산물권변동의 경우와 다르다. 부동산물권변동의 경우에는 사해행위로서 취소를 구하는 행위는 물권변동의 원인행위인 매매, 증여, 저당권설정계약 등이다.

에 따른 원상회복으로서 수익자가 제3채무자에게 채권양도가 취소되었다는 취지의 통지를 하도록 청구한다(대법원 2015. 11. 17. 선고 2012다2743 판결).72)

위와 같은 「수익자는 제3채무자에게 채권양도가 취소되었다는 취지의 통지를 하라」는 원상회복의 방법은 뒤의 제5장에서 보는 바와 같이 사해행위인 근저당권설정계약의 취소와 원상회복으로서 그 등기의 말소를 청구하였다가 소송 진행 중에 목적 부동산에 관하여 경매절차가 진행되어 배당이 이루어진 경우 그 원상회복 방법을 변경하는 청구취지 기재형태와 차이가 있음에 유의할 것이다. 배당이 이루어진 경우에는 「수익자는 채무자에게 별지 기재 배당금 출급채권을 양도하고, 대한민국(○○법원 세입세출 외 현금출납공무원)에게 위 채권양도사실을 통지하라」는 기재형태를 취한다.73)

한편, 우리 민법상 저당권은 피담보채권과 분리하여 양도할 수 없고 피담보채권과 함께 양도하여야 하므로(민법 제361조 저당권의 부종성), 저당권부 또는 근저당권부 채권의 양도에는 부동산 물권변동에 관한 규정과 채권양도의 규정이 모두 적용된다. 이러한 특수성은 채무자와 수익자 사이의 저당권부 또는 근저당권부 채권의 양도계약이 사해행위에 해당하는 경우, 소송상 청구취지를 기재함에 있어서도 유의하여야 할 부분이다.74)

예컨대, 채무자 "을"이 자신의 "무"에 대한 채권을 담보하기 위하여 "무" 소유의 부동산에 관하여 근저당권을 설정하였는데, 그 피담보채권 확정 후 채무초과상태에서 피담보채권을 수익자 "병"에게 양도하고 "병" 앞으로 근저당권 이전의 부기등기를 마쳐 준 사안에 관하여 본다. 이와 같은 사안에서 소송상 사해행

---

72) 그러나, 사해행위에 해당하는 채권양도가 채권자에 의하여 취소되기 전에 이미 채권양수인인 수익자가 제3채무자로부터 그 채권을 변제받는 등으로 양도채권이 소멸된 때에는, 채권자는 원상회복의 방법으로 수익자를 상대로 채권양도의 취소와 함께 변제로 수령한 금전의 지급을 가액반환의 방법으로 청구할 수 있다고 할 것이다(대법원 2002. 10. 25. 선고 2002다42711 판결 참조).

73) 이와 같은 차이점을 비롯하여 채권양도의 취소와 원상회복에 관한 문제에 관해서는 뒤의 제5장 제2절 제 6.에서 상세하게 검토한다.

74) 근저당권의 피담보채권이 확정되기 전에는 근저당권의 기초가 되는 기본계약상의 지위가 양도됨에 따라 근저당권이 이전되는 경우이고, 이 때 등기원인으로서는 '계약 양도' 또는 '계약의 일부 양도'라고 기재한다. 그리고, 근저당권의 피담보채권액이 확정된 후에 그 피담보채권의 전부 또는 일부의 양도로 인한 근저당권 이전등기를 하는 경우에는 채권양도에 의한 저당권이전등기에 준하고, 이 경우 등기원인으로서는 '확정채권 양도' 또는 '확정채권 일부양도'라고 기재한다(등기예규 제1656호, 근저당권에 관한 등기사무처리지침).

위 취소에 관한 청구취지로서는 「별지 기재 근저당권부 채권에 관하여, 채무자 “을”과 수익자 “병” 사이에 2017년 ○월 ○일 체결된 ‘확정채권 양도계약’ 및 ‘근저당권 양도계약’을 취소한다」라는 기재형태가 될 것이다. 그리고 원상회복의 방법에 관한 청구취지로서는 「수익자 “병”은 제3채무자 “무”에게 위 채권양도계약이 취소되었다는 취지의 통지를 하라」 및 「수익자 “병”은 채무자 “을”에게 ○○등기소 2017년 ○월 ○일 접수 제○○○호로 마친 근저당권이전등기의 말소등기절차를 이행하라」라는 기재형태가 될 것이다.

7. 약속어음 등에 대해 공정증서를 작성한 경우

채무자가 약속어음을 발행함으로써 새로운 채무를 부담하게 되는 경우에 그 채무부담으로 인하여 채무자가 채무초과상태에 빠지거나 이미 빠져 있던 채무초과상태가 더욱 심화된다면 그 약속어음의 발행은 다른 채권자를 해하는 사해행위에 해당하지만, 채무자가 기존 채무의 지급을 위하여 약속어음을 발행한 경우에는 약속어음의 발행 자체에 의해서는 채무자의 채무가 새로이 증가되는 것이 아니므로 특별한 사정이 없는 한 그 약속어음의 발행이 사해행위에 해당한다고 할 수 없다.[75]

한편, 주류적 대법원판례는 채무자가 특정 채권자에 대한 기존 채무의 변제를 위하여 약속어음을 발행하고 이에 관하여 공정증서가 작성된 경우에, ‘그와 같은 행위로 인해 채무자의 책임재산을 특정 채권자에게 실질적으로 양도한 것과 다를 바 없는 것으로 볼 수 있는 특별한 사정이 있을 때’에는 그 약속어음의 발행이 다른 일반채권자에 대한 관계에서 사해행위가 된다고 판시하고 있다.[76]

채무자의 약속어음 발행 자체가 사해행위로 되는 경우에 취소의 대상은 약속어음 발행행위임은 물론이지만, 약속어음에 대하여 공정증서가 작성됨으로써 사해행위로 되는 경우에도 취소의 대상은 공정증서 작성행위가 아니라 약속어

75) 대법원 2002. 10. 25. 선고 2000다64441 판결, 어음 발행에 의해 새로운 채무를 부담하는 대표적인 사례로서는 오직 타인의 자금융통 목적으로 약속어음(융통어음)을 발행하는 경우를 들 수 있다.

76) 대법원 2011. 12. 22. 선고 2010다103376 판결 등, 이 점에 관해서는 앞의 제3장 제 12. 에서 상세하게 검토하였다.

음 발행행위이다. 약속어음에 대하여 공정증서가 작성되었다고 하더라도 공정증서의 작성은 공증인의 행위이지 채무자의 행위는 아니기 때문이다.

한편, 공정증서는 어음 · 수표에 대해서 뿐만 아니라 채무자와 특정 채권자가 그들 사이에 기존에 있던 금전대차에 관해서 체결하는 소비대차계약증서에 대해서 작성되는 경우가 많은데, 이러한 경우에도 취소의 대상은 소비대차계약이 된다.

제 3 절 소 제기 기간

제 1. 기간의 성격

1. 제척기간과 채권자취소권 소멸

채권자취소의 소는 채권자가 취소원인을 안 날로부터 1년, 법률행위 있은 날로부터 5년 내에 제기하여야 한다(민법 제406조 제2항). 위 1년 및 5년의 기간은 제척기간의 성질을 가지는 것으로서, 두 기간 중 어느 하나가 경과하면 채권자취소권은 확정적으로 소멸한다.[77] 채권자취소권에 관하여 그 제척기간을 일반의 취소권에 관한 제척기간 즉 '추인할 수 있는 날로부터 3년, 법률행위를 한 날로부터 10년'(민법 제146조)보다 단기로 규정한 것은 채권자취소권이 의사표시에 흠이 없는 유효한 법률행위도 대상으로 하고 제3자에게 미치는 영향이 크기 때문에 법률관계를 조속하게 확정시킬 필요가 있기 때문이다.

일반적으로 제척기간은 소급효가 없고 기간 진행에 중단 제도가 없는 점이 소멸시효와 다르다. 따라서 채권자취소소송에 앞서 가압류·가처분 등 보전처분을 해 놓은 경우라도 기간 진행이 중단되지 않으므로 반드시 그 기간 내에 채권자취소의 소를 제기하여야 한다. 또한 제척기간은 소송상 당사자의 주장이 없더라도 법원이 직권으로 판단하지만, 소멸시효는 당사자의 주장이 있어야 법원이 판단한다는 점에서 다르다.

이상 살펴 본 제척기간은 실체법상 채권자취소권 소멸의 주요한 원인이다. 그 밖에 채권자취소권 소멸사유로서는 변제 또는 회생계획에 의한 면제 등에 의해 피보전채권이 소멸한 경우,[78] 채무자가 채권자취소소송의 사실심 변론종결

---

77) 대법원 2012. 12. 26. 선고 2011다60421 판결, 2014. 8. 20. 선고 2012다47074 판결 등 참조.

시에 자력을 회복하거나 채권자가 사해행위 후 채권전액에 관하여 우선변제권을 확보하는 등 사해성이 소멸한 경우[79] 등을 들 수 있다.

2. 소송요건으로서의 제소기간

채권자취소권의 행사기간은 제소기간으로서 소송요건이므로 법원은 그 준수 여부에 관하여 직권으로 조사하여 그 기간이 도과된 후에 제기된 채권자취소의 소는 부적법한 것으로 각하하여야 한다(대법원 2001. 2. 27. 선고 2000다44348 판결).

3. 직권조사사항의 증명책임과 석명의무와의 관계

채권자취소권의 행사기간은 제소기간으로서 소송요건이므로 법원의 직권조사사항이다.

일반적으로 직권조사사항은 법원이 당사자의 항변이 없다고 하더라도 현출된 모든 소송자료를 통하여 직권으로 조사할 수 있다는 점에서 단순한 항변사항과 다르다. 예컨대, 임의관할 위반 등은 당사자의 주장이 없는 한 법원이 직권으로 조사할 필요가 없다(민사소송법 제30조). 한편, 직권조사사항은 법원이 판단의 기초자료인 사실과 증거를 직권으로 탐지할 의무까지는 없다는 점에서 직권탐지사항과 다르다. 예컨대, 법규의 존재 여부는 법원의 직권탐지사항이므로 당사자에게 입증책임을 돌릴 수 없지만,[80] 직권조사사항에 관해서는 그 사실의 존부가 불명한 경우에는 입증책임의 원칙이 적용된다.[81]

따라서, 채권자취소권 행사기간의 준수 여부에 관하여 의심이 있는 경우에는 법원이 현출된 모든 소송자료를 통하여 직권으로 증거조사를 할 수 있으나, 그 기간이 도과하였다고 의심할 만한 사정이 발견되지 않는 경우까지 법원이 직권으로 추가적인 증거조사를 하여 기간 준수 여부를 확인하여야 할 의무는 없고(대법원 2001. 2. 27. 선고 2000다44348 판결), 그 기간 도과에 관한 증명책임은

---

78) 대법원 2017. 10. 26. 선고 2015다224469 판결.

79) 대법원 2009. 3. 26. 선고 2007다63102 판결, 2014. 7. 10. 선고 2013다50763 판결.

80) 대법원 1981. 2. 10. 선고 80다2189 판결(당시의 외국인토지법령상 외국인의 권리취득을 제한하는 지정지구로 규정된 지역 내의 토지인지 여부).

81) 대법원 1997. 7. 25. 선고 96다39301 판결.

채권자취소소송의 상대방에게 있다(대법원 2012. 12. 26. 선고 2011다60421 판결).

한편, 민사소송법 제136조 제1항 및 제4항의 규정 취지에 따라,82) 만일 당사자가 전혀 의식하지 못하거나 예상하지 못하였던 법률적 관점을 이유로 법원이 청구의 당부를 판단하려는 경우에는 그에 대하여 당사자에게 의견 진술의 기회를 주어야 하며, 그와 같이 하지 않고 예상 외의 재판으로 당사자 일방에게 불의의 타격을 가하는 것은 석명의무를 다하지 아니한 것이다.

따라서, 사해행위 취소소송에서 그 제소기간의 도과 여부가 당사자 사이에 쟁점으로 된 적이 없음에도, 법원이 당사자에게 의견 진술의 기회를 부여하거나 석명권을 행사함이 없이 제소기간의 도과를 이유로 소를 각하하는 것은 민사소송법 제136조에 위반한 재판이 된다(대법원 2006. 1. 26. 선고 2005다37185 판결).

대법원 2006. 1. 26. 선고 2005다37185 판결은, 당사자 사이에는 부동산의 처분행위가 사해행위에 해당하는지 여부 및 수익자에게 채권자를 해할 의사가 있었는지 여부에 대해서만 다투어졌을 뿐, 취소소송의 제소기간 도과 여부에 관해서는 전혀 쟁점으로 된 바 없었는데도, '부동산에 관하여 사해행위 취소소송 등 법적 조치를 취하더라도 이의를 제기하지 않겠다'는 취지의 확인서가 당사자 사이에 교부되었음을 근거로 위 확인서를 작성한 날로부터 1년이 경과한 후에 제기된 취소의 소는 제척기간을 도과하여 부적법하다고 판단한 원심판결에 대해서, 위와 같은 석명의무 위반 및 심리미진의 위법이 있음을 들어 파기하였다.

---

82) 민사소송법 제136조 제1항은 '재판장은 소송관계를 분명하게 하기 위하여 당사자에게 사실상 또는 법률상의 사항에 대하여 질문할 수 있고, 증명하도록 촉구할 수 있다.'라고 규정하고, 제4항은 '법원은 당사자가 간과하였음이 분명하다고 인정되는 법률상의 사항에 관하여 당사자에게 의견을 진술할 기회를 주어야 한다'고 규정하고 있다.

제 2. 제소기간의 구체적 적용

1. 전득자에 대한 소송

(1) 전득자에 대하여 별도로 채권자취소소송을 제기하는 경우

채권자가 수익자를 상대로 채권자취소소송을 제기하는 경우에 앞서 본 제소기간이 적용됨은 물론이다. 전득자를 상대로 채권자취소소송을 제기하는 경우에 제소기간의 적용기준에 관하여 본다.

전득자를 상대로 원상회복을 청구하더라도 취소의 대상이 되는 사해행위는 채무자와 수익자 사이에서 행하여진 법률행위에 국한되고 수익자와 전득자 사이의 법률행위는 취소의 대상이 되지 않으며(대법원 2004. 8. 30. 선고 2004다21923 판결), 민법 제406조 제2항이 정한 기간 내에 별도로 전득자에 대한 관계에서 채무자와 수익자 사이의 사해행위 취소를 소송상 공격방법이 아닌 소를 제기하는 방법으로 청구하여야 한다(대법원 2005. 6. 9. 선고 2004다17535 판결).

따라서, 채권자취소소송의 상대방이 전득자인 경우에도 사해행위는 언제나 채무자와 수익자 사이의 법률행위를 가리키고 별도의 소로써 그 취소를 구하여야 하므로, 채권자는 전득행위가 존재함을 알았을 때가 아니라 채무자와 수익자 사이의 사해행위를 안 날로부터 1년 내에 전득자를 상대로 채권자취소소송을 제기하여야 한다.83)

대법원 2005. 6. 9. 선고 2004다17535 판결의 사안요지는, 채권자 "갑"이 1998. 6.경 수익자 "병"을 상대로 채무자 "을"과 "병" 사이의 1997. 4. 10.자 부동산 매매계약 및 그에 기한 소유권이전등기에 관하여 사해행위임을 이유로 그 취소 및 등기말소를 구하는 소를 제기하여 승소판결을 받고 2001. 12. 30.경 확

83) 이에 대해서는 채권자가 전득행위가 존재함을 알았을 때 비로소 취소의 원인을 알게 된 것으로 보고 그로부터 1년 내에 전득자를 상대로 채권자취소소송을 제기할 수 있다고 해석함이 타당하다는 견해가 있다. 그러나, 위 견해에 의하면 채무자와 수익자 사이의 사해행위의 존재를 알게 된 날부터 1년이 경과하여 제척기간의 효과로서 채권자취소권이 소멸한 후에 전득행위를 알게 되었다는 우연한 사정에 의하여 채권자취소권이 다시 부활되는 것으로 의제하는 불합리가 있고, 또한 법률관계를 조속하게 확정시키려는 제척기간 제도의 취지에 반한다고 할 것이다{주석민법(제5판) 채권총칙 2 제550면(이백규 집필부분)}.

정되었는데, 그 후 “갑”이 2002. 3. 25. 전득자 “정”을 상대로 그 명의로 1997. 12. 11. 마쳐진 동일 부동산에 관한 가등기의 말소를 별도로 청구한 경우이다.

위 대법원 2004다17535 판결은 위 사안에서, 채권자 “갑”은 1998. 6.경 수익자 “병”을 상대로 사해행위 취소소송을 제기하여 그 무렵에 채무자 “을”이 채권자를 해함을 알면서 부동산을 매도하였음을 알고 있었다 할 것이므로, 그로부터 1년이 경과한 후인 2002. 3. 25. 전득자 “정”에 대하여 제기된 소는 제소기간을 도과하여 부적법하다고 판시하였다.

나아가, 대법원 2014. 2. 13. 선고 2012다204013 판결은, 이와 같은 제소기간의 제한은 기존의 전득자 명의의 등기가 말소된 후 다시 새로운 전득자 명의의 등기가 경료되어 새로운 전득자에 대한 관계에서 채무자와 수익자 사이의 사해행위를 취소하는 청구를 하는 경우에도 마찬가지로 적용된다고 판시하였음에 주의를 요한다. 위 대법원 2012다204013 판결의 원심[84]은, ‘채권자취소의 확정판결에 따라 전득자 앞으로의 근저당권이전등기가 말소된 것을 기화로 수익자가 사해행위 취소의 제척기간 도과 후 다시 이를 제3자에게 처분하는 경우에는, 채권자가 민법 제406조 제2항이 정한 제척기간 내에 사해행위 취소를 구할 수 없을 뿐만 아니라, 악의의 수익자가 확정판결을 무력화하기 위하여 확정 후에 처분한 책임재산은 채권자로 하여금 다시 회복할 수 있도록 함이 정의관념에 보다 부합하는 점에 비추어, 이러한 경우에는 채권자는 제척기간을 도과한 후라도 제3자를 상대로 채권자취소권을 행사하여 원상회복을 구할 수 있다고 보아야 한다’고 판단하였다. 이에 대해 위 대법원 2012다204013 판결은 그와 같은 특별한 사정이 있는 경우에도 새로운 전득자에 대한 관계에서 채무자의 사해행위를 안 날로부터 기산하여 제소기간을 준수하여야 한다는 엄격한 기준을 제시한 것이다.

(2) 전득자에 대하여 승낙의 의사표시를 구하는 소송을 제기하는 경우

채권자가 수익자만을 상대로 채무자와 수익자 사이의 매매계약의 취소 및 수익자 명의의 소유권이전등기의 말소를 구하는 채권자취소소송을 제기하여 그

---

84) 광주고법 2012. 11. 14. 선고 2012나2599 판결.

판결이 확정되었다고 하더라도, 그 취소소송을 제기할 때 전득자인 근저당권자를 상대로 근저당권자가 악의임을 이유로 원상회복으로서 근저당권의 말소를 구하지 않았다면, 등기상 이해관계 있는 제3자(전득자)의 승낙서나 이에 대항할 수 있는 재판의 등본을 첨부하지 못하여 실제로 수익자 명의의 소유권이전등기의 말소를 신청할 수 없다.[85)]

위와 같은 경우, 채권자는 별소로서 전득자를 상대로 수익자 명의의 소유권이전등기의 말소등기에 대하여 승낙의 의사표시를 구하는 소송을 제기하여 승소함으로써 수익자 명의의 소유권이전등기의 말소를 신청할 수 있다.

그런데, 그 승낙의 의사표시를 구하는 소송은 그 권원이 채무자와 수익자 사이의 사해행위를 전제로 하는 것이어서 채권자취소권의 행사의 일종이므로 민법 제406조 제2항 제소기간의 제한을 받는다고 할 것이다.[86)]

(3) 전득자가 수익자와 공동피고인 경우

앞의 (1)항에서 본 바와 같이, 전득자에 대한 관계에서 채권자취소권을 행사하여 원상회복을 구하는 경우 제소기간 내에 별도로 채무자와 수익자 사이의 사해행위의 취소를 소구하여야 한다.

그러면, 수익자와 전득자 모두를 공동피고로 하는 경우에도 그 취소를 구하는 취지를 수익자에 대한 청구취지와 전득자에 대한 청구취지로 분리하여 각각 기재하여야 하는가.

채권자가 수익자와 전득자를 공동피고로 삼아 채권자취소의 소를 제기하면서 청구취지로 '채무자와 수익자 사이의 사해행위취소 청구'를 구하는 취지임을 명시한 경우, 전득자에 대한 관계에서도 채무자와 수익자 사이의 사해행위를 취소하면서 채권자취소권을 행사한 것으로 볼 것이고, 취소를 구하는 취지가 수익

---

85) 부동산등기법 제57조 제1항은 '등기의 말소를 신청하는 경우에 그 말소에 대하여 등기상 이해관계 있는 제3자가 있을 때에는 제3자의 승낙이 있어야 한다'고 규정하고 있다. (구)부동산등기법(2011. 4. 12. 전부 개정 전) 제171조는, 같은 경우에 제3자의 승낙서나 이에 대항할 수 있는 재판의 등본을 첨부하여야 한다고 규정하였다. 등기상 이해관계 있는 제3자의 승낙이 있어 등기를 말소하는 경우에 그 제3자의 등기는 등기관이 직권으로 말소한다(부동산등기법 제57조 제2항). 전득자가 있는 경우에 수익자 명의의 등기를 말소함에 있어 전득자가 이해관계 있는 제3자에 해당함은 물론이다.

86) 서울고법 2001. 5. 18. 선고 2000나35278 판결 참조.

자에 대한 청구에 한정된 것이라고 볼 수 없다(대법원 2021. 2. 4. 선고 2018다271909 판결).

위 법리가 제소기간과 관련하여 실제적 의미를 가지는 것은, 제1심에서 수익자와 전득자를 공동피고로 삼아 채권자취소의 소를 제기하였는데 수익자에 대한 청구에 관하여 패소 확정된 후, 항소심에 이르러 전득자에 대한 관계에서 채무자와 수익자 사이의 사해행위의 취소를 구하는 청구취지를 보완한 경우에도 적용된다는 점에 있다.

아래에서 구체적 사례로서 대법원 2021. 2. 4. 선고 2018다271909 판결의 사안 및 판단의 요지에 관하여 검토한다.

(사안 요지) 채권자 "갑"이 채무자 "을 회사", 수익자 "병", 제1 전득자 "정", 제2 전득자 "무 신탁회사"를 상대로 채권자취소소송(채무자 "을"에 대해서는 채무이행소송)을 제기하면서, 청구취지로 "을 회사"와 "병", "병"과 "정" 사이의 각 매매계약, "정"과 "무 신탁회사" 사이의 신탁계약을 취소하고, 이에 따라 이루어진 1, 2, 3차 소유권이전등기의 말소절차를 이행하라고 청구하였다.

그런데, 제1심에서 주소보정명령 불이행으로 "병"에 대한 소장 각하명령이 확정되었고, "정"과 "무 신탁회사"에 대한 사해행위의 취소 청구부분은 각하되었다.[87]

이에 채권자 "갑"이 항소심에서 "을 회사"와 "병" 사이의 매매계약을 취소하고 "정"과 "무 신탁회사"는 각각 2, 3차 소유권이전등기의 말소절차를 이행하라고 항소취지를 변경하였는데, 그 항소취지 변경서는 제1심 소 제기일로부터 약 1년 6개월이 경과된 후 제출되었다.

위 사안에 관하여, 원심은, 채권자 "갑"은 적어도 소를 제기한 때에 취소원인을 알았다고 할 것인데, 그로부터 1년 이상이 경과한 뒤에 항소취지 변경서를 통해 채무자 "을 회사"와 수익자 "병" 사이의 매매계약의 취소를 구하는 소를 제기하였다고 판단하였다. 그리고, 원심은 이와 같은 판단에 따라, "을 회사"와 수익자 "병" 사이의 매매계약의 취소(사해행위 취소)를 구하는 소 부분은 제소

87) 채권자가 전득자를 상대로 원상회복을 구하는 경우에 취소의 대상이 되는 사해행위는 채무자와 수익자 사이에 행하여진 법률행위에 국한되며 수익자와 전득자 사이의 법률행위는 취소의 대상이 아니므로, 위 사례에서 "병"과 "정" 사이의 매매계약, "정"과 "무 신탁회사" 사이의 신탁계약의 취소를 구하는 부분은 소의 이익이 없어 각하된 것이다.

기간을 도과하여 부적법하고, 사해행위 취소를 전제로 한 전득자 "정" 및 "무 회사"에 대한 등기말소 청구(원상회복)부분은 인정되지 않는다고 판단하였다.

(판단 요지) 앞서 본 법리에 따라, '소장 기재 청구취지에 전득자들인 "정"과 "무 신탁회사"에 대한 관계에서 채무자인 "을 회사"와 수익자인 "병" 사이의 매매계약 취소를 구하는 청구가 포함되어 있다고 보아야 하고 "병"에 대한 소장이 각하되었다고 하여 달리 볼 수 없다.

따라서, 위 항소취지 변경은 종전 청구취지 범위 내에서 "을 회사"와 "병" 사이의 매매계약 취소를 구하는 부분을 유지하고 나머지 계약들의 취소를 구하는 부분은 취하한 것으로 볼 수 있으므로, 항소심에서 청구취지를 변경한 때에 비로소 "정"과 "무 신탁회사"를 상대로 "을 회사"와 "병" 사이의 매매계약 취소를 구하는 소를 제기하였다고 볼 것은 아니다.

결국, 채권자 "갑"의 전득자 "정" 및 "무 신탁회사"에 대한 소 중 사해행위인 채무자 "을 회사"와 수익자 "병" 사이의 매매계약의 취소를 구하는 부분은 제척기간이 지나기 전에 제기된 것으로 적법하다.

2. 원상회복 청구소송

대법원 2001. 9. 4. 선고 2001다14108 판결은, 채권자는 민법 제406조 제1항에 따라 사해행위 취소와 원상회복을 청구하는 경우에 사해행위의 취소만을 청구한 다음 원상회복을 나중에 청구할 수 있고, 사해행위 취소 청구가 민법 제406조 제2항의 제소기간 내에 제기되었다면, 원상회복 청구는 그 기간이 지난 뒤에도 할 수 있다고 판시하였다. 위 대법원판결의 사안요지는, 채무자 "을"이 채무초과상태에서 자신 소유 부동산에 관하여 수익자 "병"과 사이에 근저당권설정계약을 체결하고 근저당권설정등기를 마친 다음 이어서 매매계약을 체결하고 소유권이전등기를 마침으로써 그 후 "병" 명의의 근저당권설정등기가 혼동에 의하여 소멸한 경우이다. 위 대법원판결은 이러한 사안에 관하여, 채권자 "갑"이 제1심에서 수익자 "병"을 피고로 하여 "을"과 사이에 체결된 근저당권설정계약 및 매매계약의 취소와 "병" 명의로 마쳐진 소유권이전등기의 말소를 청구하여 승소하였는데, 항소심에서 사해행위 취소에 따른 원상회복으로서 근저당권설정등기의 말소 청구를 추가하는 경우,[88] 그 추가 청구 부분에 대해서는 제소기간의 제한이 적용되지 않는다고 판시한 것이다.

다만, 위와 같은 법리는 사해행위 취소 청구의 상대방과 원상회복 청구의 상대방이 동일인인 경우에 한정하여 적용된다고 할 것이다. 위 1.의 (1)항에서 본 바와 같이, 채권자가 먼저 수익자를 상대로 채권자취소소송을 제기하여 승소판결을 받은 다음, 별도로 전득자에 대하여 채권자취소권을 행사하여 원상회복을 구하는 경우에는 민법 제406조 제2항이 정한 제소기간 내에 별도로 전득자에 대한 관계에서 채무자와 수익자 사이의 사해행위에 대하여 취소소송을 제기하는 방법으로 청구하여야 한다.

3. 피보전채권의 추가 · 변경

대법원 2003. 5. 27. 선고 2001다13532 판결은, 채권자가 사해행위 취소를 청구하면서 그 보전하고자 하는 채권을 추가하거나 교환하는 것은 그 사해행위 취소권을 이유 있게 하는 공격방어방법에 관한 주장을 변경하는 것일 뿐 소송물 또는 청구자체를 변경하는 것이 아니므로 소의 변경이라고 할 수 없고, 따라서 제소기간 경과 후에 피보전채권을 추가 또는 변경하더라도 부적법한 것이 아니라고 판시하였다.

위 대법원판결의 사안요지는, 채권자 "갑"이 채무자 "을"에 대하여 가지고 있던 "A"구상금채권을 피보전채권으로 하여 "을"과 수익자 "병" 사이에 체결된 사해행위인 증여계약의 취소 및 등기말소의 원상회복을 구하는 소를 제기하였는데, 소송계속 중에 "을"의 변제공탁으로 위 "A"구상금채권이 소멸되기에 이르자, 소 제기 후 1년이 경과한 다음 준비서면으로써 "A"구상금채권과는 그 발생일자 및 금액이 다른 "을"에 대한 "B"구상금채권을 피보전채권이라고 주장한 것이다. 위와 같은 사안에서 원심은 피보전채권의 변경을 소의 교환적 변경에 해당한다고 보고 교환적으로 변경된 사해행위 취소의 소가 사해행위가 있음을 안 날로부터 1년을 도과하여 제기된 것이어서 부적법하다고 판시하였는데, 위 대법

88) 근저당권자가 소유권을 취득하면 그 근저당권은 혼동에 의해 소멸하지만 그 뒤 그 소유권 취득이 무효인 것으로 밝혀지면 소멸되었던 근저당권은 당연히 부활한다(대법원 1971. 8. 31. 선고 71다1386 판결, 등기예규 제183호, 근저당권의 부활과 이해관계인의 회복등기 승낙의무).

원판결은 앞서 본 바와 같은 법리를 이유로 하여 원심판결을 파기한 것이다.

4. 사해행위에 대한 법률적 평가의 변경

대법원 2005. 3. 25. 선고 2004다10985 판결은, 채권자가 채무자의 어떤 금전지급행위가 사해행위에 해당된다고 하여 그 취소를 청구하면서 다만 그 금전지급행위의 법률적 평가와 관련하여 증여 또는 변제로 달리 주장하는 것은 그 사해행위취소권을 이유 있게 하는 공격방법에 관한 주장을 달리하는 것일 뿐 소송물 또는 청구 자체를 달리하는 것으로 볼 수 없으므로, 제소기간 내에 소를 제기함에 있어서는 금원지급행위에 대하여 사해행위취소 및 원상회복을 구하였다가 제소기간 경과 후 그 금원지급행위에 관하여 증여 또는 변제로 주장하는 것은 부적법한 것이 아니라고 판시하였다.

그러나, 채권자취소권의 대상이 되는 채무자의 행위는 자연적 사실관계에서의 행위가 아니라 채무자의 의식내용과 결합된 법적 행위이므로, 소송의 심리과정이나 적어도 변론종결 단계에서는 채권자취소권의 대상인 사해행위에 대하여 법률적 구성을 명확하게 하여야 할 것이다. 대법원 2016. 1. 28. 선고 2014다222725 판결은, 다른 사람의 예금계좌에 돈을 이체하는 등으로 송금하는 경우에 그 송금은 다양한 법적 원인에 기하여 행하여질 수 있는 것으로서 그 송금행위의 구체적인 법적 원인을 가리지 않고 그 송금사실만을 가지고 사해행위인지 여부를 판단할 수는 없다고 판시하였다.

그리고, 앞서 본 2004다10985 대법원판결의 사안요지는, 채무자 "을"이 수익자 "병"에게 지급한 금액 및 일자는 채권자 "갑"의 제소기간 내의 소 제기 당시부터 특정되어 있었는데, 채무자 "을"과 수익자 "병"이 가족관계("병"이 "을"의 처와 딸이다)에 있고 "병"이 "을"에 대한 기존의 대여금을 변제받은 것이라고 다투는 상황에서, "갑"이 제소기간 경과 후에 제1 예비적 청구로서 위 금원지급행위를 증여로 정정하고 제2 예비적 청구로서 위 금원지급행위를 변제로 하여 그 취소를 구한 것이다. 위 대법원판결은 원심이 결론적으로 사해행위 취소를 명하는 판결을 함에 있어서는 금원지급행위가 증여인지 변제인지 그 법률적 성격을 밝혔어야 함을 지적하면서도, 그 어느 것으로 보더라도 사해행위에 해당한다고 볼 수 있으므로 원심판결이 금원지급행위에 대하여 채권자취소의 소를 제기함에 있어 제소기간을 준수한 것으로 보고 그 취소를 인정한 것은 결과적으로 정당하다고 판시한 것이라고 이해할 수 있다.

채무자의 금전지급행위가 증여인지 변제인지에 따라 사해행위의 취소를 구하는 채권자가 주장 입증하여야 할 내용이 크게 달라진다. 채권자가 채무자의 수익자에 대한 금전지급행위를 증여라고 주장함에 대하여 수익자는 이를 기존 채무에 대한 변제로서 받은 것이라고 다투는 경우 이는 채권자의 주장사실에 대한 부인에 해당한다. 따라서, 결국 금전지급행위가 사해행위로 인정되기 위해서는 그 금전지급행위가 증여에 해당한다는 사실이 입증되거나, 변제에 해당하지만 채권자를 해하는 통모가 있었다는 특별한 사정 있음이 입증되어야 할 것이고, 그에 대한 입증책임은 사해행위를 주장하는 측에 있다(대법원 2007. 5. 31. 선고 2005다28686 판결).

한편, 대법원 2009. 4. 9. 선고 2008다81398 판결은, 채권자가 '취소원인을 안 날'이라 함은 채무자가 채권자를 해함을 알면서 사해행위를 하였다는 사실을 알게 된 날을 의미하는 것으로서 이때의 사해행위는 취소의 대상이 되는 바로 그 처분행위를 말하는 것이므로, 채권자가 채무자의 제3자에 대한 금전의 증여행위가 사해행위에 해당한다는 것을 확실히 알지 못한 채 그 금전으로 취득한 제3자 명의의 부동산이 실은 채무자의 소유인데 제3자에게 명의신탁한 것으로 잘못 알고 그 부동산을 대상으로 하여 처분금지가처분신청을 하여 그 등기가 경료되었다는 사정만으로는, 채권자가 그 때부터 채무자가 사해행위인 증여를 하였다는 사실을 알게 되었다고 볼 수 없다고 판시하였다.

위 대법원판결의 사안요지는, 채권자 "갑"이 수익자 "병" 명의로 마쳐진 이 사건 토지에 관한 지분소유권이전등기가 사해행위에 해당한다는 이유로 2005. 3. 9. 처분금지가처분신청을 하여 그 등기를 마친 다음 그로부터 1년 내에 채권자취소소송을 제기하였는데, 그 심리과정에서 담당재판부로부터 취소의 대상이 되는 채무자 "을"의 법률행위를 특정하라는 보정명령을 받자 취소의 대상인 법률행위를 "을"과 "병" 사이의 명의신탁계약이라고 주장하였고, 그 후 2007. 7. 6.에 예비적 청구로서 채무자 "을"이 수익자 "병"에게 금전을 증여하여 "병"이 직접 이 사건 토지 지분을 취득한 것이므로 취소의 대상은 금전의 증여계약이라고 주장한 것이다. 이러한 사안에 관하여 원심은 취소의 대상인 법률행위에 관하여 금전의 증여계약으로 법적 구성을 달리 한다고 하더라도, 채권자 "갑"은 늦어도 위 가처분기입등기가 마쳐진 2005. 3. 9.경에는 그 취소원인을 알았다고 봄이 상당하므로, 그로부터 1년이 경과한 후인 2007. 7. 6. 제기된 예비적 청구는 부적법하다고 하였으나, 위 대법원 2008다81398 판결은 앞서 본 법리에 의하여 원심판결을 파기하였다.

5. 청구취지 변경

채권자취소소송의 청구취지가 제소기간 전후에 변경된 경우에 그 기간의 준수 여부를 언제를 기준으로 할 것인지 문제이다. 제소기간 내에 전부취소 및 원물반환을 구하였다가 기간 경과 후에 일부취소 및 가액배상 청구로 변경한 경우에는 단지 청구취지가 감축된 것으로 보아야 하므로 기간 준수 여부는 최초 청구시를 기준으로 판단하면 충분하고 별다른 문제는 없다. 한편, 소 제기 후에 사해행위 자체가 추가되거나 사해행위 취소의 목적 부동산이 추가되는 경우에는 소의 추가적 변경에 해당하므로 그 추가시를 기준으로 제소기간 준수 여부를 판단하여야 할 것이다.

그런데, 대법원 2005. 5. 27. 선고 2004다67806 판결은, 공동저당권이 설정된 수 개의 부동산에 관한 일괄 매매행위가 사해행위에 해당함을 이유로 그 매매계약의 전부 취소 및 그 원상회복으로서 각 소유권이전등기의 말소를 구하다가 사해행위 후 저당권이 소멸된 사정을 감안하여 원상회복이 허용되는 범위 내의 가액배상을 구하는 것으로 청구취지를 변경하면서 그에 맞추어 사해행위 취소의 청구취지도 변경하였는데, 취소소송의 제척기간이 경과한 후에 당초의 청구취지 변경이 잘못되었음을 이유로 다시 매매계약의 전부 취소 및 소유권이전등기의 말소를 구하는 것으로 청구취지를 변경한 경우, 최초 소 제기시에 발생한 제척기간 준수의 효력에는 영향이 없다고 판시하였다.

위 대법원판결은 최초 소 제기시에 전부 취소를 구하여 제척기간을 준수한 이상 중간에 청구취지의 감축이 개입되어 있더라도 제척기간 경과 후의 전부 취소 청구에 대하여 하나의 매매계약으로서의 당해 사해행위의 취소를 구하는 최초 소 제기의 기간 준수의 효과가 그대로 유지된다고 판시한 것이라고 이해된다.

한편, 대법원 2019. 10. 31. 선고 2019다215746 판결은, 배당이의 소 제기 후 1년 이상이 경과한 시점에 종래의 청구원인사실에 맞추어 청구취지 변경서를 제출하면서 사해행위 취소를 청구취지에 기재한 경우에 관하여, 위와 같은 청구취지 변경서의 제출은 새로운 소의 제기라기보다 청구취지의 보충 내지 정정으로 볼 수 있다고 판시하였다.

위 대법원 판결의 사안 요지는 다음과 같다. 채권자 "갑"이 수익자 "병"을 상대로 배당이의 소를 제기하면서 청구원인으로 채무자 "을"과 "병" 사이에 체결된 근저당권설정계약이 사해행위에 해당한다고 주장하고 당사자가 사해행위 해당 여부를 주된 쟁점으로 다투었으나, 소장의 청구취지에는 배당표 경정청구만을 기재하였다. 그런데, 그 후 1년이 경과한 시점에 1심 재판부의 변론재개명령 및 석명준비명령에 따라 청구취지 변경서를 제출하면서 사해행위 취소를 그 청구취지에 기재한 사안이다. 이에 대해 원심은 채권자 "갑"이 청구취지 변경서를 제출함으로써 비로소 사해행위 취소의 소를 제기한 것으로 보고 이는 단기 제척기간 1년이 경과한 부적법한 소라고 판단하였다.

그런데 위 대법원 2019다215746 판결은, 위 사안 요지에 나타난 사정을 종합하면, 채권자 "갑"이 소장의 청구취지에 배당표 경정만을 기재한 것은 소송물을 채권자 취소소송에서의 원상회복청구에 한정하고자 한 것이 아니라 착오로 사해행위 취소청구를 누락한 것으로 봄이 상당하고, "갑"의 위와 같은 청구취지 변경은 청구취지의 보충 내지 정정으로 볼 수 있으므로, 결국 제척기간이 경과한 소 제기에 해당하지 않는다고 판단하였다.

위 대법원 2019다215746 판결은 채권자취소소송의 소송물에 관해서 사해행위 취소권 및 원상회복청구권이 결합된 1개라는 입장을 취한 것으로 이해할 수 있고, 절차적으로는 수소법원의 석명의무와 신의칙에 입각하여 구체적 타당성을 도모한 판단이라고 이해할 수 있다.

6. 채권자 대위권 행사에 의한 취소소송

채권자취소권도 채권자가 채무자를 대위하여 행사하는 것이 가능하고, 이 경우 제소기간은 대위의 목적으로 되는 권리의 채권자인 채무자를 기준으로 하여 그 준수 여부를 판단한다(대법원 2001. 12. 27. 선고 2000다73049 판결).

왜냐하면 민법 제404조 소정의 채권자대위권은 채권자가 자신의 채권을 보전하기 위하여 채무자의 권리를 자신의 이름으로 행사할 뿐이기 때문이다.

따라서 예컨대, "을"의 채권자취소권을 대위행사하는 채권자 "갑"이 취소원인을 안 지 1년을 지났더라도 "을"이 취소원인을 안 지 1년, 법률행위가 있은 날로부터 5년을 지나지 아니하여 "을" 스스로 채권자취소의 소를 제기하는 것이 가능한 경우에는, "갑"은 "을"을 대위하여 채권자취소의 소를 제기할 수 있다.

7. 반소청구

채권자취소권은 본소 소송계속 중에 준비서면에 의한 방어방법으로써 주장할 수는 없고, 반소의 제기에 의해 행사하여야 하며, 이 경우 제소기간의 준수 여부는 반소 제기시를 기준으로 판단한다.[89] 또한, 본소를 제기한 원고(반소피고)가 채권자취소소송의 피고로 될 수 있는 수익자 또는 전득자의 지위에 있어야 할 것이다.

8. 채권양도의 경우

사해행위가 있은 후 채권자가 그 취소원인을 알면서 피보전채권을 양도하고 양수인이 그 채권을 보전하기 위하여 채권자취소권을 행사하는 경우에는, 1년의 단기 제척기간은 양도인을 기준으로 기산한다(대법원 2018. 4. 10. 선고 2016다272311 판결). 채권 양도에 의해 채권은 동일한 제약을 유지하면서 양수인에게 이전하고 채무자는 양도 통지를 받을 때까지 양도인에게 대항할 수 있는 사유로써 양수인에게 대항할 수 있기 때문이다.

---

89) 대법원 1997. 5. 9. 선고 96다2606 판결의 사안의 내용이 반소에 의한 채권자취소소송의 제소기간이 도과된 사례이다.

9. 가등기에 기한 본등기의 경우

가등기에 기한 본등기가 마쳐진 부동산에 관하여 채권자가 채권자취소소송을 제기하는 경우에는 가등기 및 본등기의 원인행위의 취소와 가등기 및 본등기의 말소등기절차의 이행을 모두 구하여야 한다.[90] 이 경우에 채권자취소소송의 제척기간의 도과 여부는 어떤 행위를 기준으로 판단할 것인가.

가등기에 기하여 본등기가 경료된 경우 가등기의 원인인 법률행위와 본등기의 원인인 법률행위가 명백히 다른 것이 아닌 한, 사해행위 요건의 구비여부를 판단하는 경우와 마찬가지로 채권자취소소송의 제척기간의 도과 여부도 가등기의 등기원인인 법률행위를 기준으로 판단한다(대법원 2006. 12. 21. 선고 2004다24960 판결). 왜냐하면, 가등기의 등기원인인 법률행위와 본등기의 등기원인인 법률행위가 명백하게 다른 것이 아닌 한, 본등기의 기초가 된 가등기의 등기원인인 법률행위를 제쳐놓고 본등기의 등기원인인 법률행위만이 취소의 대상이 되는 법률행위라고 볼 것은 아니므로, 가등기의 등기원인인 법률행위가 있은 날이 언제인지와 관계없이 본등기가 경료된 날로부터 따로 사해행위 취소의 소의 제척기간이 진행된다고 보는 것은 부당하기 때문이다(대법원 1996. 11. 8. 선고 96다26329 판결).

대법원 1991. 11. 8. 선고 91다14079 판결은 위와 같은 법리에 따라, 채무자와 수익자 사이의 매매예약을 원인으로 가등기가 마쳐진 후 채권자가 가등기의 원인인 법률행위가 사해행위인 사실을 알았고 그 때부터 1년의 제소기간을 경과한 다음에 위 가등기에 기한 본등기가 마쳐진 경우, 채권자가 비록 본등기 시점을 기준으로 할 경우에는 제척기간 내에 위 매매예약과 매매계약의 취소와 위 가등기 및 본등기의 말소를 구하는 취소소송을 제기하였더라도, 가등기의 원

---

90) 등기실무상, "을" 소유의 부동산에 관하여 "병"이 소유권이전청구권 가등기를 경료한 후 "갑"이 사해행위 취소 및 가등기 말소 청구소송을 제기하여 승소판결을 받아 위 판결이 확정되었으나 위 재판절차 진행 중 "병"이 위 가등기에 기하여 본등기를 경료하였을 경우, 본등기의 말소를 명하는 판결이 아닌 위 판결로서는 본등기의 말소를 신청할 수 없고, 또 본등기가 경료된 이후에는 가등기만의 말소신청도 할 수 없다{등기선례 제6-449(제정 1999. 3. 10.)}. 따라서, 가등기에 기한 본등기가 마쳐진 부동산에 관하여 채권자가 채권자취소소송을 제기함에 있어서는 가등기 및 본등기의 원인행위의 취소와 가등기 및 본등기의 말소등기절차의 이행을 모두 구하여야 할 것이다.

인인 법률행위에 취소원인 있음을 알았을 때로부터 1년의 제척기간이 경과한 이상 위 소송은 전부 부적법하다고 판단하였다.

위 대법원 91다14079 판결의 사안요지는, 채권자 "갑"이 1987. 6. 19. 조세채무자 "을"에 대하여 종합소득세를 고지하자 "을"이 채무초과상태에서 같은 달 23. 자신 소유의 부동산에 관하여 수익자 "병"과 사이에 매매예약을 체결하고 같은 날 "병" 명의로 가등기를 경료하였고, 채권자 "갑"은 1987. 9. 24. 위 조세에 대한 체납처분으로서 위 부동산을 압류하였으며, 1989. 4. 20. 위 가등기에 기한 본등기로서 1987. 6. 23. 매매계약을 원인으로 하여 "병" 명의의 소유권이전등기가 마쳐졌는데, "갑"이 1989. 9. 5. 채권자취소의 소로서 위 매매예약과 매매계약의 취소와 위 가등기 및 본등기의 말소를 구한 경우이다. 이러한 사안에 관해서 위 대법원판결은, 채권자 "갑"은 압류등기를 할 당시인 1987. 9. 24. 사해행위가 있었음을 알고 있었다고 볼 것이고, 그로부터 1년이 경과한 후인 1989. 9. 5.에 제기한 취소소송은 부적법하다고 판시하였다.

한편, 대법원 2006. 12. 21. 선고 2004다24960 판결은 앞서 본 법리에 따라, 채권자가 가등기의 원인행위가 사해행위임을 안 때로부터 1년 내에 가등기의 원인행위에 대하여 취소의 소를 제기하였다면, 본등기의 원인행위에 대한 취소청구는 가등기와 그 원인이 명백히 다르지 않는 한, 본등기의 원인행위시를 기준으로 할 경우 제척기간이 경과하였더라도 적법하다고 판시하였다. 위 대법원판결의 사안요지는, 수익자 "병"이 채무자 "을" 소유의 각 부동산에 관하여 2001. 9. 25. 같은 일자 매매예약을 원인으로 각 소유권이전청구권 가등기를 마치고 그 중 일부 부동산에 관하여 2001. 11. 1. 및 2002. 4. 16. 각 가등기에 기한 본등기를 마쳤는데, 채권자 "갑"이 2002. 6. 3. 위 각 가등기의 원인행위에 대하여 사해행위 취소의 소 등을 제기한 다음 2003. 5. 14. 청구취지 변경신청서로서 위 각 본등기의 원인행위에 대하여 사해행위 취소 청구를 한 것이다.

이러한 사안에 관해서, 위 대법원판결은 위 본등기의 원인행위를 기준으로 할 경우 그에 대한 취소를 구하는 청구취지변경 신청이 제소기간 1년을 경과하였다고 하더라도 가등기의 원인행위에 대한 취소청구의 제척기간을 준수하였다면 본등기의 원인행위에 대한 취소청구의 제척기간 역시 준수되었다고 판단하여야 한다고 판시하였다.

10. 부양료청구권을 피보전권리로 하는 경우

대법원 2015. 1. 29. 선고 2013다79870 판결은, 민법 제974조, 제975조에 의하여 수인의 부양의무자 중 부양의무를 이행한 1인이 다른 부양의무자에 대하여 이미 지출한 과거의 부양료의 지급을 구하는 권리는 당사자의 협의 또는 가정법원의 심판 확정에 의하여 비로소 구체적이고 독립한 재산적 권리로 성립하게 되지만, 그러한 부양료 청구권의 침해를 이유로 채권자취소권을 행사하는 경우의 제척기간은 가정법원의 심판 확정 등에 의하여 구체적 권리로서 성립한 시기가 아니라 민법 제406조 제2항이 정한 '취소원인을 안 날', 또는 '법률행위가 있은 날'로부터 진행한다고 판시하였다.

11. 채권자가 파산한 경우[91]

대법원 2006. 8. 25. 선고 2004다24144 판결은, 채권자가 사해행위의 취소원인을 알게 되어 채권자취소소송의 제척기간이 진행되던 도중에 파산하여 파산관재인이 선임된 경우에는 그 제척기간은 파산관재인이 사해행위 취소원인을 안 때부터 새로 진행되는 것이 아니라고 판시하였다. 따라서 채권자가 파산선고를 받기 전에 채무자의 사해행위를 알고 있었다가 그 후 파산선고를 받아 채권자를 위한 파산관재인이 선임되고 그 선임시부터 1년 이내에 채권자취소소송이 제기되었더라도, 그 소제기가 채권자가 알았을 때로부터 1년이 도과한 경우라면 그 소는 부적법하다.

한편, 대법원 2008. 4. 24. 선고 2006다57001 판결은, 파산자의 채권에 기한 사해행위 취소의 소에서 파산자가 사해행위 취소원인을 알지 못한 상태에서 파산관재인이 선임되었다면 그 후로는 민법 제406조 제2항에서 정한 채권자가 채무자의 사해행위를 알았는지 여부는 파산관재인을 기준으로 판단한다고 판시하였다.

또한, 위 대법원 2006다57001 판결은, 동일인이 복수의 파산자의 파산관재

---

91) 채무자가 파산한 경우에는 뒤의 제4절에서 보는 바와 같이, 채권자는 취소소송을 제기할 수 없고 채무자 또는 파산관재인의 부인권 행사 문제로 전환된다.

인으로 선임되었다고 하더라도 채무자의 사해행위 취소원인을 알았는지 여부는 파산자인 채권자별로 따로 판단하여야 한다고 판시한 것도 의미가 있다. 위 대법원판결의 사안요지는, 예금보험공사가 채권자 "A"의 파산관재인으로서 채무자의 증여행위에 대한 사해행위취소권을 피보전권리로 하여 부동산에 관하여 처분금지가처분을 발령받은 다음 또 다른 채권자 "B"의 파산관재인으로 선임되어 수익자를 상대로 채권자취소소송을 제기한 것이다.

이와 같은 사안에 관해서, 위 대법원판결은 예금보험공사가 채권자 "A"의 파산관재인으로서 위 가처분결정을 받음으로써 채무자의 행위가 "A"에 대하여 사해행위임을 인식하였다고 하더라도, 다른 채권자 "B"에 대해서까지 사해행위를 하였다는 사실을 알았다고 볼 수 없다고 판시하였다.

제 3. 제소기간의 기산점

1. 두 가지 기산점과 검토의 범위

채권자취소의 소는 채권자가 취소원인을 안 날로부터 1년, 법률행위 있은 날로부터 5년 내에 제기하여야 하므로(민법 제406조 제2항), 제소기간 중 단기 1년의 기산점은 '채권자가 취소원인을 안 날'이고, 장기 5년의 기산점은 '채무자의 법률행위 즉 사해행위 있은 날'이다.

장기 제소기간의 기산점은 사해행위가 실제로 있은 날이 기준으로 되는 데, 구체적으로 실제 언제 있었는지에 관해서 문제되는 경우가 있다. 예컨대, 채무자가 등기를 신청할 즈음에 실제로 사해행위에 해당하는 등기원인행위를 하였으면서도 그 원인문서에 일자를 소급하여 기재함으로써 등기부상 기재된 원인행위일자가 실제의 사해행위일자보다 장기간 소급하여 기재된 경우 등이다. 이와 같은 사해행위 존재시점 파악에 관한 구체적 문제점에 대해서는 앞의 제2장 제3절 제 3.에서 상세하게 검토하였다.

그리고, 앞의 제4장 제2절 제 4.의 5.에서 검토한 바와 같이, 상속재산 협의분할이 사해행위에 해당하는 경우에는 등기부에 기재된 등기원인일자(피상속인의 사망일자)가 아닌 실제 상속재산 분할협의가 있은 날이 기산점으로 됨에 유의하여야 한다. 한편, 사해행위 취소의 대상이 되는 법률행위가 조건부 또는 기한부 법률행위인 경우에는 제소기간의 기산점은 조건이 성취된 날 또는 기한이 도래된 날이 아니라 당해 법률행위가 성립된 날을 기준으로 한다.[92]

단기 1년 제소기간의 기산점인 '채권자가 취소원인을 안 날' 은 결국 취소원인에 대한 채권자의 인지(認知)라는 주관적 심리상태가 그 핵심적 기준이 된다. 그런데, '인지(認知)'와 같은 내심의 심리상태에 관한 사실은 그 성질상 이를 직접적으로 인정할 수 있는 방법이 없고 현실적으로는 여러 가지 간접사실을 종합하여 추리하는 과정을 거쳐 추정하는 방법에 의해 인정할 수밖에 없다.

제소기간 도과 여부는 법원의 직권조사사항이기는 하지만, 앞서 본 바와 같

92) 대법원 2013. 6. 28. 선고 2013다8564 판결 참조.

이 법원이 직권으로 탐지할 의무까지는 없고 그 기간 도과에 관한 증명책임은 채권자취소소송의 상대방에게 있다.

따라서, 실제 소송에 있어서는 입증책임을 부담하는 취소소송의 상대방이 자신에게 유리한 사정 즉 채권자가 소 제기시로부터 역산하여 1년 전에 취소원인을 알고 있었거나 5년 전에 실제로 사해행위가 있었음을 인정할 수 있는 다양한 간접사실에 관하여 주장하고 이를 뒷받침하는 정황 증거를 수집 제출하여야 한다. 이에 대해 채권자는 상대방의 주장에 대해 합리적 의문점을 지적하거나 모순되는 자료를 제시하는 등 하여 반박하는 것이 중요하다.

소송실무상 장기의 제소기간이 실제로 문제되는 경우는 드물고, 그 기산점에 관해서도 '사해행위 있은 날'이라는 객관적 기준에 의하므로 '취소원인을 안 날'이라는 주관적 기준에 의한 것보다 해석상의 문제점도 적다.

단기 제소기간의 기산점인 '채권자가 취소원인을 안 날'에 관해서 많은 대법원판례가 나와 있고, 대법원판례는 채권자의 인지의 대상인 '취소원인'의 내용에 대해서는 객관적 기준에 의해 일관되게 판시하였다. 그러나, 채권자가 이를 '언제 알았다'고 볼 것인지는 주관적 심리상태에 대한 사실인정의 문제로서 그 성질상 어떤 객관적 기준을 제시하는 것은 사실상 불가능하다. 다만, 채권자가 가압류 등을 신청한 경우, 채권자가 금융기관인 경우와 아닌 경우 등에 관하여 대법원판례의 판시 내용을 분석함으로써 그 대체적 경향성을 찾아볼 수는 있다.

아래에서는 위와 같은 인지의 구체적 시점을 비롯하여 단기 제소기간의 기산점에 집중하여 그 대상과 현실적 주체 등에 관하여 상세하게 검토한다.

2. 인지(認知)의 대상 및 범위

(1) 채권자취소권 요건의 존재

채권자취소권 행사에 있어서 제척기간의 기산점인 채권자가 '취소원인을 안 날'이라 함은, 채권자가 채권자취소권의 요건을 안 날이므로 단순히 채무자가 재산처분행위를 하였다는 사실을 아는 것만으로는 부족하고, 구체적인 사해행위의 존재를 알고 채무자에게 사해의 의사가 있었다는 사실을 아는 것을 말한다. 그러나 나아가 수익자나 전득자의 악의까지 알아야 하는 것은 아니다(대법원

2000. 9. 29. 선고 2000다3262 판결).

사해행위의 존재를 안다는 것은 채무자의 법률행위에 의하여 채권의 공동담보에 부족이 생기거나 이미 부족상태에 있는 공동담보가 한층 더 부족하게 되어 채권을 완전하게 만족시킬 수 없게 된다는 사실을 아는 것을 의미한다(대법원 2002. 11. 26. 선고 2001다11239 판결).

요컨대, 제척기간의 기산점에 관한 채권자의 인지의 대상 및 범위는 '① 채무자의 법률행위, ② 그 사해행위성(책임재산의 부족), ③ 채무자의 사해의사'라고 요약 정리할 수 있다.

(2) 사해의사가 추정되는 경우

위에서 본 3가지의 인지 대상에 있어서 '① 채무자의 법률행위'에 대한 인지로써, '② 그 사해행위성(책임재산의 부족) 및 ③ 채무자의 사해의사'에 대한 인지가 추정되지는 않는다(대법원 2003. 12. 12. 선고 2003다40286 판결).

그러나, 사해행위 중에서 사해행위의 존재로써 채무자의 사해의사가 추정되는 경우[93]에는, 채권자가 ② '그 사해행위성(책임재산의 부족)'에 대하여 인지하였다면 ③ '채무자의 사해의사'도 인지한 것으로 추정된다. 즉, 채무자가 자기의 유일한 재산인 부동산을 매각하여 소비하기 쉬운 금전으로 바꾸는 행위는 특별한 사정이 없는 한 채권자에 대하여 사해행위가 되고 채무자의 사해의 의사가 추정되는 것이므로, 이와 같이 채무자가 유일한 재산인 부동산을 처분하였다는 사실을 채권자가 알았다면 특별한 사정이 없는 한 채무자의 사해의사도 채권자가 알았다고 볼 것이다(대법원 2000. 9. 29. 선고 2000다3262 판결).

(3) 피보전채권의 성립시점과의 관계

채권자취소권에 의하여 보호되는 채권은 원칙적으로 사해행위 전에 발생된 것임을 요하지만 예외적으로 일정한 요건을 갖춘 경우에는 사해행위 후에 발생한 채권도 포함되므로, 단기 제척기간의 기산일은 채권자취소권의 피보전채권이

93) 이에 대해서는 앞의 제2장 제5절 제 3.에서 상세하게 검토하였다. 채무자가 자기의 유일한 재산인 부동산을 매각하여 소비하기 쉬운 금전으로 바꾸거나 타인에게 무상으로 이전하여 주는 행위를 하는 경우에는 채무자의 사해의사는 추정되므로, 이러한 경우에는 채무자 측에서 악의가 없었다는 점을 주장 입증하여야 한다.

현실적으로 성립하는 시점과 관계없이 '취소권을 행사할 수 있는 채권자가 취소원인을 안 날'이라고 보아야 한다(대법원 2022. 5. 26. 선고 2021다288020 판결).

따라서 예컨대, 국가의 추징금채권이 피고인에 대한 형사판결이 2019. 5. 2. 확정됨으로써 현실적으로 성립되었더라도, 국가가 위 판결 선고 후 2019. 1. 28. 이미 추징보전명령을 청구한 이상, 그 때부터 채권자취소권의 단기 제척기간이 진행된다고 보아야 할 것이지 형사판결이 확정됨으로써 추징금채권이 현실적으로 성립될 때까지 제척기간이 진행되지 않는다고 볼 수 없다.

3. 인지(認知)의 현실적 주체

(1) 채권자가 회사(법인)인 경우 담당 직원

채권자가 회사 기타 법인의 경우에는 그 대표자의 인지시점을 기준으로 제소기간의 기산점을 판단하여야 할 것이지만(민법 제59조 제2항), 회사를 비롯한 대규모 단체에 있어서 원칙적으로 그 대표자의 인지시점을 기준으로 하는 것은 비현실적이다. 그러므로, 상법상 회사의 경우에는 상법 제15조의 부분적 포괄대리권을 가진 사용인의 범위를 합리적으로 적용하고, 그 밖의 법인 등의 경우에는 복대리인의 선임에 관한 묵시적 승낙의 성립을 유연하게 인정하는 것이 타당하다.[94]

그러므로 예컨대, 금융기관의 대출담당직원이 채무자에 대한 재산 및 신용상태를 조사하여 채무초과상태를 인지한 경우에는 채권자인 금융기관이 인지한 것으로 볼 것이고,[95] 신용보증기관의 담당직원이 채무자의 재산상태를 조사하던 중 채무자의 유일한 부동산이 처분된 사실을 알게 된 경우에는 그 때 채권자인 신용보증기관이 인지한 것으로 볼 것이다.[96] 대법원 2018. 7. 20. 선고 2018다

94) 대법원 1996. 1. 26. 선고 94다30690 판결은, 대리의 목적인 법률행위의 성질상 대리인 자신에 의한 처리가 필요하지 아니한 경우에는 본인이 복대리 금지의 의사를 명시하지 아니하는 한 복대리인의 선임에 관하여 묵시적인 승낙이 있는 것으로 보는 것이 타당하다고 판시하였다.

95) 대법원 2002. 11. 26. 선고 2001다11239 판결은, 채권자가 농업협동조합중앙회인 경우에 그 대출 담당직원이 채무자에 대한 신용조사를 벌여 채무자의 부동산 보유 상황을 파악하고 그 부동산에 대하여 가압류 신청 업무를 처리한 사안에서 대출담당직원의 인지시점을 기준으로 판단하였다.

96) 대법원 2005. 6. 24. 선고 2005다19859 판결은, 채권자가 기술신용보증기금인 경우에 관할 지점의 담당직원이 채무자의 신용보증사고 발생을 통지받고 채무자의 재산상태를 조사하던 중

222747 판결은, 예금보험공사의 경우에도 채권의 추심 및 보전 등의 업무를 담당하는 직원의 인식을 기준으로 판단하여야 하고, 이러한 법리는 예금보험공사가 파산관재인으로서 대리인을 선임하였다고 하더라도 피보전채권의 추심 및 보전에 관해서 직접 조사하여 법적 조치를 지시한 경우에는 마찬가지로 적용된다고 판시하였다.

(2) 채권자가 국가인 경우 담당기관

대법원 2017. 6. 15. 선고 2015다247707 판결은, 국가가 조세채권을 피보전채권으로 하여 체납자의 법률행위를 대상으로 채권자취소권을 행사할 때의 제척기간의 기산점에 관하여, 국가가 취소원인을 알았는지는 특별한 사정이 없는 한 조세채권의 추심 및 보전 등의 업무를 담당하는 세무공무원의 인식을 기준으로 판단하여야 하고, 체납자의 재산처분에 관한 등기·등록 업무를 담당하는 다른 공무원의 인식을 기준으로 판단하여서는 아니 된다고 판시하였다.

즉, 위 대법원판결은, 조세채무자의 제3자에 대한 특허권 양도가 사해행위에 해당하는 경우 특허청 공무원이 위 양도사실을 안 시점으로부터 1년이 경과하였더라도, 세무공무원이 위 양도사실뿐만 아니라 구체적인 사해행위의 존재와 체납자에게 사해의 의사가 있었다는 사실까지 인식할 때 비로소 국가도 그 시점에 취소원인을 알았다고 볼 수 있으므로, 그 때로부터 1년 이내에 제기된 채권자취소의 소는 제척기간이 도과되지 않았다고 판시하였다.

(3) 법인 대표자에 대한 손해배상청구권이 피보전채권인 경우

법인 대표자의 불법행위로 인하여 법인의 대표자에 대한 손해배상청구권을 피보전권리로 하여 법인이 채권자취소권을 행사하는 경우에 그 제척기간의 기산점인 '취소원인을 안 날'은 누구의 인식을 기준으로 판단할 것인지 문제이다.

법인의 대표자가 법인에 대하여 불법행위를 한 경우에는 법인과 대표자의 이익이 상반되므로 법인의 대표자가 자신에 대한 손해배상청구권을 피보전권리로 하여 법인의 이름으로 채권자취소권을 행사하리라고 기대하기는 어렵게 때

채무자 소유의 아파트가 처분된 사실을 알고 채권조회서 등을 발송하는 등 업무를 처리한 사안에서 담당직원의 인지시점을 기준으로 판단하였다.

문에 대표자의 인식을 기준으로 하는 것은 불합리하다.

대법원 2015. 1. 15. 선고 2013다50435 판결은, 위와 같이 법인의 대표자가 취소권을 행사하리라고 기대하기 어려울 뿐만 아니라 일반적으로 대표권도 부인된다고 할 것이므로, 이러한 경우에는 채권자취소권의 제척기간의 기산점에 관해서 적어도 법인의 이익을 정당하게 보전할 권한을 가진 다른 대표자, 임원, 또는 사원이나 직원 등이 취소원인을 안 날을 기준으로 삼아야 하고, 만약 다른 대표자나 임원 등이 법인의 대표자와 공동불법행위를 한 경우에는 그 다른 대표자나 임원 등은 배제하고 제척기간의 기산점을 판단하여야 한다고 판시하였다.[97]

(4) 채권 양도, 채권자 대위권 행사의 경우

앞의 제 2.에서 본 바와 같이, 사해행위가 있은 후 채권자가 그 취소원인을 안 다음 피보전채권이 양도된 경우 1년의 단기 제척기간은 양도인을 기준으로 기산하여야 할 것이고, 채권자가 채무자를 대위하여 채권자취소권을 행사하는 경우 1년의 단기 제척기간은 대위의 목적으로 되는 권리의 채권자인 채무자의 인식을 기준으로 판단한다.

4. 구체적 고찰

(1) 보전처분 신청과 기산점

채권자가 채무자에 대한 채권을 보전하기 위하여 채무자의 재산에 관하여 가압류·가처분 등의 보전신청을 하여 그 결정이 따른 집행이 이루어진 경우, 채권자가 가압류 등을 신청한 것은 그 내심의 인식을 외부에 표출한 대표적인 행위라고 볼 수 있으므로, 그 가압류 등의 신청시점이 제척기간의 기산점을 판단하는 유력한 기준이 될 수 있다.

97) 대법원 판례는 동일한 법리에 따라, 법인의 대표자가 법인에 대하여 불법행위를 한 경우 그 손해배상청구권의 단기소멸시효의 기산점인 '손해 및 가해자를 안 날'에 관해서도, 적어도 법인의 이익을 정당하게 보전할 권한을 가진 다른 대표자, 임원, 또는 사원이나 직원 등이 손해배상청구권을 행사할 수 있을 정도로 이를 안 때에 비로소 소멸시효가 진행되고, 만약 다른 대표자나 임원 등이 법인의 대표자와 공동불법행위를 한 경우에는 그 다른 대표자나 임원 등은 배제하고 단기소멸시효 기산점을 판단하여야 한다고 판시하였다(대법원 2012. 7. 12. 선고 2012다20475 판결).

그런데, 대법원판례는 가압류 등의 신청시점을 제척기간의 기산점으로 판단할 수 있는지에 관해서, 채권자가 개인인 경우와 채권자가 상대방에 대한 신용조사의 능력을 갖춘 금융기관인 경우를 나누어 달리 취급하고 있다고 볼 수 있다.

대법원 2001. 2. 27. 선고 2000다44348 판결의 사안요지는, 개인인 채권자가 1997. 10. 28. 채무자 소유의 부동산에 대하여 가압류를 신청할 때에 첨부한 등기부등본에 이미 그 부동산에 관하여 그 신청시보다 1년 이전인 1996. 6. 28. 설정계약을 원인으로 수익자 명의의 근저당권설정등기가 마쳐져 있었는데 가압류 후 1년이 경과한 다음 채권자취소소송을 제기한 경우이다. 위 대법원판결은 위 사안에 관해서, 채권자는 가압류 신청시에 등기부등본의 기재에 의하여 채무자와 수익자 사이에 근저당권설정계약을 체결한 사실을 알고 있었다고 추인할 수 있지만, 그와 같은 기재만으로는 채권자가 그 가압류 무렵에 채무자의 다른 재산이 없음을 확인하여 위 근저당권설정행위가 사해행위임을 알고 있었다고 의문을 갖게 할 사유가 된다고 할 수 없다고 판시하였다.[98]

대법원 1999. 4. 9. 선고 99다2515 판결은, 채권자가 신용보증기금인 경우, 채권자가 채무자 소유의 아파트에 관하여 수익자 명의로 매매예약에 기한 가등기가 마쳐진 사실을 확인하고 채무자에 대한 재산상태를 조사한 결과 다른 재산이 없어 우선 이 사건 아파트에 관하여 가압류 신청을 하여 가압류 결정을 받은 후 1년이 경과한 다음 취소소송을 제기한 사안에 관하여, 채권자는 적어도 가압류 무렵 취소원인을 알게 되었다고 판단하였다.

(2) 보전처분 신청 전의 시점을 기산점으로 인정한 사례

대법원 2005. 6. 24. 선고 2005다19859 판결은, 채권자가 기술신용보증기금인 경우, 그 담당직원이 신용보증사고 발생을 통지받고 채무자의 재산상태를 조사하여 채무자 소유의 아파트가 신용보증사고 발생 직전에 수익자에게 소유권 이전 된 사실을 발견하고 수익자에게 매매대금의 출처에 관한 명세서를 제출할 것을 요구하는 채권조사서를 발송하고 그 후 아파트에 관하여 처분금지가처분 신청을 한 경우, 제소기간의 기산점을 가처분 시점보다 앞선 채권조회서를 발송

---

98) 위 대법원판결이 이 부분에 관하여 판시한 법리적 쟁점은 제척기간 도과 여부와 법원의 석명의무의 관계라고 할 수 있다.

한 시점이라고 판단하였다.

대법원 2006. 11. 9. 선고 2006다46483 판결의 사안요지는, 채권자가 예금보험공사인 경우, 채권자가 법무사에게 채무자 소유의 부동산에 관한 처분금지가처분신청을 의뢰하여 법무사가 2002. 5. 14. 위 부동산에 관한 등기부등본, 개별공시지가 확인서 등을 발급받고 약 20일 지난 후인 2002. 6. 7. 관할 법원에 사해행위취소로 인한 소유권이전등기말소청구권을 피보전권리로 하여 위 부동산에 관한 처분금지가처분신청을 한 경우이다. 위 대법원판결은 위 사안에서, 채권자는 위 부동산등기부 등본을 발급받은 시점 이전에 이미 채무자의 부동산 증여계약이 사해행위에 해당하고 채무자의 사해의사 있음을 알고 있었다고 봄이 상당하고, 채권자로부터 의뢰받은 법무사가 2002. 6. 7.에야 가처분신청을 하였다고 하여 달리 볼 것은 아니라고 판시하였다.

대법원 2000. 9. 29. 선고 2000다3262 판결의 사안요지는, 채권자가 신용보증기금인 경우, 채권자는 그 내부의 신용보증사고관리규정에 따라 신용보증사고가 발생한 경우 사고처리한 기업에 대한 재산조사를 하고, 또 구상권관리규정에 따라 구상권행사의 대상인 채무관계자에 대해서도 재산조사를 실시하여 소유재산 유무를 확인하도록 하고 있으므로, 신용보증사고 발생에 의해 채무자의 재산을 조사하여 그 무렵 채무자가 이 사건 아파트를 수익자에게 매각함으로써 다른 재산이 없는 사실을 알았으나, 다만 채무자와 수익자의 관계가 장모와 사위인 관계인 점을 알지 못한 경우이다. 위 대법원판결은 위 사안에서, 채무자와 수익자의 관계를 구체적으로 알지 못하여 즉시 이 사건 아파트에 대한 보전처분 등 필요한 조치를 취하지 아니하였더라도, 채권자는 채무자에 대한 재산조사를 통하여 유일한 재산인 이 사건 아파트가 매각된 사실을 알았을 때 취소원인을 알았다고 보아야 한다고 판시하였다.

이상의 대법원판결은, 모두 채권자가 상대방에 대한 광범한 신용조사능력을 보유한 공적금융기관으로서 소유권이전등기말소청구권을 피보전권리로 하여 부동산에 관한 처분금지가처분을 한 특수한 경우라고 볼 수 있다. 그러나, 비단 공적금융기관 뿐만 아니라 채권자가 법령 또는 계약에 의하여 채무자의 재산 및 신용에 관하여 조사할 수 있는 지위에 있다면, 그러한 채권자로 하여금 채권자취소권 행사에 필요한 업무를 신속하게 처리할 것을 독려함으로써 결과적으로 수익자의 법적 안정성을 보호할 수 있다. 이러한 의미에서 대법원판례가 금융기관 등 특수한 지위에 있는 채권자에 대하여 채권자취소소송의 제소기간인 "취소원인을 안 날"에 관하여 상대방에게 유리한 방향으로 해석하는 경향을 보이는 것은 바람직하다고 할 것이다.

제 4 절 소송절차상의 문제

제 1. 채무자에 대한 이행소송과의 문제

1. 채무이행소송과 채권자취소소송과의 관련재판적 가부

채권자취소소송의 피고는 채무자가 아닌 수익자 또는 전득자만이 그 적격을 가지므로 채권자는 수익자 또는 전득자의 주소(자연인인 경우), 주된 사무소(법인인 경우) 소재지를 관할하는 지방법원에 소를 제기한다. 또한, 채권자취소소송도 재산권에 관한 소이므로 그 의무이행지의 관할법원에 제기할 수 있다(민사소송법 제8조 후단).[99]

소송실무상 문제되는 것은 채무자에 대하여 본래의 채권에 기하여 이행청구를 하고 그 채권을 피보전권리로 하여 수익자 또는 전득자에 대하여 사해행위 취소 및 원상회복청구를 하는 경우에, 그들 사이에 민사소송법 제25조 제2항의 관련재판적을 적용하여 그 중 한 사람에 대하여 관할권이 있는 법원에 소를 제기할 수 있는가이다. 민사소송법 제25조 제2항은, '소송목적이 되는 권리나 의무가 여러 사람에게 공통되거나 사실상 또는 법률상 같은 원인으로 말미암아 그 여러 사람이 공동소송인으로서 당사자가 되는 경우에 여러 사람 가운데 한 사람에 대한 관할권이 있는 법원에 소를 제기할 수 있다'고 규정하고 있다.

채권자 "갑"이 수익자 "병"을 상대로 사해행위취소 및 원상회복을 청구하는 것은 "갑"의 채무자 "을"에 대한 채권의 존재가 그 원인이 되는 것이고, 또한 채무자 "을"의 채무초과와 사해의사 등 주로 "을"에게 발생한 사실관계도 원인

99) 여기에서의 의무이행지는 '취소의 대상인 법률행위의 의무이행지'가 아니라 '취소로 인하여 형성되는 법률관계에 있어서의 의무이행지'라고 할 것이다(대법원 2002. 5. 10.자 2002마1156 결정). 이 점에 관해서는 앞의 제4장 제1절 제 3.의 1.에서 상세하게 검토하였다.

으로 되는 것이므로, 소송목적이 채무자 "을"과 수익자 "병" 사이에 사실상 또는 법률상 동일한 원인에서 비롯된 것이라고 할 수 있다. 뿐만 아니라, "을"과 "병"은 주요한 공격방어방법을 공통으로 하는 관계에 있다. 이와 같은 공동의 이해관계는 채권자 "갑"이 전득자 "정"을 상대로 사해행위취소 및 원상회복을 청구하는 경우에도 마찬가지이다.

따라서, 채무자에 대한 본래의 채권에 기한 이행청구와 그 채권을 피보전권리로 하는 수익자 또는 전득자에 대한 채권자취소청구를 병합하는 경우에도 민사소송법 제25조 제2항의 관련재판적이 인정된다고 할 것이다.[100)]

2. 채무이행소송을 병합하는 경우의 소송물 가액

소송실무상 채무자에 대하여 본래의 채권에 기하여 이행청구를 하고 그 채권을 피보전권리로 하여 수익자 또는 전득자에 대하여 사해행위취소 및 원상회복청구를 하는 경우 그 소송물 가액에 관하여, 채무자에 대한 이행청구와 수익자 등에 대한 채권자취소소송의 소가를 합산하여 산정할 것인지, 아니면 다른 청구의 소가에 흡수하여 산정할 것인지 문제될 수 있다.

일반적으로 한 개의 청구가 다른 청구의 수단에 지나지 않을 때에는 특별한 규정이 있는 경우를 제외하고는 그 가액을 소가에 산입하지 아니하고, 다만, 수단인 청구의 가액이 주된 청구의 가액보다 다액인 경우에는 그 다액을 소가로 한다(인지규칙 제21조).

그런데, 채무자에 대한 금전지급을 구하는 이행청구의 소와 그 채무자의 사해행위에 따른 단일한 목적물의 수익자 또는 전득자에 대한 사해행위취소 및 원상회복청구의 소의 주관적 경합의 경우에도 각 청구는 목적·수단의 관계에 있어 그 경제적 이익이 동일하거나 중복되는 것으로 보아 각 소송물 가액 중 다액인 쪽을 기준으로 소가를 산정한다(대법원 2008. 5. 29.자 2007마761 결정).[101)]

수익자에 대한 가액배상청구와 채무자에 대한 본래의 채권에 기한 금전지급청구가 병합된 경우에도 가액배상청구의 본질이 원상회복청구이기 때문에 그

100) 서울중앙지법 2015. 12. 17.자 2015라1414 결정.
101) 채권자취소소송의 구체적인 소가 산정 방식에 관해서는 앞의 제4장 제1절 제 3.의 2. 참조.

경제적 이익이 동일하거나 중복되는 것으로 보아 각 소송물 가액 중 다액인 쪽을 기준으로 소가를 산정한다.

위와 같이, 수익자의 가액배상의무의 본질이 채무자에 대한 원물반환에 갈음하는 원상회복의무이므로 채무자의 채권자에 대한 본래의 금전지급의무와 그 경제적 이익이 중복된다고 볼 수 있으나, 수익자의 가액배상의무와 채무자의 본래의 금전급부의무가 그 경제적 목적까지 동일하다고 볼 수 없다. 따라서, 채권자가 수익자에 대하여 직접 가액배상청구를 할 수 있다고 하더라도, 수익자의 가액배상의무와 채무자의 본래의 금전급부의무가 연대채무관계 또는 부진정연대채무관계에 있는 것은 아니라고 할 것이다.

다만, 수익자와 채무자 중 어느 일방의 급부가 실제로 이행된 경우에는 다른 일방이 채권자에 대하여 이를 청구이의의 사유로 주장할 수 있다.[102]

3. 채무이행에 관한 선행 승소확정판결이 있는 경우

대법원 2003. 7. 11. 선고 2003다19572 판결 및 2017. 9. 21. 선고 2015다53841 판결은, '채권자가 채무자를 상대로 그 채무의 이행을 구하는 소송을 제기하여 승소판결이 확정되면 채권자취소소송의 상대방인 수익자나 전득자는 그와 같은 확정된 채권자의 채권의 존부나 범위에 관하여 다툴 수 없다'고 판시하였다.[103] 그런데 위 각 대법원판결의 이유를 전반적으로 상세하게 검토하여도 위와 같이 다툴 수 없다는 결론에 이른 법리적 근거를 찾기 어렵고, 다툴 수 없는 시적(時的) 범위가 구체적으로 어디까지인지도 명백하지 아니하다.

우선, 채권자의 채무자에 대한 선행 승소확정판결의 기판력 표준시인 변론종결(무변론 판결의 경우 선고시) 후에 그 판결의 소송물인 채권이 변제 등에 의해 소멸한 경우에, 채권자취소소송의 상대방인 수익자나 전득자는 채권자취소소송의 요건인 채권자의 피보전채권이 존재하지 않는다고 다툴 수 있음은 물론이라

102) 대법원 2017. 10. 26. 선고 2015다224469 판결 참조.

103) 위 각 판결의 사안은, 채권자가 제1심에서 채무자를 상대로 한 채무이행소송과 수익자를 상대로 한 채권자취소소송을 병합하여 제기하였다가 모두 승소하였는데, 채무이행 승소부분에 대하여 채무자가 항소하지 아니하여 그 부분은 확정되고, 수익자가 채권자취소소송 부분에 대하여 항소함으로써 항소심(대법원판결의 원심)에서는 채권자와 수익자만 소송당사자로 된 경우이다.

고 할 것이다.

그렇다면, 채권자취소소송의 상대방인 수익자나 전득자는 채권자의 채무자에 대한 선행 승소확정판결의 변론종결(무변론 판결의 경우 선고시) 전에 생긴 사유로써는 다툴 수 없다고 할 수 있는가. 다툴 수 없다고 하는 경우에 그 법리적 근거는 무엇인가 등이 문제된다.

대법원판례는 채권자가 채권자대위권을 행사하는 방법으로 제3채무자를 상대로 확정판결을 받은 경우에 채권자대위권에 의한 소송이 제기된 사실을 채무자가 알았을 때에는 그 판결의 효력 즉 기판력이 채무자에게도 미친다고 한다.[104] 그 법리적 근거는 민사소송법 제218조 제3항에 의하여 채권자대위권 행사에 의한 소송을 일종의 제3자 소송담당으로 보고 채무자를 그 판결의 효력이 미치는 권리의 귀속주체로 보는 데에 있다고 할 수 있다.

그러나, 채권자취소권은 채권자가 자신의 고유의 권리를 행사하는 것이지 채무자의 제3채무자에 대한 권리를 대위하여 행사하는 것이 아니다. 따라서, 채권자취소소송의 수익자 또는 전득자에 대하여 채권자대위소송에서의 판결의 기판력이 제3자인 채무자에게 미친다는 것과 마찬가지의 법리를 적용할 수는 없고, 그 밖에 수익자 또는 전득자에 대하여 종전 채권자와 채무자 사이의 이행판결의 효력이 미친다고 할 만한 합리적인 근거를 찾기 어렵다.

또한, 채권자대위소송에서 제3채무자는 어차피 채무자에 대하여 의무를 이행하여야 할 지위에 있는 자로서 채권자와 채무자 사이에서 피보전채권이 판결로 확정되었다면 제3채무자가 이를 다툴 실익이 없으나, 채권자취소소송에서는 채권자의 채무자에 대한 피보전채권이 존재하지 않는다면 그 취소소송의 피고인 수익자나 전득자는 자신들이 취득한 권리를 부정당하지 않을 수 있으므로 피보전채권의 존재를 다투는 데에 결정적인 이해관계를 가진다.

결론적으로, 채권자취소소송에서 피보전채권은 채권자취소권의 요건 중의 하나로서 그 소송에서의 피고(수익자 또는 전득자)는 종전 소송의 채권자와 채무자 사이의 이행판결이 확정되었다고 하더라도 당연히 종전 소송의 채무자와는 별개의 지위에서 그 부존재를 다툴 수 있다고 보아야 할 것이다.[105]

---

104) 대법원 2014. 1. 23. 선고 2011다108095 판결.
105) 이순동, 채권자취소권(제3판) 제666면.

채권자의 채무자에 대한 종전의 채무이행 승소확정판결이 채권자취소소송에서 채권자의 피보전채권의 존재를 뒷받침하는 가장 유력한 증거자료가 됨은 물론이지만, 위 대법원판결이 단정적으로 수익자나 전득자는 그와 같은 확정된 채권자의 채권의 존부나 범위에 관하여 다툴 수 없다고 판시한 것은 별다른 법리적 근거가 없는 것으로서 부당하다.

다만, 위 대법원 2003다19572 판결은 그 이유 설시의 전체적인 문맥을 통하여 살펴 볼 때, 형벌에 관한 것이 아닌 민사적 법률조항에 대한 위헌결정은 확정판결에 영향을 미치지 않는다는 법리를 판시한 것에 본래의 취지가 있다고 이해된다. 즉, 연체이율을 연 2할 5푼으로 규정하였던 구 소촉법(2003. 5. 10. 법률 제6868호로 개정되기 전의 것) 제3조 제1항 본문이 종전 이행판결 확정 후에 위헌으로 결정되었다고 하더라도 그로 인하여 종전 확정판결의 효력이 달라지는 것은 아니므로, 연 2할 5푼의 비율에 의해 지연손해금을 계산한 종전 이행판결의 효력을 채권자취소소송에서 수익자가 다툴 수 없고, 법원도 종전 이행판결에서 지급을 명한 금액과 다른 금액을 채권자의 채권액으로 인정할 수 없다고 한 점에 그 본래의 취지가 있다고 이해할 수 있다.

4. 수익자 또는 전득자에 의한 시효소멸 항변

채권자취소소송에서 수익자는 취소채권자의 채권에 대하여 독자적·직접적으로 시효소멸을 주장할 수 있다. 사해행위취소소송의 상대방이 된 사해행위의 수익자는 사해행위가 취소되면 사해행위에 의하여 얻은 이익을 상실하고 사해행위취소권을 행사하는 채권자의 채권이 소멸하면 그와 같은 이익의 상실을 면하는 지위에 있으므로, 그 채권의 소멸에 의하여 직접 이익을 받는 자에 해당한다고 보아야 하기 때문이다(대법원 2007. 11. 29. 선고 2007다54849 판결).

대법원판례는 소멸시효의 원용권자의 범위에 관하여, 시효기간 만료에 의하여 소멸하는 권리의 의무자에 한정하지 않고 권리의 소멸에 의하여 직접 이익을 받는 자로 확대하되, '채무자에 대한 일반채권자'는 자기의 채권을 보전하기 위해 필요한 한도 내에서 채무자를 대위하여 소멸시효를 주장할 수 있을 뿐 채권자의 지위에서 독자적으로 소멸시효를 주장할 수 없다는 입장을 확립하고 있다.[106] 이와 같은 기준에 의할 경우 채권자취소소송의 피고로 된 수익자 또는 전득자는 피보전채권의 소멸에 의해 직접 이익을 받는 자에 해당하므로 독자적으로 직접 소멸시효를 주장할 수 있다는 것이다.[107]

한편, 대법원판례는 채권자가 채권자대위권을 행사하여 제3자에 대하여 청구를 하는 경우에, 제3채무자는 채무자가 채권자에 대하여 가지는 항변으로 대항할 수 없고, 소멸시효의 이익을 직접 받는 자에 해당하지 않으므로, 채권자의 채무자에 대한 채권이 시효로 소멸하였다는 주장을 할 수 없다고 한다.[108] 제3채무자인 경우에는 그가 채무자에 대한 채무를 부담하는 이상 채권자의 채무자에 대한 채권이 시효로 소멸한다고 해서 제3채무자가 채무자에 대해 채무를 이행하여야 할 사정에 변경이 없는 점에서 소멸시효를 주장할 이익을 갖지 못한다. 또한 제3채무자가 채무자의 채권자에 대하여 가지는 소멸시효의 항변 등으로 대항할 수 있다고 한다면, 채무자가 제3채무자에게 직접 청구를 할 때에는 아무런 항변을 할 수 없었던 제3채무자가, 채권자가 채무자의 제3채무자에 대한 채권을 대위행사하는 경우에는 항변을 제기하여 본래의 지위보다 더 유리해진다는 불합리가 생길 것이다.[109]

그리고, 채권자취소소송에서 수익자나 전득자가 피보전채권에 관한 소멸시효를 원용하는 경우 채권자는 수익자나 전득자에 대한 관계에서 채무자에 대한 시효의 중단을 주장할 수 있다고 할 것이다.[110]

106) 대법원 1995. 7. 11. 선고 95다12446 판결, 2012. 5. 10. 선고 2011다109500 판결 등.

107) 사해행위의 수익자 외에 담보물의 제3취득자(대법원 1995. 7. 11. 선고 95다12446 판결), 물상보증인(대법원 2004. 1. 16. 선고 2003다30890 판결)도 권리의 소멸에 의해 직접 이익을 받는 자로서 시효 원용권자에 해당한다.

108) 대법원 2004. 2. 12. 선고 2001다10151 판결 등.

109) 김준호, 민법총칙(제16판) 제399면.

110) 대법원 2007. 11. 29. 선고 2007다54849 판결 이유에 의하면, 채권자인 원고가 채무자인 망인의 상속인들을 상대로 연대보증약정에 의한 이행청구의 소를 제기하여 승소확정판결을 받은 이상 수익자인 피고는 더 이상 소멸시효의 주장 등으로 원고의 망인에 대한 채권의 존재를 다툴 수 없다고 설시하였는바, 이는 채권자의 시효 중단 주장을 인정한 것이라고 볼 것이다.

제 2. 중복소송의 문제

1. 중복소송의 요건 및 효과 개관

법원에 계속되어 있는 사건에 대하여 당사자는 다시 소를 제기하지 못한다(민사소송법 제259조). 전소(前訴)의 계속 중에 동일한 후소(後訴)가 제기되면 후소는 부적법하여 각하된다. 전·후 양소가 동일한 사건이면 후소가 전소와 같은 법원에 제기되었든 다른 법원에 제기되었든 가리지 않는다.

동일한 사건에 대한 중복소송을 금지하는 것은 법원이나 당사자에게 시간·노력·비용을 이중으로 낭비시키는 것을 방지하여 소송경제의 이념을 구현하고, 판결이 서로 모순 저촉될 우려를 불식하기 위함이다. 중복된 소제기에 해당되려면 후소(後訴)가 전소(前訴)와 동일 사건일 것을 요하고, 동일 사건에 해당하기 위해서는 원칙적으로 당사자와 청구(소송물)가 동일할 것임을 요하므로, 소송물이 동일하다고 하더라도 당사자가 다르면 전소와 후소가 동일사건이라고 할 수 없다.[111)]

2. 동일한 사해행위에 대한 복수 채권자의 소 제기

(1) 중복소송 불해당

채권자취소권의 요건을 갖춘 각 채권자는 고유의 권리로서 채무자의 재산처분행위를 취소하고 그 원상회복을 구할 수 있는 것이므로, 여러 명의 채권자가 동시에 또는 시기를 달리하여 동일한 사해행위에 대하여 사해행위 취소 및 원상회복청구의 소를 제기한 경우 이들 소가 중복제소에 해당하지 않는다(대법원 2014. 8. 20. 선고 2014다28114 판결).

---

111) 이시윤, 신민사소송법(제15판) 제287면. 그러나, 전후 양소의 당사자가 동일하지 않더라도 후소의 당사자가 기판력의 확장으로 전소의 판결의 효력을 받게 될 경우에는 동일 사건이라고 할 수 있다. 대법원 1992. 5. 22. 선고 91다41187 판결이, 채권자대위소송의 계속 중에 채무자와 제3채무자 사이에 소송물을 같이 하는 내용의 소송이 제기된 경우 후소가 중복제소에 해당한다고 한 것은 이와 같은 법리에 기초한 것이라고 볼 수 있다.

이는, 채권자대위소송이 이미 법원에 계속 중에 있을 때 같은 채무자의 다른 채권자가 동일한 소송물에 대하여 채권자대위권에 기한 소송을 제기한 경우 시간적으로 나중에 계속하게 된 소송은 중복소송금지에 위반하여 부적법한 것[112]과 다르다. 채권자취소권을 행사하는 각 채권자는 자기 자신의 권리를 행사하는 것인데 반하여, 채권자대위권을 행사하는 채권자는 채무자의 권리를 행사하는 소송담당자에 불과하기 때문이다.

(2) 복수 소송의 판결 내용과 그 결과의 처리

(가) 독립적인 수개의 판결

대법원판례는 '여러 명의 채권자가 동일한 수익자를 상대로 동시에 또는 시기를 달리하여 사해행위취소 및 원상회복청구의 소를 제기하여 별도로 여러 개의 소송이 계속 중인 경우에, 각 소송에서 채권자의 청구에 따라 사해행위취소 및 원상회복을 명하는 판결을 선고하여야 하고, 수익자(전득자 포함)가 가액배상을 하여야 할 경우에도 수익자가 반환하여야 할 가액을 채권자의 채권액에 비례하여 채권자별로 안분한 범위 내에서 반환을 명할 것이 아니라, 수익자가 반환하여야 할 가액 범위 내에서 각 채권자의 피보전채권액 전액의 반환을 명하여야 한다'는 입장을 확립하고 있다(대법원 2005. 11. 25. 선고 2005다51457 판결, 2008. 4. 24. 선고 2007다84352 판결).[113]

예컨대, 채무자 "을"이 근저당권이 설정된 부동산을 수익자 "병"에게 증여한 것이 사해행위에 해당하고, 그 목적 부동산의 가액이 3억 원, 사해행위 후 말소된 근저당권의 실제 피담보채무액이 2억 원이며, 채권자 "갑1"의 피보전채권액은 8,000만 원, 채권자 "갑2"의 피보전채권액은 7,000만 원, 채권자 "갑3"의 피보전채권액은 5,000만 원인데, 채권자 "갑1", "갑2", "갑3"가 각각 "병"을 상대로 하여 순차적으로 사해행위 취소 및 원상회복으로서 가액배상을 청구한 경우

112) 대법원 1994. 2. 8. 선고 93다53092 판결.

113) 같은 취지에서, 대법원판례는, '채권자가 여러 수익자들을 상대로 사해행위 취소 및 원상회복의 소를 제기하여 여러 개의 소송이 계속 중인 경우에 각 소송에서 채권자의 청구에 따라 사해행위 취소 및 원상회복을 명하는 판결을 선고하여야 하며, 수익자가 가액배상을 하여야 할 경우에도 다른 소송의 결과를 참작할 필요 없이 수익자가 반환하여야 할 가액 범위 내에서 채권자의 피보전채권 전액의 반환을 명하여야 한다'고 한다(대법원 2014. 10. 27. 선고 2014다41575 판결).

에 관해서 본다. 위와 같은 경우에, 각 소송절차에서 수익자 "병"으로 하여금 채권자 "갑1", "갑2", "갑3"에게 각 지급하도록 할 금액을 구체적으로 어떻게 산정할 것인가.

위와 같은 사례에서, 대법원판례는 수익자 "병"이 사해행위 취소에 따라 원상회복으로서 반환하여야 할 가액 즉 부동산 가액 3억 원에서 피담보채무액 2억 원을 공제한 잔액 1억 원[114]을 각 소송절차에서 채권자의 채권액에 비례하여 안분해서, 채권자 "갑1"에게 4,000만 원{1억 원×8,000만 원/2억 원(8,000만 원+7,000만 원+5,000만 원)}, 채권자 "갑2"에게 3,500만 원{1억 원×7,000만 원/2억 원}, 채권자 "갑3"에게 2,500만 원{1억 원×5,000만 원/2억 원}의 반환을 명할 것이 아니라는 것이다. 즉 안분할 것이 아니라, 각 별도로 계속 중인 소송절차에서 다른 소송절차에서의 채권자들의 채권액을 고려할 필요 없이, 수익자 "병"이 반환하여야 할 가액 1억 원의 범위 내에서 채권자 "갑1"에게 그 피보전채권액 전액인 8,000만 원, "갑2"에게 그 피보전채권액 전액인 7,000만 원, "갑3"에게 그 피보전채권액 전액인 5,000만 원의 각 반환을 명하여야 한다는 것이다.

한편, 대법원판례는 뒤의 (3)항에서 보는 바와 같이, 여러 개의 채권자취소소송에서 어느 한 채권자가 동일한 사해행위에 관하여 사해행위취소 및 원상회복청구를 하여 승소판결을 받더라도, 후행 소송의 권리보호이익이 소멸하는 시점은 선행 소송의 판결이 확정된 때가 아니라, 확정판결에 기하여 실제로 원상회복이 마쳐진 때라는 입장을 취한다. 따라서 결국, 여러 개의 채권자취소소송이 별도로 진행되는 경우, 먼저 확정된 채권자취소판결에 의해 실제로 원상회복이 이루어지지 않는 한, 각 채권자취소소송에서 다른 채권자의 채권을 고려할 필요 없이 피보전채권액 전액의 반환을 명한다.

여러 명의 채권자가 동일한 수익자를 상대로 별도로 동시에 또는 이시에 채권자 취소의 소를 제기하는 경우에, 어느 하나의 소송에서 다른 소송에서의 심리 내용을 일일이 파악하여 반영하는 것은 실제의 절차 진행에 있어서 사실상

114) 저당권이 설정된 부동산이 사해행위에 의하여 제3자에게 이전된 후 그 저당권설정등기가 말소된 때에, 사해행위 취소에 의한 원상회복은 가액반환의 방법에 의하고 그 반환의 범위는 부동산 가액에서 저당권의 피담보채무액을 공제한 잔액 다시 말하면 공동담보 가액을 한도로 하고, 한편 가액배상의 경우에 채권자가 취소권을 행사할 수 있는 범위는 자신의 피보전채권액을 한도로 한다. 그 밖에 가액배상에 의한 원상회복에 관해서는 뒤의 제5장 제3절에서 상세하게 검토한다.

불가능하고, 다른 소송의 채권자의 피보전채권액과의 비례·안분을 고려한다고 하더라도 애당초 소송절차에 등장하지 않은 채권자에 대한 관계에서는 형평에 부합한다고 볼 수도 없다.

그러므로, 각 채권자가 고유의 권리로서 채권자취소권을 행사하는 소송절차에서는 그 채권자의 피보전채권액 전액을 기준으로 심판하되, 수익자(피고)에 대하여는 아래에서 보는 바와 같이 이중 지급의 위험을 방지하기 위한 수단을 보장함으로써, 이해관계를 공평하게 조절할 수밖에 없을 것이다.

(나) 수익자의 이중지급 방지책(청구이의와 공탁의 문제)[115]

위와 같이 여러 개의 소송에서 수익자가 배상하여야 할 금액으로서 각 채권자의 피보전채권액 전액의 반환을 명하는 판결이 선고되어 확정될 경우 수익자는 공동담보가액 즉 가액배상 한도액을 초과하여 이중으로 지급하게 될 위험에 처할 수 있다.

이와 같은 이중지급의 위험을 방지할 수 있는 수단은 무엇인가.

먼저, 수익자가 어느 채권자에게 자신이 배상할 가액의 일부 또는 전부를 반환한 때에는 그 범위 내에서 다른 채권자에 대하여 청구이의 등의 방법으로 이중지급을 거부할 수 있다(대법원 2008. 4. 24. 선고 2007다84352 판결). 그러나, 이러한 방법은 사후적 구제책이고 청구이의의 소를 제기하는 과정에서 강제집행정지를 위한 담보를 제공하여야 하는 등의 불이익이 따른다.

그런데, 대법원 2007. 5. 31. 선고 2007다3391 판결은, '수익자가 동일한 금액 범위 내의 사해행위취소 및 가액배상을 구하는 소송을 제기한 수인의 취소채권자들 중 누구에게 가액배상금을 지급하여야 하는지 알 수 없다는 이유로 채권자들의 청구금액 중 판결에 의하여 가장 다액으로 확정된 금액 상당을 공탁금액으로 하고 그 취소채권자 전부를 피공탁자로 하여 상대적 불확지공탁을 한 경우, 피공탁자 각자는 공탁서의 기재에 따라 각자의 소송에서 확정된 판결 등에서 인정된 가액배상금의 비율에 따라 공탁금을 출급청구할 수 있다'고 판시하였다.

위 대법원판결은 피공탁자의 공탁금 출급청구의 범위를 직접적 쟁점으로 삼

115) 수익자의 청구이의 및 공탁을 비롯한 가액배상과 관련한 수익자 보호의 문제에 대해서는 뒤의 제6장 제4절 제 3.에서 따로 상세하게 검토한다.

아 판단한 것이고 그 이유에서 위 변제공탁의 방법이 적절하였는지는 별론으로 한다고 언급하였지만, 공탁실무상 위와 같은 상대적 불확지 공탁이 받아들여지고 있으므로, 이러한 공탁은 수익자가 스스로 사전에 이중 지급의 위험을 회피할 수 있는 가장 적절한 방법이 될 것이다.

위 대법원판결이 상대적 불확지 공탁에 관하여 그것이 적절하였는지는 별론으로 한다고 언급한 이유는 판결이유에 명확하게 나타나 있지는 않으나, 그 논리적 배경은 취소채권자 전부를 병렬적으로 피공탁자로 한 것이 상대적 불확지 공탁의 요건에 맞지 않는다고 본 데에 있지 않았나 생각한다.

그러나, 민법 제487조 후단이 규정하는 '변제자가 과실없이 채권자를 알 수 없는 경우'[116]에는 객관적으로 채권자가 존재하고 있으나 변제자가 선량한 관리자의 주의를 다하여도 채권 전부의 귀속자가 누구인지 알 수 없는 경우뿐만 아니라, 채권의 부분적 귀속관계를 알 수 없는 경우도 포함된다고 할 것이다.

대법원 1991. 5. 28. 선고 91다3055 판결은, '매매계약의 중도금 지급기일을 앞두고 사망한 매도인에게 상속인들이 여러 명 있고 그 중에는 출가한 딸들도 있을 뿐 아니라 출가하였다가 자식만 남기고 사망한 딸도 있는 경우에, 매수인으로서는 매도인의 공동상속인들이나 그 상속인들의 상속지분을 구체적으로 알기 어렵다면 사망한 매도인을 피공탁자로 하여 중도금을 변제공탁한 것은 민법 제487조 후단에 해당하여 유효하다'고 판시하였다.

위와 같은 대법원판결의 취지에 의하면, 채권자취소소송의 가액배상판결에 의하여 수인의 채권자가 객관적으로 존재하고 있지만 그들에 대한 채무액의 배분을 구체적으로 알 수 없는 경우에는, 변제의무를 이행하여야 할 수익자로서는 채권의 부분적 귀속관계를 알 수 없으므로 민법 제487조 후단에 따라 변제공탁을 할 수 있다고 볼 수 있다.

채권자들 사이에 가액배상금의 분배에 관하여 다툼이 있는 경우에는 피공탁자로 표시된 채권자들 상호간이 대립적 소송당사자로 되어 공탁금출급확인의 소에 의해 해결할 수 있다.

---

116) 민법 제487조 후단이 규정하는 '변제자가 과실없이 채권자를 알 수 없는 경우'라 함은, 객관적으로 채권자가 존재하고 있으나 변제자가 선량한 관리자의 주의를 다하여도 채권자가 누구인지 알 수 없는 경우를 말한다(대법원 2004. 11. 11. 선고 2004다37737 판결).

(3) 후소(後訴)의 권리보호이익의 소멸과 그 시점

여러 개의 채권자취소소송에서 어느 한 채권자가 동일한 사해행위에 관하여 사해행위취소 및 원상회복청구를 하여 승소판결을 받아 그 판결이 확정되었다는 것만으로는 그 후에 제기된 다른 채권자의 동일한 청구가 권리보호의 이익이 없게 되는 것은 아니고, 확정된 판결에 기하여 재산이나 가액의 회복을 마친 경우에는 다른 채권자의 사해행위취소 및 원상회복청구는 그와 중첩되는 범위 내에서 권리보호의 이익이 없게 된다(대법원 2014. 8. 20. 선고 2014다28114 판결).

후행 소송의 권리보호이익이 소멸하는 시점은 선행 소송의 판결이 확정된 때가 아니라, 확정판결에 기하여 실제로 원상회복이 마쳐진 때 예컨대, 수익자 명의의 등기가 말소되었거나 원물반환에 갈음한 가액이 지급된 때라는 점에 주의를 요한다.[117]

선행 확정판결에 의하여 실제로 원상회복이 이루어졌다는 사실에 관한 입증책임은 채권자취소소송의 상대방 즉 수익자 또는 전득자에게 있다. 대법원 2003. 7. 11. 선고 2003다19558 판결은, 기술신용보증기금이 수익자(피고)를 상대로 부동산에 관한 매매계약을 사해행위로서 취소하고 가액의 배상을 구하는 소송을 제기하여 승소판결이 확정된 사실만 밝혀지고, 수익자(피고)가 그 확정판결에 따른 가액배상금을 기술신용보증기금에게 지급하여 원상회복이 이루어졌음을 인정할 자료가 없는데도, 신용보증기금('기술신용보증기금'과는 다른 기관이다)이 동일한 수익자(피고)의 동일한 사해행위에 대하여 제기한 사해행위 취소 및 원상회복의 소에 관해서 권리보호의 이익이 없어 부적법하다고 한 원심판결을 파기하였다.

대법원판례가 권리보호이익의 소멸시점을 현실적인 원상회복을 마친 시점으로 판시한 것은, 경합소송의 판결이 확정되더라도 취소채권자가 집행을 하지 않는다면 그 판결의 당사자가 아닌 다른 채권자는 그 확정판결에 의해 집행을 할

---

117) 대법원판례는 위와 같은 '회복시설'의 입장을 취한다. 이에 대해서는 '확정시설'의 견해도 있다. 확정시설은, '사해행위 취소의 효과는 모든 채권자들을 위하여 효력이 있으므로, 일단 어느 채권자가 사해행위 취소소송을 제기하여 승소확정판결을 받은 후에는 다른 채권자는 다시 취소소송을 제기할 수 없고, 앞의 판결에 의하여 회복된 재산에 대한 강제집행절차에서 배당요구를 할 수 밖에 없다'고 한다. 민법주해 제IX권 채권(2) 제838면.

수 없으므로, 각 채권자로 하여금 자신들의 채권 만족을 위한 책임재산을 확보할 수 있도록 함에 그 취지가 있다고 할 것이다.

한편, 대법원 2005. 3. 24. 선고 2004다65367 판결은, 동일한 사해행위에 관한 취소소송이 중첩된 경우 선행 소송에서 확정판결로 처분 부동산의 감정평가에 따른 가액반환이 이루어진 이상, 후행 소송에서 부동산의 시가를 다시 감정한 결과 선행 소송의 확정판결에서 인정한 시가보다 평가액이 증가되었다고 하더라도, 후행 소송에서 그 증가된 부분에 관하여 다시 가액배상을 명할 수는 없다고 판시하였다.[118]

(4) 권리보호이익 소멸 주장과 신의칙 적용의 문제

수익자가 확정판결에 기하여 해당 채권자에게 재산이나 가액을 반환함으로써 그 채권자가 다른 채권자보다 사실상 우선 변제를 받는 불공평한 결과가 초래될 수 있다. 그러나, 그 재산이나 가액의 반환이 다른 채권자를 해할 목적으로 수익자와 해당 채권자가 통모한 행위라는 등의 특별한 사정이 없는 한, 확정판결에 따른 반환의무를 이행한 것이 다른 채권자의 신의에 반하는 행위라고 할 수는 없으므로, 확정판결에 의해 재산이나 가액의 반환을 마친 수익자가 다른 채권자의 사해행위취소 및 원상회복청구에 대하여 권리보호의 이익이 없다고 주장하는 것은 신의성실의 원칙에 위배되지 않는다(대법원 2014. 8. 20. 선고 2014다28114 판결).

그러나 한편, 여러 개의 사해행위취소 및 가액배상청구 소송이 계속되고 비교적 단기간 내에 순차적으로 각 소송의 판결이 확정될 것이었는데, 수익자가 임의로 어느 특정 채권자에게 쉽게 판결을 확정시키고 가액배상을 전부 이행한다면 다른 채권자에게 불공평을 초래하는 것은 분명하다고 할 것인데, 나아가 수익자와 그 특정 채권자와 사이에 통모가 있는 등 특별한 사정이 있다면, 수익자가 다른 채권자와의 소송에서 권리보호의 이익이 소멸하였다고 주장하는 것은 신의칙에 반한다고 할 것이다.[119]

---

118) 즉, 그 증가된 부분을 선행 확정판결에서 인정한 부분과 중첩된 부분으로 보아 이에 대하여 다시 가액배상을 명할 수 없다는 이유로 후행 소송에 관하여 권리보호의 이익이 없어 부적법하다고 판단한 원심판결을 수긍하였다.

119) 서울고법 2012. 1. 12. 선고 2010나123884 판결(수익자가 '채권자 1'이 제기한 선행 사해

3. 동일한 채권자가 피보전채권을 달리하여 동일한 사해행위에 대하여 소를 제기한 경우

위에서 본 바와 같이, 전소(前訴)와 후소(後訴)의 당사자 및 청구(소송물)가 동일하면 중복 소송에 해당하고, 전·후소가 동일한 사건이면 후소가 전소와 같은 법원에 제기되었든 다른 법원에 제기되었든 가리지 않으며, 전소의 계속 중에 후소가 제기되면 후소는 부적법하여 각하된다.

그런데, 대법원판례는 채권자가 사해행위취소 및 원상회복청구를 하면서 피보전채권을 추가하거나 교환하는 것은 사해행위취소권과 원상회복청구권을 이유 있게 하는 공격방법에 관한 주장을 변경하는 것일 뿐이지 소송물 또는 청구 자체를 변경하는 것은 아니라는 입장을 견지하고 있다(대법원 2003. 5. 27. 선고 2001다13532 판결, 2012. 7. 5. 선고 2010다80503 판결).

따라서, 동일한 채권자가 피보전채권을 달리하여 동일한 수익자를 상대로 동일한 법률행위의 취소 및 원상회복을 구하는 채권자취소의 소를 이중으로 제기하는 경우에는 당사자와 소송물이 동일하므로, 후소(後訴)는 중복제소금지 원칙에 위배되는 것이다. 이는 전소(前訴)나 후소(後訴) 중 어느 하나가 승계참가신청에 의해 이루어진 경우에도 마찬가지라고 할 것이다.[120] 이 경우 전소(前訴), 후소(後訴)의 판별기준은 소송계속의 발생시기의 선후에 의할 것이고, 소송계속의 효력은 소장 또는 그와 동일한 서면이 상대방에게 송달되거나 변론기일에 이를 교부한 때에 생긴다.[121]

행위취소 및 가액배상청구소송에서는 소송대리인을 선임하여 항소까지 하여 적극적으로 다투면서도, '채권자 2'가 제기한 후행 사해행위취소 및 가액배상청구소송에서는 소극적으로 대응함으로써 제1심이 확정되도록 하고 '채권자 2'와 긴밀하게 협의하여 가액배상을 마친 다음, 선행 소송의 항소심에서 그 소송의 권리보호의 이익이 없다는 본안전 항변을 한 사안에서, 그 항변은 신의칙상 허용될 수 없다고 판시하였다).

120) 대법원 2012. 7. 5. 선고 2010다80503 판결. 다만, 이 대법원판결은 위와 같은 법리를 전제로, 전소(前訴)의 판결이 확정되었을 경우 그 기판력이 후소(後訴)에도 미친다고 하여 자판(自判)한 것이다.

121) 대법원 1992. 5. 22. 선고 91다41187 판결.

4. 동일한 채권자가 동일한 사해행위에 대하여 전득자를 상대로 소를 제기하는 경우

대법원판례는, 채권자가 수익자를 상대로 사해행위의 취소를 구하는 소를 이미 제기하여 채무자와 수익자 사이의 법률행위를 취소하는 내용의 판결을 선고받아 확정되었더라도 그 판결의 효력은 그 소송의 피고가 아닌 전득자에게는 미칠 수 없는 것이므로, 채권자가 그 소송과는 별도로 전득자에 대하여 채권자취소권을 행사하여 원상회복을 구하기 위해서는, 민법 제406조 제2항에서 정한 기간 안에 전득자에 대한 관계에 있어서 채무자와 수익자 사이의 사해행위를 취소하는 소송상의 청구를 하여야 한다는 입장을 견지하고 있다(대법원 2005. 6. 9. 선고 2004다17535 판결, 2014. 2. 13. 선고 2012다204013 판결).

위 대법원판례는, 판례에 의해 확립된 사해행위 취소의 상대적 효력에 의하여 전득자에 대한 관계에 있어서 별도로 채무자와 수익자 사이의 사해행위를 취소하는 소송상의 청구를 하는 것이 중복제소에 해당하지 않음을 전제로 하여, 오히려 적극적으로 민법 제406조 제2항에서 정한 기간 안에 다시 채무자와 수익자 사이의 사해행위를 취소하는 소송상 청구를 하도록 함으로써 취소채권자에 대한 관계에서 전득자의 이익을 보호하려는 데 그 취지가 있다고 이해할 수 있다. 같은 취지에서 대법원 2014. 2. 13. 선고 2012다204013 판결은, 기존 전득자 명의의 등기가 말소된 후 등기를 마친 새로운 전득자에 대하여도 민법 제406조 제2항에 정한 기간 내에 다시 채무자와 수익자 사이의 사해행위를 취소하는 소송상 청구를 하여야 하고 그 기간을 경과한 소송상 청구는 부적법하다고 판시하였음에 유의할 것이다.

제 3. 청구변경의 문제[122)]

1. 피보전채권의 추가 · 변경

대법원 2003. 5. 27. 선고 2001다13532 판결은, 채권자가 사해행위 취소를 청구하면서 그 보전하고자 하는 채권을 추가하거나 교환하는 것은 그 사해행위 취소권을 이유 있게 하는 공격방법에 관한 주장을 변경하는 것일 뿐이지 소송물 또는 청구자체를 변경하는 것이 아니므로 소의 변경이라고 할 수 없다고 판시하였다. 위 대법원판결은 위와 같은 법리를 전제로 하여, 제소기간 경과 후에 피보전채권을 추가 또는 변경하더라도 부적법한 것이 아니라고 판시하였다.

위 대법원판결의 사안 요지는, 채권자 "갑"이 채무자 "을"에 대하여 가지고 있던 "A"구상금채권을 피보전채권으로 하여 "을"과 수익자 "병" 사이에 체결된 사해행위인 증여계약의 취소 및 등기말소의 원상회복을 구하는 소를 제기하였는데, 소송계속 중에 "을"의 변제공탁으로 위 "A"구상금채권이 소멸되기에 이르자, 소 제기 후 1년이 경과한 다음 준비서면으로써 "A"구상금채권과는 그 발생일자 및 금액이 다른 "을"에 대한 "B"구상금채권을 피보전채권이라고 주장한 것이다. 위와 같은 사안에서 원심은 피보전채권의 변경을 소의 교환적 변경에 해당한다고 보고 교환적으로 변경된 사해행위 취소의 소가 사해행위가 있음을 안 날로부터 1년을 도과하여 제기된 것이어서 부적법하다고 판시하였는데, 위 대법원판결은 피보전채권의 변경은 공격방법의 변경일 뿐 청구 변경이 아니라는 법리를 전제로 하여 원심판결을 파기한 것이다.

청구를 이유 있게 하는 주장의 변경 즉 공격방법의 변경은 소송물의 동일성을 변경하는 청구변경과는 달리, 청구의 기초가 바뀌지 않을 것, 소송절차를 현저히 지연시키지 않을 것 등과 같은 요건을 갖출 필요가 없고, 법원이 공격방법의 변경에 대해 불허 결정(민사소송법 제263조)을 하는 등의 제약이 없다.

따라서, 채권자취소소송에서 소를 제기한 채권자가 그 피보전채권을 추가하거나 교환하더라도 이는 공격방법을 변경하는 것에 불과하고 소송물 즉 소송상

122) 이는 소송실무상으로는 주로 제소기간의 적용 범위와 관련하여 문제된다.

청구 자체에 동일성은 그대로 유지되는 것이므로, 소송절차를 현저히 지연시키지 않을 것 등과 같은 청구변경의 요건을 갖추지 못하였다고 하여 법원이 불허결정을 할 수는 없다. 다만, 채권자의 피보전채권의 추가 변경이 적시제출주의를 어기고 고의 또는 중대한 과실로 실기하여 뒤늦게 제출함으로써 소송의 완결을 지연시키는 것으로 인정한 때에는 각하될 수 있음(민사소송법 제149조 제1항)은 별개의 문제라고 할 것이다.

2. 사해행위에 대한 법률적 평가의 변경

대법원 2005. 3. 25. 선고 2004다10985 판결은, 채권자가 채무자의 어떤 금전지급행위가 사해행위에 해당된다고 하여 그 취소를 청구하면서 다만 그 금전지급행위의 법률적 평가와 관련하여 증여 또는 변제로 달리 주장하는 것은 그 사해행위취소권을 이유 있게 하는 공격방법에 관한 주장을 달리하는 것일 뿐 소송물 또는 청구 자체를 달리하는 것으로 볼 수 없다고 판시하였다.

위 대법원판결의 사안요지는, 채무자 "을"이 수익자 "병"에게 지급한 금액 및 일자는 채권자 "갑"의 제소기간 내의 소 제기 당시부터 특정되어 있었는데, 채무자 "을"과 수익자 "병"이 가족관계("병"이 "을"의 처와 딸이다)에 있고 "병"이 "을"에 대한 기존의 대여금을 변제받은 것이라고 다투는 상황에서, "갑"이 제소기간 경과 후에 제1 예비적 청구로서 위 금원지급행위를 증여로 정정하고 제2 예비적 청구로서 위 금원지급행위를 변제로 하여 그 취소를 구한 것이다.

위 대법원판결은 앞서 본 바와 같은 법리를 전제로 하여, 제소기간 내에 소를 제기함에 있어서는 금원지급행위에 대하여 사해행위취소 및 원상회복을 구하였다가 제소기간 경과 후 그 금원지급행위에 관하여 증여 또는 변제로 주장하는 것은 부적법한 것이 아니라고 판시하였다.

그러나, 채권자취소권의 대상이 되는 채무자의 행위는 자연적 사실관계에서의 행위가 아니라 채무자의 의식내용과 결합된 법적 행위이므로, 소송의 심리과정이나 적어도 변론종결 단계에서는 채권자취소권의 대상인 사해행위에 대하여 법률적 구성을 명확하게 하여야 할 것이다.[123]

---

123) 대법원 2016. 1. 28. 선고 2014다222725 판결은, 다른 사람의 예금계좌에 돈을 이체하는

3. 청구취지 변경

청구취지의 변경은 원칙적으로 소의 변경이 된다. 특히 청구취지의 변경은 반드시 서면으로 신청하여야 하고 그 서면은 상대방에게 송달하여야 한다(민사소송법 제262조 제2, 3항). 청구취지의 불명한 부분을 보충 정정하는 것 예컨대 목적 부동산의 구조·면적·지번 등을 바로 잡는 것은 청구취지의 변경이 아니다.[124)]

채권자취소소송에서 사해행위 자체가 추가되거나 사해행위 취소의 목적 부동산이 추가되는 경우에는 청구취지에 기재되어야 하는 것이므로 소의 추가적 변경에 해당한다. 이 경우에는 그 추가시를 기준으로 제소기간 준수 여부를 판단하여야 할 것이다.

다만, 대법원 2005. 5. 27. 선고 2004다67806 판결은, 공동저당권이 설정된 수 개의 부동산에 관한 일괄 매매행위가 사해행위에 해당함을 이유로 그 매매계약의 전부 취소 및 그 원상회복으로서 각 소유권이전등기의 말소를 구하였다가 사해행위 후 저당권이 소멸된 사정을 감안하여 원상회복이 허용되는 범위 내의 가액배상을 구하는 것으로 청구취지를 변경하면서 그에 맞추어 사해행위 취소의 청구취지도 변경하였는데, 취소소송의 제척기간이 경과한 후에 당초의 청구취지 변경이 잘못되었음을 이유로 다시 매매계약의 전부 취소 및 소유권이전등기의 말소를 구하는 것으로 청구취지를 변경한 경우, 최초 소 제기시에 발생한 제척기간 준수의 효력에는 영향이 없다고 판시하였다.

위 대법원판결은 최초 소 제기시에 전부 취소를 구하여 제척기간을 준수한 이상 중간에 청구취지의 감축이 개입되어 있더라도 제척기간 경과 후의 전부 취소 청구에 대하여 하나의 매매계약으로서의 당해 사해행위의 취소를 구하는

등으로 송금하는 경우에 그 송금은 다양한 법적 원인에 기하여 행하여질 수 있는 것으로서 그 송금행위의 구체적인 법적 원인을 가리지 않고 그 송금사실만을 가지고 사해행위인지 여부를 판단할 수는 없다고 판시하였다.

본문에 나온 대법원 2004다10985 판결도, 원심이 결론적으로 사해행위 취소를 명하는 판결을 함에 있어서는 금원지급행위가 증여인지 변제인지 그 법률적 성격을 밝혔어야 함을 지적하면서도, 그 어느 것으로 보더라도 사해행위에 해당한다고 볼 수 있으므로 원심판결이 금원지급행위에 대하여 채권자취소의 소를 제기함에 있어 제소기간을 준수한 것으로 보고 그 취소를 인정한 것은 결과적으로 정당하다고 판시한 것이라고 이해할 수 있다.

124) 이시윤, 신민사소송법(제15판) 第711면.

최초 소 제기의 기간 준수의 효과가 그대로 유지된다고 판시한 것이라고 이해된다.

채권자취소소송의 최초 청구시에는 전부취소 및 원물반환을 구하였다가 일부취소 및 가액배상 청구로 변경한 경우에는 단지 청구취지가 감축된 것으로서 청구변경으로 볼 것은 아니다. 또한 감축된 한도에서 일부 취하로 볼 것이고 그 부분의 청구를 포기하였다고 볼 것은 아니다.[125]

125) 대법원 1983. 8. 23. 선고 83다카450 판결.

제 4. 공동소송에 관한 문제

1. 문제의 소재 및 검토범위

동일한 채무자의 사해행위에 의하여 여러 명의 취소채권자가 생길 수 있고, 또 그 채무자의 여러 개의 사해행위에 의하여 여러 명의 수익자가 생길 수 있다. 이는 모두 민사소송법 제65조 전문 후단에 규정된 권리의무가 사실상 법률상 같은 원인으로 말미암아 생긴 경우 또는 후문에 규정된 권리의무가 동종의 것이고 사실상 또는 법률상 동종의 원인으로 말미암아 생긴 경우에 해당한다. 그리고, 민사소송법 제65조 전문에 의한 공동소송의 경우에는 공동소송인 사이에 관련재판적 규정이 준용되어 공동소송인 중 1인에 대한 관할권이 있는 법원에 소를 제기할 수 있다(민사소송법 제25조 제2항).

이와 같이 1개의 채권자취소소송절차에서 여러 사람의 원고 또는 여러 사람의 피고가 관여하는 공동소송형태가 가능하고 그 공동소송은 통상의 공동소송이다.[126]

채권자취소의 소에 있어서 처음부터 복수의 채권자(원고)가 소를 제기하거나 또는 1인의 채권자가 각각 소를 제기하였다가 민사소송법 제141조에 따라 변론이 병합됨으로써 후발적으로 원고가 여러 사람으로 될 수도 있고, 마찬가지 방식으로 처음부터 수익자 및 전득자 모두가 또는 복수의 수익자가 소송의 상대방(피고)이 되거나 소송계속 중에 변론병합에 의해 피고가 여러 사람으로 될 수도 있다.

채권자취소소송이 공동소송의 형태로 진행되더라도 사해행위취소에 따라 원물반환의 방법에 의해 원상회복이 이루어지는 경우에는 판결을 함에 있어 특별히 문제될 것은 없다. 그런데, 가액반환의 방법에 의해 원상회복이 이루어지는 경우 특히 공평의 원칙에 따라 가액반환이 이루어지는 경우에는 가액반환의 한도액과의 관계에서 구체적인 금액의 산정방법에 관해서 견해의 차이가 있다.

---

126) 대법원 2008. 6. 12. 선고 2008다8690 판결이 채권자취소소송의 공동원고에 관한 사례이고, 2008. 11. 13. 선고 2006다1442 판결이 공동피고에 관한 사례이다.

저당권이 설정된 부동산이 사해행위에 의하여 제3자에게 이전된 후 그 저당권설정등기가 말소된 때에, 사해행위 취소에 의한 원상회복은 가액반환의 방법에 의하고 그 반환의 범위는 부동산 가액에서 저당권의 피담보채무액을 공제한 잔액 다시 말하면 공동담보 가액[127]을 한도로 하고, 한편 가액배상의 경우에 채권자가 취소권을 행사할 수 있는 범위는 자신의 피보전채권액을 한도로 한다.

결국, 수익자의 입장에서 동일한 채권자에 대해 부담하는 가액반환 한도액은 그 채권자의 피보전채권액과 공동담보가액 중에서 더 적은 금액이라고 할 것이다.[128]

이와 같이 가액반환의 경우 그 한도에 관해서 제약을 받는 결과, 채권자취소의 공동소송에 있어 원고들(채권자들)의 피보전채권액의 합계가 피고(수익자)의 가액배상 한도액인 공동담보 가액을 초과하는 경우 다시 말하면 일정한 한도로 변제의무를 부담하는 동일한 수익자(피고)에 대하여 채권자들(원고들)의 청구권 사이에 중첩관계가 존재하는 경우에 어떻게 처리할 것인가의 문제가 생긴다. 동일한 원고(취소채권자)에 대하여 가액배상을 할 여러 명의 피고들(수익자 및 전득자, 또는 수인의 수익자)이 존재하고 그들의 의무 사이에 중첩관계가 있는 경우에도 동일한 문제가 발생한다.

또한, 공동소송인의 지위에 있는 복수의 당사자 상호간 및 그 상대방과 사이에 구체적으로 어떤 법률관계가 성립한다고 보아야 하는지도 문제로 등장한다.

여기에서는 공평의 원칙에 따라 원상회복으로서 가액배상이 이루어지는 경우에 한정하여 채권자취소의 공동소송에 관한 문제점을 검토한다.

2. 피고가 수인인 공동소송과 가액배상

(1) 수익자 및 전득자가 공동피고로서 가액배상을 하는 경우

(가) 부진정 연대채무관계

대법원 2014. 12. 11. 선고 2011다49783 판결은, 채무자 “을” 소유의 부동산에 관하여 사해행위로서 수익자 “병” 앞으로 근저당권 설정등기가 마쳐지고

127) 사해행위 전부터 일반채권자들의 공동담보로 제공되어 있던 가액이다.
128) 가액반환의 범위에 관해서는 뒤의 제5장 제3절 제 2.에서 상세하게 검토한다.

근저당권의 양도에 의하여 전득자 "정" 앞으로 근저당권 이전의 부기등기가 마쳐진 후 목적 부동산에 대한 임의경매절차가 진행되어 근저당권이 소멸한 경우에, "병"은 근저당권을 "정"에게 양도함으로써, "정"은 양수한 근저당권이 임의경매의 결과 소멸됨으로써, 각 원물반환이 불가능하게 되었다고 판단하였다. 위 대법원판결은 위와 같은 경우에는 수익자 "병" 및 전득자 "정"이 부진정연대관계에서 채권자 "갑"에게 가액반환을 하여야 하고, 이 경우 전득자 "정"이 배당을 받았다면 가액반환액은 배당받은 금액이 된다고 판시하였다.

사해행위 취소에 따라 동일한 목적물에 관한 원상회복으로서 수익자 및 전득자가 모두 가액반환을 하여야 하는 경우, 이는 동일한 경제적 목적을 가지고 서로 중첩되는 부분에 관하여 일방의 채무가 변제 등으로 소멸할 경우 타방의 채무도 소멸하는 관계에 있다고 할 것이므로, 그 각 가액반환의무는 부진정연대관계에 있다고 할 것이다. 그리고, 부진정연대채무 관계에 있는 채무자들을 공동피고로 하여 이행의 소가 제기된 경우 그 공동피고에 대한 각 청구가 서로 법률상 양립할 수 없는 것이 아니므로 그 소송을 민사소송법 제70조 제1항 소정의 예비적·선택적 공동소송이라고 할 수 없다.[129]

(나) 사례의 검토

소송실무상 수익자 및 전득자가 모두 가액반환의무를 부담하는 전형적인 사례에 관해서 본다.[130]

채무자 "을"은 2015. 2. 20. 채무초과상태에서 자신의 사실상 유일한 재산인 아파트를 처인 수익자 "병"에게 증여하고, 그 다음날 "병" 앞으로 소유권이전등기를 마쳐주었고, "병"은 2015. 6. 10. 전득자 "정"에게 위 아파트에 관하여 2015. 6. 5.자 매매를 원인으로 하여 소유권이전등기를 마쳐주었다. 그런데, 채무자 "을"은 2015. 6. 5. "정"에 대한 기존의 물품대금채무에 대한 대물변제로 위 아파트를 "정"에게 양도하되 형식상으로 등기명의인인 "병"이 2015. 6. 5. "정"과 사이에 매매계약을 체결하여 2015. 6. 10. "정" 앞으로 소유권이전등기를 마친 것이고, "병" 및 "정"의 사해행위에 관한 악의는 추정된다.

---

129) 대법원 2009. 3. 26. 선고 2006다47677 판결, 2014. 12. 11. 선고 2011다49783 판결 참조.
130) 이 사례는 대구고법 2005. 9. 30. 선고 2004나5854 판결의 사실관계를 기초로 하여 요약·재구성한 것이다(위 대구고법 판결은 상고되지 아니하여 확정되었다).

한편, 위 아파트에 관해서는 사해행위로 증여되기 전인 2013. 4. 10. 은행 앞으로 채권최고액 7,000만 원의 근저당권설정등기가 마쳐져 있었는데, 채무자 "을"이 "병"에게 증여한 후인 2015. 3. 20. 은행에게 그때까지의 피담보채무액 5,000만 원을 변제하고 같은 날 근저당권설정등기를 말소하였다.

채권자 "갑"이 위와 같은 사해행위에 관하여 취소를 구하고 원상회복을 청구하는 채권자취소소송을 제기하였는데, 변론종결 당시의 위 아파트의 평가액은 1억 2,000만 원이고, "갑"의 채권액은 3,600만 원이다.

위 사례에서 사해행위로서 취소의 대상이 되는 것은 채무자 "을"과 수익자 "병" 사이의 증여계약에 국한되고, 수익자 "병"과 전득자 "정" 사이의 매매계약은 취소의 대상이 아니며(대법원 2004. 8. 30. 선고 2004다21923 판결), 전득자 "정"의 악의는 매매계약(전득행위) 당시 취소를 구하는 법률행위 즉 "을"과 "병" 사이의 증여계약이 사해행위의 객관적 요건을 구비하였다는 것에 대한 인식을 의미한다(대법원 2012. 8. 17. 선고 2010다87672 판결). 그리고, 위 사례와 같이 수익자 "병"에게 사해행위의 목적물이 이전된 후에 기존의 근저당권이 말소된 경우에는 원상회복으로서 가액반환의 방법에 의하는 것이다.

따라서, 위 사례에서, 수익자 "병"과 전득자 "정"은 모두 채권자 "갑"에 대하여 가액반환을 하여야 하는데, 그들의 가액반환의무는 부진정연대관계에 있고, 그 반환의 범위는 위 아파트의 변론종결 당시의 가액 1억 2,000만 원에서 말소된 근저당권의 실제 피담보채무액 5,000만 원을 공제한 7,000원의 범위 내에서, 그보다 적은 "갑"의 채권액 3,600만 원이다.[131]

(2) 수인의 수익자가 공동피고로서 가액배상을 하는 경우

(가) 각 수익자의 반환범위에 관한 문제

동일한 채무자가 여러 명의 수익자들에게 재산을 처분한 사해행위에 대하여, 채권자가 여러 수익자들을 공동피고로 하여 채권자취소의 소를 제기하였는데 각 수익자가 가액배상의무를 부담하는 경우에 취소채권자(원고)의 피보전채권액과의 관계에서 그 가액배상액을 구체적으로 어떻게 산정할 것인지의 문제이다.[132]

---

131) 위 사례에서의 구체적인 청구취지(또는 판결 주문) 기재례는 뒤의 (3)항 참조.

132) 채권자가 별도로 여러 수익자를 상대로 채권자취소소송을 제기하여 여러 개의 소송이 계

취소채권자(원고)의 피보전채권액과 수익자(피고)의 가액배상액과의 관계에서의 경우의 수는, ① 취소채권자(원고)의 피보전채권액이 각 수익자(피고들)의 가액배상 한도액의 합계액을 초과할 경우, ② 취소채권자(원고)의 피보전채권액이 각 수익자(피고들)의 개별 가액배상 한도액에 미달한 경우, ③ 취소채권자(원고)의 피보전채권액이 각 수익자의 개별 가액배상 한도액은 초과하지만 수익자들(피고들)의 가액배상 한도의 합계액에는 미달할 경우 등의 3가지 경우로 분류할 수 있다.

위 3가지 경우 중에서 ①, ②의 경우는 특별히 그 산정 방법이 문제될 것이 없다. 즉, 위 ①의 경우와 같이 취소채권자(원고)의 피보전채권액이 각 수익자(피고들)의 가액배상 한도액의 합계액을 초과할 경우에는 각 수익자들에 대하여 각자의 가액배상 한도액의 지급을 명한다. 위 ②의 경우와 같이 취소채권자(원고)의 피보전채권액이 각 수익자(피고들)의 개별 가액배상 한도액에 미달한 경우에는 특별한 사정이 없는 한 각 수익자(피고)로 하여금 공동하여 그 피보전채권액을 지급하도록 명하면 될 것이다.[133]

위 ③의 경우와 같이, 취소채권자(원고)의 피보전채권액이 각 수익자의 개별 가액배상 한도액은 초과하지만 수익자들(피고들)의 가액배상 한도의 합계액에는 미달할 경우에, 각 수익자가 지급하여야 할 금액을 구체적으로 어떻게 산정할 것인가의 문제이다.

구체적 사례에 관하여 본다. 채무자 "을"이 저당권이 설정된 부동산 "A"를 자신의 처인 수익자 "병1"에게, 별개의 저당권이 설정된 부동산 "B"를 자신의 아들인 수익자 "병2"에게 각 증여한 것이 모두 사해행위에 해당한다. 부동산 "A"의 가액은 3억 원, 사해행위 후 말소된 저당권의 피담보채무액이 1억 5,000만 원, 부동산 "B"의 가액은 2억 원, 사해행위 후 말소된 별개 저당권의 피담보채무액이 1억 원이며, 채권자 "갑"의 "을"에 대한 피보전채권액은 2억 원이다. "갑"이 "병1" 및 "병2"를 공동피고로 하여 사해행위 취소에 의한 가액배상을 청구할 경우, "병1" 및 "병2"가 "갑"에게 지급할 금액을 어떠한 방법으로 산정할

속 중인 경우에도 동일한 문제가 생긴다.

133) 다만, 가액배상이 아닌 원물반환을 함에 있어서는 취소채권자의 피보전채권액이 각 수익자의 재산가액보다 미달한 경우에는 원칙적으로 여러 명의 수익자 중 어느 한 수익자에 대한 사해행위만을 취소하고 나머지 수익자에 대해서는 취소의 이익이 없게 된다고 할 것이다.

것인가.[134]

위와 같이, 각 수익자의 가액배상액의 산정 방법이 문제되는 경우에 관하여 대법원판례는, '채권자가 여러 수익자를 상대로 사해행위취소 및 원상회복의 소를 제기하여 여러 개의 소송이 계속 중인 경우에는 각 소송에서 채권자의 청구에 따라 사해행위취소 및 원상회복을 명하는 판결을 선고하여야 하며, 수익자가 가액배상을 하여야 할 경우에도 다른 소송의 결과를 참작할 필요 없이 수익자가 반환할 가액 범위 내에서 채권자의 피보전채권 전액의 반환을 명하여야 한다. 이러한 법리는 채무자가 동시에 여러 재산을 수인의 수익자들에게 처분한 결과 채무초과상태가 되거나 그러한 상태가 악화됨으로써 각각의 처분행위가 모두 사해행위가 되고, 채권자가 그 수익자들을 공동피고로 하여 사해행위취소 및 원상회복을 구하여 각 수익자들이 부담하는 원상회복의 대상이 되는 책임재산의 가액을 합산한 금액이 채권자의 피보전채권을 초과하는 경우에도 마찬가지이다.'라고 판시하였다(대법원 2008. 11. 13. 선고 2006다1442 판결, 2014. 10. 27. 선고 2014다41575 판결).

대법원판례의 입장인 전액지급설에 의하면, 각 수익자의 지급액에 관해서 각 그 가액배상 한도액인 공동담보가액(사해행위 목적물 가액－실제 피담보채무액)의 비율에 따라 피보전채권액을 안분하여 산정할 것이 아니라, 각 수익자로 하여금 그 가액배상 한도액의 범위 내에서 채권자의 피보전채권액 전액을 각기 지급하도록 하여야 한다는 것이다. 즉, 수인의 수익자들이 가액배상의무를 부담하는 경우에 그 가액을 합산한 금액이 취소채권자의 피보전채권액을 초과하더라도 각 수익자가 반환하여야 할 한도액인 각 부동산의 공동담보가액이 피보전채권액에 미치지 못하므로, 그 중에서 보다 적은 금액인 각 한도 금액대로 지급을

134) 채권자(원고)의 피보전채권액이 각 수익자의 가액배상 한도액의 합산액을 초과할 경우에는 각 수익자들에 대하여 각자의 가액배상 한도액의 지급을 명한다. 예컨대, 위 사례에서 채권자 "갑"의 피보전채권액이 3억 원으로서 "병1"의 가액배상한도액 1억 5,000만 원(3억 원-1억 5,000만 원)과 "병2"의 가액배상 한도액 1억 원(2억 원-1억 원)의 합산액을 초과하는 경우에는, "A" 부동산에 관한 채무자 "을"과 수익자 "병1" 사이의 증여계약을 1억 5,000만 원 한도에서, "B"부동산에 관한 채무자 "을"과 수익자 "병2" 사이의 증여계약을 1억 원 한도에서 각 취소하고, 채권자 "갑"에게 수익자 "병1"은 1억 5,000만 원, "병2"는 1억 원을 지급할 것을 명한다.

한편, 위 사례에서 채권자 "갑"의 피보전채권액이 각 수익자의 가액배상 한도액에 미달하는 5,000만 원이라면, "을"과 "병1" 및 "병2"와 사이의 각 증여계약을 취소하고, "병1", "병2"는 공동하여 "갑"에게 5,000만 원을 지급할 것을 명한다.

명하는 판결을 하게 되는 것이다.

앞서 나온 사례에서, 대법원판례에 의한 전액지급설에 의하면, 수익자 "병1" 및 "병2"는 각각 그의 각 부동산의 공동담보가액 즉 가액배상 한도액의 범위 내에서 채권자 "갑"의 피보전채권액 2억 원에 이르기까지의 금액을 부진정연대하여 지급할 의무가 있다. 이 경우의 청구취지(주문)로서는, 「"병1", "병2"는 2억 원의 한도 내에서 공동하여 "갑"에게, "병1"은 1억 5,000만 원을, "병2"는 1억 원을 지급하라」라고 기재하는 것이 적절할 것이다.

위 같은 사례에서, 안분지급설에 의하면, 수익자 "병1"이 지급할 금액은 "갑"의 피보전채권액 2억 원에 대하여 "병1"의 가액배상 한도액의 비율인 3/5{1억 5,000만 원/(1억 5,000만 원+1억 원)}을 곱한 금액인 1억 2,000만 원이 되고, 수익자 "병2"가 지급할 금액은 피보전채권액 2억 원에 대하여 "병2"의 가액배상 한도액의 비율인 2/5{1억 원/(1억 5,000만 원+1억 원)}을 곱한 금액인 8,000만 원이 될 것이다.

소송실무상 안분지급설의 난점은, 만일 채권자가 수인의 수익자를 공동피고로 하지 않고 이들을 상대로 별도로 채권자취소소송을 제기하는 경우에 어느 하나의 소송절차에서 다른 소송절차에서의 안분의 대상이 되는 수익자의 범위를 고려하거나 안분 금액을 둘러싼 당사자 사이의 복잡한 이해관계를 일일이 반영하는 것은 사실상 불가능하다는 것이다. 따라서 이와 같은 경우에는 각 소송절차에서 이른바 전액지급설의 입장에서 심리될 수밖에 없다는 것이다.[135)]

대법원판례가 앞서 본 바와 같이 동일한 소송절차에서 수인의 수익자가 공동피고로 된 경우에 이른바 전액지급설의 입장을 취하는 것은, 채권자가 수인의 수익자를 상대로 별도로 채권자취소소송을 제기하는 경우에 다른 소송에서의 수익자의 범위 등을 고려하지 않고 피보전채권액 전액의 범위 내에서 각 수익자에 대하여 가액반환을 명하여야 하는 경우와 형평을 맞추고 논리의 일관성을

---

135) 이 밖에 안분지급설의 난점으로는 ① 피보전채권액을 안분할 수익자의 범위를 모든 수익자로 할 것인가, 취소채권자로부터 현실로 채권자취소소송을 제기당한 수익자로 할 것인가, 소송계속 중 일부 수익자에 대하여 소 취하가 있을 경우 그 수익자는 제외할 것인가의 문제점, ② 취소채권자가 수익자들 중 누구를 피고로 삼느냐에 따라 피고로 된 각 수익자들의 원상회복의 범위가 달라질 수 있는데, 위와 같이 실질적으로 수익자들 간에 형평에 반하는 결과가 초래되는 것을 그대로 용인할 것인가의 문제점 등이 지적된다. 이환승, '채권자취소소송에 있어 수인의 수익자들의 가액배상의 범위' 대법원판례해설 제77호(2008년 하반기) 제33, 34면.

유지하려는 데에 그 취지가 있다고 이해할 수 있다.

(나) 수익자들 사이의 관계 및 과잉 지급 방지에 관한 문제

위에서 본 바와 같이, 대법원판례는 동일한 사해행위취소로 인하여 수인의 수익자들이 공동피고로서 가액반환의무를 부담하는 경우에 그 반환 범위에 관하여 피보전채권액을 한도로 각 수익자에게 안분할 것이 아니라, 각 수익자가 반환하여야 할 가액 범위 내에서 채권자의 피보전채권 전액의 지급을 각각 명하여야 한다는 입장을 취하고 있다. 따라서, 결과적으로 수인의 수익자들이 공동피고로서 동일한 사해행위 취소에 따라 가액반환의무를 부담하는 경우에 그 가액을 합산한 금액이 취소채권자의 피보전채권액을 초과하더라도 각 수익자가 반환하여야 범위 내에서는 그대로 각각 그 한도액의 지급을 명하는 판결을 하게 되는 것이다.

공동피고로 된 수익자들에 대한 가액배상 인용액의 합계액이 채권자의 피보전채권액의 범위 내라면 각 피고들이 자신에 대한 각 인용액을 모두 이행하여야 할 독립채무이므로 별다른 문제가 없지만, 가액배상 인용액의 합계액이 채권자의 피보전채권액을 초과하는 경우에는 그 피보전채권액의 범위 내에서 피고들인 수인의 수익자의 이행의무 사이에 중첩관계가 발생한다.

이러한 공동피고로 된 수인의 수익자들의 이행의무는 동일한 경제적 목적을 가지고 서로 중첩되는 부분에 관하여 일방의 채무가 변제 등으로 소멸할 경우 타방의 채무도 소멸하는 관계에 있다고 할 것이므로, 수익자 및 전득자가 공동피고로서 가액배상을 하는 경우에 부진정 연대채무관계가 성립하는 것과 마찬가지로, 수인의 수익자의 의무도 중첩되는 부분에 관하여 부진정연대채무가 성립한다고 할 것이다.

위 (가)항에서 나온 사례에 관해서 보면, 채권자 "갑"에게 수익자 "병1"은 자신의 가액배상 한도액 전부인 1억 5,000만 원을, 수익자 "병2"도 자신의 가액배상 한도액 전부인 1억 원을 지급하여야 할 의무를 부담하고, "병1" 및 "병2"의 지급의무는 "갑"의 피보전채권액 2억 원의 범위 내에서 부분적으로 중첩되고 부진정연대채무관계에 있다.

이러한 경우 청구취지(또는 판결 주문)로서는 「피고 "병1", "병2"는 2억 원을

한도로 공동하여[136] 원고 "갑"에게, 피고 "병1"은 1억 5,000만 원을, 피고 "병2"는 1억 원을 각 지급하라」로 기재하는 것이 적절할 것이다.

위와 같이 수인의 수익자가 함께 공동관계에서 취소채권자에게 지급하여야 할 금액의 한도액을 명확하게 함으로써, 채권자가 수익자들로부터 그 한도액인 피보전채권 전부를 변제받은 경우에 각 수익자는 채권자에 대하여 청구이의 등의 방법으로 과잉지급을 거부할 수 있다.[137]

(3) 부진정연대채무의 중첩관계의 표시방법

부진정연대채무는 채무의 성질은 분할할 수 있는 것임에도 수인의 채무자 각자가 채무 전부를 이행할 의무를 지는 점에서는 연대채무와 같지만, 그 수인의 채무자 간에 채무를 공동으로 부담한다고 하는 주관적 공동관계가 없는 점에서 연대채무와 구별되는 것으로 본다.[138]

복수의 피고들을 상대로 하여 중첩적으로 금전의 지급을 구하는 경우에는 피고들의 의무 사이에 중첩관계가 있음을 기재하고, 그 의무의 범위가 명확하도록 표시하여야 한다.

이를 위하여 연대채무자의 채무(민법 제413조), 주채무자와 연대보증인의 채무(민법 제437조 단서) 등의 연대채무에 있어서는 "연대하여", 복수의 어음·수표채무자의 채무(어음법 제47조, 수표법 제43조)등의 합동채무에 관해서는 "합동하여"라는 문구를 부가하여 기재하는 것이 실무상의 관례이고, 한편, 부진정연대채무, 불가분채무 등에 관해서는 예전에는 "각자"라는 문구를 기재하는 것이 실무상의 관행이었다.

그러나, "각자"라는 단어는 사전적(辭典的)·통상적(通常的)으로는 '제각기 따로'라는 의미로 쓰이는데, 아무리 법률용어라고 하지만 거기에 '겹친다'는 중첩의 의미를 부여하는 것은 매우 부적절하였다.

현재, 부진정연대채무, 불가분채무 등에 있어서는 예전의 "각자"라는 문구 대신, "공동하여"라는 문구를 부가하여 기재함으로써 피고들의 의무 사이에 중

---

136) 부진정연대관계의 표시방법으로서는 아래 (3)항에서 보는 바와 같이, '공동하여'라고 기재하는 것이 타당하다. 지연손해금은 별도의 항에서 기재하는 것이 적절할 것이다.

137) 대법원 2008. 4. 24. 선고 2007다84352 판결 참조.

138) 김준호, 채권법(제13판) 제340면.

첩관계가 있음을 표시하기로 한 것은 지극히 타당하다.[139]

이러한 표시방법에 의하면, 위 (1)의 (나)항에서 나온 전형적 사례에 관한 청구취지(또는 판결주문)로서는 「1. 별지 목록 기재 아파트에 관하여, 피고 "병"과 "을" 사이에 2015. 2. 20. 체결된 증여계약을 3,600만 원의 한도 내에서 취소한다. 2. 피고 "병", 피고 "정"은 공동하여 원고 "갑"에게 3,600만 원 및 이에 대한 이 판결 확정 다음날부터 완제일까지 연 5%의 비율에 의한 금원을 지급하라.」로 기재하는 것이 적절할 것이다.

3. 원고가 수인인 공동소송과 가액배상

(1) 피고(수익자)의 원고들(취소채권자들)에 대한 반환 범위의 문제

여러 명의 채권자들이 처음부터 공동하여 채권자취소소송을 제기하거나 각각 제기한 채권자취소소송이 민사소송법 제141조에 의해 병합되었는데, 채권자들(원고들)의 피보전채권액의 합계가 수익자(피고)의 가액배상 한도액을 초과하는 경우 즉 원고들의 청구권 사이에 중첩관계가 있는 경우에 어떻게 처리할 것인가의 문제이다.

예컨대, 채무자 "을"이 근저당권이 설정된 부동산을 수익자 "병"에게 증여한 것이 사해행위에 해당하고, 그 목적 부동산의 가액이 3억 원, 사해행위 후 말소된 근저당권의 실제 피담보채무액이 2억 원이며, 채권자 "갑1"의 피보전채권액은 3억 5,000만 원, 채권자 "갑2"의 피보전채권액은 1억 5,000만 원으로서, "갑1" 및 "갑2"가 공동원고로서 "병"을 상대로 사해행위 취소에 의한 가액배상을 청구할 경우, "병"이 "갑1" 및 "갑2"에게 지급할 금액을 어떠한 방법으로 산정할 것인가의 문제이다.

채권자들(원고들)의 피보전채권액의 합계가 가액배상 한도액보다 적은 경우 즉 원고들의 청구권 사이에 중첩관계가 없는 경우에는 피보전채권액 합계액 범위 내에서 취소권을 행사하고 원상회복으로서 각 채권자의 피보전채권액에 따라 가액배상을 명하면 되고 특별히 문제될 것은 없다.[140]

---

139) 법원행정처, 법원실무제요 민사소송 [Ⅱ](2017년판) 제609면.

140) 채권자들(원고들)의 피보전채권액의 합계가 가액배상 한도액보다 적은 경우 예컨대, 위

앞서 본 바와 같은 수익자의 각 채권자에 대한 지급액 산정 방법이 문제되는 경우에 관하여 대법원판례는, '여러 명의 채권자들이 제기한 채권자취소소송이 민사소송법 제141조에 의해 병합되어 하나의 소송절차에서 심판을 받아 수익자가 가액배상을 하여야 할 경우에도, 수익자가 반환하여야 할 가액을 채권자의 채권액에 비례하여 채권자별로 안분한 범위 내에서 반환을 명할 것이 아니라, 수익자가 반환하여야 할 가액 범위 내에서 각 채권자의 피보전채권액 전액의 반환을 명하여야 한다'고 판시하였다(대법원 2008. 6. 12. 선고 2008다8690 판결).

위 대법원 2008다8690 판결의 원심(서울고법 2007. 12. 18. 선고 2007나74951 판결)은 안분지급설에 따라 판결하였는데, 위 대법원판결은 원심을 파기하고 전액지급설의 입장을 취한 것이다. 위 대법원판결의 사안요지는, 채무자 "을"이 근저당권이 설정된 부동산을 수익자 "병"에게 매매한 것이 사해행위에 해당하고, 그 목적 부동산의 가액이 5억 6,000만 원, 사해행위 후 말소된 근저당권의 실제 피담보채무액이 310,981,080원이며, 채권자 "갑1"의 피보전채권액은 약 3억 원, 채권자 "갑2"의 피보전채권액은 약 5억 5,000만 원인데, "갑1" 및 "갑2"가 "병"을 상대로 각각 제기한 채권자취소소송이 병합된 경우이다. 위와 같은 사안에서, 원심은 안분지급설에 의하여 수익자 "병"은 채권자 "갑1"에게 89,714,689원, "갑2"에게 159,304,231원 및 각 이에 대한 지연손해금을 지급하라고 판시하였다. 이에 "갑1"만이 상고하였는데, 위 대법원판결은 전액지급설에 따라 "병"으로 하여금 "갑1"에게도 그 피보전채권액의 범위 내에서 반환한도액 전액인 249,018,920원(560,000,000원－310,981,080원)의 지급을 명하여야 한다고 판시한 것이다.

앞서 나온 사례에 관하여, 대법원판례의 입장인 전액지급설에 의하면, 채권자 "갑1" 및 "갑2"의 각 피보전채권액이 모두 수익자 "병"의 가액배상 한도액인 공동담보가액 1억 원을 초과하여 그것보다 적은 금액인 동일한 가액배상 한도액을 청구할 수 있을 뿐이므로, 피보전채권액의 차이에도 불구하고, 수익자 "병"은 채권자 "갑1", "갑2"에게 1억 원을 지급할 의무를 부담한다. 만일, 채권

사례에서 사해행위인 증여의 목적 부동산의 가액이 3억 원이고 사해행위 후 말소된 근저당권의 실제 피담보채권액이 2억 원이며, 채권자 "갑1"의 피보전채권액이 5,000만 원, 채권자 "갑2"의 피보전채권액이 3,000만 원인 경우에는, 채무자 "을"과 수익자 "병" 사이의 증여를 8,000만 원 한도에서 취소하고, 수익자 "병"은 채권자 "갑1"에게 5,000만 원, 채권자 "갑2"에게 3,000만 원을 지급할 것을 명하면 되고 중첩관계에 의한 문제는 없다.

자 "갑1"의 피보전채권액이 7,000만 원이고, 채권자 "갑2"의 피보전채권액이 5,000만 원으로서 각각의 피보전채권액은 공동담보가액 1억 원에 미달하지만 그 합계액이 공동담보가액을 초과하는 경우에는, 전액지급설에 의하면, 수익자 "병"은 채권자 "갑1"에게 그 피보전채권액 전액인 7,000만 원을, "갑2"에게 그 피보전채권액 전액인 5,000만 원을 지급하여야 할 것이다.[141]

대법원판례는 '여러 명의 채권자가 별도로 동시에 또는 시기를 달리하여 순차로 동일한 사해행위에 대하여 취소 및 원상회복의 소를 제기하더라도 중복제소에 해당하지 않고, 이와 같이 여러 개의 소송이 심리된 결과 수익자가 가액배상을 하여야 할 경우, 수익자가 반환하여야 할 가액을 채권자의 채권액에 비례하여 채권자별로 안분한 범위 내에서 반환을 명할 것이 아니라, 수익자가 반환하여야 할 가액 범위 내에서 각 채권자의 피보전채권액 전액의 반환을 명하여야 한다'는 입장을 견지하고 있다.[142]

앞서 검토한 대법원 2008다8690 판결이, 동일한 소송절차에서 수인의 취소채권자가 공동원고로 된 경우에 이른바 전액지급설을 취한 것은, 수인의 채권자가 별도로 동일한 수익자를 상대로 채권자 취소의 소를 제기하는 경우에 다른 소송에서의 채권자의 채권을 고려할 필요 없이 피보전채권액 전액의 반환을 명하여야 한다는 위 대법원판례의 입장과 형평을 맞추고 논리의 일관성을 유지한 것이라고 이해할 수 있다.

소송실무상 안분지급설의 난점은, 공동소송 또는 순차적 소송의 원고로 등장하지 않은 채권자들에게는 안분배당이 전혀 고려되지 않으므로 그들과의 관계에서는 어차피 형평에 어긋날 수밖에 없고, 소송절차상으로는 다른 채권자 및 그 채권액을 조사하여 총채권자 및 총채권액의 범위를 확정할 방법이 없다는 것이다.[143]

---

141) 같은 사례에서, 안분지급설에 의하면, 수익자 "병"은 가액배상 한도액인 공동담보가액(목적물 가액 3억 원－피담보채무액 2억 원) 1억 원을 각 채권자의 피보전채권액의 비율에 따라 안분하여, 채권자 "갑1"에게 7,000만 원{1억 원×3억 5,000만 원/5억 원(3억 5,000만 원＋1억 5,000만 원)}을, 채권자 "갑2"에게 3,000만 원{1억 원×1억 5,000만 원/5억 원(3억 5,000만 원＋1억 5,000만 원)}을 지급하여야 할 의무를 부담한다.

142) 대법원 2014. 8. 20. 선고 2014다28114 판결, 2008. 4. 24. 선고 2007다84352 판결 등.

143) 안분지급설에 대해서는, ① 총 채권자의 범위 및 총 채권액을 확정하는 절차가 없는 소송절차에서 막연히 병합된 취소채권자들의 채권액을 기준으로 안분배당하는 것은 그 근거가 박약

결국, 각 채권자가 고유의 권리로서 채권자취소권을 행사하는 소송절차에서는 그 채권자의 피보전채권액 전액을 기준으로 하되, 다른 채권자들에 대한 관계에서는 집행절차에서 배당받을 수 있는 방안을 강구하여 취소채권자와 사이에 형평이 유지되도록 하고,[144] 수익자(피고)에 대하여는 아래 (3)항에서 보는 바와 같이 이중 지급의 위험을 방지하기 위한 수단을 보장함으로써, 3자 사이에 권리의무관계를 공평하게 조절할 수밖에 없다고 할 것이다.

(2) 원고들(취소채권자들) 상호간 및 피고(수익자)와의 관계

위 (1)항에서 검토한 바와 같이, 채권자취소소송에 있어서 처음부터 복수의 채권자(원고)가 소를 제기하거나 또는 채권자가 각각 소를 제기하였다가 민사소송법 제141조에 따라 변론이 병합됨으로써 후발적으로 원고가 여러 사람으로 된 경우에, 각 채권자는 소송의 상대방인 수익자(피고)에 대하여 각 피보전채권액의 합계액이 가액배상 한도액을 초과하더라도 그 한도액 범위 내에서 각각 자신의 피보전채권액 전액을 청구할 수 있다.

이와 같이, 취소채권자들(원고)들의 청구액의 합계액이 가액배상 한도액 즉 수익자(피고)의 이행의무 한도액을 초과하는 경우에, 취소채권자들(원고들)과 수익자(피고) 사이 및 여러 명의 취소채권자 상호간의 법률관계를 어떻게 구성하고 해결할 것인가.

이에 관해서는 민법 제409조의 불가분채권에 관한 규정 및 그에 관한 법리를 유추적용하여 해결하는 것이 합리적이라고 생각한다.[145]

따라서, 가액배상판결의 원고인 취소채권자가 수인인 경우에, 각 취소채권자는 다른 취소채권자들을 위하여 전부의 이행을 청구할 수 있고, 피고인 수익자

하고 ② 병합 심리되지 않을 경우에는 자신의 피보전채권액 전부에 대하여 가액반환판결을 받는 반면에 병합 심리되거나 공동원고로 소를 제기하였을 경우에는 자신의 피보전채권액에 미치지 못하는 금액으로 안분배당을 받게 되어 형평을 잃는 결과가 된다는 비판이 있다. 이환승, '채권자취소소송에 있어 수인의 수익자들의 가액배상의 범위' 대법원판례해설 제77호(2008년 하반기) 제17, 18면.

144) 이에 관해서 필자는 추심채권자의 공탁에 관한 규정과 법리를 유추적용하여 가액배상금을 수령한 취소채권자에게도 공탁의무를 인정할 수 있다고 생각한다(뒤의 제6장 제2절 제 2. 참조).

145) 계약자유의 원칙상 당사자의 합의에 의하여 연대채권을 성립시킬 수 있으나, 우리 민법은 이에 관하여 규정하고 있지 않다{김준호, 채권법(제13판) 제344면}. 그러므로, 복수의 취소채권자가 공동원고로 등장하는 경우에 그들 사이의 관계를 연대채권관계로 취급하기는 곤란하다.

는 모든 취소채권자를 위하여 각 취소채권자에게 전부 이행할 수 있다. 그리고, 가액 전부를 변제받은 취소채권자는 가액배상판결의 원고로 된 다른 취소채권자에게 내부관계의 비율에 따라 그의 이익을 분배하고 그 비율에 관한 특별한 약정이 없으면 균등한 것으로 추정된다.[146]

다만, 가액배상금 전액을 수령한 취소채권자라도 공동원고로 된 취소채권자 외의 다른 채권자에게는 분배의무를 부담하지 않는다(대법원 2008. 6. 12. 선고 2007다37837 판결).

채권자취소소송에서 가액배상판결의 원고인 취소채권자가 수인인 경우에 그들 사이에 불가분채권관계가 성립한다면, 그 관계를 주문에서 어떻게 표시할 것인지 문제이다.

먼저, 예컨대, 원고인 취소채권자 "갑1" 및 "갑2"의 각 피보전채권액이 모두 가액배상 한도액인 공동담보가액 1억 원을 초과하는 경우에는, 소송실무상 그 주문을 「피고(수익자)는 원고들에게 1억 원을 지급하라」[147]고 기재하는 것이 보통이다.

그러면, 예컨대, 원고인 채권자 "갑1"의 피보전채권액이 7,000만 원이고, 채권자 "갑2"의 피보전채권액이 5,000만 원으로서 각각의 피보전채권액은 공동담보가액 1억 원에 미달하지만 그 합계액이 1억 원을 초과하는 경우에는 어떻게 표시하여야 할 것인가. 이와 같은 경우에는 「피고(수익자)는 1억원의 한도 내에서 원고 1에게 7,000만 원을, 원고 2에게 5,000만 원을 각 지급하라」고 기재하는 것이 적당하다고 생각한다.

아래 (3)항에서 보는 바와 같이 수익자(피고)가 가액배상의 판결금액을 공탁한 경우에는, 피공탁자인 취소채권자들(원고들)은 판결에서 인정된 가액배상금의 비율에 따라 공탁금을 출급청구할 수 있고, 판결에서 취소채권자(원고들) 별로 가액배상금이 구분되어 있지 않은 경우에는 균등한 비율로 출급청구를 할 수 밖에 없을 것이다.

---

146) 김준호, 채권법(제13판) 제323면.
147) 지연손해금이 부가될 수 있음은 물론이다.

(3) 피고(수익자)의 이중지급 방지책(청구이의 및 공탁)

위와 같이 원고들(취소채권자들)이 여러 명인 채권자취소의 공동소송에서 취소채권자들(원고들)의 청구액의 합계액이 가액배상 한도액 즉 수익자(피고)의 이행의무 한도액을 초과하는 판결이 선고될 경우에, 수익자가 이중으로 가액을 지급하게 될 위험에 처할 수 있다.

이와 같은 이중지급의 위험을 방지할 수 있는 수단은 무엇인가.

먼저, 수익자가 어느 채권자에게 자신이 배상할 가액의 일부 또는 전부를 지급한 때에는 그 범위 내에서 다른 채권자에 대하여 청구이의 등의 방법으로 이중지급을 거부할 수 있다(대법원 2008. 4. 24. 선고 2007다84352 판결). 그러나, 이러한 방법은 사후적 구제책이고 청구이의의 소를 제기하는 과정에서 강제집행정지를 위한 담보를 제공하여야 하는 등의 불이익이 따른다.

그런데, 대법원 2007. 5. 31. 선고 2007다3391 판결은, '수익자가 동일한 금액 범위 내의 사해행위취소 및 가액배상을 구하는 소송을 제기한 수인의 취소채권자들 중 누구에게 가액배상금을 지급하여야 하는지 알 수 없다는 이유로 채권자들의 청구금액 중 판결에 의하여 가장 다액으로 확정된 금액 상당을 공탁금액으로 하고 그 취소채권자 전부를 피공탁자로 하여 상대적 불확지공탁을 한 경우, 피공탁자 각자는 공탁서의 기재에 따라 각자의 소송에서 확정된 판결 등에서 인정된 가액배상금의 비율에 따라 공탁금을 출급청구할 수 있다'고 판시하였다.

위 대법원판결은 피공탁자의 공탁금 출급청구의 범위를 직접적인 쟁점으로 삼아 판단한 것이고 그 이유에서 위 변제공탁의 방법이 적절하였는지는 별론으로 한다고 언급하였지만, 공탁실무상 위와 같은 상대적 불확지 공탁이 받아들여지고 있으므로, 이러한 공탁은 수익자가 스스로 사전에 이중 지급의 위험을 회피할 수 있는 가장 적절한 방법이 될 것이다.

채권자들 사이에 가액배상금의 분배에 관하여 다툼이 있는 경우에는 피공탁자로 표시된 채권자들 상호간이 대립적인 소송당사자로 되어 공탁금출급확인의 소에 의해 해결할 수 있다.[148]

---

148) 이와 같은 수익자의 공탁을 비롯하여 가액반환에 있어서의 수익자 보호 및 공탁금 출급청구에 대한 문제에 관해서는 뒤의 제6장 제4절 제 3.에서 따로 상세하게 검토한다.

제 5. 소송참가 및 승계에 관한 문제

1. 채무자의 보조참가

채무자는 채권자취소소송에서 당사자적격(피고적격)을 가지지 못하고 그 취소의 효력도 직접 받지 않지만, 실제의 소송과정에서 채무자의 무자력, 사해의사 등 취소요건의 충족 여부에 관한 다툼에 있어서는 채무자의 소송관여가 필요한 경우가 많다. 또한 채무자는 나중에 취소판결에 의해 재산을 반환한 수익자로부터 부당이득반환 청구를 당할 가능성도 있다.149)

따라서, 채무자는 채권자취소소송의 결과에 대하여 법률상 이해관계를 가지므로 피고로 된 수익자 또는 전득자를 위하여 보조참가를 할 수 있다.150)

또 채무자는 보조참가인으로서 패소한 수익자 또는 전득자를 위하여 상소할 수 있으나, 보조참가인이 상소하는 경우 그 상소 제기기간은 피참가인에게 판결정본이 송달된 때로부터 기산된다는 점에 주의를 요한다. 보조참가인은 참가할 때의 소송의 진행 정도에 따라 피참가인이 할 수 없는 소송행위를 할 수 없으므로, 보조참가인이 상고장을 제출한 경우에 보조참가인에게 판결정본이 송달된 때로부터 기산한다면 상고기간 내의 상고라고 하더라도 이미 피참가인에 대한 관계에 있어서 상고기간이 경과되었다면 보조참가인의 상고 역시 상고기간 경과 후의 것이 되어 부적법하다.151)

2. 독립당사자참가(사해방지참가)의 문제

(1) 문제의 소재

독립당사자참가 중에서 민사소송법 제79조 제1항 후단이 규정하는 사해방지

---

149) 대법원판례는 채무자의 매매계약 등의 유상행위가 사해행위라는 이유로 취소되고 그 원상회복이 이루어짐으로써 채무자가 수익자에 대하여 부당이득반환채무를 부담함을 인정한다(대법원 2015. 10. 29. 선고 2012다14975 판결 참조). 이 점 및 사해행위 취소의 효력에 관해서는 제6장에서 따로 상세하게 검토한다.

150) 민법주해 제Ⅸ권(채권2) 제834면(김능환 집필 부분).

151) 대법원 2007. 9. 6. 선고 2007다41966 판결.

참가는 제3자가 소송결과에 따라 권리가 침해된다고 주장하는 경우의 참가이다.[152]

사해방지참가의 이유는 소송결과에 의한 권리침해인데, 이는 피참가소송의 당사자들이 당해 소송을 통하여 참가인을 해할 의사 즉 사해의사를 가지고 있다고 객관적으로 인정되고 그 소송의 결과 참가인의 권리 또는 법률상의 지위가 침해될 염려가 있다고 인정되는 경우를 의미한다.[153]

따라서, 독립당사자참가 중 사해방지 참가형태는 그 기능적 측면에서 볼 때 사해행위의 취소를 구하는 채권자취소소송과 유사하다고 볼 수 있다.

그런데 한편, 독립당사자참가소송은 원고·피고·참가인 3자간의 분쟁을 일거에 모순 없이 해결(합일확정)하려는 소송형태이므로 그 판결도 1개의 전부판결로써 저촉 없이 통일적으로 이루어져야 하지만,[154] 채권자취소소송은 그 판결의 효력이 채무자에게 미치지 않는 상대적 효력만을 가질 뿐이다.

이러한 양 소송의 특질 즉 사해방지참가소송의 합일확정성과 채권자취소소송의 상대성으로 인하여 그 기능상의 유사성에도 불구하고 양 소송이 구체적인 심판절차에서 서로 들어맞지 않을 수 있다는 점에서, 채권자가 타인간의 소송계속 중에 그 소송의 당사자를 상대로 사해행위 취소를 구하기 위해 독립당사자참가신청을 할 수 있는지 여부가 문제된다.

(2) 사해방지 참가형태에 의한 채권자취소소송 가부(可否)

대법원 2014. 6. 12. 선고 2012다47548 판결은, '사해행위 취소의 상대적 효력에 의하면, (피참가소송의) 원고의 피고에 대한 청구의 원인행위가 사해행위라는 이유로 원고에 대하여 사해행위 취소를 청구하면서 독립당사자 참가신청을 하는 경우, 독립당사자참가인의 청구가 그대로 받아들여진다 하더라도 원고와 피고 사이의 법률관계에는 아무런 영향이 없고 따라서 그러한 참가신청은 사해방지참가신청의 목적을 달성할 수 없으므로 부적법하다'고 판시하였다. 이하 위

---

152) 사해방지참가는 같은 항 전단의 권리주장참가(소송목적의 전부나 일부가 자기의 권리라고 주장하는 경우)와는 달리 참가인의 청구가 피참가소송의 원고의 청구와 양립할 수 있더라도 상관없다. 이시윤, 신민사소송법(제15판) 제808면, 대법원 1996. 3. 8. 선고 95다22795 판결.

153) 대법원 1996. 3. 8. 선고 95다22795 판결, 2001. 9. 28. 선고 99다35331 판결.

154) 이시윤, 신민사소송법(제15판) 제814면.

대법원판결의 사안요지 및 판단요지 등에 관해서 검토한다.

(사안 요지) 채무자 "을"은 2009. 6. 15. 채무초과상태에서 수익자 "병"과 사이에 "을" 소유의 이 사건 건물에 관하여 "병"에 대한 기존채무에 갈음하여 대물변제하기로 약정하였는데, 수익자 "병"이 원고로서 채무자 "을"을 상대로 위 대물변제약정을 원인으로 이 사건 건물에 관하여 소유권이전등기를 청구하는 소를 제기하였다.

그 후 "을"에 대한 채권자 "갑"은, 위 "병"과 "을" 사이의 소송 계속 중에 "병"과 "을" 사이의 위 대물변제약정이 사해행위에 해당한다는 이유로 사해행위 취소를 청구하면서 독립당사자참가신청을 하였다.

피참가소송의 청구취지는 '"을"(피고)은 "병"(원고)에게 이 사건 건물에 관하여 2009. 6. 15. 대물변제약정을 원인으로 한 소유권이전등기절차를 이행하라'이고, 독립당사자참가인의 신청취지는 '"을"(피고)과 "병"(원고) 사이에 이 사건 건물에 관하여 2009. 6. 15. 체결한 대물변제약정을 취소한다'이다.[155)]

(판단 요지) 채권자취소판결의 효과는 채권자와 수익자 또는 전득자 사이에만 미치고 채권자와 채무자 사이에서 그 취소로 인한 법률관계가 형성되거나 취소의 효력이 소급하여 채무자의 책임재산으로 복구하는 것이 아니다. 이러한 사해행위 취소의 상대적 효력에 의하면, 채권자 "갑"이 수익자 "병"의 채무자 "을"에 대한 청구의 원인행위가 사해행위라는 이유로 수익자 "병"에 대하여 사해행위 취소를 청구하면서 독립당사자참가신청을 하는 경우, 참가인의 신청이 그대로 받아들여진다고 하더라도 수익자 "병"과 채무자 "을" 사이의 법률관계에는 아무런 영향이 없다. 따라서 그러한 참가신청은 사해방지참가의 목적을 달성할 수 없고 결국 사해소송의 방지라는 사해방지참가로서의 요건을 갖추지 못하였으므로 부적법하다.

(판결 법리의 이해) 수익자 "병"과 채무자 "을" 사이의 대물변제약정에 관하여 사해행위로서 인정하여 취소한다고 하더라도, 그 취소에는 소급효가 없으며 수익자 "병"과 채권자 "갑" 사이에서만 상대적으로 무효이고 수익자 "병"과 채무자 "을" 사이에는 그대로 유효하므로, 수익자 "병"과 채무자 "을" 사이의 피

---

155) 위 대법원 2012다47548 판결의 원심판결인 서울고법 2012. 4. 20. 선고 2011나2625 판결.

참가소송에서 원고의 지위에 있는 "병"의 청구 즉 대물변제약정을 원인으로 한 소유권이전등기청구를 인용할 수밖에 없다.

그런데, 채권자 "갑"의 독립당사자 참가신청취지를 인용하여, "병"과 "을" 사이의 대물변제약정에 관하여 사해행위로서 취소하는 경우에, 1개의 판결로써 "갑", "을", "병" 3자 사이의 분쟁을 모순 저촉 없이 해결하기 위해서는 피참가소송의 원고인 "병"의 "을"에 대한 청구를 기각하는 판결을 하여야 할 것인데, 이와 같이 "병"의 "을"에 대한 청구를 기각하는 것 즉 수익자 "병"과 채무자 "을" 사이에서도 대물변제약정이 무효라고 하는 것은 채권자취소권의 상대적 효력 때문에 불가능하다.

따라서 다시 처음으로 돌아가 결국, 채권자가 사해방지 참가신청형태에 의하여 채권자취소권을 행사하는 것은 허용할 수 없다는 취지라고 이해할 수 있다.

요컨대, 위 대법원판결은, 채권자취소소송은 상대적 효력만이 있고 사해방지를 위한 독립당사자참가소송은 원고, 피고, 참가인 3자간의 분쟁을 일거에 모순 없이 해결하는 합일확정의 판결이 필요한 것으로서 두 소송 사이에는 부합할 수 없는 측면이 있는데, 사해방지를 위한 독립당사자참가소송에도 취소의 상대적 효력을 우선적으로 고려하여야 한다고 판시한 점에 그 법리적 의의가 있다고 이해할 수 있다.

다만, 대법원 1990. 7. 13. 선고 89다카20719 판결은, 피참가소송 당사자의 사해소송의 청구원인으로 된 법률행위가 무효(예컨대, 통정 허위표시, 사회질서 위반 등)임의 확인을 구하는 경우에는, 사해판결을 방지하기 위하여 독립당사자참가를 할 수 있다고 판시하였다(그리고 위 89다카20719 판결은, 피참가소송의 원고와 피고가 당해 소송을 통하여 제3자를 해칠 의사가 있다고 객관적으로 인정되고, 그 소송의 결과 제3자의 권리 또는 법률상의 지위가 침해될 염려가 있다고 인정되는 경우에는, 제3자인 참가인의 청구와 피참가소송의 원고의 청구가 논리상 서로 양립할 수 있는 관계에 있다고 하더라도 사해방지참가를 할 수 있다고 판시하였다).

(3) 소송실무상의 유의점

위 (2)항에서 나온 사례에서, 채권자 "갑"은 "병"의 "을"에 대한 소제기에 불구하고 이 사건 건물에 관하여 그 소유명의가 여전히 채무자 "을" 앞으로 되어 있으므로, 가압류 등에 의해 채무자의 책임재산을 보전하는 방안을 강구할 수 있을 것이다.

한편, 대법원 1990. 4. 27. 선고 88다카25274 판결 및 위 (2)항에서 본 1990. 7. 13. 선고 89다카20719 판결은, 채권자가 피참가소송의 원·피고 쌍방을 상대로 하여 사해소송의 청구원인이 된 법률행위에 대하여 무효임의 확인을 소구하는 방식으로 사해방지참가를 할 수 있다고 판시하였다.[156] 예컨대, 수익자 "병"과 채무자 "을" 사이의 대물변제약정이 허위표시로서 무효인 경우에는 채권자 "갑"의 사해방지참가가 가능하다.

결국, 대법원판례에 의하면, 채권자로서는 수익자와 채무자 사이에 사해소송이 계속 중일 경우에 그 청구원인인 법률행위가 무효임을 주장하여 사해방지참가를 하고, 단순히 그 법률행위에 관해서 사해행위로서 취소를 구하는 방식으로는 사해방지참가를 할 수 없고 별도로 수익자를 상대로 사해행위 취소의 소를 제기하여야 할 것이다. 수익자를 상대로 한 채권자 취소의 소는 사해행위를 원인으로 수익자에게 이행이 마쳐진 때(예컨대, 부동산에 관하여 수익자 명의의 등기가 마쳐진 때), 사해행위의 취소와 더불어 등기말소 등의 원상회복을 청구하는 것이 효율적일 것이다.[157]

3. 소송물 양도에 의한 승계

(1) 문제의 소재

소송계속 중에 소송물이 특정적으로 제3자에게 이전되는 경우에 소송당사자의 지위도 승계되는데, 승계절차를 밟는 데는 참가승계(승계참가)와 인수승계(인

---

156) 위 대법원 88다카25274 판결은 그 예비적 청구에 관하여 본문과 같이 판단한 것이다. 위 대법원 88다카25274 판결은 그 주위적 청구에 관한 판단에서 취소채권자의 사해방지참가를 인정하는 취지로 판시하였다.

이순동, 채권자취소권(제3판) 제595면~제600면은, 위 대법원 88다카25274 판결처럼 취소채권자의 사해방지참가를 인정한 것이 정당하고, 이와 반대의 입장에 있는 위 대법원 2012다47548 판결이 부당하다고 비판한다.

157) 수익자와 채무자 사이의 소송절차에 의한 확정판결 등을 통하여 사해행위를 원인으로 수익자 명의로 등기가 마쳐지더라도 그 판결의 기판력은 채권자에게 미치지 않으므로, 채권자가 취소권을 행사하여 원상회복을 청구하는 데에 지장이 없다. 이 점에 관해서는 제3장 제 13.에서 상세하게 검토하였다.

수참가)가 있다. 전자는 승계인 자신이 자발적으로 소송에 가입하는 방식임에 대하여(자발참가), 후자는 당사자가 승계인을 강제로 소송에 끌어들이는 방식이다(강제참가).[158]

참가승계는 권리승계인뿐만 아니라 승소의 전망을 가지는 채무승계인도 참가신청을 할 수 있지만, 실제로는 권리승계인이 주된 승계적격자가 된다.

권리승계인이 승계참가 신청을 하면 참가의 시기에 관계없이 당초의 소제기시에 소급하여 시효 중단 또는 기간 준수의 효력이 생긴다(민사소송법 제81조).

한편, 인수승계는 채무승계인이 주된 승계적격자가 되겠지만, 권리승계인이 승소의 자신이 없으면 참가를 꺼릴 것이므로, 권리승계인도 전주(前主)의 상대방에 의한 인수승계가 가능하다. 인수승계신청이 있는 때에는 법원은 신청인과 제3자를 심문하고 결정으로 그 허가여부를 재판한다(민사소송법 제82조 제2항).

채권자취소소송에 있어 실무상 소송승계가 문제되는 것은, 소송계속 중에 피보전채권이 양도된 경우 양수인이 원고를 승계하는지 여부와 소송계속 중에 사해행위 취소의 목적물이 양도된 경우 그 양수인으로 하여금 피고를 인수하게 할 수 있는지 여부이다.

(2) 피보전채권의 양도와 승계참가

채권자취소권은 채권에 종(從)된 실체법상의 권리이고 채권양도가 있으면 채권은 동일성을 유지하면서 양수인에게 이전하므로, 피보전채권이 양도되면 양도인은 피보전채권을 상실하여 채권자취소권을 행사할 수 없고 양수인이 채권자취소권을 행사한다. 그리고, 채권자의 채권이 사해행위 이전에 성립한 이상 사해행위 이후에 양도되었다고 하더라도 양수인은 채권자취소권을 행사할 수 있으며, 채권양수일에 채권자취소권의 피보전채권이 새로이 발생하였다고 볼 수 없다(대법원 2012. 2. 9. 선고 2011다77146 판결).

따라서, 채권자취소소송의 계속 중에 피보전채권이 양도된 경우에는 양수인이 원고를 승계한다고 할 것이다. 이 경우 원고는 피고의 동의를 받아 소송에서 탈퇴할 수 있다.[159]

---

158) 이시윤, 신민사소송법(제15판) 제835면.
159) 대법원 2012. 2. 23. 선고 2011다88832 판결 참조.

한편, 승계참가신청은 법률심인 상고심에서는 허용되지 않으므로, 피보전채권을 양수하였음을 이유로 채권자취소소송이 대법원에 계속 중에 하는 승계참가신청은 부적법하다(대법원 2014. 12. 11. 선고 2011다49783 판결).

피보전채권이 이중으로 양도되거나 동일 피보전채권에 대한 압류·전부명령이 경합한 경우에는 채권자취소권을 행사할 수 있는 자는 누구인가.

피보전채권이 이중으로 양도된 경우의 양수인 상호간의 우열은 통지 또는 승낙에 붙여진 확정일자의 선후에 의해 결정할 것이 아니라, 채권양도에 대한 채무자의 인식 즉 확정일자 있는 양도 통지가 채무자에게 도달한 일시 또는 확정일자 있는 승낙의 선후에 의하여 결정한다. 이러한 법리는 채권양수인과 동일 채권에 대하여 압류명령을 집행한 자 사이의 우열을 결정하는 경우에도 마찬가지이므로, 확정일자 있는 채권양도 통지와 압류정본의 제3채무자(채권양도의 경우는 채무자)에 대한 도달의 선후에 의하여 그 우열을 결정한다(대법원 1994. 4. 26. 선고 93다24223 전원합의체 판결).

피보전채권의 양수인이 승계참가를 하면 참가의 시기에 관계없이 당초의 소제기 시에 소급하여 채권자취소소송의 제소기간 준수의 효력이 생긴다(민사소송법 제81조).

(3) 사해행위 취소 목적물의 양도와 소송인수 가부(可否)

채권자가 수익자를 피고로 하여 채권자취소소송을 제기하여 그 소송계속 중에 사해행위취소 및 원상회복을 구하는 대상인 목적물이 양도된 경우에, 원고인 채권자가 민사소송법 제82조 제1항에 따라 그 목적물의 양수인으로 하여금 소송을 인수하도록 할 수 있는가. 즉 목적물의 양수인을 민사소송법 제82조 제1항 소정의 '소송의 목적인 의무를 승계한 자'로 보아 소송상 피고인 수익자의 지위를 인수하도록 할 수 있는지의 문제이다.

이러한 문제는 채권자취소권을 행사함에 있어서는 수익자로부터 목적물을 양수한 자는 전득자로서 수익자와는 별도의 법률적 지위를 가지고 수익자 및 전득자가 각기 취소소송의 상대방이 되는 데에서 비롯된다.

결론적으로, 아래에서 보는 바와 같은 채권자취소소송의 구조 및 효력과 인수승계제도의 취지에 비추어, 위와 같이 취소소송 계속 중의 그 목적물의 양수

인 즉 전득자에 대해서는 소송을 인수하도록 하는 신청이 허용되지 않는다고 할 것이다.[160)]

첫째, 채권자취소는 상대적 효력밖에 없고 전득자는 수익자와는 별도로 선의의 항변을 제기할 수 있는데, 전득자에 대한 강제적인 인수승계가 허용된다면 전득자가 피승계인인 수익자와 동일한 소송상 지위를 가지고 그 법률상 효과를 함께 부담하는 부당한 결과를 초래할 수 있다.

둘째, 채권자취소소송에 있어서는 소송의 목적물이 수익자로부터 전득자에게 양도되었다고 하더라도, 피승계인인 수익자는 채권자의 선택에 따라 목적물의 가액 상당을 반환하여야 하므로, 수익자로 하여금 그대로 소송을 수행하도록 하는 것이 소송을 무의미하게 한다고 할 수 없다.

---

160) 대전고법 2003. 12. 17. 선고 2002다6706 판결 참조.

제 6. 가집행선고의 문제

1. 사해행위취소 판결부분

재산권의 청구에 관한 판결에는 가집행의 선고를 붙여야 하는데(민사소송법 제213조 제1항 본문), 실무상 원칙적으로 협의의 집행력을 가지는 이행판결에 한하여 붙인다. 확인판결은 집행력의 문제가 발생할 여지가 없으므로, 형성판결은 확정되어야 그 집행력이 생기므로 법률에 특별규정이 있는 경우 이외에는 가집행의 선고를 붙이지 않는다.[161]

채권자취소의 소에 대한 판결에서 사해행위를 취소한다는 판결부분은 형성판결이므로 이에 대해서는 가집행선고를 붙일 수 없다고 할 것이다.

2. 원상회복 판결부분

채권자취소의 소에 대한 판결에서 원상회복을 명하는 판결부분은 이행판결이라고 할 것인데, 원상회복으로서 등기절차의 이행을 명하는 판결 등 재산권에 관한 의사의 진술을 명하는 판결은 확정되어야만 의사의 진술이 있는 것으로 간주되기 때문에(민사집행법 제263조), 성질상 가집행의 선고가 허용되지 않는다.[162]

원상회복으로서 가액배상을 명하는 경우에 관해서 본다. 가액배상의무는 사해행위의 취소를 명하는 판결부분이 확정된 때에 비로소 발생하므로 그 판결이 확정된 다음날부터 이행지체책임을 지고, 그 이율은 소촉법 소정의 이율이 적용되는 것이 아니라 민법 소정의 법정이율이 적용된다(대법원 2009. 1. 15. 선고 2007다61618 판결). 그러나, 가액배상에 의해 원상회복이 이루어지는 것이 아니라 금전의 지급 자체가 원물반환의 의미를 가지는 경우에는 지연손해금의 기산점

---

161) 이행판결 이외에 법률의 명문규정으로 가집행 선고를 허용한 경우로는, 청구이의의 소 등에 부수하여 이미 내린 '강제집행 정지 등 결정'의 취소·인가·변경 판결에 대하여 가집행 선고를 하는 것이다(민사집행법 제47조 제1,2항) 등이 있다.

162) 이시윤, 신민사소송법(제15판) 제690면.

이 다른 점에 유의 할 것이다. 대법원 2006. 10. 26. 선고 2005다76753 판결은, 금전의 증여를 사해행위로서 취소하여 원상회복으로 금전의 지급을 구하는 경우에는 원금 외에 지연배상금의 지급도 구할 수 있고, 이 경우 지연배상금의 기산점은 수익자가 실제로 금전을 지급받은 때라고 판시하였다.

또한, 사해행위취소소송과 병합된 가액배상 청구를 인용하는 판결을 하는 경우 가액배상의 청구는 사해행위 취소의 효과발생을 전제로 하는 이행청구로서 그 이행기의 도래가 판결 확정 후임이 명백하여 확정 전에는 집행할 수 없다고 할 것인데, 위 판결을 선고할 당시에는 사해행위취소판결이 확정되지 않은 상태이므로 가액배상부분에 관해서 가집행선고를 붙일 수 없다고 보는 것이 타당하다.

3. 채권자취소소송에 병합된 채무자에 대한 이행판결 부분

채권자가 채무자에 대한 본래의 이행을 구하는 소송을 채권자취소소송에 병합한 경우, 채무자에 대하여 이행을 명하는 판결부분에 가집행의 선고를 붙여야 함은 물론이다.

4. 가집행 선고 재판에 대한 불복

가집행의 선고 재판에 대해서는 본안재판의 불복과 더불어서만 불복할 수 있고 독립하여 취소 변경을 구하는 상소가 허용되지 않는다(민사소송법 제391조, 제425조). 따라서, 가집행의 선고를 붙일 수 없는 가액배상 판결부분 등에 대하여 제1심이 가집행의 선고를 붙인 경우라도 본안판결 전부에 대하여 항소하여야 한다.

가집행 선고부 본안판결에 대하여 항소하더라도 당연히 집행정지의 효력이 있는 것이 아니고, 민사소송법 제501조, 제500조의 규정에 따라 별도로 정지신청을 하여 강제집행정지의 결정을 받아야 한다.[163] 그리고, 그 정지 결정의 성립이나 확정과 동시에 강제집행이 당연히 정지되는 것이 아니라, 집행기관에 그

---

163) 이시윤, 신민사소송법(제15판) 제693면.

결정문을 제출하여 정지를 구한 경우에만 비로소 정지되는 점에 특히 유의하여야 한다.[164)]

164) 사법연수원, 법원실무제요 민사집행[I](2020년판) 제239, 240면. 대법원 1966. 8. 12.자 65마1059 결정.

제 7. 다른 특별 소송절차와의 관계

1. 채권자취소소송과 회생절차의 관계

(1) 수익자 또는 전득자에 대하여 회생절차가 개시된 경우

(가) 문제의 소재와 검토범위

채권자취소소송은 채권자가 채무자와 수익자 사이의 사해행위를 취소하고 수익자 또는 전득자를 상대로 원상회복을 청구하는 것인데, 그 상대방인 수익자 또는 전득자에 대하여 회생절차가 개시된 경우, 채권자의 사해행위 취소에 의한 원상회복청구권이 회생채권에 해당한다고 볼 것인지 또는 그 외 채무자회생법상의 다른 권리에 해당한다고 볼 것인지의 문제이다.

사해행위 취소에 의한 원상회복청구권이 회생채권에 해당한다고 보는 경우에는, 회생채권자 목록에 기재되거나 법원이 정하는 신고기간 내에 채권을 신고하여야 하고 그렇지 않은 채권은 회생계획 인가결정이 있는 때에 원칙적으로 실권하게 되며, 처음부터 개별적인 소 제기가 허용되지 않고 채권조사절차를 통하여 그 권리가 확정된다.

그러나, 사해행위 취소에 의한 원상회복청구권이 회생채권이 아닌 채무자회생법상의 다른 권리에 해당한다고 보는 경우에는 위와 같은 회생채권에 관한 법적 제약을 받지 않게 된다.

대법원판례는 취소채권자가 사해행위 취소에 따라 회생채무자인 수익자 또는 전득자에 대하여 사해행위의 목적물 자체의 반환 즉 원물반환을 청구하는 것은 채무자회생법 제70조가 규정하는 환취권의 행사에 해당하고(대법원 2014. 9. 4. 선고 2014다36771 판결), 가액반환을 청구하는 것은 채무자회생법 제179조 제1항 6호가 규정하는 공익채권에 해당한다(대법원 2019. 4. 11. 선고 2018다203715 판결)고 판시하였다.[165]

---

165) 채무자회생법 제70조는 환취권에 관하여 '회생절차개시는 채무자에게 속하지 아니하는 재산을 채무자로부터 환취하는 권리에 영향을 미치지 아니한다'고 규정하고, 채무자회생법 제407조 및 제585조는 파산절차 및 개인회생절차에 관해서도 동일한 내용을 규정하고 있다.

공익채권은 회생절차와 무관하게 수시로 채무자의 일반재산으로부터 우선적으로 변제 받을 수

위와 같이, 대법원판례는 사해행위의 수익자 또는 전득자에 대하여 회생절차가 개시된 경우, 채무자의 채권자가 수익자 또는 전득자에 대하여 사해행위 취소 및 원상회복을 청구하는 채권자취소권은 회생채권에 해당하지 않고 환취권의 행사 또는 공익채권에 해당한다는 입장을 취하고 있으므로, 절차적으로 채권자취소소송은 회생절차개시에 영향을 받지 않고 원칙적으로 개별적인 채권자취소소송 그대로의 형태를 유지한다.

다만, ① 사해행위 후에 회생절차 개시결정이 있은 다음 채권자취소소송이 제기된 경우에는 처음부터 관리인을 피고로 하여 채권자취소소송을 제기하고, ② 사해행위에 관하여 채권자취소소송이 제기된 후에 회생절차 개시결정이 있는 경우 즉 수익자 또는 전득자를 피고로 하여 제기한 채권자취소소송의 계속 중에 수익자 또는 전득자에 대하여 회생절차 개시결정이 있는 때에는 소송절차는 중단되고 관리인이 수계한다(채무자회생법 제59조).

아래에서는 위 ①의 경우에 관하여 대법원판결에 나타난 사안 및 법리의 요지에 관해서 구체적으로 검토한다.

(나) 사해행위 취소 및 원물반환을 청구하는 경우

[대법원 2014. 9. 4. 선고 2014다36771 판결]

(사안 요지) 채권자 "갑"에 대하여 약 2억 5,000만 원의 구상채무를 부담하는 연대보증채무자 "을"은 2009. 2. 4. 이 사건 부동산에 관하여 주채무자 겸 수익자 "병"과 사이에 매매계약을 체결하고 같은 달 25. "병" 앞으로 소유권이전등기를 마쳐주었다.

연대보증채무자 "을"은 이 사건 매매계약 당시 채무초과상태에 있었고 수익자 "병"은 "을"의 아들로서 악의가 인정된다.

수익자 "병"은 2009. 2. 24. 회생신청을 하여 같은 해 3. 24. 관할법원으로부터 ""병"에 대하여 회생절차를 개시한다. "병"에 대하여 관리인을 선임하지 아

있는 청구권으로서 채무자회생법의 열거적 규정에 의해 인정되는 것이다(채무자회생법 제179조, 제180조). 채무자회생법은 회생절차의 수행에 필요한 비용 등의 청구권에 관해서 원칙적으로 회생절차 개시 후에 발생한 것을 공익채권으로 규정하고, 예외적으로 임금채권 등과 같이 사회정책적인 이유로 회생절차 개시 전에 발생한 것도 공익채권으로 규정하고 있는데, 제179조 제1항 제6호에서 '사무관리 또는 부당이득으로 인하여 회생절차 개시 이후 채무자에 대하여 생긴 청구권'을 공익채권의 하나로 규정하고 있다.

니하고 "병"을 관리인으로 본다'는 내용의 회생개시결정을 받았다.

이에 채권자 "갑"은 2010. 11. 24. "을"과 "병"이 2009. 2. 4. 체결한 이 사건 매매계약에 관하여 사해행위로서 취소를 구함과 아울러 원상회복으로 "병" 명의로 마쳐진 소유권이전등기의 말소를 구하는 채권자취소소송을 관리인으로서의 "병"을 상대로 제기하였는데, 원심은 채권자 "갑"의 청구를 인용하였다.[166)]

(판단 요지) 채권자취소권은 사해행위로 이루어진 채무자의 재산처분행위를 취소하고 사해행위에 의해 일탈된 채무자의 책임재산을 수익자 또는 전득자로부터 채무자에게 복귀시키기 위한 것이므로 환취권의 기초가 될 수 있다. 수익자 또는 전득자에 대하여 회생절차가 개시된 경우 채무자의 채권자가 사해행위의 취소와 함께 회생채무자(수익자 또는 전득자)로부터 사해행위의 목적인 재산 그 자체의 반환을 청구하는 것은 환취권의 행사에 해당하여 회생절차개시의 영향을 받지 아니한다. 따라서 채무자의 채권자는 사해행위의 수익자 또는 전득자에 대하여 회생절차가 개시되더라도 관리인을 상대로 사해행위 취소 및 그에 따른 원물반환을 구하는 소를 제기할 수 있다.

그리고, 수익자에 대하여 회생절차가 개시되는 경우에 관리인이 채권자취소소송의 피고로 되는 것은 회생절차개시결정에 따라 회생채무자의 재산에 관한 관리처분권한이 관리인에게 전속하여 소송상으로도 관리인만이 당사자 적격을 가지는 데 기인하는 것일 뿐, 회생채무자의 재산권 자체가 관리인에게 이전되는 것은 아니므로 관리인이 전득자의 지위에 있다고 볼 수 없다.

(다) 사해행위 취소 및 가액반환을 청구하는 경우

[대법원 2019. 4. 11. 선고 2018다230715 판결]

(사안 요지) 채무자 "을"은 채권자 "갑"은행에 대하여 약 22억 원의 원리금 상환채무를 부담하고 있었는데, 2012. 6. 12. 수익자 "병"과 사이에 이 사건 부동산에 관하여 "병"에게 대금 90억 원에 매도하는 이 사건 매매계약을 체결하고, 2012. 8. 31. "병" 명의로 소유권이전등기를 마쳐 주었다.

수익자 "병"은 2012. 11. 20. 전득자 "정"과 사이에 이 사건 부동산에 관하

166) 위 대법원 2014다36771 판결의 원심인 서울고법 2014. 5. 1. 선고 2013나57520 판결에 의하여 사실관계를 축약 정리한 것이다. 원심에서 피고 측은 채권자취소소송 제소기간 도과의 항변을 하였으나 배척되었고, 상고심에서는 이 점에 대해서 상고이유로 삼지 않았다.

여 근저당권 추가설정계약을 체결하고, 그 다음날 "정"에게 채권최고액 6억 5,000만 원인 근저당권설정등기를 마쳐주었다. 그런데 이 사건 부동산에 관해서는 2012. 4. 26. 채권최고액 7억 원, 채무자 "을", 채권자(근저당권자) "갑"으로 된 선순위 근저당권 설정등기가 마쳐졌다가 이 사건 매매계약 이후인 2012. 8. 10. 위 선순위 근저당권등기가 말소되었다.

이 사건 매매계약 당시 채무자 "을"은 채무초과상태이었고 수익자 "병" 및 전득자 "정"의 악의가 모두 인정된다.

수익자 "병"은 2013. 11. 5. 제1차로 회생절차 개시결정을 받았으나 폐지되었다가, 2015. 3. 13. 다시 회생절차 개시결정을 받아 관리인이 선임되고 회생채권자 목록 제출 및 회생채권의 신고 기간(2015. 3. 13.부터 2015. 4. 23.까지)을 거쳐 2015. 10. 28. 회생계획 인가결정이 내려졌는데, 채권자 "갑"의 채권에 관해서는 채권자목록에 기재되거나 신고되지 않았다.

채권자 "갑"은 2013. 11. 6. "을"과 "병" 사이에 2012. 6. 12. 체결된 이 사건 매매계약에 관하여 사해행위로서 취소를 구함과 아울러 "병" 및 "정"을 상대로 원상회복을 구하는 채권자취소소송을 제기하였다. 그 채권자취소소송 변론종결 당시 "갑"의 피보전채권액은 약 22억 원, 이 사건 부동산의 시가에서 말소된 위 선순위 근저당권의 피담보채무액을 공제한 공동담보가액은 34억 원이다.[167)]

(원심 판단 요지) 원심에서, 취소소송의 상대방인 피고는, 사해행위인 이 사건 매매계약이 2012. 6. 12. 체결되었고 가액배상의 원인인 선순위 근저당권설정등기의 말소등기는 2012. 8. 10. 마쳐졌으며, 수익자 "병"에 대한 회생절차 개시결정이 2015. 3. 13. 이루어졌으므로, 원고(채권자 "갑")의 가액배상청구권은 회생절차 개시 전의 원인으로 발생한 회생채권에 해당하는데, 회생채권자 목록에 기재되지 않았을 뿐만 아니라 회생채권으로 신고하지도 않았으므로 피고는 면책되었다고 주장하였다.[168)]

---

167) 위 대법원 2018다203715 판결의 원심인 서울고법 2017. 12. 5. 선고 2016나2014957 판결에 의해 사실관계를 축약 정리한 것이다.

168) 원심에서는 채권자취소소송의 제소기간 도과의 문제, 등기부상 매매일자 후 선행 근저당권 말소등기가 마쳐진 다음 매매에 의한 소유권이전등기가 된 경우의 문제 등이 쟁점으로 다투어졌다. 특히, 후자의 쟁점에 관해서, 원심은 사해행위인 이 사건 매매계약 후에 선순위 근저당권설정등기의 말소등기가 마쳐지고 그 후에 비로소 이 사건 매매계약을 원인으로 한 소유권이전등기가 마쳐졌다고 하더라도, 사해행위 취소에 따른 원상회복은 특별한 사정이 없는 한 원물반환

원심은, 원고(채권자 “갑”)의 사해행위 취소에 의한 가액배상청구권이 회생채권이 아닌 공익채권에 해당한다고 판단하여 피고 측의 위 주장을 배척하였다.

그리고, 원심은 결론적으로 위와 같은 채권자 “갑”의 청구에 대하여, ‘”을”과 “병” 사이에 2012. 6. 12. 체결된 이 사건 매매계약을 22억 원의 범위 내에서 취소한다. “갑”에게, “병”은 22억 원, “정”은 피고 “병”과 공동하여 위 22억 원 중 6억 5,000만 원 및 각 이에 대한 지연손해금을 지급하라’고 판결하였다.

원심의 수익자 “병”에 대한 결론은, ‘저당권이 설정된 부동산이 사해행위에 의하여 수익자에게 이전된 후 그 저당권설정등기가 말소된 경우에는 사해행위 취소에 의한 원상회복은 가액반환의 방법에 의하고 그 반환의 범위는 채권자의 채권액을 한도로 부동산 가액에서 말소된 저당권의 피담보채무액을 공제한 잔액 범위 내’라는 일반법리에 따른 것이다. 이 사건의 경우에도 사해행위인 매매 이후에 선순위 근저당권이 말소되었으므로 가액반환의 방법에 의해 원상회복이 이루어져야 하고, 수익자 “병”의 반환 범위는 “갑”의 채권액 22억 원과 공동담보가액 34억 원 중에서 더 적은 금액인 “갑”의 채권액을 한도로 판단한 것이다.

그리고, 원심은 전득자 “정”의 반환 범위에 관해서는 수익자 “병”과의 부진정연대관계에서 근저당권 최고액 6억 5,000만 원의 반환의무를 인정한 것이다.

(대법원 판단 요지 1. 가액배상청구권의 성질) 사해행위의 수익자 또는 전득자에 대하여 회생절차가 개시되어 수익자 또는 전득자가 채무자의 채권자에게 원상회복으로서 가액배상을 하여야 하는 경우, 수익자 또는 전득자에 대한 회생절차 개시 후 회생재단이 가액배상액 상당을 그대로 보유하는 것은 취소채권자에 대한 관계에서 법률상 원인 없이 이익을 얻는 것이 되므로, 이를 부당이득으로 반환할 의무가 있다.

그리고, 사해행위 자체는 수익자 또는 전득자에 대한 회생절차 개시 이전에 있었더라도 위와 같은 부당이득 반환의무는 수익자 또는 전득자의 취소채권자에 대한 가액배상의무와 마찬가지로 사해행위의 취소를 명하는 판결이 확정된 때에 비로서 성립한다고 보아야 한다.

따라서, 이 경우의 사해행위 취소에 기한 가액배상청구권은 채무자회생법

으로 할 수 없고 가액반환의 방법에 의하여야 한다고 판단하였다. 그와 같이 판단 등에 관해서는 뒤의 제5장 제3절 제 1.의 4.에서 유형별로 상세하게 따로 검토한다.

제179조 제1항 6호의 '부당이득으로 인하여 회생절차 개시 이후 채무자에 대하여 생긴 청구권'인 공익채권에 해당한다.[169]

(대법원 판단 요지 2. 전득자의 가액배상범위) 근저당권이 설정되어 있는 부동산에 관하여 사해행위가 이루어진 후 근저당권이 말소되어 가액배상을 명하는 경우, 사해행위가 있은 후 그 부동산에 관한 권리를 취득한 전득자에 대해서는 사실심 변론종결시의 부동산 가액에서 말소된 근저당권 피담보채무액을 공제한 금액과 사실심 변론종결시를 기준으로 한 취소채권자의 채권액 중 적은 금액의 한도 내에서 그가 취득한 이익에 대해서만 가액배상을 명할 수 있다.

이 사건에서도 전득자 "정"의 가액배상의무는 원심 변론종결일을 기준으로 목적물의 공동담보가액과 채권자 "갑"의 피보전채권액 중 적은 금액의 한도 내에서 근당권자 "정"이 취득한 이익으로 한정된다.

따라서, 원심이 전득자(근저당권자) "정"의 실제 피담보채권액이 얼마였는지 특히 수익자 "병"에 대하여 당시 회생절차가 진행 중이었으므로 "정"의 종전 담보권이 회생계획인가로 인해 실체적으로 변경되었는지에 관해서 심리하여 전득자 "정"이 취득한 이익을 산정하지 않고, 전득자 "정"에 대하여 근저당권 채권최고액 전부인 6억 5,000만 원에 상당한 가액배상의무가 있다고 판단한 것은 잘못이다.

(라) 판결에 대한 이해

대법원 2014. 9. 4. 선고 2014다36771 판결이 사해행위 취소에 의한 원물반환청구에 관해서 환취권의 행사로 인정한 것은, 사해행위로 인정되는 경우에 취소채권자에 대한 관계에서 채무자의 책임재산으로 회복되어야 할 부분은 회생채무자에게 속하지 아니한 재산에 해당되므로, 특별한 사정이 없는 한 원래 채무자의 채권자에 대한 변제재원으로 사용하는 것이 타당하다는 관념을 기초로 하고 있다고 이해할 수 있다.

그리고, 대법원 2019. 4. 11. 선고 2018다203715 판결이 사해행위 취소에

169) 원심은, 위 사안의 가액배상청구권이 채무자회생법 제179조 제1항 제2호의 "회생절차 개시 후의 업무 및 재산의 관리 처분에 관한 비용청구권" 또는 같은 항 제5호의 "채무자의 업무 및 재산에 관하여 관리인이 회생절차 개시 후에 한 자금의 차입 그 밖의 행위로 인하여 생긴 청구권" 또는 같은 항 제15호의 "채무자를 위하여 지출하여야 하는 부득이한 비용"에 해당하는 공익채권으로 봄이 상당하다고 판시하였다.

의한 가액배상청구권을 공익채권으로 인정한 것은, 가액배상은 원물반환에 갈음하여 인정되는 것이므로 가액배상의 경우에도 취소채권자에게 원물반환에 상응하는 지위 내지 법률효과를 인정하는 것이 형평에 부합한다는 관념을 기초로 하고 있다고 이해할 수 있다.[170)]

(2) 채무자에 대하여 회생절차가 개시된 경우

(가) 채권자취소소송 계속 중에 채무자에 대하여 회생절차가 개시된 경우

채권자가 원고로서 제기하는 채권자취소소송에서 채무자는 피고적격을 가지지 못하고 수익자나 전득자가 취소소송의 피고로 된다. 이와 같이 채권자취소소송에서 당사자로 등장하지 아니하는 채무자에 대하여 회생절차가 개시된 경우에 이미 계속 중에 있는 채권자취소소송절차에 어떠한 영향을 끼치는가.

채무자회생법 제113조 제1항은 '민법 제406조 제1항에 따라 회생채권자가 제기한 소송이 (채무자에 대한) 회생절차개시 당시 계속되어 있는 때에는 소송절차는 중단된다', 같은 조 제2항은 '중단한 소송절차 중 회생채권 또는 회생담보권과 관계없는 것은 관리인 또는 상대방이 이를 수계한다(제59조 제2항 준용)'고 규정하고, 채무자회생법 제406조 제1, 2항, 제347조는 파산절차에 대해서도 소송중단 및 수계에 관해서 동일한 내용으로 규정하고 있으며, 채무자회생법 제584조는 개인회생절차에 대하여 같은 법 제3편 제3장 제2절의 제406조, 제347조 제1항을 준용함으로써 소송중단 및 수계에 관해서 동일한 내용으로 규정하고 있다. 다만, 개인회생절차에 있어서는 관리인이 따로 선임되지 아니하고 채무자가 여전히 재산의 관리처분권을 보유하므로 채무자가 소송절차를 수계한다.

이와 같이 채무자회생법이 채권자취소소송의 계속 중에 그 소송당사자가 아닌 채무자에 대하여 회생절차가 개시되었을 때 그 소송절차의 중단 및 수계에 관해서 규정한 것은, 채권자취소소송은 채무자의 채권자가 전체 채권자를 위하여 채무자의 재산을 회복시키기 위한 개별적인 권리행사이므로, 회생채권자 전

---

170) 이러한 대법원판례의 입장에 대해서는, 대법원판례에 의할 경우 평시에는 취소채권자보다 우선하였던 수익자의 (가)압류채권자가 수익자에 대한 회생절차개시라는 우연한 사정으로 돌연 취소채권자보다 후순위에 놓이는 불합리가 발생한다는 비판이 있다. 비판론에 관한 상세한 내용과 대안 제시에 관해서는, 최준규, '사해행위의 수익자에 대하여 도산절차가 개시된 경우의 법률관계' 서울대학교 법학 제61권 제2호 제93면 이하 참조.

체의 공동의 이익을 위하여 직무를 행하는 관리인으로 하여금 그 역할을 인수하도록 하여 집단적·통일적인 처리를 도모하려는 데에 그 취지가 있다고 할 것이다.

회생관리인 또는 파산관재인이 채권자가 제기한 채권자취소소송을 수계한 경우에는 청구취지를 부인의 소로 변경하여야 한다고 보는 것이 타당하다.[171] 이 경우에 채권자취소소송이 계속 중인 법원이 파산계속법원이 아니라면 그 법원은 부인의 소 등의 전속관할법원인 파산계속법원으로 사건을 이송하여야 한다(채무자회생법 제105조 제3항, 제396조 제3항). 다만, 채권자취소소송이 항소심에 계속된 후에는 파산관재인이 소송을 수계하여 부인권을 행사하더라도 채무자회생법 제396조 제3항이 적용되지 않고 항소심 법원이 부인권 행사에 관한 소송을 심리 판단할 권한을 계속하여 가진다고 봄이 타당하다.[172]

관리인이 소송을 수계하고 부인의 소로 변경한 경우 소송결과가 채무자의 재산증감에 직접적인 영향을 미치는 등 회생채권자의 법률상 지위에 영향을 미쳐 소송결과에 이해관계가 있다고 볼 수 있으므로, 종전에 채권자취소소송을 제기한 채권자는 관리인을 돕기 위하여 보조참가를 할 수 있다(대법원 2021. 12. 10.자 2021마6702 결정). 채무자회생법 제74조 제3항, 제4항에 따라 관리인이 선임되지 않아 채무자가 관리인으로 간주되는 경우에도 마찬가지이다.

또한, 위와 같이 채권자가 제기한 채권자취소소송의 중단 및 파산관재인의 소송수계를 규정한 채무자회생법의 규정 취지 등에 비추어 보면, 채권자가 채무자에 대한 파산선고 이전에 적법하게 제기한 채권자취소소송을 파산관재인이 수계하여 청구변경의 방법으로 부인권 행사를 한 경우, 그 제척기간의 준수여부는 중단 전 채권자취소소송이 법원에 처음 계속된 때를 기준으로 판단하여야 한다(대법원 2016. 7. 29. 선고 2015다33656 판결). 따라서 채무자의 채권자가 채권자취소소송을 그 단기 제척기간 내인 취소원인을 안 날로부터 1년 내에 제기한 이상, 그 후 채무자의 파산에 의해 선임된 파산관재인이 채권자취소소송을 수계하고 부인권 행사의 제척기간인 파산 선고 후 2년(채무자회생법 제405조 전문)을 경과하여 청구취지를 변경하여 부인권을 행사하였다고 하더라도, 그 부인의 소

171) 서울회생법원 재판실무연구회, 회생사건실무(제5판) 상권 제208면.

172) 대법원 2017. 5. 30. 선고 2017다205073 판결.

가 제척기간의 경과로 부적법하게 된다고 볼 수 없다.

한편, 채권자취소소송은 채권자가 채무자를 상대로 하여 본래 채무의 이행을 청구하는 소송과 병합하여 제기되는 경우가 많다. 이러한 병합 소송의 계속 중에 채무자에 대하여 회생절차가 개시되면 수익자 또는 전득자에 대한 채권자취소소송 부분은 위에서 본 바와 같이 중단 및 수계절차를 거치지만, 채무자에 대한 회생채권에 관한 이행소송 부분은 즉시 수계를 하여야 하는 것이 아니라 먼저 회생채권 등의 조사절차를 거치게 된다.[173)]

채권자취소소송의 계속 중에 채무자에 대하여 회생개시결정 또는 파산선고가 있었는데, 법원이 그 결정 사실을 알지 못한 채 관리인 또는 파산관재인의 소송수계가 이루어지지 아니한 상태대로 소송절차를 진행하여 판결을 선고하였다면, 그 판결은 소송절차를 수계할 관리인 또는 파산관재인이 법률상 소송행위를 할 수 없는 상태에서 심리되어 선고된 것으로서, 대리인에 의하여 적법하게 대리되지 아니하였던 경우와 마찬가지로 위법한 것으로 된다(대법원 2022. 5. 26. 선고 2022다209987 판결). 채권자취소소송의 계속 중에 채무자에 대하여 개인회생결정이 있었는데, 관리처분권을 여전히 보유하는 채무자에 의해 소송수계가 이루어지지 않은 채 판결이 선고되어도 마찬가지로 대리인에 의해 적법하게 대리되지 않았던 위법이 있게 된다(대법원 2014. 5. 29. 선고 2013다73780 판결). 다만, 위와 같이 소송수계 없이 선고된 판결은 당연 무효는 아니고 대리권의 흠결을 이유로 상소 또는 재심에 의하여 그 취소를 구할 수 있다.[174)]

(나) 채무자에 대해 이미 회생절차가 개시된 경우의 채권자취소소송 제기 가부

회생절차는 채권자의 개별적인 권리행사를 제한 또는 중지시키고 채무자의 재산을 동결함으로써 공평한 집단적인 채무처리절차를 진행시킨다는 기본구조를 가진다. 또한, 채무자에 대해 회생개시결정이 내려진 후에는 관리인이 부인권을 행사하고, 부인권은 채권자취소권과 제도적 취지를 같이 하면서 그 대상행위·요건·행사방법 등이 완화된 강력한 권리로서 통일적으로 행사하는 것이

173) 위와 같은 병합소송의 계속 중에 채무자에 대하여 파산이 선고된 경우에는 파산관재인은 채권자취소소송에서는 파산채권자를 수계하고 이행청구소송에서는 채무자를 수계하여 원고와 피고의 지위를 겸유하게 되므로 변론을 분리하여 심리하여야 할 것이다.

174) 서울회생법원 재판실무연구회, 법인파산실무(제5판) 제85면.

소송경제에도 부합한다.

이와 같은 점 등에 비추어 보면, 채무자에 대하여 회생절차가 개시된 후에 채권자가 채권자취소소송을 제기하는 것은 허용되지 않으므로 부적법하여 각하하여야 할 것이다. 채권자는 법원에 부인권 행사명령 신청을 하여 관리인으로 하여금 부인권을 행사하도록 하는 방법으로 책임재산을 회복할 수 있을 것이다.[175]

대법원 2010. 9. 9. 선고 2010다37141 판결은 위와 같은 취지에서, '개인회생절차개시결정이 내려진 후에는 채무자가 총채권자에 대한 평등변제를 목적으로 하는 부인권을 행사하여야 하고, 개인회생채권자목록에 기재된 개인회생채권을 변제받거나 변제를 요구하는 일체의 행위를 할 수 없는 개인회생채권자가 개별적 강제집행을 전제로 하여 개개의 채권에 대한 책임재산의 보전을 목적으로 하는 채권자취소소송을 제기할 수 없다'고 판시하였다.

나아가, 대법원 2013. 9. 12. 선고 2013다42878 판결은 위와 같은 공평한 집단적 채무처리절차의 기본 구조 등에 비추어 볼 때, '채무자회생법 제600조 제1항 제3호 단서가 개인회생절차개시의 결정에 따라 중지 또는 금지되는 행위에서 소송행위를 제외하고 있다고 하여도, 이는 개인회생절차 개시결정 당시 개인회생채권자목록에 기재된 개인회생채권에 관한 소가 이미 제기되어 있는 경우에는 그에 관한 소송행위를 할 수 있다는 취지로 보아야 하고, 개인회생절차 개시결정이 내려진 후에 새로이 개인회생채권자목록에 기재된 개인회생채권에 기하여 이행의 소를 제기하는 것은 허용되지 않는다'고 판시하였다.[176]

한편, 대법원 2016. 7. 29. 선고 2015다33656 판결은, '파산채권자는 파산절차에 의하지 아니하고는 개별적인 권리행사가 금지되는 점(채무자회생법 제424조 참조) 등을 고려하여, 파산채권자가 파산채무자에 대한 파산선고 이후에는 채권자취소권을 행사할 수 없다'고 판시하였다. 다만, 대법원 2018. 6. 15. 선고

175) 서울회생법원 재판 실무연구회, 회생사건실무(제5판) 상권(上卷) 제366, 367면.

176) 따라서, 개인회생절차개시결정 전에 이미 소송이 계속 중인 경우에는 기존 소송의 청구취지를 개인회생채권의 존부나 내용의 확정을 구하는 개인회생채권확정의 소 형태로 변경하여 판결을 받아 그 결과를 개인회생채권자표에 기재하는 방식으로 처리하여야 할 것이고, 개인회생절차개시결정 후에는 새로운 이행소송을 제기하지 못하고 권리의 확정은 개인회생채권 조사확정재판에 의하여야 할 것이다{서울회생법원 재판 실무연구회, 개인파산·회생 실무(제5판) 제506, 507면}.

2017다265129 판결은, '파산채권자가 파산선고 후에 제기한 채권자취소의 소가 부적법하더라도 파산관재인이 이러한 소송을 수계한 다음 청구변경의 방법으로 부인권을 행사할 수 있다고 보아야 하므로, 파산관재인이 수계한 소송이 부적법한 것이었다는 이유만으로 소송수계 후 교환적으로 변경된 부인의 소마저 부적법하다고 볼 것은 아니다'라고 판시하였음에 주의를 요한다.

2. 채권자취소소송과 배당이의소송과의 관계

(1) 원상회복방법으로서의 배당이의

채권자가 채무자와 수익자 사이의 근저당권설정에 관하여 사해행위로서 그 설정계약의 취소를 구하고 원상회복으로 근저당권설정등기의 말소를 청구하였는데, 그 목적 부동산에 대하여 경매절차가 진행되어 경락된 결과 대금까지 완납되었다면, 사해행위인 근저당권 설정계약의 취소를 구할 이익은 여전히 인정되지만,[177] 원상회복의 방법으로서 근저당권설정등기의 말소를 청구할 이익은 소멸되거나 곧 소멸될 것임이 명백하다.

이러한 경우, 채권자는 그 목적 부동산에 관한 경매절차의 배당기일에 출석하여 수익자의 배당부분에 대하여 이의를 하고 사해행위 취소의 소와 함께 원상회복으로서 배당이의의 소를 제기할 수 있다(대법원 2011. 2. 10. 선고 2010다90708 판결).

소송실무상 배당이의의 소를 제기함에는 각별하게 주의하여야 할 사항이 있다. 배당이의의 소는 채권자가 배당기일에 출석하여 이의를 선행하여야 하고, 그로부터 1주일 이내에 소를 제기하고 이를 증명하는 서류를 제출하여야 하며(민사집행법 제154조), 집행법원의 전속관할이고(민사집행법 제156조 제1항),[178] 첫 변론기일에 출석하지 아니한 때에는 소를 취하한 것으로 보는(민사집행법 제158

---

177) 채무자와 수익자 사이의 근저당권설정계약이 사해행위인 이상 그로 인한 근저당권설정등기가 경락으로 인하여 소멸되었다고 하더라도 수익자로 하여금 근저당권자로서의 배당을 받도록 하는 것은 민법 제406조 제1항의 취지에 반하므로, 수익자에게 그와 같은 부당한 이득을 보유시키지 않기 위하여 그 근저당권설정등기로 인하여 해를 입게 되는 채권자는 근저당권설정계약의 취소를 여전히 구할 이익이 있다(대법원 1997. 10. 10. 선고 97다8687 판결).

178) 다만, 소가가 단독판사의 관할에 속하지 아니할 때에는 지방법원 합의부가 관할한다(민사집행법 제156조 제1항 단서).

조) 등 절차상 엄격한 제한이 있는 점에 특히 유의하여야 한다.

이와 같이, 배당이의의 소는 집행법원의 전속관할이기 때문에 사해행위 취소소송이 계속되어 있는 법원에 병합할 수 없는 경우가 있고, 배당이의 소송에서 이의 사유가 사해행위 취소인 경우에는 사해행위 취소소송이 종결될 때까지 배당이의소송절차는 실제로 진행되지 않고 기일이 추후 지정되는 것이 소송실무상의 관행이라고 할 수 있다.

(2) 경매절차의 진행과 채권자취소소송의 운영

소송실무상, 채권자취소소송의 진행 중에 그 목적 부동산에 관하여 경매개시결정이 있은 경우에는 수시로 그 경매절차의 진행 정도를 파악할 필요가 있다. 목적 부동산에 관한 경락허가 결정이 확정된 단계에 있고 수익자인 근저당권자에게도 매각대금 중 일부가 배당될 가능성이 있다면, 채권자취소소송의 청구취지 가운데 기존의 근저당권설정계약의 취소를 구하는 부분은 그대로 유지하되, 근저당권설정등기의 말소를 구하는 부분에 관해서는 아래에서 보는 바와 같이 배당금지급청구권의 양도 및 양도통지의 의사진술의 이행을 구하는 것으로 변경할 준비를 하는 것이 바람직하다.

채권자는 목적 부동산에 관한 경매절차에서 배당표가 확정되기 전에 '사해행위 취소로 인한 배당금 지급금지 청구권'을 피보전권리로 하여 수익자가 경매법원에 대하여 가지는 배당금지급청구권에 관하여 처분금지가처분결정을 발령받을 수 있다.[179]

수익자가 경매절차에서 채무자와의 사해행위로 취득한 근저당권에 기하여 배당에 참가하여 배당표는 확정되었으나 채권자의 배당금 지급금지가처분으로 인하여 배당금을 현실적으로 지급받지 못한 경우, 채권자취소권의 행사에 따른 원상회복방법은 수익자에게 바로 배당금의 지급을 명할 것이 아니라 '수익자가 취득한 배당금지급청구권을 채무자에게 반환하는 방법'으로 이루어져야 한다. 이는 구체적으로 '배당금지급채권의 양도와 그 채권양도의 통지를 배당금지급채

179) 경매법원은 채권자에게 보여주기 위하여 배당기일의 3일 전에 배당표 원안을 작성하여 법원에 비치하므로(민사집행법 제149조 제1항), 채권자는 배당표가 확정되기 전에 배당금출급청구채권에 관하여 처분금지가처분신청을 할 수 있고, 또 그래야만 실효성이 있다고 할 것이다.

권의 채무자[180]에게 하여 줄 것'을 청구하는 형태에 의한다(대법원 1997. 10. 10. 선고 97다8687 판결).

채권자로서는 경매법원에 의해 배당표가 작성된 후 미처 배당금 지급금지가처분 결정을 받을 만한 시간적 여유가 없을 경우에는 배당기일에 출석하여 일단 배당이의를 하고 이어 배당이의의 소를 제기함으로써 수익자에게 실제로 배당금이 지급되는 것을 막은 다음, 종전 채권자취소소송에서 원상회복의 방법으로 구한 근저당권설정등기 말소청구 부분을 배당금채권양도방식으로 변경하는 것이 적절할 것이다.[181]

180) 이 경우 제3채무자는 대한민국이고 소관청은 지방법원 세입세출외 현금출납공무원이 된다.
181) 그 밖에 '배당금채권 양도방법과 배당이의소송과의 관계'에 관해서는 뒤의 제5장 제4절 제 3.에서 상세하게 검토한다.

제 5 절 취소권 행사의 범위와 이익

제 1. 취소권 행사의 범위

1. 문제의 정리

(1) 채권자의 채권액과의 관계

민법 제407조가 채권자취소권 행사의 효과에 관하여 '모든 채권자의 이익을 위하여 효력이 있다'고 규정하고 있는 점과 관련하여, 그 행사의 범위를 총채권자의 채권 합계액으로 볼 수 있는지, 취소채권자의 채권액에 한정되는지가 문제될 수 있다.

민법 제407조는 일반적으로 채권자취소권이 채권의 공동담보인 채무자의 책임재산을 보전하기 위한 제도로서 취소에 의해 재산을 반환받더라도 취소채권자가 다른 채권자에 비하여 우선권을 취득하는 것이 아니라는 점을 선언하는 데에 그 취지가 있다고 할 것이다.[182] 한편, 채권자취소권은 거래의 안전에 미치는 영향이 크므로 취소의 범위를 책임재산의 보전을 위하여 필요하고도 충분한 범위 내로 한정할 필요가 있고, 또한 일차적으로 각 채권자의 개별적 강제집행을 전제로 하여 개개의 채권에 대한 책임재산의 보전을 목적으로 한다고 볼 수 있다.

따라서, 다른 채권자가 배당요구를 할 것이 명백하거나 목적물이 불가분인 경우 등과 같이 특별한 사정이 있는 경우를 제외하고는, 채권자취소권 행사의 범위는 원칙적으로 취소채권자의 채권액을 한도로 하고, 사해행위 취소로 인한 원상회복으로서 가액배상을 구하는 경우에도 취소채권자의 채권액을 한도로 한

182) 민법주해 제IX권 채권(2) (김능환 집필 부분) 제852면, 대법원 2008. 6. 12. 선고 2007다37837 판결도 같은 취지를 전제로 하고 있다.

다(대법원 2008. 11. 13. 선고 2006다1442 판결).

(2) 사해행위 성립범위 및 피보전채권 범위와의 관계

채권자의 채권을 담보하기 위하여 채무자 또는 제3자의 부동산에 관하여 근저당권 등 물적담보가 설정되어 우선변제권이 확보되어 있으면 그 범위 내에서는 채무자의 재산처분행위에 의해 채권자의 채권이 침해받는다고 볼 수 없다.

따라서 채권자의 채권액이 피담보부동산의 가액 및 채권최고액을 초과하는 경우에는 그 담보목적물로부터 우선변제 받을 금액을 공제한 나머지 채권액에 대해서만 채권자취소권이 인정된다(대법원 2014. 9. 4. 선고 2013다60661 판결).

그런데, 실제 담보거래에 있어서는 채권최고액이 피담보부동산의 가액을 하회하는 것이 통상적이므로, 결국 원칙적으로 채권최고액을 공제한 나머지 채권액에 대해서 채권자취소권이 인정된다고 할 것이다.

이와 같이 채권자의 채권에 관하여 물적 우선변제권이 확보되어 있는 경우, 이를 채무자의 처분행위를 중심으로 관찰한다면 사해행위 성립범위의 문제로 포착할 수 있고, 채권자의 채권액을 중심으로 관찰한다면 채권자취소권을 행사할 수 있는 피보전채권의 범위로 포착할 수 있다. 따라서 결국, 채권자취소권의 행사범위는 사해행위 성립범위 및 피보전채권의 범위와 동일하다고 볼 수 있다.

채권자취소권을 행사할 수 있는 피보전채권의 존재와 범위는 채권자취소권의 한 요건에 해당하므로 담보목적물로부터 우선변제받을 금액을 공제하고도 남는 채권액이 있다는 사실은 채권자가 주장 입증하여야 한다. 그리고 이 때 우선 변제받을 금액은 처분행위 당시의 담보 목적물의 시가를 기준으로 산정한다(대법원 2014. 9. 4. 선고 2013다60661 판결).

대법원 2008. 2. 28. 선고 2007다77446 판결은, 위와 같이 채권자의 채권에 관하여 물적 우선변제권이 확보된 경우뿐만 아니라 부동산에 대하여 가압류등기가 먼저 되고 나서 근저당권설정등기가 마쳐진 경우에 관해서도, 가압류채권자는 근저당권자와 평등배당을 받을 수 있어 채무자의 근저당설정행위로 인하여 불이익을 받지 않으므로 채권자취소권을 행사할 수 없지만, 채권자의 실제 채권액이 가압류 채권금액보다 많은 경우 그 초과 부분에 관해서는 그 범위 내에서 사해행위가 되므로 그 부분 채권을 피보전채권으로 삼아 채권자취소권을 행사할 수 있다고 판시하였다. 다만, 대법원 2010. 1. 28. 선고 2009다90047 판결은, 채권자의 가압류등기가 먼저 되고 나서 근저당권설정등기가 마쳐진 경우에 그 근저당권 설정이 채무자가 제3자의 채무 담보를 위한 것으로서 물상보증을 한 것이라면, 가압류채권자라도 그 근저당권설정행위에 대하여 채권자취소권을 행사할 수 있다고 판시하였음에 유의할 것이다.

(3) 원상회복 방법과의 관계

사해행위취소에 의한 원상회복의 방법으로서는 뒤의 제5장에서 상세하게 검토할 것이지만, 대별하여 원물반환과 가액배상의 두 가지가 있다.

소송실무상 원상회복의 방법으로서 가액배상이 이루어지는 경우에 취소채권자의 채권액 및 가액배상액 중 더 적은 금액의 범위 내에서 사해행위의 일부를 취소하는 형태가 주로 나타난다.

그러나, 원상회복의 방법과 취소권 행사의 범위는 논리필연적으로 결부되어 있는 것은 아니다. 즉 원물반환의 경우에는 반드시 전부취소를 하여야 한다거나 가액배상인 경우에는 일부취소를 하여야 하는 것은 아니라는 것이다.

사해행위인 하나의 법률행위의 목적물이 수 개인 경우에 그 중 일부만 취소하더라도 채권자의 채권 보전에 지장이 없다면, 일부취소 및 원물반환이 인정될 수 있다.

근저당권설정등기 말소 등 원물반환의 방법이 불가능하여 가액배상을 하여야 하는 경우에도 그 사해행위인 근저당권설정계약 전부의 취소를 구하는 경우도 있다. 예컨대, 근저당권설정계약을 사해행위로서 취소하는 경우 경매절차가 진행되어 타인이 소유권을 취득하고 이미 배당이 종료되어 수익자가 배당금을 수령한 때에는, 수익자로 하여금 배당금을 반환하도록 명하는 방법에 의하는데,[183] 이와 같은 경우에는 배당금 반환 즉 가액배상에 의한 원상회복을 하는 경우에도 사해행위인 근저당권설정계약의 전부를 취소한다. 다만, 그 배당금(가액배상액)이 취소채권자의 채권액에 미달하는 경우에 전부취소하는 것이고, 배당금(가액배상액)이 취소채권자의 채권액을 초과하는 경우에는 채권액의 범위 내에서 일부 취소하여야 할 것이다.

---

183) 대법원 2011. 2. 10. 선고 2010다90708 판결.

2. 피보전채권액의 산정

(1) 소송실무상의 중요성

소송실무상, 취소채권자는 자신의 채권에 관하여 물적 담보가 제공되어 있는 경우에 자신의 채권액과 담보목적물로부터 우선 변제받을 금액을 비교하는 데에 유의하여야 한다. 왜냐하면, 취소채권자의 채권액 전부에 관하여 물적 담보가 설정되어 우선변제권이 확보되어 있으면 채무자의 재산처분행위에 의해 채권자의 채권이 침해받았다고 볼 수 없으므로 채권자취소권 자체가 성립되지 않기 때문이다. 따라서, 위와 같은 비교에 의해, 취소채권자의 채권액이 담보목적물로부터 우선 변제받을 금액을 초과하는지에 관해서 확인하고, 초과될 수 있도록 취소채권자의 채권액의 구체적 산정방법에 관하여 면밀하게 검토하는 것이 중요하다.

그리고 같은 취지에서, 위 1.의 (2)항에서 본 바와 같이 사해행위인 근저당권설정등기가 마쳐지기 전에 취소채권자의 채권에 관하여 먼저 가압류등기가 된 경우에도 채권액이 그 가압류 청구금액을 초과하는 금액으로 산출될 수 있는지에 관해서 면밀하게 검토하는 것이 중요하다.

한편 소송실무상, 취소채권자는 원상회복의 방법으로서 가액배상이 문제되는 경우에, 자신의 채권액과 가액배상액을 비교하는 데에도 유념하여야 한다. 가액배상의 경우에 채권자취소권의 행사범위는 채권액과 가액배상액 중 더 적은 금액의 범위 내로 제한되기 때문이다. 예컨대, 사해행위(증여) 목적 부동산의 변론종결 당시의 가액이 4억 6천만 원이고 그 사해행위 전에 설정되었다가 사해행위 후 말소된 근저당권의 실제 피담보채권액이 3억 4천만 원으로서 그 차액인 1억 2천만 원의 가액배상액이 산정된 경우라도, 취소채권자의 채권액이 변론 종결시까지의 지연이자까지 가산하더라도 6,100만 원에 불과하다면 그 채권액 6,100만 원 한도에서만 채권자취소권을 행사할 수 있고, 이를 초과하여 가액배상액 1억 2천만 원 범위까지 취소권을 행사할 수 없다.[184] 위와 같은 사안에서 가액배상액이 1억 2천만 원으로 산정되었는데 취소채권자의 채권액이 2억 원인 경

---

184) 대법원 2001. 9. 4. 선고 2000다66416 판결의 사안 내용이다.

우에는 채권액의 범위 내로서 가액배상액인 1억 2천만 원의 한도에서 채권자취소권을 행사할 수 있다.

(2) 구체적 산정 기준 및 방법

(가) 산정의 기준시기

취소채권자의 채권액 산정의 기준시기는 원칙적으로 사해행위 당시이므로 그 후 발생한 전혀 다른 원인에 의한 채권액은 합산할 것이 아니다. 그러나, 사해행위 당시에 이미 채권 성립의 기초가 되는 법률관계가 발생되어 있고 가까운 장래에 그 법률관계에 터잡아 채권이 성립되리라는 점에 대한 고도의 개연성이 있으며 실제로 그 개연성이 현실화되어 채권이 성립된 경우에는 그 채권액이 산입됨은 물론이다. 그리고 채권자의 채권이 정기금(定期金)채권인 경우에는 사해행위 당시에 이행기가 도래한 부분만을 피보전채권으로 볼 것인지 여부가 문제될 수 있으나, 이행기가 도래하지 않은 부분이라도 그 기초적인 사실관계의 존속이 예측되는 범위 내에서 피보전채권액에 합산하는 것이 타당하다고 할 것이다.[185]

(나) 사해행위 후의 이자 및 지연손해금

사해행위 후에 발생한 이자, 지연손해금은 원본채권의 당연한 확장이라고 볼 것이므로, 채권자가 채권자취소권을 행사할 수 있는 채권액에 사해행위 이후 사실심 변론종결시까지 발생한 이자나 지연손해금이 포함된다(대법원 2001. 12. 11. 선고 2001다64547 판결).

이자는 원본채권의 이행기까지의 사용대가라는 점에서 금전채무의 이행기가 지난 후의 채무불이행에 따른 지연손해금과는 그 성질이 다르다. 지연손해금은 금전채무의 이행지체에 따른 손해배상액을 일컫는 것으로서 소송실무상 연체이자, 지연이자 등으로 불리기도 한다.

당사자 일방이 계약을 해제한 때 원상회복의무로서 금전을 반환할 경우에는 그 받은 날로부터 이자를 가산하여 지급하고(민법 제548조 제2항), 상인이 그 영업에 관하여 금전을 대여한 경우에는 특약이 없더라도 연 6푼의 법정이자를 청

185) 민법주해 제IX권 채권(2) (김능환 집필부분) 제840면.

구할 수 있다(상법 제55조 제1항, 제54조). 특히 지연손해금(금전채무의 이행지체에 의한 손해배상액)은 당사자 사이에 약정이 없더라도 법정이율에 의해 산정하고, 법령의 제한에 위반되지 않은 약정이율이 있으면 그에 의하여 산정한다(민법 제397조 제1항).[186]

(다) 물적 담보에 의해 우선변제 받는 부분의 공제 방법

위와 같이 취소채권자의 채권액에는 사해행위 당시의 원리금뿐만 아니라 그 후 사실심 변론 종결시까지의 이자 및 지연손해금도 포함되므로, 그 채권액 가운데 물적 담보에 의해 우선변제 받을 부분을 제외하고 채권자취소권을 행사할 수 있는 피보전채권액을 구체적으로 산정함에 있어서는 우선 변제의 순서도 고려하여야 한다.

채권자의 채권에 원금과 이자부분이 있는 경우에는 변제충당의 법리를 유추 적용하여 비용, 이자, 원금의 순서로 우선변제 담보범위에 포함되고, 원금에 우선하는 이자에는 지연이자(지연손해금)을 포함한다.[187] 따라서 채권자취소권을 행사할 수 있는 피보전채권의 범위는 처분행위 당시 담보 부동산의 가액과 채권최고액 중 적은 금액을 초과하는 부분에 해당하는 채권원리금 및 그 중 원금부분에 대하여 처분행위 다음날부터 사실심 변론종결시까지 발생한 지연이자 상당의 금원이 된다(대법원 2010. 2. 11. 선고 2009다81616 판결).

예컨대, 채권자가 채무자에게 8억 원을 대출하고 당시 시가 10억 원 상당의 물상보증인 소유 부동산에 채권최고액 9억 원의 근저당권을 설정받았는데, 채무자가 자신의 유일한 재산을 수익자에게 처분하였고 채권자의 대여 원금에 대해 처분행위시까지 발생한 이자는 2억 원이고 근저당권 목적 부동산의 처분행위 당시 시가는 11억 원인 사례에 관해서 본다. 이 경우, 채권자는 채무자의 처분행위 당시의 담보목적물의 시가와 채권최고액 중 적은 금액인 채권최고액 9억 원의 범위 내에서 이자 2억 원이 먼저 충당 공제되고 나머지 7억 원은 원금에 충당 공제되어 우선변제 받을 수 있으므로, 나머지 원금 1억 원 및 이에 대한 처분행위 다음날부터 변론 종결일까지의 이자를 피보전채권으로 하여 채권자취

---

186) 그 밖에, 피보전채권에 관하여 선행 승소확정판결이 있는 경우의 문제, 소촉법상 지연이율 적용의 문제 등에 관해서는 앞의 제2장 제2절 제 5.에서 상세하게 검토하였다.

187) 대법원 2013. 3. 14. 선고 2012다85281 판결.

소권을 행사할 수 있다.

(라) 소송실무상의 유의점

이상 검토한 바와 같이, 소송실무상 채권자취소권을 행사하려는 채권자의 입장에서는 자신의 채권액이 담보목적물로부터 우선 변제받을 금액 또는 선행 가압류 청구금액을 초과하는지에 관해서 확인하고, 초과 금액이 산출될 수 있도록 채권액의 구체적 산정방법에 관하여 면밀하게 검토하는 것이 중요하다.

채권액을 구체적으로 산정함에 있어 사해행위 당시의 원리금 외에 위에서 본 바와 같이 그 후 사실심 변론종결시까지의 이자 및 지연손해금도 가산된다는 점에 유의한다면 채권자취소권 행사의 기회를 더 넓힐 수 있을 것이다.

3. 피보전채권액을 초과하는 취소권 행사

(1) 다른 채권자가 배당요구할 것이 명백한 경우

취소채권자에게 우선변제권이 인정되는 것은 아니므로 다른 채권자가 배당요구할 것이 명백한 경우와 같이 다른 채권자의 채권액도 고려하여 보전의 필요성이 있을 때에는 취소채권자가 그의 채권액을 초과하여 취소권을 행사할 수 있다. 이 경우에는 다른 채권자의 채권액을 합한 총채권액을 기준으로 하여 취소의 범위를 정한다.[188)]

다른 채권자가 배당요구 할 것이 명백한 경우에는 다른 채권자들이 채권자단을 구성하고 있거나,[189)] 다수의 채권자들이 동일한 사해행위에 관하여 다수의 취소소송을 제기하여 각급 법원에 계속되어 있는 경우[190)] 등이 포함된다.

위와 같이 다른 채권자가 객관적으로 존재하는 경우에는 그가 배당에 가입하는 것으로 당연히 추인된다고 볼 수 있기 때문에, 취소채권자로서는 다른 채권자가 객관적으로 존재한다는 사실 및 그 채권액의 합계를 입증하면 되고, 다

---

188) 즉, 다른 채권자의 채권액과 안분비례하여 취소채권자가 취득할 가액의 범위 내로 제한되는 것이 아니다{민법주해 제IX권 채권(2) (김능환 집필부분) 제840면}.

189) 대법원 1997. 9. 9. 선고 97다10864 판결.

190) 대법원 2014. 1. 16. 선고 2013다52110 판결. 대법원 2013. 2. 15. 선고 2012다34238 판결은 수익자로 하여금 부동산 경매절차에서 취득한 배당금지급채권을 채무자에게 양도하도록 하는 원상회복 사안에 관해서, 취소 채권자 외에 다른 채권자가 동일 부동산에 대하여 가압류 등기를 마쳤다면 이 또한 배당요구할 것이 명백한 경우에 해당한다고 판시하였다.

른 채권자가 배당요구를 하지 않을 것이라는 특별한 사정에 관해서는 이를 주장하는 상대방이 입증책임을 부담한다고 보는 것이 타당하다.

(2) 목적물의 불가분성 또는 경제적 일체성을 가지는 경우

사해행위의 목적물이 사회통념상 불가분인 경우, 예컨대 건물 1동을 증여한 것이 사해행위이고 그 건물의 가액이 채권자의 피보전채권액보다 다액인 경우에는 채권자의 채권액 범위를 초과하여 건물의 증여행위 전부에 관해서 취소권을 행사할 수 있다.

대법원판례는 위와 같이 사해행위의 목적물이 물리적 또는 사회통념상 불가분인 경우뿐만 아니라, 거래의 실정상 경제적인 일체성을 가지는 경우에도 채권액의 범위를 넘어 전체의 취소를 인정한다.

이러한 취지에서, 대법원 1975. 2. 25. 선고 74다2114 판결은, 동일인 소유의 토지와 건물의 처분행위를 채권자취소권에 의하여 취소하는 경우, 그 중 대지의 가격이 채권자의 채권액보다 다액이라 하더라도 대지와 건물 중 일방만을 취소하게 되면 건물의 소유자와 대지의 소유자가 다르게 되어 가격과 효용을 현저히 감소시킬 것이므로 전부 취소할 수 있다고 판시하였다. 또한, 대법원 1975. 6. 24. 선고 75다625 판결은, 자동차운송사업면허권과 부대시설 전부 및 차량(40여 대)의 양도가 사해행위가 되는 경우에 양도된 차량을 분할할 수 있다고 하더라도, 양도된 차량 전체가 다른 부대시설과 함께 하나의 노선 면허권의 대상으로 되기 때문에 분할하여 취소하는 것이 경제적 실정에 적합하지 아니하므로 양도계약 전체를 취소할 수 있다고 판시하였다.

4. 일부취소

(1) 문제의 소재

일부취소에 관해서는 그 개념이 통일적으로 정립되어 있다고 볼 수 없다. 채무자의 법률행위 중에서 일부분만이 사해행위에 해당하는 경우에 채무자의 법률행위와 비교할 때에는 사해행위로 성립되는 부분이 일부라고 볼 수 있지만, 취소의 대상이 되는 행위는 사해행위 전부라고 할 수 있다.

또한, 원상회복의 방법과 취소의 범위가 논리필연적으로 결부되어 있는 것은 아니므로, 원물반환의 경우에는 반드시 전부취소를 하여야 한다거나 가액배상인 경우에는 일부취소를 하여야 하는 것도 아니다.

결국, 일부취소의 문제는 사해행위의 목적물이 가분인지 여부, 목적물에 저당권 등 제한물권이 설정되었는지 여부와 그 소멸시기, 취소채권자의 피보전채권액과 목적물 가액의 다과(多寡) 등 여러 가지 사정을 고려하여 결정되는 것으로서 통일적 요소에 의해 그 개념을 구성하기는 어렵다고 할 것이다.

소송실무상으로 일부취소의 문제는 청구취지 또는 판결주문에서 어떤 경우에 예컨대, 단순히 '… 계약을 취소한다'라고 표시하지 않고, '… 계약을 50,000,000원의 한도 내에서 취소한다' 또는 '… 계약 중 … 부분에 관한 계약을 취소한다'라고 표시하여야 하는지의 문제라고 할 수 있다. 여기에서는 소송실무상 흔히 나타나는 사례를 유형화하여 검토하기로 한다.

(2) 일부취소의 발생 사례

(가) 사해행위 목적물이 여러 개이고 그 중 일부만의 취소에 의하여 채권 보전의 목적이 달성되는 경우

채무자가 여러 필지의 토지를 한꺼번에 매각한 행위가 사해행위에 해당하는 경우에 그 매매계약 전부를 취소하지 않더라도 채권자의 채권을 보전하는 데에 지장이 없다면, 채권자의 채권액에 상응한 가치가 있는 토지를 특정하여 그 특정 토지에 관한 매매계약만을 취소할 것이다.

또한, 이혼에 따른 재산분할로서 하나의 양도계약으로 아파트 1채, 구분점포 1채, 임야 1필지 등 3개의 부동산을 배우자에게 일괄 양도하였는데 그 중 아파트 및 구분점포의 2개 부동산은 재산분할의 상당한 범위 내이지만 나머지 임야 1필지가 그 범위를 벗어난 것으로서 사해행위로 인정되는 경우에, 사해행위로 인정되는 임야 1필지에 관해서 양도계약을 일부취소하고 원상회복방법으로서는 그 임야 자체의 원물반환(즉, 소유권이전등기 말소 등)을 명한다.

(나) 사해행위에 의하여 비로소 채무초과상태에 이르고 목적물이 가분인 경우

대법원 2010. 8. 19. 선고 2010다36209 판결의 사안요지는, 채무자 "을"은 자신의 남편이 "병"(수익자)에 대하여 부담하는 2억 5,000만 원의 차용금채무에 관하여 연대보증하였는데, 연대보증 당시 채무자 “을”의 적극재산 합계액은 6억 9,000만 원이고 소극재산 합계액은 5억 8,000만 원으로서 위 연대보증으로 인하여 소극재산이 8억 3,000만 원(5억 8,000만 원+2억 5,000만 원)으로 되고, 채권자 “갑”은 “을”에 대하여 5억 5,000만 원의 채권을 가지고 있는 경우이다. 위와 같은 사안에서 쟁점은 채권자 “갑”은 자신의 채권 5억 5,000만 원의 범위 내에서 “을”과 “병” 사이의 연대보증계약 2억 5,000만 원 전부를 취소할 수 있는지 또는 연대보증계약 중에서 그로 인하여 “을”의 소극재산이 적극재산을 넘게 되는 1억 4,000만 원(8억 3,000만 원－6억 9,000만 원)부분만 취소할 수 있는지의 문제이다.

위 대법원판결은, 채무자가 사해행위에 의하여 비로소 채무초과상태에 이르게 되는 경우에 채권자는 사해행위가 가분(加分)인 한 그 중 채권의 공동담보로 부족하게 되는 부분만을 자신의 채권액을 한도로 취소하면 족하고 그 행위 전부를 취소할 수 없으므로, 위와 같은 사안에서 연대보증계약 중 1억 4,000만 원 부분만 취소할 수 있다고 판시하였다. 위와 같은 사안에서 “을”이 1억 원의 범위 내에서 연대보증하였다면 그 연대보증이 있어도 채무초과상태에 빠지지 않으므로 그 연대보증은 사해행위에 해당하지 아니하여 “갑”은 전혀 취소권을 행사할 수 없는데, “을”이 1억 2,000만 원 범위에서 연대보증하였다면 채무초과상태가 됨으로써 “갑”이 돌연 그 연대보증행위 전부를 취소할 수 있다는 것은 불합리하기 때문이다.

(다) 부동산이 사해행위로 이전되기 전 또는 후에 저당권이 설정된 경우

근저당권이 설정된 부동산이 사해행위로 이전되면 사해행위는 부동산의 가액에서 근저당권의 피담보채무액을 공제한 잔액의 범위 내에서만 성립한다고 보아야 하므로, 사해행위 후 변제 등에 의하여 근저당권설정등기가 말소된 경우에는 그 부동산의 가액에서 근저당권의 피담보채무액을 공제한 잔액의 한도 내에서 사해행위를 취소하고 그 가액의 배상을 구할 수 있을 뿐이다(대법원 2002. 11. 8. 선고 2002다41589 판결). 예컨대, 근저당권이 설정되어 있는 부동산을 증여한 행위가 사해행위에 해당하는 경우, 그 부동산이 증여된 후 근저당권설정등기가 말소되었다면 증여계약을 취소하고 부동산의 소유권 자체를 채무자에게 환원시키는 것은 당초 일반 채권자들의 공동담보로 제공되지 아니한 부분까지 회복시키는 결과가 되어 불공평하므로, 채권자는 그 부동산의 가액에서 근저당권의 피담보채무액을 공제한 잔액의 한도 내에서 증여계약의 일부취소와 그 가액의 배상을 청구한다.[191]

한편, 부동산이 사해행위로 이전된 후 그 목적물에 관하여 선의의 제3자가 저당권이나 지상권 등의 권리를 취득한 경우에는 수익자가 목적물을 저당권 등의 제한이 없는 상태로 회복하여 이전하여 줄 수 있다는 등의 특별한 사정이 없는 한 채권자는 수익자를 상대로 원물반환 대신 그 가액 상당의 배상을 구할 수 있다(대법원 2001. 2. 9. 선고 2000다57139 판결). 그런데, 이와 같은 이유로 가액배상을 구하는 경우에는 사해행위 당시 일반 채권자들의 공동담보로 되어 있었던 부동산 가액 전부의 배상을 구할 수 있고 그 가액에서 제3자가 취득한 저당권의 피담보채권액을 공제할 것이 아니다(대법원 2003. 12. 12. 선고 2003다40286 판결).

위에서 본 바와 같이, 부동산이 사해행위로 이전된 경우에 당해 부동산에 관해서 사해행위 전에 저당권이 설정되어 있었는지, 사해행위 후에 저당권이 설정되었는지에 따라 가액배상의 범위가 크게 달라진다. 또 사해행위 시점에서 이미 저당권설정등기가 말소된 경우에도 부동산의 가액에서 저당권의 피담보채무액을 공제할 것이 아니다.[192] 이와 같이, 어느 시점에 실제로 사해행위에 해당하는 법률행위가 있었는지를 따지는 것은 당사자 사이의 이해관계에 미치는 영향이 중대하기 때문에, 그 실제의 존재시점에 관해서 당사자 사이에 다툼이 있는 때에는 여러 가지 사정을 종합하여 신중하게 판단하여야 할 것이다.[193]

(라) 과잉 회복 방지를 위한 경우

일반적으로 채권자취소권을 행사하는 경우 채무자가 사해행위를 하지 않았다면 있었을 책임재산을 회복하도록 하여야 하고 그보다 더 많은 책임재산을 회복하는 결과를 초래하는 것은 허용되지 않는다고 할 것이다. 따라서 어느 부동산에 관한 법률행위가 사해행위에 해당하는 경우에 그 사해행위를 취소하여

191) 대법원 2001. 9. 4. 선고 2000다66416 판결.

192) 대법원 2002. 11. 8. 선고 2002다41589 판결이유 참조.

193) 사해행위 존재시점의 구체적 판정 방법에 관해서는 앞의 제2장 제3절 제 3.에서 상세하게 검토하였다. 그 밖에 소송실무상 특히 부동산이 사해행위로 이전되고 그 전후에 저당권이 설정된 경우의 원상회복에 관해서는 검토할 점이 많다. 이에 대해서는 뒤의 제5장 제1절 제 2.에서 따로 상세하게 검토한다.

그 부동산 자체의 회복을 명하게 되면 당초 일반 채권자들의 공동담보로 되어 있지 아니하던 부분까지 회복을 명하는 것이 되어 공평에 반하는 결과가 되는 경우에는, 그 부동산의 가액에서 공동담보로 되어 있지 아니한 부분의 가액을 공제한 잔액의 한도에서 사해행위를 취소하고 그 한도에서 가액의 배상을 명함이 타당하다(대법원 2010. 2. 25. 선고 2007다28819 판결).

예컨대, 수익자가 채무자로부터 미완성의 건물을 매수하고 특약에 따라 추가공사비를 투입하여 건물을 완성함으로써 건물의 객관적 가치가 증대되고 그 가치가 현존하고 있는 경우, 매매계약 전부를 취소하여 원상회복으로서 수익자 명의의 소유권이전등기의 말소절차의 이행을 명하는 것은 당초 일반 채권자들의 공동담보로 되어 있지 아니하던 부분까지 회복을 명하는 것이 되어 공평에 반하는 결과가 되므로, 건물의 가액에서 공동담보로 되어 있지 아니한 부분의 가액을 산정하여 이를 공제한 잔액의 한도에서 사해행위를 취소하고 그 한도에서 가액의 배상을 명할 것이다.[194]

(3) 근저당권설정계약의 일부취소와 채권최고액 변경

근저당권설정계약 중 일부만이 사해행위에 해당하는 경우에는 그 원상회복은 가액배상에 의하거나 등기의 일부말소에 의할 것이 아니라 근저당권설정등기의 채권최고액을 감축하는 근저당권변경등기절차의 이행을 명하는 방법에 의한다(대법원 2006. 12. 7. 선고 2006다43620 판결). 왜냐하면, 말소등기의 대상이 되는 것은 등기사항의 전부가 부적법한 경우이고, 등기사항의 일부만이 부적법한 때에는 변경등기·경정등기 또는 말소회복등기 등의 대상은 되어도 말소등기의 대상은 아니기 때문이다.[195] 그리고 위와 같이 일부말소 의미의 변경등기가 가능한 이상 그 방법이 가액배상에 의하는 것보다는 원상회복의 원칙적 방법으로서의 원물반환의 형태에 더 부합하기 때문이다.

채권최고액을 감축하는 변경등기에 의하는 구체적인 사례에 관해서 살펴본다. 채무자 "을" 소유의 부동산에 관해서 근저당권자 "무", 채권최고액 6억 원

194) 대법원 2010. 2. 25. 선고 2007다28819 판결의 사안내용이다.

195) 곽윤직, 부동산등기법(신정판) 제280면. 대법원 2012. 2. 9.자 2011마1892 결정은, '부동산 전부에 관한 등기 중 일부 지분인 경우에는 실질적으로는 말소이지만 등기 형식은 경정등기의 방식을 취하는 일부말소 의미의 경정등기에 의하여야 한다'고 판시하였다.

인 선순위 근저당권설정등기가 마쳐졌고, 그 후 "을"이 채무초과상태에서 "병"으로부터 15억 원을 차용하면서 수익자 "병"과 사이에 채권최고액 20억의 근저당권설정등기를 마쳤으며, 한편, "을"이 "병"으로부터 차용한 돈 중의 일부로 위 선순위 근저당권의 피담보채무액 5억 원을 변제함으로써 그 근저당권설정등기가 말소된 경우이다.[196)]

위와 같은 사안에 있어, 당초 선순위 근저당권의 피담보채무액 5억 원 부분은 일반 채권자들의 공동담보에 제공되지 않은 것이므로, "을"과 "병"이 체결한 근저당권설정계약은 차용금의 일부로서 선순위 근저당권의 피담보채무를 변제한 부분을 제외한 나머지 설정계약 부분만 사해행위에 해당한다고 할 것이다.

다시 말하면 "을"과 "병"이 체결한 근저당권설정계약은 사해성이 없는 종전의 "을"과 "무" 사이의 선순위 근저당권을 실질적으로 승계하여 포함하고 있다고 볼 수 있으므로 종전의 선순위 근저당권이 담보하는 채권액 범위까지는 축소하여 존속시키되,[197)] 이를 초과하는 나머지 부분에 관해서 사해행위로서 취소의 대상으로 삼는 것이다.

따라서, 위와 같은 경우에는 "을"과 "병" 사이의 근저당권 설정계약을 채권최고액 20억 원에서 변제한 선순위 근저당권 피담보채무액을 공제한 잔액의 한도 내에서 즉 채권최고액 중 선순위 근저당권의 피담보채무액을 초과하는 부분을 사해행위로서 취소하고, 원상회복으로서 근저당권설정등기의 채권최고액 20억 원을 변제한 선순위 근저당권의 피담보채무액으로 감축하는 근저당권변경등기절차의 이행을 구한다. 위 사례에 관한 구체적인 청구취지로서는 「별지 기재 부동산에 관하여, (1) "을"과 "병" 사이에 2015. 0. 0. 체결된 근저당권설정계약을 채권최고액 5억 원을 초과하는 부분에 한하여 취소한다. (2) "병"은 "을"에게 ○○등기소 2015. ○. ○. 접수 제5050호로 마친 근저당권설정등기의 채권최고액 20억 원을 5억 원으로 변경하는 등기절차를 이행하라.」고 기재하는 것이 적절할 것이다.

---

196) 대법원 2006. 12. 7. 선고 2006다43620 판결의 사안 내용을 정리한 것이다.

197) 이는 수익자가 채무자의 부동산에 관하여 설정된 선순위저당권의 피담보채무를 변제하여 그 설정등기를 말소하는 대신 동일한 금액을 피담보채무로 하는 새로운 저당권을 설정하는 이른바 담보물의 대체는 채무자의 공동담보를 부족하게 하는 것이 아니므로 사해행위에 해당하지 않는 것(대법원 2012. 1. 12. 선고 2010다64792 판결)과 그 법리적 기초를 같이한다고 할 것이다.

제 2. 취소권 행사의 이익

1. 문제의 소재와 검토범위

채권자취소권의 실체적 요건을 충족하고 있다고 하더라도 '이익 없으면 소(訴)없다'는 법언(法諺)에 나타나듯이 '소로써 판결을 구할 현실적 필요성이 있을 것 즉 권리보호의 필요 또는 이익'은 소송요건 중의 하나이다. 따라서 이것의 흠결이 있을 때에는 소가 부적법하다고 하여 각하할 것이다.

채권자취소소송뿐만아니라 일반적으로 소송에 의하여 달성하려는 목적이 이미 실현되었거나 또는 그 목적 달성이 불가능한 것으로 판명된 경우에는 권리보호의 이익은 없다고 할 것이다. 따라서 원상회복으로서 근저당권설정등기의 말소등기절차의 이행을 구하는 소송 도중에 그 근저당권설정등기가 말소된 경우에는 등기의 말소를 구할 법률상 이익이 없게 되어 그 부분 소는 부적법하므로 각하하여야 한다(대법원 2013. 4. 26. 선고 2011다37001 판결).

그런데, 기능적 측면에서 본다면 채권자취소권의 내용 중에서 원상회복이 목적이고 사해행위 취소는 그 목적 실현을 위한 수단이라고 볼 수 있다. 따라서 채권자취소소송에 있어서는 사해행위 취소의 대상은 그대로 존속하고 있는데도 그 취소에 의해 달성하려는 원상회복이 이미 실현되었거나 또는 원상회복이 불가능하게 된 경우에도 채권자취소소송 전체의 권리보호이익이 없게 되는 것인지 문제된다.

여기서는 부동산에 관한 사해행위 및 등기와 관련하여 원상회복이 이미 실현되었거나 또는 원상회복이 불가능하게 된 경우에, 그러한 사정이 사해행위에 대하여 취소판결을 구하는 데 있어 권리보호의 이익이라는 측면에서 구체적으로 어떤 영향을 끼치는지에 관해서 검토한다.[198]

---

198) 여러 개의 채권자취소소송이 동시 또는 이시에 제기된 경우의 권리보호이익의 문제에 관해서는 앞의 제4절 제 2.에서 상세하게 검토하였다.

2. 취소의 이익이 부정되는 경우

(1) 이미 원상회복된 경우

채권자가 채무자의 부동산에 관한 사해행위를 이유로 수익자를 상대로 그 사해행위의 취소 및 원상회복을 구하는 소송을 제기하여 그 소송계속 중에 복귀를 구하는 재산이 벌써 채무자에게 복귀한 경우에는 특별한 사정이 없는 한 그 채권자취소소송의 목적은 이미 실현되어 더 이상 그 소에 의해 확보할 권리보호의 이익은 없게 된다(대법원 2008. 3. 27. 선고 2007다85157 판결). 또한 채권자취소소송이 제기되기 전에 그 사해행위 취소에 의하여 복귀를 구하는 재산이 채무자에게 복귀한 경우에도 마찬가지로 권리보호이익이 없게 된다(대법원 2015. 5. 21. 선고 2012다952 전원합의체 판결).

그 목적재산인 부동산의 복귀가 수익자 명의의 등기가 말소되는 형식이 아니라 채무자에게 소유권이전등기의 형식을 취하였다고 하더라도 채권자취소소송의 권리보호이익은 없어진다.[199] 그러나, 채권자가 원상회복청구의 소에서 패소할 것이 예상된다는 이유로 사해행위 취소의 소에 대하여 소의 이익을 부정할 수는 없다.[200]

(2) 수익자가 배당절차에서 배당받지 못하고 추후배당의 가능성도 없는 경우

사해행위인 근저당권설정계약에 의해 설정된 수익자 명의의 근저당권설정등기가 경락으로 인하여 말소되었고 배당절차에서 경락대금이 선순위 저당권자 및 조세채권자 등에게 우선 배당되고 수익자에게 전혀 배당이 이루어지지 않았을 뿐만 아니라 추후에도 배당이 이루어질 가능성이 없는 경우에는 그 근저당권설정계약에 대하여 사해행위로서 취소를 구할 소의 이익은 없게 되었다고 할 것이다.

사해행위 취소는 원상회복이라는 목적 실현을 위한 수단이라고 볼 수 있는

---

199) 대법원 2008. 3. 27. 선고 2007다85157 판결.

200) 대법원 2013. 4. 26. 선고 2011다37001 판결. 다만, 이 판결은 사해행위취소와 원상회복청구는 서로 소송물을 달리한다고 판시하였는데, 채권자취소소송의 소송물에 관해서는 앞의 제2절 제 3.의 1.에서 상세하게 검토하였다.

데, 원상회복방법으로서의 원물반환은 근저당권설정등기가 말소됨으로써 형식상 이미 실현되었고, 수익자에게 그 원물반환에 갈음하는 배당금채권이 전혀 귀속되지 않고 추후 배당금채권이 귀속될 가능성도 없는 이상 가액배상 방법에 의한 원상회복은 불가능하게 되었기 때문이다.

위와 같은 법리는 저당권이 설정된 부동산이 사해행위에 의해 수익자에게 양도된 것에 관하여 사해행위취소 및 수익자 명의의 소유권이전등기의 말소를 구하는 채권자취소소송이 계속되던 중에 목적 부동산에 관하여 경매절차가 진행된 결과 경락대금이 저당권자 및 조세채권자 등에게 우선 배당되고 잉여금이 없어 수익자에게 전혀 배당이 이루어지지 않았을 뿐만 아니라 추후에도 배당이 이루어질 가능성이 없는 경우에도 마찬가지로 적용된다.

소송실무상, 채권자취소소송 계속 중에 목적 부동산에 관하여 경매절차가 진행되었는데 그 경락대금이 감정가격을 하회하고 등기부상 드러나지 않았던 조세채권자 등 우선변제권자가 등장함으로써, 수익자가 전혀 배당을 받지 못하고 나아가 추후에도 배당받을 가능성이 없는 것으로 판명된 경우에는, 채권자취소소송 전부의 취하를 고려하는 것이 소송경제상 유용할 수 있다.

다만, 아래 3항에서 보는 바와 같이, 경락 등에 의해 수익자 명의의 근저당권설정등기가 말소되었다고 하더라도 수익자에게 추후에 배당금채권이 귀속될 가능성이 있는 경우에는 예외적으로 사해행위인 근저당권설정계약의 취소를 구할 이익이 인정되므로 추후 배당 가능성에 관해서 면밀하게 검토할 필요가 있다.

3. 저당권등기가 말소되었더라도 그 설정계약에 대하여 취소의 이익이 인정되는 경우

(1) 혼동에 의해 저당권등기가 말소된 경우

예컨대, 채무자 “을”이 채무초과상태에서 자신 소유 부동산에 관하여 수익자 “병”과 사이에 사해행위인 저당권설정계약을 체결하고 그 등기를 마친 다음, 이어서 “병”과 사이에 사해행위로서 매매계약을 체결하고 소유권이전등기를 마침으로써 그 후 “병” 명의의 저당권설정등기가 혼동에 의하여 말소된 경우에 관해서 본다.

위와 같은 경우, 채권자 "갑"은 사해행위로서 매매계약뿐만 아니라 혼동에 의해 소멸된 저당권의 설정계약에 대해서도 취소를 구할 이익이 있다고 할 것이다. 왜냐하면, 등기실무상 저당권자가 소유권을 취득하면 그 저당권은 혼동에 의해 소멸하지만 그 뒤 그 소유권취득이 무효인 것으로 밝혀지면 소멸되었던 저당권은 당연히 부활하므로,[201] 현재 말소된 상태에 있는 저당권설정등기에 관해서는 원상회복으로서 다시 말소절차의 이행을 청구할 이익은 없지만, 그러한 원상회복의 전제로서 저당권설정계약에 관해서는 매매계약의 취소와 함께 제소기간 내에 취소를 구할 필요가 있기 때문이다.[202]

그리고, 위와 같은 경우, 채권자 "갑"이 제1심에서 수익자 "병"을 피고로 하여 "을"과 사이에 체결된 저당권설정계약 및 매매계약의 취소와 "병" 명의로 마쳐진 소유권이전등기의 말소를 청구하여 승소하였는데, 항소심에서 사해행위인 저당권 설정계약 취소에 따른 원상회복으로서 저당권설정등기의 말소 청구를 추가하는 경우 그 추가 청구 부분에 대해서는 제소기간의 제한이 적용되지 않는다.[203]

(2) 경락에 의해 저당권등기가 말소되고 수익자에게 배당이 이루어진 경우

채무자와 수익자 사이의 근저당권설정계약이 사해행위인 이상 그로 인한 근저당권설정등기가 경락으로 인하여 말소되었다고 하더라도 수익자로 하여금 근저당권자로서 배당을 받도록 하는 것은 민법 제406조 제1항의 취지에 반하므로, 수익자에게 그와 같은 부당한 이득을 보유시키지 않기 위하여 채권자는 근저당권설정계약의 취소를 구할 이익이 있다(대법원 1997. 10. 10. 선고 97다8687 판결).

---

201) 대법원 1971. 8. 31. 선고 71다1386 판결. 등기예규 제183호(근저당권의 부활과 이해관계인의 회복등기 승낙의무).

202) 이상에서 검토한 법리는 근저당권설정등기 후 동일인에게 소유권이전등기가 마쳐진 경우뿐만 아니라 널리 부동산에 관한 제한물권 설정 후 동일인에게 소유권이 귀속됨으로써 제한물권이 원칙적으로 혼동에 의해 소멸하는 경우에 일반적으로 적용될 수 있다고 할 것이다.

203) 대법원 2001. 9. 4. 선고 2001다14108 판결의 사안 내용이다. 다만, 위와 같은 법리는 사해행위 취소 청구의 상대방과 원상회복 청구의 상대방이 동일인인 경우에 한정하여 적용된다고 할 것이다. 채권자가 먼저 수익자를 상대로 채권자취소소송을 제기하여 승소판결을 받은 다음, 별도로 전득자에 대하여 채권자취소권을 행사하여 원상회복을 구하는 경우에는 민법 제406조 제2항이 정한 제소기간 내에 별도로 전득자에 대한 관계에서 채무자와 수익자 사이의 사해행위 취소소송을 제기하는 방법으로 청구하여야 한다(대법원 2005. 6. 9. 선고 2004다17535 판결).

근저당권설정계약의 취소 및 수익자 명의의 근저당권설정등기의 말소를 구하는 채권자취소소송이 계속되던 중에 목적 부동산에 대한 경매절차가 진행되어 경락에 의해 그 대금이 납입되면, 배당절차에 나아가기 전에 촉탁에 의하여 매수인 앞으로 소유권이전등기가 마쳐짐과 아울러 목적부동산 위의 모든 저당권 등 매수인이 인수하지 아니한 부담에 관한 등기가 말소된다(민사집행법 제91조, 제144조 제1항). 따라서 이 단계에 이르면 채권자가 원상회복의 방법으로서 근저당권설정등기의 말소를 구할 이익은 없어지게 된다.

그러나, 위와 같이 경락에 의한 근저당권 등 등기의 말소 후에 배당절차에서 수익자에게도 배당이 이루어지는 내용의 배당표가 작성되는 경우에는, 사해행위자인 수익자에게 부당한 이익을 보유하지 않도록 하기 위하여 그 배당의 근거가 되는 근저당권의 원인을 제거해야 할 필요성은 여전히 존속하므로, 채권자는 경매절차에 진행에 의해 수익자 명의의 근저당권설정등기가 말소되었다고 하더라도 여전히 채무자와 수익자 사이의 근저당권설정계약의 취소를 구할 이익이 있는 것이다.

그리고 이와 같이, 배당절차에서 수익자에게도 배당이 이루어지는 내용의 배당표가 작성된 경우에는, 채권자는 수익자가 가지는 배당금지급청구권에 관하여 지급금지가처분 신청을 하여 그 결정에 의해 수익자가 현실적으로 배당금을 추심하지 못하도록 한 다음, 종전에 원상회복방법으로 구한 근저당권설정등기의 말소 이행청구를 수익자가 취득한 배당금지급청구권을 채무자에게 양도하고 그 양도통지를 배당금지급채권의 채무자에게 하여 줄 것을 청구하는 형태로 원상회복에 관한 청구취지를 변경한다(대법원 1997. 10. 10. 선고 97다8687 판결).[204]

한편, 저당권이 설정된 부동산의 소유권이 사해행위로서 양도되었다가 그 저당권의 실행으로 말미암아 양수인인 수익자에게 배당이 이루어진 경우, 그원상회복의 방법도 위와 마찬가지이다(대법원 2008. 12. 11. 선고 2007다91398 판결).

(3) 경매절차 진행 중 수익자에게 변제함으로써 저당권등기가 말소된 경우

'채무자가 사해행위로 인해 설정된 근저당권의 실행으로 경매절차 진행 중에

---

204) 양도통지의 상대방인 '배당금지급채권의 채무자'는 국가(경매법원의 현금출납공무원)이다. 그 밖에 경매절차에서의 원상회복에 관해서는 뒤의 제5장 제4절에서 상세하게 검토한다.

목적 부동산을 임의 매각하고 그 대금으로 근저당권자인 수익자에게 피담보채무를 변제함으로써 근저당권설정등기가 말소된 경우, 채권자는 가액배상에 의한 원상회복을 위하여 사해행위인 근저당권설정계약의 취소를 구할 이익이 있다' (대법원 2018. 6. 19. 선고 2017다270107 판결).

왜냐하면, 위와 같은 변제는 특별한 사정이 없는 한 근저당권의 우선변제권에 기하여 일반채권자에 우선하여 된 것이라고 봄이 타당하므로 수익자로 하여금 근저당권 말소를 위한 변제이익을 보유하게 하는 것은 부당하고, 또한 타인이 소유권을 취득하여 원물반환이 불가능하게 되었으므로, 수익자에 대한 가액배상을 위하여 사해행위인 근저당권 설정계약의 취소를 구할 이익이 있다.

(4) 경락에 의해 저당권등기가 말소되었으나 수익자에게 추후 배당가능성이 있는 경우

(가) 선 · 후순위 근저당권자에 대하여 함께 채권자취소소송을 제기한 경우

[대법원 2013. 4. 26. 선고 2011다37001 판결]

(사안 요지) 1순위 근저당권자의 신청으로 A부동산에 관하여 임의경매절차가 진행되어 배당표가 작성된 결과, 2순위 근저당권자인 수익자 "병1"에게까지만 배당되고 그 후순위 근저당권자인 수익자 "병2" 및 가압류 채권자 "갑"이 배당에서 제외되자, "갑"은 "병1"의 배당액 전부에 대하여 배당이의의 소를 제기하였고 그 소송은 항소심에 계속 중이다.

한편, A부동산에 관한 경매 개시 후, 1순위 근저당권자의 신청으로 B부동산에 관하여 별도의 임의경매절차가 진행되어 배당표가 작성된 결과, 4순위 근저당권자인 수익자 "병1"에게까지만 배당되고 그 후순위 근저당권자인 수익자 "병2" 및 가압류 채권자 "갑"이 배당에서 제외되자, "갑"은 "병1"의 배당액 일부에 대하여 배당이의의 소를 제기하였고 그 소송 또한 항소심 계속 중이다.

위와 같은 상황에서 채권자 "갑"은 "A", "B" 각 부동산에 관하여 채무자 "을"과 수익자 "병1" 및 "병2" 사이에 체결된 각 근저당권설정계약이 모두 사해행위라고 주장하면서 수익자 "병1" 및 "병2" 모두를 상대로 하여 사해행위취소 및 원상회복을 함께 청구한 사안이다.

(판단 요지) 비록 수익자 "병2"가 후순위 근저당권자에 해당하여 위 각 임의 경매절차에서 배당을 받지 못한 채 그 명의의 근저당권설정등기가 말소되었다고 하더라도, 선순위 근저당권자로서 배당을 받은 수익자 "병1"의 근저당권설정계약이 사해행위로서 취소될 여지가 남아 있고, 이러한 경우 "병1"에게 배당된 금원 중 일부가 후순위 근저당권자인 "병2"에게 추가 배당될 가능성이 있으므로, 채무자 "을"과 수익자 "병2" 사이의 근저당권설정계약이 사해행위인 이상 채권자 "갑"은 수익자 "병2"가 사해행위를 통해 부당한 이득을 보유하는 것을 막기 위하여 그 근저당권설정계약의 취소를 구할 이익이 있다.

(판결에 대한 이해) 위 대법원판결은, 채권자가 선·후 순위 근저당권자(수익자) 모두에 대하여 각 그 설정계약이 사해행위에 해당한다고 하여 채권자취소소송을 제기하였는데, 그 각 근저당권의 목적 부동산에 대하여 순차적으로 경매가 진행된 결과 후순위 근저당권자가 배당을 받지 못한 채 그 명의의 근저당권설정등기가 말소된 경우라는 특수한 사정을 전제로 한 것이라고 볼 수 있다.

위 대법원판결은, 비록 후순위근저당권자에게 실제로 배당이 이루어지지 않았다고 하더라도 향후에 근저당권자로서 배당받을 가능성이 있다면, 채권자는 후순위 근저당권자인 수익자가 사해행위를 통해 부당한 이득을 보유하는 것을 막기 위하여 그 근저당권설정계약의 취소를 구할 이익이 있다고 함으로써 사해행위 취소에 관하여 그 취소의 이익을 보다 넓게 인정하는 하나의 기준을 제시한 것에 의의가 있다고 할 것이다.

이와 같이 향후에 배당받을 가능성이 있는 경우에 사해행위 취소의 이익을 인정하는 것은, 아래에서 보는 바와 같이 공동저당의 이시배당(異時配當)의 경우에 사해행위인 후순위 근저당권설정계약에 관하여 취소를 구할 이익을 인정할 수 있는 근거가 될 수 있다는 점에서도 의의가 있다고 생각한다.

(나) 공동저당의 이시배당(異時配當)에 있어 후순위근저당권자에 대하여 채권자취소소송을 제기한 경우

채권자가 선순위 공동저당권의 목적부동산의 일부에 관하여 후순위로 저당권을 설정한 자(수익자)에 대하여 그 설정계약이 사해행위에 해당한다고 하여 채권자취소소송을 제기하였는데, 그 취소소송의 목적 부동산에 대하여 경매가 진행된 결과 후순위 저당권자인 수익자가 배당을 받지 못한 채 그 명의의 저당권 설정등기가 말소된 경우에 관하여 본다.[205)]

공동저당권의 목적부동산 중 일부에 대해 경매절차가 진행되어 그 대가를 먼저 배당하는 경우에는 공동저당권자는 그 대가에서 채권 전부의 변제를 받을 수 있으나, 이 경우 그 경매된 부동산의 차순위저당권자는 선순위 저당권자가 동시배당의 경우(민법 제368조 제1항)에 의하여 다른 부동산의 경매대가에서 변제받을 수 있는 금액의 한도에서 선순위자를 대위하여 저당권을 행사할 수 있다(민법 제368조 제2항). 민법 제368조 제2항이 표현한 '차순위저당권자'라 함은 공동저당권자의 바로 다음 순위의 저당권자뿐만 아니라 기타의 후순위 담보권자로서 매각으로 그 권리가 소멸되는 자 전부를 포함하고, 또한 민법 제368조 제2항은 공동저당 목적부동산의 일부에 대하여 경매신청이 된 경우뿐만 아니라 목적부동산 전부에 대하여 동일 경매절차가 진행되었으나 그 중 일부의 부동산만이 먼저 매각되어 대금이 지급된 때에도 적용된다.

대위에 의해 선순위 공동저당권자의 저당권이 법률상 당연히 후순위 저당권자에게 이전하는 효과가 발생하고 이 때 저당권의 이전은 법률의 규정에 의한 이전이므로 등기 없이도 효력이 생긴다.[206)] 그리고 후순위 저당권자의 대위권은 일단 배당기일에 그 배당표에 따라 배당이 실시되어 배당기일이 종료되었을 때 발생하는 것이지 배당이의소송의 확정 등 그 배당표가 확정되는 것을 기다려 그때에 비로소 발생하는 것은 아니다.[207)]

따라서, 비록 공동저당권의 일부 목적부동산에 대한 경매절차에서 후순위 저당권자가 실제로 배당을 받지 못하고 그 저당권설정등기가 말소되었다고 하더라도, 향후에 다른 부동산에 대한 경매절차에서 선순위 공동저당권자를 대위하여 우선적으로 배당받을 가능성이 있다. 그러므로, 채권자는 채무자와 후순위

---

205) 공동저당권의 목적부동산 중 일부가 매각되어 대금이 납입되면 매각 부동산 위의 모든 저당권은 소멸하여 선순위 공동저당권설정등기뿐만 아니라 후순위 저당권설정등기도 촉탁에 의해 말소된다(민사집행법 제91조 제2항, 제144조 제1항 제2호).

206) 따라서, 이와 같은 경우에는 경락목적 부동산에 관한 공동저당권설정등기만 말소하고 다른 부동산에 관한 공동저당권설정등기는 말소하여서는 안된다. 대위등기는 저당권 이전의 등기로서 부기등기에 의하고 등기사항은 매각부동산, 매각대금, 선순위 저당권자가 변제받은 금액 등이다{사법연수원, 법원실무제요(2020년판) 민사집행[Ⅲ] 제323면}.

207) 대법원 2006. 5. 26. 선고 2003다18401 판결.

저당권자 사이의 저당권설정계약이 사해행위인 이상 후순위 저당권자인 수익자가 사해행위를 통해 부당한 이득을 보유하는 것을 막기 위하여 대위의 근거가 되는 그 후순위 저당권의 발생 원인인 저당권설정계약의 취소를 구할 이익이 있다고 보아야 할 것이다.

한편, 대법원판례는 공동저당의 목적인 채무자 소유의 부동산과 물상보증인 소유의 부동산 중 채무자 소유의 부동산에 대하여 먼저 경매가 이루어져 그 대금의 교부에 의하여 1번 공동저당권자가 변제를 받더라도, 채무자 소유의 부동산에 대한 후순위 저당권자는 민법 제368조 제2항 후단에 의하여 1번 공동저당권자를 대위하여 물상보증인 소유의 부동산에 대하여 저당권을 행사할 수 없다는 입장을 견지하고 있다.[208] 그리고 이러한 법리는 채무자 소유의 부동산에 후순위 저당권이 설정된 후에 물상보증인 소유의 부동산이 추가로 공동저당의 목적으로 된 경우에도 마찬가지로 적용된다.[209]

그러므로, 이시배당의 경우 후순위 저당권자가 대위권을 취득하기 위해서는 공동저당권의 목적부동산이 전부 채무자의 소유에 속할 것을 요한다고 할 것이다.

(5) 선행 근저당권설정계약과 후행 양도계약에 대해 모두 사해행위로서 취소를 구함에 있어 선행 근저당권설정계약이 해지되어 그 등기가 말소된 경우

[대법원 2013. 5. 9. 선고 2011다75232 판결]

(사안 요지) 채무자 "을"은 채무초과상태에서 2009. 2. 26. 자신의 장모인 수익자 "병1"과 사이에 "을" 소유의 부동산에 관하여 근저당권설정계약을 체결

208) 대법원 2014. 1. 23. 선고 2013다207996 판결, 2010. 4. 15. 선고 2008다41475 판결 등 (마찬가지 취지에서, '공동저당권이 설정되어 있는 수개의 부동산 중 일부는 채무자 소유이고 일부는 물상보증인 소유인 경우에 그 각 부동산의 경매대가를 동시에 배당하는 때에는, 물상보증인이 민법 제481조, 제482조의 규정에 의한 변제자대위에 의하여 채무자 소유 부동산에 대하여 담보권을 행사할 수 있는 지위에 있는 점 등을 고려할 때, 민법 제368조 제1항(각 부동산의 경매대가에 비례한 안분배당)은 적용되지 않고, 채무자 소유 부동산의 경매대가에서 공동저당권자에게 우선적으로 배당을 하고 부족분이 있는 경우에 한하여 물상보증인 소유의 부동산 경매대가에서 추가로 배당하여야 한다'고 판시하였다).

209) 대법원 2014. 1. 23. 선고 2013다207996 판결.

하고 그 등기를 마친 다음, 같은 해 3. 30. 자신의 처제인 수익자 "병2"와 사이에 동일 부동산에 관하여 매매계약을 체결하고 같은 날 "병2" 앞으로 소유권이전등기를 마침과 아울러 위 근저당권설정계약의 해지를 원인으로 근저당권설정등기를 말소하였다.

채권자 "갑"은 "을"과 "병2" 사이의 매매계약이 사해행위라고 주장하면서 그 취소 및 원상회복을 구하는 채권자취소소송을 A법원에 제기하였는데, A법원이 제1심으로서 심리한 결과 위 근저당설정등기의 피담보채권액 1억 원을 포함하여 목적부동산에 설정되어 있는 선순위 근저당권의 피담보채권 합계액이 3억 5,000만 원[210]으로서 부동산의 시가 3억 원을 초과하므로 위 매매계약을 사해행위로 볼 수 없다는 이유로 "갑"의 청구를 기각하였다.

이에 "갑"은 이미 "병1" 명의의 근저당권설정등기는 해지를 원인으로 말소된 상태에 있음에도 "을"과 "병1" 사이에 2009. 2. 26. 체결된 근저당권설정계약이 사해행위라고 주장하면서 그 취소를 구하는 소송을 B법원에 제기하였다.

(판단 요지) 채무자가 선순위 근저당권이 설정되어 있는 상태에서 그 부동산을 제3자에게 양도한 후 선순위 근저당권계약을 해지하고 근저당권설정등기를 말소한 경우에, 비록 근저당권설정계약이 이미 해지되었지만 그것이 사해행위에 해당하는지에 따라 후행 양도계약 당시 당해 부동산의 잔존가치가 피담보채무액을 초과하는지 여부가 달라지고 그 결과 후행 양도계약에 대한 사해행위 취소청구가 받아들여지는지 여부 및 반환범위가 달라지는 때에는 이미 해지된 근저당권설정계약이라고 할지라도 그에 대하여 사해행위 취소청구를 할 수 있는 권리보호의 이익이 있다.

한편, 채무자 소유 부동산에 담보권이 설정되고 그 피담보채무액이 당해 부동산의 가액을 이미 초과하고 있다면 부동산 가액에서 피담보채무액을 공제할 경우 잔존가치가 전혀 없어 그 상태에서 당해 부동산을 양도한 행위는 사해행위에 해당하지 않지만, 그 후행 양도행위 당시 존재하는 담보권을 설정한 원인행위가 사해행위로 인정될 경우에는 그 담보권의 피담보채무는 후행 양도행위가 사해행위에 해당하는지 여부를 판단함에 있어 부동산 가액에서 공제되는 피

210) 위 대법원판결의 사실관계에는 피담보채권의 합계액이 3억 5,000만 원이라고 적시되어 있지 않지만, 설명의 편의상 구체적 금액을 추가한 것이다.

담보채무에 포함되지 않는다.

위 사안의 경우에도, 위 해지된 근저당권 설정계약이 사해행위에 해당한다면 그 피담보채무액 1억 원은 "을" 소유의 부동산 가액 3억 원에서 공제되는 피담보채무액에 포함되지 않을 것이므로, 이를 제외하면 결국 "병2"에게 매매할 당시에 존재하는 저당권의 피담보채무액의 합계액은 2억 5,000만 원으로 되어 부동산의 잔존가치가 남아있게 됨으로써 후행 매매계약도 사해행위에 해당할 수 있다. 따라서, 이미 해지된 "을"과 "병1" 사이의 위 근저당권설정계약에 대하여도 사해행위 취소청구를 할 이익이 있는 것이다.

(판결에 대한 이해) 위 대법원판결은 저당권이 설정된 부동산이 그 저당채권자 아닌 제3자에게 양도된 경우에 관한 사례이지만, 채무자가 수익자와 사이에 저당권설정계약을 체결하고 그 등기를 마친 다음 이어서 동일 수익자인 저당권자와 사이에 사해행위로서 매매계약을 체결하고 소유권이전등기를 마친 경우에도 적용된다고 할 것이다. 그리고, 후자의 경우에는 동일한 수익자 명의의 저당권설정등기는 혼동에 의하여 말소되고, 이 경우에는 위 3.의 (1)에서 본 바와 같이 등기처리상의 필요에 따라 그 저당권설정계약에 대해 취소를 구할 이익도 인정된다.

또한, 위 대법원판결의 사안 내용은 채권자가 후행 양도계약과 선행 근저당권 설정계약에 대하여 서로 다른 법원에 채권자취소소송을 제기한 경우이지만, 동일한 법원에 동일한 절차로써 선행 근저당권 설정계약과 후행 양도계약에 대하여 한꺼번에 채권자취소소송을 제기한 경우에도 마찬가지의 법리가 적용된다고 할 것이다.

제 5 장
원상회복의 방법

제 1 절 원상회복 개관

제 1. 원상회복의 의의와 성격

1. 원상회복의 성격과 해석원리

민법은 계약 해제의 효과와 관련하여, 계약을 해제한 때에는 각 당사자는 그 상대방에 대하여 원상회복의 의무가 있고(다만, 제3자의 권리를 해하지 못한다) 반환할 금전에는 그 받은 날로부터 이자를 가산하며(민법 제548조), 계약의 해제는 손해배상의 청구에 영향을 미치지 않는다(민법 제551조)고 규정하고 있다. 계약을 해제하면 계약은 소급하여 실효하므로 이미 이행된 급부는 법률상 원인 없이 수령한 것이 되어 부당이득으로서 반환하여야 한다. 따라서 계약 해제에 의한 원상회복은 그 성질이 부당이득의 반환에 해당하는 것이지만, 그 반환 범위에 관해서는 민법 제748조가 아니라 제548조가 그 특칙으로 적용된다.[1)]

그런데, 채권자취소권에 관해서, 민법은 취소와 원상회복은 모든 채권자의 이익을 위하여 효력이 있다고 규정하고 있을 뿐 원상회복의 방법과 범위에 관하여는 규정을 두지 않으면서, 한편으로는 사해행위의 취소와 원상회복을 병렬적으로 소송상 청구하도록 규정하고 있다.

채권자취소권에서의 원상회복의 법적 성격에 관해서는 부당이득 반환, 손해배상, 법이 특별히 인정한 청구권이라는 등의 견해가 있다.[2)]

채무자와 수익자 사이의 법률행위가 사해행위로서 취소되더라도 그 취소에는 소급효가 없고 채무자와 사이에서는 유효하므로,[3)] 다른 특별한 사정이 추가

1) 대법원 2014. 3. 13. 선고 2013다34143 판결 참조.
2) 민법주해 제Ⅸ권 채권(2)(김능환 집필 부분), 제845면.

되지 않는 한 '법률상 원인 없이'라는 부당이득의 일반적 성립요건을 충족하기 어렵다. 또한 채무자는 계약자유의 원칙상 채무초과 상태에서도 재산을 처분할 수 있으므로 상대방이 그러한 사정을 알고 이를 취득하더라도 특별한 다른 사정이 추가되지 않는 한 이로써 바로 위법성이 개재된 불법행위가 성립한다고 보기도 어렵다.

대법원판례는, '원래 채권자와 아무런 채권·채무관계가 없었던 수익자가 채권자취소에 의하여 원상회복의무를 부담하는 것은 형평의 견지에서 법이 특별히 인정한 것으로서 …… 가액배상의무의 성립에 수익자 등의 고의나 과실을 요하는 것은 아니다'라고 판시함으로써 일종의 법정책임설을 취하고 있다고 이해된다(대법원 2009. 6. 11. 선고 2007다4004 판결).

우리 민법상의 채권자취소권은 채권의 공동담보인 채무자의 책임재산을 보전하기 위하여 채무자의 일반재산으로부터 일탈된 재산을 모든 채권자를 위하여 수익자 또는 전득자로부터 환원시키는 제도로서, 그 행사의 효력은 채권자와 수익자 또는 전득자와의 상대적 관계에서만 미치고, 사해행위 취소의 형성권과 원상회복청구권이라는 이질적인 권리가 결합된 복합적 구조를 가지는 것이다.

또한, 채권자취소권을 행사하는 경우 채무자가 사해행위를 하지 않았다면 있었을 원래의 책임재산을 회복하도록 하여야 하고 이를 초과하여 더 많은 책임재산을 회복하는 결과를 초래하는 것은 공평의 원칙상 허용되지 않는다고 할 것이다.

채권자취소권의 내용의 하나인 원상회복은 일반적인 부당이득이나 불법행위로 인한 손해배상과는 그 성질을 달리하는 일종의 법정책임으로서 이에 대하여 추상적으로는 위에서 살펴 본 바와 같이 그 제도적 목적과 취소의 상대적 효력 그리고 공평의 원칙이 그 해석원리로서 작용한다고 할 수 있다.

원상회복의 구체적인 방법과 범위 등에 관해서는 위에서 본 바와 같이 법률에 규정이 없고, 대법원판례에 의해 그 구체적 방법과 범위 등에 관한 법리가 독자적으로 구축되어 있다고 할 수 있는바, 이에 관해서 뒤의 제2절 이하에서 따로 상세하게 고찰한다.

---

3) 채권자취소권의 효력에 관해서는 뒤 제6장에서 상세하게 검토한다.

2. 사해행위 취소와의 관계

(1) 실질적 관계

채권자가 채권자취소권을 행사하는 실질적인 주된 목적은 사해행위 취소 그 자체보다는 일탈한 책임재산의 회복에 있다고 할 수 있으므로, 기능적 측면에서 본다면 채권자취소권의 내용 중에서 원상회복이 목적이고 사해행위 취소는 그 목적 실현을 위한 수단이라고 볼 수 있다. 대법원 2008. 3. 27. 선고 2007다85157 판결이, '채권자가 채무자의 부동산에 관한 사해행위를 이유로 수익자를 상대로 그 사해행위의 취소 및 원상회복을 구하는 소송을 제기한 후 소송계속 중에 복귀를 구하는 재산이 벌써 채무자에게 복귀한 경우에는, 특별한 사정이 없는 한 그 채권자취소소송의 목적은 이미 실현되어 더 이상 그 소에 의해 확보할 권리보호의 이익이 없어진다'고 판시한 것은 이러한 기능적 측면을 직시한 것이라고 할 수 있다.

한편, 채무자의 사해행위로 인하여 무자력 상태의 초래 · 심화 등과 같은 재산적 현상의 변동이 일어나는 것이므로, 사해행위와 재산변동은 원인 · 결과의 관계에 있다고 볼 수 있다. 이와 같은 인과관계에 의해 재산변동의 결과가 생긴 것이므로 이를 원상으로 복귀시키기 위해서는 그 원인이 된 사해행위를 취소할 필요가 있다. 따라서, 채권자는 원상회복의 전제가 되는 사해행위의 취소가 없는 이상 원상회복청구권은 인정되지 않으므로 사해행위의 취소를 구함이 없이 원상회복만을 구할 수는 없다(대법원 2008. 12. 11. 선고 2007다69162 판결).[4]

그러나, 채무자의 사해행위가 있었더라도 그 행위로 인하여 아직 실제의 재산변동이 일어나지 않은 경우에는 채권자는 그 사해행위의 취소만을 청구하는

4) 다만, 사해행위 취소소송이 반드시 시간적으로 선행되어야 하는 것은 아니라고 할 것이다. 예컨대, 사해행위에 의해 설정된 저당권의 목적부동산에 관하여 이미 경매절차가 진행되어 수익자인 저당권자에게도 배당이 이루어지는 배당표가 작성된 경우에는, 채권자로서는 사해행위인 채무자와 수익자 사이의 저당권설정계약에 대하여 취소소송을 제기하기 전이라도 일단 수익자에 대한 배당에 관하여 배당이의의 소를 제기한 다음에, 사해행위 취소의 소를 제기하는 것이 허용되어야 할 것이다. 왜냐하면, 배당이의사유가 사해행위 취소인 경우에는 배당이의소송절차에서 단순히 공격방법으로 주장할 수 없고 독립한 소제기의 형식에 의해 주장하여야 하기 때문이다(대법원 1993. 1. 26. 선고 92다11008 판결).

것으로 족하고, 나아가 원상회복을 청구할 여지는 없다고 할 것이다. 예컨대, 채무자의 채무면제가 사해행위에 해당하는 경우에는 그 채무면제를 취소하는 것만으로 목적을 달성할 수 있다.

(2) 소송절차에서의 관계

형성의 소는 그 판결이 확정됨으로써 비로소 권리변동의 효력이 발생하게 되므로 이에 의하여 형성되는 법률관계를 전제로 하는 이행소송 등을 병합하여 제기할 수 없는 것이 원칙이다.[5] 그러나, 민법 제406조 제1항은 채권자가 사해행위의 취소와 원상회복을 법원에 청구할 수 있다고 규정함으로써 사해행위 취소를 구하는 형성소송에 그 취소를 전제로 하는 원상회복청구를 병합하여 제기할 수 있도록 허용하고 있다(대법원 2004. 1. 27. 선고 2003다6200 판결).

대법원 2001. 9. 4. 선고 2001다14108 판결은, '채권자는 민법 제406조 제1항에 따라 사해행위 취소와 원상회복을 청구하는 경우에 사해행위의 취소만을 청구한 다음 원상회복을 나중에 청구할 수 있고, 사해행위 취소 청구가 민법 제406조 제2항의 제소기간 내에 제기되었다면, 원상회복 청구는 그 기간이 지난 뒤에도 할 수 있다'고 판시하였다. 다만, 위와 같은 법리는 사해행위 취소 청구의 상대방과 원상회복 청구의 상대방이 동일인인 경우에 한정하여 적용된다. 채권자가 먼저 수익자를 상대로 채권자취소소송을 제기하여 승소판결을 받은 다음, 별도로 전득자에 대하여 채권자취소권을 행사하여 원상회복을 구하는 경우에는 민법 제406조 제2항이 정한 제소기간 내에 별도로 전득자에 대한 관계에서 채무자와 수익자 사이의 사해행위 취소의 소를 제기하는 방법으로 청구하여야 한다(대법원 2005. 6. 9. 선고 2004다17535 판결).

비록 채권자가 이미 수익자를 상대로 사해행위의 취소를 구하는 소를 제기하여 채무자와 수익자 사이의 법률행위를 취소하는 내용의 판결을 선고받아 확정되었더라도 그 판결의 효력은 그 소송의 피고가 아닌 전득자에게는 미치지 않기 때문이다.

---

5) 예컨대, 제권판결 불복의 소와 같은 형성의 소에 그 판결의 확정에 의하여 형성되는 법률관계를 전제로 하는 이행소송인 수표금 청구소송을 병합할 수 없고, 그 확정을 조건으로 하는 장래이행의 소로서 수표금 청구를 병합할 수도 없다(대법원 2013. 9. 13. 선고 2012다36661 판결).

3. 물권변동에서의 취소 및 원상회복의 대상

우리 민법은 법률행위에 의한 부동산 물권변동에 있어서 등기를 그 효력요건으로 하는 성립요건주의(형식주의)를 채택하고 있는데(민법 제186조), 이 때 등기는 법률행위 이외에 법률에 의하여 요구되는 부동산 물권변동의 또 하나의 요건이 되는 것이다. 마찬가지로, 법률행위에 의한 동산 물권의 변동은 인도(引渡)에 의하여 그 효력이 생긴다(민법 제188조 제1항).

한편, 대법원판례는 물권행위의 독자성과 무인성을 인정하지 않고, 그 법률행위는 등기를 하는 것 자체에 관한 합의가 아니라 실체법상의 원인이 되는 행위를 가리킨다고 한다.[6] 또한, 대법원판례는, 어느 부동산에 관한 매매계약 기타 법률행위가 사해행위에 해당하는 경우에는 원칙적으로 그 사해행위를 취소하고 소유권이전등기의 말소 등 부동산 자체의 회복을 명하여야 한다는 입장을 확립하고 있다.[7]

따라서, 채무자의 부동산에 관한 처분행위에 대하여 채권자취소권이 문제되는 경우, 사해행위로서 취소의 대상이 되는 채무자의 법률행위는 물권변동의 원인이 된 매매계약, 근저당권설정계약 등 채권행위이고, 수익자 명의로 마쳐진 등기 부분은 원상회복의 대상으로 파악하여야 할 것이다. 마찬가지로, 동산의 경우에는 취소의 대상이 되는 행위는 매매계약, 증여계약 등의 채권행위이고, 수익자의 그 동산에 대한 점유가 원상회복의 대상이 된다.

4. 사해행위 취소에 의한 원상회복의무의 성립범위 및 그 증명책임

위 3.항에서 검토한 바와 같이, 물권변동의 경우에 채권행위가 사해행위 취소의 대상이고, 부동산등기 및 동산점유 등 공시방법은 원상회복의 대상이 되는데, 채권행위와 공시방법 사이에 시간적 간격이 있는 것이 보통이다.

대법원 2017. 9. 21. 선고 2015다53841 판결은, '사해행위가 재산권 이전의

---

6) 대법원 1999. 2. 26. 선고 98다50999 판결, 이 점에 관해서는 앞의 제2장 제3절 제 1.의 4.에서 상세하게 검토하였다.

7) 대법원 1996. 10. 29. 선고 96다23207 판결, 2010. 2. 25. 선고 2007다28819 판결 등.

채권 · 채무만을 발생시키고 재산의 현실적인 이전은 채무자가 그 채무를 이행함으로써 비로소 행하여지는 경우에, 사해행위 취소로 인한 원상회복의무는 채무자가 현실적으로 재산권 이전의 채무를 이행하여 수익자 또는 전득자에게 이전된 책임재산에 대해서만 인정된다. 따라서 이 경우에 원상회복청구를 하기 위해서는, 채무자가 현실적으로 재산권 이전의 채무를 이행하여 책임재산이 수익자 또는 전득자에게 이전되었다는 사실을 원상회복을 주장하는 채권자가 증명하여야 한다. 그리고 이는 원상회복의무의 이행으로서 사해행위 목적물 가액 상당의 배상을 청구하는 경우에도 마찬가지이다'라고 판시하였다.

위 대법원판결의 사안 요지는, 채무자 "을"이 수익자 "병"에 대한 기존 채무의 변제에 갈음하여 "을" 소유의 시가 약 30억 원 상당의 유동자산(난방기구 완제품 약 6,500대)을 대물변제하기로 예약한 것이 사해행위에 해당하고, "병"이 위 예약 체결 후 약 2개월이 지난 뒤에 "을"로부터 공장의 점유를 이전받아 당시 보관 중이던 유동자산의 현황을 조사하였으며, 현재(사실심 변론종결 당시) 재고로 보관 중인 유동자산의 수량이 대폭 감소되어 그 가액이 약 3억 원에 불과한 경우이다.[8)]

위와 같은 사안에 관하여, 위 대법원판결의 원심은 채권자 "갑"의 사해행위 취소에 따라 이 사건 유동자산 전부에 관하여 원상회복의무 및 가액배상의무가 인정된다고 판단하였는데, 위 대법원판결은 앞서 본 법리에 의하여 채무자 "을"이 위 대물변제 예약에 따라 수익자 "병"에게 언제 어느 정도의 유동자산을 인도하였는지 구체적으로 심리하여 원상회복의 범위에 대하여 판단하였어야 한다는 이유로 원심판결을 파기한 것이다.

---

8) 그리고, 위 대물변제 예약의 특약 사항으로서, 수익자 "병"이 계약을 체결함으로써 바로 이 사건 유동자산의 소유권을 취득하지 않고 잔금일에 "병"에게 직접적인 점유를 이전하는 방법으로 인도하고 그 점유 이전에 의하여 소유권을 취득하는 것으로 되어 있으며, 물건의 인도 전에 그 일부 또는 전부가 멸실 또는 훼손된 경우에는 그 손실은 양도인(채무자 "을")이 부담하는 것으로 되어 있다.

제 2. 원상회복의 방법 개관

1. 원상회복방법에 관한 원물반환의 원칙과 가액반환(배상)[9]

채권자취소권은 채무자의 사해행위를 채권자와 수익자 또는 전득자 사이에서 상대적으로 취소하고 채무자의 책임재산에서 일탈한 재산을 회복하여 채권자의 강제집행이 가능하도록 하는 것을 본질로 하는 권리이므로,[10] 채권자취소권의 내용인 원상회복은 채권자가 강제집행을 행사할 수 있는 상태로 책임재산을 회복한다는 의미라고 이해할 수 있다.

따라서, 사해행위 취소에 따른 원상회복은 원칙적으로 그 목적물 자체의 반환에 의하고, 그것이 현저하게 곤란한 경우 등에 예외적으로 가액의 반환에 의한다(대법원 2010. 4. 29. 선고 2009다104564 판결).

목적물 자체의 반환 즉 원물반환이라 함은 현실적으로는 목적물에 관한 법률관계에 있어서 사해행위 이전의 상태로서 채권자가 강제집행을 행사할 수 있도록 회복한다는 의미이므로, 원물반환의 구체적 방법은 목적물의 종류에 따른 강제집행절차를 고려할 수밖에 없다고 할 것이다.

예컨대, 목적물이 부동산인 경우, 부동산에 대한 강제집행은 그 부동산이 채무자의 소유명의로 등기되어 있을 것(또는 그 등기가 즉시 이루어질 수 있을 것)을 전제로 하므로(민사집행법 제81조 제1항 제1, 2호), 부동산을 회복함에 있어서는 그 등기명의를 채무자에게로 환원하는 방법에 의하고, 일반의 유체동산에 대한 강제집행은 원칙적으로 채무자가 그 동산을 점유하고 있을 것을 전제로 하므로(민사집행법 제189조 제1항), 동산을 회복함에 있어서는 그 동산을 채무자에게 인도하는 방법에 의하는 것이다.

원물반환이 불가능하거나 현저히 곤란한 경우에는 원상회복의 이행으로써

9) 대법원판례는 '가액배상'이라는 용어를 주로 사용하고 있다. 그러나, 앞서 본 바와 같이 원상회복의무의 법률적 성질은 형평의 원칙에 따른 법률상의 특별책임이고, 가액배상도 원물반환과 마찬가지로 원상회복방법 중의 하나이므로, '가액반환'이라는 용어를 사용하는 것이 적절하다고 할 것이다. 따라서, 이 장에서는 '가액반환'이라는 용어를 사용하기로 한다.

10) 대법원 2017. 10. 26. 선고 2015다224469 판결.

사해행위 목적물의 가액 상당을 반환하는 방법에 의하고, 원물반환이 불가능하거나 현저히 곤란한 경우라고 함은 원물반환이 단순히 절대적·물리적으로 불가능한 경우가 아니라 사회생활상의 경험법칙 또는 거래상의 관념에 비추어 그 이행의 실현을 기대할 수 없는 경우를 말하는 것이다(대법원 2009. 3. 26. 선고 2007다63102 판결).

그리고, 공평의 원칙상, 저당권 등 우선변제권이 설정되어 있는 부동산이 사해행위로 이전된 후 변제 등에 의하여 종전의 저당권설정등기가 말소되는 등 우선변제권이 소멸한 경우에는, 그 부동산의 가액에서 우선변제채무액을 공제한 잔액의 한도 내에서 사해행위를 취소하고 그 가액의 반환을 구할 수 있을 뿐이다.[11]

2. 배당표 경정에 의한 원상회복

대법원 2011. 2. 10. 선고 2010다90708 판결은, '근저당권설정계약을 사해행위로서 취소함에 있어 이미 경매절차가 진행되어 타인이 소유권을 취득하고 근저당권설정등기가 말소된 경우, …… 채권자가 배당기일에 출석하여 수익자의 배당부분에 대하여 이의를 하였다면 그 채권자는 사해행위 취소의 소와 아울러 원상회복으로서 배당이의의 소를 제기할 수 있고, 이 때 법원으로서는 배당이의의 소를 제기한 당해 채권자 이외의 다른 채권자의 존재를 고려할 필요 없이 그 채권자의 채권이 만족 받지 못한 한도에서 근저당권 설정계약을 취소하고 그 한도에서 수익자의 배당액을 삭제하여 당해 채권자의 배당액으로 경정하여야 할 것'이라고 판시하였다.

위 대법원판결은 '사해행위 취소의 소와 아울러 원상회복으로서 배당이의의 소를 제기'라고 설시하였는데, 배당이의의 소는 집행법원의 전속관할이기 때문에(민사집행법 제156조 제1항, 제21조) 사해행위 취소소송이 계속되어 있는 법원에 병합할 수 없는 경우도 있고, 이때에는 사해행위 취소소송이 계속되어 있는 법원이 아닌 다른 관할법원에 배당이의의 소를 제기할 수 있다.

---

11) 대법원 2001. 9. 4. 선고 2000다66416 판결(근저당권이 말소된 경우), 대법원 2013. 4. 11. 선고 2012다107198 판결(확정일자 있는 임차권이 소멸한 경우).

다른 관할법원에 제기된 배당이의 소송에서 이의 사유가 사해행위 취소인 경우에는 사해행위 취소소송이 종결될 때까지 배당이의소송절차는 실제로 진행되지 않고 기일이 추후 지정되는 것이 소송실무상의 관행이라고 할 수 있다.

배당이의 소에 의해 배당표를 경정하는 것은 사해행위 취소에 의한 원상회복이고,[12] 그 원상회복 방법 중에서도 가액반환의 일종이라고 할 수 있지만, 다른 가액반환과는 달리 절차상 각별하게 주의하여야 할 사항이 있다.

즉, 배당이의의 소는 채권자가 배당기일에 출석하여 이의를 선행하여야 하고, 그로부터 1주일 이내에 소를 제기하고 이를 증명하는 서류를 제출하여야 하며(민사집행법 제154조), 첫 변론기일에 출석하지 아니한 때에는 소를 취하한 것으로 보는(민사집행법 제158조) 등 절차상 엄격한 제한이 있는 점에 특히 유의하여야 한다.

3. 원상회복청구의 상대방과 이행의 상대방

(1) 원상회복 청구의 상대방

채권자취소소송에서 채무자는 피고적격을 가지지 못하고 수익자나 전득자가 피고적격을 가지며, 한편으로는 취소의 대상이 되는 사해행위는 채무자와 수익자 사이에서 행하여진 법률행위에 국한되며 수익자와 전득자 사이의 법률행위는 취소의 대상이 되지 않는다(대법원 2004. 8. 30. 선고 2004다21923 판결). 나아가, 채권자가 먼저 수익자를 상대로 채권자취소소송을 제기하여 승소판결을 받은 다음, 별도로 전득자에 대하여 채권자취소권을 행사하여 원상회복을 구하는 경우에는 민법 제406조 제2항이 정한 제소기간 내에 별도로 전득자에 대한 관계에서 채무자와 수익자 사이의 사해행위를 취소하는 소를 함께 제기하는 방법으로 청구하여야 한다(대법원 2005. 6. 9. 선고 2004다17535 판결).

따라서, 채권자로서는 채무자와 수익자 사이의 사해행위에 관해서 취소를 구하는 것을 전제로, 원상회복(원물반환 또는 가액반환)에 관해서는 악의가 추정되는 수익자와 전득자를 공동피고로 하여 청구하거나, 수익자 또는 전득자 중에서

---

12) 배당표 경정에 의한 원상회복을 비롯한 경매절차에서의 원상회복에 관해서는 뒤 제4절에서 따로 종합적으로 검토한다.

더 강한 악의의 추정을 받는다고 여겨지는 자 즉 선의 항변을 용이하게 배척할 수 있다고 여겨지는 자를 가려내어 피고로 선택할 수 있다.[13)]

(2) 원상회복 이행의 상대방

사해행위 취소에 의한 원상회복은 채권자가 강제집행을 행사할 수 있는 상태로 채무자의 책임재산을 회복한다는 의미이므로, 수익자(또는 전득자)가 사해행위의 목적물에 관해서 원상회복을 이행하여야 할 상대방은 원칙적으로 채무자이다. 따라서, 부동산에 관하여 원상회복의 방법으로 원물반환을 구하는 경우에, 전득자에 대해서는 수익자에게 전득자 명의로 마쳐진 소유권이전등기 또는 저당권설정등기의 말소등기의 이행을 구하고, 수익자에 대해서는 채무자에게 수익자 명의로 마쳐진 소유권이전등기의 말소등기의 이행을 구하는 방법으로 원상회복의 청구를 한다.[14)]

그러나, 목적물이 동산 또는 금전인 경우에 채무자가 이를 수령하지 않는 경우에는 처치 곤란의 문제가 생기므로, 채권자는 수익자나 전득자에 대하여 직접 자기에게 동산을 인도하거나 금전을 지급할 것을 청구할 수 있다(대법원 2003. 11. 28. 선고 2003다50061 판결). 마찬가지로 원상회복을 가액반환으로 하는 경우에 채권자는 직접 자기에게 이행할 것을 청구할 수 있다(대법원 2008. 4. 24. 선고 2007다84352 판결).

이상은 목적물의 차이에 따른 원상회복 이행의 상대방에 관해서만 개략적으로 설명한 것이다. 채권자취소소송의 상대방(피고) 및 그 선택 등에 관해서는 앞의 제4장 제2절 제 2.에서 상세하게 검토하였다.

---

13) 대법원 2014. 12. 11. 선고 2011다49783 판결, 2010. 4. 29. 선고 2009다104564 판결 참조.
14) 대법원 2004. 3. 25. 선고 2002다69358 판결 참조.

제 2 절 원물반환에 의한 원상회복

제 1. 부동산 소유권 등기에 관한 회복

1. 등기 말소 청구에 의한 회복

(1) 일반적인 경우

채권자취소권은 채무자의 책임재산에서 일탈한 부동산을 복귀시켜 채권자의 강제집행이 가능하도록 하는 것을 본질로 하는 권리이므로, 부동산에 관한 채무자와 수익자 사이의 매매계약 또는 증여계약 등이 사해행위로서 취소되면 비록 채권자와 수익자 사이의 상대적인 관계에서 등기원인이 실효된다고 하더라도, 원상회복방법으로서는 원칙적으로 수익자에 대하여 채무자에게 수익자 명의로 마쳐진 소유권이전등기의 말소등기절차의 이행을 명하는 판결을 구하는 것이다.

악의의 전득자가 있는 경우의 원상회복방법으로서는 전득자에 대해서는 수익자에게 전득자 명의로 마쳐진 소유권이전등기 또는 근저당권설정등기[15]의 말소등기절차의 이행을 구하고, 수익자에 대해서는 채무자에게 수익자 명의로 마쳐진 소유권이전등기의 말소등기절차의 이행을 구하는 것이다.

말소등기절차의 이행을 구하는 청구취지로서는 우선 목적부동산을 등기부의 표시에 따라 정확하게 기재하여야 한다. 왜냐하면 청구취지에 따른 승소확정판결에 의하여 등기를 신청함에 있어서 부동산의 표시가 등기기록과 일치하지 않는 경우에는 각하사유가 되기 때문이다.[16] 집합건물 중 구분소유권의 객체인

15) 전득자가 동일 부동산에 관하여 수익자와 사이에 근저당권설정계약을 체결하고 근저당권설정등기를 마친 경우이다. 이 경우에도 취소의 대상이 되는 사해행위는 수익자와 전득자 사이에 체결된 근저당권설정계약이 아니라 채무자와 수익자 사이 체결된 매매계약 또는 증여계약 등이다(대법원 2004. 8. 30. 선고 2004다21923 판결).

16) 부동산등기법 제29조 제6호.

전유부분을 표시함에 있어서는 1동의 건물의 표시, 대지권의 목적인 토지의 표시와 전유부분의 건물의 표시, 대지권의 표시 등을 등기부의 기록에 따라 모두 기재하여야 하지만, 1동의 건물을 표시함에 있어서는 소재지번 및 건물명칭과 건물내역으로서 그 전체적인 구조 및 용도만을 기재하고 세부적인 각 층의 면적의 기재는 생략하는 것이 오히려 적절하다. 1동의 건물의 세부적인 각 층의 면적 등은 전유부분을 특정함에 불필요할 뿐만 아니라 표시가 번잡해져서 오히려 가독성을 해치기 때문이다.

등기부상 표시와 실제의 현상이 다른 경우에도 부동산의 인도청구와는 달리 말소등기청구인 경우에는 등기부상 표시만으로 목적물의 특정이 충분하고 또 확정판결에 의한 등기신청에 아무런 지장을 주지 않기 때문에 등기부상 표시만으로 족하다.

말소등기절차의 이행을 구하는 청구취지로서 말소의 대상이 되는 등기를 특정함에 있어서는 원칙적으로 관할등기소, 접수연월일, 접수번호, 등기종류를 표시하여 특정하면 족하고 그 밖에 등기원인 및 내용까지 표시할 필요는 없다.[17]

채권자취소의 소에 대한 판결에서 원상회복을 명하는 부분은 이행판결에 해당하고, 원상회복으로서 등기절차의 이행을 명하는 판결은 의사의 진술을 명하는 판결로서 확정되어야만 의사의 진술이 있는 것으로 간주된다(민사집행법 제263조). 등기절차의 이행을 명하는 판결이 확정되면, 승소한 등기권리자는 그 확정판결에 의해 단독으로 등기신청을 할 수 있는데(부동산등기법 제23조 제4항), 수익자 "병"을 상대로 사해행위취소에 의한 말소등기절차이행 청구소송에서 승소의 확정판결을 받은 채권자 "갑"은 등기권리자의 지위에 있는 채무자 "을"을 대위하여 단독으로 등기를 신청할 수 있다.[18]

(2) 말소 등기에 대하여 승낙의 의사표시를 청구하는 경우

채권자는 채권자취소소송에 있어서 수익자 및 전득자가 존재하고 그들이 모두 악의인 경우에도 원상회복 청구에 관하여 반드시 그들 모두를 피고로 할 필

17) 법원행정처, 법원실무제요 민사소송 [Ⅱ](2017년판) 제610면.

18) 판결 등 집행권원에 의한 등기의 신청에 관한 업무처리지침(등기예규 제1692호), 이 경우 등기신청서의 등기권리자란에는 '채무자 "을" 대위신청인 채권자 "갑"'으로 기재하고, 등기의무자란에는 '수익자 "병"'을 기재한다.

요는 없고, 그 중 수익자만을 피고로 하여 그에 대하여 원물반환에 갈음하여 가액의 반환을 청구할 수 있으며 또는 스스로의 위험 부담 하에 수익자만을 피고로 하여 수익자 명의로 마쳐진 등기의 말소를 청구할 수도 있다.

다만, 채권자가 수익자만을 상대로 수익자 명의로 마쳐진 등기의 말소를 구하는 채권자취소소송을 제기하여 그 판결이 확정되었다고 하더라도, 그 취소소송을 제기할 때 악의의 전득자를 상대로 그 명의로 마쳐진 등기의 말소를 구하지 않았다면, 등기상 이해관계 있는 제3자인 전득자의 승낙서를 첨부하지 못하거나 이에 대항할 수 있는 재판의 등본을 첨부하지 못함으로써 실제로는 수익자 명의로 마쳐진 등기의 말소를 신청할 수 없다.[19] 그러나, 채권자 스스로 그와 같은 위험을 감수하면서 수익자 명의의 등기의 말소를 구하는 원상회복방법을 택한 이상 이를 허용하지 않을 이유는 없다.[20]

위와 같이 채권자가 수익자만을 상대로 수익자 명의로 마쳐진 등기의 말소를 구하는 채권자취소소송을 제기하여 그 판결이 확정된 경우, 채권자는 별도의 소로써 전득자를 상대로 수익자 명의로 마쳐진 등기의 말소에 대하여 승낙의 의사표시를 구하는 소송을 제기하여 승소함으로써 수익자 명의로 마쳐진 등기의 말소를 신청할 수도 있다.

그런데, 전득자에 대하여 위 승낙의 의사표시를 구하는 소송은 그 권원이 채무자와 수익자 사이의 사해행위를 전제로 하는 것이어서 채권자취소권의 행사의 일종이므로 민법 제406조 제2항 제소기간의 제한을 받는다고 할 것이다.[21]

등기상 이해관계 있는 전득자의 승낙에 갈음하는 판결에 의해 수익자 명의의 등기를 말소하는 경우에 전득자 명의로 마쳐진 등기는 등기관이 직권으로 말소한다(부동산등기법 제57조 제2항).

---

19) 부동산등기법 제57조 제1항은 '등기의 말소를 신청하는 경우에 그 말소에 대하여 등기상 이해관계 있는 제3자가 있을 때에는 제3자의 승낙이 있어야 한다'고 규정하고 있다. (구)부동산등기법(2011. 4. 12. 전부개정 전) 제171조는, 같은 경우에 제3자의 승낙서나 이에 대항할 수 있는 재판의 등본을 첨부하여야 한다고 규정하였다. 등기상 이해관계 있는 제3자의 승낙이 있어 등기를 말소하는 경우에 그 제3자의 등기는 등기관이 직권으로 말소한다(부동산등기법 제57조 제2항). 전득자가 있는 경우에 수익자 명의의 등기를 말소함에 있어 전득자가 이해관계 있는 제3자에 해당함은 물론이다.

20) 대법원 2001. 2. 9. 선고 2000다57139 판결 참조.

21) 서울고법 2001. 5. 18. 선고 2000나35278 판결 참조.

2. 이전 등기 청구에 의한 회복

채권자취소소송에 있어서 취소 목적 부동산의 등기명의를 수익자로부터 채무자 앞으로 복귀시키고자 하는 경우에 수익자 명의의 등기의 말소를 구하는 대신에 이른바 진정한 등기명의를 회복하기 위한 방법으로서 현재의 등기명의인인 수익자를 상대로 채무자 앞으로 직접 소유권이전등기절차의 이행을 구하는 것이 허용된다(대법원 2000. 2. 25. 선고 99다53704 판결). 이와 같은 법리는 수익자 외에 전득자에 대하여 원상회복을 구하는 방법에도 적용될 수 있다.

위와 같은 원상회복방법은 부동산이 채무자와 수익자 사이의 사해행위인 증여 또는 매매계약에 의하여 수익자에게 이전된 후 선의의 전득자 명의로 근저당권이 설정된 경우에 전득자 명의의 근저당권 설정등기의 부담을 그대로 안은 상태에서 채무자 앞으로 직접 소유권이전등기를 마침으로써 채무자의 책임재산을 회복할 수 있다는 점에서 특히 유용하다.

이전등기절차의 이행을 구하는 청구취지로서는 위 1.항에서 살펴 본 바와 같이 우선 목적부동산을 등기부의 표시에 따라 정확하게 기재하여야 한다.

그리고, 이전등기절차의 이행을 구하는 청구취지에는 등기의 종류 및 내용뿐만 아니라 등기원인 및 그 연월일을 명시하여야 하고,[22] 사해행위취소판결의 경우 등기원인은 "사해행위취소"로, 그 연월일은 "판결확정일"을 기재한다.[23]

따라서, 부동산에 관해서 사해행위 취소에 의한 원상회복방법으로 소유권이전등기절차의 이행을 구하는 경우, 청구취지로서는 「이 사건 판결 확정일자 사해행위 취소에 의한 원상회복을 원인으로 한 소유권이전등기절차를 이행하라」는 형태를 취하는 것이 적절하다.[24]

---

22) 법원행정처, 법원실무제요 민사소송 [Ⅱ] 제610면, 등기원인이 달라지면 소송물이 달라지므로 법원은 당사자가 청구한 등기원인에 구속되고 등기원인을 달리 표시할 수 없다.

23) 등기예규 제1692호(판결 등 집행권원에 의한 등기의 신청에 관한 업무처리지침).

24) 대법원 2000. 2. 25. 선고 99다53704 판결의 원심인 서울고법 1999. 8. 25. 선고 98나23593 판결 주문 참조.

3. 부동산 사용이익 반환에 관한 문제

대법원 2008. 12. 11. 선고 2007다69162 판결은, 사해행위 취소로 인한 원상회복으로 부동산을 반환하는 경우에 그 사용이익이나 임료 상당액은 반환 대상에 포함되지 않는다고 판시하였다. 위 대법원판결이 위와 같이 판시한 이유는 당초 채권자의 공동담보를 이루는 채무자의 책임재산은 당해 부동산이었을 뿐 수익자 또는 전득자가 그 부동산을 사용함으로써 얻은 사용이익이나 임차인으로부터 받은 임료상당액까지 원래의 채무자의 책임재산이었다고 볼 수 없다는 것이다.[25]

4. 상속재산 분할 등기의 원상회복에 관한 문제

(1) 말소등기 및 대위에 의한 상속등기

상속재산 협의분할의 대상이 부동산인 경우에 채권자는 사해행위인 협의분할약정의 취소에 의한 원상회복의 방법으로써 수익자에 대하여 채무자의 상속지분에 상당한 부동산의 소유지분에 관하여 말소등기절차의 이행을 구하는 것이 통상적 형태라고 할 수 있다.[26] 채권자는 그 확정판결에 의해 수익자 명의로 마쳐진 채무자의 상속지분에 상당한 부동산 지분의 말소등기를 신청함과 아울러 채무자를 대위하여 상속 부동산에 관하여 채무자의 상속지분에 상당한 상속등기를 신청함으로써 채무자의 일탈된 재산을 회복할 수 있다.

---

25) 위 대법원판결에 관해서는 반대의견이 있다. 반대의견의 요지는, 채권자취소권에서의 원상회복은 사해행위인 법률행위가 없었던 상태로 복귀하는 것이 아니라 채권자가 공취력을 행사할 수 있는 상태로 책임재산을 회복한다는 의미로 해석하여야 하므로, 수익자는 사해행위가 없었더라면 채무자가 부동산을 계속 보유하면서 그 부동산으로부터 얻었을 사용이익을 반환하여야 한다는 것이다. 반대의견의 또 다른 요지는, 금전을 지급받은 수익자나 전득자에 대해서는 수령일로부터 지연손해금을 반환하여야 한다는 대법원판결(대법원 2006. 10. 26. 선고 2005다76753 판결)과 실질적으로 같은 쟁점에 관한 것임에도 불구하고 그 반환목적물에 따라 서로 결론을 달리하는 것은 부당하므로 부동산 사용이익의 반환도 인정되어야 한다는 것이다{이순동, 채권자취소권(제3판) 제509, 510면}.

26) 서울중앙지법 2012. 2. 10. 선고 2011나21074 판결 참조(대법원 2014. 7. 10. 선고 2012다26633 판결의 원심판결이다).

(2) 경정등기 또는 지분 이전등기

그런데, 위와 같이 채권자가 채무자의 상속지분에 상당한 수익자 명의의 부동산 지분에 관하여 말소등기를 신청하고 대위에 의하여 채무자 명의의 상속등기를 신청하는 단계적인 원상회복 방법 외에도, 아래와 같이 일거에 채무자의 부동산 소유지분을 회복하는 방법이 있다.

첫째, 말소등기를 명하는 확정판결에 의한 등기실행 시에 말소등기가 아닌 경정등기를 신청하는 방법이 허용된다. 상속재산 협의분할을 원인으로 수익자 "병" 단독 명의로 소유권이전등기가 마쳐진 부동산에 대하여, 채무자 "을"의 채권자 "갑"이 제기한 채권자 취소소송에서, 「1. "을"과 "병" 사이에 부동산 2/9 지분에 관하여 체결된 상속재산 분할협의계약을 취소한다. 2. "병"은 "을"에게 부동산 2/9 지분에 관하여 ○○등기소 2015년 ○월 ○일 접수 제○○호로 마친 소유권이전등기의 말소등기절차를 이행한다.」라는 화해권고결정이 확정된 경우에, 채권자 "갑"은 "병" 명의의 소유권이전등기에 관해서 「"병" 7/9, "을" 2/9」로 경정하는 등기를 신청할 수 있으며, 이 때에는 확정된 화해권고결정 외에 별도로 상속인들의 동의서는 첨부할 필요가 없다(다만, 위 경정등기에 대하여 등기상 이해관계 있는 제3자가 있는 경우에는 신청서에 그 자의 승낙서 또는 이에 대항할 수 있는 재판의 등본을 첨부하여야 한다).[27]

둘째, 채권자취소소송의 원상회복부분에 관한 청구취지로서 말소등기절차의 이행을 구하는 대신 수익자에 대하여 채무자의 상속지분에 상당한 부동산 지분에 관하여 진정명의 회복을 위하여 채무자에게 소유권이전등기절차를 이행할 것을 구하는 형태이다.[28] 그 구체적 사례를 보면, 「별지 목록 기재 부동산 중 3/5 지분에 관하여, 수익자 "병"은 채무자 "을"에게 상속재산 협의분할 취소를 원인으로 한 소유권이전등기절차를 이행하라」는 형태를 취한 경우, 「별지 목록 기재 부동산 중 1/7 지분에 관하여, 수익자 "병"은 채무자 "을"에게 이 판결 확정일자 사해행위취소로 인한 원상회복을 원인으로 한 소유권이전등기절차를 이행하라」는 형태를 취한 경우 등이 있다.[29]

---

27) 등기선례 제201312-1호.

28) 대법원 2001. 2. 9. 선고 2000다51797 판결 참조.

일반적으로 원상회복의 방법으로서 소유권이전등기절차의 이행을 구하는 경우에는 위 2.항에서 본 바와 같이 청구취지에 등기원인 및 일자를 기재하여야 하고, 등기실무상 사해행위취소판결에 의해 등기를 실행함에 있어서는 등기원인은 "사해행위 취소"로, 그 연월일은 "판결 확정일"로 기재하는 점에 비추어 위 기재례 중 후자의 형태가 더 적절하다고 할 것이다.

한편, 채권자는 상속재산 분할협의에 관하여 소장의 청구취지에서 사해행위를 특정함에 있어 등기부에 기재된 원인일자(상속개시일자)가 아니라 공동상속인들 사이에서 실제로 분할약정이 체결된 일자를 특정하여 표시하고, 취소의 대상인 행위에 관해서도 등기부에 기재된 '협의분할에 의한 상속'이 아니라 '상속재산 분할협의 약정(또는 계약)'이라고 표현하는 것이 바람직하다.

왜냐하면, 등기실무상, 상속재산 분할협의에 따른 등기는 상속등기로 취급되어 등기부에 등기원인으로서 "협의분할에 의한 상속"이라고 기재하고, 등기원인 일자로서는 분할협의에 소급효가 있음(민법 제1015조)을 이유로 "상속개시일자 즉 피상속인의 사망일자"를 기재하므로,[30] 상속재산 분할협의의 경우에는 등기부에 기재된 등기원인 및 일자는 사해행위에 해당하는 법률행위를 특정하여 표시하는 방법으로서는 부적절하기 때문이다.[31]

(3) 취소채권자가 채권의 만족을 위하여 채무자의 공유물분할청구권을 대위행사할 수 있는가.

위 (1), (2)항에서 살펴 본 바와 같이, 취소채권자가 일부말소등기, 경정등기 또는 지분이전등기의 실행에 의해 채무자의 상속지분에 상당한 부동산 공유지분을 회복한 경우에, 취소채권자는 회복된 채무자의 공유지분에 대하여 강제집행을 실행함으로써 자신의 채권에 관하여 만족을 받을 수 있다.

그러면, 취소채권자가 채무자의 공유지분만에 대한 강제집행으로써는 채권의

29) 전자는 서울중앙지법 2015. 6. 12. 선고 2015가합520575 판결의 주문례인데 그 판결은 항소 각하로 확정되었고, 후자는 서울동부지법 2014. 7. 23. 선고 2013가단117766 판결의 주문례인데 대법원의 심리불속행 기각으로 확정되었다.

30) 등기예규 제1675호 상속등기와 그 경정등기에 관한 업무처리지침.

31) 상속재산 분할의 경우 사해행위의 특정 방법에 관하여는 앞의 제4장 제2절 제 4.의 5.에서 상세하게 검토하였다.

만족을 받는 것이 곤란한 경우에, 원상회복에 따라 채무자와 다른 공동상속인의 공유상태로 환원된 부동산 전부에 관하여 채무자를 대위하여 공유물분할청구권을 행사하는 방법에 의하여 자신의 채권의 만족을 받을 수 있는가.

위와 같은 문제점이 실제로 드러나는 사례에 관하여 본다. 채무자의 공유지분이 다른 공유자들의 공유지분과 함께 근저당권을 공동으로 담보하는 경우에, 일반채권에 우선하는 근저당권의 피담보채권액이 채무자의 공유지분가치를 초과하면, 채무자의 공유지분만을 경매해서는 일반채권자인 취소채권자에게 배분될 몫이 남을 가망이 없으므로 민사집행법 제102조에 따라 경매절차가 취소될 수밖에 없다. 반면에, 동일한 공동근저당의 경우, 공유물분할에 관한 방법의 하나로서 공유부동산 전부를 경매하면 민법 제368조 제1항에 따라 각 공유지분의 경매대가에 비례하여 우선 변제받는 공동근저당권의 피담보채권액을 분담하게 되어, 채무자의 공유지분 경매대가에서 근저당권의 피담보채권 분담액을 변제하더라도 취소채권자에게 배분될 몫이 남을 수 있는 경우이다.

위와 같은 경우, 즉 공유물분할의 방법에 의할 때 취소채권자에게 배분될 몫이 남을 수 있는 경우에 관하여, 대법원 2020. 5. 21. 선고 2018다879 전원합의체 판결은, '채권자는 자신의 금전채권을 보전하기 위하여 채무자를 대위하여 부동산에 관한 공유물분할청구권을 행사할 수 없다'고 판시하였다. 그 이유는 책임재산의 보전과 직접적인 관련이 없어 채권의 현실적 이행을 유효 적절하게 확보하기 위하여 필요하다고 보기 어렵고 채무자의 자유로운 재산관리행위에 대한 부당한 간섭이 되므로 보전의 필요성을 일정할 수 없으며, 특정의 분할 방법을 전제하고 있지 않은 공유물분할청구권의 성격 등에 비추어 볼 때 그 대위행사를 허용하면 여러 법적 문제들이 발생한다는 것이다.[32)]

따라서, 채권자가 채무자의 부동산에 관한 상속재산분할협의에 대하여 사해행위로서 취소를 구하여 채무자의 상속지분에 상당한 부동산 공유지분이 책임재산으로 회복된 경우에, 취소채권자는 채무자의 공유지분에 대하여 강제집행을

32) 위 전원합의체 판결에 의하여 '공유물에 근저당권 등 선순위 권리가 있어 남을 가망이 없다는 이유로 민사집행법 제102조에 따라 공유지분에 대한 경매절차가 취소된 경우에는 공유자의 금전채권자는 자신의 채권을 보전하기 위하여 공유자의 공유물분할청구권을 대위행사 할 수 있다'는 취지로 판단한 대법원 2015. 12. 10. 선고 2013다56297 판결은 변경되었다. 다만, 위 전원합의체 판결의 소수의견은 종전 대법원판결의 취지를 유지하여야 한다는 것이다.

실행함으로써 자신의 채권을 만족 받을 수 있을 뿐, 채무자의 공유물분할청구권을 대위행사하는 방법으로는 채권의 만족을 받을 수 없다. 이는 공유부동산 위에 존재하는 일반채권에 우선한 공동근저당권으로 인하여 채무자의 공유지분만에 대한 강제집행을 하면 남을 가망이 없지만, 공유물분할의 방법으로 공유부동산 전부를 경매하면 남을 가망이 있는 경우에도 마찬가지이다.

제 2. 저당권이 설정된 부동산이 사해행위로 이전된 경우의 원상회복에 관한 문제

1. 문제의 소재와 검토범위

(1) 사해행위 후에도 선행 저당권이 계속 존속하는 경우와 소멸한 경우의 차이점

(가) 원상회복의 방법과 범위의 차이

근저당권이 설정되어 있는 부동산이 근저당권자 이외의 제3자(수익자)에게 사해행위로 이전된 경우, 사해행위 당시의 부동산 가액에서 채권최고액을 한도로 하는 근저당권의 실제 피담보채권액을 공제한 잔액 범위 내에서 사해행위가 성립한다.[33]

그런데, 위와 같이 부동산을 수익자에게 이전(移轉)하는 사해행위 전(前)에 동일 부동산에 관하여 설정된 근저당권이 사해행위 후 변론 종결시까지 계속 존속한 경우에, 사해행위취소에 의한 원상회복방법은 수익자 명의의 소유권이전등기를 말소하는 등의 원물반환방법에 의한다.[34] 그리고 원물반환방법은 위 제1.의 2.에서 본 바와 같이 수익자에 대하여 채무자에게 이전등기를 명하는 방법도 가능하다. 원물반환에 의하여 부동산 자체가 채무자의 책임재산으로 회복되더라도 종전의 근저당권에 아무런 영향을 미치지 않고 원상회복의 실제 범위도 부동산 가액에서 근저당권의 실제 피담보채권액을 공제한 잔액 범위로서 종전과 마찬가지이기 때문이다.

그러나, 근저당권이 설정되어 있는 부동산이 사해행위로 이전된 후 변제 등에 의하여 종전의 근저당권설정등기가 말소된 경우에는 그 부동산의 가액에서 근저당권의 실제 피담보채무액을 공제한 잔액의 한도 내에서 사해행위를 취소

33) 대법원 2005. 5. 27. 선고 2003다36478 판결 참조. 근저당권은 채권최고액을 한도로 하여 그 범위 내에서 확정된 피담보채권액에 대해서만 우선변제의 효력이 있기 때문이다. 부동산 담보거래의 실제에 있어서 보통 저당권이 설정되는 경우는 거의 없고 근저당권이 설정되는 것이 통상적이다.

34) 민법주해 제Ⅸ권 채권(2) (김능환 집필 부분) 제841면.

하고 그 가액의 배상을 구할 수 있을 뿐이다(대법원 2002. 11. 8. 선고 2002다41589 판결).

사해행위 후 그 전부터 존재하던 근저당권설정등기가 말소되었음에도 불구하고 수익자 명의의 소유권이전등기를 말소함에 등기절차상의 지장이 없다고 하여 원물반환에 의하여 부동산 자체를 채무자에게 환원시키는 것은, 당초 일반채권자들의 공동담보로 제공되지 아니한 부분까지 회복시키는 결과가 되어 불공평하기 때문이다(대법원 2001. 9. 4. 선고 2000다66416 판결).

(나) 소송실무상 유의점

이상 살펴 본 바와 같이, 저당권이 설정된 부동산이 저당권자 이외의 제3자(수익자)에게 사해행위로 이전된 경우, 사해행위 후에도 그 저당권이 계속 존속하는지, 사해행위 후에 소멸하였는지에 따라 원상회복의 방법이 다르므로, 소송실무상 부동산 소유권 이전의 원인으로 된 매매, 증여 등에 관해서 채권자취소가 문제되는 경우에 동일 부동산에 대하여 언제 저당권이 설정되었는지, 설정되었던 저당권이 소멸된 경우 그 소멸 시점은 언제인지 등에 관하여 부동산등기부의 기재 내용을 면밀하게 살피는 것이 중요하다.

(2) 사해행위로 이전되기 전(前)에 저당권과 동일한 우선변제효력 있는 권리가 설정된 경우

우선변제의 효력을 가진 전세권, 임차권 등이 설정되어 있는 부동산이 그 권리자 이외의 제3자(수익자)에게 사해행위로 이전된 경우에도, 저당권이 설정된 부동산이 사해행위로 이전된 경우와 마찬가지로, 사해행위 당시의 부동산 가액에서 우선변제효력이 미치는 전세금 또는 임대차보증금 등을 공제한 잔액 범위 내에서 사해행위가 성립한다.[35]

그러므로, 이와 같은 사해행위의 성립범위와 관련하여 원상회복의 방법으로서 원물반환을 할 것인지, 가액반환을 할 것인지는 위 (1)항에서 살펴 본 바와 같은 법리와 기준이 그대로 적용된다고 할 것이다.

---

35) 대법원 2007. 7. 26. 선고 2007다29119 판결 참조.

2. 구체적 고찰

(1) 동일한 목적물에 수 개의 선행 저당권이 설정되고 그 중 일부가 사해행위 후 소멸한 경우

사해행위의 목적인 부동산에 수 개의 저당권이 설정되어 있다가 사해행위 후 그 중 일부 저당권만이 말소된 경우, 다른 저당권이 사해행위 후에 그대로 존속하고 있다고 하여 원물반환의 방법에 의한 원상회복을 허용한다면 말소된 저당권 부분과 관련하여서는 당초 일반 채권자들의 공동담보로 제공되지 아니한 부분까지 회복시키는 결과가 되어 불공평하다. 따라서, 사해행위의 목적인 부동산에 수 개의 저당권이 설정되어 있다가 사해행위 후 그 중 일부 저당권만이 말소된 경우에도, 사해행위 취소에 따른 원상회복은 가액반환의 방법에 의하여야 할 것이다. 그리고, 그러한 경우 반환하여야 할 가액은 그 부동산의 가액에서 말소된 저당권의 피담보채권액과 말소되지 아니한 저당권의 피담보채권액을 모두 공제하여 산정한다(대법원 2007. 7. 12. 선고 2005다65197 판결).

(2) 선행 근저당권의 피담보채무가 일부 변제된 경우

근저당권이 설정되어 있는 부동산이 사해행위로 이전된 후 선행 근저당권 피담보채무의 일부만이 변제된 경우에 가액반환을 할 것인지, 원물반환을 할 것인지가 문제된다. 쟁점은, 수익자가 선행 근저당권 피담보채무의 일부를 대위변제하여 채무를 감소시킴으로써 채무자의 일반 채권자들은 장차 목적 부동산에 대한 경매절차에서 배당받을 금액이 증가되고, 따라서 원물반환을 하는 경우 결국 사해행위 당시의 공동담보를 초과하는 반환을 하게 되는 것으로 볼 수 있는지에 있다.

결론적으로, 특별한 다른 사유가 없는 한, 사해행위 전에 설정된 근저당권의 피담보채무의 일부만이 변제된 경우에는 원물반환방법 즉 사해행위를 원인으로 수익자 명의로 마쳐진 소유권이전등기의 말소를 청구하는 방법에 의해 원상회복이 이루지는 것이 타당하다고 생각하는바, 그 이유는 아래와 같다.

첫째, 근저당권의 피담보채무액은 근저당권의 확정시까지는 채권최고액의 범위 내에서는 유동적이므로 수익자가 그 피담보채무의 일부를 대위변제하였더라도 그 후 다시 증가할 가능성을 배제할 수 없다.

둘째, 수익자는 저당 부동산의 제3취득자의 지위에서 변제할 정당한 이익을 가지고, 제3취득자가 채무를 변제한 때에는 채무자에 대하여 구상권이 없는 특별한 사정[36]이 있는 경우 외에는 채권자의 채권 및 담보에 관한 권리를 행사할 수 있다.

셋째, 변제할 정당한 이익이 있는 사람이 근저당권 피담보채무의 일부를 대위변제한 경우에는 대위변제자는 근저당권 일부 이전의 부기등기 경료 여부에 관계없이 변제한 가액 범위 내에서 채권자가 가지고 있던 채권 및 담보에 관한 권리를 법률상 당연히 취득한다.[37] 따라서 수익자의 대위변제에 의하여 피담보채무가 종국적으로 감소되었다고 보기 어렵다.

위에서 본 근저당권의 특성과 법정대위의 효과에 관한 법리를 종합하면, 수익자가 선행 근저당권의 피담보채무의 일부를 대위변제한 경우, 사해행위 취소에 따라 그 부동산 자체의 회복을 명하더라도 당초 일반 채권자들의 공동담보로 되어 있지 않은 부분까지 회복을 명하는 것이 된다고 볼 수 없으므로, 사해행위 취소에 의한 원상회복은 그 원칙적 방법인 원물반환에 의하는 것이 타당하다.

대법원 2002. 12. 6. 선고 2002다39715 판결도, 선행 근저당권의 피담보채무가 사해행위 후 일부 변제된 사안에 관하여, 근저당권으로 부담하는 잠재적인 채무는 여전히 채권최고액 전액이라고 할 수 있고, 채무자를 위하여 변제한 자는 변제자 대위의 법리에 따라 채권최고액의 범위 내에서 채권자의 근저당권을 행사할 수 있어 대위변제에 의하여 피담보채무가 종국적으로 감소하였다고 볼 수 없다는 이유로, 원물반환에 의한 원상회복을 명한 원심의 판단이 정당하다고

36) 예컨대, 수익자가 근저당권 피담보채무의 일부를 인수하고 그 채무를 변제한 때에는 자기의 채무 변제이므로 채무자에 대하여 구상권이 발생하지 않는다.

37) 대법원 2011. 6. 10. 선고 2011다9013 판결. 한편, 동일한 부동산에 관한 소유권과 근저당권이 동일한 사람에게 귀속한 경우 그 근저당권은 혼동에 의하여 소멸하는 것이 원칙이지만 본인 또는 제3자의 이익을 위하여 그 근저당권을 존속시킬 필요가 있다고 인정되는 경우에는 민법 제191조 제1항 단서의 해석에 의하여 혼동으로 소멸하지 않으므로(대법원 1998. 7. 10. 선고 98다18643 판결), 소유권을 취득한 수익자가 법정대위에 의하여 근저당권의 일부를 취득하더라도 그 일부 근저당권이 혼동에 의해 소멸하지 않는다고 할 것이다.

판시하였다.[38)]

한편, 대법원 2005. 10. 14. 선고 2003다60891 판결은, 상고이유 제4점에 대한 판단부분에서, '채무자가 사해행위로써 양도한 부동산에 근저당권이 설정되어 있고 가액배상을 하여야 할 경우 …… 수익자에 의하여 피담보채무의 일부가 대위변제되어 사실심 변론종결 당시의 피담보채무액이 사해행위 당시의 그것보다 줄어들게 되었다면, 그러한 경우에도 사실심 변론종결 당시의 감소된 피담보채무액만을 공제하는 것은 사해행위 당시 채권자들의 공동담보로 제공되지 아니한 부분까지 회복시키는 결과가 되어 불공평하므로 사해행위 당시의 피담보채무액을 공제하는 방법에 의하여 가액반환의 범위를 확정하여야 한다'고 판시하였다.

위 대법원판결의 위 상고이유 판단부분은, 수익자에 의하여 근저당권의 피담보채무의 일부가 대위변제된 경우에 가액반환에 의해 원상회복이 이루어져야 한다고 판단한 것으로 이해할 것은 아니다. 즉 위 대법원 2003다60891 판결은, 수익자에 의하여 근저당권의 피담보채무의 일부가 대위변제된 것 자체가 가액반환사유에 해당한다고 판시한 것이 아니라, 다른 사유에 의해 가액반환을 하여야 할 경우에 그 반환하여야 하는 가액의 구체적 범위 및 산정방법에 관해서 판시한 것이다.

위 대법원 2003다60891 판결의 사안요지는, 근저당권이 설정되어 있는 부동산이 사해행위인 기부계약에 의해 수익자에게 이전되었는데 수익자가 의료법인으로서 그 재산의 처분에 관하여 법령상의 제한이 있기 때문에 원물반환이 현저히 곤란하여 가액반환에 의해 원상회복이 이루어져야 함에 당사자 사이에 다툼이 없는 것으로 정리되었고, 수익자가 사해행위 후 선행 근저당권 피담보채무의 일부를 변제한 경우이다.[39)] 이러한 사안에서 위 대법원판결의 원심은 가액반환의 범위를 산정함에 있어 사해행위 당시와 변론종결 당시의 근저당권의 피

38) 다만, 위 대법원판결 중, '채무자와 제3자 공유인 부동산에 관하여 근저당권이 설정된 경우에는 특별한 사정이 없는 한 피담보채무는 각 공유지분의 비율에 따라 분담한다'고 판시한 부분은, 대법원 2013. 7. 18. 선고 2012다5643 전원합의체 판결에 의해 '채무자의 지분이 피담보채무액 전부를 부담한다'라고 변경되었다.

39) 대법원 2005. 10. 14. 선고 2003다60891 판결의 원심판결인 대구고법 2003. 10. 9. 선고 2002나961 판결 내용에 의하여 사안의 요지를 정리한 것이다.

담보채무액 가운데 다액인 사해행위 당시의 피담보채무액을 변론종결 당시의 부동산의 시가에서 공제하여야 한다고 판시하였는데, 위 대법원 2003다60891 판결은 위에서 본 법리에 따라 원심의 가액산정 방법이 정당하다고 판시한 것이다.

(3) 선행 저당권의 설정 자체가 사해행위에 해당하는 경우

채무자가 수익자와 사이에 사해행위인 저당권설정계약을 체결하고 저당권설정등기를 마친 다음 이어서 동일한 수익자와 사이에 사해행위인 매매계약을 체결하고 소유권이전등기를 마침으로써 수익자 명의의 저당권설정등기가 혼동에 의해 말소된 경우에는, 원물반환을 할 것인지 또는 가액반환을 할 것인지의 문제가 아니라, 이미 소멸된 저당권에 관한 설정계약에 대해서 사해행위로서 취소를 구할 이익이 있는지 여부가 문제된다.

위와 같은 경우, 채권자는 사해행위로서 매매계약뿐만 아니라 혼동에 의해 소멸된 저당권에 관한 설정계약에 대해서도 취소를 구할 이익이 있다. 왜냐하면, 등기실무상 저당권자가 소유권을 취득하면 그 저당권은 혼동에 의해 소멸하지만 그 뒤 그 소유권취득이 무효인 것으로 밝혀지면 소멸되었던 저당권은 당연히 부활하는바,[40] 현재 말소된 상태에 있는 저당권설정등기에 관해서는 원상회복으로서 다시 말소절차의 이행을 청구할 이익은 없지만, 부활되는 저당권설정등기에 관한 원상회복의 전제로서 그 원인이 되는 저당권설정계약에 대해서 매매계약의 취소와 함께 제소기간 내에 그 취소를 구할 필요가 있기 때문이다.[41]

한편, 채무자 소유 부동산에 담보권이 설정되고 그 피담보채무액이 당해 부동산의 가액을 이미 초과하고 있다면 부동산 가액에서 피담보채무액을 공제할 경우 잔존가치가 전혀 없어 그 상태에서 당해 부동산을 양도한 행위는 사해행위에 해당하지 않지만, 그 후행 양도행위 당시 존재하는 담보권을 설정한 원인행위가 사해행위로 인정될 경우에는 그 담보권의 피담보채무는 후행 양도행위가 사해행위에 해당하는지 여부를 판단함에 있어 부동산 가액에서 공제되는 피

---

40) 대법원 1971. 8. 31. 선고 71다1386 판결, 등기예규 제183호(근저당권의 부활과 이해관계인의 회복등기 승낙의무).

41) 이상에서 검토한 법리는 (근)저당권설정등기 후 동일인에게 소유권이전등기가 마쳐진 경우뿐만 아니라 널리 부동산에 관한 제한물권 설정 후 동일인에게 소유권이 귀속됨으로써 제한물권이 원칙적으로 혼동에 의해 소멸하는 경우에 일반적으로 적용될 수 있다고 할 것이다.

담보채무에 포함되지 않는다. 채무자가 선순위 근저당권이 설정되어 있는 상태에서 그 부동산을 제3자에게 양도한 후 선순위 근저당권설정계약을 해지하고 근저당권설정등기를 말소한 경우에, 비록 근저당권설정계약이 이미 해지되었지만 그것이 사해행위에 해당하는지에 따라 후행 양도계약 당시 당해 부동산의 잔존가치가 피담보채무액을 초과하는지 여부가 달라지고, 그 결과 후행 양도계약에 대한 사해행위 취소청구가 받아들여지는지 여부 및 반환범위가 달라지는 때에는, 이미 해지된 근저당권설정계약이라고 할지라도 그에 대하여 사해행위 취소청구를 할 수 있는 권리보호의 이익이 있다.[42]

(4) 저당권과 동일한 우선변제효력 있는 권리가 설정된 경우

전세권설정등기를 마친 전세권은 그 성질상 용익물권적 성격과 담보물권적 성격을 겸비한 것으로서 전세권의 존속기간이 만료되면 전세권의 용익물권적 권능은 전세권설정등기의 말소 없이도 당연히 소멸하고, 단지 전세금반환채권을 담보하는 담보물권적 권능의 범위 내에서 전세금의 반환시까지 그 전세권설정등기의 효력이 존속한다.[43]

한편, 주택 및 상가건물의 임차인은 대항요건과 그 임대차계약서에 확정일자를 받은 경우 민사집행법에 의한 경매에 있어 임차건물(임대인 소유의 대지 포함)의 환가대금에서 후순위권리자보다 우선하여 보증금을 변제 받을 권리가 있고, 주택의 소액임차인도 그 보증금을 우선하여 변제 받을 권리가 있다(주택임대차보호법 제3조의2 제2항, 제8조, 상가건물임대차보호법 제5조 제2항). 대항요건 및 확정일자를 갖춘 임차권과 소액임차권은 이른바 법정담보물권의 성격을 갖는 것으로서 임대차 성립 당시 임대인의 소유였던 대지가 타인에게 양도되어 임차주택과 대지의 소유자가 다르게 된 경우에도 그 대지에 대하여 우선변제의 효력이 미친다.[44]

위와 같은 우선변제의 효력을 가진 전세권, 임차권 등이 설정되어 있는 부동산이 그 권리자 이외의 제3자(수익자)에게 사해행위로 이전된 경우에도, 저당

---

42) 대법원 2013. 5. 9. 선고 2011다75232 판결. 이 대법원판결의 사안 및 판단 내용 등에 관해서는 앞의 제4장 제5절 제 2.의 3. (5)항에서 상세하게 검토하였다.

43) 대법원 2005. 3. 25. 선고 2003다35659 판결.

44) 대법원 2007. 6. 21. 선고 2004다26133 전원합의체 판결.

권이 설정된 부동산이 사해행위로 이전된 경우와 마찬가지로, 사해행위 당시의 부동산 가액에서 우선변제의 효력이 미치는 전세금 또는 임대차보증금 등을 공제한 잔액 범위 내에서 사해행위가 성립한다.[45]

그러므로, 이와 같은 사해행위의 성립범위와 관련하여 원상회복의 방법으로서 원물반환을 할 것인지, 가액반환을 할 것인지는 앞서 살펴 본 바와 같은 법리와 기준이 그대로 적용된다. 따라서 예컨대, 임대차보증금 3억 원인 확정일자 있는 임차권이 설정된 시가 5억 원인 아파트가 사해행위인 증여에 의해 수익자에게 이전된 사안에서, 사해행위 후 변론 종결시까지 그 임차권이 계속 존속한 경우의 원상회복방법은 아파트에 관한 수익자 명의의 소유권이전등기를 말소(또는 채무자 명의로 이전)하는 등의 원물반환방법에 의하고, 사해행위 후 보증금의 반환 등에 의해 임차권이 소멸한 경우의 원상회복방법은 아파트 시가 5억 원에서 임대차보증금 3억 원을 공제한 2억 원의 가액반환방법에 의한다.

우선변제의 효력을 가지지 않는 임차권 예컨대, 주택임대차보호법 제3조 제1항이 정한 대항력을 갖추었으나 그 전에 이미 선순위 근저당권 설정등기가 마쳐져 있어 부동산이 경락되는 경우 소멸할 운명에 놓인 임차권의 임대차보증금 반환채권은 사해행위 후에 이르러 비로소 확정일자를 받았다고 하더라도, 수익자가 사해행위 후 위 근저당권의 피담보채무를 변제함으로써 가액반환을 할 경우에, 위 임대차보증금은 부동산의 가액에서 공제할 것은 아니다.[46]

3. 원물반환방법에 의해 원상회복을 하는 경우의 정리

부동산에 관하여 사해행위에 의하여 수익자에게 소유권이 이전되기 전에 근저당권, 전세권, 확정일자 있는 임차권 등이 설정된 경우, 사해행위취소에 의한 원상회복이 원물반환방법에 의해, 즉 수익자 명의의 소유권이전등기 말소 또는 채무자에게로의 소유권이전등기 절차의 이행에 의해 이루어지는 경우에 관하여 정리하면 아래와 같다.

첫째, 부동산이 수익자에게 양도되기 전에 설정된 근저당권 등은 사해행위

45) 대법원 2007. 7. 26. 선고 2007다29119 판결 참조.
46) 대법원 2001. 6. 12. 선고 99다51197 판결 참조.

에 의하지 않고 발생한 것이어야 한다. 부동산의 양도가 사해행위에 해당할 뿐만 아니라 그 전에 설정된 근저당권 등도 사해행위에 의해 성립한 것이라면, 원상회복 방법의 문제가 아니라 취소권 행사의 이익이 있는지 여부가 문제점으로 등장한다.

둘째, 선행 근저당권 등이 사해행위 후 존속하고 있어야 한다. 선행 근저당권의 피담보채무가 사해행위 후 일부 변제되더라도 그 근저당권설정등기가 계속 존속하는 경우에는 원물반환방법에 의할 것이다. 그러나, 사해행위의 목적인 부동산에 수 개의 저당권이 설정되어 있다가 사해행위 후 그 중 일부 저당권만이 말소된 경우에는 사해행위 취소에 따른 원상회복은 가액반환의 방법에 의한다.[47]

셋째, 근저당권의 피담보채무액 등 부동산 가액에서 공제되는 부담액이 부동산 가액에 미달하여야 한다. 왜냐하면, 공제되는 피담보채무액 등 부담액이 부동산의 가액을 초과하여 잔존가치가 없는 경우에는 당해 부동산의 양도처분은 사해행위에 해당하지 않으므로, 원상회복의 문제도 생기지 않기 때문이다.

넷째, 근저당권 등이 설정되어 있는 부동산이 근저당권자 이외의 제3자(수익자)에게 사해행위로 이전된 경우이어야 한다. 근저당권자와 동일한 수익자에게 사해행위로 이전되어 소유권이전등기를 마침으로써 수익자 명의의 근저당권설정등기가 혼동에 의해 말소된 경우에는, 원물반환을 할 것인지 가액반환을 할 것인지의 문제가 아니라, 이미 소멸된 근저당권의 설정계약에 대해서 사해행위로서 취소를 구할 이익이 있는지 여부가 문제된다.

---

47) 이 점을 비롯하여 가액반환 사유에 관해서는 뒤 제3절 제 1.의 2.에서 따로 상세하게 검토한다.

제 3. 가등기에 관한 회복

1. 가등기의 특성과 가등기 말소 청구

채무자 소유 부동산에 관하여 수익자 명의로 소유권이전청구권을 보전하기 위한 가등기를 마친 경우에, 가등기 자체만으로는 소유권이전의 효력이 발생하지 않지만 후일 본등기를 마치면 가등기시에 소급하여 소유권변동의 효력이 발생하고 그 결과 채권자가 채무자의 재산으로부터 완전한 변제를 받을 수 없게 되어 채권자를 해할 수 있다. 따라서, 가등기의 원인인 법률행위도 사해행위로서 취소의 대상이 될 수 있고, 가등기권자(수익자)는 특별한 사정이 없는 한 그 취소에 따른 원상회복으로서 원물반환인 가등기의 말소의무를 부담한다(대법원 2015. 5. 21. 선고 2012다952 전원합의체 판결).

대법원판례는 '소유권이전청구권을 보전하기 위한 가등기가 사해행위를 원인으로 이루어진 경우 그 행위를 취소하고 원상회복으로서 가등기를 말소하면 족한 것이고, 가등기 후에 저당권이 말소되었다거나 그 피담보채무가 일부 변제된 점 또는 그 가등기가 사실상 담보가등기라는 점 등은 그와 같은 원상회복방법에 영향을 주지 않는다'는 입장을 확립하고 있다(대법원 2003. 7. 11. 선고 2003다19435 판결). 따라서 예컨대, 근저당권이 설정된 부동산이 사해행위에 의하여 수익자 앞으로 소유권이전청구권 보전의 가등기가 마쳐진 다음 위 근저당권이 말소되었다고 하더라도, 근저당권의 피담보채권액을 공제하는 등의 가액반환방법에 의할 것이 아니라, 가등기 자체를 말소하는 원물반환방법에 의하는 것이다.[48]

가등기가 사해행위를 원인으로 이루어진 경우에 그 원상회복 방법에 관한 위 대법원판결의 입장은 타당하다고 할 것인데, 그 이유는 아래와 같다.

사해행위인 매매예약에 의하여 채무자 소유의 부동산에 관하여 수익자 명의로 소유권이전청구권 가등기가 마쳐졌다고 하더라도 그 부동산에 관한 소유권은 여전히 채무자에게 귀속되어 있는 상태로서 변동이 없다. 따라서, 수익자가 가등기 후에 그 전에 목적 부동산에 관하여 설정되었던 저당권의 피담보채무를

---

48) 대법원 2001. 6. 12. 선고 99다20612 판결의 사안 요지이다.

변제하여 그 저당권설정등기를 말소시켰다면, 그 수익자는 변제자 대위(민법 제480조, 제481조)에 의해 채무자와 그 소유인 목적 부동산에 관하여 저당채권자의 채권 및 담보에 관한 권리를 이전 받아 취득할 가능성이 높다.[49] 그러므로, 사해행위에 의해 수익자 명의로 가등기가 된 후 목적 부동산에 관한 종전의 저당권이 소멸한 경우에, 사해행위 취소에 따른 원상회복이 수익자 명의의 가등기 자체를 말소하는 방법에 의하여 이루어진다고 하더라도, 그것이 수익자에게 불리하여 공평의 원칙에 반한다고 볼 수 없고 오히려 원상회복에 관한 원물반환의 원칙에 부합한다고 볼 수 있다.

2. 가등기에 기한 본등기가 이루어진 경우

등기실무상, 채무자 "을" 소유의 부동산에 관하여 수익자 "병"이 소유권이전청구권 가등기를 경료한 후 채권자 "갑"이 사해행위 취소 및 가등기 말소 청구 소송을 제기하여 승소판결을 받아 위 판결이 확정되었으나 위 재판절차 진행 중 "병"이 위 가등기에 기하여 본등기를 경료하였을 경우, 본등기의 말소를 명하는 판결이 아닌 위 판결로서는 본등기의 말소를 신청할 수 없고, 또 본등기가 경료된 이후에는 가등기만의 말소신청도 할 수 없다.[50]

따라서, 가등기에 기한 본등기가 마쳐진 부동산에 관하여 채권자가 채권자취소소송을 제기함에 있어서는 가등기 및 본등기의 원인행위의 취소와 가등기 및 본등기의 말소등기절차의 이행을 모두 구하여야 할 것이다.[51]

3. 가등기가 이전된 경우

대법원판례는, 가등기 이전의 부기등기가 이루어진 경우 그 가등기의 말소청구는 양수인만을 상대로 구하면 족하고 양도인은 그 말소등기청구에 있어서

49) 가등기권자는 채무자의 저당채권자에 대한 채무를 제3자의 지위에서 변제한 것이므로 변제할 정당한 이익이 없는 경우에는 임의대위의 요건을 갖추도록 유념하여야 할 것이다.

50) 등기선례 제6-449(제정 1999. 3. 10.)

51) 서울고법 2010. 7. 21. 선고 2009나103655 판결, 대법원 2002. 3. 29. 선고 2001다81870 판결이유 중의 원심판단 참조. 원상회복으로 가액반환을 청구할 경우에도 가등기 및 본등기의 각 원인행위에 관하여 가액반환액의 한도 내에서 모두 그 취소를 구한다(대법원 1998. 2. 13. 선고 97다6711 판결 참조).

피고적격이 없다는 입장을 확립하고 있다.[52)]

그러나, 가등기 이전의 부기등기는 사해행위인 매매예약에 기초한 수익자의 권리의 이전을 나타내는 것으로서 부기등기에 의하여 수익자로서의 지위가 소멸하지 아니하며, 채권자는 수익자 즉 양도인을 상대로 사해행위인 매매예약의 취소를 청구할 수 있다. 그리고, 설령 부기등기의 결과 가등기 및 본등기에 대한 말소청구소송에서 수익자(양도인)의 피고적격이 부정되는 등의 사유로 인하여 수익자의 원물반환의무인 가등기말소의무의 이행이 불가능하게 된다 하더라도, 수익자는 위 가등기 및 본등기에 의해 발생된 채권자들의 공동담보 부족에 관하여 원상회복의무로서 가액을 배상할 의무를 진다(대법원 2015. 5. 21. 선고 2012다952 전원합의체 판결).

52) 대법원 1994. 10. 21. 선고 94다17109 판결(근저당권 이전의 경우에도 같다. 대법원 2003. 4. 11. 선고 2003다5016 판결, 2000. 4. 11. 선고 2000다5640 판결 등). 한편, 가등기 이전 또는 근저당권 이전의 부기등기는 별도로 말소를 구하지 않더라도 주등기의 말소에 따라 직권으로 말소되므로 부기등기의 말소를 별도로 구할 소의 이익이 없으나, 예외적으로 그 이전원인만이 무효로 되거나 취소 또는 해제된 경우 즉 근저당권의 주등기는 유효한 것을 전제로 이와는 별도로 근저당권이전의 부기등기에 한하여 무효사유가 있다는 이유로 부기등기만의 효력을 다투는 경우에는 그 부기등기의 말소를 구할 소의 이익이 인정된다(대법원 2005. 6. 10. 선고 2002다15412 판결).

제 4. 부동산 제한물권 등기에 관한 회복

1. 등기 말소 청구에 의한 회복

(1) 수익자 명의로 설정등기가 마쳐진 경우

채무자와 수익자 사이의 근저당권설정계약이 사해행위로서 취소되면 원상회복방법은 원칙적으로 수익자에 대하여 채무자에게 수익자 명의로 마쳐진 근저당권설정등기의 말소등기절차의 이행을 구하는 것이다.

근저당권 외에 전세권, 지상권 등이 사해행위를 원인으로 설정되고 수익자 명의로 그 등기가 마쳐진 경우의 원상회복방법도 마찬가지이다.

근저당권 등 제한물권 설정등기의 말소이행을 구하는 구체적인 청구취지 기재 방식은 위 제 1.의 1.항에서 살펴 본 바와 같다.

(2) 선행 근저당권이 사해행위인 근저당권설정 후에 소멸한 경우

대법원 2007. 10. 11. 선고 2007다45364 판결은, '사해행위로 경료된 근저당권설정등기가 사해행위취소소송의 변론종결시까지 존속하고 있는 경우에 그 원상회복은 근저당권설정등기를 말소하는 방법에 의하여야 하고, 사해행위 이전에 설정된 별개의 근저당권이 사해행위 후에 말소되었다는 사정은 원상회복방법에 아무런 영향을 주지 않는다'고 판시하였다.

이러한 원상회복방법은 앞의 제 2.에서 살펴 본 바와 같이, 근저당권이 설정되어 있는 부동산이 사해행위로 이전된 후 근저당권설정등기가 말소된 경우에는 그 부동산의 가액에서 선행 근저당권의 실제 피담보채무액을 공제한 잔액의 한도 내에서 사해행위를 취소하고 그 가액의 반환을 구하여야 하는 것과는 다르다.

선행 근저당권이 설정된 부동산에 관하여 사해행위인 근저당권설정계약에 의하여 그 등기가 마쳐진 후 선행 근저당권이 말소되었다고 하더라도, 사해행위 취소에 의한 원상회복은 가액반환이 아니라 사해행위에 의해 마쳐진 후행 근저당권설정등기를 말소하는 원물반환방법에 의한다는 대법원판결의 입장은 원칙적으로 타당하다고 할 것인데, 그 이유는 아래와 같다.

사해행위인 후행 근저당권설정 전후에 걸쳐 책임재산인 부동산은 여전히 동일한 채무자에게 귀속된 상태로서 변동이 없고, 각각의 근저당권자는 개별적으로 채무자 소유의 부동산에 대해서 그 순위와 범위가 한정되어 담보가치만을 취득하는 것이므로, 특별한 사정이 없는 한, 사해행위를 원인으로 하는 후행 근저당권설정등기 전부를 말소함으로써 그 한정된 담보가치를 온전히 회복할 수 있기 때문이다.

다만, 후행 근저당권이 선행 근저당권을 포괄적으로 승계한 것으로 볼 수 있는 특별한 사정이 있는 경우에는 사해행위인 후행 근저당권설정계약의 일부 취소와 원상회복으로서 채권최고액을 감축하는 근저당권변경등기를 청구하는 방법에 의하여야 한다.

예컨대, 채무자 "을" 소유의 부동산에 관해서 근저당권자 "무", 채권최고액 6억 원인 선순위 근저당권설정등기가 마쳐졌고, 그 후 "을"이 채무초과상태에서 "병"으로부터 15억 원을 차용하면서 수익자 "병"과 사이에 채권최고액 20억의 근저당권설정등기를 마쳤으며, 한편, "을"이 "병"으로부터 차용한 돈 중의 일부로 위 "무"의 선순위 근저당권의 피담보채무액 5억 원을 변제함으로써 그 선순위 근저당권설정등기가 말소된 경우에는, 아래 2항에서 검토하는 바와 같이 근저당권설정등기의 채권최고액을 감축하는 근저당권변경등기절차의 이행을 명하는 방법에 의한다.

따라서, 선행 근저당권이 설정된 부동산에 관하여 사해행위인 근저당권설정계약에 의해 등기가 마쳐진 후 선행 근저당권설정등기가 말소된 경우에는, 선행 근저당권설정등기가 말소된 구체적인 경위를 면밀하게 살펴서 원상회복의 방법으로서 사해행위로 마쳐진 근저당권설정등기 전부의 말소에 의할 것인지, 일부 말소 의미의 변경등기에 의할 것인지를 가려야 할 것이다.

(3) 수익자 명의로 근저당권 이전등기가 마쳐진 경우

(가) 저당권의 부종성(피담보채권과 함께 양도)

우리 민법상 저당권은 피담보채권과 분리하여 양도할 수 없고 피담보채권과 함께 양도하여야 하므로(민법 제361조 저당권의 부종성), 저당권부 채권의 양도에는 부동산 물권변동에 관한 규정과 채권양도의 규정이 모두 적용된다. 그리고, 저당권 이전에 관한 등기는 부기등기에 의하는데 채권의 일부 양도에 의한 저당권 일부의 이전등기를 할 때에는 등기부에 양도액을 기재한다.[53)]

근저당권의 피담보채권이 확정되기 전에는 근저당권의 기초가 되는 기본계약상의 지위가 양도됨에 따라 근저당권이 이전되는 경우이고, 이 때 등기원인으로서는 "계약 양도" 또는 "계약의 일부 양도"라고 기재한다. 그리고, 근저당권의 피담보채권액이 확정된 후에 그 피담보채권의 전부 또는 일부의 양도로 인한 근저당권 이전등기를 하는 경우에는 채권양도에 의한 저당권이전등기에 준하고, 이 경우 등기원인으로서는 '확정채권 양도' 또는 '확정채권 일부양도'라고 기재한다.[54)]

(나) 근저당권 양도행위 자체가 사해행위에 해당하는 경우

근저당권 이전의 부기등기는 주등기인 근저당권 설정등기에 종속되어 주등기와 일체를 이루는 것으로서 별도로 말소를 구하지 않더라도 주등기의 말소에 따라 직권으로 말소되므로 부기등기만의 말소를 별도로 구할 소의 이익이 없다.

그러나, 예외적으로 근저당권의 이전원인만이 무효로 되거나 취소 또는 해제된 경우 즉 근저당권의 주등기는 유효한 것을 전제로 이와는 별도로 근저당권이전의 부기등기에 한하여 무효사유가 있다는 이유로 부기등기만의 효력을 다투는 경우에는 그 부기등기의 말소를 구할 소의 이익이 인정된다(대법원 2005. 6. 10. 선고 2002다15412 판결).

예컨대, 채무자 "을"이 자신의 "무"에 대한 채권을 담보하기 위하여 "무" 소유의 부동산에 관하여 근저당권을 설정하였는데, 그 피담보채권 확정 후 채무초과상태에서 피담보채권을 "병"에게 양도하고 "병" 앞으로 근저당권 이전의 부기등기를 마쳐 준 사안의 경우, 채권자 "갑"에 대한 관계에서 "을"은 채무자, "병"은 수익자의 지위에 있고, "을"과 "병" 사이에 체결된 확정채권 양도계약(또는, 등기실무상 계약양도) 및 이에 부수한 근저당권 양도계약이 사해행위에 해당한다.[55)]

---

53) 부동산등기법 제52조 제2호(소유권 외의 권리의 이전등기는 부기등기에 의한다), 부동산등기규칙 제137조 제2항.

54) 등기예규 제1656호(근저당권에 관한 등기사무처리지침).

55) 이는 채무자 "을"이 채무초과 상태에서 자신 소유의 부동산에 관하여 특정의 채권자 "병"에게 근저당권을 설정해 주었는데, 근저당권자로서 수익자인 "병"이 근저당권부 채권을 전득자

위와 같은 사안에서 채무자 "을" 명의의 근저당권은 유효한 것을 전제로 하여, 부기등기의 원인이 되는 채무자 "을"과 수익자 "병" 사이의 근저당권부 채권의 양도계약이 사해행위로서 취소되는 경우에는 원상회복으로서 근저당권 이전의 부기등기만의 말소를 구할 수 있다.[56] 수익자 "병" 명의의 근저당권 이전의 부기등기만이 말소되고 채무자 "을" 명의의 근저당권 설정등기는 그대로 남아있어야 채무자 "을"의 재산권을 회복하는 채권자취소의 실질적 목적을 달성할 수 있기 때문이다. 그리고 채무자 "을"이 제3채무자에 대한 자신의 채권을 수익자 "병"에게 양도한 것이 사해행위로서 취소되는 경우, 수익자 "병"이 아직 제3채무자에게서 채권을 추심하지 아니한 때에는, 채권자 "갑"은 사해행위 취소에 따른 원상회복으로서 수익자 "병"으로 하여금 제3채무자에게 채권양도가 취소되었다는 취지의 통지를 하도록 청구한다(대법원 2015. 11. 17. 선고 2012다2743 판결).

이상에서 살펴 본 법리는 피담보채권의 일부가 양도되고 근저당권의 일부이전 등기가 경료된 경우는 물론, 널리 저당권 이외의 전세권 등 제한물권이나 가등기에 의한 권리가 양도되어 그 이전등기가 부기등기에 의해 마쳐진 경우에 두루 적용된다고 할 것이다.

(4) 수익자 명의로 근저당권설정등기가, 전득자 명의로 근저당권이전등기가 마쳐진 경우(수익자, 전득자 모두 악의인 경우)

예컨대, 채무자 "을" 소유의 부동산에 관하여 사해행위인 근저당권 설정계약에 의해 수익자 "병" 앞으로 근저당권 설정등기가 마쳐지고 근저당권의 양도에 의하여 전득자 "정" 앞으로 근저당권 이전의 부기등기가 마쳐졌는데, 수익자 "병"과 전득자 "정"이 모두 악의인 경우에 관하여 본다.

이 경우, 원물반환 즉 등기말소에 의한 원상회복방법은, 채권자 "갑"은 "병" 및 "정"을 공동피고로 하여, "을"과 "병" 사이에 체결된 근저당권 설정계약의 취소를 구하고, "정"에 대하여 "을"에게 근저당권 설정등기의 말소절차의 이행을 구하는 것이다. 즉 이와 같이 근저당권설정계약이 사해행위에 해당하고 이를

"정"에게 양도하여 "정" 앞으로 근저당권 이전의 부기등기가 마쳐진 경우에, "을"에 대한 일반채권자 "갑"이 전득자 "정"에 대한 관계에서 사해행위로서 취소를 구하는 대상은 '채무자 "을"과 수익자 "병" 사이의 '근저당권 설정계약"인 것과 다르다.

56) 구체적인 판결례로서는 광주고법 2012. 11. 14. 선고 2012나2599 판결 이유 중 나.항 참조.

기초로 근저당권 이전의 부기등기가 이루어졌는데 수익자(양도인) 및 전득자(양수인) 모두 악의인 경우에는, 원상회복을 위한 등기의 말소청구는 양수인 "정"만을 상대로 '설정등기'의 말소만을 구하면 족하다.[57]

그 판결이 확정되면, "병" 명의의 근저당권 설정등기가 말소되면서 직권으로 "정" 명의의 근저당권 이전의 부기등기도 함께 말소된다.[58] 이로써 채무자 "을" 소유의 부동산이 채권자 "갑"에 대한 관계에서 사해행위가 없었던 상태로 회복된다.

위와 같이 채무자와 수익자 사이에 체결된 근저당권설정계약이 사해행위에 해당하고 그 근저당권을 양수한 전득자가 악의인 경우에는 원상회복의 방법으로 전득자를 상대로 근저당권설정등기(주등기)의 말소를 청구한다.

그런데, 위 (3)항에서 살펴 본 바와 같이, 근저당권설정계약 자체는 사해행위에 해당하지 않고 양도인인 채무자와 양수인인 수익자 사이에 체결된 근저당권 양도계약이 사해행위에 해당하는 경우에는 원상회복의 방법으로 수익자를 상대로 근저당권이전등기(부기등기)의 말소를 청구한다.

이상 검토한 바와 같이, 채무자와 수익자 사이에 체결된 근저당권설정계약이 사해행위에 해당하고 그 근저당권을 양수한 전득자가 악의인 경우와 근저당권설정계약 자체는 사해행위에 해당하지 않고 양도인인 채무자와 양수인인 수익자 사이에 체결된 근저당권 양도계약이 사해행위에 해당하는 경우는, 원상회복의 구체적 방법으로서 등기말소를 청구함에 있어 그 상대방 및 말소의 대상이 되는 등기가 서로 다른 점에 유의할 것이다.

(5) 수익자 명의로 전세권 이전등기가 마쳐진 경우

(가) 물권적 전세권의 양도와 그 효력

전세권자는 전세권을 타인에게 양도할 수 있는데 이는 당사자 사이의 전세권양도의 합의와 등기로써 그 효력이 생기고(민법 제306조, 제186조), 전세권설정자의 동의나 그에 대한 통지는 요건이 아니다.[59] 그리고 전세권 양도의 등기는

---

57) 대법원 1995. 5. 26. 선고 95다7550 판결. 양도인을 상대로 한 말소청구 또는 양수인을 상대로 한 부기등기의 말소청구는 피고적격이 없거나 소의 이익이 없어서 부적법하다.

58) 대법원 2000. 4. 11. 선고 2000다5640 판결.

59) 김준호, 물권법(제15판) 제312면. 전세권의 처분은 당사자가 설정행위로 이를 금지할 수

부기등기에 의한다(부동산등기법 제52조 제2호).

전세금은 전세권의 요소로서 전세금이 지급되어야 전세권이 성립하고 전세권이 존속하는 동안에는 전세금반환채권만을 분리하여 확정적으로 양도하는 것이 허용되지 않는다.[60] 한편, 전세권양수인은 전세권설정자에 대하여 전세권양도인과 동일한 권리의무가 있다(민법 제307조).

따라서, 전세권이 존속하는 동안에 전세권을 양수한 경우에는 전세금반환채권도 별도의 채권양도에 관한 절차 없이 양수인에게 이전된다.

다만 전세기간 만료 후에는 전세금반환채권을 담보물권적 권능만 남은 전세권과 함께 양도할 수 있고 이 경우에는 전세권이전의 부기등기 뿐만 아니라 전세금반환채권 양도에 관하여 확정일자 있는 통지나 승낙이 있어야 제3자에게 대항할 수 있다.[61]

(나) 원상회복의 방법

채무자가 자신의 적극재산인 물권적 전세권을 수익자에게 양도하는 계약을 체결하고 수익자 앞으로 그 이전의 부기등기를 마친 경우의 원상회복방법에 관하여 본다.

이 경우는 전세권설정의 주등기는 유효한 것을 전제로 이와는 별도로 그 전세권 이전의 부기등기의 원인에 무효사유가 있다는 이유로 부기등기만의 효력을 다투는 것이므로, 그 부기등기의 말소를 구할 소의 이익이 인정된다(대법원 2005. 6. 10. 선고 2002다15412 판결). 수익자 명의의 전세권 이전의 부기등기만이 말소되고 채무자 명의의 전세권 설정등기는 그대로 남아 있어야 채무자의 재산권을 회복하는 채권자취소의 실질적 목적을 달성할 수 있기 때문이다.

위 (가)항에서 살펴 본 바와 같이, 전세권 양도의 경우 존속기간 내의 양도인지 또는 존속기간 만료 후의 양도인지에 따라 양도의 방식이 다르므로 사해행위 취소에 따른 원상회복의 방식도 달라진다고 할 것이다.

즉, 존속기간 중의 전세권 양도가 사해행위로 취소되는 경우에 그 원상회복

있지만(민법 제306조 단서), 이 특약은 등기를 하여야만 제3자에게 대항할 수 있다(부동산등기법 제72조 제1항 제5호).

60) 대법원 2002. 8. 23. 선고 2001다69122 판결.

61) 대법원 2005. 3. 25. 선고 2003다35659 판결.

방법은 수익자 명의로 마쳐진 전세권이전등기의 부기등기의 말소절차의 이행을 구하는 것으로 충분하지만, 존속기간 만료 후에 전세권 양도가 사해행위로 취소되는 경우에는 아래 제 6.의 1.항에서 보는 바와 마찬가지로 부기등기의 말소 외에도 전세금 반환채권양도의 취소 및 그 통지도 구하여야 할 것이다.

2. 근저당 최고액 변경 등기 청구에 의한 회복

근저당권설정계약 중 일부만이 사해행위에 해당하는 경우에는 그 원상회복은 가액배상에 의하거나 등기의 일부말소에 의할 것이 아니라 근저당권설정등기의 채권최고액을 감축하는 근저당권변경등기절차의 이행을 명하는 방법에 의한다(대법원 2006. 12. 7. 선고 2006다43620 판결). 말소등기의 대상이 되는 것은 등기사항의 전부가 부적법한 경우이고, 등기사항의 일부만이 부적법한 때에는 변경등기·경정등기 또는 말소회복등기 등의 대상은 되어도 말소등기의 대상은 아니기 때문이다.[62] 그리고 위와 같이 일부말소 의미의 변경등기가 가능한 이상 그 변경등기 방법에 의하는 것이 가액반환에 의하는 것보다 원상회복의 원칙적 방법으로서의 원물반환의 형태에 더 부합하기 때문이다.

채권최고액을 감축하는 변경등기에 의하는 구체적인 사례에 관해서 살펴본다. 채무자 "을" 소유의 부동산에 관해서 근저당권자 "무", 채권최고액 6억 원인 선순위 근저당권설정등기가 마쳐졌고, 그 후 "을"이 채무초과상태에서 "병"으로부터 15억 원을 차용하면서 수익자 "병"과 사이에 채권최고액 20억의 근저당권설정등기를 마쳤으며, 한편, "을"이 "병"으로부터 차용한 돈 중의 일부로 위 "무"의 선순위 근저당권의 피담보채무액 5억 원을 변제함으로써 그 선순위 근저당권설정등기가 말소된 경우이다.[63]

위와 같은 사안에 있어, 당초 선순위 근저당권의 피담보채무액 5억 원 부분은 일반 채권자들의 공동담보에 제공되지 않은 것이므로, "을"과 "병"이 체결한 근저당권설정계약은 차용금의 일부로서 선순위 근저당권의 피담보채무를 변제

---

62) 곽윤직, 부동산등기법(신정판) 제280면. 대법원 2012. 2. 9.자 2011마1892 결정은, '부동산 전부에 관한 등기 중 일부 지분인 경우에는 실질적으로는 말소이지만 등기 형식은 경정등기의 방식을 취하는 일부말소 의미의 경정등기에 의하여야 한다'고 판시하였다.

63) 대법원 2006. 12. 7. 선고 2006다43620 판결의 사안 내용을 정리한 것이다.

한 부분을 제외한 나머지 설정계약 부분만 사해행위에 해당한다고 할 것이다.

다시 말하면 "을"과 "병"이 체결한 근저당권설정계약은 사해성이 없는 종전의 "을"과 "무" 사이의 선순위 근저당권을 실질적으로 승계하여 포함하고 있다고 볼 수 있으므로, 종전의 선순위 근저당권이 담보하는 채권액 범위까지는 축소하여 존속시키되,64) 이를 초과하는 나머지 부분에 관해서 사해행위로서 취소의 대상으로 삼는 것이다.

따라서, 위와 같은 경우에는 "을"과 "병" 사이의 근저당권 설정계약을 채권최고액 20억 원에서 변제한 선순위 근저당권 피담보채무액을 공제한 잔액의 한도 내에서 즉 채권최고액 중 선순위 근저당권의 피담보채무액을 초과하는 부분을 사해행위로서 취소하고, 원상회복으로서 근저당권설정등기의 채권최고액 20억 원을 변제한 선순위 근저당권의 피담보채무액으로 감축하는 근저당권변경등기절차의 이행을 구한다. 위 사례에 관한 구체적인 청구취지로서는「별지 기재 부동산에 관하여, (1) "을"과 "병" 사이에 2015. ○. ○. 체결된 근저당권설정계약을 채권최고액 5억 원을 초과하는 부분에 한하여 취소한다. (2) "병"은 "을"에게 ○○등기소 2015. ○. ○. 접수 제5050호로 마친 근저당권설정등기의 채권최고액 20억 원을 5억 원으로 변경하는 등기절차를 이행하라.」고 기재하는 것이 적절하다.

다만, 위 1.의 (2)항에서 살펴 본 바와 같이, 선행 근저당권이 설정된 부동산에 관하여 사해행위인 근저당권설정계약에 의해 그 등기가 마쳐진 후 선행 근저당권설정등기가 말소된 경우에는, 선행 근저당권설정등기가 말소된 구체적인 경위에 따라 원상회복의 방법으로서 사해행위에 의해 마쳐진 후행 근저당권설정등기 전부의 말소에 의할 것인지, 일부 말소 의미의 변경등기에 의할 것인지를 가려야 한다.

위에서 본 사례에서, 선순위 근저당권자 "무" 명의로 마쳐진 근저당권설정등기가 "병"이 대여한 자금으로 피담보채무를 변제함으로써 말소된 것이 아니라, "무"의 근저당권 포기에 의한 것이거나, 채무자 "을" 또는 수익자 "병"이 저당

---

64) 이는 수익자가 채무자의 부동산에 관하여 설정된 선순위저당권의 피담보채무를 변제하여 그 설정등기를 말소하는 대신 동일한 금액을 피담보채무로 하는 새로운 저당권을 설정하는 이른바 담보물의 대체는 채무자의 공동담보를 부족하게 하는 것이 아니므로 사해행위에 해당하지 않는 것(대법원 2012. 1. 12. 선고 2010다64792 판결)과 그 법리적 기초를 같이한다고 할 것이다.

권 설정과 무관하게 별도로 마련한 자금에 의한 변제에 따라 말소된 경우라면, 사해행위취소에 의한 원상회복은 수익자 “병” 명의로 마쳐진 근저당설정등기를 전부 말소하는 방법에 의할 것이다.

제 5. 금전 또는 동산에 관한 회복

1. 채권자의 직접 이행청구 가능

사해행위 취소에 의한 원상회복은 채권자가 강제집행을 행사할 수 있는 상태로 채무자의 책임재산을 회복한다는 의미이므로, 수익자(또는 전득자)가 사해행위의 목적물에 관해서 원상회복을 이행하여야 할 상대방은 원칙적으로 채무자라고 할 것이다.

그러나, 사해행위의 목적물이 금전 또는 유체동산인 경우에는, 등기부상의 권리자명의를 회복하는 것으로 충분한 부동산의 경우와는 달리, 채무자가 반환의 목적물인 금전 또는 유체동산을 현실적으로 수령하지 않을 경우에는 처치곤란의 문제가 생기므로, 취소채권자는 수익자나 전득자에 대하여 직접 자기에게 금전을 지급하거나 동산을 인도할 것을 청구할 수 있다(대법원 2003. 11. 28. 선고 2003다50061 판결). 마찬가지로 원상회복을 가액반환의 방법으로 하는 경우에 채권자는 직접 자기에게 이행할 것을 청구할 수 있다(대법원 2008. 4. 24. 선고 2007다84352 판결).

2. 금전의 원물반환과 지연이자의 기산점

대법원 2006. 10. 26. 선고 2005다76753 판결은, 금전의 지급행위 자체가 사해행위에 해당하여 이를 취소하고 원상회복으로서 금전의 지급을 구하는 경우에는 원금 외에 지연배상금의 지급도 구할 수 있고, 이 경우에 지연배상금의 기산점은 상대방이 실제로 금전을 지급받은 때라고 판시하였다.

금전에 의한 원상회복의 경우에 그것이 원물반환에 갈음하는 가액반환의 성격을 가지는 때에는 그 의무는 사해행위 취소를 명하는 판결이 확정되는 때에 비로소 발생하므로 지연이자의 기산점은 가액반환을 명하는 판결의 확정일 다음날부터이다(대법원 2009. 1. 15. 선고 2007다61618 판결). 그렇지만, 그것이 원물반환의 성격을 가지는 때에는 그 받은 다음날부터 지연이자를 기산하는 점에 유의할 것이다.

금전에 관해서는 그 채무불이행으로 인한 손해배상의 경우에 채권자는 손해의 증명을 요하지 아니하고 채무자는 과실 없음을 항변하지 못하며(민법 제397조 제2항), 계약 해제의 원상회복으로서 금전을 반환할 경우에는 그 받은 날로부터 이자를 가산하여야(민법 제548조 제2항) 하는 등 법률상 특별한 취급을 하고 있다.

위 대법원 2005다76753 판결이, 금전의 증여 등 금전 지급 자체가 사해행위에 해당하는 경우에, 원금뿐만 아니라 그 받은 다음날부터의 지연이자도 가산하여 반환하도록 한 것은, 위와 같은 금전의 특성을 사해행위 취소에 의한 원상회복에도 반영한 것으로 이해할 수 있다.

3. 약속어음 공정증서 인도청구 가부(可否)

대법원 2002. 10. 25. 선고 2000다64441 판결은, '채무자의 약속어음 발행이 사해행위에 해당하고 그 어음을 발행받은 수익자가 약속어음에 관하여 공정증서를 작성 받는 등으로 집행권원을 얻은 경우, 이로써 아직 강제집행절차가 종료되지 아니한 때에는, 수익자가 어음채권을 취득한 것 외에 어떠한 구체적인 수익을 얻었다고 할 수 없고 집행권원을 얻은 것 자체를 원상회복의 대상이 되는 수익에 해당한다고 할 수 없으므로, 채권자는 원상회복으로서 그 집행권원의 반환이나 인도 등을 구할 수 없다'고 판시하였다.

그리고 위 대법원판결은, '수익자가 위 집행권원으로써 강제집행에 나아가 집행절차가 종료된 때에는, 채권자는 사해행위인 약속어음의 발행행위를 취소하고 원상회복으로서 강제집행의 결과 수익자가 얻은 환가금이나 추심금 또는 전부금의 반환이나 전부채권의 양도를 구할 수 있다'고 판시하였다.

제 6. 금전채권에 관한 회복

1. 채권양도의 취소와 원상회복

(1) 양수인의 추심에 의해 양도 채권이 소멸한 경우

사해행위에 해당하는 채권양도가 채권자에 의하여 취소되기 전에 이미 채권 양수인인 수익자가 제3채무자로부터 그 채권을 변제받는 등으로 양도채권이 소멸된 때에는, 채권자는 원상회복의 방법으로 수익자를 상대로 채권양도의 취소와 함께 변제로 수령한 금전의 지급을 가액반환의 방법으로 청구할 수 있다(대법원 2003. 11. 28. 선고 2003다50061 판결).

전득자가 제3채무자로부터 변제받은 경우에는, 채권자는 채무자와 수익자 사이의 채권양도계약을 사해행위로서 취소하고, 악의의 전득자를 상대로 변제로 수령한 금전의 지급을 가액반환의 방법으로 청구할 수 있다.

채권자의 피보전채권액이 수익자 또는 전득자의 추심액보다 적을 경우에는 원칙적으로 피보전채권액을 한도로 한다.

(2) 양도 채권이 소멸하지 않은 경우

(가) 원상회복의 방법

채무자의 수익자에 대한 채권양도가 사해행위로 취소되는 경우, 수익자(양수인)가 제3채무자에게서 아직 채권을 추심하지 아니한 때에는, 채권자는 사해행위 취소에 따른 원상회복으로서 수익자(양수인)가 제3채무자에게 채권양도가 취소되었다는 취지의 통지를 하도록 청구한다(대법원 2015. 11. 17. 선고 2012다2743 판결). 전득자가 있는 경우에도 아직 그 채권을 변제받지 않고 있는 경우에는, 채권자는 원상회복으로서 수익자를 상대로 채권양도가 취소되었다는 통지를 제3채무자에게 할 것을 청구한다.

사해행위인 채권양도의 취소에 따른 원상회복에 관한 청구취지(또는 판결 주문)로서는 「수익자는 제3채무자에게 별지 기재 채권 양도가 취소되었다는 취지의 통지를 하라」는 것으로 충분하고, 「수익자는 채무자에게 별지 기재 채권(즉,

양도가 취소된 채권)을 양도(반환의 의미)하라」는 문구를 추가하지 않는다. 이러한 기재형태는 사해행위인 근저당권설정계약의 취소에 따른 원상회복으로서 그 설정등기의 말소를 청구하였다가, 소송 진행 중에 목적 부동산에 관하여 경매절차가 진행되어 배당이 이루어졌으나 채권자의 배당금지급금지가처분으로 인하여 수익자가 현실적으로 배당금을 지급받지 못한 경우에, 그 원상회복 방법을 변경하는 청구취지의 기재형태와 차이가 있다. 경매의 결과 수익자에게 배당이 이루어졌으나 현실적으로 배당금을 지급받지 못한 경우에는 「수익자는 채무자에게 별지 기재 배당금 채권을 양도하고, 대한민국[65](○○법원 세입세출 외 현금출납공무원)에게 위 채권양도사실을 통지하라」는 기재형태를 취한다(대법원 1997. 10. 10. 선고 97다8687 판결).

위와 같이 금전채권양도계약의 취소에 따른 원상회복방법과 배당금채권에 관한 원상회복방법에 차이가 나는 이유는 무엇인가.

근저당권설정계약에 의해서는 목적 부동산에 관하여 수익자 명의로 근저당권설정등기가 마쳐지는 현실적인 재산급부가 수반된다. 그런데, 채권자취소소송의 계속 중에 그 목적 부동산에 관하여 집행절차가 진행되어 수익자에게 그 명의의 근저당권설정등기에 기초하여 배당이 이루어지면, 근저당권설정계약에 의한 현실적인 재산급부는 수익자 명의의 근저당권설정등기에서 배당금 출급청구권이라는 형태로 변형되어 남아있게 되었다고 볼 수 있다.

따라서, 근저당권설정계약을 사해행위로서 취소하고 원상회복을 구함에 있어서는 채권자취소소송의 계속 중에 수익자 명의로 변형된 형태로 남아 있는 재산급부인 배당금 출급청구권에 관해서도 수익자에게 배당되는 것을 방지하고 채무자의 책임재산으로 회복시키기 위하여 수익자에 대하여 그 반환(즉, 채무자에게 양도하는 절차의 이행)을 구할 필요가 있다.

그런데, 사해행위인 채권양도가 취소되고 그 채권이 소멸되지 않은 경우에는 그 사해행위의 대상이 된 채권 자체가 현실적으로 다른 재화로 변형되지 않고 그대로 남아 있고, 취소의 상대적 효력에 의해 취소채권자와 수익자(양수인) 사이의 상대적 관계에서만 채무자의 채권으로 취급될 뿐이다. 따라서, 채권양도

65) 국가(대한민국)가 배당금 출급채권의 제3채무자의 지위에 있다.

의 취소에 따른 원상회복으로서는 수익자(양수인)에 대하여 제3채무자에게 채권양도가 취소되었다는 취지의 통지를 할 것을 구함으로써 대항요건을 갖추는 것으로 충분하고, 수익자(양수인)에 대하여 그 양도된 채권을 채무자에게 다시 양도하여 반환하도록 할 필요는 없다.[66]

사해행위에 해당하는 채권양도가 채권자에 의하여 취소되기 전에 이미 채권양수인인 수익자가 제3채무자로부터 그 총 채권액 3억 원중의 일부인 1억 원을 변제받아 그 일부는 소멸하였으나, 수익자(양수인)가 제3채무자에게서 아직 나머지 채권액 2억 원을 추심하지 아니한 경우에는 어떠한가. 이와 같은 경우의 청구취지(또는 판결주문)로서는 「1. 수익자와 채무자 사이에 2017년 ○월 ○일 체결된 별지 목록 기재 채권 3억 원에 관한 채권양도계약을 취소한다. 2. 수익자는 채권자에게 1억 원 및 이에 대한 이 판결 확정일 다음날부터 완제일까지 연 5%의 비율에 의한 금원을 지급하라. 3. 수익자는 제3채무자에게 수익자와 채무자 사이에 2017년 ○월 ○일 체결된 별지 목록 기재 채권 3억 원 중 2억 원에 관한 채권양도계약이 취소되었다는 취지의 통지를 하라」로 기재하면 적절할 것이다.[67]

한편, 의사의 통지 또는 관념의 통지 등 준법률행위를 할 것을 소로써 구하는 경우에도 민사집행법 제263조가 적용되어 판결의 확정에 의하여 그 통지 등의 행위를 한 것으로 보는데, 의사표시의 상대방이 원고가 아닌 제3자일 경우에는 그 효력 발생시점은 판결이 확정된 때가 아니라 채권자가 그 확정판결 등 집행권원의 정본이나 등본을 제3자에게 제시 또는 송부하여 도달한 때이다.[68]

채권자취소소송에서는 수익자만이 피고로서 당사자로 되고 채무자는 물론 제3채무자도 제3자의 지위에 있으므로, 원상회복의 방법으로 「수익자는 제3채무자에게 채권양도가 취소되었다는 취지의 통지를 하라」는 판결주문이 확정되었다고 하더라도, 제3채무자에 대한 관계에서 양도취소 통지의 효력이 발생하기

---

66) 박창현, 채권양도가 사해행위로 취소된 경우의 원상회복 및 법률관계(부산판례연구회, 판례연구 제11집, 제128면).

67) 서울고법 2011. 11. 10. 선고 2010나123402 판결, 같은 법원 2011. 12. 22. 선고 2010나123402-1 추가판결 주문 기재 참조(대법원 2015. 11. 17. 선고 2012다2743 판결의 원심판결이다).

68) 이시윤, 신민사집행법(제8판) 제526, 527면.

위해서는 별도로 취소채권자(원고)가 승소판결 및 확정증명을 제3채무자에게 도달되도록 하여야 하는 점에 주의를 요한다.

(나) 상대적 효력과 취소 통지의 의미

채무자의 수익자에 대한 채권양도가 사해행위로 취소되고, 그에 따른 원상회복으로서 제3채무자에게 채권양도가 취소되었다는 통지가 이루어지더라도, 취소의 상대적 효력에 의하여 채권자와 수익자의 관계에서 채권이 채무자의 책임재산으로 취급될 뿐 채무자와 수익자 사이의 법률관계에는 영향을 미치지 아니한다. 따라서 채무자가 직접 채권을 취득하여 권리자로 되는 것은 아니어서 피대위채권이 존재한다고 볼 수 없으므로, 채권자는 채무자를 대위하여 제3채무자에게 그 채권에 관한 지급을 청구할 수 없다(대법원 2015. 11. 17. 선고 2012다2743 판결).

그러면, 원상회복으로서의 채권양도취소의 통지는 실제로 어떤 의미를 가지는가. 그것은 취소채권자 및 다른 채권자와 양수인에 대한 관계에서는 통지 후부터는 양도인의 채권으로 취급된다고 고지하는 것으로서 제3채무자는 양수인(수익자)에게 변제하면 안 된다는 의미라고 할 것이다.[69]

한편, 취소의 상대적 효력에 의해 채무자(양도인)가 직접 그 채권을 다시 취득하는 것도 아니므로, 제3채무자는 취소통지를 받았다고 하더라도 양도인(채무자)에게 변제해서도 안 된다.[70]

제3채무자는 채권양도의 효력, 유무 등에 관하여 법률상 사실상 의문이 있어 민법 제487조 후단에 의해 변제자의 과실 없이 채권자를 알 수 없는 경우에 해당하므로 공탁함으로써 그 채무를 면할 수 있을 것이다.[71]

---

69) 박창현, 채권양도가 사해행위로 취소된 경우의 원상회복 및 법률관계(부산판례연구회, 판례연구 제11집, 제128면).

70) 다만, 취소통지 후의 양도인은 채권의 준점유자로 볼 수 있으며, 제3채무자가 양도인에게 변제하였다면, 이는 채권의 준점유자에 대한 변제이고, 특별한 사정이 없는 한 선의 및 무과실이라고 할 것이다. 왜냐하면, 취소통지를 받은 제3채무자로서는 양도인이 채권자의 지위를 회복하여 수령권한이 있다고 믿을 것이고, 사해행위 취소의 상대적 효력 등 까다로운 법률관계에 관하여 잘 몰랐다고 하여 과실이 있다고 보기 어렵기 때문이다{박창현, 채권양도가 사해행위로 취소된 경우의 원상회복 및 법률관계(부산판례연구회, 판례연구 제11집, 제130면)}.

71) 대법원 1996. 4. 26. 선고 96다2583 판결은, 특정 채권에 대하여 채권양도의 통지가 있었으나 그 후 통지가 철회되는 등으로 채권이 적법하게 양도되었는지 여부에 관하여 의문이 있는 경우에는 민법 제487조 후단의 변제공탁사유에 해당한다고 판시하였다.

금전채권양도가 사해행위로서 취소되고 수익자 또는 전득자가 아직 양수채권을 추심하지 않은 경우에, 취소채권자가 제3채무자에 대하여 권리를 실현하는 방안에 관해서는 뒤 제6장 제2절 제 4.의 2.에서 상세하게 검토한다.

(3) 저당권부 금전채권 양도의 취소와 회복

우리 민법상 저당권은 피담보채권과 분리하여 양도할 수 없고 피담보채권과 함께 양도하여야 하므로(민법 제361조 저당권의 부종성), 저당권부 또는 근저당권부 채권의 양도에는 부동산 물권변동에 관한 규정과 채권양도의 규정이 모두 적용된다. 이러한 특수성은 채무자와 수익자 사이의 저당권부 또는 근저당권부 채권의 양도계약이 사해행위에 해당하는 경우, 소송상 청구취지를 기재함에 있어서도 유의하여야 할 부분이다.[72]

예컨대, 채무자 “을”이 자신의 “무”에 대한 채권을 담보하기 위하여 “무” 소유의 부동산에 관하여 근저당권을 설정하였는데, 그 피담보채권 확정 후 채무초과상태에서 피담보채권을 수익자 “병”에게 양도하고 “병” 앞으로 근저당권 이전의 부기등기를 마쳐 준 사안에 관하여 본다. 이와 같은 사안에서 소송상 사해행위 취소에 관한 청구취지로서는 「별지 기재 근저당권부 채권에 관하여, 채무자 “을”과 수익자 “병” 사이에 2015년 ○월 ○일 체결된 ‘확정채권 양도계약’ 및 ‘근저당권 양도계약’을 취소한다」라는 기재형태가 될 것이다. 그리고 원상회복의 방법에 관한 청구취지로서는 「수익자 “병”은 제3채무자 “무”에게 위 채권양도계약이 취소되었다는 취지의 통지를 하라」및 「수익자 “병”은 채무자 “을”에게 ○○등기소 2015년 ○월 ○일 접수 제○○○호로 마친 근저당권이전등기의 말소등기절차를 이행하라」라는 기재형태가 될 것이다.

72) 근저당권의 피담보채권이 확정되기 전에는 근저당권의 기초가 되는 기본계약상의 지위가 양도됨에 따라 근저당권이 이전되는 경우이고, 이 때 등기원인으로서는 “계약 양도” 또는 “계약의 일부 양도”라고 기재한다. 그리고, 근저당권의 피담보채권액이 확정된 후에 그 피담보채권의 전부 또는 일부의 양도로 인한 근저당권 이전등기를 하는 경우에는 채권양도에 의한 저당권이전등기에 준하고, 이 경우 등기원인으로서는 ‘확정채권 양도’ 또는 ‘확정채권 일부양도’라고 기재한다(등기예규 제1656호, 근저당권에 관한 등기사무처리지침).

(4) 양도된 채권이 불법행위로 인한 손해배상채권인 경우의 문제

대법원 2011. 6. 10. 선고 2011다8980 판결은, '고의의 불법행위로 인한 손해배상채권의 채무자는 그 채권을 수동채권으로 한 상계로 채권자에게 대항하지 못하고(민법 제496조) 그 결과 그 채권이 양도된 경우에 양수인에게도 상계로 대항할 수 없게 되나(민법 제451조 제2항 참조), 그 채권양도가 사해행위에 해당하는 경우 그 손해배상채권의 채무자가 채권양도인에 대한 채권자 지위에서 채권자취소권을 행사하여 채권양도의 취소를 구함과 아울러 그 채권이 추심에 의해 이미 소멸한 경우에 취소에 따른 원상회복의 방법으로 직접 자신 앞으로 가액배상의 지급을 구하는 것 자체는 민법 제496조에 반하지 않으므로 허용된다'고 판시하였다.

위 대법원판결의 사안 요지는, 수익자 "병"이 채무초과상태에 있던 채무자 "을"로부터 "을"의 "갑"에 대한 500만 원의 확정판결에 의한 손해배상채권을 양수하고 "갑"의 예금채권에 관하여 압류·추심명령을 통해 손해배상채권을 변제받았는데, "을"에 대하여 별도로 약 1억 원의 확정판결에 의한 매매차익반환채권을 가진 "갑"이 "을"과 "병" 사이에 위 500만 원의 손해배상채권에 관하여 체결된 채권양도양수계약을 사해행위로서 취소하고 수익자 "병"에 대하여 추심금 상당의 가액배상을 청구한 경우이다.[73)]

위 사안에서, 채무자 "을"과 수익자 "병" 사이의 사해행위인 채권양도양수에 의해 "병"에게 양도된 "을"의 "갑"에 대한 채권은 "갑"의 불법행위로 인한 손해배상채권이므로, "갑"이 다른 법률관계에서 "을"에 대한 채권자의 지위에서 위 "을"과 "병" 사이의 채권양도에 관하여 채권자취소를 구하는 것이 불법행위채권을 수동채권으로 하는 상계를 금지하는 민법 제496조에 반하는지 여부가 법률적 쟁점으로 되었는바, 위 대법원판결은 위와 같은 경우에 "갑"의 사해행위 취소 및 가액반환 청구는 민법 제496조의 상계금지 규정에 반하지 않으므로 허용된다고 판시한 것이다.

---

73) 위 대법원판결의 제1심(수원지법 안산지원 2010. 8. 11. 선고 2010가단14384)판결의 내용을 축약·정리한 것이다.

2. 채무면제의 취소와 원상회복

채무자의 제3채무자에 대한 채무면제가 사해행위에 해당하는 경우에는 취소채권자는 수익자의 지위에 있는 제3채무자를 상대로 그 면제행위의 취소를 구한다. 그리고, 채무면제를 취소하는 경우에도 채권양도를 취소하는 경우와 마찬가지로 그 사해행위에 의해 현실적인 재산의 이전을 수반하지 않으므로, 그 면제행위의 취소만을 구하는 것으로 족하고 따로 원상회복을 구할 여지는 없다.

채무면제가 사해행위로서 취소된 경우에, 취소채권자가 수익자(제3채무자)에 대하여 권리를 실현하는 방안에 관해서도 채권양도가 취소된 경우와 마찬가지로 뒤의 제6장 제2절 제 4.의 3.에서 상세하게 검토한다.

3. 명의신탁된 예금채권의 회복

(1) 예금주 명의신탁약정의 사해행위성

대법원판례에 의하면, 예금출연자와 명의인 사이의 명의신탁약정에 의해 예금주 명의신탁관계가 성립되고 그 명의신탁약정이 사해행위 취소의 대상이 될 수 있다.[74)]

일반적으로, 명의신탁자가 채무자인 경우에 명의신탁약정에 의해 대외적인 관계에서는 권리가 명의수탁자인 수익자에게 귀속되고 그에 따라 채무자인 명의신탁자의 적극재산이 일방적으로 감소된다고 할 수 있으므로, 명의신탁약정에 의해 채무자인 명의신탁자의 채무초과상태가 심화되거나 채무초과상태가 유발된 경우에는, 명의신탁약정 자체가 사해행위에 해당하는 것이다.

따라서, 채무자가 채무초과상태에서 수익자에게 예금계좌명의를 신탁한 행위는 금융기관이나 제3자에 대한 대외적인 관계에서는 수익자 명의의 계좌에 입금된 돈의 반환청구권이 수익자에게 귀속된다고 할 것이므로, 채무자의 일반채

74) 대법원 2001. 1. 5. 선고 2000다49091 판결, 2015. 7. 23. 선고 2014다212438 판결 등, 부동산에 관한 명의신탁은 부동산실명법에 의해 규율되고, 그 밖의 주식, 예금 등 재산에 관한 명의신탁은 일단 유효한 것으로 취급된다. '금융실명거래 및 비밀보장에 관한 법률' 제3조(금융실명거래)는 단속규정일 뿐 효력규정은 아니다(대법원 2001. 1. 5. 선고 2000다49091 판결).

권자에 대한 관계에서 책임재산을 감소시키는 법률행위로서 사해행위에 해당한다. 그리고 수익자(명의인)가 채무자(예금출연자)의 부탁에 따라 채무자(예금출연자)에게 금융거래계좌의 통장과 거래인감을 교부하고 채무자(예금출연자)가 그 계좌에 돈을 입출금하였다면, 채무자와 수익자 사이에 예금주 명의신탁약정이 (묵시적으로) 체결되었다고 볼 것이다.[75)]

일반적으로 명의신탁은 계약의 당사자가 서로 대가적인 출연을 하지 않는 무상계약이라는 점에서 증여와 성질을 같이 한다고 할 수 있으나, 신탁관계가 종료될 경우 수탁자는 신탁자에게 신탁의 목적인 권리를 이전하여야 할 의무를 부담하고 한편 신탁관계는 별다른 제한 없이 신탁자의 일방적 의사표시에 의하여 해지 종료한다는 점에서 증여와는 다른 특성이 있다.

따라서, 출연자와 예금주인 명의인 사이에 예금주 명의신탁계약이 체결된 경우 명의인은 출연자의 요구가 있을 때에는 금융기관에 대한 예금반환채권을 출연자에게 양도할 의무가 있다(대법원 2015. 7. 23. 선고 2014다212438 판결).

(2) 원상회복의 방법

예금주 명의신탁계약이 사해행위에 해당하여 취소될 경우 취소에 따른 원상회복은, 명의인이 예금계좌에서 예금을 인출하여 사용하였거나 예금계좌를 해지하였다는 등의 특별한 사정이 없는 한, 명의인에 대하여 금융기관에 대한 예금채권을 출연자에게 양도하고 아울러 금융기관에 대하여 양도통지를 할 것을 명하는 방법으로 이루어진다(대법원 2015. 7. 23. 선고 2014다212438 판결).

예컨대, 예금주 명의신탁약정에 의해 수익자 "병" 명의로 개설된 금융거래계좌에 채무자 "을"이 채무초과상태에서 타인으로부터 받은 액면 10억 원의 자기앞 수표를 위 계좌에 입금한 뒤, 수익자 "병"이 아닌 채무자 "을" 또는 그 대리인이 그 돈을 출금하여 채무자 "을"의 개인 용도로 사용하였고, 그 결과 위 계좌에 5,000만 원이 남아 있는 상태에서 해지되지 않은 채 존재하고 있는 사례에 관하여 본다. 이러한 경우, 예금주 명의신탁약정의 취소로 인한 원상회복은 수익자 "병"에 대하여 위 계좌에 남아 있는 예금에 관한 반환채권을 채무자

75) 대법원 2015. 7. 23. 선고 2014다212438 판결의 사안요지 참조. 명의신탁관계는 묵시적 합의에 의해서도 성립할 수 있다(대법원 2001. 1. 5. 선고 2000다49091 판결).

"을"에게 양도하고 금융기관에 대하여 그 양도의 통지를 할 것을 명하는 방법에 의한다.[76]

예금계좌에서 예금이 인출되어 사용된 경우에는 위와 같은 원상회복이 불가능하고 가액반환에 의할 것인데, 수탁자(수익자)가 예금을 인출·사용한 경우에만 가액반환이 인정되고 신탁자가 인출·사용한 경우에는 수탁자(수익자)의 가액반환의무가 인정되지 않는다(대법원 2018. 12. 27. 선고 2017다290057 판결). 대법원 2018. 12. 27. 선고 2017다290057 판결은, 누가 인출·사용했는지에 관한 입증책임에 대하여, '신탁자가 수탁자의 통장과 인장, 접근매체 등을 교부받아 사용하는 등 사실상 수탁자의 계좌를 지배·관리하고 있을 때에는 신탁자가 예금을 인출·사용한 것으로 볼 수 있다. 그러나 신탁자가 수탁자의 계좌를 지배·관리하고 있음이 명확하지 않은 경우에는 신탁자가 명의인의 예금계좌에서 예금을 인출하거나 이체하여 사용하였다는 점을 수탁자가 증명하지 못하면 수탁자가 예금을 인출·사용한 것으로 보아야 한다. 예금을 인출·이체하는 데 명의인 본인의 확인이나 본인 인증 등을 거쳐야 한다는 점에서 일반적으로 명의인이 예금을 사용했다고 보는 것이 자연스럽기 때문이다'라고 판시하였다.

앞서 본 바와 같이, 명의신탁된 예금을 신탁자가 인출하여 사용하였다면 수탁자(수익자)의 가액반환의무는 인정되지 않고 그 인출된 예금이 신탁자에게 복귀한 것과 같으므로 이 부분에 대해서는 사해행위 취소 및 원상회복을 구할 권리보호의 이익이 없게 된다.[77]

예컨대, 명의신탁된 예금 3억 원 중에서 심리한 결과 신탁자가 2억 원을 인출하였음이 밝혀지고 변론종결 당시 수탁자 계좌의 예금잔액이 1억 원 남아 있는 경우의 주문 기재례에 관하여 본다.

이 경우, 「1. 피고(수익자)와 소외 "을"(채무자) 사이에 2020. 10. 15. ○○은행 ○○지점 계좌(계좌번호)에 관하여 체결된 예금명의신탁계약을 1억 원의 한도 내에서 취소한다. 2. 피고(수익자)는 제1항 기재 계좌에 관한 예금반환채권을

---

76) 수익자 "병"이 위 계좌에 입금된 돈을 인출하여 사용한 경우에는 일종의 원물반환방법인 예금반환채권을 채무자 "을"에게 양도하는 방식에 의한 원상회복이 불가능하게 되었다고 할 것이므로, 예금에 상당한 가액의 반환을 구할 수 있다(대법원 2015. 7. 23. 선고 2014다212438 판결의 사안 내용 참조).

77) 대법원 2008. 3. 27. 선고 2007다85157 판결 참조.

소외 “을”(채무자)에게 양도하고, ○○은행에 위 채권양도의 통지를 하라. 3. 이 사건 소 중 제1항 기재 예금명의신탁계약 중 2억 원 부분에 관한 사해행위취소 및 원상회복청구 부분을 각하한다.」라고 기재하는 것이 적절할 것이다.

한편, 채권양도의 통지, 최고 등의 준법률행위를 할 것을 소로써 구하는 경우에도 민사집행법 제263조가 적용되어 판결의 확정에 의하여 그 통지 등 의 행위를 한 것으로 본다. 그런데, 의사표시의 상대방이 원고가 아닌 제3자인 경우에는 의사표시의 의제 시점은 판결이 확정된 때가 아니라 채권자가 그 확정판결 등 집행권원의 정본이나 등본을 제3자에게 제시 또는 도달한 때이다.[78]

따라서, 채권양도 통지의 상대방이 원고가 아닌 제3자인 경우에는 판결의 확정만으로 양도통지의 효력이 생기는 것이 아니라, 판결 확정 후 원고가 스스로 위 판결과 그 확정증명을 그 제3자에게 제시 또는 도달함으로써 비로소 양도통지의 효력이 생기는 점에 유의할 것이다. 또한 채권자취소소송에서는 수익자만이 피고로서 당사자로 되고 채무자는 물론 제3채무자(예금채권에 있어서는 금융기관이 제3채무자가 될 것이다)도 제3자의 지위에 있는 점에도 유의하여야 한다. 채권양도 통지의 도달시점은 채권의 이중양도나 가압류결정 등과 경합된 경우 그 우열을 가리는 기준이 되므로[79] 실무상 중요한 의미를 가진다.

---

78) 이시윤, 신민사집행법(제8판) 제526, 527면.
79) 대법원 1994. 4. 26. 선고 93다24223 전원합의체 판결.

제 7. 주식에 관한 회복

1. 주권이 발행된 경우

(1) 주권의 인도 청구

주권이 발행된 경우에 주식의 양도는 주권의 교부를 요하고(상법 제336조 제1항), 주권에 관해서는 원칙적으로 유체동산 집행의 방법에 따라 강제집행이 이루어진다(민사집행법 제189조 제2항 제3호).

대법원 1999. 8. 24. 선고 99다23468 판결은, 채무자의 수익자에 대한 주식 양도가 사해행위에 해당하고 주권이 수익자에게 교부된 경우에 관하여, 사해행위의 목적물인 주권은 동산에 해당하고 그 원물반환이 가능하므로, 채권자는 원상회복 방법으로서 수익자에 대하여 직접 자기에게 주권을 인도할 것을 청구할 수 있다고 판시하였다.

그리고, 대법원 2007. 7. 12. 선고 2007다18218 판결은, 사해행위의 목적물이 상장주식일 경우에는 수익자가 양수한 주식을 처분하여 교부받은 주권 그 자체를 보유하고 있지 않더라도, 특별한 사정이 없는 한 대체물인 그 상장법인의 주식 중 원상회복을 할 수량을 다시 취득하여 원물반환의무를 이행할 수 있으므로, 수익자가 주권을 보유하고 있지 않다는 사실만으로는 가액반환 사유에 해당하지 않는다고 판시하였다.

(2) 주권예탁결제제도

상장회사의 주식에 관하여 주권이 발행된 경우에는 "자본시장과 금융투자업에 관한 법률"이 규정하는 주권예탁결제제도(위 법률 제308조 내지 제323조)에 따른 양도방법에 의할 수 있다. 예탁결제원에 예탁된 주식의 양도는 주권을 교부하지 않고 계좌상의 대체 기재에 의하고(위 법률 제311조 제2항), 예탁자는 언제든지 예탁원에 대하여 지분에 해당하는 주권의 반환을 청구할 수 있다(위 법률 제312조 제2항).

예탁증권 등에 관한 강제집행·가압류 및 가처분의 집행 또는 경매에 관하여 필요한 사항은 대법원규칙으로 정하도록 위임되어 있고(위 법률 제317조), 이에 따라 민사집행규칙은 제176조 내지 제182조에서 예탁유가증권에 대한 집행에 관하여 상세하게 규정하고 있다.

2. 주권이 발행되지 않은 경우

(1) 주권 발행 없는 경우의 주식양도 방법 및 효력

회사가 주권을 발행하지 않은 경우에는 회사의 성립 후 또는 신주의 납입기일 후 6개월이 경과하면 주권 없이도 유효하게 주식을 양도할 수 있다(상법 제335조 제3항 단서).

주권이 발행되지 않은 경우의 주식의 양도는 당사자의 의사표시만으로 효력이 발생하고 양수인은 단독으로 자신이 주식을 양수한 사실을 증명함으로써 회사에 대하여 명의개서를 청구할 수 있지만, 회사 이외의 제3자에 대하여 양도사실을 대항하기 위해서는 지명채권의 양도에 준하여 확정일자 있는 증서에 의한 양도통지 또는 승낙을 갖추어야 한다. 따라서 양도인은 회사에 그와 같은 양도통지를 함으로써 양수인으로 하여금 제3자에 대한 대항요건을 갖출 수 있도록 해 줄 의무를 부담한다.[80]

한편, 주주명부에 기재된 명의상의 주주는 회사에 대한 관계에서 자신의 실질적인 권리를 증명하지 않아도 주주의 권리를 행사할 수 있는 자격수여적 효력을 인정받을 뿐이지 주주명부의 기재에 의하여 창설적 효력을 인정받는 것은 아니다. 따라서, 주권이 발행되지 않은 때 주식의 이중양도가 문제되는 경우 양수인들 사이의 우열관계는 주주명부 상의 명의개서 경료 여부가 아니라 확정일자 있는 양도통지가 회사에 도달한 일시 또는 확정일자 있는 승낙의 일시의 선후에 의하여 결정한다.[81]

(2) 원상회복의 방법

채권자취소소송 실무상, 채무자가 자신의 보유 주식을 처분한 것이 사해행

80) 대법원 2006. 9. 14. 선고 2005다45537 판결.
81) 대법원 2006. 9. 14. 선고 2005다45537 판결.

위로서 문제되는 경우에 그 주식에 관하여 주권이 발행되지 않은 경우가 적지 않다.

채무자의 수익자에 대한 주권의 교부 없는 주식양도가 사해행위로 취소되는 경우에 그 원상회복의 방법은 위 (1)항에서 살펴 본 바와 같은 법리에 따라 지명채권의 양도가 취소되는 경우와 마찬가지로, 채권자는 사해행위 취소에 따른 원상회복으로서 수익자가 주식의 발행회사에게 주식양도가 취소되었다는 취지의 통지를 하도록 청구하는 것이 될 것이다.

그리고, 채권자취소소송에서는 수익자만이 피고로서 당사자로 되고 채무자는 물론 제3채무자도 제3자의 지위에 있으므로, 원상회복의 방법으로 '수익자는 주식의 발행회사에게 주식양도가 취소되었다는 취지의 통지를 하라'는 판결주문이 확정되었다고 하더라도, 회사에 대한 관계에서 취소 통지의 효력이 발생하기 위해서는 별도로 취소채권자(원고)가 승소판결 및 확정증명을 회사에게 도달되도록 하여야 하는 점에 주의를 요한다. 또한, 위 (1)항에서 본 바와 같이 주권이 발행되지 않은 때 주식의 이중양도가 문제되는 경우 양수인들 사이의 우열관계는 주주명부 상의 명의개서 경료 여부가 아니라 확정일자 있는 양도통지가 회사에 도달한 일시 또는 확정일자 있는 승낙의 일시의 선후에 의하여 결정되는 점에도 주의를 요한다.

3. 명의신탁된 주식의 원상회복

(1) 주식 명의신탁약정의 사해행위성

일반적으로 명의신탁약정이라 함은 실제 권리자(명의신탁자)가 타인(명의수탁자)과 사이에서 대내적으로는 실권리자가 권리를 보유하고 그에 관한 등기 등 대외적 표시를 그 타인 명의로 하기로 하는 약정을 일컫는다. 그런데, 명의신탁자가 채무자인 경우에 명의신탁약정에 의해 대외적인 관계에서는 권리가 명의수탁자인 수익자에게 귀속되고 그에 따라 채무자인 명의신탁자의 적극재산이 일방적으로 감소된다고 할 수 있으므로, 명의신탁약정에 의해 채무자인 명의신탁자의 채무초과상태가 심화되거나 채무초과상태가 유발된 경우에는, 명의신탁약정 자체가 사해행위에 해당한다고 할 것이다.

대법원판례는 실질상의 주주와 명의인 사이의 명의신탁약정에 의해 주주명부상 주주 명의의 명의신탁관계가 성립되고 그 명의신탁약정이 사해행위 취소의 대상이 될 수 있다고 한다(대법원 2014. 12. 11. 선고 2014다218511 판결, 2012. 8. 23. 선고 2012두8151 판결).

(2) 원상회복의 방법

일반적으로 명의신탁은 계약의 당사자가 서로 대가적인 출연을 하지 않는 무상계약이라는 점에서 증여와 성질을 같이 한다고 할 수 있으나, 명의신탁관계는 별다른 제한 없이 신탁자의 일방적 의사표시에 의하여 해지 종료되고, 명의신탁관계가 종료될 경우 수탁자는 신탁자에게 신탁의 목적인 권리를 이전하여야 할 의무를 부담한다는 점에서 증여와는 다른 특성이 있다.

여기에서는, 소송실무상 주식 명의신탁에 관해서 채권자취소가 주로 문제되는 경우로서 주권이 발행되지 않은 주식에 대하여 실질상의 주주가 따로 있고 주주명부상의 주주는 명목상의 주주로서 실질상의 주주가 그 명의를 신탁한 사안에 있어서 원상회복 방법에 관하여 살펴본다.

주권이 발행되지 않은 주식에 관하여 주주명의를 신탁한 실질상의 주주가 수탁자에 대하여 명의신탁계약을 해지하면 그 주식에 대한 주주의 권리는 그 해지의 의사표시만으로 명의신탁자에게 복귀한다(대법원 2013. 2. 14. 선고 2011다109708 판결). 그리고 이와 같은 명의신탁관계의 종료에 따라, 명의수탁자는 실질상의 주주인 명의신탁자에게 주주명부상의 주주 명의를 명의신탁자 명의로 개서하는 데 협력할 의무가 있다고 할 것이다.[82)]

따라서, 채권자가 채무자와 수익자 사이의 주권이 발행되지 않은 주식에 관하여 체결된 양도계약이 실질적으로는 주주 명의의 명의신탁계약으로서 사해행위에 해당하는 경우에, 그 사해행위취소 및 원상회복의 청구취지는 「수익자와 채무자가 2015. ○. ○. 별지 기재 주식에 관하여 체결한 양도계약을 취소한다. 수익자는 채무자에게 위 주식양도계약의 취소를 원인으로 하는 주식명의개서절

82) 주주명부에 기재된 명목상의 주주명의인인 명의수탁자가 실질적인 주주인 명의신탁자의 주주권을 다투는 경우에, 명의신탁자는 명의수탁자를 상대로 주주권의 확인을 구하는 소를 제기하고, 주식의 발행 회사를 상대로 명의개서절차이행의 소를 구할 수 있을 것이다(대법원 2013. 2. 14. 선고 2011다109708 판결의 이유 설시 부분 참조).

차를 이행하라」는 것이 적절할 것이다.[83)]

참고로, 대법원 2017. 3. 23. 선고 2015다248342 전원합의체 판결은, '주주명부제도는 … 단체법적 법률관계의 특성상 … 다수의 주주와 관련된 법률관계를 외부적으로 용이하게 식별할 수 있는 형식적이고도 획일적인 기준에 의하여 처리할 수 있도록 하여 … 법적안정성 등을 도모하기 위함이므로, …… 주주명부상의 주주만이 회사에 대한 관계에서 주주권을 행사할 수 있고, 이러한 법리는 주주에 대하여서만 아니라 회사에 대해서도 마찬가지로 적용되므로, 회사는 특별한 사정이 없는 한 주주명부에 기재된 자의 주주권 행사를 부인하거나 주주명부에 기재되지 않은 자의 주주권 행사를 인정할 수 없다'고 판시하였다. 위 대법원 전원합의체 판결에 의하여, 회사가 명의개서를 하지 않은 실질상의 주주를 주주로 인정하는 것은 무방하다고 한 종전 대법원판결[84)]과 회사가 주주명부상 주주가 형식주주에 불과하다는 사실을 중대한 과실로 알지 못한 채 의결권을 행사하게 한 경우에 그 의결권 행사가 위법하게 된다는 취지의 종전 대법원 판결[85)] 등은 모두 변경되었음에 주의를 요한다.

---

83) 대법원 2012. 8. 23. 선고 2012두8151 판결의 이유 설시 부분 참조, 위와 같은 청구취지에 대하여 승소판결이 확정되더라도 그 소송의 피고로 되지 않은 주식 발행 회사에 대해서는 판결의 효력이 미치지 않지만, 그 소송의 피고인 수익자에 대하여는 판결의 효력이 미치고 주식 발행회사는 수익자에 대한 위 판결을 근거로 정당하게 명의개서를 할 수 있다는 점에서, 위와 같은 청구취지에 의해 소를 제기할 이익이 인정된다고 할 것이다. 소송실무상으로는 실질상의 주주가 주식 발행회사를 상대로 하여 주식명의개서절차 이행의 소를 제기하는 사례가 많고 그 경우에 있어서 피고로 되는 자는 당해 주식을 발행한 회사이다.

84) 대법원 2005. 2. 17. 선고 2004다61198 판결, 2006. 7. 13. 선고 2004다70307 판결 등은 변경되었다.

85) 대법원 1998. 9. 8. 선고 96다45818 판결 등.

제 8. 그 밖의 재산권에 관한 원상회복

1. 특허권, 실용신안권, 자동차 등

특허권, 실용신안권, 자동차 등은 금전적 가치가 있는 재산으로서 채무자의 적극재산을 구성하고, 등록이 그 권리의 득실변경에 관한 효력발생요건으로 법정되어 있다.86)

따라서 위와 같은 권리의 처분이 사해행위에 해당하는 경우에는, 그 원상회복방법으로서의 원물반환은 부동산 등기의 경우에 준하여 위 제 1.의 1, 2.항에서 살펴 본 바와 같은 법리가 그대로 적용되고, 다만 기재례에서 '등기'를 '등록'으로 바꾸어 표현하면 될 것이다.

2. 아파트 수분양권

아파트를 분양받을 수 있는 권리(수분양권)를 매매목적물로 하는 매매계약의 실질은 분양자에 대한 계약상의 지위를 포괄적으로 이전하는 내용의 계약인수 약정에 해당하지만, 그 주목적은 매수인으로 하여금 수분양권에 기한 목적물의 소유권을 취득하게 하는 데 있다고 할 수 있다.

분양자측에서 아파트 수분양권 명의변경을 허용하여 매수인 앞으로 수분양자 명의변경을 함으로써 위와 같은 매매계약의 목적을 달성할 수 있는 경우에, 매도인으로서는 특별한 사정이 없는 한 수분양권자 명의변경절차를 이행하면 그 의무를 다하였다고 볼 수 있고, 이에 대응하여 매수인은 매도인을 상대로 아파트에 관한 수분양자 명의변경절차를 이행하라는 청구를 할 수 있다.87)

채무자가 수익자에게 아파트 수분양권을 처분한 것이 사해행위에 해당하는 경우 원상회복으로서의 원물반환방법은, 진정한 명의를 회복하기 위한 방법으로서 현재의 수분양자 명의인인 수익자를 상대로 채무자 앞으로 직접 수분양자 명의변경절차의 이행을 구하는 것이 적절할 것이다.

86) 특허법 제85조, 제87조, 제101조. 실용신안법 제20조, 제21조, 제28조. 자동차관리법 제6조.
87) 대법원 2006. 11. 23. 선고 2006다44401 판결, 1991. 9. 24. 선고 90다8879 판결 참조.

3. 행정관청의 허가를 받은 지위 등

(1) 양도 허용과 강제집행 가능

공법상의 허가권 등의 양도행위가 사해행위로서 채권자취소권의 대상이 되기 위해서는, 행정관청의 승인 없이 그 허가권 등을 자유로이 양도할 수 있는 등으로 그 허가권 등이 독립한 재산적 가치를 가지고 있어 민사집행법 제251조 소정의 '그 밖의 재산권'에 대한 집행방법에 의하여 강제집행할 수 있어야 할 것이다.[88]

따라서, 실제 사례 발생 당시에 시행되는 행정법령의 내용을 면밀하게 검토하여 허가권의 양도성에 관해서 확인하는 것이 중요하다.

(2) 양도 허부에 관한 구체적 고찰

(가) 건축주 명의

건축법시행규칙 제11조에 의하면, 건축 허가를 받거나 신고한 자가 허가 대상 건축물을 양도한 경우 양수인은 일정한 서식에 의하여 허가권자에게 건축주 명의변경서를 제출하고 이에 대해 허가권자는 신고필증을 교부하도록 규정하고 있으므로, 건축주 명의변경이 허용되어 있다. 따라서, 건축 중인 건축물을 양수한 자가 건축주 명의변경에 동의하지 않는 양도인을 상대로 그 의사표시에 갈음하여 건축허가서의 건축주 명의변경절차의 이행을 구하는 소를 제기할 수 있다.[89]

대법원 2017. 4. 27. 선고 2016다279206 판결은, '건축 중인 건물 외에 별다른 재산이 없는 채무자가 수익자에게 책임재산인 위 건물을 양도하기 위해 수익자 앞으로 건축주명의를 변경해 주기로 약정하였다면, 위 양도약정이 포함되어 있다고 볼 수 있는 건축주명의변경 약정은 채무자의 재산감소 효과를 가져오는 행위로서 다른 일반채권자의 이익을 해하는 사해행위가 될 수 있다'고 판시하였다. 또한, 위 대법원판결은, 건축주명의가 수익자 앞으로 변경된 후 수

---

88) 대법원 2010. 4. 29. 선고 2009다105734 판결 참조.
89) 대법원 1989. 5. 9. 선고 88다카6754 판결.

익자가 건물을 완공하여 사용승인을 받고 소유권보존등기를 마친 경우에는, 더 이상 사해행위에 따른 원상회복으로서 건축주명의변경절차를 이행할 수 없게 되었다고 보아 가액배상의 방법으로 원상회복의무를 이행하여야 한다고 판시하였다.

한편, 대법원 2001. 5. 8. 선고 2000다66089 판결은, 공장신축공사의 도급인으로서 채무자인 "을"이 채무초과상태에서 공사수급인 "병"에 대한 공사대금의 담보조로 신축공장의 건축주 명의를 수익자 "병"으로 변경한 사안에 관하여, 이는 공사를 완공하기 위한 부득이한 조치로서 완공하여 공장을 가동하는 것이 채권자들에 대한 최대한의 변제력을 확보하는 최선의 방법이므로 사해행위에 해당하지 않는다고 판시하였다. 위 대법원판결은, 채무자 "을"과 수익자 "병" 사이에 체결된 "병" 명의로의 건축주 명의변경약정이 "을"의 채권자 "갑"에 대한 관계에서 사해행위에 해당할 수 있음을 전제로, 다만 구체적 사실관계에 의해 사업계속을 위한 담보제공에 해당하여 사해행위성이 조각된다고 판단한 것으로 이해할 수 있다.

(나) 공유수면점용 허가 명의

대법원 2005. 11. 10. 선고 2004다7873 판결은, '공유수면점용허가권은 공법상의 권리라고 하더라도 허가를 받은 자가 관할관청의 승인 없이 그 점용허가권을 자유로이 양도할 수 있어 독립한 재산적 가치를 가지고 있고, 법률상 압류가 금지된 것도 아니어서 민사집행법 제251조 소정의 '그 밖의 재산권'에 대한 집행방법에 의하여 강제집행을 할 수 있으므로, 사해행위로서 이를 양도한 경우에는 채권자취소권의 대상이 된다'고 판시하였다.[90]

(다) 폐기물처리업 허가 명의

폐기물관리법 제33조는, 폐기물처리업자가 폐기물처리업, 폐기물처리시설을 양도한 경우에는 그 양수인이 허가에 따른 권리의무를 승계한다고 규정하고 있다.

따라서 폐기물처리업 허가권은 자유로이 양도할 수 있고 법률상 압류가 금지된 것도 아니므로, 사해행위로서 이를 양도한 경우에는 채권자취소권의 대상

90) 이 대법원판결의 사안은 구 공유수면관리법(2010. 10. 16. 폐지되고 '공유수면 관리 및 매립에 관한 법률'로 대체됨)이 시행되던 때에 발생한 것이나, 현행 '공유수면 관리 및 매립에 관한 법률' 제16조 제1, 2항, 시행령 제19조 등에도 구법과 동일하게 규정되어 있다.

이 된다고 할 것이다.[91]

(라) 자동차운송사업 허가 명의

대법원 2014. 5. 16. 선고 2013다36453 판결은, '화물자동차 운송사업의 양도가 이루어지면 허가를 포함하여 화물자동차 운송사업과 관련한 물적 시설인 화물자동차가 일체로서 이전되고, 화물자동차 운송사업자는 관할관청에 대한 신고만으로 허가를 포함한 화물자동차 운송사업의 전부 또는 일부를 양도할 수 있으며, 민사소송법 제251조에 의하여 화물자동차 운송사업의 물적 시설인 화물자동차가 일괄하여 강제집행될 경우에는 그에 관한 허가 역시 일체로서 환가될 수 있다'고 판시하였다.[92] 이어 위 대법원 2013다36453 판결은, '따라서, 화물자동차 운송사업자가 채무초과상태에서 화물자동차 운송사업을 양도하는 행위는 물적 시설인 화물자동차가 양도대상에서 제외되었다는 특별한 사정이 없는 한 사해행위 취소의 대상이 된다'고 판시하였다.

대법원 2007. 12. 28. 선고 2005다38843 판결은, 여객자동차 운송사업의 양도(다만, 개인택시운송사업의 양도는 제외)에 관해서도 위에서 본 화물자동차 운송사업의 양도와 마찬가지로 이유로, 민사소송법상 여객자동차 운송사업의 시설, 기구 등 영업재산이 일괄하여 강제집행될 경우에는 그에 관한 면허 역시 일체로서 환가될 수 있다'고 판시하였다.[93] 따라서, 여객자동차 운송사업자가 채무초과상태에서 여객자동차 운송사업을 양도하는 행위는 특별한 사정이 없는 한 사해행위 취소의 대상이 될 것이다. 그리고, 위 대법원 2005다38843 판결은, 채무자가 제3자에게 여객자동차 운송사업 면허만을 양도한 계약이 무효인 경우에 채권자는 채권자대위권의 행사로서 면허권자 명의변경을 구할 법률상의 이익이 있다고 판시하였다.

그런데 한편, 위 대법원 2013다36453 판결 및 2005다38843 판결은, 그 이

---

91) 대법원 2004. 8. 30. 선고 2004다21923 판결 이유 참조.

92) 이 대법원판결의 사안은 구 화물자동차운수사업법(2011. 6. 15. 법률 제10804호로 개정되기 전)이 시행되던 때에 발생한 것이나, 현행 화물자동차운수사업법 제16조 제1항 등에도 구법과 동일하게 규정되어 있다.

93) 이 대법원판결의 사안은 구 여객자동차운수사업법(2008. 3. 21. 법률 제8980호로 전면개정되기 전)이 시행되던 때에 발생한 것이나, 현행 여객자동차운수사업법 제14조 제1, 9항 등에도 구법과 동일하게 규정되어 있다.

유 중에서 '자동차 운송사업을 떠난 허가 또는 면허만을 법원이 강제집행의 방법으로 압류하여 환가하기에 적합하지 않다'고 판시한 점에 비추어 보면, 대법원판례는 자동차 운송사업자가 채무초과상태에서 자동차 운송사업의 전부 또는 일부가 아닌 그 허가권 또는 면허권만을 양도하는 행위에 관해서는 사해행위 취소의 대상이 되지 않는다는 입장을 취하고 있다고 이해된다.

(마) 어업 허가 명의

수산업법은 면허에 의해 발생하는 어업권에 관해서는 물권의 일종으로서 민법 중 토지에 관한 규정을 준용하고(수산업법 第16조), 이러한 어업권과는 별도로 어선 또는 어구에 대한 허가에 의하여 어업을 할 수 있는 허가어업에 관해서 규정하고 있다.

대법원 2010. 4. 29. 선고 2009다105734 판결은 구 수산업법(2009. 4. 22. 법률 제9626호로 전부 개정되기 전)상의 허가어업에 관한 여러 규정에 비추어 보면, 어업허가권의 양도는 허용되지 않는다고 할 것이므로 어업허가권을 양도한 행위는 채권자취소권의 대상이 될 수 없다고 판시하였다.

그런데, 현행 수산업법 제44조는 '어업허가를 받은 자로부터 어선 등을 매입한 자는 그 어업허가를 받은 자의 지위를 승계한다'고 규정함으로써 어업허가를 포함한 어선 등의 양도를 허용하고, 민사소송법 제251조에 의하여 어선과 그에 관한 허가가 일체로서 환가될 수 있으므로, 어선 및 그에 대한 허가권을 사해행위로서 양도한 경우에는 채권자취소권의 대상이 된다고 할 것이다.

(3) 원상회복의 방법

행정관청의 허가나 특허명의에 관하여 해당 법에서 양도를 허용하는 취지의 규정을 두고 있는 경우에는 그 명의 양수인이 양도인을 상대로 명의변경절차이행을 구하는 소를 제기할 수 있다. 그러나 해당 법에서 양도를 허용하는 취지의 규정을 두지 않고 그러한 명의변경절차도 규정하고 있지 않으면 양수인이 양도인을 상대로 양도인 명의의 허가 등에 관해서 양수인 명의로 변경할 것의 이행을 구하는 소는 허용되지 않는다.[94]

---

94) 대법원 2002. 2. 26. 선고 2001다53622 판결.

위와 같이, 허가명의변경절차 이행의 소에 관한 허부의 기준은 허가권의 양도가 채권자취소권의 대상이 될 수 있는지 여부의 기준과 일치하므로, 허가권의 양도가 사해행위로서 취소되는 경우의 원상회복 방법은 진정한 허가명의를 회복하기 위한 방법으로서 현재의 명의인인 수익자를 상대로 채무자 앞으로 허가명의를 변경하는 절차의 이행을 구하는 것이 적절할 것이다.[95]

위와 같은 방법은 수익자 외에 전득자에 대하여 원상회복을 구하는 경우에도 적용될 수 있다.

그리고, 앞서 본 운송사업의 양도와 같이 허가권의 양도와 아울러 사업의 물적 시설인 자동차의 양도가 일체로서 이루어지는 경우에, 자동차에 관해서는 별도로 그 등록 명의를 채무자 명의로 회복하는 절차가 이루어져야 할 것이다.

95) 대법원 2004. 8. 30. 선고 2004다21923 판결 중 이유 부분 참조.

제 3 절 가액반환에 의한 원상회복

제 1. 가액반환의 사유

1. 가액반환사유의 유형(불능형과 공평형)

사해행위의 취소에 따른 원상회복은 원칙적으로 그 목적물 자체의 반환에 의하여야 할 것이나, 그것이 불가능하거나 현저히 곤란할 경우에는 가액반환에 의하여야 하고(불능형 가액반환), 원물반환이 불가능하거나 현저히 곤란한 경우라 함은 원물반환이 단순히 절대적·물리적으로 불능인 경우가 아니라 사회생활상의 경험법칙 또는 거래상의 관념에 비추어 채권자가 수익자나 전득자로부터 이행의 실현을 기대할 수 없는 경우를 말한다(대법원 2009. 3. 26. 선고 2007다63102 판결).

한편, 사해행위 취소에 따른 원상회복으로서 그 목적물 자체의 반환이 가능하다고 하더라도, 그러한 반환이 이루어지는 경우에 채무자가 사해행위를 하지 않았다면 있었을 원래의 책임재산을 초과하여 더 많은 책임재산을 회복하는 결과를 초래하는 것은 공평의 원칙상 허용되지 않는다고 할 것이다(공평형 가액반환).

이러한 공평형의 가액반환은 전자의 불능형 가액반환과 비교하여 볼 때, 일반적으로 그 반환의 범위에 차이가 있다.

공평형 가액반환의 경우 예컨대, 저당권이 설정된 부동산이 사해행위에 의하여 수익자에게 이전된 후 그 저당권설정등기가 말소된 경우에는, 사해행위 취소에 의한 원상회복은 수익자 명의 이전등기의 말소에 의한 원물반환이 가능하더라도 과잉회복의 방지를 위한 공평의 원칙에 따라 가액반환의 방법에 의하고, 그 반환의 범위는 채권자의 채권액을 한도로 부동산 가액에서 저당권의 피담보채무액을 공제한 잔액의 범위 내이다(대법원 2009. 6. 11. 선고 2007다4004 판결).[96]

그러나, 불능형 가액반환의 경우 예컨대, 부동산이 사해행위에 의하여 수익자에게 이전된 후에 그 부동산에 관하여 선의의 제3자가 저당권을 취득한 경우에는, 사해행위 취소에 의한 원상회복으로서 수익자 명의 등기의 말소를 집행하는 것은 제3자의 승낙이 없는 한 불가능하므로 가액반환의 방법에 의하고, 그 반환의 범위를 산정함에 있어 부동산 가액에서 저당권의 피담보채무액을 공제할 것이 아니다(대법원 2003. 12. 12. 선고 2003다40286 판결). 왜냐하면, 사해행위 당시에는 저당권이 설정되어 있지 않았으므로 그 피담보채무액 만큼의 교환가치가 공제되지 않은 부동산 가액 전부가 일반채권자들의 공동담보로 파악되어 있었기 때문이다.

한편, 저당권이 설정된 목적물이 사해행위에 의하여 수익자에게 이전된 후 그 저당권이 소멸된 경우(공평형 가액반환)에는, 채권자가 원물반환을 청구하더라도 법원은 원칙적으로 청구취지의 변경 없이 가액반환을 명하여야 하나(대법원 2001. 6. 12. 선고 99다20612 판결), 사해행위에 의하여 수익자에게 이전된 후 그 목적물에 관하여 제3자가 저당권을 취득함으로써 가액반환을 할 사유가 발생한 경우(불능형 가액반환)에는, 채권자가 가액반환 아닌 원물반환을 구하는 때에 법원은 그에 따라 원물반환을 명할 수 있다(대법원 2001. 2. 9. 선고 2000다57139 판결).

위와 같이 불능형 가액반환과 공평형 가액반환은 그 반환의 범위 및 소송상의 취급이 다른 점에 유의하여야 한다.

2. 원물반환이 현저하게 곤란한 경우(불능형 가액반환)

(1) 일반적 판단 기준

원물반환이 불가능하거나 현저히 곤란한 경우라 함은 원물반환이 단순히 절대적·물리적으로 불능인 경우가 아니라 사회생활상의 경험법칙 또는 거래상의 관념에 비추어 채권자가 수익자나 전득자로부터 이행의 실현을 기대할 수 없는

96) 다만, 저당권이 설정되어 있는 부동산이 저당권자 이외의 제3자(수익자)에게 사해행위로 이전되었는데 그 저당권이 사해행위 후 변론 종결시까지 계속 존속하는 경우에는, 사해행위취소에 의한 원상회복방법은 수익자 명의의 소유권이전등기를 말소하는 등의 원물반환방법에 의한다. 원물반환에 의하여 부동산 자체가 채무자의 책임재산으로 회복되더라도 종전의 저당권에 아무런 영향을 미치지 않고 원상회복의 실제 범위도 부동산 가액에서 저당권의 피담보채권액을 공제한 잔액 범위로서 종전과 마찬가지이기 때문이다.

경우를 말한다(대법원 2009. 3. 26. 선고 2007다63102 판결).

그리고, 원래 채권자와 아무런 채권채무관계가 없었던 수익자가 채권자 취소에 의하여 원상회복의무를 부담하는 것은 형평의 견지에서 법이 특별히 인정한 것이므로 그 가액반환의무는 목적물의 반환이 불가능하거나 현저히 곤란하게 됨으로써 성립하고, 그 외에 그와 같이 불가능하게 된 데에 수익자의 과실을 요하는 것이 아니다(대법원 1998. 5. 15. 선고 97다58316 판결).

(2) 수익자의 목적물에 관한 법률적 처분

(가) 수익자의 목적물 양도

사해행위의 목적물이 수익자로부터 전득자로 이전되어 그 등기까지 경료되었다면 나중에 채권자가 전득자를 상대로 소송을 통하여 구제받을 수 있는지 여부에 관계없이, 수익자가 전득자로부터 목적물의 소유권을 회복하여 이를 다시 채권자에게 이전하여 줄 수 있는 특별한 사정이 없는 한 그로써 채권자에 대한 원물반환은 불가능하거나 또는 현저하게 곤란하게 되었다고 할 것이다(대법원 1998. 5. 15. 선고 97다58316 판결).

위와 같은 가액반환의 성립에 관한 법리는 전득자가 사해행위 목적물을 다시 제3자에게 양도한 경우에도 마찬가지로 적용된다.

(나) 수익자의 목적물에 관한 제한물권 설정

사해행위에 의해 목적물이 수익자에게 이전된 후 그 목적물에 관하여 제3자가 저당권이나 지상권 등의 권리를 취득한 경우에는, 수익자가 목적물을 저당권 등의 제한이 없는 상태로 회복하여 줄 수 있다는 등의 특별한 사정이 없는 한, 채권자는 수익자를 상대로 원물반환 대신 그 가액 상당의 반환을 청구할 수 있다(대법원 2001. 2. 9. 선고 2000다57139 판결).

다만, 이 경우에는 채권자는 원상회복방법으로, 저당권 등을 취득한 제3자의 승낙이 없는 한 수익자 명의의 등기에 관하여 등기절차상 말소 신청을 할 수 없는 위험이나 불이익을 감수하면서 수익자 명의의 등기의 말소를 구하거나, 또는 수익자를 상대로 채무자 앞으로 직접 소유권이전등기절차의 이행을 청구할 수 있다.[97]

---

97) 대법원 2001. 2. 9. 선고 2000다57139 판결. 수익자 명의의 등기의 말소를 청구하는 경우

사해행위 목적물에 대하여 저당권이 설정된 경우의 가액반환에 관해서는 그 저당권의 설정 시점이 사해행위 전(前)인지 또는 후(後)인지에 따라 명확하게 구분하여 이해하여야 할 중요한 대목이 있다. 즉, 저당권이 설정된 목적물이 사해행위에 의하여 제3자에게 이전된 후 그 저당권설정등기가 말소된 경우에도 원물반환 아닌 가액반환에 의해 원상회복이 이루어져야 하지만, 이 경우에는 사해행위 후 그 목적물에 관하여 제3자가 저당권을 취득함으로써 가액반환에 의해 원상회복이 이루어지는 경우와는 아래에서 보는 바와 같이 그 효력에 차이가 있다.

저당권이 설정된 목적물이 사해행위에 의하여 제3자에게 이전된 후 그 저당권설정등기가 말소된 경우에는, 채권자가 원물반환을 청구하더라도 법원은 원칙적으로 청구취지의 변경 없이 가액반환을 명하여야 하고, 가액반환의 범위는 목적물의 가액에서 저당권의 피담보채무액을 공제하여야 한다. 그러나, 사해행위 후 그 목적물에 관하여 제3자가 저당권을 취득함으로써 가액반환을 할 사유가 발생한 경우에는, 채권자가 가액반환 아닌 원물반환을 구하는 때에는 법원은 그에 따라 원물반환을 명할 수 있고, 채권자가 가액반환을 구하는 때에 그 범위를 산정함에 있어 저당권의 피담보채무액을 공제할 것이 아니다.[98]

(다) 수익자에 의한 제한물권(또는 가등기) 이전(移轉)의 부기등기

대법원판례는, 근저당권(또는 가등기) 이전의 부기등기가 이루어진 경우 그 근저당권설정등기의 말소청구는 양수인만을 상대로 구하면 족하고 양도인은 그 말소등기청구에 있어서 피고적격이 없다는 입장을 확립하고 있다.[99]

그러면, 채권자취소소송의 경우에도 수익자에게서 전득자로 근저당권(또는 가

에는 승소하더라도 제3자(전득자)의 승낙이나 이에 대항할 수 있는 재판이 없는 한 말소등기가 실행될 수 없다. 수익자를 상대로 채무자 앞으로 직접 소유권이전등기절차의 이행을 구하는 것은 일종의 진정명의회복을 원인으로 하는 것이다.

98) 대법원 2003. 12. 12. 선고 2003다40286 판결.

99) 근저당권 이전의 경우 대법원 2003. 4. 11. 선고 2003다5016 판결, 2000. 4. 11. 선고 2000다5640 판결 등, 가등기 이전의 경우 대법원 1994. 10. 21. 선고 94다17109 판결 등, 또한 그 부기등기는 별도로 말소를 구하지 않더라도 주등기의 말소에 따라 직권으로 말소되므로 부기등기의 말소를 별도로 구할 소의 이익이 없으나, 예외적으로 근저당권의 이전원인만이 무효로 되거나 취소 또는 해제된 경우 즉 근저당권의 주등기는 유효한 것을 전제로 이와는 별도로 근저당권이전의 부기등기에 한하여 무효사유가 있다는 이유로 부기등기만의 효력을 다투는 경우에는 그 부기등기의 말소를 구할 소의 이익이 인정된다(대법원 2005. 6. 10. 선고 2002다15412 판결).

등기)이 부기등기에 의해 이전되면 양도인에 해당하는 수익자의 피고적격에 영향을 미치고 나아가 원상회복의무에 영향을 미치는지 문제될 수 있다.

이러한 문제에 관하여, 대법원 2015. 5. 21. 선고 2012다952 전원합의체 판결은 종전 판례를 변경하여 아래와 같이 판시하였다.

가등기 이전의 부기등기는 사해행위인 매매예약에 기초한 수익자의 권리의 이전을 나타내는 것으로서 부기등기에 의하여 수익자로서의 지위가 소멸하지 아니하며, 채권자는 수익자(양도인)를 상대로 사해행위인 매매예약의 취소를 청구할 수 있다. 그리고, 설령 부기등기의 결과 가등기 및 본등기에 대한 말소청구소송에서 수익자(양도인)의 피고적격이 부정[100]되는 등의 사유로 인하여 수익자의 원물반환의무인 가등기말소의무의 이행이 불가능하게 된다 하더라도, 수익자는 위 가등기 및 본등기에 의해 발생된 채권자들의 공동담보 부족에 관하여 원상회복의무로서 가액을 배상할 의무를 진다.[101]

이러한 법리는 비단 가등기 이전에 의한 부기등기에 관해서 뿐만 아니라 널리 부기등기에 의해 권리 이전이 공시되는 근저당권 등 제한물권의 이전에 의한 부기등기에도 적용된다고 할 것이다.

(3) 목적물의 멸실, 훼손 등

수익자가 채무자로부터 사해행위에 의해 취득한 물건을 멸실, 훼손하거나 일반재산에 혼입되어 특정성을 상실한 경우 등에는 그 멸실, 훼손 등에 귀책사유가 없더라도 가액반환의무를 부담한다.

그러나, 수익자가 사해행위에 의해 재산을 취득하지 않았더라도 이미 존재하던 사정 또는 후에 발생한 사정에 의해 그 목적물이 멸실 또는 훼손된 경우에는 사해행위와 목적물의 멸실·훼손과 사이에 인과관계가 없으므로 가액반환의무를 부담하지 않는다고 할 것이다.[102]

---

100) 근저당권(또는 가등기) 이전의 부기등기가 이루어진 경우 그 근저당권설정등기의 말소청구는 양수인만을 상대로 구하면 족하고 양도인은 그 말소등기청구에 있어서 피고적격이 없다(대법원 2003. 4. 11. 선고 2003다5016 판결, 1994. 10. 21. 선고 94다17109 판결 등).

101) 이 전원합의체 판결에 의해, 원상회복으로서 가등기말소의무가 없는 수익자는 가액배상의무도 없다는 취지의 종전 대법원 2005. 3. 24. 선고 2004다70089 판결은 변경되었다. 이 전원합의체 판결에 관해서는 앞의 제4장 제2절 제 2.의 5.항에서 상세하게 검토하였다.

102) 민법 제392조 단서 참조.

예컨대, 수익자가 사해행위에 의해 건물을 매수한 후 그의 귀책사유 없이 인근에서 번져 온 화재에 의해 건물이 소실된 경우에는 가액배상의무가 없다고 보아야 한다.

(4) 수익자의 채권자가 목적물에 대하여 가압류·가처분한 경우

예컨대, 채무자가 사해행위로써 부동산을 수익자에게 이전한 후 그 부동산에 관하여 수익자의 채권자가 가압류 집행을 한 경우, 취소채권자(채무자에 대한 채권자)는 사해행위 취소에 의한 원상회복으로 수익자를 상대로 원물반환을 청구할 수 있는가 또는 그 대신 가액반환을 청구할 수 있는가.

이러한 문제는 사해행위취소의 효력이 수익자의 채권자에 대해서도 미치는지, 수익자의 채권자에 대해서는 사해행위취소의 효력이 미치지 않는다면 수익자의 채권자가 수익자 명의로 마쳐진 등기의 말소에 관하여 승낙의무를 부담하는지 등에 관한 검토가 선결적인 과제로 된다.

대법원 2005. 11. 10. 선고 2004다49532 판결은, '사해행위취소판결의 효력은 수익자와 새로운 법률관계를 맺은 것이 아니라 수익자의 채권자로서 이미 가지고 있던 채권확보를 위하여 목적 부동산을 압류 또는 가압류한 자에게도 미치지 않는다'고 판시하였다. 대법원 1990. 10. 30. 선고 89다카35421 판결은, '사해행위의 목적 부동산에 관하여 수익자에 대한 채권자의 가압류등기가 경료된 후 채무자와 수익자 사이의 위 부동산에 관한 매매계약이 사해행위라는 이유로 취소되어 수익자 명의의 소유권이전등기가 말소되었다고 하더라도 사해행위 취소는 상대적 효력밖에 없어 특별한 사정이 없는 한 가압류의 효력이 당연히 소멸되는 것은 아니다'라고 판시하였다. 대법원 1979. 7. 10. 선고 79다847 판결은 '부동산에 관한 소유권이전등기말소등기의 승소확정판결이 있었다고 하더라도 그 판결 전에 실시된 가압류나 강제경매 채권자를 그 판결에 기한 등기말소절차에 있어서의 승낙의무 있는 이해관계인에 해당한다고 할 수 없다'고 판시하였다.

위에서 검토한 각 대법원판결의 취지를 종합하면, 사해행위취소의 효력은 수익자의 채권자에게 미치지 않고, 또한 수익자의 채권자는 취소채권자(채무자의 채권자)에 대한 관계에서 수익자 명의로 마쳐진 등기의 말소에 관하여 승낙의무를 부담하는 이해관계인에 해당하지도 않는다고 할 것이다.

따라서 결국, 사해행위 후 그 목적물에 관하여 수익자의 채권자가 가압류 집행을 한 경우에는, 수익자가 목적물을 가압류 집행의 제한이 없는 상태로 회복하여 이전하여 줄 수 있다는 등의 특별한 사정이 없는 한 거래 관념상 원물반환이 현저하게 곤란하게 되었다고 볼 수 있으므로, 채권자는 수익자를 상대로 원물반환 대신 그 가액 상당의 반환을 청구할 수 있다. 다만, 이 경우에도 채권자는 원상회복방법으로 스스로 위험이나 불이익을 감수하면서 수익자 명의의 등기의 말소를 구하거나, 또는 수익자를 상대로 채무자 앞으로 직접 소유권이전등기절차의 이행을 청구할 수 있다.

위와 같은 법리는 사해행위 후 그 목적물에 관하여 수익자의 채권자가 가처분 집행을 한 경우에도 마찬가지로 적용된다고 할 것이다.

(5) 채권양도, 영업양도의 경우

사해행위에 해당하는 채권양도가 채권자에 의해 취소되기 전에 이미 채권양수인인 수익자 등이 제3채무자로부터 그 채권을 변제받는 등으로 양도채권이 소멸된 경우에는, 채권자는 원상회복의 방법으로 수익자 등을 상대로 그 채권양도의 취소와 함께 변제로 수령한 금전의 지급을 가액반환의 방법으로 청구할 수 있다(대법원 2003. 11. 28. 선고 2003다50061 판결).

대법원 2015. 12. 10. 선고 2013다84162 판결은, '영업재산과 영업권이 유기적으로 결합된 일체로서의 영업을 양도하는 행위도 채권자취소권의 대상이 되고, 영업양도 후 종래의 영업조직이 전부 또는 중요한 일부로서 기능하면서 동일성을 유지한 채 채무자에게 회복되는 것이 불가능하거나 현저하게 곤란하게 된 경우, 채권자는 원상회복으로서 영업재산과 영업권이 포함된 일체로서의 영업의 가액을 반환할 것을 청구할 수 있다'고 판시하였다.[103)]

---

103) 이 대법원판결은, 아울러 '여러 개의 부동산, 유체동산, 그 밖의 재산권에 대하여 일괄하여 강제집행을 할 수 있으므로(민사집행법 제98조 제1항, 제2항, 제197조 제1항, 제251조 제1항 참조), 영업재산에 대하여 일괄하여 강제집행이 될 경우에는 영업권도 일체로서 환가할 수 있다'고 판시하였다.

3. 과잉회복 방지 등 공평 원칙의 적용(공평형 가액반환)

(1) 문제의 정리

채권자취소권은 채권의 공동담보인 채무자의 책임재산을 보전하기 위하여 채무자의 일반재산으로부터 일탈된 재산을 모든 채권자를 위하여 수익자 또는 전득자로부터 환원시키는 제도이므로, 채권자취소권을 행사하는 경우 채무자가 사해행위를 하지 않았다면 있었을 원래의 책임재산을 회복하도록 하여야 하고 이를 초과하여 더 많은 책임재산을 회복하는 결과를 초래하는 것은 공평의 원칙상 허용되지 않는다고 할 것이다.

예컨대, 어느 부동산에 관한 법률행위가 사해행위에 해당하는 경우에 그 사해행위를 취소하고 부동산 자체의 회복을 명하는 것이 등기절차상 가능하다고 하더라도, 사해행위를 취소하여 그 부동산 자체의 회복을 명하게 되면 당초 일반 채권자들의 공동담보로 되어 있지 아니하던 부분까지 회복을 명하는 것이 되어 공평에 반하는 결과가 되는 경우에는, 그 부동산의 가액에서 공동담보로 되어 있지 아니한 부분의 가액을 공제한 잔액의 한도에서 사해행위를 취소하고 그 한도에서 가액의 반환을 명함이 타당하다(대법원 2010. 2. 25. 선고 2007다28819 판결).

(2) 선행 근저당권[104]이 사해행위 후 전부 소멸한 경우

근저당권이 설정되어 있는 부동산이 근저당권자 이외의 제3자에게 사해행위로 이전된 후 변제 등에 의하여 종전의 근저당권설정등기가 말소된 경우에는 그 부동산의 가액에서 채권최고액을 한도로 근저당권의 실제 피담보채무액을 공제한 잔액의 한도 내에서 사해행위가 성립하므로 그 범위 내에서 이를 취소하고 그 가액의 반환을 구할 수 있을 뿐이다.[105]

사해행위 후 그 전부터 존재하던 근저당권설정등기가 말소되었음에도 불구

104) 보통저당권의 경우에도 동일한 법리가 적용되지만, 담보거래의 실제에 있어서는 근저당권이 설정되는 것이 거의 대부분이므로 근저당권을 중심으로 검토한다.

105) 대법원 2005. 5. 27. 선고 2003다36478 판결 참조. 근저당권은 채권최고액을 한도로 하여 그 범위 내에서 확정된 피담보채권액에 대해서만 우선변제의 효력이 있기 때문이다.

하고 수익자 명의의 소유권이전등기를 말소함에 등기절차상의 지장이 없다고 하여 원물반환에 의하여 부동산 자체를 채무자에게 환원시키는 것은, 당초 일반 채권자들의 공동담보로 제공되지 아니한 부분까지 회복시키는 결과가 되어 불공평하기 때문이다.

그리고, 위와 같은 사유로 가액의 반환을 구하는 경우에 그 부동산이 사해행위로 이전된 후 피담보채무 전액이 소멸된 이상, 특별한 사정이 없는 한 그 피담보채무의 소멸원인이 무엇인지, 소멸의 원인 중에 변제도 포함되어 있는 경우라면 변제에 있어서의 실제 자금의 출연 주체가 누구인지 여부는 따질 필요가 없다(대법원 2002. 11. 8. 선고 2002다41589 판결).[106]

이와 같이 근저당권이 설정되어 있는 부동산이 근저당권자 이외의 제3자에게 사해행위로 이전된 후 변제 등에 의하여 종전의 근저당권설정등기가 말소된 경우와 구별하여 이해하여야 것이 있다. 즉, 근저당권이 설정되어 있는 부동산에 관하여 제3자에게 사해행위로서 후행 근저당권이 설정된 후 변제 등에 의하여 종전의 근저당권설정등기가 말소된 경우이다.

대법원 2007. 10. 11. 선고 2007다45364 판결은, '사해행위로 경료된 근저당권설정등기가 사해행위취소소송의 변론종결시까지 존속하고 있는 경우에 그 원상회복은 근저당권설정등기를 말소하는 방법에 의하여야 하고, 사해행위 이전에 설정된 별개의 근저당권이 사해행위 후에 말소되었다는 사정은 원상회복방법에 아무런 영향을 주지 않는다'고 판시하였다.

이러한 원상회복방법은 앞서 살펴 본 바와 같이, 근저당권이 설정되어 있는 부동산이 사해행위로 이전된 후 근저당권설정등기가 말소된 경우에는 그 부동산의 가액에서 선행 근저당권의 실제 피담보채무액을 공제한 잔액의 한도 내에서 사해행위를 취소하고 그 가액의 반환을 구하여야 하는 것과는 다르다.

선행 근저당권이 설정된 부동산에 관하여 사해행위인 근저당권설정계약에

---

106) 이에 대해서는 채무자가 출연한 자금으로 저당채무를 변제한 사실이 증명된 경우에는 원물반환을 인정할 수 있다는 견해가 있다. 저당부동산의 양도 후 채무자의 변제로 저당권이 소멸한 경우 그 소멸은 사해행위가 없었더라도 채무자의 변제가 있었다면 생겼을 상황으로서 사해행위 그 자체 및 수익자의 출연과는 무관한 것이고 원물반환을 인정하더라도 수익자에게 어떤 불이익을 주는 것이 아니기 때문이라는 것이다{박치봉, '원물반환을 청구취지로 하는 사해행위취소소송에서 가액배상판결을 할 수 있는가' 대구판례연구회, 재판과 판례 제11집(2002년) 제83, 84면}.

의하여 그 등기가 마쳐진 후 선행 근저당권이 말소되었다고 하더라도, 사해행위 취소에 의한 원상회복은 가액반환이 아니라 사해행위에 의해 마쳐진 후행 근저당권설정등기를 말소하는 원물반환방법에 의한다는 대법원판결의 입장은 타당하다.

왜냐하면, 사해행위인 후행 근저당권설정 전후에 걸쳐 책임재산인 부동산은 여전히 동일한 채무자에게 귀속된 상태로서 변동이 없고, 각각의 근저당권자는 개별적으로 채무자 소유의 부동산에 대해서 그 순위와 범위가 한정되어 담보가치만을 취득하는 것이므로, 특별한 사정이 없는 한, 사해행위를 원인으로 하는 후행 근저당권설정등기 전부를 말소함으로써 그 한정된 담보가치를 온전히 회복할 수 있기 때문이다.

(3) 선행 전세권 또는 우선변제효력 있는 임차권 등이 사해행위 후 전부 소멸한 경우

전세권설정등기를 마친 전세권은 그 성질상 용익물권적 성격과 담보물권적 성격을 겸비한 것으로서 전세권의 존속기간이 만료되면 전세권의 용익물권적 권능은 전세권설정등기의 말소 없이도 당연히 소멸하고, 단지 전세금반환채권을 담보하는 담보물권적 권능의 범위 내에서 전세금의 반환시까지 그 전세권설정등기의 효력이 존속한다.[107)]

주택 및 상가건물의 임차인은 대항요건과 그 임대차계약서에 확정일자를 받은 경우 민사집행법에 의한 경매에 있어 임차건물(임대인 소유의 대지 포함)의 환가대금에서 후순위권리자보다 우선하여 보증금을 변제 받을 권리가 있고, 주택의 소액임차인도 그 보증금을 우선하여 변제 받을 권리가 있다(주택임대차보호법 제3조의2 제2항, 제8조, 상가건물임대차보호법 제5조 제2항). 대항요건 및 확정일자를 갖춘 임차권과 소액임차권은 이른바 법정담보물권의 성격을 갖는 것으로서 임대차 성립 당시 임대인의 소유였던 대지가 타인에게 양도되어 임차주택과 대지의 소유자가 다르게 된 경우에도 그 대지에 대하여 우선변제의 효력이 미친다.[108)]

---

107) 대법원 2005. 3. 25. 선고 2003다35659 판결.
108) 대법원 2007. 6. 21. 선고 2004다26133 전원합의체 판결.

위와 같은 우선변제의 효력을 가진 전세권, 임차권 등이 설정되어 있는 부동산이 그 권리자 이외의 제3자(수익자)에게 사해행위로 이전된 경우에도, 저당권이 설정된 부동산이 사해행위로 이전된 경우와 마찬가지로, 사해행위 당시의 부동산 가액에서 우선변제의 효력이 미치는 전세금 또는 임대차보증금 등을 공제한 잔액 범위 내에서 사해행위가 성립한다.

그러므로, 사해행위 후 전세금 등의 변제에 의하여 전세권설정등기가 말소되거나, 대항요건 및 확정일자를 갖춘 임차인 또는 소액임차인이 있는 부동산에 관해서 사해행위가 이루어진 후 수익자가 우선변제효력 있는 임대차보증금 반환채무를 이행하여 그 임차권이 소멸한 경우에는, 그 부동산의 가액에서 보증금 등의 액수를 공제한 잔액의 한도 내에서 사해행위를 취소하고 그 가액의 반환을 구할 수 있을 뿐이다(대법원 2013. 4. 11. 선고 2012다107198 판결).

예컨대, 임대차보증금 3억 원인 확정일자 있는 임차권이 설정된 시가 5억 원인 아파트가 사해행위인 증여에 의해 수익자에게 이전된 후 보증금의 반환 등에 의해 임차권이 소멸한 경우, 사해행위취소에 의한 원상회복방법은 아파트 시가 5억 원에서 임대차보증금 3억 원을 공제한 2억 원의 가액반환을 구하는 것이다. 그러나, 위 임차권이 사해행위 후 변론 종결시까지 계속 존속한 경우의 원상회복방법은 아파트에 관한 수익자 명의의 소유권이전등기를 말소(또는 채무자 명의로 이전)하는 등의 원물반환에 의한다. 원물반환에 의하여 아파트 자체가 채무자의 책임재산으로 회복되더라도 종전의 임차권에 영향을 미치지 않고 원상회복의 실제 범위도 아파트 가액에서 임대차보증금을 공제한 잔액 범위로서 종전과 마찬가지이기 때문이다.

다만, 우선변제효력을 가지지 않는 임차권 예컨대, 주택임대차보호법 제3조 제1항이 정한 대항력을 갖추었으나 그 전에 이미 선순위 근저당권 설정등기가 마쳐져 있어 부동산이 경락되는 경우 소멸할 운명에 놓인 임차권의 임대차보증금 반환채권은, 사해행위 후에 비로소 확정일자를 받았다고 하더라도, 수익자가 사해행위 후 선행 근저당권의 피담보채무를 변제함으로써 가액반환을 할 경우에, 위 임대차보증금은 부동산의 가액에서 공제할 것은 아니다.[109]

---

109) 대법원 2001. 6. 12. 선고 99다51197 판결 참조, 뒤 제 2.의 3. (11)항에서 상세하게 검토한다.

(4) 유치권의 목적인 부동산이 사해행위로 처분된 후 유치권이 소멸한 경우

유치권은 담보물권이기는 하지만, 다른 담보물권인 질권이나 저당권에서처럼 목적물의 교환가치를 지배하여 다른 채권자보다 우선변제를 받을 권리가 있음을 규정하고 있지 않다(민법 제320조). 이와 같이 유치권은 목적물의 교환가치를 지배하는 권능이 없지만, 목적물의 유치를 통하여 자기 채권의 변제를 간접적으로 담보하는 권리라는 점에 특색이 있다.

대법원 2013. 4. 11. 선고 2013다1105 판결은, 위와 같은 특색을 가지는 유치권의 목적으로 된 부동산이 사해행위로 처분된 후 유치권이 소멸한 경우에도, 우선변제의 효력을 가지는 저당권이 설정된 부동산이 이전된 후 저당권이 소멸한 경우와 마찬가지로, 유치권의 피담보채무액을 공제한 잔액의 범위 내에서 사해행위가 성립한다고 판시하였다. 즉, 위 대법원판결은, '저당권이 설정되어 있는 부동산이 사해행위로 이전된 경우에 그 사해행위는 부동산 가액에서 저당권의 피담보채권액을 공제한 잔액 범위 내에서만 성립한다고 보아야 하므로, 사해행위 후 변제 등에 의하여 저당권설정등기가 말소된 경우 그 부동산의 가액에서 저당권의 피담보채무액을 공제한 잔액의 한도 내에서 사해행위를 취소하고 그 가액의 배상을 구할 수 있을 뿐인바, 이러한 법리는 유치권의 목적인 부동산이 사해행위로 처분된 경우에도 마찬가지로 보아야 할 것'이라고 판시하였다.

(5) 사해행위 후 목적물의 가치가 증대 또는 변경된 경우

(가) 사해행위 후 수익자의 추가공사비 투입으로 건물을 완공한 경우

대법원 2010. 2. 25. 선고 2007다28819 판결의 사안요지는, '수익자가 채무자로부터 미완성의 건물을 매수하고 특약에 따라 추가공사비를 투입하여 건물을 완성함으로써 건물의 객관적 가치가 증대되고 그 가치가 현존하고 있는 경우'이다. 위 대법원판결은 위와 같은 경우, '매매계약 전부를 취소하여 원상회복으로서 수익자 명의의 소유권이전등기의 말소를 명하는 것은 당초 일반 채권자들의 공동담보로 되어 있지 아니하던 부분까지 회복을 명하는 것이 되어 공평에 반하는 결과가 되므로, 건물의 가액에서 공동담보로 되어 있지 아니한 부분의 가액을 산정하여 이를 공제한 잔액의 한도에서 사해행위를 취소하고 그 한도에서 가액의 반환을 명할 것'이라고 판시하였다.

대법원 2017. 4. 27. 선고 2016다279206 판결은, '채무자가 건축 중인 건물에 관하여 수익자 앞으로 건축주명의를 변경하는 약정이 사해행위가 되는 때에, 수익자가 건물을 완공하여 사용승인을 받고 소유권보존등기를 마친 경우에는, 사해행위에 따른 원상회복으로서 건축주명의변경절차를 이행할 수 없고 가액배상의 방법으로 원상회복의무를 이행하여야 한다'고 판시하였다.

위 대법원판결은 위와 같은 법리에 따라, '완공 후의 건물의 가액을 약 8억 3,000만 원으로 평가한 후 여기에서 사해행위 후 변제로 소멸한 유치권의 피담보채무액 약 2억 5,000만 원을 공제한 5억 8,000만 원보다 적은 취소채권자의 피보전채권액 1억 3,000만 원의 범위 내에서 건축주명의변경 약정을 취소하고 원상회복으로서 위 1억 3,000만 원의 가액배상을 명한 원심의 판단은 정당하다'고 판시하였다.

(나) 신탁 부동산에 관한 사해행위 후 수익자가 채무를 변제한 경우

대법원 1999. 11. 9. 선고 99다50101 판결의 사안요지는, '채무자가 제3자에 대한 채무담보의 목적으로 신탁법에 의하여 신탁한 부동산을 매도한 행위가 사해행위에 해당하는데, 매수인(수익자)이 채무자를 대위하여 제3자에 대한 채무를 변제하고 신탁계약을 해지하여 그 부동산의 소유권을 이전받은 경우'이다. 위 대법원판결은 이와 같은 경우 사해행위 취소에 의한 원상회복에 관하여, '부동산의 소유권 자체를 채무자에게 환원시키는 것은 당초 일반 채권자들의 공동담보로 되어 있지 않은 부분까지 회복시키는 결과가 되어 공평에 반하므로, 채권자는 부동산의 가액에서 매수인(수익자)이 대위변제한 채무액을 공제한 잔액의 한도 내에서 매매계약의 일부 취소와 그 가액의 반환을 청구할 수밖에 없고, 매수인 앞으로 소유권이전등기가 마쳐지기 전에 채무자 앞으로 신탁재산의 귀속을 원인으로 한 소유권이전등기가 마쳐지는 중간과정을 거쳤다고 하더라도 달리 볼 것은 아니다'라고 판시하였다.

(다) 사해행위에 의한 채권양도 후 채권의 가치에 변동이 있는 경우

대법원 2002. 10. 25. 선고 2000다7783 판결의 사안요지는, '채무자가 공정증서부 약속어음을 발행하고 그 약속어음의 수취인(수익자)이 이를 이용하여 채무자의 제3자에 대한 공사대금채권을 압류전부받은 것이 채무자의 채권양도와 다를 바 없어 채무자의 약속어음 발행이 사해행위에 해당하는데, 수취인(수익자)이 위 제3자의 하수급인으로서 스스로 공사를 수행하여 완공한 경우'이다.

위 대법원판결은 이와 같은 경우 사해행위 취소에 의한 원상회복에 관하여, '장래의 미확정 채권이 압류 전부되고 상당 기간이 경과되거나 일정한 조건이 성취되는 등의 사정이 있어 압류 전부된 채권의 가치가 압류 전부를 전후하여 달라진 경우에는, 원상회복으로서 그 압류 전부된 채권 자체의 양도에 의한 반환을 구할 수 없고, 압류 전부될 당시에 있어서의 그 채권의 가액의 배상을 구하여야 할 것이다. 위와 같이 수취인(수익자) 스스로 공사를 수행하여 완공함으로써 공사대금채권은 압류 전부 후에 그 내용 또는 가치가 달라졌다고 할 것이므로, 채무자의 약속어음 발행행위가 사해행위에 해당하여 취소되는 데 따른 원상회복은 수취인이 현재 보유하고 있는 공사대금채권 그 자체의 반환 양도를 구할 수는 없고, 압류 전부 당시에 있어서의 공사대금채권의 객관적 평가액 또는 그 당시의 기성고에 따른 공사대금채권 상당액의 반환을 구하는 방법으로 하여야 할 것'이라고 판시하였다.[110]

4. 사해행위 존재 시점과 저당권 등 우선변제효력 있는 권리의 설정 및 소멸 시점과의 선후 판정에 관한 구체적 검토

(1) 문제의 정리와 검토 범위

저당권이 설정된 부동산이 사해행위에 의하여 수익자에게 이전된 후 그 저당권설정등기가 말소된 경우에는, 사해행위 취소에 의한 원상회복은 가액반환의

110) 위 대법원 2000다7783 판결은 그 이유에서 부수적으로, 약속어음 공정증서의 수취인이 채무자의 공사대금채권 중 일부를 압류 전부 받았으나, 그 약속어음 발행 당시 구체적으로 발생한 공사대금채권액이나 공사를 도급받은 지위 또는 도급 받을 수 있는 지위에 대한 객관적인 평가액이 확정되지 않고는 채무자의 약속어음 발행으로 인하여 채무초과상태에 이르게 되었거나 그 상태가 심화되었다고 단정할 수 없다는 취지로도 서술하였다. 그러나, 위 대법원판결이 공사대금채권은 물론 공사를 도급받을 수 있는 지위까지도 이를 객관적으로 평가하여 그 금액을 채무자의 적극재산에 산입하여야 한다고 판단한 것은 아니라고 할 것이다. 공사를 도급 받은 지위를 비롯하여 공사대금채권이 채무자의 적극재산에 포함되기 위해서는, 채권 일반의 적극재산 산입의 기준으로서 이미 확립된 대법원판례에 따라 '그 추심의 용이성 및 확실성'이라는 요건을 충족하는 경우에만 가능하다고 보아야 한다. 이 점에 관해서는 앞의 제2장 제4절 제 2.의 3.에서 상세하게 검토하였다.

방법에 의하고, 그 반환의 범위는 채권자의 채권액을 한도로 부동산 가액에서 저당권의 피담보채무액을 공제한 잔액의 범위 내이다.

그러나, 부동산이 사해행위에 의하여 수익자에게 이전된 후에 그 부동산에 관하여 제3자가 저당권을 취득함으로써 원상회복으로 가액반환의 방법에 의할 경우에는, 그 반환의 범위를 산정함에 있어 저당권의 피담보채무액을 공제할 것이 아니다.

한편, 저당권이 설정되어 있는 부동산이 수익자에게 사해행위로 이전되었는데 그 저당권이 사해행위 후 변론 종결시까지 계속 존속하거나 또는 사해행위 시점에서 이미 저당권이 소멸된 경우에는, 사해행위취소에 의한 원상회복은 수익자 명의의 소유권이전등기를 말소하는 등의 원물반환방법에 의한다.

이와 같이, 부동산의 이전행위가 사해행위에 해당하는 경우에, 사해행위 시점을 기준으로 언제 저당권이 설정되었는지 또는 소멸되었는지 등에 따라 원상회복의 방법이 달라지고, 가액반환에 의하여 원상회복을 하는 경우에도 부동산 가액에서 저당권의 피담보채무액 공제 여부가 달라짐으로써 그 반환의 범위가 달라지므로, 당사자 사이에 미치는 영향이 중대하다.

따라서, 부동산에 관하여 매매, 증여 등 그 이전을 목적으로 하는 사해행위에 해당하는 법률행위가 언제 있었는지 그리고 그 사해행위를 기준으로 저당권 설정 및 소멸 시점의 선후관계를 구체적으로 어떻게 판정할 것인지가 중요한 문제로 등장한다.

이러한 문제는 전세권의 설정 및 소멸과 우선변제효력 있는 임차권의 설정 및 소멸 등에도 마찬가지로 등장하지만, 이에 대해서는 저당권의 설정 및 소멸에 관한 법리를 그대로 적용할 수 있으므로, 여기에서는 저당권의 설정 및 소멸에 관하여 사해행위와의 시간적 선후 문제를 중심으로 검토한다.

(2) 사해행위의 존재 시점과 저당권의 설정 및 소멸 시점 개요

원칙적으로, 부동산에 관한 사해행위의 존재시점에 관해서는 사해행위에 해당하는 등기원인이 된 법률행위가 실제로 이루어진 날을 기준으로 판정하되, 이를 판정하기 곤란한 경우에는 처분문서에 기초한 것으로 보이는 등기부상 기재된 등기원인일자를 중심으로 그러한 사해행위가 실제로 이루어졌는지 여부를

판정할 수 있다(대법원 2010. 2. 25. 선고 2007다28819 판결).[111]

저당권은 채권자(저당권을 취득하려는 자)와 채무자 또는 물상보증인 사이의 저당권설정계약과 그 등기에 의하여 설정된다. 즉 저당권의 설정은 법률행위로 인한 부동산물권의 변동이므로 등기하여야 그 효력이 생긴다. 그러나, 저당권의 소멸에 관해서는 피담보채권이 소멸하면 부종성으로 인해 그 말소등기 없이도 당연히 소멸한다(민법 제369조).

근저당권은 확정될 때까지의 채무의 소멸 또는 이전은 저당권에 영향을 미치지 아니하고(민법 제357조 제1항 후문), 피담보채무가 확정된 후 그 때부터 근저당권은 부종성을 가지게 되어 보통의 저당권과 같은 취급을 받게 되므로, 확정된 피담보채무가 소멸하면 근저당권도 소멸한다.[112]

따라서, 근저당권의 소멸에 관해서는 피담보채권의 확정 문제와 필연적으로 연계된다고 할 것인데, 근저당권의 존속기간이나 결산기의 정함이 없는 때에는 근저당권설정자가 근저당권자를 상대로 언제든지 해지의 의사표시를 함으로써 피담보채무를 확정시킬 수 있으며, 이러한 계약의 해지에 관한 권한은 근저당부동산의 소유권을 취득한 제3자도 원용할 수 있다.[113]

이하에서는, 위에서 본 저당권 및 근저당권의 소멸 시점과 부동산 이전에 관한 사해행위 시점의 선후관계가 구체적으로 문제로 된 대법원판결의 사례를 분석 · 검토한다.

---

111) 사해행위 존재시점에 관한 일반적 문제에 관해서는 앞의 제2장 제3절 제 3.에서 상세하게 검토하였다.

112) 대법원 1997. 12. 9. 선고 97다25521 판결 참조.

113) 대법원 2001. 11. 9. 선고 2001다47528 판결. 근저당권의 피담보채무는 설정계약에서 근저당권의 존속기간을 정하거나 근저당권으로 담보되는 기본적인 거래계약에서 결산기를 정한 경우에는 원칙적으로 존속기간이나 결산기가 도래한 때에도 확정된다. 또한 그 존속기간 또는 결산기가 경과하기 전이라고 하더라도 근저당권에 의해 담보되는 채권이 전부 소멸하고 채무자가 채권자로부터 새로운 금원을 차용하는 등 거래를 계속 할 의사가 없는 경우에는 근저당권설정자는 계약을 해제하고 근저당권설정등기의 말소를 청구할 수 있다.

(3) 사례에 관한 대법원판결의 분석

(가) 등기부상 매매일자 후 선행 근저당권 말소등기가 마쳐진 다음 매매에 의한 소유권이전등기가 된 경우

[대법원 2002. 11. 8. 선고 2002다41589 판결]

(사안 요지) 채무자 "을"은 1999. 10. 14. 그의 사위인 수익자 "병"에게 목적 부동산에 관해서 같은 해 9. 1.자 매매를 원인으로 소유권이전등기를 마쳤다. 목적 부동산에 관하여 위 등기부상 매매일자에 앞선 1993. 4. 21. 신용금고에 대한 약 2억 5,300만 원의 대출금채무를 담보하기 위하여 최고액 3억 원인 근저당권설정등기가 마쳐졌다가 1999. 10. 6. 위 근저당권의 피담보채권액 전액이 변제 또는 면제로 소멸되어 같은 달 7. 위 근저당권설정등기가 말소되었다. 이에 채권자 "갑"이 위 매매가 사해행위임을 이유로 그 취소를 구하고 원상회복을 구하였다.

(원심 판단요지) 원심은, 목적 부동산에 설정되었던 근저당권이 임의경매절차가 진행되던 도중에 말소되고 경매가 취소된 경위 등에 비추어, 사해행위인 매매계약은 등기부상에 기재된 등기원인일자가 아니라 근저당권이 말소된 후 소유권이전등기 경료일경에 있었다고 인정하였다. 원심은 이와 같이 사해행위인 매매계약이 1999. 10. 14.에 있었음을 전제로, 그 사해행위가 있었던 때에는 이미 목적 부동산에 관한 근저당권이 말소되어 목적 부동산 자체가 일반채권자들을 위한 책임재산으로 기능하고 있었으므로, 원상회복으로서 원물반환을 명하였다.

(대법원 판단요지) 특별한 사정이 없는 한 처분문서에 기초한 것으로 보이는 등기부상 등기원인일자를 중심으로 사해행위가 실제로 이루어졌는지 여부를 판정할 것이다. 이 사건의 경우, 수익자(매수인) "병"은 목적 부동산이 타인에게 경락됨을 방지하는 것이 주된 목적이었으므로, 소유자인 채무자 "을"과 목적 부동산에 관한 소유권 귀속 문제를 어떻게 처리할 것인지에 대한 대책을 세우는 협의를 우선적으로 하였으리라고 보는 것이 사리에 부합한다. 따라서, 당사자 사이에 매매 등 등기원인행위에 관한 약정을 선행하여 체결한 다음, 이어 실제로 자금을 조달하여 근저당권의 피담보채무를 변제하고 근저당권을 말소하는 순서로 사무가 처리된 것으로 봄이 통상의 거래관념에 합치한다.

그렇다면, 채무자 "을"과 그의 사위인 수익자 "병"은 목적 부동산에 관해서 등기부상 기재된 원인일자인 1999. 9. 1.에 사해행위에 해당하는 매매계약을 먼저 체결하고, 그 후에 선행 근저당권을 소멸시킨 것으로 볼 것이므로, 사해행위 취소에 의한 원상회복은 목적 부동산 가액에서 근저당권의 피담보채무액을 공제한 잔액의 범위에서 가액을 반환하는 방법에 의하여야 할 것이다.

또한, 위와 같은 사유로 가액의 반환을 구하는 경우, 특별한 사정이 없는 한 그 피담보채무의 소멸원인이 무엇인지, 소멸의 원인 중에 변제도 포함되어 있는 경우라면 변제에 있어서의 실제 자금의 출연 주체가 누구인지 여부는 더 나아가 따질 여지도 없다고 할 것이다.

(나) 사해행위 및 그에 의한 소유권이전등기와 선행 근저당권의 말소등기가 동시에 이루어진 경우

[대법원 2014. 1. 23. 선고 2013다72169 판결]

(사안 요지) 채무자 "을"은 2009. 10. 1. A저축은행으로부터 8억 원을 대출받고 같은 날 목적 부동산에 관하여 A저축은행 앞으로 근저당권설정등기를 마쳤다. 그 후 채무자 "을"은 목적 부동산을 담보신탁에 제공하고 추가자금을 융통하기 위하여 2010. 1. 13. B저축은행으로부터 25억 원을 대출받아 그 중 8억 원을 위 A저축은행의 근저당권 피담보채무의 변제에 사용하고, 한편, 신탁회사인 수익자 "병"과 사이에 B저축은행을 1순위 우선수익자로 하는 신탁계약을 체결하였다.

이에 따라, 2010. 1. 13.자 A저축은행에 대한 근저당권설정계약 해지를 원인으로 하는 근저당권 말소등기신청서 및 2010. 1. 13.자 신탁을 원인으로 하는 수익자 "병" 명의의 소유권이전등기신청서가 2010. 1. 13. 함께 접수 처리됨으로써, 목적 부동산에 관하여 A저축은행 명의의 근저당권설정등기가 말소된 직후에 수익자 "병" 명의의 소유권이전등기가 마쳐졌다.

이에 채권자 "갑"은 "을"과 "병" 사이에 체결된 신탁계약을 사해행위로서 취소하고 원상회복으로 목적 부동산에 관하여 수익자 "병" 명의로 마쳐진 소유권이전등기의 말소를 구하였다.

(판단 요지) 근저당권이 설정된 부동산이 사해행위에 해당하는 담보신탁을

목적으로 이전된 후 변제 등에 의하여 근저당권설정등기가 말소된 경우 그 부동산 가액에서 근저당권의 피담보채무액을 공제한 잔액의 한도에서 사해행위를 취소하고 그 가액의 반환을 구할 수 있을 뿐이다. 이러한 법리는 근저당권설정등기가 사해행위로 인한 소유권이전등기보다 나중에 말소된 경우뿐만 아니라 근저당권설정등기의 말소등기와 소유권이전등기가 같은 날 접수되어 함께 처리되고 그 원인일자가 동일한 경우에도 마찬가지로 적용된다.

따라서, "을"과 "병" 사이에 체결된 신탁계약이 사해행위에 해당하더라도 목적 부동산 전부에 관하여 신탁계약을 취소하고 부동산 자체의 반환을 명할 수는 없고, 목적 부동산 가액에서 근저당권의 피담보채무액을 공제한 잔액의 한도에서 신탁계약을 취소하고 수익자 "병"에 대하여 그 가액의 반환을 명하여야 할 것이다.

(다) 사해행위 후에 선행 근저당권설정등기가 말소되었으나 그 해지원인은 사해행위 훨씬 전에 있었던 경우

[대법원 2017. 1. 12. 선고 2016다208792 판결]

(사안 요지) 채무자 "을" 소유의 목적 부동산에 관하여 2004. 12. 15. 채권최고액 1억 5,000만 원, 채무자 "을", 근저당권자 "A"로 된 근저당권설정등기가 마쳐졌다가 2005. 3. 18. 해지를 원인으로 하여 2013. 9. 26. 그 등기가 말소되었다.

한편, 채무자 "을"은 목적 부동산에 관하여 "B"은행에 대한 5억 원의 대출금채무를 담보하기 위하여 채무자 "을", 채권최고액 6억 5,000만 원으로 된 근저당권을 설정한 상태에서 또한 채무초과 상태에서, 2013. 9. 17. 수익자 "병"과 사이에 시가 약 4억 4,100만 원 정도인 목적 부동산을 3억 3,000만 원에 매도하는 계약을 체결하였다.[114] 그리고, 그 매매대금 중 3억 원의 지급은 수익자 "병"이 근저당권의 피담보채무액을 인수하는 것으로 갈음하기로 약정하였다.

---

114) 위 대법원판결에 나타난 실제의 사실관계는, 5억 원의 대출금채무를 담보하기 위하여 채무자 "을" 소유의 목적 부동산과 채무자의 형 소유의 다른 부동산을 공동담보로 제공한 것인데, 채무자 소유의 부동산과 물상보증인 소유의 부동산이 공동담보로 제공된 경우에는 채무자 소유 부동산이 부담하는 피담보채무액은 공동근저당권의 피담보채무액 전액이므로(대법원 2012다5643 전원합의체 판결), 위 본문에서는 사실관계를 간명하게 하기 위해서 채무자 "을" 소유의 목적 부동산에 관해서만 근저당권이 설정된 것으로 하였다.

그런데, 채무자 "을"이 위 매매계약 체결일인 2013. 9. 17. 자신의 자금으로써 위 근저당권의 피담보채무액 5억 원 중 2억 원을 변제하자, 수익자 "병"은 같은 날 "을"에게 매매대금 3,000만 원을 지급하는 한편 위 근저당권의 나머지 피담보채무 3억 원을 인수하고 목적 부동산에 관하여 "병" 명의로 소유권이전등기도 마쳤다.

(쟁점 1) 목적 부동산에 설정된 "A"의 근저당권이 2005. 3. 18. 해지되었는데 실제로 그 말소등기는 8년 이상이 경과한 2013. 9. 26.에 비로소 이루어졌다는 점에서, 위 "A"의 근저당권은 언제 소멸하였다고 볼 것인가.

(쟁점 2) 목적 부동산에 관해서 사해행위인 매매계약이 체결된 2013. 9. 17. 당시에는 이미 설정되어 있는 "B"은행의 근저당권 실제 피담보채무액이 5억 원으로서 부동산의 시가 4억 4,100만 원을 초과한 상태이었는데, 매매계약을 원인으로 한 소유권이전등기 당시에는 실제 피담보채무액이 3억 원으로 감소함으로써 부동산의 가액을 하회하게 되었는바, 이러한 경우 사해행위 성립의 판단 시점을 어떻게 볼 것인가.

(쟁점 1에 관한 판단 요지) 2005. 3. 18. "A"의 근저당권설정계약을 해지한다는 취지의 처분문서가 작성되고 그 처분문서의 작성에 앞서 이미 그 피담보채무의 변제가 완료되었을 가능성이 충분한 점, 목적 부동산에 관하여 수익자 "병" 명의의 소유권이전등기가 마쳐지고 얼마 지나지 않아 곧바로 "A" 명의의 근저당권설정등기가 말소된 점 등에 비추어 보면, 사해행위인 매매계약이 체결되고 목적 부동산에 관하여 수익자 "병" 명의의 소유권이전등기가 마쳐질 당시 "A"의 근저당권의 피담보채무가 존재하지 않았다고 보고, 이를 전제로 원상회복의 방법에 관해서 판단한 원심의 조치는 정당하다.[115)]

(쟁점 2에 대한 판단 요지) 채권자취소의 소에서 채무자가 수익자에게 양도한 목적물에 저당권이 설정되어 있는 경우에 그 목적물 중에서 일반채권자들의 공동담보에 제공되는 책임재산은 피담보채권액을 공제한 나머지 부분만이므로, 그 피담보채권액이 목적물의 가액을 초과할 때의 목적물 양도는 사해행위에 해

115) 위 대법원판결의 원심인 대구지법 2016. 1. 28. 선고 2015나301371 판결은, 사해행위인 매매계약 전에 이미 종전의 근저당권이 소멸된 것으로 보아 사해행위취소에 의한 원상회복으로서 원물반환을 명하였다.

당하지 않는다.

그러나, 저당권의 피담보채권액이 목적물의 가액을 초과하더라도 채무자가 목적물을 양도하기에 앞서 자신의 출재로 피담보채무의 일부를 변제하여 잔존 피담보채권액이 목적물의 가액을 초과하지 않게 되었다면, 이러한 목적물의 양도로 그 목적물의 가액에서 잔존 피담보채권액을 공제한 잔액의 범위 내에서 사해행위가 성립하는 것이고, 이는 채무자의 출재에 의한 피담보채무의 일부 변제가 양도계약 체결 후 이에 따른 소유권이전등기 등이 마쳐지는 과정에서 이루어진 경우에도 마찬가지로 보아야 한다.

따라서, 위 사안의 경우, 채무자 "을"이 목적 부동산을 양도하는 과정에서 자신의 출재로 종전 "B"은행의 근저당권 피담보채무 중 일부를 변제하여 그 잔존 피담보채권액이 3억 원으로 됨으로서 목적 부동산의 가액 4억 4,100만 원을 초과하지 않게 되었으므로, 그 부동산 가액에서 잔존 피담보채권액을 공제한 범위 내에서 사해행위가 성립하고, 이는 설령 채무자 "을"의 변제가 사해행위인 매매계약 후에 이루어졌다고 하더라도 마찬가지이다.[116)]

5. 가액반환 사유 해당여부가 문제되는 경우

(1) 사해행위와 동시에 종전 근저당권이 말소된 경우

대법원 2014. 1. 23. 선고 2013다72169 판결은, '근저당권이 설정된 부동산이 사해행위에 의해 이전된 후 근저당권설정등기가 말소된 경우에는 그 부동산 가액에서 근저당권의 피담보채무액을 공제한 잔액의 한도에서 사해행위를 취소하고 그 가액의 반환을 구할 수 있을 뿐인데, 이러한 법리는 근저당권설정등기가 사해행위로 인한 소유권이전등기보다 나중에 말소된 경우뿐만 아니라 근저당권설정등기의 말소등기와 소유권이전등기가 같은 날 접수되어 함께 처리되고 그 원인일자가 동일한 경우에도 마찬가지로 적용된다'고 판시하였다.

---

116) 위 대법원판결은 같은 취지의 원심판단은 정당하다고 판시하였다. 원심인 대구지법 2016. 1. 28. 선고 2015나301371 판결은, 위와 같이 채무자 "을"의 일부 변제가 있더라도 종전의 "B" 은행 명의의 근저당권설정등기가 그대로 존속하고 있는 상태에서 그 후에 체결된 사해행위인 "을"과 "병" 사이의 매매계약을 취소하고 원상회복으로서 "병" 명의로 마쳐진 소유권이전등기의 말소 즉 원물반환을 명하였다.

(2) 동일한 목적물에 수 개의 저당권이 설정되고 그 중 일부가 소멸한 경우

사해행위의 목적인 부동산에 수 개의 저당권이 설정되어 있다가 사해행위 후 그 중 일부 저당권만이 말소된 경우, 다른 저당권이 사해행위 후에 그대로 존속하고 있다고 하여 원물반환의 방법에 의한 원상회복을 허용한다면 말소된 저당권 부분과 관련하여서는 당초 일반 채권자들의 공동담보로 제공되지 아니한 부분까지 회복시키는 결과가 되어 불공평하다. 따라서, 사해행위의 목적인 부동산에 수 개의 저당권이 설정되어 있다가 사해행위 후 그 중 일부 저당권만이 말소된 경우에도, 사해행위 취소에 따른 원상회복은 가액반환의 방법에 의하여야 할 것이다. 그리고, 그러한 경우 반환하여야 할 가액은 그 부동산의 가액에서 말소된 저당권의 피담보채권액과 말소되지 아니한 저당권의 피담보채권액을 모두 공제하여 산정한다(대법원 2007. 7. 12. 선고 2005다65197 판결).

(3) 선행 근저당권의 피담보채무가 일부 변제된 경우

근저당권이 설정되어 있는 부동산이 사해행위로 이전된 후 선행 근저당권 피담보채무의 일부만이 변제된 경우에 사해행위취소에 의한 원상회복으로 가액반환에 의할 것인지, 원물반환에 의할 것인지가 문제된다. 쟁점은, 수익자가 선행 근저당권 피담보채무의 일부를 대위변제하여 채무를 감소시킴으로써 채무자의 일반 채권자들은 장차 목적 부동산에 대한 경매절차에서 배당받을 금액이 증가되고, 따라서 원물반환을 하는 경우에 사해행위 당시의 공동담보를 초과하는 반환을 하게 되는 것으로 볼 수 있는지에 있다.

사해행위 전에 설정된 근저당권의 피담보채무의 일부만이 변제된 경우에는, 근저당권으로 부담하는 잠재적인 채무는 여전히 채권최고액 전액이라고 할 수 있고, 채무자를 위하여 변제한 자는 변제자 대위의 법리에 따라 채권최고액의 범위 내에서 채권자의 근저당권을 행사할 수 있어 대위변제에 의하여 피담보채무가 종국적으로 감소하였다고 볼 수 없으므로, 원물반환방법 즉 사해행위를 원인으로 수익자 명의로 마쳐진 소유권이전등기의 말소를 청구하는 방법에 의해 원상회복이 이루지는 것이 타당하다고 할 것이다.[117]

---

117) 이 점에 관해서는 앞의 제2절 제 2.의 2. (2)항에서 상세하게 검토하였다.

(4) 가압류된 부동산이 사해행위에 의해 이전된 후 그 가압류가 해제된 경우

앞서 살펴 본 바와 같이, 저당권이 설정된 부동산을 사해행위로 취득한 수익자 또는 전득자가 그 후 피담보채무를 변제함으로써 저당권설정등기가 말소된 경우에는, 사해행위취소에 의한 원상회복의 방법은 가액반환에 의하고, 그 반환범위는 부동산 가액에서 피담보채무액을 공제한 금액이다.

그러나, 이러한 법리는 가압류된 부동산이 사해행위에 의해 이전된 후 그 가압류가 해제된 경우에는 적용되지 않음에 주의를 요한다.

대법원 2003. 2. 11. 선고 2002다37474 판결은, '사해행위 당시 목적 부동산이 가압류되어 있다는 사정은 우선변제의 효력을 가지는 저당권이 설정되어 있는 것과는 달리 채권자 평등의 원칙상 채권자의 공동담보로서 그 부동산의 가치에 아무런 영향을 미치지 않으므로, 가압류가 된 여부나 그 청구채권액의 다과에 관계없이 그 부동산 전부에 대하여 사해행위가 성립한다. 따라서 사해행위 후 수익자 또는 전득자가 그 가압류 청구채권을 변제하거나 채권액 상당을 해방공탁하여 가압류를 해제시키거나 또는 그 집행을 취소시켰다고 하더라도, 사해행위취소에 의한 원상회복으로서 원물반환 대신 가액반환을 하여야 하는 것은 아니고, 다른 사정으로 가액반환을 하여야 하는 경우에도 그 변제액을 공제할 것이 아니다'라고 판시하였다.[118)]

(5) 수익자가 상장주식을 처분하여 보유하고 있지 않은 경우

대법원 2007. 7. 12. 선고 2007다18218 판결은, 사해행위의 목적물이 상장주식일 경우에는 수익자가 양수한 주식을 처분하여 교부받은 주권 그 자체를 보유하고 있지 않더라도, 특별한 사정이 없는 한 대체물인 그 상장법인의 주식 중 원상회복을 할 수량을 다시 취득하여 원물반환의무를 이행할 수 있으므로, 수익자가 주권을 보유하고 있지 않다는 사실만으로는 가액반환 사유에 해당하지 않는다고 판시하였다.

---

118) 그러나, 부동산이 사해행위로 이전된 후에 수익자의 채권자가 가압류한 경우에는 가액반환 사유에 해당한다. 이 점에 관해서는 앞의 제 1.의 1. (4)항에서 상세하게 검토하였다.

(6) 주식 가치에 변동이 있는 경우

대법원 2009. 3. 26. 선고 2007다63102 판결은, 주식의 증여계약을 사해행위로서 취소하고 원상회복을 청구함에 있어 주식 발행회사의 실물재산가치의 증가, 시간의 경과 등 사정변경에 따라 주식의 가치가 상승한 경우에 관하여, 사정변경에 따른 주식 가치의 변동은 주식의 통상적인 속성에 포함되는 것이고 주식 자체의 성질이나 내용에는 변화가 없는 것이므로, 주식 자체의 반환이 현저히 곤란한 것이 아니라면 주식 가치의 상승을 가액배상의 사유로 삼을 수 없다고 판시하였다.

즉, 주식의 가치가 상승하였다고 하여도 원물반환을 명하는 것이 당초 책임재산에 포함되지 않은 부분까지 반환하는 것이 되어 부당한 결과를 초래한다고 볼 수 없다는 것이다.

제 2. 가액반환의 범위 및 산정방법

1. 가액반환의 한도(피보전채권액 및 목적물의 공동담보가액)

사해행위 취소로 인한 원상회복으로서 가액반환을 구하는 경우에, 우선 취소채권자의 채권액이 그 한도가 된다(대법원 2008. 11. 13. 선고 2006다1442 판결).

그리고 취소권을 행사하는 채권자의 채권을 담보하기 위하여 채무자 또는 제3자의 부동산에 관하여 근저당권 등 물적담보가 설정되어 우선변제권이 확보되어 있으면, 그 범위 내에서는 채무자의 재산처분행위에 의해 채권자의 채권이 침해받는다고 볼 수 없어 채권자의 채권액에서 그 담보목적물로부터 우선변제 받을 금액을 공제한 나머지 채권액 즉 피보전채권액을 한도로 가액반환을 청구할 수 있다(대법원 2014. 9. 4. 선고 2013다60661 판결).[119]

한편, 가액반환은 사해행위 목적 부동산의 가액에서 공동담보로 되어 있지 아니한 부분의 가액을 공제한 잔액 다시 말하면 사해행위 전부터 일반채권자들의 공동담보로 제공되어 있던 가액인 공동담보가액을 한도로 한다.

공동담보가액은, 다음에서 검토하는 바와 같이 사실심 변론종결시의 목적물의 평가액에서 우선변제 등에 제공되는 항목의 합산액을 공제하는 방법에 의해 구체적으로 산정된다.

결국, 수익자의 입장에서 동일한 채권자에 대해 부담하는 가액반환 한도액은 그 채권자의 피보전채권액과 공동담보가액 중에 더 적은 금액이라고 할 것이고, 이는 취소권을 행사하는 채권자가 수익자에 대하여 가액반환으로서 청구할 수 있는 한도액이기도 하다.

예컨대, 사해행위(증여) 목적 부동산의 변론 종결 당시의 가액이 4억 6천만 원이고 그 사해행위 전에 설정되었다가 사해행위 후 말소된 근저당권의 실제 피담보채권액이 3억 4천만 원으로서 그 차액인 1억 2천만 원의 공동담보가액이 산정된 경우라도, 취소채권자의 채권액이 변론 종결시까지의 지연이자까지 가산

119) 채권자가 일반채권자로서 채권자취소권을 행사할 수 있는 피보전채권액의 구체적 범위에 관해서는 앞의 제4장 제5절 제 1.의 2.에서 상세하게 검토하였다.

하더라도 6,100만 원에 불과하다면 그 채권액 6,100만 원 한도에서만 가액반환을 청구할 수 있고, 이를 초과하여 공동담보가액 1억 2천만 원 범위까지 가액배상을 청구할 수는 없다.[120] 그러나, 위 사례에서 취소채권자의 채권액이 2억 원인 경우에는 채권액의 범위 내로서 공동담보가액인 1억 2천만 원의 한도에서 가액반환을 청구할 수 있다.

사해행위 취소에 따른 원상회복으로서의 가액반환은 원물반환에 갈음하는 것일 뿐만 아니라 수익자에게 그 이익이 잔존하는지 여부도 불문하므로, 수익자가 아무런 대가를 받지 않고 전득자에게 사해행위 목적물을 양도하였다고 하더라도, 수익자는 변론종결 당시의 그 목적물의 객관적인 평가에 따라 가액반환을 하여야 할 의무를 부담한다.[121]

한편, 근저당권이 설정되어 있는 부동산에 관하여 사해행위가 이루어진 후 근저당권이 말소되어 가액반환을 하여야 할 경우 사해행위가 있은 후 그 부동산에 관한 권리를 취득한 전득자에 대해서는, 사실심 변론종결시의 취소채권자의 채권액과 목적물의 공동담보가액 중의 적은 금액의 한도 내에서 전득자가 취득한 이익(예컨대, 근저당권의 경우 실제의 피담보채권액)에 대해서만 가액반환을 명할 수 있다(대법원 2019. 4. 11. 선고 2018다203715 판결).

요컨대, 가액반환은 ① 채권자의 피보전채권액, ② 사해행위 목적물의 공동담보가액, ③ 수익자나 전득자가 취득한 이익 중에서 적은 금액을 한도로 한다. 수익자나 전득자가 목적물의 소유권을 취득한 경우에는 ②와 ③이 같으나 근저당권 등 제한물권을 설정받은 경우라면 그 채권최고액 범위 내의 실제 피담보채권액이 ③의 이익에 해당한다고 할 것이다.[122]

예컨대, 수익자 "병"이 사해행위로서 매수 취득한 부동산에 관하여 전득자 "정"에게 채권최고액 6억 5,000만 원인 근저당권을 설정해 주었는데 수익자의 가액배상액이 22억 원으로 산정된 경우, 악의의 전득자 "정"이 수익자 "병"과 부진정연대하여 부담할 가액배상액은 채권최고액 전부가 아니라 실제 피담보채권액에 상당한 금액이다. 만일 "병"에 대하여 회생절차가 진행되어 회생계획인

120) 대법원 2001. 9. 4. 선고 2000다66416 판결의 사안 내용이다.
121) 대법원 2010. 4. 29. 선고 2009다104564 판결 참조.
122) 주석민법(제5판) 채권총칙 2 제522면(이백규 집필부분).

가가 있었다면 "정"은 그의 담보권이 위 회생계획인가에 의해 실체적으로 변경된 범위에서 가액배상의무를 부담한다.[123)]

2. 가액반환을 위한 목적물 평가의 기준시점 및 방법

가액반환은 원물반환에 갈음하는 것이고 원물반환의무의 존부는 채권자취소소송의 사실심 변론종결시를 기준으로 하여 판단되는 것이므로, 목적물 에 관한 가액 산정의 기준시점도 사실심 변론종결시이다(대법원 2010. 2. 25. 선고 2007다28819 판결).

대법원 2010. 2. 25. 선고 2007다28819 판결은, '부동산의 매매계약이 사해행위에 해당하여 취소되고 수익자에게 그에 따른 원상회복으로서 원물반환이 아닌 가액반환을 명하는 경우, 그 부동산에 대한 가액은 특별한 사정이 없는 한 사해행위인 매매계약에서 합의한 매매대금으로 평가할 것이 아니라 당해 사해행위취소소송의 사실심 변론종결 당시를 기준으로 산정하여야 한다'라고 판시하였다.

위와 같이 가액반환액 산정을 위한 목적물 평가의 기준시점은 '사실심 변론종결시'인데, 이와 달리 채무자의 무자력을 판단하는 기준시점 및 우선변제권 범위 밖에 있는 피보전채권액을 산정하기 위한 목적물 평가의 기준시점은 '사해행위(즉 채무자의 처분행위) 당시'임에 주의를 요한다.

즉, 채무자 또는 제3자 소유의 부동산에 대하여 채권자 앞으로 근저당권이 설정되어 있고 그 피담보채무액이 부동산의 가액 및 채권최고액을 초과하는 경우에는 그 담보물로부터 우선변제받을 금액을 공제한 나머지 채권액에 대해서만 채권자취소권이 인정되는데, 이 때 우선변제받을 금액은 '처분행위 당시'의 담보목적물의 시가를 기준으로 산정하는 것이다.[124)]

대법원 2010. 4. 29. 선고 2009다104564 판결은, '사해행위 취소에 따른 원상회복으로 가액반환에 의하여야 할 경우, 가액반환액을 산정함에 있어 수익자가 전득자로부터 실제로 수수한 대가와는 상관없이 사실심 변론종결시를 기준

---

123) 대법원 2019. 4. 11. 선고 2018다203715 판결의 사실관계에 입각한 것이다.

124) 대법원 2014. 9. 4. 선고 2013다60661 판결. 무자력 판단의 기준시점에 관해서는 앞의 제2장 제4절 제 1.의 2.에서 상세하게 검토하였다.

으로 객관적으로 평가하여야 한다'고 판시하였다. 따라서, 수익자가 아무런 대가를 받지 않고 전득자에게 사해행위 목적물을 양도하였다고 하더라도, 수익자를 상대로 하여 원상회복을 청구함에 있어서는 변론종결 당시의 그 목적물의 객관적인 평가에 따라 가액반환액을 산정하여야 한다.

3. 목적물 가액에서 공제되는 항목 및 금액에 관한 구체적 검토

(1) 검토의 범위와 방법

앞의 제 1.에서 상세하게 설명한 바와 같이, 근저당권이 설정된 부동산이 사해행위에 의하여 수익자에게 이전된 후 그 근저당권이 소멸된 경우에는, 사해행위 취소에 의한 원상회복은 가액반환의 방법에 의하고, 그 반환의 범위는 채권자의 채권액을 한도로 부동산 가액에서 근저당권의 실제 피담보채무액을 공제한 잔액의 범위 내이다. 그런데, 한편 부동산이 사해행위로 수익자에게 이전된 후에 그 부동산에 관하여 제3자가 근저당권을 취득함으로써 원상회복으로 가액반환의 방법에 의할 경우에는, 그 반환의 범위를 산정함에 있어 근저당권의 피담보채무액을 공제하지 않는다.[125)]

이와 같이, 사해행위 취소에 의한 원상회복의 방법으로 가액반환 사유가 발생한 경우라도, 그 반환의 범위를 산정함에 있어 사해행위 목적물의 평가액에서 우선변제 등에 제공되는 항목의 금액을 공제하는 방법에 의하는 것은 사해행위 후에 종전의 근저당권이 소멸한 경우이다.

여기에서는, 저당권 또는 저당권과 동일한 우선변제의 효력이 있는 권리가 설정된 부동산이 사해행위에 의하여 수익자에게 이전된 후 그 권리가 소멸된 경우를 전제로 하되, 주로 저당권의 경우를 중심으로 하여, 가액반환의 범위를 산정함에 있어 목적물의 평가액에서 공제되는 항목 및 금액에 관해서 구체적으로 검토한다.

---

125) 근저당권이 설정되어 있는 부동산이 수익자에게 사해행위로 이전되었는데 그 근저당권이 사해행위 후 변론 종결시까지 계속 존속하거나 또는 사해행위 시점에서 이미 근저당권이 소멸된 경우에는, 사해행위취소에 의한 원상회복은 수익자 명의의 소유권이전등기를 말소하는 등의 원물반환의 방법에 의한다.

(2) 동일한 목적물에 수 개의 저당권이 설정되고 그 중 일부 저당권이 소멸한 경우

사해행위의 목적인 부동산에 수 개의 저당권이 설정되어 있다가 사해행위 후 그 중 일부 저당권만이 말소된 경우, 사해행위 취소에 따른 원상회복은 가액반환의 방법에 의하여야 하고, 그 경우 반환하여야 할 가액은 그 부동산의 가액에서 말소된 저당권의 피담보채권액뿐만 아니라 말소되지 아니한 저당권의 피담보채권액을 모두 공제하여 산정한다(대법원 2007. 7. 12. 선고 2005다65197 판결).

이는 아래 (4)항에서 보는 바와 같이, 동일한 채권을 담보하기 위하여 수 개의 부동산에 설정된 저당권 즉 공동저당권에 관한 문제와는 다르다.

(3) 목적물에 관하여 설정된 선행 저당권설정계약이 사해행위로 인정되어 취소된 경우

대법원 2018. 6. 28. 선고 2018다214319 판결은, '저당권이 설정되어 있는 부동산이 사해행위로 양도된 후 변제 등에 의하여 저당권설정등기가 말소된 경우에는 부동산가액에서 저당권의 피담보채무를 공제한 잔액의 한도에서 사해행위를 취소하고 그 가액의 배상을 구할 수 있다는 법리는 위 저당권설정행위가 사해행위로 인정되어 취소된 때에도 마찬가지로 적용된다'고 판시하였다. 위 대법원판결의 사안요지 및 판단요지를 아래에서 검토한다.

(사안 요지)126) 채무자 "을"은 2013. 5. 7. "A", "B", "C"로부터 각 1억 원씩을 차용하고 그 채무를 담보하기 위하여 "을" 소유의 이 사건 부동산에 관하여 2013. 5. 14. 각 근저당권설정등기를 마쳤다.

채무자 "을"은 2013. 12. 6. 자신의 처인 수익자 "병"과 사이에 이 사건 부동산에 관하여 사해행위로서 재산분할협의를 하고 2014. 2. 5. 위 협의를 원인으로 하여 "병" 앞으로 소유권이전등기를 마쳤는데, 그 후 "병"은 2014. 3. 24. 이 사건 부동산을 선의의 제3자에게 매도하고 그 제3자 앞으로 소유권이전등기를 마쳐주었다.

그런데, 위 매매계약이 이행되는 과정에서 위 "A", "B", "C" 명의의 각 근저

---

126) 이해의 편의를 위해 사실관계를 실제의 사안 내용보다 단순화하였다.

당권설정등기가 2014. 4. 14. 모두 말소되었다.

채권자 “갑”은 이 사건 부동산에 관하여 “을”과 “병” 사이에 체결된 재산분할협의 뿐만 아니라, “을”과 “A”, “B”, “C” 사이에 체결된 각 근저당권설정계약에 대해서도 사해행위로서 취소를 구하고, “병“을 상대로 가액반환을 청구하였는데, 각 근저당권설정계약의 취소를 구하는 청구 부분은 2016. 3. 22. 제1심 승소판결이 선고되고 확정되었으며, 재산분할협의 부분에 관한 취소 및 가액반환 청구 부분이 항소심인 원심에 계속되었다.

원심은 이 사건 부동산에 관한 재산분할협의 전부가 상당성을 잃어 사해행위에 해당한다고 판단하고, 가액반환액을 산정함에 있어 이 사건 부동산 가액에서 위 말소된 각 근저당권의 피담보채무액을 공제하지 않았다.

(판단 요지) 저당권이 설정되어 있는 부동산이 사해행위로 양도된 경우에 사해행위는 부동산의 가액에서 저당권의 피담보채무액을 공제한 잔액의 범위 내에서만 성립한다고 보아야 하므로, 사해행위 후 변제 등에 의하여 저당권설정등기가 말소되었다면 부동산의 가액에서 저당권의 피담보채무액을 공제한 잔액의 한도 내에서 사해행위를 취소하고 그 가액의 배상을 구할 수 있을 뿐이다. 한편, 사해행위의 취소는 취소소송의 당사자 사이에서 상대적으로 취소의 효력이 있는 것으로 당사자 이외의 제3자는 다른 특별한 사정이 없는 이상 취소로 인하여 그 법률관계에 영향을 받지 않는다.

저당권설정행위 등이 사해행위에 해당하여 채권자가 저당권자를 상대로 제기한 사해행위 취소소송에서 채권자의 청구를 인용하는 판결이 선고되었다고 하더라도 이러한 사해행위 취소판결의 효력은 해당 부동산의 소유권을 이전받은 자에게 미치지 아니하므로, 저당권이 설정되어 있는 부동산이 사해행위로 양도된 경우 부동산의 가액에서 저당권의 피담보채무액을 공제한 잔액의 한도에서 그 양도행위를 취소하고 가액의 배상을 구할 수 있다는 법리는 저당권설정행위 등이 사해행위로 인정되어 취소된 때에도 마찬가지로 적용된다.

따라서, 원심이 이 사건 부동산의 가액에서 사해행위로서 취소된 위 각 근저당권의 피담보채무액을 공제하지 않고 가액반환금액을 산정한 것은 위법하다.

(4) 공동저당 목적물의 일부가 사해행위에 의해 이전된 후 공동저당권이 소멸한 경우

채무자 소유의 수 개의 부동산에 공동저당권이 설정되어 있는 경우 각 부동산이 부담하는 피담보채권액은 원칙적으로 민법 제368조의 규정 취지에 비추어 공동저당권의 목적으로 된 각 부동산의 가액에 비례하여 공동저당권의 피담보채권액을 안분한 금액이다(대법원 2017. 5. 30. 선고 2017다205073 판결). 마찬가지로, 공동저당권이 설정되어 있는 채무자 소유의 수 개의 부동산 중 일부가 처분된 경우에 있어서 그 처분된 부동산이 부담하는 피담보채권액은 공동저당권의 목적으로 된 각 부동산의 가액에 비례하여 공동저당권의 피담보채권액을 안분한 금액이다. 그러나, 수 개의 부동산 중 일부는 채무자의 소유이고 일부는 물상보증인의 소유인 경우에는 물상보증인이 민법 제481조, 482조의 규정에 의한 변제자 대위에 의하여 채무자 소유의 부동산에 대하여 담보권을 행사할 수 있는 지위에 있는 점 등을 고려할 때, 채무자 소유 부동산에 관한 피담보채권액은 공동저당권의 피담보채권액 전액으로 본다(대법원 2008. 4. 10. 선고 2007다78234 판결).

따라서, 공동저당권이 설정된 채무자 소유의 수 개의 부동산 중 일부가 사해행위에 의하여 제3자에게 이전된 후 공동저당권 설정등기가 말소된 경우에, 가액반환의 범위를 산정하기 위하여 사해행위의 목적 부동산 가액에서 공제하여야 하는 피담보채권액은 공동저당권의 목적으로 된 각 부동산의 가액에 비례하여 공동저당권의 피담보채권액을 안분한 금액이다. 한편, 근저당권은 채권최고액을 한도로 하여 그 범위 내에서 확정된 피담보채권액에 대해서만 우선변제의 효력이 있기 때문에, 공동근저당권이 설정된 경우에는 목적 부동산 가액에서 공제하여야 하는 피담보채권액은 채권최고액을 한도로 각 부동산의 가액에 비례하여 공동저당권의 피담보채권액을 안분한 금액이 될 것이다.

예컨대, 채무자 "을"이 자신의 소유인 "A"부동산에 관하여 "ㄱ"은행 앞으로 채권최고액 500만 원의 제1순위 근저당권을 설정하고, "A" 및 "B"부동산에 관하여 "ㄴ"상호신용금고 앞으로 채권최고액 3억 원의 제2순위 근저당권을 설정한 후, 채무초과상태에서 수익자 "병"에게 "A"부동산을 사해행위로써 매도하였는데, 매매계약 당시 "A"부동산의 시가는 2억 5,000만 원, "ㄱ"은행의 실제 채권액은 400만 원, "ㄴ"상호신용금고의 실제 채권액은 3억 3,000만 원이고, "A" 및 "B"부동산의 변론종결 당시의 시가는 각 2억 5,000만 원씩인 사례에 관해서 본다.

위 사례에서, "A"부동산에 관해서만 주목한다면 "A"부동산에 대하여 우선변제의 효력이 인정되는 피담보채권액은 "ㄱ"은행의 채권최고액 범위 내의 실제 채권액 400만 원과 "ㄴ"상호신용금고의 실제 채권액 3억 3,000만 중 피담보채권한도액(채권최고액) 3억 원을 합산한 3억 400만 원이다. 이와 같이 우선변제 채권액이 3억 400만 원으로서 "A"부동산의 시가 2억 5,000만 원을 초과한다고 하여, "A"부동산에 관한 매도처분을 사해행위에 해당하지 않는다고 볼 것이 아니다.[127] 즉, "A"부동산이 "B"부동산과 공동으로 "ㄴ"상호신용금고의 근저당권의 목적으로 된 것이므로, "A"부동산이 부담하는 "ㄴ"상호신용금고의 근저당권에 대한 피담보채권액은 "A" 및 "B"부동산 가액에 비례하여 피담보채권 한도액(채권최고액) 3억 원을 안분한 금액인 1억 5,000만 원이다.[128]

따라서, 채권자 "갑"이 "을"에 대해 3억 원의 채권을 가지고 있다면, "갑"은 "A" 부동산에 관한 "을"과 "병" 사이의 매매계약을 사해행위로서 일부 취소하고, 원상회복으로서 "A"부동산의 변론종결 당시의 가액 2억 5,000만 원에서 "ㄱ"은행의 실제 피담보채권액 400만 원과 "ㄴ"상호신용금고의 안분 부담 한도액(채권최고액의 1/2) 1억 5,000만 원을 합산한 1억 5,400만 원을 공제한 9,600만 원의 가액반환을 구할 수 있다.

(5) 공동저당 목적물 전부가 사해행위에 의해 일괄 이전된 후 공동저당권이 소멸한 경우

대법원 2005. 5. 27. 선고 2004다67806 판결은, 공동저당권이 설정된 수 개의 부동산 전부가 하나의 매매계약으로 동일인에게 일괄 양도한 것이 사해행위에 해당하고 그 사해행위 후 변제 등에 의해 공동저당권이 소멸한 경우에도 그

---

127) 대법원 2003. 11. 13. 선고 2003다39989 판결의 사안내용 참조.

128) 3억 원("ㄴ"상호신용금고의 실제 채권액 3억 3,000만 원 중 피담보채권 한도액인 채권최고액)×2억 5,000만 원("A"부동산 시가)/5억 원("A"부동산 시가 2억 5,000만 원+"B"부동산 시가 2억 5,000만 원)

부동산의 가액에서 저당권의 피담보채권액을 공제한 잔액의 한도 내에서 매매계약을 일부 취소하고 가액의 반환을 명하여야 하고, 일부 부동산 자체의 회복을 인정할 수 없다고 판시하였다. 그리고, 위 대법원판결은 이러한 경우에는, '사해행위로 되는 매매계약이 공동저당 부동산의 일부를 목적으로 할 때처럼 그 부동산 가액에서 공제하여야 할 피담보채권액의 산정이 문제되지 아니하므로, 그 취소에 따른 가액반환액의 산정은 목적 부동산 전체의 가액에서 공동저당권 피담보채권 총액을 공제하는 방식으로 함이 타당하다'고 판시하였음에 주의를 요한다.

(6) 수인이 하나의 부동산을 공유하면서 전체 부동산에 관하여 저당권을 설정한 후 그 중 일부 공유자가 지분을 처분한 경우

대법원 2017. 5. 30. 선고 2017다205073 판결의 사안요지는, 채무자 "을"이 자신의 여동생 "무"와 함께 부동산을 1/2지분씩 공유하면서 부동산 전체에 관하여 은행 앞으로 채무자를 "무" 및 "을"로 하여 근저당권을 설정한 후, "무"의 남편인 수익자 "병"에게 "을"의 1/2지분을 매도하였는데, 당시 1/2지분의 가액은 1억 7,000만 원이고, "병"은 매매계약 후에 위 근저당권의 피담보채무 잔액 약 1억 5,000만 원을 모두 변제하여 근저당권 설정등기를 말소한 경우, 채권자 "갑"이 "을"과 "병" 사이의 위 부동산 1/2지분 매매계약을 사해행위로서 취소하고 가액반환을 구하는 사안이다.

위 대법원판결은, 위와 같이 수인의 공동채무자가 하나의 부동산을 공유하면서 전체 부동산에 관하여 저당권을 설정하였는데 그 중 일부 공유자가 자신의 지분을 처분한 후 저당권이 말소된 경우의 가액반환에 관해서도, 앞서 살펴본 바와 같은 채무자 소유의 수 개의 부동산에 공동저당권이 설정되어 있는 경우의 각 부동산이 부담하는 피담보채권액의 산정에 관한 법리가 적용된다고 판시하였다. 따라서, 위 사례에서 채무자 "을"의 부동산 1/2지분이 부담하는 피담보채권액은 위 근저당권의 실제 피담보채권액 1억 5,000만 원 전부가 아니라, 저당권의 피담보채권액에 대하여 저당권의 목적으로 된 부동산의 지분 비율을 곱하여 산정한 금액인 7,500만 원(1억 5,000만 원×1/2)으로 보아야 한다.

(7) 피담보채권액이 사해행위시와 그 후 시점에 변동이 있는 경우

대법원 2005. 10. 14. 선고 2003다60891 판결은, '채무자가 사해행위로써 양도한 부동산에 근저당권이 설정되어 있고 가액배상을 하여야 할 경우, ……수익자에 의하여 피담보채무의 일부가 대위변제되어 사실심 변론종결 당시의 피담보채무액이 사해행위 당시의 그것보다 줄어들게 되었다면, 그러한 경우에도 사실심 변론종결 당시의 감소된 피담보채무액만을 공제하는 것은 사해행위 당시 채권자들의 공동담보로 제공되지 아니한 부분까지 회복시키는 결과가 되어 불공평하므로 사해행위 당시의 피담보채무액을 공제하는 방법에 의하여 가액반환의 범위를 확정하여야 한다'고 판시하였다.[129]

한편, 대법원 2007. 7. 12. 선고 2005다65197 판결은, '사해행위의 목적인 부동산에 수 개의 저당권이 설정되어 있다가 사해행위 후 그 중 일부 저당권만이 말소된 경우, 사해행위의 취소에 따른 원상회복은 가액반환의 방법에 의하고, 그 경우 반환할 가액은 변론종결 당시의 부동산의 가액에서 말소된 저당권의 피담보채권액과 말소되지 않은 저당권의 피담보채권액을 모두 공제하여 산정하여야 한다. 그리고 이와 같은 경우에, 사해행위 후에 제1, 2순위 근저당권이 말소되고, 제3순위 근저당권의 피담보채무 중 일부가 채무자의 다른 재산에 대한 공매절차를 통하여 변제됨으로써 사해행위 당시보다 감소하였다고 하더라도, 변론종결 당시의 부동산의 시가에서 공제할 말소되지 않은 제3순위 근저당권의 피담보채권액은 공매절차를 통하여 일부 변제된 후가 아닌 사해행위 당시의 피담보채권액'이라고 판시하였다.

일반적으로, 근저당권의 피담보채무액은 근저당권의 확정시까지는 채권최고액의 범위 내에서 유동적이므로 사해행위 전에 설정된 근저당권의 피담보채무액이 사해행위시와 그 후 근저당권의 확정시 또는 변론종결시에 달라질 수 있고, 한편 근저당권이 담보하는 잠재적인 채무는 채권최고액 전액이므로 그 한도에 이르기까지 현실화된 피담보채무는 당초부터 채권자들의 공동담보로 제공되

---

129) 위 대법원판결은 수익자에 의하여 근저당권의 피담보채무의 일부가 대위변제된 것 자체가 가액반환사유에 해당한다고 판시한 것은 아니라고 할 것이다. 이 점에 관해서는 앞의 제2절 제2.의 2. (2)항에서 상세하게 검토하였다.

지 아니한 것이라고 볼 수 있다. 그러므로, 위와 같이 사해행위 당시 및 그 후 시점에서의 실제 피담보채무액이 서로 다른 경우에는 채권최고액의 범위 내에서 그 중 다액인 피담보채무액을 목적물 가액에서 공제하여 반환할 가액을 산정하는 것이 타당하다고 할 것이다.

(8) 채무자 소유의 다른 부동산에 관한 저당권이 소멸된 경우

대법원 2007. 5. 31. 선고 2006다18242 판결은, '저당권이 설정되어 있는 부동산이 사해행위로 이전된 후 그 저당권설정등기가 말소되었음을 이유로 가액반환을 명하는 경우에는, 사해행위 당시 일반채권자들의 공동담보로 되어 있었던 부동산 가액 전부의 반환을 명하여야 할 것이고, 그 부동산 가액에서 수익자의 변제로 말소된 채무자 소유의 다른 부동산에 관한 저당권이나 전세권의 피담보채무액을 공제하여 가액반환액을 산정할 것이 아니다'라고 판시하였다.

아래에서 위 대법원판결의 사안의 요지와 쟁점 및 법리 등에 관해서 상세하게 검토한다.

(사안 요지)[130] 채무자 "을"은 채무초과상태에서 1998. 3. 17. 그 소유의 제1, 2 부동산의 각 1/2지분에 관하여 수익자 "병"과 사이에, "병"에 대한 약 2억 3,000만 원의 대여금채무를 담보하기 위하여 매매예약을 체결하고 같은 달 26. "병" 앞으로 각 소유권이전등기청구권 가등기를 마쳤다.

위 매매예약 당시, 제1부동산에 관해서는 채권최고액 7,800만 원, 피담보채무액 6,000만 원인 1순위 근저당권, 채권최고액 및 피담보채무액이 7,500만 원인 2순위 근저당권, 전세금 2,800만 원인 전세권 등이 각 설정되어 있었고, 제2부동산에 관해서는 채권최고액 1억 3,000만 원, 피담보채무액 8,000만 원인 근저당권이 설정되어 있었다.

수익자 "병"은 제2부동산의 1/2지분에 대해서만 2000. 10. 20. 위 가등기에 기하여 1998. 3. 17.자 매매계약에 의한 본등기를 마친 다음, 제2부동산을 은행에 담보로 제공하여 대출 받는 등으로 마련한 자금으로 위 각 근저당채무 및 전세금을 변제함으로써, 제2부동산에 관한 근저당설정등기뿐만 아니라 "병" 앞

130) 위 대법원판결의 원심판결인 서울고법 2006. 2. 10. 선고 2004다57443 판결 내용에 의해 사실관계를 요약한 것이다.

으로 가등기만 마쳐진 상태에 있는 제1부동산에 관한 위 제1, 2순위 각 근저당권설정등기 및 전세권 설정등기까지 모두 말소시켰다.

이에, 채권자 "갑"이 "을"과 "병" 사이에 체결된 제1부동산의 1/2지분에 관한 매매예약과 제2부동산의 1/2지분에 관한 매매예약 및 매매계약을 사해행위로서 취소하고 원상회복을 청구하였는바, 변론종결 당시의 제1부동산의 1/2지분의 시가는 196,138,000원이고, 제2부동산의 1/2지분의 시가는 171,708,000원이다.

"을"과 "병" 사이에 체결된 제1부동산의 1/2지분에 관한 매매예약과 제2부동산의 1/2지분에 관한 매매예약 및 매매계약이 사해행위에 해당하여 취소되는 것을 전제로, 그 구체적인 원상회복의 방법은 무엇이고, 가액반환을 할 경우에는 그 금액을 어떻게 산정할 것인지가 쟁점으로 된 사안이다.

(원심 판단요지) 원심은, 가등기만 마쳐져 있는 제1부동산의 1/2지분에 대한 원상회복 부분에 관해서는 가등기 후에 저당권이 말소된 점 등은 원물반환에 의한 원상회복방법에 영향을 주지 않는다는 이유로,[131] "병" 명의로 마쳐진 소유권이전청구권 가등기의 말소절차의 이행을 명하였다.

그런데, 원심은, 가등기에 기한 본등기가 마쳐진 제2부동산의 1/2지분에 대한 원상회복 부분에 관해서는 본등기 후 종전 근저당권설정등기가 말소되었으므로 가액반환에 의하되, 수익자 "병"이 이를 담보로 하여 대출받은 금원으로 제2부동산만이 아니라 제1부동산에 설정된 선순위 근저당권이나 전세권까지 함께 소멸시켰으므로, 제1부동산에 관하여 소멸된 선순위 근저당권이나 전세권의 피담보채무액도 제2부동산의 배상가액을 정함에 있어 함께 반영하여 시가에서 이를 공제하는 것이 "갑" 등 일반채권자와 수익자 "병" 사이에서 공평하고, 가액반환제도의 취지에도 부합한다고 판단하였다.

이에 원심은 제2부동산의 1/2지분에 관한 매매예약 및 매매계약을 취소하고 그에 따른 원상회복으로서 가액반환액을 산정함에 있어, 제2부동산의 1/2지분의 시가 171,708,000원에서 제2부동산에 관하여 말소된 근저당권의 피담보채무액 40,000,000원(=80,000,000원×"병"의 지분 1/2)과 제1부동산에 관하여 말소된 근저당권과 전세권의 피담보채무액 합계 81,500,000원{=(제1,2순위 근저당권의 피담보

131) 대법원 2003. 7. 11. 선고 2003다19435 판결 등 참조.

채무액 합계 135,000,000원+전세금 채무 28,000,000원)×"병"의 지분 1/2}을 모두 공제한 50,208,000원으로 산정하였다.

(대법원 판단 요지) 위 원심의 판단 중 '제2부동산의 1/2지분에 관한 원상회복 부분'을 파기하였다. 그 이유는 앞서 설시한 바와 같이, 가액반환방법에 의하여 원상회복이 이루어져야 하는 당해 부동산의 가액에서 수익자의 변제로 말소된 채무자 소유의 다른 부동산에 관한 저당권이나 전세권의 피담보채무액을 공제하여 가액반환액을 산정할 것이 아니므로, 제2부동산의 1/2지분에 관하여 사해행위 취소에 따른 가액반환액을 산정함에 있어 그 시가에서 제1부동산에 관하여 수익자 "병"의 변제로 말소된 근저당권이나 전세권의 피담보채무액까지 공제할 것이 아니라는 것이다.

(법리에 관한 이해) 위 사안의 요지에 나타난 사정에 의하면, 제1,2부동산이 한 개의 매매예약에 의하여 동일한 수익자 "병" 명의로 가등기가 마쳐진 다음, 그 중 "병"의 임의적인 선택에 따라 제2부동산에 대해서만 가등기에 기한 본등기를 마친 경우이므로, 원심이 판단한 취지대로 제1, 2부동산을 일괄하여 전체적으로 보아 가액반환 금액의 산정에 관한 법리를 적용하는 것이 공평의 원리에 부합한다고 볼 여지도 있다.

그런데, 위 대법원판결이 위 사안의 요지에 나타난 사정이 있다고 하더라도 원심의 판단이 부당하다는 이유로 파기한 것은 아래에서 보는 바와 같이 가등기에 관한 원물반환의 원칙과 저당권의 효력이 미치는 물적 범위에 관한 원칙을 유지하려는 데에 있다고 이해할 수 있다.

대법원판례는 '소유권이전청구권을 보전하기 위한 가등기가 사해행위를 원인으로 이루어진 경우 그 행위를 취소하고 원상회복으로서 가등기를 말소하면 족한 것이고, 가등기 후에 저당권이 말소되었다거나 그 피담보채무가 일부 변제된 점 또는 그 가등기가 사실상 담보가등기라는 점 등은 그와 같은 원상회복방법에 영향을 주지 않는다'는 입장을 확립하고 있다. 따라서 예컨대, 근저당권이 설정된 부동산이 사해행위에 의하여 수익자 앞으로 소유권이전청구권 보전의 가등기가 마쳐진 다음 위 근저당권이 말소되었다고 하더라도, 사해행위 취소에 따른 원상회복은 목적 부동산의 가액에서 근저당권의 피담보채무액을 공제하는 등의 가액반환방법에 의할 것이 아니라, 가등기 자체를 말소하는 원물반환방법

에 의하는 것이다.[132)]

사해행위인 매매예약에 의하여 채무자 소유의 부동산에 관하여 수익자 명의로 소유권이전청구권 가등기가 마쳐졌다고 하더라도 그 부동산에 관한 소유권은 여전히 채무자에게 귀속되어 있는 상태로서 변동이 없으므로, 수익자가 가등기 후에 그 전에 목적 부동산에 관하여 설정되었던 저당권의 피담보채무를 변제하여 그 저당권설정등기를 말소시켰다면, 그 수익자는 변제자 대위(민법 제480조, 제481조)에 의해 채무자 소유인 목적 부동산에 관하여 저당채권자의 채권 및 담보에 관한 권리를 이전 받아 취득할 가능성이 높다.[133)] 따라서, 사해행위에 의해 수익자 명의로 가등기가 된 후 목적 부동산에 관한 종전의 저당권이 소멸한 경우에, 사해행위 취소에 따른 원상회복이 수익자 명의의 가등기 자체를 말소하는 방법에 의하여 이루어진다고 하더라도, 그것이 수익자에게 불리하여 공평의 원칙에 반한다고 볼 수 없고 오히려 원상회복에 관한 원물반환의 원칙에 부합한다고 볼 수 있다.

한편, 저당권의 효력은 그 설정의 목적으로 된 하나의 독립된 부동산 전체에 미치고, 설정의 목적으로 되지 않은 다른 부동산에는 그 효력이 미치지 아니함이 원칙이다.

이상에서 살펴 본 바와 같이, 대법원의 판단은 사해행위 취소에 따른 가등기의 원상회복에 관한 원물반환의 원칙과 저당권의 효력이 미치는 물적 범위에 관한 원칙에 부합한다는 점에서 타당하다고 할 것이다.

(9) 사해행위 목적물에 관하여 경매비용이 지출된 경우

대법원 2008. 8. 21. 선고 2008다26360 판결은, 저당권자의 신청에 의하여 담보권 실행을 위한 경매절차가 진행 중인 물건이 사해행위로 이전되고 그 후 변제 등에 의하여 저당권설정등기가 말소되어 그 경매신청이 취하된 경우의 가액반환액의 산정에 관해서, '사실심 변론종결시를 기준으로 한 그 물건의 가액에서 저당권의 피담보채권액뿐만 아니라, 그 경매절차에서 우선적으로 변상받을

132) 대법원 2001. 6. 12. 선고 99다20612 판결, 2003. 7. 11. 선고 2003다19435 판결.

133) 가등기권자는 채무자의 저당채권자에 대한 채무를 제3자의 지위에서 변제한 것이므로 변제할 정당한 이익이 없는 경우에는 임의대위의 요건을 갖추도록 유념하여야 할 것이다.

수 있었던 집행비용액[134]도 공제하여야 하고, 집행비용을 공제함에 있어 사실심 변론종결 당시의 비용액이 사해행위 당시의 그것보다 현실적으로 증가한 경우에는 이를 모두 공제하여야 한다'고 판시하였다.

위 대법원판결은 위와 같은 법리가 선박우선특권자의 신청에 의하여 담보권 실행을 위한 경매절차가 진행 중인 선박이 사해행위로 이전되고 그 후 변제 등에 의하여 선박우선특권에 의하여 담보되는 채권이 소멸되어 그 경매신청이 취하된 경우에도 마찬가지로 적용된다고 하면서, 선박에 관한 사해행위 취소에 따른 가액반환액을 산정함에 있어 수익자 및 전득자가 완제한 선박우선특권의 피담보채권액과 전득자가 지급한 경매절차에서 발생한 선박의 감수・보전처분비용 2억 8,600만 원도 공제한 원심의 판단은 정당하다고 판시하였다.

다만, 대법원 2011. 2. 10. 선고 2010다79565 판결은, 채권자취소소송을 위하여 지출한 소송비용은 그 소송에 의하여 원상회복된 채무자의 책임재산에 대한 강제집행에 의하여 우선적으로 변상 받을 수 있는 집행비용에 해당하지 않는다고 판시하였음에 유의하여야 한다.

(10) 수익자가 채무자에게 지급한 가액반환 명목의 금원

대법원판례는, '사해행위 취소의 효력은 채권자와 수익자 또는 전득자와의 상대적인 관계에서만 미치는 것으로서 채무자가 수익자나 전득자에 대하여 어떠한 권리를 취득하는 것은 아니므로, 수익자가 원상회복으로 채권자에게 가액반환을 할 경우 수익자는 자신이 채무자에게 가액반환금 명목으로 금원을 지급하였다는 점을 들어 채권자취소권을 행사하는 채권자에 대해 이를 가액반환에서 공제할 것을 주장할 수 없다'는 입장을 견지한다.[135]

대법원 2013. 4. 11. 선고 2012다211 판결은, '채무자가 강제집행을 회피할 목적으로 자기의 사실상 유일한 적극재산인 채권을 제3자(수익자)에게 무상으로 양도한 행위는 다른 채권자들에 대한 관계에서 사해행위가 되고, 그 제3자(수익자)가 양수채권을 추심하여 그 금원을 채무자에게 주었다고 하더라도 이를 가액

---

134) 강제집행에 필요한 비용과 담보권 실행을 위한 경매에 필요한 비용은 채무자(소유자)가 부담하고 그 집행에 의하여 우선적으로 변상을 받는다(민사집행법 제53조 제1항, 제275조).

135) 대법원 2017. 8. 21.자 2017마499 결정, 2001. 6. 1. 선고 99다63183 판결 등.

반환의 범위에서 공제할 것은 아니다'라고 판시하였다. 또한, 대법원 2001. 6. 1. 선고 99다63183 판결은, 수익자가 사해행위에 의하여 취득한 부동산에 그 후 추가로 채무자의 채무를 담보하기 위하여 근저당권을 설정함으로써 물상담보로 제공한 경우에 관하여, 그 근저당권의 피담보채권액은 그 설정경위에 불구하고 수익자의 가액반환에서 공제하지 않은 원심판단을 정당하다고 판시하였다.

이러한 각 대법원판결의 취지도 위에서 본 대법원판례의 입장과 그 맥락을 같이한다고 볼 수 있다.[136]

위에 나온 각 대법원판결의 판시내용은 사해행위 취소의 효력이 미치지 않는 채무자와 수익자 사이의 법률관계를 그 효력이 미치는 채권자와 수익자 또는 전득자 사이의 법률관계로부터 분리하여 파악하려는 입장으로서 결국 상대적 효력의 일환으로 이해할 수 있다.

(11) 임대차보증금에 관한 특수한 문제

(가) 문제의 소재와 검토 범위

우선변제의 효력을 가진 임차권이 설정되어 있는 부동산이 그 권리자 이외의 제3자(수익자)에게 사해행위로 이전된 경우에도, 저당권이 설정된 부동산이 사해행위로 이전된 경우와 마찬가지로, 사해행위 당시의 부동산 가액에서 우선변제의 효력이 미치는 임대차보증금을 공제한 잔액 범위 내에서 사해행위가 성립한다.[137]

그러므로, 사해행위 후 변제 등에 의하여 우선변제효력 있는 임차권이 소멸한 경우에는 그 부동산의 가액에서 임대차보증금을 공제한 잔액의 한도 내에서 사해행위를 취소하고 그 가액의 반환을 구할 수 있을 뿐이다.

그런데, 임대차 목적물이 수인의 임대인 공유인 경우, 선행 저당권 설정 후 대항력만을 갖춘 경우, 부동산에 관한 사해행위 후에 비로소 채무자가 임대한

---

136) 다만, 위 대법원 99다63183 판결은, '사해행위 취소에 따른 원상회복으로서의 가액반환은 원물반환에 갈음하는 것일 뿐만 아니라 수익자에게 그 이익이 잔존하는지 여부도 불문하는 것이므로, 위 근저당권의 피담보채권액은 그 설정경위에 불구하고 가액반환에서 공제될 수 없다'고 판시하였다.

137) 대법원 2007. 7. 26. 선고 2007다29119 판결, 2018. 9. 13. 선고 2018다215756 판결 등 참조.

경우 등에 있어서 그 가액반환액의 산정에 유의할 점이 있다.

(나) 임대차 목적물이 수인의 임대인 공유인 경우

대법원 2017. 5. 30. 선고 2017다205073 판결은, '건물의 공유자가 공동으로 건물을 임대하고 임대차보증금을 수령한 경우 특별한 사정이 없는 한 그 임대는 각자의 공유부분을 임대한 것이 아니라 임대목적물을 다수의 당사자로서 공동으로 임대한 것이고 임대차보증금 반환채무는 성질상 불가분채무에 해당한다. 따라서, 임차인이 공유자 전원으로부터 상가건물을 임차하고 임대차보증금에 관하여 우선변제를 받을 수 있는 권리를 가진 경우에, 상가건물의 공유자 중 1인인 채무자가 처분한 공유지분 중에 일반채권자들의 공동담보로 제공되는 책임재산은 우선변제권 있는 임차보증금 반환채권 전액을 공제한 나머지 부분이다' 라고 판시하였다.

위 대법원판결은 임대차보증금 반환채무가 금전채무이지만 그 임대차 목적물이 수인의 공유인 경우에는 보증금반환채무에 관해서 그 성질상 불가분채무 관계가 성립함을 전제로 하는 것인데, 대법원 1998. 12. 8. 선고 98다43137 판결은, '건물의 공유자가 공동으로 건물을 임대하고 보증금을 수령한 경우 특별한 사정이 없는 한 그 임대는 각자의 공유부분을 임대한 것이 아니라 임대목적물을 다수의 당사자로서 공동으로 임대한 것이고 그 보증금 반환채무는 성질상 불가분채무에 해당된다고 보아야 한다'고 판시하였다.

(다) 저당권 설정 후 대항력만을 갖춘 임차권의 경우

대법원 2001. 6. 12. 선고 99다51197 판결은, '근저당권이 설정된 부동산이 사해행위로서 이전된 경우, 주택임대차보호법 제3조 제1항이 정한 대항력을 갖추었으나 그 전에 이미 선순위 근저당권 설정등기가 마쳐져 있어 부동산이 경락되는 경우 소멸할 운명에 놓인 임차권의 임대차보증금 반환채권은 사해행위 당시까지 임대차계약서에 확정일자를 받지 아니하여 우선변제권을 가지지 못하는 이상, 수익자가 사해행위 후 위 근저당권의 피담보채무를 변제함으로써 가액반환을 할 경우에, 위 임대차보증금은 부동산의 가액에서 공제할 것은 아니다' 라고 판시하였다.

위 대법원판결의 사안요지는, 채무자 "을"과 수익자 "병" 사이에 1997. 4.

1. 이 사건 부동산에 관하여 사해행위인 매매계약이 체결되었는데, 그 이전인 1995. 5. 11. 제1순위 근저당권이 설정되고, "A"가 1996. 4. 1.자로 이 사건 부동산 중 2층 주택부분에 관하여 임대차계약을 체결하고 1996. 5. 1. 전입신고를 마치고 거주하였고, 1996. 9. 3. 제2순위 근저당권이 설정된 다음, 위 매매계약 체결 후인 1997. 5. 19.에 이르러 비로소 위 임대차계약서에 확정일자를 받았으며, 그 후 수익자 "병"이 위 제2순위 근저당권자에게 그 피담보채무를 변제하고 근저당권을 말소한 경우이다.

위와 같은 사안에서, 위 대법원판결은 앞서와 같은 법리에 의해, "을"과 "병" 사이의 사해행위인 위 매매계약 당시에는 위 임대차보증금에 해당하는 부분도 일반채권자들의 공동담보로 될 수 있었으므로 수익자 "병"에 대하여 가액반환을 명함에 있어 부동산의 가액에서 위 보증금을 공제할 것이 아니라고 판단한 것이다.[138]

(라) 부동산에 관한 사해행위 후에 비로소 채무자가 임대한 경우

대법원 2018. 9. 13. 선고 2018다215756 판결은, '부동산에 관한 사해행위 이후에 비로소 채무자가 부동산을 임대한 경우에는 (그 임대차보증금에 대해 우선변제권이 있다고 하더라도) 부동산 가액 중 임대차보증금에 해당하는 부분도 사해행위 당시 일반 채권자의 공동담보에 제공되어 있었음이 분명하기 때문에 그 임대차보증금을 가액반환의 범위에서 공제할 이유가 없다'고 판시하였다.[139]

위 대법원판결의 사안요지는, 채무자 "을"이 새마을금고 앞으로 채권최고액 1억 5,000만 원의 근저당권이 설정된 이 사건 부동산에 관하여 2013. 3. 8. 수익자 "병"에게 사해행위로서 매도하는 계약을 체결한 후, 2013. 4. 30. 위 근저당권의 피담보채무액 1억 2,000만 원을 변제하고 그 설정등기를 말소하였는데,

---

138) 위 사안에서 만일 사해행위인 위 매매계약 체결 전에 임대차계약서에 확정일자까지 받았다면, 사해행위 전에 이미 우선변제효력 있는 임차권이 성립한 것으로서 사해행위 전 저당권의 피담보채무액과 마찬가지로 그 보증금액이 공제되어야 할 것이다.

139) 우선변제의 효력을 가진 임차권이 설정되어 있는 부동산이 그 권리자 이외의 제3자(수익자)에게 사해행위로 이전된 경우에도, 저당권이 설정된 부동산이 사해행위로 이전된 경우와 마찬가지로, 사해행위 당시의 부동산 가액에서 우선변제의 효력이 미치는 임대차보증금을 공제한 잔액 범위 내에서 사해행위가 성립한다. 그러므로, 사해행위 후 변제 등에 의하여 우선변제효력 있는 선행 임차권이 소멸한 경우에는, 그 부동산의 가액에서 임대차보증금을 공제한 잔액의 한도 내에서 사해행위를 취소하고 그 가액의 반환을 구할 수 있을 뿐이다(대법원 2013. 4. 11. 선고 2012다107198 판결).

채무자 “을”이 위 매매계약 다음날인 2013. 3. 9. “A”에게 이 사건 부동산에 관하여 임대기간 2년, 임대차보증금 1억 6,000만 원으로 정하여 임대한 경우이다.

위 사안에 관하여, 위 대법원판결은 앞서 본 법리에 따라, 사해행위인 위 매매계약을 취소하고 가액반환을 명함에 있어 부동산 가액에서 근저당권의 피담보채무액 1억 2,000만 원을 공제하였으나 임대차보증금 1억 6,000만 원은 공제하지 않은 원심판결을 정당하다고 판단한 것이다.

(12) 사해행위 목적물에 대하여 부과된 증여세, 취득세와 그 밖의 조세

대법원 2003. 12. 12. 선고 2003다40286 판결은, ‘사해행위 후 그 목적물에 관하여 선의의 제3자가 저당권을 취득하였음을 이유로 가액반환을 명하는 경우, 증여의 형식으로 이루어진 사해행위를 취소하고 원상회복으로서 가액반환을 명함에 있어서는 그 반환액수를 산정함에 있어 수익자에게 부과된 증여세액과 취득세액을 공제할 것은 아니다’라고 판시하였다.

그러면, 이른바 공평형의 가액반환을 명하는 경우, 채무자에 대해 우선징수권이 있는 조세채권액도 부동산의 가액에서 공제할 것인지 문제된다.

예컨대, 채무자 “을”이 저당권이 설정된 부동산을 수익자 “병”에게 증여한 것이 사해행위에 해당하고 “병”이 사해행위로 이전받은 후 피담보채무를 변제하여 저당권이 말소되었는데 채무자 “을”에 대해 이미 국세의 납부의무가 성립하고 있었던 경우, 사해행위인 증여를 취소하고 가액반환을 명함에 있어 부동산 가액에서 피담보채무액 외에 국세채권액도 공제하여야 하는지의 문제이다.

납세의무자의 소유가 아닌 재산에 의하여 국세를 징수할 수는 없으므로 국세의 체납처분 등에 의하여 납세의무자의 재산이 압류되기 전에 제3자가 그 소유권을 취득하였다면 그 재산에 대해서는 원칙적으로 국세의 우선징수권이 미치지 않는다.[140]

이와 같이 국세채권은 채무자의 특정재산에 대하여 추급력을 갖지 아니하여 물적 담보권과 마찬가지로 취급할 수 없으므로, 목적 부동산에 관하여 미리 가압류나 압류를 하지 않은 이상 가액반환액을 산정함에 있어 부동산 가액에서

---

140) 대법원 1998. 8. 21. 선고 98다24396 판결, 2003. 7. 11. 선고 2003다19435 판결.

국세채권액을 공제하지 못한다고 봄이 타당하다. 또한 위와 같이 추급력이 없다는 점에서 국세징수법 제25조가 규정하는 사해행위 취소제도의 존재의의가 있다고 할 수 있다.

4. 가액반환에 대한 지연손해금

가액배상은 금전의 지급을 명하는 것이므로 이에 대해 지연손해금이 가산될 수 있음은 당연한데, 그 기산점 및 지연이율에 관해서 주의할 점이 있다.

가액배상의무는 사해행위취소를 명하는 판결부분이 확정된 때에 원상회복의무로서 비로소 발생하므로, 그 판결이 확정된 다음 날부터 이행지체책임을 지고 그 이율은 소촉법 소정의 이율이 적용되는 것이 아니라 완제일까지 민법 소정의 법정이율이 적용된다(대법원 2009. 1. 15. 선고 2007다61618 판결).

그러나, 사해행위취소 청구를 먼저 하여 그 승소판결이 확정된 다음 원상회복으로서 가액배상을 구하는 경우에는 이미 성립한 이행기의 정함이 없는 채권을 청구한 것으로 보아야 하므로, 일반채권과 마찬가지로 소장부본의 송달 다음 날부터 소촉법 소정의 연체이율에 의한 지연손해금의 지급을 구할 수 있을 것이다.[141]

또한, 가액배상에 의해 원상회복이 이루어지는 것이 아니라 금전의 지급 자체가 원물반환의 의미를 가지는 경우에는 지연손해금의 기산점이 달라진다. 즉, 금전의 증여를 사해행위로서 취소하여 원상회복으로 금전의 지급을 구하는 경우에는 원금 외에 지연배상금의 지급도 구할 수 있고, 이 경우 지연배상금의 기산점은 수익자가 실제로 금전을 지급받은 때이다(대법원 2006. 10. 26. 선고 2005다76753 판결).

---

141) 주석민법(제5판) 채권총칙 2 제514면(이백규 집필부분), 채권자는 채권자취소소송에서 사해행위의 취소를 구하는 청구와 원상회복을 구하는 청구를 분리하여 행사하는 것이 가능하다(대법원 2001. 9. 4. 선고 2001다14108 판결 참조).

제 3. 가액반환의무자와 채권자의 관계

1. 반환의무자의 취소채권자에 대한 관계

(1) 수익자의 채무자에 대한 채권과의 상계 주장 가부(可否)

수익자는 사해행위 취소에 따른 원상회복으로서 가액반환을 하는 경우에 자신도 채무자에 대한 채권자라는 이유로 취소채권자를 상대로 하여 채무자에 대한 자기의 채권과의 상계를 주장할 수 없다(대법원 2017. 8. 21.자 2017마499 결정).

취소채권자의 원상회복청구에 대하여 수익자가 자신의 채권으로서 상계할 수 있다고 하면 실질적으로 수익자가 우선변제를 받게 되는 이익을 얻게 되어 수익자를 보호하고 다른 채권자의 이익을 무시하는 결과가 됨으로써, 모든 채권자를 위하여 수익자로부터 채무자의 일탈재산을 환원시키려는 채권자취소의 제도적 취지에 반하기 때문이다(대법원 2001. 6. 1. 선고 99다63183 판결).

(2) 수익자의 채권에 대한 안분액 청구 가부(可否)

수익자는 사해행위 취소에 따른 원상회복으로서 가액반환을 하는 경우에 자신도 채무자에 대한 채권자 중의 1인이라는 이유로 취소채권자에 대하여 총채권액 중 자기의 채권에 대한 안분액의 분배를 청구하거나, 그 안분액과 원상회복청구와의 상계를 주장하여 그 안분액의 지급을 거절할 수 없다(대법원 2003. 11. 28. 선고 2003다50061 판결).

수익자가 안분액의 지급을 거절할 수 있다면, 자신의 채권에 대하여 변제를 받은 수익자를 보호하고 다른 채권자의 이익을 무시하는 결과가 됨으로써 모든 채권자를 위하여 수익자로부터 채무자의 일탈재산을 환원시키려는 채권자취소의 제도적 취지에 반하기 때문이다.

(3) 수익자의 채권자에 대한 별개의 채권에 기한 가액반환채권에 대한 압류·전부 가부(可否)

대법원 2017. 8. 21.자 2017마499 결정은, '수익자가 채권자취소권을 행사하는 채권자에 대해 가지는 별개의 다른 채권을 집행하기 위하여 그에 대한 집행권원으로써 채권자의 수익자에 대한 가액배상채권을 압류하고 전부명령을 받는 것은 허용된다'고 판시하였다. 나아가, 위 대법원결정은, '채권자가 채무자의 제3채무자에 대한 채권을 압류하는 경우 제3채무자가 채권자 자신인 경우에도 이를 압류하는 것이 금지되지 않으므로, 채권자와 제3채무자가 동일인이라도 그 채권압류 및 전부명령은 위법하지 않다'고 판시하였다.

따라서, 예컨대, 채권자 "갑"이 수익자 "병"에 대하여 사해행위 취소의 확정판결로 인한 약 2억 원의 가액반환채권을 가지게 되었는데, 그 전에 수익자 "병"이 "갑"을 상대로 약 1억 5,000만 원의 손해배상을 청구하는 소를 제기하여 승소판결을 받았고, 그 집행력 있는 판결에 기초하여 위 "갑"의 "병"에 대한 가액배상채권 중 청구금액 1억 5,000만 원에 대해 채권압류 및 전부명령을 신청하여 그 명령을 받은 것은 적법하다.[142]

2. 수인의 가액반환의무자 있는 경우[143]

(1) 수익자와 전득자 모두 가액반환을 할 경우

사해행위 취소에 따라 동일한 목적물에 관한 원상회복으로서 수익자 및 전득자가 모두 가액반환을 하여야 하는 경우, 이는 동일한 경제적 목적을 가지고 서로 중첩되는 부분에 관하여 일방의 채무가 변제 등으로 소멸할 경우 타방의 채무도 소멸하는 관계에 있다고 할 것이므로, 그 각 가액반환의무는 부진정연대관계에 있다.

대법원 2014. 12. 11. 선고 2011다49783 판결은, 채무자 "을" 소유의 부동산에 관하여 사해행위로서 수익자 "병" 앞으로 근저당권 설정등기가 마쳐지고 근저당권의 양도에 의하여 전득자 "정" 앞으로 근저당권 이전의 부기등기가 마쳐진 후 목적 부동산에 대한 임의경매가 진행되어 근저당권이 소멸한 경우에, "병"은 근저당권을 "정"에게 양도함으로써, "정"은 양수한 근저당권이 임의경매

142) 대법원 2017. 8. 21.자 2017마499 결정이유에 나타난 사실관계를 요약한 것이다.

143) 이는 채권자취소소송절차에 있어서의 중복소송, 공동소송에 관한 문제의 일부이다. 중복소송, 공동소송 등에 관한 전반적인 문제는 앞의 제4장 제4절 제 2. 및 제 4.에서 상세하게 검토하였다. 여기에서의 설명은 그 중 일부를 발췌한 것이다.

결과 소멸됨으로써, 각 원물반환이 불가능하게 되었다고 판단하였다. 위 대법원 판결은 위와 같은 경우에는 수익자 “병” 및 전득자 “정”이 부진정연대관계에서 채권자 “갑”에게 가액반환을 하여야 하고, 이 경우 전득자 “정”이 배당을 받았다면 가액반환액은 배당받은 금액이 된다고 판시하였다.

소송실무상 수익자 및 전득자가 모두 가액반환의무를 부담하는 전형적인 사례에 관해서 본다.[144)]

채무자 “을”은 2015. 2. 20. 채무초과상태에서 자신의 사실상 유일한 재산인 아파트를 처인 수익자 “병”에게 증여하고, 그 다음날 “병” 앞으로 소유권이전등기를 마쳐주었고, “병”은 2015. 6. 10. 전득자 “정”에게 위 아파트에 관하여 2015. 6. 5.자 매매를 원인으로 하여 소유권이전등기를 마쳐주었다. 그런데, 채무자 “을”은 2015. 6. 5. “정”에 대한 기존의 물품대금채무에 대한 대물변제로 위 아파트를 “정”에게 양도하되 형식상으로 등기명의인인 “병”이 2015. 6. 5. “정”과 사이에 매매계약을 체결하여 2015. 6. 10. “정” 앞으로 소유권이전등기를 마친 것이고, “병” 및 “정”의 사해행위에 관한 악의는 추정된다.

한편, 위 아파트에 관해서는 사해행위로 증여되기 전인 2013. 4. 10. 은행 앞으로 채권최고액 7천만 원의 근저당권설정등기가 마쳐져 있었는데, 채무자 “을”이 “병”에게 증여한 후인 2015. 3. 20. 은행에게 그때까지의 피담보채무액 5천만 원을 변제하고 같은 날 근저당권설정등기를 말소하였다.

채권자 “갑”이 위와 같은 사해행위에 관하여 취소를 구하고 원상회복을 청구하는 채권자취소소송을 제기하였는데, 변론종결 당시의 위 아파트의 평가액은 1억 2천만 원이고, “갑”의 채권액은 3,600만 원이다.

위 사례에서 사해행위로서 취소의 대상이 되는 것은 채무자 “을”과 수익자 “병” 사이의 증여계약에 국한되고, 수익자 “병”과 전득자 “정” 사이의 매매계약은 취소의 대상이 아니며(대법원 2004. 8. 30. 선고 2004다21923 판결), 전득자 “정”의 악의는 매매계약(전득행위) 당시 취소를 구하는 법률행위 즉 “을”과 “병” 사이의 증여계약이 사해행위의 객관적 요건을 구비하였다는 것에 대한 인식을 의미한다(대법원 2006. 8. 17. 선고 2010다87672 판결). 그리고, 위 사례와 같이 수익

144) 이 사례는 대구고법 2005. 9. 30. 선고 2004나5834 판결의 사실관계를 기초로 하여 요약 · 재구성한 것이다(위 대구고등법원 판결은 상고되지 아니하여 확정되었다).

자 "병"에게 사해행위의 목적물이 이전된 후에 기존의 근저당권이 말소된 경우에는 원상회복으로서 가액반환의 방법에 의하는 것이다.

따라서, 위 사례에서, 수익자 "병"과 전득자 "정"은 모두 가액반환을 하여야 하는데, 그들의 가액반환의무는 부진정연대관계에 있고, 그 반환의 범위는 위 아파트의 변론종결 당시의 가액 1억 2천만 원에서 말소된 근저당권의 피담보채무액 5천만 원을 공제한 7천만 원의 범위 내에서, 그보다 적은 "갑"의 채권액 3,600만 원이다.

(2) 수인의 수익자가 가액반환을 할 경우

채권자가 여러 수익자를 상대로 사해행위취소 및 원상회복의 소를 제기하여 여러 개의 소송이 계속 중인 경우에는 각 소송에서 채권자의 청구에 따라 사해행위취소 및 원상회복을 명하는 판결을 선고하여야 하며, 수익자가 가액반환을 하여야 할 경우에도 다른 소송의 결과를 참작할 필요 없이 수익자가 반환할 가액 범위 내에서 채권자의 피보전채권 전액의 반환을 명하여야 한다. 이러한 법리는 채무자가 동시에 여러 부동산을 수인의 수익자들에게 처분한 결과 채무초과상태가 됨으로써 각각의 처분행위가 모두 사해행위가 되고, 채권자가 그 수익자들을 공동피고로 하여 사해행위취소 및 원상회복을 구하여 각 수익자들이 부담하는 원상회복의 대상이 되는 책임재산의 가액을 합산한 금액이 채권자의 피보전채권을 초과하는 경우에도 마찬가지이다(대법원 2008. 11. 13. 선고 2006다1442 판결).

위에서 본 바와 같이, 대법원판례는 동일한 사해행위취소로 인하여 수인의 수익자들이 가액반환의무를 부담하는 경우에 그 반환 범위에 관하여 피보전채권액을 한도로 각 수익자에게 안분할 것이 아니라, 각 수익자가 반환하여야 할 가액 범위 내에서 채권자의 피보전채권 전액의 지급을 각각 명하여야 한다는 입장을 취한다. 따라서, 결과적으로 수인의 수익자들이 가액반환의무를 부담하는 경우에 그 가액을 합산한 금액이 취소채권자의 피보전채권액을 초과하더라도 각 수익자가 반환하여야 범위 내에서는 그대로 취소 및 원상회복을 명하는 판결을 하게 되는 것이다.

3. 가액반환에 있어서의 취소채권자의 지위

취소채권자는 수익자에게 가액반환에 의하여 원상회복을 구할 경우에 반환금원을 직접 자신에게 지급할 것을 청구할 수 있고 그 가액반환판결은 수익자에 대하여 일반적인 집행권원으로 되어 사해행위 목적 부동산이 아닌 수익자의 다른 재산에 대해서도 강제집행을 할 수 있고 배당요구를 할 수도 있다.

그러나, 사해행위의 취소와 원상회복은 모든 채권자의 이익을 위하여 효력이 있으므로(민법 제407조), 취소채권자가 자신이 회복해 온 재산에 대하여 우선권을 가지는 것은 아니다. 따라서 취소채권자가 수익자에 대한 가액반환판결에 기하여 수익자 소유의 부동산에 대한 경매절차에서 배당을 요구하여 배당을 받은 경우, 그 배당액은 배당요구를 한 취소채권자에게 그대로 귀속되는 것이 아니라 채무자의 책임재산으로 회복되는 것이며, 이에 대하여 채무자의 채권자들은 채권만족에 관한 일반원칙에 따라 채권 내용을 실현할 수 있다(대법원 2005. 8. 25. 선고 2005다14595 판결).

그러나 한편, 채무자의 다른 채권자는 채권만족에 관한 민사집행법 등의 법률상 절차를 거쳐 안분액을 지급받을 수 있을 뿐,[145] 이러한 절차를 거치지 않고 취소채권자를 상대로 안분액의 지급을 직접 구할 수 있는 권리를 취득하는 것은 아니고, 또한 취소채권자에게도 가액반환금에 관하여 다른 채권자들에 대한 분배의무가 인정된다고도 볼 수 없다(대법원 2008. 6. 12. 선고 2007다37837 판결).

결국, 취소채권자는 수익자로부터 가액반환금을 수령하더라도 위와 같이 다른 채권자들에 대해 분배의무를 부담하지 않음으로써 사실상 우선변제를 받는 결과가 생길 수 있다.[146]

---

145) 예컨대, 집행력 있는 정본을 가진 채권자, 민법·상법 그 밖의 법률에 의하여 우선변제권이 있는 채권자라도 배당요구종기까지 일정한 방식에 따라 배당요구를 한 경우에 한하여 배당을 받을 수 있다(대법원 2012. 5. 10. 선고 2011다44160 판결).

146) 이와 같이 취소채권자가 사실상 우선 변제를 받음으로써 채무자의 다른 일반채권자들과의 관계에서 불공평한 결과를 초래하는 것은 문제라고 할 것이고, 이에 대해서는 여러 가지 해석론 및 입법론이 주장되어 있는바, 이 점에 관해서는 뒤 제6장 제2절 제 2.에서 상세하게 검토한다.

제 4 절 경매절차에서의 원상회복

제 1. 문제의 소재와 검토범위

1. 사해행위 목적물에 대한 경매와 그 효력

채권자가 채무자와 수익자 사이의 저당권설정계약에 관하여 사해행위로서 취소를 구하고 원상회복으로 저당권설정등기의 말소를 청구하였는데, 그 목적 부동산에 대하여 경매절차가 진행되어 경락된 결과 대금까지 완납되었다면, 경락인이 소유권을 취득하고(민사집행법 제135조, 제267조) 그 목적부동산에 관하여 마쳐져 있던 저당권설정등기는 경매법원의 촉탁에 의해 말소된다(민사집행법 제144조 제1항 제2호, 제268조).

한편, 채무자와 수익자 사이의 저당권설정행위가 사해행위로 인정되어 저당권설정계약이 취소되는 경우에도 당해 부동산이 이미 낙찰되어 대금이 완납되었을 때에는 낙찰인의 소유권취득에는 영향을 미칠 수 없으므로, 원상회복방법으로 낙찰인 명의의 소유권이전등기에 관하여 말소를 청구할 수도 없다(대법원 2001. 2. 27. 선고 2000다44348 판결).147)

그러면, 채권자는 사해행위 목적 부동산에 관한 경매의 결과 당초 원상회복으로 구하던 원물의 반환(저당권의 부담 없는 부동산 자체의 회복)을 청구할 수 없게 된 이상, 그 원상회복청구의 전제가 되었던 근저당권설정계약의 취소를 구할 이

147) 유효한 집행권원에 의하여 강제경매가 진행되어 대금이 완납되면 집행권원에 표시된 집행채권이 부존재·소멸하였다고 하더라도 매수인은 유효하게 목적물의 소유권을 취득한다(전면적 공신력 인정). 담보권 실행을 위한 임의경매의 경우에는 담보권의 부존재·원인무효 등의 이상이 있으면 대금완납이 되어도 매수인이 소유권을 취득하지 못하지만, 예외적으로 담보권이 사후적으로 소멸한 경우에는 매수인의 대금완납에 의해 소유권을 취득한다(부분적 공신력 인정). 이시윤, 신민사집행법(제8판) 제532, 533면.

익도 없어지게 된 것으로 볼 것인가, 그렇지 않고 만일 취소의 이익이 그대로 존속한다고 본다면 그 근거는 무엇이며 원상회복의 구체적인 방법은 어떠한 것인가 등이 문제이다.

이상의 문제는 사해행위로 설정된 당해 저당권에 기하여 임의경매절차가 진행되는 경우뿐만 아니라, 동일한 목적물에 관하여 설정되어 있던 다른 저당권자의 신청에 의한 경우, 집행권원을 가진 다른 채권자가 동일한 목적물에 관하여 강제경매를 신청한 경우 등에도 생기고, 사해행위가 매매예약 등에 의한 가등기담보인 경우도 마찬가지이다.

그리고, 채권자가 채무자의 유일한 부동산의 매도처분에 관하여 사해행위로서 그 매매계약의 취소를 구하고 원상회복으로 수익자 명의로 마쳐진 소유권이전등기의 말소를 청구하였는데, 그 목적 부동산에 대하여 매매계약 이전에 설정된 선순위 근저당권에 기하여 경매절차가 진행된 결과 수익자에게 잉여금이 배당된 경우에도 마찬가지 문제가 생길 수 있다.[148]

여기에서는 채무자와 수익자 사이에 체결된 (근)저당권설정계약이 사해행위로 인정되고, 그 목적 부동산에 관하여 경매절차가 진행된 경우를 중심으로 검토한다.

2. 사해행위 취소 이익의 존속과 원상회복의 방법

채무자와 수익자 사이의 저당권설정계약이 사해행위인 이상 그로 인한 저당권설정등기가 경락으로 인하여 말소되었다고 하더라도 수익자로 하여금 저당권자로서의 배당을 받도록 하는 것은 민법 제406조 제1항의 취지에 반하므로, 수익자에게 그와 같은 부당한 이득을 보유시키지 않기 위하여 그 저당권설정등기로 인하여 해를 입게 되는 채권자는 저당권설정계약의 취소를 구할 이익이 여

148) 대법원 2008. 12. 11. 선고 2007다91398 판결은, 저당권이 설정된 부동산이 사해행위로 양도되었다가 그 저당권의 실행으로 배당이 이루어졌으나 경매법원이 수익자에게 배당하여야 할 금원을 다른 사람에게 배당한 경우에, 수익자는 자신의 권리 이상으로 배당을 받은 다른 사람에 대하여 부당이득반환채권을 취득하고, 사해행위 취소에 따른 원상회복은 수익자에 대하여 그 부당이득반환채권의 양도를 명하는 방법에 의하여야 한다고 판시하였다(실제 사례는 선행 근저당권자에게 채권최고액을 약 4,500만 원 초과하여 배당하고 수익자에게 전혀 배당하지 않음으로써 수익자가 근저당권자에 대하여 그 초과액 상당의 부당이득반환채권을 가진다는 것이다).

전히 있다(대법원 1997. 10. 10. 선고 97다8687 판결).

담보권설정행위가 사해행위로 취소 확정된 경우에는 취소채권자 및 그 취소의 효력을 받는 다른 채권자에 대한 관계에서는 무효이므로, 그 취소된 담보권자는 별도의 배당요구를 하여 배당요구권자로서 배당받는 것은 별론으로 하고 '담보권자'로서는 배당받을 수 없으며, 이는 사해행위 취소 및 원상회복의 판결이 확정되었으나 그 담보권 등기가 말소되지 않고 있다가 경매로 인한 매각으로 말소된 경우에도 마찬가지이다(대법원 2009. 12. 10. 선고 2009다56627 판결).

이와 같이, 저당권설정계약을 사해행위로서 취소하는 경우 그 목적 부동산에 관하여 경매절차가 진행되어 타인이 소유권을 취득하고 저당권설정등기가 말소되더라도 저당권설정계약의 취소를 구할 이익은 여전히 존속하지만, 사해행위 취소에 따른 원상회복으로서 원물반환은 불가능하므로 가액반환의 방법으로 원상회복을 명할 것인바, 그 구체적 가액반환의 방법은 아래 제 2.에서 보는 바와 같이 경매 단계에 따라 달라진다.

제 2. 경매 단계별 원상회복방법

1. 수익자가 배당금을 수령한 경우

(1) 배당금 상당액의 가액반환 청구

근저당권설정계약을 사해행위로서 취소하는 경우 그 목적 부동산에 대하여 경매절차가 진행되어 타인이 소유권을 취득하고 이미 배당이 종료되어 수익자가 배당금을 수령한 때에는, 원상회복은 수익자로 하여금 배당금을 반환하도록 명하는 방법에 의한다(대법원 2011. 2. 10. 선고 2010다90708 판결).

채권자는 근저당권설정계약이 취소되었음을 들어 수익자에 대하여 직접 가액반환으로서 수익자가 수령한 배당금 상당액의 지급을 청구할 수 있다. 주의할 것은 수익자에게 배당하는 내용으로 배당표가 작성된 것만으로는 부족하고 수익자가 실제로 배당금을 수령하여야 하므로, 소송실무상 수익자가 실제로 배당금을 수령하였는지에 관해서 심리가 이루어져야 한다는 점이다.[149]

(2) 가액반환을 청구할 수 있는 채권자의 자격

대법원 2012. 12. 26. 선고 2011다60421 판결은, '취소채권자는 당해 경매절차에서 다른 배당요구권자들의 채권을 모두 충족시키고 남은 잉여금이 있다는 등 특별한 사정이 없는 한 배당요구채권자로서 따로 배당요구를 하였어야만 배당금을 수령한 수익자에 대하여 가액반환으로서 배당금 상당액의 지급을 청구할 수 있다'고 판시하였다.

위 대법원 2011다60421 판결의 사안요지는, 경매절차에서 제2순위 근저당권인 수익자에 대하여 약 1,400만 원이 배당되어 수익자가 이를 수령하였고 그 경매절차의 배당요구권자로서 제3순위 근저당권자에게는 배당이 이루어지지 않았는데, 채권자가 수익자와 채무자 사이의 위 제2순위 근저당권 설정계약을 사해행위로서 취소하는 소송에 승소하였지만 경매절차에 참가하여 배당요구를 하

149) 대법원 2018. 4. 10. 선고 2016다272311 판결 참조.

지 않은 경우이다. 위 대법원판결은 이러한 경우, 사해행위 취소소송에 의하여 수익자가 제2순위 근저당권에 기한 배당금을 수령할 권리를 잃게 되지만, 취소채권자가 경매절차에 참가하여 배당요구를 하지 아니한 이상, 제3순위 근저당권자 등 배당요구채권을 모두 충족시키고도 남는 잉여금이 있다는 등의 특별한 사정이 없는 한, 취소채권자가 수익자를 상대로 제2순위 근저당권에 기하여 수익자가 수령한 배당금을 반환해 달라고 청구할 권리는 없다고 판시하였다.

위와 같이 대법원판례가 가액배상을 청구할 수 있는 채권자의 범위를 적법한 배당요구권자로 제한한 것은 적법한 배당요구가 필요함에도 이를 하지 않아 배당에서 제외된 선순위 채권자는 대신 배당받은 후순위 채권자를 상대로 부당이득반환청구를 할 수 없다는 확립된 대법원판례[150] 그 맥락을 같이 한다고 볼 수 있다. 즉, 채권자가 배당요구를 하여 배당절차에 참가하면 해당 배당액은 모든 채권자를 위한 책임재산이 아니라 배당요구채권자의 책임재산으로 제한된 것으로 파악하는 것이다.[151]

2. 배당표가 작성되었으나 수익자가 배당금을 수령하지 못한 경우

(1) 배당금지급금지의 가처분 등과 원상회복방법

수익자가 경매절차에서 채무자와의 사해행위로 취득한 근저당권에 기하여 배당에 참가하여 배당표는 확정되었으나 채권자의 배당금지급금지가처분으로 인하여 배당금을 현실적으로 지급받지 못한 경우, 채권자취소권의 행사에 따른 원상회복방법은 수익자에게 바로 배당금의 지급을 명할 것이 아니라 '수익자가 취득한 배당금지급청구권을 채무자에게 반환하는 방법'으로 이루어져야 한다(대법원 1997. 10. 10. 선고 97다8687 판결).

이는 결국 '배당금지급채권의 양도와 그 채권양도의 통지를 배당금지급채권의 채무자[152]에게 하여 줄 것'을 청구하는 형태에 의한다. 청구취지의 구체적

---

150) 대법원 1998. 10. 13. 선고 98다12379 판결, 2019. 7. 18. 선고 2014다206983 전원합의체 판결 등.

151) 이에 대해서는 배당절차가 종결됨으로써 가액배상금은 경매절차와 별도로 채무자의 책임재산을 구성한다는 점을 강조하여 사해행위 취소의 일반요건을 갖춘 채권자도 포함되어야 한다는 반대설이 있다{주석민법(제5판) 채권총칙 2 제544면(이백규 집필부분)}.

152) 이 경우 제3채무자는 대한민국이고 소관청은 지방법원 세입세출외 현금출납공무원이 된다.

기재례는 「수익자는 채무자에게 별지 기재 배당금지급채권을 양도하는 의사표시를 하고, 대한민국에게 그 채권양도의 통지를 하라」는 것이다. 주의할 것은 수익자에 대하여 배당금지급채권을 채무자에게 양도할 것을 명하여야 한다는 점이다. 배당금지급채권을 취소채권자에게 양도할 것을 명하는 형태를 취하는 것은 다른 채권자들과의 관계에서 또 다른 법률적 문제를 남길 여지가 있기 때문이다.

수익자가 배당금을 현실적으로 지급받지 못한 원인은 채권자에 의한 배당금지급금지가처분의 경우에만 한정되지 않는다. 대법원 2004. 7. 9. 선고 2003다38245 판결은, '수익자의 배당금채권에 대한 압류 등이 경합하여 제3채무자(대한민국)가 집행공탁을 한 경우에 압류의 효력은 그 공탁금출급청구권에 대하여 존속하고, 수익자는 현실적으로 그 배당금채권을 추심한 것이 아니라 공탁금출급청구권을 취득한 것에 불과하므로, 사해행위 취소에 따른 원상회복의 방법은 수익자에게 바로 배당금의 지급을 명할 것이 아니라 수익자가 취득한 공탁금출급청구권(배당금지급청구권)을 채무자에게 반환하는 방법으로 하여야 한다'고 판시하였다.

한편, 대법원 2008. 12. 11. 선고 2007다91398 판결은, '저당권이 설정된 부동산이 사해행위로 양도되었다가 그 저당권의 실행으로 배당이 이루어졌으나 경매법원이 선행 근저당권자에게 채권최고액을 약 4,500만 원 초과하여 배당하고 수익자에게 전혀 배당하지 않은 경우에, 수익자는 자신의 권리 이상으로 배당을 받은 근저당권자에 대하여 부당이득반환채권을 취득하고, 사해행위 취소에 따른 원상회복은 수익자에 대하여 그 부당이득반환채권의 양도를 명하는 방법에 의하여야 한다'고 판시하였다.

(2) 취소채권자의 채권 만족 절차

배당금지급채권 양도 등 방법에 의한 원상회복판결이 확정된 경우 취소채권자가 구체적으로 자신의 채권에 관하여 만족을 받는 절차에 있어 유의할 점이 있다.

근저당권자에게 배당하기로 한 배당금에 대하여 지급금지가처분결정이 있어 경매법원이 그 배당금을 공탁[153]한 후 그 근저당권설정계약이 사해행위로 취소된 경우, 그 공탁금은 그 경매절차에서 배당요구하였던 다른 채권자들에게 추가 배당하여야 한다(대법원 2002. 9. 24. 선고 2002다33069 판결).

근저당권설정계약이 사해행위로서 취소된 이상 근저당권자는 근저당권에 의해 배당받을 권리를 상실하여 그에게 배당을 실시할 수 없는 명백한 사유가 생겼으므로 경매법원으로서는 민사집행법 제161조를 유추적용하여 그 경매절차에서 적법하게 배당요구하였던 다른 채권자들에게 추가배당한다.[154] 다시 말하면, 근저당권자에게 배당하기로 한 배당금에 대하여 지급금지가처분결정이 있어 그 배당액을 공탁하였는데 그 근저당권 성립의 근거인 근저당권설정계약이 사해행위로서 취소됨으로써 그 공탁에 관련된 근저당권자에게 배당을 실시할 수 없게 된 경우, 이는 민사집행법 제161조 제2항 소정의 추가공탁사유[155]와 그 법리적 구성이 동일하다고 볼 수 있으므로, 민사소송법 제161조를 유추적용하여 공탁금에 대하여 추가배당을 실시하여야 하는 것이다.

따라서, 취소채권자라고 하더라도 배당금지급청구권(공탁금지급청구권)에 대한 채권압류 및 추심명령에 기하여 배당금을 우선 수령하는 것은 허용되지 아니하고, 취소채권자(단, 그 경매절차에서 배당받을 자격이 있는 채권자에 한한다) 및 적법하게 배당요구하였던 다른 채권자들은 위 공탁금에 관한 추가배당절차를 통하여 채권의 만족을 받아야 한다(대법원 2009. 5. 14. 선고 2007다64310 판결).[156] 이러한 추가배당절차를 거치지 않고 취소채권자가 추심명령 등의 절차를 거쳐 배당금

153) 가압류채권자에 대해서는 그 배당액을 공탁하는데(민사집행법 제160조 제1항 제2호), 마찬가지로 지급금지가처분이 된 채권도 공탁의 대상이 된다.

154) 대법원 2015. 10. 15. 선고 2012다57699 판결 참조. 한편 본문에 나온 위 대법원 2002다33069 판결은 추가배당하는 이유에 관해서, '공탁금의 지급 여부가 불확정 상태에 있는 경우에는 공탁된 배당금이 피공탁자에게 지급될 때까지는 배당절차가 확정적으로 종료되었다고 볼 수 없는 점, 채권자취소의 상대적 효력에 의해 채무자에게 회복된 재산은 취소채권자 및 다른 채권자에 대한 관계에서 채무자의 책임재산으로 취급될 뿐 채무자가 직접 그 재산에 어떤 권리를 취득하는 것이 아닌 점 등'을 설시하였다.

155) 민사집행법 제161조 제2항은, '배당 받을 채권자의 채권에 정지조건 또는 불확정기한이 붙어 있는 때와 가압류채권자의 채권인 때 등에 배당액을 공탁하고 그 공탁에 관련된 채권자에 대하여 배당을 실시할 수 없는 경우'를 추가배당사유로서 규정하고 있다.

156) 다만, 취소채권자의 공탁금지급청구권에 대한 채권압류 및 추심명령은 추가 배당절차에서 배당하고 남은 잉여금에 대해서는 효력이 있다(대법원 2009. 5. 14. 선고 2007다64310 판결). 한편, 채권자들은 근저당권설정계약이 사해행위에 해당하여 취소한다는 내용이 담긴 확정판결을 집행법원에 제출하면서 추가배당 신청을 할 수 있다(사법연수원, 법원실무제요 민사집행[III] 제225면).

을 우선 수령하였다면 적법하게 배당요구하였던 다른 채권자들과의 관계에서 부당이득이 성립한다(대법원 2009. 5. 14. 선고 2007다64310 판결).

3. 배당기일에 이의를 한 경우

(1) 원상회복방법으로서의 배당이의 소의 형태와 효력

채권자가 배당기일에 출석하여 수익자의 배당부분에 대하여 이의를 하였다면 그 채권자는 사해행위 취소의 소를 제기함과 아울러 원상회복으로서 배당이의의 소를 제기할 수 있다(대법원 2011. 2. 10. 선고 2010다90708 판결).

소송실무상 배당이의의 소를 제기함에는 각별하게 주의하여야 할 사항이 있다. 배당이의의 소는 채권자가 배당기일에 출석하여 이의를 선행하여야 하고, 그로부터 1주일 이내에 소를 제기하고 이를 증명하는 서류를 제출하여야 하며(민사집행법 제154조), 집행법원의 전속관할[157])이고, 첫 변론기일에 출석하지 아니한 때에는 소를 취하한 것으로 보는(민사집행법 제158조) 등 절차상 엄격한 제한이 있는 점에 특히 유의하여야 한다.

그리고, 채권자가 제기한 원상회복으로서의 배당이의 소에서 승소하기 위하여는 수익자의 채권이 존재하지 아니함을 주장·증명하는 것만으로는 부족하고, 자신이 수익자에게 배당된 금원을 배당받을 권리가 있다는 점까지 주장·증명하여야 한다(대법원 2021. 6. 24. 선고 2016다269698 판결).

한편, 채권자는 사해행위의 취소에 관하여 법원에 소를 제기하는 방법으로 청구할 수 있을 뿐 소송상의 공격방법으로 주장할 수 없다(대법원 1995. 7. 25. 선고 95다8393 판결). 따라서, 채권자가 배당이의 소송절차에서 이의사유에 관하여 상대방에 대한 배당원인이 사해행위에 해당하여 취소한다고 공격방법으로서 주장하는 것은 허용되지 않고, 별도의 소로써 상대방의 배당원인에 관해서 사해행위 취소를 청구하여야 한다.

따라서, 사해행위 취소에 의한 원상회복으로서 배당이의의 소를 제기할 경우, 사해행위 취소소송이 반드시 시간적으로 선행하여야 할 것은 아니지만, 사

---

157) 다만, 소가가 단독판사의 관할에 속하지 아니할 때에는 지방법원 합의부가 관할한다. 민사집행법 제156조 제1항.

해행위 취소소송을 제기함이 없이 배당이의 소송절차만으로 원상회복의 목적을 달성할 수 없다고 할 것이다.

채권자는 기존의 채권자취소소송이 배당을 실시한 집행법원과 동일한 법원에서 진행 중이라면 배당기일에 출석하여 이의를 하되 별도의 배당이의소송을 제기하지 않고, 기존의 채권자취소소송의 원상회복 부분에 관한 청구취지를 배당표를 경정하는 것으로 변경하거나 이를 추가하는 것도 가능하다.

다만, 이 경우 취소채권자는 청구취지변경신청서를 이의를 제기하였던 배당기일로부터 1주일 내에 기존의 수소법원에 제출하고 아울러 집행법원에 이를 증명하는 서류를 제출하여야 기간 준수의 효력을 받을 수 있다(민사소송법 제265조, 제262조 제2항, 민사집행법 제154조 제3항).

배당이의소송은 대립하는 당사자인 채권자들 사이의 배당액을 둘러싼 분쟁을 상대적으로 해결하는 것에 지나지 아니하고 그 판결의 효력은 오직 소송당사자인 채권자들 사이에만 미칠 뿐이며, 확정된 배당표에 의하여 배당을 실시하는 것은 실체법상의 권리를 확정하는 것이 아니다(대법원 2007. 2. 9. 선고 2006다39546 판결). 따라서 어느 채권자가 배당이의소송에서의 승소확정판결에 기하여 경정된 배당표에 따라 배당을 받은 경우에 있어서도, 그 배당이 배당이의소송에서 패소확정판결을 받은 자 아닌 다른 배당요구채권자가 배당받을 몫까지도 배당받은 결과로 된다면, 그 다른 배당요구채권자는 위 법리에 의하여 배당이의소송의 승소확정판결에 따라 배당받은 채권자를 상대로 부당이득반환청구를 할 수 있다(대법원 2012. 4. 26. 선고 2010다94090 판결).[158]

---

158) 대법원판례는 같은 법리에 따라 일반적으로, 배당을 받아야 할 채권자가 배당을 받지 못하고 배당을 받지 못할 자가 배당을 받은 경우에는 배당을 받지 못한 채권자로서는 배당에 관하여 이의를 한 여부에 관계없이 배당을 받지 못할 자이면서도 배당을 받았던 자를 상대로 부당이득반환청구권을 가지고, 배당을 받지 못한 그 채권자가 일반채권자라고 하여 달리 볼 것이 아니며(대법원 2007. 3. 29. 선고 2006다49130 판결), 다만, 부당이득반환청구의 제소권자는 경매개시등기 전에 등기된 저당권자와 같이 당연히 배당에 참가할 수 있는 채권자나 적법한 배당요구를 한 채권자이어야 한다(대법원 2005. 8. 25. 선고 2005다14595 판결)고 한다. 이러한 대법원판례의 입장 즉 배당절차에서 이의의 기회를 활용하지 않은 일반채권자에게 널리 부당이득반환청구권을 인정하는 것에 대해서는 배당을 둘러싼 분쟁이 장기화, 만성화 되는 문제가 있다는 이유로, 일반채권자의 경우에는 배당이의한 채권자에게만 최종적 구제수단으로 부당이득반환청구권을 인정하는 것이 옳다는 유력한 반대설이 있다. 이시윤, 신민사집행법(제8판) 제398, 399면.

(2) 배당표 경정의 방법과 추가배당 · 재배당 개요

실무상, 추가배당이라고 함은 종전 배당표상 배당받는 것으로 기재된 채권자에 대한 배당액의 전부 또는 일부를 당해 채권자가 배당받지 못하는 것으로 확정된 경우에, 그 채권자의 배당에 대하여 이의를 하였는지에 관계없이 배당에 참가한 모든 채권자를 대상으로 배당순위에 따라 추가로 배당하는 절차(민사집행법 제161조 제2항, 제3항)를 말한다. 재배당이라고 함은 채권자가 제기한 배당이의의 소의 결과에 따라 그 소의 원고와 피고 사이에서만 다시 배당하는 절차를 말한다.[159]

추가배당은 종전 배당표상의 채권자에 대한 배당액 중 그에게 지급하지 못하게 된 금액만을 배당재단으로 하여 각 채권자의 채권순위 및 채권액에 비례하여 배당한다. 추가배당표에 대해서도 배당이의를 할 수 있으나 종전 배당기일에 주장할 수 없었던 사유만을 주장할 수 있다(민사집행법 제161조 제4항). 즉, 배당액 및 순위에 관하여 종전 배당표 확정시 이전의 사유로는 이의를 할 수 없다.

채권자가 제기한 배당이의 소의 판결에서 다툼 있는 부분에 관하여 배당받을 채권자와 그 액수가 정해진 경우에는 그 당사자들 사이에서만 재배당을 실시한다. 이 경우에는 배당이의 수소법원은 다른 채권자의 존재를 고려할 필요 없이 배당이의 소를 제기한 채권자의 채권이 만족을 받지 못한 한도 내에서만 수익자의 배당액을 삭제하여 당해 채권자의 배당액으로 경정한다(대법원 2004. 1. 27. 선고 2003다6200 판결).

그러나, 채권자가 제기한 배당이의의 소에 있어서 배당액에 대한 다툼이 있는 부분에 관하여 배당을 받을 채권자와 그 액수를 정하는 것이 적당하지 아니한 때에는 배당이의 판결에서 배당표를 다시 만들고 다른 배당절차를 밟도록 명할 수 있다(민사집행법 제157조 후단).

이 경우에는 그 주문에 다툼이 있는 부분과 그에 관하여 재배당절차에 참가할 채권자를 표시하여야 하는데,[160] 그 청구취지(또는 판결주문)의 기재례는 「○○지방법원 2016타경○○○호 임의경매사건에 관하여 2017년 ○월 ○일 같은

---

159) 사법연수원, 법원실무제요 민사집행[Ⅲ] 제190면.
160) 사법연수원, 법원실무제요 민사집행[Ⅲ] 제190, 191면.

법원이 작성한 배당표 중 피고에 대한 배당액 ○○○원을 삭제하고 각 채권자의 채권순위 및 채권액에 비례하여 이를 배당한다」라고 하는 것이 적절할 것이다.

(3) 취소채권자가 수령한 배당금에 대한 부당이득반환의 문제

대법원판례는 배당받을 권리 있는 채권자가 자신이 배당받을 몫을 받지 못하고 그로 인해 권리 없는 다른 채권자가 그 몫을 배당받은 경우에는 배당이의 여부 또는 배당표의 확정 여부와 관계 없이 배당받을 수 있었던 채권자가 배당금을 수령한 다른 채권자를 상대로 부당이득반환청구를 할 수 있다는 입장을 확립하고 있다.[161)]

대법원 2011. 2. 10. 선고 2010다90708 판결은, '채권자가 사해행위 취소의 소와 함께 원상회복으로 배당이의의 소를 제기하여 승소함으로써 배당표가 경정된 경우에도 위 법리가 적용된다. 따라서 그 취소채권자가 배당표 경정으로 자신이 배당 받아야 할 금액을 초과하여 배당받았다면 그 초과부분을 적법하게 배당요구를 하였으나 배당이의에 참여하지 못한 다른 채권자에게 부당이득을 반환할 의무가 있을 뿐 사해행위를 한 채무자에게 반환할 의무는 없다'고 판시하였다.

위 대법원 2010다90708 판결의 사안의 요지와 법리적 쟁점 및 판단의 요지는 아래와 같다.[162)]

(사안 요지) 채무자 "을"은 자신의 소유인 이 사건 아파트에 관하여 A은행에게 제1순위 근저당권을 설정해 준 다음, 채무초과 상태에서 B은행에게 제2순위로 이 사건 근저당권을 설정해 주었으며, 그 후 채권자 "갑1", "갑2", "갑3", "갑4"가 순차로 이 사건 아파트에 관하여 각 가압류 결정을 받아 그 등기를 마쳤다.

---

161) 대법원 2019. 7. 18. 선고 2014다206983 전원합의체 판결. 다만, 배당요구를 하여야 배당을 받을 수 있는 채권자(예컨대, 우선변제청구권이 인정되는 주택임대차보증금 반환채권자)가 배당요구 종기까지 적법한 배당요구를 하지 않아 배당에서 제외된 경우에는 배당을 받지 못하였더라도 부당이득반환청구를 할 수 없다(위 대법원 2014다206983 전원합의체 판결, 1998. 10. 13. 선고 98다12379 판결 등).

162) 사안의 요지와 법리적 쟁점은 대법원 2010다90708 판결의 제1심 판결인 서울중앙지법 2010. 4. 23. 선고 2009가합127975 판결 이유의 내용을 정리한 것이다(위 대법원 판결의 원심 판결인 서울고법 2010. 10. 14. 선고 2010나49375 판결은 제1심 판결 이유를 그대로 인용하였다).

위 제1순위 근저당권자의 신청에 의해 2007. 3. 21. 이 사건 아파트에 관하여 임의경매절차가 개시되자 위 가압류채권자 전원은 적법하게 배당요구를 하였는데, 경락에 따라 2008. 2. 21. 실시된 배당기일에 근저당권자인 A, B 은행에게만 배당이 이루어지고 가압류채권자들에게는 전혀 배당이 되지 않았다.

위 배당기일에 위 가압류채권자 전원이 B은행에 대한 배당액 141,683,502원 전부에 대하여 이의의 진술을 하였는데, 가압류채권자 중 "갑1"을 제외한 "갑2", "갑3", "갑4"가 배당이의의 소를 제기하였다(B은행에 대한 배당금 141,683,502원은 배당금지급금지 가처분 결정에 따라 공탁되었다).

한편, 가압류채권자 "갑4"는 위 배당이의 소 제기에 앞서 2007. 7. 10.경 B은행을 상대로 이 사건 근저당권 설정에 관하여 사해행위 취소의 소를 제기하여 2009. 8.경 승소판결을 선고받고 그 판결은 2009. 9. 12. 확정되었다.

그런데, 가압류채권자 "갑2", "갑3", "갑4"가 제기한 배당이의의 소는 병합진행되다가 2009. 7.경 수소법원이 'B은행에 대한 배당액 141,683,502원을 0원으로, "갑4"에 대한 배당액 0원을 36,105,450원으로, "갑3"에 대한 배당액 0원을 35,192,684원으로, "갑2"에 대한 배당액 0원을 70,385,368원으로 각 경정한다'는 화해권고결정을 하였고 위 결정은 그대로 확정되었다.

경정된 배당표에 따라, "갑4"는 위 배당금 및 그 공탁이자 합계 37,081,500원을, "갑3"는 합계 36,171,074원을, "갑2"는 합계 72,373,022원을 각 출급 청구하여 수령하였다.

이에, 배당이의의 소를 제기하지 아니한 가압류채권자 "갑1"이 원고로서 "갑4"를 피고로 하여, "갑4"(피고)가 "갑1"(원고)을 포함한 각 가압류채권자의 채권액에 따른 지분비율을 초과하여 배당받음으로써 "갑1"(원고)이 배당받지 못한 금액 상당액에 관하여 부당이득 반환을 구하는 소를 제기하였다.

(법리적 쟁점 및 판단 요지 1) 이 사건의 첫 번째 쟁점은 배당이의의 소송에서 승소함으로써 경정된 배당표에 따라 배당금을 수령한 채권자("갑4")가 사해행위 취소판결을 원인으로 원상회복으로서 배당금을 수령한 경우에도 다른 배당요구 채권자("갑1")에게 부당이득 반환의무를 부담하는지 여부이다.

이러한 쟁점에 관해서 이 대법원 판결은, '확정된 배당표에 의하여 배당을 실시하는 것은 실체법상의 권리를 확정하는 것이 아니므로 배당을 받지 못한 채권자로서는 배당에 관하여 이의를 한 여부에 관계없이 배당을 받지 못할 자이면서도 배당을 받았던 자를 상대로 부당이득반환청구권을 가진다'는 기본법리는 '배당이의 소송에서 승소하여 배당표를 경정한 것이 사해행위 취소판결에 의한 것이라고 하여 달리 볼 것은 아니고 그대로 적용된다'고 판단하였다.

그리고 이를 전제로, '배당이의 소송을 통하여 자신이 배당받아야 할 금액보다 초과하여 배당받은 취소채권자는 그 초과부분을 적법하게 배당요구를 하였으나 배당이의 소송에 참여하지 못한 다른 채권자에게 부당이득으로서 반환할 의무가 있다'고 판시하였다.[163]

(법리적 쟁점 및 판단 요지 2) 이 사건의 두 번 째 쟁점은 "갑4"(피고)가 사실심에서의 항변 및 상고이유에서 주장한 것으로서 그 요지는 아래와 같다.

"갑4"(피고)가 수령한 배당금은 사해행위 취소에 따른 원상회복으로서의 가액배상금이고, 사해행위 취소채권자는 상대방으로부터 지급받은 금전을 채무자에게 반환할 채무와 채권자의 채무자에 대한 채권을 대등하게 상계할 수 있는데, "갑4"(피고)가 채무자에 대한 채권으로 채무자의 "갑4"(피고)에 대한 배당금반환채권을 상계한다는 의사를 표시함으로써 배당금반환채무가 적법하게 소멸하였으므로, "갑1"(원고)은 배당금에 대하여 어떠한 권리도 행사할 수 없다.

이러한 쟁점에 관해서 원심(제1심)은, '공탁된 B은행의 배당금은 그 경매절차에서 배당요구하였던 다른 채권자들 사이에서 추가배당되어야 할 금원이다. 그런데, 그 공탁된 배당금을 배당표 경정에 의해 모든 가압류채권자에 대한 안분액보다 초과하여 수령한 "갑4"(피고)로서는 그 부분에 관해서는 권리 없는 자가 배당을 받아간 경우에 해당한다. "갑4"(피고)는 이를 나머지 채권자들에게 반환할 의무가 있을 뿐 채무자에게 배당금을 반환할 의무가 없으므로, 채무자에 대

---

163) 위 대법원 판결의 원심(제1심)은 부당이득 반환의 범위 즉 "갑4"(피고)가 배당이의 소송을 통하여 자신이 배당받아야 할 금액보다 초과하여 배당받은 부분에 관하여 구체적으로 다음과 같이 산정하였다. 우선 "갑2", "갑3", "갑4"가 실제로 수령한 배당액 합계 145,625,596원(배당이의 소송을 통하여 삭제된 B은행의 배당금 141,683,502원 및 이에 대한 공탁이자 합계액)을 "갑1"(원고)을 포함한 가압류채권자들의 각 청구금액("갑1"은 3,332,000,000원, "갑2"는 300,000,000원, "갑3"은 600,000,000원, "갑4"는 307,780,875원)의 비율에 따라 안분하여 "갑1(원고)"이 배당받아야 할 금액 106,882,798원을 산출하였다. 그 다음 "갑1(원고)"에게 배당되어야 할 위 106,882,798원을 "갑4"(피고) 및 "갑2", "갑3"이 각 수령한 배당금의 비율에 따라 안분하여 "갑4"(피고)가 "갑1"(원고)에게 반환하여야 할 부당이득액으로서 27,216,194원을 산출하였다.

하여 배당금 반환채무가 존재함을 전제로 한 "갑4"(피고)의 상계 주장은 이유없다'고 판단하였다.

이 대법원 판결은 배당이의 소송을 통하여 자신이 배당받아야 할 금원보다 초과하여 배당받은 채권자는 그 초과부분을 적법하게 배당요구를 하였으나 배당이의 소송에 참여하지 못한 다른 채권자에게 부당이득으로서 반환할 의무가 있을 뿐 이를 사해행위를 한 채무자에게 반환할 의무는 없다고 판단하였고, 이러한 법리에 비추어 위와 같은 원심(제1심)의 판단을 정당하다고 판시한 것이다.

(법리적 쟁점 및 판단요지 3) 이 대법원 판결의 판단과 같이, 취소채권자가 다른 채권자에 대하여 부당이득반환 의무를 부담한다고 하는 경우에, 대법원 2008. 6. 12. 선고 2007다37837 판결 등의 법리 즉 가액배상금을 수령한 취소채권자가 다른 채권자에게 분배의무를 부담하지 않는다는 법리와 충돌하는 것은 아닌지의 문제가 제기될 수 있다.

이러한 문제에 관해서 이 대법원 판결은, '위 2007다37837 판결은 부동산에 대한 경매절차가 개시되지 않은 사건에 관한 것으로서, 이 사건과 같이 부동산 경매절차가 개시되어 사해행위로 설정된 근저당권에 배당된 금원을 분배 받을 수 있는 채권자의 범위가 한정된 경우에는 위 2007다37837 판례를 적용할 수 없다'고 판시하였다.

이 대법원 판결은, 가액배상금을 수령한 취소채권자가 다른 채권자에게 가액배상금 분배의무를 부담하지 않는다는 법리는, 취소채권자가 수익자로부터 원물반환에 갈음하여 처음부터 가액배상금을 수령한 경우에 적용되는 것이지, 원물로서 채무자의 책임재산으로 남아있는 부동산에 대하여 경매절차가 진행되어 채권자의 범위가 배당요구채권자로 제한된 상태에서 취소채권자에게 그 경매대금이 배당된 경우에는 적용되는 않는다고 함으로써, 위 법리의 적용범위를 명백하게 한 데에 그 의의가 있다고 할 것이다.

제 3. 배당금채권 양도방법과 배당이의 소송과의 관계

1. 양자의 병행 가부

(1) 문제의 소재와 대법원판결의 해석

이상에서 살펴 본 바와 같이, 근저당권설정계약을 사해행위로서 취소하는 경우 그 목적 부동산에 대하여 경매절차가 진행됨으로써 수익자가 실제로 배당금을 수령한 단계에서는 사해행위 취소에 따른 원상회복은 그 배당금에 상당한 가액의 반환을 구하는 방법에 의한다. 그러면, 수익자가 실제로 배당금을 수령하기 전까지는 원상회복으로서 배당금채권 양도방법과 배당이의 소송방법이 병행될 수 있는가, 아니면 그 두 가지 방법이 상호배타적 관계에서 경매절차의 어떤 단계에 이르러 그 중 어느 하나로 한정되는가.

대법원 2011. 2. 10. 선고 2010다90708 판결은 '배당표가 확정되었으나 채권자의 배당금지급금지가처분으로 인하여 수익자가 배당금을 현실적으로 지급받지 못한 경우에는 배당금지급채권의 양도와 그 채권양도의 통지를 명하고,[164] 채권자가 배당기일에 출석하여 수익자의 배당부분에 대하여 이의를 하였다면 그 채권자는 사해행위 취소의 소를 제기함과 아울러 그 원상회복으로서 배당이의의 소를 제기할 수 있고'라고 설시하였다.

이러한 대법원판결의 설시에 관해서 그 표현 형식에만 주목한다면, 배당표의 확정시를 기준으로 그 전에는 배당이의 소송방법에 의해, 그 후에는 배당금채권 양도방법에 의해 원상회복의 구체적 방법이 결정된다고 해석할 수 있는 여지도 있다. 그러나, 아래에서 보는 바와 같이, 수익자가 실제로 배당금을 수령하기 전까지는 배당표의 확정과 무관하게 원상회복에 관한 소송으로서 배당금채권 양도방법에 의한 소송과 배당이의 소송은 병행될 수 있다고 할 것이다.

배당표는 법원이 미리 작성한 배당표원안을 배당기일에 출석한 이해관계인과 배당을 요구한 채권자에게 보여주고 그들을 심문하여 이의가 없으면 확정되

164) 이 부분 설시 내용은 대법원 1997. 10. 10. 선고 97다8687 판결도 동일하다.

고, 배당표에 이의가 있으면 그 이의 있는 부분에는 배당표가 확정되지 않는다(민사집행법 제149조, 제152조 제3항). 그리고, 일반적으로, 장래 발생할 채권이나 조건부 채권은 그 권리의 특정이 가능하고 가까운 장래에 발생할 것임이 상당 정도 기대되는 경우에는 가압류 또는 처분금지가처분 등의 대상이 되므로, 부동산경매절차에서 배당표가 확정되기 전이라도 특정의 근저당권자에게 장차 배당될 배당금에 관한 채권도 지급금지가처분의 대상이 될 수 있다(대법원 2009. 6. 11. 선고 2008다7109 판결). 더군다나, 경매법원은 채권자에게 보여주기 위하여 배당기일의 3일 전에 배당표원안을 작성하여 법원에 비치하여야 하는데(민사집행법 제149조 제1항), 소송실무상 채권자의 신청에 의한 법원의 배당금지급금지가처분 결정은 통상 배당표가 확정되기 전에 이루어지고 또 그래야만 실효성이 있다.

이와 같이, 배당표가 전부 확정되거나 또는 배당표 중에 확정된 부분에 대해서만 채권자의 가처분신청에 의하여 배당금지급금지가처분결정이 이루어지는 것이 아니다. 따라서, 배당표의 확정 후에 그 확정된 배당금청구권에 대한 지급금지가처분으로 인하여 수익자가 배당금을 현실적으로 지급받지 못한 경우에 한정하여 배당금채권의 양도방법에 의하여 원상회복 청구를 할 수 있다고 볼 것은 아니다.

그리고, 배당절차에서 사해행위 취소소송의 당사자 외의 제3의 채권자가 수익자를 상대로 배당에 관한 이의를 함으로써 배당표가 확정되지 않았는데 취소채권자는 배당이의를 하지 않거나 그 소의 제기기간이 경과한 경우에는, 취소채권자의 수익자에 대한 원상회복청구는 배당금채권 양도방법에 의할 수밖에 없다.

위에서 본 바와 같은 배당표의 확정시기, 배당금지급금지가처분결정의 발령시기, 사해행위 취소소송과 배당이의 소송의 상호관계 등을 종합하면, 위 대법원 2010다90708 판결의 '배당표가 확정되었으나 채권자의 배당금지급금지가처분으로 인하여 수익자가 배당금을 현실적으로 지급받지 못한 경우'라는 설시 내용 중에서 '배당표가 확정되었으나'라는 표현은 '수익자에게 배당되는 것으로 배당표가 작성되었으나'라는 취지라고 이해하여야 할 것이다.

따라서, 위 대법원 2010다90708 판결이 수익자가 배당금을 실제로 수령하기 전의 단계에서 채권자취소권의 행사에 따른 원상회복에 관하여 배당표 확정시점을 기준으로 배당금채권 양도방법과 배당이의 소송방법을 상호배타적인 택일

관계에 있다고 판시하였다고 볼 것은 아니다. 원상회복에 관한 소송으로서 배당금채권 양도방법에 의한 소송과 배당이의 소송은 병행될 수 있다.

(2) 병행의 구체적 형태

채권자로서는 채권자취소소송이 계속되던 중에 배당표의 작성이 임박하였거나 이미 배당표가 작성되었는데 미처 배당금지급금지가처분 결정을 받을 만한 시간적 여유가 없을 경우에는, 배당기일에 출석하여 일단 수익자에 대한 배당에 관하여 이의를 하고 이어 배당이의의 소를 제기함으로써 수익자에게 실제로 배당금이 지급되는 것을 막은 다음, 배당표가 확정되기 전이라도 종래의 채권자취소소송의 원상회복청구부분을 근저당권설정등기 말소 청구에서 배당금채권 양도 및 통지의 청구로 변경할 수 있다.

또한 채권자로서는 목적 부동산에 관하여 먼저 경매절차가 진행되어 배당표가 작성된 경우에는 배당기일에 출석하여 수익자에 대한 배당에 관하여 이의를 하고 이어 배당이의의 소를 제기한 다음, 그 이의사유로서 수익자에 대한 배당의 원인이 사해행위로 취소되어야 할 것임을 주장하는 방법으로 사해행위 취소 및 원상회복으로 배당금채권의 양도 등을 구하는 소를 제기할 수 있다.

그리고 만일, 기존의 채권자취소소송이 후에 별도로 제기한 배당이의소송의 전속관할법원인 집행법원과 동일한 법원에 계속 중이었거나, 전속관할법원인 집행법원에 배당이의소송을 제기한 후에 따로 제기한 사해행위취소소송이 배당이의소송과 동일한 관할법원에 계속하게 되었다면, 두 개 소송의 변론을 병합하는 것이 효율적이다.

한편, 채권자는 기존의 채권자취소소송이 배당을 실시한 집행법원과 동일한 법원에서 진행 중이라면 배당기일에 출석하여 이의를 하되 별도의 배당이의소송을 제기하지 않고, 기존의 채권자취소소송의 원상회복 부분에 관한 청구취지를 배당표를 경정하는 것으로 변경하거나 이를 추가하는 것도 가능할 것이다.

다만, 이 경우 취소채권자는 청구취지변경신청서를 이의를 제기하였던 배당기일로부터 1주일 내에 기존의 수소법원에 제출하고 아울러 집행법원에 이를 증명하는 서류를 제출하여야 기간 준수의 효력을 받을 수 있음에 유의하여야 한다(민사소송법 제265조, 제262조 제2항, 민사집행법 제154조 제3항).

2. 병행되는 소송의 심리 및 판결에 관한 제언(提言)

(1) 배당금채권 양도방법에 의한 소송의 타당성

위에서 살펴 본 바와 같이, 사해행위 취소의 목적 부동산에 관하여 경매가 진행되고 수익자가 실제로 배당금을 수령하기 전까지는 원상회복으로서 배당금채권 양도방법과 배당이의 소송방법이 여러 가지 절차·형태로써 병행될 수 있다. 그런데, 사해행위 취소에 따른 원상회복의 방법으로 병행되는 배당이의소송과 배당금채권 양도소송은 그 구체적 요건과 심리절차를 달리하고, 배당이의 판결은 원칙적으로 그 소송 당사자 사이에서만 개별적·상대적으로 배당표를 경정할 뿐이다.[165] 따라서 채권자가 사해행위 취소에 관해서 승소하더라도 원상회복으로서의 배당이의소송과 배당금채권 양도소송에서 그 판단의 내용이 달라질 수 있다.

그러나, 병행하는 배당이의소송과 배당금채권 양도소송은 동일한 사해행위 취소에 따른 원상회복을 위한 것으로서 그 목적이 동일하므로, 가급적이면 그 판단의 결과도 서로 저촉되지 않게 하는 것이 바람직하다. 또 한편으로는, 취소채권자가 배당이의 소송방법에 의하여 승소함으로써 수익자와의 상대적 관계에서만 배당표를 경정하여 경정된 배당표에 따라 배당을 받은 경우에, 그 배당이 다른 배당요구채권자가 배당받을 몫까지도 배당받은 결과로 된다면 그 다른 배당요구채권자에 대하여 부당이득반환의무를 부담하므로,[166] 이러한 문제까지 일거에 해결할 수 있는 방안을 강구하는 것도 바람직하다.

경매절차에서의 원상회복으로서 배당금채권 양도방법과 배당이의 소송방법 중에서, 배당금채권 양도방법에 의하는 것이, 앞의 제 2.의 2.에서 본 바와 같이, 사해행위인 근저당권설정계약이 취소된 경우 공탁금(배당금 채권 상당액)에 관하

165) 경매절차에서의 원상회복방법에 관하여 일반적인 법리를 설시한 위 대법원 2011. 2. 10. 선고 2010다90708 판결도, 이와 같은 일반 배당이의 소송의 원칙적 성질에 따라, 사해행위 취소에 의한 원상회복으로서의 배당이의 소송에서도, '법원으로서는 배당이의의 소를 제기한 당해 채권자 이외의 다른 채권자의 존재를 고려할 필요 없이 그 채권자의 채권을 만족 받지 못한 한도에서 근저당권 설정계약을 취소하고 그 한도에서 수익자의 배당액을 삭제하여 당해 채권자의 배당액으로 경정한다'고 판시하였다고 이해할 수 있다.

166) 대법원 2012. 4. 26. 선고 2010다94090 판결.

여 그 경매절차에서 배당요구하였던 다른 채권자들에게 추가배당함으로써 다른 채권자들 사이의 문제를 일거에 해결할 수 있고, 또한 총채권자를 위한 원상회복이라는 채권자취소의 제도적 취지에 보다 부합한다는 점에서 타당하다고 할 것이다.

(2) 배당이의 소송의 심리 및 판결에 관한 제언(提言)

위 (1)항에서 살펴 본 바와 같이, 경매절차에서의 원상회복은 배당금이 현실적으로 수익자에게 지급되지 않은 경우에 배당이의 소송방법보다는 배당금채권 양도방법에 의하는 것이 타당하다.

따라서, 근저당권설정계약에 관하여 사해행위로서 취소를 구하면서 그 원상회복으로 배당금채권 양도방법과 배당이의 소송방법이 병행되는 경우에, 수소법원으로서는 소송지휘권을 행사하여 가급적 배당이의소송을 취하하도록 하고 배당금채권 양도방법에 의한 청구취지에 따라 심리를 진행하는 것이 적절하다고 생각한다. 채권자취소소송을 제기한 원고가 수소법원의 권유에 따라 배당이의 소를 취하하는 경우에는 그 전에 수익자에 대한 배당금에 관하여 지급금지가처분결정을 받아 두어야 할 것이다. 배당금채권 양도방법에 의한 원상회복은 수익자의 배당금지급청구권에 대한 지급금지가처분 등이 선행되어 있어야 현실적으로 가능하기 때문이다.

만일, 채권자취소소송을 제기한 원고가 원상회복방법으로 배당이의 소송의 유지를 고집한다면, 법원은 그에 관해서 승소판결을 하는 경우에도 민사집행법 제157조 후단에 따라 배당액에 대한 다툼이 있는 부분에 관하여 배당을 받을 채권자와 그 액수를 정하는 것이 적당하지 아니한 때에 해당한다고 보아, 배당표를 다시 만들고 다른 배당절차를 밟도록 명하는 것이 적절하다고 생각한다.[167)]

---

167) 이 경우 판결주문은, 소송당사자인 원고와 피고 사이에서만 배당액을 경정할 것이 아니라, 「…… 배당표 중 피고에 대한 배당액 000원을 삭제하고 각 채권자의 채권순위 및 채권액에 비례하여 이를 배당한다」라고 하는 것이 적절할 것이다.

제 4. 배당금채권 양도방법에 의할 경우의 문제

1. 청구취지 기재의 소송상 의의

위 제 3.에서 살펴 본 바와 같이, 배당금채권 양도방법과 배당이의 소송방법이 병행되는 경우에 배당금채권 양도방법에 의해 원상회복을 하는 것이 합리적이라고 보는 이유는 당해 경매절차에서의 추가배당을 통해 취소채권자를 포함한 채권자들 사이의 분쟁을 보다 간명하고 공평하게 해결할 수 있다는 데에 있다.

그런데, 배당금채권 양도방법에 의해 원상회복을 할 경우에 추가배당을 하는 근거는 근저당권설정계약이 사해행위로서 취소된 이상 근저당권자는 근저당권에 의해 배당받을 권리를 상실하여 그에게 배당을 실시할 수 없는 명백한 사유가 생겼으므로 민사집행법 제161조를 유추적용한다는 것이다.[168]

이와 같이 추가배당의 근거가 민사집행법 제161조의 유추적용에 있다면, 원상회복을 위하여 청구취지나 판결주문에 '근저당권설정계약을 취소한다'는 문구 이외에 '배당금지급청구권을 양도하라'는 문구는 더 이상 필요하지 않다고 볼 수 있다. 추가배당은 사해행위인 근저당권설정계약이 취소됨으로 말미암아 그 사유가 발생한 것이고 또한 그로써 족한 것이며, '배당금지급청구권을 양도하라'는 주문에서 비롯된 것은 아니고, 또한 '배당금지급청구권을 양도하라'는 주문에 따라 반드시 별도로 채권배당절차가 진행되어야 하는 것도 아니기 때문이다.

이상 검토한 바와 같이, '배당금지급청구권을 양도하라'는 청구취지나 판결주문은 그 내용대로 강제집행을 실현한다는 본래적 의미는 퇴색되었다고 할 수 있다.

그러나, 원상회복에 관해서 '배당금지급청구권을 양도하라'는 문구를 기재하는 것은, 원래의 원상회복에 관한 청구취지인 '근저당권설정등기의 말소등기절차를 이행하라'는 것을 대체하고, 사해행위에 의해 권리를 취득한 근저당권자가 배당절차에서도 배당받을 권리를 상실하였음을 강조함과 아울러 그 상실의 범위를 명백히 한다는 점에서는 의미가 있다고 할 것이다.

---

168) 대법원 2015. 10. 15. 선고 2012다57699 판결 참조.

2. 근저당권 최고액 변경청구 소송 중에 목적물이 경락된 경우

근저당권설정계약 중 일부만이 사해행위에 해당하는 경우에는 그 원상회복은 가액반환에 의하거나 등기의 일부말소에 의할 것이 아니라 근저당권설정등기의 채권최고액을 감축하는 근저당권변경등기절차의 이행을 명하는 방법에 의한다.169)

그러면, 채권자가 채무자와 수익자 사이의 근저당권설정계약에 관하여 사해행위로서 취소를 구하고 원상회복으로 수익자 명의의 근저당권등기에 관하여 채권최고액을 5억 원에서 1억 원으로 감축하는 변경등기를 청구하였는데, 그 목적 부동산에 대하여 경매절차가 진행되어 경락된 결과 수익자에게 2억 원이 배당되는 것으로 배당표가 작성되고 그 배당금 전액에 관해서 지급금지가처분 결정이 발령된 경우는 어떻게 처리할 것인가.

이러한 경우에는, 수익자에 대한 배당금 2억 원 중에서 취소되지 않고 근저당 채권최고액으로 유효하게 남아 있는 1억 원을 공제한 나머지 1억 원 부분에 관하여 사해행위 취소에 따른 원상회복으로서 그 채권의 양도를 구하여야 할 것이다. 그 청구취지(판결주문)의 구체적 기재례로서는 「수익자는 채무자에게 별지 기재 배당금 채권 중 1억 원 부분에 관하여 채권양도의 의사표시를 하고, 대한민국에게 그 채권양도의 통지를 하라」고 하는 것이 적절할 것이다.

3. 수익자에 대한 배당액이 사해행위 당시의 공동담보가액의 범위를 초과한 경우

선행 저당권의 실행으로 수익자가 사해행위로 취득한 저당권이 말소되고 수익자에게 돌아갈 배당금이 배당금지급금지가처분 등으로 지급되지 못하였는데, 사해행위 후 목적 부동산의 시가가 상승함으로써 그 배당액이 사해행위 당시의 목적물의 시가에서 선행 근저당권의 실제 피담보채권액을 공제한 잔액 즉 사해행위 당시의 공동담보가액의 범위를 초과할 경우에 원상회복의 방법 및 범위는

169) 대법원 2006. 12. 7. 선고 2006다43620 판결. 이 점에 관해서는 앞의 제5장 제2절 제 4.의 2.에서 상세하게 검토하였다.

어떠한가.

예컨대, 채권최고액 12억 원의 선순위 근저당권이 설정되어 있는 채무자 소유의 부동산에 관하여 사해행위로서 수익자에게 채권최고액 5억 원의 근저당권이 설정되었고, 목적 부동산에 대하여 임의경매가 진행되어 경락된 결과 선순위 근저당권자에게 배당되고 남은 금액 3억 원이 수익자에게 배당되는 것으로 배당표가 작성되었다. 이에 채무자에 대하여 3억 원의 채권을 가진 취소채권자가 수익자의 위 3억 원의 배당금지급청구권에 관해서 지급금지가처분결정을 받았는데, 사해행위 당시의 부동산의 시가는 13억 원이고 선순위 근저당권의 실제 피담보채권액은 11억 5,000만 원으로서 그 차액 즉 사해행위 당시의 공동담보가액 1억 5,000만 원이 수익자에 대한 배당액 3억 원보다 적은 경우이다(사해행위 후 부동산의 시가가 상승하여 경락대금이 사해행위 당시의 시가보다 높았기 때문에 수익자에게 사해행위 당시의 공동담보가액보다 많이 배당되었다).[170]

위와 같은 경우, 배당금채권 양도방법에 의해 원상회복을 명하는 범위는 수익자에 대한 위 3억 원의 배당금채권 전부인가, 아니면 그 중에서 사해행위 당시의 부동산 시가에서 선순위 근저당권의 실제 피담보액을 공제한 차액에 해당하는 1억 5,000만 원 부분인가의 문제이다.

대법원 2013. 9. 13. 선고 2013다34945 판결은, 위와 같은 경우, 선행 근저당권이 설정되어 있는 부동산에 관하여 수익자가 사해행위에 의하여 근저당권을 취득하였는데 선행 근저당권의 실행으로 사해의 근저당권과 선행 근저당권이 모두 말소되었으므로 사해행위인 근저당권설정계약을 취소하고 수익자가 취득한 배당금채권 전체에 관하여 채무자에게 채권양도의 의사표시를 하여야 할 것이라고 판시하였다.[171]

선행 근저당권이 설정된 부동산에 관하여 사해행위인 근저당권설정계약에 의하여 수익자에게 그 근저당설정등기가 마쳐진 경우에는, 선행 근저당권이 말소되었다고 하더라도 사해행위 취소에 의한 원상회복은 가액반환이 아니라 사해행위에 의해 마쳐진 후행 근저당권설정등기를 말소하는 원물반환방법에 의한

170) 이 사례는 대법원 2013. 9. 13. 선고 2013다34945 판결의 원심판결인 부산고법 2013. 4. 5. 선고(창원) 2012나3084 판결의 사안내용을 축약 · 정리한 것이다.

171) 원심은 '배당금채권 중 사해행위 당시의 차액인 1억 5,000만 원 부분에 관하여 채권양도의 의사표시를 하라'고 판시하였는데, 위 대법원판결은 이를 파기하였다.

다는 것이 대법원판례의 입장이다(대법원 2007. 10. 11. 선고 2007다45364 판결).[172] 근저당권이 설정되어 있는 부동산이 사해행위로 수익자에게 소유권이 이전된 경우와는 달리, 사해행위인 후행 근저당권설정 전후에 걸쳐 책임재산인 부동산은 여전히 동일한 채무자에게 귀속된 상태로서 변동이 없고 각각의 근저당권자는 채무자 소유의 부동산에 대하여 그 순위와 범위가 한정된 교환가치만을 취득하는 것이므로, 특별한 사정이 없는 한, 사해행위를 원인으로 하는 후행 근저당권설정등기 전부를 말소함으로써 그 한정된 교환가치를 온전히 회복할 수 있기 때문이다.

위 대법원 2013다34945 판결도, 이와 같이 후행 사해행위에 의해 설정된 근저당권설정등기 전부를 말소하는 방법에 의해 원상회복을 하여야 한다는 대법원판례의 법리와 같은 맥락에서, 수익자에 대한 원상회복을 위해서는 그 배당금 전액에 관하여 배당금채권을 양도하여야 한다고 판단한 것이라고 이해할 수 있다. 다만, 취소채권자의 채권액이 수익자에 대한 배당금액보다 적은 경우에는 채권액의 범위 내에서 반환을 구할 수 있을 뿐이다.

172) 그러나, 근저당권이 설정되어 있는 부동산이 사해행위로 수익자에게 이전된 후 근저당권설정등기가 말소된 경우에는 원상회복으로서 원물반환방법 즉 수익자 명의의 소유권이전등기의 말소에 의할 것이 아니라 그 부동산의 가액에서 근저당권의 실제 피담보채무액을 공제한 잔액의 한도 내에서 사해행위를 취소하고 그 가액을 반환하는 방법에 의하여야 한다.

제 5. 경매개시결정과 소송실무상 유의점

1. 청구취지 변경을 위한 준비

채권자가 채무자와 수익자 사이의 근저당권설정계약에 관하여 사해행위로서 취소를 구하고 원상회복으로 근저당권설정등기의 말소를 청구하였는데, 그 목적 부동산에 대하여 경매절차가 진행되어 낙찰대금까지 완납되었다면, 사해행위인 근저당권설정계약에 관해서 그 취소를 구할 이익은 여전히 인정되지만, 원상회복의 방법으로서 근저당권설정등기의 말소를 청구할 이익은 소멸되거나 곧 소멸될 것임이 명백하다.

따라서 소송실무상, 채권자취소소송의 목적 부동산에 관하여 경매개시결정이 있은 경우에는 원고인 채권자는 수시로 그 절차의 진행 정도에 관심을 기울여 경락허가 결정이 확정된 단계에 있고 수익자인 근저당권자에게도 매각대금 중 일부가 배당될 가능성이 있는지를 파악할 필요가 있다. 만일 수익자인 근저당권자에게 배당될 가능성이 있다면, 채권자취소소송의 청구취지 가운데 기존의 근저당권설정계약 취소를 구하는 부분은 그대로 유지하되, 근저당권설정등기의 말소 청구부분에 대해서는 배당금지급채권의 양도 및 그 통지의 청구로 변경할 준비를 하는 것이 바람직하다. 채권자취소소송이 변론종결 단계에 이르렀다면 청구취지 변경을 위하여 기일의 속행을 구하는 것도 필요하다.

청구취지 변경을 위한 준비의 구체적 내용은 수익자인 근저당권자에 대한 배당금 지급금지가처분 신청을 하는 것과 아울러 경매법원에 의해 실제로 작성된 배당표의 내용을 확인하는 것이다. 경매법원은 채권자에게 보여주기 위하여 배당기일의 3일 전에 배당표원안을 작성하여 법원에 비치하는데(민사집행법 제149조 제1항), 채권자는 그 전이라도 경매기록의 열람 등을 통하여 경락허가결정에 의한 낙찰가격 및 다른 채권자들이 신고한 채권액 등을 파악하여 수익자에게 배당될 가능성이 있는지 여부 및 수익자에 대한 대강의 배당액을 예측할 수 있다.

채권자는 배당표가 작성되기 전이라도 수익자에게 배당될 가능성이 있는 경우에는 '사해행위 취소를 원인으로 하는 배당금의 추심 등 처분금지청구권'을 피보전채권으로 하여 액수를 특정하지 않고도 수익자가 배당법원으로부터 장래 지급받을 배당금채권에 관하여 추심 등의 처분을 금지하는 신청을 할 수 있다.

다만, 배당기일 전까지 배당금지급금지가처분 결정을 받을 만한 시간적 여유가 없거나 또는 소명자료의 준비가 부족한 경우에는 일단 배당기일에 출석하여 수익자에 대한 배당에 대하여 이의하고 이어 배당이의의 소를 제기해 두어야 할 것이다.

그 후, 작성된 배당표의 내용을 확인한 결과 수익자인 근저당권자에게 배당된 금액이 있으면 기존의 근저당권설정등기 말소청구를 배당금채권의 양도 및 양도통지를 구하는 것으로 청구취지를 변경한다.

2. 소 취하시의 유의점

작성된 배당표의 내용을 확인한 결과, 수익자인 근저당권자에게 배당된 금액이 전혀 없다면, 다른 특별한 사정이 없는 한, 원상회복 청구부분은 물론 사해행위 취소 청구부분도 유지할 이익이 소멸되었으므로 채권자 취소소송 전체를 취하하는 것이 소송경제상 유용하다.

다만, 경락에 의해 저당권설정등기가 말소되고 수익자에게 배당도 이루어지지 않았지만 수익자에게 추후에 배당될 가능성이 있는 경우 등에는 사해행위 취소청구 부분을 유지할 이익이 있으므로 추후 배당 가능성에 관해서 면밀하게 검토하여야 한다.[173]

위 제 3.에서 상세하게 살펴 본 바와 같이, 수익자인 근저당권에게 배당된 금액이 있는 경우에 배당이의 소송과 배당금채권 양도소송이 병행되는 경우가 있다.

이와 같이 병행되는 경우에는, 앞서 검토한 바와 같이 배당금채권 양도방법에 의하는 것이 채권자취소제도의 기본취지에 더 부합한다고 볼 수 있으므로, 수소법원은 소송지휘권을 적절하게 행사하여 배당이의 소송부분의 취하를 권유하고 배당금채권 양도방법에 의한 청구취지에 의하여 심리를 진행하는 것이 바

173) 이 점에 관해서는 앞의 제4장 제5절 제 2.의 3.에서 상세하게 검토하였다.

람직하고, 취소채권자인 원고가 수소법원의 권유에 따라 배당이의 소송부분을 취하하는 경우에는 그 전에 미리 수익자에 대한 배당금에 관하여 지급금지가처분결정을 받아 두어야 할 것이다.[174)]

3. 채권자취소권 행사 비용의 집행비용 포함 여부

강제집행에 필요한 비용과 담보권 실행을 위한 경매에 필요한 비용은 채무자(소유자)가 부담하고 그 집행에 의하여 우선적으로 변상을 받는다(민사집행법 제53조 제1항, 제275조). 즉, 집행비용은 집행권원 없이도 배당재단으로부터 각 채권액에 우선하여 배당받을 수 있다.

그런데, 채권자취소소송을 위하여 지출한 소송비용 등[175)]은 그 소송에 의하여 원상회복된 채무자의 책임재산에 대한 강제집행에 의하여 우선적으로 변상받을 수 있는 집행비용에 해당하지 않는다(대법원 2011. 2. 10. 선고 2010다79565 판결). 소송비용은 원칙적으로 따로 그 확정결정을 받아 이를 집행권원으로 상대방의 재산에 대하여 강제집행을 할 수 있는 반면, 강제집행에 필요한 비용은 별도의 집행권원 없이 본래의 강제집행에 의하여 우선적으로 변상받는 점에서 차이가 있고, 채권자취소소송에서는 수익자 또는 전득자에게만 피고적격이 있어 그들이 소송비용을 부담하는데 강제집행에 필요한 비용은 채무자가 부담하여 그 각 부담주체를 달리하기 때문이다.

---

174) 배당이의 소송부분을 취하하지 않을 경우, 수소법원은 배당이의에 관하여 승소판결을 하더라도 위 제 3.에서 살펴 본 바와 같이 배당표를 다시 만들고 다른 배당참가 채권자들에게도 배당하는 방식으로 주문을 기재하는 것이 적절하다고 할 것이다.

175) 사해행위 취소를 원인으로 한 말소등기청구권 보전을 위한 부동산처분금지 가처분비용, 사해행위로 마쳐진 소유권이전등기의 말소등기 비용 등 포함.

제 5 절 원물반환과 가액반환의 관계

제 1. 문제의 소재와 검토의 방법 및 범위

대법원판례는, '채권자의 사해행위취소 및 원상회복청구가 인정되면, 수익자 또는 전득자는 원상회복으로서 사해행위의 목적물을 채무자에게 반환할 의무를 지고, 원물반환이 불가능하거나 현저히 곤란한 경우에는 원상회복의무의 이행으로서 사해행위 목적물의 가액 상당을 배상하여야 하며,[176] 사해행위취소에 따른 원상회복은 원칙적으로 그 목적물 자체의 반환에 의하고 그것이 현저하게 곤란한 경우 등에 예외적으로 가액의 배상에 의한다[177]'는 입장을 확립하고 있다.

따라서, 대법원판례에 의하면, 사해행위취소에 따른 원물반환과 가액반환은, 양자 모두 원상회복이라는 점에서 그 목적과 성질이 동일하되 원칙과 예외의 관계에 있다고 이해할 수 있다.

그런데 한편, 사해행위취소에 따른 원상회복은 반드시 재판상 청구하여야 하므로, 원물반환과 가액반환의 관계는 특히 소송절차에 있어서의 처분권주의(민사소송법 제203조)[178]와 관련하여 문제되고, 근본적으로는 소송물론의 문제 즉 원물반환과 가액반환을 동일한 소송물로 볼 것인지 아닌지, 나아가 판결의 기판력의 범위 등의 문제에 직면한다.

이에 관해서는 원물반환이든 가액반환이든 원상회복청구권으로서 법적 근거와 성질이 동일한 이상 실질적으로 동일한 소송물로 보아야 한다는 견해(동일소송물설), 원물반환과 가액반환은 청구취지가 다르고 집행의 방법 및 대상이 다

176) 대법원 1998. 5. 15. 선고 97다58316 판결, 2017. 4. 27. 선고 2016다279206 판결 등.
177) 대법원 2009. 3. 26. 선고 2007다63102 판결, 2015. 7. 23. 선고 2014다212438 판결 등.
178) 민사소송법 제203조는 '법원은 당사자가 신청하지 않은 사항에 대해서는 판결하지 못한다'고 규정한다.

르므로 소송물이 다르다는 견해(이종 소송물설), 가액반환이 인정되는 사유에 관해서 원물반환 불능형과 공평형으로 구분하여 전자의 경우는 다른 소송물이고, 후자의 경우는 동일 소송물이라는 견해(구분설) 등이 있다.[179]

대법원판례는 소송상의 청구에 관해서 먼저 소송물론으로서 이론적으로 확정하고 소의 제기에서부터 판결의 효력에 이르기까지 일관하여 적용하고 있다고 볼 수 없고, 개별적 사안에서 실제 문제의 타당한 해결의 측면에서 유연하게 접근하고 있다고 이해할 수 있다. 원상회복청구로서의 원물반환과 가액반환에 관해서도 대법원판례는 관념적으로는 그 목적과 성질이 동일하다는 인식을 바탕으로 하되, 실제에 있어서는 소송물에 관해서 명시적으로 판단하지 않고 그것에 구속되지 않으면서 개별적 사안에 따라 문제의 타당한 해결을 도모하고 있다고 이해할 수 있다.

여기에서는, 사해행위취소에 따른 원상회복청구로서의 원물반환과 가액반환에 대하여, 소송물론에 입각한 이론적 규명은 유보하고,[180] 대법원판결에 나타난 구체적 사안을 중심으로 그 근거로 삼은 법리에 관해서 분석하되, 크게 동일 소송절차 내의 심판 범위에 관한 문제와 원물반환 승소확정 후 가액반환 청구에 관한 문제로 나누어 검토한다.

179) 학설에 관한 상세한 내용과 대법원판결의 분석에 관해서는, 임일혁, '사해행위취소에 따른 원상회복으로서의 원물반환과 가액배상과의 관계' 대구판례연구회 재판과 판례 17집(2008년) 제93면 이하 참조.

180) 소송물론은 비단 원상회복청구권에 관해서 뿐만 아니라, 채권자취소권 자체와 관련해서도 견해가 나뉘고 대법원판례도 통일되어 있지 아니하다. 이 점에 대해서는 앞의 제4장 제2절 제 3.의 1.에서 개략적으로 검토하였다.

제 2. 소송상 청구와 심판범위

1. 원물반환청구에 대하여 가액반환판결을 할 경우

대법원판례는, 근저당권 또는 소액임차권 등 우선변제권이 설정된 부동산이 사해행위로 수익자에게 이전된 다음 그 근저당권 등이 말소된 경우에 관해서, '사해행위인 계약 전부의 취소와 부동산 자체의 반환을 구하는 청구취지 속에는 그 일부취소와 가액배상을 구하는 취지도 포함되어 있다고 볼 수 있으므로 청구취지의 변경이 없더라도 바로 가액반환을 명할 수 있다'는 입장을 확립하고 있다.[181)]

대법원 2001. 6. 12. 선고 99다20612 판결은, 근저당권이 설정된 부동산이 사해행위로 수익자에게 이전된 다음 그 근저당권이 말소된 경우에 채권자(원고)가 사실심에서 사해행위 취소와 원물반환을 구하여 승소하자 수익자(피고)가 상고하여 상고이유로서 근저당권의 말소 사실을 들어 가액반환이 이루어져야 한다고 주장한 사안에서, 채권자(원고)의 청구에 따라 원물반환을 명한 원심을 파기하였다.

채권자가 원상회복으로 부동산에 관한 등기말소 등의 원물반환을 구하고 청구취지를 변경하지 않았는데도 법원이 가액반환판결을 하는 이유는, 저당권 또는 소액임차권 등 우선변제권이 설정되어 있는 부동산이 사해행위로 이전된 후 그 저당권설정등기 등이 말소되고 우선변제권이 소멸된 경우에 사해행위는 부동산의 가액에서 저당권의 피담보채권액 등 우선변제액을 공제한 잔액의 범위 내에서만 성립한다고 보아야 하기 때문이다.

대법원판례의 기본 취지는 위와 같은 경우에는, 채권자가 원상회복으로서 수익자 명의의 부동산소유권이전등기의 말소 등 원물반환을 구하더라도 이를 그대로 인용하여서는 안 되고, 그렇다고 채권자의 원물반환의 원상회복청구를 기각할 것이 아니라 청구취지의 변경이 없더라도 법적 판단으로서 가액반환을

---

181) 대법원 2001. 9. 4. 선고 2000다66416 판결, 2002. 11. 8. 선고 2002다41589 판결, 2007. 7. 26. 선고 2007다29119 판결 등.

명하여야 한다는 데에 있다고 할 것이다.

그런데, 가액반환의 경우에는 채권자가 직접 자신에게 이행할 것을 청구할 수 있고, 또 그 판결은 사해행위의 목적 부동산뿐만 아니라 수익자의 다른 재산에 대해서도 집행력이 미치므로, 가액반환판결이 사실상 원물반환판결보다 채권자에게 유리하고 그 소송의 상대방인 수익자에게 더 불리한 경우도 있을 수 있다.

따라서 소송실무상으로는, 원상회복으로서 부동산에 관하여 등기말소 등의 원물반환을 구하는 채권자취소소송의 심리 도중에 '부동산이 사해행위로 이전된 후 그 전에 설정되어 있던 저당권설정등기가 말소된 사실' 또는 '소액 임차권, 확정일자 있는 임차권이 설정되어 있는 부동산이 사해행위로 이전된 후 그 임차권이 소멸된 사실' 등이 인정되어 가액반환판결을 할 경우에, 수소법원으로서는 청구취지를 변경할 필요가 있다는 점을 지적하고 수익자의 의사도 확인하는 등 석명권을 행사하는 것이 적절하다고 할 것이다.[182)]

2. 가액반환사유가 있는데도 원물반환을 청구하는 경우

(1) 불능형 가액반환의 사유 있는 경우

사해행위 후 그 목적물에 관하여 제3자가 저당권이나 지상권 등의 권리를 취득한 경우에는 수익자가 목적물을 저당권 등의 제한이 없는 상태로 회복하여 이전하여 줄 수 있다는 등의 특별한 사정이 없는 한, 사회생활상의 경험법칙 또는 거래상의 관념에 비추어 원물반환이 불가능하거나 현저히 곤란한 경우에 해당한다고 할 것이므로, 채권자는 수익자에 대하여 원상회복으로서 가액반환을 청구할 수 있다.

위와 같은 사유에 의하여 채권자가 사해행위 취소에 따른 원상회복의 방법으로써 수익자를 상대로 가액반환을 청구할 수 있음에도 불구하고 스스로 위험이나 불이익을 감수하면서 수익자 명의의 등기의 말소를 구하거나[183)] 수익자를

182) 만일, 상대방인 수익자로 하여금 가액을 반환하도록 하는 것이 원물을 반환하게 하는 것과 비교하여 실질적으로 더 불리하거나 또는 사해행위 이전보다 실질적으로 더 많은 책임재산가액을 회복하는 결과를 초래한다면, 원래의 원물반환의 청구취지를 그대로 유지하도록 할 수도 있다고 하여야 한다. 이 점에 관해서는 아래 3.항에서 상세하게 검토한다.

183) 이와 같은 경우에는 등기상 이해관계 있는 제3자의 승낙서나 이에 대항할 수 있는 재판의 등본을 첨부하지 못하여 실제로 수익자 명의의 등기의 말소를 신청할 수 없는 경우도 있을

상대로 채무자 앞으로 직접 소유권이전등기절차의 이행을 구하는 등 원물반환을 청구하는 것이 허용된다(대법원 2001. 2. 9. 선고 2000다57139 판결).

위와 같이 가액반환 대신 원물반환의 청구가 허용되고 이에 법원이 채권자의 청구에 따라 원물반환을 명할 수 있는 것은, 가액반환의 사유가 사회생활상의 경험법칙 또는 거래상의 관념에 비추어 원물반환이 불가능하거나 현저히 곤란한 경우일 것 즉 이른바 불능형 가액반환 사유가 있는 경우일 것을 요한다.

위 1.항에서 검토한 바와 같이, 부동산이 사해행위로 이전된 후 그 전에 설정되어 있던 저당권 등 우선변제권이 소멸된 경우와 같이 이른바 공평형 가액반환 사유가 있는 경우에는, 아래 3.항에서 보는 바와 같이 다른 특별한 사정이 없는 한, 채권자가 원상회복으로서 원물반환을 청구하더라도 법원은 이를 그대로 인용할 수 없고 청구취지의 변경이 없더라도 가액반환판결을 한다.

(2) 수익자에 대한 원물반환청구 승소 후의 전득자에 대한 후속 소송에 관한 유의점

위와 같이 채권자가 사해행위 목적물에 관하여 저당권이나 지상권 등을 취득한 전득자가 있음에도 원상회복으로서 수익자만을 상대로 사해행위 취소 및 수익자 명의의 소유권이전등기의 말소를 청구하여 승소한 경우, 그 후에 별도로 전득자에 대하여 채권자취소권을 행사하여 그 명의의 저당권설정등기의 말소 등 원상회복을 구하는 경우에 주의할 점이 있다.

이 경우에, 채권자는 민법 제406조 제2항이 정한 제소기간 내에 별도로 전득자에 대한 관계에서 채무자와 수익자 사이의 사해행위 취소를 소송상 공격방법의 주장이 아닌 법원에 소를 제기하는 방법으로 청구하여야 한다(대법원 2005. 6. 9. 선고 2004다17535 판결). 비록 채권자가 이미 수익자를 상대로 사해행위의 취소를 구하는 소를 제기하여 채무자와 수익자 사이의 법률행위를 취소하는 내용의 판결을 선고받아 확정되었더라도 그 판결의 효력은 그 소송의 피고가 아닌 전득자에게는 미치지 않기 때문이다.

또한, 위와 같은 경우 채권자는 그 후 별소로서 전득자를 상대로 수익자 명의의 소유권이전등기의 말소등기에 대하여 승낙의 의사표시를 구하는 소송을

수 있기 때문이다.

제기하여 승소함으로써, 현실적으로 수익자 명의의 소유권이전등기의 말소를 신청할 수 있다.

그런데, 전득자에 대하여 승낙의 의사표시를 구하는 소송은 그 권원이 채무자와 수익자 사이의 사해행위를 전제로 하는 것이어서 채권자취소권의 행사의 일종이므로 민법 제406조 제2항 제소기간의 제한을 받는다고 할 것이다.[184)]

3. 가액반환청구에 대한 원물반환판결

(1) 문제의 소재

채권자가, 저당권·소액임차권 등의 우선변제권이 설정되어 있는 부동산이 사해행위(증여 또는 매매)로 수익자에게 이전된 후 그 우선변제권이 소멸되었음을 이유로 원상회복으로서 가액반환을 청구하였는데, 수소법원이 심리한 결과 원물반환이 공평의 원칙에 더 부합하여 타당하다고 판단한 경우에 청구취지의 변경이 없더라도 원물반환을 명할 수 있는가.

수익자의 입장에서는 가액반환방법에 의해 원상회복을 이행하는 것이 원물반환방법에 의한 것보다 그 집행의 범위가 수익자의 고유재산으로까지 확대된다는 점에서 실질적으로 불이익한 결과를 초래할 수 있고, 또한 가액반환에 의하는 경우에는 취소채권자가 사실상 독점적으로 원상회복의 이익을 취하게 되어 채권자들 사이에도 불공평한 결과가 초래되는 불합리가 생기는데, 한편으로는 청구취지 변경 없이 원물반환을 명하는 것이 채권자가 청구하는 가액반환을 초과하는 것으로서 처분권주의에 위배되는지 여부의 문제이다.

구체적인 사례에 관해서 본다. 채무자 "을"이 수익자 "병"에게 아파트를 증여한 것이 사해행위에 해당하고, 수익자 "병"이 그 증여를 원인으로 아파트에 관하여 자기 앞으로 소유권이전등기를 마친 다음, 그 전부터 위 아파트에 관하여 설정되어 있던 채권최고액 3,000만 원의 근저당 채권자에게 실제 피담보채무액 2,000만 원을 변제하고 선행 근저당설정등기를 말소하였는데, 위 아파트의 사실심 변론종결 당시의 시가는 4억 원이다. 이러한 상황에서, 채권자 "갑"이 위 증여를 사해행위로서 취소하고 자신의 채권액 4억 원의 범위 내에서 수익자

184) 서울고법 2001. 5. 18. 선고 2000나35278 판결 참조.

“병”에 대하여 “병”이 원상회복으로서 반환하여야 할 가액 3억 8,000만 원(아파트 시가 4억 원 – 변제한 피담보채무액 2,000만 원)의 지급을 구하였다. 그런데, 위 아파트에 대하여 강제집행이 진행된다면 그 매각가격이 적어도 변론종결 당시의 시가 4억 원보다 10% 저감된 가격인 약 3억 6,000원으로 형성되는 사례에 관해서 본다.

위와 같은 사례에서, 취소채권자 “갑”이 구하는 원상회복 방법대로 가액반환이 인정된다면, 수익자 “병”으로서는 위 아파트가 경매될 경우의 매각대금 3억 6,000만 원만으로는 “갑”에 대한 가액반환채무액 3억 8,000만 원을 만족시킬 수 없게 되는 결과, 수익자 “병” 자신의 고유재산에 대해서도 강제집행을 당하는 불이익이 발생하여, 실제로는 아파트에 관해서 자신 명의의 소유권이전등기를 말소함으로써 원물반환을 하는 것보다 불리한 입장에 처하게 된다.

(2) 대법원판결의 분석 및 이해

대법원 2013. 4. 11. 선고 2012다107198 판결은, ‘가액배상의 방법으로 원상회복이 이루어져야 한다고 하더라도, 채권자와 수익자 모두 원물반환을 원하고 있고, 원물반환에 의하더라도 일반채권자들을 위한 책임재산의 보전이라는 채권자취소권의 목적 달성에 별다른 지장이 없는 경우라면, 굳이 가액배상을 고집하기 보다는 사해행위 취소에 따른 본래적 의미의 원상회복 방법인 원물반환에 의하는 것이 오히려 공평의 관념에 부합하고, 이러한 수익자의 의사는 사해행위 취소소송의 사실심 변론종결시를 기준으로 판단함이 상당하다’고 판시하였다.

위 대법원판결의 사안요지는, 수익자가 부동산(다가구 주택)을 사해행위인 매매에 의하여 이전받은 후 기존의 법정 담보물권자로서의 지위를 가지는 임차인들에게 임대차보증금의 전부 또는 일부를 반환함으로써 가액반환판결을 하여야 할 것인데, 채무자의 다른 채권자로부터도 사해행위 취소의 소가 제기되는 등 수익자가 목적 부동산의 시가보다 더 많은 액수의 채무에 노출될 위험이 있는 경우이다.

예컨대, 채무자 “을”과 수익자 “병” 사이의 다가구주택에 관한 매매가 사해행위에 해당하고, 수익자 “병”이 그 매매를 원인으로 다가구주택에 관하여 자기 앞으로 소유권이전등기를 마친 다음, 그 전부터 위 다가구주택의 일부씩을 임차하여 거주하던 소액임차인들에게 임대차보증금 합계 5,000만 원을 변제하고 퇴거하게 하였는데, 위 다가구주택의 사실심 변론종결 당시의 시가는 3억 원이다. 이러한 상황에서, 채권자 "갑1"이 위 매매를 사해행위로서 취소하고 수익자 "병"에 대하여 "병"이 원상회복으로서 반환하여야 할 가액 2억 5,000만 원(다가구주택 시가 3억 원－변제한 임대차보증금 5,000만 원)의 범위 내에서 자신의 채권액 2억 원의 지급을 구하는 소를 제기하였는데, 한편 채무자 "을"의 또 다른 채권자 "갑2"가 별도로 위 매매의 취소와 가액반환으로서 자신의 채권액 4억 원의 범위 내에서 위 잔존 가액 2억 5,000만 원의 지급을 구하는 소를 제기할 것이 임박한 사례에 관해서 본다.

위와 같은 사례에서, 채권자들이 구하는 원상회복 방법대로 가액반환이 인정된다면, 수익자 "병"으로서는 채권자 "갑1"에게 2억 원, 채권자 "갑2"에게 2억 5,000만 원의 가액을 반환하여야 함으로써, 외형상 위 아파트의 시가 3억 원을 초과하는 가액배상 합계 4억 5,000만 원("갑1"에 대하여 2억 원＋"갑2"에 대하여 2억 5,000만 원)의 지급채무를 부담할 수 있는 위험이 발생하는 것이다.[185]

위 대법원 2012다107198 판결의 형식적인 표현에 주목한다면, '채권자와 수익자 모두 원물반환을 원하는 경우'에 채권자의 가액반환청구에 대하여 원물반환을 명할 수 있다고 판시한 것으로 해석할 수 있다.

그러나, 위 대법원판결의 사안은, 채권자인 원고가 사해행위 취소에 따른 원상회복으로 주위적으로 원물반환을, 예비적으로 가액반환을 구한 경우로서, 이에 따라 위 대법원판결이 단지 부가적인 표현으로서 '채권자와 수익자 모두 (주위적으로) 원물반환을 원하고 있고'라고 설시하였다고 해석하는 것이 타당하다.

위 대법원판결의 법리적 판단의 요체는, '가액배상의 방법으로 원상회복이 이루어져야 한다고 하더라도, 굳이 가액배상을 고집하기 보다는 사해행위 취소에 따른 본래적 의미의 원상회복 방법인 원물반환에 의하는 것이 오히려 공평

185) 여러 개의 소송이 계속 중인 경우에는 각 소송에서 채권자의 청구에 따라 사해행위취소 및 원상회복을 명하는 판결을 선고하여야 하고, 수익자(전득자 포함)가 가액배상을 하여야 할 경우에도 수익자가 반환하여야 할 가액을 채권자의 채권액에 비례하여 채권자별로 안분한 범위 내에서 반환을 명할 것이 아니라, 수익자가 반환하여야 할 가액 범위 내에서 각 채권자의 피보전채권액 전액의 반환을 명하여야 하기 때문이다(대법원 2005. 11. 25. 선고 2005다51457 판결). 위와 같이 수익자의 과잉지급의 위험을 회피할 수 있는 또 다른 방법으로서 수익자의 공탁을 허용하여야 할 것인바, 이 점에 관해서는 뒤의 제6장 제4절 제 3.의 5.에서 상세하게 검토한다.

의 관념에 부합하고, 사실심 변론종결시까지 수익자의 의사에 부합하는 경우에는 원물반환을 명할 수 있다'고 한 데에 있다고 이해할 수 있다.

한편, 대법원 2009. 5. 14. 선고 2009다4947 판결은, '사해행위 후 기존의 근저당권이 변제에 의하여 말소된 경우, 채권자의 사해행위 취소 및 원상회복으로서의 가액배상청구가 정당한 이상, 특별한 사정이 없는 한 채권자가 구하는 가액배상의 범위를 넘어 원물반환을 명하는 것은 허용될 수 없다'고 판시하였는바, 위 판결도 "특별한 사정이 있는 경우에는" 가액배상 청구에 대해서 원물반환을 명할 수 있음을 열어 둔 것이라고 이해할 수 있다.

(3) 수익자의 원물반환 주장과 그 수용 방안

저당권 등 우선변제권이 설정되어 있는 부동산이 사해행위(증여 또는 매매)로 수익자에게 이전된 후 그 저당권설정등기 등이 말소된 경우, 채권자가 원상회복으로서 수익자 명의의 등기 말소 등 원물반환을 구하더라도 청구취지 변경 없이 가액반환방법으로 원상회복이 이루어져야 하는 이유는, 채무자가 사해행위를 하지 않았다면 있었을 원래의 책임재산을 회복하도록 하여야 하고 이를 초과하여 더 많은 책임재산을 회복하는 결과를 초래하는 것은 공평의 원칙상 허용되지 않는다는 데에 있다.

마찬가지로, 채권자가 원상회복으로서 가액반환을 청구하는 경우에 그에 따라 그 상대방인 수익자(또는 전득자)로 하여금 가액을 반환하도록 하는 것이 원물을 반환하게 하는 것과 비교하여 수익자에게 더 불리하거나 또는 사해행위 이전보다 실질적으로 더 많은 책임재산가액을 회복하는 결과를 초래한다면, 이 또한 공평의 원리에 어긋난다.

대법원판례는 원물반환이 불가능하게 됨으로써 가액배상을 명할 사유가 생긴 경우에 취소채권자가 스스로의 불이익이나 위험을 감수하고(실질적으로는 장래 더 많은 이익을 실현하기 위하여) 원물반환을 청구할 수 있는 선택권을 부여하고 있는 바,[186] 기존의 우선변제채무가 변제됨으로써 가액배상사유가 발생한 경우에 수익자가 스스로의 손해를 감수하면서(실질적으로는 장래 더 이상의 손해를 방지

---

186) 대법원 2001. 2. 9. 선고 2000다57139 판결 등.

하기 위하여) 원물반환을 원한다면 그러한 선택을 허용하는 것이 소송상 대립 당사자로서의 균형에도 맞는다.

원물반환 청구에 대하여 가액반환을 명할 수 있는지 또는 가액반환 청구에 대하여 원물반환을 명할 수 있는지의 문제와 관련해서, 원상회복에 관한 청구취지로서 언제나 가액반환은 원물반환의 일부이고 반대로 원물반환은 가액반환을 초과하는 것으로 볼 것은 아니다.

원물반환과 가액반환은 실제의 존재형태를 달리하므로 이를 전부와 부분의 관계로 파악하기는 곤란하고 한편 원물반환과 가액반환은 원상회복이라는 상위개념에 포괄되는 것이므로, 널리 원물반환을 구하는 청구취지에는 원상회복으로서 가액반환을 구하는 취지도 포함되어 있고, 가액반환을 구하는 청구취지에는 원상회복으로서 원물반환을 구하는 취지도 포함되어 있다고 볼 수 있다.

한편, 앞서 본 바와 같이 원상회복의 방법 중에서 원물반환이 원칙이고 예외적으로 가액반환이 인정되는 것이므로, 원물반환에 의한 회복의 결과에 뚜렷한 불합리가 없다면 원칙적인 원상회복의 방법인 원물반환을 인정하는 범위를 확대하는 것이 타당하다.

그러므로, 원상회복으로서 가액반환의 방법에 의할 사유가 발생하여 채권자가 가액반환을 청구하더라도, 사실심 변론종결시를 기준으로 원물반환이 가능하고 그에 의하는 것이 오히려 전체적으로 공평의 관념에 적합한 특별한 사정이 있으며 수익자의 의사에도 부합하는 경우에는, 청구취지의 변경 없이 사해행위 취소에 따른 원칙적 원상회복 방법인 원물반환을 명할 수 있다고 할 것이다.

소송실무상, 채권자가 가액반환을 청구하는 경우에, 수익자로서는 원물반환에 의하는 것이 가액반환보다 실질적으로 자신에게 이익이 되는 경우에는 그 취지 및 이유를 분명하게 주장하고, 수소법원으로서도 심리과정에서 원물반환이 가능하고 그에 의하는 것이 오히려 전체적으로 공평의 관념에 적합한 특별한 사정이 있는 경우에는, 가액반환을 구하는 청구취지를 원물반환으로 변경하도록 석명권을 행사하거나, 상대방의 의사를 확인하여 청구취지의 변경이 없더라도 원물반환을 명하는 것이 적절할 것이다.

제 3. 원물반환 승소확정 후의 가액반환 청구

1. 권리보호이익을 부정한 대법원판결의 분석

(1) 사안 및 판단의 요지

대법원 2006. 12. 7. 선고 2004다54978 판결의 사안 요지는 다음과 같다.

채무자 "을"이 사해행위에 의하여 수익자 "병"에게 부동산을 매도하고 그 후 수익자 "병"이 그 부동산에 관하여 선의의 제3자(농협중앙회)에게 근저당권을 설정해 준 경우에, 채권자 "갑"이 매수인인 수익자 "병"을 상대로 원상회복으로 가액배상을 구하지 않고 원물반환의 방법으로서 채무자 "을"에게로의 소유권이전등기절차의 이행을 구하여 승소판결이 확정되었다(제3자는 선의로 근저당권을 취득하여 원상회복 청구의 상대방이 되지 않음).[187] 그런데, "갑"이 그 승소판결에 따른 등기의 실행을 지연하던 중에 당해 부동산에 관하여 사해행위인 매매계약 이전에 설정된 선순위 근저당권자의 임의경매신청에 의해 경락됨으로써 채무자 "을" 앞으로의 소유권 등기명의의 복귀가 불가능하게 되자, 채권자 "갑"이 다시 "병"을 상대로 원상회복의 방법으로 가액배상을 구한 사안이다.

위 대법원판결은 위와 같은 사안에 관하여, '원상회복청구권은 사실심 변론종결 당시의 채권자의 선택에 따라 원물반환과 가액배상 중 어느 하나로 확정되며, 채권자가 일단 사해행위 취소 및 원상회복으로서 원물반환 청구를 하여 승소판결이 확정되었다면, 그 후 어떠한 사유로 원물반환의 목적을 달성할 수 없게 되었다고 하더라도 다시 원상회복청구권을 행사하여 가액배상을 청구할 수는 없으므로 그 청구는 권리보호의 이익이 없어 허용되지 않는다'고 판시하였다.

(2) 대법원판결의 법리에 관한 분석

위 대법원 2004다54978 판결은 동일한 사해행위 취소에 따른 원상회복으로

187) 채권자취소소송에 있어서 취소 목적 부동산의 등기명의를 수익자로부터 채무자 앞으로 복귀시키고자 하는 경우에 수익자 명의의 등기의 말소를 구하는 대신에 이른바 진정한 등기명의를 회복하기 위한 방법으로서 현재의 등기명의인인 수익자를 상대로 채무자 앞으로 직접 소유권이전등기절차의 이행을 구하는 것이 허용된다(대법원 2000. 2. 25. 선고 99다53704 판결).

서의 원물반환과 가액반환에 관해서 그 양자가 동일한 소송물인지 여부 및 기판력의 범위 등의 문제로 접근한 것이 아니라, 원상회복 방법의 선택권을 가진 채권자가 그 중의 하나를 선택한 이상 나중에 다른 원상회복방법을 주장하는 것에 관해서 권리보호이익을 인정할 수 있는지의 문제로서 접근하고 있다고 이해된다.

그리고, 위 대법원 판결이 권리보호이익이 없다고 한 전제로서 '원상회복청구권이 사실심 변론종결 당시의 채권자의 선택에 따라 원물반환과 가액배상 중 어느 하나로 확정된다'고 설시한 것은, 채권자가 원상회복이라는 동일한 목적을 달성하기 위해서 원물반환과 가액배상의 구체적 방법 중 어느 하나를 선택할 수 있었음을 전제로 하여, 채권자가 자신의 책임과 위험 부담 하에 그 중 하나를 선택한 이상 그 선택에 따른 원상회복방법이 확정되고 다른 방법은 배제되어 후에 이를 선택할 여지는 없다는 의미라고 이해할 수 있다.

요컨대, 위 대법원판결은 사실심 변론 종결 당시 원상회복의 방법으로서 원물반환과 가액반환이 객관적으로 병존하여 채권자가 이 중 어느 하나를 선택할 수 있었음을 전제로 하여, 사해행위 취소에 따른 원상회복에 관해서 민사소송의 기본원칙인 신의칙을 적용한 구체적인 사례라고 볼 수 있다.

2. 대상(代償)청구를 인정한 대법원판결의 분석

(1) 사안의 요지

대법원 2012. 6. 28. 선고 2010다71431 판결의 사안 요지는 다음과 같다.

채권자 "갑"은 2008. 11.경 이 사건 부동산에 관하여 채무자 "을"과 수익자 "병" 사이에 2008. 10. 1. 체결된 근저당권 설정계약과 이를 원인으로 마쳐진 "병" 명의의 근저당권 설정등기(이하, '이 사건 근저당권')에 대하여 사해행위 취소 및 원상회복으로서 근저당권 설정등기의 말소 절차의 이행을 구하는 소송(이하 '종전소송')을 제기하여, 2009. 3. 27. 변론이 종결되고 2009. 4. 17. 승소판결을 선고받았으며, "병"이 항소하지 아니함으로써 2009. 5. 경. 그 판결이 확정되었다.

한편, 이 사건 부동산에 관해서는 같은 수익자 "병"이 이 사건 근저당권 이외에도 그에 앞서 2005. 2.에 선순위 근저당권을 설정해 두었는데, 그 선순위 근저당권에 기하여 종전소송 제기 후인 2009. 1. 13.경 임의경매를 신청하여 경매(이하, '관련 경매사건')가 진행된 결과, 종전소송의 판결확정 후인 2009. 7. 17. 경락이 허가되고 2009. 8. 7. 배당기일에 이 사건 근저당권에 기하여도 "병'에게 약 4,500만 원이 배당되는 배당표가 작성되고, 2009. 8. 18. "병"에게 위 배당금이 지급되었으며, 이 사건 근저당권 설정등기는 2009. 7. 17. 임의경매에 의한 매각을 원인으로 말소되었다.

이에, 채권자 "갑"은 2009. 8.경 다시 "병"을 상대로 하여, '"병"은 "을"에게 4,500만 원의 배당금지급채권을 양도하는 의사표시를 하고, 대한민국에게 그 양도의 통지를 하라'는 청구취지로서 원상회복을 구하는 소를 제기하였다가, "병"에게 배당금이 지급되자 2009. 10. 경 '"병"은 "갑"에게 4,500만 원 및 이에 대한 지연손해금을 지급하라'는 것으로 청구취지를 변경하였다.

이러한 "갑"의 소송상 청구에 대하여 상대방(피고) "병"은 "갑"이 종전 소송에서 원물반환으로서 이 사건 근저당권설정등기의 말소를 구하여 승소확정판결을 받았으므로, 다시 이 사건 소를 통하여 가액배상을 구하는 것은 종전 확정판결의 기판력에 반하는 것이고, 이 사건 소는 권리보호이익이 없어 부적법하다고 항변하였다.

(2) 제1심 및 원심의 판단 요지[188]

제1심 및 원심은 채권자 "갑"(원고)의 가액반환 청구를 인용하면서, 수익자 "병"의 항변에 대해서는, 다음과 같은 이유로 이 사건 소는 종전 확정판결의 기판력에 반하거나 권리보호이익이 없다고 볼 수 없다고 판단하였다.

○. 종전 소송의 변론 종결일은 2009. 3. 27.이고, 이 사건 부동산은 2009. 7. 17. 관련 경매사건에서 임의경매로 매각되었으며, 이로써 원고가 원물반환으로서 구한 이 사건 근저당권설정등기의 말소가 불가능하게 되었다.

○. 종전 소송 변론 종결 당시 관련 경매사건이 진행 중이었다고 하더라도 그로 인해 원물반환이 불가능하거나 현저히 곤란하였다고 할 수 없으므로, 종전

188) 위 대법원 2012. 6. 28. 선고 2010다71431 판결의 원심은 서울중앙지법 2010. 7. 27. 선고 2010나13229 판결이고, 제1심은 서울중앙지법 2010. 2. 9. 선고 2009가단306658 판결인데, 원심은 제1심의 판단을 그대로 인용하였다.

소송 변론 종결 당시 "갑"(원고)은 가액배상을 청구할 수 없었다.

○. 이와 같이, 관련 경매사건이 진행 중이었다고 하더라도, "갑"(원고)은 종전 소송 변론 종결 당시 가액배상을 청구할 수 없었고, 그러한 경우 "갑"(원고)이 종전 소송에서 관련 경매사건의 진행경과를 기다렸다가 그에 맞추어 청구취지를 변경했어야 했다고 볼 수 없으므로, 그렇게 하지 않았다고 하여 가액배상 청구권을 행사할 수 없다고 하는 것은 부당하다.

(3) 상고이유의 요지

수익자 "병"(피고)의 상고이유 요지는 다음과 같다.

채권자 "갑"(원고)은 종전소송 제기 당시 채무자 "을"이 이미 부도상태였기 때문에 이 사건 부동산의 선순위근저당권자인 수익자 "병"(피고)의 임의경매신청이 있을 것임을 예견할 수 있었고, 실제로 종전소송 변론종결 이전인 2009. 1. 13. 선순위 근저당권에 기해 임의경매신청이 있었다.

그런데, "갑"은 스스로 위험이나 불이익을 감수하면서 그 청구취지를 선택적 또는 예비적으로 가액배상(또는 배당금채권의 양도)청구로 변경하지 않은 채 원상회복으로서 근저당권설정등기의 말소청구를 유지하고 그 승소판결이 확정되었다.

따라서, 위 1.항에서 본 대법원 2004다54978 판결의 취지에 따라 "갑"(원고)이 다시 이 사건 소로서 가액배상을 청구하는 것은 권리보호의 이익이 없다고 할 것인데, 원심이 "갑"(원고)의 청구를 인용한 것은 대법원판결에 배치되는 판단으로서 위법하다.

(4) 대법원 판단의 요지

위 대법원 2010다71431 판결은, "병"(피고)의 상고이유에 대해서는 직접적인 판단을 하지 않고, 별도로 "갑"(원고)이 사실심에서 한 주장에 관해서 다른 법적 의미도 있다고 해석하였다. 즉, "갑"(원고)이 사실심에서 '이 사건 근저당권설정계약이 사해행위로서 이미 확정판결에 의해 취소되었고 수익자(피고)의 이 사건 근저당권 설정등기가 임의경매로 인해 배당금청구권으로 변했는데, 그 후 수익자(피고)가 배당금을 수령하였으므로 그 배당금 상당의 지급을 구한다'는 주장 속에는 가액배상만을 구하는 것이 아니라, 대상청구(代償請求)도 함께 구하는 것으로 봄이 상당하다고 판시하였다.

위 대법원판결은 위와 같이 "갑"(원고)의 청구원인에는 대상청구도 포함되어 있다고 전제한 다음, 이 사건 부동산이 임의경매절차에 의하여 제3자에게 낙찰됨으로써 확정된 종전판결에 기한 수익자 "병"(피고)의 근저당권설정등기의 말소등기절차의무가 이행불능이 된 경우, 채권자 "갑"은 대상청구권(代償請求權)의 행사로서 수익자 "병"(피고)이 말소될 근저당권설정등기에 기한 근저당권자로서 지급받은 배당금의 반환을 청구할 수 있다고 판단하였다.

위 대법원판결은, 위와 같이 채권자 "갑"(원고)의 이 사건 소송상 청구에 관해서, 대상청구권(代償請求權)의 행사에 의한 금전 지급 청구의 문제로 파악하면서, 결과적으로 채권자 "갑"(원고)의 청구를 인용한 원심의 결론을 수긍하고 수익자 "병"(피고)의 상고를 기각하였다.

(5) 대법원 판결의 분석

위 대법원 2010다71431 판결은, 위와 같이 사해행위 취소에 의한 원상회복으로서 원물반환을 명한 판결이 확정된 후 어떤 사유로 원물반환의 목적을 달성할 수 없게 된 경우에 그에 갈음한 금전의 지급을 청구한 사안에 관하여, 대상청구권(代償請求權)의 행사에 의한 금전지급 청구의 문제로 청구취지 및 원인을 해석하면서, 결과적으로 채권자 "갑"(원고)의 금전지급청구를 인용한 원심의 결론을 수긍하고 수익자 "병"(피고)의 상고를 기각하였다.

이로써 결과적으로, 위 대법원판결은 사건의 실질적 쟁점으로 되었던 원물반환 확정판결의 기판력의 범위, 원물반환 판결 확정 후의 가액배상 청구에 대한 권리보호이익의 존부 등에 관해서는 판단을 하지 않음으로써 대법원 2004다54978 판결과의 저촉 여부 등에 관한 문제는 여전히 남게 되었다.

그리고 한편으로는, 사해행위 취소에 따른 원물반환이 불가능하게 된 경우에 대상청구권이 성립하는지 등에 관해서 고찰하고 다시 이 사건으로 돌아와 음미할 과제도 남게 되었다고 할 것이다.

3. 대법원판례의 법리에 관한 이해

(1) 권리보호이익에 관한 대법원판결 법리의 적용범위에 관한 문제

대법원 2004다54978 판결은, 채무자의 사해행위에 의한 부동산 매매 후 그 목적물에 관하여 제3자가 저당권을 취득한 경우에 채권자가 수익자를 상대로 원상회복의 방법으로서 가액배상을 구하거나 원물반환인 채무자 앞으로 소유권이전등기절차의 이행을 구하는 것을 선택할 수 있는 사안에 관한 것으로서, 채권자가 사실심 변론 종결 당시 원상회복의 방법으로서 원물반환과 가액반환 중 어느 하나를 선택할 수 있었음을 전제로 하는 사건이다.

그리고, 위 대법원판결이 권리보호이익이 없다고 한 것은 채권자가 사실심 변론 종결 당시 원상회복이라는 동일한 목적을 달성하기 위한 구체적 방법으로서 원물반환과 가액반환 중 어느 하나를 선택할 수 있었던 상황에서 자신의 책임과 위험 부담 하에 그 중 하나를 선택한 이상, 그 선택에 따른 원상회복방법이 확정되고 다른 방법은 배제되어 다시 선택할 여지는 없다는 의미라고 이해할 수 있다.[189]

따라서, 위 대법원판결의 법리가 적용되기 위해서는, 사실심 변론 종결 당시 원상회복의 방법으로서 원물반환과 가액반환이 객관적으로 병존하고 있을 것을 필요로 한다고 할 것이다.

그런데, 대상청구를 인정한 위 대법원 2010다71431 판결 사안의 경우, 사해행위 목적 부동산에 관한 경락허가결정이 종전소송의 판결 선고일(2009. 4. 17.) 후인 2009. 7. 17.에 있었으므로, 채권자(원고)로서는 종전소송 계속 중에는 원상회복의 방법으로서 원물반환을 구할 수밖에 없었고, 변론 종결 당시 가액반환을 선택하거나 원물반환을 가액반환으로 변경할 수 있는 여지가 없었다.

그리고, 채권자(원고)가 종전소송 계속 중에 목적 부동산에 대한 경매절차가 개시 된 사실을 알고 나중에 그 결과에 따라서는 이 사건 근저당권설정등기의

---

189) 원물반환과 가액반환이 동일한 소송물이라는 견해에 의한다면, '채권자의 선택에 의해 원상회복청구권이 원물반환과 가액반환 중 원물반환의 방법으로 확정 된 것이고, 이에 관하여 승소판결이 확정되었다면, 그 확정판결의 효력이 기판력의 기준시점인 변론 종결 당시 존재한 가액반환에 대하여도 미친다'라고 그 법리를 구성할 수 있을 것이다.

말소 청구에 갈음하여 수익자(피고)에게 배당된 배당금청구채권을 채무자에게 양도할 것을 청구하는 등으로 청구취지를 변경하여야 할 것임을 예상하였다고 하더라도, 채권자(원고)가 종전소송에서 전부승소하고 수익자(피고)가 항소하지 아니하여 판결이 확정 된 이상 위와 같이 그 청구를 변경할 수 있는 여지도 없었다.

따라서, 위 대법원 2010다71431 판결 사안에 있어서는, 종전소송의 변론 종결 당시 원상회복의 방법으로서 원물반환인 이 사건 근저당권 설정등기 말소와 가액반환이 객관적으로 병존하였던 것이 아니므로, 대법원 2004다54978 판결 법리가 적용되기 위한 전제 요건이 결여되었다고 볼 수 있다.

결국, 위 대법원 2010다71431 판결 사안에 관해서, 그 청구원인을 대상청구권(代償請求權)의 행사를 함께 주장한 것이 아니라 사해행위 취소 및 원물반환 판결 확정 후 다시 가액반환만을 주장하는 것으로 보는 경우라도, 이에 대해서는 대법원 2004다54978 판결의 법리가 적용되지 아니하므로, 위 가액반환 청구에 대하여 곧바로 권리보호의 이익이 없다고 할 수는 없다고 생각한다.[190]

위와 같이, 위 대법원 2010다71431 판결 사안에 관해서 그 청구원인을 사해행위 취소 및 원물반환 판결 확정 후 다시 가액반환만을 주장하는 것으로 보는 경우에 권리보호의 이익을 인정할 수 있다고 해서, 바로 그러한 가액반환 청구를 인용할 수 있는 것은 아니다.

채권자가 사해행위 취소 및 원물반환 판결 확정 후 다시 가액반환을 청구하는 것에 관해서 권리보호의 이익이 인정된다고 하더라도, 아래 (2)항에서 보는 바와 같이 취소채권자가 경매절차에서 가액배상을 청구할 수 있는 별도의 자격을 가지고 있어야 할 것이다.

---

190) 한편, 원물반환청구와 가액반환청구가 원상회복을 구하는 방법으로 동일한 소송물이라고 보아 기판력의 문제로 접근한다고 하더라도, 대법원 2010다71431 판결 사안은 종전소송의 원물반환 확정판결의 기판력 표준시점인 변론종결 후에 목적 부동산에 관한 경락허가결정이 있게 됨으로써 발생한 사정을 원인으로 수익자를 상대로 가액배상 청구를 하는 것이므로 종전소송 확정판결의 기판력에 반하지 않는다고 할 것이다.

(2) 수익자가 사해행위로서 취소된 저당권에 기하여 경매절차에서 배당금을 수령한 경우에 가액배상청구를 할 수 있는 취소채권자의 자격에 관한 문제

근저당권설정계약을 사해행위로서 취소하는 경우 그 목적 부동산에 대하여 경매절차가 진행되어 타인이 소유권을 취득하고 이미 배당이 종료되어 수익자가 배당금을 수령한 때에는, 원상회복은 수익자로 하여금 배당금을 반환하도록 명하는 방법에 의한다(대법원 2011. 2. 10. 선고 2010다90708 판결).

다만, 취소채권자는 당해 경매절차에서 다른 배당요구권자들의 채권을 모두 충족시키고 남은 잉여금이 있다는 등 특별한 사정이 없는 한 배당요구채권자로서 따로 배당요구를 하였어야만 수익자에 대하여 가액반환으로서 배당금 상당액의 지급을 청구할 수 있다(대법원 2012. 12. 26. 선고 2011다60421 판결). 그리고, 경매절차에서 배당요구를 할 수 있는 채권자는 집행력 있는 정본을 가진 채권자, 압류등기 된 뒤에 가압류등기를 한 채권자, 법정우선채권자(민법, 상법 그 밖의 법률에 의하여 우선변제청구권이 있는 채권자) 등으로 제한되어 있고(민사집행법 제88조 제1항), 배당요구는 법원이 정하여 공고한 배당요구의 종기까지 채권의 원인과 액수를 적은 서면을 법원에 제출하는 방식에 의하여야 한다(민사집행법 제84조 제1, 2항, 제148조 제2호).

예컨대, 채권자 "갑"이 채무자 "을"과 수익자 "병" 사이의 "을" 소유 부동산에 관한 제2순위 근저당권 설정계약을 사해행위로서 취소하는 소송에 승소하였지만 위 부동산에 대한 경매절차에 참가하여 배당요구를 하지 않았는데, 경매결과 제2순위 근저당권인 수익자 "병"에 대하여 1,400만 원이 배당되어 "병"이 수령하였고 그 경매절차의 배당요구권자로서 제3순위 근저당권자(채권최고액 4,000만 원)에게는 배당이 이루어지지 않은 경우에 관해서 본다. 위와 같은 경우, 사해행위취소소송에 의하여 수익자 "병"이 제2순위 근저당권에 기하여 배당금을 수령할 권리를 잃게 되지만, 취소채권자 "갑"이 경매절차에 참가하여 배당요구를 하지 아니한 이상, "갑"이 "병"을 상대로 가액배상으로서 제2순위 근저당권에 기하여 "병"이 수령한 배당금 1,400만 원을 반환할 것을 청구할 권리는 없다.[191] 다만,

191) 대법원 2012. 12. 26. 선고 2011다60421 판결의 사안요지이다.

위 사례에서 제3순위 근저당권자 등 배당요구채권을 모두 충족시키고도 남는 잉여금이 있다는 등의 특별한 사정이 있는 경우에는, 채권자 "갑"이 별도의 배당요구를 하지 않았더라도 사해행위 취소에 따른 가액배상을 청구할 수 있다.

대법원 2010다71431 판결 사안의 경우, 종전소송의 변론종결 후에 비로소 목적 부동산에 관하여 경락허가결정이 있고 그에 의한 배당이 이루어졌기 때문에 원상회복으로서 다시 가액반환청구를 할 수 있는 권리보호이익이 인정된다고 하더라도, 만일 채권자 "갑"(원고)이 목적 부동산에 대한 경매절차에서 적법하게 배당요구를 하지 않았다면, 다른 배당요구채권자들의 채권을 모두 충족시키고 남은 잉여금이 있는 등 특별한 사정이 없는 한, 결국 수익자 "병"(피고)에 대하여 그 배당금에 상당한 가액의 반환을 청구할 수 없게 되는 것이다.

(3) 대상청구권(代償請求權)에 관한 문제

(가) 대상청구권(代償請求權) 개관

대상청구권(代償請求權)은 민법이 이에 관하여 직접적으로 인정하는 규정을 두고 있지는 않지만, 판례와 통설은 해석상 채무불이행 유형 중 이행불능의 효과의 하나로서 인정한다.[192]

대상청구권이라 함은, 이행불능을 발생하게 한 것과 동일한 사정에 의하여 채무자가 본래의 급부의무는 면하면서 그에 대신하는 이익(代償)을 취득하는 경우에, 채권자가 채무자에 대하여 그가 취득한 이익(代償)을 청구할 수 있는 권리라고 정의할 수 있다.[193] 대상청구권은 이행불능이 채무자의 귀책사유에 기인하지 않는 경우에도 인정된다는 점에 특징이 있고[194] 또 그 점에서 실익이 있다고 할 수 있다.

대상청구권이 인정되는 전형적인 사례로서는, 부동산 증여계약 체결 후에 목적 부동산이 수용되어 증여자의 매매 목적물에 관한 소유권이전등기의무가 이행불능으로 된 경우, 수증자가 증여자에게 대상청구권의 행사로써 증여자가 지급받은 수용보상금의 반환을 구하거나 증여자가 취득한 수용보상금청구권의

192) 대법원 1992. 5. 12. 선고 92다4581 판결, 2002. 2. 8. 선고 99다23901 판결 등.
193) 김준호, 채권법(제13판) 제153면; 송덕수, 채권법총론(제6판) 제149면.
194) 김준호, 채권법(제13판) 제156면; 송덕수, 채권법총론(제6판) 제150면.

양도를 구하는 경우이다.[195)]

(나) 사해행위 취소 목적물에 대한 원물반환 이행불능의 경우 대상청구권 인정 여부의 문제

앞서 본 대법원 2010다71431 판결 사안에서와 같이, 목적 부동산에 관해서 수익자 "병"이 종전 확정판결에 따라 이행하여야 할 이 사건 근저당권설정등기의 말소의무가 관련경매사건에서의 경락허가결정에 의해 직권 말소됨으로써 이행불능으로 되고 "병"에게 그 말소된 근저당권에 기하여 배당금이 지급된 경우에, 취소채권자 "갑"에게 대상청구권이 성립할 수 있는지 또는 채무자 "을"에게 대상청구권이 성립하고 취소채권자 "갑"이 이를 대위 행사할 수 있는지에 관해서 검토한다.

수익자가 채권자취소에 의하여 원상회복의무를 부담하는 것은 원래 채권자와 사이에 채권채무관계가 있었기 때문이 아니라 형평의 견지에서 법이 특별히 인정한 것이다.[196)] 그리고 사해행위 취소의 효력은 채권자와 수익자와의 상대적인 관계에서만 미치는 것으로서 수익자는 사해행위 목적 재산의 명의를 채무자 앞으로 회복시킬 의무를 부담하나, 이것은 채권자의 강제집행의 수단을 제공하는 데에 지나지 않고 그 권리는 여전히 수익자에게 귀속되며, 채무자가 수익자에 대하여 어떠한 권리를 취득하는 것은 아니다.[197)] 한편, 위 (2)항에서 살펴본 바와 같이, 수익자가 사해행위의 목적 부동산에 대한 경매절차에서 배당금을 수령한 경우에 그 수익자에 대하여 취소채권자가 가액배상청구를 하기 위해서는 당해 경매절차에서 배당요구의 요건을 갖추어야 한다.

위와 같이 채권자취소권에 관해서 대법원판례에 의해 확립된 법리에 비추어 보면, 위 대법원 2010다71431 판결 사안의 경우, 수익자의 근저당권설정등기 말소의무는 수익자와 채권자 또는 수익자와 채무자가 직접적인 당사자로 된 실체적인 채권채무관계에서 비롯된 것이라고 보기는 어렵다고 할 것이다. 그런데도, 수익자와 채권자 또는 수익자와 채무자 사이에서 직접적이고 실체적인 채권채무관

---

195) 대법원 1996. 10. 29. 선고 95다56910 판결 사례 등.

196) 대법원 1998. 5. 15. 선고 97다58316 판결, 2009. 6. 11. 선고 2007다4004 판결 등 참조.

197) 대법원 2016. 11. 25. 선고 2013다206313 판결, 2017. 8. 21.자 2017마499 결정, 2001. 6. 1. 선고 99다63183 판결 등.

계가 존재하고 그러한 관계에서 수익자가 채권자 또는 채무자에게 본래의 급부의무로서 근저당권설정등기 말소의무를 부담한다는 전제 하에, 그 등기말소의무가 이행불능으로 됨으로써 수익자에 대하여 채권자 또는 채무자가 대상청구권을 취득한다고 하는 것은 이미 그 전제에 있어서 법리상 무리가 있다고 생각한다.

한편, 위 대법원 2010다71431 판결의 논리 전개와 같이 일반적으로 대상청구권을 인정한다면, 채권자는 부동산에 관하여 사해행위 취소에 따른 원물반환으로 등기절차이행의 승소확정판결을 받은 경우 그 확정판결로써 단독으로 얼마든지 등기를 실행할 수 있는데도(부동산등기법 제23조 제4항),[198] 그 권리의 집행을 지체하고 나아가 당해 부동산에 대한 경매절차에서 배당요구 등의 필요행위를 지체한 경우에 오히려 실질적으로 원상회복에 관한 이익을 독점할 수 있는 불합리가 생긴다.

이상에서 살펴 본 바와 같이, 사해행위 취소에 따른 원상회복으로서 원물반환을 명한 판결이 확정된 후 그 목적물에 대한 경매결과 원물반환이 불가능하게 되고 수익자가 배당금을 취득한 경우에, 채권자가 직접 또는 채무자를 대위하여 수익자에 대하여 대상청구권을 행사할 수 있다고 하는 것은 법리상 의문이고 실제로도 불합리하므로, 위와 같은 경우에까지 대상청구권을 확장할 것은 아니라고 할 것이다.

다만, 앞서 본 대법원 2010다71431 판결 사안의 경우는, 수익자 "병"(피고)이 금융기관으로서 종전소송에서 전부 패소하였음에도 항소하지 아니하여 자신의 패소판결을 확정하게 한 점, 패소판결 확정 후 불과 약 3개월 만에 "병"이 선행 근저당권에 기하여 신청한 종전소송의 목적 부동산에 대한 경매절차가 완결된 점, 수익자 "병"이 종전소송의 패소판결이 확정된 사실을 명백하게 알고 있었음에도 그에 의해 아직 자신의 이 사건 근저당권설정등기가 말소되어 있지 아니함을 기화로 그 근저당권에 기하여 배당받은 점 등 특별한 사정이 인정된다.

위 대법원 2010다71431 판결은 위와 같은 특별한 사정을 감안하여 채권자

198) 다만, 수익자 "병"을 상대로 사해행위취소에 의한 말소등기절차이행 청구소송에서 승소의 확정판결을 받은 채권자 "갑"은 등기권리자의 지위에 있는 채무자 "을"을 대위하여 단독으로 등기를 신청할 수 있다.이 경우 등기신청서의 등기권리자란에는 「채무자 "을" 대위신청인 채권자 "갑"」으로 기재하고, 등기의무자란에는 「수익자 "병"」을 기재한다{판결 등 집행권원에 의한 등기의 신청에 관한 업무처리지침(등기예규 제1692호)}.

“갑”(원고)의 권리를 구제하는 것이 형평에 부합한다는 취지에서, 이른바 대상청구권에 관한 법리를 유추하여 앞서 살펴 본 바와 같은 결론에 이르렀다고 이해하는 것이 타당하다고 생각한다.

요컨대, 위 대법원 2010다71431 판결 사안의 경우에는, 앞서 본 권리보호이익을 부정한 대법원 2004다54978 판결의 법리가 적용되지 아니하여 다시 가액반환을 청구할 수 있는 권리보호의 이익은 있다고 할 수 있지만, 취소채권자가 목적 부동산에 대한 경매절차에서 배당요구를 하지 않았다면 결국 수익자에 대하여 가액반환을 청구할 수 없다. 따라서, 위와 같은 경우에 사실심에서 취소채권자가 배당요구를 하였는지에 관해서 충실한 심리가 이루어져야 할 것이다.

그리고 그 심리과정에서, 취소채권자가 아직 채무자에 대하여 집행권원을 취득하지 못하는 등 목적 부동산에 대한 경매절차에서 배당요구를 하지 못할 사정이 있고, 한편으로는 수익자로 하여금 배당금 수령을 용인하는 것이 형평에 관념에 비추어 현저하게 부당하다고 볼 만한 여러 가지 특별한 사정이 인정되는 경우라면, 민법이 직접적인 규정을 두지 않은 대상청구권을 확대 인정할 것이 아니라, 신의칙, 부당이득, 불법행위 등의 일반 원리에 의하여 예외적으로 그 배당금에 상당한 금원을 취소채권자에게 반환하도록 하는 법리를 구성하는 것이 타당하다고 생각한다.

4. 등기말소의 원물반환 승소 후 진정명의회복에 의한 이전등기의 원상회복을 구하는 경우

대법원 2018. 12. 28. 선고 2017다265815 판결은, 앞의 1.항에서 살펴 본 대법원 2006. 12. 7. 선고 2004다54978 판결의 판단취지, 즉 원상회복청구권이 사실심 변론종결 당시 채권자의 선택에 따라 원물반환과 가액반환 중 어느 하나로 확정된다는 법리는 등기말소의 원물반환 승소 후 진정명의회복에 의한 이전등기의 원상회복을 청구하는 경우에도 적용된다고 판시하였다. 위 대법원 2017다265815 판결은, 위와 같은 법리의 적용을 전제로, ‘채권자가 일단 사해행위취소 및 원상회복으로서 수익자 명의 등기의 말소를 청구하여 승소판결이 확정되었다면, 어떠한 사유로 수익자 명의 등기를 말소하는 것이 불가능하게 되었다고 하더라도, 다시 수익자를 상대로 원상회복청구권을 행사하여 채무자 앞으로 직접 소유권이전등기절차를 이행할 것을 청구할 수는 없으므로, 그러한 청구는 권리보호의 이익이 없어 허용되지 않는다'고 판시하였다.

아래에서 위 대법원 2017다265815 판결의 사안의 요지와 법리적 쟁점 및 판단의 요지에 관하여 검토한다.[199]

(사안 요지) 채무자 "을"은 2010. 2. 1. 수익자 "병"과 사이에 자신의 유일한 재산인 이 사건 부동산에 관하여 이 사건 매매계약을 체결하고 같은 달 4. "병"에게 소유권이전등기를 마쳤다.

채권자 "갑"은 "을"에 대하여 부당이득반환청구권을 가진 채권자로서 이 사건 매매계약이 사해행위에 해당한다는 이유로 수익자 "병"을 상대로 그 취소 및 원상회복으로서 "병" 명의의 소유권이전등기의 말소를 구하는 소를 제기하였는데, 2013. 12. 19. 변론이 종결되고 2014. 1. 16. 승소판결이 선고되었으며 2014. 2. 4. 그 승소판결이 그대로 확정되었다(이하, '선행 말소소송'이라고 함).

그런데, 수익자 "병"은 위 선행 말소소송의 변론종결 15일 전인 2013. 12. 4. "정"에게, 변론종결 후인 2014. 1. 17. "무"에게 이 사건 부동산에 관하여 각 위 날짜 근저당권설정계약을 원인으로 한 근저당권설정등기를 마쳤다.

이에 채권자 "갑"은 2014. 3. 24. 수익자 "병"을 상대로 이 사건 매매계약이 사해행위로 취소되었음을 이유로 가액배상을 구하는 소를 제기하였으나, "갑"이 사해행위취소 및 그에 따른 원상회복을 구하는 소를 제기하여 원물반환을 명한 선행 말소소송의 승소판결이 확정되었음에도 다시 가액배상을 구하는 것은 권리보호의 이익이 없다는 이유로 각하되고 그 각하 판결은 상고심에서 그대로 확정되었다[200](이하, '선행 가액소송'이라고 한다).

---

199) 사안의 요지와 법리적 쟁점은 대법원 2017다265815 판결의 제1심 판결인 전주지법 2016. 12. 23. 선고 2016가합1938 판결 및 원심 판결인 광주고법 2017. 9. 7. 선고 2017나10164 판결 이유를 정리한 것이다.

200) 실제 사건에서는, 주위적으로 이 사건 매매계약이 사해행위로 취소되었음을 이유로 가액배상을, 제1예비적으로 "병"의 소유권이전등기말소의무가 이행불능 내지 집행불능임을 이유로 전보배상을, 제2예비적으로 "병"의 근저당권설정행위가 위법행위라는 이유로 손해배상을, 제3예비적으로 부당이득의 반환을 구하였고 모두 받아들여지지 않았으나, 여기에서는 사해행위 취소와 관련하여 가액배상 청구 부분에 대해서만 검토한다. 한편, 채권자 "갑"은 선행 말소소송을 제기함에 있어 이 사건 부동산에 관하여 처분금지가처분을 신청하지 아니하여 선행 말소판결 선고 후까지도 그 결정이 없었다.

그 후, 채권자 “갑”은 2016. 6. 8. 다시 수익자 “병”을 상대로 이 사건 매매계약이 사해행위로 취소되었음을 이유로 그에 따른 원상회복으로서 채무자 “을”에게 이 사건 부동산에 관한 소유권이전등기절차를 이행할 것을 구하는 이 사건 소를 제기한 것이다.

(원심 판단 요지)[201] ① 소의 이익의 문제: 대법원 2006. 12. 7. 선고 2004다54978 판결은, 가액배상이 가능하였음에도 원상회복으로서 원물반환청구를 하여 승소판결이 확정된 경우, 채권자의 원상회복청구권은 사실심 변론종결 당시의 채권자의 선택에 따라 원물반환으로 확정된다는 취지의 판결이다. 그런데, 이 사건은 종전과 같이 원물반환을 구하되 그 원물반환의 방법을 달리 하므로 위 대법원판결과는 사안을 달리한다. 게다가 이 사건의 경우 수익자 “병”이 선행 말소소송 변론종결 불과 15일 전에 갑자기 “정”에게 근저당권설정등기를 마쳐주었는바, 이러한 경우까지 채권자 “갑”이 가액배상을 구할 수 있었음에도 스스로의 선택에 따라 “병” 명의 이전등기의 말소를 구하는 소송을 유지하였다고 보기도 어렵다.

② 기판력 저촉의 문제: 대법원 2001. 9. 20. 선고 99다37894 전원합의체 판결은, ‘말소등기에 갈음하여 허용되는 진정명의 회복을 원인으로 한 소유권이전등기청구권과 무효등기의 말소청구권은 어느 것이나 진정한 소유자의 등기명의를 회복하기 위한 것으로서 그 법적 근거와 목적이 동일하여, 그 소송물이 성질상 동일하다고 보아야 하므로, 소유권이전등기말소청구소송에서 패소확정판결을 받았다면 그 기판력은 그 후 제기된 진정명의 회복을 원인으로 한 소유권이전등기 청구소송에도 미친다’고 판시하였다.

그러나, 위 전원합의체 판결은 대세적 효력을 지닌 소유권에 기한 방해배제청구권에 근거한 것으로서 진정한 소유자의 등기명의를 회복하는 데 목적이 있는 반면, 원상회복의 방법으로서의 말소등기청구 또는 소유권이전등기청구는 상대적 효력만이 인정되는 채권자취소권에 근거한 것으로서 책임재산의 보전에 목적이 있으므로, 위 전원합의체 판결의 기판력 법리가 채권자취소소송에도 그대로 적용된다고 보기 어렵다. 또한 위 전원합의체 판결은 종전의 1995. 4. 25.

---

201) 원심 판결(광주고법 2017. 9. 7. 선고 2017나10164 판결)은 제1심 판결(전주지법 2016. 12. 23. 선고 2016가합1938 판결)의 이유를 인용하면서 일부 판단을 추가하였다.

선고 94다17956 전원합의체 판결 즉 '청구취지를 달리하는 전소와 후소는 소송물이 동일하다고 볼 수 없으므로 전소의 기판력이 후소에 미칠 수 없다'는 판결을 그대로 유지한 채 선고된 것이다. 따라서, 위 대법원 99다37894 전원합의체 판결은 '소유권에 기한 방해배제청구권을 청구원인으로 한 전소의 패소판결이 확정된 경우'로 그 적용범위를 제한하여야 할 것이다.[202)]

③ 제척기간 도과의 문제: 이 사건 매매계약이 2010. 2. 1. 체결되었는데 그로부터 5년이 경과한 2016. 6. 8. 제기된 이 사건 소는 제척기간이 도과되어 부적법하다고 주장한다. 그러나, 채무자 "을"과 수익자 "병" 사이에 체결된 이 사건 매매계약이 사해행위에 해당함을 이유로 2014. 2. 4. 선행 말소소송 승소 확정판결에 의해 이미 취소된 이상, 그에 따라 동일한 수익자 "병"에게 원상회복을 구하는 이 사건 소송은 그 기간이 지난 뒤에도 제기할 수 있다.[203)]

(대법원 판단 요지) 이 사건의 상고심에서는 원심에서 쟁점으로 되었던 기판력 저촉 및 제소기간 도과의 문제에 대해서는 판단하지 않고 권리보호이익에 관한 법리를 오해하였다는 이유로 원심판결을 파기하였는바, 그 이유의 요지는 아래와 같다.

채권자의 사해행위취소에 의한 원상회복청구권은 사실심 변론종결 당시 채권자의 선택에 따라 원물반환과 가액배상 중 어느 하나로 확정된다. 채권자가 일단 사해행위취소 및 원상회복으로서 수익자 명의 등기의 말소를 청구하여 승소판결이 확정되었다면, 어떠한 사유로 수익자 명의 등기를 말소하는 것이 불가능하게 되었다 하더라도, 다시 수익자를 상대로 원상회복청구권을 행사하여 가액배상을 청구하거나 원물반환으로서 채무자 앞으로 직접 소유권이전등기절차를 이행할 것을 청구할 수 없으므로, 그러한 청구는 권리보호이익이 없어 허용되지 않는다.

(대법원판결에 관한 이해) 이 대법원판결은, 앞의 1.항에서 살펴 본 대법원 2006. 12. 7. 선고 2004다54978 판결의 판단취지, 즉 원상회복청구권이 사실심

---

202) 위와 같이 기판력 저촉이 문제될 수 있는 것은 수익자 "병"이 선행 말소소송의 변론종결 전에 "정"에게 근저당권을 설정한 부분에 관한 것이다. 수익자 "병"이 선행 말소소송의 변론종결 후에 "무"에게 근저당권을 설정한 것은 기판력의 표준시 후에 생긴 사정으로서 기판력이 미치지 않으므로 그 저촉의 문제도 생기지 않는다고 할 것이다.

203) 대법원 2001. 9. 4. 선고 2001다14108 판결에 따른 것이다.

변론종결 당시 채권자의 선택에 따라 원물반환과 가액반환 중 어느 하나로 확정된다는 법리는 등기말소의 원물반환 승소 후 진정명의회복에 의한 이전등기의 원상회복을 청구하는 경우에도 적용된다고 판시하였다.

그리고, 이 대법원판결은 그 사안 요지에서 나타난 바와 같이 채권자 "갑"이 선행 말소소송의 변론종결 당시 원물반환과 가액반환 중 어느 하나를 선택할 수 있는 객관적 상황이 아닌 경우에도,[204] 위와 같은 법리가 그대로 적용된다고 판시한 것으로 이해된다.

그러나, 앞의 3.의 (1)항에서 상세하게 살펴 본 바와 같이, 위와 같은 대법원판결의 법리가 적용되기 위해서는, 사실심 변론종결 당시 원상회복의 방법으로서 원물반환과 가액반환이 객관적으로 병존하여 채권자가 사실심 변론종결 당시 그 중 어느 하나를 선택할 수 있었음을 전제로 한다고 보아야 할 것이다. 즉, 채권자가 자신의 책임과 위험 부담 하에 그 중 하나를 선택한 이상 그 선택에 따른 원상회복방법이 확정되고 다른 방법은 배제되어 후에 다시 이를 선택하는 것은 신의칙상 허용되지 아니하여 소의 이익이 없다고 그 법리를 구성하는 것이 타당하다고 생각한다.

다만, 대법원판결이 위와 같은 법리를 거듭 내세우는 것은, 의사표시 자체에는 흠이 없음에도 불구하고 채권자의 책임재산의 보전을 위하여 채무자의 유효한 법률행위의 취소를 허용하는 사해행위취소에 대하여, 그 원상회복방법을 일회적으로 제한함으로써 법적안정성을 도모하려는 데에 그 취지가 있다고 이해할 수는 있다.

그러므로 소송실무상으로, 채권자로서는 사해행위 취소소송을 제기함에 앞서 목적물에 관하여 처분금지가처분 등의 신청을 하여 그 집행보전결정을 미리 받아두고, 또한 처음부터 원상회복으로서 가능하고 효율적인 구체적인 방법을 선택하여 소송을 수행하는 것이 바람직하다고 할 것이다.

---

204) 수익자 "병"은 위 선행 말소소송의 변론종결 15일 전인 2013. 12. 4. "정"에게, 변론종결 후인 2014. 1. 17. "무"에게 이 사건 부동산에 관하여 각 위 날짜 근저당권설정계약을 원인으로 한 근저당권설정등기를 마쳤다. 따라서, 채권자 "갑"은 변론종결 후에 마쳐진 "무" 명의의 근저당권설정등기는 물론 변론종결 직전에 마쳐진 "정" 명의의 근저당권설정등기가 존재한다는 이유로 소송 중에 원상회복의 청구취지를 등기말소의 원물반환에서 가액배상 또는 말소에 갈음하는 이전등기로 변경하는 것은 사실상 불가능하였다고 보아야 할 것이다.

제 6 장
채권자취소권의 효력

제 1 절 효력 개관
제 2 절 채권자에 대한 효력
제 3 절 채무자에 대한 효력
제 4 절 수익자에 대한 효력

제 1 절 효력 개관

제 1. 효력에 관한 검토 방법 및 범위

1. 채권자취소의 효력에 관한 민법 규정의 특징

민법은 채권자취소권의 행사 방법에 관하여 일정한 기간 내에 소송상 청구 즉 필요적 소 제기 방식에 의하도록 규정함으로써(민법 제406조) 그 절차적 측면에서 엄격하게 규제하고 있으나, 그 효력에 관해서는 사해행위의 취소와 원상회복은 모든 채권자의 이익을 위하여 그 효력이 있다고 규정하고(민법 제407조) 있을 뿐이다.

취소와 원상회복이 모든 채권자의 이익을 위하여 그 효력이 있다는 민법 제407조의 규정은 채권자취소권이 채권의 공동담보인 채무자의 책임재산을 보전하기 위한 제도로서 재산을 반환받더라도 원칙적으로 취소채권자가 다른 채권자에 비하여 우선권을 취득하는 것은 아니라는 선언적 의미를 가진다고 할 것이다.[1)]

민법은 위와 같은 선언적 의미를 가지는 제407조 외에는 그 밖에 취소와 원상회복의 효력의 구체적 내용 및 범위 등에 관해서는 아무런 명시적 규정을 두지 않고 있다.

채권자취소의 효력에 관한 위와 같은 민법 규정은 총칙상 하자있는 법률행

---

1) 민법주해 제Ⅸ권 채권(2) (김능환 집필 부분) 제852면. 그리고, 민법 제407조에 의해 채권자취소권 행사의 범위를 총채권자의 채권액의 합계액으로 볼 수 있는 것이 아니고, 채권자취소권 행사의 범위는 다른 채권자가 배당요구를 할 것이 명백하거나 목적물이 불가분인 경우 등 특별한 사정이 없는 한 원칙적으로 취소채권자의 채권액을 한도로 한다(이 점을 비롯하여 취소권 행사의 범위에 관해서는 앞의 제4장 제5절 제 1.에서 상세하게 검토하였다).

위 취소의 효과에 관한 규정과는 현격한 차이가 있다. 하자있는 법률행위의 경우 그 취소는 처음부터 그 법률행위를 무효로 간주하는 효과를 가진다(민법 제141조). 따라서, 하자있는 법률행위를 취소하는 경우 그 법률행위를 이행하기 전이면 이행할 필요가 없고 이행한 후이면 법률상 원인 없이 급부한 것이 되어 부당이득반환을 청구할 수 있다. 그리고 민법은 부당이득반환에 관해서는 그 반환의 방법으로서 원물반환을 원칙으로 하고 원물반환을 할 수 없을 때에는 가액반환을 하는 것으로 규정하고(민법 제747조 제1항), 반환의 범위로서 선의의 수익자는 그 받은 이익이 현존하는 한도에서, 악의의 수익자는 그 받은 이익에 이자를 붙여 반환하고 손해가 있으면 이를 배상하여야 한다고 규정하는 등(민법 제748조) 그 방법 및 범위에 관해서도 구체적인 규정을 두고 있다.

이와 같이 우리 민법은 채권자취소권에 관하여 사해행위의 취소와 원상회복청구라는 이질적 요소를 결합시켜 규정하면서 그 효력의 구체적인 내용 및 범위에 관해서는 별도의 규정을 두고 있지 않은 점에 그 특색이 있다고 볼 수 있다.

2. 효력에 관한 검토 방법과 범위

채권자취소권에 대하여 민법 제407조의 선언적 의미 외에 구체적으로 어떠한 효력이 있다고 할 것인지에 관해서는 채권자취소권의 본질을 어떻게 파악하느냐에 따라 결론을 달리한다.[2)]

이 장에서는 우선, 대법원판례에 의해 확립된 결합설 및 상대적효력설에 터잡아 채권자취소권의 효력에 관해서 검토한다.

대법원판례에 의하면, 채권자취소권은 채권의 공동담보인 채무자의 책임재산을 보전하기 위하여 채무자의 일반재산으로부터 일탈된 재산을 모든 채권자를 위하여 수익자 또는 전득자로부터 환원시키는 제도로서, 그 행사의 효력은 채권자와 수익자 또는 전득자와의 상대적 관계에서만 미치고, 사해행위 취소의 형성권과 원상회복청구권이라는 이질적인 권리가 결합된 복합적 구조를 가지는 것이다.[3)]

---

2) 채권자취소권에 본질에 관해서는 앞의 제1장 제 4.에서 상세하게 검토하였다.
3) 이 점에 관해서도 앞의 제1장 제 3.에서 상세하게 검토하였다.

채권자취소권의 내용 중에서 사해행위의 취소는 원상회복의무를 발생시키는 전제가 된다는 점에서 중요하지만, 채권자가 채권자취소권을 행사하는 실질적인 주된 목적은 사해행위 취소 그 자체보다는 일탈한 책임재산의 회복에 있다고 할 수 있으므로, 채권자취소권의 내용 중에서 원상회복이 목적이고 사해행위 취소는 그 목적 실현을 위한 수단이라고 볼 수 있다.

따라서, 채권자취소권의 효력에 관해서도 실질적으로는 원상회복을 중심으로 그 효력이 미치는 구체적인 인적·물적 범위를 분석·정리하는 것이 유용한 작업이 될 것이다.

이 장에서는 먼저 아래 제 2.에서 대법원판례에 의해 확립된 채권자취소의 상대적 효력에 관한 전형적인 판시 내용을 분석·정리한다. 그 다음, 제2절부터 제4절까지에 걸쳐 효력이 미치는 인적 범위를 채권자에 대한 효력, 채무자에 대한 효력, 수익자에 대한 효력 등으로 분류하고, 각 절에서 사해행위의 목적으로 된 부동산, 채권 등 재산의 종류에 따른 원상회복을 중심으로 그 효력의 구체적 내용에 관해서 검토한다. 원상회복의 상대방이 전득자인 경우에 전득자에 대한 효력도 검토 대상에 포함시켜야 할 것이지만, 전득자에 대한 효력은 특별한 사정이 없는 한 수익자에 대한 효력과 그 법리적 구조를 동일하게 하므로, 특별한 경우가 아닌 한 별도의 설명은 생략하기로 한다.

그리고, 원상회복의 방법에 관해서는 앞의 제5장에서 상세하게 검토하였으므로, 이 장에서는 원상회복의 구체적 방법에 대한 검토는 생략하고, 원상회복 후의 채권자의 권리실현 방법을 포함하여 검토하기로 한다.

제 2. 대법원판례에 의한 상대적 효력

1. 상대적 효력에 관한 전형적 판시 내용

대법원판례는 채권자취소의 효력에 관하여 상대적 효력설을 확립하고 있는데 그 기본적·전형적인 판시 내용은 다음과 같다. 즉, '채권자가 사해행위의 취소와 함께 수익자 또는 전득자로부터 책임재산의 회복을 구하는 채권자취소의 판결을 받은 경우, 그 취소의 효과는 채권자와 수익자 또는 전득자 사이의 관계에서만 생기는 것이므로, 수익자 또는 전득자가 채권자에 대한 관계에서 사해행위의 취소로 인한 원상회복의무를 부담하게 될 뿐, 채권자와 채무자 사이에서 그 취소로 인한 법률관계가 형성되는 것은 아니고, 그 취소의 효력이 소급하여 채무자의 책임재산으로 복구되는 것도 아니다'라는 것이다.[4]

같은 맥락에서, 채권자가 전득자를 상대로 하여 사해행위의 취소와 함께 책임재산의 회복을 구하는 채권자취소의 소를 제기한 경우에 그 취소의 효과는 채권자와 전득자 사이의 상대적인 관계에서만 생기는 것이고 채권자와 채무자 또는 채무자와 수익자 사이의 법률관계에는 미치지 않는 것이므로, 이 경우 취소의 대상이 되는 사해행위는 채무자와 수익자 사이에서 행하여진 법률행위에 국한되고, 수익자와 전득자 사이의 법률행위는 취소의 대상이 되지 않는다(대법원 2004. 8. 30. 선고 2004다21923 판결).

2. 상대적 효력의 기본 내용 분석

(1) 소급효 없음

채무자와 수익자 사이의 법률행위가 사해행위로 인정되어 판결에 의해 취소되더라도 그 취소에는 소급효가 없으므로,[5] 취소에 의하여 사해행위의 목적재

4) 대법원 2014. 6. 12. 선고 2012다47548 판결, 2007. 4. 12. 선고 2005다1407 판결, 2006. 8. 24. 선고 2004다23110 판결 등. 다만, 대법원판례는 관행적으로, "……책임재산의 회복을 구하는 '사해행위취소'의 판결을 받은 경우"라고 표현하고 있다.

5) 대법원 2012. 8. 23. 선고 2012두8151 판결 참조.

산이 소급하여 채무자의 책임재산으로 회복되는 것이 아니다.[6)]

따라서 예컨대, 압류 및 전부명령 당시 피압류채권이 이미 제3자에 대한 대항요건을 갖추어 양도되어 그 명령의 효력이 없었다면, 그 후 채권자취소소송에서 위 피압류채권의 양도계약이 취소되었더라도 그 채권이 원채권자에게 소급하여 복귀되는 것이 아니므로, 이미 무효로 된 압류 및 전부명령이 다시 유효로 되어 피압류채권이 압류채권자에게 전부되는 것은 아니다.[7)]

대법원 1979. 2. 13. 선고 78누428 전원합의체 판결은, '자동차운송사업 양수도계약이 사해행위에 해당하여 확정판결로 취소된 경우에는 그 보충행위로서의 행정청의 인가처분도 시정하여야 마땅하므로, 양도인이 위 확정판결에 의하여 인가처분의 시정을 요구하였음에도 행정청이 이에 불응한 경우에는 양도인이 행정청을 상대로 인가처분의 무효확인을 구할 수 있다'고 판시하였다. 위 판결이 그 소수의견에서와 같이 사해행위 취소에 대하여 소급적 무효의 효력이 있음을 전제로 한 것이라고 주장하는 견해도 있다. 그러나 위 판결은 행정청의 인가처분의 대상인 사해행위(자동차운송사업 양수도계약)의 취소의 소급효를 전제로 행정청의 인가처분도 무효로 돌아간다고 판단한 것이 아니라, 기본행위의 효력을 완성시켜주는 보충적 행정행위로서의 인가처분의 성질론에 입각하여, 기본행위인 자동차운송사업 양수도계약이 사해행위로 취소되어 상대적으로나마 무효로 되었으므로, 그에 대한 보충적 행정행위인 인가처분도 실효되었다고 판단한 것으로 이해하는 것이 타당하다.[8)]

(2) 채권자, 채무자, 수익자 상호간의 기본적 법률관계

채권자취소는 채권자와 수익자(또는 전득자)의 관계에서만 상대적으로 채무자와 수익자 사이의 법률행위를 무효로 하는 데에 그치고 채무자와 수익자 사이의 법률관계에는 영향을 미치지 않는다.

---

6) 대법원 2001. 5. 29. 선고 99다9011 판결 참조.

7) 대법원 2007. 4. 12. 선고 2005다1407 판결의 사안 내용을 정리한 것이다. 한편, 압류된 금전채권에 대한 전부명령이 절차상 적법하게 발부되어 확정되었다고 하더라도, 전부명령이 제3채무자에게 송달될 때에 피압류채권이 존재하지 않으면 전부명령은 무효이므로 피압류채권이 전부채권자에게 이전되는 효과도 발생할 수 없다(위 대법원 2005다1407 판결).

8) 이우재, 사해행위의 효력과 배당절차에서의 취급{법원도서관, 재판자료 제117집(2009년) 민사집행법 실무연구 Ⅱ, 제441면}.

취소채권자의 사해행위취소 및 원상회복 청구에 의해 채무자에게 회복된 재산은 취소채권자 및 다른 채권자에 대한 관계에서 채무자의 책임재산으로 취급될 뿐, 채무자가 직접 그 재산에 대하여 어떤 권리를 취득하는 것이 아니다.

따라서, 채무자의 수익자에 대한 채권양도가 사해행위로 취소되고 그에 따른 원상회복으로서 제3채무자에게 채권양도가 취소되었다는 통지가 이루어지더라도, 채권자와 수익자의 관계에서 그 채권이 채무자의 책임재산으로 취급될 뿐 채무자가 직접 채권을 취득하여 권리자로 되는 것은 아니어서 피대위채권이 존재한다고 볼 수 없으므로, 채권자는 채무자를 대위하여 제3채무자에게 그 채권에 관한 지급을 청구할 수 없다(대법원 2015. 11. 17. 선고 2012다2743 판결).

또한, 사해행위 취소의 효력은 채권자와 수익자(또는 전득자)와의 상대적인 관계에서만 미치는 것으로서 채무자가 수익자(또는 전득자)에 대하여 어떠한 권리를 취득하는 것은 아니므로, 수익자가 원상회복으로 채권자에게 가액반환을 할 경우 수익자는 자신이 채무자에게 가액반환금 명목으로 금원을 지급하였다는 점을 들어 채권자취소권을 행사하는 채권자에 대해 이를 가액반환에서 공제할 것을 주장할 수 없다(대법원 2017. 8. 21.자 2017마499 결정, 2001. 6. 1. 선고 99다63183 판결). 사해행위가 취소되더라도 채무자는 수익자에 대하여 아무런 권리를 취득하지 못하므로 수익자가 채무자에게 가액배상금의 일부를 지급하였다고 하더라도, 이는 채권자에 대한 관계에서는 무권리자에게 임의로 지급한 것에 불과하여 이를 이유로 취소채권자에게 항변할 수 없고 다시 취소채권자에게 가액배상금 전액을 반환하여야 하는 것이다.

수익자(또는 전득자)는 사해행위 목적 재산의 명의를 채무자 앞으로 회복시킬 의무를 부담한다. 그러나, 이것은 채권자의 강제집행의 수단을 제공하는 데에 지나지 않고 그 권리는 여전히 수익자(또는 전득자)에게 귀속된다(대법원 2016. 11. 25. 선고 2013다206313). 따라서, 회복된 재산으로부터 채권자가 강제집행에 의하여 만족을 받고 남은 잉여가 있다면 채무자에게 지급되는 것이 아니라 그 재산을 반환하였던 수익자(또는 전득자)에게 지급하여야 한다.

한편, 대법원 2017. 9. 26. 선고 2015다38910 판결은, '채무자의 법률행위가 사해행위에 해당하여 취소를 이유로 원상회복이 이루어진 경우, 특별한 사정이 없는 한 채무자는 수익자(또는 전득자)에게 부당이득반환채무를 부담한다'고 판시하였다. 사해행위 취소에 소급효가 없음에도 원상회복을 이행한 수익자와 채무자 사이에 어떠한 법률구성에 의하여 부당이득반환관계가 성립한다고 할 수 있는가.

사해행위 취소 판결이 확정되었다고 하더라도 채무자와 수익자 사이에는 사해행위의 목적이 된 재산에 관한 권리는 여전히 수익자에게 귀속되는데, 한편 채무자는 자신에게 형식상으로 반환된 책임재산의 집행에 따라 채권자에 대한 채무를 면함으로써 이익을 얻고 그로 인하여 수익자에게 손해를 입게 하였다.

따라서 결국, 채무자는 법률상 원인 없이 수익자의 재산에 의해 이익을 얻고 이로 인하여 수익자에게 손해를 가하였으므로, 채무자와 원상회복의무를 이행한 수익자(또는 전득자) 사이에 부당이득 반환의 법률관계가 성립한다고 할 것이다.

3. 상대적 효력의 소송에의 투영(投影)

(1) 취소소송의 상대방 및 대상

채권자가 채권자취소권을 행사하려면 사해행위로 인하여 이익을 받은 자(수익자, 사해행위의 상대방)나 전득한 자를 상대로 소송을 제기하여야 하고, 채무자를 상대로 소송을 제기할 수 없다(대법원 2004. 8. 30. 선고 2004다21923 판결).

또한, 채권자가 전득자를 상대로 하여 사해행위의 취소와 함께 책임재산의 회복을 구하는 채권자취소의 소를 제기한 경우에 그 취소의 효과는 채권자와 전득자 사이의 상대적인 관계에서만 생기는 것이고 채권자와 채무자 또는 채무자와 수익자 사이의 법률관계에는 미치지 않는 것이므로, 이 경우 취소의 대상이 되는 사해행위는 채무자와 수익자 사이에서 행하여진 법률행위에 국한되고, 수익자와 전득자 사이의 법률행위는 취소의 대상이 되지 않는다(대법원 2004. 8. 30. 선고 2004다21923 판결).

위와 같이, 채권자취소의 소송절차에서 채무자가 피고적격을 가지지 못하고 또 취소의 대상이 채무자와 수익자 사이의 법률행위로 한정되는 것은, 앞서 본 바와 같이 채권자취소의 효과에 관해서 채무자나 제3자에게는 미치지 않고 채권자와 수익자 사이 또는 채권자와 전득자 사이의 상대적인 관계에서만 생긴다는 이른바 상대적 효력설이 소송에 투영된 것이라고 볼 수 있고, 서로 표리관계에 있다고 할 수 있다.

(2) 취소 판결, 인낙 등의 효력 범위

따라서, 채권자취소 판결의 기판력도 그 취소권을 행사한 채권자와 그 상대방인 수익자 또는 전득자와의 상대적인 관계에서만 미칠 뿐 그 소송에 참가하지 아니한 채무자 또는 채무자와 수익자 사이의 법률관계에는 미치지 않는다(대법원 1988. 2. 23. 선고 87다카1989 판결).

이와 같이, 사해행위취소의 효력은 상대적이기 때문에 소송당사자인 채권자와 수익자 또는 전득자 사이에만 발생할 뿐 소송의 상대방 아닌 제3자에게는 아무런 효력을 미치지 않고, 이는 소송상 피고로 된 수익자 또는 전득자가 인낙한 경우에도 마찬가지이다.

구체적 사례에 관하여 본다.

채무자인 사용자 "을"이 그 소유의 부동산을 수익자 "병"에게 매도하고 소유권이전등기를 마쳐주었는데, 그 소유권이전등기 전에 위 부동산에 관하여 근저당권을 설정한 채권자 "무"가 위 소유권이전등기후에 경매신청을 하여 절차가 진행된 결과 그 근저당채권자 "무"가 낙찰받았고, 위 경매절차에서 "을" 소속의 근로자이던 "갑"등이 임금 및 퇴직금 채권에 관하여 배당요구를 하였다. 그런데, 경매법원은 위 부동산의 경매 개시 당시에 그 소유권이 이미 "병"에게 귀속되어 사용자 "을"의 소유가 아니라는 이유로 "갑"등을 배당에서 제외하고 배당할 금액 전액을 근저당채권자 "무"에게 배당하였다. 배당 종료 후 "갑"등은 채무자인 사용자 "을"과 수익자 "병" 사이의 위 부동산 매매계약이 사해행위라고 주장하면서 그 취소 및 소유권이전등기의 말소를 구하는 소송을 제기하였는바 위 소송에서 "병"이 "갑"등의 청구를 인낙하였다. 이에 "갑"등은 "무"가 "갑"등의 우선변제권 있는 임금채권까지 포함하여 전부 배당받은 것은 부당이득이라는 이유로 "무"를 상대로 임금채권에 상당한 금액의 반환을 구하였다.[9)]

위와 같은 사안에 관하여, 대법원 2001. 5. 29. 선고 99다9011 판결은 앞서

9) 대법원 2001. 5. 29. 선고 99다9011 판결의 사안 요지이다.

본 바와 같은 사해행위취소의 상대적 효력을 전제로, '사해행위취소소송에서 "병"이 "갑"등의 청구를 인낙하였다고 하더라도, 그 취소의 효력은 "갑"등과 "병" 사이에만 발생할 뿐 위 사해행위 이전에 이미 위 부동산에 관하여 근저당권을 가지고 있던 "무"에게 미치지 아니한다. 또한, "병"이 "갑"등의 청구를 인낙하였다는 이유만으로 곧바로 위 부동산이 소급하여 "을"의 책임재산으로 회복하는 것도 아니다. 원심이 위 사해행위취소에 절대적인 효력이 있음을 전제로 위 부동산의 소유권이 소급하여 "을"에 복귀되어 그의 책임재산으로 회복되었다고 판단한 것은 잘못이다'라고 판시하였다.[10]

(3) 채무자와 수익자 사이의 확정판결 등의 기판력과의 저촉 문제

채권자가 사해행위 취소와 함께 수익자 또는 전득자로부터 책임재산의 회복을 명하는 채권자취소의 판결을 받은 경우 수익자 또는 전득자가 채권자에 대하여 사해행위의 취소로 인한 원상회복의무를 부담하게 될 뿐, 채권자와 채무자 사이에서 그 취소로 인한 법률관계가 형성되는 것은 아니다.

따라서 채무자와 수익자 사이의 소송절차에서 확정판결 등을 통해 마쳐진 소유권이전등기가 사해행위 취소로 인한 원상회복으로써 말소된다고 하더라도, 그것이 확정판결 등의 효력에 반하거나 모순되는 것이라고 할 수 없다.[11] 채무자와 수익자 사이의 종전의 확정판결 등의 기판력은 그 판결의 당사자가 아니고 또한 자신의 채권에 의하여 독립적으로 취소권을 행사하는 채권자에게는 미치지 않기 때문이다.

4. 상대적 효력의 법리상 문제와 실제적 기능

(1) 법리상의 문제

채권자취소의 상대적 효력설에 대해서는 특히 물권에 관한 일반적 법리와 충돌되는 문제점이 지적되고 있다.

---

10) 위 대법원판결의 원심은, 사해행위취소소송에서 "병"이 "갑"등의 청구를 인낙한 이상 위 부동산은 소급하여 채무자 "을"의 책임재산으로 회복되었다는 이유로 "갑"등의 부당이득반환청구를 인용하였다.

11) 대법원 2017. 4. 7. 선고 2016다204783 판결 참조.

즉, 사해행위 취소 및 원상회복의 판결에 의해 부동산에 관한 소유권등기명의가 수익자에게서 채무자 명의로 회복된 경우, 채무자는 소유자로 등기되어 있으면서도 그 권리를 행사할 수 없고, 한편으로는 수익자는 등기명의가 없음에도 여전히 소유자로서 인정되며, 절대권의 성격을 가지는 소유권이 취소채권자와 다른 사람과의 관계에서 상대화되는데, 이러한 소유권의 관념을 인정할 수 있는 것인지의 문제이다.

(2) 상대적 효력설의 실제적 기능

채권자취소의 상대적 효력설에는 위에서 본 바와 같은 이론상의 난점이 있지만, 실제로는 부동산에 관한 등기 명의와 실체적 권리 귀속의 불일치에서 비롯되는 법률적 문제점이 발생할 여지는 희박하다고 볼 수 있다.

우선, 채권자취소권은 채무자의 무자력 즉 채무자의 전체적인 소극재산이 적극재산을 초과한 상태일 것을 요건으로 하므로, 채무자 명의로 형식상 회복된 부동산에 대하여 강제집행이 이루어질 경우 채권자들이 만족을 받고도 남는 잉여가 생길 여지는 거의 없다{만약, 특별한 경우에 잉여가 생긴다면 이를 채무자에게 지급할 것이 아니라 상대적 효력설에 따라 여전히 그 재산의 소유자인 수익자(또는 전득자)에게 지급하는 것이 합리적이다}. 그리고, 채권자취소에 의해 채무자가 부동산에 관하여 형식상의 명의를 회복한다고 하더라도, 그 부동산은 취소채권자 및 다른 채권자들에 대한 관계에서는 채무자의 책임재산으로 복귀된 것으로서 그에 대한 채권자의 강제집행은 그대로 유효하므로 부동산을 경락받아 그 대금을 납입한 매수인은 유효하게 소유권을 취득한다.

한편, 채권자는 채권자취소의 소를 제기함에 있어 통상적으로 수익자(또는 전득자) 명의로 사해행위 목적 부동산에 관한 등기가 마쳐져 있는 상태에서 처분금지가처분 결정을 받고 그 기입등기에 의해 공시되므로, 실제로는 수익자의 후속 처분행위에 의하여 별다른 법적 문제점이 발생하는 경우도 희박하다.

대법원판례가 채권자취소의 효력에 관하여 상대적 효력설을 취하는 것은, 그 효력이 미치는 범위를 가급적 축소하여 당사자 외에 제3자와 사이의 법률관계에 영향을 미치지 않게 함으로써 거래의 안전을 도모하고, 다른 한편으로는 수익자 또는 전득자의 악의가 인정되어 사해행위 취소의 요건을 충족하는 한 소송 상대방인 그 수익자 또는 전득자와의 관계에서 일반채권자들의 이익을 위하여 취소에 따른 원상회복을 확보해 주려는 데에도 그 기본 취지가 있다고 이해할 수 있다.

이상 살펴 본 바와 같이, 부동산에 관한 등기 명의와 실체적 권리 귀속의 불일치에 의한 법적 문제가 실제로는 거의 발생하지 않는 상황에서, 대법원판례가 상대적 효력설에 입각하여 법리를 전개하는 것은 일부의 이론적 난점에도 불구하고 실제 문제 해결의 측면에서 채권자취소권 제도의 존재의의에 보다 부합한다고 할 것이다.

(3) 상대적 효력의 완화

대법원판례가 채권자취소에 있어 예외 없이 상대적 효력의 법리를 일관한다고 보기는 어렵고, 거래의 안전에 영향을 미치지 않는 때에는 이를 완화하여 법리를 전개한 경우도 있다고 이해된다.

예컨대, 대법원 2003. 6. 27. 선고 2003다15907 판결은 '채무자가 다수의 채권자 중 특정의 채권자 1인(수익자)에게 대물변제를 한 것이 다른 채권자의 소제기에 의해 사해행위로서 취소되고 원상회복이 확정된 경우에, 사해행위의 상대방인 수익자는 사해행위인 대물변제가 취소되면서 그의 채무자에 대한 채권이 부활하게 되는 결과 원래의 채권자의 지위를 회복하게 된다'고 판시하였다.

위 판시는 요컨대, 채권자 중의 1인인 수익자의 채무자에 대한 대여금채권이 채무자의 대물변제에 의하여 소멸하였다가, 대물변제가 사해행위로 취소됨으로써 채무자와 수익자 사이에서 기존의 대여금 채권채무관계가 부활한다는 것이다. 이는 일견 채권자취소의 상대효의 법리 즉 채권자취소는 채권자와 수익자의 관계에서만 상대적으로 법률행위를 무효로 하는 데에 그치고 채무자와 수익자 사이의 법률관계에는 영향을 미치지 않는다는 법리에 어긋난다고 볼 수 있다. 그러나, 위 대법원판결은 거래의 안전을 해치지 않는 사안에서 채권자취소의 상대효를 완화하고 공평의 원칙을 적용하여 타당한 결론을 도출한 것이라고 이해할 수 있다.

제2절 채권자에 대한 효력

제 1. 채권자 평등의 원칙과 그 적용 범위

1. 모든 채권자를 위한 평등 배당의 원칙

사해행위 취소 및 원상회복은 채무자의 책임재산의 보전을 직접적인 목적으로 하고 그 효과는 모든 채권자의 이익을 위하여 발생하므로(민법 제407조), 취소채권자는 취소권을 행사하지 않은 다른 채권자에 대하여 우월적 지위에 있는 것이 아니다.

채권자취소권 행사의 결과 일탈된 재산이 채무자의 책임재산으로 회복된 후, 취소채권자는 일반적인 강제집행절차에 의하여 채권의 내용을 실현하고, 이 때 다른 채권자는 이중경매 신청, 배당요구 등의 방법으로 집행절차에 참가하여 평등배당의 기회를 부여받는다.

대법원 2005. 8. 25. 선고 2005다14595 판결은, '취소채권자가 수익자에 대한 가액배상판결에 기하여 수익자 소유의 부동산에 대한 경매절차에서 배당을 요구하여 배당을 받은 경우, 그 배당액은 배당요구를 한 취소채권자에게 그대로 귀속되는 것이 아니라 채무자의 책임재산으로 회복되는 것이며, 이에 대하여 채무자에 대한 채권자들은 채권만족에 관한 일반원칙에 따라 채권 내용을 실현할 수 있다'고 판시하였다.

이와 같이, 채권자취소의 효력이 다른 채권자에게도 미친다는 의미는 채무자의 다른 채권자도 취소채권자와 마찬가지로 채무자의 책임재산으로 회복된 재산에 대하여 이중경매 신청, 배당요구 등의 방법으로 집행절차에 참가하여 평등배당의 기회를 가진다는 것이다.

그런데, 민사집행법상, 다른 채권자가 채무자의 책임재산에 대한 집행절차에 참가하기 위해서는 그에 관한 절차상의 자격이 있어야 한다. 예컨대, 부동산 집행에 있어 일반 채권자가 배당을 받기 위해서는 배당요구의 종기까지 이중경매신청 또는 배당요구를 하거나 첫 경매개시결정등기 전에 가압류등기를 마칠 것을 요한다(민사집행법 제148조). 또한, 일반채권자의 경우 배당요구를 하려면 집행권원을 보유해야 하는 등 일정한 제한이 있다(민사집행법 제88조).

그리고, 실제의 집행절차에서 집행에 참가한 다른 채권자가 취소채권자와 평등하게 배당받을 지위에 있는지 여부에 관해서는 배당이의소송을 통하여 가려질 수밖에 없을 것이다.

위와 같이 채권자취소에 있어 채권자평등원칙을 채택한 것에 대해서는 입법론상의 비판도 있다.[12] 그러나, 채권자평등원칙은 일반 채권자들의 공동담보에 제공되는 채무자의 책임재산의 환원을 목적으로 하는 채권자취소제도의 존재의의와 결부되어 있고, 또 민법 제407조가 명시적으로 그 취지를 선언하고 있는 이상, 채권자 취소의 효과에 관하여 기본적인 해석 원칙으로 운용되어야 할 것이다. 또한, 아래 2., 3.항에서 보는 바와 같이, 실질적 공평의 원리에 따라 채권자취소의 효력이 미치는 다른 채권자들의 범위를 제한하는 법리가 따로 정립되어 있으므로 취소채권자와 다른 채권자 사이의 이해관계가 합리적으로 조정될 수 있다.

2. 사해행위 당시의 채권자 및 고도의 성립 개연성 있는 장래채권의 채권자

채권자취소의 효력이 미치는 다른 채권자의 범위에 관한 문제는 위와 같은 절차법상의 제약 외에 실체법상 그 다른 채권자의 채권의 성립시기 또는 내용에 따라 제약을 가할 것인지의 문제이다.

사해행위 이후에 채권을 취득한 채권자는 채권의 취득 당시에는 사해행위

12) 이순동, 채권자취소권(제3판) 제590면{일반 민사집행절차에서 채권자평등원칙이 적용된다고 하더라도, 채권자취소에 있어서도 위와 같이 채권자평등원칙을 채택한 것은 부당하다. 즉, 다른 채권자는 채무자에게서 일탈된 재산에 대해 강제집행을 할 수 없는 상태에 있었다가 취소채권자의 취소권 행사라는 노력에 의해 비로소 집행에 참가할 수 있는 상태가 회복되었기 때문에, 취소채권자와 다른 채권자를 평등하게 취급하는 것은 부당하다는 것이다}.

취소에 의하여 회복되는 재산을 채권자의 공동담보로 파악하지 아니한 자로서 원칙적으로 민법 제407조에 정한 사해행위 취소와 원상회복의 효력을 받는 채권자에 포함되지 않는다고 할 것이다(대법원 2017. 9. 21. 선고 2016다8923 판결).

그러나, 사해행위 당시에 이미 채권 성립의 기초가 되는 법률관계가 발생되어 있고 가까운 장래에 그 법률관계에 터잡아 채권이 성립되리라는 점에 대한 고도의 개연성이 있으며 실제로 가까운 장래에 그 개연성이 현실화되어 채권이 성립된 경우에는, 예외적으로 사해행위 이후에 발생한 채권도 채권자취소권의 피보전채권이 될 수 있다(대법원 2012. 2. 23. 선고 2011다76426 판결). 따라서 다른 채권자가 사해행위 이후에 채권을 취득하였다고 하더라도 그 채권이 위와 같은 피보전채권으로서의 적격을 갖추고 있다면, 채권자취소권의 효력이 미치는 채권자에 해당한다.

한편, 사해행위 취소의 상대방이 채권자 중의 1인인 경우에도 사해행위 당시에 채권을 가지고 있었던 이상 본래의 채권자로서의 지위를 회복하게 되는 것이므로, 다른 채권자들과 함께 민법 제407조에 의하여 그 취소 및 원상회복의 효력을 받는 채권자에 포함된다(대법원 2003. 6. 27. 선고 2003다15907 판결).

결국, 채권자평등의 원칙이 적용되는 채무자의 다른 채권자에는 사해행위 당시부터 채권을 가지고 있던 자와 사해행위 당시 존재하는 기초적 법률관계에 기하여 고도의 성립 개연성이 있는 장래 채권을 가지고 있던 자가 포함된다.[13)]

3. 효과가 미치지 않는 채권자

(1) 문제의 정리

앞서 살펴 본 바와 같이, 채권자취소의 효력이 다른 채권자에게 미치는지 여부는, 집행실무상으로는 채권자취소권의 행사에 의하여 채무자에게 환원된 재산에 대한 강제경매절차에서 배당 받을 수 있는 채권자의 범위를 정하는 문제라고 할 수 있다.

대법원 2009. 6. 23. 선고 2009다18502 판결은, 일반론으로서 '사해행위 이후에 채권을 취득한 채권자는 채권의 취득 당시에는 사해행위 취소에 의하여

13) 최문기, 채권법총론 제296면.

회복되는 재산을 채권자의 공동담보로 파악하지 않은 자로서 민법 제407조에 정한 사해행위취소와 원상회복의 효력을 받는 채권자에 포함되지 않는다'고 판시하였다.[14] 그리고, 대법원 2015. 10. 29. 선고 2012다14975 판결은, 위 2009다18502 판결을 참조판결로 인용하면서, '수익자가 사해행위 이후에 채무자에 대하여 채권을 취득한 경우 원상회복된 재산에 대한 강제경매절차에서 배당을 요구할 권리가 없다'고 판시하였다.

그런데, 위 각 대법원판결의 사안은 모두 사해행위의 수익자가 사해행위 후에 채무자에 대하여 채권을 취득한 경우인데, 과연 수익자 외의 제3자가 사해행위 후에 채무자에 대하여 채권을 취득한 경우에도 일반적으로 동일한 법리를 적용할 수 있는지 문제된다.

(2) 수익자가 사해행위 후 채권을 취득한 경우

수익자가 사해행위 이전의 종전 채권자로서의 지위를 유지 또는 회복한 경우에는 민법 제407조에 의하여 그 취소 및 원상회복의 효과를 받는 채권자에 포함되어 원상회복된 채무자의 재산에 대한 집행절차에서 배당을 요구할 권리가 있다(대법원 2003. 6. 27. 선고 2003다15907 판결).

그러나, 대법원판례는 수익자가 사해행위 이후에 채권을 취득한 경우에는 민법 제407조에 의하여 채권자취소의 효력을 받지 못하고 그 채권으로써 배당을 요구할 권리가 없다는 입장을 취하고 있는바, 구체적 사례에 관해서 본다.

대법원 2015. 10. 29. 선고 2012다14975 판결의 사안 요지는, 채무자의 부동산에 관한 매매계약 등의 유상행위가 사해행위라는 이유로 취소되고 원상회복이 이루어짐으로써 수익자에 대하여 부당이득반환채무를 부담하게 된 채무자가 부당이득반환채무의 변제를 위하여 수익자와 소비대차계약을 체결하고 강제집행을 승낙하는 취지가 기재된 공정증서를 작성하여 준 경우이다. 위 대법원판결은 위 사안에 관하여, 이러한 수익자의 채무자에 대한 채권은 당초의 사해행위 이후에 취득한 채권에 불과하므로, 그 수익자는 원상회복된 채무자의 재산에 대한 강제경매절차에서 배당을 요구할 권리가 없다고 판시하였다.

---

14) 앞의 2.항에서 본 대법원 2017. 9. 21. 선고 2016다8923 판결도 일반론으로서 동일한 내용을 설시하고 있다.

대법원 2009. 6. 23. 선고 2009다18502 판결의 사안 요지는, 채무자 "을"이 그의 처 수익자 "병"에게 재산분할 명목으로 부동산들을 증여하였고, 그 후 "병"이 "을"에 대하여 이혼 및 위자료 청구 소송을 제기하여 조정이 성립되어 위자료 등 채권을 취득하였는데, 채권자 "갑"의 채권자취소소송의 확정판결에 의해 위 증여한 부동산 중 하나가 "을"의 책임재산으로 원상회복되고, 그에 대한 강제경매절차에서 "병"이 위 조정조서에 기하여 배당 받은 것에 관하여 "갑"이 배당이의한 경우이다.

위 대법원판결은 위 사안에 관하여, "병"의 위자료 등 채권이 사해행위인 증여 이후에 취득한 것인지 여부를 따져 그 후에 취득한 것이라면 "병"은 민법 제407조의 채권자에 포함되지 않으므로 배당에서 제외하였어야 할 것이라는 취지로 판시하였다.

위와 같이 대법원판례가, 수익자의 사해행위 후 취득 채권에 관하여 채무자에게 원물반환 된 재산에 대한 강제집행에서의 배당을 배제한 것은, 수익자가 사해행위 취소에 따른 원상회복으로서 가액반환을 하는 경우에 자신도 채무자에 대한 채권자 중의 1인이라는 이유로 취소채권자에 대하여 총채권액 중 자신의 채권에 대한 안분액의 분배를 청구할 수 없다고 한 것(대법원 2003. 11. 28. 선고 2003다50061 판결)과 그 취지를 같이한다고 이해할 수 있다.

수익자가 사해행위 후에 취득한 채권에 의해서도 배당을 받을 수 있다면, 사해행위의 상대방으로서 원상회복의 의무를 부담하는 당사자인 수익자를 보호하고 다른 채권자의 이익을 무시하는 결과가 됨으로써 수익자로부터 채무자의 일탈재산을 환원시키려는 채권자취소의 제도적 취지에 반하기 때문이다.

(3) 수익자 외의 제3자가 사해행위 후 채권을 취득한 경우

위 (2)항에서 본 바와 같이, 수익자가 사해행위 후에 채권을 취득한 경우에는 민법 제407조에 의하여 채권자취소의 효력을 받지 못하고 그 채권으로써 배당을 요구할 권리가 없으나, 수익자 외의 제3자에 대해서는 일반적으로 동일한 법리를 적용할 수는 없다고 할 것이다. 수익자 외의 제3자의 경우에는 사해행위 후에 채권을 취득하더라도 사해행위 당시 그 채권 발생의 기초적 법률관계가 성립되어 있고 장래 채권 발생의 개연성이 있었던 이상 오히려 사해행위에 대하여 취소권을 행사할 수 있는 채권자가 될 수 있기 때문이다.

부동산에 관한 사해행위가 취소되고 그 부동산이 채무자에게 원물반환의 방법으로 원상회복된 경우에 관해서는, 부동산 등기의 공시적 효력과 관련하여 다음과 같이 경우를 나누어 보는 것이 타당하다고 생각한다.

사해행위 취소 및 원상회복의 확정판결에 의해 전소유자(채무자)의 등기명의로 회복된 경우에 그 등기원인은 '사해행위 취소'로, 등기원인일자는 '확정판결일'로 기재된다.[15] 이와 같이 등기부의 기재에 의해 부동산이 채권자 취소판결에 의해 원상회복된 것임이 공시되었으므로, 채무자의 등기명의로 회복된 이후에 채권을 취득한 채권자는 민법 제407조에 의하여 채권자취소의 효력을 받지 못하고 그 채권으로써 배당을 요구할 권리가 없다고 보는 것이 타당하다.[16]

그러면, 위와 같은 원상회복의 등기가 마쳐지기 전으로서 사해행위 후에 채권을 취득한 채권자의 경우는 어떠한가.

채권자가 사해행위 후에 사해행위 있음을 알고 채무자에 대하여 채권을 취득한 경우에는 제407조에 의하여 채권자취소의 효력을 받지 못하고 그 채권으로써 배당을 요구할 권리가 없다고 보는 것이 타당하다고 생각한다.

다만, 그 입증책임에 있어서는 사해행위의 수익자의 악의가 추정되는 것과 마찬가지로, 취소채권자는 다른 채권자가 사해행위 후에 채권을 취득하였다는 사실에 관하여 입증하고, 다른 채권자는 채무자에 대한 채권을 취득할 당시 채무자의 사해행위가 있었음을 알지 못하였다는 점을 입증하도록 하는 것이 타당하다고 생각한다. 즉, 취소채권자가, 다른 채권자가 사해행위 후에 채권을 취득한 것임을 입증하였는데 다른 채권자가 자신이 선의임을 입증하지 못한다면, 다른 채권자는 민법 제407조에 의하여 채권자취소의 효력을 받지 못하고 그 채권으로써 배당을 요구할 권리가 없다고 보는 것이다.

---

15) 등기예규 제1692호(판결 등 집행권원에 의한 등기의 신청에 관한 업무처리지침)

16) 한편, 채무자가 비록 부동산에 관한 등기명의를 회복하였다고 하더라도 부동산에 대한 권리를 취득하는 것은 아니므로, 채무자가 원상회복된 부동산을 제3자에게 매도하거나 저당권을 설정하는 등의 행위는 무권리자의 처분행위로서 효력이 없다(대법원 2017. 3. 9. 선고 2015다217980 판결).

4. 사해행위인 채권양도 전에 당해 채권을 가압류한 다른 채권자의 지위

대법원 2008. 9. 25. 선고 2007다47216 판결은, '채권양도 전에 당해 채권을 가압류한 다른 채권자는 그 후 취소채권자에 의해 위 채권양도가 사해행위로서 취소되더라도 그 효력을 받지 않고 채권배당절차에서 배당받을 수 있다'는 취지로 판시하였는바, 아래에서 사안 및 판단의 요지를 분석한다.

(사안 요지) 채무자 "을"의 제3채무자에 대한 채권에 대하여 다른 채권자 "갑2" 등의 가압류 및 압류 등이 있은 후 그 채권이 수익자 "병"에게 양도되고 그 후 다시 채권자 "갑1"의 가압류가 있자, 제3채무자가 압류 등의 경합을 이유로 공탁을 하고 공탁사유신고를 함으로써 채권배당절차가 진행되었다. 그 배당절차에서 채권양도 전의 가압류 채권자 "갑2" 등 및 채권양수인 "병"에게만 배당이 되고 채권양도 후의 가압류 채권자 "갑1"은 배당에서 제외되었다.

이에, 채권자 "갑1"이 수익자(채권양수인) "병"을 상대로 위 채권양도가 사해행위임을 이유로 그 취소 및 그 배당액을 자신에게 배당하는 것으로 배당표의 경정을 구하고, 위 사해행위 취소 판결이 확정되자 선행 가압류 채권자 "갑2"에 대해서도 그에 대한 배당액의 삭제를 구하였다.

(판단 요지) 채권자 "갑1"이 수익자(채권양수인) "병"을 상대로 채권양도계약이 사해행위라는 사해행위 취소소송을 제기하고 그 인용판결이 확정된다고 하더라도 그 취소의 효력은 원고인 취소채권자 "갑1"과 수익자 "병" 사이에서만 발생할 뿐 사해행위 이전에 이미 이 사건 채권을 가압류한 다른 채권자 "갑2"에게는 미치지 않으므로, "갑1"이 임금채권의 대위변제에 의한 우선변제권만을 내세워 "갑2"에 대한 배당액의 삭제를 구할 수 없다.

(판결에 대한 이해) 위 대법원판결은 사해행위 취소의 상대적 효력에 근거하여 판단한 것일 뿐만 아니라, 취소채권자 "갑1"과 다른 채권자 "갑2"가 채무자 "을"의 재산(제3자에 대한 채권)에 대한 집행절차에서 채권자평등의 원칙에 따라 배당받을 수 있다는 취지의 판단을 한 것이라고 이해할 수 있다.

제 2. 취소채권자가 사실상 우선 만족을 얻는 경우와 그에 관한 문제

1. 취소채권자의 사실상 우선 만족에 관한 법리구성

사해행위 취소에 의한 원상회복은 채권자가 강제집행을 행사할 수 있는 상태로 채무자의 책임재산을 회복한다는 의미이므로, 수익자(또는 전득자)가 사해행위의 목적물에 관해서 원상회복을 이행하여야 할 상대방은 원칙적으로 채무자이다.

그러나, 목적물이 금전(또는 동산)인 경우에 채무자가 이를 수령하지 않는 경우에는 처치 곤란의 문제가 생기므로, 채권자는 수익자나 전득자에 대하여 직접 자기에게 금전을 지급(또는 동산의 인도)할 것을 청구할 수 있다(대법원 2003. 11. 28. 선고 2003다50061 판결). 마찬가지로 원상회복을 가액반환으로 하는 경우에 채권자는 직접 자기에게 이행할 것을 청구할 수 있다(대법원 2008. 4. 24. 선고 2007다84352 판결).

이와 같이, 취소채권자는 금전으로써 원물반환이 이루어지거나 가액반환의 방법으로 원상회복이 이루어지는 경우에는 이를 직접 수령하는 것이 허용된다.

위에서 본 바와 같이, 취소채권자가 원상회복으로써 금전의 지급을 직접 청구할 수 있어 이를 수령하였다고 하더라도, 그 금액이 곧바로 취소채권자에게 그대로 귀속되는 것은 아니고 채무자의 책임재산으로 회복되는 것이다.[17] 그러나 한편, 채무자의 다른 채권자는 채권만족에 관한 민사집행법 등의 법률상 절차를 거쳐 안분액을 지급받을 수 있을 뿐,[18] 이러한 절차를 거치지 않고 취소채권자를 상대로 안분액의 지급을 직접 구할 수 있는 권리를 취득하는 것은 아니고, 또한 취소채권자에게도 가액반환금에 관하여 다른 채권자들에 대한 분배

17) 대법원 2005. 8. 25. 선고 2005다14595 판결 참조.

18) 예컨대, 집행력 있는 정본을 가진 채권자, 민법 · 상법 그 밖의 법률에 의하여 우선변제권이 있는 채권자라도 배당요구종기까지 일정한 방식에 따라 배당요구를 한 경우에 한하여 배당을 받을 수 있다(대법원 2012. 5. 10. 선고 2011다44160 판결).

의무가 인정된다고도 볼 수 없다(대법원 2008. 6. 12. 선고 2007다37837 판결).

위에서 살펴 본 바와 같이, 취소채권자는 수익자로부터 가액반환금 등 금전을 수령하더라도 이를 다른 채권자들에게 직접 분배할 의무를 부담하지 않으므로, 다른 채권자들에 대한 관계에서 수익자로부터 받은 금전을 그대로 보유할 수 있다.

한편, 취소채권자는 수령한 금전을 채무자에게 반환할 의무를 부담하지만, 채무자에 대하여 가지는 피보전채권으로써 채무자에 대하여 부담하는 위 반환의무와 상계하여 그 반환의무를 소멸시킴으로써, 채무자에게도 지급할 필요 없이 수익자로부터 받은 금전을 그대로 보유할 수 있다.

위와 같은 과정을 거쳐 취소채권자는 채무자에 대한 자신만의 피보전채권을 사실상 우선적으로 변제받는 것과 동일한 효과를 얻게 되는 것이다.[19]

2. 취소채권자의 사실상 우선 만족에 대한 다른 채권자의 방어 수단

(1) 다른 채권자의 방어수단 개관

취소채권자가 위 1.항에서와 같이 사실상 우선변제 받는 것을 막기 위하여 다른 채권자가 취할 수 있는 수단으로서는 ① 채무자에 대한 파산을 신청함으로써 집단적 청산절차를 개시하는 방안 ② 채무자의 취소채권자에 대한 금전반환청구채권을 압류(채무자에 대한 집행권원이 있는 경우) 또는 가압류(집행권원이 없는 경우)하는 방안 ③ 다른 채권자가 별도로 채권자취소소송을 제기하여 취소채권자의 소송절차와 병행하거나 그 변론에 병합하는 방안 등을 생각할 수 있다.

다른 채권자가 취소채권자 및 수익자를 상대로 취소채권자가 수익자로부터 지급받을 가액배상청구권에 관하여 채권추심 및 처분금지가처분 신청을 하는 것은 가능하지 않다고 할 것이다. 다른 채권자는 취소채권자에 대하여 가액배상금 분배청구권 등 그 밖의 피보전채권을 가진다고 볼 수 없기 때문이다.

위 방안들 중에서 ①방안은 그 절차가 비교적 복잡하고 또 실익이 없을 수 있고, ②방안은 취소의 상대적 효력과의 관계에서 논란이 있을 수 있으므로,[20]

---

19) 이른바 상계설에 의한 법률 구성이다. 민법주해 제IX권 채권(2)(김능환 집필 부분) 제856면에 상계설 외에도 변제충당설, 강제집행설, 책임설 등에 관해서 소개되어 있다.

③의 방안이 가장 간편하고 소송실무상 많이 활용되고 있다.

(2) 다른 채권자의 후행 채권자취소소송 제기의 필요성

복수의 채권자가 동시에 또는 시기를 달리하여 동일한 사해행위에 대하여 취소 및 원상회복을 청구한 경우 이들 소가 중복제소에 해당하지 않으므로, 취소채권자가 수익자를 상대로 사해행위 취소 및 가액배상을 청구하는 소송을 제기하여 계속 중이라도, 다른 채권자는 동일한 수익자를 상대로 사해행위 취소 및 가액배상을 청구하는 소송을 제기할 수 있다.[21]

다른 채권자로서는 별도로 채권자취소소송을 제기하여 취소채권자와 마찬가지로 수익자에 대한 관계에서 사해행위 취소 및 가액배상 판결을 받아 두어야 취소채권자의 선행 가액배상판결에 기하여 수익자의 재산에 대하여 실시되는 강제집행절차에서 배당요구채권자로서의 자격을 가지고 집행에 참가할 수 있는 기회를 가질 수 있다. 다른 채권자가 채무자에 대하여 집행권원을 가지고 있다고 하더라도 그 집행권원으로서는 수익자의 재산에 대한 강제집행절차에서 배당을 받을 수 없고, 또한 다른 채권자는 채무자에 대한 일반채권인 피보전채권과 관련하여 수익자와 아무런 법률관계가 없으므로 민사집행법상 수익자의 재산에 대한 강제집행절차에서 그 밖에 배당을 받을 수 있는 채권자에도 해당하지 않기 때문이다.

3. 취소채권자의 우선 만족과 채권자들 사이의 불공평

금전 지급에 의해 원상회복이 이루어지는 경우에, 위 1.항에서 본 바와 같이 일반적으로 취소채권자가 사실상 우선 변제 받음을 용인하는 것은 채권자들 상호간의 불공평을 초래하여 민법 제407조의 취지에 어긋나는 문제를 야기한다.

특히, 취소채권자가 개입되지 않고 그와 무관한 우연한 사정에 의하여 가액

20) 취소의 상대적 효력을 엄밀하게 적용한다면, 취소채권자와 채무자 사이에는 그 취소로 인한 법률관계가 형성되는 것은 아니므로, 채무자가 취소채권자에 대하여 취소채권자가 수익자로부터 수령한 금전에 관하여 반환청구채권을 가진다고 볼 수 없다.

21) 채권자취소소송과 중복소송의 문제에 관해서는 앞의 제4장 제4절 제 2.에서 상세하게 검토하였다.

반환의 방법으로 원상회복이 이루어진다고 하여 취소채권자만이 사실상 우선 만족을 얻고 다른 채권자들이 배제되는 것은, 원물반환에 의하여 원상회복이 이루어지는 경우와 비교하여 볼 때 현저하게 불공평하다.

또한, 증여가 사해행위로서 취소되어 원물반환방법에 의하여 원상회복이 이루어질 때에 그 목적물이 금전인 경우에는 취소채권자가 직접 이를 수령함으로써 사실상 우선 만족을 얻을 수 있다면, 그 목적물이 부동산인 경우에 경매절차에 따라 다른 채권자들과 함께 채권액에 안분하여 배당받을 뿐인 경우와 비교하여 볼 때, 현저한 불공평의 문제가 야기된다.

4. 가액반환 등에서 채권자들 사이의 불공평 해소 방안

(1) 문제의 소재

앞에서 본 바와 같이, 가액반환 등 금전 지급에 의해 원상회복이 이루어지는 경우에, 취소채권자와 다른 채권자들 사이에 현저한 불공평이 야기되는 문제를 해결하기 위하여, 입법론으로는 주로 취소채권자가 직접 금전의 지급을 청구·수령하는 것을 제한하고 수익자에 대하여 공탁을 청구하도록 하는 규정을 마련하자는 방안이 제시된다.22)

그러나, 입법의 미비를 들어 위에서 본 바와 같은 현저한 불공평을 용인하는 것은 채권자취소제도의 본래의 취지에 어긋나는 것으로서 불합리하므로, 여기에서는 입법론 외에 현행법상으로 불공평의 문제를 해소 또는 완화할 수 있는 가능한 방안으로서 아래 (2)에서와 같이 추심채권자의 사유신고 등에 관한 규정을 유추적용하는 방안을 조심스럽게 제시하고자 한다.

(2) 추심채권자의 사유신고 등에 관한 규정의 유추 적용

민사법 영역에서는 형사법 영역과는 달리 기존의 법규를 다른 유사한 사항에 적용하는 유추해석이 허용되고, 이러한 유추해석은 법률의 흠결을 보충하는 해석방법으로서 중요한 기능을 담당한다. 대법원판례가 다른 규정의 유추적용을 인정한 대표적인 사례로서, 신주인수권부사채 발행에 관하여 신주발행무효의 소

22) 김재형, 채권자취소권에 관한 민법개정안(한국민사법학회, 민사법학 제68호, 제102면).

에 관한 상법 제429조의 유추적용과 그 무효원인에 관한 법리를 적용한 경우,[23] 납세의무자 소유의 여러 부동산에 대하여 조세우선변제권이 행사된 경우, 공동저당권에 관한 민법 제368조를 유추적용한 경우[24] 등을 들 수 있다.

취소채권자가 사해행위 취소에 따른 원상회복으로서 수익자로부터 금전을 수령한 경우, 취소의 상대적 효력에 의하면 취소채권자와 채무자 사이에는 그 취소로 인한 법률관계가 형성되는 것은 아니므로, 취소채권자와 채무자 사이에서 취소채권자가 채무자에게 그 금전을 반환할 직접적인 의무가 발생한다고 볼 수 없고,[25] 오히려 민법 제407조에 의하여 그 금전을 모든 채권자들을 위하여 공동의 책임재산으로 제공할 의무가 있다고 할 것이다.

한편, 추심채권자는 압류 등의 경합이 있는 경우에는 압류 또는 배당에 참가한 모든 채권자를 위하여 제3채무자로부터 채권을 추심하여야 하므로, 제3채무자로부터 추심금을 지급받으면 지체없이 공탁 및 사유신고를 함으로써 압류 또는 배당에 참가한 모든 채권자들이 배당절차에 의한 채권의 만족을 얻도록 하여야 할 의무를 부담한다.[26]

위와 같이, 취소채권자와 추심채권자는 자신의 권리를 행사함에 있어 자신의 채권뿐만 아니라 다른 모든 채권자들도 만족을 얻을 수 있도록 할 의무도 수반한다는 점에서 유사한 지위를 가진다고 할 것이다.

따라서, 취소채권자가 원상회복으로서 수익자로부터 금전을 수령한 경우에는 추심채권자에 관한 민사집행법 제236조 제2항을 유추적용할 수 있다고 할 것이고, 이에 따라 취소채권자는 다른 채권자가 있는 때에는 모든 채권자들이 그 금전에 의한 채권의 만족을 얻게 하기 위하여 그 수령한 금액을 바로 공탁하고 그 사유를 신고하여야 한다. 그 공탁이 있으면 민사집행법 제252조 제2호 전단에 의하여 모든 채권자를 위하여 배당절차가 개시될 수 있을 것이다.

---

23) 대법원 2015. 12. 10. 선고 2015다202919 판결.

24) 대법원 2006. 5. 26. 선고 2003다18401 판결.

25) 취소의 상대적 효력설을 엄밀하게 적용한다면, 취소채권자가 채무자에게 반환할 의무 즉 채무자가 취소채권자에게 반환을 청구할 채권이 있음을 전제로 하여, 취소채권자가 자신의 채무자에 대한 피보전채권과 채무자의 위 반환받을 채권을 상계할 수 있다는 법리 구성에 따라 취소채권자가 사실상 우선 만족을 얻는 것을 용인하는 것은, 그 전제가 잘못되었다는 비판이 있을 수 있다.

26) 대법원 2007. 11. 15. 선고 2007다62963 판결.

취소채권자에게 직접적으로 금전의 지급을 명하는 주문형식은 현재와 같이 그대로 유지하되, 민사집행법 제236조 제2항의 유추 적용에 의하여 취소채권자가 공탁 및 사유신고의 의무를 부담한다는 것은, 대법원 전원합의체 판결의 이유에서 그와 같은 법리를 선언하는 방식으로써 함이 적절하다고 생각한다.

대법원 전원합의체 판결에 의하여 유추 적용에 관한 법리의 선언이 있는 경우에는 취소채권자의 공탁 및 사유신고의 내용, 다른 채권자의 신고 방법 및 그 시기, 배당절차 개시의 구체적 방법 등의 세밀한 절차에 관해서는 별도의 예규를 제정하여 처리하여도 무방하다고 생각한다.

제 3. 채권자의 채권 만족에 관한 문제

1. 취소채권자 외의 다른 채권자의 신청에 의해 수익자 명의 등기가 말소된 경우

대법원 2015. 11. 17. 선고 2013다84995 판결은, '사해행위 취소 및 원상회복으로 수익자 명의로 마쳐진 소유권이전등기의 말소를 명한 판결의 소송당사자가 아닌 다른 채권자가 위 판결에 기하여 채무자를 대위하여 마친 말소등기는 등기절차상의 흠에도 불구하고 실체관계에 부합하는 등기로서 유효하다'고 판시하였는바, 아래에서 사안 및 판단의 요지를 분석한다.

(사안 요지) 채무자 "을"이 수익자 "병"과 이 사건 부동산에 관하여 매매계약을 체결하고 "병" 명의로 소유권이전등기를 마쳐주자, 채권자 "갑1"은 "병"을 상대로 위 매매계약에 관하여 사해행위 취소 및 원상회복 소송을 제기하였다.

위 소송의 항소심에서 '위 매매계약을 취소하고, "병"은 "을"에게 소유권이전등기의 말소등기절차를 이행하라'는 화해권고결정이 확정되었는데, "갑1"은 위 확정결정에도 불구하고 등기말소신청을 하지 않았다.

그러자 다른 채권자 "갑2"가 위 소송의 원고이던 "갑1"의 동의 없이 위 화해권고결정에 기하여 채무자 "을"을 대위하여 소유권이전등기의 말소등기를 신청하고, 등기관이 위 신청을 받아들여 "병" 명의의 소유권이전등기의 말소등기를 실행하였다. 이와 같은 경위로 이 사건 부동산에 관하여 "을" 명의로 소유권등기가 회복되자, "갑2"는 "을"에 대한 집행권원으로써 이 사건 부동산에 관하여 강제경매를 신청하고 그 기입등기를 마쳤다.

이에, 수익자 "병"이 취소채권자 "갑1"의 동의 없는 신청에 따라 "병" 명의의 소유권이전등기가 말소된 것은 부적법하므로 말소된 등기의 회복등기가 이루어져야 하는데, "갑2"가 그 회복등기 전에 이 사건 부동산에 관하여 강제경매 기입등기를 마침으로써 이해관계를 가지는 제3자에 해당하게 되었으므로, "갑2"를 상대로 하여 회복등기에 대하여 승낙의 의사표시를 청구하는 소를 제기하였다.[27)]

---

27) 위 대법원판결의 원심판결인 서울고법 2013. 10. 2. 선고 2012나64767 판결에 의해 사안

(판단 요지) 사해행위 취소로 인한 원상회복 판결의 효력은 소송의 당사자인 채권자와 수익자 또는 전득자에게만 미칠 뿐 채무자나 다른 채권자에게 미치지 않는다. 따라서, 어느 채권자가 수익자를 상대로 사해행위 취소 및 원상회복으로 소유권이전등기의 말소를 명하는 판결을 받았으나 말소등기를 마치지 않은 상태라면, 소송의 당사자가 아닌 다른 채권자는 위 판결에 기하여 채무자를 대위하여 말소등기를 신청할 수 없다. 그럼에도 불구하고 다른 채권자의 등기신청으로 말소등기가 마쳐졌다면 그 등기에는 절차상의 흠이 존재한다.[28]

그러나, 위와 같은 등기절차상의 흠에도 불구하고 아래에서 검토하는 바와 같은 사정에 비추어 보면, 사해행위 취소 및 원상회복으로 수익자 명의로 마쳐진 소유권이전등기의 말소를 명한 판결의 소송당사자가 아닌 다른 채권자가 위 판결에 기하여 채무자를 대위하여 마친 말소등기는 실체관계에 부합하는 등기로서 유효하다고 볼 수 있다. 그렇게 볼 수 있는 이유는, 채권자가 사해행위 취소의 소를 제기하여 승소한 경우 취소의 효력은 민법 제407조에 따라 모든 채권자의 이익을 위하여 미치므로 수익자는 채무자의 다른 채권자에 대해서도 사해행위의 취소로 인한 소유권이전등기의 말소등기의무를 부담하는 점, 등기절차상의 흠을 이유로 말소된 소유권이전등기가 회복되더라도 다른 채권자가 사해행위취소판결에 따라 수익자를 상대로 다시 소유권이전등기의 말소를 청구하면 수익자는 말소등기를 해 줄 수밖에 없어서 결국 말소된 소유권이전등기가 회복되기 전의 상태로 돌아가는데 이러한 불필요한 절차를 거치게 할 필요가 없는 점 등이다.

따라서, 원심이 "병" 명의의 소유권이전등기의 말소등기가 실체관계에 부합하는 유효한 등기라고 판단하여, 말소된 등기의 회복등기를 구하는 수익자 "병"의 청구를 기각한 것은 정당하다.

(판결에 대한 이해) 이 대법원판결은 수익자 "병" 명의의 소유권이전등기가

요지를 정리한 것이다.

28) 권한이 없는 자가 등기 신청할 경우에는 그 신청을 각하한다(부동산등기법 제29조 제3호). 판결에 의한 등기는 승소한 등기권리자가 또는 등기의무자가 단독으로 신청하고(부동산등기법 제23조 제4항), 채권자는 채무자를 대위하여 등기를 신청할 수 있다(부동산등기법 제28조 제1항). 수익자 "병"을 상대로 사해행위취소판결을 받은 채권자 "갑"은 채무자 "을"을 대위하여 단독으로 등기를 신청할 수 있다(판결 등 집행권원에 의한 등기의 신청에 관한 업무처리지침).

등기절차상 부적법하게 말소되었다고 하더라도 그 말소등기에 의해 결과적으로 사해행위 취소판결에 따라 채무자 명의로 원상회복된 경우라면, 그 말소등기는 실체관계에 부합하는 유효한 등기이므로, 수익자 "병"이 말소된 등기에 관하여 회복등기의 이행을 구할 수 없다고 판시한 것으로 이해된다.

그런데 한편, 대법원판례는 채권자취소의 상대적 효력의 일환으로서, 채무자와 수익자 사이의 부동산 매매계약이 사해행위로 취소되고 그에 따른 원상회복으로 수익자 명의의 소유권이전등기가 말소되어 채무자의 등기명의가 회복된 경우, 채무자가 직접 부동산을 취득하여 권리자가 되는 것이 아니고, 수익자가 여전히 그 부동산의 소유자라는 입장을 견지하고 있다.[29)]

따라서, 이 대법원판결이 수익자 "병" 명의의 소유권이전등기가 말소된 것이 실체관계에 부합하여 유효한 등기라고 설시한 부분은, 실질적인 권리귀속관계에 부합하여 유효한 등기라고 판시한 것으로 이해하기보다는, 결과적으로 채무자 "을"의 책임재산으로 회복됨으로써 취소채권자 및 민법 제407조에 따라 효력을 받는 채권자의 적법한 강제집행의 대상인 재산으로 되었다는 의미에서 실체관계에 부합하는 등기라고 판시한 것으로 이해하는 것이 타당하다고 할 것이다.

다시 말하면, 수익자 "병"은 이 사건 부동산에 관하여 채무자 "을"의 책임재산으로 원상회복된 것으로의 효과를 주장할 수 있는 채권자들에 대해서는 이 사건 부동산의 소유자임을 전제로 하여 회복등기 등의 청구를 할 수 없다는 것이다. 다만, 채무자의 책임재산으로 회복된 이 사건 부동산에 대한 강제경매 결과 채권자들에게 배당되고 남은 잉여금이 있는 경우에 수익자가 소유자이던 지위에서 그 잉여금을 배당받을 수 있음은 별개의 문제라고 할 것이다.

2. 채무자가 원상회복된 부동산을 임의로 다시 처분한 경우

대법원 2017. 3. 9. 선고 2015다217980 판결은, '채무자와 수익자 사이의 부동산매매계약이 사해행위로 취소되고 그에 따른 원상회복으로 수익자 명의의 소유권이전등기가 말소되어 채무자의 등기명의가 회복되더라도, 그 부동산은 채권자와 수익자 사이에서 채무자의 책임재산으로 취급될 뿐 채무자가 직접 그

29) 대법원 2016. 11. 25. 선고 2013다206313 판결, 2017. 3. 9. 선고 2015다217980 판결 참조.

부동산을 취득하여 권리자가 되는 것이 아니다. 따라서, 채무자가 채권자의 사해행위 취소로 등기명의를 회복한 부동산을 제3자에게 처분하더라도 이는 무권리자의 처분에 불과하여 효력이 없으므로, 채무자로부터 제3자에게 마쳐진 소유권이전등기나 이에 기초하여 순차로 마쳐진 소유권이전등기 등은 모두 원인무효의 등기로서 말소되어야 한다'고 판시하였다.

위 대법원판결은 나아가, '이 경우 취소채권자나 민법 제407조에 따라 사해행위 취소와 원상회복의 효력을 받는 채권자는 채무자의 책임재산으로 취급되는 부동산에 대한 강제집행을 위하여 원인무효 등기의 명의인을 상대로 등기의 말소를 청구할 수 있다'고 판시하였다.

아래에서 사안 및 판시의 요지와 법리적 의미 등에 관해서 상세하게 검토한다.

(사안 요지)[30] 채무자 "을"이 2008. 2. 14. 수익자 "병"에게 이 사건 부동산을 매도하고 소유권이전등기를 마쳐주었다.

그 후 "을"의 다른 채권자가 "병"을 상대로 채권자취소소송을 제기하여 그 승소확정판결에 의해 위 매매계약이 취소되고 원상회복으로 2010. 7. 28. "병" 명의의 소유권이전등기가 말소되었다.

그런데, 채무자 "을"은 위와 같이 "병" 명의의 등기가 말소되자 같은 날 다시 "A"에게 이 사건 부동산을 매도하고 소유권이전등기를 마쳐주었으며, 그 후 "A" 명의의 등기에 기초하여 2012. 7. 5. "B" 명의의 소유권이전등기가 마쳐졌다.

이에, 채권자 "갑"은 위 사해행위 전에 발생한 원인에 의하여 채무자 "을"에 대하여 약 134억 원의 채권을 취득한 채권자로서 "A" 및 "B"를 상대로, ① 채무자 "을"을 대위하여 "A" 및 "B" 명의의 원인무효의 등기의 말소를 청구하거나, ② 선택적으로 채무자 "을"을 대위하지 않고 사해행위 취소 및 원상회복의 이익을 주장할 수 있는 일반 채권자로서 직접 원인무효의 등기의 말소를 청구하는 소를 제기하였다.

(원심 판단 요지) ① 채권자취소의 확정판결에 따라 수익자 "병" 명의의 소유권이전등기가 말소되어 채무자 "을" 앞으로 소유권등기명의가 회복되었다고 하

---

30) 위 대법원판결의 원심 광주고법 2015. 5. 13. 선고(제주) 2014나910 판결은 제1심 판결(제주지법 2014. 9. 18. 선고 2014가합5223 판결)을 인용하였는데, 사안의 요지는 제1심 판결 이유에 나타난 사실관계 및 주장을 축약한 것이다.

더라도, 사해행위 취소로 인하여 채무자 "을"과 수익자 "병" 사이의 법률관계에는 영향이 없으므로, 사해행위 목적인 이 사건 부동산의 소유자는 여전히 수익자 "병"이고 채무자 "을"은 소유자라고 할 수 없다. 따라서, 채무자 "을"은 "A" 및 "B"를 상대로 그 각 명의의 등기의 말소를 구할 권리가 없다고 봄이 상당하므로, 이와 달리 채무자 "을"이 각 등기의 말소를 구할 권리가 있음을 전제로 하여 "을"을 대위하여 말소를 청구한다는 채권자 "갑"의 주장은 이유 없다.

② 원인무효 등기에 대한 말소등기청구권은 소유권에 기한 방해배제청구권으로서의 성격을 가진다고 할 것인데, 채권자 "갑"은 이 사건 부동산의 소유자가 아니라 단지 이 사건 부동산의 강제집행절차에 참여할 수 있는 권리를 가진 일반채권자에 지나지 않으므로 "A" 및 "B"에 대한 말소등기청구권을 직접 행사할 수 있는 권리를 가진다고 보기 어렵다.

(대법원 판단 요지) 채무자 "을"이 비록 이 사건 부동산에 관한 등기명의를 회복하였다고 하더라도 부동산에 대한 권리를 취득한 권리자는 아니므로, 채무자 "을"이 "A"에게 매도한 행위는 무권리자의 처분행위로서 효력이 없다. 따라서 이 사건 부동산에 관한 "A" 명의의 소유권이전등기나 이에 기초한 "B" 명의의 소유권이전등기는 모두 원인무효의 등기로서 말소되어야 한다.

그리고, 민법 제407조에 따라 사해행위 취소와 원상회복의 효력을 받는 채권자에 해당하는 채권자 "갑"은 채무자 "을"의 책임재산으로 취급되는 이 사건 부동산에 대한 강제집행을 위하여 직접 원인무효의 등기명의인인 "A" 및 "B"를 상대로 그 등기의 말소를 청구할 수 있다.

(대법원판결에 대한 이해) 대법원판결은 채권자취소의 효력에 관해서 확립된 대법원판례의 입장인 상대적 효력설을 전제로 하여, 채무자 "을"이 비록 이 사건 부동산에 관한 등기명의를 회복하였다고 하더라도 부동산에 대한 권리를 취득한 것이 아니므로 "A"에게 매도한 행위는 무권리자의 처분행위로서 효력이 없고, 따라서 "A" 명의의 소유권이전등기나 이에 기초한 "B" 명의의 소유권이전등기는 모두 원인무효의 등기라고 판단하였다.

또한 대법원판결이 전제로 하는 상대적 효력설에 의하면, 채권자취소판결이 승소 확정되더라도 소를 제기한 채권자는 물론 채무자에게도 이 사건 부동산에 관한 소유권이 회복되는 것이 아니고 여전히 수익자에게 그 소유권이 귀속되는 것이다.

그렇다면, 채권자 "갑"이 원인무효인 "A" 및 "B" 명의의 소유권이전등기에 관해서 말소를 구할 수 있는 권원은 무엇인가.

이에 관해서 대법원판결은, 채권자 "갑"이 이 사건 부동산의 소유자의 지위(즉 소유권에 기한 방해배제청구권)에서가 아니라, 채무자 "을"의 책임재산으로 취급되는 이 사건 부동산에 대하여 강제집행을 할 수 있는 지위에서 직접 말소등기를 청구할 수 있음을 선언하였다고 이해할 수 있다.

이 대법원판결에 의하여 채권자(취소채권자 및 제407조의 효력을 받는 채권자)는 간명하고 실효적인 권리 구제 수단을 가지게 되었다고 할 것이다. 이에 비해 채무자로부터 등기명의를 이전받은 제3자는 등기부의 기재에 의하여 부동산이 채권자 취소 판결에 의해 원상회복된 것임을 인식할 수 있었을 것이므로, 거래안전이 침해될 가능성은 상대적으로 낮다고 할 수 있다.[31]

3. 채권양도가 취소된 경우 제3채무자에 대한 채권의 만족 방법

(1) 채권양도가 사해행위로서 취소된 경우의 상대적 효력

채무자의 수익자에 대한 채권양도가 사해행위로 취소되는 경우, 수익자(양수인)가 제3채무자에게서 아직 채권을 추심하지 아니한 때에는, 채권자는 사해행위 취소에 따른 원상회복으로서 수익자(양수인)가 제3채무자에게 채권양도가 취소되었다는 취지의 통지를 하도록 청구한다(대법원 2015. 11. 17. 선고 2012다2743 판결).

사해행위인 채권양도의 취소에 따른 원상회복에 관한 청구취지(판결 주문)로서는 「수익자는 제3채무자에게 별지 기재 채권 양도가 취소되었다는 취지의 통지를 하라」는 것으로 충분하고, 「수익자는 채무자에게 별지 기재 채권(즉, 양도

31) 사해행위취소판결의 경우 등기부상 등기원인은 "사해행위취소"로, 그 연월일은 "판결확정일"을 기재한다{'판결 등 집행권원에 의한 등기의 신청에 관한 업무처리지침'(등기예규 제1692호) 제4.의 나}. 사해행위취소판결의 주문에 원상회복의 방법으로 소유권이전등기의 말소등기절차의 이행을 명하는 대신 진정명의회복에 의한 소유권이전등기절차의 이행을 명하였다고 하더라도 사해행위취소판결 자체가 그 등기의 원인이 되는 것이므로, 이러한 판결에 의해 소유권이전등기를 신청하는 경우에, 신청정보의 내용 중 등기원인은 "사해행위취소"로, 그 연월일은 '판결확정일'로 하여 이를 제공하여야 한다(부동산등기선례 제201809-7호).

가 취소된 채권)을 양도(반환의 의미)하라」는 문구를 추가하지 않는다.

사해행위인 채권양도가 취소되고 그 채권이 소멸되지 않은 경우에는 그 행위의 대상이 된 채권 자체가 현실적으로 다른 재화로 변형되지 않고 그대로 남아 있고, 취소의 상대적 효력에 의해 취소채권자와 수익자(양수인) 사이의 상대적 관계에서만 채무자의 채권으로 취급될 뿐이다. 따라서, 채권양도의 취소에 따른 원상회복으로서는 수익자(양수인)에 대하여 제3채무자에게 채권양도가 취소되었다는 취지의 통지를 할 것을 구함으로써 대항요건을 갖추는 것으로 충분하고, 수익자(양수인)에 대하여 그 양도된 채권을 채무자에게 다시 양도하여 반환하도록 할 필요는 없다.[32]

채무자의 수익자에 대한 채권양도가 사해행위로 취소되고, 그에 따른 원상회복으로서 제3채무자에게 채권양도가 취소되었다는 통지가 이루어지더라도, 취소의 상대적 효력에 의하여 채권자와 수익자의 관계에서 채권이 채무자의 책임재산으로 취급될 뿐 채무자와 수익자 사이의 법률관계에는 영향을 미치지 아니한다. 따라서 채무자가 직접 채권을 취득하여 권리자로 되는 것은 아니어서 피대위채권이 존재한다고 볼 수 없으므로, 채권자는 채무자를 대위하여 제3채무자에게 그 채권에 관한 지급을 청구할 수 없다(대법원 2015. 11. 17. 선고 2012다2743 판결).

그러면, 원상회복으로서의 채권양도취소의 통지는 실제로 어떤 의미를 가지는가. 그것은 취소채권자 및 다른 채권자와 양수인에 대한 관계에서는 통지 후부터는 양도인의 채권으로 취급된다고 고지하는 것으로서 제3채무자는 양수인(수익자)에게 변제하면 안 된다는 의미라고 할 것이다. 한편, 취소의 상대적 효력에 의해 채무자(양도인)가 직접 그 채권을 다시 취득하는 것도 아니므로, 제3채무자는 취소통지를 받았다고 하더라도 양도인(채무자)에게 변제해서도 안 된다.[33]

---

32) 채권양도의 취소와 원상회복에 관해서는 앞의 제5장 제2절 제 4.의 1.에서 상세하게 검토하였다.

33) 다만, 취소통지 후의 양도인은 채권의 준점유자로 볼 수 있으며, 제3채무자가 양도인에게 변제하였다면, 이는 채권의 준점유자에 대한 변제이고, 특별한 사정이 없는 한 선의 및 무과실이라고 할 것이다. 왜냐하면, 취소통지를 받은 제3채무자로서는 양도인이 채권자의 지위를 회복하여 수령권한이 있다고 믿을 것이고, 사해행위 취소의 상대적 효력 등 까다로운 법률관계에 관하여 잘 몰랐다고 하여 과실이 있다고 보기 어렵기 때문이다{박창현, 채권양도가 사해행위로 취소된 경우의 원상회복 및 법률관계(부산판례연구회, 판례연구 제11집, 제130면)}.

제3채무자로서는 채권양도의 효력·유무 등에 관하여 법률상·사실상의 의문이 있어 민법 제487조 후단에 의해 변제자의 과실 없이 채권자를 알 수 없는 경우에 해당하므로 공탁함으로써 그 채무를 면할 수 있을 것이다.[34)]

(2) 채권자의 제3채무자에 대한 권리의 실현 방법

위 (1)항에서 살펴 본 바와 같이, 채무자의 수익자에 대한 채권양도가 사해행위로 취소되는 경우에 그에 따른 원상회복방법은 수익자(양수인)로 하여금 제3채무자에게 채권양도가 취소되었다는 통지를 하게 하는 것이다. 그리고, 취소의 상대적 효력에 의하여 채권자와 수익자의 관계에서 채권이 채무자의 책임재산으로 취급될 뿐 채무자와 수익자 사이의 법률관계에는 영향을 미치지 아니한다.

따라서 채무자가 직접 채권을 취득하여 권리자로 되는 것은 아니어서 피대위채권이 존재한다고 볼 수 없으므로, 채권자는 채무자를 대위하여 제3채무자에게 그 채권에 관한 지급을 청구할 수 없다.

그러면, 채무자의 수익자에 대한 채권양도가 사해행위로 취소되는 경우에, 취소채권자가 제3채무자에 대하여 권리를 실현할 수 있는 방법은 무엇인가.

이에 관해서는 채권자취소소송에서 수익자(양수인)와 함께 제3채무자를 공동피고로 하는 경우에는 취소채권자가 직접 제3채무자에게 채무의 이행을 청구할 수 있다고 하는 견해가 있다. 그 이유로서는 제3채무자가 당해 취소소송의 공동피고로 된 이상 별도로 채권양도취소의 통지를 할 필요 없이 그 소송절차에서 자동적으로 고지되고, 또 취소에 의해서 복귀한 채권의 추심에 있어서 다시 추심의 절차를 밟게 하는 것은 지나친 요구이므로 채권자취소권의 실효성을 위해서 제3채무자에 대한 직접 청구를 긍정하자는 것이다.[35)]

그러나, 위 견해는 채무자의 수익자에 대한 채권양도가 사해행위에 해당하

---

34) 대법원 1996. 4. 26. 선고 96다2583 판결은, 특정 채권에 대하여 채권양도의 통지가 있었으나 그 후 통지가 철회되는 등으로 채권이 적법하게 양도되었는지 여부에 관하여 의문이 있는 경우에는 민법 제487조 후단의 변제공탁사유에 해당한다고 판시하였다.

35) 박창현, 채권양도가 사해행위로 취소된 경우의 원상회복 및 법률관계(부산판례연구회, 판례연구 제11집, 제128면); 이순동, 채권자취소권(제3판) 제523, 524면은, 같은 취지에서, 처음부터 수익자(양수인)와 제3채무자도 피고로 삼아 취소에 의하여 양도가 무효가 되고, 채권이 채무자에게 복귀하는 효력을 제3채무자에 대해서도 미치도록 하고, 동시에 취소채권자로 하여금 제3채무자에 대한 청구를 할 수 있도록 하는 것이 가장 무난한 해결책이라고 설명한다.

는 경우 그 취소 및 원상회복을 구하는 채권자취소소송에서 수익자 또는 전득자가 아닌 제3채무자를 직접 그 소송의 피고로 삼을 수 있는 근거가 무엇인지 의문이다. 그리고, 제3채무자를 채권자취소소송의 피고로 삼아 직접 이행 청구를 할 수 있다면, 취소채권자가 집행절차를 거치지 않은 채 취소소송절차 내에서 사실상 우선적으로 채권의 만족을 얻는 결과로 되는데, 이는 채무자의 부동산 처분행위가 사해행위에 해당하는 경우의 채권만족방법과 비교하여 볼 때 형평에 어긋난다. 채무자의 부동산에 관한 처분행위가 사해행위에 해당하는 경우에는, 취소채권자는 그 취소 및 원상회복을 구하는 채권자취소소송에서 승소한 다음, 채무자에 대한 집행권원으로써 회복된 부동산에 대하여 별도의 집행절차를 거쳐 다른 채권자들과 함께 채권의 만족을 얻을 수 있을 뿐이기 때문이다.

예컨대, 추심이 확실하고 용이한 채무자의 제3채무자은행에 대한 1억 원의 예금채권은 채무자가 보유한 시가 1억 원의 임야보다 책임재산으로서의 가치가 훨씬 크다고 할 것인데, 이러한 경우에 위와 같은 채권 만족 방법의 차이를 용인한다면 그 불공평성이 두드러진다.

따라서 결국, 취소채권자는 채무자(양도인)에 대한 집행권원을 가지고 채권자취소소송의 승소확정판결에 의해 채무자의 책임재산으로 회복된 제3채무자에 대한 채권에 관하여 일반의 강제집행의 절차에 따라 만족을 얻어야 할 것이다.

그리고, 금전채권에 대한 강제집행방법 중에서도 채권자취소를 원인으로 한 환가절차로서는 압류 및 추심명령만이 허용되고, 압류 및 전부명령은 허용되지 않는다고 보는 것이 타당하다고 생각한다.

왜냐하면, 전부명령을 허용하면 취소채권자에게 사실상 우선 변제나 독점적 만족을 얻을 수 있게 함으로써 채권자취소권의 채권자 평등의 원칙(민법 제407조)에 어긋나기 때문이다. 반면, 추심명령은 전부명령과 달리 압류가 경합된 경우에도 할 수 있고 다른 채권자를 위하여 이중으로 발령할 수 있으며,[36] 또 추심명령을 받은 채권자가 제3채무자로부터 추심을 받은 때 경합하는 다른 채권자가 집행에 참가한 때에는 추심금 전액을 공탁하여야 하는데, 이러한 경우에는 모두 채권배당절차가 진행되어[37] 다른 채권자들도 평등 배당을 받을 수 있는

36) 이시윤, 민사집행법(제8판) 제461면.
37) 민사집행법 제252조 제2호, 다만 압류가 경합된 경우에는 제3채무자가 공탁함으로써 채권

기회가 부여되기 때문이다.

4. 채무면제가 취소된 경우 채권의 만족 방법

채무자의 제3채무자에 대한 채무면제가 사해행위에 해당하는 경우에는 취소채권자는 수익자의 지위에 있는 제3채무자를 상대로 그 면제행위의 취소를 구한다. 그리고, 채무면제를 취소하는 경우에도 채권양도를 취소하는 경우와 마찬가지로 그 사해행위에 의해 현실적인 재산의 이전을 수반하지 않으므로, 그 면제행위의 취소만을 구하는 것으로 족하고 따로 원상회복을 구할 여지는 없다.

그러면, 채무자의 제3채무자에 대한 채무면제가 사해행위로 취소되는 경우 취소채권자가 제3채무자에 대하여 권리를 실현할 수 있는 방법은 무엇인가.

이에 관해서는, 취소채권자가 사해행위 취소소송에서 직접 피고로 등장하는 제3채무자(수익자)에 대하여 직접 이행청구를 할 수 있다는 견해가 있다. 그 이론 구성은, 채무면제의 취소에 의하여 채무자의 수익자(제3채무자)에 대한 채권이 부활하고 제3채무자가 취소소송의 당사자로 됨으로써, 취소채권자는 채권자취소권의 권능의 하나로서 제3채무자에 대하여 직접이행청구권을 가지게 된다는 것이다.[38]

그러나, 채무면제에 관한 취소소송절차상 제3채무자가 수익자로서 피고로 되었다고 하여 실체법상 채권자취소권의 내용으로서 그 제3채무자(수익자)에 대하여 원상회복청구권과는 다른 별개의 직접이행청구권이 성립한다는 이론 구성에는 의문이 있다. 또한, 취소의 상대적 효력에 의하면, 채무면제의 취소에 의하여 채무자의 수익자(제3채무자)에 대한 채권이 부활한다는 것은 강제집행의 단계에서 취소채권자가 수익자(제3채무자)에 대한 관계에서 그 채권이 채무자의 책임재산으로 회복되어 존속하는 것으로서의 효력을 주장할 수 있는 의미라고 이해하여야 할 것이다.

대법원 2016. 3. 24. 선고 2015다250185 판결은 위와 같은 법리를 전제로, '채무자의 수익자에 대한 채무면제가 사해행위로 취소되더라도 채권자와 수익자의 관계에서 그 채권이 채무자의 책임재산으로 취급될 뿐, 채무자는 회복되는

배당절차가 진행된다.

38) 이순동, 채권자취소권(제3판) 제519, 520면; 박창현, 채권양도가 사해행위로 취소된 경우의 원상회복 및 법률관계(부산판례연구회, 판례연구 제11집, 제134, 135면).

채권에 대하여 직접 권리를 취득하지는 못하므로, 채권자는 채무자를 대위하여 제3채무자인 수익자에게 그 채권에 관한 지급을 청구할 수 없다'고 판시하였다.

그리고, 위 2.에서 검토한 바와 같이, 취소채권자의 직접 이행청구를 인정한다면, 취소채권자가 집행절차를 거치지 않은 채 취소소송절차 내에서 사실상 우선적으로 채권의 만족을 얻는 결과로 되는데, 이는 채무자의 부동산 처분행위가 사해행위에 해당하는 경우의 채권만족방법과 비교하여 볼 때 형평에 어긋난다.

따라서 결국, 취소채권자는 채무자(양도인)에 대한 집행권원을 가지고 채권자취소소송의 승소확정판결에 의해 채무자의 책임재산으로 회복되어 존속하게 된 제3채무자에 대한 채권에 관하여 일반의 강제집행의 절차에 따라 만족을 얻어야 할 것이다. 그리고, 금전채권에 대한 강제집행방법 중에서도 채권자취소를 원인으로 한 환가절차로서는 압류 및 추심명령만이 허용되고, 압류 및 전부명령은 허용되지 않는다고 보는 것이 타당하다고 생각하는바, 그 이유는 위 3.의 (2)항에서 설명한 바와 같다.

5. 배당금지급채권 양도에 의한 원상회복과 채권의 만족 방법

수익자가 경매절차에서 채무자와의 사해행위로 취득한 근저당권에 기하여 배당에 참가하여 배당표는 확정되었으나 채권자의 배당금지급금지가처분으로 인하여 배당금을 현실적으로 지급받지 못한 경우, 채권자취소권의 행사에 따른 원상회복방법은 수익자에게 바로 배당금의 지급을 명할 것이 아니라 '수익자가 취득한 배당금지급청구권을 채무자에게 반환하는 방법'으로 이루어져야 한다(대법원 1997. 10. 10. 선고 97다8687 판결). 구체적으로는 '수익자는 채무자에게 배당금지급채권을 양도하는 의사표시를 하고, 그 채권양도의 통지를 배당금지급채권의 채무자(즉, 제3채무자 대한민국)에게 하여 줄 것'을 청구하는 형태에 의한다.

이와 같이, 배당금지급채권 양도 방법에 의한 원상회복판결이 확정된 경우 취소채권자가 구체적으로 자신의 채권에 관하여 만족을 받는 절차에 있어 유의할 점이 있다.

근저당권자에게 배당하기로 한 배당금에 대하여 지급금지가처분결정이 있어 경매법원이 그 배당금을 공탁[39]한 후 그 근저당권설정계약이 사해행위로 취소된 경우, 그 공탁금은 그 경매절차에서 배당요구하였던 다른 채권자들에게 추가배당하여야 한다(대법원 2002. 9. 24. 선고 2002다33069 판결).

근저당권설정계약이 사해행위로서 취소된 이상 근저당권자는 근저당권에 의해 배당받을 권리를 상실하여 그에게 배당을 실시할 수 없는 명백한 사유가 생겼으므로 경매법원으로서는 민사집행법 제161조를 유추적용하여 그 경매절차에서 적법하게 배당요구하였던 다른 채권자들에게 추가배당한다.[40] 다시 말하면, 근저당권자에게 배당하기로 한 배당금에 대하여 지급금지가처분결정이 있어 그 배당액을 공탁하였는데 그 근저당권 성립의 근거인 근저당권설정계약이 사해행위로서 취소됨으로써 그 공탁에 관련된 근저당권자에게 배당을 실시할 수 없게 된 경우, 이는 민사집행법 제161조 제2항 소정의 추가배당사유[41]와 그 법리적 구성이 동일하다고 볼 수 있으므로, 민사소송법 제161조를 유추적용하여 공탁금에 대하여 추가배당을 실시하여야 하는 것이다.

따라서, 취소채권자라고 하더라도 배당금지급청구권(공탁금지급청구권)에 대한 채권압류 및 추심명령에 기하여 배당금을 우선 수령하는 것은 허용되지 아니하고, 취소채권자(단, 그 경매절차에서 배당받을 자격이 있는 채권자에 한한다) 및 적법하게 배당요구하였던 다른 채권자들은 위 공탁금에 관한 추가배당절차를 통하여 채권의 만족을 받아야 한다(대법원 2009. 5. 14. 선고 2007다64310 판결).[42] 이러한 추가배당절차를 거치지 않고 취소채권자가 추심명령 등의 절차를 거쳐 배당금을 우선 수령하였다면 적법하게 배당요구하였던 다른 채권자들과의 관계에서 부당이득이 성립한다(대법원 2009. 5. 14. 선고 2007다64310 판결).

---

39) 가압류채권자에 대해서는 그 배당액을 공탁하는데(민사집행법 제160조 제1항 제2호), 마찬가지로 지급금지가처분이 된 채권도 공탁의 대상이 된다.

40) 대법원 2015. 10. 15. 선고 2012다57699 판결 참조. 한편 본문에 나온 위 대법원 2002다33069 판결은 추가배당하는 이유에 관해서, '공탁금의 지급 여부가 불확정 상태에 있는 경우에는 공탁된 배당금이 피공탁자에게 지급될 때까지는 배당절차가 확정적으로 종료되었다고 볼 수 없는 점, 채권자취소의 상대적 효력에 의해 채무자에게 회복된 재산은 취소채권자 및 다른 채권자에 대한 관계에서 채무자의 책임재산으로 취급될 뿐 채무자가 직접 그 재산에 어떤 권리를 취득하는 것이 아닌 점 등'을 설시하였다.

41) 민사집행법 제161조 제2항은, '배당 받을 채권자의 채권에 정지조건 또는 불확정기한이 붙어 있는 때와 가압류채권자의 채권인 때 등에 배당액을 공탁하고 그 공탁에 관련된 채권자에 대하여 배당을 실시할 수 없는 경우'를 추가배당사유로서 규정하고 있다.

42) 이 경우에 취소채권자는 그 배당절차에서 배당받을 자격을 갖추어야 하며, 수익자의 배당금지급청구권에 대한 지급정지가처분을 하여 둔 것만으로는 배당 받을 자격을 갖춘 것이 아니다.

제 4. 취소채권자에 관한 그 밖의 효력

1. 취소채권자가 제3자에 대한 채권만족을 위하여 취소의 효력을 주장할 수 있는가(소극)

대법원 2010. 5. 27. 선고 2007다40802 판결은, '취소채권자는 채무자에 대한 채권 보전이 아니라 제3자에 대한 채권 만족을 위해서는 사해행위 취소의 효력을 주장할 수 없다'고 판시하였는바, 아래에서 사안 및 판단의 요지를 분석한다.

(사안 요지) 채권자 "갑"은 채무자 "을"의 채권자로서, "을"의 채무자(제3채무자) "무"에 대하여 별도의 채권을 보유하여, "을"의 채권자로서의 지위와 "무"의 채권자로서의 지위를 겸하고 있다.

수익자 "병"이 채무자 "을"로부터 "을"의 "무"에 대한 채권을 양수하고 "무"를 상대로 양수금 청구소송을 제기하여 임의조정이 성립되자, 채권자 "갑"은 "을"이 "병"에게 채권을 양도한 것에 대하여 사해행위 취소소송을 제기하여 일부 취소의 확정판결을 받았다.[43]

"갑"이 "무"에 대한 집행권원에 기하여 "무" 소유의 부동산에 대하여 신청한 강제경매절차에서 수익자 "병"이 위 임의조정 조서에 의하여 배당요구를 하자, 경매법원은 신청채권자인 "갑"과 배당요구권자인 "병"에게 그 채권액에 비례하여 배당하였다.

이에, 채권자 "갑"은 "병"이 배당을 요구한 근거가 된 채권은 "을"로부터 양수한 채권으로서 그 채권양도계약이 사해행위로서 취소 확정된 이상 "병"이 채권양수인으로서의 지위를 상실하였으므로, "병"에 대한 배당을 취소하고 "갑"에

43) 소송상 화해, 임의조정 등은 법원이 작성하는 조서(調書)에 기재됨으로써 확정판결과 동일한 효력을 가지므로, 이를 채권자취소권 행사의 직접적 대상으로 한다면 재심절차가 아닌 통상의 소송절차에 의해 확정재판을 번복시키는 것과 동일한 모양새가 되어 바람직하지 않다. 그러나, 소송상 화해, 임의조정 등의 경우에도 그 조서 작성의 실질적 원인이 된 것으로 추단되는 채무자의 법률행위에 관하여 사해행위로서 취소의 대상으로 할 수 있다. 이러한 점을 비롯한 소송행위와 사해행위 성부 등의 문제에 관해서는 앞의 제3장 '제 13. 소송절차를 통한 사해행위'에서 상세하게 검토하였다.

게 배당하여야 한다는 배당이의의 소를 제기하였다.

(판단 요지) 채권자 "갑"이 "을"에 대한 사해행위 취소의 효력을 "무"의 부동산에 대한 경매절차에서 배당이의 사유로 주장하는 것은 허용되지 않는다. 왜냐하면, 만약 이를 허용한다면, "을"의 다른 채권자들이 "병"의 채권자가 아닌 이상 사해행위 취소의 효력을 향유할 수 없게 하고, "을"의 모든 채권자의 이익을 위하여 효력이 발생되어야 할 채권자취소권의 행사로써 "갑"은 채무자 "을"이 아닌 제3자 "병"에 대한 자신의 채권을 만족시키는 것이 되어 부당하기 때문이다.

2. 취소채권자와 수익자의 채권자 사이의 관계

(1) 취소판결의 수익자의 채권자에 대한 효력

대법원판례는, '채권자취소에 상대적 효력만을 인정하는 것은 취소채권자와 수익자 그리고 제3자의 이익을 조정하기 위한 것으로 그 취소의 효력이 미치지 않는 제3자의 범위를 사해행위를 기초로 수익자와 사이에 새롭게 법률관계를 맺은 전득자 등만으로 한정할 것은 아니므로, 수익자의 고유채권자에게도 채권자취소 판결의 효력이 미치지 않는다'는 입장을 확립하고 있다.[44] 따라서, 취소채권자는 사해행위 목적 부동산에 대한 경매절차 등에서 수익자의 채권자에 대한 관계에서 우선적 지위가 인정되지 않는다.

아래 (2)항에서 위와 같은 법리가 적용된 구체적 사례에 관해서 검토한다.

(2) 구체적 사례의 검토

(가) 수익자의 채권자가 사해행위 목적 부동산의 가압류권자로서 배당받은 경우

[대법원 2005. 11. 10. 선고 2004다49532 판결]

(사안 요지) 채무자 "을"이 선순위근저당권이 설정되어 있는 이 사건 부동산에 관하여 수익자 "병"과 사이에 사해행위인 매매계약을 체결하여 "병" 앞으로 소유권이전등기를 마치고, "병"에 대한 채권자 "무"가 이 사건 부동산에 관하여

44) 대법원 2005. 11. 10. 선고 2004다49532 판결, 2009. 6. 11. 선고 2008다7109 판결.

청구금액 1억 원으로 가압류하였는데, 그 후 선행 근저당권에 의한 경매절차에서 "무"에게 제4순위로 7,000만 원이 배당되었다.

그 후, 채권자 "갑"이 수익자 "병"을 상대로 제기한 채권자취소소송에서 '"병"과 "을" 사이에 체결된 위 매매계약을 취소하고, 가액배상으로 "병"은 "갑"에게 5,000만 원 및 지연손해금을 지급하라'는 판결이 선고되고 확정되었다.

이에, "갑"은 위 채권자취소판결의 효력이 "무"에게도 미친다고 하면서, "무"를 상대로 "무"가 배당받은 위 7,000만 원 중 가액배상으로 확정된 5,000만 원의 범위 내에서는 "갑"에 대하여 법률상 원인 없이 얻은 이득이 라는 이유로 그 반환을 청구하였다.

(원심 판단 요지) 위 대법원 2004다49532 판결의 원심[45]은, "무"가 수익자와 사이에 새로운 법률행위를 한 것이 아니라 우연한 사정에 의해 반사적 이익을 누리는 단순한 이해관계인에 불과하므로, 채권자취소소송의 승소판결의 실효성을 확보하기 위하여 그 판결의 효력은 "무"에게도 미친다는 등의 이유로 "갑"의 청구를 인용하였다.

(대법원 판단 요지) 사해행위의 취소에 상대적 효력만을 인정하는 것은 취소채권자와 수익자 그리고 제3자의 이익을 조정하기 위한 것으로 그 취소의 효력이 미치지 않는 제3자의 범위를 사해행위를 기초로 목적 부동산에 관하여 새롭게 법률행위를 한 그 목적 부동산의 전득자 등만으로 한정할 것은 아니다.

수익자의 채권자로서 이미 가지고 있던 채권 확보를 위하여 목적 부동산을 압류 또는 가압류한 자에 불과하더라도 목적 부동산의 매각대금에 대하여 취소채권자에게 수익자의 채권자에 우선하여 변제받을 수 있는 권리를 부여하여 사해행위 취소판결의 실효성을 확보하여야 할 아무런 근거가 없다.

원심 판시와 같은 이유만으로 사해행위 취소의 상대적 효력을 부정하여 "무"에게 사해행위 취소판결의 효력이 미친다고 볼 수 없으므로, 이를 전제로 한 원심판결을 파기한다.

---

45) 서울고법 2004. 8. 27. 선고 2003나68552 판결.

(나) 수익자의 채권자가 수익자에게 배당된 배당금채권을 가압류한 경우

[대법원 2009. 6. 11. 선고 2008다7109 판결]

(사안 요지) 채무자 "을"은 자신의 소유인 이 사건 부동산에 관하여 수익자 "병"과 사이에 사해행위인 근저당권설정계약을 체결하여 "병" 명의로 근저당권 설정등기를 마쳤는데, 그에 앞서 설정된 선순위 근저당권에 기해 임의경매절차가 진행된 결과 "병"에게 5,000만 원이 배당되고 그 배당 전에 "병"의 채권자 "무"가 "병"의 위 배당금청구채권에 관하여 청구금액 2,700만 원으로 채권가압류를 하였다.

그 후, 채권자 "갑"은 사해행위 취소에 따른 원상회복청구권을 피보전권리로 하여 위 "병"의 배당금청구채권에 관하여 배당금지급금지 가처분 결정을 받고, 이어 "병"을 상대로 채권자취소의 본안소송을 제기하여 '"병"과 "을" 사이의 근저당권설정계약을 취소하고, "병"은 "을"에게 배당금청구채권에 관하여 양도의 의사를 표시하고 대한민국에게 그 통지를 하라'는 승소판결을 받고 그 판결이 확정되었다.

경매법원은 "병"의 배당금청구채권에 관하여 "무"의 가압류와 "갑"의 가처분 등이 경합되었다는 이유로 "병"에 대한 배당금을 공탁하고, 그 후 공탁된 배당금채권에 대하여 실시된 채권배당절차에서 "병"에 대한 가압류권자인 "무"에게 1순위로 2,700만 원을 배당하고 나머지 금액을 "갑"에 배당하였다. 이에 사해행위 취소채권자 "갑"이 "병"에게 배당된 부분에 대하여 배당이의를 한 경우이다.

(판단 요지) 사해행위의 취소에 상대적 효력만을 인정하는 것은 취소채권자와 수익자 그리고 제3자의 이익을 조정하기 위한 것으로 그 취소의 효력이 미치지 않는 제3자의 범위를 사해행위를 기초로 목적 부동산에 관하여 새롭게 법률행위를 한 그 목적 부동산의 전득자 등만으로 한정할 것은 아니라고 할 것인바, 수익자와 새로운 법률관계를 맺은 것이 아니라 수익자의 고유 채권자로서 이미 가지고 있던 채권 확보를 위하여 수익자가 사해행위로 취득한 근저당권에 배당된 배당금을 가압류한 자에게 사해행위 취소판결의 효력이 미친다고 볼 수 없다.

위 사안의 경우, "무"는 수익자 "병"과 새로운 법률관계를 맺은 것이 아니라

"병"의 고유 채권자로서 이미 가지고 있던 채권 확보를 위하여 "병"에게 배당된 배당금청구채권을 가압류한 자이므로, "무"에게 위 사해행위 취소판결의 효력이 미친다고 볼 수 없는 바, 배당금청구채권을 먼저 가압류한 "무"에게 우선적으로 배당한 것은 적법하다.

(다) 부동산 매매계약이 사해행위로서 취소되기 전에 이루어진 수익자의 채권자가 한 가압류의 효력

대법원 1990. 10. 30. 선고 89다카35421 판결은, '사해행위 취소는 상대적 효력 밖에 없는 것이므로, 사해행위의 목적 부동산에 관하여 수익자에 대한 채권자의 가압류 등기가 마쳐진 후 채무자와 수익자 사이의 위 부동산에 관한 매매계약이 사해행위라는 이유로 취소되어 수익자 명의의 소유권이전등기가 말소되었다고 하더라도, 특별한 사정이 없는 한 가압류의 효력이 당연히 소멸되는 것이 아니므로 채무자로부터 위 부동산을 전전하여 양수한 자는 가압류의 부담이 있는 소유권을 취득한다'고 판시하였다.

위 대법원판결의 사안 요지는, '채권자가 채무자와 수익자 사이의 부동산 매매계약이 사해행위라는 이유로 그 취소와 수익자 명의의 소유권이전등기 및 수익자의 고유채권자 명의의 가압류등기의 말소를 구하였는데, 수익자에 대하여는 승소하였지만 그의 고유채권자에 대한 부분은 패소판결이 확정됨으로써, 수익자 명의의 소유권이전등기는 말소되었으나 그의 고유채권자 명의 가압류등기는 말소되지 않은 상태에서, 채무자가 위 부동산을 다시 제3자에게 처분한 경우'이다.[46]

위와 같은 사안에서 위 대법원판결의 원심은 위 부동산을 채무자로부터 다시 양수한 제3자가 수익자의 고유채권자를 상대로 그 명의의 가압류등기의 말소를 구하는 제3자이의의 청구를 인용하였는데, 위 대법원판결은 앞서 본 판시 이유에 의하여 원심판결을 파기하였다.

그런데 위 대법원판결 후에 나온 대법원 2017. 3. 9. 선고 2015다217980 판결은, 사해행위 취소의 상대적 효력에 의해, '채무자가 사해행위 취소로 등기명의를 회복한 부동산을 제3자에게 처분하더라도 이는 무권리자의 처분에 불과하여 효력이 없으므로, 채무자로부터 제3자에게 마쳐진 소유권이전등기나 이에 기

---

46) 위 대법원판결의 원심인 대구지법 1989. 11. 24. 선고 89나7403 판결에 의해 사실관계를 요약한 것이다.

초하여 마쳐진 소유권이전등기 등은 모두 원인무효의 등기'라고 판시하였으므로, 위 대법원 89다카35421 판결이 '채무자로부터 위 부동산을 전전하여 양수한 자는 가압류의 부담이 있는 소유권을 취득한다'는 법리는 그대로 유지될 수 없다고 할 것이다.

다만, 위 대법원 89다카35421 판결에 관해서는, 취소채권자가 사해행위 취소로써 수익자의 채권자인 가압류권자에 대하여 우선적 지위를 주장할 수 없다는 의미를 가지는 것으로 선해할 수 있을 것이다.

(라) 수익자에 대한 임차보증금 반환채권자와의 관계

대항요건 및 확정일자를 갖춘 임차인과 소액임차인이 임차주택과 대지에 대하여 가지는 우선변제권은 이른바 법정담보물권의 성격을 가지는 것으로서, 임차주택과 대지에 관하여 임대차 성립 당시의 소유자가 그 후 달라지더라도 여전히 목적 부동산에 대하여 우선변제권을 행사할 수 있고, 우선변제권을 행사할 수 있는 기준시점은 대항력과 확정일자를 갖춘 때이다.[47]

따라서, 부동산이 사해행위에 의하여 수익자에게 소유권 이전된 후 수익자가 그 부동산에 관하여 제3자와 사이에 우선변제적 효력 있는 임대차계약을 체결한 경우, 그 임차인은 그 후 채권자의 사해행위 취소에 의하여 채무자 명의로 등기가 회복된 목적 부동산에 대한 강제경매절차에서도 임차보증금 반환채권에 관하여 취소채권자에 우선하여 배당 받을 수 있다.

한편, 위와 같이 대항요건 및 확정일자를 갖춘 임차권과 소액임차권은 법정담보물권의 성격을 가지므로, 그 임차인이 가장임차인이 아닌 한 비록 등기를 하지 않았더라도 사해행위의 수익자로부터 채무자의 일탈재산을 기초로 하여 새로이 법정담보물권을 취득한 전득자의 지위에 있다고 볼 수 있다.

따라서, 채권자로서는 사해행위취소에 의해 채무자 명의로 등기가 회복된 부동산에 대한 강제경매절차에서 위와 같은 임차인을 배당에서 배제하기 위해서는, 그 임차인이 가장 임차인이 아닌 한, 배당이의 소송에서 단순한 공격방법으로 사해행위의 전득자임을 주장할 수 없고, 전득자의 지위에 있는 위 임차인

---

47) 대법원 2012. 7. 26. 선고 2012다45689 판결(따라서 임차인이 대항력과 확정일자를 갖춘 후에 임대차계약이 갱신되더라도 대항력과 확정일자를 갖춘 때를 기준으로 종전 임대차 내용에 따른 우선변제권을 행사할 수 있다).

에 대한 관계에서 채무자와 수익자 사이의 사해행위에 대하여 별도의 취소소송을 제소기간 내에 제기하여 승소하여야 할 것이다.

3. 매매계약이 취소된 경우 상계로 소멸한 기존채권이 부활하는가, 취소채권자가 이를 행사할 수 있는가

대법원 2003. 8. 22. 선고 2001다64073 판결은, '사해행위인 매매가 취소되는 경우에는 그 취소의 효과로 인하여 당연히 취소채권자로서는 위 매매의 효력이 유효하게 존속함을 전제로 하여 이루어진 상계의 효력 즉 기존채무 소멸의 효과를 부정할 수 있다고 할 것이므로, 별도로 채무자의 상계의 의사표시를 취소할 것도 없이 채무자의 수익자에 대한 기존의 채권이 부활하는 것으로 취급할 수 있다'고 판시하였다.

그러나, 위 대법원판결은 결론적으로, '이와 같이 채무자의 기존 채권이 부활하는 것으로 취급된다고 하더라도, 취소채권자는 그로써 사해행위 취소의 목적을 달성하게 되는 것으로서 수익자에게 반환을 명할 수익도 남아 있는 것도 아니므로, 더 나아가 수익자에 대하여 금전채권의 이행을 직접 또는 대위의 방법으로 구할 것까지는 없다'고 판시하였음에 주의를 요한다.

위 대법원판결의 사안 요지는, 채무자 "을"은 수익자 "병"으로부터 주식을 시가의 12배 내지 16배 높은 가격으로 매수하고 "병"에 대한 약 120억 원의 대금지급채무에 관하여 "병"의 "을"에 대한 기존의 채무와 상계하였는데, 채권자 "갑"이 "을"과 "병" 사이의 위 주식매매계약을 사해행위로서 취소하고 수익자 "병"에 대하여 원상회복으로서 위 매매대금에 상당한 120억 원의 지급을 청구한 것이다.

위 대법원판결은 위와 같은 사안에서, '수익자 "병"이 주식매매의 반대급부로 취득한 수익은 현실의 금전 등 유체물이 아니라 채무자 "을"의 상계의 의사표시에 의하여 "병"의 "을"에 대한 기존 채무가 매매대금과 대등액에서 소멸함으로써 그 채무를 면하게 된 이익으로서 수익자 "병"에게 반환을 명할 수익이 남아 있다고 볼 수 없다. 한편 채권자 "갑"으로서는 "을"과 "병" 사이의 주식매매계약을 사해행위로 취소한 효과로 인하여 상계의 효력 즉 기존채무의 소멸의 효과도 부정할 수 있어 “을”의 “병”에 대한 기존의 채권이 부활되는 것으로 취급할 수 있고, 그로써 채권자 “갑”은 사해행위 취소의 목적을 달성하게 된다.

따라서, 채권자 “갑”은 더 나아가 수익자 “병”을 상대로 금전채권의 이행을 별도로 직접 또는 대위의 방법에 의하여 청구할 수 없다’고 판시한 것이다.

위 대법원판결의 판시 내용은 채무자가 주식을 매수함에 있어 그 대금을 시가보다 현저하게 높게 책정하여 사해행위로 된 특수한 경우에 관한 사례이기는 하지만, 사해행위 취소의 상대효 및 그에 따른 원상회복에 있어서 다른 채권자들과 사이의 공평의 원칙을 적용하여 타당한 결론을 도출한 것이라고 이해할 수 있다.

그리고 한편으로는, 위 대법원판결의 법리 구성은 채권양도가 취소된 경우에 취소채권자가 제3채무자에 대하여 직접 또는 채무자를 대위하여 그 채권에 관한 지급을 청구할 수 없고, 채무자의 제3채무자에 대한 채무면제가 사해행위에 해당하여 취소되는 경우에도 취소채권자가 직접 제3채무자에 대하여 이행청구를 할 수 없다는 법리와 그 맥락을 같이 한다고 볼 수 있다.[48]

48) 채권양도와 채무면제에 있어 취소채권자가 제3채무자에 대하여 권리를 실현하는 방법에 관해서는 앞의 제 3.의 3항 및 4항에서 상세하게 검토하였다.

제 3 절 채무자에 대한 효력

제 1. 회복재산에 대한 권리 취득 없음

1. 기본적 의미

채권자취소의 효과는 채무자에게 미치지 않고 채무자와 수익자와의 법률관계에도 아무런 영향을 미치지 아니하므로, 취소채권자의 사해행위취소 및 원상회복청구에 의하여 채무자에게로 회복된 재산은 취소채권자 및 다른 채권자에 대한 관계에서 채무자의 책임재산으로 취급될 뿐 채무자가 직접 그 재산에 대하여 어떤 권리를 취득하는 것이 아니다(대법원 2009. 5. 14. 선고 2007다64310 판결).

즉, 회복재산에 관한 실체적 권리는 여전히 수익자에게 귀속되어 있는 상태로서 취소채권자 및 민법 제407조의 효력을 받는 채권자가 강제집행을 함에 있어서는 회복 재산이 채무자에 속하는 책임재산으로 되어 적법한 집행의 대상이 된다는 의미이다.

2. 구체적 고찰

(1) 채권양도가 사해행위로서 취소된 경우 채무자에 대한 효력

채무자의 수익자에 대한 채권양도가 사해행위로 취소되고 그에 따른 원상회복으로 제3채무자에게 채권양도가 취소되었다는 취지의 통지가 이루어지더라도, 채권자와 수익자의 관계에서 채권이 채무자의 책임재산으로 취급될 뿐 채무자가 직접 채권을 취득하여 권리자가 되는 것은 아니므로, 채권자는 채무자를 대위하여 제3채무자에게 채권에 관한 지급을 청구할 수 없다(대법원 2015. 11. 17. 선고 2012다2743 판결). 왜냐하면, 채권양도가 사해행위로서 취소되더라도 양도된 채권이 채무자에게 실체적으로 복귀하는 것이 아니고 여전히 채무자는 제3채무자에 대하여 채권을 가지고 있지 아니하므로, 채권자가 피보전채권을 가지고 있다고 하더라도 채무자를 대위하여 행사할 수 있는 피대위채권 즉 채무자의 제3채무자에 대한 채권이 존재하지 않기 때문이다.[49]

(2) 채무자가 회복된 부동산을 임의로 다시 처분한 경우의 효력

채무자와 수익자 사이의 부동산매매계약이 사해행위로 취소되고 그에 따른 원상회복으로 수익자 명의의 소유권이전등기가 말소되어 채무자의 등기명의가 회복되더라도, 그 부동산은 채권자와 수익자 사이에서 채무자의 책임재산으로 취급될 뿐 채무자가 직접 그 부동산을 취득하여 권리자가 되는 것이 아니다.

대법원 2017. 3. 9. 선고 2015다217980 판결은, 위 법리를 전제로 하여, '따라서, 채무자가 사해행위 취소로 등기명의를 회복한 부동산을 제3자에게 처분하더라도 이는 무권리자의 처분에 불과하여 효력이 없고, 제3자에게 마쳐진 등기는 원인무효의 등기이므로, 이 경우 취소채권자나 민법 제407조에 따라 취소의 효력을 받는 채권자는 채무자의 책임재산으로 취급되는 부동산에 대한 강제집행을 위하여 원인무효 등기의 명의인을 상대로 등기의 말소를 청구할 수 있다'고 판시하였다.[50]

(3) 수익자가 채무자에게 가액배상금 명목의 금전을 지급한 경우의 효력

위에서 본 바와 같이 채무자가 수익자(또는 전득자)에 대하여 어떠한 권리를 취득하는 것은 아니므로, 수익자가 원상회복으로 채권자에게 가액반환을 할 경우 수익자는 자신이 채무자에게 가액반환금 명목으로 금원을 지급하였다는 점을 들어 채권자취소권을 행사하는 채권자에 대해 이를 가액반환에서 공제할 것을 주장할 수 없다(대법원 2017. 8. 21.자 2017마499 결정, 2001. 6. 1. 선고 99다63183 판결).

사해행위가 취소되더라도 채무자는 수익자에 대하여 아무런 권리를 취득하

---

49) 채권양도가 취소된 경우 제3채무자에 대한 채권의 만족방법에 관해서는 앞의 제2절 제 3.의 3.에서 상세하게 검토하였다.

50) 이 대법원 판결에 관해서는 앞의 제2절 제 3.의 2.에서 상세하게 검토하였다.

지 못하므로 수익자가 채무자에게 가액배상금의 일부를 지급하였다고 하더라도, 이는 채권자에 대한 관계에서는 무권리자에게 임의로 지급한 것에 불과하여 이를 이유로 취소채권자에게 항변할 수 없고 다시 취소채권자에게 가액배상금 전액을 반환하여야 하는 것이다.

제 2. 소송상 피고적격 없음

1. 기본적 의미

채권자가 채권자취소권을 행사하려면 사해행위의 상대방(수익자)이나 전득한 자를 상대로 소송을 제기하여야 하고, 채무자를 상대로 소송을 제기할 수 없다(대법원 2004. 8. 30. 선고 2004다21923 판결). 즉, 사해행위 취소 및 원상회복을 구하는 소송에서는 채무자는 당사자(피고)적격을 가지지 않으므로, 채권자가 채무자를 상대로 하여 피보전채권에 기한 이행소송을 병합하여 제기하지 않은 상태에서 채무자만을 피고로 하여 채권자취소소송을 제기한 경우에는 소를 각하한다.

위와 같이, 채권자취소소송에서 채무자가 피고적격을 가지지 못하는 것은, 채권자취소의 효과에 관해서 채무자나 제3자에게는 미치지 않고 채권자와 수익자 사이 또는 채권자와 전득자 사이의 상대적인 관계에서만 생긴다는 이른바 상대적 효력설이 소송에 투영된 것이라고 볼 수 있고, 서로 표리관계에 있다고 할 수 있다.

2. 취소의 대상인 법률행위

채권자가 전득자를 상대로 하여 사해행위의 취소와 함께 책임재산의 회복을 구하는 채권자취소의 소를 제기한 경우에 그 취소의 효과는 채권자와 전득자 사이의 상대적인 관계에서만 생기는 것이고 채권자와 채무자 또는 채무자와 수익자 사이의 법률관계에는 미치지 않는 것이므로, 이 경우 취소의 대상이 되는 사해행위는 채무자와 수익자 사이에서 행하여진 법률행위에 국한되고, 수익자와 전득자 사이의 법률행위는 취소의 대상이 되지 않는다(대법원 2004. 8. 30. 선고 2004다21923 판결).

제 3. 회복 재산에 대한 집행 채무자로서의 지위

1. 적법한 강제집행 대상

취소채권자의 사해행위취소 및 원상회복청구에 의하여 채무자에게로 회복된 재산은 취소채권자 및 다른 채권자에 대한 관계에서 채무자의 책임재산으로 취급된다.

채무자의 책임재산으로 취급된다는 것은 집행 개시 당시의 채무자에 속하여 적법한 강제집행의 대상이 되는 재산으로 본다는 의미이다. 강제집행의 대상이 되는 채무자의 책임재산의 시적(時的) 범위는 강제집행 개시 당시 채무자에 속하는 재산이어야 하고 종전에는 채무자의 소유에 속하였으나 집행 당시에는 제3자에게 귀속되어 있는 이른바 과거의 재산은 집행의 대상이 될 수 없다. 채권자취소권은 채무자의 수중에서 이탈한 재산을 원상회복시켜 과거의 재산을 현재의 재산으로 바꾸어 놓음으로써 강제집행의 책임재산을 증대시키는 작용을 하는 것이다.[51)]

이와 같이, 채권자취소권의 행사에 의하여 채무자에게로 회복된 재산은 적법한 강제집행의 대상이 되는 것이므로, 채무자 명의로 등기가 회복된 목적 부동산에 대하여 취소채권자나 민법 제407조에 따라 취소의 효력을 받는 채권자의 집행권원에 기한 신청에 의해 경매절차가 진행되어 경락된 결과 대금까지 완납되었다면, 경락인이 그 부동산의 소유권을 취득한다.

2. 강제집행 잉여금의 귀속 여부

사해행위 취소에 따른 원상회복으로 수익자 명의의 소유권이전등기가 말소되더라도 채무자의 책임재산으로 취급될 뿐 채무자가 직접 그 부동산을 취득하여 권리자가 되는 것은 아니고 수익자가 여전히 그 부동산의 소유자라고 하는 것은, 강제집행의 결과 채권자들에게 배당되고 남은 잉여금이 생긴 경우 그 잉

51) 이시윤, 신민사집행법(제8판) 제90면.

여금은 채무자에게 지급할 것이 아니라 수익자에게 배당한다는 의미이다.[52]

수익자가 여전히 그 부동산의 소유자라고 하는 것은 위와 같이 잉여금이 생긴 경우 그 잉여금을 수익자에게 배당하는 근거가 될 뿐, 채무자의 책임재산으로 취급되는 회복재산에 대한 강제집행에 따라 경락인이 그 대금을 납입함으로써 소유권을 취득하는 데에 아무런 장애가 될 수 없고, 수익자가 강제집행절차에 의해 소유권을 취득한 경락인에 대해서 권리를 주장할 수 없음은 물론이라고 할 것이다.

52) 대법원 2017. 9. 21. 선고 2016다8923 판결 참조.

제 4. 채무자와 수익자와의 관계

1. 채무자와 수익자 사이의 법률관계에 대한 영향

(1) 원칙적으로 영향을 미치지 않음

채권자취소는 채권자와 수익자(또는 전득자)의 관계에서만 상대적으로 채무자와 수익자 사이의 법률행위를 무효로 하는 데에 그치고 채무자와 수익자 사이의 법률관계에는 영향을 미치지 않는다.

(2) 채무자와 수익자 사이의 대물변제가 취소된 경우 수익자의 채무자에 대한 기존 채권의 부활 여부

대법원 2003. 6. 27. 선고 2003다15907 판결은 '채무자가 다수의 채권자 중 특정의 채권자 1인(수익자)에게 대물변제를 한 것이 다른 채권자의 소제기에 의해 사해행위로서 취소되고 원상회복이 확정된 경우에, 사해행위의 상대방인 수익자는 사해행위인 대물변제가 취소되면서 그의 채무자에 대한 채권이 부활하게 되는 결과 원래의 채권자의 지위를 회복하게 된다'고 판시하였다. 즉, 채권자 중의 1인인 수익자의 채무자에 대한 대여금채권이 채무자의 대물변제에 의하여 소멸하였다가, 대물변제가 사해행위로서 취소됨으로써 채무자에 대한 기존 대여금채권이 부활한다는 것이다.[53] 위 대법원판결은, '따라서 취소소송을 제기한 채권자 등이 원상회복된 채무자의 재산에 대하여 강제집행을 신청하여 그 절차가 진행되면 수익자인 채권자도 부활된 기존 채권에 관하여 집행권원을 갖추어 강제집행절차에서 배당을 요구할 권리가 있다'고 판시하였다.

위 대법원판결의 판시는 일견 채권자취소의 상대효의 법리 즉 채권자취소는 채권자와 수익자의 관계에서만 상대적으로 법률행위를 무효로 하는 데에 그치고 채무자와 수익자 사이의 법률관계에는 영향을 미치지 않는다는 법리에 어긋난다고 볼 수 있다. 그러나, 위 대법원판결은 거래의 안전을 해치지 않는 사안에서 채권자취소의 상대효를 완화하고 공평의 원칙을 적용하여 타당한 결론을

53) 위 대법원 2003다15907 판결의 사안 요지이다.

도출한 것이라고 이해할 수 있다.

(3) 채무자와 수익자 사이의 매매계약이 취소된 경우 상계로 소멸한 채무자의 수익자에 대한 기존채권의 행사의 문제

대법원 2003. 8. 22. 선고 2001다64073 판결은, '사해행위인 매매가 취소되는 경우에는 그 취소의 효과로 인하여 당연히 취소채권자로서는 위 매매의 효력이 유효하게 존속함을 전제로 하여 이루어진 상계의 효력 즉 기존채무 소멸의 효과를 부정할 수 있다고 할 것이므로, 별도로 채무자의 상계의 의사표시를 취소할 것도 없이 채무자의 수익자에 대한 기존의 채권이 부활하는 것으로 취급할 수 있다'고 판시하였다.

그러나, 위 대법원판결은 결론적으로, '이와 같이 채무자의 기존 채권이 부활하는 것으로 취급된다고 하더라도, 취소채권자는 그로써 사해행위 취소의 목적을 달성하게 되는 것으로서 수익자에게 반환을 명할 수익도 남아 있는 것도 아니므로, 더 나아가 수익자에 대하여 금전채권의 이행을 직접 또는 대위의 방법으로 구할 것까지는 없다'고 판시하였음에 주의를 요한다.

위 대법원판결의 사안 요지는, 채무자 "을"은 수익자 "병"으로부터 주식을 시가의 12배 내지 16배 높은 가격으로 매수하고 "병"에 대한 약 120억 원의 대금지급채무에 관하여 "병"의 "을"에 대한 기존의 채무와 상계하였는데, 채권자 "갑"이 "을"과 "병" 사이의 위 주식매매계약을 사해행위로서 취소하고 수익자 "병"에 대하여 원상회복으로서 위 매매대금에 상당한 120억 원의 지급을 청구한 것이다.

위 대법원판결은 위와 같은 사안에서, '수익자 "병"이 주식매매의 반대급부로 취득한 수익은 현실의 금전 등 유체물이 아니라 채무자 "을"의 상계의 의사표시에 의하여 "병"의 "을"에 대한 기존 채무가 매매대금과 대등액에서 소멸함으로써 그 채무를 면하게 된 이익으로서 수익자 "병"에게 반환을 명할 수익이 남아 있다고 볼 수 없다. 한편 채권자 "갑"으로서는 "을"과 "병" 사이의 주식매매계약을 사해행위로 취소한 효과로 인하여 상계의 효력 즉 기존채무의 소멸의 효과도 부정할 수 있어 "을"의 "병"에 대한 기존의 채권이 부활되는 것으로 취급할 수 있고, 그로써 채권자 "갑"은 사해행위 취소의 목적을 달성하게 된다.

따라서, 채권자 "갑"은 더 나아가 수익자 "병"을 상대로 금전채권의 이행을 별도로 직접 또는 대위의 방법에 의하여 청구할 수 없다'고 판시한 것이다.

위 대법원판결의 판시 내용은 채무자가 주식을 매수함에 있어 그 대금을 시가보다 현저하게 높게 책정하여 사해행위로 된 특수한 경우에, 채권자취소의 상대효를 완화하고 공평의 원칙을 적용하여 타당한 결론을 도출한 것이라고 이해할 수 있다.

2. 수익자와 채무자 사이에 부당이득관계가 성립되는 경우

대법원 2017. 9. 26. 선고 2015다38910 판결은, '채무자의 법률행위가 사해행위에 해당하여 취소를 이유로 원상회복이 이루어진 경우, 특별한 사정이 없는 한 채무자는 수익자 또는 전득자에게 부당이득반환채무를 부담한다'고 판시하였다.[54)]

그런데, 사해행위 취소에 소급효가 없고 또 사해행위 취소가 직접적으로 채무자와 수익자 사이의 법률관계에는 영향을 미치지 않으므로, 채무자와 수익자 사이의 법률행위가 소급적으로 무효로 되어 법률상 원인이 없게 됨으로써 수익자가 채무자에게 한 급부에 관하여 부당이득으로서 반환을 청구할 수 있다는 법률구성을 하는 것은 불가능하다. 그럼에도 위와 같이 채무자와 원상회복의무를 이행한 수익자(또는 전득자) 사이에 부당이득반환관계가 성립하는 것에 관해서 어떠한 법률구성을 할 수 있는가.

사해행위 취소 판결이 확정되었다고 하더라도 채무자와 수익자 사이에는 사해행위의 목적이 된 재산에 관한 권리는 여전히 수익자에게 귀속되는데, 한편 채무자는 자신에게 형식상으로 반환된 책임재산의 집행에 따라 채권자에 대한 채무를 면함으로써 이익을 얻고 그로 인하여 수익자에게 손해를 입게 하였다.

따라서 결국, 채무자는 법률상 원인 없이 수익자의 재산에 의해 이익을 얻고 이로 인하여 수익자에게 손해를 가하였으므로, 채무자와 원상회복의무를 이행한 수익자 또는 전득자 사이에 부당이득 반환의 법률관계가 성립한다고 할 것이다.

---

54) 대법원 2015. 10. 29. 선고 2012다14975 판결도, 채무자가 원상회복이 이루어짐으로써 수익자에 대하여 부당이득반환채무를 부담함을 전제로, 그러한 채무자가 부당이득반환채무의 변제를 위하여 수익자와 소비대차계약을 체결하고 강제집행을 승낙하는 취지가 기재된 공정증서를 작성한 경우에 다른 채권자를 해하는 사해행위가 되는지 여부에 관해서 판시하였다.

제4절 수익자에 대한 효력

제 1. 수익자의 원상회복의무와 재산반환으로 인한 손해의 전보

1. 취소채권자에 대한 원상회복의무

(1) 원상회복의무의 이행 방법

채권자취소권은 채무자의 사해행위를 채권자와 수익자 또는 전득자 사이에서 상대적으로 취소하고 채무자의 책임재산에서 일탈한 재산을 회복하여 채권자의 강제집행이 가능하도록 하는 것을 본질로 하는 권리로서, 사해행위 취소에 따른 원상회복은 원칙적으로 그 목적물 자체의 반환에 의하고, 그것이 현저하게 곤란한 경우 등에 예외적으로 가액의 반환에 의한다.[55]

목적물 자체의 반환 즉 원물반환이라 함은 현실적으로는 목적물에 관한 법률관계에 있어서 사해행위 이전의 상태로서 채권자가 강제집행을 행사할 수 있도록 회복한다는 의미이므로, 원물반환의 구체적 방법은 목적물의 종류에 따른 강제집행절차를 고려할 수밖에 없다고 할 것이다.

원물반환이 불가능하거나 현저히 곤란한 경우에는 원상회복의 이행으로서 사해행위 목적물의 가액 상당을 반환하는 방법에 의하고, 또한 공평의 원칙상, 저당권 등 우선변제권이 설정되어 있는 부동산이 사해행위로 이전된 후 종전의 우선변제권이 소멸한 경우에는, 그 부동산의 가액에서 우선변제채무액을 공제한 잔액의 한도 내에서 사해행위를 취소하고 그 가액의 반환을 구할 수 있을 뿐이다.[56]

---

55) 대법원 2010. 4. 29. 선고 2009다104564 판결, 2017. 10. 26. 선고 2015다224469 판결 등.

(2) 가액반환에 관한 문제

(가) 수익자의 채무자에 대한 채권과의 상계 가부

수익자는 사해행위 취소에 따른 원상회복으로서 가액반환을 하는 경우에 자신도 채무자에 대한 채권자라는 이유로 취소채권자를 상대로 하여 채무자에 대한 자기의 채권과의 상계를 주장할 수 없다(대법원 2017. 8. 21.자 2017마499 결정). 취소채권자의 원상회복청구에 대하여 수익자가 자신의 채권으로서 상계할 수 있다고 하면 실질적으로 수익자가 우선변제를 받게 되는 이익을 얻게 되어 수익자를 보호하고 다른 채권자의 이익을 무시하는 결과가 됨으로써, 모든 채권자를 위하여 수익자로부터 채무자의 일탈재산을 환원시키려는 채권자취소의 제도적 취지에 반하기 때문이다(대법원 2001. 6. 1. 선고 99다63183 판결).

(나) 수익자의 채권에 대한 안분액 청구 가부

수익자는 사해행위 취소에 따른 원상회복으로서 가액반환을 하는 경우에 자신도 채무자에 대한 채권자 중의 1인이라는 이유로 취소채권자에 대하여 총채권액 중 자기의 채권에 대한 안분액의 분배를 청구하거나, 그 안분액과 원상회복청구와의 상계를 주장하여 그 안분액의 지급을 거절할 수 없다(대법원 2003. 11. 28. 선고 2003다50061 판결).

수익자가 안분액의 지급을 거절할 수 있다면, 자신의 채권에 대하여 변제를 받은 수익자를 보호하고 다른 채권자의 이익을 무시하는 결과가 됨으로써 모든 채권자를 위하여 수익자로부터 채무자의 일탈재산을 환원시키려는 채권자취소의 제도적 취지에 반하기 때문이다.

(다) 수익자의 채권자에 대한 별개의 채권에 기한 가액반환채권에 대한 압류·전부 가부

대법원 2017. 8. 21.자 2017마499 결정은, '수익자가 채권자취소권을 행사하는 채권자에 대해 가지는 별개의 다른 채권을 집행하기 위하여 그에 대한 집행권원으로써 채권자의 수익자에 대한 가액배상채권을 압류하고 전부명령을 받는

56) 대법원 2001. 9. 4. 선고 2000다66416 판결(근저당권이 말소된 경우), 2013. 4. 11. 선고 2012다107198 판결(확정일자 있는 임차권이 소멸한 경우).

것은 허용된다'고 판시하였다. 나아가, 위 대법원결정은, '채권자가 채무자의 제3채무자에 대한 채권을 압류하는 경우 제3채무자가 채권자 자신인 경우에도 이를 압류하는 것이 금지되지 않으므로, 채권자와 제3채무자가 동일인이라도 그 채권압류 및 전부명령은 위법하지 않다'고 판시하였다.

따라서, 예컨대, 채권자 "갑"이 수익자 "병"에 대하여 사해행위 취소의 확정판결로 인한 약 2억 원의 가액배상채권을 가지게 되었는데, 그 전에 수익자 "병"이 "갑"을 상대로 약 1억 5,000만 원의 손해배상을 청구하는 소를 제기하여 승소판결을 받았고, 그 집행력 있는 판결에 기초하여 위 "갑"의 "병"에 대한 가액배상채권 중 청구금액 1억 5,000만 원에 대해 채권압류 및 전부명령을 신청하여 그 명령을 받은 것은 적법하다.[57)]

(라) 가액배상청구에 대한 수익자의 원물반환 주장 수용의 문제

원상회복의무를 이행하는 수익자의 입장에서 볼 때, 수익자 명의의 소유권이전등기의 말소를 명하는 원물반환판결은 그 집행의 범위가 사해행위 목적 부동산으로 한정되지만, 금전의 지급을 명하는 가액반환판결은 그 집행의 범위가 수익자의 고유재산으로까지 확대된다는 점에서, 가액반환판결이 실질적으로 수익자에게 더 불리할 수 있다.

특히, 수익자가 저당권 등 우선변제권이 설정된 부동산을 사해행위에 의해 취득하고 그 선행 우선채무를 변제한 경우 언제나 가액반환의 의무를 부담한다면, 아래 사례에서 보는 바와 같이 그 불합리성이 현저한 경우가 있는데, 이러한 경우에 청구취지 변경 없이 가액반환 청구에 대하여 원물반환의 판결을 할 수 있는지 문제된다.

예컨대, 채무자 "을"과 수익자 "병" 사이의 다가구주택에 관한 매매가 사해행위에 해당하고, 수익자 "병"이 그 매매를 원인으로 다가구주택에 관하여 자기 앞으로 소유권이전등기를 마친 다음, 그 전부터 위 다가구주택의 일부씩을 임차하여 거주하던 소액임차인들에게 임대차보증금 합계 5,000만 원을 변제하고 퇴거하게 하였는데, 위 다가구주택의 사실심 변론종결 당시의 시가는 3억 원이다. 이러한 상황에서, 채권자 "갑1"이 위 매매를 사해행위로서 취소하고 수익자

57) 대법원 2017. 8. 21.자 2017마499 결정이유에 나타난 사실관계를 요약한 것이다.

"병"에 대하여 "병"이 원상회복으로서 반환하여야 할 가액 2억 5천만 원(다가구 주택 시가 3억 원−변제한 임대차보증금 5천만 원)의 범위 내에서 자신의 채권액 2억 원의 지급을 구하였는데, 한편 채무자 "을"의 또 다른 채권자 "갑2"가 별도의 소송으로 위 매매의 취소와 가액반환으로서 자신의 채권액 4억 원의 범위 내에서 위 잔존 가액 2억 5천만 원의 지급을 구한 사례에 관해서 본다.

위와 같은 사례에서, 채권자들이 구하는 원상회복 방법대로 가액반환이 인정된다면, 수익자 "병"으로서는 채권자 "갑1"에게 2억 원, 채권자 "갑2"에게 2억 5천만 원의 가액을 반환하여야 함으로써, 외형상 위 아파트의 시가 3억 원을 초과하는 가액배상 합계 4억 5천만 원("갑1"에 대하여 2억 원+"갑2"에 대하여 2억 5천만 원)의 지급채무를 부담할 수 있는 위험이 발생하는 것이다.[58)]

대법원 2009. 5. 14. 선고 2009다4947 판결은, '사해행위 후 기존의 근저당권이 변제에 의하여 말소된 경우, 채권자의 사해행위 취소 및 원상회복으로서의 가액배상청구가 정당한 이상, 특별한 사정이 없는 한 채권자가 구하는 가액배상의 범위를 넘어 원물반환을 명하는 것은 허용될 수 없다'고 판시하였다.

그런데, 대법원 2013. 4. 11. 선고 2012다107198 판결은, 앞서 나온 사례와 같은 사안에서, '가액배상의 방법으로 원상회복이 이루어져야 한다고 하더라도, 채권자와 수익자 모두 원물반환을 원하고 있고, 원물반환에 의하더라도 일반채권자들을 위한 책임재산의 보전이라는 채권자취소권의 목적 달성에 별다른 지장이 없는 경우라면, 굳이 가액배상을 고집하기 보다는 사해행위 취소에 따른 본래적 의미의 원상회복 방법인 원물반환에 의하는 것이 오히려 공평의 관념에 부합하고, 이러한 수익자의 의사는 사해행위취소소송의 사실심 변론종결시를 기준으로 판단함이 상당하다'고 판시하였다.[59)]

---

58) 여러 개의 소송이 계속 중인 경우에는 각 소송에서 채권자의 청구에 따라 사해행위취소 및 원상회복을 명하는 판결을 선고하여야 하고, 수익자(전득자 포함)가 가액배상을 하여야 할 경우에도 수익자가 반환하여야 할 가액을 채권자의 채권액에 비례하여 채권자별로 안분한 범위 내에서 반환을 명할 것이 아니라, 수익자가 반환하여야 할 가액 범위 내에서 각 채권자의 피보전채권액 전액의 반환을 명하여야 하기 때문이다(대법원 2005. 11. 25. 선고 2005다51457 판결). 위와 같이 수익자의 과잉지급의 위험을 회피할 수 있는 또 다른 방법으로서 수익자의 공탁을 허용하여야 할 것인바, 이 점에 관해서는 뒤의 제 4.에서 상세하게 검토한다.

59) 본문에 나온 대법원 2009. 5. 14. 선고 2009다4947 판결, 2013. 4. 11. 선고 2012다107198 판결을 비롯하여 가액반환청구에 대한 원물반환판결에 관한 전반적인 문제점에 대해서는 앞의 제5장 제5절 제 2.의 3.에서 상세하게 검토하였다.

2. 수익자의 재산반환으로 인한 손해의 전보

(1) 채무자에 대한 부당이득 반환 청구

대법원 2017. 9. 26. 선고 2015다38910 판결은, '채무자의 법률행위가 사해행위에 해당하여 취소를 이유로 원상회복이 이루어진 경우, 특별한 사정이 없는 한 채무자는 수익자(또는 전득자)에게 부당이득반환채무를 부담한다'고 판시하였다.

그런데, 사해행위 취소에 소급효가 없고 또 사해행위 취소가 직접적으로 채무자와 수익자 사이의 법률관계에는 영향을 미치지 않음에도 원상회복을 이행한 수익자와 채무자 사이에 어떠한 법률구성에 의하여 부당이득반환관계가 성립한다고 할 수 있는가.[60]

사해행위 취소 판결이 확정되었다고 하더라도 채무자와 수익자 사이에는 사해행위의 목적이 된 재산에 관한 권리는 여전히 수익자에게 귀속되는데, 한편 채무자는 자신에게 형식상으로 반환된 책임재산의 집행에 따라 채권자에 대한 채무를 면함으로써 이익을 얻고 그로 인하여 수익자에게 손해를 입게 하였다.

따라서 결국, 채무자는 법률상 원인 없이 수익자의 재산에 의해 이익을 얻고 이로 인하여 수익자에게 손해를 가하였으므로, 채무자와 원상회복의무를 이행한 수익자(또는 전득자) 사이에 부당이득 반환의 법률관계가 성립한다고 할 것이다.

다만, 이러한 수익자의 채무자에 대한 채권은 당초의 사해행위 이후에 취득한 채권에 불과하여 원상회복된 채무자의 재산에 대한 강제경매절차에서 배당을 요구할 권리가 없는 경우가 있음에 주의를 요한다.[61]

(2) 수익자의 채무자에 대한 기존 권리의 부활

대법원 2003. 6. 27. 선고 2003다15907 판결은 '채무자가 다수의 채권자 중 특정의 채권자 1인(수익자)에게 대물변제를 한 것이 다른 채권자의 소제기에 의해 사해행위로서 취소되고 원상회복이 확정된 경우에, 사해행위의 상대방인 수

---

60) 채무자와 수익자 사이의 법률행위가 소급적으로 무효로 되어 법률상 원인이 없게 됨으로써 수익자가 채무자에게 한 급부에 관하여 부당이득으로서 반환을 청구할 수 있다는 법률구성을 하는 것은 불가능하다.

61) 대법원 2015. 10. 29. 선고 2012다14975 판결 참조.

익자는 사해행위인 대물변제가 취소되면서 그의 채무자에 대한 채권이 부활하게 되는 결과 원래의 채권자의 지위를 회복하게 된다'고 판시하였다.

위 대법원판결의 요지는, 채권자 중의 1인인 수익자의 채무자에 대한 대여금채권이 채무자의 대물변제에 의하여 소멸하였다가, 대물변제가 사해행위로 취소됨으로써 채무자에 대한 기존의 대여금 채권이 부활한다는 것이다.

위 대법원판결은, '따라서 취소소송을 제기한 채권자 등이 원상회복된 채무자의 재산에 대하여 강제집행을 신청하여 그 절차가 진행되면 수익자인 채권자도 부활된 기존 채권에 관하여 집행권원을 갖추어 강제집행절차에서 배당을 요구할 권리가 있다'고 판시하였다.

위 대법원판결의 판단은, 일견 채권자취소의 상대효의 법리 즉 채권자취소는 채권자와 수익자의 관계에서만 상대적으로 법률행위를 무효로 하는 데에 그치고 채무자와 수익자 사이의 법률관계에는 영향을 미치지 않는다는 법리에 어긋난다고 볼 수 있다.

그러나, 위 대법원판결은 거래의 안전을 해치지 않는 사안에서 채권자취소의 상대효를 완화하고 공평의 원칙을 적용하여 타당한 결론을 도출한 것이라고 이해할 수 있다.

(3) 수익자의 종전 일반 채권자로서의 지위 유지

채무자가 다수의 채권자들 중 1인(수익자)에게 담보를 제공한 것이 다른 채권자들에 대한 관계에서 사해행위가 되어 채권자들 중 1인의 채권자취소소송 제기에 의하여 그 취소와 원상회복이 확정된 경우에는, 사해행위 상대방인 수익자는 그의 채권이 사해행위 당시에 그대로 존재하고 있었으므로, 다른 채권자들과 함께 민법 제407조에 의하여 그 취소 및 원상회복의 효력을 받는 채권자에 포함된다(대법원 2003. 6. 27. 선고 2003다15907 판결).

따라서 취소소송을 제기한 채권자 등이 원상회복된 채무자의 재산에 대한 강제집행을 신청하여 그 절차가 개시되면 수익자인 채권자도 그 집행권원을 갖추어 강제집행절차에서 배당을 요구할 권리가 있다.

위 법리는 위 (2)항에서 살펴 본 바와 같이, 대물변제가 취소되어 기존의 채권이 부활된 경우에도 적용된다.

이와 같이, 수익자가 사해행위 이전의 종전 채권자로서의 지위를 유지 또는 회복하는 경우에는 다른 채권자들과 함께 민법 제407조에 의하여 그 취소 및 원상회복의 효력을 받는 채권자에 포함되지만, 수익자가 원상회복의무를 이행함으로써 취득한 채무자에 대한 부당이득반환채권자로서의 지위는 민법 제407조의 채권자에는 포함되지 않는다는 점에 차이가 있다.

한편, 수익자가 종전 채권자의 지위에서 취소채권자의 회복재산에 대한 강제집행절차에 참여하는 경우에는 배당요구채권자로서의 자격 즉 집행권원의 보유, 가압류 집행 등의 절차를 밟아 배당요구종기까지 배당요구를 하여야 하는 점에 주의를 요한다(민사집행법 제84조, 제88조, 제148조 등 참조).

3. 채권양수인 겸 압류 · 추심권자인 수익자의 지위

대법원 2014. 3. 27. 선고 2011다107818 판결은, '채무자가 제3채무자에 대한 채권을 특정 채권자인 수익자에게 양도하였다가 채권양도가 사해행위라는 이유로 취소판결이 확정되었으나, 그 수익자인 채권자가 당해 채권에 대하여 채권압류 및 추심명령도 받아 둔 경우, 제3채무자의 혼합공탁에 따른 배당절차에서 그 채권자가 사해행위의 수익자인 채권양수인의 자격으로는 배당 받을 수 없으나, 압류 및 추심명령을 받은 채권자의 지위에서 배당 받는 것은 가능하다'고 판시하였다.

아래에서 사안요지 및 판단요지 등에 관해서 상세하게 검토한다.

(사안 요지) 채무자 "을"은 무자력 상태에서, 2010. 1. 20. 수익자 "병"에게 제3채무자 "무"에 대한 물품대금채권 중 2억 7,000만 원의 채권을 양도하여 같은 달 28. 그 양도통지가 "무"에게 도달하였으며, 위 채권양도에 앞서 위 물품대금채권에 관하여, 채권자 "기" 및 "경"의 각 채권가압류 결정이 2009. 12. 18. 제3채무자 "무"에게 송달되었다.

한편, 채무자 "을"은 수익자 "병"에 대하여 임가공 대금 등 6억 원의 지급채무를 이행하지 못하자 2010. 1. 28. "병"에게 액면 6억 원인 어음공정증서를 작성하여 주었다.

제3채무자 "무"는 위와 같이 채권가압류 및 채권양도가 경합하자, 2010. 2.

5. 민사집행법 제291조, 제248조 제1항, 민법 제487조 후단을 근거로 물품대금채권 2억 8,200만 원을 공탁하였다.62)

수익자 "병"은 위 어음공정증서를 집행권원으로 하여 채무자 "을"의 대한민국에 대한 공탁금출급청구권에 대하여 채권압류 및 추심명령을 받았고, 그 결정이 2010. 2. 16. 대한민국에게 송달되었다.

한편, 채권자 "갑"은행은 2010. 2. 17. 당시의 대출원리금 5억 7천만 원을 청구금액으로 하여 채무자 "을"의 대한민국에 대한 공탁금출급청구권에 대하여 채권가압류 결정을 받고 그 결정이 2010. 2. 19. 대한민국에 송달되었다.

위 공탁금에 관하여 2010. 2. 19. 사유신고서가 제출되자 집행법원은 배당절차를 실시하여, 제1순위로 선순위 가압류권자인 "기" 및 "경"에게 그 각 청구금액을 배당하고, 2순위로 채권양수인 수익자 "병"에게 나머지 금액 7,500만 원을 배당하고, 채권자 "갑"에게는 배당하지 아니하는 것으로 배당표를 작성하였다.63)

이에 채권자 "갑"은 채무자 "을"과 수익자 "병" 사이에 체결된 위 채권양도계약에 관하여 사해행위로서 취소를 구함과 아울러, 원상회복으로서 배당이의의 소를 제기하여 "병"에 대한 배당액을 삭제하고 "갑"에게 배당하는 것으로 배당표의 경정을 구하였다.

(쟁점 및 원심 판단요지) 이 사건의 쟁점은 채무자 "을"과 수익자 "병" 사이에 체결된 위 채권양도가 사해행위에 해당하여 취소됨을 전제로, 수익자 "병"이 사해행위로서 취소된 채권양수인이 아니라, 채무자 "을"에 대하여 가지는 6억 원의 어음공정증서를 집행권원으로 하여 채무자 "을"의 대한민국에 대한 공탁금출급청구권에 관하여 압류 및 추심명령을 받은 채권자로서는 배당 받을 수 있는지 여부이다.

이에 대해 원심은, 수익자가 채무자의 채권자인 경우 수익자가 가액배상을 할 때에 수익자 자신도 사해행위 취소의 효력을 받는 채권자 중의 1인이라는

---

62) 이 공탁은 가압류 등을 원인으로 하는 집행공탁과 채권자불확지를 원인으로 하는 변제공탁의 혼합공탁에 해당한다.

63) 제3채무자가 가압류 집행된 금전채권액을 공탁한 경우에는 그 가압류의 효력은 그 청구채권액에 해당하는 공탁금액에 대한 채무자의 출급청구권에 대하여 존속한다(민사집행법 제297조). 가압류의 제3채무자가 공탁을 하고 공탁사유를 법원에 신고하더라도 배당절차를 실시할 수 없으며, 공탁금에 대한 채무자의 출급청구권에 대하여 압류 및 공탁사유신고가 있을 때 비로소 배당절차를 실시할 수 있다(대법원 2006. 3. 10. 선고 2005다15765 판결).

이유로 취소채권자에 대하여 총채권액 중 자기의 채권에 해당하는 안분액의 분배를 청구할 수 없다는 법리(대법원 2003. 11. 28. 선고 2003다50061 판결)는 수익자가 사해행위로 취득한 지위 외에 자신의 본래 채권에 기하여 별도의 배당 받을 지위를 겸하고 있는 경우에도 마찬가지로 적용된다고 판단하였다.

이에, 원심은, 이 사건의 경우에도 수익자 "병"이 사해행위로 취득한 채권양수인으로서의 지위 외에 별도로 채권압류 및 추심채권자로서의 지위를 가지고 있다 하더라도 배당 받을 수 없고, 수익자 "병"에 대한 배당액 7,500만 원을 모두 삭제하고 이를 채권자 "갑"에게 배당하는 것으로 배당표가 경정되어야 한다고 판시하였다.

(대법원 판단 요지 및 법리적 의의) 채무자가 제3채무자에 대한 채권을 특정 채권자에게 양도하였다가 그 채권양도가 사해행위라는 이유로 취소판결이 확정되었으나, 그 채권자가 당해 채권에 대하여 채권압류 및 추심명령도 받아둔 경우에는, 제3채무자의 공탁에 따른 배당절차에서 그 채권자가 사해행위의 수익자인 채권양수인의 자격으로는 배당 받을 수 없으나, 압류 및 추심명령을 받은 채권자의 지위에서 배당 받는 것은 가능하다.[64)]

이 사건의 경우, 수익자 "병"은 위 배당절차에서 '채권양수인'의 지위뿐만 아니라 '채권압류 및 추심채권자'의 지위를 가지고 있었으므로, 위 채권양도계약이 사해행위로서 취소됨으로써 수익자 "병"에게 채권양수인의 지위가 인정되지 않는다고 하더라도, 수익자 "병"은 채권자 "갑"이 배당이의한 위 금원이 압류채권자인 자신에게도 배당되어야 한다고 주장할 수 있다.

그리고, 이와 같은 경우 배당법원은 채권자 "갑"과 수익자 "병"의 각 배당순위와 채권액을 참작하여 배당표를 경정하여야 할 것이다.

대법원 2009. 12. 10. 선고 2009다56627 판결은 '채무자의 특정 채권자에 대한 담보권설정행위가 사해행위로 취소확정된 경우 취소된 담보채권자는 '담보권자'로서는 배당 받을 수 없지만 별도의 배당요구를 하여 배당요구채권자로서

64) 이 판시에 앞서 위 대법원판결은 배당이의에 관한 법리로서, '배당이의의 소에서 피고는 원고의 청구를 배척할 수 있는 모든 주장을 방어방법으로 내세울 수 있으므로, 원고가 배당이의를 한 금원이 피고가 배당요구하였지만 배당에서 제외된 다른 채권에 배당되어야 한다는 주장도 피고는 할 수 있고, 이는 피고가 그 다른 채권에 기하여 배당이의를 하지 아니하였더라도 마찬가지이다(대법원 2008. 9. 11. 선고 2008다29697 판결 참조)'라고 설시하였다.

배당 받는 것은 가능하다'고 판시하였다.

그리고, 대법원 2017. 8. 21.자 2017마499 결정은, 수익자가 채권자취소권을 행사하는 채권자에 대해 가지는 별개의 다른 채권을 집행하기 위하여 그에 대한 집행권원으로써 채권자의 수익자에 대한 가액배상채권을 압류하고 전부명령을 받는 것이 허용된다'고 판시하였다.

이 대법원판결은 위 각 대법원판결과 그 법리적 맥락을 같이 하는 것으로 이해할 수 있는바, 사해행위의 수익자가 집행절차에서 두 가지 지위를 겸할 수 있고 그 중 사해행위 상대방으로서의 지위가 취소된다고 하더라도 나머지 지위에 기하여는 배당을 받는 등 집행할 수 있다는 법리를 다시 확인하였다는 데에 그 의의가 있다.

제 2. 반환 후 재산 소유자로서의 지위

1. 목적 재산에 대한 강제집행 잉여금의 귀속

부동산에 관한 소유권이전의 원인행위가 사해행위로 인정되어 취소되더라도 그 취소의 효과는 채권자와 수익자 사이에서 상대적으로 생길 뿐이므로, 취소에 따른 원상회복으로서 수익자 명의의 등기가 말소되어 채무자 명의로 회복되더라도 채무자가 직접 부동산을 취득하여 권리자가 되는 것이 아니고 수익자가 여전히 부동산의 소유자이며, 다만 채권자에 대한 관계에서 채무자의 책임재산으로 취급되어 강제집행을 당할 수 있는 부담을 지는데 지나지 않는다(대법원 2016. 11. 25. 선고 2013다206313 판결, 2017. 3. 9. 선고 2015다217980 판결).

따라서, 채무자 등기명의로 회복된 부동산으로부터 채권자가 강제집행에 의하여 만족을 받고 남은 잉여가 있다면 채무자에게 지급되는 것이 아니라 그 재산을 반환하였던 수익자에게 지급하여야 한다.[65]

이와 같이 잉여금이 채무자에게 지급되지 않게 하기 위해서는 등기기록상의 등기원인을 면밀하게 살펴 사해행위 취소소송의 확정판결에 따라 전소유자(채무자)에게 환원된 부동산인지 여부를 파악하는 데에 유의할 것이다.[66] 사해행위 취소 및 원상회복의 확정판결에 의해 전소유자(채무자) 등기명의로 회복되는 경우의 그 등기원인은 '사해행위 취소'로, 등기원인일자를 '판결확정일'로 기재하도록 되어 있다.[67]

2. 법정지상권 성립에 관한 영향

위에 본 바와 같이, 수익자는 부동산에 관한 소유권이전의 원인행위가 사해행위로서 취소된 후에도 여전히 부동산 소유자로서의 지위를 그대로 유지한다는 법리는, 법정지상권의 성립에 관해서도 영향을 미치는 점에 주의를 요한다.

---

65) 대법원 2017. 9. 21. 선고 2016다8923 판결 참조.
66) 사법연수원, 법원실무제요(2020년판) 민사집행 [Ⅲ] 제121면.
67) 등기예규 제1692호(판결 등 집행권원에 의한 등기의 신청에 관한 업무처리지침).

채무자 소유의 토지와 그 지상 건물이 함께 수익자에게 양도되었다가 채권자취소권의 행사에 따라 그 중 건물에 관해서만 양도가 취소되고 건물에 관한 수익자 명의의 소유권이전등기가 말소된 경우, 어느 시점에 토지와 건물의 소유권이 서로 다른 사람에게 귀속된 것으로 보아 건물의 소유자에게 건물 소유를 위한 관습상의 법정지상권이 성립한다고 할 것인가.

위와 같은 문제에 관하여, 대법원 2014. 12. 24. 선고 2012다73158 판결은, 위 (1)항에서 본 바와 같은 법리를 전제로 하여, 건물에 관해서만 취소에 따른 원상회복으로서 수익자 명의의 소유권이전등기가 말소되었다고 하더라도, 이는 관습상 법정지상권의 성립요건인 '동일인의 소유에 속하고 있던 토지와 지상 건물이 매매 등으로 인하여 소유자가 다르게 된 경우'에 해당할 수 없다고 판시하였다. 즉 사해행위 취소에 의한 원상회복으로 인하여 토지에 관해서만 수익자 등기명의가 유지되고 건물에 관해서는 채무자 등기명의로 회복되었다고 하더라도, 이로써 토지와 건물의 소유자가 달라진 것이 아니라 여전히 토지와 건물이 수익자 동일인에게 속하고 있다는 것이다.

위 대법원판결의 사안요지는, 채무자 "을"이 수익자 "병"에게 토지 및 그 지상 건물을 함께 매도하였다가 채권자취소권의 행사에 따라 그 중 건물에 관해서만 매매계약이 취소되어 "병" 명의의 소유권이전등기가 말소되고, 그 후 취소채권자 "갑"의 건물에 대한 강제경매 신청에 따라 그 압류등기가 마쳐진 다음 경매가 진행되어 경락인 "A"가 그 대금을 완납하여 건물에 관한 소유권을 취득한 경우이다.

위 대법원판결은 위 사안에 관하여 앞서 본 법리에 따라, 수익자 "병"은 건물에 대한 강제경매 압류의 효력이 발생할 당시까지도 토지 및 그 지상 건물을 모두 소유하고 있었다고 할 것이고, "A"가 위 강제경매절차에서 이 사건 건물을 매수하고 그 대금을 납부함으로써 양자의 소유자가 다르게 되었으므로, "A"는 토지에 대하여 관습상의 법정지상권을 취득하였다고 판단한 것이다.

3. 재산세 납부의무자로서의 사실상 소유자

대법원 2000. 12. 8. 선고 98두11458 판결은, '채권자취소권 행사로 인한 사해행위의 취소와 일탈재산의 원상회복은 채권자와 수익자 또는 전득자에 대한 관계에서만 그 효력이 발생할 뿐이고 채무자가 직접 권리를 취득하는 것이 아니므로, 채권자가 수익자를 상대로 사해해위 취소와 일탈재산의 원상회복을 구하는 판결을 받아 그 등기명의를 회복시켰다고 하더라도 재산세 납세의무자인 사실상의 소유자는 수익자라고 할 것'이라고 판시하였다.

4. 수익자의 취득시효와 관련한 문제

대법원 2016. 11. 25. 선고 2013다206313 판결은, '사해행위취소 및 원상회복 판결이 확정되었지만 아직 수익자 명의 소유권이전등기가 말소되지 않은 상태에서 수익자가 목적 부동산을 점유하는 것은 자기 소유 부동산을 점유하고 있는 것에 불과하여, 취소판결이 확정된 날로부터 10년이 지나 소유권이전등기가 말소되더라도 수익자가 10년의 등기부취득시효의 완성을 주장할 수 없다'는 취지로 판시하였는바, 아래에서 구체적인 사안 및 판단 요지에 관해서 분석 검토한다.

(사안 요지) 채무자 "을"은 1997. 7. 18. 수익자 "병"에게 이 사건 부동산을 매도하는 계약을 체결하고 같은 달 28. 소유권이전등기를 마쳐주었고, "병"은 그 때부터 이 사건 부동산을 점유하여 왔다.

채권자 "갑"은 채무자 "을"에 대한 조세채권을 피보전권리로 하여 수익자 "병"을 상대로 위 매매계약의 취소 및 소유권이전등기의 말소를 구하는 채권자취소소송을 제기하여 승소하였고 그 승소판결은 1999. 2. 3. 확정되었다.

채권자 "갑"은 2010. 3. 12. 위 확정판결에 따라 "병" 명의의 소유권이전등기의 말소등기를 마쳐 채무자 "을" 소유명의로 회복한 다음, 2010. 3. 18. 이 사건 부동산에 관하여 "을"에 대한 조세채권의 집행을 위하여 압류등기를 마쳤다.

이에, 수익자 "병"은 이 사건 부동산의 점유를 개시한 1997. 7. 28.부터 10년이 경과한 2007. 7. 28. 등기부취득시효가 완성되었으므로, "갑"의 위 압류등기는 제3자의 재산을 대상으로 한 것이어서 무효라고 주장하고 조세채권자 "갑"을 상대로 위 압류등기의 말소를 구하는 소송을 제기하였다.

(원심 판단 요지) 수익자 "병"은 이 사건 부동산을 매수하여 점유하기 시작

한 때부터 소유의 의사로 점유한 것이고 그 후 채권자취소소송에서 패소하여 그 판결이 확정되었다고 하더라도 점유의 성질이 바뀌었다고 볼 수 없다는 등의 이유로 수익자 "병"의 등기부취득시효의 주장을 받아들여 그 청구를 인용하였다.

(대법원 판단 요지) 대법원판결은 수익자 "병"의 등기부취득시효를 인정하지 않고 원심을 파기하였는데, 그 이유는 다음과 같다.

사해행위가 취소되더라도 이 사건 부동산은 여전히 수익자 "병"의 소유이고, 한편 이 사건 부동산에 관하여 "병"의 등기부취득시효가 인정되려면 자기 소유 부동산에 대하여 취득시효가 인정될 수 있다는 것이 전제되어야 한다.

그러나, 부동산에 관하여 적법 유효한 등기를 하여 그 소유권을 취득한 사람이 당해 부동산을 점유하는 경우에는 특별한 사정이 없는 한 사실상태를 권리관계로 높여 보호할 필요가 없고, 부동산의 소유명의자는 그 부동산에 대한 소유권을 적법하게 보유하는 것으로 추정되어 소유권에 대한 증명의 곤란을 구제할 필요 역시 없으므로, 그러한 점유는 취득시효의 기초가 되는 점유라고 할 수 없다.

또한, 이 사건에서 채권자 "갑"은 사해행위취소판결이 확정됨으로써 그 등기명의를 채무자 "을" 앞으로 회복하여 강제집행을 할 수 있게 되었는데, 수익자 "병"은 그러한 부담을 안고 있다는 사정을 잘 알고 있는 상태에서 위 판결 전후 기간 동안 이 사건 부동산을 점유하여 온 것이다. 그러한 점유의 사실상태는 이를 사해행위취소의 부담이 없는 권리관계로 높여 보호할 필요가 있다거나 소유권에 대한 증명의 곤란을 구제할 필요가 있는 경우에 해당한다고 볼 수 없다.

(대법원판결 법리에 관한 비판적 검토) 대법원판결이 수익자의 등기부취득시효를 인정하지 않은 근거는, 자기 소유 부동산에 대하여 취득시효가 인정될 수 없고 사해행위 취소판결 전후에 걸친 점유는 권리관계로 높여 보호할 필요가 없다는 점에 있다고 이해된다.

먼저, '자기 소유물'에 대하여도 취득시효가 인정될 수 있는지에 관해서 본다. 이 점에 관해서는 대법원판례가 통일되어 있지 않다. 부정적 입장의 대법원판례는 '자기 소유 부동산을 점유하는 것은 취득시효의 기초로서의 점유라고 할 수 없고, 다른 사람 명의로 소유권이전등기가 된 경우에 비로소 취득시효의 기초로서의 점유가 개시된다'고 한다.68) 긍정적 입장의 대법원판례는 '취득시효의 존재이유에 비추어 보면 자기 소유의 부동산이라도 시효취득의 목적물이 될 수 있고, 민법 제245조가 구민법이 취득시효의 대상으로 규정하였던 '타인의 물건'을 빼놓은 것도 같은 취지이다'라고 한다.69)

자기 소유의 부동산에 대해서도 취득시효를 인정하는 것이 현재의 사실상태를 권리상태로 승격시키려는 취득시효제도의 취지에 부합하고, 또한 현행 민법이 타인의 물건일 것을 빼고 취득시효의 요건을 정한 취지에도 부합한다고 할 것이다.

그리고 사해행위의 수익자라고 하더라도 등기부취득시효의 요건을 충족한 이상 취소채권자와의 관계에서도 시효취득이라는 새로운 권원에 의한 소유권을 주장할 수 있도록 보호하는 것이 타당하다고 본다. 등기부취득시효에서의 선의 무과실은 등기에 관한 것이 아니고 점유취득에 관한 것이므로,70) 수익자가 사해행위취소 판결 전후에 걸쳐 점유하였다고 하여 점유취득 당시에 과실이 있다고 보기 어렵다.

나아가, 조세 부담에 있어서의 형평성과 행정상 신뢰의 원칙의 측면에서 살펴본다.

사해행위의 수익자는 취소판결에 의해 등기명의가 채무자에게 회복되었다고 하더라도 재산세의 납세의무를 부담하고,71) 증여계약이 사해행위로서 취소되고 증여재산이 채무자인 증여자의 책임재산으로 회복되더라도 수익자인 수증자의 상속인은 상속세 납부의무를 면할 수 없다.72) 그런데도, 사해행위 취소판결이 확정된 날로부터 10년이 지나 소유권이전등기가 말소되더라도, 수익자가 취소채권자(조세채권자)에 대하여 10년의 등기부취득시효기간 경과에 의한 새로운 소

---

68) 대법원 1997. 3. 14. 선고 96다55860 판결, 2001. 4. 13. 선고 99다62036 판결 등.

69) 대법원 2001. 7. 13. 선고 2001다17572 판결. 한편, 대법원 1992. 2. 25. 선고 91다9312 판결은 '취득시효의 대상이 반드시 타인의 소유물이어야 하는 것은 아니다'라고 판시하였다. 그리고, 1998. 1. 20. 선고 96다48527 판결은 '등기부취득시효의 요건으로서의 소유자로 등기한 자라 함은 적법 유효한 등기를 마친 자일 필요는 없고 무효의 등기를 마친 자라도 상관없다'고 판시하였다. 이러한 판례들도 자기 소유물에 대하여 취득시효가 인정될 수 있음을 간접적으로 긍정한 것이라고 볼 수 있다.

70) 대법원 1998. 1. 20. 선고 96다48527 판결.

71) 대법원 2000. 12. 8. 선고 98두11458 판결.

72) 대법원 2020. 11. 26. 선고 2014두46485 판결.

유권을 주장하지 못하고 타인인 채무자의 조세채무에 대해서 집행의무를 부담하여야 한다는 것은 지나치게 형평에 반한다.

한편, 행정주체는 권한 행사의 기회가 있음에도 불구하고 장기간 권한을 행사하지 아니하여 국민이 그 권한이 행사되지 않을 것으로 믿을 만한 정당한 사유가 있는 때에는 그 권한을 행사하여서는 아니된다(행정기본법 제12조 제2항). 이 사건은 과세주체가 채무자에 대한 조세채권을 보전하기 위하여 수익자를 상대로 채권자취소소송을 제기하여 승소확정판결을 받았음에도 10년 이상이나 그 확정판결에 의해 원상회복을 하지 않다가 판결 확정 후 11년이 지나서야 새삼스럽게 위 확정판결에 따라 채무자 소유명의로 회복한 다음 채무자에 대한 조세채권을 집행하기 위하여 압류한 사안으로서, 행정상의 신뢰의 원칙에도 어긋난다고 볼 것이다.

제 3. 수익자의 청구이의, 제3자이의

1. 청구이의

(1) 가액배상의무의 감축 · 소멸과 청구이의

수익자가 사해행위 취소에 의한 가액배상 확정판결에 따라 취소채권자에게 그 의무의 전부 또는 일부를 이행한 경우에 그 판결의 집행력의 배제를 구하는 청구이의의 소를 제기할 수 있음은 물론이다.

수익자의 청구이의의 소는 아래 제 4.에서 보는 바와 같이 여러 개의 가액배상판결이 경합하여 취소채권자가 여러 명 존재하는 경우, 또는 앞의 제4장 제4절 제 4.에서 상세하게 검토한 바와 같이 가액배상의무자가 수인이고 그 의무가 중첩적인 경우에 있어서 수익자의 과잉 지급을 방지할 수 있는 유용한 수단이 될 수 있는 점에 중요한 의의가 있다.

(2) 피보전채무의 감축 · 소멸과 청구이의

채권자취소권은 채무자에 대한 피보전채권의 존재를 전제로 채무자의 책임재산에서 일탈한 재산을 회복하여 강제집행이 가능하도록 하는 것을 본질로 하는 권리이므로, 피보전채권이 소멸함으로써 책임재산을 보전할 필요성이 없어진 경우에는 채권자취소권도 소멸한다.[73]

따라서, 채권자취소소송에서 피보전채권의 존재가 인정되어 사해행위 취소 및 원상회복을 명하는 판결이 확정되었다고 하더라도, 그에 기하여 재산이나 가액의 회복을 마치기 전에 피보전채권이 소멸하여 채권자가 더 이상 채무자의 책임재산에 대하여 강제집행을 할 수 없게 되었다면, 이는 위 판결의 집행력을 배제하는 적법한 청구이의 사유가 된다(대법원 2017. 10. 26. 선고 2015다224469 판결).[74]

---

73) 채무자가 변론종결 당시에 이르러 변제자력을 회복하여 무자력 상태에 있지 않게 된 경우에도 책임재산을 보전할 필요성이 없으므로 채권자취소권이 소멸한다(대법원 2007. 11. 29. 선고 2007다54849 판결).

74) 판결뿐만 아니라 화해권고결정 등 집행권원에 대하여 청구이의 사유가 된다. 위 본문에 나온 대법원 2017. 10. 26. 선고 2015다224469 판결의 사안내용도 청구이의의 대상이 된 것은 화

이러한 법리는 채권자취소소송에서 채무자에 대한 피보전채권의 존재가 인정되어 사해행위 취소에 따라 수익자에 대하여 원상회복으로서 가액반환을 명하는 판결이 확정되었는데, 그에 기한 가액의 회복을 마치기 전에 채무자의 채무가 회생계획 인가결정을 통하여 변경·소멸된 경우에도 마찬가지로 적용된다.

예컨대, 채권자 "갑"이 채무자 "을"에 대한 구상금채권을 피보전채권으로 하여 "을"과 수익자 "병" 사이에 체결된 증여계약을 사해행위로서 취소하고 "병"에 대하여 가액배상을 구하는 소송을 제기하여 승소확정판결을 받았는데, 그 후 채무자 "을"에 대하여 개시된 회생절차에서 "갑"의 구상금채권에 관한 회생채권 중 일부는 면제되고 나머지는 현금으로 변제하는 내용의 회생계획 인가결정이 이루어졌으며,[75] 이에 따라 "을"이 회생계획에서 정한 변제의무를 완료한 경우에, 수익자 "병"은 위 가액배상 확정판결에 기한 강제집행의 불허(청구이의의 소)를 구할 수 있다.[76]

2. 제3자이의

(1) 일반적 문제의 정리

제3자이의의 소는 이미 개시된 집행의 목적물에 대하여 소유권 기타 목적물의 양도나 인도를 저지하는 권리를 주장함으로써 그에 대한 집행의 배제를 구하는 소이므로, 그 소의 원인이 되는 제3자의 권리가 집행채권자에게 대항할 수 있는 것이어야 하고, 제3자이의의 소는 가압류 또는 가처분 명령에 기한 집행에 대해서도 적용된다.[77]

그리고, 집행채권자에 대한 대항 여부는 제3자의 권리 취득과 집행의 선후에 의하여 결정되는 것이 보통이므로 그 권리가 압류 또는 가압류 당시에 존재해야 하는 것이 원칙이다.[78]

해권고결정이다.

75) 구상금채권에 관한 회생채권은 회생계획 인가결정에 따라 실체적으로 변경되어, 회생계획에서 면제하기로 한 부분은 그 인가결정 시점에, 현금으로 변제하기로 한 나머지 부분은 그 이후의 변제에 의하여 각 확정적으로 소멸하였다. 이 점을 비롯하여 피보전채권이 채무자회생법에 의하여 면책 또는 변경된 경우의 문제에 관해서는 앞의 제2장 제2절 제 3.에서 따로 상세하게 검토하였다.

76) 이는 본문에 나온 대법원 2015다224469 판결의 사안내용을 축약한 것이다.

77) 대법원 1982. 10. 26. 선고 82다카884 판결. 사법연수원, 법원실무제요 민사집행[Ⅰ] 제287면.

그런데, 예외적으로 가압류 또는 압류 후에 취득한 권리라도 특별히 권리자가 이로써 집행채권자에게 대항할 수 있는 경우라면 그 권리자는 집행의 배제를 위하여 제3자이의의 소를 제기할 수 있다. 이와 같이 예외적으로 가압류 또는 압류 후 권리취득자의 제3자이의의 소 제기가 허용된 사례로서는, 사망자에 대하여 가압류결정이 된 경우,[79] 이중매매의 매수인이 매도인의 배임행위에 적극 가담한 경우 등과 마찬가지의 법리가 적용되어 강제집행이 무효인 경우,[80] 가압류집행이 형식적으로는 채권 확보를 위한 절차에 따른 것이라고 하여도 수임인으로서의 임무에 위배하여 상대방과 사이의 통모에 의해 이루어진 경우[81] 등을 들 수 있다.

(2) 대법원판결의 분석

대법원 2014. 10. 27. 선고 2012다76744 판결은, 수익자가 사해행위 목적물에 관한 권리를 그 목적물에 대한 채권자의 가압류 후에 취득하였으나 사해행위 취소에 따른 가액배상금을 모두 변제한 경우에, 채권자의 채무자에 대한 집행권원에 기하여 동일한 목적물에 대하여 가압류를 본압류로 이전하는 강제집행에 관해서 그 배제를 청구할 수 있는지가 쟁점으로 된 사건이다.

이와 같은 경우는 수익자가 채권자의 집행권원에 채무자로 표시된 사람이나 그 승계인 또는 그 밖의 원인에 의하여 그에 대신하여 집행을 받을 사람에 해당하지 않음이 분명하므로, 청구이의를 제기할 수 있는 당사자적격을 가지지 않고,[82] 제3자이의를 할 수 있는지 여부만이 쟁점으로 될 수 있다.

아래에서 사안요지 및 판단요지 등에 관해서 분석한다.

(사안 요지)[83] 채권자 "갑"은 채무자 "을"에 대한 약 2억 2,000만 원의 대여

---

78) 대법원 1982. 10. 26. 선고 82다카884 판결, 2014. 10. 27. 선고 2012다76744 판결. 이시윤, 신민사집행법(제8판) 제231면.

79) 대법원 1982. 10. 26. 선고 82다카884 판결.

80) 대법원 1988. 9. 27. 선고 84다카2267 판결.

81) 대법원 1996. 6. 14. 선고 96다14494 판결.

82) 청구이의의 소의 제소권자는 집행권원에 채무자로 표시된 자 및 그의 승계인 그 밖의 원인에 의하여 채무자 대신에 집행력을 받는 자(민사집행법 제25조)이다(이러한 자의 채권자도 채권자대위권에 기하여 대위제소할 수 있다). 이시윤, 신민사집행법(제8판) 제218면.

83) 위 대법원 2012다76744 판결의 원심판결인 서울고법 2012. 7. 17. 선고 2011나38259 판결의 사실관계를 축약한 것이다.

금채권의 집행보전을 위하여 “을” 소유의 이 사건 부동산에 대하여 2003. 1. 29. 가압류 집행(이하, ‘이 사건 가압류’)을 마치고, “을”을 상대로 가압류의 본안소송으로 대여금 청구의 소를 제기하여 2005. 8. 26. ‘“을”은 “갑”에게 442,735,796원 및 이에 대한 지연손해금을 지급하라’는 승소판결(이하, ‘이 사건 대여금 판결’)을 선고받고 상고심을 거쳐 확정되었다.

채무자 “을”은 2005. 3. 21.수익자 “병”에게 사해행위로서 이 사건 부동산을 매도하여 2006. 2. 22. “병” 앞으로 소유권이전등기를 마쳐주고, “병”은 2007. 2. 26. 위 가압류에 선행하는 채권최고액 3억 원인 근저당권의 피담보채무를 변제하고 그 설정등기를 말소하였다.

채권자 “갑”은 2006. 3. 14. 수익자 “병”을 상대로 위 매매계약에 관해서 사해행위 취소의 소를 제기하여 2009. 11. 5. 항소심에서 ‘위 매매계약을 취소하고 “병”은 “갑”에게 387,000,000원[84] 및 이에 대한 지연손해금을 지급하라’는 판결(이하, ‘이 사건 가액배상판결’)을 선고받고 그 판결은 그 때쯤 확정되었다.

채권자 “갑”이 이 사건 가액배상판결을 집행권원으로 하여 이 사건 부동산에 관하여 강제집행을 실시하자, 수익자 “병”은 2010. 5. 17. 이 사건 가액배상판결에 따른 원리금 및 집행비용 합계 400,059,066원을 변제공탁하였고, 이에 “갑”이 이를 수령하여 위 대여금 채권의 변제에 충당하였다.

그런데, 채권자 “갑”은 이 사건 대여금 판결을 집행권원으로 하여 다시 이 사건 부동산에 대하여 이 사건 가압류에 따른 본압류로서 강제경매를 신청하여 2010. 7. 22. 경매개시결정(이하, ‘이 사건 강제집행’)이 이루어졌다.

(판단 요지) 수익자 “병”이 가액배상금을 변제공탁함으로써 이 사건 부동산 중 일반채권자들의 공동담보로 제공된 책임재산이 회복되었고 채권자 “갑”이 위 책임재산의 가치 전부를 취득하여 자기 채권의 만족에 사용함으로써 위 책임재산에 대한 집행이 종결된 것과 같은 결과에 이르게 되어 이 사건 부동산의 강제집행의 보전을 목적으로 하는 이 사건 가압류는 당초의 목적을 달성하여 더 이상 유지될 필요성이 없다.

따라서, 이 사건 가압류 집행 후 본집행으로 이행하기 전에 이 사건 부동산

84) 이 사건 부동산의 변론종결 당시의 가액 687,000,000원에서 말소된 근저당권의 채권최고액 300,000,000원을 공제하여 산출한 가액배상액이다.

의 소유권을 취득한 수익자 "병"은 집행채권자인 "갑"에 대하여 그 소유권 취득을 주장하여 대항할 수 있다고 할 것이므로, "병"은 제3자이의의 소에 의하여 이 사건 강제집행의 배제를 구할 수 있다.

(판결 법리의 이해) 위 대법원판결을 통하여 파악할 수 있는 법리는 아래의 두 가지 점이라고 할 것이다.

첫째, 채권자가 가지는 채무자에 대한 본래의 이행청구권과 수익자에 대한 사해행위 취소에 따른 가액배상청구권은 별개의 권리이지만, 가액배상판결에 기초한 강제집행은 채권자의 채무자에 대한 공동담보로서의 책임재산의 회복을 목적으로 하는 것이고 이행청구권에 기한 가압류 역시 같은 책임재산에 대한 강제집행의 보전을 목적으로 하는 것으로서, 채권자는 동일한 목적을 위하여 중첩적인 구제수단을 가진다고 볼 수 있다.

따라서, 채권자가 가액배상판결에 따라 수익자로부터 그 가액배상을 받았다면 공동담보로 파악한 책임재산과 등가적인 금전을 확보함으로써 가압류 본래의 보전의 목적도 이미 달성되어 그 보전의 필요성이 소멸되었다고 할 것이다.

둘째, 위와 같은 가압류 목적 달성에 따른 보전 필요성의 소멸은, 수익자가 비록 사해행위 목적물에 관한 소유권을 그 목적물에 대한 채권자의 가압류 후에 취득하였더라도, 이로써 수익자가 집행채권자에게 대항할 수 있는 특별한 사정에 해당한다.

제 4. 가액배상판결의 경합과 수익자의 공탁

1. 문제의 소재

(1) 수인의 취소채권자와 가액배상의 범위

여러 명의 채권자가 동일한 수익자를 상대로 동시에 또는 이시에 별도로 사해행위취소 및 원상회복청구의 소를 제기하더라도 중복소송에 해당하지 않고 그 여러 개의 소송이 독립적으로 계속될 수 있다(대법원 2014. 8. 20. 선고 2014다28114 판결).

위와 같이 여러 개의 소송이 계속 중인 경우에는 각 소송에서 채권자의 청구에 따라 사해행위취소 및 원상회복을 명하는 판결을 선고하여야 하고, 수익자(전득자 포함)가 가액배상을 하여야 할 경우에도 수익자가 반환하여야 할 가액을 채권자의 채권액에 비례하여 채권자별로 안분한 범위 내에서 반환을 명할 것이 아니라, 수익자가 반환하여야 할 가액 범위 내에서 각 채권자의 피보전채권액 전액의 반환을 명하여야 한다(대법원 2005. 11. 25. 선고 2005다51457 판결).[85] 그리고, 여러 명의 채권자들이 제기한 채권자취소의 소가 민사소송법 제141조에 의하여 병합되어 하나의 소송절차에서 심판을 받는 경우에도, 수익자가 반환하여야 할 가액을 채권자의 채권액에 비례하여 채권자별로 안분한 범위 내에서 반환을 명할 것이 아니라, 수익자가 반환하여야 할 가액 범위 내에서 각 채권자의 피보전채권액 전액의 반환을 명하여야 한다(대법원 2008. 6. 12. 선고 2008다8690 판결).

예컨대, 채무자 “을”이 근저당권이 설정된 부동산을 수익자 “병”에게 증여한 것이 사해행위에 해당하고, 그 목적 부동산의 가액이 3억 원, 사해행위 후 말소

85) 이와 같이 수개의 채권자취소소송이 별도로 진행되었을 때에는 먼저 확정된 채권자취소소송에 의하여 재산의 회복이 이루어진 경우에 한하여 그 회복된 범위 내에서 후소인 채권자취소소송은 권리보호의 이익이 없어지게 되고, 만약 그러한 재산회복이 이루어지지 않는 한 각 채권자취소소송에서 다른 채권자의 채권을 고려할 필요 없이 수익자가 반환하여야 할 가액 범위 내에서 각 채권자의 피보전채권액 전액의 반환을 명하여야 한다(대법원 2005. 11. 25. 선고 2005다51457 판결).

된 근저당권의 실제 피담보채무액이 2억 원이며, 채권자 "갑1"의 피보전채권액은 8천만 원, 채권자 "갑2"의 피보전채권액은 7천만 원, 채권자 "갑3"의 피보전채권액은 5천만 원인데, 채권자 "갑1", "갑2", "갑3"가 각각 "병"을 상대로 하여 순차적으로 사해행위 취소 및 원상회복으로서 가액배상을 청구한 경우에 관해서 본다.

위와 같은 경우에, 수익자 "병"이 사해행위 취소에 따라 원상회복으로서 반환하여야 할 가액 즉 부동산 가액 3억 원에서 피담보채무액 2억 원을 공제한 잔액 1억 원[86]을 각 소송절차에서 채권자의 채권액에 비례하여 안분할 것이 아니라, 각 별도로 계속 중인 소송절차에서 다른 소송절차에서의 채권자들의 채권액을 고려할 필요 없이, 수익자 "병"이 반환하여야 할 가액 1억 원의 범위 내에서 채권자 "갑1"에게 그 피보전채권액 전액인 8천만 원, "갑2"에게 그 피보전채권액 전액인 7천만 원, "갑3"에게 그 피보전채권액 전액인 5천만 원의 각 반환을 명한다.

여러 명의 채권자가 동일한 수익자를 상대로 별도로 동시에 또는 이시에 채권자 취소의 소를 제기하는 경우에, 어느 하나의 소송에서 다른 소송에서의 심리 내용을 일일이 파악하여 반영하는 것은 실제의 절차 진행에 있어서 사실상 불가능하고, 다른 소송의 채권자의 피보전채권액과의 비례·안분을 고려한다고 하더라도 애당초 소송절차에 등장하지 않은 채권자에 대한 관계에서는 형평에 부합한다고 볼 수도 없기 때문이다.

(2) 수익자의 이중지급 위험과 그 방지 방안

위와 같이 수인의 채권자가 제기한 여러 개의 소송 또는 수인의 채권자가 공동원고로 된 소송에서 수익자가 배상하여야 할 금액으로서 각 채권자의 피보전채권액 전액의 반환을 명하는 판결이 선고되어 확정될 경우, 수익자는 공동담

86) 저당권이 설정된 부동산이 사해행위에 의하여 제3자에게 이전된 후 그 저당권설정등기가 말소된 때에, 사해행위 취소에 의한 원상회복은 가액반환의 방법에 의하고 그 반환의 범위는 부동산 가액에서 저당권의 피담보채무액을 공제한 잔액 다시 말하면 공동담보 가액을 한도로 하고, 한편 가액배상의 경우에 채권자가 취소권을 행사할 수 있는 범위는 자신의 피보전채권액을 한도로 한다. 그 밖에 가액배상에 의한 원상회복에 관해서는 앞의 제5장 제3절에서 상세하게 검토하였다.

보가액 즉 가액배상 한도액을 초과하여 이중으로 지급하게 될 위험에 처할 수 있다.

이와 같은 이중지급의 위험을 방지할 수 있는 수단은 무엇인가.

위 제 3.에서 살펴 본 바와 같이, 수익자가 어느 채권자에게 자신이 배상할 가액의 일부 또는 전부를 반환한 때에는 그 범위 내에서 다른 채권자에 대하여 청구이의 등의 방법으로 이중지급을 거부할 수 있으나, 이러한 수단은 사후적 구제책이고 청구이의의 소를 제기하는 과정에서 강제집행정지를 위한 담보를 제공하여야 하는 등의 불이익도 따른다.

수인의 채권자가 동일한 수익자를 상대로 채권자취소소송을 제기하는 경우에 가액배상판결을 함에 있어 다른 채권자를 고려할 필요 없이 각 채권자의 피보전채권액 전액의 지급을 명하도록 한 것은, 소송을 제기한 각 채권자의 고유 권리로서의 채권자취소권의 행사를 확보하고, 또한 법원의 소송진행에 있어 심리의 복잡성을 피하려는 데에 그 주된 이유가 있다고 볼 수 있다.

위와 같이 수인의 취소채권자가 경합하는 경우 각 채권자의 피보전채권액 전액의 지급을 명하도록 한 주된 이유가 취소채권자 및 심리법원의 사정을 고려한 것이므로, 이에 대응하여, 소송의 상대방인 수익자에게는 수인의 취소채권자에 대하여 가액배상을 명하는 판결에 관해서 사전에 적극적으로 이중지급의 위험에서 벗어날 수 있는 수단이 확보되어야 마땅할 것이다.

여기에서는 수익자의 이와 같은 이중지급, 과잉지급의 위험을 방지하기 위한 방안으로서 공탁의 문제에 관해서만 검토한다. 그러나, 가액배상 사유가 있어 채권자가 가액배상을 청구한 경우에 전체적인 공평의 관념에 부합한다면 수익자의 원물반환의 주장을 수용하여 청구취지의 변경 없이도 가액배상청구에 대해 원물반환을 명할 수 있는 범위를 확대해 나가는 것도 수익자의 이중지급 위험의 방지뿐만 아니라 다른 채권자들을 위한 채권자 평등의 원칙을 실현할 수 있는 합리적인 방법이 될 수 있다고 생각한다.87)

---

87) 가액배상 청구에 대하여 원물반환을 명하는 방안에 대해서는 앞의 제5장 제5절 제 2.의 3. 에서 상세하게 검토하였다.

2. 수익자의 채권자 불확지 변제공탁에 관한 대법원판례

(1) 대법원판결의 법리 분석

대법원 2007. 5. 31. 선고 2007다3391 판결은, '수익자가 동일한 금액 범위 내의 사해행위취소 및 가액배상을 구하는 소송을 제기한 수인의 취소채권자들 중 누구에게 가액배상금을 지급하여야 하는지 알 수 없다는 이유로 채권자들의 청구금액 중 판결에 의하여 가장 다액으로 확정된 금액 상당을 공탁금액으로 하고 그 취소채권자 전부를 피공탁자로 하여 상대적 불확지공탁을 한 경우, 피공탁자 각자는 공탁서의 기재에 따라 각자의 소송에서 확정된 판결 등에서 인정된 가액배상금의 비율에 따라 공탁금을 출급청구할 수 있다'고 판시하였다.

위 대법원판결의 직접적인 쟁점은 피공탁자의 다른 피공탁자에 대한 공탁금 출급청구권 확인의 범위에 관한 것이다. 즉, 사해행위 취소에 따른 원상회복으로서 수익자에게 가액배상을 명하는 판결 및 화해권고결정이 각각 별도로 확정됨에 따라 수익자가 취소채권자들을 모두 피공탁자로 하여 가액배상금을 공탁하였고, 이에 피공탁자 중 1인이 다른 피공탁자를 상대로 공탁금출급청구확인의 소를 제기한 경우, 그 청구확인 범위의 산정 기준을 각 취소채권자들의 채무자에 대한 전체 채권액의 비율에 의할 것인지, 확정판결 등에서 인정된 각 취소채권자의 가액배상금의 비율에 의할 것인지가 쟁점으로 된 것이다.[88]

이러한 쟁점에 대해 위 대법원판결은, 각자의 소송에서 확정된 판결 또는 화해권고결정에서 인정된 가액배상금의 비율에 따라 공탁금의 출급청구를 할 수 있을 뿐이고, 각자의 지분을 초과하는 부분에 대해서는 상대방 피공탁자를 상대로 공탁금출급청구권의 확인을 구할 수 없다고 판단한 것이다.

---

88) 위 대법원판결의 원심인 서울고법 2006. 12. 6. 선고 2006나33236 판결은 '만약 수익자가 가액배상금을 공탁하지 않아서 취소채권자들이 확정판결 및 화해권고결정을 집행권원으로 하여 수익자의 고유재산에 대하여 강제집행을 할 경우 각 취소채권자가 주장할 수 있는 채권액은 채무자에 대한 전체 채권액이 아니라 확정판결 및 화해권고결정에서 각 인정된 금액에 한정된다고 할 것이므로, 수익자의 자발적 이행에 해당한다고 볼 수 있는 변제공탁의 경우에도 각 취소채권자는 각각 확정판결 및 화해권고결정에서 인정된 가액배상금의 비율에 따라 공탁금의 출급청구를 할 수 있을 뿐이고, 각자의 지분을 초과하는 부분에 대해서는 상대방 피공탁자를 상대로 공탁금출급청구권의 확인을 구할 수 없다'고 판단하였다.

그런데, 위 대법원판결은 그 이유에서 위 변제공탁의 방법이 적절하였는지는 별론으로 한다고 언급하였다.

(2) 판결사안의 요지와 변제공탁 요건에 관한 문제

앞에 나온 대법원 2007다3391 판결의 사안 요지는 다음과 같다.

채무자 "을"과 수익자 "병" 사이의 사해행위에 관하여, 채권자 "갑1", "갑2", "갑3"이 "병"을 상대로 각자 개별적으로 사해행위취소 및 가액배상에 의한 원상회복 청구소송을 제기하였다.

위 각 소송의 결과 채권자들 승소 취지의 판결 또는 화해권고결정이 확정되었는데, 그 내용 및 확정시기는 아래와 같다.

"갑1"이 제기한 소송에 관하여, '"병"은 "갑1"에게 3억 7,200만 원 및 이에 대하여 판결 확정일부터 완제일까지 연 5%의 비율에 의한 금원을 지급하라'는 판결이 선고되고 2005. 5. 13. 확정되었다.

"갑2"가 제기한 소송에 관하여, '"병"은 "갑2"에게 3억 7,200만 원 및 이에 대하여 결정 확정일부터 완제일까지 연 5%의 비율에 의한 금원을 지급한다'는 화해권고결정이 2005. 5. 26. 내려지고 2005. 7. 25. 그 결정이 확정되었다.

"갑3"이 제기한 소송에 관하여, '"병"은 "갑3"에게 3억 7,200만 원 및 이에 대하여 결정 확정일부터 완제일까지 연 5%의 비율에 의한 금원을 지급한다'는 화해권고결정이 2005. 9. 7. 내려지고 2005. 9. 27. 그 결정이 확정되었다.

위 각 소송의 피고 "병"은 "갑1"과 사이의 판결은 확정되었지만, "갑2" 및 "갑3"과의 소송절차에서는 화해권고결정이 확정되기 전인 2005. 7. 15. 위 취소채권자들 중 누구에게 가액배상을 하여야 하는지 알 수 없다는 이유로, "갑1"과 사이의 확정판결에 따른 가액배상액 원금 3억 7,200만 원과 판결 확정 다음날부터 공탁일까지의 지연이자 약 300만 원 합계 3억 7,500만 원을 공탁금액으로 하고 "갑1", "갑2", "갑3"을 피공탁자로 하는 상대적 불확지 변제공탁을 하였다.

위 대법원판결이 변제공탁의 방법에 관하여 그것이 적절하였는지는 별론으로 한다고 언급한 이유는 판결이유에 명확하게 나타나 있지는 않다. 그러나 그 법리적 배경은, 위 사안에 있어서는 채권자가 누구인지 이미 확정되어 있고 다만 안분할 채권액만 불확정한 상태이며, 또 공탁 당시 채권자 "갑2" 및 "갑3"의 각 채권은 아직 확정된 것도 아니므로, 채권자 “갑1”, “갑2”, “갑3” 전부를 병렬적으로 피공탁자로 한 것이 상대적 불확지 공탁의 요건에 맞지 않을 수 있다고 본 데에 있다고 생각한다.

3. 채권자 불확지 변제공탁의 적극적 허용

(1) 불확지 변제공탁의 요건에 관한 검토

민법 제487조 후단이 규정하는 ‘변제자가 과실없이 채권자를 알 수 없는 경우’라 함은, 객관적으로 채권자가 존재하고 있으나 변제자가 선량한 관리자의 주의를 다하여도 채권자가 누구인지 알 수 없는 경우를 말한다.[89] 그러나, 민법 제487조 후단이 규정하는 ‘변제자가 과실없이 채권자를 알 수 없는 경우’에는 객관적으로 채권자가 존재하고 있으나 변제자가 선량한 관리자의 주의를 다하여도 채권 전부의 귀속자가 누구인지 알 수 없는 경우뿐만 아니라, 채권의 부분적 귀속관계를 알 수 없는 경우도 포함된다고 할 것이다.

대법원 1991. 5. 28. 선고 91다3055 판결은, ‘매매계약의 중도금 지급기일을 앞두고 사망한 매도인에게 상속인들이 여러 명 있고 그 중에는 출가한 딸들도 있을 뿐 아니라 출가하였다가 자식만 남기고 사망한 딸도 있는 경우에, 매수인으로서는 매도인의 공동상속인들이나 그 상속인들의 상속지분을 구체적으로 알기 어렵다면 사망한 매도인을 피공탁자로 하여 중도금을 변제공탁한 것은 민법 제487조 후단에 해당하여 유효하다’고 판시하였다.

위 대법원판결의 취지에 의하면, 채권자취소소송의 가액배상판결에 의하여 수인의 채권자가 객관적으로 존재하고 있다고 하더라도, 동일한 금액 범위 내에서 그들에 대한 채권의 구체적 귀속지분을 알 수 없어 결국 수인의 취소채권자들 중 누구에게 가액배상금을 지급하여야 하는지 알 수 없는 경우에는, 민법 제487조 후단의 요건을 충족한다고 보아야 할 것이다.

특히 가액배상판결을 받은 수인의 채권자 중의 1인인 조세채권자가 우선징수권을 가진다는 이유로 수익자에 대하여 가액배상금의 전부 또는 일부를 다른 채권자에 앞서 자신에게 지급하여야 한다고 주장한다면, 수익자로서는 그 점에

---

89) 대법원 2004. 11. 11. 선고 2004다37737 판결.

대하여 법률상의 의문이 제기될 수 있는 경우에 해당하므로 민법 제487조 후단에 의한 변제공탁을 할 수 있다.[90]

한편, 변제공탁은 채무의 존재를 전제로 하는데, 그 채무는 원칙적으로 현존하는 확정 채무이어야 하고 장래채무나 불확정채무는 변제공탁의 목적이 되지 못한다.[91] 그러나, 여러 개의 채권자취소소송의 계속 중에 그 중 1개 소송에서의 심리 결과, 판결 등에 의해 수익자의 가액배상채무의 성립 및 범위가 확정되었다면, 동일한 사해행위를 목적으로 하는 다른 소송에서도 판결 등에 의한 채무의 성립이 확실하게 예상된다고 할 것이므로, 그 채무에 대해서도 선행 확정 판결 등에 의해 성립한 채무와 함께 그 각 채권자들을 피공탁자로 하여 변제공탁을 할 수 있다고 보아야 할 것이다. 수익자로 하여금 다른 채권자취소소송의 판결 등도 확정되기까지 기다리라고 요구하는 것은 이미 확정된 판결 등에 의한 지연손해금의 부담을 강요하는 결과로 되어 가혹하기 때문이다.

(2) 불확지 변제공탁의 적극적 허용 방안에 관한 제언(提言)

위에서 검토한 바와 같이, 수익자가 동일한 금액 범위 내의 사해행위취소 및 가액배상을 구하는 소송을 제기한 수인의 취소채권자들 중 누구에게 가액배상금을 지급하여야 하는지 알 수 없다는 이유로 채권자들의 청구금액 중 판결에 의하여 가장 다액으로 확정된 금액 상당을 공탁금액으로 하고 그 취소채권자 전부를 피공탁자로 하는 상대적 불확지공탁은 법리상 가능하다고 할 것이다.

따라서, 앞으로 상고심 사건에서 위와 같은 문제가 직접적인 쟁점으로 될 경우에는 대법원판결에 의하여 적극적으로 긍정되는 것이 타당하리라고 생각한다.

그리고 나아가, 채권자취소소송에 관한 공탁예규 등의 제정에 의하여, 위와 같이 수인의 채권자가 원고로 된 채권자취소소송의 가액배상판결이 있는 경우, 적극적으로 채권자 불확지 변제공탁을 허용하고, 그 때에는 가액배상판결에 원고로 표시된 취소채권자들을 피공탁자로 일괄 표시하여 공탁할 수 있도록 하며, 후행 채권자취소소송 판결에 의한 가액배상금이 선행 판결에 의한 금액보다 증액되는 특별한 경우에는 공탁서 정정방식으로 증액분의 추가공탁을 허용함으로

---

90) 대법원 1988. 12. 20. 선고 87다카3118 판결 참조.
91) 송덕수, 채권법총론(제6판) 제489면.

써 공탁의 동일성이 유지되도록 하는 등의 제도적 보완책을 마련하는 것도 필요하다고 생각한다.[92)]

4. 공탁금 출급청구에 관한 문제

(1) 불확지 변제공탁의 경우 공탁금 출급청구의 방법

공탁실무상 위와 같이 수익자가 수인의 취소채권자들 전부를 피공탁자로 하는 상대적 불확지 변제공탁이 받아들여지고 있는바 이 경우에는 피공탁자 각자는 공탁서의 기재에 따라 각자의 소송에서 확정된 판결 등에서 인정된 가액배상금의 비율에 의해 공탁금을 출급청구할 수 있다.

또한, 이 경우에 채권자들 사이에 가액배상금의 분배에 관하여 분쟁이 없는 경우에는 다른 피공탁자의 승낙서 또는 협의성립서를 첨부하여 출급청구할 수 있으며, 채권자들 사이에 가액배상금의 분배에 관하여 다툼이 있는 경우에는 피공탁자로 표시된 채권자들 상호간이 대립적인 소송당사자로 되어 공탁금출급확인의 소를 제기하고 그 판결 등에 의해 출급청구를 할 수 있다.[93)]

(2) 피공탁자 중 일부가 우선권을 주장하는 경우의 문제

앞의 3.의 (1)항에서 언급한 바와 같이, 가액배상판결을 받은 수인의 채권자 중의 1인인 조세채권자가 우선징수권을 가진다는 이유로 수익자에 대하여 가액배상금의 전부 또는 일부를 다른 채권자에 앞서 자신에게 지급하여야 한다고 주장함으로써 수익자가 불확지 변제공탁을 한 경우에 관해서 본다.

그 조세채권자가 위 공탁금이 우선적으로 자신에게 귀속한다고 주장하면서 다른 피공탁자를 상대로 같은 취지의 공탁금출급확인의 소를 제기한 경우에 조세채권자의 위 주장은 타당한 것인가.

위 문제와 관련하여, 대법원 2006. 8. 25. 선고 2005다67476 판결의 사안 요지 및 판시 내용을 분석 · 검토한다.

---

92) 참고적으로, 대법원 1988. 3. 22. 선고 86다카909 판결은, '공탁금액이 채무총액에 비추어 아주 근소하게 부족한 경우에는 당해 변제공탁은 신의칙상 유효한 것으로 보아야 한다'고 판시하였다.

93) 법원행정처, 공탁실무편람(2015년) 제223, 224면.

사안 요지는, 조세채권자와 구상금채권자가 동일한 수익자를 상대로 각각 채권자취소소송을 제기하였는데 변론이 병합되어 진행된 결과, 사해행위 취소에 따른 가액배상으로서 '피고 수익자는 원고들(조세채권자와 구상금채권자)에게 220,428,536원 및 이에 대한 지연손해금을 지급하라'는 판결이 선고되고 확정되자, 수익자는 조세채권자 및 구상금채권자를 피공탁자로 하여 위 판결의 원리금 221,435,038원을 변제공탁하였고, 이에 조세채권자가 조세채권이 구상금채권보다 우선한다고 주장하면서 구상금채권자를 상대로 위 공탁금 전액에 관하여 출급청구권의 확인을 구한 것이다.[94]

이러한 사안에 관해서, 위 대법원판결은, '수익자가 확정판결에 따라 조세채권자와 구상금채권자를 피공탁자로 하여 가액배상금을 변제공탁한 이상,[95] 조세채권자와 구상금채권자는 각자 위 공탁금의 1/2지분에 해당하는 공탁금을 출급청구할 수 있을 뿐이고, 각자의 지분을 초과하는 부분에 대해서는 피공탁자로 지정되어 있는 것이 아니므로 그 초과지분에 대해서 상대방 피공탁자를 상대로 공탁금출급청구권의 확인을 구할 수 없다'고 판시하였다.

또한, 위 대법원판결은, 변제공탁의 공탁물출급청구권자는 피공탁자 또는 그 승계인이고 피공탁자는 공탁서의 기재에 의하여 형식적으로 결정된다는 법리를 전제로 하여, 공탁금출급의 확인 소송절차에서는 공탁서의 형식적인 기재에 따를 수밖에 없고, 피공탁자들 내부의 실질적인 지분비율이 그 공탁서상의 지분비율과 다르다고 하더라도 이는 피공탁자 내부 간에 별도로 해결해야 할 문제라고 판단하였다.

한편, 위 대법원판결의 원심은, '국세징수법상의 사해행위 취소제도는 민법

94) 조세채권자의 피보전채권액은 약 37억 5천만 원이고, 구상금채권자의 피보전채권액은 약 11억 5천만 원으로서 모두 수익자의 배상한도액(부동산 가액에서 사해행위 후 말소된 근저당권의 피담보채무액을 공제한 금액)인 220,428,536원을 초과하는 사안이다(위 대법원판결의 원심인 대전고법 2005. 10. 13. 선고 2005나1825 판결 이유 참조). 위와 같은 조세채권자의 우선권 주장에 대해 원심은 위 주장을 배척하여 원고인 조세채권자의 청구를 기각하였고, 위 대법원판결도 조세채권자의 상고를 기각한 것이다.

95) 위 대법원판결도 그 이유에서 '수익자의 위 변제공탁의 방법이 적절하였는지는 별론으로 하고'라고 설시하였다. 앞서 본 대법원 2007다3391 판결도 위 대법원판결의 설시내용을 답습한 것으로 보인다. 그러나, 수익자가 채권자 불확지 변제공탁을 하는 것이 법리상 가능하고, 수익자의 보호를 위해 마땅히 적극적으로 허용하여야 할 것임은 본문의 3. (1), (2)항에서 검토한 바와 같다.

상의 그것과 마찬가지로 채무자의 사해행위에 의하여 감소된 책임재산을 회복하는 것을 목적으로 하는 것이지 그 자체가 조세채권의 강제집행절차라고 할 수 없고, 또한 국세징수법에 기하여 사해행위 취소에 따른 가액배상 판결이 내려지고 그 판결금이 공탁되었다고 하더라도 그 금원은 민법 제407조에 의하여 채무자의 모든 채권자를 위한 공동담보가 될 뿐 조세채권자에게만 모두 귀속된다고 할 수 없으므로'라는 등의 이유로 조세채권자의 우선적 공탁금출급청구권에 관한 주장을 배척하였다.[96]

96) 대전고법 2005. 10. 13. 선고 2005나1825 판결 이유 참조.

제 5. 수익자 보호의 문제

채권자취소의 법률관계에 있어서 수익자는 자신과 채무자 사이에 이루어진 유효한 법률행위를 채무자의 책임재산을 회복하기 위하여 채권자에 의해 일방적으로 부인당하는 지위에 있으므로, 예측하기 어려운 불이익을 받을 위험이 크다. 특히 부동산 매매에 있어서는 채권자취소에 의해 수익자인 매수인의 권리가 사실상 박탈당하는 결과를 초래하여 매수인인 수익자에게 가혹하고 나아가 거래의 안전을 해할 수 있다.

수익자가 자신의 선의 입증에 실패함으로써 악의가 인정되어 채권자취소권의 주관적 요건이 충족된다고 하더라도, 수익자의 악의는 채무자가 채무초과 상태에서 재산을 처분한다는 사정을 알고 있었음을 의미할 뿐이므로 다른 특별한 사정이 추가되지 않는 한 이로써 바로 법률상 원인 없는 부당이득이나 위법성이 개재된 불법행위가 성립한다고 보기 어렵다.

앞서 검토한 가액배상청구에 대한 수익자의 원물반환, 수익자의 청구이의·제3자이의, 수익자의 채권자 불확지 변제공탁 등의 문제는, 수익자의 악의가 인정됨으로써 채권자에 대하여 사해행위 취소에 따른 원상회복의무를 부담하는 경우에, 위에서 본 바와 같은 수익자의 특수한 지위를 고려하여 공평의 원리 등에 의해 수익자를 보호하기 위한 방안이라는 측면이 있다.

그러나, 수익자 보호 및 거래안전 보호의 문제는 채권자취소권의 주관적 성립요건에 관한 판단 영역에서 고려하는 것이 더욱 중요하다고 할 것이다.

사해행위에 해당하는 법률행위의 당사자가 일반인인지, 상인 또는 기업경영자인지, 그 행위의 내용이 담보권의 설정인지, 일반 주택의 매매 또는 임대차인지 등 거래 유형에 따라 수익자의 신뢰와 거래 안전의 보호 요청을 고려하여 구체적인 입증의 정도 및 방법 등에 있어 탄력적으로 운용하는 것이 바람직하다. 특히 주택의 매매에 있어서는 채무자의 매도행위가 사해행위에 해당하는 경우라도 거래의 안전을 위하여 수익자인 매수인의 선의를 가급적 너그럽게 인정하는 판단기준을 설정할 필요성이 있다고 할 것이다.[97]

---

97) 이 점에 관해서는 앞의 제3장 제5절 제 4.에서 상세하게 검토하였다.

제 7 장
소송수행과 문서작성

제 1 절 소송수행상의 검토 주안점

제 1. 서술의 범위(부동산을 목적으로 한 사해행위)

채권자취소의 대상이 되는 채무자의 법률행위 및 재산권은 다양하고 그에 따라 구체적인 원상회복의 방법도 다양하다. 예컨대, 채무자가 자신 소유의 부동산을 수익자에게 증여한 경우뿐만 아니라, 채무자가 제3채무자에 대한 금전채권을 양도하거나 재산적 가치 있는 공법상의 허가권을 수익자 명의로 변경한 경우도 사해행위에 해당하여 원상회복의 문제가 발생할 수 있다.

여기서는 소송실무상 가장 많이 등장하는 부동산을 목적으로 사해행위가 이루어진 경우에 통상적으로 주의를 기울여 점검하여야 할 기본적 사항에 관하여 검토하기로 한다.

제 2. 소 제기 전의 검토 주안점

1. 사해행위의 성격과 그 존재시점 파악

(1) 소송실무상의 중요성

채권자취소소송의 다툼의 대상인 부동산에 관한 처분행위는 언제나 매매, 증여, 근저당권 설정, 대물변제 등 구체적인 모습으로 등장하고, 그러한 구체적인 행위의 내용 및 그 동기, 경위, 결과와 채무자의 재산상태 등을 포괄하여 그것이 사해행위의 요건을 갖추었는지, 사해성을 조각하는 사유에 해당하는지 등에 관해서 공방이 이루어지므로, 사해행위의 구체적 내용과 실질적 성격을 파악하는 것이 중요하다.

사해행위의 존재시점은 채권자취소소송 제소기간의 기산점이 되고, 무자력의 기준시점 등 사해행위 요건 구비 여부의 판단시점이 되므로, 이에 관한 점검은 소 제기 준비의 출발점이 된다고 볼 수 있을 정도로 중요하다.

(2) 등기부의 기재가 실제와 다른 경우

(가) 등기부상의 원인행위와 사해행위의 실질이 다른 경우

등기부에는 원인행위로서 매매라고 기재되어 있는데 실제로는 대물변제, 명의신탁, 이혼에 따른 재산분할 등임이 밝혀진 경우에는, 사해행위 성립의 구체적 요건 등에 관해서 실제의 법률행위의 성격에 따라 공격방어가 이루어진다.[1]

한편, 대법원판례에 의하면, 물권행위의 독자성과 무인성이 인정되지 아니하므로, 부동산 물권 변동의 경우 그 원인이 된 매매계약, 근저당권설정계약 등 채권행위가 사해행위에 해당한다.

소송실무상, 아직 이혼하지 않은 당사자가 장차 협의상 이혼할 것을 전제로 부동산에 관하여 실제로는 협의에 의한 재산분할을 하면서 등기부에 형식상 '증여' 또는 '매매' 등을 원인으로 부부 중의 일방 명의로 소유권이전등기를 마치는 경우가 많다.

---

1) 대법원 2009. 9. 10. 선고 2008다85161 판결 참조.

이와 같이, 부부 사이에서 마쳐진 소유권이전등기의 원인이 등기부상 '증여' 또는 '매매'로 기재되어 있더라도 그 실질적 내용이 협의이혼에 따른 재산분할인 경우에는, 채권자취소의 대상으로서의 사해행위인 등기부상 기재된 '증여' 또는 '매매'에 관해서는 '협의이혼에 따른 재산분할'에 관한 법리가 적용됨에 유의하여야 한다.2)

그리고, 등기부상 매매를 원인으로 소유권이전등기가 경료되었더라도 그 실질적 원인이 본래의 급부에 갈음하기로 한 계약이라면 그 법적 구성은 대물변제에 해당한다.3)

또한 소송실무상, 사해행위가 증여의 실질을 가지는 경우에는 그것이 무상행위라는 특성상 피보전채권의 선재성(先在性) 원칙의 예외사유로서 채권성립의 고도 개연성의 판단에 있어 그 시간적 근접성이 완화될 수 있다는 데에 실제적 의의가 있다.4)

(나) 등기부상 원인일자와 사해행위의 실제 일자가 다른 경우

채권자취소소송은 사해행위 있은 날로부터 5년, 채권자가 취소원인을 안 날로부터 1년 내에 제기하여야 한다(민법 제406조 제2항). 그런데 채무자가 등기를 신청할 즈음에 실제로 사해행위에 해당하는 등기원인행위를 하였으면서도 그 원인문서에 일자를 소급하여 기재함으로써 등기부상 기재된 원인일자가 실제의 사해행위 일자보다 소급하여 기재된 경우 등에는 등기부상 원인일자와 사해행위의 실제 존재시점이 달라진다.

이와 같이 사해행위에 해당하는 법률행위가 실제로 이루어진 일자가 등기부에 기재된 원인일자와 다른 경우, 제소기간 및 사해행위 요건의 구비 여부 등의 판단은 실제로 법률행위가 이루어진 일자를 기준으로 한다.5)

사해행위의 목적이 부동산인 경우에 그 사해행위가 언제 있었는지에 관해서는, 사해행위에 해당하는 등기원인이 된 법률행위가 실제로 이루어진 날을 기준으로 판정하되, 이를 판정하기 곤란한 경우에는 처분문서에 기초한 것으로 보이

2) 부부 사이에서 마쳐진 소유권이전등기의 원인이 등기부상 '증여' 또는 '매매'로 기재되어 있더라도 그 실질적 내용이 '명의신탁'인 경우도 있다.
3) 대법원 2009. 9. 10. 선고 2008다85161 판결.
4) 이 점에 관한 상세한 내용은 앞의 제2장 제2절 제 4. 참조.
5) 대법원 2010. 2. 25. 선고 2007다28819 판결.

는 등기부상 기재된 등기원인일자를 중심으로 그러한 사해행위가 실제로 이루어졌는지 여부를 판정할 수 있다.[6]

소송실무상, 채무자의 실제 사해행위 일자와 등기부상 기재된 원인일자 사이에 상당한 시간적 간격이 있어 제소기간 도과 여부 등이 문제되는 경우에, 채권자(원고)로서는 등기부상 기재된 원인일자에 관하여 경험칙상 비정상적 사정이 있음을 소명하는 방법으로 등기부상 기재된 원인일자가 실제의 사해행위 일자보다 소급되어 있고 실제로는 등기신청시에 즈음하여 사해행위가 이루어졌음을 주장 · 입증하여야 한다.

그리고, 저당권이 설정되어 있는 부동산이 사해행위로 이전된 후 그 저당권이 소멸된 경우와 부동산이 사해행위로 이전된 후 비로소 저당권이 설정된 경우, 양자 사이에 사해행위의 성립범위 및 원상회복의 방법에 있어 커다란 차이가 있는 점[7]에서도 사해행위의 실제 존재시점의 확인은 중요하다.

2. 제척기간 도과 여부 점검

(1) 전득자를 상대로 소송을 제기하는 경우의 유의점

채권자취소의 소는 채권자가 취소원인을 안 날로부터 1년, 법률행위 있은 날로부터 5년 내에 제기하여야 한다(민법 제406조 제2항). 위 1년 및 5년의 기간은 제척기간의 성질을 가지는 것으로서, 두 기간 중 어느 하나가 경과하면 채권자취소권은 확정적으로 소멸한다. 채권자가 수익자 또는 전득자를 상대로 채권자취소소송을 제기하는 경우에 위 제소기간이 적용됨은 물론이다.

그런데, 채권자가 먼저 수익자를 상대로 채권자취소소송을 제기하여 승소판결을 받은 다음, 별도로 전득자에 대하여 채권자취소권을 행사하여 원상회복을 구하는 경우에 주의할 점이 있다.

이 경우에, 채권자는 민법 제406조 제2항이 정한 제소기간 내에 별도로 전득자에 대한 관계에서 채무자와 수익자 사이의 사해행위 취소를 소송상 공격방법의 주장이 아닌 법원에 소를 제기하는 방법으로 청구하여야 한다.[8]

---

6) 대법원 2010. 2. 25. 선고 2007다28819 판결.

7) 이 점에 관한 상세한 내용은 앞의 제5장 제3절 참조.

8) 대법원 2005. 6. 9. 선고 2004다17535 판결, 비록 채권자가 이미 수익자를 상대로 사해행위

(2) 등기부상 기재된 원인행위 일자와 차이가 있는 경우

채무자의 실제 사해행위일자와 등기부상 기재된 원인행위일자 사이에 상당한 시간적 간격이 있어 문제되는 경우에, 채권자로서는 등기부상 기재된 원인행위일자가 실제의 사해행위 일자보다 소급되어 있고 실제로는 등기신청시에 즈음하여 사해행위가 이루어졌음을 주장·입증하여야 한다. 예컨대, 소유권의 등기명의인이 등기의무자인 경우 등기신청시에 등기의무자의 인감증명을 제출하여야 하는데 그 인감증명의 유효기간은 발행일로부터 3개월 이내의 것이어야 하는 점(부동산 등기규칙 제60조 제1항 제1호, 제62조)에 비추어, 등기부상의 등기접수일자와 원인행위일자 사이에 3개월을 초과하는 간격이 있는 경우에는 원인행위일자를 소급한 것으로 추단하더라도 무방할 것이다.

다만, 소송상 청구취지로서 사해행위임을 이유로 취소를 구하는 법률행위를 특정함에 있어서는 등기부에 기재된 원인행위일자에 맞추어야 할 것이다.[9] 왜냐하면, 사해행위 취소에 따른 원상회복으로서 말소등기절차의 이행을 청구하여 승소확정판결을 받는 경우, 판결문상의 등기의 목적인 권리의 표시가 등기부의 기재와 일치하여야만 별다른 문제없이 등기가 실행될 수 있기 때문이다.

3. 피고의 선택

(1) 채무자에 대한 사정 확인

채무자는 채권자취소소송에서 당사자적격(피고적격)을 가지지 못하고 그 취소의 효력도 직접 받지 않지만, 실제의 소송과정에서 채무자의 무자력 및 사해의사 등이 취소의 요건이 되므로, 기본적으로 이러한 점에 대해서 채무자 측의 사정을 점검하여야 한다.

또한, 채권자취소소송에서 당사자로 등장하지 아니하는 채무자에 대하여 회

의 취소를 구하는 소를 제기하여 채무자와 수익자 사이의 법률행위를 취소하는 내용의 판결을 선고받아 확정되었더라도 그 판결의 효력은 그 소송의 피고가 아닌 전득자에게는 미치지 않기 때문이다.

9) 대법원 2002. 7. 26. 선고 2001다73138 판결 이유에서도, '실제 사해행위일(처분합의일)은 1995. 6. 14.인데, 원심판결 주문에서는 취소의 대상인 법률행위를 등기부에 기재된 원인일자인 1992. 1. 5. 매매라고 표시한 것에 위법이 없다'고 설시하였다.

생절차가 개시되는 경우에 채권자취소소송절차 자체에 영향을 끼치는 점에도 유의할 것이다. 즉, 채권자취소소송 제기 전에 채무자에 대하여 이미 회생개시결정이 있은 경우에는 채권자취소소송이 부적법하게 되고, 채권자취소소송 계속 중에 채무자에 대하여 회생개시결정이 있으면 취소소송절차가 중단되고 관리인이 수계한다.

(2) 선의 항변을 용이하게 배척할 수 있는 수익자 또는 전득자

채무자는 채권자취소소송에서 피고적격을 가지지 못하고 수익자나 전득자가 취소소송의 피고로 된다.10) 한편, 채권자가 전득자를 상대로 원상회복을 구하는 경우에도 취소의 대상이 되는 사해행위는 채무자와 수익자 사이에서 행하여진 법률행위에 국한되며 수익자와 전득자 사이의 법률행위는 취소의 대상이 되지 않는다.11)

그리고, 수익자 또는 전득자의 악의는 추정되므로 이는 채권자취소권 행사의 적극적 요건은 아니다.

따라서, 채권자로서는 우선 채무자와 수익자 사이의 사해행위의 취소를 구하고, 원상회복(원물반환 또는 가액배상)에 관해서는 악의가 추정되는 수익자와 전득자를 공동피고로 하여 청구하거나, 수익자 또는 전득자 중에서 더 강한 악의의 추정을 받는다고 여겨지는 자 즉 선의 항변을 용이하게 배척할 수 있다고 여겨지는 자를 가려내어 피고로 선택할 수 있다.12)

또한, 채권자로서는 소송과정에서 수익자 또는 전득자의 선의 항변이 받아들여지는 경우에 대비하여 구체적인 방안 즉 청구취지를 가액배상으로 변경할 것인지 등을 강구할 필요가 있다.

---

10) 채무자에 대한 본래의 채무이행소송을 채권자취소소송에 병합하는 경우에는 채무자가 피고로 될 수 있음은 물론이다.

11) 대법원 2004. 8. 30. 선고 2004다21923 판결.

12) 대법원 2014. 12. 11. 선고 2011다49783 판결, 2010. 4. 29. 선고 2009다104564 판결 등 참조.

(3) 채무자 · 수익자 · 전득자 상호간의 인적관계 파악

(가) 인적관계가 소송에 미치는 영향

채무자 · 수익자 · 전득자 상호간의 인적관계는 채권자취소소송에 있어, 수익자 · 전득자의 선의 판단과 장래 채권의 피보전채권 적격성 판단과 관련하여 특히 중요한 영향을 미친다.

채권자취소소송에 있어서 수익자 또는 전득자의 악의가 추정되므로 수익자 또는 전득자가 자신이 선의라는 사실을 입증할 책임이 있다.

그런데, 채권자 측에서 채무자와 수익자 사이에 가까운 친족, 사업상의 특수관계 등이 존재하는 사실을 소명한 경우에는 소송실무상 수익자의 악의는 보다 강하게 추정된다. 다시 말하면, 채무자와 사이에 특수한 인적관계가 있는 경우에는 수익자 또는 전득자는 그 선의의 입증을 위하여 사실상 보다 풍부한 자료를 제출하여야 할 것이다.

한편, 채권자취소권에 의하여 보호될 수 있는 채권은 원칙적으로 사해행위 전에 발생된 것임을 요하지만, 그 사해행위 당시에 이미 성립한 기초적 법률관계에 터 잡아 고도의 개연성에 의해 채권이 발생한 경우에는, 예외적으로 사해행위 이후에 발생한 채권도 채권자취소권의 피보전채권이 될 수 있다.[13)]

그런데, 채권 성립의 고도 개연성에 관한 중요한 판단요소는 사해행위와 채권발생과의 시간적 근접성 이외에 채무자와 수익자 사이의 특별한 인적관계, 사해행위의 구체적 내용 등이라고 할 수 있다.

(나) 친족관계 또는 사업상의 특수관계 등

채무자 · 수익자 · 전득자 상호간의 인적관계가 소송실무상 영향을 미치는 전형적인 경우는 그들 사이에 가까운 친족관계 또는 회사의 주주, 이사 등 임원관계 등 특수한 경제적 이해관계가 존재하는 경우라고 할 수 있다.

예컨대, 채무자회생법 제101조 제3항은 부인권 대상 행위에 관하여 그 행위가 무상행위 및 이와 동일시할 수 있는 유상행위이고, 채무자와 상대방 사이에 배우자, 8촌 이내의 혈족, 또는 일정 지분 이상의 출자자, 임원(채무자가 회사인

---

13) 대법원 2012. 2. 23. 선고 2011다76426 판결.

경우) 등 특수관계에 있는 경우에는 그 시기적 요건을 대폭 완화하여 지급 정지 등이 있기 전 1년 내의 행위까지 포함한다고 규정하고 있다.

또 민사집행법 제64조 제2항 제2호는 당사자가 채무자의 배우자, 직계혈족 및 4촌 이내의 방계혈족과 그 배우자 등 특별한 인적관계에 있는 경우에는 부동산 외의 재산도 명시대상으로 규정하고 있다.

위와 같은 법률규정의 취지는 채권자취소소송에서 영향을 미칠 수 있는 채무자・수익자・전득자 상호간의 인적관계의 범위에 참작하는 것이 타당할 것이다.

그리고, 소송실무상 채무자와 수익자 사이에 장인・사위 관계, 이모부・조카 관계 등 가까운 인척관계가 존재하는 경우도 있으므로 이러한 관계의 파악에도 유념할 필요가 있다.

4. 목적 부동산에 관한 권리상황 등 점검과 청구취지

(1) 사해행위 이외의 제한물권 등의 변동 상황

목적 부동산에 관하여 취소의 대상이 되는 사해행위 외에도 소 제기 당시 당해 부동산 상에 설정되어 있는 제한물권은 물론 설정되었다가 말소된 제한물권의 변동 상황에 대해서도 면밀하게 검토하여야 한다.

근저당권이 설정되어 있었던 부동산이 사해행위로 이전된 후에 변제 등에 의하여 근저당권설정등기가 말소된 경우에는 그 부동산의 가액에서 근저당권의 피담보채무액을 공제한 잔액의 한도 내에서 사해행위를 취소하고 그 가액의 배상을 구할 수 있을 뿐이므로,[14] 말소된 상태에 있는 제한물권에 관해서도 면밀하게 검토하여야 한다.

한편, 부동산이 사해행위로 이전된 후 그 목적물에 관하여 선의의 제3자가 저당권이나 전세권 등의 권리를 취득한 경우에는, 수익자가 목적물을 저당권 등의 제한이 없는 상태로 회복하여 이전하여 줄 수 있다는 등의 특별한 사정이 없는 한 채권자는 수익자를 상대로 원물반환 대신 그 가액 상당의 배상을 구할 수 있다. 그런데, 이와 같은 이유로 가액배상을 구하는 경우에는 사해행위 당시 일반 채권자들의 공동담보로 되어 있었던 부동산 가액 전부의 배상을 구할 수

14) 대법원 2002. 11. 8. 선고 2002다41589 판결 등.

있고 그 가액에서 제3자가 취득한 저당권의 피담보채권액을 공제할 것이 아니다.[15]

(2) 가압류 · 가처분, 경매개시결정 등

사해행위 목적 부동산에 관하여 다른 채권자가 사해행위 취소에 의한 원상회복청구권을 피보전권리로 하여 가압류 · 가처분의 기입등기를 마쳐두고 있는 경우에는 그 다른 채권자가 실제로 채권자취소소송을 제기하였는지 여부 등을 파악할 필요가 있다.

그리고 다른 채권자가 사해행위 목적 부동산에 관하여 임의경매 또는 강제경매 신청을 하여 그 절차가 진행 중이라면 그 단계를 파악하여 아래의 제 3.의 2.에서 보는 바와 같은 적절한 조치를 취하여야 할 것이다.

(3) 원상회복에 관한 청구취지 결정

(가) 원물반환과 가액반환

민사소송에서의 처분권주의의 원칙에 따라, 채권자취소소송에 있어서도 소를 제기한 원고인 채권자는 청구취지로서 취소를 구하는 사해행위 및 그에 따라 원상회복을 구하는 대상 내지 내용을 특정하여야 할 책임이 있다.

사해행위 취소에 따른 원상회복은 원칙적으로 그 목적물 자체의 반환(원물반환)에 의하고, 그것이 현저하게 곤란한 경우 등에 예외적으로 가액의 반환에 의하는데, 목적물이 부동산인 경우에 그 목적물 자체의 반환(원물반환)은 그 등기명의를 채무자에게로 환원하는 방법에 의한다.

원물반환이 불가능하거나 현저히 곤란할 경우에는 가액반환에 의하여야 하고, 원물반환이 불가능하거나 현저히 곤란한 경우라 함은 원물반환이 단순히 절대적 · 물리적으로 불능인 경우가 아니라 사회생활상의 경험법칙 또는 거래상의 관념에 비추어 채권자가 수익자나 전득자로부터 이행의 실현을 기대할 수 없는 경우를 말한다. 부동산이 사해행위로 이전된 후 그 목적물에 관하여 선의의 제3자가 저당권이나 지상권 등의 권리를 취득한 경우에는, 특별한 사정이 없는 한

---

15) 대법원 2001. 2. 9. 선고 2000다57139 판결, 2003. 12. 12. 선고 2003다40286 판결.

채권자는 수익자를 상대로 원물반환 대신 그 가액 상당의 배상을 구할 수 있다.

한편, 사해행위 취소에 따른 원상회복으로서 그 목적물 자체의 반환이 가능하다고 하더라도, 그러한 반환이 이루어지는 경우에 채무자가 사해행위를 하지 않았다면 있었을 원래의 책임재산을 초과하여 더 많은 책임재산을 회복하는 결과를 초래하는 것은 공평의 원칙상 허용되지 않는다고 할 것이다.

따라서, 근저당권이 설정되어 있었던 부동산이 사해행위로 이전된 후에 변제 등에 의하여 근저당권설정등기가 말소된 경우에는 그 부동산의 가액에서 근저당권의 피담보채무액을 공제한 잔액의 한도 내에서 사해행위를 취소하고 그 가액의 배상을 구할 수 있을 뿐이다.

(나) 등기부상 표시가 실제와 다른 경우의 청구취지 기재

위에서 본 바와 같이, 등기부에 기재된 원인일자와 원인행위가 실제와 다른 경우 사해행위 성립의 구체적 요건 등에 관해서는 실제의 일자 및 행위의 성격에 따라 공격방어가 이루어지는 것이지만, 원고인 채권자가 소송상 청구취지로서 사해행위임을 이유로 취소를 구하는 법률행위를 특정함에 있어서는 등기부에 기재된 원인행위 및 일자에 맞추어 기재하는 것이 유용하다.

왜냐하면, 사해행위 취소에 따른 원상회복으로서 말소등기절차의 이행을 청구하여 승소확정판결을 받는 경우, 판결문상의 등기의 목적인 권리의 표시가 등기부의 기재와 일치하여야만 별다른 문제없이 등기가 실행될 수 있기 때문이다. 예컨대, 실제 사해행위일(처분합의일)은 1995. 6. 14.인데, 청구취지에서는 취소의 대상인 법률행위를 등기부에 기재된 원인일자인 1992. 1. 5. 매매라고 표시하여도 위법이 없다.[16]

5. 중복소송 불해당

채권자취소권의 요건을 갖춘 각 채권자는 고유의 권리로서 채무자의 재산처분행위를 취소하고 그 원상회복을 구할 수 있는 것이므로, 여러 명의 채권자가 동시에 또는 시기를 달리하여 동일한 사해행위에 대하여 동일한 피고를 상대로 사해행위 취소 및 원상회복청구의 소를 제기하더라도 이들 소가 중복제소에 해

16) 대법원 2002. 7. 26. 선고 2001다73138 판결의 사안내용 참조.

당하지 않는다.[17)]

특히, 채권자 중 1인이 이미 채권자취소소송을 제기하였는데 그 원상회복방법이 가액배상일 경우에는, 다른 채권자들도 오히려 적극적으로 수익자를 상대로 채권자취소소송을 제기할 필요성이 있다. 다른 채권자로서는 별도로 채권자취소소송을 제기하여 취소채권자와 마찬가지로 수익자에 대한 관계에서 사해행위 취소 및 가액배상 판결을 받아 두어야 취소채권자의 선행 가액배상판결에 기하여 수익자의 재산에 대하여 실시되는 강제집행절차에서 배당요구채권자로서의 자격을 가지고 집행에 참가할 수 있는 기회를 가질 수 있기 때문이다.

6. 원상회복의 실익 여부 점검

사해행위 목적 부동산에 관한 등기부 등본을 면밀하게 검토한 결과, 등기부상에 나타나 있는 선순위 근저당권의 피담보채무 등의 합계액이 목적 부동산의 가액을 초과하는 것이 쉽게 추산되는 경우에는 사해행위의 취소를 구할 실익이 없으므로, 이 점에 관해서 소 제기 전에 점검할 필요성이 있다.

예컨대, 이미 여러 개의 근저당권이 설정된 부동산이 사해행위에 의해 수익자에게 양도된 것에 관하여 사해행위취소 및 수익자 명의의 소유권이전등기의 말소를 구하는 채권자취소소송을 제기한다고 하더라도, 그 소송 계속 중에 목적 부동산에 관하여 경매절차가 진행된 결과 경락대금이 선순위 저당권자 및 조세채권자 등에게 우선 배당되고 잉여금이 없어 수익자에게 전혀 배당이 이루어지지 않는다면 처음부터 채권자취소소송을 제기할 이익은 없었다고 할 것이다.

다만, 경락 등에 의해 수익자 명의의 근저당권설정등기가 말소되고 수익자에게 배당이 이루어지지 않는다고 하더라도 수익자에게 추후에 배당금채권이 귀속될 가능성이 있는 경우, 예컨대 '선·후순위 근저당권자에 대하여 함께 채권자취소소송을 제기한 경우' 등에는 예외적으로 사해행위인 근저당권설정계약의 취소를 구할 이익이 인정되므로[18)] 추후 배당 가능성에 관해서도 면밀하게 검토할 필요가 있다.

---

17) 대법원 2014. 8. 20. 선고 2014다28114 판결.
18) 대법원 2013. 4. 26. 선고 2011다37001 판결.

제 3. 소송 진행 중의 검토 주안점

1. 피고 측 대응에 있어서의 검토 주안점

(1) 제척기간, 피고적격 등 소 각하사유 존부의 검토

채권자취소의 소는 채권자가 취소원인을 안 날로부터 1년, 법률행위 있은 날로부터 5년 내에 수익자 또는 전득자를 상대로 제기하여야 한다. 채무자는 채권자취소소송의 피고적격이 없지만,[19] 피고로 된 수익자 또는 전득자로서는 채무자와 긴밀히 협조하여 방어준비를 할 것이고, 필요한 경우에는 채무자로 하여금 채권자취소소송에 보조참가를 하도록 한다.

채권자가 별도로 전득자를 상대로 채권자취소소송을 제기하는 경우에 위 제소기간이 적용됨은 물론이다.

그런데, 채권자가 먼저 수익자를 상대로 채권자취소소송을 제기하여 승소판결을 받은 다음 별도로 전득자에 대하여 채권자취소권을 행사하여 원상회복을 구하는 경우에도, 채권자는 제척기간 내에 별도로 전득자에 대한 관계에서 채무자와 수익자 사이의 사해행위 취소를 소송상 공격방법의 주장이 아닌 법원에 소를 제기하는 방법으로 청구하여야 한다.[20] 이 경우에 채권자는 늦어도 수익자에 대한 채권자취소소송 제기시에 취소원인을 알았다고 볼 수 있으므로 1년의 제척기간이 적용될 수 있다.

따라서, 피고로 된 전득자로서는 위와 같은 법리에 유념하여 동일한 목적물에 관하여 수익자에 대한 종전 소송이 있었는지를 확인하는 것이 유용할 것이다.

(2) 피보전채권에 관한 다툼 사유의 검토

(가) 채무불이행으로 인한 손해배상채권

채권자취소권의 피보전채권은 당초부터 금전채권이거나 특정물채권이 채무

---

19) 채권자가 채무자를 상대로 한 본래의 채무이행소송을 채권자취소소송에 병합하여 제기한 경우에는 채무자도 공동피고로 됨은 물론이다.

20) 대법원 2005. 6. 9. 선고 2004다17535 판결.

불이행으로 인한 손해배상채권으로 변환된 경우라도 사해행위 당시까지 금전채권으로 성립되어 있어야 한다.

대법원판례에 의하면, 부동산 이중양도의 경우에 제1양수인은 금전채권이 아닌 양도인에 대한 소유권이전등기청구권을 피보전채권으로 하여 제2양도행위에 대하여 채권자취소권을 행사할 수 없을 뿐만 아니라, 소유권이전 이행불능으로 인한 손해배상청구권은 사해행위인 제2양도행위 당시 성립되어 있었던 것이 아니므로 이를 피보전채권으로 하여서도 채권자취소권을 행사할 수 없다.[21)]

(나) 사해행위 후에 발생한 채권

채권자취소권에 의하여 보호될 수 있는 채권은 원칙적으로 사해행위라고 볼 수 있는 행위가 행하여지기 전에 발생된 것임을 요하지만, 그 사해행위 당시에 이미 채권 성립의 기초가 되는 법률관계가 발생되어 있고 가까운 장래에 그 법률관계에 터잡아 채권이 성립되리라는 점에 대한 고도의 개연성이 있으며 실제로 가까운 장래에 그 개연성이 현실화되어 채권이 성립된 경우에는, 예외적으로 사해행위 이후에 발생한 채권도 채권자취소권의 피보전채권이 될 수 있다.[22)]

피고인 수익자로서는 취소채권자(원고)가 주장하는 피보전채권이 사해행위 후에 발생한 경우에는, 우선 그 채권 발생의 기초적 법률관계가 사해행위 전에 성립되어 있었는지를 확인하고, 기초적 법률관계가 사해행위 전에 성립되어 있었다면 그 법률관계에 터 잡아 장래 그 피보전채권이 발생할 고도 개연성이 있다고 볼 수 없는 사정에 관하여 면밀하게 조사 검토하여 원고의 주장을 반박하여야 할 것이다.

(다) 피보전채권의 면책과 시효소멸

채무자가 파산절차에서 면책결정을 받은 때에는 비록 채무자체가 소멸하는 것이 아니라 자연채무로 남게 되더라도, 파산채권자는 강제집행에 의해 만족을 얻지 못하므로, 파산채권을 피보전채권으로 하여 채권자취소권을 행사하는 것은 그 채권이 채무자회생법 제566조 단서의 예외사유에 해당하지 않는 한 허용되지 않는다.[23)]

21) 대법원 1999. 4. 27. 선고 98다56690 판결.
22) 대법원 2009. 11. 12. 선고 2009다53437 판결, 2012. 2. 23. 선고 2011다76426 판결 등.
23) 대법원 2008. 6. 26. 선고 2008다25978 판결.

따라서, 채권자취소소송에서 피고로 된 수익자 또는 전득자로서는 채무자가 면책되었는지 여부를 확인하여 다투어야 할 것이다.

또한, 채권자취소소송의 피고로 된 수익자 또는 전득자는, 시효에 의하여 소멸하는 권리의 의무자는 아니지만 사해행위가 취소되면 사해행위에 의하여 얻은 이익을 상실하고 사해행위취소권을 행사하는 채권자의 채권이 소멸하면 그와 같은 이익의 상실을 면하는 지위에 있어, 그 채권의 소멸에 의하여 직접 이익을 받는 자에 해당하므로, 독자적으로 피보전채권에 관하여 직접 소멸시효를 주장할 수 있다.[24] 특히, 피보전채권이 사해행위 전에 이미 발생한 경우에 1년 또는 3년의 단기 시효기간에 해당하는지 여부에 관한 점검에 유의하여야 한다.

(3) 무자력에 관한 다툼 사유의 검토

채무자가 사해행위 당시 무자력(채무초과)상태에 있었는지 또는 사해행위로 인해 무자력상태가 초래되었는지는 채권자(원고)의 입증사항이지만, 채무자가 사해행위 당시 채권자가 주장하는 적극재산보다 더 많은 자산을 보유하고 있었거나 또는 채권자가 주장하는 소극재산보다 적은 부채를 부담하고 있었던 경우에는, 피고 측에서 이를 적극적으로 주장하고 소명자료를 제출하는 것이 유용하다.

그리고 사해행위 당시에는 채무초과상태에 있었지만, 변론종결 당시 채무자의 변제자력이 회복되어 무자력상태가 해소된 경우에는 채권자취소권이 소멸한 것으로 되어 그 행사가 부정될 것인데, 변제자력 회복에 관해서는 피고 측이 그 증명책임을 부담한다.[25]

(4) 사해성의 배제·조각 사유에 관한 검토

채무자의 법률행위가 채무초과상태를 유발하거나 기존의 채무초과상태를 심화시키는 재산에 관한 행위로서 객관적으로 사해행위에 해당한다고 하더라도, 특정 채권자의 채무자에 대한 재산상의 특별한 지위 등의 사유에 의해 사해행위성이 처음부터 배제되거나, 사후적 평가에 의해 사해행위 해당성이 조각되는 경우가 있다.

---

24) 대법원 2007. 11. 29. 선고 2007다54849 판결.
25) 대법원 2007. 11. 29. 선고 2007다54849 판결.

이와 같이 사해성이 배제 내지 조각되는 구체적 사유로는, ① 충분한 물적 담보가 제공된 경우, ② 사해행위 목적 부동산 가액이 피담보채권액 등에 미달한 경우, ③ 사업계속을 위한 담보제공·재산신탁·재산양도, ④ 채무변제를 위한 정상적 처분, ⑤ 기업 경영에 필요 상당한 행위, ⑥ 생계유지를 위한 재산처분 등을 들 수 있다.[26]

따라서 피고 측은 원고가 주장하는 사해행위 목적 부동산에 관하여 설정된 선행 근저당권의 피담보채무액, 전세권의 전세금, 우선변제의 효력이 있는 임대차보증금 등을 공제한 결과 잔존가치가 전혀 없다면 당해 부동산의 처분은 사해행위에 해당하지 않는다고 주장하여야 할 것이다.

또한, 피고 측은 채무자의 재산 처분행위의 동기, 경위, 결과 등을 면밀하게 검토하여 그 처분행위가 사업계속을 위한 것 또는 채무의 합리적 변제를 위한 것 등이라면, 그 사정에 관한 소송자료를 수집하고 변론과정에서 항변사유로서 주장 제출하여야 할 것이다.

(5) 선의 항변 사유에 관한 검토

사해행위 취소소송에서 수익자 및 전득자의 악의는 추정되므로 피고로 된 수익자 및 전득자로서는 자신의 책임을 면하려면 자신의 선의를 입증할 책임이 있다.[27] 이 경우 선의 여부는 채무자와 수익자의 관계, 채무자와 수익자 사이의 처분행위의 내용과 그에 이르게 된 경위 또는 동기, 그 처분행위의 거래조건이 정상적이고 이를 의심할 만한 특별한 사정이 없으며 정상적인 거래관계임을 뒷받침할 만한 객관적인 자료가 있는지 여부, 그 처분행위 이후의 정황 등 여러 사정을 종합적으로 고려하여 논리칙·경험칙에 비추어 합리적으로 판단하여야 한다.[28]

소송실무상, 피고인 수익자가 채무자로부터 저당권을 설정 받은 경우에 진정한 피담보채권을 가지고 있다고 입증하더라도, 그것은 수익자(근저당 채권자)가 자신의 선의를 입증한 것은 되지 않는다. 담보권 설정에 있어 수익자의 악의가

---

26) 사해행위 해당성의 배제 또는 조각에 관한 구체적 내용은 제2장 제3절 제 4. 참조.
27) 대법원 2014. 12. 11. 선고 2011다49783 판결.
28) 대법원 2013. 2. 14. 선고 2012다5377 판결.

추정된다는 것은, 허위 담보권을 설정한 것으로 추정된다는 것이 아니라, 수익자가 채무자의 신용 및 재산상태가 악화되어 채무초과 상태에 있음을 짐작하고 자신의 채권에 관해서 다른 일반채권자보다 우선변제를 받기 위해서 담보제공을 받은 것으로 추정된다는 의미라고 할 수 있다.

따라서, 피고인 수익자로서는 위와 같은 추정을 깨뜨리는 정도로서 자신의 선의를 입증하여야 하고, 구체적으로는 채무자의 일반적인 신용 및 재산 상태를 알 수 없었던 사정, 담보로 제공받은 부동산의 객관적인 담보가치를 신뢰할 수밖에 없었던 사정, 통상적이고 정상적인 과정에 따라 담보를 설정한 사정 등에 관해서 적극적으로 입증하여야 한다.

한편, 부동산 그 중에서도 특히 주택의 매매에 있어서는 실수요자인 매수인의 신뢰를 보호하고 나아가 거래의 안전을 보호하기 위하여, 소송실무상 수익자(매수인)의 선의 여부를 판단함에 있어서는 가장매매가 아닌 진정한 매매거래인지 여부의 판단에 초점을 맞추는 것이 타당하다고 할 것이다.

따라서, 피고인 수익자(매수인)로서는 채무자(매도인)와 사이에 특수한 인적관계(친족관계, 사업상 관계)가 없고 매매대금을 실제로 지급(그 출처의 입증)하였다는 사실을 주장 입증하는 것이 선의라고 인정받을 수 있는 가장 중요한 방어방법이 될 수 있다.

2. 경매 진행 상황의 점검

(1) 가처분신청 및 청구취지 변경의 준비

채권자취소소송의 진행 중에 그 목적 부동산에 관하여 경매개시결정이 있은 경우에는 수시로 그 경매절차의 진행 정도를 파악하여 목적 부동산에 관한 경락허가 결정이 확정된 단계에 있고 수익자인 근저당권자에게도 매각대금 중 일부가 배당될 가능성이 있다면, 가처분신청 및 청구취지 변경의 준비를 하는 것이 바람직하다.

취소채권자(원고)는 목적 부동산에 관한 경매절차에서 배당표가 확정되기 전에 '사해행위 취소로 인한 배당금 지급금지 청구권'을 피보전권리로 하여 수익자(피고)가 경매법원에 대하여 가지는 배당금지급청구권에 관하여 처분금지가처분 신청을 할 것이다. 그리고, 기존의 청구취지 가운데 근저당권설정계약의 취소를 구하는 부분은 그대로 유지하되, 근저당권설정등기의 말소를 구하는 부분에 관해서는 배당금지급청구권의 양도 및 양도통지의 의사진술의 이행을 구하는 것으로 변경할 준비를 한다.

(2) 배당절차에 관한 대처

취소채권자(원고)로서는 경매법원에 의해 배당표가 작성된 후 미처 배당금지급금지가처분 결정을 받을 만한 시간적 여유가 없을 경우에는 배당기일에 출석하여 일단 배당이의를 하고 이어 배당이의의 소를 제기함으로써 수익자에게 실제로 배당금이 지급되는 것을 방지하여야 한다. 그 다음, 종전 채권자취소소송에서 원상회복의 방법으로 구한 근저당권설정등기 말소청구 부분을 배당금채권양도방식으로 변경하는 것이 적절할 것이다.

배당이의의 소를 제기함에는 각별하게 주의하여야 할 사항이 있다. 배당이의의 소는 채권자가 배당기일에 출석하여 이의를 선행하여야 하고, 그로부터 1주일 이내에 소를 제기하고 이를 증명하는 서류를 제출하여야 하며(민사집행법 제154조), 집행법원의 전속관할이고(민사집행법 제156조 제1항), 첫 변론기일에 출석하지 아니한 때에는 소를 취하한 것으로 보는(민사집행법 제158조) 등 절차상 엄격한 제한이 있는 점에 특히 유의하여야 한다.

제 4. 부동산 가처분 · 가압류 신청

1. 원물반환청구와 처분금지가처분

취소채권자가 본안으로 사해행위 취소에 따른 원상회복으로서 원물반환 즉 수익자 명의로 마쳐진 소유권이전등기 또는 저당권설정등기의 말소를 청구하거나, 소유권이전등기의 말소에 갈음하여 채무자에게로의 이전등기를 청구하는 경우, 집행보전의 방법은 수익자를 상대로 당해 부동산의 처분금지 가처분을 신청하는 것이다.

그리고 위 가처분 신청의 피보전권리의 내용은 '사해행위 취소로 인한 말소등기청구권(또는 사해행위 취소로 인한 이전등기청구권)'이 된다.

그런데, 취소채권자가 원물반환을 예상하여 목적 부동산에 처분금지 가처분을 한 후에 가액반환판결을 받으면 실무상 위 가처분을 가액반환청구권(금전채권)의 보전을 위하여 유용하는 것이 허용되지 않기 때문에, 소송 진행 중에 가액반환에 의한 원상회복으로 청구취지를 변경하거나 또 청구취지 변경 없이 가액반환판결이 선고 될 경우에는 지체 없이 다시 따로 목적 부동산에 관하여 가압류 신청을 할 필요가 있다.

2. 가액반환청구와 가압류

취소채권자가 본안으로 사해행위 취소에 따른 원상회복으로서 가액반환을 청구하는 경우에는 그 본안판결은 수익자에 대하여 금전채무의 이행을 명하는 것이므로 집행보전의 방법은 수익자의 일반재산에 대한 가압류를 신청하는 것이고, 이 때 그 피보전권리의 내용은 '사해행위 취소로 인한 가액반환청구권'이 된다.

다만, 소송실무상 가압류 신청 전에 사해행위 목적 부동산 이외에 수익자의 재산을 파악하기는 어렵고 당해 부동산이 다시 처분되는 것을 방지할 필요도 있으므로 가압류의 대상도 사해행위 목적으로 된 부동산으로 하는 것이 타당하다.

그런데, 취소채권자가 가액반환을 예상하여 목적 부동산에 가압류를 한 후에 원물반환판결을 받으면 실무상 위 가압류를 말소등기청구권 등의 보전을 위하여 유용하는 것이 허용되지 않기 때문에, 소송 진행 중에 원물반환에 의한 원상회복으로 청구취지를 변경하거나 또 청구취지 변경 없이 원물반환판결이 선고 될 경우에는 지체 없이 다시 따로 목적 부동산에 관하여 처분금지 가처분신청을 할 필요가 있다.

3. 목적 부동산의 경매와 가처분

채권자취소소송의 진행 중에 그 목적 부동산에 관하여 경매절차가 진행 되어 수익자에게도 매각대금 중 일부가 배당될 가능성이 있다면, 수익자에게 배당금이 지급되지 않도록 별도의 가처분신청을 하여야 한다.

취소채권자(원고)는 목적 부동산에 관한 경매절차에서 배당표가 확정되기 전에[29] '사해행위 취소로 인한 배당금 지급금지 청구권'을 피보전권리로 하여 수익자(피고)가 경매법원에 대하여 가지는 배당금지급청구권에 관하여 처분금지가처분 신청을 할 것이다. 그리고, 기존의 청구취지 가운데 근저당권설정계약 등의 취소를 구하는 부분은 그대로 유지하되, 등기의 말소를 구하는 부분에 관해서는 배당금지급청구권의 양도 및 양도통지의 의사진술의 이행을 구하는 것으로 변경할 준비를 하는 것이 바람직하다.

29) 집행법원은 채권자와 채무자에게 보여 주기 위하여 배당기일의 3일 전에 배당표원안을 작성하여 법원에 비치하고(민사집행법 제149조 제1항), 실무상 가처분 신청을 함에 있어 경매사건번호와 경매목적 부동산을 특정하면 되고, 구체적인 배당금액까지 특정할 필요는 없다.

제2절 간접적 · 보충적 재산회복 수단

제 1. 문제의 소재 및 검토 범위

채권자취소권을 행사하는 채권자의 주된 목적은 채무자의 사해행위를 취소하는 것 그 자체보다는 일탈한 책임재산을 회복하는 데에 있다. 그런데, 채권자취소권의 행사에 의하여 책임재산 회복의 목적을 달성하기 위해서는 사해행위 취소가 전제되어야 하고 사해행위를 취소함에는 제소기간 등 그 행사의 요건을 충족하여야 한다.

채무자가 무자력 상태에 빠져 있는 경우에 채권자로서는 책임재산의 회복을 위하여 보통 채무자의 과거 재산처분행위에 대하여 채권자취소권을 행사할 수 있는지 여부를 검토한다. 그런데, 검토 결과 그 요건의 흠결이 있는 경우에는 실질적으로 채무자의 책임재산을 확충할 수 있는 다른 수단을 강구하여야 할 것이고, 채권자취소권의 행사가 가능하다고 하더라도 그것보다 더 용이하고 효율적인 다른 법적 수단이 있다면 그 수단을 활용하는 것이 적절하다.

여기에서는 널리 사실상 채무자의 책임재산을 확충하는 의미를 가지는 점에서 채권자취소권과 그 제도적 목적을 같이 한다고 볼 수 있는 법률적 수단으로서 채권자대위권, 상호속용 등 영업양수인, 법인격부인론 등에 관하여 간략하게 검토한다. 채권자대위권은 경우에 따라 채권자취소권을 대체 또는 보완하는 기능을 가진다고 볼 수 있고, 상호속용 등 영업양수인 및 법인격부인론 등은 본래의 채무자 이외에 그 채무이행책임을 부담하는 인적 범위를 확대함으로써 간접적으로 재산을 회복하는 작용을 한다고 볼 수 있다.

제 2. 채권자대위권 행사에 의한 재산 회복

1. 채권자취소권과의 관계

채권자대위권은 채무자가 제3자에 대한 권리를 행사하지 않는 경우에 채권자가 채권에 기하여 채권자의 이름으로 채무자의 그 제3자에 대한 권리를 대신 행사함으로써 채무자 책임재산 보전의 목적을 달성하는 것이다.

소송실무상, 채권자대위권은 피보전채권이 비금전채권 즉 특정물채권인 경우에 채무자의 무자력을 요건으로 하지 않으므로[30) 주로 등기청구권 등 특정물채권의 보전을 위해 널리 활용된다. 피보전채권이 금전채권인 경우에는 채권자대위권의 행사도 채무자의 일반 책임재산 보전이라는 본래의 목적을 위한 것으로서 원칙적으로 채무자의 무자력을 요건으로 하는데, 이 경우에는 채권자취소권 행사의 장애 또는 흠결을 보완하는 작용을 한다는 데에 그 실익이 있다.

그러나 한편, 명의신탁, 담보권 등 일정한 법률관계의 경우에는 그 특성상 주도적으로 채권자대위권을 행사하는 것이 책임재산을 보전하는 데 있어 보다 효율적일 수 있다.

2. 구체적 고찰

(1) 허위표시에 의한 등기 말소 청구

대법원판례는 통정 허위표시에 의한 가장매매도 채권자취소권의 대상에 포함시키므로,[31) 채권자는 그에 관하여 의심이 충분히 있더라도 채무자(매도인)와 그 상대방(매수인)의 통정에 의한 허위표시의 무효를 주장하는 것보다 채권자취소권의 객관적 요건에 맞추어 청구원인사실을 구성하는 것이 유용하다. 왜냐하면 채권자취소권으로 구성함으로써 통모 사실 즉 수익자(매수인)의 악의에 관한 적극적인 입증의 어려움에서 벗어날 수 있는 소송상의 이점이 있기 때문이다.[32)

30) 대법원 1992. 10. 27. 선고 91다483 판결 등.
31) 대법원 1984. 7. 24. 선고 84다카68 판결, 1991. 11. 8. 선고 91다14079 판결.
32) 채권자취소소송의 경우에는 수익자(매수인)의 악의가 추정되므로 매수인(수익자)측에서 자

그러나, 채권자취소소송의 제소기간이 도과되거나 채무자가 소 제기 시점에는 무자력 상태에 있는데 과거의 사해행위 시점에는 변제자력이 있었던 것으로 밝혀진 경우 등에는 채권자취소청구가 배척될 것이다.

따라서, 위와 같은 경우에 채권자로서는 예비적 또는 보충적으로 채무자와 수익자 사이의 법률행위가 통모에 의한 허위표시로서 무효임을 주장하고 무자력 상태에 있는 채무자를 대위하여 수익자를 상대로 원인무효인 소유권이전등기 등의 말소등기절차의 이행을 구하는 것이 유용하다.

(2) 명의신탁 재산의 회복

부동산에 관한 양자간 명의신탁약정이 무효인 경우, 명의신탁자는 명의수탁자를 상대로 명의신탁약정의 유효를 전제로 그 해지를 원인으로 하는 소유권이전등기를 청구할 수는 없고, 원인무효를 이유로 등기의 말소를 구하거나 진정명의회복을 원인으로 이전등기를 구할 수 있다.[33]

한편, 명의신탁자와 명의수탁자가 부부관계로서 부동산에 관한 양자간 명의신탁약정이 원칙적으로 유효한 경우에는, 명의신탁자는 명의수탁자에 대하여 신탁을 해지하고 신탁관계의 종료 그것만을 이유로 하여 소유명의 이전등기절차의 이행을 청구할 수 있음은 물론 신탁해지를 원인으로 하고 소유권에 기해서도 그와 같은 청구를 할 수 있다.[34]

위와 같은 각 경우에, 명의신탁자가 채무자로서 무자력 상태임에도 명의신탁 목적 부동산에 관하여 여전히 수탁자 명의로 소유권등기를 유지하고 있을 때, 채권자는 채권자 대위권을 행사하여 명의신탁 재산을 채무자인 신탁자 명의로 회복할 수 있다. 즉, 채무자(명의신탁자)와 수탁자 사이의 명의신탁약정이 무효인 경우에는 채권자는 채무자를 대위하여 등기원인의 무효임을 주장하여 수탁자를 상대로 소유권이전등기의 말소를 구하고, 채무자(명의신탁자)와 수탁자 사이의 명의신탁약정이 유효한 경우에는 채권자는 채무자를 대위하여 명의신탁약정을 해지하고 수탁자를 상대로 채무자(명의신탁자) 명의로의 소유권이전등기를

신이 선의임을 적극적으로 입증할 책임이 있다.

33) 대법원 1999. 1. 26. 선고 98다1027 판결, 2002. 9. 6. 선고 2002다35157 판결.

34) 대법원 2016. 7. 29. 선고 2015다56086 판결, 이 경우 양 청구는 청구원인을 달리하는 별개의 소송이다(대법원 2002. 5. 10. 선고 2000다55171 판결).

구함으로써, 채무자인 명의신탁자의 책임재산을 회복할 수 있다.

(3) 피담보채권 소멸에 의한 등기말소청구

피담보채권이 시효의 완성 기타 사유로 소멸하면 저당권은 부종성으로 인해 그 말소등기가 없더라도 당연히 소멸한다(민법 제369조).[35] 근저당권의 경우에는 확정되면 일반저당권으로 전환되므로 그 확정된 피담보채권이 시효의 완성 기타 사유로 소멸하면 당연히 소멸한다고 할 것이다.

한편, 채무자의 일반채권자는 그 지위에서 독자적으로 소멸시효를 주장할 수 없으나, 자기의 채권을 보전하기 위하여 필요한 한도에서 채무자를 대위하여 소멸시효를 주장할 수 있다.[36]

따라서, 채권자는 무자력 상태에 있는 채무자가 자신의 부동산에 관하여 오래 전에 제3자에게 설정해 준 (근)저당권설정등기에 관하여 그 피담보채권의 소멸시효 기간이 경과되었을 정도로 그대로 방치하고 있을 경우에는, 채무자를 대위하여 저당권자를 상대로 피담보채권에 관한 소멸시효를 원용하고 저당권의 소멸에 의해 무효로 된 그 저당권설정등기의 말소를 청구할 수 있다.

(4) 피담보채권에 관한 법률행위 부존재에 의한 등기말소청구

근저당권은 그 담보할 채무의 최고액만을 정하고 채무의 확정을 장래에 보류하여 설정하는 저당권으로서 계속적인 거래관계로부터 발생하는 다수의 불특정채권을 장래의 결산기에서 일정한 한도까지 담보하기 위한 목적으로 설정하는 담보권이다. 따라서 근저당권이 유효하기 위해서는 근저당권의 성립 당시 근저당권설정행위와는 별도로 근저당권의 피담보채권을 성립시키는 법률행위가 있어야 하고 근저당권의 피담보채권을 성립시키는 법률행위가 있었는지 여부에 관한 증명책임은 그 존재를 주장하는 측에 있다.[37]

그러므로, 채권자는 무자력 상태에 있는 채무자가 자신의 부동산에 관하여 제3자에게 근저당권을 설정해 주었는데 별도로 근저당권의 피담보채권을 성립

35) 대법원 2002. 9. 24. 선고 2002다27910 판결.
36) 대법원 2012. 5. 10. 선고 2011다109500 판결.
37) 대법원 2004. 5. 28. 선고 2003다70041 판결, 2011. 4. 28. 선고 2010다107408 판결.

시키는 법률행위가 존재하지 않은 경우에는 채무자를 대위하여 근저당권자를 상대로 무효인 근저당권설정등기의 말소를 청구할 수 있다.

한편, 채권담보를 목적으로 근저당권설정등기를 하는 경우에는 원칙적으로 채권자와 근저당권자가 동일인이어야 하지만, 채권자 아닌 제3자를 근저당권자로 한 근저당권설정등기를 하는 데 대하여 채권자와 채무자 및 제3자 사이에 합의가 있었고, 나아가 제3자에게 그 채권이 실질적으로 귀속되었다고 볼 수 있거나 채권자와 제3자가 불가분적 채권자의 관계에 있다고 볼 수 있는 경우에는 그 제3자를 근저당권자로 한 근저당권설정등기도 유효하다.[38]

(5) 예약완결권 소멸에 의한 가등기 말소청구

민법 제564조가 정하는 매매예약의 완결권은 일종의 형성권으로서 당사자 사이에 행사기간을 약정한 때에는 그 기간 내에, 약정이 없는 때에는 예약이 성립한 때부터 10년 내에 이를 행사하여야 하고, 그 기간이 지난 때에는 예약완결권은 제척기간의 경과로 소멸한다.[39]

따라서, 매매예약을 원인으로 소유권이전청구권 가등기가 마쳐진 경우에, 채무자가 무자력 상태에서 그 매매예약에 의한 예약완결권의 행사기간이 경과한 뒤에도 위 가등기에 관하여 그대로 방치하고 있을 경우에는, 채권자는 채무자를 대위하여 제척기간의 경과로 원인무효로 된 그 가등기의 말소를 청구할 수 있다.

또한, 채무자가 유일한 재산인 그 소유의 부동산에 관한 매매예약에 따른 예약완결권이 제척기간 경과가 임박하여 소멸할 예정인 상태에서 제척기간을 연장하기 위하여 새로 매매예약을 하는 행위는 채권자취소권의 대상인 사해행위가 될 수 있다.[40]

---

38) 대법원 2013. 1. 16. 선고 2011다71100 판결(위와 같이, 제3자를 근저당권자로 한 근저당권설정등기를 유효하게 볼 수 있는 경우에는, 그 근저당권설정등기를 부동산실명법이 금지하는 실권리자 아닌 자 명의의 등기라고 볼 수 없다).

39) 대법원 2018. 11. 29. 선고 2017다247190 판결.

40) 대법원 2018. 11. 29. 선고 2017다247190 판결.

제 3. 상호속용 등 영업양수인에 대한 이행청구

1. 채권자취소권과의 관계

채무자가 영업재산과 영업권이 유기적으로 결합된 일체로서의 영업을 양도함으로써 채무초과상태에 이르거나 이미 채무초과상태에 있는 것을 심화시킨 경우, 영업양도는 채권자취소권 행사의 대상이 될 수 있다.[41]

그런데, 영업양수인이 양도인의 상호를 계속 사용하는 경우에는 양도인의 영업으로 인한 채권에 대하여 양수인도 변제할 책임이 있고(상법 제42조 제1항), 한편, 영업양수인이 양도인의 상호를 계속 사용하지 않더라도 양도인의 영업으로 인한 채무를 인수할 것을 광고한 때에는 양수인도 변제할 책임이 있다(상법 제44조).

따라서, 양도인의 채권자로서는 영업양수인이 양도인의 상호를 계속 사용하거나 채무인수의 광고를 한 경우에는, 채무자가 영업양도에 의해 무자력 상태에 빠지더라도 채무자(양도인)에 대한 채권과 동일한 내용으로 양수인에게 그 이행을 청구함으로써, 보다 용이하게 간접적·실질적으로 기존 채무자의 책임재산의 회복과 동일한 경제적 효과를 얻을 수 있다.

채무자가 영업양도에 의해 무자력 상태에 빠진 경우 채권자로서는 책임재산의 회복을 위하여 채권자취소권의 요건을 충족하는지 여부와 아울러 상법의 위 영업양수인 책임규정을 적용할 수 있는지 여부도 고려하는 것이 유용하다. 특히, 영업양도인과 영업양수인이 모두 회사이고 그 양수인이 상호를 속용하거나 채무인수의 광고를 한 경우에는 채권자로서는 그 적용이 까다로운 법인격부인론 등에 의하기보다 상법의 위 제도를 활용하는 것이 훨씬 유용할 수 있다.

또한, 영업을 출자하여 주식회사를 설립하고 그 상호를 계속 사용하는 경우에는 새로 설립된 회사는 상법 제42조의 유추적용에 의하여 출자자의 채무를 변제할 책임이 있다.[42]

---

41) 대법원 2015. 12. 10. 선고 2013다84162 판결.
42) 대법원 1996. 7. 9. 선고 96다13767 판결.

2. 영업양수인에 대한 이행 청구의 요건

(1) 영업양도의 의미와 판단기준

상법상의 영업양도는 일정한 영업목적에 의하여 조직화된 업체 즉 인적·물적 조직을 그 동일성을 유지하면서 일체로서 이전하는 것을 의미하고, 일부의 영업양도도 가능하며, 영업양도가 이루어진 경우 근로자의 반대의사로써 양수기업에 승계되는 대신 양도기업에 잔류하거나 양도기업과 양수기업 모두에서 퇴직할 수 있다.[43)]

영업양도가 이루어졌는가의 여부는 단지 어떠한 영업재산이 어느 정도로 이전되어 있는가에 의하여 결정되어야 하는 것이 아니고 거기에 종래의 영업조직이 유지되어 그 조직이 전부 또는 중요한 일부로서 기능할 수 있는가에 의하여 결정되어야 하므로, 영업재산의 일부를 유보한 채 영업시설을 양도했어도 그 양도한 부분만으로 종래의 조직이 유지되어 있다고 사회관념상 인정되면 그것을 영업의 양도라고 볼 수 있다.[44)]

영업양도는 반드시 영업양도 당사자 사이의 명시적 계약에 의하여야 하는 것은 아니며 묵시적인 계약에 의하여도 가능하고, 개인기업과 법인기업 상호간에도 가능하다고 할 것이다.[45)]

(2) 상호속용의 의미와 판단기준

상법 제42조 제1항의 상호를 계속 사용한다는 것은 영업양도인이 사용하던 상호와 양수인이 사용하는 상호가 동일할 것까지는 필요 없고 다만, 전후의 상호가 주요 부분에 있어서 공통되기만 하면 상호를 계속 사용한다고 보아야 한다.[46)]

한편, 상법 제42조 제1항에 따른 상호속용 영업양수인의 책임은 채무승계가 없는 영업양도에 의하여 자기의 채권추구의 기회를 빼앗긴 채권자의 외관신뢰

43) 대법원 2012. 5. 10. 선고 2011다45217 판결.
44) 대법원 2009. 1. 15. 선고 2007다17123 판결.
45) 대법원 2005. 6. 24. 선고 2005다8200 판결, 2009. 1. 15. 선고 2007다17123 판결.
46) 대법원 1998. 4. 14. 선고 96다8826 판결.

를 보호하기 위한 데에 그 취지가 있다고 할 것이므로, 상호속용 영업양수인에게 책임을 묻기 위해서는 상호속용의 원인관계가 무엇인지에 관하여 제한을 둘 필요는 없고 상호속용이라는 사실관계가 있으면 충분하다.[47)]

(3) 채무인수 광고의 의미와 판단기준

'채무인수의 광고'라 함은 양수인이 채무를 인수하지 않았으면서 사회통념상 마치 영업으로 인하여 생긴 채무를 인수한 것으로 채권자가 일반적으로 믿을 수 있는 외관을 야기한 경우를 의미한다.

따라서, 반드시 채무인수라는 문언이 들어가지 않았더라도 양수인이 채무인수를 한 것으로 믿을 수 있는 문면이 기재되면 족하다. 또한 양수인이 광고의 방법에 의하지 않고 양도인의 채권자에게 개별적으로 채무인수의 뜻을 표시하거나 상호를 변경한다는 통지를 한 경우에도 채무인수의 광고에 해당할 수 있다.[48)]

---

47) 대법원 2009. 1. 15. 선고 2007다17123 판결.
48) 대법원 2010. 1. 14. 선고 2009다77327 판결 참조.

제 4. 법인격 부인론

1. 법인격부인론의 의의와 채권자취소권과의 관계

법인격부인론은 회사의 일반적인 법인격은 박탈하지 않고 그 법인격이 남용된 특정한 경우에 한하여 법인격을 부인함으로써 구체적으로 타당하게 분쟁을 해결하려는 이론이다.

법인격부인론은 특히 주식회사 주주의 유한책임제도를 악용하여 회사의 책임을 부당하게 회피하는 결과가 되는 경우에 회사 채권자를 보호하기 위한 이론으로서, 기본적으로 책임재산의 범위를 확장함으로써 채권자를 보호하려는 목적을 가지는 점에서 채권자취소권과 그 취지를 같이 한다고 볼 수 있다.

합명회사 · 합자회사 · 유한책임회사 · 유한회사의 경우에는 사원이 그 채권자를 해할 것을 알고 회사를 설립한 때에는 채권자는 그 사원과 회사에 대한 소로 회사의 설립취소를 청구할 수 있으므로(상법 제185조, 제269조, 제552조), 법인격부인론의 적용례가 미미하지만, 그와 같은 명문의 규정을 두지 않은 주식회사의 경우에는 법인격부인론이 중요한 기능을 가진다. 따라서 여기에서는 주식회사에 관한 법인격부인론을 중심으로 검토한다.

소송실무상 주식회사의 법인격부인론은 회사의 채무에 대하여 배후의 지배주주도 책임을 지게 하는 것 즉 주주의 유한책임을 부정하는 데에서 출발하였다고 볼 수 있으나, 회사의 법인격을 부인한다는 것은 결국 특정 회사 단위의 독립적인 권리의무 주체성을 부인한다는 것이므로, 지배주주의 채무에 대하여 회사가 책임을 지는 경우와 기존회사의 채무에 대하여 신설회사도 책임을 지는 경우까지 포괄하는 개념으로 확대되었다.

또한, 소송실무상 법인격부인의 법리가 활용되는 경우는, 소규모 주식회사에 있어서 회사 재산을 은밀하고 교묘하게 유출하여 다른 회사를 설립하거나 지배주주에게 은닉하는 등 채권자를 해하는 행위를 하는 경우에, 채권자가 법인격부인론에 의하여 신설회사 또는 지배주주 등에 대하여 기존 채무자회사에 대한 채권과 동일한 내용으로 그 이행을 청구함으로써, 실질적으로 기존 채무자회사

책임재산의 회복과 동일한 경제적 효과를 얻고자 하는 것이다.

2. 소송실무상 법인격부인론 적용에 관한 구체적 고찰

(1) 법인격부인론 적용의 엄격성

주주의 유한책임을 본질적 요소로 하면서 회사에 대해 독자적인 법인격을 부여하여 경제활동의 주체로 인정하는 주식회사제도는 자유시장경제체재적 법질서의 근간을 이루는 제도 중의 하나라고 할 것이다.

이와 같은 주식회사제도의 중요성에 따라 대법원 판례는 주식회사의 법인격을 부인하거나 그 남용을 인정하는 데 있어 매우 엄격한 기준을 적용하고 있다고 볼 수 있다.

법인격부인론을 처음 적용한 사례라고 볼 수 있는 대법원 2001. 1. 19. 선고 97다21604 판결은, '회사가 외형상으로는 법인의 형식을 갖추고 있으나 이는 법인의 형태를 빌리고 있는 것에 지나지 아니하고 그 실질에 있어서는 완전히 그 법인격의 배후에 있는 타인의 개인기업에 불과하거나 그것이 배후자에 대한 법률적용을 회피하기 위한 수단으로 함부로 쓰여지는 경우에는, 비록 외견상으로는 회사의 행위라고 할지라도 회사와 그 배후자가 별개의 인격체임을 내세워 회사에게만 법적 효과가 귀속됨을 주장하면서 배후자의 책임을 부정하는 것은 신의성실의 원칙에 위반되는 법인격의 남용으로서 심히 정의와 형평에 반하여 허용될 수 없다. 따라서 회사는 물론 그 배후자인 타인에 대해서도 회사의 행위에 관한 책임을 물을 수 있다'고 판시하였다.

대법원 2008. 9. 11. 선고 2007다90982 판결은, 법인격남용이 인정되기 위해서는, '문제가 되고 있는 법률행위나 사실행위를 한 시점을 기준으로 회사와 배후자 사이에 재산과 업무가 구분이 어려울 정도로 혼용되어 있고, …… 배후자가 회사를 자기 마음대로 이용할 수 있는 지배적 지위에 있을 것을 요하고, …… 영업이 부진한 기존의 주식회사를 폐업하고 채권 채무를 청산한 다음 신규자본을 투입하여 새로운 회사를 설립하고 운영하는 것 자체를 법인제도를 남용하였다고 보기 어렵다'고 판시하였다.

이와 같이, 대법원판례는 법인격부인론을 적용하여 회사와 그 배후자의 책임을 동일시하기 위해서는, 회사가 실질에 있어 완전히 그 법인격의 배후에 있는 타인의 개인기업에 불과할 정도에 이르러야 하는데, 그에 관한 핵심적인 판단사항으로서는 배후자의 회사에 대한 지배의 형태와 정도, 배후자와 회사의 업무와 재산의 혼용 정도 등을 들고 있다.

한편, 대법원 2010. 1. 14. 선고 2009다77327 판결은, '기존회사가 채무를 면탈하기 위하여 기업의 형태 · 내용이 실질적으로 동일한 신설회사를 설립하였다면, 신설회사의 설립은 기존회사의 채무면탈이라는 위법한 목적 달성을 위하여 회사제도를 남용한 것에 해당하고, 이러한 경우에 기존회사의 채권자에 대하여 위 두 회사가 별개의 법인격을 갖고 있음을 주장하는 것은 신의성실의 원칙상 허용될 수 없다. 따라서 기존회사의 채권자는 위 두 회사 어느 쪽에 대해서도 채무의 이행을 청구할 수 있다'고 판시하였다.

대법원판례에 의하면, 기존회사의 채무를 면탈할 의도로 신설회사를 설립하였는지 여부는, 기존회사의 폐업 당시 경영상태나 자산상황, 신설회사의 설립시점, 기존회사에서 신설회사로 유용된 자산의 유무와 정도, 기존회사에서 신설회사로 이전된 자산이 있는 경우 그 정당한 대가가 지급되었는지 여부 등 여러 가지 사정을 종합적으로 고려하여 판단하여야 한다. 따라서 예컨대, 신설회사가 기존회사로부터 공장 건물, 기계 및 인력 대부분을 그대로 인수하여 종전과 동일한 영업을 하고 있는 사실 등은 인정되지만, 기존회사의 주주와 신설회사의 주주가 완전히 다른 점, 기존회사로부터 무상으로 이전받은 자산 등이 없는 점 등에 비추어 보면 신설회사가 기존회사와 실질적으로 동일한 회사로서 그 채무를 면탈할 목적으로 설립된 것이라고 볼 수 없다.[49]

(2) 법인격 부인론 적용을 위한 실무적 검토 사항

소송실무상 법인격부인론이 활용되는 대부분의 사례는, 소규모 주식회사가 은밀하고 교묘하게 회사 재산을 빼돌려 다른 회사를 설립하는 경우에 기존회사의 채권자가 채권자취소권을 행사하는 것이 사실상 불가능하므로, 그 대신에 법인격부인의 법리에 의하여 신설회사에 대하여 기존 채무자회사에 대한 채권과 동일한 내용으로 그 이행을 청구함으로써, 실질적으로 기존 채무자회사 책임재

49) 대법원 2010. 1. 14. 선고 2009다77327 판결.

산의 회복과 동일한 경제적 효과를 얻고자 하는 것이다.

소송실무상, 법인격부인론을 적용하여 신설회사에 대하여 기존회사의 채무에 대한 책임을 지우기 위한 일반적 요건은, 첫째, 기존회사가 채무를 면탈하기 위하여 신설회사를 설립하였을 것(주관적 요건), 둘째, 기존회사와 신설회사가 기업의 형태·내용에 있어 실질적으로 동일할 것(객관적 요건) 등이라고 정리할 수 있다.

그리고 객관적 요건으로서의 기업의 실질적 동일성에 관해서는 소송실무상 사업의 목적과 자본 및 경영진 구성의 동일성 여부가 핵심적인 판단 기준으로 작용한다고 할 것이다.

주식회사의 경우에 자본 구성의 동일성 여부는 주주 구성이 동일한지 여부에 따른다고 할 수 있고, 일부 주주가 다르더라도 주식의 명의신탁에 의하여 주식 신탁자(실질적인 주주)가 동일하다면 주주 구성이 동일하다고 볼 수 있을 것이다. 경영진 구성이 동일한지 여부는 법인등기부에 등재된 이사가 동일한지 여부를 검토하고, 등기이사가 일부 서로 다르더라도 그 실질적 경영자가 동일하다면 경영진 구성이 동일하다고 볼 수 있다.

채무면탈의 주관적 목적은 기존회사의 폐업 당시 경영상태나 자산상황, 신설회사의 설립시점, 기존회사에서 신설회사로 유용된 자산의 유무와 정도, 기존회사에서 신설회사로 이전된 자산이 있는 경우 그 정당한 대가가 지급되었는지 여부 등 여러 가지 사정을 종합적으로 고려하여 판단하여야 한다. 예컨대, 신설회사의 성립 이후에 기존회사에 대하여 비로소 채권이 발생하였을 경우에 그 채권자로서는 신설회사가 채무를 면탈하기 위하여 성립되었다고 주장하기는 곤란할 것이다.

제3절 문서 작성례

※ 이 절의 문서 작성례에서는 공통적으로 취소권을 행사하는 채권자를 "갑", 채무자를 "을", 수익자를 "병", 전득자를 "정"으로 표기하되, 그 소송상의 지위를 지칭할 경우에는 원고 "갑", 피고 "병" 등으로 표기한다.

그리고, 편의상 사해행위의 일자와 관할등기소 · 등기접수일자 · 등기번호 등은 임의로 기재하였다.

제 1. 청구취지 기재례(I) – 수익자를 피고로 하는 경우

기재례 1 매매(증여)계약 취소, 소유권이전등기 말소

(1) 별지 기재 부동산에 관하여,

(가) 피고 "병"과 "을" 사이에 2018. 8. 20. 체결된 매매(증여)계약을 취소한다.

(나) 피고 "병"은 "을"에게 서울남부지방법원 강서등기소 2018. 8. 28. 접수 제51150호로 마친 소유권이전등기의 말소등기절차를 이행하라.

(2) 소송비용은 피고의 부담으로 한다.

라는 판결을 구합니다.

해설 채무자 "을"은 채권자취소소송에서는 피고적격이 없으므로 "을" 앞에 '피고'라고 표기하지 않는다. 그러나, 채권자 "갑"이 채무자 "을"에 대하여 본래의 채무이행소송을 병합한 경우에는 "을"도 공동피고의 지위에 있게 되고 그 청구취지는 아래와 같다.

(1) 피고 "을"은 원고 "갑"에게 금50,000,000원 및 이에 대한 이 사건 소장부본 송달 다음날부터 완제일까지 연 15%의 비율에 의한 금원을 지급하라.

(2) 별지 기재 부동산에 관하여,

(가) 피고 "병"과 피고 "을" 사이에 2018. 8. 20. 체결된 매매(증여)계약을 취소한다.

(나) 피고 "병"은 피고 "을"에게 서울남부지방법원 강서등기소 2018. 8. 28. 접수

제51150호로 마친 소유권이전등기의 말소등기절차를 이행하라.
(3) 소송비용은 피고의 부담으로 한다.

기재례 2 매매(증여)계약 일부 취소, 가액배상청구

(1) (가) 피고 "병"과 "을" 사이에 별지 기재 부동산에 관하여 2018. 10. 10. 체결된 매매(증여)계약을 금50,000,000원의 한도 내에서 취소한다.
(나) 피고 "병"은 원고 "갑"에게 금50,000,000원 및 이에 대한 이 판결 확정일 다음날부터 완제일까지 연 5%의 비율에 의한 금원을 지급하라.
(2) 소송비용은 피고의 부담으로 한다.

해설 가액배상은 채권자 "갑"이 직접 자신에게 지급할 것을 청구할 수 있고, 가액배상금에 대한 지연손해금은 채권자취소판결 확정일 다음날부터 민법상의 법정이율인 연 5%의 비율에 의한다.

기재례 3 매매예약 취소, 가등기 말소

(1) 별지 기재 부동산에 관하여,
(가) 피고 "병"과 "을" 사이에 2017. 12. 13. 체결된 매매예약을 취소한다.
(나) 피고 "병"은 "을"에게 의정부지방법원 동두천등기소 2017. 12. 13. 접수 제20844호로 마친 소유권이전청구권가등기의 말소등기절차를 이행하라.
(2) 소송비용은 피고의 부담으로 한다.

기재례 4 매매예약 및 매매계약 취소, 가등기 및 본등기 말소

(1) 별지 기재 부동산에 관하여,
(가) 피고 "병"과 "을" 사이에 2017. 12. 13. 체결된 매매예약과 2018. 2. 19. 체결된 매매계약을 각 취소한다.
(나) 피고 "병"은 "을"에게 청주지방법원 진천등기소 2017. 12. 13. 접수 제4176호로 마친 소유권이전청구권가등기와 위 같은 등기소 2018. 2. 23. 접수 제17336호로 마친 소유권이전등기의 각 말소등기절차를 이행하라.

(2) 소송비용은 피고의 부담으로 한다.

해설 가등기에 기한 본등기가 마쳐진 부동산에 관하여 채권자취소소송을 제기하는 경우에는 가등기 및 본등기의 원인행위의 취소와 가등기 및 본등기의 말소등기절차의 이행을 모두 구한다.

기재례 5 근저당권설정계약 취소, 설정등기 말소

(1) 별지 기재 부동산에 관하여,

(가) 피고 "병"과 "을" 사이에 2018. 6. 23. 체결된 근저당권설정계약을 취소한다.

(나) 피고 "병"은 "을"에게 서울서부지방법원 2018. 7. 23. 접수 제32183호로 마친 근저당권설정등기의 말소등기절차를 이행하라.

(2) 소송비용은 피고의 부담으로 한다.

기재례 6 근저당권설정계약 취소, 배당금 출급채권 양도 청구

(1) (가) 피고 "병"과 "을" 사이에 별지 1. 기재 부동산에 관하여 2018. 6. 23. 체결된 근저당권설정계약을 취소한다.

(나) 피고 "병"은 "을"에게 별지 2. 기재 배당금 출급채권을 양도하고, 대한민국(서울중앙지방법원 세입세출외 현금출납공무원)에게 위 채권양도사실을 통지하라.

(2) 소송비용은 피고의 부담으로 한다.

[별지 2]

채권의 표시

피고 "병"이 소외 대한민국(소관: 서울중앙지방법원 세입세출외 현금출납공무원)에 대하여 가지고 있는 서울중앙지방법원 2018타경1062호 부동산 임의경매사건에 관하여 2019. 1. 6. 배당결과 근저당권자로서 받은 배당금 20,000,000원의 출급채권.

해설 사해행위인 근저당권설정계약의 취소와 원상회복으로 근저당권설정등기의 말소를 구하는 소송 계속 중에 목적 부동산에 대한 경락 결과 수익자인 피고 "병"에게 배당이 이루어진 경우, 종전의 등기말소 청구를 배당금채권 양도청구로 청구취지를 변경하는 형태이다. 경락 결과 "병"의 근저당권설정등기가 말소되었더라도 근저당권설정계약의 취소청구 부분은 그대로 유지한다.

기재례 7 근저당권설정계약의 일부 취소, 채권최고액을 감축하는 변경등기청구

(1) 별지 기재 부동산에 관하여,

(가) 피고 "병"과 "을" 사이에 2018. 10. 16. 체결된 근저당권설정계약을 채권최고액 5억 원을 초과하는 부분에 한하여 취소한다.

(나) 피고 "병"은 "을"에게 서울중앙지방법원 등기국 2018. 10. 17. 접수 제5050호로 마친 근저당권설정등기의 채권최고액 20억 원을 5억 원으로 변경하는 등기절차를 이행하라.

(2) 소송비용은 피고의 부담으로 한다.

해설

(1) 사실관계 요지

채무자 "을" 소유의 부동산에 관해서 근저당권자 "무", 채권최고액 6억 원인 선순위 근저당권설정등기가 마쳐졌고, 그 후 "을"이 채무초과상태에서 "병"으로부터 15억 원을 차용하면서 그 담보를 위하여 2018. 10. 16. 수익자 "병"과 사이에 채권최고액 20억의 근저당권설정계약을 체결하고 다음날 서울중앙지방법원 등기국 접수 제5050호로 그 설정등기를 마쳤다.

한편, 채무자 "을"은 "병"으로부터 차용한 돈 중의 일부로 위 선순위 근저당권의 피담보채무액 5억 원을 변제함으로써 그 근저당권설정등기가 말소된 경우이다.

(2) 취소의 대상인 사해행위와 그 범위

위와 같은 경우, 당초 "정"의 선순위 근저당권의 피담보채무액 5억 원 부분은 일반채권자들의 공동담보에 제공되지 않은 것이므로, "을"과 "병"이 체결한 근저당권설정계약은 차용금의 일부로서 선순위 근저당권의 피담보채무를 변제한 부분을 제외한 나머지 설정계약 부분만 사해행위에 해당한다고 할 것이다.

다시 말하면 "을"과 "병"이 체결한 근저당권설정계약은 사해성이 없는 종전의 "을"과 "무" 사이의 선순위 근저당권을 실질적으로 승계하여 포함하고 있다고 볼 수 있으므로 종전의 선순위 근저당권이 담보하는 채권액 범위까지는 축소하여 존속시키되, 이를 초과하는 나머지 부분에 관해서 사해행위로서 취소의 대상으로 삼는 것이다.

(3) 원상회복의 방법

위와 같은 경우에는 "을"과 "병" 사이의 근저당권 설정계약을 채권최고액 20억 원에서 변제한 선순위 근저당권 피담보채무액을 공제한 잔액의 한도 내에서 즉 채권최고액 중 선순위 근저당권의 피담보채무액을 초과하는 부분을 사해행위로서 취소하고, 그 부분의 근저당권설정등기를 말소할 것인데 근저당권의 일부 말소는 허용되지 않는다.

그러므로, 원상회복으로서 근저당권설정등기의 일부말소에 갈음하여 근저당권설정등기의 채권최고액 20억 원을 변제한 선순위 근저당권의 피담보채무액인 5억 원으로 감축하는 근저당권변경등기절차의 이행을 구한다.

기재례 8 채권양도의 취소, 원상회복

(1) (가) 별지 기재 채권에 관하여 피고 "병"과 "을" 사이에 2018. 10. 10. 체결된 채권양도계약을 취소한다.

(나) 피고 "병"은 "무"(제3채무자)에게 별지 기재 채권의 양도가 취소되었다는 취지의 통지를 하라.

(2) 소송비용은 피고의 부담으로 한다.

해설 사해행위인 채권양도가 취소되고 그 채권이 양수인(수익자)에게 변제되지 아니하여 소멸되지 않은 경우이다. 양수인이 변제를 받은 경우에는 원상회복으로서 가액배상을 구한다.

양도된 채권이 소멸하지 않은 경우에 채권양도의 취소에 따른 원상회복으로서는 수익자(양수인)에 대하여 제3채무자에게 채권양도가 취소되었다는 취지의 통지를 할 것을 구함으로써 대항요건을 갖추는 것으로 충분하고, 수익자(양수인)에 대하여 그 양도된 채권을 채무자에게 다시 양도하여 반환하도록 할 필요는 없다. 즉, 「수익자 "병"은 채무자 "을"에게 별지 기재 채권(즉, 양도가 취소된 채권)을 양도(반환의 의미)하라」 등의 문구를 추가하지 않는다. 양도된 채권이 소멸하지 않은 경우에는 사해행위의 대상이 된 채권 자체가 현실적으로 다른 재화로 변형되지 않고 그대로 남아 있고, 취소의 상대적 효력에 의해 취소채권자와 수익자(양수인) 사이의 상대적 관계에서만 채무자의 채권으로 취급될 뿐이기 때문이다.

사해행위에 해당하는 채권양도가 채권자에 의하여 취소되기 전에 이미 채권양수인인 수익자가 제3채무자로부터 총 채권액 3억 원 중의 일부인 1억 원을 변제받아 그 일부가 소멸하였으나, 수익자(양수인)가 제3채무자에게서 아직 나머지 채권액 2억 원을 추심하지 아니한 경우에는 청구취지로서 아래와 같이 기재하는 것이 적절할 것이다.

「(1) 수익자와 채무자 사이에 2018. 10. 10. 체결된 별지 기재 채권 3억 원에 관한 채권양도계약을 취소한다. (2) 수익자는 채권자에게 1억 원 및 이에 대한 이 판결 확정일 다음날부터 완제일까지 연 5%의 비율에 의한 금원을 지급하라. (3) 수익자는 제3채무자에게 수익자와 채무자 사이에 2018. 10. 10. 체결된 별지 기재 채권 3억 원 중 2억 원에 관한 채권양도계약이 취소되었다는 취지의 통지를 하라」

기재례 9 피담보채권 및 근저당권 이전 취소, 원상회복

(1) (가) 별지 기재 근저당권부 채권에 관하여, 피고 "병"과 을" 사이에 2018. 10. 10. 체결된 확정채권 양도계약 및 근저당권 양도계약을 취소한다.
(나) 피고 "병"은 "무"(제3채무자)에게 위 채권양도계약이 취소되었다는 취지의 통지를 하라.
(다) 피고 "병"은 "을"에게 별지 기재 부동산에 관하여 서울중앙지방법원 등기국 2018. 10. 12. 접수 제1590호로 마친 근저당권이전등기의 말소등기절차를 이행하라.
(2) 소송비용은 피고의 부담으로 한다.

[별지]

근저당권부 채권의 표시

(목적부동산)
서울 서초구 서초동 11111 주차장 300㎡
(근저당권의 표시)
위 부동산에 관하여 피고 "병"이 "을"로부터 2018. 10. 10. 확정채권양도를 원인으로 이전받아 서울중앙지방법원 등기국 2018. 10. 12. 접수 제1590호로 근저당권이전의 부기등기를 마친 근저당권.
(피담보채권의 표시)
위 부동산에 관하여 서울중앙지방법원 등기국 2015. 2. 13. 접수 제34447호로 설정 등기된 근저당권에 의하여 담보되는 "을"의 "무"에 대한 최고액 3억 원의 채권 중 확정된 채권.

해설

(1) 사실관계 요지

채무자 “을”이 자신의 “무”에 대한 채권을 담보하기 위하여 “무” 소유의 부동산에 관하여 최고액 3억 원의 근저당권을 설정하였는데, 그 피담보채권 확정 후 채무초과 상태에서 피담보채권을 수익자 “병”에게 양도하고 “병” 앞으로 근저당권 이전의 부기등기를 마쳐 준 사안이다. 이는 채무자 “을”이 채무초과 상태에서 자신 소유의 부동산에 관하여 특정의 채권자 “병”에게 근저당권을 설정해 주었는데, 근저당권자로서 수익자인 “병”이 근저당권부 채권을 전득자 “정”에게 양도하여 “정” 앞으로 근저당권 이전의 부기등기가 마쳐진 경우와는 다르다.

(2) 취소의 대상이 되는 법률행위

위 사안에서 “을”의 채권자 “갑”에 대한 관계에서 “을”은 채무자, “병”은 수익자의 지위에 있고, “을”과 “병” 사이에 체결된 확정채권 양도계약(또는, 등기실무상 계약양도) 및 이에 부수한 근저당권 양도계약이 사해행위에 해당한다. 저당권은 피담보채권과 분리하여 양도할 수 없고 피담보채권과 함께 양도하여야 하므로(민법 제361조 저당권의 부종성), 저당권부 채권의 양도에는 부동산 물권변동에 관한 규정과 채권양도의 규정이 모두 적용된다. 그리고, 저당권 이전에 관한 등기는 부기등기에 의한다.

따라서, 채권자 “갑”이 사해행위로서 취소를 구하는 대상은 ‘채무자 “을”과 수익자 “병” 사이에 체결된 ‘확정채권 양도계약’ 및 ‘근저당권 양도계약”이다. 이는 채무자 “을”에게서 근저당권을 취득한 수익자 “병”이 근저당권부 채권을 전득자 “정”에게 양도하여 “정” 앞으로 근저당권 이전의 부기등기가 마쳐진 경우에, “을”에 대한 일반 채권자 “갑”이 전득자 “정”에 대한 관계에서 사해행위로서 취소를 구하는 대상은 여전히 ‘채무자 “을”과 수익자 “병” 사이의 ‘근저당권 설정계약”인 것과 다르다.

(3) 원상회복의 방법

근저당권 이전의 부기등기는 주등기인 근저당권 설정등기에 종속되어 주등기와 일체를 이루는 것으로서 별도로 말소를 구하지 않더라도 주등기의 말소에 따라 직권으로 말소되므로 부기등기의 말소를 별도로 구할 소의 이익이 없다. 그러나, 예외적으로 근저당권의 이전원인만이 무효로 되거나 취소 또는 해제된 경우 즉 근저당권의 주등기는 유효한 것을 전제로 이와는 별도로 근저당권 이전의 부기등기에 한하여 무효사유가 있다는 이유로 부기등기만의 효력을 다투는 경우에는 그 부기등기의 말소를 구할 소의 이익이 인정된다.[50]

따라서, 위 사안에서 채무자 “을” 명의의 근저당권은 유효한 것을 전제로 하여, 부

50) 대법원 2005. 6. 10. 선고 2002다15412 판결.

기등기의 원인이 되는 채무자 "을"과 수익자 "병" 사이의 근저당권부 채권의 양도계약이 사해행위로서 취소되는 경우에는 원상회복으로서 근저당권 이전의 부기등기만의 말소를 구할 수 있다. 수익자 "병" 명의의 근저당권 이전의 부기등기만이 말소되고 채무자 "을" 명의의 근저당권 설정등기는 그대로 남아 있어야 채무자 "을"의 재산권을 회복하는 채권자취소의 실질적 목적을 달성할 수 있기 때문이다.

그리고 채무자 "을"이 제3채무자 "무"에 대한 자신의 채권을 수익자 "병"에게 양도한 것이 사해행위로서 취소되는 경우, 수익자 "병"이 아직 제3채무자에게서 채권을 추심하지 아니한 때에는, 채권자 "갑"은 사해행위 취소에 따른 원상회복으로서 수익자 "병"으로 하여금 제3채무자 "무"에게 채권양도가 취소되었다는 취지의 통지를 하도록 청구한다.[51)]

기재례 10 상속재산분할 협의의 취소, 등기의 원상회복청구

(1) 별지 기재 부동산 2/9 지분에 관하여,

(가) 피고 "병"과 "을" 사이에 2018. 6. 30. 체결된 상속재산 분할협의계약을 취소한다.

(나) 피고 "병"은 "을"에게 서울중앙지방법원 등기국 2018. 7. 18. 접수 제17789호로 마친 지분소유권이전등기의 말소등기절차를 이행하라.

※ 또는,

(나)* 피고 "병"은 "을"에게 이 판결 확정일자 사해행위취소로 인한 원상회복을 원인으로 한 소유권이전등기절차를 이행하라.

(2) 소송비용은 피고의 부담으로 한다.

해설

(1) 취소의 대상인 사해행위의 표시

채권자는 상속재산 분할협의에 관하여 소장의 청구취지에서 사해행위를 특정함에 있어 등기부에 기재된 원인일자가 아니라 공동상속인들 사이에서 실제로 분할약정이 체결된 일자를 특정하여 표시하고, 취소의 대상인 행위에 관해서도 등기부에 기재된 '협의분할에 의한 상속'이 아니라 '상속재산 분할협의 약정(또는 계약)'이라고 표현하는 것이 바람직하다.

등기실무상, 상속재산 분할협의에 따른 등기는 상속등기로 취급되어 등기부에 등기

---

51) 대법원 2015. 11. 17. 선고 2012다2743 판결.

원인으로서 "협의분할에 의한 상속"이라고 기재하고, 등기원인일자로서는 분할협의에 소급효가 있음(민법 제1015조)을 이유로 "상속개시일자 즉 피상속인의 사망일자"를 기재한다.[52] 이러한 이유로, 상속재산 분할협의의 경우에는 등기부에 기재된 등기원인 및 일자는 사해행위에 해당하는 법률행위를 특정하여 표시하는 방법으로서는 부적절하다.

(2) 원상회복의 방법

원상회복부분에 관한 청구취지로서 위 기재례 (1)항의 "※ 또는" 다음 줄의 (나)*항은 그 윗줄 (나)항과 같이 말소등기절차의 이행을 구하는 대신 수익자에 대하여 채무자의 상속지분에 상당한 부동산 지분에 관하여 진정명의 회복을 위하여 채무자에게 소유권이전등기절차를 이행할 것을 구하는 형태이다. 그 구체적 기재례를 보면, 위 (나)*항과 같은 형태 이외에 「피고 "병"은 "을"에게 상속재산 협의분할 취소를 원인으로 한 소유권이전등기절차를 이행하라」는 형태를 취하는 경우도 있다.

일반적으로 원상회복의 방법으로서 소유권이전등기절차의 이행을 구하는 경우에는 청구취지에 등기원인 및 일자를 기재하여야 하고, 등기실무상 사해행위취소판결에 의해 등기를 실행함에 있어서는 등기원인은 "사해행위 취소"로, 그 연월일은 "판결 확정일"로 기재하는 점에 비추어[53] 위 기재례의 (나)*항과 같은 형태가 더 적절하다고 할 것이다.

기재례 11 허가명의 양도 취소, 원상회복

(1) 별지 기재 건물에 대한 신축 허가에 관하여,
  (가) 피고 "병"과 "을" 사이에 2018. 11. 7. 체결된 건축주명의 변경 약정을 취소한다.
  (나) 피고 "병"은 "을"에게 이 판결 확정일자 사해행위취소로 인한 원상회복을 원인으로 한 건축주명의변경절차를 이행하라.
(2) 소송비용은 피고의 부담으로 한다.

해설 허가권의 양도가 사해행위로서 취소되는 경우의 원상회복 방법은 진정한 허가명의를 회복하기 위한 방법으로서 현재의 명의인인 수익자를 상대로 채무자 앞으로 허가명의를 변경하는 절차의 이행을 구하는 것이 적절하다.

---

52) 등기예규 제1675호(상속등기와 그 경정등기에 관한 업무처리지침).
53) 등기예규 제1692호(판결 등 집행권원에 의한 등기의 신청에 관한 업무처리지침).

그러나, 사해행위에 의하여 건축주명의가 수익자 앞으로 변경된 후 수익자가 건물을 완공하여 사용승인을 받고 소유권보존등기를 마친 경우에는, 더 이상 사해행위에 따른 원상회복으로서 건축주명의변경절차를 이행할 수 없게 되었다고 보아 가액배상의 방법으로 원상회복을 구하여야 할 것이다.[54]

기재례 12 공정증서부 약속어음 발행 취소, 원상회복

(1) "을"이 2017. 9. 23. 피고 "병"에 대하여 한 액면금 50억 원, 수취인 피고 "병", 발행지 · 지급지 및 지급장소 각 서울특별시, 지급기일 일람출급으로 된 약속어음 1매(법무법인 공명정대 작성 2017년 제4410호 공정증서에 의해 집행력이 부여된 어음)의 발행행위를 취소한다.

(2) 피고 "병"은 "을"에게 별지 채권의 표시 기재 피고 "병"에 대한 배당금 116,912,928원의 출급채권을 양도하고, 대한민국(소관: 의정부지방법원 세입세출외 현금출납공무원)에게 위 채권양도사실을 통지하라.

(3) 소송비용은 피고의 부담으로 한다.

[별지]

채권의 표시

피고 "병"이 대한민국(소관: 의정부지방법원 세입세출외 현금출납공무원)에 대하여 가지고 있는 의정부지방법원 2018타배12 배당절차 사건에 관하여 2018. 5. 7. 배당결과 압류권자로서 받은 배당금 116,912,928원의 출급채권.

해설

(1) 사실관계 요지

채무자 "을"이 제3채무자 "정"에 대하여 공사대금채권을 가지고 있었는데, 2017. 9. 23. 채권자 중의 1인인 피고 "병"에 대하여 액면금 50억 원, 수취인 피고 "병", 발행지 · 지급지 및 지급장소 각 서울특별시, 지급기일 일람출급으로 된 약속어음 1매를 발행하고, 위 약속어음에 대하여 법무법인 공명정대에 의뢰하여 2017년 제4410호로서 강제집행 인낙의 의사표시가 기재된 공정증서를 작성하였다.

그 후 피고 "병"은 위 공정증서 정본에 기하여 채무자 "을"의 제3채무자 "정"에 대한 위 공사대금 채권에 관하여 2017. 10. 21. 의정부지방법원 2017타채19405호로서

54) 대법원 2017. 4. 27. 선고 2016다279206 판결.

청구금액을 50억 원으로 한 압류 및 전부명령을 발령받았는데, 채무자 "을"의 제3채무자 "정"에 대한 위 공사대금채권에 관해서는 피고 "병"의 위 압류 외에도 그 전에 채권자 "갑"을 비롯하여 다수의 다른 채권자들이 각 가압류 · 압류하였다.

위와 같이 압류가 경합되고 그 청구금액의 합계가 위 공사대금채권액을 초과하게 됨으로써 의정부지방법원 2018타배12호로 채권배당절차가 진행된 결과, 배당법원은 2018. 5. 7. 배당기일에 실제 배당할 금액 389,103,607원 가운데 조세채권자 등에게 우선 배당한 나머지 276,374,327원에 관하여 채권자들에게 안분하여 배당하여, 압류채권자의 지위에 있는 피고 "병"에 대해서는 116,912,928원을 배당하는 배당표를 작성하였는데, 다른 배당요구채권자들이 피고 "병"에 대한 배당에 관하여 이의를 제기하고 배당이의의 소를 제기함으로써 피고 "병"이 현실적으로 배당금을 지급받지 못한 사안이다.

(2) 사해행위의 성립과 취소의 대상

위와 같은 사안에서, 채무자 "을"이 처음부터 특정 채권자 "병"으로 하여금 채무자의 적극재산인 공사대금채권을 강제집행의 형식을 빌려 압류전부 받게 할 목적으로 약속어음을 발행하여 그에 대하여 강제집행을 승낙하는 취지가 기재된 공정증서를 작성하여 주고, 특정 채권자 "병"은 이를 이용하여 위 공사대금채권을 압류전부 받음으로써, 실질에 있어 채무자 "을"이 자신의 채권을 특정 채권자 "병"에게 양도한 것과 다를 바 없는 것으로 볼 수 있는 특별한 사정이 있는 경우에는, 그 행위로 인하여 채무자 "을"이 채무초과상태에 이르거나 이미 채무초과상태에 있는 것을 심화시키는 상태가 초래되면 사해행위가 성립할 수 있다.[55]

약속어음에 대하여 공정증서가 작성됨으로써 사해행위로 되는 경우에도 취소의 대상은 공정증서 작성행위가 아니라 약속어음 발행행위이다. 약속어음에 대하여 공정증서가 작성되었다고 하더라도 공정증서의 작성은 공증인의 행위이지 채무자의 행위는 아니기 때문이다. 공정증서는 어음 · 수표에 대해서 뿐만 아니라 채무자와 특정 채권자가 그들 사이에 기존에 있던 금전대차에 관해서 체결하는 소비대차계약증서에 대해서 작성되는 경우가 많은데, 이러한 경우에도 취소의 대상은 소비대차계약이 된다.

(3) 원상회복의 방법

공정증서부 약속어음 발행의 취소에 따른 원상회복으로서, 수익자가 이를 집행권원으로 하여 아직 강제집행절차가 종료하지 않은 때에는, 수익자가 집행권원을 얻은 것 자체를 원상회복의 대상이 되는 수익에 해당한다고 볼 수 없으므로 채권자는 원상회복으로서 그 집행권원의 반환이나 인도 등을 구할 수 없다.[56]

---

55) 대법원 2009. 1. 15. 선고 2007다61618 판결 등.
56) 대법원 2002. 10. 25. 선고 2000다64441 판결.

수익자가 그 공정증서를 집행권원으로 하여 집행절차에 나아가 전부명령에 의해 채권을 취득한 경우에는 그 전부채권의 양도를 구하고, 배당금을 수령하였을 때는 그 환가금 상당의 가액배상을 구할 것이고, 배당이의 등으로 아직 배당금을 지급받지 못한 경우에는 배당금채권의 양도를 구한다.

제 2. 청구취지 기재례(Ⅱ) – 수익자 · 전득자를 공동 피고로 하는 경우

기재례 13 수익자 명의의 소유권이전등기, 전득자 명의의 근저당권설정등기가 마쳐진 경우

(1) 별지 기재 부동산에 관하여,

(가) 피고 “병”과 “을” 사이에 2018. 8. 20.체결된 매매(증여)계약을 취소한다.

(나) 피고 “정”은 피고 “병”에게 서울서부지방법원 2018. 8. 23. 접수 제32183호로 마친 근저당권설정등기의 말소등기절차를, 피고 “병”은 “을”에게 같은 법원 2018. 8. 20. 접수 제32167호로 마친 소유권이전등기의 말소등기절차를 각 이행하라.

(2) 소송비용은 피고들의 부담으로 한다.

해설 채권자가 전득자를 상대로 원상회복을 구하는 경우에도 취소의 대상이 되는 사해행위는 채무자와 수익자 사이에서 행하여진 법률행위인 매매(증여)계약에 국한되며 수익자와 전득자 사이의 법률행위인 근저당권설정계약은 취소의 대상이 되지 않는다.[57]

원상회복의 방법으로 원물반환을 구하는 경우에는, 전득자에 대해서는 수익자에게 전득자 명의로 마쳐진 근저당권설정등기의 말소등기의 이행을 구하고, 수익자에 대해서는 채무자에게 수익자 명의로 마쳐진 소유권이전등기의 말소등기의 이행을 구하는 방법으로 원상회복의 청구를 한다.[58]

기재례 14 수익자 명의의 근저당권설정등기, 전득자 명의의 근저당권 이전등기가 마쳐진 경우

(1) 별지 기재 부동산에 관하여,

(가) 피고 “병”과 “을” 사이에 2018. 9. 29. 체결된 근저당권설정계약을 취소한다.

57) 대법원 2004. 8. 30. 선고 2004다21923 판결.
58) 대법원 2004. 3. 25. 선고 2002다69358 판결 참조.

(나) 피고 “정”은 “을”에게 서울서부지방법원 2018. 9. 29. 접수 제32183호로 마친 근저당권설정등기의 말소등기절차를 이행하라.

(2) 소송비용은 피고들의 부담으로 한다.

해설 채무자 “을” 소유의 부동산에 관하여 사해행위인 근저당권 설정계약에 의해 수익자 “병” 앞으로 근저당권 설정등기가 마쳐지고 근저당권의 양도에 의하여 전득자 “정” 앞으로 근저당권 이전의 부기등기가 마쳐졌는데, 수익자 “병”과 전득자 “정”이 모두 악의인 경우이다.

이 경우, 원물반환 즉 등기말소에 의한 원상회복방법은, 채권자 “갑”은 “병” 및 “정”을 공동피고로 하여, “을”과 “병” 사이에 체결된 근저당권 설정계약의 취소를 구하고, “정”에 대하여 “을”에게 근저당권 설정등기의 말소절차의 이행을 구하는 것이다. 즉 이와 같이 근저당권설정계약이 사해행위에 해당하고 이를 기초로 근저당권 이전의 부기등기가 이루어졌는데 수익자(양도인) 및 전득자(양수인) 모두 악의인 경우에는, 원상회복을 위한 등기의 말소청구는 양수인 “정”만을 상대로 ‘설정등기’의 말소만을 구하면 족하다.[59]

그 판결이 확정되면, “병” 명의의 근저당권 설정등기가 말소되면서 직권으로 “정” 명의의 근저당권 이전의 부기등기도 함께 말소된다.[60] 이로써 채무자 “을” 소유의 부동산이 채권자 “갑”에 대한 관계에서 사해행위가 없었던 상태로 회복된다.

위와 같이 채무자와 수익자 사이에 체결된 근저당권설정계약이 사해행위에 해당하고 그 근저당권을 양수한 전득자가 악의인 경우에는 원상회복의 방법으로 전득자를 상대로 근저당권설정등기(주등기)의 말소를 청구한다.

이상에서 살펴 본 법리는 저당권 이외에 수익자 명의로 제한물권이나 가등기에 의한 권리가 설정되고 그 권리가 양도되어 전득자 명의로 부기등기에 의해 이전등기가 마쳐진 경우에 두루 적용된다고 할 것이다.

한편, 근저당권설정계약 자체는 사해행위에 해당하지 않고 양도인인 채무자와 양수인인 수익자 사이에 체결된 근저당권 양도계약만이 사해행위에 해당하는 경우에는 [기재례 9.]에서 본 바와 같이 원상회복의 방법으로 수익자를 상대로 근저당권이전등기(부기등기)의 말소를 청구한다.

위와 같이, 채무자와 수익자 사이에 체결된 근저당권설정계약이 사해행위에 해당하고 그 근저당권을 양수한 전득자가 악의인 경우와 근저당권설정계약 자체는 사해행위에 해당하지 않고 양도인인 채무자와 양수인인 수익자 사이에 체결된 근저당권 양도

---

59) 대법원 1995. 5. 26. 선고 95다7550 판결, 양도인을 상대로 한 말소청구 또는 양수인을 상대로 한 부기등기의 말소청구는 피고적격이 없거나 소의 이익이 없어서 부적법하다.

60) 대법원 2000. 4. 11. 선고 2000다5640 판결.

계약이 사해행위에 해당하는 경우는, 원상회복의 구체적 방법으로서 등기말소를 청구함에 있어 그 상대방 및 말소의 대상이 되는 등기가 서로 다르다.

기재례 15 수익자 · 전득자 모두 가액배상의무를 부담하는 경우

(1) 별지 기재 부동산에 관하여, 피고 "병"과 "을" 사이에 2018. 2. 20. 체결된 증여계약을 3,600만 원의 한도 내에서 취소한다.
(2) 피고 "병", 피고 "정"은 공동하여 원고 "갑"에게 3,600만 원 및 이에 대한 이 판결 확정 다음날부터 완제일까지 연 5%의 비율에 의한 금원을 지급하라.
(3) 소송비용은 피고들의 부담으로 한다.

해설

(1) 사실관계 요지

채무자 "을"은 2018. 2. 20. 채무초과상태에서 자신의 사실상 유일한 재산인 아파트를 처인 수익자 "병"에게 증여하고, 그 다음날 "병" 앞으로 소유권이전등기를 마쳐주었고, "병"은 2018. 6. 10. 전득자 "정"에게 위 아파트에 관하여 2018. 6. 5.자 매매를 원인으로 하여 소유권이전등기를 마쳐주었다. 그런데, 채무자 "을"은 2018. 6. 5. "정"에 대한 기존의 물품대금채무에 대한 대물변제로 위 아파트를 "정"에게 양도하되 형식상으로 등기명의인인 "병"이 2018. 6. 5. "정"과 사이에 매매계약을 체결하여 2018. 6. 10. "정" 앞으로 소유권이전등기를 마친 것이고, "병" 및 "정"의 사해행위에 관한 악의는 추정된다.

한편, 위 아파트에 관해서는 사해행위로 증여되기 전인 2015. 4. 10. 은행 앞으로 채권최고액 7,000만 원의 근저당권설정등기가 마쳐져 있었는데, 채무자 "을"이 "병"에게 증여한 후인 2018. 3. 20. 은행에게 그때까지의 피담보채무액 5,000만 원을 변제하고 같은 날 근저당권설정등기를 말소하였는데, 변론종결 당시의 위 아파트의 평가액은 1억 2,000만 원이고, 채권자 "갑"의 채권액은 3,600만 원인 사안이다.

(2) 취소의 대상인 법률행위

위 사례에서 사해행위로서 취소의 대상이 되는 것은 채무자 "을"과 수익자 "병" 사이의 증여계약에 국한되고, 수익자 "병"과 전득자 "정" 사이의 매매계약은 취소의 대상이 아니며, 전득자 "정"의 악의는 매매계약(전득행위) 당시 취소를 구하는 법률행위 즉 "을"과 "병" 사이의 증여계약이 사해행위의 객관적 요건을 구비하였다는 것에 대한 인식을 의미한다.[61]

(3) 원상회복의 방법

위 사례와 같이 수익자 “병”에게 사해행위의 목적물이 이전된 후에 기존의 근저당권이 말소된 경우에는 원상회복으로서 가액반환의 방법에 의하는 것이고, 이 경우에는 수익자 “병”과 전득자 “정”은 모두 채권자 “갑”에 대하여 부진정연대관계에서 가액반환을 하여야 한다.[62]

그리고, 그 반환의 범위는 위 아파트의 변론종결 당시의 가액 1억 2,000만 원에서 말소된 근저당권의 실제 피담보채무액 5,000만 원을 공제한 7,000만 원의 범위 내에서, 그보다 적은 “갑”의 채권액 3,600만 원이다.[63]

한편, 부진정연대채무, 불가분채무 등에 있어서 피고들의 의무 사이에 중첩관계가 있음을 표시하는 문구로서 예전에는 「각자」라는 문구를 기재하였는데, 이는 통상적인 용어 사용례의 의미와는 너무 다르다는 비판을 받아왔다. 그리하여 요즈음의 재판실무에서 예전의 「각자」라는 문구 대신, 「공동하여」라는 문구를 부가하여 기재하기로 한 것은 지극히 타당하다고 할 것이다.[64]

---

61) 대법원 2004. 8. 30. 선고 2004다21923 판결, 2012. 8. 17. 선고 2010다87672 판결 등.
62) 대법원 2014. 12. 11. 선고 2011다49783 판결.
63) 대법원 2001. 9. 4. 선고 2000다66416 판결 등.
64) 법원행정처, 법원실무제요 민사소송 [Ⅱ](2017년판) 제609면.

제 3. 서면 작성례

기재례 16 소장(매매계약 취소, 가액배상청구)

※ 이 기재례는 실제 소송사건의 내용에 기초하여 윤색한 것이다. 원고(채권자)가 채무자(매도인)와 피고(수익자, 매수인) 사이에 체결된 부동산 매매계약에 관하여 사해행위로서 취소를 구하고, 원상회복으로 가액배상을 구하는 경우이다.

원고의 피보전채권이 사해행위 후에 발생한 점, 채무자가 중요한 적극재산인 부동산을 처분한 경우의 사해행위 구성에 관한 점, 사해행위 전에 설정되었던 근저당권이 사해행위 후 말소된 점 등 소송실무상 전형적인 쟁점이 포함되어 있는 사례이다.

소 장

원 고 "갑"(○○○보증재단)
피 고 "병"(수익자, 매수인)
사해행위취소 등 청구의 소

청 구 취 지

1. 피고("병")와 "을"(채무자) 사이에 별지 기재 부동산에 관하여 2015. 5. 22. 체결된 매매계약을 금82,000,000원의 한도 내에서 취소한다.
2. 피고("병")는 원고("갑")에게 금82,000,000원 및 이에 대한 이 판결 확정일 다음날부터 완제일까지 연 5%의 비율에 의한 금원을 지급하라.
3. 소송비용은 피고의 부담으로 한다.

라는 판결을 구합니다.

청 구 원 인

1. 원고의 채무자 "을"에 대한 채권의 내용

(1) 신용보증약정의 체결과 사전구상 특약

원고는 2011. 3. 9. "을"(○○상사의 대표자)과의 사이에, "을"이 우리은행으로부터 1억 원을 대출받음에 있어 그 대출금채무에 대하여 보증금액을 9,000만 원(그 후 8,000만 원으로 감액), 보증기한을 2012. 3. 8.(그 후 2016. 2. 26.까지로 순차 연장됨)로 하는 신용보증약정을 체결하였습니다.

원고는 위 신용보증약정의 내용으로서, 원고가 위 은행의 대출금을 대신 변제하면 "을"은 원고에게 그 변제한 금액 및 이에 대한 변제일부터 다 갚는 날까지 원고가 정한 요율에 의한 지연손해금을 지급하고, "을"이 주채무 이행의무를 위반한 때 또는 폐업하였거나 3개월 이상 계속하여 영업을 하지 아니한 때 등에는 "을"에 대하여 별도의 통지나 최고 없이 원고가 보증하고 있는 금액을 사전구상할 수 있다고 특약하였습니다.

(2) 신용보증에 의한 대출과 구상권의 발생

"을"은 원고의 위 보증에 의해 2011. 3. 12. 우리은행으로부터 1억 원을 대출받았는데, 그 후 최초 보증기한 내에 대출원리금을 상환하지 못할 사정이 있어 원고에게 보증조건변경을 요청하였고, 이에 원고가 2012. 3. 6.에 당초의 보증기한 2012. 3. 8.을 2013. 3. 6.로 변경한 이래 대략 3년 동안에 보증기한을 3차례 더 변경하여 최종적으로 2016. 2. 26.로 연장하고, 보증금액도 8,000만 원으로 감축하였습니다.

그런데, "을"은 2015. 6. 29. 휴 · 폐업으로 인해 위 은행과의 기한의 이익을 상실하고 대출원리금을 상환하지 아니하여, 원고는 위 은행의 보증이행 청구에 따라, 2015. 10. 18. 우리은행에게 대출원리금 8,200만 원(대출원금 8,000만 원+이자 200만 원)을 대위변제하였습니다.

2. "을"의 사해행위

(1) "을"의 매매계약 체결과 무자력

채무자 "을"은 별지 기재 이 사건 부동산에 관하여 2015. 5. 22. 피고("병")와 사이에 피고("병")에게 매도하는 계약을 체결하고 그 계약을 원인으로 피고("병") 명의로 의정부지방법원 남양주등기소 2015. 5. 22. 접수 제67889호로 된 소유권이전등기를 마쳐 주었습니다.

채무자 "을"은 위 매매계약을 체결할 당시, 원고에 대하여 8,200만 원, 우리은행에 2억 원, 현대모비스(주)에 5,000만 원 등 합계금 3억 3,200만 원 상당의 채무를 부담하고 있었습니다.

한편, 당시 "을"의 적극재산으로서는 공시가격이 3억 5,000만 원인 이 사건 부동산이 유일한 것이었습니다.

따라서 "을"은 피고("병")에게 자신의 유일한 적극재산에 해당하는 이 사건 부동산을 매도처분하여 소비하기 쉬운 금전으로 바꿈으로써 채무초과상태를 야기하게 되었습니다.

(2) 채무자 "을"과 피고("병") 사이의 매매계약의 사해행위성

채무자 "을"은 위와 같이 우리은행에 대한 대출금 채무에 관해서 자금사정의 악화로 그 변제기를 여러 차례 연장해 오다가 2015. 6. 29. 휴・폐업으로 인해 신용보증사고가 나기 불과 38일 전인 2015. 5. 22. 자신의 유일한 적극재산에 해당하는 이 사건 부동산을 공시가격에도 못 미치는 대금 3억 원으로 피고("병")에게 매각처분하여 소비하기 쉬운 금전으로 바꾸었는바, 이는 원고를 비롯한 다른 채권자들의 공동담보를 감소시키는 결과를 초래하는 사해행위가 된다고 할 것입니다.

3. 원고 구상금채권의 피보전적격성

채권자취소권에 의하여 보호될 수 있는 채권은 원칙적으로 사해행위라고 볼 수 있는 행위가 행하여지기 전에 발생된 것임을 요하지만, 그 사해행위 당시에 이미 채권 성립의 기초가 되는 법률관계가 발생되어 있고 가까운 장래에 그 법률관계에 터 잡아 채권이 성립되리라는 점에 대한 고도의 개연성이 있으며 실제로 가까운 장래에 그 개연성이 현실화되어 채권이 성립된 경우에는, 예외적으로 사해행위 이후에 발생한 채권도 채권자취소권의 피보전채권이 될 수 있습니다.

이 사건의 경우, 채무자 "을"의 이 사건 부동산에 관한 매매계약 당시에는 원고에게 아직 대위변제에 의한 구상금채권이 발생하지 아니하였지만 그 전인 2011. 3. 9. 이미 "을"과 사이에 구상채권의 성립의 기초가 되는 법률관계인 신용보증약정이 체결되었고, "을"이 자금사정의 악화로 위 은행으로부터 대출받은 금원에 대하여 그 변제기를 여러 차례 연장해 오다가 2015. 6. 29. 휴・폐업에 의한 신용보증사고로 인해 원고의 사전구상금 채권이 발생하였습니다.

따라서 그로부터 불과 38일 전인 2015. 5. 22.에는 가까운 장래에 신용보증약정에 기하여 구상금채권이 발생하리라는 고도의 개연성이 있고 실제로 가까운 장래에 그것이 현실화되어 2015. 6. 29. 사전구상채권이 발생하였고, 뒤이어 같은 해 10. 18.에는 대위변제에 의해 구상권이 발생하였으므로 원고에게 피보전권리가 있다고 할 것입니다.

4. 피고 "병"의 입증책임

피고 "병"은 평소 채무자 "을"과 사업상 거래관계를 맺어 왔던 사람으로서 "을"이 2015. 6. 29. 휴・폐업으로 인해 신용보증사고가 나기 불과 38일 전인 2015. 5. 22. 이 사건 부동산에 관하여 매매계약을 체결하였습니다.

피고 "병"은 "을"의 사해행위를 인식하고 있었던 것으로 추정되므로 이 사건 부동산에 관하여 매매계약을 체결한 경위 등에 관한 객관적인 자료를 제출함으로써 자신이 선의의 수익자임을 입증하여야 할 것입니다.

5. 원상회복의 방법

한편, 이 사건 부동산에 관하여는 피고 "병"이 2015. 5. 22. 매매계약을 원인으로 소유권이전등기를 마친 같은 날에 사해행위 이전인 2006. 5. 18.자로 설정된 채권최고액 2억 원, 채무자 "을", 근저당권자 우리은행으로 된 근저당권설정등기가 말소되었습니다.

이와 같은 경우, 사해행위전부를 취소하여 그 부동산 자체의 회복을 구하는 것은 당초 일반채권자들의 공동담보로 되어 있지 아니하던 부분까지 회복시키는 것이 되어 공평에 반하는 결과를 초래하므로, 사해행위취소소송 사실심의 변론종결시를 기준으로 한 그 부동산의 가액에서 근저당권의 실제의 피담보채권액을 공제한 잔액의 한도 내에서 사해행위를 취소하고 그 가액의 배상을 구할 수 있다 할 것입니다.

한편, 이 사건 부동산의 변론종결 당시의 가액은 이 사건 부동산의 공시가격인 3억 5,000만 원 수준일 것임이 추단되는 바, 위 가액 3억 5,000만 원에서 선순위 근저당권자 우리은행의 근저당권 채권최고액 2억 원을 공제한 잔존 가치가 원고의 채권액인 8,200만 원을 초과합니다.[65)]

---

65) 원고의 피보전채권액은 대위변제액 8,200만 원과 이에 대하여 대위 변제일 다음날부터 이 사건 변론종결일까지의 약정이율에 의한 지연손해금도 포함하나, 이 사례에서는 편의상 대위변제금액인 8,200만 원 범위 내에서, 가액배상을 구하는 것이다.

6. 결　　론

그러므로, 원고는 이 사건 부동산에 관하여 피고 "병"과 "을" 사이에 2015. 5. 22. 체결된 매매계약을 사해행위로서 원고의 채권액인 8,200만 원의 범위 내에서 취소하고, 피고 "병"에 대하여 원상회복으로서 가액배상의 방법으로 위 8,200만 원 및 이에 대하여 이 사건 판결확정일 다음날부터 완제일까지 민법 소정의 연 5%의 비율로 계산한 지연손해금의 지급을 구하는 것입니다.

기재례 17 청구취지 및 원인 일부변경신청(배당금채권양도)

※ 이 기재례는 소송실무상 자주 등장하는 전형적인 사례이다. 원고가 소장에서는 사해행위로서 부동산에 관한 근저당권설정계약의 취소와 원상회복으로 그 설정등기의 말소등기절차의 이행을 청구하였는데, 소송계속 중에 목적 부동산에 대하여 경매절차가 진행되어 배당절차까지 나아 간 경우에 청구취지 및 청구원인을 변경하는 경우이다.

청구취지 및 원인변경신청서

사　건　　사건번호
원　고　　"갑"(○○○보증재단)
피　고　　"병"(수익자, 근저당권자)

위 사건에 관하여 원고는 다음과 같이 청구취지 및 원인의 일부에 관하여 변경 신청합니다.

다　　음

변경한 청구취지

(1) 소장의 청구취지 제(1)의 (가)항에 기재된, 「피고 "병"과 "을"(채무자) 사이에 별지 기재 부동산에 관하여 2017. 7. 12. 체결된 근저당권설정계약을 취소한다.」는 부분은 그대로 유지합니다.

(2) 소장의 청구취지 제(1)의 (나)항에 기재된 "…… 근저당권설정등기의 말소등기절차 이행청구" 부분을 아래와 같이 변경합니다.

「(나) 피고 "병"은 "을"에게 별지 기재 채권을 양도하고, 대한민국(소관: 수원지방법원 성남지원 세입세출외 현금출납공무원)에게 위 채권양도사실을 통지하라.」

청구원인의 일부 변경 및 보충

이 사건 부동산에 대하여 근저당권자인 피고 "병"의 임의경매신청으로 수원지방법원 성남지원 2018타경17809호로 경매가 진행되어 2018. 8. 11. 배당결과 피고 "병"에게 1억 원이 배당되는 것으로 배당표가 작성되었는데, 원고의 배당금지급금지 가처분신청이 받아들여져 피고 "병"에 대해 배당금이 지급되지 않고 있습니다.

수익자가 경매절차에서 채무자와의 사해행위로 취득한 근저당권에 기하여 배당에 참가하여 배당표가 작성되었으나 채권자의 배당금지급금지가처분으로 인하여 배당금을 현실적으로 지급받지 못한 경우, 채권자취소권의 행사에 따른 원상회복방법은 수익자에게 바로 배당금의 지급을 명할 것이 아니라 '수익자가 취득한 배당금지급청구권을 채무자에게 반환하는 방법'으로 이루어져야 할 것입니다.

그리고, 채무자와 수익자 사이의 저당권설정계약이 사해행위인 이상 그로 인한 저당권설정등기가 경락으로 인하여 소멸되었다고 하더라도 수익자로 하여금 저당권자로서의 배당을 받도록 하는 것은 민법 제406조 제1항의 취지에 반하므로, 수익자에게 그와 같은 부당한 이득을 보유시키지 않기 위하여 그 저당권설정등기로 인하여 해를 입게 되는 채권자는 저당권설정계약의 취소를 구할 이익이 여전히 있습니다.

따라서 이 사건에 있어 원고는 피고 "병"에 대하여 사해행위인 근저당권설정계약의 취소를 구하는 청구를 유지하면서, 아울러 피고 "병"의 위 근저당권이 위와 같은 임의경매 진행으로 인하여 배당금청구채권으로 변하여 존속하고 있으므로, 원상회복 방법으로서 위 배당금청구채권을 "을"에게 양도하는 등의 의사표시를 구하는 것입니다.

[별지]

채권의 표시

피고 "병"이 대한민국(소관: 수원지방법원 성남지원 세입세출외 현금출납공무원)에 대하여 가지고 있는 수원지방법원 성남지원 2018타경17809호 부동산임의경매 사건에 관하여 2018. 8. 11. 배당결과 근저당권자로서 받은 배당금 1억 원의 출급채권.

기재례 18 준비서면(피고 수익자의 선의 항변)

※ 이 기재례에 나오는 사실관계는 실제 소송사건의 내용에 기초하여 윤색한 것이다. 원고(채권자)가 채무자(매도인)와 피고(수익자, 매수인) 사이에 체결된 아파트에 관한 매매계약에 관하여, 그 계약 체결 후 단 4일 만에 잔대금 및 소유권이전등기 등이 마쳐지는 등 계약의 이행이 조속하게 이루어진 점, 매매대금 10억 8,000만 원 중 약 절반인 5억 3,000만 원이 타인의 자금인 점, 피고가 매수 후 곧바로 타인에게 아파트를 임대한 점 등 이례적인 사정을 들어 피고(매수인)의 선의에 의문을 제기하는 주장을 하였다. 이에 대하여 피고(매수인)가 그 의문점에 관해서 합리적인 해명을 함으로써 대법원판결이 피고(매수인)의 선의 항변을 배척한 원심을 파기하고 피고의 선의가 인정될 수 있다고 판단한 사안이다.

준 비 서 면

사　건　사건번호
원　고　"갑"(○○○보증재단)
피　고　"병"(수익자, 매수인)

위 사건에 관하여 피고는 원고의 주장에 관하여 다음과 같이 반박하는 내용의 준비서면을 제출합니다.

다 음

1. 부동산매매의 거래안전보호 요청과 매수인의 선의 판단

일반적으로, 사해행위 취소소송에서 수익자의 악의는 추정되므로 수익자로서는 자신의 책임을 면하려면 자신의 선의를 입증할 책임이 있다고 할 것인데, 이 경우 수익자의 선의 여부는 채무자와 수익자의 관계, 채무자와 수익자 사이의 처분행위의 내용과 그에 이르게 된 경위 또는 동기, 그 처분행위의 거래조건이 정상적이고 이를 의심할만한 특별한 사정이 없으며 정상적인 거래관계임을 뒷받침할만한 객관적인 자료가 있는지 여부, 그 처분행위 이후의 정황 등 여러 사정을 종합적으로 고려하여 논리칙·경험칙에 비추어 합리적으로 판단하여야 할 것입니다. 또한, 사해행위 취소소송에서는 수익자의 선의 여부만이 문제되고 수익자의 선의에 과실이 있었는지 여부는 문제되지 않는다고 할 것입니다.

한편, 채권자취소는 채무자와 제3자(수익자) 사이에 이루어진 유효한 법률행위를 채권자가 일방적으로 부인하여 제3자로부터 채무자의 책임재산을 회복하는 제도로서 제3자에게 미치는 영향이 지대하고, 특히 부동산 매매에 있어서는 채권자취소에 의해 제3자인 매수인의 권리를 사실상 박탈하는 결과를 초래하여 제3자인 매수인에게 가혹하고 나아가 거래의 안전을 해할 수 있습니다.

따라서, 부동산 매매에 있어서는 채무자의 매도행위가 사해행위에 해당하는 경우라도 거래의 안전을 위하여 수익자인 매수인이 실수요자로서 매도인과 사이에 특별한 인적 관계가 없이 그 매매대금을 실제로 지급한 경우에는 그 선의를 가급적 너그럽게 인정하는 것이 타당하다고 할 것입니다.

2. 이 사건 매매계약에 관한 객관적 사정

(1) 피고의 이 사건 아파트 매수 동기 및 관리계획

피고는 2014. 3.부터 ○○무역주식회사의 중국 주재 팀장으로 파견되어 처 및 딸과 함께 상하이에서 거주하여 오다가 해외 근무기간 5년이 만료되는 2019. 2.경 귀국에 대비하여 자녀 교육을 위해 서울 강남구 대치동에 아파트를 구입해 둘 계획을 세우고 있었습니다.

이에 피고는 회사의 업무 처리상 한 달간 체류를 예정하고 2017. 9. 7. 처와 함께 입국하여 처가에 머물면서 위와 같은 계획에 따라 대치동 소재 아파트를 매수하고자 하였는데 자금도 부족하고 또 아직 해외 근무기간이 남아 있어 당장 입주할 것도 아니었기 때문에 전세를 끼고 매수할 수 있는 물건을 물색할 필요가 있었습니다.

피고는 이와 같은 조건에 맞추기 위해 대치동, 개포동 등에서 개업하고 있는 여러 부동산중개업소를 방문하였는데, 그러던 중 2017. 9. 중순 경 공인중개사 박○○이 운영하는 중개사무소에서 피고의 매수 계획 및 조건에 맞는 이 사건 아파트에 관하여 구체적인 상담이 이루어지게 되었습니다.

(2) 공인중개사의 중개 및 시세에 따른 매매계약 체결

피고는 이 사건 아파트에 관하여 매매계약을 체결하기 전에 공인중개사 박○○에게 매매대금에 관하여 자기자금이 부족한 상태임을 알리고 부족한 자금을 전세보증금 등으로 충당할 수 있는지에 관하여 상담한 결과, 박○○이 전세임차인을 소개할 수 있고 대출조건이 완화되어 있는 금융기관의 대출도 알아 볼 수 있다고 하였고, 이에 피고는 박○○의 추천에 따라 안양시 소재 새마을금고에서 대출받기로 하였습니다.

그리고 피고는 2017. 10. 6. 출국이 예정되어 있었으므로 국내에 머무는 기간 내에 이 사건 아파트의 매수에 따른 후속 사무까지 완료하기 위해서 공인중개사 박○○에게 매매계약의 이행이 조속히 처리될 수 있도록 부탁하였습니다.

이와 같이 이 사건 아파트의 매수자금 조달을 위한 준비를 마친 다음, 피고는 2017. 9. 21. 위 중개사 사무소에서 공인중개사 박○○의 참여하에, 매도인과 사이에 이 사건 아파트를 당시의 거래시세에 따라 대금 10억 8,000만 원에 매수하되 계약 당일에 계약금 1억 원을, 같은 달 22.에 중도금 2억 5,000만 원을 지급하고, 같은 달 25.에 소유권이전등기에 필요한 모든 서류를 교부받음과 동시에 잔금 7억 3,000만 원을 지급하며, 매도인은 잔금 수수일까지 이 사건 아파트에 관하여 설정된 우리은행 명의의 채권최고액 5억 원인 근저당권을 말소하기로 하는 내용의 매매계약을 체결하였습니다.

그 후 피고는 위 박○○의 중개에 의하여 2017. 9. 25. 임차인 김○○와 사이에 김○○에게 이 사건 아파트를 전세보증금 3억 5,000만 원, 임대기간은 해외근무기간 만료시인 2019. 1. 31.까지 임대하는 내용의 임대차계약을 체결하였습니다.

(3) 피고와 매도인 및 임차인 등과의 관계

피고는 이 사건 매매계약 및 임대차계약 등을 체결하기 전까지는 매도인과 임차인 김○○ 등을 전혀 알지 못하였고 공인중개사 박○○의 소개에 의하여 알

게 되었을 뿐입니다.

(4) 매매대금의 지급 및 출처

피고는 2017. 9. 21. 계약 당일 자신의 예금계좌에서 매도인의 계좌로 인터넷 거래에 의해 1억 원을 이체 송금함으로써 계약금 1억 원을 지급하였습니다.

피고는 2017. 9. 22. 위 공인중개사 사무실에서 박○○의 참여하에 매도인에게 액면 2억 원 자기앞수표 1매, 액면 5,000만 원 자기앞수표 1매를 교부하여 중도금 2억 5,000만 원을 지급하였습니다.

위 액면 2억 원 수표는 피고의 처의 예금계좌에서 출금 발행된 것이고, 위 액면 5,000만 원 수표는 피고의 장인의 예금계좌에서 출금 발행된 것으로서 이는 모두 실질적으로 피고의 저축금의 일부입니다.

피고는 2017. 9. 25. 위 공인중개사 사무실에서 박○○의 참여하에 매도인에게 액면 2억 원 자기앞수표 1매, 액면 1,000만 원 자기앞수표 18매와 같은 날 임차인 김○○로부터 임대차보증금으로 지급받은 액면 1,000만 원 자기앞수표 35매를 교부하여 잔금 7억 3,000만 원을 지급하였습니다.

위 액면 2억 원 자기앞수표 1매는 피고의 장인이 피고로부터 위탁받은 자금을 주식에 투자하였다가 매각 회수한 계좌에서 피고의 처의 계좌로 이체되고 다시 피고의 예금계좌로 이체되어 출금 발행된 것입니다.

위 액면 1,000만 원 자기앞수표 18매는 아래에서 보는 바와 같이 새마을금고가 이 사건 아파트를 담보로 피고에 대한 대출을 실행하기 위해 발행한 1,000만 원권 자기앞수표 22매(2억 2천만 원) 가운데 일부로서, 피고가 위 금고의 직원이 위 중개사 사무실에 지참하여 온 것을 수령하여 그 자리에서 매도인에게 교부한 것입니다.

위 액면 1,000만 원 자기앞수표 35매는 임차인 김○○가 위 중개사 사무실에 지참하여 임대차보증금으로서 피고에게 지급한 것을 피고가 교부받아 매도인에게 잔금의 일부로서 그대로 지급한 것입니다.

이와 같이 피고가 중도금 및 잔금을 수표로 준비하여 지급한 것은 피고의 인터넷뱅킹 거래한도액이 1억 원이었고, 새마을금고에서는 매도인으로부터 이 사건 아파트에 관한 소유권이전등기 등에 필요한 서류를 교환적으로 교부받고 대출을 실행하기 위해 자기앞수표를 발행 지참하여 위 중개사무실로 방문한다고 하기에, 피고도 그에 맞추기 위해서 자기앞수표로써 지급한 것입니다.

(5) 소유권 이전 및 근저당권 설정 등기 경위

새마을금고 직원 및 위 금고와 거래하는 법무사 사무소의 직원은 2017. 9. 25. 위 잔금 7억 3,000만 원이 지급되기 전 오전 중에 대출 및 등기업무를 실행하기 위하여 위 중개사 사무실을 방문하였습니다. 그 때 위 금고 직원은 대출에 대한 담보의 목적이 된 이 사건 아파트에 관하여 우선적 효력이 있는 임차권의 존부를 확인하기 위하여 피고와 동행하여 매도인이 이사하고 매수인 피고가 이 사건 아파트 소재지에 전입신고하는 것도 확인한 다음 위 중개사 사무실로 돌아와 대출금 2억 2,000만 원을 자기앞수표 1,000만 원권 22매로 지급하였습니다. 그 자리에서 피고는 매도인에게 잔금을 지급함과 동시에 매도인으로부터 교부받은 이 사건 아파트에 관한 소유권이전등기와 새마을금고 명의의 근저당권설정등기에 필요한 서류 일체를 위 법무사 사무소 직원에게 건네주었습니다.

위와 같은 경위로 이 사건 아파트에 관하여 2017. 9. 25. 서울중앙지방법원 등기국 접수 제52039호로서 피고 명의의 소유권이전등기가 마쳐지고, 연이어 접수번호 제52040호로서 새마을금고 명의의 채권최고액 2억 8,600만 원, 채무자 피고로 된 근저당권설정등기가 마쳐지게 되었습니다. 한편, 매도인은 따로 2017. 9. 25. 이 사건 아파트에 관하여 설정된 우리은행 명의의 선순위 근저당권의 피담보채무를 모두 변제함으로써 같은 날 접수번호 제52688호로서 우리은행 명의의 근저당권의 말소등기가 마쳐지게 되었습니다.

(6) 매수 후의 정황

피고는 이 사건 아파트를 매수한 후 2017. 11. 5.까지 이 사건 아파트의 취득세 23,000,000원을 완납하고 현재까지 이 사건 아파트에 관한 재산세를 납부하고 있습니다.

또한, 피고는 2017. 10.부터 현재까지 매월 위 새마을금고 대출금에 대한 이자를 납부하여 왔습니다.

한편, 피고는 이 사건 아파트를 매수한 후에는 앞서 본 바와 같이 새마을금고로부터 대출을 받기 위하여 2017. 9. 25. 이 사건 아파트로 전입신고를 하였다가 중국으로 출국할 때인 2017. 10. 6. 처가의 주소지로 주민등록을 옮겨 두었습니다.

3. 이례적 사정에 관한 해명

(1) 단기간에 중도금 및 잔금이 지급된 점

피고는 2017. 9. 7. 입국한 때부터 2017. 10. 6.에 중국 출국을 예정하고 입국시에 왕복 비행기표까지 미리 구입해 두었으므로 국내에 머무는 기간내에 실제로 등기필증을 교부받는 등 (그 기간이 일주일 정도 소요된다고 하였습니다) 매수에 따른 후속 사무를 완료하기 위하여 이 사건 매매계약 체결일로부터 4일 후인 2017. 9. 25.까지 단기간내에 매매대금을 전부 지급한 것입니다.

(2) 타인 자금에 의한 매매대금 조달

이 사건 아파트 매매대금 10억 8,000만 원 중 5억 3,000만 원은 타인 자금입니다(전세보증금 3억 5,000만 원, 새마을금고 대출금 1억 8,000만 원). 그러나, 앞서 설명 드린 바와 같이, 피고는 당초부터 당분간은 중국에서 근무를 계속하면서 장래 국내 거주 목적으로 아파트를 매수할 계획이었고, 또한 대치동에 소재하는 아파트를 매수하기에는 자금이 부족하고 당장 입주할 필요도 없었으므로 처음부터 소위 전세를 끼고 일부 대출도 받아 매입할 계획이었습니다.

4. 결　　론

이상 살펴 본 바와 같이, 채무자인 매도인과 수익자인 매수인 피고가 특별한 인적관계나 거래관계가 없는 점. 피고가 이 사건 매매계약을 체결하게 된 동기 및 경위, 이 사건 매매대금의 적정성 및 그 실제 지급 상황, 이 사건 매매계약 체결 후의 정황 등의 여러 객관적 사정에다가, 피고가 사해행위에 해당함을 알면서도 그 동안의 저축금을 거의 전부 투자하고 금융기관의 대출까지 받아 이 사건 아파트를 매수할 만한 이유를 찾을 수 없는 점을 종합하여 판단하면, 피고는 매도인과의 이 사건 매매계약이 사해행위임을 알지 못하고 이 사건 아파트를 매수한 선의의 수익자로 보아야 할 것입니다.

기재례 19 준비서면(수익자의 선의 항변에 대한 반박)

※ 이 기재례에 나오는 사실관계는 실제 소송사건의 내용에 기초하여 윤색한 것이다. 피고(수익자, 매수인)가 조상 분묘를 이장하기 위하여 채무자(매도인)와 사이에 이 사건 임야를 매수하는 계약을 체결한 것은 선의라고 항변하자, 원고(채권자)가 경험칙에 반하는 여러 가지 이례적 사정을 들어 이를 반박하였는데, 제1심 및 대법원에 이르기까지 피고의 선의 항변이 배척된 사안이다.

준 비 서 면

사　건　사건번호
원　고　“갑”(○○○보증재단)
피　고　“병”(수익자, 매수인)

위 사건에 관하여 원고는 피고의 주장에 관하여 다음과 같이 반박하는 내용의 준비서면을 제출합니다.

다　음

1. 피고 주장의 요지

피고 주장의 요지는, ① 원고에 대한 채무자 김○○이 이 사건 부동산(강원 횡성군 서원면 소재 임야 10,000㎡)을 매물로 내놓은 시점은 2017. 6. 28.로서 2018. 2. 18. 당좌거래정지에 따라 신용보증사고가 발생하기 훨씬 전이었는데, 신용보증사고 발생 약 한달 보름 전인 2018. 1. 4.에 이 사건 매매계약이 체결되고 신용보증사고 발생 약 2주 전인 2018. 2. 5. 소유권이전등기가 마쳐진 것은 우연한 사정에 기한 것이라는 점, ② 피고는 채무자 김○○과 사이에 이 사건 매매계약 전에는 어떤 거래도 없어 김○○의 채권채무관계, 신용상태, 재산상태 등을 전혀 알 수 없었던 점, ③ 피고가 이 사건 매매계약이 사해행위에 해당한다는 사실을 알면서도 위험을 무릅쓰고 굳이 이 사건 부동산을 대금 3,000만 원에 매수할 아무런 동기 내지 이유가 없다는 점, ④ 이 사건 부동산의 매매대금은 토지 현황을 감안할 때 부당한 염가라고 볼 수 없는 점, ⑤ 채무자 김○○은 2015년 이래 실제로는 수원시에 거주하여 피고가 매매대금을 현금으로 지급함에 아무런 어려움이 없었던 점 등에 비추어 보면, 피고가 이 사건 매매계약을 체결한 것은 사해행위에 해당하지 않고 또 채무자 김○○의 채무상태를 알지 못한 선의였다는 것입니다.

2. 채무자의 사해의사 및 수익자 선의 판단의 일반적 기준과 방법

(1) 채무자의 사해의사

피고는, 채무자 김○○이 이 사건 신용보증사고(2018. 2. 18. 당좌거래정지)

발생 훨씬 전이었던 2017. 6. 28. 이미 이 사건 부동산을 매물로 내놓았지만 매수인이 나타나지 않다가 우연히 2018. 1. 4.에 이르러 피고와 사이에 매매계약이 체결되었을 뿐이므로, 김○○에게 사해의사가 없었고 사해행위에 해당하지 않는다는 취지의 주장을 합니다.

그러나, 일반적으로 사해행위의 주관적 요건인 채무자의 사해의사는 채권의 공동담보에 부족이 생기는 것을 인식하는 것을 말하는 것으로서 채권자를 해할 것을 기도하거나 의욕하는 것을 요하지 않고, 그러한 인식은 일반채권자에 대한 관계에 있으면 충분하고 특정의 채권자를 해한다는 인식이 있어야 하는 것은 아닙니다.

그리고, 이와 같은 주관적 요건은 사해행위에 해당하는 구체적인 재산처분행위시를 기준으로 판단하여야 할 것입니다.

이 사건의 경우, 채무자 김○○의 사해의사는 이 사건 매매계약 체결 당시를 기준으로 일반채권자에 대한 관계에서 공동담보에 부족이 생기는 것을 인식하는 것을 의미하는 것이고, 또한 적극재산의 대부분을 차지하는 중요한 부동산을 매각하는 경우 그 사해의사가 추정된다고 할 것입니다.

따라서, 이 사건 부동산을 매물로 내놓은 당시를 기준으로 사해의사를 판단하여야 한다는 취지의 피고의 주장은 부당하다고 할 것입니다.

(2) 수익자 선의 판단의 기준과 방법

사해행위 취소소송에서 수익자의 악의는 추정되므로 수익자로서는 자신의 책임을 면하려면 자신의 선의를 입증할 책임이 있다고 할 것인데, 이 경우 수익자의 선의 여부는 채무자와 수익자의 관계, 채무자와 수익자 사이의 처분행위의 내용과 그에 이르게 된 경위 또는 동기, 그 처분행위의 거래조건이 정상적이고 이를 의심할만한 특별한 사정이 없으며 정상적인 거래관계임을 뒷받침할만한 객관적인 자료가 있는지 여부, 그 처분행위 이후의 정황 등 여러 사정을 종합적으로 고려하여 논리칙·경험칙에 비추어 합리적으로 판단하여야 할 것이고, 사해행위 당시 수익자가 선의였음을 인정함에 있어서는 객관적이고 납득할 만한 증거자료 등이 뒷받침되어야 할 것입니다.

그런데, 이 사건의 경우, 아래에서 3.항에서 보는 바와 같이 이 사건 변론에 나타난 여러 이례적 사정에 의하면 피고가 이 사건 매매계약 체결 당시 선의였다고 인정하기에는 부족하다고 할 것입니다.

3. 이 사건 매매계약에 관한 이례적 사정

(1) 매매 당사자 등의 특수한 인적관계

이 사건 부동산의 매수인으로서 수익자인 피고는 원고에 대한 채무자이자 매도인인 김○○의 사위 박○○의 친형으로서 채무자와 수익자는 특수한 인적관계에 있습니다. 더구나, 이 사건 부동산의 매매를 직접 소개한 사람은 피고의 동생 박○○이고, 매도인과 소개인 박○○은 모두 원고가 신용보증을 제공한 주식회사의 실제 경영자 또는 주요 임원으로서 위 회사의 원고에 대한 신용보증약정에 따른 구상채무에 대하여 연대보증을 하였습니다.

이와 같은 매매당사자 및 소개인이 서로 밀접한 인적관계에 있었던 점에 비추어 수익자(매수인) 피고의 악의는 더욱 더 추정된다고 할 것입니다.

(2) 매매대금의 부적정성

이 사건 부동산의 매매대금 30,000,000원은 매매계약 당시의 공시지가 65,000,000원(＝㎡당 공시지가 6,500원×10,000㎡)의 약 45%에 불과하여 객관적 시세에 비해서도 현저하게 저렴하다고 볼 수 있습니다.

피고는 이 사건 부동산이 맹지로서 그 효용이 매우 낮은 데도 공시지가가 부당하게 높게 결정되어 있어 주위 토지의 시세를 감안하여 위 매매대금을 책정한 것이므로 그 대금이 적정하다고 주장합니다.

그러나 개별공시지가는 '부동산 가격공시 및 감정평가에 관한 법령'에 정한 평가요소 및 엄격한 절차에 따라 결정 공시된 가격으로서 객관적 시세의 가장 중요한 평가요소로 볼 수 있는 점, 임야의 경우 공로(公路)와의 접근용이성 외에 그 형태 및 평탄화 정도 등 다른 요소에 의해 평가가 달라질 수 있는 점, 이 사건 부동산에 인접한 임야의 경우 2017년도 개별공시지가가 13,500원에 이르는 점 등에 비추어 보면, 이 사건 부동산의 객관적 시세는 그 공시지가보다 오히려 훨씬 높게 형성되어 있을 가능성이 농후하다고 할 것입니다.

따라서, 피고의 위 주장은 부당하다고 할 것입니다.

(3) 대금지급방법의 이례성

이 사건 부동산 매도인 김○○은 강원도 원주시 ○○동에 주민등록을 두고 실제로는 수원시 ○○동에 거주하였고, 매수인 피고는 서울 은평구 ○○동에 거주하여 서로 멀리 떨어져 있는데, 매매대금 30,000,000원 중 계약 당일 계약금 3,000,000원이 현금으로 수수된 외에, 나아가 2018. 1. 15. 중도금 10,000,000원이, 2018. 2. 4. 잔금 17,000,000원이 모두 현금으로 수수되었다는 것인바, 이와 같은 대금지급방식은 매매 당사자가 친밀한 인적관계에 있음을 감안한다고 하더라도 이례적이라고 할 것입니다.

(4) 매수 동기의 의문점

피고는 집안의 장손으로서 경북 봉화에 위치한 기존의 선산이 가족들이 거주하는 수도권과 멀리 떨어져 관리에 어려움이 있어서 부친의 묘도 경기도 용인에 모셨는데 수도권에 가까운 위치에 선산이 필요하였으므로 선산으로 사용하고자 이 사건 임야를 매수하였다고 주장합니다.

피고의 주장에 의하면 결국, 피고는 이미 부친의 묘소를 수도권(용인)에 모시고 있는데 경북 봉화에 있는 다른 선조들의 묘소를 이장하기 위하여 부친 묘소가 있는 용인과는 멀리 떨어진 강원 횡성군 서원면에 소재한 이 사건 부동산을 매수하였다는 것인바, 이와 같은 피고의 매수 동기도 선뜻 합리적으로 이해되지 않는다고 할 것입니다.

4. 결 론

위에서 살펴 본 바와 같이 이 사건 매매에 있어서는, 매수인(수익자) 피고와 매도인(채무자)이 특수한 인적관계에 있는 점, 이 사건 매매계약이 피고의 동생이자 채무자의 사위인 박○○의 소개에 의하여 이루어 진 점, 매매대금이 공시지가의 45%에 불과할 정도로 저렴하고 그 대금이 3회에 걸쳐 모두 현금으로 지급되는 등 거래조건이 이례적인 점. 피고가 이 사건 부동산을 매수한 동기에 다소 의문이 있는 점 등 이례적인 사정이 있습니다.

그리고 이와 같은 이례적인 거래가 매도인(채무자)이 실제로 경영하던 위 회사가 당좌거래정지에 의한 신용보증사고를 발생시킨 날(2018. 2. 18.)로부터 불과 1달 보름 전의 매매를 원인으로 불과 13일 전에 소유권이전등기가 마쳐졌다는 점도 단순히 우연한 사정이라고 보기 어렵다고 할 것입니다.

앞서 살펴 본 바와 같은 여러 가지 사정에 비추어 볼 때, 피고가 이 사건 매매계약을 체결할 당시 이 사건 부동산을 취득함으로 인하여 채무자인 매도인의 일반채권자들을 위한 공동담보에 부족이 생기거나 이미 부족한 상태에 있는 공동담보가 더 부족하게 됨으로써 일반채권자들을 해한다는 인식이 없었음을 인정하기에는 매우 부족하다고 할 것입니다(오히려 위와 같은 이례적인 사정들에 비추어 보면, 이 사건 부동산에 관한 채무자와 피고 사이의 위 매매계약 자체가 정상적으로 체결되었다고 보기 어렵습니다).

기재례 20 사실조회신청(채무자의 부동산 보유내역)

사실조회신청

사 건 사건번호
원 고 "갑"(○○○보증재단)
피 고 "병"(수익자, 매수인)

위 사건에 관하여 원고는 채무자 "을"이 이 사건 사해행위 당시 무자력상태에 있었음(또는, 이 사건 사해행위로 인하여 무자력상태에 빠졌음)을 입증하기 위하여 "을"의 중요한 적극재산인 부동산 보유상황에 관해서 다음과 같이 사실조회를 신청합니다.

다 음

1. 조회할 곳

법원행정처(소관: 전산정보센타) {또는, 국토교통부(소관: 국가공간정보센타)}
주소:

2. 조회할 사항

채무자 "을"(생년월일 또는 주민등록번호, 주소)이 2018. 2.경부터 2019. 3. 조회일 현재까지 소유한(또는 소유하던) 부동산의 내역 및 현황을 조사하여 그 내역표를 송부하여 주시기 바랍니다.

해설 채무자의 무자력 여부에 관해서 다툼이 있는 경우에, 채권자로서는 우선 사해행위 당시 및 그 전후에 있어 채무자가 보유한 부동산 전체의 내역 및 현황을 파악하는 것이 긴요하다.

법원행정처 산하 전산정보관리국(전산정보센터)이 전국의 부동산에 관해서 등기정보를 통합 관리하는 업무를 담당하고, 국토교통부 산하 국가공간정보센터는 전국의 부동산 관련자료를 통합 관리하는 업무를 담당하고 있으므로, 채권자는 위 두 공공기관 가운데 하나를 택하여 채무자의 사행행위 약 1달 전부터 조회일 현재까지의 부동산 소유 내역 및 현황에 관해서 사실조회를 신청하는 것이 유용한 증거수집방법이다.

그리고, 조회할 사항은 별지로 작성하는 것이 효율적일 수 있다.

기재례 21 금융거래정보제출명령신청(채무자의 채무내역)

금융거래정보제출명령신청

사 건 사건번호
원 고 "갑"(○○○보증재단)
피 고 "병"(수익자)

위 사건에 관하여 원고는 채무자 "을"이 이 사건 사해행위 당시 무자력상태에 있었음(또는, 이 사건 사해행위로 인하여 무자력상태에 빠졌음)을 입증하기 위하여 채무자에 대한 재산상태를 확인코자 다음과 같이 금융거래정보제출명령을 신청합니다.

다 음

1. 정보제출을 요청할 기관

(1) ○○은행(○○지점)
주소:

(2) ○○캐피탈
주소:

2. 제출할 금융거래정보 사항

별지 제1, 2목록 기재와 같습니다.

[별지 1]

제출할 금융거래정보 사항
(○○은행)

채무자 인적 사항
성　명: "을"
주민등록번호(또는 생년월일):
주　소:

1. 귀 은행(소관 ○○지점)이 2015. 7. 28. 위 "을" 소유였던 안산시 상록구 아파트에 관하여 채권최고액 금 50,000,000원, 채무자 "을"로 된 근저당권을 설정한 사실과 관련하여 아래 사항의 정보조회를 요청합니다.

(1) 2018. 5. 26. 기준(사해행위 일자) 당시 위 근저당권에 기한 피담보채무액이 얼마인지요.

(2) 등기부등본에 의하면 2018. 5. 27. "병"이 위 부동산에 관하여 소유권이전등기를 마쳤는바, 위 "병"이 "을"의 귀 은행에 대한 위 근저당권에 기한 채무를 인수하였는지요, 인수하였다면 채무인수 내용이 구체적으로 무엇인지요.

(3) 귀 은행은 2019. 3. 조회일 현재 위 근저당권에 기한 피담보채무금에 대한 이자를 누구로부터 지급받고 있는지요.

2. 그 밖에 위 "을" 2018. 5. 26.(사해행위 일자) 기준 당시 귀 은행에 대한 대출금 및 보증채무액이 총 얼마인지요.

3. 위 1, 2항의 채무 중 원고의 "을"에 대한 보증제공에 의한 채무와 중복된 부분이 있는지요, 중복되는 부분이 있다면 이를 제외한 "을"의 귀 은행에 대한 대출금 및 보증채무액이 총 얼마인지요.

[별지 2]

제출할 금융거래정보 사항
(○○캐피탈)

채무자 인적 사항
성 명: "을"
주민등록번호(또는 생년월일):
주 소:

1. 귀사가 2018. 1. 25. 위 "을" 소유 충청남도 청양군 소재 임야에 관하여 청구금액 8,300,000원으로 한 가압류등기를 경료한 사실과 관련하여 2018. 5. 26.(사해행위 일자) 기준 당시 위 가압류의 피보전채권액이 얼마인지요.

2. 그 밖에 위 "을"의 2018. 5. 26.(사해행위 일자) 기준 당시 귀사에 대한 채무액(보증채무액 포함)이 총 얼마인지요.

해설

(1) 증거신청 형식

'금융실명거래 및 비밀보장에 관한 법률' 제4조 제1항, 국세기본법 제81조의13 제1항, 지방세기본법 제86조 제1항, '신용정보의 이용 및 보호에 관한 법률' 제32조 제6항 등은 금융거래 정보, 과세정보, 개인신용정보 등을 타인에게 적법하게 제공할 수 있는 예외 사유로서 '법원의 제출명령'을 규정하고 있다.

따라서, 위 각 법률에 정한 기관·단체 등에 대하여 금융거래 정보·과세정보·개인신용정보에 관한 조사를 촉탁하는 경우에는 그 대상기관에 '제출명령 신청'이라는 형식으로 사실 조사의 촉탁을 신청한다.

(2) 채무 중복 여부에 관한 정보 신청

채무자의 복수 채권자들에 대한 채무가 실질적으로 동일한 것인 경우에는 그 중복된 부분은 채무자의 소극재산의 산정에서 제외하여야 한다.

예컨대, 원고 "갑"이 보증금융기관인 경우에 채무자 "을"의 ○○은행에 대한 대출금 상환채무에 관하여 신용보증을 제공하고 보증채무를 이행한 경우에, "을"은 "갑"에 대하여 구상채무를 부담하고 반면에 은행에 대한 대출금 상환채무는 전부 또는 일부 소멸한다(다만, 실무상 보증금융기관이 기업에 대해 부분신용보증을 제공하는 경우가 대부분이므로 보증채무의 이행에 의해 기업의 은행에 대한 대출금 상환채무도 부분적으로 소멸하는 경우가 대부분이다).

그런데, “을”에 대한 신용정보표 등 서류상으로는 ○○은행에 대한 상환채무가 정리되지 않고 최초의 대출 내용대로 남아 있는 경우가 있다.

이와 같은 상황에서 “갑”이 “을”의 재산상의 법률행위에 대해 채권자취소소송을 제기한 경우에, “을”의 무자력 여부를 판단하기 위하여 소극재산을 산정함에 있어서는 “갑”에 대한 구상채무는 전액 소극재산으로 산입하되, ○○은행에 대한 상환채무는 위 구상채무와 중복되는 부분을 공제하고 나머지만 소극재산으로 산입할 것이다.

따라서, ○○은행에 대하여 금융정보 제출명령을 신청함에 있어 위와 같은 채무중복 여부에 관해서도 미리 정보 제출사항에 포함시켜 요청하는 것이 효율적이다.

판 례 색 인

*표는 대법원전원합의체 판결임

사 항 색 인

ㄱ

ㄷ

ㅁ

[저자 약력]

서울대학교 법과대학 졸업
수원지방법원, 서울지방법원 판사
서울고등법원 판사
대법원 재판연구관
춘천지방법원 부장판사
사법연수원 교수
서울중앙지방법원 부장판사
현, 변호사

채권자취소권법[제2판]

2019년 7월 10일 초판 발행
2022년 9월 10일 제2판 1쇄발행

저 자 조 해 섭
발행인 배 효 선
발행처 도서출판 法 文 社
주 소 10881 경기도 파주시 회동길 37-29
등 록 1957년 12월 12일 / 제2-76호 (윤)
전 화 (031)955-6500~6 FAX (031)955-6525
E-mail (영업) bms@bobmunsa.co.kr
(편집) edit66@bobmunsa.co.kr
홈페이지 http://www.bobmunsa.co.kr
조 판 법 문 사 전 산 실

정가 62,000원 ISBN 978-89-18-91333-9